Yearbook of China's Poverty Alleviation and Development

中国扶贫开发

年鉴 2017

国务院扶贫开发领导小组办公室　主管

《中国扶贫开发年鉴》编辑部　编

图书在版编目（C I P）数据

中国扶贫开发年鉴. 2017 / 《中国扶贫开发年鉴》编辑部编. -- 北京 : 团结出版社, 2017.9
ISBN 978-7-5126-4838-8

Ⅰ. ①中… Ⅱ. ①中… Ⅲ. ①扶贫－中国－2017－年鉴 Ⅳ. ①F323.8-54

中国版本图书馆 CIP 数据核字(2017)第 006781 号

出　版：团结出版社
（北京市东城区东皇城根南街 84 号　邮编：100006）
电　话：（010）65228880　65244790　（出版社）
（010）65238766　85113874　65133603（发行部）
（010）65133603（邮购）
网　址：http://www.tjpress.com
E-mail：zb65244790@vip.163.com
fx65133603@163.com（发行部邮购）
经　销：全国新华书店
印　装：三河市东方印刷有限公司

开　本：185mm×260mm　　16 开
印　张：81.25
字　数：1465 千字
印　数：5025
版　次：2017 年 9 月　第 1 版
印　次：2017 年 9 月　第 1 次印刷

书　号：978-7-5126-4838-8
定　价：380.00 元

《中国扶贫开发年鉴》编辑部

何源源　余　平　余　晖　辛嘉良　汪　忠　沈雄飞
宋国同　张　进　张　利　张　杰　张　伟　张　奔
张　琦　张　斌　张凤英　张世学　张冬鸣　张权彬
张庆元　张国宏　张建明　张晓波　张晓颖　张淑霞
张腾云　张慧东　陆世军　陆汉文　陈开锋　陈金炜
陈剑锋　陈美龙　陈康亮　邵　田　邵　军　武得虎
武增锋　林　铭　欧阳汀　易思岑　周　芳　周　翔
周克武　周晓云　郑　方　郑建军　郑绍亮　房　季
居　伟　孟凡泽　赵　雪　赵　森　赵亚男　赵亚莉
赵玲娟　赵思源　赵懂文　郝大鹏　胡　明　胡天媛
胡成文　胡玥琳　胡国栋　胡晓勇　段　瑞　段培俊
侯　沛　施　燕　姚志峰　骆艾荣　秦丹丹　袁　彦
桂　锦　贾睿涛　夏　智　夏宇光　顾尚军　顾征东
倪志浩　徐月宾　徐建东　高　莺　高　辉　高凤义
高宏辉　高艳坤　高海林　高继辉　郭　佳　郭正华
郭东风　郭建龙　郭晓东　郭海港　郭新杰　栾海燕
展　平　桑　明　黄桂锋　黄晓天　萨尔娜　曹　雅
曹　橙　曹振华　龚　克　龚宜超　龚亮保　崔志勇
崔诗晴　银　杰　康　明　阎　超　梁小涛　宿　盟
董　章　董建武　蒋维克　程　春　程文艺　程荣霞
韩易霖　曾　波　游伟民　靳宏强　蒲正学　蔡奎勇
管　亮　谭前鹏　熊素华　熊晓斐　霍光耀　霍季春
檀英坡

亲切关怀

2016 年 4 月 24 日，中共中央总书记、国家主席、中央军委主席习近平在安徽省金寨县花石乡大湾村村民汪能保家中查看扶贫手册。

新华社记者　李涛　摄

2016 年 2 月 2 日，中共中央总书记、国家主席、中央军委主席习近平在江西省井冈山市茅坪乡神山村的张成德家看望慰问。

新华社记者　兰红光　摄

亲切关怀

2016 年 7 月 19 日，中共中央总书记、国家主席、中央军委主席习近平在宁夏回族自治区银川市永宁县闽宁镇原隆移民村的回族移民群众海国宝家中看望。

新华社记者　李涛　摄

2016 年 5 月 24 日，中共中央总书记、国家主席、中央军委主席习近平在黑龙江省佳木斯市同江市八岔赫哲族乡八岔村冒雨与村民们交谈。

新华社记者　兰红光　摄

2016 年 4 月 26 日，中共中央政治局常委、国务院总理李克强在四川省芦山县龙门古镇新街考察基础设施重建及特色乡村旅游发展情况。

新华社记者　庞兴雷　摄

2016 年 2 月 1 日，中共中央政治局常委、国务院总理李克强在宁夏回族自治区固原市半子沟村，勉励特困村民王进宝的孩子加倍努力，并希望王进宝辍学的女儿有机会重返校园。

新华社记者　庞兴雷　摄

2016 年 4 月 1 日，中共中央政治局委员、国务院副总理、国务院扶贫开发领导小组组长汪洋在甘肃省临夏回族自治州康乐县上湾乡马巴村深入考察建档立卡工作。

张铁梁　摄

2016 年 5 月 24 日，中共中央政治局委员、国务院副总理、国务院扶贫开发领导小组组长汪洋在四川省凉山彝族自治州布拖县沙洛乡拐乐村调研脱贫攻坚工作，详细了解贫困户的生产生活情况。

国务院扶贫开发领导小组重要活动

2016 年，国务院扶贫开发领导小组召开了第九次至第十四次共 6 次全体会议。图为国务院扶贫开发领导小组第十二次全体会议现场。

董铭胜　摄

2016 年 10 月 16 日，全国脱贫攻坚奖表彰大会在北京市召开。会上公布了 2016 年“全国脱贫攻坚奖”获奖名单，共有 38 人分获奋进奖、贡献奖、奉献奖和创新奖。

刘红涛　摄

2016 年 8 月 25 日，国务院扶贫开发领导小组在北京市召开加强东西部扶贫协作工作电视电话会议。中共中央政治局委员、国务院副总理、国务院扶贫开发领导小组组长汪洋出席会议并讲话。

建档立卡

2016 年 8 月，国务院扶贫开发领导小组副组长、办公室主任刘永富在西藏自治区米林县考察扶贫工作，并看望了建档立卡贫困户。

广西壮族自治区动员 25 万干部集中开展建档立卡精准识别工作，把贫困人口精准识别到村、到户、到人。图为精准扶贫工作队晚上进村召开精准识别动员会。

甘肃省静宁县古岔村召开村民小组会议，评议建档立卡贫困户人选。

2016 年 9 月，时任国务院扶贫开发领导小组办公室副主任郑文凯在内蒙古自治区四子王旗、察右中旗开展专项调研督查。在四子王旗杨油坊村查阅建档立卡档案，并实地走访贫困户。

安徽省严格脱贫程序，扎实开展精准识别精准脱贫建档立卡工作，确保脱贫真实、群众认可。图为临泉县长官镇柳树沟村召开 2016 年度脱贫户民主评议大会现场。

2016 年 5 月，国务院扶贫开发领导小组办公室副主任欧青平对重庆市黔江区、武隆县的 9 个村进行实地督察。图为欧青平在了解驻村帮扶情况。

安徽省实行单位包村、干部包户全覆盖，选派了 3000 个驻村扶贫工作队。图为濉溪县驻村扶贫工作队走访贫困户，宣传扶贫政策、摸清农户需求，为贫困户找准精准脱贫措施。

民政部驻江西省遂川县枚溪村的“第一书记”金伟为村民开办德育讲堂。

2016年9月，国务院扶贫开发领导小组办公室副主任洪天云在河南省台前县和范县实地调研产业精准扶贫、智慧精准扶贫和“同心”康福行动。

青海省河南县德日隆村全村200名贫困牧民参与有机畜牧业牧民专业合作社，每户村民可分到500元现金和一只活羊。图为牧民分到自己喜爱的羊后，脸上露出笑容。

甘肃省会宁县围绕“生态林业”和“民生林业”建设，以实施好新一轮退耕还林工程为契机，全面推进贫困村生态造林、村庄绿化和道路绿化工作。

国务院扶贫开发领导小组办公室副主任陈志刚在甘肃省渭源县调研产业扶贫工作。

粮食画是河北省馆陶县近几年发展起来的家庭手工业项目。2016年，在扶贫政策的支持下，馆陶县海增粮艺有限公司带动100余户贫困户实现了稳定脱贫。

王强　摄

贵州省开展“资源变股权、资金变股金、农民变股东”（“三变”）改革试点。图为六盘水市六枝特区大用镇按照“三变＋山地特色农业＋乡村旅游＋金融扶贫”模式建立的现代农业（扶贫）产业园区——凉都红樱桃基地。

2016年5月，国务院扶贫开发领导小组办公室党组成员夏更生赴重庆市南川区就全面落实脱贫攻坚责任制进行调研，走访贫困户并考察产业扶贫项目。

广西壮族自治区融安县成立“融安特色河边鱼”养殖合作社，带动1652人脱贫。图为一名养殖户在展示自己养殖的草鱼。

覃庆和 摄

山东省威海市各级妇联帮助贫困妇女提高脱贫增收能力。图为文登区车卧岛村乡村车间，吸纳40多名妇女在家门口就业，实现稳定脱贫。

2016 年 11 月，广东省佛山市在四川省昭觉县举办“佛山—凉山”东西部劳务协作精准输出昭觉专场招聘会。图为招聘会现场。

河南省驻马店市开展焊接技能培训。

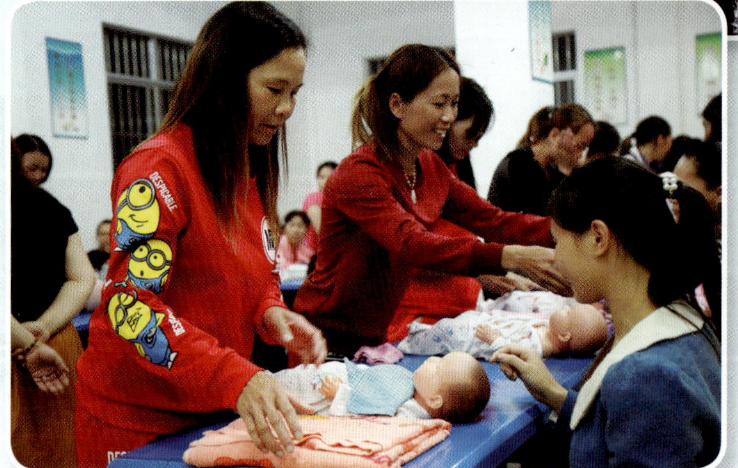

碧桂园控股有限公司组织实施技能提升精准扶贫项目，图为学员正在学习“育婴师”课程。

易地扶贫搬迁

重庆市云阳县凤鸣镇太地村高山生态扶贫搬迁安置点。

2016 年，四川省得荣县 14 户藏族群众集体迁入藏式新家。

贵州省贞丰县戈岜村为做好易地扶贫搬迁工作，召开易地扶贫搬迁共商会。
肖雄　摄

陕西省白河县移民安置点配套建设的农业产业示范园。

甘肃省古浪县“下山入川”易地扶贫搬迁移民点。

安徽省霍山县杨三寨村易地搬迁户茆家伦喜住新居。

在西部人才开发基金会举办的“安全守护 与爱‘童’行”2016 中国儿童安全保护主题活动中，消防员教学生如何灭火。

2016 年 8 月，台湾民主自治同盟中央委员会、台湾民主自治同盟辽宁省委员会和沈阳师范大学开展“送教赫章”培训活动，图为沈阳师范大学专家为贵州省赫章县高中教师授课。

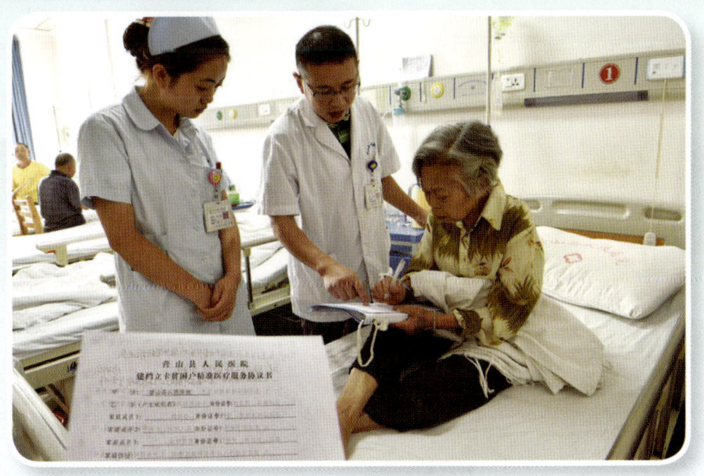

2016 年 8 月，四川省南充市营山县星火镇 75 岁的杨永秀大妈在营山县人民医院工作人员的指导下签订了“建档立卡贫困户精准医疗服务协议书”，她看病难的问题得以解决。

四川省首批摘帽县广安市广安区的勇敢村新貌。

西藏自治区旁多水利枢纽大坝和库区。

国家开发银行支持修建的湖北省恩施土家族苗族自治州的通村公路。

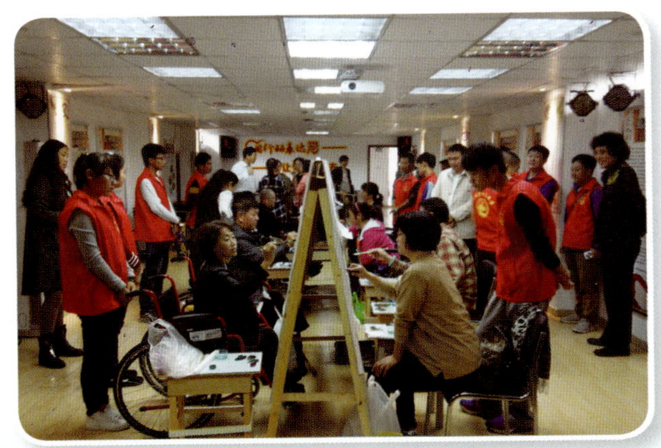

山东省威海长城爱心大本营助残公益项目——“轮椅上的画家梦”荣获 2016 年第三届中国青年志愿服务项目大赛金奖。图为志愿者正在对残疾人进行油画培训。

广东省佛山市 2016 年援建的项目——四川省普格县特尔果乡古木洛村易地扶贫搬迁安置点。

武警宁夏总队官兵在宁夏回族自治区西海固地区挖坑种树，绿化防沙。

国土资源部定点扶贫点——江西省于都县罗江乡前村庙子岗的新农村建设示范点全貌。

中国农业发展银行支持建设的云南省楚雄市鹿城镇吉乐村旧貌换新颜。

恒大地产集团有限责任公司援建贵州省大方县的“第一扶贫牛超市”。可实现贫困户摇号选牛、办贷款、上保险、领牛等一站式办理。

中国扶贫基金会的“童伴妈妈”带领孩子们一起，在“童伴之家”快乐地做游戏。

2016年“集善工程——（爱之翼）助残行动”电动轮椅项目帮扶浙江省杭州市肢体残疾人解决出行问题。

香港郝氏国际美容有限公司、北京郝氏基业科技开发中心在云南省景谷傣族彝族自治县大寨村开展献温暖送爱心活动。图为当地儿童穿上捐赠的新衣服后与工作人员合影。

2016 年 12 月，广西壮族自治区玉林市园博园开放日“电商领航 · 万众参与 · 万企扶贫”活动现场。

江西省金溪县双塘镇阳光村贫困农户包装好的黄栀子，通过电商远销各地。

山东省曹县大集镇丁楼淘宝村大力发展电商扶贫。图为快递公司员工在装车。

中民新能投资集团有限公司在宁夏回族自治区盐池县惠苑新村实施的“屋顶光伏扶贫项目”，已实现并网，助力村民脱贫致富。

2016 年 10 月，中国妇女发展基金会建设的“母亲光伏电站”投入运营后，供电局员工指导贵州省威宁彝族回族苗族自治县板底乡妇女擦拭太阳能光伏板。

安徽省寿县安丰镇“渔光互补项目”带动当地贫困户脱贫。

甘肃省宕昌县旅游扶贫示范村城关镇鹿仁村一景。

广西壮族自治区南丹县巴平村万亩油菜花节现场。
麦艳梅 摄

四川省着力发展旅游扶贫，图为叙永县水潦彝族乡海涯村的彝族群众用彝族拦门酒的礼仪迎接游客。

内蒙古自治区扎兰屯市大力发展“农家乐”旅游产业，带动贫困户脱贫致富。

天津市援建的生态旅游藏寨——甘肃省甘南藏族自治州碌曲县尕秀村。

山东省威海市壹点绿菜业生态合作社建设生态休闲旅游观光采摘综合基地，带动贫困人口脱贫增收。

2016 年 9 月，“中非合作论坛——减贫与发展会议”在上海市举行。

2016 年 6 月，由国务院扶贫开发领导小组办公室与广西壮族自治区人民政府共同主办，中国国际扶贫中心、广西壮族自治区扶贫办、桂林市人民政府共同承办的“第十届中国—东盟社会发展与减贫论坛”，在广西壮族自治区桂林市举行。

2016 年 5 月，“中国扶贫国际论坛暨南南合作减贫知识分享网站开网仪式”在北京市举行。

目　录

2016 年重要会议 …… (1)

2016 年度中央领导同志重要指示 …… (25)

一、年度综述篇 …… (43)

二、改革创新篇 …… (51)

建立脱贫攻坚责任制 …… (53)

建立贫困退出机制 …… (53)

扶贫督查巡查 …… (54)

扶贫开发考核评估 …… (55)

贫困县财政涉农资金统筹整合使用试点 …… (57)

资产收益扶贫 …… (60)

三、基础工作篇 …… (63)

抓党建，促攻坚 …… (65)

干部驻村帮扶 …… (70)

政务公开 …… (71)

简报信息 …… (72)

四、重点工作篇 …… (75)

产业扶贫 …… (77)

金融扶贫 …………………………………………………………………………（77）
电商扶贫 …………………………………………………………………………（78）
旅游扶贫 …………………………………………………………………………（80）
光伏扶贫 …………………………………………………………………………（80）
构树扶贫 …………………………………………………………………………（81）
龙头企业带动工程 ………………………………………………………………（82）
职业教育培训 ……………………………………………………………………（82）
贫困村创业致富带头人培训 ……………………………………………………（83）
易地扶贫搬迁 ……………………………………………………………………（83）
连片特困地区扶贫 ………………………………………………………………（85）
扶贫改革试验区 …………………………………………………………………（86）
贫困地区干部培训 ………………………………………………………………（87）
扶贫资金使用 ……………………………………………………………………（88）
扶贫资金监督管理 ………………………………………………………………（89）

五、监督保障篇 ………………………………………………………………（93）
全国检察机关集中整治和加强预防扶贫领域职务犯罪 …………………………（95）
审计监督 …………………………………………………………………………（98）
民主党派监督 ……………………………………………………………………（100）
12317 扶贫监督举报电话 ………………………………………………………（101）

六、行业扶贫篇 ………………………………………………………………（103）
中共中央组织部扶贫 ……………………………………………………………（105）
中共中央宣传部扶贫 ……………………………………………………………（110）
中共中央统一战线工作部扶贫 …………………………………………………（114）
中共中央直属机关工作委员会扶贫 ……………………………………………（117）
中共中央国家机关工作委员会扶贫 ……………………………………………（120）
中共中央网络安全和信息化领导小组办公室扶贫 ………………………………（124）
国家发展和改革委员会扶贫 ……………………………………………………（128）
教育部扶贫 ………………………………………………………………………（129）

科学技术部扶贫 …………………………………………………………………………（133）
工业和信息化部扶贫 ……………………………………………………………………（136）
国家民族事务委员会扶贫 ………………………………………………………………（141）
民政部扶贫 ………………………………………………………………………………（145）
财政部扶贫 ………………………………………………………………………………（149）
人力资源和社会保障部扶贫 ……………………………………………………………（152）
国土资源部扶贫 …………………………………………………………………………（156）
环境保护部扶贫 …………………………………………………………………………（162）
住房和城乡建设部扶贫 …………………………………………………………………（165）
交通运输部扶贫 …………………………………………………………………………（169）
水利部扶贫 ………………………………………………………………………………（173）
农业部扶贫 ………………………………………………………………………………（178）
商务部扶贫 ………………………………………………………………………………（183）
文化部扶贫 ………………………………………………………………………………（187）
国家卫生和计划生育委员会扶贫 ………………………………………………………（190）
国务院国有资产监督管理委员会扶贫 …………………………………………………（196）
国家新闻出版广电总局扶贫 ……………………………………………………………（199）
国家林业局扶贫 …………………………………………………………………………（203）
国家烟草专卖局扶贫 ……………………………………………………………………（206）
国家能源局扶贫 …………………………………………………………………………（210）
中国银行业监督管理委员会扶贫 ………………………………………………………（213）
中国证券监督管理委员会扶贫 …………………………………………………………（216）
中国保险监督管理委员会扶贫 …………………………………………………………（221）
中国铁路总公司扶贫 ……………………………………………………………………（225）
国家开发银行扶贫 ………………………………………………………………………（229）
中国农业发展银行扶贫 …………………………………………………………………（233）
中国农业银行扶贫 ………………………………………………………………………（238）
中华全国供销合作总社扶贫 ……………………………………………………………（241）
中华全国总工会扶贫 ……………………………………………………………………（244）
中国共产主义青年团中央委员会扶贫 …………………………………………………（247）

中华全国妇女联合会扶贫 …………………………………………………………（251）
中国残疾人联合会扶贫 ……………………………………………………………（255）
中华全国工商业联合会扶贫 ………………………………………………………（258）

七、社会扶贫篇 ………………………………………………………………………（261）
（一）东西部扶贫协作 ……………………………………………………………（263）
综述 ………………………………………………………………………………（265）
北京市—内蒙古自治区、河北省东西部扶贫协作 ………………………（270）
天津市—甘肃省、河北省承德市东西部扶贫协作 ………………………（273）
上海市—云南省、贵州省遵义市东西部扶贫协作 ………………………（276）
辽宁省—青海省东西部扶贫协作 …………………………………………（279）
江苏省—陕西省、青海省东西部扶贫协作 ………………………………（282）
浙江省—四川省东西部扶贫协作 …………………………………………（285）
福建省—宁夏回族自治区东西部扶贫协作 ………………………………（287）
山东省—重庆市东西部扶贫协作 …………………………………………（292）
广东省—广西壮族自治区、四川省甘孜藏族自治州东西部扶贫
协作 ……………………………………………………………………………（294）
辽宁省大连市—贵州省六盘水市东西部扶贫协作 ………………………（300）
江苏省苏州市—贵州省铜仁市东西部扶贫协作 …………………………（302）
浙江省杭州市—贵州省黔东南苗族侗族自治州东西部扶贫协作 ……（305）
浙江省宁波市—贵州省黔西南布依族苗族自治州、吉林省延边
朝鲜族自治州东西部扶贫协作 ………………………………………………（307）
福建省厦门市—甘肃省临夏回族自治州东西部扶贫协作 ………………（309）
山东省青岛市—贵州省安顺市、甘肃省陇南市东西部扶贫协作 ……（312）
广东省广州市—贵州省黔南布依族苗族自治州、毕节市东西部
扶贫协作 ………………………………………………………………………（315）
广东省深圳市—广西壮族自治区百色市、河池市东西部
扶贫协作 ………………………………………………………………………（318）
广东省珠海市—四川省凉山彝族自治州、云南省怒江傈僳族
自治州东西部扶贫协作 ………………………………………………………（321）

广东省佛山市—四川省凉山彝族自治州东西部扶贫协作 …………（324）
广东省东莞市、中山市—云南省昭通市东西部扶贫协作 …………（326）
（二）定点扶贫 …………（329）
综述 …………（331）
中国人民政治协商会议全国委员会办公厅定点扶贫 …………（333）
中共中央对外联络部定点扶贫 …………（336）
中央财经领导小组办公室定点扶贫 …………（338）
中央机构编制委员会办公室定点扶贫 …………（341）
人民日报社定点扶贫 …………（343）
中国作家协会定点扶贫 …………（346）
中国科学技术协会定点扶贫 …………（347）
新华通讯社定点扶贫 …………（350）
中国日报社定点扶贫 …………（354）
中国外文出版发行事业局定点扶贫 …………（356）
中华全国台湾同胞联谊会定点扶贫 …………（358）
国家档案局中央档案馆定点扶贫 …………（360）
外交部定点扶贫 …………（362）
公安部定点扶贫 …………（365）
国家安全部定点扶贫 …………（367）
国家审计署定点扶贫 …………（369）
海关总署定点扶贫 …………（371）
国家税务总局定点扶贫 …………（373）
国家质量监督检验检疫总局定点扶贫 …………（376）
国家食品药品监督管理总局定点扶贫 …………（379）
国家安全监管总局定点扶贫 …………（381）
国家知识产权局定点扶贫 …………（383）
国家宗教事务局定点扶贫 …………（387）
国务院参事室定点扶贫 …………（391）
国家机关事务管理局定点扶贫 …………（394）
国务院侨务办公室定点扶贫 …………（398）

中国科学院定点扶贫 …………………………………………………………… (401)
中国工程物理研究院定点扶贫 ……………………………………………… (405)
国家粮食局定点扶贫 …………………………………………………………… (408)
国家国防科技工业局定点扶贫 ……………………………………………… (410)
国家文物局定点扶贫 …………………………………………………………… (412)
国务院扶贫开发领导小组办公室定点扶贫 ………………………………… (414)
中国国际贸易促进委员会定点扶贫 ………………………………………… (417)
中国中信集团有限公司定点扶贫 …………………………………………… (420)
中国光大集团股份公司定点扶贫 …………………………………………… (424)
中国邮政集团公司定点扶贫 ………………………………………………… (427)
中国工商银行股份有限公司定点扶贫 ……………………………………… (429)
中国银行股份有限公司定点扶贫 …………………………………………… (432)
交通银行股份有限公司定点扶贫 …………………………………………… (435)
中国人民保险集团股份有限公司定点扶贫 ………………………………… (438)
中国人寿保险（集团）公司定点扶贫 ……………………………………… (442)
中国华融资产管理股份有限公司定点扶贫 ………………………………… (445)
中国东方资产管理股份有限公司定点扶贫 ………………………………… (449)
中国民生银行股份有限公司定点扶贫 ……………………………………… (452)
中国航天科技集团公司定点扶贫 …………………………………………… (455)
中国船舶重工集团公司定点扶贫 …………………………………………… (458)
中国兵器工业集团公司定点扶贫 …………………………………………… (460)
中国兵器装备集团公司定点扶贫 …………………………………………… (462)
中国电子科技集团公司定点扶贫 …………………………………………… (464)
中国海洋石油总公司定点扶贫 ……………………………………………… (466)
国家电网公司定点扶贫 ………………………………………………………… (468)
中国大唐集团公司定点扶贫 ………………………………………………… (471)
中国长江三峡集团公司定点扶贫 …………………………………………… (473)
神华集团有限责任公司定点扶贫 …………………………………………… (476)
中国移动通信集团公司定点扶贫 …………………………………………… (478)
中国电子信息产业集团有限公司定点扶贫 ………………………………… (481)

中国机械工业集团有限公司定点扶贫 ………………………………（484）
中国东方电气集团有限公司定点扶贫 ………………………………（487）
中国远洋海运集团有限公司定点扶贫 ………………………………（489）
中国航空集团公司定点扶贫 ………………………………………（492）
中国中化集团公司定点扶贫 ………………………………………（494）
中粮集团有限公司定点扶贫 ………………………………………（497）
中国通用技术（集团）控股有限责任公司定点扶贫 …………………（500）
中国建筑工程总公司定点扶贫 ……………………………………（502）
国家开发投资公司定点扶贫 ………………………………………（504）
招商局集团有限公司定点扶贫 ……………………………………（507）
中国商用飞机有限责任公司定点扶贫 ………………………………（511）
中国诚通控股集团有限公司定点扶贫 ………………………………（513）
中国交通建设集团有限公司定点扶贫 ………………………………（516）
中国电力建设集团有限公司定点扶贫 ………………………………（518）
中国能源建设集团有限公司定点扶贫 ………………………………（521）
南光（集团）有限公司定点扶贫 …………………………………（524）
中国国民党革命委员会中央委员会定点扶贫 ………………………（526）
中国民主同盟中央委员会定点扶贫 ………………………………（528）
中国民主建国会中央委员会定点扶贫 ………………………………（530）
中国民主促进会中央委员会定点扶贫 ………………………………（533）
中国农工民主党中央委员会定点扶贫 ………………………………（536）
中国致公党中央委员会定点扶贫 …………………………………（539）
九三学社中央委员会定点扶贫 ……………………………………（542）
台湾民主自治同盟中央委员会定点扶贫 ……………………………（545）
清华大学定点扶贫 ………………………………………………（548）
中国农业大学定点扶贫 …………………………………………（551）
北京林业大学定点扶贫 …………………………………………（554）
南开大学定点扶贫 ………………………………………………（556）
复旦大学定点扶贫 ………………………………………………（558）
东华大学定点扶贫 ………………………………………………（561）

东南大学定点扶贫 …………………………………………………………………（563）
南京农业大学定点扶贫 ……………………………………………………………（567）
浙江大学定点扶贫 …………………………………………………………………（569）
武汉大学定点扶贫 …………………………………………………………………（573）
中南大学定点扶贫 …………………………………………………………………（576）
华南理工大学定点扶贫 ……………………………………………………………（579）
四川大学定点扶贫 …………………………………………………………………（582）
电子科技大学定点扶贫 ……………………………………………………………（586）
西北农林科技大学定点扶贫 ………………………………………………………（588）
北京理工大学定点扶贫 ……………………………………………………………（590）
哈尔滨工业大学定点扶贫 …………………………………………………………（592）
2016年度中央、国家机关和有关单位定点扶贫情况统计表 …………（595）
（三）军队和武警部队扶贫 …………………………………………………………（607）
（四）社会组织扶贫 …………………………………………………………………（613）
综述 ……………………………………………………………………………………（615）
中国扶贫基金会扶贫 ………………………………………………………………（617）
中国扶贫开发协会扶贫 ……………………………………………………………（621）
中国老区建设促进会扶贫 …………………………………………………………（624）
中国扶贫志愿服务促进会扶贫 ……………………………………………………（627）
中国红十字会总会扶贫 ……………………………………………………………（630）
中国光彩事业促进会扶贫 …………………………………………………………（634）
中国妇女发展基金会扶贫 …………………………………………………………（637）
中国残疾人福利基金会扶贫 ………………………………………………………（639）
中国儿童少年基金会扶贫 …………………………………………………………（642）
中国西部人才开发基金会扶贫 ……………………………………………………（644）
（五）企业扶贫 ………………………………………………………………………（647）
综述 ……………………………………………………………………………………（649）
恒大地产集团有限责任公司扶贫 …………………………………………………（652）
中国泛海控股集团有限公司扶贫 …………………………………………………（655）
凯迪生态环境科技股份有限公司扶贫 ……………………………………………（658）

碧桂园控股有限公司扶贫 …… (662)
中民新能投资集团有限公司扶贫 …… (664)
北京德青源农业科技股份有限公司 …… (667)
东阿阿胶股份有限公司扶贫 …… (670)
山东青田食品有限公司扶贫 …… (673)
中椒英潮辣业发展有限公司扶贫 …… (675)
天津辉宇建筑工程有限公司扶贫 …… (678)
四川公路桥梁建设集团有限公司扶贫 …… (680)
甘肃中天羊业股份有限公司扶贫 …… (683)
六安龙翔美食王禽业有限公司扶贫 …… (685)
(六) 公民个人参与扶贫 …… (689)
(七) 网络扶贫行动 …… (693)
(八) 中国社会扶贫网扶贫 …… (699)

八、地方扶贫篇 …… (703)
河北省扶贫开发 …… (705)
山西省扶贫开发 …… (710)
内蒙古自治区扶贫开发 …… (716)
辽宁省扶贫开发 …… (721)
吉林省扶贫开发 …… (724)
黑龙江省扶贫开发 …… (728)
江苏省扶贫开发 …… (732)
浙江省扶贫开发 …… (738)
安徽省扶贫开发 …… (743)
福建省扶贫开发 …… (749)
江西省扶贫开发 …… (753)
山东省扶贫开发 …… (759)
河南省扶贫开发 …… (764)
湖北省扶贫开发 …… (769)
湖南省扶贫开发 …… (774)

广东省扶贫开发 …………………………………………………………………… (779)
广西壮族自治区扶贫开发 ………………………………………………………… (782)
海南省扶贫开发 …………………………………………………………………… (787)
重庆市扶贫开发 …………………………………………………………………… (794)
四川省扶贫开发 …………………………………………………………………… (798)
贵州省扶贫开发 …………………………………………………………………… (803)
云南省扶贫开发 …………………………………………………………………… (810)
西藏自治区扶贫开发 ……………………………………………………………… (815)
陕西省扶贫开发 …………………………………………………………………… (820)
甘肃省扶贫开发 …………………………………………………………………… (823)
青海省扶贫开发 …………………………………………………………………… (828)
宁夏回族自治区扶贫开发 ………………………………………………………… (831)
新疆维吾尔自治区扶贫开发 ……………………………………………………… (835)
新疆生产建设兵团扶贫开发 ……………………………………………………… (841)

九、国际合作篇 ………………………………………………………………… (845)
综述 ………………………………………………………………………………… (847)
（一）国际减贫交流 ……………………………………………………………… (848)
（二）国际减贫培训 ……………………………………………………………… (850)
（三）国际减贫合作 ……………………………………………………………… (855)
（四）国际会议及重要活动 ……………………………………………………… (857)

十、专题研究篇 ………………………………………………………………… (861)
精准扶贫、精准脱贫——2016 年扶贫日论坛背景报告摘要………………… (863)
中国—东盟减贫合作：过程、机制及发展趋势 ………………………………… (869)
中国城市反贫困政策发展概述…………………………………………………… (881)
2016 年扶贫脱贫理论研究成果综述……………………………………………… (895)

十一、宣传表彰篇 ……………………………………………………………… (921)
（一）扶贫宣传 …………………………………………………………………… (923)

深入学习贯彻习近平总书记关于扶贫开发重要讲话精神座谈会 …… (925)
学习习近平总书记扶贫开发战略思想研讨会 …… (925)
习近平总书记扶贫开发战略思想的理论创新和实践创新研究课题 …… (926)
(二) 扶贫表彰 …… (929)
国家扶贫荣誉制度建立 …… (931)
全国脱贫攻坚奖 …… (931)
全国脱贫攻坚模范 …… (932)
全国扶贫系统表彰 …… (933)

十二、扶贫数据篇 …… (935)
表1 2016年全国及各省（区、市）农村贫困人口变化情况…… (937)
表2 2016年各省（区、市）贫困地区农村贫困人口变化情况…… (938)
表3 2016年各省（区、市）贫困地区农村基础设施和公共服务状况 …… (939)
表4 2016年连片特困地区农村贫困人口变动情况 …… (940)
表5 2016年连片特困地区农村基础设施和公共服务状况 …… (941)
表6 2016年各省（区、市）扶贫重点县农村贫困人口变动情况…… (942)
表7 2016年各省（区、市）扶贫重点县基础设施和公共服务状况…… (943)
表8 2010—2016年全国及各省（区、市）农村贫困人口规模…… (944)
表9 2010—2016年全国及各省（区、市）农村贫困发生率…… (945)
表10 2012—2016年各省（区、市）贫困地区农村贫困人口规模 …… (946)
表11 2012—2016年各省贫困地区农村贫困发生率 …… (947)
表12 2011—2016年连片特困地区农村贫困人口规模 …… (948)
表13 2011—2016年连片特困地区农村贫困发生率 …… (949)
表14 2011—2016年各省（区、市）扶贫重点县农村贫困人口规模 …… (950)
表15 2011—2016年各省（区、市）扶贫重点县农村贫困发生率 …… (951)
表16 2016年易地扶贫搬迁情况 …… (952)

表 17　东西部扶贫协作统计表（2011—2016 年）…………………………（953）
表 18　携手奔小康行动名单 ………………………………………………（955）

附录 ……………………………………………………………………………（965）
附录一　文件汇编 ……………………………………………………………（967）
（一）中央文件 ………………………………………………………………（968）
（二）行业文件 ………………………………………………………………（1030）
（三）扶贫文件 ………………………………………………………………（1147）
附录二　年度领导重要讲话 …………………………………………………（1161）
附录三　年度重要文章及专访 ………………………………………………（1231）
附录四　全球减贫与发展概况 ………………………………………………（1253）

2016年重要会议

[编者按：本部分重要会议内容全部摘选自新华社、《人民日报》、中国政府网报道文章]

2016年1月18日至20日，国务院副总理、国务院扶贫开发领导小组组长汪洋在湖南宣讲中央扶贫开发工作会议精神。他强调，各地区、各有关部门要认真贯彻落实党中央、国务院关于打赢脱贫攻坚战的决策部署，认真学习领会习近平总书记扶贫开发重要战略思想，充分认识脱贫攻坚的重要性和艰巨性，充分发挥政治优势和制度优势，注重激发贫困地区干部群众内生发展动力，不断提高脱贫工作精准度和有效性，确保贫困群众如期实现脱贫。

汪洋指出，扶贫开发成败系于精准，要切实落实中央关于精准扶贫、精准脱贫基本方略，真正把思想和行动统一到精准上来，瞄准建档立卡贫困人口，将扶贫资源和帮扶措施精准落实到户到人，努力提高扶贫开发成效。要重点解决好贫困人口吃、穿基本生活需求和义务教育、基本医疗、住房安全问题，把扶贫目标明确到稳定实现“两不愁、三保障”上来。要管好用好扶贫资金，加强审计监管，确保资金在阳光下运行，支持资金集中整合使用，提高资金使用效益。要调动贫困地区和贫困人口参与扶贫开发的积极性，发扬自力更生、艰苦奋斗、勤劳致富精神，增强自我发展能力。

汪洋强调，脱贫攻坚是一场时间有限、任务艰巨、务求胜利的硬仗。要加强组织领导，脱贫任务重的地区党委和政府要把脱贫攻坚作为“十三五”期间头等大事和第一民生工程来抓，坚持以脱贫攻坚统揽全局。要加强调查研究，创新扶贫方式，因地制宜探索新路径、新模式、新办法，不断将脱贫攻坚推向深入。

2016年1月21日，国务院副总理、国务院扶贫开发领导小组组长汪洋在京主持召开国务院扶贫开发领导小组第九次全体会议，总结2015年扶贫开发工作，安排部署2016年重点任务。他强调，要认真学习贯彻中央扶贫开发工作会议精神，进一步强化责任感、使命感、紧迫感，明确目标任务，加强统筹谋划，落实责任分工，围绕精准扶贫、精准脱贫推进各项工作，保质保量完成年度减贫任务，为打赢脱贫攻坚战打下坚实基础。

汪洋指出，2015年各地区、各部门坚决贯彻党中央、国务院关于脱贫攻坚的决策部署，不断健全扶贫机制，着力巩固精准扶贫基础，扎实推进各项重点工作，全面实现年初确定的减贫目标。他强调，今年是打赢脱贫攻坚战的开局之年，要创新工作方式方法，深化精准扶贫，继续采取超常规举措推进各项工作，全面完成任务，确保脱贫攻坚战开好头、起好步。要科学制定总体规划、年度计划，细化实施方案，完善工作机制，下大力气抓好易地扶贫搬迁、贫困地区基础设施建设、劳务输出脱贫、特色产业脱贫、教育扶贫、健康扶贫等重点工作。要尽快建立各项工作的监测、评估、督导制度，定期跟踪，不间断地压实责任、传导压力，确保各项任务按时完成。

2016 年 1 月 29 日，中共中央政治局就“十三五”时期我国经济社会发展的战略重点进行第三十次集体学习。中共中央总书记习近平在主持学习时强调，发展战略重点，是“十三五”时期我国发展的“衣领子”、“牛鼻子”。抓准、抓住、抓好战略重点，是保证“十三五”发展开好头、起好步的关键，是保证全面建成小康社会决胜阶段获得全胜的关键。要准确把握“十三五”时期我国发展的战略重点，做到胸中有数、落实有策、行动有策，以奋发有为的精神状态、攻坚克难的拼搏意志、只争朝夕的紧迫劲头，通过抓好发展战略重点带动发展全局，把“十三五”发展宏伟蓝图一步一步变为现实。

2016 年 2 月 3 日，国务院总理李克强主持召开国务院常务会议，部署建设双创基地发展众创空间，加快培育新动能；决定实施新一轮农村电网改造升级工程，以补短板、调结构促稳增长、惠民生；部署进一步做好特困人员救助供养，切实保障其基本生活；通过《全国社会保障基金条例（草案）》。

……会议指出，结合推进新型城镇化、农业现代化和扶贫搬迁等，实施新一轮农村电网改造升级工程，可以改善农村生产生活条件、带动相关产业发展、拉动有效投资和消费，是一举多得的重要举措。会议决定，一是加快西部及贫困地区农网改造升级，以集中连片特困地区、革命老区等为重点，着力解决电压不达标、不通动力电等问题。提高接纳分布式新能源发电的能力。二是结合高标准农田建设和推广农业节水灌溉等，推动平原村机井用电全覆盖。对接农产品加工、农村电商发展、农民消费升级的新需求，加大中心村电网改造力度。三是开展西藏、新疆及四川、云南、甘肃、青海四省藏区农网建设攻坚，集中力量加快孤网县城的联网进程。实施上述工程，预计总投资 7000 亿元以上。要在继续安排中央预算内投资的基础上，结合电力体制改革拓宽融资渠道，用商业机制吸引社会资本参与农网建设改造。

会议指出，将符合条件的特困人员全部纳入救助供养范围，保障他们的基本生活，是织密织牢民生安全网、促进社会公平正义的重要举措。会议依据《社会救助暂行办法》等规定，进一步明确了救助供养对象、程序、内容和标准等，强调政府要对特困人员给予托底保障，包括提供粮油、服装、被褥等基本生活条件，对其中住房困难的给予住房救助，对生活不能自理的分类给予日常照料，对参加城乡居民基本医保给予资助等。会议要求，各地要根据经济社会发展水平加大财政投入，合理确定救助供养标准，实施精准帮扶。鼓励通过 PPP、政府购买服务、慈善捐赠、志愿服务等方式，吸引更多社会力量参与特困人员救助供养。

2016 年 3 月 2 日，国务院副总理、国务院扶贫开发领导小组组长汪洋在打赢脱贫攻坚战研讨班上作报告。他强调，要深入学习贯彻习近平总书记关于新时期扶贫开发重要战略思想，把思想和行动统一到党中央、国务院关于脱贫攻坚的决策部署上来，进一步增强政治责任感和历史使命感，砥砺信心和勇气，狠抓工作落实，坚决打赢脱贫攻坚战。

汪洋指出，精准扶贫、精准脱贫是新时期脱贫攻坚的基本方略。要切实转变观念，将扶贫的思路和举措转到精准帮扶上，瞄准建档立卡贫困人口，重点解决好不愁吃、不愁穿和义务教育、基本医疗、住房安全有保障问题。要精准施策，逐村逐户想办法、找路子，把扶贫资源和帮扶措施精准落到贫困村、贫困户，变“大水漫灌”为“精准滴灌”，提高扶贫成效。

汪洋强调，打赢脱贫攻坚战，必须充分发挥政治优势和制度优势，强化组织领导，做好考核监督，层层压实责任。要增加财政扶贫资金投入，支持贫困县整合涉农资金，加大金融支持力度，动员社会各方面资源参与扶贫。要注重调动贫困地区和贫困人口的积极性和主动性，激发内生动力，加快脱贫步伐。

各省级政府分管负责同志和扶贫办主要负责同志、国务院扶贫领导小组成员单位负责同志和相关司局负责同志参加研讨班。

2016 年 3 月 5 日，第十二届全国人民代表大会第四次会议在人民大会堂开幕，国务院总理李克强作政府工作报告。

李克强：实施脱贫攻坚工程。今年要完成 1000 万以上农村贫困人口脱贫任务，其中易地搬迁脱贫 200 万人以上，继续推进贫困农户危房改造。中央财政扶贫资金增长 43.4%。在贫困县推进涉农资金整合。坚持精准扶贫脱贫，因人因地施策。大力培育特色产业，支持就业创业。解决好通路、通水、通电、通网络等问题，增强集中连片特困地区发展能力。国家各项惠民政策和民生项目，要向贫困地区倾斜。深入开展定点扶贫、东西协作扶贫，支持社会力量参与脱贫攻坚。扶贫脱贫是硬任务，各级政府已经立下军令状，必须按时保质保量完成。

2016 年 3 月 17 日（编者注：《人民日报》报道时间），国务院副总理、国务院扶贫开发领导小组组长汪洋近日主持召开扶贫专题会议，研究易地扶贫搬迁工作。他强调，易地扶贫搬迁是生存条件恶劣地区贫困群众脱贫的根本措施，是新一轮脱贫攻坚的标志性工程，要按照党中央、国务院决策部署，紧盯脱贫目标，从实际出发，积极稳妥推进，切实做到搬迁一户、脱贫一户。

汪洋充分肯定中央扶贫开发工作会议以来易地扶贫搬迁工作取得的积极进展。他强调，易地扶贫搬迁是一项复杂的系统工程，必须吃透政策、统筹谋划、有序推进。要按照“理顺机制、明晰目标、守住底线、确保脱贫”的要求切实做好下一步工作。理顺机制，就是要抓紧建立和完善省级投融资主体，并与市县项目实施主体做好衔接，形成顺畅的资金筹措、项目运作、贷款偿还、风险防控、监督检查等运行机制。明晰目标，就是要紧紧围绕搬迁群众脱贫这个目标来推进各项工作，搬迁是手段，脱贫是目的，决不能为搬迁而搬迁。守住底线，就是要严格按规定落实住房建设面积和标准，避免因面积过大、标准过高增加贫困户负担，决不能让贫困户因搬迁而增加负债。确保脱贫，就是对搬迁贫困户不能一搬了之，要加强后续政策扶持，确保如期脱贫。

2016 年 3 月 20 日至 21 日，全国春季农业生产暨森林草原防火工作会议在江苏省泰州市召开。中共中央政治局常委、国务院总理李克强作出重要批示。批示指出：……要抓住农时，扎实开展春耕备耕，强化政策扶持，统筹做好森林草原防火、脱贫攻坚、农田水利建设和防汛抗旱等各项工作，确保实现“十三五”农业农村发展良好开局。

……汪洋强调，……当前脱贫攻坚任务繁重，要横下一条心，加大力度，加快速度，加紧进度，有序推进易地扶贫搬迁、产业扶贫等各项脱贫举措，确保完成脱贫任务。

2016 年 3 月 22 日，中共中央总书记、国家主席、中央军委主席、中央全面深化改革领导小组组长习近平主持召开中央全面深化改革领导小组第二十二次会议并发表重要讲话。会议审议通过了《关于推行法律顾问制度和公职律师公司律师制度的意见》《关于健全生态保护补偿机制的意见》《关于建立贫困退出机制的意见》《关于加强儿童医疗卫生服务改革与发展的意见》《关于深化投融资体制改革的意见》《关于建立法官检察官逐级遴选制度的意见》《关于从律师和法学专家中公开选拔立法工作者、法官、检察官的意见》《关于加强和规范改革试点工作的意见》。

……会议强调，建立贫困退出机制是脱贫攻坚的重要内容。要按照精准扶贫、精准脱贫的要求，建立贫困户脱贫认定机制，制定严格规范透明的贫困县退出标准程序核查办法。要实事求是，严格评估，用经得起检验的摘帽标准来衡量验收，注重脱贫质量和可持续性。要坚持正向激励，留出缓冲期，在一定时间内继续实行扶持政策。

2016 年 3 月 28 日，李克强总理在国务院第四次廉政工作会议上说，今年要全面推开“两随机、一公开”监管，检查对象、执法检查人员随机抽取产生，检查情况和查处结果及时向社会公开，防止任性检查和人为干扰，减少监管部门寻租空间，让监管对象不敢心存侥幸。

……国务院关于财政扶贫资金率先整合的意见即将下发，各地区、各部门要认真执行。

……第五，加强基层反腐倡廉制度建设。按照党中央部署，今年党风廉政建设和反腐败工作要向基层延伸。要加强基层基础制度建设，健全工作机制和程序，推动公共服务公开透明，着力解决发生在群众身边的不正之风和贪腐问题以及执法不公等。全面推进村务公开，健全农村集体资金、资产、资源管理制度，完善土地征收、惠农政策、扶贫资金等方面的监管措施，让群众更多感受到反腐倡廉的实际效果。

2016 年 3 月 28 日，国务院副总理、国务院扶贫开发领导小组组长汪洋在京主持召开国务院扶贫开发领导小组第十次全体会议，审议 2016 年度减贫计划，研究部署产业扶贫、贫困退出机制等工作。他强调，要认真学习贯彻习近平总书记关于扶贫开发系列重要讲话精神，落实《政府工作报告》中今年完成 1000 万以上农村贫困人口脱贫任务的要求，横下一条心，加大力度，加快进度，确保打好年度战役，保质保量完成脱贫任务，向人民交出满意的答卷。

汪洋强调，当前扶贫开发工作头绪多、任务重，要进一步深化认识，把脱贫攻坚摆到更加重要的位置，确保兑现脱贫承诺。进一步强化责任，把各级各部门的扶贫职责细化到具体任务、落实到人，对工作落实不力、未按时完成任务的进行问责。进一步加强督查，及时发现和解决扶贫工作中苗头性倾向性问题，严肃查处挤占挪用扶贫资金等违纪违法行为并坚决曝光，形成震慑。进一步强化精准落实，扎实做好建档立卡“回头看”，提高产业扶贫、定点扶贫、东西部扶贫协作的精准度，促进各项帮扶措施精准落到建档立卡贫困人口头上。抓好贫困退出机制的落实，各地区要尽快制定贫困退出工作方案和实施办法，国务院扶贫开发领导小组将对贫困退出开展严格评估验收，确保脱贫质量。

2016 年 3 月 29 日，国务院副总理、国务院扶贫开发领导小组组长汪洋在京主持召开金融扶贫工作座谈会。他强调，金融扶贫是脱贫攻坚的重大举措，要深入贯彻落实党中央、国务院的决策部署，紧紧围绕精准扶贫、精准脱贫基本方略，加快农村金融改革创新步伐，加大对扶贫开发金融支持力度，为打赢脱贫攻坚战提供坚实支撑。

汪洋充分肯定近两年金融扶贫取得的积极成效。他强调，要继续创新工作机制，优化金融资源配置，鼓励和引导商业性、政策性、开发性、合作性等各类金融机构实施特惠金融政策，进一步加大对脱贫攻坚的金融支持。运用多种政策工具，拓宽资金来源，增加对贫困地区产业发展、基础设施建设、易地扶贫搬迁等的金融资金供给，扩大扶贫小额信贷规模。引导中央企业、民营企业分别设立市场化运作的贫困地区产业投资基金和扶贫公益基金。

汪洋强调，金融扶贫要瞄准建档立卡贫困人口，精准对接脱贫攻坚实际需要，加快产品和服务创新，不断提高金融扶贫精准度和有效性。要充分发挥政治优势和制度优势，利用财税政策的杠杆作用和风险化解功能，利用农村基层组织体系，完善金融服务，降低经营成本，做好金融扶贫风险管理。

2016年4月20日，国务院总理李克强主持召开国务院常务会议，部署开展交通基础设施扶贫，增强贫困地区脱贫致富能力；决定建设一批大众创业万众创新示范基地，推动双创迈向更高层次和水平；确定促进进出口回稳向好的政策措施，推进外贸转型升级。

……会议指出，以革命老区、民族地区、边疆地区和贫困地区为重点，加强交通基础设施建设，是顺应群众渴盼、推动脱贫攻坚、促进区域协调发展的重要举措。会议确定，到2020年，在贫困地区建成广覆盖、深通达、提品质的交通网络。一是实施百万公里农村公路建设工程，实现乡镇和建制村通硬化路、通客车，改造公路危桥，改善贫困地区发展旅游等产业交通条件。二是实施高速公路、铁路、机场等百项骨干通道工程，实现二级及以上高等级公路基本覆盖所有县城，铁路和高速公路基本覆盖市（地、州）行政中心。推进沿边公路空白路段建设。加大财税、用地等政策支持，建养并重，健全投资和管理长效机制。实施“双百”工程，可拉动有效投资，扩大就业，放大交通扶贫效应，造福亿万群众。

2016年4月26日，国务院副总理、国务院扶贫开发领导小组组长汪洋在深圳召开扶贫劳务输出对接试点工作座谈会。他强调，劳务输出是贫困农户短期内增收脱贫最直接见效的办法，也是输出地、输入地政府落实扶贫责任的重要体现。要认真贯彻中央扶贫开发工作会议精神，坚持精准扶贫、精准脱贫，坚持政府推动、市场主导，建立和完善输出地与输入地劳务对接机制，确保有外出务工意愿的贫困劳动力实现精准输出、有效接收、稳定就业，为打赢脱贫攻坚战奠定坚实基础。

根据国务院工作部署，广东和湖南、湖北三省共同开展劳务输出对接试点工作。座谈会上，试点地区、用工企业、就业服务机构和建档立卡务工人员围绕做好劳务精准对接提出了意见建议。汪洋对前期试点工作予以充分肯定，强调要围绕对接精准、稳定就业，促进劳务输出脱贫取得实效。输出地要做好建档立卡务工人员摸底排查、信息识别、组织动员等基础工作，加强在输入地的相关服务工作。输入地要做好对接，加强就业培训，完善社会保障和基本公共服务，特别是要促进已转移贫困劳动力稳定就业。对接收建档立卡务工人员较多的用工企业，可以适当方式给予支持。

汪洋强调，试点工作重在试出经验。要做好试点全程记录，及时总结提炼可复制、可推广的经验，加快在全国范围内实施，充分发挥试点工作的示范带动作用，不断增强劳务输出脱贫的针对性和有效性。

2016年4月27日，国务院总理李克强主持召开国务院常务会议，部署加快中西部教育发展补“短板”，夯实发展基础、促进社会公平；确定推动文化文物单位文化创意产品开发的措施，提升社会文明水平和国家软实力；通过《农田水利条例（草案）》。

会议指出，加快中西部教育发展，把提升最贫困地区教育供给能力和最困难人群受教育水平作为重点任务，提高教育质量，是夯实发展基础，促进教育公平，保障和改善民生，推动实现全面脱贫和全面建成小康社会目标的重要举措。会议确定了加快中西部教育发展的措施。一是促进县域内义务教育均衡发展。合理布局教学点，按标准配置教学设施和教师。改善寄宿制学校教学、图书、就餐、取暖等条件，加快消除“大通铺”现象。到 2018 年基本解决县城和乡镇学校超大班额问题。继续实施营养改善计划。扩大乡村教师特设岗位数量，采取免费教育、学费补偿等方式为乡村学校定向培养教师。二是大力发展职业教育。完善中职学校生均经费标准，逐步分类推进中职教育免除学杂费，提高职业院校办学能力，推广现代学徒制，推行校企联合，强化实习实训，增强实践和就业创业能力，为承接东部地区产业转移创造条件。三是加快普及高中阶段教育。新建和改扩建一批普通高中，提升乡村高中办学条件，加快实现宽带接入，率先对贫困家庭学生实施普通高中免除学杂费，到 2020 年使中西部地区高中阶段教育毛入学率达到 90%。四是支持建设一批高水平大学和学科，扩大中西部学生接受优质高等教育的机会。在没有教育部直属高校的 14 个省份各重点支持建设一所高校。继续扩大重点高校面向贫困地区农村招生规模。五是办好农村学前教育，支持普惠性托儿所和幼儿园尤其是民办托幼机构发展。六是加大对少数民族和民族地区政策倾斜力度，加强民族地区“双语”教育，增强学生发展能力。搞好特殊教育学校和特教资源中心建设，提高残疾人受教育比例。会议要求，要强化地方发展教育主体责任，通过改革创新留住人才、用好教育资源。

2016 年 5 月 10 日，全国支持贫困县开展统筹整合使用财政涉农资金试点电视电话会议在北京召开，国务院副总理、国务院扶贫开发领导小组组长汪洋出席会议并讲话。他强调，支持贫困县统筹整合使用财政涉农资金，是提高财政资金配置效率、保障脱贫攻坚资金需求的关键之举。要认真贯彻党中央、国务院决策部署，支持贫困县以脱贫攻坚规划为引领，以重点扶贫项目为平台，将财政涉农资金捆绑集中使用，提高扶贫精准度和有效性，为打赢脱贫攻坚战提供有力保障。

汪洋强调，支持贫困县整合财政涉农资金，是推进精准扶贫精准脱贫的要求，也是深化“放管服”改革的重要内容。中央、省（区、市）、市（地）级要将财政安排用于农业生产发展和农村基础设施建设等方面的资金，纳入整合范围，允许试点贫困县统筹使用，集中用于脱贫攻坚各项工作。要继续增强贫困县的财政保障能力，加大对贫困县倾斜支持力度，各部门要着力做好资金监管和政策服务。试点贫困县要科学编制脱贫攻坚规划，确定重点扶贫项目和建设任务，完善资金整合使用具体方案和决策程序，创新资金使用机制，履行好资金管理监督首要责任，全面提高脱贫成效。

2016 年 5 月 19 日，国务院总理李克强在人民大会堂出席首届世界旅游发展大会开幕式并致辞。

李克强表示，中国政府高度重视旅游业的地位和作用，先后颁布出台一系列促进旅游业改革发展的法律法规和政策措施，目的是把旅游业打造成国民经济的战略性支柱产业和人民群众更加满意的现代服务业。

李克强指出，旅游业不仅是中国培育发展新动能的生力军和大众创业、万众创新的大舞台，也是实现扶贫脱贫的重要支柱和建设美丽中国的助推器，还是中国对外友好交往的高架桥。中国将把发展旅游业作为推进结构性改革尤其是供给侧结构性改革、促进经济发展的重要方面来抓，实施旅游消费促进计划和旅游投资促进计划，落实向社会资本全面开放旅游市场的举措，进一步深化对外合资合作，以改革开放增强旅游业发展动力。进一步加强旅游硬件设施建设，强化旅游市场监管，使中外旅客享受更加便捷安全、多彩快乐的旅游之美。同时深入推进全域旅游和“旅游+”行动，与“互联网+”相结合，在促进旅游中实现一、二、三产业融合发展，以旅游业的升级换代促进国民经济的提质增效。

李克强强调，中国政府将在未来 5 年内通过发展旅游业使 1200 万人口脱贫。我们还要把促进旅游业发展放在生态文明建设的突出位置来抓，坚持在发展中保护、保护中发展，走出一条生态保护与经济发展相协调的路子。

2016 年 5 月 23 日，全国产业扶贫电视电话会议在北京召开，国务院副总理、国务院扶贫开发领导小组组长汪洋出席会议并讲话。他强调，产业是发展的根基，也是脱贫的主要依托。要认真贯彻落实党中央、国务院决策部署，坚持精准扶贫、精准脱贫基本方略，紧紧围绕贫困人口脱贫目标，培育和发展特色优势产业，在“十三五”期间，要通过产业扶贫，实现 3000 万以上农村贫困人口脱贫。

汪洋指出，推进产业扶贫，要坚持市场导向，遵循市场和产业发展规律，因地制宜合理确定产业发展方向、重点和规模，提高产业发展的持续性和有效性。要将产业发展与建档立卡贫困人口的脱贫衔接起来，通过股份制、股份合作制、土地托管、订单帮扶等多种形式，建立贫困户与产业发展主体间利益联结机制，让贫困人口分享产业发展收益。

汪洋强调，各级政府要进一步明确责任，加大对产业扶贫的资金投入，完善金融等相关扶持政策，大力推进产业扶贫。要积极引导各方面力量参与产业扶贫，加强指导服务，以“放管服”营造有利于产业发展的市场环境，但不能代替市场主体决策。要重视扶贫产业经营风险，通过完善流通体系、建立风险共担经营机制、扩大农业保险覆盖等，多渠道分散扶贫产业风险。

2016年6月8日，国务院总理李克强主持召开国务院常务会议，部署实施健康扶贫工程，提升农村贫困人口医疗保障和健康水平；确定发展和规范健康医疗大数据应用的措施，通过互联网+医疗更好满足群众需求；决定建设福厦泉与合芜蚌两个国家自主创新示范区，引领带动体制创新和科技创新。

会议指出，实施健康扶贫工程，补上贫困地区医疗服务“短板”，解决农村贫困人口因病致贫和返贫问题，对打赢脱贫攻坚战，意义重大。为此，一要减轻农村贫困人口医疗负担，对参加新农合的个人缴费部分给予财政补贴，提高政策范围内住院费用报销比例，加大对大病保险的支持力度。将农村贫困人口全部纳入重特大疾病医疗救助范围。将符合条件的残疾人医疗康复项目纳入基本医保支付范围。二要对患大病和慢性病的农村贫困人口进行分类救治。今年起选择负担较重、能一次性治愈的大病开展集中救治。三要实行农村贫困人口在县域内定点医疗机构住院先诊疗后付费，实现各类医保、救助“一站式”即时结算。四要确保每个连片特困地区县和国家扶贫开发工作重点县至少有1所县级公立医院、每个乡镇有1所标准化乡镇卫生院、每个行政村有1个卫生室。从全国遴选三级医院对这些地区的县级医院开展一对一帮扶。五要深化贫困地区公立医院改革，先行探索制定绩效工资总量核定办法，调动医务人员积极性。2017年底前完成对贫困地区乡村医生的轮训，提高乡村医生养老待遇。鼓励和支持企业、慈善机构等社会力量参与健康扶贫。

2016年6月17日，全国金融扶贫工作电视电话会议在北京召开，国务院副总理、国务院扶贫开发领导小组组长汪洋出席会议并讲话。他强调，金融扶贫是增加扶贫投入的重要渠道，是脱贫攻坚的关键举措。要认真贯彻中央扶贫开发工作会议精神，鼓励和引导商业性、政策性、开发性、合作性等各类金融机构实施特惠金融政策，加大对扶贫的支持力度，为打赢脱贫攻坚战提供强有力支撑。

汪洋强调，新时期金融扶贫要坚持精准扶贫精准脱贫基本方略，紧紧围绕建档立卡贫困人口脱贫开展工作，确保贫困人口受益。要广辟资金来源，用好扶贫再贷款、专项金融债等多种政策工具，向金融机构提供长期、低成本资金。发挥财政资金“四两拨千斤”导向作用，通过融资担保、贷款贴息等，撬动更多金融资源支持扶贫。要创新金融扶贫产品，落实免抵押免担保的扶贫小额信贷，扩大保险覆盖减少因病因灾返贫。创新金融帮扶方式，加强对带动贫困人口脱贫的龙头企业、合作社等的金融支持。鼓励金融机构延伸服务网络，下沉服务重心，充分利用农村基层组织、驻村扶贫工作队等资源，降低金融服务成本，提高贫困人口金融服务可及性和质量，防范金融风险。做好金融和扶贫信息对接共享，强化考核监督，确保金融扶贫取得实效。

2016年6月29日，国务院总理李克强主持召开国务院常务会议，部署促进川陕革命老区振兴发展，推动老区加快致富全面奔小康；原则通过《中长期铁路网规划》，以交通大动脉建设支撑经济社会升级发展。

会议指出，川陕革命老区在中国革命和建设中作出巨大贡献，在西部区位重要独特，但大多在集中连片特困地区，基础设施等建设滞后。采取特殊扶持政策，支持川陕革命老区加快振兴发展，有利于推进西部大开发，缩小区域差距，带动扩大内需、调整结构。一要坚持发展第一要务，更多依靠深化改革和扩大开放，推进区域协作，在简政放权、放管结合和打破行政分割、建设统一市场、营造公平竞争环境等方面大胆探索，增强革命老区内生发展动力。二要破解老区基础设施瓶颈制约。加快建设一批重点水利工程，强化电、气等能源保障，完善交通运输网络等基础设施，到2020年力争实现老区行政村基本通宽带。三要积极发展特色农林业和新材料、高端装备制造、商贸物流、旅游等产业，升级轻纺服装等传统产业。鼓励和支持农民工返乡创业。四要加快脱贫攻坚，加大易地扶贫搬迁投入和扶贫小额信贷支持，探索实行资产收益扶持制度，将财政资金投入形成的经营性资产折股配置给贫困户。五要加大东部省份和省内发达市县对口帮扶力度，推进新型城镇化和城乡协调发展，提升教育、医疗、文化等基本公共服务水平，强化就业和社会保障。提高在乡退伍红军老战士、在乡西路军红军老战士、红军失散人员和在乡老复员军人等优抚对象抚恤补助标准。完善生态补偿等政策，加强生态保护和建设。六要增强川陕革命老区发展致富能力。逐步增加中央财政转移支付资金规模，鼓励金融机构加大信贷扶持，在重大项目布局、审批等方面给予倾斜，研究提高老区矿产、油气资源开发收益地方留成比例。

会议认为，……二是完善普速铁路网，扩大中西部路网覆盖，优化东部网络布局，形成区际快捷大能力通道，加快建设脱贫攻坚和国土开发铁路。

2016年7月8日，国务院副总理、国务院扶贫开发领导小组组长汪洋在京主持召开国务院扶贫开发领导小组第十一次全体会议，审议易地扶贫搬迁“十三五”规划、低保制度与扶贫政策衔接指导意见等，总结上半年脱贫攻坚情况，部署下一阶段工作。他强调，中央扶贫开发工作会议以来，脱贫攻坚各项工作开局良好，成效明显。要巩固精准扶贫的向好势头，打好年度战役，解决突出问题，强化目标责任，确保脱贫攻坚工作健康推进。

汪洋强调，今年以来，扶贫开发的责任机制、支持政策、保障措施、监督办法、工作落实等都得到加强，精准扶贫精准脱贫稳步推进，但也暴露出一些倾向性问题，需要在制度和工作层面认真研究解决。要严格落实扶贫考核机制，深入开展督查巡查，防范不准不实问题。严格落实贫困退出机制，做好评估核查，防范数据造假问题。严格扶贫资金使用监管，完善项目资金公告公示制度，防范资金滥用问题。统筹脱贫攻坚与长期发展，做到长短结合，标本兼治，防范急功近利问题。

汪洋强调，完成全年脱贫目标任务艰巨，要着力推进易地扶贫搬迁、产业扶贫、金融扶贫、扶贫劳务对接、教育扶贫、健康扶贫、低保兜底等重点工作，强化扶贫资金和人才保障，充分调动贫困地区干部群众的积极性，保质保量完成减贫 1000 万人以上的任务。

2016 年 7 月 22 日，中共中央总书记、国家主席、中央军委主席习近平在银川主持召开东西部扶贫协作座谈会并发表重要讲话。习近平强调，东西部扶贫协作和对口支援，是推动区域协调发展、协同发展、共同发展的大战略，是加强区域合作、优化产业布局、拓展对内对外开放新空间的大布局，是实现先富帮后富、最终实现共同富裕目标的大举措，必须认清形势、聚焦精准、深化帮扶、确保实效，切实提高工作水平，全面打赢脱贫攻坚战。

……习近平指出，组织东部地区支援西部地区 20 年来，党中央不断加大工作力度，形成了多层次、多形式、全方位的扶贫协作和对口支援格局，使区域发展差距扩大的趋势得到逐步扭转，西部贫困地区、革命老区扶贫开发取得重大进展。在西部地区城乡居民收入大幅提高、基础设施显著改善、综合实力明显增强的同时，国家区域发展总体战略得到有效实施，区域发展协调性增强，开创了优势互补、长期合作、聚焦扶贫、实现共赢的良好局面。这在世界上只有我们党和国家能够做到，充分彰显了我们的政治优势和制度优势。东西部扶贫协作和对口支援必须长期坚持下去。

习近平强调，西部地区特别是民族地区、边疆地区、革命老区、连片特困地区贫困程度深、扶贫成本高、脱贫难度大，是脱贫攻坚的短板，进一步做好东西部扶贫协作和对口支援工作，必须采取系统的政策和措施。他为此提出 4 点要求。

第一，提高认识，加强领导。西部地区要增强紧迫感和主动性，不以事艰而不为，不以任重而畏缩，倒排工期、落实责任，抓紧施工、强力推进。东部地区要增强责任意识和大局意识，下更大气力帮助西部地区打赢脱贫攻坚战。双方党政主要负责同志要亲力亲为推动工作，把实现西部地区现行标准下的农村贫困人口如期脱贫作为主要目标，加大组织实施力度。要坚持精准扶贫、精准脱贫，把帮扶资金和项目重点向贫困村、贫困群众倾斜，扶到点上、扶到根上。要加大投入力度，东部地区根据财力增长情况，逐步增加对口帮扶财政投入；西部地区整合用好扶贫协作和对口支援等各类资源，聚焦脱贫攻坚。

第二，完善结对，深化帮扶。要着眼于任务的适当平衡，完善省际结对关系。在此基础上，实施“携手奔小康”行动，着力推动县与县精准对接，还可以探索乡镇、行政村之间结对帮扶。要动员东部地区各级党政机关、人民团体、企事业单位、社会组织、各界人士等积极参与脱贫攻坚工作。要加大产业带动扶贫工作力度，着力增强贫困地区自我发展能力。推进东部产业向西部梯度转移，要把握好供需关系，让市场说话，实现互利双赢、共同发展。要把东西部产业合作、优势互补作为深化供给侧结构性改革的新课题，大胆探索新路。在科技创新上，西部地区要不求所有、但求所用，东部地区要舍得拿出真技术支持西部地区。

第三，明确重点，精准聚焦。产业合作、劳务协作、人才支援、资金支持都要瞄准建档立卡贫困人口脱贫精准发力。要着眼于增加就业，建立和完善劳务输出对接机制，提高劳务输出脱贫的组织化程度。要在发展经济的基础上，向教育、文化、卫生、科技等领域合作拓展。要继续发挥互派干部等方面的好经验、好做法，促进观念互通、思路互动、技术互学、作风互鉴。要加大对西部地区干部特别是基层干部、贫困村致富带头人的培训力度，打造一支留得住、能战斗、带不走的人才队伍。

第四，加强考核，确保成效。要用严格的制度来要求和监督，抓紧制定考核评价指标。要突出目标导向、结果导向，不仅要看出了多少钱、派了多少人、给了多少支持，更要看脱贫的实际成效。西部地区是脱贫攻坚的责任主体，也要纳入考核范围。

习近平指出，扶贫开发到了攻克最后堡垒的阶段，所面对的多数是贫中之贫、困中之困，需要以更大的决心、更明确的思路、更精准的举措抓工作。要坚持时间服从质量，科学确定脱贫时间，不搞层层加码。要真扶贫、扶真贫、真脱贫。

习近平强调，抓工作，要有雄心壮志，更要有科学态度。一是领导工作要实，做到谋划实、推进实、作风实，求真务实，真抓实干。二是任务责任要实，做到分工实、责任实、追责实，分工明确，责任明确，履责激励，失责追究。三是资金保障要实，做到投入实、资金实、到位实，精打细算，用活用好，用在关键，用出效益。四是督查验收要实，做到制度实、规则实、监督实，加强检查，严格验收，既不拖延，也不虚报。

习近平指出，脱贫攻坚是干出来的，靠的是广大干部群众齐心干。贫困地区要激发走出贫困的志向和内生动力，以更加振奋的精神状态、更加扎实的工作作风，自力更生、艰苦奋斗，凝聚起打赢脱贫攻坚战的强大力量。要组织和动员有志于为党和人民建功立业、做一番作为的干部到西部地区来，努力在艰苦条件下、在攻坚克难中使自己成长为可以担当重任、能打硬仗的高素质干部。

2016 年 7 月 25 日，中共中央在中南海召开党外人士座谈会，就当前经济形势和下半年经济工作听取各民主党派中央、全国工商联负责人和无党派人士代表的意见和建议。中共中央总书记习近平主持座谈会并发表重要讲话。

2016 年 7 月 28 日，国务院副总理、国务院扶贫开发领导小组组长汪洋在京主持召开国务院扶贫开发领导小组专题会议，学习贯彻习近平总书记在银川东西部扶贫协作座谈会上的重要讲话精神，研究部署深入推进脱贫攻坚工作。他强调，要进一步深刻领会习近平总书记扶贫开发重要战略思想，强化大局意识和责任担当，聚焦精准，深化帮扶，确保各项扶贫政策举措取得实效。

汪洋指出，实施东西协作扶贫是缩小东西部差距、促进区域协调发展和民族团结的重要战略决策。要紧紧围绕贫困人口脱贫目标，加大对口帮扶力度，拓展协作领域，整合帮扶资源，着力打造东西部扶贫协作升级版。要完善帮扶结对关系，推进东部经济强县与西部贫困县“携手奔小康”行动。加大产业带动扶贫工作力度，促进东部产业向西部梯度转移，加强人才支援工作，强化扶贫劳务对接，组织重点技工学校开展技能脱贫千校行动。建立以脱贫实效为导向的东西部扶贫协作考核机制，不断提高扶贫协作水平。

汪洋强调，脱贫攻坚要以真抓促落实、以实干求实效。要坚决纠正脱贫时间层层加码、帮扶不实不准、滥用扶贫资金、内生动力不足等倾向性问题。国务院扶贫开发领导小组要组织开展脱贫攻坚综合督查。要挖掘一批扶贫正面典型，示范带动面上工作，也要曝光一批负面典型，形成震慑。要创新体制机制，扎实推进农村扶贫供给侧结构性改革，提高脱贫攻坚的精准度、实效性和可持续性。

2016 年 8 月 16 日，国务院总理李克强主持召开国务院常务会议，部署对钢铁煤炭行业化解过剩产能开展专项督查，确保完成既定目标任务；听取促进外贸增长政策落实情况汇报，推动进出口回稳向好；决定免除普通高中建档立卡家庭经济困难学生学杂费，推进扶贫攻坚；确定完善社会救助和保障标准与物价上涨挂钩联动机制，更好保障困难群众基本生活。

……

为贯彻《中共中央 国务院关于打赢脱贫攻坚战的决定》要求，推进教育公平，会议决定，从 2016 年秋季学期起，免除公办普通高中建档立卡家庭经济困难学生，包括非建档立卡家庭经济困难残疾学生的学杂费，对民办学校符合条件的学生，按照当地同类型公办学校标准给予补助。确保政策落到最贫困家庭的学子身上。

2016年8月22日至23日，全国易地扶贫搬迁现场会在贵州省贵阳市召开。中共中央政治局常委、国务院总理李克强作出重要批示。批示指出：易地扶贫搬迁是打赢脱贫攻坚战、提升特困地区民生福祉的重点关键。各地区、各部门要充分认识这项工作的艰巨性、复杂性和紧迫性，进一步增强责任感和使命感，认真贯彻中央扶贫开发工作会议精神，按照《中共中央国务院关于打赢脱贫攻坚战的决定》要求，落实新发展理念，在前期已取得积极进展和经验的基础上，针对易地扶贫搬迁工作中存在的薄弱环节和突出问题，尤其要聚焦增强搬迁群众后续发展能力，创新思路机制，持续着力攻坚，切实落实省负总责和部门加大支持，充分调动广大干部群众的主动性和创造性，统筹有效用好宝贵的扶贫资金和资源，确保实现精准扶贫、稳定脱贫。国务院副总理、国务院扶贫开发领导小组组长汪洋出席会议并讲话。他强调，要深刻学习领会习近平总书记扶贫开发重要战略思想，认真落实李克强总理重要批示要求，进一步明确目标，严格标准，理顺机制，扎实做好易地扶贫搬迁工作，坚决打好脱贫攻坚的关键之仗。

汪洋指出，中央扶贫开发工作会议以来，各地各部门认真贯彻落实党中央、国务院决策部署，把易地扶贫搬迁作为脱贫攻坚的“当头炮”和重中之重，狠抓工作落实，易地扶贫搬迁实现良好开局。要认真总结工作中的经验教训，进一步强化问题意识，坚持问题导向，加强薄弱环节，防止出现颠覆性错误。要自始至终不忘扶贫这个初心，不偏脱贫这个目标，资金和项目安排要聚焦建档立卡贫困人口，各项工作要紧盯促进贫困人口脱贫。严格掌握扶贫搬迁住房建设标准和面积，绝不能让贫困户因建房而举债，加重脱贫负担。要加强后续政策扶持，做好产业帮扶、劳务培训和输出、社会保障兜底等配套工作，确保搬迁户如期脱贫。要进一步落实“中央统筹、省负总责、市县抓落实”工作机制，强化地方责任，尽快明确和完善资金承接和投放、贷款偿还的主体和流程，简化相关审批程序，确保体制和平台顺畅运转，确保项目顺利实施。加强对易地扶贫搬迁工作的考核监督，强化资金监管，坚决查处挤占挪用、贪污截留搬迁资金的行为。要广泛组织贫困群众参与，激发内生发展动力，促进贫困群众自力更生实现脱贫。

2016年8月25日，加强东西部扶贫协作工作电视电话会议在北京召开，国务院副总理、国务院扶贫开发领导小组组长汪洋出席会议并讲话。他强调，要认真学习贯彻习近平总书记在银川东西部扶贫协作座谈会重要讲话精神和李克强总理关于加强东西部扶贫协作的重要批示要求，深入总结历史经验，借鉴推广闽宁协作等先进典型做法，进一步增强责任意识和使命担当，聚焦精准、拓展领域、真抓实干，不断提高东西部扶贫协作水平。

汪洋指出，东西部扶贫协作开展 20 年来取得显著成效，对加快西部地区脱贫步伐、促进区域协调发展发挥了重要作用。进一步推进东西部扶贫协作是新时期打赢脱贫攻坚战的重要部署，协作双方要摆上重要议事日程。要优化结对关系，健全协作机制，启动经济强县和贫困县“携手奔小康”行动，广泛动员社会各方面参与，瞄准建档立卡贫困人口脱贫精准发力，真抓实干，不断深化帮扶工作。东部地区要围绕扶贫协作契合点和重点合作事项，选派有事业心、有能力的干部到对口地区开展帮扶，尤其要重视向西部输送和培养专业技术人才和管理人才。要加强产业合作，坚持市场导向，扶持、培育、引进一批企业，既带动西部贫困人口脱贫，又拓展东部产业发展空间。要推进东西部劳务协作，东部地区要针对外来建档立卡贫困务工人员开展“一对一”就业帮扶，中西部地区也要做好省内各市、市内各县劳务对接，确保贫困人口稳定就业、稳定脱贫。要以建档立卡贫困人口脱贫成效为主要内容，加强对东西部扶贫协作工作考核。

2016 年 9 月 5 日，国务院总理李克强主持召开国务院常务会议，部署在关键领域和薄弱环节加大补短板工作力度，依靠改革开放推动发展升级和民生改善。

会议指出，……要抓住当前原材料等大宗商品价格较低等有利时机，加大积极财政政策实施力度，聚焦脱贫攻坚、灾后重建和中小水利治理加固、重大软硬基础设施建设、新产业新动能培育等重点领域，注重体制机制改革创新，优化政策“配方”打好组合拳。……发挥政府投资引导作用，按照市场化运作和可持续的要求，以易地扶贫搬迁等为重点科学合理使用专项建设基金，加大中央预算内投资对水利薄弱环节、城市防涝设施建设等投入。

2016 年 10 月 11 日，国务院副总理、国务院扶贫开发领导小组组长汪洋在京主持召开国务院扶贫开发领导小组第十二次全体会议，研究解决扶贫工作中的形式主义问题，部署 2016 年脱贫攻坚督查巡查工作。他强调，要认真学习贯彻习近平总书记关于扶贫开发系列重要讲话精神，严格落实制度，强化监督问责，改进工作作风，自上到下、自始至终解决好扶贫工作中的形式主义问题，扎扎实实推进脱贫攻坚各项工作。

汪洋指出，中央扶贫开发工作会议以来，各地各部门认真贯彻党中央、国务院决策部署，加大精准扶贫、精准脱贫力度，脱贫攻坚取得显著成效。但一些地方和部门也存在政策不落地、帮扶走过场、摆花架子、做表面文章等形式主义的问题，给党和政府形象带来损害，给打赢脱贫攻坚战带来不利影响。必须充分认识形式主义的危害性，牢固树立为人民服务的宗旨意识，切断形式主义的思想根源。坚持求真务实的工作作风，紧紧瞄准脱贫目标改进政策安排、工作部署和业绩考核等工作。要从脱贫难点入手，从群众需要出发，沉下心来帮扶，切实提高扶贫成效。要强化监督问责，及时曝光负面典型，让搞形式主义的人付出代价。

汪洋强调，督查巡查是推进脱贫攻坚的制度利器。国务院扶贫开发领导小组将按照中央部署，对有扶贫任务的地区进行全面督查，对问题突出的进行巡查，以及时发现问题，总结经验，改进扶贫工作。督查巡查要突出重点，创新方法，深入实际，真正起到推动工作落实、解决突出问题的作用。

2016 年 10 月 13 日（编者注：中国政府网报道时间），国务院副总理、国务院扶贫开发领导小组组长汪洋近日在湖北调研扶贫工作并出席在黄冈召开的“万企帮万村”精准扶贫行动现场会。他强调，民营企业开展“万企帮万村”精准扶贫行动是先富帮后富、实现共同富裕的生动实践，要深入贯彻中央扶贫开发工作会议精神，紧紧围绕精准扶贫、精准脱贫，坚持市场导向，创新利益联结机制，确保“万企帮万村”行动落到实处、取得实效。

去年以来，全国工商联、国务院扶贫办和中国光彩会在全国开展了“万企帮万村”行动，已有 22000 多家民营企业通过投资项目、安置就业等多种形式，与 21000 多个贫困村建立结对帮扶关系，促进了贫困群众脱贫，实现了脱贫与企业发展双赢。13 日，汪洋先后到罗田县燕窝垸村、胡家河村了解民营企业帮扶贫困村情况，与企业家、合作社牵头人、贫困群众共同探讨脱贫致富路子。

汪洋充分肯定“万企帮万村”行动取得的显著成绩。他强调，“万企帮万村”行动是脱贫攻坚战的重要举措，也是民营企业拓展发展空间的重要途径。村企结对帮扶要因地制宜，尊重企业自主权，因村因户因人施策，注重调动贫困群众积极性，激发内生发展动力。要发挥民营企业在促进产业发展、解决就业上的独特优势，培育特色产业，提供就业机会和技能培训，确保贫困群众在解决“两不愁、三保障”的基础上实现稳定脱贫，逐步走上富裕道路。

汪洋强调，地方各级政府要切实将“万企帮万村”行动与专项扶贫、行业扶贫同部署、同落实，形成脱贫攻坚合力。要落细落实税收优惠政策，引导金融机构加大对民营企业带动贫困人口脱贫的支持力度，解决好融资难融资贵问题，及时总结提炼可复制可推广的经验，不断将“万企帮万村”行动推向深入。

2016 年 10 月 16 日，在京召开的全国脱贫攻坚奖表彰大会公布了 2016 年全国脱贫攻坚奖获奖名单，共有 38 人分获奋进奖、贡献奖、奉献奖和创新奖。

根据获奖名单，王秀芝、邓迎香、玉努斯·尼亚孜、申纪兰、朱玉国、李娜倮、黄勇、蒋乙嘉、廖秀英、谭泽勇获得奋进奖，王剑辉、王晓阳、苏庆亮、时圣宇、吴树兰、陈正拜、赵亚夫、胡世财、高德荣、程蕴昭获得贡献奖，王文彪、卢志强、许家印、杨国强、张近东、陈秀、罗官章、姜业兰、韩兴旺获得奉献奖，王健林、石践、李振生、陈纯山、吴丹、房向阳、高中海、屠鹏飞、熊尚兵获得创新奖。

全国脱贫攻坚奖每年评选表彰一批为脱贫攻坚作出突出贡献的各界人士，其中奋进奖从脱贫主体中产生，表彰光荣脱贫和带领群众脱贫的先进典型；贡献奖从扶贫工作主体中产生，表彰各级党政机关、国有企事业单位、军队和武警部队、民主党派和工商联、人民团体中的扶贫先进典型；奉献奖从社会帮扶主体中产生，表彰各类社会组织、非公有制企业和公民个人中的扶贫先进典型；创新奖从扶贫脱贫主体中产生，表彰在实施精准扶贫精准脱贫方略中理论与实践创新的先进典型。

当天的表彰大会上，相关部门负责人还宣布启动“携手奔小康”行动、设立中央企业贫困地区产业投资基金、开通中国社会扶贫网。据了解，中央企业贫困地区产业投资基金首期规模100亿元左右，最终规模有望达到1000亿元。

2016年10月31日，国务院总理李克强主持召开国务院常务会议，听取国务院第三次大督查情况汇报，推动改革发展和民生改善政策措施切实落地见效；确定全面推进政务公开相关实施细则，促进政府施政更加透明高效。

……会议要求，各地区、各部门要抓住后两个月关键时期，切实整改督查发现的问题。一是强化工作落实责任机制，认真研究督查中各方提出的意见建议，抓住牵一发动全身的重点问题，围绕推进重大建设、吸引民间投资促进医养结合等新兴产业发展和保障房、扶贫、医保等重大民生事项，提出有效解决办法，促进供给结构更好适应需求结构变化，提高发展质量效益。

……会议确定，一是将决策、执行、管理、服务、结果“五公开”的要求稳步有序纳入政务活动各环节。在全国选取100个县，围绕土地利用规划、拆迁安置、环境治理、扶贫救灾、就业社保等开展政务公开标准化规范化试点。

2016年11月10日，国务院副总理、国务院扶贫开发领导小组组长汪洋在京主持召开国务院扶贫开发领导小组第十三次全体会议，听取脱贫攻坚督查巡查情况汇报，研究部署下一阶段工作。他强调，开展脱贫攻坚督查巡查，是全面从严治党在扶贫领域的重要体现，要把学习贯彻党的十八届六中全会精神作为重要政治任务，自觉在思想上政治上行动上同以习近平同志为核心的党中央保持高度一致，用好脱贫攻坚督查巡查成果，传导压力、增强动力、压实责任、解决问题，确保中央脱贫攻坚决策部署落到实处。

经党中央、国务院批准，近期国务院扶贫开发领导小组组织开展了脱贫攻坚督查巡查，44个成员单位组成20个督查组和2个巡查组到22个中西部省份，采取随机抽查、直接进村入户、一对一访谈等方式进行实地调研，全面了解各地落实中央脱贫攻坚政策举措情况，总结好的做法，查找突出问题。汪洋对前期工作予以充分肯定。他强调，督查巡查是推进工作的好办法，要认真归纳各地创新举措，提炼可复制、可推广经验，在面上推开。针对扶贫领域存在的形式主义、不实不准、基层工作薄弱、部分贫困群众内生动力不足等问题，要认真研究解决办法。要谋划好下一阶段脱贫攻坚工作，狠抓重点区域、重点群体、重点任务的集中攻坚，强化产业、就业等造血式扶贫措施，培育壮大贫困村集体经济，促进贫困群众稳定脱贫。

2016年11月14日，中共中央政治局常委、国务院总理李克强主持召开座谈会，就做好经济发展和民生改善等工作听取有关专家、企业负责人的意见建议。

……李克强说，发展的根本目的是保障和改善民生，破解民生难题、回应民生关切、满足民生需求也会增添发展动力。在当前财政收支矛盾突出的情况下，保基本的力度不能减弱，要确保稳住就业“基本盘”，守住养老金发放等民生底线。持续深化医改，创新机制打破层级等壁垒，形成医保与医疗协作、重点医院与基层诊所资源融合的利益共同体，使群众享受质量更高、成本更低的医疗服务。加强住房保障工作，加快推动建立覆盖面更广特别是惠及新就业大学生和外来务工人员的公租房体系，持续推进棚户区改造，更好满足创业者和住房困难家庭的基本居住需求。精准扎实、保质保量完成脱贫攻坚任务，用改善民生的新成效不断淬炼发展“成色”。

2016年11月15日，国务院总理李克强主持召开国务院常务会议，通过了根据国民经济和社会发展第十三个五年规划纲要制定的脱贫攻坚、教育脱贫、生态环境保护三个补“短板”的规划。

会议指出，打赢脱贫攻坚战，是党中央、国务院重大决策部署，有利于促进区域协调发展、补上全面建成小康社会的最突出“短板”、迈向共同富裕。要坚持精准扶贫脱贫与整体推进相结合，以革命老区、民族地区、边疆地区和集中连片特困地区为重点，加快实施一批增强贫困地区自我发展能力的重大工程，破解发展瓶颈制约，确保实现2020年脱贫攻坚目标。一要建立健全产业到户到人的精准扶持机制，以市场为导向，发挥农民合作组织、龙头企业作用，因地制宜发展农林、旅游、电商等，推动每个贫困县、乡、村形成特色产业和拳头产品，开展水电、矿产资源开发资产收益扶贫改革试点，让贫困户分享产业发展红利。二要加大贫困地区基础设施建设，推进百万公里农村公路、小型水利、农村危房改造、农网改造升级、网络通信扶贫等工程。三要有序实施易地扶贫搬迁安置，结合新型城镇化，统筹推动安置区配套设施、公共服务等建设和产业发展，确保搬迁户就业有渠道、收入有提高。四要做好贫困地区养老、医疗、教育等基本民生保障，尤其要通过深化医改、加大健康扶贫力度，解决好贫困家庭因病致贫返贫问题。五要加大财政、投资、金融、土地等政策扶持，创新政府购买服务、东西部扶贫协作、企业和社会组织帮扶等机制，形成推动脱贫奔小康的合力。

会议通过教育脱贫攻坚五年规划，确定：一是整合存量财政资金，支持各地改善贫困县义务教育突出“短板”。特岗计划优先满足贫困县需要，国培计划优先支持贫困县乡村教师校长培训。二是完善对贫困家庭学生的教育资助体系。将营养改善计划试点范围扩大到全部贫困县，免除公办普通高中建档立卡等家庭经济困难学生学杂费，逐步对贫困家庭学生接受中职教育实现免学费和国家助学金补助政策全覆盖。三是重点支持贫困地区每个地级市（州、盟）至少建设好一所符合当地发展需要的中等职业学校。实施职教圆梦计划，协调国家示范和重点中职对就业前景好的专业单列计划面向贫困家庭子女招生，让贫困学子掌握实用技能，脱贫致富、服务家乡。

2016年12月2日，推进职业教育现代化座谈会在京召开。中共中央政治局常委、国务院总理李克强作出重要批示。批示指出：加快发展现代职业教育，对于发挥我国人力和人才资源巨大优势、提升实体经济综合竞争力具有重要意义。在各方面共同努力下，近年来职业教育改革发展取得了显著成就，应予充分肯定。“十三五”时期，希望围绕贯彻党中央、国务院重大战略部署，落实新发展理念，切实把职业教育摆在更加突出的位置，加快构建现代职业教育体系。坚持面向市场、服务发展、促进就业的办学方向，进一步深化改革创新，强化产教融合、校企合作，积极鼓励和支持社会力量参与，努力建成一批高水平的职业学校和骨干专业，加快培育大批具有专业技能与工匠精神的高素质劳动者和人才，深度融入大众创业、万众创新和“中国制造2025”的实践之中，促进新动能发展和产业升级，带动扩大就业和脱贫攻坚，为推动经济保持中高速增长、迈向中高端水平作出新贡献。

2016年12月6日，中共中央在中南海召开党外人士座谈会，就今年经济形势和明年经济工作听取各民主党派中央、全国工商联负责人和无党派人士代表的意见和建议。中共中央总书记习近平主持座谈会并发表重要讲话。习近平强调，稳增长、促改革、调结构、惠民生、防风险的任务依然十分繁重。越是情况复杂，越是任务艰巨，越要全国上下团结一心。希望同志们把思想和行动统一到中共中央决策部署上来，把智慧和力量凝聚到各项经济社会发展政策措施落实上来，强化创新、协调、绿色、开放、共享的发展理念，围绕统筹推进“五位一体”总体布局和协调推进

"四个全面"战略布局，围绕国家经济社会改革发展重点任务，坚持问题导向，深入调查研究，提出意见和建议。……习近平强调，长期以来，各民主党派同中国共产党长期共存、互相监督、肝胆相照、荣辱与共，履行民主监督职能，在帮助中国共产党科学决策、民主决策、依法决策上作出了重要贡献。今年，各民主党派中央围绕打赢脱贫攻坚战，对口 8 个省份开展了脱贫攻坚民主监督专项工作，取得了阶段性成果。脱贫攻坚时间紧、任务重，希望各民主党派中央继续对各项精准扶贫、精准脱贫政策落实情况进行监督，及时提出意见和建议。

2016 年 12 月 7 日，国务院总理李克强主持召开国务院常务会议，根据国民经济和社会发展第十三个五年规划纲要，审议通过"十三五"促进中部地区崛起和国家信息化、国家科技重大专项重点规划，推动区域协调发展、经济结构升级；通过《中华人民共和国水污染防治法修正案（草案）》。

会议指出……五是全力脱贫攻坚，扶持革命老区振兴和资源枯竭城市转型。

会议认为，……四要开展 5G 关键技术研发和产业化、北斗系统建设应用、网络扶贫、普惠性在线教育等 12 项优先行动。推动信息技术更好服务经济升级和民生改善。

2016 年 12 月 12 日，国务院副总理、国务院扶贫开发领导小组组长汪洋在京主持召开国务院扶贫开发领导小组第十四次全体会议，学习贯彻习近平总书记重要指示批示精神和李克强总理重要批示要求，总结今年脱贫攻坚进展，研究部署下一阶段工作。他强调，要认真贯彻落实中央脱贫攻坚各项决策部署，增强看齐意识，强化问题导向，准确把握脱贫目标，狠抓精准扶贫落地，推动脱贫攻坚再上新台阶。

今年以来，各地区各部门深入实施精准扶贫精准脱贫方略，建立健全扶贫责任体系、政策体系、制度体系、社会动员体系，加大投入和工作力度，全面推进各项重点任务，脱贫攻坚取得良好开局。汪洋充分肯定 2016 年扶贫工作成绩。他强调，明年是推进脱贫攻坚战的重要一年，要凝心聚力，一步一个脚印地狠抓落实。坚持"中央统筹、省负总责、市县抓落实"工作机制，充分调动地方各级政府工作积极性，切实瞄准建档立卡贫困人口，因地制宜、因户因人施策，重视解决影响精准的问题。要突出重点，聚焦特困地区、特困群众、特困群体，查找突出短板，集中力量攻坚。要从严考核监督，强化督查巡查，破除扶贫领域形式主义等问题。要强化产业、就业等造血机制，改进动员和帮扶方式，激发贫困群众内生发展动力。要推进稳定脱贫，攻坚期内对已脱贫人口继续给予适当支持，完善社保兜底政策，分步骤解决影响贫困的长期问题。要进一步加大扶贫投入，加强扶贫资金管理，全面提高脱贫实效。

2016年12月14日至16日，中央经济工作会议在北京举行。中共中央总书记、国家主席、中央军委主席习近平，中共中央政治局常委、国务院总理李克强，中共中央政治局常委、全国人大常委会委员长张德江，中共中央政治局常委、全国政协主席俞正声，中共中央政治局常委、中央书记处书记刘云山，中共中央政治局常委、中央纪委书记王岐山，中共中央政治局常委、国务院副总理张高丽出席会议。

习近平在会上发表重要讲话，分析当前国内国际经济形势，总结2016年经济工作，阐明经济工作指导思想，部署2017年经济工作。李克强在讲话中阐述了明年宏观经济政策取向，对明年经济工作作出具体部署，并作总结讲话。

会议认为，……人民生活持续改善，贫困人口预计减少1000万以上。

会议指出，……补短板方面，要从严重制约经济社会发展的重要领域和关键环节、从人民群众迫切需要解决的突出问题着手，既补硬短板也补软短板，既补发展短板也补制度短板。要更有力、更扎实推进脱贫攻坚各项工作，集中力量攻克薄弱环节，把功夫用到帮助贫困群众解决实际问题上，推动精准扶贫、精准脱贫各项政策措施落地生根。

2016年12月19日，国务院副总理、国务院扶贫开发领导小组组长汪洋出席全国扶贫开发工作会议并讲话。他强调，要认真贯彻落实中央经济工作会议精神，学习贯彻习近平总书记扶贫开发重要战略思想，进一步增强责任感使命感紧迫感，紧盯脱贫攻坚目标，坚持问题导向，聚焦薄弱环节，深化精准扶贫精准脱贫，推动脱贫攻坚再上新台阶，以优异成绩迎接党的“十九大”胜利召开。

汪洋指出，2016年是脱贫攻坚首战之年，各地各部门认真贯彻党中央脱贫攻坚决策部署，采取超常规举措，强化支撑保障体系，狠抓工作责任落实，深入推进重点扶贫工程，全年减贫目标任务顺利完成，为下一步工作奠定了良好基础，成绩值得充分肯定。2017年是脱贫攻坚承上启下、全面突破的关键之年，必须乘势而上，更加扎实有力推进各项工作。要深化精准扶贫，落实好中央统筹、省负总责、市县抓落实的工作机制，完善贫困户动态管理制度，切实做到因户因人施策。要瞄准贫困问题最突出的区域、群体和环节，加大攻坚力度，提高脱贫质量。要建立健全稳定脱贫长效机制，加大产业、就业扶贫力度，培育壮大贫困村集体经济，做好社保兜底，防止因灾因病返贫。要力戒扶贫领域中的形式主义，强化扶贫资金监管，严格考核评估和督查巡查，从严惩处扶贫领域违纪违法行为。要改进帮扶方式，树立良好风气，激活内生动力，不断加快贫困地区和贫困群众脱贫步伐。

2016年12月21日，中共中央总书记、国家主席、中央军委主席、中央财经领导小组组长习近平主持召开中央财经领导小组第十四次会议，研究“十三五”规划纲要确定的165项重大工程项目进展和解决好人民群众普遍关心的突出问题等工作。习近平发表重要讲话强调，准确把握全面建成小康社会内涵，对实现第一个百年奋斗目标至关重要。全面建成小康社会，在保持经济增长的同时，更重要的是落实以人民为中心的发展思想，想群众之所想、急群众之所急、解群众之所困，在学有所教、劳有所得、病有所医、老有所养、住有所居上持续取得新进展。

……习近平指出，统筹推进“十三五”规划纲要提出的重大工程项目落实，是供给侧结构性改革中“补短板”的重要内容。补短板不是简单增加投资，而是切实从满足需要出发，增加有效供给。要加大脱贫攻坚力度，提高公共服务水平和质量，增强创新能力，加大人力资本投入力度，加快生态文明建设，补齐产业链条短板，加强基础设施薄弱环节。要统筹推进“三去一降一补”工作，既去旧、又育新，既减少无效供给、又扩大有效供给。要把落实重大工程项目与推动改革、形成体制机制结合起来，坚持问题导向，有什么体制障碍就改什么。要正确区分政府职责和市场作用，凡是市场能做的政府要创造条件引导民间资本进入，支持各类市场主体以多种形式参与项目实施并获取收益。

2016年12月23日，中共中央政治局常委、国务院总理李克强主持召开会议，审议通过《西部大开发“十三五”规划》，部署进一步推动西部大开发工作。

……李克强说，西部开发要突出持续推进民生改善。把精准扶贫和贫困地区开发结合起来，继续采取产业扶持、转移就业、易地搬迁、社保兜底等方式，提高脱贫攻坚成效。支持教育、医疗等资源向西部地区、民族地区倾斜，继续提高重点高校西部招生比例，增加基本公共服务供给。特别是要加快民族地区和人口较少民族发展，确保对民族地区转移支付比重继续增加，取消民族地区县以下和集中连片特困地区市地州级配套资金，支持人口较少民族整村整族脱贫，传承发展民族传统文化，提升各族人民福祉。

李克强强调，各地区各有关部门要继续在对口帮扶、财政税收、项目布局、融资服务等方面加大对西部的支持，助力西部发展。西部各地要增强紧迫感，自我加压，奋发有为，努力开创西部发展新局面。

2016年度中央领导同志重要指示

习近平
在重庆调研时的讲话（摘要）

扶贫开发成败系于精准，要找准“穷根”、明确靶向，量身定做、对症下药，真正扶到点上、扶到根上。脱贫摘帽要坚持成熟一个摘一个，既防止不思进取、等靠要，又防止揠苗助长、图虚名。

（资料来源：新华社　2016 年 1 月 6 日）

习近平
在江西考察时的讲话（摘要）

要以党在新形势下的强军目标为引领，深入推进政治建军、改革强军、依法治军，坚持用井冈山精神等革命传统铸魂育人，教育引导广大官兵坚决听党的话、跟党走，坚决听从党中央、中央军委指挥。要积极支持老区脱贫攻坚，推动军民融合深度发展，为全面建成小康社会、推进强军兴军伟大事业作出新的更大贡献。

（资料来源：新华社　2016 年 2 月 3 日）

习近平
在青海考察时的讲话（摘要）

脱贫攻坚任务艰巨、使命光荣。各级党政部门和广大党员干部要有“不破楼兰终不还”的坚定决心和坚强意志，坚持精准扶贫、精准脱贫，切实做到脱真贫、真脱贫。要综合施策、打好组合拳，做到多政策、多途径、多方式综合发力。要通过改变生存环境、提高生活水平、提高生产能力实现脱贫，还要有巩固脱贫的后续计划、措施、保障。要深入抓好玉树地震地区经济社会发展工作，让当地各族群众生活越来越好。

（资料来源：央视网　2016 年 8 月 24 日）

习近平
对全国脱贫攻坚奖表彰活动作的重要指示（摘要）

设立全国脱贫攻坚奖，表彰对扶贫开发作出杰出贡献的组织和个人，树立脱贫攻坚先进典型，对动员全党全社会共同努力、打赢脱贫攻坚战具有重要意义。

全面建成小康社会，实现第一个百年奋斗目标，一个标志性的指标是农村贫困人口全部脱贫。完成这一任务，需要贫困地区广大干部群众艰苦奋战，需要各级扶贫主体组织推动，需要社会各方面真心帮扶，需要不断改革创新扶贫机制和扶贫方式。要广泛宣传学习先进典型，激励全党全社会进一步行动起来，激励贫困地区广大干部群众进一步行动起来，形成扶贫开发工作强大合力，万众一心，埋头苦干，切实把精准扶贫、精准脱贫落到实处，不断夺取脱贫攻坚战新胜利。

（资料来源：新华社　2016 年 10 月 16 日）

李克强
在宁夏考察时的讲话（摘要）

把贫困人口从自然条件恶劣的地方搬出去，是精准扶贫、拔掉穷根的重要方式，搬出去天地就宽了，就医、出行、上学的条件更好，可以生出好日子的“新根”。消除绝对贫困是“十三五”时期务必打赢的攻坚战，是必须补上的“短板”，要横下一条心，憋足一股劲，啃下这块硬骨头，不让贫困群众在全面小康路上掉队。

（资料来源：新华社　2016 年 2 月 3 日）

李克强
对全国脱贫攻坚奖表彰活动作的
重要批示（摘要）

如期完成脱贫攻坚，是全面建成小康社会的重大任务，需要社会各方面共同努力。多年来，全国涌现出一批批生动感人的扶贫先进典型，在带动和帮助群众脱贫致富方面发挥了重要作用，作出了突出贡献。谨向“全国脱贫攻坚奖”获得者和扶贫系统先进集体、先进工作者表示热烈祝贺！希望广大工作在脱贫攻坚一线的同志们以他们为榜样，按照党中央、国务院决策部署，贯彻落实新发展理念，把精准扶贫、精准脱贫作为基本方略，凝聚发挥国家、集体和个人力量，以更大的决心、更硬的举措、更扎实的工作，全力以赴打赢脱贫攻坚战，确保困难群众同步进入全面小康社会。

（资料来源：新华社　2016 年 10 月 16 日）

汪洋
在云南调研时的讲话（摘要）

“直过民族”贫困程度深，脱贫难度大，要认真贯彻落实党中央、国务院脱贫攻坚战略部署，从“直过民族”实际出发，坚持精准扶贫、精准脱贫，采取超常规举措，不断加大支持力度，激发贫困群众脱贫内生动力，坚决打赢“直过民族”脱贫攻坚战。

要从实现第一个百年奋斗目标、促进民族团结、边疆稳固的高度，下大力气推进“直过民族”扶贫开发，确保如期实现脱贫目标。“直过民族”地区党委政府要切实将主要精力转到脱贫攻坚上来，认真分析研究不同群体的致贫原因，瞄准建档立卡贫困人口精准施策，把扶贫资源和各项帮扶措施落实到村、到户、到人。针对“直过民族”教育文化水平相对较低的情况，要重视采用资产收益扶贫方式实现短期脱贫，通过大户带动、加强教育培训等实现长期能力提升。要重视“走出去”和“引进来”，强化“直过民族”与外部的交流融合，促进贫困群众更加积极主动参与脱贫攻坚。

（资料来源：新华社　2016 年 1 月 4 日）

汪洋
在河北考察时的讲话（摘要）

推进干部驻村帮扶，既是加强一线扶贫力量的需要，也是发扬党的优良传统、培养锻炼干部的需要。贫困村驻村工作队和第一书记要饱含对贫困群众的深厚感情，脚踏实地开展帮扶工作，全心全意为贫困群众服务。要精准施策，吃透中央扶贫大政方针政策举措，找准帮助群众脱贫的办法，把帮扶资金和项目精准用于建档立卡贫困人口脱贫。要管好用好扶贫资金，确保扶贫资金真正用到扶贫上、用到贫困群众身上。要善于发动群众，采取有效方式方法，引导贫困群众自力更生、艰苦奋斗、勤劳致富。地方各级党委和政府要关心爱护基层扶贫干部，出台保障措施，落实相关待遇，确保干部下得去、待得住、干得好。

（资料来源：《人民日报》　2016年2月2日）

汪洋
在湖北调研时的讲话（摘要）

易地扶贫搬迁时间紧、任务重、难点多，是一项复杂的系统工程，各地要吃透政策，主动作为，抓紧抓早，扎实推进。要制定完善工作规划，瞄准建档立卡贫困户，明确搬迁对象，科学选择安置方式，妥善解决好贫困群众后续生产生活问题。要尽快建好易地扶贫搬迁工作平台，健全工作机制，落实项目资金来源和信贷资金还款渠道，统筹考虑建房投资、基础设施和公共服务配套以及后续产业支持的需要，管好用好资金。要量力而行，因户施策，合理确定建设标准，坚决防止贫困户因搬迁大量举债，防止因搬迁拖延脱贫进程，做到搬迁一户脱贫一户。要重视搬迁后的帮扶措施，做到“挪穷窝”与“换穷业”并举、安居与乐业并重、搬迁与脱贫同步。各地区要积极探索创新，着力破解工作中遇到的各种难题，确保易地扶贫搬迁有力有序推进。

（资料来源：新华社　2016 年 2 月 26 日）

汪洋
在甘肃调研时的讲话（摘要）

在全国范围内逐村逐户开展贫困调查和精准识别，全面摸清农村贫困底数，有利于扶贫工作“少花冤枉钱、少做无用功”。要进一步强化精准，定期核查建档立卡信息，用“两不愁、三保障”标准衡量农户贫困程度，新增贫困人口和返贫人口要及时纳入，不符合条件的要及时剔除，做好部门间数据筛查比对，不断完善精准扶贫台账，做到不错不漏、能进能出、动态管理。要进一步搞好帮扶，用好建档立卡数据，使各项扶贫措施与贫困人口精准对接，切实提高帮扶的针对性和有效性。要严格贫困退出标准和程序，做到逐户销号、脱贫到人，新脱贫户在一定时期内可继续享受扶贫相关政策。要建立健全扶贫工作奖惩机制，脱贫实绩突出的要给予鼓励，工作不力、搞虚假脱贫的要严肃追责。

当前脱贫攻坚势头劲、开局好，要乘势而上，全面做好扶贫开发各项工作。要加大政策激励力度，营造良好氛围，在扶贫一线考察识别干部，鼓励有理想、肯奉献、作风正的干部到脱贫攻坚战场建功立业。

（资料来源：中国政府网　2016 年 4 月 1 日）

汪洋
在河南调研时的讲话（摘要）

大中专毕业生、农村外出务工经商人员等，文化水平较高，不少经受了市场的熏陶和工业化生产训练，要积极引导他们返乡发展现代农业，将先进科学技术和生产方式、现代经营理念和产业发展模式引入农业，推进农业结构优化调整，提高农业质量效益和竞争力。要大力发展农业产业化经营，增加市场紧缺、附加值高的农产品生产，延长产业链条，促进产加销紧密衔接，推动农业与旅游、教育、文化、健康养老等产业深度融合，打造繁荣农村、富裕农民的新兴支柱产业。要积极探索以订单农业、土地入股、股份合作等多种形式，建立和完善农民分享加工、销售环节增值收益的机制，国家相关支持政策要与之挂钩，多渠道增加农民收入。

易地扶贫搬迁是贫困人口摆脱贫困的重大措施。要紧紧围绕脱贫目标，科学规划，精心组织，稳步推进。要严格控制搬迁住房建设面积和标准，防止贫困户因搬迁而增加负债。坚持住房搬迁与后续产业发展统筹考虑，确保搬得出、稳得住、能就业，做到搬迁一户脱贫一户。

（资料来源：新华网　2016 年 4 月 16 日）

汪洋
在四川调研时的讲话（摘要）

实现少数民族贫困群众脱贫是打赢脱贫攻坚战的难点和重点，要认真贯彻落实党中央、国务院决策部署，进一步加大扶持力度，创新帮扶方式，因地制宜，精准发力，在着力完成5年脱贫目标的同时，重视解决好制约脱贫的长期问题，确保全面建成小康中少数民族一个都不能少，一个都不能掉队。

今年是工农红军长征胜利80周年，当年红军长征途经凉山彝区时与彝族兄弟歃血为盟，使中央红军主力顺利和平通过，彝族人民为中国革命作出了重要贡献。在全面建设小康社会的今天，我们要兑现当年帮助彝族人民建设美好生活的承诺，坚决打赢大小凉山彝区脱贫攻坚战。

民族地区脱贫攻坚是一项长期的、艰巨的任务，要统筹兼顾短期目标和长远发展，扎实推进。短期要瞄准建档立卡贫困户，着力解决突出矛盾，精准施策，深入推进易地扶贫搬迁和危房改造，加快改善生产生活条件，确保2020年前实现贫困人口“两不愁、三保障”。与此同时，要着眼长远，破解贫困地区基础设施薄弱、产业贫弱、生态脆弱、社会文化积弱等难题，分阶段、有步骤解决制约民族地区脱贫的顽症痼疾。地方各级党委政府要对辖区内少数民族和民族区域的脱贫攻坚承担主体责任，加大扶贫投入，强化工作落实。坚持扶贫、扶志、扶智三位一体，倡导现代文明理念和生活方式，改变落后风俗习惯，进一步激发民族地区和各族群众脱贫致富的内生动力。

（资料来源：新华社　2016年5月25日）

汪洋
在云南调研时的讲话（摘要）

人口较少民族是中华民族大家庭重要组成部分，全面建成小康社会决不让一个民族掉队。要认真贯彻落实中央扶贫开发工作会议精神，把人口较少民族脱贫摆在更加突出的位置，采取更加特殊的帮扶举措，长短结合、标本兼治，确保少数民族贫困群众如期实现"两不愁、三保障"目标，为长远可持续发展奠定基础，坚决打赢人口较少民族脱贫攻坚战。

人口较少民族人数不多，但困难群众不少、群众困难不少，是脱贫攻坚的"硬骨头"。要着力解决好贫困群众吃穿不愁和义务教育、基本医疗、住房安全保障问题，这是脱贫攻坚必须完成的硬任务。要深入比较研究易地扶贫搬迁和就地帮扶的成本收益，统筹考虑当前脱贫与民族长远发展问题，努力为人口较少民族与其他民族共同发展提供有利的环境和条件。

基层扶贫干部特别是在边远民族地区的扶贫干部，为群众脱贫付出巨大努力，作出重要贡献。地方各级政府要关心支持他们的工作，解决好他们的现实困难。贫困地区基层组织要结合扶贫工作实践，深入开展"两学一做"，为打赢脱贫攻坚战提供强大动力。

（资料来源：新华社　2016 年 6 月 13 日）

汪洋
在新疆调研时的讲话（摘要）

打赢新疆脱贫攻坚战，对于实现新疆社会稳定和长治久安意义重大。要深入贯彻落实中央扶贫开发工作会议和银川东西部扶贫协作工作座谈会精神，进一步增强责任感和紧迫感，创新工作举措，整合扶贫资源，完善精准帮扶，提高扶贫效率，确保新疆各族群众如期实现全面小康。

新疆特别是南疆农牧区贫困呈现综合性、复杂化特征。要综合施策，标本兼治，瞄准脱贫攻坚重点地区和群体，集中攻关，确保完成脱贫任务。要加强农田水利等基础设施建设，大力发展节水农业，壮大特色农牧产业，带动农牧民脱贫致富。要重视双语教育、职业教育，加强语言和技能培训，提升贫困人口就业增收能力，调动群众脱贫积极性，增强贫困地区发展内生动力。要强化对脱贫攻坚成效的考核评估和督查巡查，建立严格、规范、透明的贫困退出机制，注重脱贫质量，防止虚假脱贫。在努力实现“两不愁、三保障”攻坚目标的同时，分阶段、分步骤扎实解决制约稳定脱贫的长期问题。

（资料来源：新华社　2016 年 9 月 21 日）

汪洋
在河北调研时的讲话（摘要）

发展乡村旅游，是把绿水青山变为金山银山的大产业，是推进贫困地区脱贫致富的重要途径。要充分发挥乡村自然资源和劳动力优势，创新商业模式，完善经营机制，推进旅游产业和脱贫攻坚有机结合，切实将乡村旅游打造成能脱贫、可致富的优质产业。

随着城镇化的发展，农村山清水秀的生态环境越来越成为稀缺资源，为旅游业提供了巨大发展空间。发展乡村旅游可以把贫困地区资源优势变成市场优势，是可持续的脱贫举措。要积极创新乡村旅游发展模式，探索农民以土地经营权、宅基地使用权、房屋所有权入股等形式参与旅游产业发展，促进农民脱贫并长期分享旅游发展的成果。要着眼长远，科学规划，加强自然生态环境和乡村特色文化保护，积极引入现代经营理念，稳步有序推进开发，不断提高旅游服务水平和发展质量。

（资料来源：新华社　2016 年 10 月 10 日）

汪洋
在全国脱贫攻坚奖表彰活动上的讲话（摘要）

脱贫攻坚是干出来的。要通过表彰先进人物，在全社会宣传学习扶贫脱贫先进模范的事迹，弘扬社会主义核心价值观，弘扬无私奉献、扶危济困、自力更生、开拓创新精神，以动员更多力量参与扶贫并激发贫困群众脱贫内生动力。要进一步健全组织动员机制，搭建社会参与平台，完善政策支撑体系，努力在全社会形成人人愿为、人人可为、人人能为的脱贫攻坚环境氛围。

（资料来源：新华社　2016年10月16日）

一

年度综述篇

2016年扶贫开发工作综述

2016年是打赢脱贫攻坚战的首战之年。以习近平为核心的党中央把脱贫攻坚作为全面建成小康社会的突出短板和底线目标，纳入“五位一体”总体布局和“四个全面”战略布局，摆到治国理政重要位置。中共中央总书记习近平亲自挂帅、亲自出征、亲自督战，多次赴地方考察扶贫，在银川召开东西部扶贫协作座谈会并发表重要讲话，多次主持中央全面深化改革领导小组会议，研究贫困退出、资产收益扶贫、脱贫攻坚责任制等，对做好建档立卡工作、扶贫供给侧结构性改革、产业扶贫以及解决扶贫工作中的形式主义问题等，多次作出重要指示，对向李保国等扶贫模范学习作出重要批示。国务院总理李克强多次深入基层考察扶贫开发工作，多次主持召开国务院常务会议，研究部署建立精准扶贫机制，加快集中连片特困地区、革命老区、民族地区、边疆地区发展，实施易地扶贫搬迁、交通扶贫、教育扶贫、健康扶贫，改革扶贫资金使用管理等工作，并对推进扶贫供给侧结构性改革、统筹整合使用财政涉农资金、脱贫攻坚督查巡查和表彰活动等工作多次作出重要批示。其他中央政治局常委和政治局委员都对脱贫攻坚高度重视。国务院扶贫开发领导小组（以下简称“领导小组”）充分发挥统筹协调、督促落实作用，全年共召开6次全体会议、28次工作会议和专题会议，研究部署、推动各项工作。各地区各部门齐抓共管、密切配合，社会各界积极参与、合力攻坚。中共中央确定的中央统筹、省负总责、市县抓落实的管理体制得到了贯彻，“四梁八柱”的顶层设计基本形成，各项决策部署得到较好落实。2016年脱贫攻坚首战告捷，取得良好开局，全年减少农村贫困人口1240万。贫困地区农村居民收入增幅高于全国平均水平，贫困群众生活水平明显提高，贫困地区面貌明显改善。

一、强化顶层设计，建立脱贫攻坚政策框架

（一）将脱贫攻坚纳入经济社会发展总体战略。国务院组织编制印发了《“十三五”脱贫攻坚规划》。2016年政府工作报告提出减少农村贫困人口1000万人以上的目标任务，各地制定年度脱贫计划和滚动规划，层层分解任务，落实到县到村到户到人。

（二）细化配套政策措施。印发《中共中央 国务院关于打赢脱贫攻坚战的决定》（以下简称《决定》）的11个配套文件，32个牵头部门和77个参与部门共出台118个政策文件或实施方案。各地相继出台和完善“1+N”脱贫攻坚系列文件，打出了政策组合拳。

（三）财政投入大幅增长。2016年，中央和省级财政专项扶贫资金首次突破1000亿元，其中，中央财政安排专项扶贫资金667亿元，比2015年增长43.4%。省级安排专项扶贫资金493.5亿元，同比增长56.1%。全国961个县（其中贫困县792个）启动实施涉农资金整合试点，整合各级财政资金2300多亿元，惠及建档立卡贫困人口3000多万人。

（四）金融扶贫作用有效发挥。2016年，贫困地区金融扶贫贷款余额24878亿元，当年新增8181亿元。新增扶贫小额贷款1706亿元，累计发放2833亿元，共支持了802万贫困户。累计发放扶贫再贷款1127亿元，发行易地扶贫搬迁金融债726亿元。

（五）土地政策倾斜力度加大。新增建设用地计划指标优先保障扶贫开发用地需要，专项安排国家扶贫开发工作重点县年度新增建设用地计划指标。加大城乡建设用地增减挂钩政策支持扶贫开发及易地扶贫搬迁力度。

二、创新体制机制，为脱贫攻坚提供新的动能

（一）建立脱贫攻坚责任制。强化“中央统筹、省负总责、市县抓落实”的工作机制。中西部22个省份党委和政府向中央签订责任书，立下军令状。贫困县党政正职攻坚期内保持稳定，不脱贫不调离。省、市、县、乡、村层层压实责任，形成了五级书记抓扶贫、全党动员促攻坚的局面。

（二）强化贫困约束退出机制。明确贫困县必须作为、提倡作为、禁止作为的九项标准，明确底线、划定红线，坚决刹住穷县富衙、“戴帽”炫富之风。《关于建立贫困退出机制的意见》明确规定贫困县、贫困人口退出的标准、程序和后续政策。

（三）建立督查巡查制度。根据《决定》和《脱贫攻坚督查巡查工作办法》，领导小组组成20个督查组和2个巡查组，对中西部22个省份脱贫攻坚工作进行督查巡查，发现先进典型，查找突出问题，推动整改落实。

（四）建立考核评估机制。根据《省级党委和政府扶贫开发工作成效考核办法》，对2015年与中央签订扶贫责任状的22个省（区、市），领导小组组织开展扶贫开发工作成效的试考核，委托科研机构开展第三方试评估，及时了解脱贫攻坚存在的突出问题，客观反映地方扶贫工作质量和成效。对试考核评估中问题较为突出的两个省份，领导小组约谈了省政府分管负责同志，为正式考核评估积累了经验。

三、突出攻坚重点，将脱贫攻坚作为促进区域协调发展的有效途径

（一）积极推进西藏、新疆南疆等地区

打好脱贫攻坚战。中央领导同志多次到西藏、新疆调研并专题研究脱贫攻坚工作。国务院扶贫开发领导小组办公室（以下简称“国务院扶贫办”，全书同）按照中央西藏、新疆工作协调小组以及国务院扶贫开发领导小组部署，积极做好有关具体工作，并在拉萨召开援藏扶贫工作会议。

（二）加大对重点区域的支持力度。以集中连片特困地区、革命老区、民族地区、边疆地区为脱贫攻坚重点区域，从政策制定、规划编制、资金安排和项目布局等方面予以倾斜支持。加快实施《集中连片特困地区区域发展与扶贫攻坚规划》和片区“十三五”省级规划，完善集中连片特困地区联系协调机制。

（三）加强基础设施建设改善发展环境。积极开展交通、水利、电力等扶贫行动，着力打破制约贫困地区发展和贫困人口增收脱贫的突出瓶颈。

（四）优化农村人居环境加强贫困地区农村危房改造。调整农村危房改造政策，提高中央补助标准，集中解决建档立卡贫困户等四类重点对象的基本住房安全问题。2016年共完成158万户建档立卡贫困户危房改造任务。

四、实行分类施策，将精准扶贫作为保障民生的重要手段

（一）实施产业扶贫。印发《贫困地区发展特色产业促进精准脱贫指导意见》。在428个贫困县开展电商扶贫试点，将261个贫困县列为电子商务进农村综合示范县。旅游扶贫覆盖到2.26万个贫困村。

（二）推进易地扶贫搬迁。编制实施《全国“十三五”易地扶贫搬迁规划》，指导有任务的省份编制省级规划和实施方案，组建省级投融资主体，完成249万人的易地扶贫搬迁建设任务。

（三）促进转移就业。在广东、湖南、湖北开展劳务协作试点，坚持政府推动、市场主导、分类施策、因地制宜，围绕实现精准对接、促进就业扶贫的目标，形成可复制、可推广的成功经验。

（四）推进教育扶贫和健康扶贫。把教育扶贫和健康扶贫作为提升贫困劳动力基本素质、阻断贫困代际传递的根本举措，促进教育资源向最贫困地区、最薄弱环节、最弱势群体倾斜，提升农村贫困人口医疗保障水平和贫困地区医疗卫生能力。

（五）探索资产收益扶贫和生态保护脱贫新途径。国务院办公厅印发《贫困地区水电矿产资源开发资产收益扶贫改革试点方案》，推动资源开发成果更多惠及贫困人口。光伏扶贫下达项目总规模516万千瓦，覆盖3万个贫困村。开展建档立卡贫困人口转化为生态护林员工作，为28万多名贫困人口安排了护林员岗位。

（六）推进农村低保和扶贫开发有效衔接。国务院办公厅转发《关于做好农村最低生活保障制度与扶贫开发政策有效衔接的指导意见》，促进农村低保和扶贫开发在政策、对象、标准、管理等方面的有效衔接。农村

低保标准低于国家扶贫标准的县（市、区）从2015年底的1521个减少到600个。

五、加强基层基础，提高脱贫攻坚效益

（一）建档立卡摸清贫困底数。2015年8月至2016年6月，全国动员近200万人开展建档立卡“回头看”，补录贫困人口807万人，剔除识别不准人口929万人，扶贫识别的精准度进一步提高。

（二）干部驻村强化帮扶力量。各地共向贫困村选派驻村工作队12.8万个，派出驻村干部77.5万多人。全国选派18.8万名优秀干部到贫困村和基层党组织薄弱村担任“第一书记”，提升带动群众脱贫能力。实现“第一书记”和驻村工作队对贫困村的全覆盖。

（三）加大扶贫资金项目监管力度。改革扶贫资金分配办法，支持贫困县开展统筹整合使用财政涉农资金试点，赋予贫困县统筹整合财政涉农资金自主权，资金使用管理权和项目审批权下放到县。启动实施了扶贫领域监督执纪问责、集中整治和加强预防扶贫领域职务犯罪、财政专项扶贫资金绩效评价、扶贫资金管理使用和政策跟踪审计、扶贫系统警示教育等工作。设立“12317扶贫监督举报电话”，全面推行扶贫资金分配和项目安排公告公示，接受各方面监督。

六、加大动员力度，调动社会力量广泛参与脱贫攻坚

（一）深化东西部扶贫协作。调整完善结对关系，实现对全国30个民族自治州全覆盖，明确了京津冀协同发展中京津两市与河北省张家口、承德和保定三市的扶贫协作任务。启动“携手奔小康”行动，东部发达地区267个经济较强县（市、区）结对帮扶西部406个贫困县。

（二）加强中央单位定点扶贫工作。320个单位向定点扶贫县派驻652名挂职干部，307个单位向定点扶贫县选派336名贫困村“第一书记”。军队和武警部队积极支持驻地脱贫攻坚，结对帮扶2000多个贫困村。工会、共青团、妇联、残联等加大扶贫工作力度。中央企业推进“百县万村行动”，重点帮助1.5万个贫困村解决水电路问题。组织民营企业开展“万企帮万村”精准扶贫行动，2.2万家民营企业帮助2.1万个贫困村发展特色产业，带动贫困户增收。

（三）加大宣传力度。中央主要媒体推出脱贫攻坚方面报道约10万条。发布《中国的减贫行动与人权进步》白皮书和《中国扶贫开发报告2016》蓝皮书，展示中国人民战胜贫困的决心和减贫成就。组织扶贫日系列活动，动员各方面力量参与脱贫攻坚。

（四）建立表彰制度。对获得全国脱贫攻坚奖奋进奖、贡献奖、奉献奖、创新奖的38名获奖者进行表彰。追授李保国、姜仕坤“全国脱贫攻坚模范”，并召开先进事迹报告会。

（五）推动国际减贫交流合作。积极响

应联合国2030年可持续发展议程。落实“东亚减贫合作倡议”，推进澜沧江—湄公河减贫合作、中非减贫合作，加强中拉减贫经验分享和交流。举办国际研讨和培训活动，向国际社会推介中国减贫方案。

（国务院扶贫办综合司）

改革创新篇

【建立脱贫攻坚责任制】 在中央扶贫开发工作会议上，中共中央总书记习近平指出，推进脱贫攻坚，关键是责任落实到人。要加快形成中央统筹、省（区、市）负总责、市（地）县抓落实的扶贫开发工作机制，做到分工明确、责任清晰、任务到人、考核到位，既各司其职、各尽其责，又协调运转、协同发力。《决定》也明确要求，强化脱贫攻坚领导责任制。

2016年10月，中共中央办公厅、国务院办公厅印发《脱贫攻坚责任制实施办法》，明确脱贫攻坚按照中央统筹、省负总责、市县抓落实的工作机制，构建责任清晰、各负其责、合力攻坚的责任体系。从中央统筹、省负总责、市县落实、合力攻坚、奖惩等方面对落实脱贫攻坚责任制作出安排部署。要求中西部22个省（区、市）参照本办法，结合本地区实际制定实施细则。其他省（区、市）可以参照实施。2016年4月，中共中央组织部、国务院扶贫办印发《关于脱贫攻坚期内保持贫困县党政正职稳定的通知》，明确贫困县党政正职在完成脱贫任务前原则上不得调离。脱贫摘帽后，仍要保持稳定一段时间。要求各省（区、市）党委组织部门和扶贫部门要高度重视，把不脱贫不调整、不摘帽不调离作为一条纪律，切实稳定贫困县党政正职队伍，为打赢脱贫攻坚战提供坚强组织保证。

中央扶贫开发工作会议以来，各地党政主要负责同志担任扶贫开发领导小组组长，中西部22个省份党委和政府向中央签订责任书，立下军令状。省、市、县、乡、村层层签订脱贫攻坚责任书，压实责任、传导动力，形成了五级书记抓扶贫的局面。832个贫困县党政正职脱贫攻坚期内保持稳定。扶贫办指导各地制定脱贫滚动规划和年度计划，与各省（区、市）签订年度减贫责任书。脱贫攻坚责任体系的建立，为打赢脱贫攻坚战提供了坚强政治保障和组织保障，让最了解本地贫困状况的各省全面负起精准的责任，让在第一线工作的县乡村有精准施策的自主权，为提高扶贫精准度和有效性创造了良好制度环境。深化东西部扶贫协作，调整完善结对关系，实现对全国30个民族自治州全覆盖，加强中央单位定点扶贫工作，军队和武警部队积极支持驻地脱贫攻坚，工会、共青团、妇联、残联等加大扶贫工作力度，中央企业推进“百县万村行动”，组织民营企业开展“万企帮万村”精准扶贫行动。组织开展脱贫攻坚奖评选表彰活动，对脱贫攻坚做出突出贡献的社会帮扶主体，予以大力宣传表彰。对扶贫工作中问题较为突出的一些地方，进行了约谈。

（国务院扶贫办综合司　曹振华）

【建立贫困退出机制】 建立贫困退出机制是我国扶贫开发的重大改革，是实施精准扶贫精准脱贫方略的重要内容，对确保按期退出和确保退出质量、打赢脱贫攻坚战，具有重大意义。《中共中央 国务院关于打赢脱贫攻坚战的决定》明确提出要

“建立贫困户脱贫认定机制”“抓紧制定严格、规范、透明的国家扶贫开发工作重点县退出标准、程序、核查办法”。

为贯彻落实中共中央、国务院决策部署，按照国务院扶贫开发领导小组安排，国务院扶贫办对贫困人口、贫困村和贫困县退出问题进行专项研究，起草了《关于建立贫困退出机制的意见（征求意见稿）》，并书面征求了各省（区、市）扶贫开发领导小组和国务院扶贫开发领导小组各成员单位的意见。国务院扶贫开发领导小组第8次全体会议审议并原则同意《关于建立贫困退出机制的意见（讨论稿）》。2016年3月22日，中央全面深化改革领导小组第22次会议审议并原则同意。4月23日，中共中央办公厅、国务院办公厅印发了《关于建立贫困退出机制的意见》（以下简称《意见》），并于4月28日由新华社全文公布。《意见》明确了贫困人口、贫困村、贫困县退出标准和程序，提出工作要求。贫困人口退出以户为单位，主要衡量标准是该户年人均纯收入稳定超过国家扶贫标准且吃穿不愁，义务教育、基本医疗、住房安全有保障。贫困户退出，由村“两委”组织民主评议后提出，经村“两委”和驻村工作队核实、拟退出贫困户认可，在村内公示无异议后，公告退出，并在建档立卡贫困人口中标注。贫困村退出，以贫困发生率为主要衡量标准，统筹考虑村内基础设施、基本公共服务、产业发展、集体经济收入等综合因素。原则上贫困村贫困发生率降至2%以下（西部地区降至3%以下），在乡镇内公示无异议后，公告退出。贫困县包括国家扶贫开发工作重点县和集中连片特困地区县。贫困县退出，以贫困发生率为主要衡量标准。原则上贫困县贫困发生率降至2%以下（西部地区降至3%以下），由县级扶贫开发领导小组提出退出，市级扶贫开发领导小组初审，省级扶贫开发领导小组核查，确定退出名单后向社会公示征求意见。公示无异议的，由各省（区、市）扶贫开发领导小组审定后向国务院扶贫开发领导小组报告。国务院扶贫开发领导小组组织中央和国家机关有关部门及相关力量对地方退出情况进行专项评估检查。对不符合条件或未完整履行退出程序的，责成相关地方进行核查处理。对符合退出条件的贫困县，由省级政府正式批准退出。《意见》印发后，新华社、《人民日报》、中央电视台等主流媒体及时进行了宣传报道。5月10日，国务院扶贫办举行新闻发布会，刘永富主任介绍了《意见》有关情况，并回答了记者提问。

贫困监测统计数据显示，2016年，全国减少贫困人口1240万人，完成减贫1000万人以上的目标任务。向中央签署脱贫责任书的22个省（区、市）全部完成当年减贫任务。经考核，各地贫困人口退出准确率都在90%以上。

（国务院扶贫办政策法规司　马红晨）

【扶贫督查巡查】　在中央扶贫开发工作会议上，中共中央总书记习近平指出

“要建立年度脱贫攻坚报告和督查制度，加强督查问责，把导向立起来，让规矩严起来”。国务院总理李克强强调“要加强对扶贫工作的考核督查问责。”《决定》明确提出“建立年度扶贫开发工作逐级督查制度”。

2016年7月，中共中央办公厅、国务院办公厅印发《脱贫攻坚督查巡查工作办法》，明确脱贫攻坚督查巡查工作应当认真贯彻精准扶贫精准脱贫基本方略要求，坚持围绕目标、聚焦问题、实事求是、突出重点、群众参与、分级负责的原则，督促各有关地区和单位落实工作责任和政策措施，严格遵守纪律和规定，查找解决问题，改进工作方法，完成减贫任务，确保打赢脱贫攻坚战。督查工作坚持目标导向，着力推动工作落实；巡查工作坚持问题导向，着力解决突出问题。分别对督查巡查的组织实施、重点内容、结果运用等作出具体安排。要求中西部22个省（区、市）参照本办法，结合本地实际制定相关办法，加强对本地区脱贫攻坚工作的督查和巡查。其他省（区、市）可以参照实施。

2016年10月，经中共中央、国务院批准，国务院扶贫开发领导小组组成20个督查组和2个巡查组，对中西部22个省份脱贫攻坚工作进行督查巡查，全面掌握了各地贯彻落实中央脱贫攻坚决策部署进展情况，发现了一些先进典型和成功经验，查找了一些突出问题，提出了加大力度、改进工作、完善政策的意见建议，达到了预期目的，促进了工作。建立脱贫攻坚督查巡查制度，抓住关键环节，集中督查力量，持续发力推进，对推动工作责任落实和政策措施落地，深入贯彻实施精准扶贫精准脱贫基本方略，确保如期打赢脱贫攻坚战发挥了重要的制度“利器”作用。

（国务院扶贫办综合司　曹振华）

【扶贫开发考核评估】　考核评估是“十三五”时期打赢脱贫攻坚战的重要制度保障，是立导向、严规矩、压责任、确保脱贫攻坚质量的关键环节。中共中央、国务院高度重视，进行了全面部署。中共中央总书记习近平、国务院总理李克强多次作出指示、批示，要求实施最严格的考核评估制度。《中共中央 国务院关于打赢脱贫攻坚的决定》明确提出要“严格扶贫考核督查问责。抓紧出台中央对省（区、市）党委和政府扶贫开发工作成效考核办法”。2016年2月9日，中共中央办公厅、国务院办公厅印发《省级党委和政府扶贫开发工作成效考核办法》，对开展省级党委和政府扶贫开发工作成效考核作出了具体安排。

考核对象：向中共中央、国务院签订脱贫攻坚责任书的中西部22个省（区、市）党委和政府。

组织实施：考核从2016年到2020年，每年开展一次，由国务院扶贫开发领导小组组织进行，具体工作由国务院扶贫办、中央组织部牵头，会同国务院扶贫开发领导小组成员单位组织实施。

考核内容：一是减贫成效。考核建档立卡贫困人口数量减少、贫困县退出、贫困地区农村居民收入增长情况；二是精准识别。考核建档立卡贫困人口识别、退出精准度；三是精准帮扶。考核对驻村工作队和帮扶责任人帮扶工作的满意度；四是扶贫资金。考核扶贫资金安排、使用、监管和成效等方面的情况。

考核步骤：一是省级总结。各省区市党委和政府，对照年度减贫计划，就工作进展情况和取得成效形成总结报告，报送国务院扶贫开发领导小组；二是第三方评估。委托有关科研机构和社会组织，采取专项调查、抽样调查和实地核查等方式，对相关考核指标进行评估；三是数据汇总。对建档立卡动态监测数据、国家农村贫困监测调查数据、第三方评估和财政专项扶贫资金绩效考评情况等进行汇总整理；四是综合评价。对汇总整理的数据和各省区市的总结报告进行综合分析，形成考核报告；五是沟通反馈。向各省区市专题反馈考核结果，并提出改进工作的意见建议。

结果应用：考核结果由国务院扶贫开发领导小组予以通报。对完成年度计划减贫成效显著的省份，给予一定奖励。对出现突出问题的，由国务院扶贫开发领导小组对省级党委、政府主要负责人进行约谈，提出限期整改要求；情节严重、造成不良影响的，实行责任追究。考核结果作为对省级党委、政府主要负责人和领导班子综合考核评价的重要依据。

年度主要工作：2016 年 4 月至 8 月，在国务院扶贫开发领导小组的部署推动下，国务院扶贫办会同有关部门开展了 2015 年省级党委和政府扶贫开发工作成效试考核。一是深入开展第三方评估。委托中国科学院地理所，对 22 个省（区、市）贫困人口识别准确率、贫困人口退出准确率、因村因户帮扶工作群众满意度进行第三方评估。组织 20 名院士、214 名教授、1088 名评估人员，组成 33 个调研组，分赴 22 个省（区、市）的 113 个县、617 个行政村开展实地调查评估。抽样调查了 2.2 万建档立卡贫困户，普查了河北阜平、云南弥渡、宁夏彭阳 3 个贫困县 1.53 万退出贫困户。完成有效问卷 3.72 万份，获取农户信息 90 余万条，为试考核工作提供了重要依据。二是广泛收集考核数据。要求各省对照年度减贫计划，上报 2015 年扶贫工作总结报告。依据建档立卡“回头看”成果，从全国扶贫开发信息系统提取 2015 年建档立卡脱贫人口标注数据。协调国家统计局测算并提供了全国及贫困地区农村居民可支配收入相关数据。会同财政部依据《财政专项扶贫资金绩效考评办法》，提出各省 2015 年财政专项扶贫资金使用管理绩效评价结果。三是进行综合分析评价。考核工作组对收集到的建档立卡数据、贫困地区农民收入、财政专项扶贫资金绩效评价和第三方评估结果，逐一进行指标分析、测算，并结合中央纪委提供的 22 个省（区、市）2015 年扶贫领域违纪情况、审计署提供的 40 个县 2013—2015 年财政扶贫资金管理使用审计情况、“12317 扶贫监督举报电话”

反映查实的问题等，对考核数据、考核结果进行认真讨论，形成考核报告。四是扎实推进考核结果应用。对试考核发现问题突出2省进行了约谈并针对考核发现问题开展了巡视，对其他20个省（区、市）进行了督查，督促各地开展问题查摆和整改落实，切实改进工作。

考核结果显示：22个省（区、市）全部完成2015年减贫任务，贫困地区农民人均可支配收入增幅高于全国农村平均水平，建档立卡贫困人口识别和退出准确率超过90%，因村因户帮扶工作群众满意度达到80%以上，扶贫资金投入管理进一步加强，精准扶贫有了良好开端。

考核也发现，部分地区在具体工作中还存在一些问题和不足，需要深入分析，认真研究，采取有效措施加以整改。一是贫困识别退出不够精准；二是帮扶措施单一，针对性不强；三是扶贫资金拨付慢，结转结余多，使用管理违纪违规现象时有发生；四是部分贫困户内生动力不足，存在“等靠要”思想。

（国务院扶贫办考核评估司　张慧东）

【贫困县财政涉农资金统筹整合使用试点】　为贯彻落实中共中央、国务院关于打赢脱贫攻坚战的决策部署，中央财政多渠道增加扶贫开发投入，为如期完成脱贫攻坚任务提供了有力保障。在各级财政扶贫投入规模不断增加的情况下，贫困地区安排使用扶贫资金时却面临着“权责不匹配”、“打酱油的钱不能买醋”等难题，相关资金难以形成合力。根据中央关于“加大扶贫资金整合力度，给贫困县更多扶贫资金整合使用的自主权”的决策部署，财政部会同国务院扶贫办等相关部门，在充分征求各方面意见的基础上，研究提出了推动贫困县统筹整合使用财政涉农资金的思路。2016年4月12日，国务院办公厅印发了《关于支持贫困县开展统筹整合使用财政涉农资金试点的意见》（以下简称《意见》），明确了开展整合试点的政策要求，这是首次以国务院办公厅名义印发的涉农资金整合工作文件。5月10日，财政部会同国务院扶贫办在北京召开全国支持贫困县开展统筹整合使用财政涉农资金试点电视电话会议，国务院副总理汪洋出席会议并发表重要讲话，标志着这项在中西部22个省（区、市）开展的重大改革试点正式启动。

一、整合试点意义深远

在贫困县开展统筹整合使用财政涉农资金试点，既是提高扶贫资金使用效益、确保如期打赢脱贫攻坚战的关键举措，又是中央部门深化“放管服”改革、推动政府职能转变的重要体现。这项试点改革力度之大，在涉农资金改革历史上前所未有。

（一）中央部门“刀刃向内”的自我革命

整合试点的基本思路是：中央和省市级部门将相关财政涉农资金的配置权、使用权完全下放到试点贫困县，由贫困县依据当地脱贫攻坚规划，区分轻重缓急确定重点扶贫项目和建设任务并安排好相关涉农资金。试点要求中央部门，不仅要把资金、项目审批权限交给试点贫困县，而且要花更大精力，加强管理和服务，实质上是有关部门“刀刃向内、自我革命”，同时也是各部门从服务扶贫大局出发，推进“放管服”改革的重要体现。

（二）实现精准扶贫、精准脱贫的重要举措

在贫困县开展涉农资金整合，整合是手段，根本目的是为了提高脱贫攻坚的成效。要实现精准、改变资金“碎片化”的状况，就必须真正下放项目和资金权限，打破对统筹整合使用资金的各种束缚，通过科学的规划和有效的项目平台进行承接，确保资金投向最重要的方向、最关键的环节、最准确的对象。

（三）推进供给侧结构性改革的必然要求

整合的核心是把一部分财政涉农资金的配置权彻底下放给贫困县，这有利于进一步优化涉农资金供给机制，有利于激发地方内生动力，有利于缓解财政资金沉淀和滞留，解决涉农资金使用分散、“供需错配”等问题，体现了供给侧结构性改革的要求。

二、整合试点有序推进

（一）中央部门充分放权，做好“放管服”文章

一是建立工作协调机制。全国电视电话会议召开后，财政部、国务院扶贫办及时会同有关部门建立了支持整合试点工作协调机制。审计署、林业局、农业部、水利部、国务院扶贫办、住房和城乡建设部等先后印发了本部门支持整合试点的文件。如，住房和城乡建设部文件提出：“要及时修订完善农村危房改造补助资金使用制度和管理要求，取消限制资金统筹整合使用的相关规定。”

二是细化支持政策措施。为彻底打消试点贫困县疑虑，调动各方面合力推进整合试点的积极性，在实地调研和召开现场工作会，充分听取各方面意见的基础上，财政部、国务院扶贫办联合印发了《关于进一步做好贫困县涉农资金整合工作有关事项的通知》，从加大资金保障力度、加快工作进度、加强考核评估、建立激励机制等多个方面提出具体要求。

三是加强信息交流反馈。建立统计月报制度，及时跟踪掌握各地整合试点进展情况。编印《贫困县涉农资金整合工作简报》，将中央部署、地方亮点等予以刊载，供各地学习交流，2016 年共编印 11 期。财政部还针对各地整合试点中反映的典型问题，以专题形式印发《财政扶贫工作“问与答”》进行答疑解惑，2016 年印发 2 期，共回答整合试点具体问题 18 个。

四是完善考评与通报制度。将整合试点情况纳入 2016 年财政专项扶贫资金绩效评价，分值权重达到 20%，对各地工作机制建立、管理制度建设、资金增幅保障等

指标进行全面考核评价。同时，依据各地上报的统计数据和绩效评价有关情况，定期对22个试点省整合试点工作推进情况进行分类通报，发挥了有效的激励和鞭策作用。

（二）地方积极探索，确保“接得住、接得好”

一是及时制定实施方案。《意见》印发后，各试点省结合自身实际，及时制定整合试点实施方案，明确试点范围、资金范围和工作流程等。截至2016年9月中旬，22个试点省均已制定实施方案或指导意见。

二是创新整合工作机制。各地紧抓贫困县统筹整合试点机遇，用活政策，以脱贫成效、摘帽销号为目标，以扶贫规划为引领，因地制宜，探索创新具有地方特色的整合工作机制。广西壮族自治区印发整合试点工作操作指南，明确提出整合方案编制“一上一下二上”的程序要求。四川省以“蓄水统配”“截长补短”“引流归口”三模式相结合，搭建了整合“资金池”。

三是切实加强监督管理。把纳入统筹整合范围的财政涉农资金作为扶贫资金监管重点，充分发挥贫困村“第一书记”、驻村工作组的资金监管作用，深度参与涉农资金和项目的管理监督。甘肃省建立了“共同监管、各负其责”监管机制及“责任倒追、一案双查”追责机制。重庆财政、审计、扶贫、审计驻渝特派办及财政部驻渝专员办五部门联合参与，建立协同监管机制，形成监管合力。

四是积极开展培训宣传。各地加大政策培训力度，通过举办整合试点专题培训班，解读政策，交流经验。同时，利用多种形式提高宣传实效，营造共同推进整合的良好氛围。湖南省采取“请上来、走下去”的办法，邀请部分贫困县到省、省到市州和部分贫困县现场讲解整合试点政策。陕西、贵州两省举办整合试点工作情况新闻发布会，对全省试点工作情况进行解读式发布。

三、整合试点成效初显

2016年，全国共有961个贫困县开展了整合试点，其中，片区县和重点县792个（占全国832个片区县和重点县的95%），纳入整合范围各级财政涉农资金总规模超过3200亿元。从各地试点实践来看，整合试点工作有力地支持了试点县脱贫攻坚，整合资金的意识逐步增强，得到了国务院领导同志的充分肯定和基层的普遍欢迎。一是形成了扶贫资金供给的新格局。通过整合资金，将不同渠道、不同用途的财政涉农资金归集捆绑、统筹使用，解决了资金安排“碎片化”的问题，缓解了财政资金沉淀和滞留。二是增强了贫困县脱贫攻坚的主动性。允许试点贫困县围绕各地脱贫攻坚规划统筹安排资金，赋予了贫困县自主权限，增强了因地制宜实施脱贫攻坚的主动性。三是开创了精准扶贫的新局面。将项目和资金权限下放，通过科学的规划和有效的项目平台进行承接，确保资金投向了最重要的方向、最关键的环节、最准确的对象。

(财政部农业司　朱山涛)

【资产收益扶贫】　资产收益扶贫作为精准扶贫工作的一项重大制度安排，既是我国脱贫攻坚工作有中国特色的制度创新，也在各地减贫脱贫实践中被证明为行之有效，广受欢迎。中共中央、国务院对资产收益扶贫工作高度重视，中央领导同志多次做出重要指示，《中共中央 国务院关于打赢脱贫攻坚战的决定》也对资产收益扶贫工作提出了明确要求。

2016 年，脱贫攻坚战全面打响，相关产业政策密集出台，各类扶贫资源加快向贫困村、贫困户集聚，向贫困县倾斜。各地顺势而为，将资产收益扶贫作为产业扶贫方式的一个重大创新，在传统种养业和新兴产业方面都涌现出了不少先进经验。

四川省苍溪县开展的种植业资产收益扶贫试点。将财政投入用于支持猕猴桃等产业项目的资金，按一定比例折股配置给村集体、村民小组和村民个人，村民依据持有的股份获得保底收益和参与利润分红。为帮助贫困户获得更多的资产收益，通过增加配置股权的方式给予倾斜支持。

河北省威县创造的蛋鸡精准扶贫“金鸡模式”。通过与德青源公司合作，采取政府融资建厂、扶贫资金入股、企业租赁经营、贫困群众分享、集体经济受益的方式，贫困户每人每年可获得 1000 元分红，贫困村年增加可支配收入 10 万元。

河北省涞水县开展的“景区带村、能人带户”的旅游资产收益扶贫试点。通过把村庄纳入景区统一管理，把村民纳入合作社股份经营，把贫困户纳入联动互助组织能人带动，把利益联结机制纳入规范管理保障收益。按照合作社“三七分成、二五保底”的分红原则，对入社社员实施分红增收。

山东省沂南县开展的光伏资产收益扶贫。通过建设村级电站，并网发电，年发电收益全部用于无劳动能力贫困人口脱贫增收。在收益分配上，根据有劳动能力贫困人口的身体状况和意愿，通过扶贫理事会参与研究，设立了 12 类村级公益服务活动岗位，安排他们从事力所能及的工作。年岗位补助从 360 元到 960 元四个档次，年人均收入 460 元。通过这种分配方式，引导受益贫困户力所能及地参加村里公益活动。

据监测，资产收益扶贫已成为精准扶贫的重要手段和主要方式，有 1/3 以上的财政扶贫资金用于资产收益扶贫相关项目。

在肯定成绩的同时，资产收益扶贫工作也出现了一些倾向性、苗头性的问题。一是收益分配方式存在“养懒汉”倾向。部分地区将资产收益扶贫片面理解为直接分钱分物给贫困户，没有把资产收益扶贫与壮大贫困村集体经济结合起来，没有充分发挥资产收益扶贫的溢出效应，没能充分激发贫困户的内生动力，促使其积极参与资产收益有关项目，提升自身能力和素质。二是配套措施没跟进，收益期限与脱贫攻坚期不匹配。由于优质企业、社会资源引入不够，部分项目收益间隔期太长，有的3—5年才能取得收益。当期收益高的项目，又往往面临较高的市场风险。相关保险政策尚不完善，没有引入和开发出针对价格风险的保险产品。三是资产收益扶贫的筹资渠道还比较单一。目前主要还是利用涉农资金特别是财政扶贫资金开展此项工作，很少有利用存量资产和自然资源开展工作的，此外，资产收益扶贫工作中，财政资金与金融资本和社会资本的有机结合有待进一步深化。

针对资产收益扶贫工作存在的问题和不足，国务院扶贫办以问题为导向，会同财政部，进一步完善相关政策意见，细化工作措施，努力提高资产收益扶贫的科学性、精准性和可持续性。一是选准资产收益扶贫的项目和企业。要积极引入优质企业参与资产收益扶贫，特别要因地制宜，选准选好项目，努力缩短项目收益间隔期，提高资产收益回报率。引入保险机构，丰富保险产品和手段，分散和防范产业项目风险。二是把资产收益扶贫与壮大村集体经济结合起来。在分配方式上要尽量将资产的产权和收益权配置给村集体，而不宜直接到户。由村集体对贫困户进行二次分配，一部分资产收益还可用于开展村内公益事业，让贫困户有较强的参与感和获得感，激发其靠双手摆脱贫困的内生动力。三是继续拓宽资产收益扶贫的筹资渠道。指导各地进一步完善财政资金打捆使用机制，将资产收益扶贫作为财政涉农和扶贫资金支持的重点。

（国务院扶贫办开发指导司　周　翔）

基础工作篇

【抓党建，促攻坚】 2016年，国务院扶贫办机关党委坚持以中共中央总书记习近平系列重要讲话精神和扶贫开发战略思想为指导，以落实全面从严治党要求为主线，紧紧围绕打赢脱贫攻坚战总体目标任务，树立“五大发展理念”，强化理论思想武装，严格规范组织生活，加强基层组织建设，推进党风廉政建设和反腐败工作。形成了抓党建促攻坚，凝共识聚合力，转作风求实效的良好氛围，为实现“十三五”脱贫攻坚良好开局提供了坚强保证。

开展“两学一做”学习教育活动。按照“围绕扶贫抓党建，抓好党建促脱贫”的工作思路，创新方式精心组织，聚焦问题强化整改，围绕中心服务大局，切实做到两手抓两促进。一是坚持常态化学习，抓好“学”这个基础。办党组研究制定办系统“两学一做”学习教育实施方案，突出扶贫特色，创新工作方法，做到组织到位、措施到位、落实到位。重点强化理论学习。组织司局级领导干部参加专题培训，参与编印《习近平关于扶贫开发论述摘编》，购置下发27种学习辅导材料。助力党组示范学习。研究拟定《国务院扶贫办党组2016年学习计划》，完善专题学习制度。协调推进党组成员讲党课和参加所在支部组织活动。党组中心组每月围绕一个主题集中学习，2016年组织了21次集中学习。强化全员培训学习。通过举办培训班，组织讲党课等专题培训，设立共济大讲堂等方式，积极组织党员干部参与党校和各种培训学习，共组织、参加23次培训，培训73人次。利用新兴媒体，建立党建工作APP，加强党员干部的学习交流。围绕专题深入学习。结合扶贫工作实际，明确各支部围绕“四讲四有”，每两个月开展一次专题学习讨论活动。学习讨论结合身边人身边事，特别是向李保国、姜仕坤同志学习，向全国脱贫攻坚奖获奖者和全国扶贫系统先进典型学习，向扶贫系统全国优秀共产党员学习。充分发挥先进典型示范引领作用。每个支部至少开展4次以上集中学习讨论。紧跟部署及时学习。组织深入学习中共中央总书记习近平“七一”重要讲话和在纪念红军长征胜利80周年重要讲话，教育引导党员牢记党的使命宗旨，“不忘初心、继续前进”，始终保持对人民的赤子之心；教育引导党员坚持革命理想高于天，弘扬伟大的长征精神，坚决打赢脱贫攻坚战。党的十八届六中全会后，印发《国务院扶贫办党组关于学习贯彻党的十八届六中全会精神的安排意见》，把学习贯彻六中全会精神同开展“两学一做”学习教育结合起来，组织5次专题学习。加强检查督促学习。把学习教育纳入各支部述职评议考评重要内容，压实各支部书记第一责任人责任，切实履行“一岗双责”。机关党委每月下发党建工作重点和“两学一做”工作安排，并召开专题支部书记会议安排布置学习，参加支部专题集中学习讨论进行督促。7月，组织全体党员开展了党章党规知识测试，并派员参加国家机关工委组织的竞赛活动，获得优秀组织奖。二是坚持解决突出问题，抓好“改”这个关键。机关党委认真落实办党组始终坚持问题导向，注重边学边查边改，不断提升“两学一做”学习教育成果，不断促进脱贫攻坚工作要求。突出做好以下工作：组织全面查摆问题。围绕整治“四风”集中检查和专项巡视集中检查指出的问题、扶贫资金违纪违法违规问题、扶贫工作形式主义等苗头性倾向性问题等进行集中梳理，找准突出问题，分析问题原因。严格推进整改落实。认真组织开展“四风”问题和专项巡视集中检查整改。针对中共中央纪律检查委员会（以下简称“中央纪委”）驻农业部纪检组和中共中央国家机关纪律检查工作委员会（以下简称“中央国家机关纪工委”）专项巡视第一检查组分别指出的14个和17个问题，列出整改责任清单，明确责任领导、责任单位和整改时限。25个问题已完成整改，6个问题正在整改落实中。认真督促开展审计整改，对2013年、2015年、2016年审计发现的财政扶贫资金违规问题，督促指导省里及时整改，参与组织对相关地方政府主要负责人进行约谈。督促改革扶贫资金管理机制，清理发展资金内部专项和试点，加快扶贫资金拨付进度，下放资金项目审批权限，支持贫困县开展统筹资金试点。参与组织考核督查，对22个中西部省份2015年脱贫攻坚工作进行试考核试评估，并组织开展督查巡查，推动各地真抓实干、全力攻坚。协调建立长效机制。把“两学一做”转化为推进扶贫系统全面从严治党、廉洁扶贫阳光扶贫的强大动力。配合中央纪委开展扶贫领域监督执纪问责相关工作，会同最高人民检察院做好惩治预防职务犯罪相关工作，与规划财务司会同财政部加强制度建设和绩效考核工作，组织在扶贫系统开展警示教育活动，发挥“12317扶贫监督举报电话”作用，督促完善项目资金公告公示制度，努力预防职务犯罪发生。对党员干部定期预警、及时提醒，把反“四风”贯彻脱贫攻坚全过程，让贯彻落实中央八项规定精神在扶贫系统落地生根。三是坚持围绕脱贫攻坚，抓好“做”这个核心。国务院扶贫办党组把服务脱贫攻坚作为“两学一做”的主要目标，作为检验学习教育成效的重要标准。机关党委注重发挥党建引领作用，积极引导党员干部改革创新做、立足岗位干，用实际行动做好脱贫攻坚各项工作。建立责任体系，强化脱贫攻坚组织领导。健全“中央统筹、省负总责、市县抓落实”的工作机制。中西部22个省份党委和政府主要负责同志向中央签订脱贫攻坚责任书，832个贫困县党政正职保持稳定，省市县乡村层层立下军令状，五级书记抓扶贫。建立政策体系，强化脱贫攻坚措施保障。围绕中央脱贫攻坚决策部署和贯彻落实《中共中央 国务院关于打赢脱贫攻坚战的决定》，中共中央办公厅、国务院办公厅出台了11个《决定》配套文件。各有关部门出台了118个政策文件或实施方案。各省都出台完善了“1+N”扶贫政策举措。精准扶贫政策体系基本形成。建立制度体系，强化脱贫攻坚制度保障。先后建立扶贫开发成效考核机制、贫困县约束机制、贫困退出机制、第三方评估机制、脱贫攻坚督查巡查机制、脱贫攻坚责任制等，精准扶贫有了良好的制度环境。建立社会动员体系，强化脱贫攻坚工作合力。东西部扶贫协作工作水平进一步提升，党政机关和企事业单位定点扶贫进一步聚焦精准，企业、社会组织和公民个人积极参与，脱贫攻坚社会参与氛围浓厚。建立精准体系，强化脱贫攻坚工作基础。完善建档立卡，全国贫困人口分布、致贫原因、脱贫需求等情况更加准确。强化驻村帮扶，向贫困村选派“第一书记”和驻村干部54万名，实现12.8万个建档贫困村都有驻村工作队，5500多万贫困人口都有帮扶责任人。通过“两学一做”学习教育，扶贫系统广大党员干部“四个自信”更加坚定，“四个意识”更加自觉，坚决维护党中央权威，自觉同以习近平为核心的党中央保持高度一致，贯彻落实中央决策部署态度坚决行动有力。刘为被评为全国扶贫系统先进个人，吕焱、苏国霞被中央国家机关工委评为优秀共产党员和优秀党务工作者。信息中心系统处被评为扶贫系统先进单位，信心中心党支部被中央国家机关工作委员会评为先进党支部。

7项重点党建工作。2016年，中共中央组织部就党员组织关系集中排查等7项重点任务专门作出部署，国务院扶贫办党组对此高度重视，机关党委按照中央部署和办党组要求，积极推进相关工作。一是逐一排查，稳妥处置，开展党员组织关系集中排查。印发《关于在“两学一做”学习教育中做好党员组织关系集中排查工作的通知》。用历时一年的时间，在245名党员、13个支部中开展党员组织关系集中排查。摸底排查出失联党员1名，需组织处理党员1名。二是全面清查，不留死角，对党代会代表和党员违纪违法未给予相应处理情况排查清理。印发《关于对党员、党代会代表和人大代表、政协委员中的党员违纪违法未给予相应处理情况进行排查清理的通知》，各支部全面排查清理，对245名党员逐个核对相关信息。未发现党员违纪违法未给予相应处理的情况。三是规范程序，分类推动，开展基层党组织按期换届专项检查。机关党委指导相关支部认真按要求和程序开展换届和补选工作，8个支部全部完成换届，2个支部完成了支委改、补选，还有2个支部正在按照相关程序进行换届。支部换届后，机关党委、纪委即抓紧开展换届工作。加强对新任的“两委”委员、支部书记及委员进行任前培训。四是摸清底数，严格标准，组织党费收缴工作专项检查。印发《关于进一步规范党费交纳工作的通知》和《关于在“两学一做”学习教育中开展党费收缴工作专项检查的通知》，明确每月第一个周五为“党费日”，党员按月主动足额向所在支部交纳党费。列出了党员 2008 年 4 月以来缴纳明细，欠交党费的党员主动向所在支部补交，已收取补交党费 20 万元。五是区分类别，稳步推进，实现社会组织党的组织和工作全覆盖。机关党委多次深入中国扶贫开发协会、中国扶贫基金会、友成企业家扶贫协会，对 3 家实现了党的组织和工作两个全覆盖社团加强工作指导。积极与中国老区建设促进会、中国扶贫志愿服务促进会协商，加快成立临时党组织。六是结合实际，深入研究，探索加强机关党建服务脱贫攻坚途径。围绕“在脱贫攻坚工作中走在前列做表率”这一主题，与《紫光阁》杂志社、宁夏回族自治区直属机关工委在吴忠市召开第四届县级机关党建工作研讨会。组织各党支部与定点扶贫县和对口支援县实施“支部联系贫困村，党员联系贫困户”“双联”行动。开展“聚焦十三五、合力促攻坚”主题联学活动。对强化基层组织工作、健全驻村帮扶工作机制、明确驻村干部工作职责、加强培训指导、强化服务保障、协助帮助贫困村党组织强动力增活力发挥战斗力等问题加强研究。国务院扶贫办机关党委组织参加中央国家机关工委组织的论文征集评比，中国扶贫发展中心的党建研究论文获一等奖。七是严格整改，注重长远，开展党员学习教育“灯下黑”专项整治。贯彻落实《2014—2018 年全国党员教育培训工作规划》，围绕重点开展多种形式党员培训，努力改进方式方法，落实培训时间和内容。印发《国务院扶贫办党员学习教育“灯下黑”问题专项整治工作方案》，落实“三会一课”制度，建立《党支部工作手册》，落实学习计划，建立工作台账，严格组织生活，创新支部工作方法，强化支部书记履职尽责。精心组织多种形式活动，营造好学进取的良好风气。

党风廉政建设和反腐败工作。国务院扶贫办党组高度重视扶贫领域党风廉政建设和反腐败工作，努力建设忠诚干净担当的扶贫干部队伍，始终保持反腐败高压态势，用好监督执纪“四种形态”，坚决查处扶贫领域职务犯罪行为，确保中央八项规定精神落地生根。机关党委严格落实主体责任，强化监督责任。一是研究部署重点工作。研究制定了《国务院扶贫办机关 2016 年党建工作要点》《国务院扶贫办机关 2016 年党的纪检工作要点》，推动“两个责任”落实。组织召开国务院扶贫办 2016 年党的工作暨纪检工作会议以及国务院扶贫办党风廉政建设和反腐败工作会，对党的工作和纪检工作进行全面部署，并做出具体安排。二是切实加强制度建设。落实全面从严治党实施方案，印发《国务院扶贫办党组贯彻落实全面从严治党要求实施意见》和《国务院扶贫办廉政风险防控管理工作规定》，修订《国务院扶贫办廉政风险防控手册》。建立机关党建工作月度安排制度和党风廉政建设月度汇报制度。三是做好纪检干部培训。组织参加纪工委纪委书记专题培训班，从各支部共抽调 10

名纪检干部参加中央纪委驻农业部纪检组培训班，认真组织，深入学习，撰写体会，参训人员进一步增强了纪律规矩意识和监督执纪问责的水平和能力。机关党委两次组织支部纪检委员培训30人次。四是组织开展警示教育。向全体党员干部发放《中国共产党廉洁自律准则》《中国共产党纪律处分条例》《中国共产党问责条例》《关于新形势下党内政治生活的若干准则》《中国共产党党内监督条例》等学习辅导书供学习。编印《扶贫领域违法案件警示录》并积极组织全国扶贫系统警示教育活动，印发活动方案。组织办系统副处级以上党员干部观看廉政电影《绝不饶恕》。要求各支部认真组织收看《永远在路上》系列警示教育片。五是严格履行监督执纪。积极配合中央纪委驻农业部纪检组做好“四风”问题集中检查，做好落实八项规定检查、公款存储利益输送问题调研、转交线索核查和专项巡视整改检查工作。组织对14个问题进行了整改。严格按管理权限参与干部考察、考核和民主测评，对干部的选拔使用认真提出意见建议。积极运用谈话、函询等方式，认真做好收到信访举报线索的调查核实。对办属单位开展内控检查，对有关业务工作开展的程序进行监督。积极配合做好与最高检集中整治和加强预防扶贫领域职务犯罪专项工作，推动阳光扶贫、廉洁扶贫。印发《关于中秋、国庆期间严防“四风”反弹的通知》，确保在中秋、国庆等节假日重要节点，提早部署，采取有效措施抓好监督检查并及时向中央国家机关纪工委报告情况。六是抓好专项检查整改。配合中央国家机关纪工委第一专项检查组对国务院扶贫办巡视整改情况进行的专项检查。根据检查组的反馈意见，以党组名义印发《中央国家机关纪工委检查组反馈巡视意见整改工作方案》。对3大类17个问题，逐一列出问题清单，明确整改责任，制订整改措施，组织专项整改。根据各单位整改情况，形成《中共国务院扶贫办党组关于巡视整改专项检查整改情况的报告》。

党建带群建工作。坚持党建带群建，加强对群团工作领导，真正成为党联系和服务群众工作的桥梁和纽带，以形成脱贫攻坚的强大动力。积极推进相关工作。一是明确工作方向加强指导。认真组织学习贯彻落实中央群团工作会议精神，明确群团工作定位，分析面临的形势和任务，增强群团组织负责人工作责任感、使命感，坚定做好工作的信心和决心。在人员变动较大，难以完成换届工作的情况下，临时负责的同志都以高度的责任心认真做好相关工作。机关党委经常和机关工会、机关妇委会、机关团委的负责同志研究工作，指导他们深入各单位，深入群众中，召开座谈会，倾听群众呼声。同时坚决支持他们依规独立开展工作。并积极与上级群团组织和兄弟单位加强联系，推进相关工作。二是创新群团工作形式。坚持围绕主旋律，弘扬正能量，形成好氛围，积极推进工作。

工会组织100名同志观看北京市建藏援藏工作者协会组织的《圆梦》文艺演出。认真开展送温暖活动，慰问13名生活困难党员、职工，使他们及时得到组织关怀和温暖。机关团委组织参加“根在基层”2016年中央国家机关青年干部调研实践活动，作为重点调研团第一组，共有来自8个部门的9名同志参加调研。组织两个组赴国务院扶贫办干部担任“第一书记”的两个村，就相关工作开展调研。丁漫沁、闫艳分别被工委评为优秀共青团员和优秀团干部。妇委会组织开展纪念2016年“三八”国际妇女节活动，杨炼被评为全国“三八红旗手”，问会芳获妇儿工委表彰。三是丰富机关文化生活。组织观看中央和中央国家机关纪念中国红军长征胜利80周年演出。参加工委组织的“树良好家风活动”。参加“中华魂”传统文化经典学习活动。组织完成中央国家机关第三届公文写作大赛，国务院扶贫办5位同志提交的公文作品得到获奖提名。组织中央国家机关第三批心理健康大篷车巡回服务。继续组织开展健步走活动。组织参加中央国家机关“天天健步走　每天一万步”第二阶段健步走活动。参加中央国家机关第六届篮球比赛，参加太极推手培训、桥牌培训、网球培训、乒乓球协会等活动。这些活动丰富了单位和职工文化生活，增强了向心力和凝聚力。四是努力抓好定点扶贫工作。在国务院扶贫办定点扶贫工作领导小组的领导下，统筹协调定点扶贫工作。共召开6次工作座谈会，机关各司、各直属事业单位和社团开展调研、业务培训、工作帮扶、干部挂职、能力建设等。“10·17”期间，协调两个定点县参加相应论坛交流，开展了共8个村的村村帮扶的对接工作。

（国务院扶贫办机关党委　王安福）

【干部驻村帮扶】　健全干部驻村帮扶工作机制，是实施精准扶贫精准脱贫方略最后一公里的重要组织保障。各地按照中央决策部署，积极推进工作。28个省份（不包括京津沪）共向贫困村选派驻村工作队12.8万个，派出驻村干部77.5万多人，基本实现了每个贫困村都有驻村工作队，每个贫困户都有帮扶责任人的目标。中共中央组织部、国务院扶贫办分三期对中央国家机关选派的334名“第一书记”进行了培训。

2016年9月，国务院扶贫办在宁夏回族自治区固原市举办了全国干部驻村帮扶工作培训班（现场会）。30个省份（不含上海）和新疆生产建设兵团扶贫办（局）负责同志、业务处长参加培训。国务院扶贫办副主任郑文凯同志讲话。宁夏回族自治区各市分管领导、贫困县分管领导和扶贫办主任列席全体会议。培训班传达学习了中共中央总书记习近平在东西部扶贫协作座谈会上的重要讲话精神，通报了脱贫攻坚态势和重点工作。宁夏、山东、河南、湖南、四川、云南6省（区）和河北省司法厅、甘肃省文联选派的2名驻村干部作了典型发言。会议深化了对习近平总书记扶贫开发战略思想，特别是总书记在东西部扶贫协作座谈会上重要讲话精神的理解，增强了各级做好干部驻村帮扶工作的责任感和使命感，充分倾听了基层同志对改进工作的建议和想法，为做好下一步工作明确了方向。

（国务院扶贫办政策法规司　马红晨）

【政务公开】　2016 年，国务院扶贫办认真贯彻落实《中华人民共和国政府信息公开条例》精神和《国务院办公厅关于印发 2016 年政府信息公开工作要点的通知》、《国务院办公厅〈关于全面推进政务公开工作的意见〉实施细则》等有关要求，围绕脱贫攻坚重点工作，把脱贫攻坚的决策部署和政策举措进行公开，保障人民群众的知情权、参与权、表达权和监督权。2016 年初，制定了《国务院扶贫办 2016 年政务公开工作实施方案》，对全年的政务公开工作作出安排部署。年终制定了《国务院扶贫办推进“互联网+政务服务”工作方案》，同时明确了 2017 年的季度工作任务进度。不断加强门户网站公开信息审核把关，扎实推进政府信息公开，取得明显成效。

一、政府信息公开情况

2016 年，国务院扶贫办共主动公开信息 418 条，较 2015 年增长 223%，做到了应公开尽公开；在主动公开政府信息中，工作动态类信息 200 条，占 47.85%；统计信息类 4 条，占 0.96%；项目管理类信息 6 条，占 1.43%；规划计划类信息 12 条，占比 6.42%；国际合作类信息 68 条，占比 16.27%；社会扶贫类信息 108 条，占比 25.83%；其他类信息 20 条，占 4.78%。没有收到信息公开申请；没有因依申请公开信息收取费用或减免费用情况；也没有因信息公开而被提起行政复议或行政诉讼的情况。

二、主要工作及成效

（一）加强基础性制度性建设。一是办好门户网站推进政务公开。进一步优化结构，充实内容，紧密结合新阶段扶贫开发的中心任务，突出精准扶贫、精准脱贫重点工作，完善栏目设计，增加网站功能。二是制定年度工作要点进行安排部署。制定《国务院扶贫办 2016 年政务公开工作实施方案》，对全年政务公开工作作出安排部署，以扶贫工作信息公开为重点，细化政务公开工作任务，加大公开力度。三是加强政务公开与互联网的融合。大力推进扶贫领域的“互联网+政务服务”，组织实施《国务院扶贫办推进“互联网+政务服务”工作方案》，取得积极进展。

（二）主动公开重点信息。一是做好国务院扶贫办部门预算、决算及“三公”经费支出情况信息公开工作，将国务院扶贫开发领导小组办公室 2016 年部门预算和 2015 年度国务院扶贫开发领导小组办公室部门决算及时公开。二是对社会关注热点信息加大公开力度。对《关于建立贫困退出机制的意见》等重要文件的发布、脱贫攻坚奖的评选、李保国同志的扶贫事迹等热点舆情，及时表态回应。三是进一步加大新闻发布力度。重大事件或政策，在网站开设专栏集中发布，增强政策公开的系统性、针对性、可读性。2016 年共举办 6 场新闻发布会，召开 4 次媒体座谈会、通气会，及时回应社会关切，解答扶贫有关问题，通报有关重点工作进展情况等。四是加强政务信息互动性。2016 年 1 月 4 日国务院扶贫办“主任信箱”网上办理平台正式上线运行，截至 2016 年 12 月 31 日共收到信件 687 件，属于国务院扶贫办办理事项的信件 476 件，已区分不同情况进行了相应处理，得到了各方面的好评。

（三）认真做好政策类信息公开工作。及时对外公开有关信息、解读政策、回应关切，提高政务公开的时效性和权威性。2016 年是全面贯彻落实中央扶贫开发工作会议精神、打赢脱贫攻坚战的首战之年，脱贫攻坚战开局良好，国务院扶贫办共公开发布中央有关部门扶贫政策性文件 61 件，有力地加强了扶贫政策的宣传，也为接受社会监督、推动政策落地发挥了积极作用。

（国务院扶贫办综合司　韦　飞）

【简报信息】　《扶贫信息》和《扶贫简报》，是记录扶贫开发工作和历程的重要载体，是科学决策部署的重要参考、政策贯彻落实的监测助手、上下沟通协调的信息纽带和促进面上交流的重要平台。做好扶贫信息工作，有利于及时、准确、全面了解脱贫攻坚工作进展情况，推进经验交流和信息共享，是推动脱贫攻坚的有力支撑和打赢脱贫攻坚战的必然要求。

国务院扶贫办高度重视扶贫信息工作，摆在突出位置，明确专门处室负责。2016 年，国务院扶贫办向中共中央办公厅、国务院办公厅报送 35 期专报信息，有 9 篇被中共中央办公厅信息综合室和国务院办公厅秘书一局信息处采用。共编印《扶贫简报》64 期、《扶贫信息》280 期，其中有 18 期得到中央领导同志批示，另有大量信息简报被各省（区、市）转发学习参考，成为扶贫系统了解扶贫、关心扶贫、指导扶贫的重要途径，发挥了重要作用。

各地进一步加强信息工作干部队伍，建立了信息联络员制度，加大了信息采集报送力度，形成了不少的好经验好做法。

一是高度重视。各地分管省领导、扶贫办主要负责同志对扶贫宣传工作都非常重视，有的地方省委省政府主要领导亲自过问，提出要求。四川省委主要负责同志在扶贫信息上作出批示，要求总结推广有关经验做法。山东省政府主要负责同志多次对加强扶贫信息工作作出指示，省扶贫办主任直接抓信息工作，对上报的稿件都逐一把关，分管副主任直接与国务院扶贫办对接信息工作。湖北、贵州扶贫办主任亲自抓，并明确市县扶贫办主任履行扶贫信息工作第一责任人职责。河北、重庆、四川等省（市）也都把信息工作与业务工作紧密结合，同步部署、同步推进。河北、安徽、湖北、广东、四川、甘肃、青海、广西、新疆等地都进一步加强了采编报送工作，积极主动向国务院扶贫办报送稿件，报送稿件数量较多、质量较好，采用量、采用率也比较高。

二是充实力量。各地不断加强信息工作机构和干部队伍建设。山东省强化信息联络员制度，全省登记在册信息联络员257名，实现了省、市、县、乡扶贫信息工作的全覆盖。河北明确宣传处专门负责信息简报工作，省、市、县三级都成立扶贫信息简报工作领导小组，主要负责同志担任组长。四川省在省脱贫攻坚办成立信息简报组，同时在各级各部门脱贫攻坚办相应明确1—2名同志、在省扶贫移民局机关每个处室明确1名同志负责扶贫信息工作，将网站微博微信管理员、杂志采编员一并纳入扶贫信息员队伍。

三是提升能力。各地组织开展专门的扶贫信息业务培训，在各类培训中也把信息工作作为重要内容，着力提升信息采编报送能力。广西壮族自治区每年举办2期全区扶贫系统宣传信息员培训班，组织扶贫办各处室、全区各市县扶贫办分管同志和信息员参加培训。2016年4月，云南省在上海市举办了全省扶贫系统信息宣传培训班，参训学员包括全省扶贫系统100名信息宣传业务骨干。陕西、甘肃、青海等省（区）也开展了不同层次不同类型的培训。

四是加强考评。各地把信息工作纳入总体工作考评范畴，制定激励措施，用好“指挥棒”，调动信息工作干部积极性，提升工作水平。海南省按年度对信息简报工作成绩突出的给予表彰奖励，对工作滞后的给予通报批评。山东省实行定期统计、季度通报、年终评优，并将考核结果通报至各级各部门“一把手”。湖南省在脱贫攻坚工作考核中单设“扶贫宣传”考核指标，权重占2%，把信息工作作为考评的重要内容，一年一考核，考核结果与市县、省直部门年度脱贫攻坚考核、全面小康考评、绩效评估等直接挂钩。青海省建立表彰奖励制度，把信息工作纳入宣传评价范围，与省委宣传部、省记者协会共同评比表彰奖励作出突出成绩的记者、通讯员和有关工作人员。

为贯彻落实东西部扶贫协作会议和国务院扶贫开发领导小组专题会议精神，进一步推动脱贫攻坚督查和信息工作，2016年9月6日至9日，国务院扶贫办在四川省南充市举办“全国扶贫督查与信息工作培训班”，来自全国28省（区、市）扶贫办、东部13个省（市）协作分管领导和有关负责同志参加培训。培训班邀请中共中央办公厅信息综合室的同志进行专题讲座，南充市扶贫和移民局负责同志介绍开展脱贫攻坚暗访工作的情况。安徽、山东、重庆、四川和青海等省（市）就扶贫督查和信息工作交流发言。培训期间，参训人员赴仪陇县新政镇安溪潮村、南部县大堰乡纯阳山村和封坎庙村、西充县百公里百村脱贫奔康仙桃产业园等现场教学点考察学习。

（国务院扶贫办综合司　韦　飞）

四

重点工作篇

【产业扶贫】 国务院扶贫办会同农业部出台文件，提出分片区推动农业产业的意见，明确了精准带动贫困户的原则和重点。2016年5月23日，召开了全国产业扶贫工作电视电话会议，国务院副总理汪洋出席会议并讲话，对新时期产业扶贫的总体要求和重点任务作出了安排部署。按会议要求，特色产业扶贫要紧盯贫困人口脱贫目标，因地制宜发展产业，要遵循市场和产业发展规律，积极创新产业扶贫帮扶方式，确保贫困户长期稳定受益。国务院扶贫办会同国务院国有资产监督管理委员会，顺利完成中央企业贫困地区产业基金组建工作，并于“扶贫日”启动。截至12月底，基金到账122.73亿元。参与国家林业局、国家中医药管理局“十三五”规划扶贫专章编制工作，进一步将精准扶贫精准脱贫的要求落实到行业扶贫的专栏中。

为指导各地落实精准扶贫精准脱贫方略，在产业扶贫方面开展了试点示范。探索统筹使用财政、金融、社会扶贫资金，下放管理权限，推进政策性金融聚焦贫困村，满足村内生产性基础设施和村级产业发展资金需求的操作办法。在陕西省开展农业产业精准扶贫试点工作，探索委托供销集团，将财政资金配股到农业生产经营性项目，股权收益贫困户享有的精准扶贫模式，为完善资产收益扶贫制度提供了新的经验。按照生态保护脱贫一批的要求，在内蒙古自治区杭锦旗、贵州省贞丰县主持召开部分省（区）参加的现场会，总结沙漠化地区发展治沙产业以及石漠化地区发展构树产业的做法，探索荒漠化和石漠化地区生态保护与产业发展相结合的新路径。

2016年，国务院扶贫办重点发掘整理59个产业扶贫典型案例。总结山东光伏扶贫“产权到村、收益到户”的“两到”经验，河北“政府融资建厂、扶贫资金入股、企业租赁经营、贫困群众分享、集体经济受益”的扶贫“金鸡模式”，湖南“资金跟着穷人走，穷人跟着能人走，能人跟着产业项目走，产业项目跟着市场走”的“四跟四走”模式以及贵州“农村资源变资产、资金变股金、农民变股东”的“三变”模。

（国务院扶贫办开发指导司　周　翔）

【金融扶贫】 国务院扶贫办会同中国人民银行等部门出台总体政策性文件3个，明确金融精准扶贫总体要求和考核办法。会商中国银行业监督管理委员会、中国证券监督管理委员会、中国保险监督管理委员会，出台行业金融扶贫政策文件3个，推动各类金融机构助力精准扶贫。围绕进一步提升建档立卡贫困户获贷率；支持扶贫龙头企业、合作社等经营主体发展产业，带动贫困户增收；为易地扶贫搬迁提供金融债支持，出台操作性文件7个。28个省（区、市）2016年新增扶贫小额信贷1645亿元，累计发放2772亿元，获贷贫困户469万户，覆盖约17%的建档立卡贫困户。扶贫再贷款2016年累计发放768亿元。国家开发银行和中国农业发展银行2016年分别发行281亿元、390亿元专项债券，累计671亿元，用于易地扶贫搬迁。金融助力精准扶贫的工作全面启动，配套政策日趋完善。

国务院扶贫办主任刘永富参加了由国务院扶贫办、中国人民银行、中国保险监督管理委员会、中国农业发展银行和国家旅游局联合召开的5次会议，就贯彻中央部署，贯彻部门联合出台的文件要求发表了重要意见。国务院扶贫办副主任欧青平参加了由国务院扶贫办、人力资源和社会保障部、国家能源局、中国银行业监督管理委员会、国家开发银行、中国人寿保险集团公司和中国人民财产保险股份有限公司联合召开的5次会议，就做好劳动力转移、村级光伏电站建设、金融机构种好“责任田”、推动开发性金融到村到户等，对扶贫部门提出了明确要求。各省（区）的金融、产业相关部门已就落实相关文件出台了具体实施意见和办法，中央相关部门出台的文件政策效应正在释放。与中国农业发展银行联合在广西壮族自治区百色市、河北省保定市、贵州省毕节市、陕西省安康市开展政策性金融扶贫实验示范，探索统筹使用财政、金融、社会扶贫资金，下放管理权限，推进政策性金融聚焦贫困村，满足村内生产性基础设施和村级产业发展资金需求的操作办法。总结贵州、四川、甘肃、宁夏、河南、湖南等省（区）扶贫小额信贷工作经验，形成6个工作案例。总结江西省赣州市大病医疗商业补充保险、河北省“政银企户保”、重庆市商业补充医疗保险、宁夏回族自治区“扶贫保”等保险扶贫先进经验，形成12个工作案例。

（国务院扶贫办开发指导司　周　翔）

【电商扶贫】　电商扶贫为贫困地区带去互联网思维、信息化技术、现代化物流，及解决贫困地区脱贫增收问题提供了一条新思路。2016年全国各地深入贯彻电商精准扶贫精准脱贫的方略，瞄准建档立卡贫困户，注重农产品上行，加大贫困村基层网店建设，将贫困地区带入互联网经济环境下发展的快车道，促进贫困户就业增收脱贫，同时促进当地农业产业化及各项事业全面发展。

一、加强了电商扶贫顶层设计

贯彻落实《中共中央 国务院关于打赢脱贫攻坚战的决定》和《关于促进农村电子商务加快发展的指导意见》要求，2016年11月，国务院扶贫办联合国家发展和改革委员会（以下简称“国家发展改革委”）、中共中央网络安全和信息化领导小组办公室（以下简称“中央网信办”）、商务部、工业和信息化部、交通运输部、人力资源和社会保障部、财政部、农业部、中国人民银行、中国银行业监督管理委员会、中国共产主义青年团中央委员会、全国妇女联合会、中国残疾人联合会、全国供销合作总社、中国邮政集团公司印发《关于促进电商精准扶贫的指导意见》，从贫困地区电商基础设施改善、特色产业发展、电商人才培训、电商就业创业、服务体系建设、示范网店建设、信息化改造升级、东西部对接协作、消费扶贫活动9个方面对电商扶贫工程进行了安排部署。加快实施电商精准扶贫工程，逐步实现对有条件贫困地区的三重全覆盖，到2020年在贫困村建设电商扶贫站点6万个以上，约占全国贫困村50%左右；扶持电商扶贫示范网店4万家以上；贫困县农村电商年销售额比2015年翻两番以上。

深入贯彻中共中央总书记习近平关于实施网络扶贫行动的重要指示精神，中央网信办、国家发展改革委会同国务院扶贫办印发《网络扶贫行动计划》，明确在贫困地区实施“网络覆盖工程、农村电商工程、网络扶智工程、信息服务工程、网络公益工程”五大工程。在江西省、四川省、贵州省、西藏自治区、陕西省、甘肃省和重庆市（城口县、奉节县）7省（区、市）率先开展网络扶贫试点。

财政部、商务部、国务院扶贫办联合印发《关于开展2016年电子商务进农村综合示范工作的通知》，确定240个县为电子商务进农村综合县，其中158个是国家级贫困县，占66%。

二、电商精准扶贫取得成效

陇南市开展电商试点，成效显著。陇南电商扶贫总结出“坚持政府推动，实现电商扶贫集中突破推动坚持市场运作；建立农特产品网销体系，建立农特产品网销体系；坚持扶贫导向，建立网店带贫机制；坚持人才开发，开展多层次技能培训；坚持完善服务，建立电商扶贫服务体系；坚持微媒营销，培育农特产品网销品牌”六条经验做法，得到社会各方的一致肯定。国务院总理李克强、副总理汪洋对试点工作做出重要批示，要求总结经验、加以推广。陇南电商扶贫经验具有可操作性和复制性，带动贫困户增收上具有广泛性和可持续性。2016年10月16日，陇南市被授予电商扶贫示范市称号。

2016年1月，国务院扶贫办与大型电商企业北京京东世纪贸易有限公司（以下简称“京东”）签署《电商精准扶贫战略合作框架协议》，根据协议，京东在200个国家级贫困县开展电商扶贫试点，在“产业、创业、用工、金融”四大领域开展精准扶贫。截至12月，京东累计开设贫困地区线上特产馆64个，电商培训10万人次，解决贫困地区人口就业约2万人。

国务院扶贫办联合商务部市场建设司、农业部市场与经济信息司、中央网信办信息化发展局等共同主办电商扶贫论坛。国家部委、地方政府、专家、企业、电商带头人200余人参加。论坛上指导中国扶贫基金会联合苏宁云商集团股份有限公司（以下简称“苏宁”）、京东、阿里巴巴网络技术有限公司、中国社会科学院信息化研究中心、苹果股份有限公司等相关单位，共同发起成立“全国‘互联网+扶贫’共享价值联盟”，并发布《全国“互联网+扶贫”共享价值联盟宣言》。指导京东与友成企业家扶贫基金会签署《消费扶贫合作备忘录》，并启动首届扶贫消费日，倡议消费者通过购买贫困地区农产品助力扶贫。

三、各地电商扶贫特色做法

河北省建一体化县级电商平台，全省62个贫困县创建了京东、苏宁、邮乐购等为主力，集产品供应、质量检测、货物仓储、物流配送、电商培训为一体的县级电商运营中心。山西省将电商扶贫纳入脱贫攻坚总体部署和工作体系，制定《山西省电商扶贫行动方案》《山西省2016年度电商扶贫行动计划》《山西省2017年度电商扶贫行动计划》，对全省电商扶贫总体目标、工作任务、保障措施进行了明确，推动电商扶贫工作全面开展。江西省对电商扶贫站点、电商扶贫合作社和人才培训给予扶贫补助，中国邮政集团江西省邮政公司投入上亿元建设贫困县通村邮路，对电商扶贫站点和贫困村增开直通邮路。贵州省大力培育电商人才，成立了电商发展研究中心和百名讲师团等研究培训机构，全省共培训农村电商人才27.5万人（次）。

（国务院扶贫办社会扶贫司　蒋维克）

【旅游扶贫】　2016年8月，国家旅游局、国务院扶贫办等12个部门印发《关于印发〈乡村旅游扶贫工程行动方案〉的通知》，明确提出“十三五”期间，力争通过发展乡村旅游带动全国25个省（区、市）2.26万个建档立卡贫困村、230万贫困户、747万贫困人口实现脱贫。确立“十三五”期间把发展贫困村旅游扶贫作为乡村旅游的重中之重，把“景区带村、能人带户”作为推动旅游扶贫的基本路径。在河北省涞水县开展贫困村旅游扶贫试点工作，总结提炼出“景区带村、能人带户，把群众动员起来、把利益机制建立起来、把贫困群众带动起来、把特色文化弘扬起来”，即“两带四起来”的旅游扶贫经验，这一经验已成为贫困地区开展旅游扶贫的指导原则。

会同国家旅游局于8月18日在河北省张北县联合召开了“第二届全国乡村旅游与旅游扶贫工作推进大会”，国务院扶贫办主任刘永富、国家旅游局局长李金早出席会议并讲话。会议要求，旅游扶贫必须真抓实干务求实效。要实施好乡村旅游扶贫规划，落实好旅游扶贫支持政策，培育贫困村旅游扶贫带头人，宣传贫困村旅游扶贫先进典型。

（国务院扶贫办开发指导司　周　翔）

【光伏扶贫】　国务院扶贫办会同国家发展和改革委员会、国家能源局等5部门，于2016年3月底出台《关于实施光伏发电扶贫工作的意见》，明确在开展光伏扶贫的范围和职责分工；协调中国农业发展银行于5月出台《光伏扶贫贷款管理办法（试行）》，为光伏扶贫项目建设提供特惠金融保障；会同国家能源局于5月向各省印发《光伏扶贫实施方案编制大纲》，指导各地将满足建设条件的项目上报。10月，国家能源局在对各地区报送的光伏扶贫实施方案审核后，下达了第一批项目指标，明确本批光伏扶贫项目规模（总规模516万千瓦，其中村级光伏电站〈含户用〉218万千瓦）、实施范围（14个省、涉及55.6万户贫困户）。召开六省光伏扶贫推进工作座谈会，与国家能源局和水电水利规划设计总院相关同志和河北省、山东省、山西省、青海省、湖北省、安徽省等六省分管领导及有关县开展了座谈讨论，广泛听取征求意见，以问题为导向，初步形成光伏扶贫的基本原则、框架思路和推进方式。确立光伏扶贫以村级电站为主要建设方式，村集体分配发电收益以及强化质量管理，落实电网接入和财政补贴，确保贫困户收益的工作要求。

截至2016年12月底，光伏扶贫项目已建成189万千瓦（其中村级电站〈含户用〉63.8万千瓦），在建627万千瓦（其中村级电站187万千瓦），预计可带动50多万户贫困精准脱贫，户均年增收3000元。

（国务院扶贫办开发指导司　周　翔）

【构树扶贫】　2016年10月，国务院扶贫办主任刘永富在贵州省贞丰县召开的石漠化地区脱贫攻坚座谈会上，对推进构树扶贫工程提出了明确要求。构树扶贫工作主要由国务院扶贫办开发指导司承担与部委等对外沟通协调工作，由中国扶贫志愿服务促进会承担社会资源动员工作，由中国扶贫发展中心负责具体推动工作。中国扶贫发展中心编制了《全国构树扶贫工程推进方案》，经办务会讨论通过。

构树扶贫工程启动以来，取得了较为明显的成效：一是大家对构树扶贫的认识逐步提高。对于什么是构树、为什么要发展构树产业，起初大家的认识并不一致，很多地方有畏难情绪，经过一年多的科普宣传，从不理解到接受，看到了效益之后愿意主动发展，转变很明显。二是发展规模稳步扩大。截至2016年底，贵州、安徽等11个省（区、市）的35个县开展了构树扶贫工程，构树种植面积15万亩，带动4万建档立卡贫困人口增收。共建有育苗基地，包括温室大棚70个、组培基地7个、组培室近2000平方米。三是减贫成效正在形成。逐步探索了农户“种养一体”、“公司+农户”、“公司+合作社+农户”、贫困户劳务收入等带动模式，并积极探索与资产收益扶贫相结合，通过各种方式带动贫困户增收。以南方石漠化地区贵州省贞丰县为例，当地通过能人大户、农民专业合作社等方式，已带动1247户建档立卡贫困户种植构树，人均年收入3100余元，高于全株青贮玉米1435元/亩、紫花苜蓿1800元/亩，可稳定收入15年至20年。通过龙头企业、专业合作社吸纳292户建档立卡贫困户进入构树加工企业务工，人均年工资达2.7万元。四是石漠化治理的有效途径。杂交构树在跑水、跑土、跑肥严重的石漠化区域种植，绿化效果明显。“十三五”期间，国家确定的200个石漠化治理重点县中有140个县是贫困县。构树扶贫工程是脱贫攻坚与石漠化治理相结合的有效途径。

（中国扶贫发展中心　刘　一）

【龙头企业带动工程】　为落实《中共中央 国务院关于打赢脱贫攻坚战的决定》关于“完善扶贫龙头企业认定制度，增强企业辐射带动贫困户增收的能力”的要求，2016 年按照精准扶贫精准脱贫基本方略，以带贫减贫结果为导向，建立和完善减贫带贫、利益联结机制。继续完善金融扶贫政策和就业扶贫政策，建立健全银政企对接制度，进一步引导各类龙头企业到贫困地区开展产业精准扶贫。

一是政策引导。2016 年 3 月，国务院扶贫办会同中国人民银行出台《关于设立扶贫再贷款的通知》，明确提出扶贫再贷款资金优先和主要用于支持当地带动贫困户就业发展的企业，积极引导和促使龙头企业在贫困地区聚焦贫困户，开展精准扶贫。

二是案例引导。积极引导和支持各行业中有品牌、专业化、有市场的龙头企业到贫困地区建立种植基地和加工基地，开展分布式和定制式产业精准扶贫。2016 年，通过开展现场观摩会、产业扶贫对接会等形式，推动贫困地区的党委政府与亿利资源、德青源等行业龙头企业对接合作，复制和推广“治沙扶贫”“金鸡扶贫”等典型做法和成功案例，促进产业精准扶贫，取得了良好效果。

三是荣誉表彰制度引导。建立和完善社会荣誉表彰制度，利用“扶贫日”等契机，定期开展社会评议和集中颁奖活动，对在贫困地区有效带动当地产业发展，为贫困户增收脱贫做出重大贡献的企业和企业家，如恒大地产集团有限公司、大连万达集团股份有限公司、亿利资源集团有限公司等公司，进行荣誉表彰和广泛宣传，扩大企业的知名度和影响力，提升企业的品牌价值。

（国务院扶贫办开发指导司　周　翔）

【职业教育培训】　国务院扶贫办会同教育部出台 3 个文件，一是编制《教育脱贫攻坚“十三五”规划》，促进教育向最贫困地区、最薄弱环节、最弱势群体倾斜，协调推动在全国 12.8 万个贫困村实施“一村一幼”；二是制定《职业教育东西协作行动计划（2016—2020 年）》，实现东部与西部地区职业教育结对帮扶全覆盖，实施重点职校面向贫困地区定向招生计划；出台《关于免除普通高中建档立卡家庭经济困难学生学杂费的意见》。以上政策的相继出台，为建档立卡贫困家庭子女从学前教育到高等教育提供了全程特惠扶持。教育扶贫已基本构建起了阻断贫困代际传递的政策体系。

国务院扶贫办会同人力资源和社会保障部出台 2 个文件：一是《关于开展技能脱贫千校行动的通知》，加大职业技能提升计划实施力度，选择 1000 所重点职校面向贫困地区定向招生。二是出台促进建档立卡贫困户就业增收的指导意见，分别对在省外、省内县外以及县内务工的贫困户，实现转移就业、稳定就业，分类提出政策措施。2016 年，全国有缴费记录的转移就业贫困劳动力 480 万人。

国务院扶贫办会同科技部、中国科学技术协会，分别出台《科技扶贫行动实施方案》和《科技助力精准扶贫工程实施方案》，动员科技界力量，在贫困村分别开展科技特派员专项行动和贫困乡镇科技协会专项建设行动，推动科技人才精准流向建档立卡贫困村。

按照国务院副总理汪洋的指示要求，国务院扶贫办会同人力资源和社会保障部在广东、湖南、湖北开展劳务协作试点，探索新形势下促进农村建档立卡贫困人口就业脱贫的工作机制和政策措施。试点工作已圆满结束并达到了预期目的，形成了可复制可推广的经验。

（国务院扶贫办开发指导司　周　翔）

【贫困村创业致富带头人培训】　继续组织开展“闽甘宁”培训试点。完善“1+11”培养模式。启动“粤桂”两省（区）培训试点。组织动员东部富裕村对接帮扶西部贫困村，培育村级微小企业，培养致富带头人，探索培训跟着产业走，能人带着穷人走，脱贫致富奔小康的模式。

配合中共中央组织部（以下简称“中组部”）推进贫困村创业致富带头人培育工程。根据 5 月 15 日中组部在宁夏回族自治区召开的集中连片贫困地区抓党建促脱贫攻坚工作座谈会议精神和中组部部长赵乐际的讲话要求，国务院扶贫办商中组部，明确了贫困村创业致富带头人培育工程的培育目标和工作思路，即每个建档立卡贫困村平均培养 3 名左右创业致富带头人，保证每个贫困村至少有 1 位过硬带头人，通过“三个一批”方式协同推进：“东部帮西部”培育一批，“先富帮后富”就地培育一批，各级组织和扶贫部门培育一批。在东部发达地区具备条件的乡镇和行政村建立一批致富带头人孵化培训基地，并把这项工作作为东西部扶贫协作的重要内容。

开展实地调研，继续总结各地的成功经验和典型做法。首批筛选了 9 个典型案例，其中既有“闽甘宁”“粤桂”试点案例，也有重庆市的人才回引工程、宁夏西海固的“两个带头人工程”等地方案例。

开展政策研究。与中组部、人力资源和社会保障部、科技部等相关部委，以及金融部门密集沟通，针对此项工作谋划出台含金量高、操作性强的促进措施。

（国务院扶贫办开发指导司　周　翔）

【易地扶贫搬迁】　2016 年，国家发展和改革委员会（以下简称“国家发展改革委”）、国务院扶贫办会同有关部门和地方，按照“抓住两头、放开中间”工作思路，坚持稳扎稳打、合力攻坚，不断强化规划引领、出台配套政策、加强资金保障、健全工作机制，推动新时期易地扶贫搬迁工作实现良好开局。

（一）发布实施“十三五”易地扶贫搬迁规划。国家发展改革委牵头组织编制《全国“十三五”易地扶贫搬迁规划》（以下简称《规划》），并经国务院同意于 9 月发布实施。《规划》以精准扶贫、精准脱贫为统领，坚持搬迁与脱贫“两手抓”，明确了“十三五”时期易地扶贫搬迁的指导思想、目标任务、搬迁对象、建设任务、资金运作、保障措施等，提出了发展特色农牧业、发展劳务经济、发展现代服务业、实行资产收益以及社会保障兜底五大脱贫路径，是指导各地推进易地扶贫搬迁工作的行动纲领。为强化规划引领，国家发展改革委督促指导地方同步编制规划，明确工作时间表、路线图，形成自上而下的易地扶贫搬迁规划体系。

（二）全面搭建“四梁八柱”政策和制度体系。住房建设方面，国家发展改革委、国务院扶贫办印发《关于严格控制易地扶贫搬迁住房建设面积的通知》，明确建档立卡搬迁户人均住房建设面积不超过 25 平方米，防止贫困群众因搬迁举债、因搬迁影响脱贫。土地政策方面，国土资源部出台《关于用好用活增减挂钩政策积极支持扶贫开发及易地扶贫搬迁工作的通知》，允许将土地增减挂钩节余指标在省域范围内流转使用。金融政策方面，中国人民银行及时出台信贷资金筹措方案，明确专项金融债发行额度、发行方式、发行期限、贷款利率等要求。中国人民银行、国家发展改革委、中国银行业监督管理委员会、国务院扶贫办印发《关于加快 2016 年度易地扶贫搬迁信贷资金衔接投放的通知》，进一步优化贷款管理、加快贷款申报审批，促进信贷资金及时投放。国家开发银行、中国农业发展银行分别出台政策，不断细化完善信贷相关支持政策。财政政策方面，财政部、国务院扶贫办印发《关于做好易地扶贫搬迁贷款财政贴息工作的通知》，对易地扶贫搬迁长期贴息贷款放贷规模、贴息安排、还贷期限、贴息资金使用管理等进行规范，明确中央财政对 2016 年、2017 年 2000 亿元贷款规模给予 90% 贴息的政策。

（三）及时下达搬迁建设任务和各类资金。国家发展改革委同有关部门下达 2016 年易地扶贫搬迁任务 249 万人，下达中央预算内投资 193.6 亿元并全部分解到县，安排年度贴息贷款规模 828.5 亿元，一次性切块下达“十三五”时期专项建设基金 500 亿元，财政部切块下达地方政府债务规模 1000 亿元。指导 22 省份新建或指定省级投融资平台公司承接各类信贷资金，督促省级人民政府完成与省级投融资平台签订政府购买服务协议，从政策和制度上规范搬迁资金运作模式。

（四）切实加强督导检查和考核力度。加强督导检查。组织 22 个省份开展自查，50 余个省级检查组累计对 440 个县的 1436 个安置点和 537 个迁出点进行实地检查，入户走访建档立卡贫困户 2912 户 10856 人，完成了新时期易地扶贫搬迁工作的第一次“体检”。组成工作组赴相关省份开展专题调研和督导，向 12 个省份下发整改意见，及时纠正苗头性、倾向性问题。健全监督考核机制，国家发展改革委、国务院扶贫办印发实施《易地扶贫搬迁工作考核暂行办法》，强化对各级政府易地扶贫搬迁工作主体责任的考核。国家发展改革委出台《易地扶贫搬迁专项建设基金监督管理暂行办法》《易地扶贫搬迁中央预算内投资管理办法》，形成了事前规范审核、事中强化监督、事后严格考核的机制，实现了全过程监管。

（五）组织召开全国易地扶贫搬迁现场会。经国务院同意，8月22日至23日，在贵州省召开全国易地扶贫搬迁现场会。国务院总理李克强作出重要批示，国务院副总理汪洋出席会议并讲话。

（六）形成合力攻坚的良好氛围。国家发展改革委、国务院扶贫办会同有关部门和地方，通过政策宣讲、专题培训、政策指引、情况通报等方式，及时将国家政策要求传达到基层干部群众，确保“系好第一颗扣子”。持续加大舆论引导和媒体宣传力度，总结推广典型经验做法。

2016年，在中央有关部门和地方政府共同努力下，易地扶贫搬迁各项工作平稳有序推进，249万建档立卡贫困人口搬迁建设任务顺利完成。

（国家发展和改革委员会　任鑫鑫）

【连片特困地区扶贫】　连片特困地区（以下简称“片区”）规划实施近五年来，在中共中央、国务院的领导下，在片区联系单位、相关部委和各省（区、市）的共同努力下，片区规划推进有力，区域发展与扶贫攻坚取得明显成效。2016年，14个片区农村贫困人口2182万人，比2015年减少693万人，贫困发生率10.5%，比2015年下降3.4个百分点。片区农村居民人均可支配收入8348元，比2015年增加823元。

2016年，按照中央部署和要求，国务院扶贫办围绕精准扶贫精准脱贫方略，积极推进片区扶贫攻坚。

一是组织召开第四次片区联系工作会议。2016年5月，国务院扶贫办、国家发展和改革委员会联合召开第四次片区联系工作会议，学习贯彻习近平等中央领导人关于扶贫开发重要指示精神，通报片区规划实施进展情况，总结交流片区联系工作经验，研究部署下步工作。国务院扶贫办副主任郑文凯出席会议并做总结讲话。印发《2016年片区联系工作要点》，明确片区联系单位工作要求。

二是协调推进片区“十三五”省级实施规划国家层面项目衔接。为切实推进“十三五”片区规划重大项目实施落地，国务院扶贫办对片区各省（区、市）提交的“十三五”省级实施规划中属于国家层面立项、审批并需中央层面衔接的项目分片区和部门分类梳理汇总，在此基础上，国家发展和改革委员会和国务院扶贫办联合印发《关于协调推进集中连片特困地区“十三五”省级实施规划国家层面项目衔接工作的函》，将需要国家层面衔接的项目清单分送各部委和相关片区联系单位，双轮推动项目衔接工作。各有关部门回函明确表示同意纳入相关行业部门“十三五”规划或中长期规划的项目近百个。

三是坚持落实片区部际联系会议。交通运输部组织召开六盘山片区扶贫攻坚部省协调推进会，教育部组织召开滇西脱贫攻坚部际联系会议，科技部联合国家铁路局、中国铁路总公司组织召开秦巴山片区区域发展与脱贫攻坚部际联席会，民政部组织召开第四次罗霄山片区区域发展与扶贫攻坚部际联系会议，工业和信息化部组织召开燕山—太行山片区部省部际联系会议等。国家民族事务委员会协调配合有关部门推进武陵山片区交通、能源、水利重大基础设施和民生项目，与国家旅游局、国家开发银行等部门及四省（市）签署协议，推动开发性金融和旅游扶贫。民政部、科技部与国家铁路局、住房和城乡建设部、交通运输部、水利部、国家林业局、中国铁路总公司等片区联系单位组织召开片区会议，推进片区规划实施。

四是组织编写 2015 年度片区规划实施监测报告。结合各地上报的片区扶贫攻坚进展情况报告，设计 2015 年度监测报告框架，完善片区监测指标，收集整理国家统计局《全国农村贫困监测调查主要结果》以及各地汇总上报数据。组织相关专家在充分调研基础上，开展 2015 年度 14 个片区实施规划的监测工作，编写完成《连片特困地区区域发展与扶贫攻坚规划实施监测报告（2015 年度）》。通过开展年度片区规划实施监测工作，推动各地全面掌握片区规划实施进度，交流经验做法，发现自身存在的问题和困难，并及时予以纠偏，对各地更加有针对性更加精准地推进“十三五”片区省级规划的顺利实施，提供指导和参考。

五是指导各地做好“十三五”片区省级实施规划编制及报备工作。国务院扶贫办、国家发展和改革委员会联合印发《关于抓紧上报集中连片特困地区区域发展与扶贫攻坚“十三五”省级实施规划的通知》，指出各地初稿上报过程中发现的问题并敦促各地抓紧完成规划编制工作。在此基础上，国务院扶贫办、国家发展和改革委员会又联合印发《关于做好“十三五”片区省级实施规划报备有关要求的函》，明确报备要求、程序和主要内容，指导各省开展省级实施规划正式报备工作。除西藏、安徽和河北三省（区）外，各地均已完成规划报备工作。

（国务院扶贫办规划财务司　余　平）

【扶贫改革试验区】　为推动新时期扶贫改革，国务院扶贫开发领导小组先后批准设立辽宁省阜新市、江苏省宿迁市、浙江省丽水市、广东省清远市、山东省淄博市和福建省三明市 6 个扶贫改革试验区。2016 年 12 月，国务院扶贫办在福建省三明市组织召开了扶贫改革试验区工作座谈会。东部部分省份政府分管领导，辽宁、江苏、浙江、福建、山东、广东省扶贫办负责同志和业务处长，阜新、宿迁、丽水、三明、淄博、清远 6 个扶贫改革试验区的市政府分管领导、扶贫办主要负责同志，河南省信阳市、福建省屏南县、广西壮族自治区田东县、四川省巴中市巴州区4个以扶贫为主要试验任务的农村改革试验区的有关负责同志和农村改革试验部门负责同志，70人参加会议。

福建省副省长黄琪玉、山东省副省长赵润田和东部6省扶贫办负责同志围绕东部地区如何缓解相对贫困等问题进行了发言，10个试验区的有关负责同志作了交流发言。与会人员实地观摩了三明市将乐县生态产业扶贫、沙县金融扶贫改革和沙县小吃创业培训现场。

（国务院扶贫办开发指导司　周　翔）

【贫困地区干部培训】　2016年，全国扶贫干部教育培训以贯彻习近平总书记扶贫开发战略思想为首要任务，以落实中央扶贫决策部署为出发点，以推动实际工作为落脚点，按照中共中央组织部分级管理、分类实施的原则，重示范、聚合力、强体系，开展了国家、省、市、县四级培训，构建了全国扶贫培训系统“一盘棋”的培训格局，发挥了干部教育培训的先导性、基础性、战略性作用，为脱贫攻坚提供了人才保障和智力支持。国务院扶贫办开展国内干部示范培训31期，培训3549人次。开展国际赴美培训1期，培训14人。

一、领导重视，高位推进权威示范合一。国务院扶贫办高度重视扶贫教育培训工作，主要领导亲自安排部署、亲自参与、亲自推动。注重示范培训，发挥干部培训的辐射带动作用。从大规模培训扶贫业务干部转变为重点开展示范培训。如，2016年3月，中共中央组织部、国务院扶贫办和国家行政学院共同举办省部级打赢脱贫攻坚战专题研讨班。来自各省（区、市）人民政府、新疆生产建设兵团、国务院扶贫开发领导小组成员单位的分管负责同志，共73人参加。同期套办的厅局级干部研讨班，中央部委有关司局、省级扶贫办等相关负责同志81人参加学习。国务院副总理汪洋授课，国务委员杨晶做开班动员。国务院扶贫办党组成员以及中央文献研究室、国家发展和改革委员会、教育部、财政部、交通运输部、水利部、卫生和计划生育委员会、中国人民银行、国家开发银行等国务院扶贫开发领导小组主要成员单位的分管部委领导为扶贫干部培训讲课或解疑释惑。研讨班授课材料汇编为《精准扶贫、精准脱贫（打赢脱贫攻坚战辅导读本）》，正式出版发行。研讨班结束后，有22个省（区、市）照此模式举办了培训班，为各行业部门理清脱贫攻坚思路，推动工作起到了有效作用。如，与中共中央组织部联合举办6期中央和国家机关选派“第一书记”示范培训班。举办国务院扶贫办定点帮扶县“支部+电商扶贫”和扶贫金融产品培训班、全国脱贫攻坚培训研讨班、驻村帮扶干部培训班、宣传联络培训班等。

二、着眼发展，创新方式学习解难双丰收。一是突出理论指导，全面提升扶贫干部能力素质。以学习贯彻习近平总书记扶贫开发战略思想为主线贯穿培训全过程，把业务培训与党的群众路线教育和“两学一做”等党建活动紧密结合，将培训变成党性锻炼的平台、调研基层情况的平台，增强了扶贫干部打赢脱贫攻坚战的责任感和使命感，提升了他们脱贫攻坚能力素质全面提升。二是创新培训方式，努力提高干部教育培训的质量和效果。从传统教学、以会代训、工作部署等培训方式转变为采用案例教学、情景模拟、研讨式培训的培训方法。以脱贫攻坚工作需求为导向，按需施教注重理论和实践相结合，确保培训的质量和效果。

三、多方参与，教学相长工作培训互促进。加强部门协作，多元化培训主体形成合力。从单一的扶贫部门培训发展到与中共中央组织部、中央机构编制委员会办公室、中共中央党校、国家行政学院、国家公务员局、社会组织的联合办班，从各地自主培训到跨领域、跨部门的示范联动培训，充分动员社会各方力量参与扶贫培训，同时加强出国培训成果转化，逐步形成大扶贫培训格局。

四、共识共建，拓展格局培训作用提升。为统筹用好全国各地的培训资源和扶贫培训有序开展，通过每年组织培训者的扶贫培训研讨班和教材开发等工作，科学整合和规范全国扶贫系统干部开展教育培训，一是加强省际间培训交流合作。与各省建立培训资源共享机制和评估考核机制，实现师资、课程、教材、考察点、经验（案例）等方面的合作共享，构建优势互补、合作共赢的培训网络。二是加强师资库共建共享。按照系统内和系统外相结合、中央机关和地方相结合、领导干部和专家学者相结合、理论工作者和实际工作者相结合的原则，与各省合作建立了一支结构合理、规模适当、专兼结合、相对稳定的师资队伍。三是加强扶贫教材编写。以需求为导向，组织开发扶贫系列教材。启动了《中国扶贫理论的形成与发展》《脱贫攻坚战略与政策体系》《资产收益扶贫的实践探索》《贫困村精准扶贫实施指南》《精准扶贫精准脱贫方略——基层干部读本》《贫困村创业致富带头人培训案例选编》《产业扶贫脱贫概览》等扶贫培训教材的编写工作。四是开展培训评估工作。结合扶贫干部培训规划的执行情况，制定培训评估指标体系，对部分省开展效果评估工作，提高培训的质量和效果。

（全国扶贫宣传教育中心　骆艾荣）

【扶贫资金使用】　2016 年中央和各省认真学习中央领导同志关于加强资金管理使用和监管的重要指示，贯彻落实中共中央、国务院关于加强资金管理的各项决策部署，深入推进资金管理机制改革，强化资金监督管理机制，推进贫困县财政涉农资金整合，优化配置资金，充分发挥使用效益。

继续加大资金投入。2016 年，中央、省级财政专项扶贫资金共计 1154.4 亿元，比 2015 年增加 377.3 亿元，增长 48.5%。其中：中央安排 661 亿元，增加 200 亿元，增幅为 43.4%；省级安排 493.5 亿元，增加

177亿元，增幅56.1%。中央财政专项扶贫资金分配向西部地区倾斜，安排到西部12个省（区、市）的资金比重为66.2%。

坚持资金精准使用。贯彻精准扶贫、精准脱贫基本方略，在精准识别贫困人口的基础上，把资金使用与建档立卡结果相衔接，与脱贫成效相挂钩，切实使资金惠及贫困人口。

一是资金使用到村到户，提高精准度。各地结合扶贫开发工作实际情况，围绕培育和壮大特色产业、改善小型公益性生产生活设施条件、增强贫困人口自我发展能力和抵御风险能力等方面，因户施策、因地制宜使用资金。据各省2016年底上报数据，中央财政扶贫资金中有53%的资金用于建档立卡贫困户，主要是通过直接补助、资产收益扶贫、信贷支持和龙头企业、合作社等经营组织带动以及开展职业教育培训、扶贫小额贷款贴息等方式支持产业发展，促进能力建设；约38%的资金用于建档立卡贫困村农田水利、村级道路、人畜饮水、沼气等能源项目、危房或住房改造项目等基础设施建设；9%的资金用于金融扶贫风险补偿金、保险及信息化和建档立卡管理等支出。

二是推进重点扶贫工程。据各省不完全统计，中央财政扶贫资金中，有45.6%的资金用于贫困村提升工程（或整村推进），支持贫困村基础设施、产业发展、村容村貌改善等方面；7.6%的资金用于易地扶贫搬迁贴息和后续产业发展；3%的资金用于“雨露计划”等职业教育培训工程，主要实施贫困家庭“两后生”职业教育培训、劳动力转移培训和创业致富带头人培训；5.6%的资金用于扶贫小额信贷贴息等；11.3%的资金用于资产收益扶贫；26.9%的资金用于电商扶贫、旅游扶贫、光伏扶贫等。

三是支持产业发展与基本生产生活条件改善。各地加大对优势特色产业扶持力度，中央财政扶贫资金中约50%直接用于产业发展；约33%用于农田水利、村级道路、人畜饮水、沼气等能源项目、危房或住房改造项目等改善贫困村基本生产生活条件的基础设施建设；17%用于金融扶贫贴息及风险金、能力提升及保险等其他方面。

（国务院扶贫办规划财务司　刘　玫）

【扶贫资金监督管理】　“十八大”以来，中共中央、国务院对加强扶贫资金管理高度重视，中央领导同志多次做出重要指示批示。国务院扶贫开发领导小组多次研究部署扶贫资金监管问题。扶贫办认真学习贯彻落实，将加强扶贫资金监管作为重要工作来抓，强化纪律意识和规矩意识，完善制度，进一步规范资金使用与管理，促进提升资金使用效益。

一是改革财政专项扶贫资金管理机制。根据《国务院扶贫开发领导小组关于改革财政专项扶贫资金管理机制的意见》，把资金使用和建档立卡结果相衔接，提高资金使用精准度。加快资金拨付进度，每年中央财政在10月底前提前下达下一年度资金，提前下达发展资金比例逐年提高，从2013年的72.9%到2016年的82.8%，提高了近10个百分点。与财政部加快修订中央财政专项扶贫资金管理办法。

二是简政放权推进项目审批权限下放。主动做好放管服改革，清理发展资金内部专项和试点。截至2016年底共取消扶贫贷款贴息资金（含康复扶贫贷款贴息）、科技扶贫、雨露计划试点、互助资金试点、预留机动5个专项以及单独安排的10个试点项目和工作任务，涉及资金50.5亿元。资金项目审批权限下放到县比例从2014年的70%提高到2016年的95%，增强地方统筹使用资金的自主权。

三是推进涉农资金统筹整合。2016年，国务院办公厅印发《关于支持贫困县开展统筹整合使用财政涉农资金试点的意见》。财政部、国务院扶贫办召开了全国试点电视电话会议和现场推进会，建立资金整合工作协调机制，印发进一步做好贫困县涉农资金整合工作有关事项的通知，指导地方加强精准脱贫规划编制，做好脱贫攻坚项目储备，推动各地加快制定贫困县资金统筹使用方案。财政部、扶贫办、审计署等8个部委相继出台本部门支持统筹整合文件。制定资金统筹整合使用方案，保证资金围绕脱贫攻坚目标任务精准使用。22个试点省（区、市）均制定实施方案或指导意见，2016年，全国961个县（其中贫困县792个）启动实施贫困县统筹整合使用财政涉农资金试点，整合各级财政涉农资金超过2300亿元，由县级根据脱贫攻坚规划统筹使用，保障贫困县集中资源打赢脱贫攻坚战。

四是发挥“12317扶贫监督举报电话”作用。2014年12月设立了“12317扶贫监督举报电话”，受理群众反映的扶贫资金管理、分配、使用中的问题、扶贫项目实施管理中的问题以及挤占、贪污、挪用扶贫资金的行为。自开通至2016年底，共接通电话13000多个，其中投诉举报电话9620个。涉及专项扶贫领域169个，占1.8%，办结167件，经各地查实存在违纪违法的38件，25人受到处理。

五是会同财政部加强监督和绩效评价工作。2016年与财政部共同部署全国有扶贫任务的28个省，对2013年以来中央和地方财政专项扶贫资金开展集中检查，各地党纪政纪处理1102人，移送司法机关129人。2016年对各省财政专项扶贫资金管理使用情况开展绩效评价，评价结果纳入省级党委和政府扶贫开发工作成效考核，兑现奖惩措施。进一步突出问题导向，与财政部共同修订《财政扶贫资金绩效评价办法》。

六是完善项目资金公告公示制度。公开扶贫政策、工作措施、资金项目安排和扶贫成效，提高资金使用效益和透明度。为推动各省公告公示制度建设和执行，将公示公告制度建设和执行情况纳入年度财政专项扶贫资金绩效评价内容。据2016年绩效评价结果，各地各级通过当地主流媒体、门户网站和村公告公示栏等传统方式及微信平台、手机短信等新手段，累计公开资金量1600亿元以上。引导扶贫对象参与监督，尊重并发挥贫困群众的主体地位和作用。

七是认真抓好审计整改。审计署2016年对17省（市）40个县开展了财政扶贫资金专项审计。扶贫办督促相关地方及时整改，审计指出的问题全部整改到位。追回被骗取套取或违规使用等的扶贫资金1.5亿元，已报账拨付、重新安排项目和加快项目实施整改等8.43亿元，加强管理完善制度62项，有153人次受到党内警告、行政记过、行政撤职等党政纪处理处分，其中移送司法机关查处8人，通报批评10家单位，停业整顿11家单位。

八是配合做好扶贫领域监督执纪问责。学习贯彻中共中央纪律检查委员会（以下简称“中纪委”）扶贫领域监督执纪问责工作座谈会精神，研究提出贯彻落实措施。向中纪委报告加强扶贫资金监管工作的有关情况。加大曝光和处理力度，与中纪委建立了线索移送机制，向中纪委党风政风监督室等移交9起违纪线索。

九是与最高人民检察院共同开展惩治预防职务犯罪专项工作。2016年2月，与最高人民检察院联合部署为期5年的集中整治和加强预防扶贫领域职务犯罪专项工作，2016年各级检察机关立案查处1892人。加强与检察机关有效协作，建立年度资金项目和扶贫系统职务犯罪查办预防工作信息互通机制、扶贫领域职务犯罪线索移送机制，共同开展了预防职务犯罪警示宣传教育扶贫行。

十是认真开展警示教育活动。2016年在全国扶贫系统开展警示教育，落实全面从严治党主体责任，加强扶贫领域党风廉政建设和反腐倡廉工作。向各级扶贫干部发放《习近平关于党风廉政建设和反腐败斗争论述摘编》《扶贫领域违法案件警示录》等学习材料，通过专题学习、教育宣讲、查摆问题、落实整改等举措，严格落实党风廉政建设“两个责任”，建设一支廉洁奉公、敢于奉献、勇于担当的脱贫攻坚队伍。

（国务院扶贫办规划财务司　刘　玫）

五

监督保障篇

【全国检察机关集中整治和加强预防扶贫领域职务犯罪】 为贯彻落实中共中央总书记习近平系列重要讲话精神和中央扶贫开发工作会议精神，最高人民检察院和国务院扶贫办决定从2016年1月至2020年12月在全国检察机关和扶贫部门共同开展为期5年的集中整治和加强预防扶贫领域职务犯罪专项工作（以下简称“专项工作”）。2016年专项工作开展情况如下：

一、紧紧围绕中央扶贫开发重大决策部署，全面部署专项工作

2016年是实施脱贫攻坚的开局之年。全国检察机关深刻学习领会中央扶贫开发工作会议特别是中共中央总书记习近平重要讲话精神，坚决贯彻落实《中共中央 国务院关于打赢脱贫攻坚战的决定》，高度重视扶贫开发工作，把充分发挥法律监督职能，同步跟进脱贫攻坚工程、依法查办和预防扶贫开发领域的职务犯罪作为检察机关服务和保障扶贫开发这一党和国家大局的重要举措和推进扶贫开发领域反腐倡廉建设的重要途径，研究制定《全国检察机关、扶贫部门集中整治和加强预防扶贫领域职务犯罪专项工作方案》，共同召开“全国检察机关、扶贫部门集中整治和加强预防扶贫领域职务犯罪专项工作会议”，对专项工作作出具体部署。最高人民检察院检察长曹建明、国务院扶贫办主任刘永富在会议上要求从全面建成小康社会的战略高度，充分认识专项工作的重大意义，把专项工作纳入今后一个时期检察机关和扶贫部门总体工作部署，作为一项重大任务来抓，依法惩治和积极预防扶贫领域的职务犯罪，促进廉洁扶贫阳光扶贫，为打赢脱贫攻坚战提供有力司法保障。最高人民检察院成立了由党组副书记、副检察长邱学强任组长，检察委员会专职委员兼反贪总局局长卢希任副组长的集中整治和加强预防扶贫领域职务犯罪专项工作领导小组，组成工作专班统筹负责专项工作。各地检察机关和扶贫部门及时向本地党委、人大、政府汇报专项工作会议精神，共同制定贯彻实施的意见和方案，切实抓好落实。全国各省级检察院（解放军军事检察院除外）以及有扶贫开发任务的地（市）、县（区）级检察院均成立了专项工作领导小组和专门工作机构，有力保证了专项工作的正常进行。

二、突出重点，精准聚焦，依法严惩扶贫领域职务犯罪

全国检察机关自觉融入反腐败斗争的大局，根据中央的决策部署，把依法查办扶贫领域的职务犯罪作为专项工作的首要任务，结合扶贫领域职务犯罪的特点规律，聚焦重点领域、重点环节、重点案件、重点地区，严肃查办发生在“五个一批”工程实施、扶贫资金项目关键环节和革命老区、民族地区、边疆地区的职务犯罪案件，维护了贫困群众的切身利益，增强了贫困群众的获得感，保障了中央扶贫政策措施

的有效落实。2016 年，全国检察机关共立案侦查扶贫开发领域职务犯罪案件 1892 人，与 2015 年同比上升 102.8%。最高人民检察院部署开展了集中排查扶贫领域职务犯罪案件和线索工作，加强对扶贫领域职务犯罪案件线索的备案审查和组织指挥，与国务院扶贫办建立了“12317 扶贫监督举报平台”的衔接机制，实行办案月通报制度，分两批对 21 起扶贫领域典型职务犯罪案件向社会公开通报，取得良好的法律效果、政治效果和社会效果。各地检察机关结合实际，积极开展专项查案，有效遏制了发生在群众身边的腐败犯罪。如针对扶贫领域职务犯罪涉及领域环节多且行业、系统特点较为突出的特点，河北省检察机关坚持“抓系统、系统抓”，围绕“发展生产脱贫”，从重点项目、重点环节入手，分别立案 43 人和 42 人；针对扶贫资金项目“最后一公里”发案集中的特点，安徽省检察机关共查办县、乡（镇）相关部门及农村基层组织人员 87 人，占涉案总人数的 90%。

全国检察机关将查办案件与维护贫困群众合法利益并重，坚持执法想到稳定，办案考虑发展，想群众所想，急群众所急，切实把维护贫困群众的合法权益作为办理扶贫领域职务犯罪案件的出发点和落脚点。针对渎职失职造成财政资金损失严重的问题，河南省检察机关共查办农村危房改造补助资金、民政孤儿补助资金，农村“到户增收”扶贫项目、扶贫搬迁、棚户区改造等扶贫领域渎职犯罪案件 107 件 209 人，其中重特大案件 95 件，挽回经济损失 2346 万元。广西壮族自治区检察机关 2012 年至 2016 年 8 月共查办涉农扶贫领域职务犯罪 1471 件，追回赃款 5582.2 万元，其中，返还农民群众 469.17 万元。

三、开展精准监督，促进阳光扶贫

为促进精准扶贫精准脱贫方略真正惠及贫困地区、贫困人口，全国检察机关着力强化对扶贫资金和项目的监督管理，深化预防工作，建立健全财政专项扶贫资金预防监督机制，切实保障扶贫政策和资金安全落实到位。一是推进扶贫资金阳光化管理。针对诱发职务犯罪的扶贫信息不公开问题，各级检察机关立足检察预防职能，与扶贫部门紧密协作，积极推动扶贫资金项目县级向各乡镇、乡镇向各村社、各村社向农户“三公开”，并监督其向对应的派驻检察院、乡镇检察联络室、村组检察联络员“三报备”，推动扶贫资金阳光化、规范化运行。最高人民检察院与国务院扶贫办对宁夏、青海扶贫专项资金、项目的实施情况进行了联合调研督查。宁夏回族自治区检察院与扶贫办专门制定了全面推行扶贫信息公开制度和开展同步法律监督工作的实施方案。二是利用现代科技实行动态监督。安徽省霍山县检察院联合有关单位运用“互联网+”开发涉农资金监管软件“民生工程资金监管平台”，借助“大数据”开展惠民“一卡通”资金专项清理，一个多月时间就收到主动退还的违规资金近百万元。四川省绵阳市检察机关与扶贫部门等共同开发扶贫专用APP软件，安装在贫困户手机上，实时推送扶贫政策、项目资金、投放对象、流转程序等详细情况，便于扶贫对象及时查询比对、发现问题。三是运用检察建议，促进建章立制。各级检察机关结合查办的扶贫领域职务犯罪案件，积极提出堵塞漏洞、健全制度的检察建议，并配合发案单位整改落实，有力推动了扶贫资金项目监管制度的完善。四是加强预警防范，促进源头治理。广西壮族自治区检察机关对全区150余项惠农扶贫资金项目逐一开启“小专项”精细预防，在扶贫、农业、水利、林业、交通等24个惠农扶贫部门排查职务犯罪风险点8类357个，提出对策建议89条，推动惠农扶贫有关部门开展专项整改检查63次，完善制度30余项，筑牢了惠农扶贫资金“安全网”。

四、集中开展扶贫领域专题警示教育基层行活动，构筑“不想腐”防线

基层是扶贫开发的重点，基层干部是扶贫开发的中坚力量。为全面提高贫困地区基层干部的法律意识、廉政观念，加强警示教育，深化法治宣传，全国检察机关组织开展了“精准扶贫、廉洁为民”专题警示宣传教育基层行活动，设计启用了全国检察机关、扶贫部门集中整治和加强预防扶贫领域职务犯罪专项工作主题标识，并在大别山集中连片特困地区的河南省新县举行了基层行活动启动仪式。各级检察机关深入基层、深入群众、深入扶贫脱贫第一线，送法下乡入村，坚持扶贫资金项目到哪里，法律政策就宣传到哪里，警示教育就跟进到哪里，把廉洁与扶贫紧密结合起来，把正面宣传与警示教育紧密结合起来，弘扬主旋律、传递正能量，不仅为扶贫开发人员上了一场场精彩生动的廉洁扶贫大课，而且对帮助基层群众了解扶贫法律政策，调动其参与扶贫、监督扶贫起到了积极作用。如贵州省检察院开展“百院千警，保民促廉”宣传活动，全省三级检察机关100个检察院2269名检察干警，深入100个乡、镇同步开展宣传活动。河南省检察机关实现了集中警示教育宣讲在各地市和扶贫开发工作重点县的全覆盖，洛宁县一些村干部听完报告后，由于感到扶贫款报领分配手续不规范，有7个村又把领到手的扶贫款退了回来，共计退款100多万元。内蒙古自治区杭锦旗检察院在组织80余名村“两委”干部参加庭审警示教育后，有5名村干部先后到该院投案自首。

五、加强协作配合，形成专项工作的强大合力

最高人民检察院与国务院扶贫办以及地方各级检察机关和扶贫部门普遍建立了联席会议制度和日常联系机制，定期开展情况通报、信息交流，及时分析研究工作中的问题，有效促进了专项工作扎实开展。一是推进扶贫领域基础数据的共享。国务

院扶贫开发领导小组在下达2016年度中央财政专项扶贫资金计划时专门要求，省以下年度扶贫资金计划和项目安排情况要及时通报同级检察机关。一些检察机关和扶贫部门通过专线联网、网络查询授权、信息通报等方式，建立扶贫数据信息库，为专项工作提供了重要基础。如甘肃省检察院分别与22个省直涉农部门联系协调，收集汇总出2014年至2016年涉及8类、56个分项、114个子项、1359亿元的涉农扶贫政策及资金底数清单，形成了《甘肃省强农惠农富农政策统计表（第四版）》。二是着力构建全面覆盖扶贫乡镇、村社的基层监督网络。如贵州省检察机关在全省200个重点贫困乡镇设立民生资金保护检察联络室，发展“一村一名”民生预防志愿者6471名；广东省检察院聘任267名检察机关的镇街检察室主任和扶贫部门驻镇村“第一书记”为“扶贫开发廉政监督员”，实现了派驻检察院、乡镇检察联络室、村组检察联络员“三级联动”；福建省福鼎市检察院在“中国扶贫第一村”——赤溪村设立检察服务岗，将检察服务和监督触角延伸至村到户。三是主动接受监督，增进理解支持。一些检察机关积极向人大报告专项工作开展情况，认真听取意见建议，使专项工作更加符合扶贫开发工作实际。广西壮族自治区、宁夏回族自治区检察院创新工作模式，建立人大代表、政协委员评议专项工作制度，邀请人大代表、政协委员、人民监督员对全区检察机关扶贫专项工作或专项预防项目进行视察监督和评议，改进工作，提高实效。

（最高人民检察院反贪总局四局　胡健波）

【审计监督】 中共中央总书记习近平在中央扶贫开发工作会议上强调，要加强扶贫资金阳光化管理，加强审计监管，集中整治和查处扶贫领域的职务犯罪，对挤占挪用、层层截留、虚报冒领、挥霍浪费扶贫资金的，要从严惩处。中共中央办公厅、国务院办公厅《脱贫攻坚责任制实施办法》和国务院《“十三五”脱贫攻坚规划》明确要求加强对脱贫攻坚政策落实和重点资金项目的跟踪审计。

国家审计署深入贯彻中共中央精准扶贫精准脱贫决策部署，坚持全国扶贫审计“一盘棋”，统筹谋划扶贫审计全覆盖。2016年，审计署印发《“十三五”国家审计工作发展规划》《关于进一步加强扶贫审计促进精准扶贫精准脱贫政策落实的意见》等多个文件，对加强扶贫审计工作做出部署，要求各级审计机关坚持“依法审计、客观求实、鼓励创新、推动改革”的工作原则，沿着“政策”和“资金”两条主线，聚焦精准、安全、绩效，把推动扶贫政策落实、规范扶贫资金管理、维护扶贫资金安全、提高扶贫资金绩效作为工作着力点，持续跟踪审计扶贫政策落实和扶贫资金管理使用情况，并对生存环境恶劣、致贫原因复杂、基础设施和公共服务缺口大、脱贫攻坚任务重、脱贫难度大的深度贫困地区，残疾人、老年人等脱贫攻坚重点群体，因病致贫返贫和住房安全等脱贫攻坚重点工作加大审计频次和力度，组织开展多轮次全覆盖或专题审计。严肃查处骗取套取、贪污挪用、挥霍浪费扶贫资金、侵害贫困群众利益以及假脱贫、数字脱贫等违纪违法问题。坚持审计结果公开，定期公告扶贫审计结果，通过公开促进审计整改，并进一步加强与扶贫、财政、纪检、检察等部门的协作配合，及时依法移送问题线索，充分发挥监管合力，推动严肃问责和完善制度，共同营造扶贫领域惩治腐败的高压态势，在打赢脱贫攻坚战过程中充分发挥审计监督和保障作用。

2016年，全国审计机关通过专项审计、跟踪审计等方式，审计扶贫资金1117.82亿元。从审计情况看，各地方各部门积极贯彻落实中共中央、国务院精准扶贫精准脱贫决策部署，将脱贫攻坚作为重大政治任务、发展任务和民生任务，逐层逐级传导压力、压实责任，五级书记抓扶贫、各方合力攻坚的氛围初步形成，脱贫攻坚取得明显成效，2016年全国农村贫困人口减少1240万人，贫困发生率下降到4.5%。随着监管力度不断加大，资金管理使用不断规范，审计查出的违纪违规、闲置浪费等问题金额占抽查资金的比例呈现下降趋势。

但是扶贫资金在地方具体使用中尚需进一步精准聚焦，个别地方存在扶贫举措不实等问题，揭示和反映部分地方精准识别等基础工作不扎实、脱贫质量不高，教育、健康、金融等精准扶贫政策措施落实不到位，涉农资金实质性统筹整合进展缓慢，部分扶贫项目脱离实际、绩效不佳甚至形成损失浪费或存在垒大户、造盆景、搞简单平均主义等问题，部分扶贫资金长时间闲置或被骗取套取、侵占挪用等各类问题金额261.38亿元，查处的417件涉嫌违纪违法问题线索依法移送司法机关、纪检监察或有关部门调查处理。其中，审计署直接审计扶贫资金74.56亿元，发现各类问题金额19.64亿元，涉及70个贫困县的4200多个项目、570多个乡镇、2200多个村，全年持续对精准扶贫、精准脱贫政策措施落实情况和扶贫资金安全绩效情况进行了跟踪审计，并在中央部门预算执行审计、地方财政收支审计、党政领导干部经济责任审计等项目中，将精准扶贫政策措施落实和扶贫资金管理使用情况作为重点内容之一同步部署、同步审计；地方各级审计机关组织实施各类扶贫审计项目230多个，抽审扶贫资金合计1043.26亿元，涉及410多个国家扶贫开发工作重点县的2.58万个扶贫项目，发现各类问题金额241.74亿元。据统计，各地已追回或盘活扶贫资金140多亿元，有1120多名相关责任人受到问责处理，促进扶贫政策措施落实或完善规章制度790多项。财政部、国务院扶贫办等主管部门在督促具体审计问题整改的同时，及时修订完善相关扶贫资金管理制度，加强建档立卡管理，组织开展“回头看”，进一步提高贫困人口识别精准度，夯实脱贫攻坚基础。

（国家审计署农业司　李建全）

【民主党派监督】 开展脱贫攻坚民主监督工作是中共中央赋予各民主党派的一项新任务，是拓宽民主监督渠道的有益尝试，也是各民主党派协助地方党委和政府打好脱贫攻坚战的重要形式。为贯彻落实中共中央总书记习近平关于各民主党派中央开展脱贫攻坚民主监督工作的重要指示精神，2016年6月19日，中共中央统一战线工作部（以下简称“中共中央统战部”）、国务院扶贫办联合印发《关于支持各民主党派中央开展脱贫攻坚民主监督工作的实施方案》，明确脱贫攻坚民主监督的工作原则、重点内容、主要形式和保障机制。确定8个民主党派中央分别对口8个全国贫困人口多、贫困发生率高的中西部省（区）开展脱贫攻坚民主监督，时间为五年。2016年6月21日，中共中央统战部召开各民主党派中央开展脱贫攻坚民主监督工作启动会，对这项工作进行具体安排部署。

各民主党派中央对这项工作高度重视，普遍成立了由主席任组长的领导小组和分管副主席负责的工作小组，在与对口省（区）充分沟通对接协商的基础上，制定工作方案、建立工作机制，主要负责同志带队赴贫困地区开展实地监督调研20余次，足迹遍布8个对口省（区）的60余个市（州）、100多个乡村。各民主党派充分发挥专业优势，积极创新监督内容和形式。有的将监督与建言献策相结合，与贫困地区建立了协调沟通机制，直接反映问题、提出建议。有的将监督与实施帮扶相结合，设立了扶贫工作的专家库、监测点，为贫困地区提供直接的帮助。

在中共中央统战部的牵头组织下，各民主党派中央都与对口省份建立了日常工作联系机制。在畅通信息沟通渠道方面建立了信息通报机制，通过《统战工作》、《民主党派工作》、《统一战线社会服务工作简报》等内部刊物加强工作交流。建立会商机制，坚持问题导向，及时沟通情况，切实推动地方脱贫攻坚工作。各对口省区党委政府强化责任意识，大力支持配合，主动做好协调保障工作。国务院扶贫办向各民主党派中央提供脱贫攻坚相关政策文件和资料，通报脱贫攻坚工作进展情况，参与相关调研和培训，及时将各民主党派中央开展脱贫攻坚民主监督的情况通过《扶贫信息》《扶贫简报》进行宣传报道。

2016年12月9日，中共中央统战部牵头召开各民主党派中央开展脱贫攻坚民主监督工作座谈会，各民主党派交流了工作情况，就有关情况与国务院扶贫办进行会商。会议认为，各民主党派中央在半年时间里，积极开展脱贫攻坚民主监督，发现了一些问题，积累了不少经验，提出了许多有价值的意见建议，取得了阶段性成果。民主监督发现的突出问题，既包括贫困人口识别不精准、扶贫资金管理不规范等基础工作的问题，也包括易地扶贫搬迁、健康扶贫、边境少数民族地区扶贫等专项工作的问题，还包括贫困群众脱贫内生动力不足、贫困农村基础设施建设和公共服务滞后等薄弱环节。民主监督反映的情况和问题，与开展脱贫攻坚督查巡查和试考核试评估结果基本一致。这些问题的提出有利于不断完善政策措施、改进和推动脱贫攻坚工作。

（国务院扶贫办社会扶贫司　周晓云）

【12317 扶贫监督举报电话】　自 2014 年 12 月 15 日截至 2016 年 12 月底，共接到各类电话 13705 个。其中投诉举报类电话 9620 个，咨询类电话 4085 个。按反映问题多少顺序排列分别为：涉及民政低保的 2335 个，占投诉举报类来电总量的 24%；危房改造的 2016 个，占 21%；贪污腐败的 1333 个，占 14%；贷款的 823 个，占 8.5%；社会救助的 528 个，占 5.4%；残疾人补助的 328 个，占 3.4%；专项扶贫的 169 个，占 1.8%；土地占用的 145 个，占 1.5%；住房补贴的 129 个，占 1.3%；灾后重建的 114 个，占 1.2%；公路修建的 109 个、占 1.1%；社会保险的 91 个、粮食直补的 59 个、拖欠农民工工资的 41 个、合作医疗 38 个、水利设施的 22 个、农补农建的 20 个、其他 1320 个。

169 件专项扶贫举报投诉电话，应办结 167 件，实际办结 167 件。经各省查实，存在违法违纪违规的共 38 件，占 22%，涉及金额 850.44 万元。包括：（1）贪污 3 件，涉及金额 103.87 万元。（2）项目申报弄虚作假，套取和骗取资金 5 件，涉及资金 198.88 万元。（3）截留、挪用资金 7 件，涉及金额 53.82 万元。（4）资金拨付不足额、不及时，滞留、延压项目资金 8 件，涉及金额 247.49 万元。（5）未经批准擅自变更项目实施内容 5 件，涉及金额 31.38 万元。（6）贫困户识别 9 件，涉及金额 165 万元。（7）损失浪费 1 件，涉及资金 50 万元。38 件中，涉及 14 个省（区、市），具体是：内蒙古 6 件、河北和四川各 5 件、湖南 4 件、山西、重庆、云南、河南、陕西、湖北各 2 件，甘肃、辽宁、安徽、青海、山东、广西各 1 件。

38 件违纪违规件已整改资金 757.34 万元。其中：单位和财政归还 387.15 万元，个人归还 10.9 万元，调整项目 48.08 万元，加快资金执行进度 311.21 万元，补充完善手续 9 万元。其余 93.1 万（其中损失浪费 50 万元）。38 件违规违纪件中共处理 25 人，其中村干部 22 人，乡镇干部 1 名，县级 2 人。受到党纪政纪处分 21 人，移送司法机关追究刑事责任 4 人（已判刑 3 人）。

2016 年共受理投诉件 33 件，其中违纪违规 14 件，共涉及问题资金 287.44 万元，已整改资金 237.14 万元。其中：单位和财政归还 171.26 万元，个人归还 2.9 万元，加快资金执行进度 62.98 万元。其余 50.03 万元（其中损失浪费 50 万元）。处理相关责任人 13 人。其中县级 2 人，乡镇干部 1 人，村干部 10 人。

“12317”作为国务院扶贫办联系群众的一个重要窗口，致力于发挥监督举报电话社会监督的作用。不断加大投诉受理件的调查督办力度，完善跟踪机制。下一步为满足不断增长的咨询投诉举报业务需求，将不断加强“12317 扶贫监督举报电话”服务系统建设。同时加大投诉举报核查、移送查处和通报曝光力度，对线索清晰的案件向纪检、检察机关移送。

（国务院扶贫办 12317 扶贫监督举报中心　赵亚莉）

行业扶贫篇

中共中央组织部扶贫

【概述】 2016年，中共中央组织部认真贯彻落实中共中央关于打赢脱贫攻坚战的决策部署，深入学习贯彻中共中央总书记习近平关于扶贫开发的重要讲话精神特别是抓党建促脱贫攻坚的重要指示精神，中共中央组织部部长赵乐际立足组织部门职能职责，着力选优配强贫困地区领导班子、建强基层党组织、激活党员队伍、加强人才队伍建设。赵乐际和部务会成员多次深入贫困地区和中共中央组织部定点帮扶的甘肃省舟曲县、贵州省台江县，看望慰问贫困群众，现场指导推动抓党建促脱贫攻坚工作。中共中央组织部专门召开集中连片特困地区抓党建促脱贫攻坚工作座谈会、中央单位定点扶贫挂职干部选派工作推进会、保持贫困县党政正职稳定工作座谈会、基层党建工作重点任务推进会，出台《关于脱贫攻坚期内保持贫困县党政正职稳定的通知》《关于进一步加强选派干部到定点扶贫县挂职工作的通知》《关于进一步加强和完善东西部扶贫协作干部人才选派管理工作的通知》《关于加强村级组织运转经费保障工作的通知》《抓党建促脱贫攻坚工作督查重点》等文件，并将抓党建促脱贫攻坚列入“两学一做”学习教育的重点任务，推动抓党建促脱贫攻坚各项任务落到实处，努力为打赢脱贫攻坚战提供坚强组织保证。

【干部扶贫】 加大对贫困地区干部教育培训力度。对开展“脱贫攻坚”专题培训作出专门部署，指导各地各部门组织开展中共中央总书记习近平扶贫开发重要战略思想和脱贫攻坚政策培训。配合国务院扶贫办等单位研究制定《2015—2017年全国贫困地区干部和扶贫干部培训规划》。各地认真贯彻落实中共中央要求，不断加大精准扶贫、精准脱贫培训力度，切实提高贫困地区干部能力素质，推动脱贫攻坚工作顺利开展。

加强贫困地区领导班子和干部队伍建设。5月，召开集中连片贫困地区抓党建促脱贫攻坚工作座谈会和市县乡换届工作推进会，明确提出把脱贫攻坚实绩作为选拔使用干部的重要依据，坚持标准、择优选人，精准识人、依事选人，拓宽视野、统筹选人，把每个贫困县领导班子都建设成为带领群众脱贫攻坚的坚强领导集体。抓住市县乡换届重要契机，指导各地把贫困地区领导班子、领导干部选优配强，在全省范围内把最优秀、最合适的干部调配到贫困县领导班子。

切实做好保持贫困县党政正职稳定工作。为进一步压实县级党委和政府脱贫攻坚主体责任，4月，会同国务院扶贫办印发《关于脱贫攻坚期内保持贫困县党政正职稳定的通知》，明确把“不脱贫不调整、不摘帽不调离”作为一条纪律。6月，派出检查组对各地保持贫困县党政正职稳定情况开展专项检查，并印发情况通报。12月，召开保持贫困县党政正职稳定工作座谈会。

积极选派优秀干部到贫困地区挂职锻炼。从中央单位和东中部地区选拔1813名优秀干部到西藏和青海工作。从中央单位选派225名干部到西部地区、老工业基地和革命老区挂职锻炼，采取举办培训班座谈会和实行履职情况季报制度等措施，加强教育培训和管理考核，引导和督促他们发挥积极作用，推动中央各项政策措施在贫困地区落地见效。从中央单位和东部地区选派912名干部到贫困县挂职扶贫，实现对592个国家扶贫开发工作重点县全覆盖。为帮助贫困地区培养干部，会同中共中央统一战线工作部、国家民族事务委员会选派535名西部地区和其他少数民族地区、原中央苏区干部，到中央和国家机关、中管金融企业和国有重要骨干企业、东部经济发达地区挂职锻炼，其中来自贫困地区的干部有228名，占42.6%。

不断完善贫困县领导班子和领导干部政绩考核评价体系。指导各地继续抓好《关于改进贫困县党政领导班子和领导干部经济社会发展实绩考核工作的意见》的贯彻落实，推动各地不断改进贫困县考核机制和领导干部政绩考核工作，由主要考核地区生产总值向主要考核扶贫开发工作成效转变，对限制开发区域和生态脆弱的国家扶贫开发工作重点县取消地区生产总值考核，把提高贫困人口生活水平和减少贫困人口数量作为主要指标，引导贫困地区党政领导班子和领导干部把工作重点放在扶贫开发上。2月，会同国务院扶贫办研究制定并以中共中央办公厅、国务院办公厅名义印发《省级党委和政府扶贫开发工作成效考核办法》，将2016年考核评价结果作为对省级党委、政府主要负责同志和领导班子综合考核评价的重要依据。

【人才扶贫】 加大对贫困地区人才支持力度，制定《关于深化人才发展体制机制改革的意见》，紧紧围绕精准扶贫重大战略，明确提出促进人才向艰苦边远地区和基层一线流动，提高艰苦边远地区和基层一线人才保障水平，使他们在政治上受重视、在社会上受尊重、在经济上得实惠。协调人力资源和社会保障部研究出台《关于深化职称制度改革的意见》，提出：“对长期在艰苦边远地区和基层一线工作的专业技术人才，侧重考察其实际工作业绩，适当放宽学历和任职年限要求。”加大边远贫困地区、边疆民族地区和革命老区人才支持计划实施力度，为“三区”选派培养教师、医生、科技人员、社会工作者、文化工作者近7万名。完成第二批179名

“组团式”援藏医疗人才轮换，组织首批172名医疗人才“组团式”援疆。国家“千人计划”“万人计划”向贫困地区倾斜，贫困地区分别有101人、217人入选。围绕贫困地区发展壮大优势特色产业需求，更大力度推进博士服务团和“西部之光”访问学者项目，培养“西部之光”访问学者337名，选派博士服务团成员396名。

【基层党建扶贫】 选优配强贫困乡镇领导班子。指导全国3.2万个乡镇全部完成党委换届任务。推动各地结合乡镇换届，选拔熟悉“三农”工作的干部担任贫困乡镇党政正职，选拔优秀的本乡本土“老乡镇”、专业技术干部和乡镇事业编制人员、优秀村干部、大学生村官进入领导班子。全国共调整3500多个贫困乡镇党委书记，选拔1.4万名“老乡镇”、专业技术干部进入贫困乡镇领导班子，贫困乡镇领导班子结构进一步优化，整体功能明显增强。内蒙古、河南、重庆等地结合换届，为贫困乡镇增配1名专职抓脱贫攻坚工作的领导职数。宁夏从自治区相关厅局和5个地级市选派50名副处级或正科级干部到50个贫困乡镇挂职担任党委副书记。安徽选调484名专业技术干部，充实到全省1/3的乡镇党委班子。

建强贫困村带头人队伍。推动各地以县为单位，对全国12.8万个建档立卡贫困村党组织书记进行集中摸底分析，调整5000多名贫困村党组织书记，整顿3万多个软弱涣散贫困村党组织，对所有贫困村党组织书记和村委会主任轮训一遍，对贫困村党员、青年农民普遍开展职业技能培训，贫困村党组织的创造力凝聚力战斗力明显提升。重庆、四川以换届为契机，实施农村基层本土高素质人才队伍建设计划和万名人才回引工程，从致富带头人、外出务工经商人员、复员退伍军人、退休干部、大学生村官中择优选拔1万名优秀人才进入贫困村“两委”班子。河北、湖南、贵州省委组织部对贫困村党组织书记进行全面轮训，提升带领群众脱贫致富能力。吉林、云南、新疆等地提出村“两委”候选人“负面清单”，严格审核把关，取消不符合资格条件候选人5000多名。

选准用好“第一书记”。全国共选派“第一书记”19.5万名，其中中央和国家机关339名，实现了对党组织软弱涣散村和建档立卡贫困村全覆盖。推动各地将“第一书记”任期全部调整为不少于两年，并做到因村选派，确保把能干事的人派下去；督促县乡落实直接管理责任，加强日常管理和考核，确保他们沉在村里干，对不胜任的召回调整，对干得好的宣传表彰，优先使用，全国共召回调整“第一书记”7200名，提拔工作业绩突出的“第一书记”1.2万名；督促派出单位落实项目、资金、责任“三个捆绑”，由省级财政统筹，为“第一书记”每人每年安排不低于1万元的工作经费；会同国务院扶贫办举办3期中央和国家机关选派“第一书记”示范培训班，带动各地培训“第一书记”16万余名；协调新华社、中央电视台等媒体，对各地“第一书记”有效做法和先进典型进行系列宣传报道，编辑《抓党建促脱贫攻坚案例选·第一书记》一书，为“第一书记”干事创业营造良好舆论氛围。

发挥党员致富带富作用。中管党费拨出1.16亿元，各级配套党费100多亿元，支持832个贫困县开展村干部和党员脱贫致富培训。各地结合“两学一做”学习教育，推动党员在脱贫攻坚中当先锋、作表率，普遍组织贫困村有帮带能力的党员结对贫困户，一些地方实施党员精准扶贫示范工程、红色信贷项目，设立党员发展基金等，培育了一大批党员脱贫致富带头人。四川实施党员精准扶贫示范工程，计划用3年时间，在全省1万多个贫困村每村培育1个党员精准扶贫示范项目，省市县组织部门分别给予每个项目1万元补助。云南专门设立“红色信贷”，为农村党员创业提供无需抵押担保的贴息贷款支持，激发党员创业致富的干劲。

强化贫困地区基层党组织建设基础保障。8月，会同财政部印发《关于加强村级组织运转经费保障工作的通知》，建立以财政投入为主的稳定的经费保障制度，提升村级组织保障水平，确保有效履行职责、凝聚服务群众。各级党委和政府加大投入力度，为贫困地区基层党组织建设提供保障。据统计，832个贫困县中有500个贫困县村干部基本报酬和村级组织办公经费两项合计达到每村每年不低于9万元的标准，占60%，80%的县按照不低于上年度农村居民人均可支配收入两倍标准发放村党组织书记基本报酬；12.8万个贫困村中70%的贫困村落实了服务群众专项经费，99%的贫困村已建活动场所。加强乡镇小食堂、小厕所、小澡堂、小图书室、小文体室“五小”建设，改善乡镇干部工作生活条件。

为贫困村选聘大学生村官。指导各地完善政策措施，将新选聘大学生村官重点安排到贫困村任职，适当调整部分在岗大学生村官到贫困村任职；进一步明确贫困村大学生村官职责任务，落实保障待遇等配套政策，各地共选聘大学生村官约2.5万人。专门召开会议对包括“发挥大学生村官在脱贫攻坚中的作用”在内的重点工作进行部署，加强指导督促，推动工作落实。会同农业部举办大学生村官示范培训班，培训对象聚焦贫困村大学生村官，培训50期、5000人；会同中国扶贫开发协会举办贫困村大学生村官培训班，培训5期、1000人。

【定点扶贫概述】 坚持“项目扶持和党建扶持”相结合的总体要求，发挥组织部门职能优势和作用，紧紧依靠当地干部群众，全力推进甘肃省舟曲县、贵州省台江县定点扶贫任务落实。2016年，舟曲县脱贫攻坚工作已走在甘肃省的前列，台江县经济社会总体水平由2015年全省47个非经济强县的倒数第一上升至第42位。

【扶贫培训】 突出建强队伍这个关键，激发抓脱贫的内生动力。邀请国家发展和改革委员会、浙江大学、中国建筑设计研究院等单位20余名专家学者为两县作专题讲座，组织舟曲县乡干部150余人赴江苏常州培训；协助台江县在福建省泉州市、贵州省遵义市等地举办培训班5期、培训275人。协调选派两县26名干部分别到财政部、国家民族事务委员会和浙江省杭州市、贵州省遵义市挂职锻炼，推动杭州市余杭区与台江县结成党建扶贫对子。协助两县建立脱贫攻坚目标责任体系，协助台江县委专门制定了《“四位一体”从严管理干部暂行办法》。组织舟曲县农口干部和致富带头人50多人到西北农林科技大学接受农业实用科技培训，累计培训各类实用型人才6000多人次。

【教育扶贫】 协调兰州大学第一附属医院、浙江大学附属第二医院分别对两县医院进行“组团式”帮扶，协调江苏省常州市、浙江省杭州市等地选派骨干教师分别到两县对口支教。

【基层党建扶贫】 指导乡镇结合村“两委”换届调研摸底，有计划地培养壮大村级后备力量。总结台江县老屯乡长滩村“十户一体”基层组织管理经验，推动全县打造“十户一体”升级版和示范点。协助舟曲县开展党建示范乡镇村创建活动，全面推进农村、学校、社区等基层党组织建设。协助甘南藏族自治州党委将全州1000个自然村综合服务中心建设项目列入国家“十三五”藏区规划，协助台江县规划建设第一批26个村级党群综合服务中心，协助舟曲县加紧推进以提升基础设施为重点的6个扶贫示范村建设。

【扶贫项目】 协调中国旅游研究院编制舟曲县旅游发展总体规划和沙滩森林公园、翠峰山等3个重点景区详规，协调清华大学设计研究院为台江县编制《县域多规合一规划和县城总体规划》，协调中国农业科学院等专家在舟曲县试种推广大果樱桃、早熟油橄榄等优质林果种苗，协调国家和甘肃省楹联协会指导舟曲县深化“中国楹联文化县”建设。积极协助两县争取国家项目支持，舟曲县计划投资4800万元的大峡沟国家森林公园基建项目顺利进入立项，10.8万亩退耕还林项目扎实实施，大峡沟至沙滩森林公园公路、瓜咱村至武坪哈迭村公路缺口资金9200余万元已补充到位；台江县投入6.8亿元财政资金用于基础设施建设，协调农发行提供9.8亿元低息贷款用于施洞小城镇建设，协调水利部“十三五”期间支持台江建设25个水利项目，计划总投资28亿元。积极争取各类社会援助资金5000多万元，全部用于帮扶困难群众和改善民生。

（中共中央组织部　萨尔娜）

中共中央宣传部扶贫

【概述】 2016年，中共中央宣传部（以下简称“中宣部”）深入贯彻落实中央领导同志的重要批示精神，根据中央统一部署，积极开展脱贫攻坚宣传引导工作，生动展示我国脱贫攻坚取得的成就，进一步提振信心、鼓舞士气，为确保如期实现脱贫攻坚目标提供强有力的舆论支持。

【扶贫宣传】 把握重要时间节点，组织新闻媒体深入宣传中共中央总书记习近平在中央经济工作会议、东西部扶贫协作座谈会等多次会议上有关脱贫攻坚的系列重要讲话精神，充分展示中央坚决打赢脱贫攻坚战的勇气和魄力，生动反映社会各界的积极反响和学习贯彻落实情况。会同国务院扶贫办举办“学习贯彻习近平总书记扶贫开发战略思想研讨会”，充分展示学习习近平扶贫开发战略思想的理论和实践成果，深入交流学习思考体会，进一步深化认识、凝聚共识。

组织中央媒体深入宣传解读“十三五”规划中有关全力实施脱贫攻坚政策措施，做好《关于建立贫困退出机制的意见》《脱贫攻坚责任制实施办法》《关于进一步加强东西部扶贫协作工作的指导意见》的宣传报道，推动政策的贯彻落实。

组织新闻媒体持续开设“打好脱贫攻坚战”“脱贫攻坚进行时”等专栏专题，结合“治国理政新思想新实践”、全国两会、年终盘点等主题宣传活动，集中展现近年来特别是党的“十八大”以来我国扶贫开发事业取得的巨大成就，增强人们战胜贫困的决心和信心。

组织中央新闻媒体深入基层一线，挖掘报道扶贫开发工作的创新做法、典型经验和感人事迹，充分发挥先进典型的示范引领作用。结合“新春走基层”等活动，推出系列报道，深入宣传一批扎根基层、在扶贫一线真抓实干的党员干部，宣传一批自立自强、通过辛勤劳动脱贫致富的普通群众，讲好脱贫故事，传递精神力量，发挥典型示范作用。

抓住“扶贫日”等重要节点，集中开展脱贫攻坚宣传，统筹运用新闻媒体、理论研讨会、国新办发布会、白皮书等各种资源力量，统筹“扶贫日”前预热铺垫、活动期间密集报道、“扶贫日”后典型宣传，多措并举、多管齐下，营造支持扶贫开发、参与脱贫攻坚的良好氛围，动员激励全社会向贫困发起总攻，坚决打赢脱贫攻坚战。期间，中宣部及时发布《中国的减贫行动与人权进步》白皮书，全面回顾中国推进减贫事业的务实做法和典型经验。

【脱贫攻坚督察】 根据国务院扶贫开发领导小组统一安排，会同文化部组成督察组，赴内蒙古自治区开展2016年度脱贫攻坚督察，围绕实施精准扶贫精准脱贫基本方略，梳理典型经验，查找突出问题，提出建议措施，推动责任落实和工作落实。

【定点扶贫概述】 2016年，中宣部定点帮扶江西省寻乌县、陕西省铜川市耀州区、内蒙古自治区兴安盟科尔沁右翼中旗（以下简称“科右中旗”），结合当地经济社会文化发展实际，确定年度帮扶重点工作任务，加强文化扶贫、智力扶贫、扶贫宣传，选派6名干部到当地挂职扶贫，直接投入资金3200万元。为打通寻乌县出省快捷通道，协调广东省将寻乌至龙川高速公路项目列入该省政府督办事项。协调江西省将寻乌县青龙岩景区列入省重点调度项目。协调资金400万元，重点帮扶寻乌县项山乡卢屋村、南桥镇南龙村两个贫困村建设文化设施、发展种植养殖产业，拓宽农民增收渠道。协助科右中旗引进一家技术国内领先的环卫管理企业，帮助当地改善人居环境，提升居民生活质量。

【扶贫调研】 2016年10月，中央政治局委员、书记处书记、中宣部部长刘奇葆专程前往寻乌县，调研指导脱贫攻坚工作，实地走访、慰问贫困群众，与基层干部群众座谈交流。安排干部7批30人次前往寻乌县、耀州区、科右中旗调研基层宣传思想文化工作情况，考察指导定点扶贫、对口支援工作。干部局、机关党委还先后派人前往寻乌县、耀州区考察所选派干部在基层挂职扶贫情况，并实地调研帮扶工作。

【文化服务中心示范工程】 利用2015年启动的在全国贫困地区实施的“百县万村”综合性文化服务中心建设示范工程这一契机，继续加大对口帮扶工作力度。针对寻乌县、科右中旗两地实际，按照工程建设基本标准，在2015年基础上，2016年向寻乌县投入830万元、向科右中旗投入730万元，完成两地所有村（嘎查）综合性文化服务中心全覆盖。7月，部机关专门派出督查组前往寻乌县等地，调研督查专项资金运行使用情况，跟踪评估项目绩效。

【扶贫会议】 2月，中宣部常务副部长黄坤明审定部机关年度扶贫工作领导小组会议、重点任务责任分工座谈会工作方案，要求各单位细化措施，形成合力，机关扶贫办加强协调，做好服务。中宣部副部长、部机关扶贫工作领导小组组长孙志军先后主持召开年度扶贫工作领导小组会议、重点任务责任分工座谈会，研究确定年度定点扶贫、对口支援工作重点，明确具体措施、工作标准和进度安排。7月、11月，孙志军在部机关先后同寻乌县、科右中旗党委政府主要负责同志进行专题座谈，逐一检查落实年初确定的扶贫重点任务完成情况，商讨研究下一阶段的工作重点与难点。

【干部挂职扶贫】 选派 1 名处级、3 名科级干部前往寻乌县，1 名科级干部前往耀州区，1 名处级干部前往科右中旗挂职，加强定点扶贫、对口支援工作。挂职干部认真落实中宣部部务会工作部署，配合当地党委政府，深入乡村、企业、学校开展调查研究工作，通过组织实施移民搬迁、产业优化、促进就业、投资教育、建设基础设施等措施，开展扶贫工作。

【文化扶贫】 春节前夕，协调安排知名艺术家前往寻乌县采风、开展“送欢乐下基层”迎新春慰问演出活动。2016 年 10 月，中宣部拨付支持资金 1200 万元，援助寻乌县新建图书馆、改造文化馆和文化艺术中心。协调相关出版单位，为寻乌县图书馆捐赠图书、期刊 6 万余册，为科右中旗图书馆赠送蒙、汉文图书 5 万余册，充实图书藏量，解决群众阅读需求。协调推动寻乌县、耀州区、科右中旗非遗项目、民俗文化村、村级文化阵地规划等工作的落实，改善基层群众文化民生。

【教育扶贫】 沿袭往年资助寻乌县山区优秀教师代表利用暑期到发达地区学习考察的做法，2016 年将科右中旗农牧区优秀教师列为学习考察资助对象。7 月 28 日至 8 月 5 日，组织寻乌县、科右中旗优秀教师一行 43 人（寻乌县 22 人，科右中旗 21 人）赴济南、淄博、北京等地 9 所特色学校参观考察，与优秀教师座谈交流，学习先进办学理念和教育教学经验。考察团在京期间，中宣部副部长孙志军同考察团成员座谈交流，提出工作要求和期望。协调玉芳教育基金先后组织 14 名专家分别前往寻乌县、科右中旗，分批对两地近千名中小学校长、骨干班主任、学科教师和 3000 余名学生家长开展培训。协调中国扶贫基金会在寻乌县设立宏志班。协调“百县千校”项目在寻乌县 10 所乡镇中学援建 10 个图书室。联系无锡市志愿者到科右中旗开展“爱心双城记”结对助学活动，首批资助贫困学生 26 名。援助科右中旗建设 10 所乡村学校少年宫，实现全旗 17 个乡镇（苏木）学校少年宫全覆盖。针对寻乌县、耀州区、科右中旗乡村学校少年宫专业教师紧缺的现状，继续协调举办辅导员培训班，提升师资水平。

【智力扶贫】 2016 年，先后安排赣州市 15 名（含寻乌县 11 名）、科右中旗 15 名宣传文化系统干部到全国宣传干部学院参加县级宣传干部培训班。与内蒙古自治区党委宣传部共同设立“科右中旗经济社会发展建议”课题，由马克思主义理论研究和建设工程提供专项经费支持，组织专家学者实地开展课题研究，提升当地干部能力。邀请专家学者为耀州区、科右中旗乡镇（苏木）级以上党员干部作辅导报告，帮助他们准确理解党中央治国理政新理念新思想新战略，正确认识新常态下经济运行规律，提高发展经济、治理一方的能力和水平。向寻乌县、耀州区、科右中旗党委常委和各乡镇（苏木）党委书记、村（嘎查）党支部书记常年赠阅《党建》《时事报告》《思想政治工作研究》杂志。

【扶贫宣传】 协调中央主流媒体到寻乌县、耀州区、科右中旗开展“走转改”活动，深入宣传当地人文历史、自然资源和经济社会发展等情况，帮助提升整体形象，提高知名度美誉度，激发当地干部群众树立迎难而上、实现跨越发展的信心。协调中央电视台《焦点访谈》栏目摄制组前往寻乌县，为纪念中国工农红军长征胜利80周年系列节目拍摄红军在寻乌时期的革命旧址，推介红色文化资源。协调《人民日报》等中央新闻媒体和省、市主流媒体组织23名编辑记者深入寻乌县的企业、乡村，围绕经济社会发展、公共文化建设、“河长制”以及寻乌蜜桔、脐橙产业转型等集中采访报道。协调新闻媒体大力宣传耀州区好人群体先进典型事迹和脱贫攻坚工作成效。协调中央新闻媒体和内蒙古自治区、兴安盟主流媒体宣传报道科右中旗经济建设、民族团结、脱贫攻坚、文化旅游情况，宣传报道由该旗承办的“中国速度赛马大奖赛暨中国内蒙古第三届国际马术节”和第八届五角枫旅游文化艺术节。2016年，中央、省（区）、市媒体和网站共刊发、转载相关稿件500多篇。

【产业扶贫】 助力精准扶贫精准脱贫，配合江西省援县促市工作部署，协调中央主要新闻媒体前往赣州市，专题采访报道赣南脐橙、寻乌蜜橘产业发展状况，产业转型升级工作举措，打响蜜橘、脐橙品牌，促进果业发展、带动群众脱贫。

【扶贫慰问】 2016年9月，联系协调中国人权发展基金会，前往寻乌县、科右中旗两地慰问建档立卡的乡村贫困空巢老人、孤寡老人和因病致贫致残家庭各200户，发放慰问金22万元。

（中共中央宣传部　陈康亮　吕　凯）

中共中央统一战线工作部扶贫

【概述】 2016年，中共中央统一战线工作部（以下简称“中央统战部”）认真学习贯彻中共中央总书记习近平扶贫开发重要战略思想，深入贯彻落实中共中央、国务院关于打赢脱贫攻坚战决策部署，坚持精准扶贫、精准脱贫基本方略，精心组织，科学谋划，协调推进，共完成各类帮扶项目287个，培训乡村教师、医生和实用技术人员2.2万余人，组织开展公益捐赠、免费诊疗、科普讲座、信息服务、产业指导等活动130余场，落实直接帮扶资金2.1亿元，组织引导民营企业积极参与“万企帮万村”精准扶贫行动，扶贫工作取得扎实成效。

【扶贫会议】 3月23日，中共中央政治局委员、中央统战部部长孙春兰在贵州省毕节市主持召开统一战线聚力脱贫攻坚暨多党合作参与毕节试验区建设座谈会，学习贯彻中央扶贫开发会议特别是习近平总书记重要讲话精神，总结统一战线凝心聚力参与脱贫攻坚和多党合作参与毕节试验区建设取得的经验，与各民主党派中央、全国工商联负责同志和无党派代表人士共同研究参与新一轮脱贫攻坚的举措。会议全面部署统一战线参与脱贫攻坚的主要任务，对统筹协调和优化配置统一战线各方面力量提出明确要求。

全年共召开4次统一战线参与脱贫攻坚联席会议，深入学习贯彻习近平重要讲话精神，交流精准扶贫、精准脱贫做法经验，研究帮扶工作中遇到的新情况新问题，协调推进帮扶工作落实。

【扶贫调研】 3月，孙春兰到定点扶贫的贵州省黔西南州晴隆县、望谟县和毕节市调研扶贫工作，与企业家、农民专业合作社负责人和贫困户深入交流，了解特色产业发展情况，共同探讨脱贫致富新路子。协调支持各民主党派中央、全国工商联到贫困地区开展调查研究，先后有40多位领导同志带队赴定点帮扶县和贫困地区考察调研，指导当地脱贫攻坚工作。

【扶贫机制建设】 加强对统一战线定点扶贫和对口帮扶工作指导，完善统一战线社会服务工作领导小组，增加各民主党派中央、全国工商业联合会为成员单位；建立省部联席会议制度，加强中央统战部与贵州省脱贫攻坚工作联系，贯彻落实中央关于扶贫开发工作的方针、政策和中央领导同志的有关指示精神；健全完善日常工作联系协调机制，重点加强与定点帮扶县工作对接、与各民主党派中央、全国工商联工作联系、与挂职干部联络和与国务院有关部门的沟通联系，协调推动帮扶工作落实。

【帮扶计划】 根据帮扶地区实际需求，在充分调查研究、反复对接沟通的基础上，整合统一战线优势资源，制定《统一战线2016年参与脱贫攻坚项目计划》，重点围绕产业扶贫、教育扶贫、医疗扶贫、就业培训等方面确定帮扶项目294个。

【扶贫宣传】 2016年，在国务院扶贫办《扶贫信息》上共刊发12条信息；在新闻媒体、网络平台宣传报道统一战线参与脱贫攻坚典型案例28篇、先进个人事迹8篇。认真做好2016年全国脱贫攻坚奖评选表彰推荐工作，中国泛海控股集团董事长卢志强荣获全国脱贫攻坚奖奉献奖。在全国扶贫日活动中，中央统战部机关举办脱贫攻坚专题报告会，邀请国务院扶贫办有关负责同志介绍全国脱贫攻坚情况，宣传解读中央扶贫开发方针、政策，营造人人参与扶贫、支持扶贫氛围。

【革命老区扶贫】 认真贯彻落实《国务院关于支持赣南等原中央苏区振兴发展的若干意见》《关于加大脱贫攻坚力度支持革命老区开发建设的指导意见》文件精神，推动《中央统战部对口支援广昌县工作方案（2014—2016）》落实，完成援建乡镇敬老院4所、农村小学10所、海联新农村卫生室119所。同时，协调民营企业捐资170余万元为农村小学建设电教室、食堂，为乡镇敬老院添置电视、空调等设施，为农村贫困小学学生提供资金帮助。

【脱贫攻坚民主监督】 6月，中央统战部、国务院扶贫办印发《关于支持各民主党派中央开展脱贫攻坚民主监督工作实施方案》，明确8个民主党派中央对口贵州、河南、广西、湖南、四川、云南、陕西、甘肃8个省（区）开展脱贫攻坚民主监督。中央统战部、国务院扶贫办召开各民主党派中央开展脱贫攻坚民主监督工作启动会暨培训会，孙春兰出席会议并讲话，指出各民主党派中央开展脱贫攻坚民主监督工作意义重大，体现了中共中央对多党合作的高度重视，是各民主党派发挥民主监督作用的有益探索，是各民主党派服务大局的充分体现。国务院扶贫办主任刘永富介绍了全国脱贫攻坚情况。会后，各民主党派中央专题研究部署，制定工作方案，深入实地开展调研，形成调研报告。中央统战部全年协助各民主党派中央实地考察调研20余次。

【定点扶贫概述】 2016年，中央统战部定点帮扶贵州省赫章县、晴隆县、望谟县。加大产业扶贫、教育扶贫、健康扶贫、科技扶贫和人才培训工作力度，全年共完成帮扶项目54个，培训基层干部、农村致富带头人、乡村中小学老师、医生3300余人次，开展送医问诊活动4场，免费义诊群众3000余人次，免费治疗白内障400余例。

【教育扶贫】 协调光彩助学基金、

"泛海助学行动"基金捐资 404.5 万元资助赫章县贫困家庭新入学大学生 809 名；协调民主党派优秀教师、专家到晴隆县、赫章县举办中小学校长、教导主任、骨干教师培训，共 18 期、2400 余人参加。

【健康扶贫】 组织民营企业在赫章县开展"同心·共铸中国心"系列健康公益活动，组织医疗专家小分队到各乡镇开展义诊。协调天津泰达医院、杭州师范大学附属医院与赫章县人民医院开展结对帮扶。协调中华海外联谊会理事捐资援建望谟县海联新农村卫生室 17 所。协调"两岸同心光明行"团队到赫章县、晴隆县、望谟县开展公益医疗活动，免费为贫困白内障患者进行复明手术。

【产业扶贫】 协调河仁慈善基金会捐赠 3000 万元资助赫章县 12 个贫困村发展黄牛、可乐猪、蛋鸡、蜜蜂养殖等产业；组织无党派人士种植养殖专家到晴隆县贫困村进行核桃夏病虫害防治、油茶种植、晴隆羊养殖技术指导，开办技术讲座。

（中共中央统一战线工作部
办公厅　张　奔）

中共中央直属机关工作委员会扶贫

【概述】 2016年，中共中央直属机关工作委员会（以下简称“中直工委”）高度重视扶贫开发工作。中央政治局委员、中央书记处书记、中直工委书记栗战书作出重要指示，提出明确要求，强调要深入学习贯彻中共中央总书记习近平关于扶贫开发工作的重要指示和中央决策部署，以更细致、更艰苦的工作做到精准扶贫。中直工委立足工作实际，发挥职能优势，抓党建促脱贫，积极协调联系有关部门单位和社会力量，定点帮扶河北省平山县和山西省宁武县。2016年，中直工委领导干部赴定点帮扶县考察16人次，其中部级领导考察4次；帮助引进各类资金650万元，其中帮助引进项目8个，受益建档立卡贫困户18户；举办劳务输出培训班9期，培训人数497人次，其中劳务就业培训50人次。作为中共中央直属机关（以下简称“中直机关”）定点扶贫工作牵头单位，主动与中直机关各单位沟通联系，开展书面调研，了解掌握各单位定点扶贫工作情况，协调定点扶贫相关工作，及时向国务院扶贫办报告。

【扶贫会议】 2016年，中直工委常务副书记张建平5次主持召开有关扶贫工作座谈会，中直工委副书记李勇、扶贫工作小组成员和定点帮扶县有关领导参加，听取定点帮扶县扶贫工作情况，共同研究精准扶贫、精准脱贫措施办法。

【扶贫调研】 2016年10月，张建平带领调研组赴平山县调研定点扶贫情况，走访慰问贫困户和困难党员，深入农户详细了解农民生产生活和各级帮扶政策落实情况，到西柏坡中学了解中直机关支教扶贫工作情况，同省有关领导、县乡村三级干部和农民代表、支教扶贫队员代表进行座谈，协调解决扶贫工作中遇到的困难和问题。2016年1月，李勇带领由中直工委、中国证券监督管理委员会有关同志参加的宣讲调研组赴河南省宣讲中央关于扶贫开发政策，调研扶贫工作，慰问贫困户和中直机关挂职扶贫干部。2016年11月，李勇带领中直工委扶贫工作调研组到山西省宁武县宣讲习近平重要指示和中共中央部署要求，了解当地扶贫产业发展情况、基层党组织建设情况和易地搬迁情况，走访慰问贫困户和困难党员，同市县乡村四级干部及驻村“第一书记”代表进行座谈，考察县图书馆、博物馆建设情况，并就扶贫工作相关问题与山西省有关领导进行协调沟通。

【教育扶贫】 2016 年 8 月，中直机关第 19 批支教扶贫队赴平山县革命老区开展支教扶贫工作，将对口支教扶贫地点扩大为西柏坡镇和北冶乡。第 19 批支教扶贫队继承以往支教扶贫队好的经验与做法，进一步加强“温暖同行”微信公众号建设，努力向全社会传递爱心和公益。积极争取《人民日报》、中央电视台等中央主流媒体以及新浪、搜狐、网易、腾讯等门户网站的支持，加大对革命老区扶贫攻坚、教育发展、支教扶贫工作的宣传报道力度，争取更多社会关注和支持。配合共青团石家庄市委、石家庄市青少年发展基金会、长江商学院 EMBA26 期第十一拓展队在西柏坡希望小学举行“青春扶贫、同步小康”关爱留守儿童暨校园建设捐助活动，筹集 10 万元捐建“希望爱心食堂”，发放助学金 5000 元。协助中国注册税务师协会赴西柏坡八一红军小学进行捐助活动，捐助电脑 46 台。与共青团平山县委共同在北冶小学举行“铁汉生态助学金”发放仪式，与 13 名受捐贫困留守儿童和家长代表进行交流和座谈，现场发放深圳铁汉生态环境股份有限公司董事长刘水等人的爱心捐款 6500 元。协调联系九三学社中央委员、远光软件股份有限公司董事长陈利浩向北冶乡中心学校捐款 60000 元。走访西柏坡希望小学 3 名特困生，为他们筹集助学金 3600 元，并购买棉衣和棉鞋。协助团县委开展“为灾区孩子筹生活费”公益活动，为平山县遭受雨灾的贫困户、低保户家庭 50 个孩子筹集资金 95198.6 元。

把帮助平山县职业教育中心办好汽车运用与维修专业作为着力点和突破口，联系北京汽车集团有限公司沧州工厂、吉利大学汽修学院，在师资培训、校企合作、招工就业、资源共享等方面进行针对性帮扶。2016 年 1 月，促成吉利大学汽修学院与平山县职业教育中心签订合作办学协议。与共青团平山县委一道，共同打造“平山青年公益大讲堂”，邀请名人专家进课堂开展励志、科普等讲座并建立长期联系机制，为革命老区脱贫致富提供智力支持。邀请九三学社北京市委科技服务工作委员会副主任、北京市农林科学院林业果树研究所副所长魏钦平为平山县 200 多名果农传授果树栽培技术，并建立长期联系。推动在西柏坡中学和北冶中学建立资金来源稳定的优秀学生奖学金制度，资助品学兼优的学生完成学业。协助加强教师培训工作，努力提升师资水平，联系中国科学院心理研究所“留守和流动儿童心理健康促进与教育模式示范”课题组专家团队，对平山县近 300 名骨干老师开展为期一年的系统培训。2016 年，中直机关党校为宁武县培训党政干部 2 批 19 人。

【干部挂职扶贫】 中直工委选派 22 名处级干部分别到平山县西柏坡镇梁家沟村、宁武县阳方口镇阳方村挂职扶贫，担任村“第一书记”，同时分别兼任所在县的县委副书记。挂职干部立足自身优势，加强村“两委”班子建设，规范党支部组织生活，落实基本制度，扎实开展“两学一做”学习教育，在产业发展、脱贫攻坚中注重发挥党支部战斗堡垒作用和党员先锋模范作用。同时，在传递信息、提供咨询、引资引智及基层党组织建设等方面积极为当地经济社会发展献计出力。

【项目扶贫】 2016年，梁家沟村“第一书记”陈利明在调研基础上提出“旅游立村、二次创业”的思路和目标，整合资金290多万元，与河北康辉集团共同开发注册“花乡间”旅游品牌，通过发展乡村旅游和政策托底，全村建档立卡贫困人口17户、31人，2016年年底全部达到了脱贫标准。阳方村“第一书记”丁龙广抓产业促脱贫，成立以贫困户为主的农业种植专业合作社，2016年，合作社共为贫困户发放劳务费近20万元，土地收益近6万元，资金收益近5万元，慰问物资约4万元，每户平均收益达4000多元；针对一些没有土地又没有劳动能力的贫困户，申请建设100千瓦的光伏发电扶贫项目。

【基础设施建设】 联系国网河北省电力公司筹措13万元为梁家沟村安装变压器、电表和进行线路改造，让村民用上放心电；筹措3万元为梁家沟村安装净水机，为村幼儿园改造供暖设备；以“美丽乡村体育示范区”建设为抓手，举办梁家沟村首届“村民一家亲”趣味运动会，丰富群众文体生活，倡导健康文明生活方式。先后为阳方村建设以宣传党的方针政策、法律、乡规民约等为主的文化广场和用于教育培训的村党校，建设藏书价值10多万元的图书室、文体活动室以及全县第一家为村里儿童提供课外学习教育、托管及心理辅导的儿童快乐家园。

【健康扶贫】 2016年，联系中国社会福利基金会，在西柏坡启动“孤老助养”项目，对西柏坡镇98名孤寡老人进行一对一帮扶，按照每人每天5—8元的标准给予补助，一年共计30万元；向西柏坡镇卫生院捐赠价值110万元的物资和医疗服务；向平山县阳光敬老公寓捐赠价值260万元的医疗设备。协助拜博口腔医疗集团等爱心企业在西柏坡开展“光明健康公益行”活动，为5所学校的1000多名师生进行免费口腔检查和涂氟，捐赠总计价值20万元的教学设施和学习、生活用品。将阳方村卫生室搬进办公楼，成立老年人协会，负责监督和管理村里治安卫生，建设老年人日间照料中心。

（中共中央直属机关工作委员会
办公室　曹　雅）

中共中央国家机关工作委员会扶贫

【概述】 2016年，中共中央国家机关工作委员会（以下简称“国家机关工委”）深入学习贯彻中共中央总书记习近平扶贫开发重要战略思想，认真落实中共中央、国务院脱贫攻坚战略部署，按照国务院扶贫开发领导小组及国务院扶贫办的安排，发挥优势，加强协调，扎实推进中央国家机关定点扶贫牵头联系和帮扶河北省临城县、阳原县两大任务的落实。一年来，国家机关工委领导先后7人次、机关干部26人次赴两县开展实地调研慰问，直接投入帮扶资金80.86万元，协助引进项目10余个，争取政府支持、企业投资、金融扶贫贷款等各类帮扶资金共计1.26亿元。

【扶贫会议】 2016年10月14日，国家机关工委组织召开中央国家机关定点扶贫工作座谈会。中央书记处书记、国务委员兼国务院秘书长、国家机关工委书记杨晶专门作出批示，强调要深入学习贯彻中共中央总书记习近平、国务院总理李克强关于定点扶贫的重要批示指示精神，不断增强政治意识、大局意识、核心意识、看齐意识，把做好定点扶贫工作作为一项重要政治任务，进一步强化帮扶责任，健全工作机制，提高扶贫成效，为打赢脱贫攻坚战做出新的更大贡献。国家机关工委常务副书记李智勇总结中央国家机关定点扶贫工作经验，并对下一步工作提出要求。国务院扶贫办副主任郑文凯应邀出席并讲话。最高人民检察院、外交部等5个部门作交流发言，国家开发银行副行长周清玉介绍开发性金融扶贫政策。

【扶贫慰问】 2016年2月，李智勇带队赴临城县、阳原县开展调研慰问，专门拨付30万元慰问两县的贫困群众和困难党员。国家机关工委副书记陈存根、常大光和工委委员、宣传部长刘涛等领导同志也多次赴两县实地调研慰问，指导定点扶贫工作，联系落实帮扶项目。此外，为使临城、阳原两县及时了解脱贫攻坚相关行业政策，国家机关工委办公室及时梳理相关政策，加强与两县的对接沟通，共同谋划扶贫计划，联系争取多方支持，协商推进扶贫工作。

【扶贫调研】 2016年，李智勇等工委领导7次赴临城县进行实地考察指导，并多次与河北省、邢台市有关领导沟通情况，协调落实相关项目。4月，陈存根、常大光带队赴阳原县调研。与县委、县政府共同研究帮扶工作，实地考察了解基础教育现状和教育信息化建设情况，促成云校（北京）科技有限公司与阳原县开展教育帮扶、共建教育信息化工程合作。

【扶贫宣传】 2016年1月，国家机关工委和中国保险监督管理委员会共同组成第14宣讲组，由常大光带队，赴河北省开展扶贫开发宣讲调研慰问活动。期间，通过全面阐述和详细解读中共中央总书记习近平扶贫开发战略思想和《中共中央 国务院关于打赢脱贫攻坚战的决定》，进一步加深了河北省各级干部对中央脱贫攻坚战略决策的理解和把握，增强了党员干部打赢脱贫攻坚战的信心和决心。宣讲组一行还到石家庄市灵寿县进行扶贫调研，实地查看乡村产业扶贫项目和建档立卡情况，与基层干部群众、驻村工作队进行交流，慰问建档立卡贫困户。

【脱贫攻坚督查】 2016年10月，国家机关工委和民政部组成第7督查组，赴安徽省开展脱贫攻坚督查。期间，国家机关工委督查小组在常大光带领下，随机抽查六安市舒城和金寨两县，走访10个乡镇、15个贫困村，通过查阅相关配套政策、统计台账，访谈87名县、乡、村三级基层干部，到40个贫困户、16个脱贫户、2个专业合作社大户家里走访调查，深入了解国家扶贫政策在基层贯彻落实情况。

【扶贫制度建设】 根据国务院扶贫办、国家发展和改革委员会等部门的要求，认真组织对《中共中央办公厅国务院办公厅关于加大脱贫攻坚力度支持革命老区开发建设的指导意见重要政策措施分工方案》《关于进一步加强定点扶贫工作的指导意见》《省级党委和政府扶贫开发工作成效考核办法》等10余项政策、法规征求意见稿进行学习研究，反馈有关建议。此外，积极参加国务院扶贫开发领导小组全体会议、国务院扶贫开发领导小组联络员会议、扶贫开发战略思想研讨会等有关会议，及时学习贯彻相关会议精神。

【牵头联系工作】 国家机关工委积极贯彻落实中共中央、国务院扶贫开发战略部署，结合实际，认真履职，充分发挥牵头单位联系协调作用，认真落实完成所承担的有关工作任务。深入学习贯彻党的十八届六中全会精神和中共中央总书记习近平扶贫开发重要战略思想，紧紧围绕“四个全面”战略布局，进一步统一思想，不断增强做好新形势下扶贫开发工作的责任感、使命感和紧迫感。向中央国家机关各部门印发文件，组织召开扶贫会议，广泛征求各部门意见建议。同时，认真做好政策咨询和解释工作，并将有关部门的意见建议梳理汇总报送国务院扶贫办。与中央国家机关各有关部门联系，进一步对接各部门扶贫工作机构、联系人，深入了解定点扶贫工作开展情况，做好信息收集、联系沟通等基础性工作。

【智力扶贫】 2016年，国家机关工委联系云校（北京）科技有限公司向阳原县无偿捐赠了45套、价值1350万元的云校智慧教育云平台及其配套服务（含后期技术支持、升级）系统。现已在全县45所学校全面启动应用，受到广大师生的欢迎，为提升阳原县教育信息化水平发挥了积极作用；安排临城、阳原两县6名优秀科级干部到中央国家机关党校跟班学习，开阔了基层干部的视野，提升了能力素质；组织中央国家机关第28期青年干部培训班的41名青年干部，赴阳原县开展“三同四情”党性教育调研活动，既锤炼了党性修养，又为阳原县经济社会发展建言献策。自筹资金50万元，帮助临城县南程村建设幼儿园，辐射周边3个村，最多可解决100名适龄儿童就近入园；组织中央国家机关摄影协会举办捐赠活动，为临城县西竖中学捐赠旧相机50台，丰富了学生课余生活。此外，还联系、推动与中国农副土特产品开发公司对接，免费为临城、阳原两县拍摄大型专题纪录片《大开眼界——揭秘中国土特产》，宣传推介当地农副土特产品。为临城县拍摄的河北绿岭果业有限公司专题片于2016年9月26日在央视7套播出。

【金融扶贫】 国家机关工委联系国家开发银行，充分利用开发性金融扶贫政策支持定点扶贫工作。2016年，帮助阳原县成功申请作为河北省首批生源地信用助学贷款试点县，已为1034名学生申请助学贷款750万元；为阳原县申请易地扶贫搬迁和农村基础设施建设项目贷款1.73亿元，现已到位7088万元。帮助临城县纳入规划合作编制试点县，由国家开发银行免费为临城县做规划设计，并批复贫困村基础设施建设贷款2.5亿元，已到位2000万元；为临城、阳原两县分别争取贫困县风险补偿金100万元，为当地建档立卡贫困人口发展产业提供增信保障。

【干部挂职扶贫】 国家机关工委选派2名正处级干部继续挂职临城、阳原县委副书记，研究、调整驻村“第一书记”。扶贫挂职干部、驻村“第一书记”一方面与贫困群众同吃、同住、同劳动，宣传扶贫政策，了解致贫原因，为困难群众脱贫致富想办法、出主意；另一方面，充分发挥桥梁纽带作用，协助联系、推进落实产业项目。联系促成北京海纳鸿宇商贸有限公司、归园田居（北京）农业科技有限公司等4家企业与临城县签约合作，投资建设休闲农业旅游开发项目；联系北京金隅集团有限责任公司与临城县有关企业签署合作协议，推进支柱产业转型升级；联系中国妇女发展基金会，为临城县捐赠价值1万元“两癌”妇女爱心基金，价值20万元的婴幼儿奶粉；联系“小爱也温暖基金会”，为临城县南程村小学捐赠180个价值11000余元的爱心礼包。

【扶贫宣传】 国家机关工委依托《紫光阁》杂志、网站、微信公众号等媒体平台，宣传各部门定点扶贫工作的做法和经验，营造浓厚的氛围。组织中央国家机关团员青年开展“根在基层·部委驻村‘第一书记’走访”调研实践活动，广泛宣传驻村“第一书记”的感人事迹。《紫光阁》杂志先后刊发相关稿件13篇，紫光阁网站、微信公众号刊发和转载稿件180余篇；《中国青年报》设立“根在基层·部委驻村‘第一书记’走访记”专栏，刊发部门稿件17篇；《检察日报》《中国改革报》《中国科学报》等行业媒体在重要版面刊发调研报告54篇；《中国扶贫杂志》《中国机关后勤》《中国粮食经济》等行业杂志刊发稿件17篇；光明网、搜狐网、新浪网、中国新闻网、外交部明网、中国科技网、国资青年网等网络媒体也作了相关报道。

（中共中央国家机关工作委员会办公室综合处　张庆元）

中共中央网络安全和信息化领导小组办公室扶贫

【概述】 2016年，为贯彻落实中共中央总书记习近平关于要实施网络扶贫行动的重要指示精神，全面落实中央扶贫开发工作会议精神，中共中央网络安全和信息化领导小组办公室（以下简称“中央网信办”）深入西藏、江西、内蒙古等地实地调研，会同有关部门组织召开专家研讨会议，研究如何发挥互联网在助推脱贫攻坚中的驱动作用。10月，经中共中央网络安全和信息化领导小组同意，中央网信办、国家发展和改革委员会、国务院扶贫办联合印发《网络扶贫行动计划》，细化落实6大类39项重点任务，全面推进精准扶贫、精准脱贫。

网络扶贫行动全面实施网络覆盖、农村电商、网络扶智、信息服务和网络公益5大工程，注重扶贫同扶志、扶智相结合，激发贫困地区和贫困群众自我发展的内生动力。在网络覆盖工程方面，通过深入实施电信普遍服务试点项目，提高贫困地区网络覆盖，2016年共支持约10万个行政村光纤通达和升级改造，其中包括3.1万个贫困村。重庆市等地采取对贫困村、贫困户通网费用和智能手机购买费用的补贴政策，切实解决贫困村接入网络“最后一公里”问题。在农村电商工程方面，电子商务进农村综合示范政策向贫困县倾斜，2016年新确定的240个综合示范县中包括158个国家扶贫开发工作重点县，带动12万户贫困户就业。国家贫困县名优特产品网络博览会（www.laifupin.com）正式上线运行，面向832个贫困县打造永不落幕的特色产品展示交易平台。在网络扶智工程方面，推进在线教育向贫困地区倾斜，VR博物馆、“教育云”工程、爱心网络小屋等活动落地实施。全国范围内兴起电子商务培训浪潮，涵盖了贫困户、无业妇女、残疾人等特殊困难群体。在信息服务工程上，国家发展和改革委员会、中央网信办、国务院扶贫办批复江西省、四川省、贵州省、西藏自治区、陕西省、甘肃省和重庆市（城口县、奉节县）7个省（区、市）开展网络扶贫试点工作，率先组织实施五大工程，推动搭建网络扶贫“七个一”的信息服务体系；贵州、甘肃、河北等地在建档立卡的基础上，进一步建立脱贫攻坚的数字化档案、大数据平台以及精准扶贫管理系统。在网络公益工程方面，面向全国31个省（区、市），组织100家网信企业推出100项网络扶贫精品项目，中国互联网发展基金会、中国扶贫基金会、北京京东世纪贸易有限公司（以下简称“京东”）、阿里巴巴网络技术有限公司（以下简称“阿里巴巴”）等15家单位联合发起成立网络公益扶贫联盟，首批加入联盟的网信企业达100多家。组织18家网信企业与江西省赣州市、吉安市、宁都县等18个贫困市（区、县）现场签署了结对帮扶协议。

【网络扶贫行动部际协调工作组会议】 2016年7月，中央网信办组织召开网络扶贫行动部际协调工作组会议，传达中央领导同志重要批示精神，研究讨论《网络扶贫行动计划》（以下简称“《行动计划》”）的各项重点任务和《网络扶贫行动部际协调工作组制度》（以下简称“《工作组制度》”）。国家发展和改革委员会、国务院扶贫办、中共中央组织部、教育部、科技部、工业和信息化部、国家民族事务委员会、民政部、财政部、人力资源和社会保障部、交通运输部、农业部、商务部、卫生和计划生育委员会、旅游局、邮政局、共青团中央、全国妇女联合会、供销合作总社等19个部门有关负责同志共40多人参会。中央网信办副主任庄荣文、国务院扶贫办副主任洪天云出席会议并作讲话。参会各部门负责同志对《行动计划》和《工作组制度》进行讨论。

【全国网络扶贫工作现场推进会】 2016年11月，中央网信办会同国家发展和改革委员会、国务院扶贫办、江西省委省政府在江西省赣州市宁都县召开全国网络扶贫工作现场推进会。网络扶贫行动部际协调工作组成员单位，各省（区、市）和新疆生产建设兵团网信办、发展和改革委员会、扶贫办，江西省相关部门负责人以及重点网信企业负责人150人参会。会议部署实施《网络扶贫行动计划》，总结交流地方和部门的做法经验，加快推进网络扶贫各项工作。其中农业部、中国农业发展银行、江西省、重庆市、京东、阿里巴巴相关代表交流了开展网络扶贫工作的经验做法和下一步部署安排，中央网信办副主任庄荣文、国务院扶贫办副主任洪天云、国家发改委副秘书长许昆林、工信部总工程师张峰、供销总社党组成员侯顺利出席会议并作讲话。中国互联网发展基金会、中国扶贫基金会联合新华网、京东、阿里巴巴等15家网信企业共同发起成立网络公益扶贫联盟；开通国家贫困县名优特产品网络博览会，启动网络扶贫“双百”项目；京东、阿里、腾讯、百度、去哪儿等网信企业与赣州市、吉安市、宁都县等18个贫困市（区、县）现场签署结对帮扶协议。

【定点扶贫概述】 2016年，中央网信办定点帮扶陕西省佛坪县，直接投入资金500万元，帮助引进各类资金2.1亿元，用于交通基础设施、乡村文化设施建设改善等；举办电商、旅游、扶贫培训班3期共

7000余人次；开展“互联网+教育”工作，设立高考激励基金，引进好未来教育集团在师资培训、远程教育方面免费帮扶佛坪县；开展电商扶贫，建设佛坪县电商服务中心，以及淘宝“特色中国·佛坪馆”、京东“佛坪特产馆”；引进湖南九芝堂股份有限公司，建设九芝堂佛坪县山茱萸科技种植基地；帮助协调国家开发银行贷款8亿元，用于农村风貌整治、旅游开发等扶贫工作；组织“网络名人走进佛坪”活动，开通“指尖上的扶贫”微信公号，推介宣传佛坪；开展信息化扶贫，完善视频会议系统和防灾减灾体系，实施电信普遍服务项目。

【扶贫调研】 2016年4月，时任中央网信办主任鲁炜赴佛坪县调研，了解佛坪县扶贫工作重点、难点，就开展定点扶贫工作征求陕西省委省政府、汉中市委市政府意见建议。12月，中央网信办主任徐麟赴佛坪县考察，实地考察扶贫项目进展情况，召开座谈会听取有关方面工作汇报，与汉中市委市政府、佛坪县委县政府共同谋划脱贫攻坚之策，提出下一步定点扶贫工作要抓好中央精神特别是中共中央总书记习近平关于脱贫攻坚重要讲话精神的贯彻落实，抓好整体谋划，抓住贫困人口这个关键对象，抓好开放与合作。中央网信办副主任庄荣文多次主持召开定点扶贫专题工作会议，听取定点扶贫工作组成员单位意见建议，听取中央网信办挂职扶贫干部工作汇报，研究讨论定点扶贫年度工作计划，推动定点扶贫工作落地落实。

【扶贫培训】 2016年，为帮助佛坪县干部群众建立互联网思维，深化对互联网在扶贫工作中重要作用的认识，中央网信办干部局、培训中心分别于8月、10月在佛坪县举办“佛坪发展大讲堂”，对佛坪县科级以上干部、行业领军人物及骨干人才进行电商、旅游、扶贫等方面的培训，累计培训达7000余人次。

【扶贫资金投入】 2016年，中央网信办投入50万元，于10月组织网络名人赴佛坪县采风，宣传推介佛坪；下属单位中国互联网发展基金会投入100万元，为佛坪县银厂沟村修建乡村大舞台和公厕，设立佛坪县高考激励基金，首期发放50万元；协调陕西省网信办投入300万元，为佛坪县建设视频会议系统和防灾减灾体系；通过交通运输部协调陕西省交通厅增加投入3000万元，建设国道108线长角坝至西岔河公路；协调好未来教育集团投入3600万元，在佛坪县开展远程教育；协调国家开发银行涉农资金贷款8亿元，首批1.8亿元已到位并进入项目实施阶段。

【产业扶贫】 2016年，中央网信办挂职扶贫干部深入调研佛坪县山茱萸产业发展现状，形成《关于进一步加快佛坪县山茱萸产业发展的报告》。协调国家卫生和计划生育委员会召集国家食品药品监督管理总局、国家中医药管理局、中国医学科学院等单位召开研讨会，研究山茱萸食药两用问题，推动陕西省制定山茱萸地方标准。

引进湖南九芝堂股份有限公司，建设九芝堂佛坪县山茱萸科技种植基地。协调阿里巴巴、京东、中国供销电子商务股份有限公司与佛坪县签署电子商务战略合作框架协议，促进佛坪县电商产业发展。成立佛坪电商协会，建设佛坪县电商服务中心，以及淘宝“特色中国·佛坪馆”、京东“佛坪特产馆”。

（中共中央网络安全和信息化领导小组办公室　赵　森　袁龙生）

国家发展和改革委员会扶贫

【定点扶贫概述】 2016年，按照党中央、国务院决策部署，国家发展和改革委员会把定点扶贫摆在脱贫攻坚工作的重要位置，紧紧围绕河北省灵寿县、吉林省汪清县、广西壮族自治区田东县（以下简称“三县”）建档立卡贫困人口脱贫和贫困县摘帽等目标开展工作。

瞄准发展中的“瓶颈”问题，指导三县结合实际，编制县级“十三五”规划纲要，在农业基础设施建设、社会事业投资、循环经济发展等方面为三县积极提供政策指导。

在安排农业农村、基础设施、社会事业、生态环保等中央预算内投资时，商有关省发展和改革委员会对定点扶贫县予以一定倾斜；推动将定点扶贫县交通、水利、能源、教育、卫生等重点领域的重大项目纳入省级“十三五”专项规划；先后组织近70人次组成多个调研组赴三县贫困乡村开展调研指导，推动有关工程项目加快建设，协调解决脱贫攻坚面临的实际困难；依托国家重大投资项目在线审批监管平台，帮助制定重大项目3年滚动计划，为三县脱贫发展注入后劲。

【挂职干部扶贫】 先后选派11名责任心强、政治素质过硬的年轻干部到三县挂职交流，深入了解当地干部群众的迫切需求，在当地重大政策制定、重大规划编制、重大工程建设等方面发挥了积极作用，为促进当地脱贫脱困、群众致富增收提供了有力支持。

（国家发展和改革委员会　任鑫鑫）

教育部扶贫

【概述】 2016年，教育部深入贯彻落实中共中央、国务院决策部署和中共中央总书记习近平扶贫开发战略思想，聚焦贫困地区和贫困人口，实施系列教育惠民、教育富民的政策措施。随着教育扶贫工作的扎实推进，教育在脱贫攻坚中的基础性、先导性和持续性作用日益突出，教育帮扶贫困个体、家庭和地区摆脱贫困的效果逐步显现，切实担负起“发展教育脱贫一批”的光荣使命。

【学前教育行动计划】 重点支持集中连片特困地区、少数民族地区、留守儿童集中地区解决学前教育资源短缺问题。2016年，中央财政安排地方支持学前教育发展中央专项资金149亿元，该专项分扩大资源和幼儿资助两个使用方向。

【农村义务教育经费保障】 安排农村义务教育经费保障机制资金1099.8亿元，进一步提高农村中小学公用经费基准定额，并从2016年春季学期起，统一城乡义务教育学校生均公用经费基准定额。

【改善薄弱学校办学条件】 2016年，中央财政安排专项资金338亿元，用于支持农村义务教育薄弱学校改造。全国校舍建设竣工学校11.1万所，竣工面积1.41亿平方米，占5年规划建设面积的67.7%；采购课桌凳2445万套，图书3.8亿册，计算机、教学仪器设备1.48亿台件套，总价值677多亿元，占5年规划采购总金额的65.9%。工程的实施显著改善了贫困地区义务教育学校办学条件。学生自带课桌椅、睡“大通铺”、在D级危房上课现象在绝大部分地区已消除。

【营养改善计划】 2016年，教育部调整农村义务教育学生营养改善计划地方试点奖补政策，对地方试点膳食补助标准达到每生每天4元以上的省份，提高中央财政奖补标准，由每生每天1.5元提高到2元。2016年，中央财政安排营养膳食补助资金达到189亿元，家庭经济困难寄宿生生活费补助（“ 补”）资金71亿元。全国共有29个省（京、津、鲁单独开展了学生供餐项目）1590个县实施了营养改善计划。其中，699个县开展了国家试点，891个县开展了地方试点，覆盖学校13.4万所，受益学生总数达到3600多万人。全国超过1/2的县实施了营养改善计划，超过1/2的义务教育学校提供营养餐，近1/4的义务教育阶段学生享受营养膳食补助。

【免除普通高中建档立卡家庭经济困难学生学杂费】 2016年8月，教育部会同财政部联合印发《财政部教育部关于免除普通高中建档立卡家庭经济困难学生学杂费的意见》。从2016年秋季学期起，免除普通高中建档立卡等家庭经济困难学生（含非建档立卡的家庭经济困难残疾学生、农村低保家庭学生、农村特困救助供养学生）学杂费。2016年，中央财政安排地方免除普通高中建档立卡家庭经济困难学生学杂费补助资金4.4亿元。

【普通高中改造计划】 重点支持集中连片特困地区县、国家扶贫开发重点县以及其他贫困县的普通高中学校校舍扩建、配置图书和教学仪器设备以及体育运动场等附属设施建设。2016年，安排中央资金39.7亿，着力改善普通高中办学条件。

【教育基础薄弱县普通高中建设项目】 重点支持毛入学率相对较低的集中连片特困地区县、国家扶贫开发重点县、中西部革命老区县、民族县、边境县以及东部享受中西部政策的县改扩建高中学校。2016年，安排中央资金32亿元，着力扩大普通高中教育资源。

【中等职业教育学生免学费、补助生活费政策】 对中职所有农村学生、涉农专业学生和家庭经济困难学生免除学费，并给予每生每年2000元的国家助学金资助。2016年，免学费范围扩大到全日制正式学籍一、二、三年级在校生中所有农村（含县镇）学生、城市涉农专业学生和家庭经济困难学生免除学费（艺术类相关表演专业学生除外）。国家助学金范围调整为全日制正式学籍一、二年级在校涉农专业学生和非涉农专业家庭经济困难学生。为切实减轻贫困地区中等职业学校学生家庭经济负担，根据《中国农村扶贫开发纲要（2011—2020年）》有关精神，将六盘山区等11个连片特困地区和西藏、四省藏区、新疆南疆三地州中等职业学校农村学生（不含县城）全部纳入享受助学金范围。据统计，中职免学费覆盖面约占全日制一、二、三年级在校生人数的90%，中职国家助学金约占全日制一、二年级在校生人数的40%。2016年，中央财政安排地方中等职业教育国家助学金和免学费补助资金分别共为32亿元和106.8亿元。

【农村贫困地区定向招生专项计划】 2016年，重点高校招收农村和贫困地区学生专项计划招生人数9.1万人，实施区域覆盖包括集中连片地区贫困县的边远、贫困、民族地区，2012—2016年累计招收学生27.4万人。

【滇西脱贫攻坚部际联系会议】 2016年1月，为认真贯彻落实中共中央扶贫开发新精神和新要求，总结交流2015年滇西边境片区区域发展与扶贫攻坚工作，动员部署2016年及“十三五”时期滇西片区联系工作，实施好《滇西边境片区区域发展与扶贫攻坚规划（2011—2020年）》，教育部召开2016年滇西脱贫攻坚部际联系会议。会议听取云南省对片区联系工作的意见建议及2016年对中央有关部委的政策、项目支持需求，交流各部委对滇西边境片区的支持情况及计划，研究片区发展面临的重大问题，深入推进滇西边境片区区域发展与扶贫攻坚。

【直属高校定点扶贫】 安排44所科研实力强、以理工科为主的直属高校承担44个国家扶贫开发工作重点县的定点扶贫任务，在人才培养、产业发展、城乡规划、医疗服务等方面，为定点扶贫县提供帮扶。2016年4月，教育部在湖南省隆回县开展直属高校定点扶贫集中调研活动，组织参与定点扶贫的44所直属高校实地考察隆回县白水洞村、富寨光彩小学、县职业中等专业学校等湖南大学特色扶贫点，并召开集中调研交流会，总结直属高校定点扶贫工作经验，对“十三五”直属高校定点扶贫进行动员部署。2016年9月，教育部举办直属高校精准扶贫精准脱贫十大典型项目集中推选活动，由44所直属高校代表从36所学校申报的41个项目中投票推选十大典型项目，湖南大学、华中科技大学、中国药科大学、清华大学、上海交通大学、华中农业大学、北京大学、北京交通大学、浙江大学、复旦大学10所高校的典型项目获选。其中，产业扶贫项目4项、智力扶贫项目2项、教育扶贫项目1项、健康扶贫项目1项、典型扶贫模式2项。

【职业教育东西协作行动计划（2016—2020年）】 2016年10月，教育部会同国务院扶贫办联合制定印发《职业教育东西协作行动计划（2016—2020年）》。行动计划以东西教育协作为桥梁，以职业教育和培训为重点，以就业脱贫为导向，以职教促产业，以产业助脱贫，瞄准建档立卡贫困人口精准发力，实现西部地区贫困人口就业脱贫与东部地区劳动力缺口补充的有效对接，实现“发展教育脱贫一批”。

【教育脱贫攻坚“十三五”规划】 2016年12月，教育部会同国家发展和改革委员会、民政部、财政部、人力资源和社会保障部、国务院扶贫办联合印发《教育脱贫攻坚“十三五”规划》，规划分为总体要求、主要目标、任务举措、组织实施4个部分，提出了“一个目标、两个重点、五大教育群体、五项重点任务”，力争实现贫困地区“人人有学上、个个有技能、家家有希望、县县有帮扶”。力争到2020年贫困地区教育总体发展水平显著提升，建档立卡等贫困人口（含非建档立卡的农村贫困残疾人家庭、农村低保家庭、农村特困救助供养人员，下同）教育基本公共服务全覆盖，保障在校学生不会因贫失学辍学。这是国家首个教育脱贫的五年规划，也是“十三五”时期教育脱贫工作的行动纲领。

【定点扶贫概述】 2016年，教育部定点帮扶河北省青龙县和威县。教育部以教育扶贫为重点，落实帮扶责任，加大对两县的帮扶力度。加强组织领导和统筹规划，做好干部选派和人员培养培训工作，建立定期调研和工作会商机制，开展教育精准扶贫，并争取有关部门和支持，加大政策和项目支持力度。

2016 年，青龙县实际脱贫建档立卡贫困户 9791 户、25045 人，实际退出贫困村 6 个；威县减少贫困人口 5816 户、13060 人，115 个贫困村出列，剩余贫困村 66 个，占全县行政村数的 12.6%，为确保贫困县摘帽奠定了基础。

【扶贫资金投入】 2016 年，教育部协调落实中央各项专项资金累计 1.36 亿元，协助引进贷款 4.9 亿元。中国教育发展基金会为青龙县和威县共筹集资金 1620 万元（各 810 万元），定点帮扶百名特困教师和 39 个薄弱学校。

2016 年，教育部加大项目资金支持，改善两县基础教育办学条件。教育部协商财政部加大对河北省资金支持力度，安排两县全面改善贫困地区义务教育薄弱学校资金青龙县 1345 万元、威县 2199 万元，安排城乡义务教育经费保障资金青龙县 3140 万元、威县 3707 万元，其中包括校舍维修改造长效机制资金青龙县 616 万元和威县 752 万元。

【扶贫调研】 2016 年，教育部副部长朱之文率队到青龙县调研脱贫攻坚工作，慰问受灾群众和挂职干部，实地考察该县第一实验小学、县职教中心和龙潭村，并召开定点帮扶青龙县的工作座谈会，研讨 2016—2017 年教育部对青龙县定点帮扶的实施方案，以及当前需要解决的突出问题和资助项目，部署定点帮扶工作。

2016 年，教育部到青龙县和威县农村和贫困地区积极调研实施专项计划招生工作。2016 年 4 月，在调研考察基础上，协助河北省考试院、邢台市教育局组织 50 多所部属高校在威县开展招生咨询活动，来自邢台、衡水和邯郸市的 23 个贫困县的老师、学生和家长共 3200 人参加咨询。

【扶贫制度建设】 2016 年，教育部制订定点帮扶青龙县、威县工作实施方案，提出帮助两县建立贫困学生教育资助信息化公共服务平台，支持两县做好贫困家庭子女教育资助全覆盖工作等 4 个方面 15 条工作任务。

【扶贫培训】 2016 年，推进中央财政转移支付“国培计划”——中西项目和幼师国培项目为青龙县和威县提供直接支持，为青龙县培训中小学幼儿园教师 538 人，校（园）长 9 人。为威县培训中小学幼儿园教师 1500 人，校（园）长 8 人。

【干部挂职扶贫】 2016 年，教育部从直属机关选派 2 名处级干部到青龙县、威县挂职扶贫副县长，2 名年轻干部到青龙县青龙镇龙潭村、威县枣元乡魏家寨村任驻村“第一书记”，选派 3 名干部，安排在两县县直机关和乡镇进行为期两年的基层锻炼，帮助两县的基层组织建设，指导脱贫攻坚工作。

【扶贫慰问】 2016 年，教育部组成慰问团到青龙县和威县开展春节送温暖活动，走访慰问贫困教师 46 名和贫困农户 30 名，发放慰问金总计 20 万元。

（教育部发展规划司　霍光耀）

科学技术部扶贫

【概述】 2016年，科学技术部充分发挥行业优势，以增强贫困地区内生发展动力为目标，以深化科技体制改革为动力，以政策、资金、人才支持为抓手，统筹行业扶贫、片区扶贫和定点扶贫，加大组织动员和项目资金帮扶力度，强化部、省、市、县科技管理部门联动，扎实开展科技扶贫精准脱贫，为打赢脱贫攻坚战提供坚强有力的科技支撑。

【行业扶贫】 研究出台《科技部关于科技扶贫精准脱贫的实施意见》，联合科技部门、国务院扶贫办印发《科技扶贫行动方案》，科技扶贫列入《“十三五”脱贫攻坚规划》。落实国务院办公厅《关于深入推行科技特派员制度的若干意见》，动员支持科技特派员深入贫困地区开展创业式扶贫。加强贫困地区科技人才队伍建设。2016年7月，在浙江召开“三区”人才支持计划科技人员专项计划工作推进会；开通“三区”人才支持计划科技人员专项计划管理信息服务平台，进一步加强专项计划的管理与服务；在《科技日报》开设“‘三区’科技人员扶贫记”专栏，加大对“三区”典型案例的宣传。科技部通过“三区”人才计划、中央引导地方科技发展专项等，中央财政投入科技扶贫经费5.15亿元，实施科技扶贫项目105个，向贫困地区选派和培训2.03万人，在贫困地区建设72家星创天地。2016年，国家农业科技园区培训农民超过85万人次，“三区”人才计划全年带动农民增收超过100万人。

【片区扶贫攻坚】 2015年秦巴山片区贫困人口降幅在14个片区中排名第二。为落实第四次片区联系工作会议精神，组织召开了2016年秦巴山片区工作会，完善片区联系工作机制，深入了解片区情况，重点推进秦巴山片区跨省重大基础设施项目建设和“十三五”省级实施规划项目需要国家层面衔接的联系工作，加大秦巴山片区扶贫开发工作的宣传报道力度。2016年12月，科技部联合国家铁路局、中国铁路总公司在北京召开秦巴山片区区域发展与脱贫攻坚部际协调会。总结工作情况，梳理片区项目需求和支持情况。组织开展第二期“秦巴山片区科技特派员农村创业骨干培训班”。共培训152名学员，以农业农村创业骨干综合素质和创业能力提升为主题，分为7个阶段，共150余天。采用理论教学讲授、实际案例剖析、现场观摩教学、研讨交流、微信授课、私董会交流、创业项目路演等多种方式。培训班共聘请授课老师34名，创新创业导师51名，开设专题讲座45次，现场教学7次，主题研讨、新老学员交流、私董会交流等13次。

【定点扶贫概述】 根据《关于进一步做好定点扶贫工作的通知》精神，科学技术部在江西省井冈山市、永新县和陕西省佳县、柞水县深入开展定点扶贫工作。2016年，通过科技扶贫精准带动4个县建档立卡贫困人口9280人增收致富。科学技术部实施“一县一策”，完善县域科技创新体系建设，通过中央引导地方科技发展专项资金支持每个县扶贫资金1000万元，组织实施科技扶贫项目16项，项目与建档立卡贫困户直接挂钩。

【扶贫调研】 11月，党组书记、副部长王志刚赴佳县调研科技扶贫工作。党组成员、副部长徐南平到4个定点扶贫县开展科技扶贫调研。2016年，科技部机关赴定点扶贫县考察累计72人次。

【干部挂职扶贫】 2016年向定点县选派第29届科技扶贫团，由部、省、市、县科技部门联合选派，4个执行团均由部、省、市、县科技部门选派的1名挂职干部和若干科技特派员组成。选派2名司局一把手担任江西、陕西扶贫团长，2名副局级、2名处级干部担任定点扶贫县执行团团长，脱产挂职扶贫，并向永新县选派1名贫困村“第一书记”。

【扶贫机制体制建设】 召开党组会、部务会和部长办公会研究、指导和推进定点帮扶工作。成立由部党组书记任组长、分管部领导任副组长，各有关司局、中心负责同志为成员的科技扶贫领导小组，全面负责科技扶贫工作的规划指导、统筹协调、工作推进、督导检查。

引进创新资源，提升造血能力。征集定点县科技需求74项，发挥大专院校、科研院所人才、技术、成果、平台优势，与定点县开展产学研对接合作。指导定点县组织实施中央引导地方科技发展专项，优化项目遴选机制，将项目实施与建档立卡贫困户脱贫相挂钩，确保每个定点县科技扶贫专项经费落实到位。推动江苏与井冈山市、永新县建立长期对口帮扶机制，重点围绕帮扶八角楼园区、茶产业、蔬菜产业、丝绸产业和塑料光纤产业发展，实地开展调研对接洽谈。推动山东省寿光市与井冈山市签订战略合作协议。推进江苏苏州高新区、西北农林科技大学与佳县开展帮扶合作。推进柞水县与北京三甲医院签订合作协议，开展技术帮扶，支持其成为国家临床医学研究中心网络成员单位。

【创业扶贫】 2016年选派20多名高校科技特派员，组建果业、茶叶、蔬菜、现代农业4个科技特派团与井冈山市开展对接服务，协助解决生产技术难题。指导井冈山申报2家国家级高新技术企业，推动井冈山茶厂电商超市建设国家级“星创天地”。组织永新县创业扶贫带头人培训班，参训人员50余人。选派40名科技特派员服务佳县13个乡镇316个村，指导佳县建设东方红小杂粮星创天地，支持佳县建成羊子、小杂粮等科技特派员创业示范基地150多个。

【社会扶贫】 机关党委（工会）组织采购定点扶贫县名优特产品，服务中心在机关食堂设立定点扶贫县名优特产品展销专柜。通过“日本樱花计划”，组织江西井冈山市、永新县、赣县15名师生赴日交流。科技日报社向定点扶贫县基层党支部赠阅1200余份科技报刊。

（科学技术部农村科技司　霍季春）

工业和信息化部扶贫

【概述】 2016年是“十三五”脱贫攻坚的首战之年，工业和信息化部（以下简称“工信部”），全面落实中共中央总书记习近平扶贫开发战略思想，坚持精准扶贫、精准脱贫基本方略，会同国家发展和改革委员会、财政部出台《加快宽带网络覆盖贫困村实施方案》；与国务院扶贫办等部门联合印发《关于促进电商精准扶贫的指导意见》，共同推进电商精准扶贫工程；与国家发展和改革委员会等部门联合印发《京津两市对口帮扶河北省张承环京津有关地区工作方案》，引导张承地区特色产业积极融入京津冀协同发展。深入推进定点扶贫8个县的扶贫工作，积极履行牵头联系燕山—太行山片区区域发展与扶贫开发工作，实施电信普遍服务试点，加快推进宽带网络覆盖贫困村，积极推动特色产业促进精准脱贫，助力贫困地区贫困群众脱贫奔小康。2016年，工信部脱贫攻坚工作取得了明显成效，定点帮扶23年的四川省南部县在“十三五”期间首批计划脱贫摘帽。

【扶贫调研】 2016年，工信部部长苗圩、副部长辛国斌等先后赴贫困地区扶贫调研，走村入户、访贫问苦；召开部党组会、部长办公会和片区部省部际联系会，研究问题，部署工作。苗圩、辛国斌以及时任工信部办公厅主任莫玮先后6次赴部定点扶贫县、片区县及革命老区等重点贫困地区开展扶贫调研、宣讲慰问、督查巡查等工作。工信部机关各司局、有关部属事业单位和高校等结合各自业务工作，以多种形式赴贫困地区开展专题调研、结对子、教育帮扶、扶贫济困等工作，为贫困地区区域发展和脱贫攻坚出谋划策。

【扶贫会议】 2016年10月，工信部部长苗圩主持召开党组会议，学习传达中共中央总书记习近平“银川会议”重要讲话精神，听取扶贫工作汇报，研究推进部扶贫工作。3月，工信部组织召开电信普遍服务试点动员暨宣贯会，为下一步工作开展进行动员部署。7月，工信部在河北省张家口市召开了燕山—太行山片区部省部际联系会议，协调帮助片区所在河北、山西、内蒙古三省（区）对接需要解决的重点项目和重要事项，做好“十三五”相关规划衔接，并统筹部署工作。8月，工信部在新疆维吾尔自治区乌鲁木齐市召开全国无线电管理工作座谈会暨无线电管理援疆工作会。会议对“十三五”时期无线电管理援疆工作进行部署。9月，工信部在新疆乌鲁木齐召开2016年度民族地区工业和信息化协同推进机制座谈会，研究部署工业通信业科技支持民族地区加快发展相关工作。10月，工信部在湖南省召开建材工业补短板增效益助扶贫工作交流座谈会。会议就建材工业发挥民生产业特性，立足14个全国集中连片特殊困难地区资源禀赋，因地制宜发展建材特色产业，推进产业精准扶贫进行了研究并梳理了思路。

【产业扶贫】 引导贫困地区产业结构优化和转型升级。2016年，工信部通过现有渠道对贫困地区符合条件的项目给予倾斜支持。通过专项建设基金支持燕山—太行山片区7个项目，总投资73.67亿元，其中专项资金8.03亿元。通过工业转型升级中药材保障能力提升工程，支持片区10万亩连翘野生抚育及产地加工一体化项目、京津冀惠民中药材基地建设工程示范项目，安排补助资金1300万元。通过高风险污染物削减行动计划，对河北超威电源有限公司清洁生产技术改造项目给予奖励750万元。

充分发挥行业优势，在工业园区建设、工业绿色发展、中小企业扶持等方面予以支持和指导。以新型工业化产业示范基地为带动，2016年分别授予燕山—太行山片区所在河北省2家、山西省2家、内蒙古自治区1家第七批国家新型工业化产业示范基地，引导产业集聚发展。授予河北省承德市第一批工业资源综合利用示范基地，促进工业绿色可持续发展。协助南充市嘉陵区吉利新能源商用车项目完成了公告变更和产品准入等工作，指导新能源汽车产业园建设。帮助汝阳县森达乳化与广西壮族自治区、云南省民爆企业业务实合作。指导洛宁县发展新能源汽车产业发展。积极筹划举办“首届中国（大同）黄花产业大会”，推动“中小企业示范园”在山西省大同县落地。部属北京航空航天大学组织校内研究团队，围绕中阳县核桃分拣和硬壳碎皮项目研发生产技术和工艺。部属北京理工大学帮助方山县引进了校友企业恒都农业公司肉牛养殖合作项目。2016年来，为促进贫困地区经济社会发展、解决当地人口就业、帮助当地群众摆脱贫困做出了积极贡献。

通过部扶贫专项资金重点支持定点县民生改善和特色产业培育，片区县光伏扶贫等项目29项，安排资金1500万元，带动投资3498万元，能够带动11个贫困县建档立卡的62个贫困村、1767户贫困户、5179名贫困人口增收脱贫，不断改善农村基础设施和基本公共服务水平。此外，部属北京理工大学与人力资源和社会保障部联合，帮助山西省天镇县打造“天镇保姆”品牌，发展劳务输出脱贫。在京津等地从事家政服务的“天镇保姆”有3800名，人均年收入3.5万元。

【信息扶贫】 工信部重视推动贫困地区宽带建设发展，坚持网络先行，联合财政部组织实施电信普遍服务试点，引导基础电信企业加大投资力度，开展“宽带中国”示范城市创建，推进贫困地区宽带覆盖水平和接入能力持续提升。2016 年，工信部、财政部组织实施了两批电信普遍服务试点工作，共支持包括集中连片特困地区、革命老区等重点区域在内的 184 个地市开展试点，部署 10 万个行政村网络光纤到村建设和升级改造，其中包括 3.1 万个建档立卡贫困行政村，中央财政和企业投资超过 300 亿元，2016 年部署的行政村通宽带建设任务超过了“十二五”时期任务总和。继续实施“宽带中国”示范城市创建，通过示范引领带动贫困地区宽带建设发展，2016 年共支持罗霄山、大别山、武陵山、乌蒙山、秦巴山、六盘山和西藏等片区的 11 个市作为示范城市。截至 2016 年底，我国农村网络光纤接入占比达到 82.2%，贫困村宽带覆盖率超过 80%，农村光纤宽带用户超过 6100 万户。

2016 年工信部支持发展电商扶贫的四川省南部县成为全省电商发展典型。5 月，部属北京航空航天大学帮助山西省中阳县建成了“魅力吕梁、绿色中阳”扶贫公益电商平台，成为国内首个以扶贫开发为主题的国家扶贫开发工作重点县公益电商平台，并与中阳县签订了《电子商务产业园暨创新创业园合作协议》。7 月，工信部支持河北省张家口市万全区举办电子商务培训，当地龙头企业代表、天猫淘宝商家以及各行政村的电商联络人 200 人参加。

【片区扶贫】 2016 年，围绕推进《燕山—太行山片区区域发展与扶贫攻坚规划（2011—2020 年）》实施，工信部先后对接国家有关部委、省（区、市），积极推动 180 项跨行政区重大项目建设和 347 项“十三五”省级实施规划项目衔接，并协调解决燕山—太行山片区所在河北、山西、内蒙古三省区需要支持的事项。

工信部利用片区扶贫专项资金，支持片区内的河北省望都县、承德县、尚义县、张北县，山西省天镇县、浑源县，内蒙古自治区兴和县开展光伏扶贫项目，带动其他资金 2072.1 万元，直接带动当地建档立卡的 21 个贫困村 671 个贫困户 1600 余贫困人口脱贫。

在工信部建立的部内“一对一”联系机制框架下，2016 年，部机关各司局、有关部属事业单位和高校与燕山—太行山片区 33 个贫困县进行了多种形式的联系交流，全年累计调研对接 800 人次。协调芬欧汇川集团在山西省五台县建设“芬欧汇川书屋”；资助河北省阳原县贫困家庭学生每人每年帮扶 3500 元；协调 12.5 万元资金为河北省蔚县涌泉庄乡连寨场村安装 33 盏太阳能路灯，为 192 户村民解决了夜间照明问题；向河北省曲阳县齐村乡温家庄小学捐赠 1000 册图书；向山西省繁峙县化肥厂小学捐助资金购买文体和生活用品、设立爱心教育基金。中国信息通信研究院向山西省灵丘县 2 家电商公司赠予 4 万元电商扶持款。中国工信出版集团利用暑假组织沽源县 40 名优秀中小学教师在北戴河举行教学管理培训。中国机电设备招标中心为河北省尚义县安宁街小学捐赠46台总价值7万元的平板电脑。

【定点扶贫概述】 2016年，工信部立足精准扶贫，整合自身和社会资源，积极发挥扶贫干部作用，不断加大定点扶贫河南省汝阳县、洛宁县，四川省南充市嘉陵区、南部县，山西省方山县、中阳县，广西壮族自治区金秀瑶族自治县（以下简称“金秀县”）、融水苗族自治县（以下简称“融水县”）等8个国家扶贫开发工作重点县的工作帮扶力度。

【精准扶贫项目】 2016年，工信部利用定点扶贫专项资金，突出精准、集中力量解决定点贫困县贫困群众最迫切的民生需求。共确定支持四川省南充市嘉陵区、南部县，河南省洛宁县、汝阳县等4个定点县扶贫项目20项，累计安排帮扶资金800万元，带动当地其他资金1426万元。其中，帮扶了14个产业培育项目，预计能够直接带动25个建档立卡贫困村1096户3579名建档立卡贫困人口增收脱贫；6个民生工程和教育改善项目，预计可帮助至少16个建档立卡贫困村实现“两不愁、三保障”。同时，2016年，部属北京理工大学在山西省方山县桥沟村直接投入70万元，整合涉农资金600万元，实施帮扶项目12项，每年可增加当地农民收入50万元，增加村集体收入15万元。

【干部挂职扶贫】 2016年，工信部系统共向8个定点扶贫县选派了8名干部挂职当地副县（区）长，5名干部任当地建档立卡贫困村第一书记。扶贫干部积极帮助定点县开展脱贫攻坚工作。南充市嘉陵区扶贫干部，促成当地大通镇龙池院村柑橘专合社与柏材嘴村委会达成互惠互利的产业发展联结机制；洛宁县扶贫干部，帮助县里申请各类政策资金6.2亿元；汝阳县扶贫干部，协调工信部产业政策支持，为当地投资13亿元的钼金属深加工项目落地创造条件；方山县挂职干部，组织中央驻晋挂职扶贫干部开展“品味吕梁太行、县长携手代言”特色农产品网上销售活动；金秀县扶贫干部，帮助当地制定《金秀县“十三五”发展规划》《金秀县“十三五”脱贫攻坚计划及2016年实施方案》。

【智力帮扶】 工信部部属高校利用自身教育资源优势在定点扶贫县开展智力帮扶活动。北京理工大学在方山县建立暑期学校，2016年9个专业学院、126名师生到桥沟村培训农村学生近700人次；设立“理工梦想”精准扶贫助学金，每年投入10万元资助农村贫困生；邀请专家教授赴方山县开展科普宣讲与技能培训，举办3期培训班，累计超过1000人次。哈尔滨工业大学组织26个基层工会901名教职工捐赠图书10008册，支持金秀县中小学的图书室建设。西北工业大学与融水县签署了《教育帮扶协议》，2016年对融水县1450名教师进行了培训，还组织了融水县126名干部、118名教育工作者和10名村干部和致富带头人赴陕西省调研和培训。

【社会扶贫】 2016年，工信部先后帮助南充市嘉陵区协调社会资金 330 万元，为当地 7 个贫困学校建立起“留守儿童之家”，搭建网络学习平台，实现贫困小学校教育教学与北京名校网络同步教学；联系中国福利基金会为李渡中学捐赠电脑 40 台，建成电教室 1 个；携手可口可乐·壹基金启动农村校园“净水计划”，为当地 8 所中小学免费提供净水设备和水杯，使近 4700 名师生受惠；协调争取到吉利扶贫基金项目，对嘉陵区 800 名困难家庭的中学、大学在校学生提供 5000 元/年的生活补贴。北京航空航天大学协调对接北京高校商超专业委员会和伙食专业委员会，建立了中阳县特色农副产品进入北京高校超市和食堂的绿色通道。北京理工大学协调山西晋能集团有限公司在方山县桥沟村建成 220 千瓦“农光互补”光伏发电设施，每年可增加集体收入 27.5 万元；引进太平人寿保险有限公司山西分公司扶贫力量，为桥沟村符合条件的村民办理人身意外和家庭财产保险。

【扶贫日活动】 工信部制定《工业和信息化部 2016 年扶贫日活动方案》，开展了一系列“扶贫日”主题活动。协调中国电信集团公司、中国移动通信集团公司、中国联合网络通信集团有限公司 3 家基础电信运营企业在扶贫日期间推送了 4.8 亿条“扶贫日”公益短信，号召全国人民“携手同行，一起投身脱贫攻坚的伟大事业”。组织部机关党小组、团支部“一对一”结对帮扶贫困县贫困学生 96 人，累计捐助资金 132740 元。协调中国扶贫基金会支持南部县第二中学开展“新长城自强班”项目，支持该校 50 名高一年级建档立卡贫困学生完成高中学业；工信部原副部长、工程院院士朱高峰将个人获得“光华工程奖”15 万元奖金，捐赠四川省 3 所贫困和特殊教育学校，帮助学校建档立卡贫困和残障儿童完成学业。工信部系统有关单位，组织开展一系列针对贫困地区的调研对接活动。如西北工业大学启动了众筹帮扶活动，号召全校 3600 多名教职工捐款捐物，帮扶融水县 100 名贫困学生。北京理工大学举办山西贫困地区农特产品展销会，现场销售近 10 万元，带动网上销售近 20 万元。通过工信部网站等媒体平台宣传部扶贫工作成效经验、先进人物和先进事迹，并编印《工业和信息化部 2016 年“扶贫日”活动专刊》。2016 年 10 月，工信部获得国家卫生和计划生育委员会授予“圆梦女孩”专项行动荣誉单位称号。

（工业和信息化部　刘　博）

国家民族事务委员会扶贫

【概述】 国家民族事务委员会（以下简称“国家民委”）结合部门工作职能，以推动民族工作领域重点特色工作为抓手，扎实稳步推进少数民族地区脱贫攻坚。2016年，国家民委牵头编制并由国务院审批和印发实施《“十三五”促进民族地区和人口较少民族发展规划》，中央财政扶贫资金安排民族八省区279.6亿元，占全国总投入的42%。东西部扶贫协作结对关系实现对30个自治州全覆盖，东部地区经济较发达县（市、区）与西部地区贫困县携手奔小康行动结对帮扶，覆盖西部地区民族自治地方贫困县。

【少数民族地区脱贫攻坚】 国家民委将少数民族特困地区和特困群体综合扶贫工程纳入《“十三五”促进民族地区和人口较少民族发展规划》重点工程。包括开展民族自治地方贫困县脱贫专项行动、边境地区戍边就近就地脱贫专项行动、特困和人口较少民族精准脱贫专项行动。会同教育部、国家语言文字工作委员会等有关部门共同印发支持云南省开展特困民族聚居区普及国家通用语言工作，帮助少数民族群众学用普通话、普及科技知识、提高生产生活技能。会同交通运输部、国家开发银行赴云南省开展边境和人口较少民族聚居区交通基础设施情况调研，配合交通运输部研究批复云南省特困民族聚居区和沿边地区较大人口规模自然村通硬化路建设规划，对聚居区行政村通水泥路项目建设优先安排。2016年8月，在西藏自治区拉萨市召开全国民委系统对口支援西藏、新疆工作会议，协调东中部21个省市民族工作部门对口援藏援疆，支持边远少数民族地区加快脱贫步伐。召开“全国民族自治县打赢脱贫攻坚战全面建成小康社会经验交流会”及“第二届全国民族自治州全面建成小康社会经验交流会”，促进自治县（旗）和自治州如期打赢脱贫攻坚战、同步实现全面小康。

【扶贫调研】 会同中华全国总工会赴甘肃省开展贯彻落实中央扶贫开发工作会议精神宣讲调研慰问活动，会同中国保险监督管理委员会赴广西壮族自治区开展2016年度脱贫攻坚督查调研工作，形成督查调研报告。配合参加九三学社中央委员会赴大小凉山开展精准扶贫精准脱贫课题调研。牵头组织对《关于支持四川省凉山彝族自治州、云南省怒江傈僳族自治州、甘肃省临夏回族自治州加快建设小康社会进程的若干意见》贯彻落实情况督查调研，配合有关部门推动解决三州发展中的重大问题和重要事项。

【民族地区扶贫】 组织开展民族自治地方农村贫困监测，为有关部门研究制定支持特困民族地区和特困群体脱贫攻坚特殊政策措施提供科学依据。按现行国家农村贫困标准测算，2016 年民族八省区（指内蒙古、广西、西藏、宁夏、新疆 5 个自治区和少数民族人口相对集中的贵州、云南、青海 3 个省）农村贫困人口 1411 万人，比 2015 年减少 402 万人，减贫率为 22.2%，与全国同期持平；贫困发生率 9.34%，比 2015 年下降 2.76 个百分点，高于全国 4.84 个百分点。2010—2016 年，民族八省区农村贫困人口占全国的比重保持在 30%以上，且呈缓慢上升趋势。内蒙古贫困发生率降至 5%以下，贵州、云南、西藏、新疆贫困发生率仍在 10%以上。广西、贵州、云南农村贫困人口均在 300 万以上，3 个省（区）农村贫困人口合计 1116 万人，占八省区的比重为 79.1%，与往年基本持平。广西、贵州、云南 3 个省（区）农村贫困人口主要分布在滇桂黔石漠化区、滇西边境山区和乌蒙山区，脱贫攻坚任务较重。

民族八省区与全国分年度贫困人口及贫困发生率

指标		2010 年	2011 年	2012 年	2013 年	2014 年	2015 年	2016 年
贫困标准(元)		2300	2536	2625	2736	2800	2855	2952
贫困人口（万人）	民族八省区	5040	3917	3121	2562	2205	1813	1411
	全国	16567	12238	9899	8249	7017	5575	4335
	八省区占全国比重(%)	30.4	32.0	31.5	31.1	31.4	32.5	32.55
贫困发生率(%)	民族八省区	34.5	26.5	21.1	17.1	14.7	12.1	9.34
	全国	17.2	12.7	10.2	8.5	7.2	5.7	4.5
	八省区与全国对比	高 17.3 个百分点	高 13.8 个百分点	高 10.9 个百分点	高 8.6 个百分点	高 7.5 个百分点	高 6.4 个百分点	高 4.84 个百分点

【兴边富民行动】 国家民委会同有关部门编制《兴边富民行动“十三五”规划》，2016 年国家发展和改革委员会下达中央预算内投资兴边富民行动专项资金 8 亿元，推动实施边境地区就地就近脱贫专项行动，改善边民生产生活条件，促进边民脱贫致富。

【促进人口较少民族加快发展】 扶持人口较少民族发展工作取得明显成效。据国家民委监测统计，截至 2015 年底，2119 个人口较少民族聚居行政村农牧民人均纯收入 6695 元，比 2010 年增长近 1 倍。锡伯族、俄罗斯族、裕固族、高山族、珞巴族、赫哲族、达斡尔族、京族、毛南族等已经具备了实现全面小康的基础和条件。

人口较少民族聚居村农牧民人均纯收入

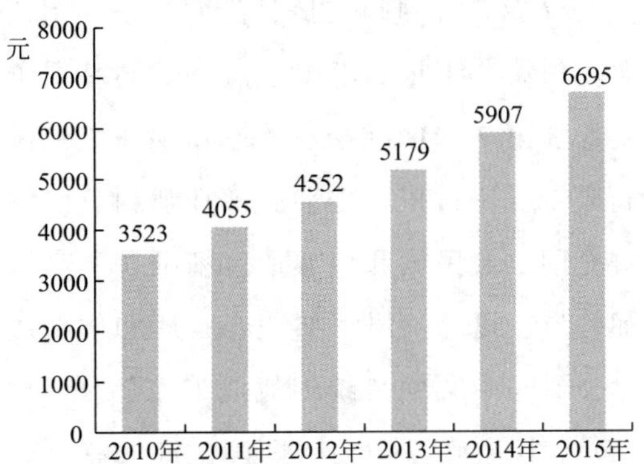

进入“十三五”，扶持人口较少民族发展工作围绕到2020年人口较少民族聚居村在实现“一达到、二退出、三保障”的基础上，基本实现“四通八达”的规划目标，整合资源，集中扶持，力争使部分人口较少民族聚居村实现率先脱贫、率先小康。2016年，国家发展和改革委员会安排中央预算内投资5亿元，专项用于扶持人口较少民族发展，为实现“两个率先”创造条件。

【少数民族特色村镇】 国家民委与财政部以保护改造特色民居、发展特色产业、改善人居环境、传承特色文化、促进团结进步“五位一体”为宗旨，联合开展少数民族特色村寨保护与发展工作，安排少数民族发展资金支持特色村寨建设，目前全国有1057个村寨被国家民委命名挂牌为“中国少数民族特色村寨”。2016年，国家民委配合国家发展和改革委员会支持少数民族特色小镇建设，提升了少数民族特色村镇的品质和知名度。“中国少数民族特色村镇”品牌的影响力和辐射力持续加大，在民族地区形成了一道亮丽的风景线。

【武陵山片区扶贫】 认真履行武陵山片区联系单位职责，一是加强部门沟通协调，推动重大项目落地。协调推进武陵山片区“十三五”省级实施规划项目需国家层面衔接落实工作，与17个部门就12个行业的1072个项目进行了对接。积极协调有关部门将安张衡、兴永郴赣、张吉怀铁路列入中长期铁路网规划（2030年）或纳入铁路“十三五”发展规划。二是推进武陵山片区旅游协同发展。2016年1月，在重庆市召开武陵山片区区域发展与扶贫攻坚推进会，签订“四省八方”合作协议，会同国家旅游局、全国工商业联合会、国家开发银行印发《关于推进武陵山片区旅游减贫致富与协同发展的意见》，研究开展贫困乡村旅游精准扶贫示范建设。三是继续推动开发性金融支持片区发展，贯彻落实“四省六方”签订的合作协议及配套政策，截至2016年12月，国家开发银行向武陵山片区累计发放贷款2625亿元，贷款余额873亿元，支持片区基础设施和民生领域项目建设。四是发挥部门职能作用，开展民族工作领域重点特色工作。重点支持建设少数民族特色村寨、制作传统手工艺品、改善群众生产生活条件等，片区内已有包括苗族、土家族、瑶族、侗族、仡佬族等140个国家民委命名挂牌的中国少数民族特色村寨。支持片区创建民族团结进步示范区和开展“州县庆”活动。在渝东南开展

“中华民族一家亲”文化卫生下基层活动和“彩虹路民族青少年艺术教育公益行”活动。五是舆论宣传和人才保障。国家民委下属的文化事业单位专题报道片区推进精准扶贫精准脱贫取得的成效。6 所高校开展校地合作，2016 年投入片区资金 1189.5 万元，对片区实际招生 4351 人，举办各类培训班 27 期、培训人数 2663 人次，开展专题研究形成有关调研报告、论文 142 篇，选派 78 名联络员赴片区挂职，组织举办片区中学骨干校长培训班、基层民族工作干部香港工商业研讨班等。

【定点扶贫】 国家民委承担定点帮扶内蒙古自治区巴林右旗、广西壮族自治区德保县，对口支援江西省乐安县扶贫工作。2016 年重新成立由国家民委领导牵头的定点扶贫工作领导小组及办公室，召开国家民委定点扶贫工作领导小组全体会议，建立委领导联系扶贫点工作制度，委领导带队赴定点扶贫县旗和对口支援县开展扶贫调研慰问活动和精准扶贫调研。研究制定《2016 年国家民委定点扶贫工作计划及任务分工》《国家民委“十三五”定点扶贫工作方案及任务分工》。

【智力支持】 选派优秀干部到定点扶贫县（旗）和对口支援县挂职帮扶和担任贫困村第一书记。组织定点扶贫县基层干部参加第 7 期精准扶贫专题研讨班、依法行政专题研讨班、香港工商业研讨班。举办全国少数民族和民族地区精准扶贫高级研修班，提高基层干部综合素质和创新能力。参与中共中央统一战线工作部、科技部、各民主党派中央和全国工商业联合会联合推动贵州毕节试验区和黔西南布依族苗族自治州（以下简称“黔西南州”）“星火计划、科技扶贫”试验区建设，组织黔西南州特色优势农产品加工扶贫龙头企业以及民贸民品企业参加第 21 届澳门国际投资贸易展览会，举办黔西南州旅游文化产业推介会。会同中共中央组织部、中共中央统一战线工作部选派西部地区和其他少数民族地区干部到东部发达地区以及中央和国家机关部委、国有重要骨干企业挂职锻炼，加强少数民族干部队伍建设。

（国家民族事务委员会经济发展司　袁　彦）

民政部扶贫

【扶贫制度建设】 2016年2月，民政部协助国务院出台《关于进一步健全特困人员救助供养制度的意见》，为农村特困人员救助供养工作提供制度遵循。协助国务院出台《关于加强农村留守儿童关爱保护工作的意见》，从国家层面明确了强化农村留守儿童关爱保护的政策措施。

3月，民政部会同教育部、公安部印发《关于开展农村留守儿童摸底排查工作的通知》，开展农村留守儿童摸底排查工作，同步开展留守老年人调查摸底和服务需求评估工作。

6月，民政部协助国务院制定《关于加强困境儿童保障工作的意见》，会同有关部门召开会议进行动员部署。会同中国残疾人联合会印发《关于贯彻落实残疾人两项补贴制度有关政策衔接问题的通知》，进一步明确了政策衔接的基本原则，并细化了与养老、离休等全国性补贴的衔接办法。联合中央8部门印发《关于支持和发展志愿服务组织的意见》，明确要求积极支持志愿服务组织承接扶贫等领域的志愿服务。

8月，民政部印发《民政部关于深入推进城乡社区协商工作的通知》，指导贫困地区贯彻落实“四议两公开”、村务联系会议等制度，组织群众自觉广泛参与扶贫开发。牵头制定《全国农村社区建设示范单位指导标准》，印发《民政部关于开展全国农村社区建设示范创建活动的通知》，进一步调动贫困地区推进农村社区建设积极性。

9月，国务院办公厅转发民政部等部门《关于做好农村最低生活保障制度与扶贫开发政策有效衔接的指导意见》，要求从政策、标准、对象、管理等方面加强衔接。

10月，民政部联合中央12部门和群团组织印发了《关于加强社会工作专业岗位开发与人才激励保障的意见》，进一步完善包括贫困地区在内的社会工作人才使用与激励保障机制。推动中共中央办公厅、国务院办公厅印发《〈关于以村民小组或自然村为基本单元的村民自治试点方案〉的通知》，实现贫困地区农村有人管事、有章理事、为民办事。会同中共中央组织部、中央社会治安综合治理委员会等15部门联合印发《城乡社区服务体系建设规划（2016—2020年）》，优先支持易地扶贫搬迁安置区开展配套建设。

11月，民政部会同有关部门印发《关于在全国开展农村留守儿童“合力监护、相伴成长”关爱保护专项行动的通知》，针对摸排结果部署精准关爱保护措施。推动将贫困地区农村社区建设纳入《“十三五”脱贫攻坚规划》，将“农村社区服务体系建设工程”纳入“改善贫困乡村生产生活条件”任务。

【社会救助兜底保障】 2016年，各级以党委、政府办公厅或脱贫攻坚（扶贫开发）领导小组名义出台了《关于做好农村最低生活保障制度与扶贫开发政策有效衔接指导意见的通知》配套文件。民政部通过举办培训班、组织研讨、按季度通报农村低保标准低于国家扶贫标准的县（市、区）情况等形式，督促农村低保标准低的地区提高标准。2016年，全国共有农村低保对象4576.5万人，全国农村低保月人均标准达到312元，累计支出农村低保资金984.3亿元。全国农村低保平均标准增幅达到17.8%，全国低于国家扶贫标准的县（市、区）数从2015年底的1521个减少为600个。

2016年，全国共有农村特困人员496.9万人。全国平均集中供养农村特困人员标准为6777元/人·年，分散供养标准为5217元/人·年。全年累计支出农村特困人员救助供养资金236.4亿元。

2016年，全国共实施医疗救助8720.4万人次，其中，直接救助3099.8万人次，资助参保参合5620.6万人。累计支出医疗救助资金298.7亿元。

2016年，全国共实施临时救助967.9万人次，累计支出救助资金86.3亿元，平均救助水平891元/人次。

【防灾救灾能力建设】 2016年，民政部组织实施全国自然灾害救助物资储备体系建设工程项目，与国家发展和改革委员会协商投入2016年综合防灾减灾能力建设中央预算内投资计划4亿元，支持中西部地区114个多灾易灾地市级和县级救灾物资储备库建设。国家减灾委员会、民政部针对各地灾情共启动5次国家救灾预警响应、21次国家Ⅳ级救灾应急响应、1次国家Ⅲ级救灾应急响应，协调派出22个救灾应急工作组赶赴灾区指导开展救灾工作。与财政部协商拨付中央自然灾害生活补助资金79.06亿元，组织调拨4.1万顶帐篷、16.6万床（件）衣被、2.5万条睡袋、2.3万张折叠床等中央救灾储备物资。协助地方妥善安置受灾群众900余万人次、救助受灾群众6200余万人次，切实保障贫困地区受灾群众基本生活。

【农村“三留守”人员和残疾人关爱服务】 编制“十三五”社会福利服务体系建设规划，推动各地依托城乡社区现有公共服务设施普遍建立社区儿童之家。推进农村社区日间照料中心建设，鼓励农村敬老院转变为区域性养老服务中心。支持地方农村幸福院等社区养老服务设施的建设和运营。

指导各地开展留守老年人调查摸底和服务需求评估工作。安排10亿元中央专项彩票公益金，支持农村幸福院等社区养老服务设施的建设和运营。进一步健全老年人福利保障制度，鼓励地方建立80周岁以上低收入老年人高龄津贴制度，推动地方逐步建立经济困难老年人养老服务补贴制度。建立健全经济困难的高龄、失能等老年人补贴制度。推动地方对生活不能自理、经济困难老年人根据其失能程度等情况建立护理补贴制度。

2016年，民政部启动实施与黑龙江省人民政府、安徽省人民政府的“专业社会工作介入农村留守人员关爱服务体系建设”部省合作试点，探索为农村留守人员特别是贫困人口提供关爱型、个性化、专业化社会服务的路径方法和长效机制。

【社工人才参与扶贫】 2016年，民政部实施社会工作专业人才服务边远贫困地区、边疆民族地区和革命老区计划，以国家扶贫开发工作重点县为重点，为边远贫困地区、边疆民族地区和革命老区选派1000名、培养500名社会工作专业人才，支持贫困地区建立社会工作服务制度。

召开2016年“发展社会工作、助力扶贫济困”为主题的国际社工日主题宣传活动。3月，在全国范围内围绕扶贫攻坚开展集中、持续、广泛、深入的社会宣传活动，发布“社会工作助力扶贫济困”倡议书，组织召开“社会工作与脱贫攻坚专题研讨会”，动员和引导社会服务机构和社会工作者为贫困人群提供专业服务。

【社会组织扶贫】 鼓励和引导社会力量参与脱贫攻坚，启动全国性社会组织参与精准扶贫行动。开展全国民政系统学习贯彻《慈善法》集中培训，推动慈善事业参与脱贫攻坚工作。策划开展“情暖高原、大爱西藏——全国性社会组织援助西藏年活动”，动员21家社会组织参与，投入资金和物资1.7亿元。

引导社会组织和社工机构参与扶贫事业，邀请全国性社会组织特别是慈善组织、行业协会商会和社工机构派员参与罗霄山片区扶贫攻坚工作。民政部民政青年同心社在江西省吉安市遂川县举行“温情暖老区，惠民公益行”之“关爱留守儿童”主题活动，共筹集物资、善款和提供服务折合人民币176万元。

【片区扶贫攻坚】 2016年，民政部共投入罗霄山片区23个片区县城乡低保资金16.9亿元、五保供养资金2.4亿元、直接医疗救助资金3.3亿元、抚恤资金6.8亿元、救灾资金1.1亿元，孤儿生活补助费0.44亿元。推动片区依托城乡社区现有公共服务设施普遍建立社区儿童之家。推进片区农村社区日间照料中心建设，鼓励农村敬老院转变为区域性养老服务中心。协调财政部安排中央专项彩票公益金，支持片区农村幸福院等社区养老服务设施的建设和运营。协调国家发展和改革委员会安排中央预算内投资2622万元，支持片区养老、儿童福利等民政公共服务设施建设。

2016年1月，按照国务院扶贫开发领导小组统一部署，民政部副部长宫蒲光率民政部、国务院国有资产监督管理委员会两部门组成的联合工作组赴江西省宣讲中央扶贫开发工作会议精神，走访慰问农村困难群众，并赴莲花县调研定点扶贫和罗霄山片区扶贫攻坚有关工作，指导帮助片区民政部门细化落实中央关于脱贫攻坚的重大政策举措。4 月，民政部召开第四次罗霄山片区区域发展与扶贫攻坚部际联系会议，贯彻落实中央扶贫开发工作会议和《中共中央 国务院关于打赢脱贫攻坚战的决定》精神，总结 2015 年罗霄山片区扶贫开发工作，研究 2016 年中央有关部委支持罗霄山片区脱贫攻坚的任务。10 月 17 日，民政部在北京召开了“大爱罗霄，情系老区，真情共筑中国梦”脱贫攻坚报告会，对参与脱贫攻坚尤其是做好定点扶贫和对口支援工作进行再动员、再部署。

2016 年，民政部在罗霄山片区举办 8 期养老护理员职业技能培训，有 1003 名来自片区的贫困人员参加培训，每位参训人员都完成了理论知识学习和实操训练，全部顺利结业。经过严格考核，87%学员取得国家职业资格证书。半数以上学员已顺利就业或与养老机构达成就业意向，实现“帮助一名学员就业，脱贫一个家庭，带动一个乡村”的目标。

（民政部社会救助司　武增锋）

财政部扶贫

【概述】 2016年，财政部定点帮扶湖南省平江县和云南省永胜县，坚持立足定点扶贫县实际，坚持精准扶贫、精准脱贫，不断完善扶贫规划、健全工作机制、创新帮扶措施、积极贯彻落实各项扶贫政策，不断提高扶贫成效，推动脱贫攻坚向纵深发展。

【扶贫资金投入】 2016年，财政部赴扶贫县实地考察20人次，帮助引进各类资金43006万元，举办培训班51次，培训各类技术人员和农村劳动力6037人次，帮助建档立卡贫困户实现劳务就业1392人次，实现劳务收入208万元。

【干部挂职扶贫】 2016年，财政部继续选派2名处级干部分别到湖南省平江县和云南省永胜县挂职副县长，从事定点帮扶工作。同时，选派1名科级干部到湖南省平江县安定镇横冲村担任"第一书记"并兼任安定镇党委副书记。

【扶贫规划】 在平江县，全面协助落实"五个一批"帮扶措施，健全和完善了主要领导负总责、分管领导具体抓、驻村干部定点帮的帮扶工作机制，扎实推进脱贫攻坚重点工作；参与制定了《关于举全县之力打赢脱贫攻坚战的决定》，牵头制定了《南坑村行业扶贫发展规划》和《横冲村休闲农业和乡村旅游发展规划》，全力推进定点扶贫工作科学有序开展。结合永胜县的实际提出了"1865"脱贫攻坚工作思路，参与研究出台了《关于打赢脱贫攻坚战的决定》，制定了《永胜县脱贫摘帽考核奖惩办法》《永胜县关于加大财政扶贫开发投入的意见》《永胜县易地扶贫搬迁实施管理办法》等10项制度。

【产业扶贫】 积极协调将平江县纳入国家重点生态功能区转移支付范围，2016年该项目共获得上级转移支付资金5683万元，大大推进了平江县生态治理和节能环保项目的发展；积极发展种养殖业，向上级争取产油大县项目资金1200万元，协调争取高山有机茶示范园建设项目资金1000万元，农民合作社扶持资金3561万元。创新发展乡村旅游，成功争取国开行"镇带村"项目贷款第一期12亿元，第二期6亿元，在湘鄂赣三省交界绵延200公里的山区贫困带，打造旅游扶贫走廊，惠及10个乡镇101个贫困村8万多名贫困对象。积极协调争取永胜县湖泊治理项目，支持程海湖治理资金2000多万元。协调争取省担保公司为永胜县小微企业、龙头企业、农产品加工企业等提供贷款服务。争取支持永胜县美丽乡村建设、一事一议财政资金约 300 万元。争取扩大烟叶种植面积，增加农民收入。实施光华乡、大安乡、东山乡、鲁地拉镇整乡推进项目，每个乡财政投资 2000 万元，整合项目资金 1 亿元，用于发展种植业、道路建设等扶贫项目。

【健康扶贫】 在平江县，对贫困人口提供基本医疗保障、大病保险、医疗救助“三重医疗保障”，努力防止因病致贫、因病返贫。在永胜县，印发《永胜县健康扶贫实施方案》，将建档立卡贫困户确定为健康扶贫对象，提高健康扶贫对象新农合保障水平，建设健康扶贫“绿色通道”，切实减轻农村贫困人口医疗费用负担。

【扶贫培训】 组织平江县建档立卡贫困对象开展实用技术培训、“两后生”培训等各类培训活动 50 余次，培训各类技术人员和农村劳动力 6000 多人次。

【教育扶贫】 在平江县发放“雨露计划”特困学生扶贫助学补助资金 102 万元，资助特困学生 510 人，有 300 多职业教育学历学生通过国家“雨露计划”网申请补助，全县有 3478 人办理生源地贷款，贷款总金额达 2773 万元。在永胜县，争取上级财政支持永胜县职业教育、贫困学生生活用品、学校信息化建设 100—400 万元，在县民族中学开办了 1 个全免费初中民族班，主要招收傈僳族及其他少数民族学生，实行全免费寄宿制教育。教育文化园区项目采取 PPP 合作模式建设，项目概算总投资 18.10 亿元，促进义务教育均衡发展。

【基础设施建设】 平江县挂职干部与扶贫工作队协调交通部门按照农村通畅公路标准，拓宽改造村道、新建组级公路、修建桥梁等，为当地农业发展打下坚实的基础。引进资金累计 600 万元，在长寿镇南坑村修建和硬化水渠 2300 米、修建和改造桥梁 3 座、扩宽改造公路 7 千米，同时对村级安全饮水工程进行了完善。为永胜县贫困村和民营企业发展出谋划策，协调解决挂包村的道路建设问题，积极争取省财政和省军区对民兵训练基地建设的支持。融资 2 亿元全面实施村村硬化、组组通达工程建设。

【驻村帮扶】 财政部选派 1 名机关干部到湖南省平江县安定镇横冲村任职“第一书记”，兼任安定镇党委副书记。“第一书记”积极发挥驻村“第一书记”作用，充实村党支部班子力量，建立村党支部学习制度，明标准树规范，不断提升班子干事创业和做好群众工作的能力，建立党员考核制度，激发党员争当先锋表率的积极性、主动性，在实际工作中锤炼了党员队伍，增强了党支部的凝聚力、向心力和战斗力。不断发扬艰苦创业、艰苦奋斗的作风，带领横冲干部群众不等不靠、开拓创新、积极实践，创造了多项“横冲速度”，形成了多项在全省推广复制的“横冲经验”、“横冲模式”。积极争取项目资金 120 余万元，带动村民自筹 30 余万元，硬化村组道路 2 万余平方米。改造农田基础设施，完成1200余亩高标准农田建设，有效提升横冲村农业综合生产能力。成立“创成扶贫公益协会”，吸引乡友捐资12万元，资助贫困家庭学子上学读书；组织成立婚庆服务公司，组建群众演出团队，帮助村民通过业余演出实现增收。横冲创客之家继续吸引以返乡大学生、在外务工人员、退伍军人等群体为代表的青年人才回乡创业，有效带动村级经济发展；平江县横冲土地股份专业合作社已经组织村民种植70亩无花果、200亩湘莲、300亩向日葵和数十亩观赏性苗木花草。合作社无偿为贫困户提供原始股份，增加贫困户股权收益，用工岗位优先选用有一定劳动能力的贫困户，参与务工的贫困户人均年可增收6000元；注册成立“湖南湘野生态农业有限公司”，村集体和贫困户参股，吸引返乡创业大学生团队管理运营；创立岳阳市首家惠民综合服务中心，销售家用电器、农资种子、农特产品等，提供保险、金融、快递等服务项目，开业3个月，累计销售收入达到20余万元，新增10个稳定就业岗位，带动集体经济和贫困户实现持续增收。

（财政部人事教育司　李轩红）

人力资源和社会保障部扶贫

【概述】 2016年，人力资源和社会保障部（以下简称“人社部”）高度重视脱贫攻坚工作，多次召开部党组会和部务会专题研究扶贫工作，按照《人力资源社会保障部办公厅关于印发贯彻实施〈中共中央 国务院关于打赢脱贫攻坚战的决定〉重要政策措施分工方案的通知》要求，认真落实人社部承担的3项牵头任务、12项参与任务，主要从四个方面发挥职能作用：一是促进贫困劳动力转移就业，实现带动1000万人脱贫的目标任务；二是面向贫困劳动力开展技能培训；三是提高贫困人口的社会保险水平；四是为脱贫攻坚提供人事人才支持。

【公共就业创业服务】 2016年，人社部会同国务院扶贫办印发《关于开展粤湘劳务协作试点工作的通知》，组织广东省与湖南、湖北两省开展劳务协作试点，探索了一批新形势下促进农村贫困劳动力转移就业脱贫的政策措施。会同财政部、国务院扶贫办制定印发《关于切实做好就业扶贫工作的指导意见》，制定完善政策，支持农村贫困劳动力就业增收脱贫。做好专项活动，组织开展就业援助月、春风行动、民营企业招聘周、高校毕业生服务月等专项就业服务活动，有针对性地帮助农村贫困劳动力就业创业。强化宣传引导，组织部分中央媒体开展巡回采访，在官方网站、报刊开设就业扶贫专栏，及时推广地方经验。

【职业培训】 指导贫困地区加大职业培训资金支持力度，实施农民工职业技能提升计划——“春潮行动”，2016年全国人社部门组织开展政府补贴性农民工培训913万人次。实施农民工等人员返乡创业培训五年行动计划，指导贫困地区紧密结合农民工等人员返乡创业培训需求，健全完善创业培训体系，充分发挥优质培训资源作用，提高针对性和有效性，2016年共组织开展农民工返乡创业培训79万人次。会同国务院扶贫办联合印发《关于开展技能脱贫千校行动的通知》，决定2016—2020年在全国组织千所左右省级重点以上的技工院校开展技能脱贫千校行动。截至2016年底，全国855所技工院校参与到技能脱贫千校行动中，2016年招收建档立卡贫困家庭子女6.75万人，建档立卡贫困家庭子女在校生人数达12.7万人。2016年面向建档立卡贫困家庭劳动者开展职业培训13.3万人次，培训后8.42万人实现就业创业。

【城乡居民基本养老保险制度】 加强城乡居民养老保险政策宣传，推动符合条件的贫困人口参保续保。指导江西、河南两省探索建立由政府按现行最低缴费档次为建档立卡贫困人口代缴养老保险费的机制。支持和鼓励有条件的地方提高基础养老金标准。2016 年，北京、天津、河北、内蒙古、吉林、江苏、山东、广东、青海、上海、湖南、西藏、福建 13 个省级政府再次提高基础养老金标准。截至 2016 年底全国城乡居民养老保险参保人数达到 5.1 亿人，其中 60 岁以上领取养老金人数达到 1.5 亿人，全国城乡居民养老保险待遇平均水平 118 元，其中基础养老金 107 元，在一定程度上保障和改善了 60 岁以上的贫困户生活。

【医疗保障扶贫】 2016 年，人社部会同财政部印发《关于做好 2016 年城镇居民基本医疗保险工作的通知》，明确 2016 年财政补助标准达到 420 元，个人缴费不低于 150 元，落实贫困人口参加城乡居民基本医保个人缴费补助政策，将特困人员、低保对象和建档立卡贫困人口等困难群体纳入基本医保保障范围。2016 年底，城乡基本医疗保险参保人数达 4.5 亿人，其中享受优惠政策的困难人员 3626 万人。巩固完善大病保险，对符合条件的贫困人口实行降低起付线、提高报销比例等倾斜性支付政策。配合国务院深化医药卫生体制改革领导小组办公室印发《关于做好 2016 年城乡居民大病保险工作的通知》，进一步稳定大病保险资金来源，增强大病保险保障能力，全国贫困人口住院费用实际报销比例比 2015 年提高近 12 个百分点。配合国家卫生和计划生育委员会开展实施健康扶贫工程，对患有大病和长期慢性病的农村贫困人口开展分类分批救治，精准推进实施健康扶贫。

【“三支一扶”计划】 2016 年，人社部会同中共中央组织部、教育部、国务院扶贫办等 8 部门印发《关于实施第三轮高校毕业生“三支一扶”计划的通知》，围绕打赢脱贫攻坚战的战略部署，瞄准教育、农业、卫生、水利和扶贫等事业发展对人才的需求，有针对性地为基层输送和培养青年人才。全国共招募 2.8 万名高校毕业生到基层服务，其中 8047 人从事扶贫服务，比 2015 年增加 2596 人。

【表彰奖励】 2016 年，人社部会同国务院扶贫办研究建立国家扶贫荣誉制度，提出在“十三五”脱贫攻坚期间每年开展一次“脱贫攻坚奖”表彰活动等建议，并报经中央审批同意。2016 年 10 月开展了第一届“脱贫攻坚奖”评选表彰工作，并开展了扶贫系统先进集体和先进工作者评选表彰，共表彰 49 个先进集体和 55 名先进工作者。

【基层劳动就业和社会保障服务设施建设】 2016 年，人社部配合国家发展和改革委员会继续实施基层劳动就业和社会保障设施服务建设项目，中央预算内投资 3.89 亿元，补助中西部地区 110 个县建设基层劳动就业和社会保障服务设施，其中，中央预算内投资1.05亿元，补助26个国家扶贫开发工作重点县和集中连片贫困地区（含西藏、四省藏区和新疆南疆三地州）所辖县开展基层平台建设，改善了贫困地区基层公共服务条件。

【信息化建设】 贯彻落实国家“互联网+”、大数据等重大部署，人社部制定了《“互联网+人社”2020行动计划》。依托社会保障卡、大数据等优势资源，深度挖掘人社工作（包括扶贫工作）与互联网融合发展潜力，增强创新能力，促进业务创新与服务方式变革。推动输入地与输出地之间实现农村贫困劳动力就业信息共享，促进农村贫困劳动力稳定就业，建设全国农村贫困劳动力就业信息平台，为各地人社部门精准找人、精准服务提供支撑，形成贫困劳动力数据库。2016年底，全国社会保障卡持卡人数达9.72亿人，普及率达70.3%，完成“十三五”规划任务的20.6%。全国已有365个地市级以上人社部门（含省本级）开通12333电话咨询服务，开通率达到100%，为包括贫困人口在内的所有人群提供公共服务。2016年全国话务总量达到10476.3万次。中国公共招聘网2016年累计发布401.08万条万条岗位信息。

【定点扶贫概述】 2016年，人社部认真贯彻落实中共中央扶贫开发工作会议精神，充分发挥职能优势，始终把定点扶贫开发作为一项重要任务抓。先后有4位部党组成员、副部长到定点扶贫的山西省天镇县、安徽省金寨县考察调研。为确保两县到2020年实现全面建成小康社会目标，制定出台定点帮扶天镇县、金寨县脱贫工作规划（2016—2020年），进一步明确了职责任务，取得了较好成效。

【智力扶贫】 加强对扶贫县干部的教育培训，2016年对天镇县、金寨县两个定点扶贫县机关事业单位的青年干部、乡镇干部和县级干部30余人进行培训，提高扶贫工作能力。开展农业技术人员赴发达地区考察培训，学习蔬菜种植技术和农业产业化管理的知识和经验。

【技能扶贫】 在天镇县开辟劳务输出新模式，做大做强“天镇保姆”品牌，与相关家政中心建立劳务用工机制，建立健全培训、联系服务、跟踪回访、上门家访等制度，及时帮助解决在外务工人员的困难和问题，开展技能培训800多人，累计培训8900多人，实现转移就业4200多人，外出务工人均年收入近3.5万元。在金寨县召开定点帮扶金寨技师学院座谈会，印发《关于做好定点帮扶安徽金寨技师学院工作的通知》，制定帮扶项目一览表，协助技师学院定向招收贫困家庭子女入学，为贫困家庭子女接受职业教育、顺利实现就业创造条件。开展农村劳动力转移就业培训，转移农村劳动力1000余人，城镇登记失业率控制在4%以内，基本实现了外出就业1人、脱贫1户的目标。

【社保兜底扶贫】 指导帮助天镇县落

实新农保、新农合、大病救助等政策，全部落实到贫困村、贫困户，新农保、新农合基本实现应保尽保。指导金寨县组织人社、残联、卫生计生、财政、扶贫办等部门，牵头制定特困群体兜底保障政策，对因病、意外事故以及重度残疾造成贫困的家庭予以救助。以民营企业、个体私营企业为重点，进一步扩大养老、失业、医疗、工伤、生育等基本社会保险覆盖面，按照“体系化、多层次、广覆盖、保基本”原则，进一步完善城乡社会保障体系，“五险合一”扩面征缴工作扎实推进，覆盖面不断扩大。

【项目扶贫】 配合天镇县发展现代农业和光伏产业，建设千亩果业园区，开发温室大棚，为天镇县设施农业发展探索新路。天镇县被山西省确定为首批光伏扶贫试点县。配合金寨县启动创建全国旅游示范区建设，2016 年接待游客 754 万人次，创综合收入 30.1 亿元，被评为安徽省旅游强县。

（人力资源和社会保障部
农民工工作司　倪志浩）

国土资源部扶贫

【概述】 2016 年，国土资源部认真落实《中共中央 国务院关于打赢脱贫攻坚战的决定》（简称《决定》）任务分工，在编制规划、出台政策、安排项目资金、选派干部等方面加大支持力度，用心用力助推脱贫攻坚，用好用活支持政策，以超常规之策、举全系统之力开展扶贫工作。

【专项用地计划扶贫】 在土地利用总体规划调整完善中，充分考虑所在地区扶贫开发及易地扶贫搬迁需要，统筹安排建设用地规模、结构和布局，优先安排脱贫攻坚、社会民生等用地，切实为扶贫开发工作提供落地空间。印发《全国土地利用总体规划纲要（2006—2020 年）调整方案》，提出要优先安排脱贫攻坚用地。在正常下达年度建设用地计划指标的同时，为全国 592 个国家扶贫开发工作重点县每县专项安排 600 亩用地计划指标，并要求省级国土资源部门加大对国家扶贫开发重点县用地保障力度。

【增减挂钩政策扶贫】 出台《关于用好用活增减挂钩政策积极支持扶贫开发及易地扶贫搬迁工作的通知》，明确贫困地区增减挂钩节余指标在省内异地交易有关政策。在四川省巴中市举办了政策解读培训班，指导各地用好用活用足政策。河北、山西、吉林、江苏、安徽、江西、河南、广西、重庆、四川、贵州、陕西、青海等省份共流转使用节余指标 7.16 万亩，流转收益 169.83 亿元。实践表明，增减挂钩政策在扶贫开发及易地扶贫搬迁工作中发挥了重要作用，既为扶贫搬迁工作筹集了主要资金，保障了搬迁工作顺利开展，又优化了城乡建设用地布局，保护了耕地资源；有的地方还结合土地综合整治和地质灾害避险工程，进一步加大资金项目整合力度，从根本上改善了贫困农村生产生活方式，受到当地干部群众欢迎。

【土地整治扶贫】 把贫困地区作为单独分配因素加大分配权重，支持实施土地整治重大工程建设。下达高标准基本农田建设年度补助资金和分配中央分成新增费时，重点向贫困地区倾斜，下达 22 个省份高标准农田新增费 180.66 亿元。通过开展专题培训、现场办公、编印范例读本等措施，指导省级国土资源管理部门以高标准基本农田建设为重点，优先安排贫困地区土地整治项目和资金。编制《土地整治“十三五”规划》时对今后五年的工作提出了要求。

【矿产资源勘查开发利用扶贫】 在保护生态环境的前提下，积极推进贫困地区开展绿色矿山、和谐矿区建设试点，促进资源开发与环境保护相协调，使当地群众共享矿产资源开发收益。土地质量调查圈定绿色富硒土地资源1084万亩，调整富硒农产品种植800万亩。完成1∶5万水文地质调查31.68万平方千米、建设地下水示范工程100多处，有效解决等2250万群众安全饮水问题。岩溶石漠化治理模式推广获得年经济效益200亿元。矿产地质调查推动贫困区矿产资源优势向经济优势转化，提交350多处矿产地，新形成400多个矿山企业。

【地灾防治和地质遗迹保护扶贫】 加大片区地质灾害综合体系建设支持力度，对片区上报的符合条件的特大型地质灾害治理项目给予重点支持，积极对片区地灾防治和应急抢险工作进行巡查指导。对贫困地区地质公园建设开发方面给予积极支持，地质遗迹资源调查支撑地方成功申报10处国家地质公园、26处省级地质公园，推动地方特色旅游产业发展。实施集中连片贫困区地质遗迹调查，支撑地方成功申报四川大巴山、湖北大别山、青海贵德等10处国家地质公园，湖北利川玉龙洞等26处省级地质公园，发现具有重要价值地质遗迹资源百余处，已列入地方特色旅游开发规划的重要景点。

【国土资源管理改革试点扶贫】 批复安徽省金寨县和西藏自治区曲水县宅基地制度改革试点方案，批复甘肃省陇西县集体经营性建设用地入市改革试点方案。2016年下达全国工矿废弃地复垦利用计划50万亩，向贫困地区所在的18个省份倾斜。积极开展贫困地区城镇低效用地再开发。配合国家发展和改革委员会出台《贫困地区水电矿产资源开发资产收扶贫改革试点方案》。

【智力扶贫】 为抓好国土资源脱贫攻坚政策举措的有效落地，举办3期脱贫攻坚政策解读培训班，培训贫困县国土资源部门干部600多人，为各地结合实际落实国土资源脱贫攻坚政策举措提供了有力指导。选派17名干部到乌蒙山片区和赣州定点扶贫县挂职，为当地结合实际落实国土资源脱贫攻坚政策举措提供有力指导。

【连片特困地区扶贫攻坚】 2016年5月，在四川省凉山彝族自治州召开乌蒙山片区区域发展与脱贫攻坚部际联系会议，16个国务院部委（办、局）、27个片区定点扶贫部门、东西扶贫协作城市和片区三省市县政府参加会议。协调20个部委局办就片区三省需要协调事项提出52项支持意见。根据三省提出需要国土资源部支持的事项，研究提出了25项反馈意见。签署国土资源部和三省扶贫部门《建立联系工作机制合作备忘录》，进一步完善部省联系机制。

对乌蒙山片区38个重点县，每县专项安排600亩建设用地计划指标。专项安排凉山州3万亩新增建设用地指标，保障彝家新寨、交通大会战等重要民生和脱贫攻坚项目落地。对片区内铁路、公路、水利等重要建设项目用地预审，开辟了绿色通道。

四川省泸州市古蔺县、叙永县以“古叙挂钩项目”指标收益为基础，发行全国第一支易地扶贫搬迁项目收益债券 20 亿元；凉山州已与绵阳市、德阳市、成都市签订增减挂钩节余指标流转协议。贵州省毕节市实现增减挂钩节余指标省内流转交易，收益 7.47 亿元。

片区三省通过“田水路林村”土地综合整治、高标准农田建设，改善农村生产生活条件，促进现代特色农业发展。贵州省为就地脱贫人口每人整治一亩优质耕地，2016 年下达乌蒙山片区 3.5 万亩。云南省 2016 年在乌蒙片区土地整治项目 26 个，建设规模 23 万多亩。

支持片区开发利用优势矿产资源，促进资源优势转化为经济优势。推进四川省川南地区页岩气勘查开发试验区建设，构建地方、企业、矿区群众利益共享机制，推进贫困地区脱贫，试验区内泸州市叙永县等 5 个县受益。通过土地质量地球化学调查成果及时转化为特色农业发展规划，支撑四川屏山县多地建成富硒农业产业基地；区域地质调查成果及时转化为服务特色旅游产业成果，支撑贵州毕节、云南盐津县等多地建成地质公园；矿产地质调查发现了 31 个矿（化）点；水文地质调查服务地方水资源可持续开发利用。

加大片区地质灾害综合体系建设支持力度，对片区上报的符合条件的特大型地质灾害治理项目给予重点支持，积极对片区地灾防治和应急抢险工作进行巡查指导。在地质公园建设开发方面给予积极支持。贵州省依托毕节织金洞世界地质公园、遵义赤水丹霞国家地质公园，发展地质旅游，带动周边贫困群众脱贫。

【定点扶贫概述】 2016 年，国土资源部定点扶贫江西省赣县、兴国县、于都县、宁都县，以打好脱贫攻坚年度战役为新的起点，将定点扶贫工作列为部重点工作，以新的思路、新的理念、新的机制、新的举措开展定点扶贫工作，各项支持政策落地生根，取得了实效。

【扶贫调研】 为了有效推进脱贫攻坚，了解赣县、兴国县、于都县、宁都县 4 县经济社会发展、贫困状况、脱贫攻坚对国土资源政策的需求等各方面情况，全年共有部系统 62 人次深入四县开展调研工作。2016 年 2 月，国土资源部部长姜大明、副部长张德霖赴赣州，走访 8 个乡镇的 9 个贫困村和移民搬迁新村，考察国土资源扶贫项目，看望慰问 12 家贫困户和脱贫户。在赣县召开定点扶贫工作会议，对新阶段脱贫攻坚工作作出部署，印发国土资源部《关于进一步加强定点扶贫工作的意见》。中国地质调查局为落实支持定点扶贫地质矿产勘查项目，对 4 县进行专题调研。江西省国土资源厅两次共 10 余人到赣州调研、召开座谈会，对接国土资源扶贫政策项目。

【土地计划指标扶贫】 在规划保障上，本着耕地面积不减少、用地布局更科学的原则，开展土地利用总体规划评估修改，调整增加4县规划期内（2006—2020年）建设用地总规模11.18万亩，保障了部分重大产业平台用地以及“十三五”期间重大基础设施、重大产业项目及稳增长促发展重点项目。同时，突破“两年一调”的限制，特许2016年以来开展规划修改，解决四县“六大攻坚战”重点项目用地需求。在用地计划保障上，通过指导用好存量建设用地、安排专项用地计划、纳入省重大项目调度、倾斜安排低丘缓坡试点政策等多种渠道，对4县计划实行应保尽保。2016年专项下达4县专项用地计划1万亩；国家重点工程使用新增建设用地计划4623亩；安排低丘缓坡试点规模1.1万亩。

【增减挂钩政策扶贫】 首次成功地将兴国县、宁都县等县增减挂钩节余指标902.79亩进行省内异地交易，实现收益1.5亿元，有效地筹集扶贫资金，缓解脱贫资金压力。

【旅游扶贫】 给予4县旅游政策支持，大力发展特色旅游，增加群众旅游经营收入。一是用地计划倾斜用于重点旅游项目用地需求。二是用好旅游非建设用地“只征不转”政策。三是创新旅游用地供应方式，依据项目情况分别采取长期租赁、先租后让、租让结合的方式供应用地，降低旅游项目开发用地成本。

【产业扶贫】 用足用好“两项试点”和土地整治政策，推动产业扶贫。在工业产业扶贫方面，给予4县在“两项试点”方面的特殊政策支持，大力拓展工业产业发展用地空间，加快推进产业壮大升级。大力推进低丘缓坡荒滩等未利用地开发利用试点，先后吸引工业企业进驻，推动了当地的经济社会发展，带动了当地群众就业脱贫。全力开展工矿废弃地复垦利用试点，紧紧围绕治理水土流失、恢复生态植被、消除水源污染目标，本着“宜农则农、宜林则林、宜草则草”的原则，针对每一个复垦地块地形地貌、土壤特性、环境污染、水源保障等情况，研究制定复垦方向和适宜的种植作物等。

在农业产业扶贫方面，支持赣州开展土地开发整理复垦，新增耕地可根据实际进行农业生产结构调整政策。一是将2016年拟实施的17个共2.3万亩的土地综合整治项目纳入赣州市现代农业攻坚战。二是大力推进“黄龙病”灾毁园地和残次林地土地开发，通过工程和生物等措施，大大提高了土地质量，有效遏制了“黄龙病”的蔓延；同时将整理好的土地返还农民种植西瓜、蓝莓等，大大减少了果农的损失，深受群众的欢迎。2016年，4县利用该政策完成土地开发验收项目2个，建设规模989.55亩，新增耕地696亩。三是按照“宜果则果、宜茶则茶、宜粮则粮”的要求，对适合种植油茶的，支持和鼓励种植油茶，推动油茶产业发展。4 县土地开发新增耕地用于油茶、野生刺葡萄等农业产业种植面积 1.3 万亩，带动了当地种植户创收致富。四是大力推进土地整理，加强山、水、田、林、路、村综合整治。2016 年以来，实施的旱地改水田、土地整理项目 6 个，总规模 7089 亩，安排资金 1871.18 万元项目所在县按照“整理一片土地、引进一个农业龙头企业、建一个产业基地、致富一方群众”的思路及山水田林路村综合整治的要求，大力推进项目建设。通过土地整理，4 县先后建立农业龙头企业产业基地 100 余个，40 多个乡镇、100 多个行政村的 23 万多群众直接受益。

【农业地质调查扶贫】 开展 1∶5 万农业地质调查工作区面积 1.5 万平方千米，涵盖 4 县主要的耕地、果园、茶叶、油茶、蔬菜基地等农用地，预算资金 12253万元。

【地质调查扶贫】 在 4 县实施区域地质调查 9244 平方千米、矿产地质调查 18926 平方千米、水文地质和地质灾害调查 13812 平方千米，项目预算资金 2.2 亿元。将江口圩幅、清溪幅 1∶5 万矿产资源调查、江西银坑—青塘整装勘查区矿产资源潜力评价与攻关示范项目纳入《江西省综合地质调查总体工作部署（2016—2020 年）》和会昌县岩背-寻乌铜坑嶂锡多金属矿整装勘查区项目。启动实施“赣县-阳埠地区 1∶5 万地质矿产综合调查”“于都银坑—宁都青塘整装勘查区专项填图与应用示范”“画眉坳钨矿外围矿产资源评价与找矿预测”，项目资金共计 630 万元。江西省地勘基金中心支持赣县、兴国、于都、宁都县（市）精准扶贫找矿项目 18 个，预算资金 2685 万元。继续开展赣州稀土远景评价工作。继续开展除国家稀土规划矿区以外的花岗岩离子型风化壳稀土资源调查评价工作。开展地热资源调查和地热勘查开发利用规划编制工作。

【优势矿产资源开发扶贫】 确定兴国县永丰马良稀土矿、兴国县鼎龙田溪稀土矿、于都县葛坳黄屋乾稀土矿等三个拟设矿业权范围，并将拟设置的稀土探矿权、采矿权等相关内容纳入第三轮矿产资源总体规划。支持江西钨业集团有限公司铁山垅钨矿上坪矿区变更企业名称和矿区范围。开展了宁都县廖坑钨矿与江西省宁都县王花沅铜多金属普查探矿权资源整合工作。开展江西画眉坳钨矿外围资源勘查接续。启动实施江西省兴国县画眉坳钨矿外围调查评价及赣县白石山已灭失的采矿权项目。

【地灾防治和地质环境治理扶贫】 组织编制了赣县废弃稀土集中区地质环境综合治理项目、于都县废弃钨矿山地质环境综合治理项目和兴国县废弃钨矿山地质环境综合治理项目方案设计，总投资 6542.8 万元。聘请了江西省勘察设计研究院编制完成《赣州市地质灾害综合防治体系建设方案（2016—2020 年）》，项目总投资 13.68 亿元。

【精准扶贫项目】 投入扶贫工作经费120万元，推进赣县“一区三点”（土地整治项目区，夏潭、大岭、上丹村）精准扶贫点建设。通过实施产业扶持，激活贫困户自身“造血”功能。种植甜叶菊的30户贫困户收入6.6万余元，户均增收1500余元。通过开展无公害蔬菜种植，上丹村20余户贫困户户均增收2000元。“一区三点”建档立卡贫困户已脱贫近100户。

（国土资源部扶贫办　李东法）

环境保护部扶贫

【概述】 2016年，环境保护部牢固树立绿水青山就是金山银山的理念，以革命老区、民族地区、边疆地区、集中连片特困地区和定点扶贫县为重点，按照部门职责落实扶贫开发责任，在实施农村环境综合整治、生态保护修复和生态补偿等方面对贫困地区予以重点支持，推动加快补齐脱贫和环保两个短板，促进贫困地区绿色发展。

【健全环保扶贫体制机制】 2016年，成立以时任环境保护部部长陈吉宁为组长的脱贫攻坚领导小组，办公室设在规划财务司，明确领导小组各成员单位脱贫攻坚职责。印发《关于进一步加强环保扶贫工作的指导意见》，统筹谋划、扎实推进环境保护和扶贫开发，明确加强环保扶贫工作的指导思想、总体目标、保障措施，提出狠抓精准帮扶、推进绿色发展、改善人居环境和建立长效机制等四大任务，全面推进全国环保系统"十三五"环保扶贫工作。

【农村环境综合整治】 通过实施"以奖促治"政策，带动相关部门和地方加大农村环境整治力度。与财政部联合印发《全国农村环境综合整治"十三五"规划》，确保实现"到2020年，新增完成环境综合整治的建制村13万个"的目标任务，覆盖绝大多数贫困地区，改善农村人居环境。截至2016年底，中央财政累计安排农村环保专项资金（农村节能减排资金）375亿元，支持全国10.8万个建制村开展以农村饮用水水源保护、生活污水和垃圾处理、畜禽养殖污染防治环境综合整治为重点的农村环境综合整治，出台一系列农村环保政策和技术文件，农村环境"脏乱差"的突出问题得到有效解决，农村环保体制机制逐步建立。

2016年，环境保护部结合实施大气、水、土壤污染防治行动计划，下达中央大气、水和土壤污染防治专项资金337.77亿元，将集中连片特困地区、国家扶贫开发工作重点县、民族边疆地区纳入重点支持范围，加快解决贫困地区突出环境问题。加大贫困地区农村生活垃圾处理、污水治理和畜禽养殖污染治理支持力度，整村推进实施环境综合治理。会同有关部委着力解决贫困地区人口饮水安全问题，重点流域治理、湖泊生态环境保护等重大工程中把饮用水源保护作为重点，开展饮用水水源地环境状况调查评估，出台分散式饮用水水源地环境保护指南。支持贫困地区环境基础设施建设，在规划编制、人员培训等方面予以倾斜。

【生态保护修复】 加强生态保护红线管控，中共中央办公厅、国务院办公厅印发《关于划定并严守生态保护红线的若干意见》，指导贫困地区开展生态保护红线划定，推动具有重要水源涵养、生物多样性保护、水土保持等生态功能的重点区域纳入生态保护红线。开展生物多样性保护，将贫困地区涉及生态脆弱和敏感区域划定为生物多样性保护优先区域，指导和支持编制优先区域保护规划、开展生物多样性保护试点项目。开展生物多样性保护与减贫示范，根据不同区域资源条件，计划选择100个贫困县开展生计替代、绿色产业发展、生态旅游、遗传资源惠益分享等多种模式的研究，通过促进地方脱贫，降低对当地野生生物资源的依赖程度，实现生物多样性保护与脱贫双赢。

【生态补偿机制】 组织开展国家重点生态功能区县域生态环境质量监测评价与考核工作，并根据考核结果奖优罚劣，2016年会同财政部对全国728个县域下达国家重点生态功能区转移支付资金570亿元，鼓励地方加强生态环境保护。加大对重点生态功能区中贫困县的转移支付力度，引导和督促贫困地区加大生态保护力度。加快健全生态保护补偿制度，鼓励受益地区与保护地区、流域下游与上游建立横向补偿关系。2016年，支持推进引滦入津、新安江流域、汀江-韩江流域、东江流域、九洲江流域等5个跨省流域上下游生态保护补偿试点，相关省份签署流域上下游横向生态补偿协议，明确目标和责任，中央财政下达奖励资金19亿元，让上游贫困地区受益。

【特色产业扶贫】 统筹地区特点和部门优势，为贫困地区发展特色产业提供支持。帮扶贫困地区有机食品生产基地和有机农产品基地示范建设，在人员培训、方案制定、产品推广等方面予以支持，促进有机食品、农产品加工业发展。强化环境准入，引导贫困地区科学合理有序开发水电、煤炭、油气等资源，防止高污染、高耗能项目向贫困地区转移，高起点建设产业园区。加强源头预防和污染治理，扶持贫困地区企业治污设施的建设运营，实施清洁生产技术改造，支持绿色发展，实现稳定可持续脱贫致富。

【定点扶贫概述】 2016年，环境保护部加大对河北省围场县、隆化县定点帮扶力度。环境保护部部长陈吉宁赴围场县、隆化县开展定点扶贫调研并召开座谈会，对“十三五”环保定点扶贫工作进行全面部署。部脱贫攻坚领导小组办公室坚持每季度到两定点扶贫县调研一次，帮助解决问题和困难。印发《环境保护部“十三五”定点扶贫方案》《〈环境保护部“十三五”定点扶贫方案〉任务分工》《环境保护部2016—2017年定点扶贫工作要点》和《关于环境保护部直属机关党群组织参与定点扶贫工作的通知》等一系列配套文件，明确环保定点扶贫的思路、目标、任务和举措，为做好当前和“十三五”环保定点扶贫工作奠定基础。

【扶贫资金投入】 加大资金项目支持力度，2016年共安排围场县、隆化县环保资金3.41亿元，主要用于城镇生活污水处理、流域水环境综合整治、生活垃圾收运处理、粪便无害化处理、大气污染防治等。

【挂职干部扶贫】 加强人才帮扶，选派1名司局级干部到承德市挂职常委、副市长，2名处级干部到围场县、隆化县挂职副县长，既协管环保又协管扶贫，选派1名干部到围场县克字村担任“第一书记”。

【扶贫项目】 开展精准帮扶，建立党群组团帮扶机制，13个党群扶贫小组与47个贫困村结对子，调动部系统6000多名干部职工积极性，实施校园饮水安全、爱心阅览室改造、太阳能路灯、捐衣捐物等一批精准扶贫项目。

【扶贫日活动】 加强宣传报道，连续两年在“扶贫日”开展宣传活动，《中国环境报》刊发部领导署名文章以及围场县、隆化县脱贫攻坚成效，2016年在环境保护部机关以“环保扶贫助力打赢脱贫攻坚战”为主题展开宣传。

（环境保护部规划财务司　胡　明）

住房和城乡建设部扶贫

【概述】 2016年，住房和城乡建设部（以下简称“住建部”）深入贯彻落实中央扶贫开发工作会议精神和打赢脱贫攻坚战的决策部署，部党组高度重视扶贫工作，成立由住建部部长陈政高任组长的扶贫攻坚领导小组，召开领导小组会议，专题研究动员部署住房和城乡建设部扶贫攻坚工作。紧紧围绕“两不愁、三保障”脱贫目标，全力推进农村危房改造、贫困村人居卫生条件改善、传统村落保护等项工作，积极支持大别山片区和定点扶贫县脱贫攻坚。

【扶贫机构建设】 2016年3月成立由住建部部长陈政高任组长、总经济师赵晖任副组长、21个司局参与的住房和城乡建设部扶贫攻坚领导小组，负责住建部扶贫工作重大事项研究、重要政策制定和重点工作部署。领导小组下设办公室，办公室设在村镇建设司，负责日常工作和具体组织协调。

7月，住建部部长、部扶贫攻坚领导小组组长陈政高主持召开部扶贫攻坚领导小组会议，听取扶贫工作落实情况，全面研究部署住房和城乡建设部扶贫攻坚任务。要求各成员单位进一步提高思想认识，明确一把手是第一责任人，切实负起责任，把扶贫工作作为重要任务来抓，做好工作安排，建立日程表，倒排工作时间，确保完成建档立卡贫困户危房改造、贫困村人居卫生条件改善、定点扶贫以及大别山片区扶贫任务，并加强监督。住建部扶贫领导小组成员及联络员，住建部直属单位、住建部管社团主要负责人等70余人参加了会议。

【统筹整合使用财政涉农资金试点】 印发《关于支持贫困县开展统筹整合使用财政涉农资金试点工作的通知》，明确支持贫困县开展统筹整合使用财政涉农资金试点的重要意义，要求各级住房和城乡建设部门要积极支持贫困县开展统筹整合使用财政涉农资金试点工作。住建部会同财政部对试点贫困县统筹整合使用农村危房改造补助资金进行充分授权，将资金项目审批权限完全下放到试点贫困县，允许试点贫困县统筹使用，集中用于脱贫攻坚各项工作。

【农村危房改造】 住建部组织各省住房和城乡建设部门开展全国农村危房存量普查，户户建立档案，并率先与国务院扶贫办等部门对接，基本核准“十三五”期间需实施危房改造的建档立卡贫困户、低保户、农村分散供养特困人员和贫困残疾人家庭等4类重点对象（以下简称建档立卡贫困户等4类重点对象）的数量为585万户，为解决建档立卡贫困户住房安全问题提供了精准信息支撑。

2016年4月，住建部会同财政部等有关部门召开全国农村危房改造工作电视电话会议，部署2016年和“十三五”时期农村危房改造工作，重点对建档立卡贫困户危房改造进行部署。

2016年，中央安排农村危房改造补助资金266.9亿元，支持全国314万贫困农户改造危房。在支持对象上向建档立卡贫困户等4类重点对象倾斜，共计支持221万建档立卡贫困户改造危房。在支持区域上，向集中连片特困地区和国家扶贫开发重点县等贫困地区倾斜，并且在户均补助7500元的基础上，继续对贫困地区农户增加1000元补助资金。

住建部会同财政部、国务院扶贫办印发《关于加强建档立卡贫困户等重点对象危房改造工作的指导意见》。在财政资金支持对象的认定上，明确中央财政补助资金调整为集中支持建档立卡贫困户等4类重点对象改造危房。在推进改造方式上，一是要求地方对于自筹资金和投工投料能力极弱的特困户，通过建设农村集体公租房、利用闲置农房和集体公房置换、提高补助资金额度等方式，兜底解决特困户住房安全。二是要求各地大力推广加固改造方式，原则上C级危房采取加固方式改造。三是要求各地要研究推广现代夯土农房等低造价农房建造技术，节约改造资金，提高居住功能。

【改善贫困村人居卫生条件】 住建部会同全国爱国卫生运动委员会等7部门印发《关于改善贫困村人居卫生条件的指导意见》，明确提出贫困村人居卫生标准，到2020年的工作目标以及消除人畜粪便暴露、推进人畜分居、改善农村饮用水条件、治理农村生活垃圾、提升基本居住健康条件等重点任务。

住建部组织开展了2016年全国农村人居环境村村普查，建立贫困村人居卫生条件信息档案。

继续推进农村生活垃圾治理，全国对生活垃圾进行处理的行政村比例已达65%，其中贫困村对生活垃圾治理的村庄达到53%。

住建部会同中央农村工作领导小组办公室（以下简称“中农办”）等5部门印发《关于开展改善农村人居环境示范村创建活动的通知》，明确每两年评选公布一批保障基本示范村、环境整治示范村和美丽宜居示范村，中央财政对每个示范村安排100万元补助资金。其中，“保障基本示范村”每批100个，要求实现基本安全保障、基本卫生保障和基本生活保障等3个基本保障，申报对象仅限集中连片特困地区和国家扶贫开发工作重点县，引导贫困地区改善人居卫生条件。

【传统村落保护】 住建部支持集中连片特困地区、少数民族地区、革命老区等贫困地区加强传统村落保护。2016年，中央财政将贫困地区502个传统村落纳入支持范围，安排财政奖补资金15.06亿元，支持传统村落改善人居环境，保护文化遗产。

【片区扶贫攻坚】 住建部积极履行片区扶贫攻坚联系单位职责，跟踪协调大别山片区部际联席会议确定的重点项目。截至2016年底，已有16项开工建设，5项报中央部门待批。协调国家发展和改革委员会、交通运输部、中国铁路总公司等部门，商请将大别山片区提出支持的事项列入“十三五”行业规划，并给予支持。

加大资金支持力度。安排中央补助资金23.34亿元，支持片区棚户区改造开工5.57万套。安排中央补助资金6.02亿元，支持大别山片区8.2万贫困户改造危房。将片区16个具有重要保护价值的村庄列入第四批中国传统村落名录，并对33个列入名录的村庄给予9900万元资金支持。

加强建筑业扶贫。加强政策指导，湖北省团风县湖北广良建筑工程有限公司取得建筑工程施工总承包一级资质。为推动团风县钢结构企业转型升级，推进绿色施工及建筑节能减排，住建部批准团风县湖北精诚钢结构股份有限公司作为钢结构专业企业开展建筑工程施工总承包试点企业。截至2016年底，团风县建筑业从业人员达到6万人，占全县总人口15.79%，约占全县就业人口的1/3，全县建筑业劳务收入超过30亿元。组织相关单位继续落实大别山片区建筑业扶贫3年工作实施方案。促使安徽鸿路钢结构（集团）股份有限公司与山河建设集团有限公司签订战略合作协议，共同推进团风县钢结构产业发展。帮助河南省民权县，湖北省罗田县，河南省潢川县、新县、罗山县，安徽省岳西县等地建立长期劳务输出基地，为当地转移输出劳务人员10余万人次，培训新入场农民工5万余人次。

加强风景名胜区建设，助推地方脱贫。制定大别山片区风景名胜区扶贫工作方案，重点对河南省商城县、固始县，湖北省红安县、罗田县，安徽省金寨县、岳西县、潜山县和宿松县8个县的风景资源进行现场调查，完成重点调查区域风景资源综合评价和风景名胜区申报建议方案，指导各县风景名胜区工作，助推各县脱贫。

支持人才队伍建设。组织第二期支援大别山片区住房城乡建设系统干部培训班，对36个县市建设局及重点乡镇150名建设管理所负责人进行培训，补助经费33.75万元。选派3名干部到片区县挂职，帮助地方扶贫工作。并接收安徽省安庆市1名干部到住建部挂职。

将安徽省潜山县列入全国农村生活污水治理示范县，将安徽省寿县列入8个“多规合一”县市之一，并给予指导。

【定点扶贫概述】 住建部定点扶贫县为湖北省红安县、麻城市和青海省湟中县、大通回族土族自治县（以下简称“四县（市）”）。在与四县（市）充分对接的基础上，印发《住房和城乡建设部关于做好

“十三五”期间定点扶贫工作的通知》，明确支持建档立卡贫困户危房改造、支持贫困村改善人居卫生条件、为建档立卡贫困人口提供适宜务工机会、捐赠资金帮助定点县建档立卡贫困户精准脱贫、结对资助因学致贫家庭、帮助拓宽农产品销售渠道、选派干部挂职帮扶、加大住房城乡建设系统帮扶力度等 8 项具体帮扶措施。

【扶贫资金投入】 2016 年，住建部累计支持 5.53 亿元，助推四县（市）脱贫攻坚。其中安排中央补助资金 4.23 亿元，支持棚户区改造开工 1.48 万套。安排中央补助资金 1.12 亿元，支持 1.32 万贫困农户改造危房。安排中央补助资金 1200 万元，支持 4 个中国传统村落保护发展。捐赠资金 560 万元，精准帮扶贫困户脱贫。

【扶贫调研】 2016 年，住建部总经济师、部扶贫攻坚领导小组副组长赵晖带队，3 次赴红安县、麻城市开展定点扶贫调研，宣传中央脱贫攻坚相关政策，调研指导定点扶贫县脱贫攻坚规划安排及任务落实，推动定点扶贫措施落实，慰问建档立卡贫困户。部村镇司副司长、扶贫办副主任卢英方带队赴湟中县、大通县调研定点扶贫工作，推动光伏扶贫项目等定点扶贫措施落地。

【精准帮扶】 组织动员住建部直属单位、住建部管社团等捐赠资金，精准用于四县（市）建档立卡贫困人口脱贫，其中中国城市规划设计研究院捐赠 300 万元，支持大通县、红安县、麻城市的精准脱贫。中国建筑工业出版社捐赠 100 万元，支持湟中县精准脱贫。中国房地产业协会捐赠 100 万元用于光伏扶贫项目，为大通县青林乡雪里河村 40 户建档立卡贫困户每户安装 5 千瓦光伏扶贫设备，使贫困户每户每年稳定增收 6000 元以上。

组织资助四县（市）建档立卡贫困大学生家庭献爱心活动，58 个单位、2721 名干部职工参与，募集资金 37.09 万元，有 7 名同志申请一对一资助。目前，已向红安县、麻城市捐赠 12 万元，资助 40 户建档立卡贫困大学生、特困学生家庭。

【产业扶贫】 组织中国城市规划设计研究院专家对河北省红安县风景资源进行调查，完成综合评价和风景名胜区申报建议方案。将四县（市）符合条件的 14 个村庄列入第 4 批中国传统村落名录。组织 70 余位专家及专业技术人员帮助湖北省麻城市福白菊产业诊脉，并推荐南京农业大学陈发棣教授团队跟踪指导。

【改善人居环境】 指导四县（市）改善农村人居环境，支持红安县农村生活垃圾治理，支持大通县开展消除粪便暴露示范。

【挂职干部扶贫】 选派 4 名干部到四县（市）挂职，其中 3 人任职副县长，1 人任职县住建局副局长，推动地方扶贫。

【扶贫培训】 组织四县（市）干部参加大别山片区培训。在全国专业技术人才高级研修班中，为四县（市）单独安排 4 个免费培训名额。

（住房和城乡建设部　赵亚男　李书昀）

交通运输部扶贫

【概述】 2016年，交通运输部党组高度重视，全面部署，将部扶贫开发工作领导小组和农村公路建设领导小组合并，成立部扶贫开发和农村公路工作领导小组。全面贯彻中共中央总书记习近平关于脱贫攻坚和“四好农村路”系列重要指示精神，进一步落实中央扶贫开发工作会议精神和《中共中央 国务院关于打赢脱贫攻坚战的决定》的要求，坚持精准扶贫精准脱贫，切实加大工作力度，推动交通扶贫、定点扶贫、对口支援安远县和牵头联系六盘山片区等扶贫工作再上新台阶。

【交通扶贫】 2016年，交通运输部以全国“老少边穷”地区1177个县（市、区）为主战场，加快推进实施《“十三五”交通扶贫规划》，大力推进贫困地区交通基础设施建设，提升农村公路质量与安全水平，推进农村客货运输良性发展，为贫困地区与全国同步全面建成小康社会提供坚实的交通运输保障。2016年安排超过1300亿元车购税资金，支持“老少边穷”地区1177个县（市、区）改造建设7200千米高速公路、1.89万千米普通国省道（含在建里程）和10.4万千米通乡、通村硬化路，以及建成57个县城客运站、264个乡镇客运综合服务站，建设3.5万千米农村公路安全生命防护工程，改造2229座农村公路危桥，对2.1万千米窄路基路面公路进行加宽改造，建设6300千米旅游路、产业路、资源路，解决贫困地区65个乡镇、1.02万个建制村、5100个撤并建制村通畅问题。2016年底，实现“老少边穷”地区98%的乡镇和93.3%的建制村通了沥青（水泥）路。

2016年政府工作报告明确交通运输部完成“新改建20万千米农村公路”“完成公路投资1.65万亿元”两项目标任务。交通运输部高度重视、下达资金计划，明确项目清单，全面推进项目实施、分解下达目标任务。制定印发《关于分解落实2016年国务院政府工作报告新改建农村公路20万千米和公路投资1.65万亿元目标任务的通知》，对任务进行细化分解，与全年重点任务同时督查、统筹推进，并督促各省做好任务分解、建立台账、倒排工期、落实责任并按月上报进度资料。全年实际新改建农村公路29.9万千米、完成公路固定资产投资1.798万亿元。

贯彻落实全国政协主席俞正声关于支持“直过民族”、人口较少民族脱贫攻坚的指示要求，会同国家民族事务委员会开展专题调研，并专题研究有关支持政策。根据国务院办公厅任务分工，牵头落实2016年中央一号文件分工任务1项，配合落实5项。参与起草2017年中央一号文件，并将“四好农村路”相关内容纳入文件。按照国务院扶贫开发领导小组的统一部署，2016年1月，同国务院办公厅赴湖北省开展中央扶贫开发工作会议精神宣讲调研，10月，同全国总工会赴西藏督查其2016年度脱贫攻坚工作。

【扶贫机制建设】 贯彻中央扶贫开发工作会议精神和《中共中央 国务院关于打赢脱贫攻坚战的决定》要求，编制印发《“十三五”交通扶贫规划》，确定打赢交通扶贫脱贫攻坚战的行动纲领和路线图。与24个省级人民政府签订交通扶贫部省共建协议，明确目标要求、建设规模、建设标准和部省支持政策，确保规划落地。交通运输部与国家发展和改革委员会、国务院扶贫办联合印发《关于进一步发挥交通扶贫脱贫攻坚基础支撑作用的实施意见》，召开交通扶贫脱贫电视电话会议，合力推进交通基础设施建设扶贫“双百工程”目标。修订完善《中央车购税投资补助农村公路建设计划管理办法》，组织开展《农村公路建设管理办法》修订工作，组织起草《“四好农村路”督导考核办法》，加快完善农村公路制度体系，进一步提高管理精细化水平。

【片区扶贫攻坚】 2016年，交通运输部深入推进六盘山片区扶贫攻坚，安排124.5亿元车购税资金，支持片区改造建设742千米高速公路、1939千米普通国省道和约3500千米农村公路。做好对口支援赣南安远县的专项工作，制定对口支援安远县2016—2017年工作方案，进一步明确工作要点，增强了相关工作的方向性和可操作性。面向西部地区和六盘山片区开展各类教育培训扶贫工作。

交通运输部积极配合各集中连片特困地区牵头联系单位的工作，扎实推进各片区交通建设扶贫规划，支持各片区加快建设“外通内联、通村畅乡、班车到村、安全便捷”的交通运输网络。积极配合国务院扶贫开发领导小组办公室、民政部、工业和信息化部、水利部、住房和城乡建设部、国家民族事务委员会、国家卫生和计划生育委员会、教育部、国土资源部等做好罗霄山、燕山—太行山、滇桂黔石漠化、大别山、武陵山、吕梁山、滇西边境、乌蒙山等片区扶贫攻坚部际联系事宜，参加相应的片区部际联系会议，帮助解决片区交通发展问题。

【金融扶贫】 交通运输部与中国农业发展银行和国家开发银行联合开展交通扶贫调研，研究推进PSL贷款和开发性金融支持交通扶贫攻坚有关事宜。2016年2月，交通运输部与中国农业发展银行联合印发《关于用好抵押补充贷款资金支持农村公路建设的通知》；8月，交通运输部与国家开发银行联合印发《关于发挥开发性金融作用推进交通扶贫脱贫攻坚的意见》。充分发挥交通运输部门的组织协调优势和两行的中长期投融资优势，积极协调争取农发行PSL贷款和国家开发银行优惠利率资金，缓解各地筹资压力。

【定点扶贫概述】 交通运输部定点扶贫四川省壤塘县、小金县、黑水县和色达县。2016年，交通运输部深入贯彻中央扶贫开发工作会议和中央单位定点扶贫工作会议精神，紧紧围绕推进4县脱贫攻坚和藏区跨越式发展，把推进定点扶贫工作作为保障和改善民生的大事来抓。交通运输部党组书记杨传堂、部长李小鹏就定点扶贫工作多次召开专题会议。副部长戴东昌于5月赴四川省阿坝藏族羌族自治州（以下简称“阿坝州”）实地调研定点扶贫工作，深入乡村与贫困群众和当地村干部面对面交流谈心，共同研究致贫原因和脱贫举措。共派出6名挂职干部组成扶贫联络组驻地方开展工作。

【扶贫资金投入】 2016年定点扶贫项目共安排37个，其中新建项目36个，涉及公路18条188.6千米、独立桥梁18座982延米；续建项目1个，总投资达32977.3万元。

【扶贫制度建设】 为进一步做好精准定点扶贫工作，交通运输部在《阿坝州交通扶贫规划纲要（2009—2020）》基础上，制定了《交通运输部定点扶贫工作规划（2016—2020年）》。扩大交通扶贫建设内容，在资金政策上进一步加大倾斜支持力度，行业内部举措从交通定点扶贫项目扩展到整体交通运输体系，行业外部举措从捐款捐物扩展到产业扶持和能力提升。交通运输部驻阿坝扶贫联络组严格执行项目建设建设和行业管理规定，结合实际推进项目进度信息报送，强化工程监理联系等工作。在项目前期、工程建设、交竣工环节，通过文本审查、现场检查、信息通报等方式，严把质量、安全、进度、环保、资金关，对四个定点扶贫县37个扶贫项目实现全覆盖，确保扶贫项目建成安全、耐用、和谐的民生工程。

【扶贫培训】 注重“扶贫”与“扶智”相结合，通过帮助组织开展教育培训和科研课题，不断提升定点扶贫县交通行业管理水平和发展软实力。交通运输部管理干部学院于5月在北京市组织了主题为纪检监察与财务审计的第七期阿坝片区交通运输系统管理干部培训班，州、县两级交通运输部门共41人参加。配合阿坝州交通运输局在汶川组织了主题为交通规划与交通扶贫培训班，共50人参加。协调北京交通大学实施了针对阿坝州交通运输系统43名在职员工专升本的学历教育工作。协助阿坝州交通运输局组织开展了阿坝州全域旅游公路网规划、全域旅游公路标识标牌规划设计2项研究，并起草了阿坝州农村物流发展思路调研报告，为阿坝州交通运输发展提供科技支撑。

【产业扶贫】 交通运输部扶贫联络组积极发展“交通+产业”模式，在交通建设项目协调和计划安排时，向对贫困县旅游业、农牧业、商贸业等产业发展有较大带动作用的道路倾斜。联络组组长杨华雄分管商务工作，先后引进了华润电力控股有限公司、太平洋建设集团等世界 500 强企业投资，协议投资超过 200 亿元；组织编制实施《阿坝州电子商务“十三五”行动计划》，推动产业扶贫深入开展。

【社会扶贫】 联系部属单位和社会力量捐款捐物近 100 万元。其中，中国扶贫基金会、滴滴出行公司分别捐赠了价值 10 万元的书包和文具；交通运输部职业资格中心、规划研究院分别捐赠 10 万元用于帮助贫困学生和交通系统艰苦职工；“滴滴出行”公司、广州港集团有限公司分别捐赠 40 万元和 10 万元用于爱心助学等。“滴滴出行”公司与阿坝州教育基金会签署五年共计 200 万元的助学捐赠协议。

【党建扶贫】 以红军长征胜利八十周年为契机，依托阿坝州长征干部学院和“雪山草地”红色教育资源，交通运输部属单位赴阿坝州开展基层联学和教育培训活动。交通运输部党校到阿坝州实地考察长征干部学院及现场教学点的教学条件，达成了由部党校派遣干部培训班到阿坝州开展培训的意向；部规划研究院“两优”代表到阿坝州开展党支部基层联学和参加长征干部学院党性教育活动，取得了良好效果。

（交通运输部扶贫办　汪　忠）

水利部扶贫

【概述】 2016年，水利部高度重视水利扶贫工作，印发《水利部2016年水利扶贫开发工作方案》，组织做好“十三五”水利扶贫顶层设计，创新和完善工作机制，扎实做好行业扶贫、定点扶贫、片区联系、对口支援、老区建设“五位一体”水利扶贫各项工作，全面推进贫困地区水利改革和发展，重点加强重大水利工程、农村饮水安全巩固提升工程、农田水利设施建设工程、防洪抗旱减灾保障工程、水土保持和生态建设工程、农村小水电和移民扶贫工程等项目建设，贫困地区水利发展改革成效显著。2016年，中央水利建设投资计划分解到832个贫困县的投资为502.7亿元，其中中央投资为340.3亿元。解决了426万建档立卡贫困人口的饮水安全巩固提升问题；开展贫困地区病险水库水闸除险加固项目89个，支持西南五省等贫困地区建设中型水库49座，支持中西部贫困地区新建小型水库117座；支持330多个贫困县开展500余条中小河流治理；安排贫困地区建设抗旱备用井1174眼、引调提水工程548处；开工建设贫困地区64处大型灌区续建配套与节水改造和29处大型灌排泵站更新改造项目；落实各类水土保持项目中央投资31.7亿元，覆盖432个贫困县1831个贫困村84.84万贫困人口；落实贫困地区小型农田水利工程建设中央补助资金72亿元，其中“五小水利”工程补助资金41亿元，覆盖了489个贫困县；安排农村小水电扶贫工程建设资金3亿元，建设扶贫电站装机7.43万千瓦，项目建成可使2万建档立卡贫困户受益；安排水库移民后期扶持资金60亿元用于455个贫困县贫困移民脱贫攻坚，使33万建档立卡贫困移民人口实现脱贫。水利支撑和保障贫困地区区域经济社会发展和脱贫攻坚的作用进一步发挥。

【扶贫机制体制建设】 为了统筹谋划做好“十三五”期间水利扶贫工作，水利部坚持问题导向和目标导向，认真谋划开展水利扶贫顶层设计。完善规划体系，组织编制印发了《“十三五”全国水利扶贫专项规划》，水利部、重庆市人民政府联合印发《水利部定点扶贫工作方案》，水利部会同广西壮族自治区人民政府、贵州省人民政府、云南省人民政府印发《滇桂黔石漠化片区水利扶贫总体实施方案（2016—2020年）》。规划和方案对“十三五”各项水利扶贫工作重点、项目安排、资金投放做出具体安排。完善政策体系。2016年2月，水利部与国家开发银行联合印发了《关于加强金融支持水利扶贫开发工作的意见》；4月，水利部与国家发展和改革委员会（以下简称“国家发改委”）、财政部、国务院扶贫办联合印发《关于切实做好水库移民脱贫攻坚工作的指导意见》；5月，水利部与国家发改委联合印发《农村小水电扶贫工程试点实施方案》；8月，水利部与国务院扶贫办联合印发《关于实施水利扶贫开发行动的指导意见》；9月，水利部印发《关于做好国务院扶贫办建档立卡存在饮水问题贫困人口精准对接工作的通知》。

按照精准扶贫精准脱贫的要求，水利部不断完善工作机制，深入推进水利扶贫需求调查、项目储备、资金倾斜、统计分析、考核评价五项精准机制落实，水利扶贫精准度和实效性进一步提高。及时下发文件开展“十三五”期间水利需求调查，为编制《“十三五”全国水利扶贫专项规划》提供基础。在项目储备方面，组织各地认真编制三年滚动管理水利扶贫项目库，并加强前期工作。在投资倾斜方面，积极协调有关部委和地方落实水利投资，优先安排贫困地区的年度投资和项目，确保贫困地区水利基础设施项目建设顺利开展。在统计分析方面，制定印发《水利扶贫统计报表制度（试行）》，组织完成水利扶贫统计系统开发，积极与国务院扶贫办对接全国建档立卡贫困村、贫困户、贫困人口的人饮、灌溉等水利需求情况，收集整理贫困相关资料，为水利精准扶贫奠定基础。在考核评价方面，研究印发《2016年度水利扶贫工作考核实施方案》，组织对22个省的水利扶贫工作进行考核通报，强化考核结果运用，充分发挥考核指挥棒的作用，引导各地进一步加强水利扶贫攻坚工作。

【片区扶贫攻坚】 水利部和国家林业局牵头联系滇桂黔石漠化片区区域发展与扶贫攻坚工作。2016年4月，水利部和国家林业局在贵州省安顺市联合召开滇桂黔石漠化片区区域发展与扶贫攻坚现场推进会。为进一步发挥行业优势，加快片区水利改革发展，水利部与国家烟草专卖局联合印发了《关于加强烟区水利建设推进滇桂黔石漠化片区脱贫攻坚的意见》，确定每年向片区三省提供20亿元水利建设资金；水利部与贵州省政府联合印发了《关于推进安顺市石漠化片区水利精准扶贫示范区建设的指导意见》；水利部会同广西壮族自治区人民政府、贵州省人民政府、云南省人民政府编制了《滇桂黔石漠化片区水利扶贫总体实施方案（2016—2020年）》。2016年水利部在滇桂黔石漠化片区举办了援助贵州水利扶贫专题培训、广西石漠化贫困地区特色农业节水灌溉培训、全国县市水利局长培训（滇桂黔）、云南石漠化片区水利人才业务能力提升培训等4期培训班406人次，有效提升了基层水利人才综合素质和公共服务能力。水利部会同有关部门向80个片区县分解下达中央水利建设投资计划72.4亿元，解决55.57万建档立卡贫困户人口的农村饮水安全巩固提升问题；安排大型灌区续建配套与节水改造5处、中型水库建设39座，安排农村小水电扶贫工程试点建设3个，装机容量9400千瓦，项目建成后可帮扶建档立卡贫困户5287户。一年来，片区完成各类扶贫投资1500多亿元，片区区域发展与扶贫开发工作加快推进。以交通、水利为重点的基础设施进一步改善，以基地建设、园区建设为重点的扶贫产业进一步壮大，以发展林业产业、治理水土流失、整治乡村环境为重点的生态治理进一步加快，以完善公共服务、社会保障体系为重点的民生保障进一步提升，片区脱贫攻坚取得明显成效。片区86万贫困人口实现脱贫，农村贫困发生率下降到11.9%，片区贫困人口人均可支配收入达到8212元，较2015年增长9.7%。

【智力扶贫】 水利部着眼于提升贫困地区的“造血”功能，加大干部援派力度。通过援藏、援青、定点扶贫、支持地方水利建设等多种方式，向重庆、西藏、青海等地选派挂职干部22人（司局级5人，处级16人，处级以下1人），实施人才精准帮扶计划。编制印发实施《全国水利人才队伍建设“十三五”规划》，将加快推进贫困地区人才队伍建设作为重点工程之一，实施贫困地区智力精准帮扶计划、技术精准支持计划和人才精准培养计划等3项对口支援计划。举办新疆、西藏少数民族地区和云南、贵州、广西、江西、重庆等集中连片特困地区水利培训23期，培训基层专业技术和管理人员1800余人次。协调推动玉树州政府与陕西杨凌职业技术学院签订政校订单人才培养协议书，采取“定向招生、专班教学、毕业后定向就业”的“订单式”培养模式，强化技术帮扶。组织流域机构、部属科研院所及时帮助解决贫困地区水利工程建设管理中存在的关键技术问题和难题，促进地方加快水利前期工作。四是加强水利技术推广应用。在新疆、甘肃、云南、重庆、贵州等地的贫困地区积极推进西南山区低耗精量节水灌溉技术、干旱区枣树微灌技术等水利先进实用技术的推广示范。

【扶贫日活动】 水利部积极响应和开展“扶贫日”宣传活动，印发了《水利部2016年扶贫日活动实施方案》，认真组织实施“六项活动”，取得良好效果。一是积极参加国家有关活动。水利部副部长周学文出席了全国脱贫攻坚表彰大会，水利部水库移民开发局局长唐传利参加了学习贯彻中共中央总书记习近平扶贫开发战略思想研讨会，并为研讨会提供1篇论文。二是举办水利精准扶贫学术交流会。水利部通过中国水利学会召开年会平台，举办了水利精准扶贫学术交流会，共收集水利扶贫论文85篇，其中59篇被《中国水利学会2016年学术年会论文集》收录，10篇被中国水利学会评为优秀论文。三是开展调研实践和送温暖活动。水利部会同8个中央国家机关单位于9月赴四川省德格县、贵州省西秀区，开展“根在基层”社会实践活动，调研水利扶贫工作。“扶贫日”活动期间，部机关和直属单位共捐款162万元，用于资助定点扶贫县贫困家庭和学生。四是编印水利扶贫调研报告。收集整理编印了《水利扶贫调研报告集（2016）》，供各地交流学习。五是召开水利扶贫工作座谈会。10月17日，水利部扶贫领导小组办公室召开水利扶贫工作座谈会，传达学习全国脱贫攻坚表彰大会精神和习近平、李克强等中央领导同志的重要指示、批示精神，通报2016年以来水利扶贫工作开展情况及下一步打算，讨论了加强水利扶贫宣传等工作。六是集中开展扶贫日活动宣传。组织开展多样式宣传活动，营造良好社会氛围，分别在部机关主楼电子显示屏、水利报刊、水利网站和水利扶贫微信公众号宣传水利扶贫工作。组织记者深入河北、湖南、重庆、贵州等10个省（区、市）实地采访，多视角全方位反映各地水利精准扶贫工作好思路、好做法、好典型，出版发行《聚焦水利精准扶贫》。

【扶贫宣传】 加大水利扶贫宣传，营造全行业、全系统积极参与、支持水利扶贫工作的浓厚氛围。一是加强外宣工作。组织中央媒体赴贵州毕节、铜仁市水利扶贫一线，集中刊发一批生动鲜活、权威厚重的深度报道。二是充分利用内宣媒体平台。利用水利报刊、网站进行宣传，《中国水利报》开辟“精准扶贫，改善民生”专栏，刊发水利扶贫相关报道135篇，《中国水利》杂志开设“水利扶贫”专栏，刊发水利扶贫工作经验做法和理论探索文章，水利部网站发布水利扶贫方面报道754篇。三是积极开展新媒体和简报宣传。开通“水利扶贫开发”微信公众号，设立扶贫要闻、攻坚手记、聚焦扶贫等多个栏目，每周更新1—2次，发稿近百篇，编发水利扶贫工作简报23期，报送扶贫信息专报12期，其中5篇信息专报被国务院扶贫办采用。

【定点扶贫】 2016年，水利部继续承担重庆市城口县、巫溪县、丰都县、武隆县的定点扶贫工作，明确由4个机关司局牵头、62个司局和直属单位参加，组成4个对口帮扶工作组实行组团式帮扶，并选派11名干部挂职蹲点帮扶。水利部会同重庆市政府印发了《水利部定点扶贫工作方案》，坚持发挥水利行业优势与立足定点扶贫县实际相结合，瞄准建档立卡贫困户脱贫目标，创新帮扶方式，统筹资源配置，切实加大资金投入、智力支持、技术服务以及信息与政策指导，重点实施农村饮水安全巩固提升、千塘万亩特色产业支撑、小型水库水源保障、贫困户产业帮扶、贫困户转移就业技能培训、贫困学生勤工俭学帮扶、水利建设技术帮扶、专业技术人才培训等水利部定点扶贫“八大工程”，做到帮扶项目精准安排，帮扶资金精准落实，帮扶措施精准实施。2月，水利部召开定点扶贫暨对口支援工作座谈会，水利部部长陈雷出席会议并讲话。

2016年共落实“八大工程”投资6.1亿元。积极协调国家开发银行、中国农业发展银行等金融机构，推动定点扶贫4县落实金融支持水利的各项优惠政策。2016年，国家开发银行、中国农业发展银行共发放4县各类项目贷款40.5亿元，国家开发银行还向4县派驻扶贫金融服务专员、捐赠扶贫资金，切实解决脱贫重点项目资金需求问题，全力支持定点县脱贫攻坚工作。完成农村饮水安全巩固提升工程447个，解决了9.96万贫困人口饮水问题。完成山坪塘799个，开工小型水库12座，新增恢复和改善灌溉面积20.08万亩，支持发展特色产业1.99万亩，新增年供水量4198万立方米。水利部为4县共捐赠帮扶基金415万元，帮助2202户贫困户落实产业帮扶贷款资金6000余万元。累计举办贫困户转移就业技能培训班14期，培训贫困家庭劳动力621人次，帮助251名贫困学生勤工俭学，人均增加收入2500元，培训4县专业技术人才48期，共610人次，组织25批次、230名专业技术人员分赴4县开展技术帮扶，帮助编制规划19个，积极协调林业部门落实生态护林员2651人，帮助发展森林人家60户、补助资金300万元。经各方面共同努力，水利部4个定点扶贫县全面完成年度脱贫目标任务，共脱贫3.2万户11.4万人，建档立卡贫困人口人均可支配收入由2015年的4208元增长到5320元，增长26.4%；233个贫困村达到脱贫标准，占贫困村总数的57%；丰都、武隆两县区贫困发生率分别由2015年的5.4%和8.7%下降到0.7%和1.7%，达到贫困县退出标准。

（水利部　靳宏强）

农业部扶贫

【概述】 2016年，农业部认真贯彻落实中央脱贫攻坚决策部署，坚持精准扶贫精准脱贫基本方略，立足贫困地区发展实际，举农业行业系统之力，采取超常规举措，创新帮扶方式，拓宽帮扶领域，强力推进产业扶贫、定点扶贫、片区扶贫、特定区域对口支援等工作。农业部党组多次召开会议研究部署扶贫开发及援疆援藏工作，多次深入基层调查研究，制定了具体工作方案，顶层指导、典型示范、规划引领、资金扶持、项目安排、科技推广、人才培养、市场营销等方面的帮扶力度不断强化，有力促进了贫困地区农业发展和农民增收。

【扶贫资金投入】 2016年，农业部累计安排14个片区农业基本建设和中央财政资金250多亿元。在全国农业援藏工作座谈会期间，专门落实0.8亿元经费支持西藏农牧业发展。继续协调国家发展改革委员会安排1亿元资金支持南疆肉羊良种繁育体系建设。专门协调财政部专门安排1.71亿元支持内蒙古、新疆、西藏3个自治区草原牧区冬季饲草储备调运。在常规项目任务外，额外安排1.4亿元资金用于山西、内蒙古、江西等10个省（区）贫困县病虫鼠害综合治理和疫情防控、生态果园水肥一体化技术试验示范、稻鱼鸭综合种养技术示范、秸秆资源化利用技术示范、高寒牧区草原畜牧业转型发展模式示范推广、农产品质量安全监管等工作；安排1.4亿元扶贫资金用于支持黑龙江、广东垦区贫困农场改善生产生活条件。协调安排专项动物防疫应急补助经费1.53亿元，用于新疆、西藏畜间包虫病防治。积极引导北京德青源农业科技股份有限公司、北京伟嘉集团有限公司、牧原食品股份有限公司、广东温氏食品集团股份有限公司等大型畜牧业龙头企业在贫困县投资项目，其中北京德青源农业科技股份有限公司已在河北省威县、西藏自治区尼木县等地投资1.5亿、拉动金融资本5亿元建成规模化蛋鸡养殖扶贫项目。联手北京三元食品股份有限公司奶粉事业部在贫困地区开展“营养扶贫——让贫困家庭宝宝喝上国产好奶粉”活动，全年向贫困家庭赠送奶粉金额共计2.4亿元。

【扶贫调研】 2016年，农业部党组书记、部长韩长赋，党组副书记、副部长余欣荣等领导分别带队深入江西省赣州市、湖北省恩施土家族苗族自治州（以下简称

"恩施州"）、湖南省湘西土家族苗族自治州（以下简称"湘西州"）、贵州省毕节市、广西壮族自治区百色市等贫困地区调研，宣讲中央脱贫政策，与地方干部群众共同研究产业扶贫思路，提出了编制一个好规划、选准一个好产业、打造一个好龙头、创新一个好机制、完善一个好体系"五个一"工作思路。结合农业部"百乡万户调查"活动，组织13个精准扶贫调研组赴13个省（区、市）、24个贫困县、59个贫困村开展调研，完成《农业产业精准扶贫蹲点调查报告》。形成加快解决环京津贫困问题的报告，制定《农业部与北京市、天津市、河北省人民政府关于加快环京津贫困地区发展特色农业扶贫共同行动（2017—2019年）》。组织专家开展创新产业精准扶贫模式与政策、产业扶贫评价指标等专题研究，初步建立了产业扶贫评价指标。

【扶贫制度建设】 农业部等9部门向各有关省（区、市）人民政府联合印发《贫困地区发展特色产业促进精准脱贫指导意见》，明确产业扶贫的总体思路、重点任务、政策措施、贫困户受益机制等，作为各地推进产业扶贫工作的政策依据。2016年5月，召开全国产业扶贫工作电视电话会议，国务院副总理汪洋出席会议并作重要讲话，全面部署"十三五"产业扶贫工作。推动出台农业部等7部委《支持西藏农牧业转方式调结构促增收重要举措实施方案》，印发《关于加大贫困地区项目资金倾斜支持力度促进特色产业精准扶贫的意见》《关于支持贫困县开展统筹整合使用财政涉农资金试点工作的通知》《关于实施大兴安岭南麓片区脱贫攻坚共同行动的通知》《关于进一步完善大兴安岭南麓片区脱贫攻坚工作协调推进机制的通知》等文件，推动相应政策措施落实。在农村一、二、三产业融合、农业生产社会化服务、一村一品示范村镇创建、农民合作社示范创建、农技推广、新型职业农民培育、农机购置补贴等项目安排上，进一步向贫困地区倾斜。

【扶贫规划】 指导22个扶贫任务重的省（区、市）编制完成省、县两级产业精准扶贫规划，作为各地承接政策、整合资金、统筹项目的重要平台和依据。编制《定点扶贫地区帮扶规划（2016—2020年）》，作为农业部推进定点扶贫工作的科学依据。帮助指导编制《南疆农业发展规划》《西藏"十三五"农牧业发展规划》《西藏农畜产品加工业发展规划》等一批规划。编制《农垦扶贫开发"十三五"规划》，组织各垦区和重点贫困农场编制"十三五"扶贫开发规划。

【产业扶贫】 在深入实地调研基础上，系统总结洛川苹果、赣南脐橙、定西马铃薯产业带动脱贫的经验做法，形成《发展特色优势产业带动精准脱贫的范例》。为更好发挥典型示范作用，在全国层面初步遴选了一批产业扶贫范例，并请22个扶贫任务重的省（区、市）在本省范围内各总结10个左右产业扶贫范例。制定产业扶贫典型范例推广工作方案，会同国务院扶贫办举办全国产业扶贫（广西百色）现场会，贯彻落实中央领导重要批示精神，观摩产业扶贫现场，推广产业扶贫范例，广西、云南、贵州3省（区）63个贫困县党政主要负责同志，22个省（区、市）农业和扶贫部门负责同志参加现场观摩。

【科技扶贫】 依托现代农业产业技术体系，支持贫困地区科研单位401名专家，开展动植物育种与繁育、病虫害防控、栽培与土肥、农机装备、加工等研究。中国农业科学院与新疆、西藏等研究机构联合承担科技项目45项，共建试验示范基地45个。落实项目资金5.6亿元，支持贫困地区开展绿色高产高效创建、稻渔综合种养，集成示范推广地膜覆盖、膜下滴灌等旱作农业技术，支持新疆、西藏、内蒙古等地开展玉米、棉花、马铃薯生产全程机械化和保护性耕作技术示范推广。启动全国农业系统“专家西藏行”，围绕畜种改良、饲草种植、动物防疫、质量安全检验检测4个方面，从12个省份遴选33位专家深入西藏自治区7地市、48个县、117个乡镇、135个行政村，开展手把手、面对面的专业技能传授。组织农业科研杰出人才和技术专家，针对恩施、湘西定点扶贫地区和云南、新疆、西藏以及四省藏区等地的产业发展技术难题“把脉问诊”，派出专家500人次，解决技术难题50余项。为赣州市、来凤县等贫困地区配送农业科技入户直通车等设备，向贫困地区农民和基层干部赠送《农民日报》《中国渔业报》和《农村工作通讯》150多万份，制播新疆特色农业节目、藏区系列农业节目等。

【扶贫培训】 将农业部、中共中央组织部共同开展的农村实用人才带头人示范培训调整为主要面向贫困地区实施，培训主题聚焦产业扶贫，举办177期示范培训班，在贫困地区遴选1.77万名种养大户、家庭农场主和农民合作社负责人到农业部农村实用人才培训基地学习交流。专门针对定点扶贫地区、大兴安岭南麓片区、贵州毕节、四川阿坝等贫困地区，举办5期产业发展带头人培训班，培训500名贫困村带头人。依托新型职业农民培育工程，支持14个片区大规模培训专业大户、家庭农场经营者、农民合作社带头人、农业企业经营管理人员、农业社会化服务人员等，提升他们带动脱贫能力。举办大兴安岭片区农业结构调整、定点扶贫地区生态循环农业、新疆淡水养殖技术、四川云南两省藏区农牧业生产经营方式创新等培训班。加强西藏、新疆新型职业农民培训，全年培训1.9万人，在阿克苏市专门举办新疆特色农产品网络营销培训班。开展贫困地区产业发展带头人、畜牧技术推广、动物疫病预防控制、休闲农业管理、农产品质量安全监管等各类培训班30多次，为贫困地区培训技术人才近万人。2016年农业部系统在贫困地区挂职锻炼的干部达64人，是历史上最多的一年。

【产销对接扶贫】 组织8家龙头企业、4个农业部直属单位以及陕西、上海、安徽、广东农业部门与西藏方面签订合作协议，签约金额达16.5亿元。支持举办第二十届中国（廊坊）农产品交易会、中国长春国际农业·食品博览（交易）会、第一届世界苹果大会暨第九届中国·陕西（洛川）国际苹果博览会、第七届中国·四川（彭州）蔬菜博览会、2016中国·定西马铃薯大会、第13届中国武汉农业博览会、2016第十五届中国西部（重庆）国际农产品交易会、2016中国·贵阳国际特色农产品交易会等8场展销活动，帮助贫困地区农产品扩大市场影响。针对贵州省剑河县土鸡滞销卖难问题，组织电商企业开展产销对接，建立长期合作机制。组织经销商赴宁夏、湖南、新疆的贫困县（市）开展对接活动，与当地上百家企业、合作社、种植大户开共达成意向协议200多份，总金额近30亿元。支持新疆农产品流通促销，在全国农业展览馆设立优质农产品展销中心，减免费用40多万元。支持举办新疆优质农产品展销周，推介新疆特色产品。制作播出贫困地区优势产业等内容的扶贫专题节目41期、共660分钟，累计播出公益广告近4000分钟。为贫困地区207家企业减免申报“三品一标”费用178万元，支持新疆和大兴安岭南麓片区创建18个绿色食品原料标准化生产基地。在第十四届中国国际农产品交易会期间举办产业扶贫专题展，组织64个贫困县、146家企业、29个农民合作社参展，举办贫困地区产品推进会13场，现场贸易额3.18亿元。

【生态扶贫】 继续实施退牧还草、石漠化综合治理等项目建设，下达投资资金50.2亿元，加强贫困地区草原生态保护。配合财政部下达草原生态保护补助奖励资金187.6亿元，14个片区牧民政策性补助奖励户均增收近1500元。举办增殖放流活动453次，投入资金8820万元，放流各类苗种110亿尾，在新疆、西藏建立3个国家级水产种质资源保护区，创建180个水产健康养殖示范场。加快定点扶贫地区、大兴安岭南麓片区等贫困县沼气和生物天然气工程建设，开展秸秆综合利用试点。安排资金6000万元，支持重庆市万州区、武隆县和河南省淅川县、内乡县开展典型流域农业面源污染综合治理试点。安排资金3.58亿元，在贫困地区示范推广秸秆还田、有机肥施用、绿肥种植、测土配方施肥，开展测土配方施肥。

【定点扶贫】 2016年2月，农业部在恩施州召开定点扶贫工作座谈会，总结30年定点帮扶工作，研究和全面部署“十三五”工作，农业部党组书记、部长韩长赋在会上明确，将继续倾力支持，向定点扶贫地区再承诺帮扶10年，前5年助力攻坚，后5年支持力度不减。

编制印发《农业部定点扶贫地区帮扶规划（2016—2020年）》，指导定点扶贫地区科学选择脱贫产业，完善产业链条设计，详细谋划和对接支持基本建设项目和财政项目，并提出建立利益联结机制，确保贫困人口得到实惠。规划成为农业部定点扶贫工作的科学依据以及定点扶贫地区产业扶贫的项目储备库。

【扶贫资金投入】 印发《农业部关于加大贫困地区项目资金倾斜支持力度促进特色产业精准扶贫的意见》，明确加大对定点扶贫地区等贫困地区农业项目资金倾斜支持力度。会同有关部门安排定点扶贫县各类农业资金 3.03 亿元，支持特色产业良种繁育基地建设，标准化养殖，农产品产地初加工，一、二、三产业融合，基层农技推广体系建设，新型职业农民培育等。积极推进定点扶贫地区美丽休闲乡村等建设，认定恩施州为 2016 全国休闲农业和乡村旅游示范州，认定湘西来凤县土家寨村为 2016 中国美丽乡村。

【产业扶贫】 通过建设国家级农作物品种区域试验站、蔬菜集约化育苗基地等，为定点扶贫县特色产业提供种质资源支持。组织定点扶贫地区科研单位选育优质高产抗病的水稻、玉米、蔬菜、柑橘新品种，帮助贫困县推进产业结构调整。通过组织专家咨询、开展远程教育、举办培训班等形式，帮助解决制约特色产业发展的技术瓶颈。

【扶贫培训】 支持定点扶贫县新型职业农民培育和农村实用人才培养，努力实现“培训一人，脱贫一家，辐射一方”目标。连续举办 5 期贫困地区产业发展带头人培训班，对贫困地区种养大户、家庭农场主、农民合作社负责人和村“两委”干部等进行为期一周的培训，共为定点扶贫地区培训 400 人。选派 15 名干部到定点扶贫地区挂职锻炼，挂职干部深入落实农业部党组提出的“思想入位、工作入位、感情入位”的要求，积极为当地脱贫攻坚出主意、想办法、办实事。

【产销对接扶贫】 促进农业品产销对接和市场开拓，在第十四届中国国际农产品交易会上，组织恩施州、湘西州的 17 家企业、6 家合作社、39 个农产品品牌参展，涉及茶叶、柑橘、猕猴桃、中药材、百合、蔬菜、特色大米等优质生态富硒农产品，贸易额 5800 万元。指导中国农产品市场协会组织全国农产品批发市场经销商赴湘西开展产销对接活动，达成意向合同 31 个，组织全国农产品批发市场经销商参加恩施州富硒产品博览会和南方马铃薯大会，积极开展贸易洽谈，建立合作关系。组织永顺、龙山两县 17 家企业参加 2016 年中国中部（湖南）农业博览会，与中垦湖南控股集团、中南大宗采购平台、搜农坊电商平台等进行对接，人民网、《农民日报》、华声在线等媒体对湘西展馆及农业产业进行了宣传报道。

【扶贫慰问】 组织农业部 16 个机关司局与定点扶贫地区 16 个贫困村开展结对帮扶活动。各司局组织党员干部赴结对帮扶村开展主题党日活动，召开专题组织生活会，送去慰问金慰问品，帮助编制村发展规划，加强技术指导，调动资源尽全力给予支持，有力地促进了帮扶村脱贫攻坚步伐。

（农业部扶贫办　曾　波）

商务部扶贫

【概述】 2016年，商务部高度重视扶贫工作，积极贯彻落实《中共中央 国务院关于打赢脱贫攻坚战的决定》，加强扶贫工作顶层设计，印发《商务部2016年扶贫工作指导意见》，发挥商务扶贫行业优势，以电子商务进农村、追溯体系建设、国际援助、兴边富民、产销衔接等为抓手，帮助贫困地区人民早日脱贫。2016年12月，在全国商务工作会议期间，商务部专门召开扶贫援藏援疆工作座谈会，研究部署新形势下商务领域扶贫工作。时任商务部部长、党组书记高虎城出席并讲话，时任商务部国际贸易谈判代表兼副部长、党组副书记，现任商务部部长、党组书记钟山主持了座谈会。

【扶贫资金投入】 2016年，商务部扶贫资金直接投入共计107.6万元。其中，商务部利用扶贫救灾及对口支援工作经费，分别安排50万元和40万元为定点扶贫地区湖南省城步苗族自治县（以下简称“城步县”）和四川省仪陇县（以下简称“仪陇县”）举办劳动技能和农村实用技术培训。城步县共举办3期猕猴桃、苗乡梨、蓝莓规模种植技术培训，2期延季蔬菜规模种植技术培训，1期农产品营销技能培训，共培训1080人。仪陇县共举办3期生猪养殖、核桃种养管护、小家禽养殖技术培训，4期计算机操作、电工、焊工和家政人员培训劳动技能培训，共培训700人。商务部下属外贸发展局安排资金2.6万元，为四川省广安市广安区开展了中小企业经营与管理、农产品品牌战略、传统企业开展电子商务业务等培训，共培训120人。商务部下属医保商会捐赠15万元，用于广安区整修池塘，实施柚树春季灌溉。

【电商扶贫】 2016年，商务部会同国务院扶贫办、财政部安排中央财政资金36亿元，在全国240个县（区）开展电子商务进农村综合示范，其中，国家扶贫开发工作重点县158个，占示范县总数的65.8%。商务部3个定点扶贫地区广安区、仪陇县、城步县均纳入综合示范，每个县（区）安排资金1500万元，重点支持农村电商物流体系建设、乡村网点信息化改造、农村产品网络销售、人才培养等。

商务部结合广安区、仪陇县实际情况，推动京东等大型电商平台与当地加强合作。推动“政府+农业龙头企业+电商平台+农户”模式，鼓励当地农业现代化龙头企业结合京东等电商平台的流量、品牌、营销优势，打通特色农产品种植、生产、销售通道，形成以电商促市场、以市场带企业、以企业带农户的链式发展。引导实体企业、本地电子商务运营商与大型电商平台深度对接，从产业扶贫、用工扶贫、创业扶贫和金融扶贫等方面多维度协同发力，建立市场化的电商扶贫机制。

组织电子商务专业技术人才知识更新工程高级研修班和 4 期地方商贸企业电子商务培训班，参训学员 600 人次，涵盖省市商务主管部门领导及电商企业负责人，为培育电商扶贫人才提供支持。

【追溯体系建设】 商务部结合已开展的追溯体系建设试点地区实际，指导山东、云南等地积极探索追溯体系精准扶贫工作。山东在该省德州市夏津县苏留庄镇小石堂村建设“农村电商+设施农业+果蔬追溯”体系，安装农业监控系统，部署农产品追溯技术设备，研发特色农产品追溯信息系统，提升产品品牌和区域品牌价值，提高农村自我发展能力，带动贫困群众脱贫。云南将云南普瑞生物制药（集团）股份有限公司纳入中药材追溯节点企业，对当地特色中药材进行深度开发，生产以薏仁为主的中药材、中药饮片和保健食品，开发中药饮片 500 多个品种、保健食品 10 余种。另外，云南依托该省中药材种植行业协会，指导群众抓好中药材种植，积极协调云南白药集团与昆明、大理、普洱、迪庆、建水、墨江、元阳等地州县签订中药材产业发展战略合作协议，与追溯技术服务企业签订中药材追溯服务协议，形成多方合作、科学指导、精准扶贫的长效机制。

【国际援助】 作为国际双多边对华无偿援助的中方归口协调管理部门，商务部与联合国儿童基金会、联合国人口基金会、联合国开发计划署等机构积极落实 2016—2020 年国别合作方案，密切配合我国“十三五”规划实施，围绕卫生、教育、儿童保护、绿色能源、性别平等等诸多领域开展合作。2016 年，商务部协调联合国儿童基金会、联合国开发计划署等机构与我国江西、云南、四川、甘肃、贵州、青海等多个中西部省份开展无条件现金转移支付、能力建设培训和小额信贷等多个国际合作项目，投入资金总额约 2300 万美元。在商务部协调下，联合国有关机构尝试在新形势下开展扶贫合作，先后在江西省赣州市、青海省海东市进行调研，了解贫困县脱贫攻坚存在的实际困难，帮助当地政府探索精准扶贫、精准脱贫的新思路、新办法，研究具体帮扶措施。

【兴边富民】 商务部多次赴新疆、广西、云南、黑龙江、吉林、辽宁、内蒙古等省、区的边境地区开展调研，了解边境经济合作区发展情况及存在的困难，推动相关支持政策的贯彻落实。2016 年 9 月，商务部在厦门举办边境经济合作区和东部地区国家级经济技术开发区交流对接活动，来自 16 家边境经济合作区、20 家国家级经济技术开发区及有关产业转移促进中心和企业的代表共 100 余人参加了活动。活动宣传推介边境经济合作区投资环境和重点项目，交流园区建设和招商引资经验，为边境经济合作区承接产业转移搭建平台，积极带动边境地区的经济社会发展。

【定点扶贫概述】 2016年，商务部定点扶贫四川省广安市广安区、湖南省仪陇县、城步县，相关负责同志多次到定点扶贫地区调研，选派干部赴定点扶贫地区挂职，切实了解定点扶贫地区经济社会发展状况以及帮扶项目实施情况，给予定点扶贫地区尽可能的帮助。其中，广安区已于2016年通过四川省脱贫摘帽验收。

【扶贫调研】 时任商务部部长助理童道驰于2016年陪同国务院副总理汪洋在湘西州调研脱贫攻坚工作、宣讲中央扶贫开发工作会议精神。商务部相关司局负责同志分别带队赴广安、仪陇、城步3个定点扶贫地区开展扶贫互动调研，就2016年定点扶贫方案实地进行对接，走访驻村“第一书记”，了解当地电商扶贫发展状况。商务部事业单位和商会负责同志分别赴3个定点扶贫地区进行调研，就行业扶贫和小额信贷项目与地方开展合作。

【干部挂职扶贫】 2016年，商务部共选派3名处级干部分别到城步、仪陇和广安3个定点扶贫地区挂职，1名干部到广安群策村任驻村“第一书记”，并接收广安1名干部在商务部机关挂职。

【产业扶贫】 商务部下属医保商会率8家中药企业组成工作组，赴广安市和仪陇县开展行业扶贫对接。该8家企业涵盖了中药材种植、基地管理、收购、中药饮片加工、中药材和中药饮片国内销售及出口、保健品生产营销、产业投资与合作、中药材生存与销售的信息咨询等全产业链。工作组初步建立起中药材种植辅导、产品收购的联系机制，为农民提供精准的信息服务，推动当地开展中药材产业扶贫工作。

【扶贫小额信贷】 商务部交流中心2013年从联合国开发计划署扶贫循环资金中为仪陇安排人民币200万元项目资金，并通过联合国开发计划署“在中国构建普惠金融体系”项目（CPR/06/202）的分摊方式执行。截至2016年10月，已在全县50个贫困村（其中9个正在注册）建立了村级扶贫互助社，入社社员1.32万人，累计为全县1.7万贫困户提供贷款1.68万笔，贷款资金总额1.79亿元，受益贫困农户近5万人次。全县扶贫互助总金额从2014年初的1800万元增加到5105万元，年均增长44.3%，借款余额从1910万元增加到5230万元，年均增长45.6%，借款风险率从2014年初的37%陆续降低到现在的3%左右，过去3年社员分红实现548.8万元，社员入社资金平均年化收益率达到5.6%。

【扶贫日活动】 2016年10月17日是我国第三个“扶贫日”，也是第24个国际“消除贫困日”。商务部以“扶贫日”为契机，在商务部内、外网发布网购定点扶贫地区农特产品倡议书，同时印制纸质倡议书分送部机关、直属事业单位和商、协、学会，倡议商务部全体员工于网上购买3

个定点扶贫地区农特产品，为定点扶贫地区农民增收献出爱心。广安市特产龙安柚销售金额达 23 万元。

【送爱心活动】 2016 年“雷锋日”期间，商务部机关党委青年工作部以青年志愿者协会名义与部扶贫办在全部范围内举办了向定点扶贫地区贫困家庭捐赠衣物活动，共有 440 余人捐赠 8100 多件衣物，近 5000 件衣物经整理消毒后送往定点扶贫地区家庭，3000 多件分拣后被回收再利用。

（商务部扶贫办　张冬鸣）

文化部扶贫

【概述】 2016年，文化部高度重视扶贫开发工作，贯彻落实中共中央扶贫开发工作会议精神，立足文化资源优势，依托重大文化项目，从政策和规划，资金和项目，人才和服务等多个方面积极推进全国贫困地区文化建设，作为国务院扶贫开发领导小组成员单位，积极配合各牵头单位参与六盘山区、秦巴山区、武陵山区等11个连片特困地区和西藏、四省藏区、新疆南疆四地州等片区的有关扶贫工作，推动文化与当地经济社会协调发展，有效地发挥了文化建设维护社会稳定、改善人民民生、加强民族团结、促进经济发展的积极作用。

【扶贫制度建设】 为深入贯彻落实中共中央办公厅、国务院办公厅印发的《加快构建现代公共文化服务体系的意见》要求，加快推进贫困地区公共文化服务体系建设，2015年11月，文化部会同国家发展和改革委员会、国家民族事务委员会、财政部、国家新闻出版广电总局、体育总局和国务院扶贫办印发了《“十三五”时期贫困地区公共文化服务体系建设规划纲要》，按照“补齐短板、巩固提高、全面推进、协调发展”的建设思路，策划了29个文化扶贫项目，提出了到2020年贫困地区基本公共文化服务主要指标达到或接近全国平均水平的发展目标，为下阶段公共文化扶贫工作提供了制度保障。2016年6月，文化部会同中共中央宣传部、国家新闻出版广电总局联合召开全国文化精准扶贫工作视频会议，交流工作经验，研究部署“十三五”时期文化精准扶贫工作。

【综合文化服务中心】 2016年，继续实施由中共中央宣传部牵头，会同文化部、国家新闻出版广电总局、国家体育总局等部门开展的“贫困地区百县万村综合文化服务中心示范工程”，同时在此项目基础上，实施“贫困地区民族自治县、边境县村综合文化服务中心覆盖工程”，拟利用两年时间，在这些区域建设2.2万个村文化活动室。为进一步弥补贫困地区村级文化活动设备的短板，文化部自2016年起开始实施贫困地区村文化活动室设备购置项目，按照每个文化活动室2万元的标准，计划分五年为贫困地区839个县已建成的11万多个村文化活动室配置音响、乐器、电脑、桌椅等基本文化设备，以保障其文化活动的正常开展。2016年中央财政共安排补助资金44872万元。为支持县级文化单位面向基层提供流动文化服务，2016 年起，文化部和财政部联合实施流动文化车项目，计划分两年为贫困地区 839 个县的文化馆每馆配送一辆流动文化车。2016 年安排中央财政资金 10992 万元，购置流动文化车 458 辆。

【贫困地区人才支持计划】 根据文化部等 5 部门印发的《边远贫困地区、边疆民族地区和革命老区人才支持计划文化工作者专项实施方案》，到 2020 年，每年将引导 1.9 万名优秀文化工作者到边远贫困地区、边疆民族地区和革命老区（以下简称“三区”）工作或提供服务，为“三区”培养 1500 名急需紧缺的文化工作者。2016 年，“三区”人才支持计划文化工作者专项通过选派和培养文化工作者的方式，重点面向国家确定的连片特困地区覆盖的县、国家扶贫开发工作重点县和省级扶贫开发工作重点县以及新疆生产建设兵团困难团场，选派了 16641 名优秀文化工作者开展文化服务，培养了 1500 名急需紧缺的基层文化人才，为贫困地区文化发展提供了有力的人才保障。

【送戏下乡活动】 为满足贫困地区基层群众精神文化需求，2016 年共安排中央补助资金 23380 元，带动地方戏曲保护与传承。按照《关于支持戏曲传承发展的若干政策》要求，文化部自 2016 年起，实施送戏下乡项目，按照每场演出补助 3000 元的标准，通过政府购买服务的方式，为贫困地区乡镇每两个月配送一场戏曲演出。

【春雨工程】 文化部持续多年组织开展“春雨工程”——全国文化志愿者边疆行和“大地情深”——国家艺术院团志愿服务走基层活动，通过举办文艺演出、文化讲座和特色展览等方式，推动优质文化资源向贫困地区倾斜。每年为贫困地区送上各种文化活动 100 多场，惠及贫困地区基层文化工作者和群众数十万人次。

【阳光工程】 2016 年，文化部启动实施“阳光工程”——中西部农村地区文化志愿服务行动计划，组织 1200 名文化志愿者在中西部地区开展文化服务。

【产业扶贫】 文化部依托文化产业项目服务平台，长期为贫困地区重点文化产业项目提供宣传推广、展示交流等服务活动。联合财政部实施中央财政文化产业发展专项资金重大项目“支持特色文化产业发展”、“促进文化创意和设计服务与相关产业融合”和“文化金融扶持计划”时，通过项目补贴、贷款贴息、债券贴息、基金注资等方式支持贫困地区符合条件的文化企业和项目发展。鼓励和支持贫困地区符合条件的文化项目申报政府与社会资本合作示范项目，落实财政“以奖代补”资金支持。鼓励和支持贫困地区符合条件的文化产业园区申报创建国家级文化产业示范园区。

文化部充分发掘贫困地区非物质文化遗产所蕴含的历史文化内涵，促进贫困地区非物质文化遗产活态传承，推进并实施贫困地区传统工艺振兴。会同教育部实施中国非物质文化遗产传承人群研修研习培训计划，编制《传统工艺振兴计划》时，重点关注贫困地区刺绣、印染、竹编、服饰制作等面广量大的非物质文化遗产项目，通过提高传统工艺产品的品质，不断促进贫困地区群众就业和脱贫致富。

【定点扶贫】 文化部定点帮扶国家扶贫开发工作重点县山西省娄烦县、静乐县。文化部认真贯彻落实中共中央、国务院关于扶贫工作的要求，高度重视扶贫工作，采取多种措施，利用国家机关优势和文化资源，依托重大文化项目，进行了人才、观念、教育、文化、经济等多形式的帮扶，为两县投入大量的人力、物力和财力，在支持和推动两个定点扶贫县的发展方面取得了一定成效。

2016年，文化部直接投入帮扶资金或物资163.16万元、落实扶贫项目3个，帮助引进各类资金100多万元，帮助引进项目2个。重点落实了娄烦县村级综合文化服务中心建设、图书馆建设、古城遗址保护工程目和静乐县剪纸振兴计划、文化活动中心改造等项目。扶贫效果好不好，挂职扶贫干部很关键。文化部通过层层选拔，把思想好、作风正、能力强的干部派到基层挂职，挂职干部在协调上下关系、帮助争取资金项目、开展各类文艺演出等方面，都发挥了重要作用。

（文化部财务司　肖　蒙）

国家卫生和计划生育委员会扶贫

【概述】 2016年，国家卫生和计划生育委员会（以下简称“卫生计生委”）深入贯彻中共中央、国务院脱贫攻坚决策部署，将实施健康扶贫工程作为一项重要政治任务。围绕因病致贫因病返贫问题，全面组织实施健康扶贫工程，会同相关部门制定多项扶贫政策文件，加强扶贫机制建设，动员系统力量加大片区扶贫、定点扶贫和援疆援藏扶贫工作力度，动员社会力量助力健康扶贫工作，为农村贫困人口脱贫提供健康保障。

【扶贫机制建设】 2016年，卫生计生委在原有工作基础上健全扶贫办工作机制，增加3个直属联系单位为委扶贫开发与对口支援领导小组成员单位。扶贫办下设综合协调组、督导考核组、宣传交流组和社会动员组4个工作组，各组组长选派直属和联系单位处级干部担任。

【健康扶贫】 2016年6月21日，卫生计生委会同国务院扶贫办等中央15个部门联合印发《关于实施健康扶贫工程的指导意见》。会同国务院扶贫办、中央军委后勤保障部召开全国健康扶贫工作会议。举办健康扶贫工程政策解读培训班，全面解读《中共中央 国务院关于打赢脱贫攻坚战的决定》和《关于实施健康扶贫工程的指导意见》。会同国务院扶贫办制定印发《健康扶贫工作考核办法》，从2016年起，每年对中西部22个省份进行考核。会同国务院扶贫办对河北、山西、湖南、广西、四川、云南、甘肃、宁夏8省（区）开展专项督导，督促健康扶贫各项任务落实。编撰《健康扶贫工程政策解读和案例汇编》，供各地学习交流。协调主流媒体加大健康扶贫工作宣传力度。

2016年对建档立卡贫困人口实行“两提高、两降低”倾斜政策，提高新农合门诊报销水平，政策范围内住院费用报销比例提高5个百分点以上，降低病残儿童、重度残疾人以及大病保险报销起付线，降低农村贫困人口大病费用支出。2016年贫困人口住院实际补偿比达到67.6%，比2015年提高了近12个百分点。加大商业保险制度对健康扶贫的支持力度，推动贫困地区政府为农村贫困人口购买补充商业健康保险，将贫困人口大病报销比例提高到90%以上。实行贫困人口县域内先诊疗后付费，截至2016年底，全国已有74%的贫困县实现县域内先诊疗后付费。

全面核准因病致贫情况，会同国务院

扶贫办、人力资源和社会保障部动员全国卫生计生系统80多万人员，集中2个多月的时间，对建档立卡贫困人口数据基础上775万因病致贫贫困户的1996万人，就发病率高、费用高、严重影响生产生活能力的93个重点病种，逐户、逐人、逐病进行调查核实，建立了管理数据库。开展大病集中专项救治，2016年起，在贵州、四川、山西、陕西、安徽、河南、江西和宁夏8省（区）启动大病集中救治行动，选择疾病负担较重、社会影响较大、疗效确切的儿童白血病、儿童心脏病等9种大病贫困患者进行集中救治。推进分类分批救治工作，2016年，全国救治贫困患者55.6万人。

安排全国889家三级医院对口帮扶所有贫困县的1149家县医院，选派院长或副院长及至少5名医务人员蹲点帮扶，重点加强对贫困县近三年县外传率前5—10个病种的相关临床和辅助科室建设。截至2016年底，已有92%的贫困县已经与三级医院签订了帮扶协议，近万名城市三级医院医生在贫困县县医院进行蹲点帮扶，开展门诊625万人次，手术11万台次。配合国家发展改革委编制实施《全民健康保障工程建设规划》，2016年，已支持包含贫困地区在内的县级医院建设项目400个、县级妇幼保健机构建设项目200个、县级疾控机构建设项目196个。配合人力资源社会保障部出台《关于加强基层专业技术人才队伍建设的意见》，对艰苦边远地区实行特殊倾斜政策，基层事业单位招聘高层次和急需紧缺专业技术人才，可采取直接考察等方式。推进在集中连片特困地区实施全科医生特岗计划，开展住院医师规范化培训，培训学员8637名，较2015年增长8%。协调北京、江苏等10省（市）为新疆、西藏分别定向委托培养110名和400名住院医师。支持中西部地区和东部贫困地区招收助理全科医生5000人。启动院士专家医疗卫生援黔行动，推进贫困地区紧缺专业人才培养。

研究起草《中国遏制与防治艾滋病“十三五”行动计划》，组织编写《全国地方病防治规划（2016—2020年）》和《包虫病等重点寄生虫病防治规划（2016—2020年）》，加大农村贫困地区艾滋病、重点地方病、包虫病防控力度。协调全国寄生虫病、地方病防治专家，对贫困地区防治工作进行业务指导与技术援助。在四川省甘孜州、石渠县开展包虫病防治综合试点，探索藏区包虫病适宜防控模式。协调17个省（市）援助西藏自治区70个县开展包虫病流调工作。实施贫困地区妇女“两癌”免费筛查重大公共卫生项目、贫困地区儿童营养改善项目、新生儿疾病筛查项目和国家免费孕前优生健康检查项目，贫困地区儿童营养改善项目覆盖21省（区、市）14个国家集中连片特殊困难地区341个贫困县，受益儿童数约423万。贫困地区新生儿疾病筛查项目覆盖21个省（区、市）14个国家集中连片特殊困难地区367

个贫困县，受益新生儿约 438 万。优先推进农村贫困人口签约服务，2016 年签约服务覆盖贫困地区 76%的农村贫困人口。

【片区扶贫攻坚】 坚持定期召开吕梁山片区部际联系会议，协调推进片区重大项目落实。安排 8 名干部在片区 3 个市及 4 个定点县挂职。共安排山西、陕西两省中央转移支付地方卫生计生项目资金 195.2 亿元。将贫困地区卫生计生人才综合培养试点项目扩大到山西、陕西片区 4 个定点扶贫县。实施“吕梁山护工”项目，安排 102 名贫困护工在北京协和医院、中日友好医院、中国医学科学院阜外医院、北京大学第三医院工作。组织全国 35 家三级医院对口帮扶片区 33 家县级医院，派驻医生团队进行蹲点帮扶。支持国家卫生计生委挂职干部牵头举办“吕梁山货”网站展销活动，推出“吕梁山货”区域公共品牌，吕梁山区 17 个贫困县、50 余家企业网上销售产品 100 余种，累计交易额 2200 余万元。举办“红枣采摘节”“苹果采摘节”系列活动，线上销售红枣 20 余万斤、苹果 30 余万斤。组织参加吕梁山货中央单位巡展活动。

【援疆】 召开 2016 年全国卫生计生系统援疆工作会议，全面部署援疆工作。印发《关于进一步做好卫生计生对口支援新疆工作的通知》。安排中央预算内投资 9.5 亿元用于新疆维吾尔自治区（含新疆生产建设兵团）卫生计生服务体系基础设施建设，建设地市级医院 1 所，县级医院 23 所，乡镇卫生院 83 所、乡镇卫生院周转宿舍 167 套，社区卫生服务中心 2 个，儿童医疗服务机构 1 个，地县两级疾控机构 23 所、妇幼健康服务机构 9 所，食品安全风险监测能力建设项目 5 个。会同国家发展和改革委员会、国家中医药局编制印发《全民健康保障工程建设规划》。继续会同中组部开展医疗人才“组团式”援疆工作，安排三甲医院对南疆四地州 7 家医院和兵团一师医院开展医疗人才“组团式”援疆工作。继续组织实施西部卫生人才培养项目，从新疆等西部地区县级医疗卫生机构选派 37 名业务技术骨干到中南大学湘雅医院和北京大学人民医院进修学习。安排选派 23 名干部和专业技术人员到新疆各级医疗卫生机构挂职锻炼，支持新疆招收住院医师 780 人，助理全科医生 300 人，选送 108 名住院医师派往 8 个支援省（市）接受为期 3 年定向委托培养。通过万名医院支援农村卫生工程项目支援新疆和新疆生产建设兵团共计 61 个县，派驻医师共计 305 人。通过县级骨干医师培训等项目为新疆和新疆生产建设兵团培训医务人员共计 305 人。在人才政策方面给予倾斜，允许新疆划定专业技术资格考试地方聘任标准，允许新疆划定护士执业资格地方合格线。在新疆 92 个县全部推开县级公立医院综合改革，将哈密市列为第四批城市公立医院综合改革试点城市，兵团 13 个师级医院全部纳入县级公立医院综合改革。形成覆盖 253 家医院的远程普通会诊系统和覆盖 14 个地级医院的远程高端清晰会诊系统，累计开展远程会诊约 13 万余例。建立了乌鲁木齐、克拉玛依等第三轮艾滋病综合防治城市示范区以及 9 个县级示范区，争取世界卫生组织任命新疆医科大学第一附属医院新疆包虫病重点实验室为世界卫生组织包虫病预防和管理合作中心。2016 年，新疆全区居民健康水平稳步提高，孕产妇死亡率从 43.41/10 万下降到 39.68/10 万，婴儿死亡率从 26.58‰下降到 21.45‰。派出复旦大学附属中山医院和西安交通大学医学院第一附属医院 2 支国家医疗队赴新疆和新疆生产建设兵团开展巡回医疗。通过中央转移支付公共卫生重大专项支持新疆开展“健康素养促进行动项目”，制作公益广告，开展健康巡讲和重大疾病防控宣传教育活动，创建健康促进县（区），开展健康素养和烟草流行监测。2016 年 6 月，将新疆乌鲁木齐、喀什、伊犁 3 地（州）增设为流动人口社会融合示范点城市，促进实现城镇基本医疗卫生和计划生育服务管理常住人口全覆盖。

【扶贫援藏】 印发《关于进一步支持西藏和四省藏区卫生计生事业发展的指导意见》。加强医疗服务体系建设。累计安排专项投资 47.86 亿元支持西藏自治区及四川、云南、甘肃、青海 4 省共 724 个医疗卫生机构基础设施建设，其中，安排专项投资 3.42 亿元支持西藏自治区 60 个项目建设；安排专项投资 21.25 亿元支持四川省 349 个项目建设；安排专项投资 10.9 亿元支持云南省 141 个项目建设；安排专项投资 8.48 亿元支持甘肃省 137 个项目建设；安排专项投资 3.81 亿元支持青海省 37 个项目建设。

中央财政共向西藏自治区及四省藏区拨付专项资金 1354 余万元用于免费孕前优生健康检查。为西藏及四省藏区培训管理人员和技术骨干 40 余人。安排转移支付资金 6650 万元，在西藏自治区和四省藏区 76 个县实施儿童营养改善项目，为项目地区 8 万名 6-24 月儿童免费发放营累计受益儿童 31.9 万人。免费为西藏自治区及四省藏区（甘肃和青海藏区未纳入）6043 例农村新生儿提供 PKU（苯丙酮尿症）和 CH（先天性甲状腺功能低下）筛查，5710 例农村新生儿提供新生儿听力筛查，确诊 10 例听力障碍患儿。投入资金 3400 多万元，会同中国光彩事业促进会联合主办“光彩藏区行”活动。

安排中央补助专项经费 9.4 亿元支持西藏自治区及四省藏区开展艾滋病防治工作，较 2015 年增加 17.4%。转移支付四省藏区 9377 万元，用于结核病防治，转移支付 10684 万元用于包虫病防治项目。卫生计生委投入 798 万，委托中国疾控中心在甘孜州建立了包虫病工作站。组织 17 个省（市）援助西藏自治区 70 个县开展包虫病流调，并举办三期培训班对疾控人员和 B 超医生进行培训。举办消除疟疾工作启动会和墨脱县消除疟疾培训班，协调广东省派专业人员 6 人进藏协助林芝市墨脱县（目前全国唯一的疟疾高发县）开展传染源监测、病人查治、媒介控制、疫点处置等工作。中央补助地方260万元支持西藏自治区开展精神卫生项目。协调8省市51名专业人员赴43个区县开展严重精神障碍患者筛查确诊工作。

中央财政投入2000万支持西藏自治区4家住院医师规范化培训基地建设。投入经费1827万元，支持西藏招收住院医师235人。制定下发《关于加强住院医师规范化培训援疆援藏工作的通知》，协调内地有关省市启动实施住院医师规范化培训援藏工作。为西藏地区定向委托培养住院医师400名，住院医师规范化培训70人，助理全科医生培训320人。全科医生转岗培训、农村订单定向医学生免费培养、全科医学师资培训380人。印发《关于落实2016年农村订单定向医学生免费培养项目计划的通知》，明确要求各地加大对贫困地区、民族地区倾斜支持力度。组织实施组团援藏。2015年8月以来，会同教育部先后选派143名医疗专家，组成8支“组团式”援藏医疗队进藏援助，帮助受援医院累计健全规章制度788项，治疗患者近3万人次，开展各类手术5700余台、会诊12000余人次、讨论疑难病例1700余次。

中央财政共投入资金2578万元支持西藏自治区实施农牧区“一孩、二女”困难家庭扶助制度，投入资金2092万元实施“特殊子女家庭特别扶助制度”，投入资金2032万元实施农村计划生育家庭奖励扶助制度，投入资金1641万元实施计划生育家庭特别扶助制度，投入资金1008万元实施西部地区“少生快富”工程。通过两级培训的方式，在西藏自治区和四省藏区分片区举办了3期“新家庭计划”工作培训班。

【社会扶贫】 会同国务院扶贫办、中国残疾人联合会举办“扶贫日”减贫与发展论坛——健康扶贫论坛，启动“中国大病社会救助平台”，整合政府和社会资源，调动卫生计生行业资源和社会各界力量参与健康扶贫。继续实施“健康暖心”项目，2016年动员社会资源25488.75万元，累计投入20898.68万元。其中2016年接收捐赠16310.1万元，全年公益支出14810.77万元。举行“健康暖心扶贫基金捐赠仪式”，现场募集项目资金1.5亿元。启动“健康暖心——幸福小药箱”项目，向新疆、陕西、山西、宁夏、江西等省（区）的贫困地区免费发放幸福小药箱10654个。在山西省临汾市大宁县、永和县，陕西省榆林市清涧县、子洲县，江西省赣州市于都县全面开展“健康暖心——大病救助计划”，投入资金1000万元。继续实施“健康暖心——锐珂贫困地区基层医生培训润土计划”，先后培训卫生分管副县长、卫生局局长、医院院长、儿科、妇产科、影像及检验临床医生1000余名，组织49名三级甲等医院具有10年以上临床经验的主治医师深入贫困县医疗机构开展了3个月的临床指导。继续开展“健康暖心——基层医疗装备联心助医计划”，截至2016年12月底，已对267家医疗机构完成捐赠工作，共计捐赠医疗装备 1047 套（台），合计捐赠价值 19453.5 万元。

【定点扶贫】 2016 年 1 月，卫生计生委主要领导同志赴定点扶贫县调研并召开定点扶贫工作会议，部署“十三五”时期定点扶贫工作。派出挂职干部 8 人，积极协调资源，帮助定点县脱贫攻坚。协调山东大学第二医院与子洲县医院建立为期 5 年的对口帮扶关系，每年委派 5 名专家到县医院开展“蹲点式”帮扶。协调青岛大学医学院附属医院全面托管大宁县医院，将其建成区域性医疗中心，服务周边 7 个贫困县。召开试点工作会议，完善国家、省、市、县四级工作协调机制，指导四县落实 2016 年卫生计生人才培养计划。订单定向医学生免费培养、全科医生特设岗位计划、住院医师规范化培训等项目向 4 县倾斜，累计招聘 160 余名基层医疗卫生人员。继续开展“健康暖心项目”，安排 4 个定点扶贫县资金 800 万元用于实施健康扶贫工程，2016 年 4 县累计救助贫困大病患者 718 人，为 14551 人购买大病医疗商业补充保险，举办 28 期卫生计生人才专题讲座，培训 5500 余人次。帮助贫困户试点种植 2500 亩连翘，精准扶持贫困户增收。启动“健康暖心——幸福小药箱”项目，为山西省大宁县、永和县，陕西省清涧县、子洲县各捐赠 1000 个价值 9.5 万元的小药箱。

（国家卫生和计划生育委员会　高艳坤）

国务院国有资产监督管理委员会扶贫

【概述】 2016年，国务院国有资产监督管理委员会（以下简称“国资委”）组织指导中央企业积极参与扶贫开发，在贫困地区广泛开展各类援助帮扶活动。2016年，国资委发起设立中央企业贫困地区产业投资基金，组织中央企业扎实推进定点扶贫、产业援疆、对口援藏、援青等工作，继续深入开展“中央企业定点帮扶贫困革命老区百县万村活动”，会同民政部持续推动中央企业参与“救急难”试点，并继续参与集中连片特困地区扶贫攻坚和区域发展，同时有力推进国资委机关定点扶贫工作。

【中央企业定点扶贫】 2016年，中央企业在定点扶贫工作中，以抓项目落实、增强贫困地区“造血”功能为重点，通过产业帮扶、资金帮扶、科技带动、人才援助等多种方式，在产业开发、整村推进、劳务输出、劳动力就业、基础设施建设等方面做了大量工作，有力促进当地支柱特色产业发展、基础设施条件改善和群众生活水平提高，取得良好的经济和社会效益。截至2016年，中央企业除结对帮扶246个国家扶贫开发工作重点县以外，还结对帮扶了1034个地方党委政府安排的定点扶贫县（乡、村）。2016年中央企业累计投入定点扶贫资金27.18亿元，开展各类定点扶贫项目1984个，派出挂职扶贫干部868人，驻村“第一书记”316人，举办各类培训班484期，援建学校74所，援建医院（卫生所）57所。

【中央企业扶贫援疆】 2016年中央企业持续推进产业援疆工作，狠抓重点援疆项目落实。2016年，共有38家中央企业在疆投资项目9050个，累计完成投资881.84亿元；20家中央企业在疆承建项目2321个，完成合同金额1297.46亿元。在大力推进产业援疆的同时，中央企业切实履行政治责任和社会责任，积极参与社会公益事业和民生工程建设。2016年，中央企业在疆投入无偿援助帮扶资金8445.96万元，贯彻落实中央《关于进一步加强内地高校新疆籍少数民族毕业生就业创业的意见》，吸纳新疆籍少数民族高校毕业生1289人。连续3年在京组织开展了“中央企业牵手新疆各族青少年融情实践营”活动，邀请新疆各族青少年走进央企。

【中央企业扶贫援藏】 2016年，中央企业持续深度参与西藏经济社会建设，在西藏开展援藏项目1999个，完成投资171.25

亿元，投入无偿援藏资金4.09亿元。其中，承担对口援藏任务的15家中央企业开展对口援藏项目165个，投入对口援藏资金3.01亿元。

【中央企业援青扶贫】 2016年，中央企业在青海投资项目3667个，完成投资239.81亿元；无偿投入无偿援青资金2.6亿元。其中，16家对口援青中央企业累计开展对口援青项目44项，累计投入对口援青资金1.27亿元。

【产业投资基金】 2016年10月13日，国务院批准设立中央企业贫困地区产业投资基金。基金由国资委牵头发起，主要投资于贫困地区的资源开发、产业园区建设、新型城镇化发展等，重点支持贫困人口多、贫困发生率高的省区、革命老区、少数民族地区和边疆地区。51家中央企业承诺参与基金首期出资，首期募集资金122.03亿元。10月17日，中央企业贫困地区产业投资基金股份有限公司创立大会在北京市举行。创立大会上，基金公司与青海、河北、河南、江西、贵州、云南及中国电建有关地方、企业签约方举行了基金首批投放项目签约仪式。2016年，基金公司完成6个项目投放、共计投放资金14.4亿元，实现了“当年筹备、当年设立、当年出资到位、当年完成10%以上投资量”的既定目标，取得阶段性重要成果。

【扶贫会议】 2016年2月，国资委召开中央企业扶贫开发工作会议，深入贯彻落实中央扶贫开发工作会议和《中共中央国务院关于打赢脱贫攻坚战的决定》精神，总结交流“十二五”时期中央企业扶贫开发工作，全面部署推动新阶段工作。

【扶贫机构建设】 为进一步做好中央企业和国资委机关扶贫开发工作，加强对扶贫开发工作的组织领导，经国资委党委会议研究批准，2016年2月，国资委成立“国资委扶贫开发工作领导小组”，国资委副主任、党委委员徐福顺任组长，国资委副主任、党委委员刘强，国资委党委委员、秘书长阎晓峰任副组长，领导小组分设国资委扶贫开发领导小组中央企业扶贫工作办公室和国资委扶贫开发工作领导小组机关扶贫工作办公室。原“国资委援疆援藏援青扶贫工作协调小组”调整为“国资委援疆援藏援青工作协调小组”，仍由国资委副主任、党委委员徐福顺任组长。

【“救急难”试点】 2016年，国资委继续深入开展中央企业定点帮扶贫困革命老区百县万村活动，组织开展“同舟工程——中央企业参与‘救急难’行动”，持续帮助贫困革命老区部分贫困村改善水、电、路基础设施条件，持续帮助因病致贫、因病返贫困难群众。6月，国资委中央企业扶贫办会同民政部社会救助司赴吉林省调研“救急难”综合试点暨“同舟工程”执行情况等工作调研。7月，国资委印发通知，对各企业“百县万村”和“救急难”活动开展情况进行了督促、摸底。据统计，截至2016年底，有关中央企业开展百县万村活动中，实施项目930个，涉及建档立卡贫困村 637 个，惠及建档立卡贫困人口 15.53 万人，投入资金量 4.05 亿元；在 63 个试点国家开发重点县，有关中央企业投入“救急难”资金 2061.00 万元，惠及因病致贫 6062 人（户）。

【扶贫调研】 2016 年 1 月，国资委会同民政部组成宣讲调研慰问组，赴江西开展了扶贫宣讲调研慰问活动。11 月，国资委主任肖亚庆、副主任刘强等带队赴河北省魏县、平乡县开展扶贫调研。3 月、7 月、9 月，国资委中央企业扶贫办组队赴安徽、河南、山西等地开展了中央企业扶贫开发工作调研。

【扶贫督查】 2016 年 10 月，按照国务院扶贫开发领导小组要求，国资委副主任徐福顺任组长，副秘书长周渝波任副组长，国资委与全国工商业联合会组成第 22 督查组，赴新疆开展脱贫攻坚督查工作。督察组克服种种不利因素，入村进户，深化对突出问题的督查，圆满完成现场督查各项任务，形成了督查报告并报送国务院扶贫开发领导小组办公室。

【定点扶贫】 国资委高度重视委机关定点扶贫工作，组成 11 个协作组，分别结对帮扶河北省平乡县、魏县贫困乡镇。印发《国资委直属机关定点扶贫指导手册》，充分发挥系统单位和派出挂职扶贫干部力量，积极开展产业、教育扶贫和党建促扶贫以及结对帮扶活动，大力实施精准扶贫。2016 年，国资委领导及机关扶贫工作办公室、各协作组赴两县调研、考察 10 余次；直接投入扶贫资金、财物合计 200 余万元；帮助魏县、平乡县引进项目资金 1 亿元；帮助培训干部和专业技术人才 10 余人次，资助贫困学生 2000 余人，开展送温暖活动 10 余次；受益建档立卡贫困户近万人次。

（国务院国有资产监督管理委员会
综合局　梁小涛）

国家新闻出版广电总局扶贫

【概述】 2016年，国家新闻出版广电总局（以下简称“新闻出版广电总局”）以中共中央总书记习近平扶贫开发重要战略思想为指导，积极贯彻落实中共中央扶贫开发工作会议精神，按照国务院有关工作部署，紧紧围绕保障贫困人口读书看报、听广播、看电视、看电影等基本文化权益，切实做好行业扶贫工作，夯实老少边穷地区基础设施建设，提高公共文化产品和服务供给能力。同时，积极发挥行业主管优势，加强扶贫宣传，营造良好舆论氛围，加大定点扶贫帮扶支持力度，不断提升贫困地区脱贫致富能力。

【制播能力建设】 为解决贫困地区县级广播电视播出机构采编播设备老化，制播能力不足等问题，“十三五”期间，新闻出版广电总局拟对832个国家扶贫开发工作重点县和集中连片特殊困难县符合条件的广播电视台等播出机构购置采集、编辑、播出设备，按200万元投资标准，80%的比例予以补助。2016年，已落实中央预算内投资4.54亿元，支持了284个贫困县广播电视播出机构制播能力建设。

【东风工程】 “十三五”期间，将“东风工程”建设项目实施范围扩大到全国所有少数民族自治州，重点提升民族地区新闻出版单位数字化加工、数字内容传播和民文出版物印刷发行能力。2016年，已落实中央预算内投资3亿元，支持46家民文出版单位、30家民文印刷单位购置设备，为43家县级新华书店改扩建营业用房，为193个新华书店配备了流动售书车。

【综合文化服务中心】 2016年，配合中共中央宣传部启动实施“贫困地区百县万村综合文化服务中心示范工程”，按照每个示范点2万元的补助标准积极做好广播器材配备工作。2016年已落实中央财政补助资金1.04亿元，对选取的河北、四川、吉林等20个省（市、区）共5195个村予以补助。

【文化惠民项目】 2016年，继续根据一村一月放映一场电影的目标，按照每场不低于200元的标准，对农村电影公益放映场次按西部80%、中部50%、东部20%的比例予以补助，2016年共落实中央财政补助资金7.14亿元；在长征沿线地区开展“百年小康路长征再启程——贯彻落实习近平总书记在纪念长征胜利80周年大会上的讲话精神”主题放映活动。

推动农家书屋提质增效。组织制定

《2016 年农家书屋重点出版物推荐目录》，加强对贫困地区的配书指导，注重配备帮助农民提高文化水平、提升脱贫能力的出版物；会同教育部开展 2017 年“我的书屋，我的梦”暑期农村少年儿童阅读实践活动；推动卫星数字农家书屋建设，解决边远地区报刊投送难等问题。

推进全民阅读服务贫困地区。实施“书香·童年”阅读工程，按照学龄前儿童的智力、心理发育特点和阅读心理、阅读规律，首批准备了 5.5 万个阅读包发放给甘肃和青海省贫困农牧民家庭并开展阅读辅导活动；开展 2016 年“百社千校”阅读活动，组织 100 家左右图书出版单位，与全国各地特别是老少边穷地区的 1000 所中小学共同开展多种形式的阅读活动。

支持少数民族地区影视剧译制和民文出版。按照已形成的工作机制，2016 年，继续组织影视剧制作单位向新疆、西藏、四川等少数民族地区组织捐赠 2000 集电视剧、18000 分钟电视动画片，推荐 80 部影片（其中故事片 60 部、科教片 20 部）作为少数民族语待译制片目并提供译制素材。同时，按照“建养并重”原则，2016 年继续争取中央财政安排译制经费 2.9 亿元，专项用于少数民族语言广播影视节目译制工作；争取中央财政安排民族文字出版资金 1.1 亿，专项用于支持民族新闻出版事业发展，补助服务民族地区的民族文字出版物 1300 多种。

【扶贫宣传】 2016 年，新闻出版广电总局通过召开宣传通气会、编发《宣传通报》等形式，协调指导全国各级广播电视播出机构全方位、多角度、多形式开展“扶贫日”宣传工作，营造良好舆论氛围。通过专题节目和系列报道深入解读中央领导同志有关重要讲话精神，全面介绍中共中央和国务院重要工作部署、国内扶贫形势任务、扶贫开发方针政策以及扶贫实践先进典型先进人物。

8 月，中央电视台发布“广告精准扶贫”项目，通过免费或优惠的广告销售政策，助力贫困地区名优农产品和有潜力的中小企业登陆央视，以品牌传播撬动地方产业发展，以产业发展推动地区脱贫。该项目以贵州猕猴桃作为首发产品，在央视 5 个频道，连续播出一个月，直接带动贵州当地猕猴桃销量同比增长 10 倍。

【人才扶贫】 落实国家区域人才支持计划，积极协调相关单位做好挂职干部选派和边远贫困地区、边疆民族地区干部接收培养工作，切实加强对贫困地区的人才支持力度。从中央三台选派 15 名专业干部到西藏两台挂职交流，从西藏两台接收两批共 30 名专业干部到中央三台学习锻炼；选派 3 名具有博士学位和高级职称的同志参加中组部、团中央第 17 批博士服务团，分别赴贵州、甘肃、新疆兵团挂职服务；从中央三台选派 3 名正处级中青年业务骨干分别到内蒙古、贵州、甘肃挂职锻炼；协调接收宁夏、西藏 2 名“西部之光”访问学者到中央电视台学习研修。

把面向四川省甘孜藏族自治州（以下简称“甘孜州”）、凉山彝族自治州广播电视人才扶贫培训项目列入年度培训计划，采取委托办班、选派人员到高校进修、在其他培训项目中单独给予名额等方式，共培训53人，支持培训经费59.36万元。

【扶贫调研】 新闻出版广电总局党组成员、副局长吴尚之率领总局机关人员一行6人赴山西省壶关、平顺两县考察调研，并走访慰问了6户特殊困难家庭，同时代表全体干部职工向壶关、平顺两县贫困学生和困难群众送去慰问金22万元。调研和慰问期间，通过与当地县委县政府开展座谈、深入农村、走访群众摸清情况等方式，了解当地经济文化发展状况和迫切需求，掌握了大量一手资料，并就如何结合新闻出版广电总局和当地实际，有针对性地落实帮扶措施进行了深入研究，为进一步开展精准扶贫工作打下了良好基础。

【定点扶贫】 2016年，新闻出版广电总局继续做好定点扶贫工作。一是积极做好捐资助学。组织干部职工开展“春风送暖”和“爱心助学”活动，资助山西省平顺县、四川省德格县、江西省大余县和青海省囊谦县贫困家庭和困难学生共计82万元，资助贫困家庭120个、困难学生554个；协调社会资源开展“爱心一对一”帮扶活动，资助平顺县52名不同年龄、不同年级建档立卡的贫困生直至高中毕业，每人每年资助3120元，共计113.57万元；协调中国扶贫基金会帮助平顺县组建新长城高中生志强班，从2016年入学的高一建档立卡贫困生中选择35名，连续资助三年直至高中毕业，每人每年资助3500元，共计36.75万元；帮助德格县、平顺县、囊谦县、大余县建设一批韬奋书屋，每个县选择5个中小学，各建立1个韬奋书屋，每个书屋配备10万码洋图书，共计200万码洋。二是支持贫困地区软硬件建设。指导平顺县以贯彻落实《政府机关使用正版软件管理办法》为契机，建立国产软件应用试点县。10月，山西省版权局在平顺县组织国产软件应用试点工作培训，培训会现场广西一铭软件股份有限公司捐赠了价值139.8万元的操作软件、北京金山办公软件公司捐赠了价值340.8万元的办公软件；针对甘孜州广播节目制播能力弱，广播覆盖体系不健全等问题，投入资金318.3万元，分三阶段为甘孜州及18个县广播电视台配备了广播节目制播平台设备。已完成第三阶段即泸定、丹巴、九龙、雅江、白玉、巴塘、乡城7个县的设备安装调试及相关技术培训等工作，投入资金108.7万元。三是充分发挥新闻宣传优势。联系中央电视台七套《农广天地》和四套《走遍中国》栏目，为平顺县新农村建设、种植、养殖、旅游等方面进行宣传报道；资助25万元帮助壶关县出版了《壶关太行山大峡谷旅游文化系列》和《壶关村村咏》两套丛书，共计6本。四是认真选拔优秀干部，深入扶贫一线。选派3名政治素质好、工作能力强、有吃苦和奉献精神的干部赴甘孜州、平顺县和大余县挂职扶贫。以挂职干部为纽带，持续加大对扶贫地区新闻出版广播影视事业产业发展、干部人才队伍建设的支持力度，多渠道、多方式支持挂职干部为提高当地公共文化服务水平、促进经济发展和社会稳定多做贡献。

（国家新闻出版广电总局
财务司　毛恩荣）

国家林业局扶贫

【概述】 2016年，国家林业局认真贯彻中共中央扶贫开发工作会议精神，立足贫困地区林业资源优势，出台一系列林业扶贫政策，确定“四精准三巩固”的林业精准扶贫精准脱贫思路，即生态护林员精准到人，退耕还林精准到户，金融扶持精准到利益分配机制，定点县精准到摘帽时限；实施大规模国土绿化行动巩固脱贫成果；提升森林旅游水平巩固脱贫成果；发展特色林果和林下经济巩固脱贫成果。

2016年，国家林业局结合林业重点工程建设，以改善贫困地区生态状况和提高贫困地区和贫困人口自我发展能力为重点，将林业政策和资金向贫困地区倾斜，共计向832个贫困县安排中央林业投资418亿元。同时，进一步加大了对滇桂黔石漠化片区等14个集中连片特困地区以及对口帮扶县的支持力度，切实提高脱贫攻坚的精准度和有效性。

【扶贫制度建设】 印发《国家林业局关于加强贫困地区生态保护和产业发展促进精准扶贫精准脱贫的通知》，对今后一个时期林业精准扶贫精准脱贫总体思路、工作重点进行了部署；印发《国家林业局办公室关于支持贫困县开展统筹整合使用财政涉农资金试点有关问题的通知》，对涉农资金整合中涉及林业的工作提出具体要求；印发《林业科技扶贫行动方案》，对发挥林业科技优势，推动林业科技扶贫进行了总体部署。同时，国家林业局还参与《“十三五”脱贫攻坚规划》编制修改上报工作，与农业部等九部门共同印发了《关于印发贫困地区发展特色产业促进精准脱贫指导意见的通知》。

【生态护林员选聘】 2016年，国家林业局联合财政部、国务院扶贫办印发《关于开展建档立卡贫困人口生态护林员选聘工作的通知》，以集中连片困难地区为重点，以具有一定劳动能力，但又无业可扶、无力脱贫的贫困人口为对象，在中西部21个省（区、市）的建档立卡贫困人口中，选聘了28.8万名生态护林员，中央财政安排20亿元用于购买生态服务，精准带动108万人稳定增收和脱贫，实现了生态保护与精准脱贫双赢。

【退耕还林工程】 2016年，国家林业局商国家发展和改革委员会、财政部将新增退耕还林任务1335万亩中的80%重点安排到可退面积大、建档立卡贫困人口多的贵州、甘肃、云南、新疆、重庆等省（区、市)。全国共安排72.9万贫困户退耕还林任务414万亩，每亩可得到中央补助资金1500元。

【产业扶贫】 国家林业局统筹各项林业资金，并协调金融部门提供还款期长的贷款，对油茶、核桃等种植范围广、产业链条长、产品种类多、收益期长、就业容量大，能够促进贫困地区长期稳定受益，又能维护国家粮油安全的木本油料发展给予大力支持，通过与龙头企业牵头、合作社牵头、国有林场牵头等与贫困户建档立卡贫困户精准建立利益联结机制，保障贫困人口前期通过土地流转、劳务、分红收益，后期通过盛果期收益，国家林业局对利用贷款的给予贴息。

结合林业重点工程实施，在保证生态效益的同时，大力发展适合在贫困地区种植、市场需求旺盛的特色林果、林下经济，2016年国家林业局评出了225个“服务精准扶贫国家林下经济及绿色产业示范基地”，带动贫困人口发展林下经济就业增收。

各地在林业生态建设解决贫困人口就业方面进行了积极探索，山西省组建扶贫攻坚造林合作社的做法得到了肯定。

【易地扶贫搬迁】 结合大规模国土绿化，加快易地扶贫搬迁迁出地生态修复，改善贫困地区生态环境，安排搬迁户劳动力参与生态保护与建设，巩固易地扶贫搬迁成果。

【旅游扶贫】 进一步加强森林公园、湿地公园、自然保护区基础设施建设，大力发展森林旅游，为贫困人口兴办“森林人家”，扩大与旅游相关的种植业、养殖业和手工业发展，促进贫困人口脱贫增收。

【扶贫培训】 国家林业局通过组织举办各类林业实用技术和管理培训班，有针对性地组织专家和科技人员下乡，积极推广林业科技实用技术，现场实地指导和帮助解决基层存在的技术问题，提高帮扶地区干部群众的科技意识和水平。2016年，国家林业局委托国际竹藤中心举办了2期林业扶贫专项技术培训班和2期竹编培训班，培训林业部门生产一线管理人员、技术人员、种植大户、林农等295人次。培训内容包括竹材加工利用与创新技术、竹资源丰产培育技术、竹林病虫害防治技术、竹与竹制品艺术、油茶良种抚育及高产栽培与低产林改造技术、茶油营养品质及加工质量控制技术等。

【扶贫宣传】 2016年，国家林业局加强了对林业扶贫工作的宣传力度。一是开展“扶贫日”宣传活动，国家林业局分管副局长参加产业论坛并进行宣讲，在绿色时报开展整版林业扶贫宣传活动。二是按照国务院扶贫开发领导小组部署，国家林业局总工程师带队，会同中国人民银行有关负责人赴辽宁省开展扶贫宣讲活动。三是定期编制印发林业扶贫信息简报，扩大林业扶贫宣传力度，树立工作典型、探索先进经验、推广先进模式。四是组织挂职干部参加全国脱贫攻坚奖的评选，国家林业局派到龙胜县挂职工作的高中海同志，成为中央国家机关唯一获得“2016 年全国脱贫攻坚奖”的干部。

【连片特困地区扶贫攻坚】 2016 年，国家林业局对负责联系的滇桂黔石漠化片区林业精准扶贫力度不断加大，措施不断完善，安排中央林业资金 41.5 亿元，高出“十二五”年均投资额 9.2 个百分点，生态补偿脱贫一批、发展产业脱贫一批成效日益显现，全年精准带动 42.9 万人增收脱贫，生态保护修复和石漠化综合治理进一步加快，完成造林 562 万亩、森林抚育 313 万亩，片区森林覆盖率达 57.6%，片区林业产业总产值达 1509 亿元。4 月，国家林业局与水利部共同筹备召开了 2016 年滇桂黔石漠化片区区域发展与扶贫攻坚现场推进会，国家林业局局长到会讲话。在林业产业博览会上为滇桂黔石漠化片区免费提供展位 37 个。

【定点扶贫】 2016 年，国家林业局局领导多次赴贵州省荔波县、独山县，广西壮族自治区罗城仫佬族自治县、龙胜各族自治县进行调研，并指导当地精准脱贫工作。印发《国家林业局定点扶贫帮扶计划》，将定点扶贫任务分解落实到相关司局、单位。组织编制《定点县“十三五”林业扶贫规划》，确定“十三五”时期林业帮扶的思路和重点。加大政策扶持力度，2016 年，4 个定点县落实林业中央投资 1.9 亿元。协调国家开发银行、中国农业发展银行与 4 个定点县签署合作协议，落实贷款 17.83 亿元；专项安排生态护林员 6500 人。为提高帮扶能力，派出 5 名扶贫挂职干部，向 4 个定点县各赠送 50 万元林业科技书籍。经统计，4 个定点县全年共脱贫 54694 人，贫困发生率比 2015 年下降了 4 个至 7 个百分点。

（国家林业局发展规划与资金管理司　熊晓斐）

国家烟草专卖局扶贫

【概述】 2016年，国家烟草专卖局认真贯彻落实中共中央、国务院的决策部署，发挥行业优势，努力践行“国家利益至上、消费者利益至上”的行业共同价值观，按照“六个精准”“五个一批”的总体要求，用好计划资源为老少边穷地区经济发展尽责出力，用好烟叶政策为老少边穷地区烟农脱贫致富尽责出力，用好捐赠资金为对口支援地区增强内生动力尽责出力。加大对湖北省十堰市竹溪县、竹山县的对口扶贫力度，继续做好“支持赣南原中央苏区振兴发展”等扶贫开发项目，支持云南烟草做好保山市布朗族聚居区、德宏州阿昌族聚居区整乡推进、整族帮扶工作，增加宁夏吴忠市红寺堡区对口扶贫任务，继续采取特殊扶持政策支持西藏、新疆脱贫攻坚工作。

【产业扶贫】 2016年，烟草行业依托烟草产业扶贫，带动异地扶贫搬迁建设、带动新农村建设、带动小城镇建设、带动公益项目建设，打造出了烟草行业扶贫工作一系列新亮点。一是稳定基础设施建设投入。预算安排烟田基础设施建设和水源工程援建资金各50亿元，增强烟叶生产可持续发展能力，带动乡村基础设施建设和环境改善。二是科学组织抗灾救灾。针对多个省份特别是南方烟区持续遭受暴雨、洪涝、冰雹等重大自然灾害，及时启动灾损理赔与灾害救助，最大限度减少烟农损失。三是发挥产业优势，用好烟叶政策，有效带动老少边穷地区烟农脱贫致富和烟区经济社会发展。在烟叶种植收购总量普减的情况下，仍保持贫困地区烟叶生产计划相对稳定，促进烟农增收。

【片区扶贫攻坚】 2016年，烟草行业继续按照部际联系工作机制的要求，支持滇桂黔石漠化片区、滇西边境片区的脱贫攻坚工作，通过发展烟叶产业，强化烟叶基础设施建设，加强资金帮扶，推动水源工程建设等工作促进各个片区区域发展与扶贫攻坚，改善群众生产生活条件。在滇桂黔石漠化片区投入资金2.83亿元，用于改善烟叶生产基础设施，发展烟叶产业，促进当地区域发展和农民脱贫致富；投入1.46亿元，用于整县脱贫和片区的基础设施改善、文化配套设施和扶贫新村建设，提高片区群众生产生活质量；援建10.98亿元资金建设23项水源工程，改善片区灌溉和饮水条件。在滇西边境片区投入补贴资金25.54亿元，用于生产基础设施及烟草水源工程建设，拨付专项资金3.22亿元，用于公益捐赠和民生改善。

【扶贫援藏援疆】 2016年8月，烟草行业召开第五次援藏工作座谈会，国家烟草专卖局与西藏自治区人民政府签订扶贫协议书，拟在“十三五”期间，烟草系统出资5亿元，帮助西藏自治区扎囊县、贡嘎县、班戈县和仲巴县吉码乡“三县一乡”贫困群众精准脱贫。除上述扶贫资金外，2016年，国家烟草专卖局还向西藏发展基金会捐赠500万，为13所小学安装太阳能发电系统，为4所中学配备电脑教室。西藏自治区烟草专卖局（公司）（以下简称“西藏区局”）和下属单位也采取多种措施支持当地扶贫工作，其中西藏区局捐赠11.561万元资金对驻村村委会及宣传栏进行维修和新建；投入3.2万元组织12次群体文体活动，丰富困难群众精神生活；捐赠16万元在2016年春节和藏历新年慰问贫困群众；落实培训专项资金10万元，组织技能培训2期，组织20人（次）外出务工；干部个人捐款7.43万元用于改善结对帮扶村贫困户生活。日喀则市烟草专卖局（公司）对拉孜县堆谐文化进行发掘发扬，带动群众收入增长。

2016年，在援疆工作方面，新疆维吾尔自治区烟草专卖局（公司）（以下简称“新疆区局”）共支出扶贫资金6430.57万元，其中援助和田地区团结新村建设项目资金6000万元，用于建设金叶村、玉叶村安居富民房500套，温室蔬菜大棚1000座，以及水、电、道路等基本配套设施；在“访惠聚”工作投入332.57万元用于道路、生活用水、水渠、便民超市、便民市场建设，发放慰问品，解决“村两委”水电暖等运转费用；为阿尔泰地区吉木乃县喀尔交乡捐赠定点扶贫资金98万元，用于打井、大病救助、改善农牧民住房、慰问困难群众等。同时，新疆区局还向向全区派出34个驻村工作队，87名（次）工作队员进驻扶贫地区支持当地脱贫工作。新疆卷烟厂投入公益事业捐助资金150万元用于塔城裕民县阿勒腾也木勒乡对口帮扶工作，改善该乡基础设施建设，看望走访贫困户。

【整族帮扶】 2016年，烟草行业继续在云南省保山市布朗族聚居区、德宏傣族景颇族自治州（以下简称“德宏州”）阿昌族聚居区进行整乡推进、整族帮扶工作。按照云南省委、省政府的总体部署，云南省烟草专卖局（公司）和云南中烟工业有限责任公司（以下简称“云南烟草”）分别帮扶德宏州阿昌族、保山市布朗族两个少数民族地区，从2015年开始连续3年每年各投入2亿元专项扶贫资金。2016年，云南烟草拨付专项资金2亿元用于两个少数民族地区整族安居工程、产业发展、基础设施建设、社会事业发展和人员培训等。在3个阿昌族乡发展烤烟3.16万亩，收购烟叶9.35万担，实现烟农总收入1.23亿元，实现烟叶税2713.22万元；推动非烟产业发展，发展养殖业、特色经济作物、传统民族手工业和农特产品加工业，通过组建农业合作社、支持电商入驻等方式拓宽增收渠道。

【对口支援】 2016 年，国家烟草专卖局对口支援赣南原中央苏区，累计投入资金 1.68 亿元，帮助江西省兴国县解决民生实事。江西省烟草专卖局（公司）、江西中烟工业责任有限公司分别投入 1 亿元支持赣南原中央苏区振兴发展。

2016 年，国家烟草专卖局下拨 1 亿元作为兴国县新农村建设资金，其中安排 4500 万元用于 42 个金叶新村建设，帮助 32 个脱贫村实施了整村推进项目，解决 300 多户贫困户改水、改厕问题。金叶新村建设惠及农户 2800 户 1.4 万余人，城乡基础设施和基本公共服务差距逐步缩小。安排 1500 万元用于精准扶贫产业项目，在 10 余个乡镇建设肉牛基地、蔬菜基地、白莲基地等扶贫产业基地，带动贫困户增收致富。安排 4000 万元用于教育民生项目建设，援建的 20 所乡镇公办幼儿园中，已有 18 所开园招生，更多的乡村孩子享受到了优质的教育资源。援建 6251.96 万元用于改善长龙灌区渠道输水能力，5 个乡镇 35 个行政村 8 万余人从中受益。此外，派出的挂职干部发挥桥梁纽带作用，联系基金会争取到扶贫资金 570 万元，为兴国县的精准扶贫工作做出了积极努力。

【定点扶贫】 2016 年，国家烟草专卖局定点帮扶县共 3 个，分别是宁夏回族自治区吴忠市红寺堡区，湖北省竹溪县、竹山县。

国家烟草专卖局从 2016 年起在红寺堡区开展定点扶贫工作，决定连续 5 年每年向红寺堡区投入扶贫资金 1000 万元开展肉牛养殖项目，以带动上游的草畜饲料种植和下游的屠宰加工业发展，帮助红寺堡区经济社会发展和群众脱贫致富。宁夏弘德包装材料有限公司由烟草系统投资成立，2016 年实现工业总产值 17532 万元，占当地工业总产值的 12%；利润总额 1320.16 万元，公司总用工数 284 人，解决红寺堡及以南地区就业 164 人（其中建档立卡贫困户子弟及残疾人占 9%）。

继续在竹山县深入开展定点扶贫工作，在公共事业、烟草产业、蔬菜畜牧产业、精准到户扶贫、新农村建设、移民安置扶贫、信息扶贫、文体教育扶贫等领域实施 23 个扶贫项目，投入资金 1500 万元，涵盖全县 17 个乡镇。其中，基础设施建设项目投入 280 万元，新农村建设项目投入 138 万，异地搬迁项目投入 60 万，公益项目投入 20 万，卫生扶贫项目投入 250 万，教育扶贫项目投入 190 万，产业扶贫项目投入 562 万。

继续在竹溪县深入开展定点扶贫工作，以“聚焦产业和经济发展，着力保障和改善民生，打造国烟扶贫精品工程”为宗旨，全力支持美丽乡村建设，更加关注贫困地区民生问题，推动文化教育等公益事业发展，全年共实施 24 个常规项目，2 个创新试点项目（非烟产品电商平台、杠杆金融贴息）建设，投入资金 1500 万元，其中，

350 万元用于美丽乡村建设，150 万元兴建水利设施缓解群众吃水难问题，310 万元解决群众行路难问题，120 万元为 3 个贫困村修建了村委会和文化广场，300 余万元为全县 12 个农村中小学改造旱厕，兴建学生宿舍楼，为贫困户发放小额扶贫贷款贴息 30 万元，投入 5 万元支持打造电商物流平台，还投入部分资金扶持蜂产业和特色养殖业发展。

此外，2016 年国家烟草专卖局向中国扶贫基金会捐赠 192 万元用于资助竹山、竹溪两县特困高中生，向中国西部人才开发基金会捐赠 200 万用于帮助包括竹山、竹溪两县在内的农村留守儿童。

【干部挂职扶贫】 2016 年，国家烟草专卖局共派出 5 名挂职干部分别担任兴国县副县长、竹溪县副县长、竹山县副县长、红寺堡区副区长以及竹山县金岭村“第一书记”等职务。5 名挂职干部牢记使命，不负重托，深入到扶贫一线和基层群众中真扶贫、扶真贫，为当地经济社会发展和民生改善尽责出力，得到了当地干部群众的一致好评。

（国家烟草专卖局　谭前鹏）

国家能源局扶贫

【概述】 国家能源局充分发挥能源开发建设在打赢脱贫攻坚战中的基础性作用，结合贫困地区资源禀赋情况，坚持以精准扶贫精准脱贫基本方略为引领，利用2016年行业规划编制契机，加强能源发展总体规划、14个专项规划与“十三五”脱贫攻坚规划的衔接，将贫困地区具备开发条件的水电、火电、输电工程项目纳入“十三五”脱贫攻坚规划。2016年，根据贫困地区资源禀赋情况，核准开工青海黄河玛尔挡、金沙江叶巴滩等大型水电站，安排中央预算内投资支持国家扶贫开发重点县煤矿安全改造，下达第一批光伏扶贫建设规模。启动实施新一轮农网改造升级工程，开展西藏、新疆及四川、云南、甘肃、青海四省藏区农村电网建设攻坚，促进贫困地区经济发展和民生改善。

【扶贫制度建设】 在《能源发展“十三五”规划》和有关专项规划中，设置脱贫攻坚章节和内容，明确完善居民用能基础设施、实施能源扶贫工程、提高能源普遍服务水平、发展农村清洁能源等重点任务及目标，引导社会资源向贫困地区倾斜。在省级能源规划的衔接审批中，突出贫困地区能源建设重要地位，将江西信丰等地区电力扶贫项目纳入《电力发展“十三五”规划》，推进贫困地区煤电有序发展。

【光伏扶贫】 2016年，继续扩大光伏扶贫范围，将光照条件良好的16个省（区）、471个贫困县、3.5万个建档立卡贫困村纳入光伏扶贫范围，以整村推进方式开展光伏扶贫工作。联合国家发展和改革委员会、国务院扶贫办、国家开发银行、中国农业发展银行等五部门印发实施《关于实施光伏发电扶贫工作的意见》，明确保障200万建档立卡无劳动能力贫困户（包括残疾人）每年每户增加收入3000元以上的工作目标。印发《关于印发光伏扶贫实施方案编制大纲的通知》，会同国务院扶贫办对各省上报的实施方案进行了审核，下达第一批光伏扶贫建设规模516万千瓦，其中村级光伏电站（含户用）218万千瓦，集中式地面电站298万千瓦，惠及55万贫困户。

【农网改造升级】 2016年，根据《关于“十三五”期间实施新一轮农村电网改造升级工程意见的通知》的要求，全面启动实施新一轮农网升级改造工程。编制完成《全国小城镇中心村农网改造升级和农村机井通电工程2016—2017年实施方案》，计划用两年时间，在农网改造升级和农村机井通电方面投入1900亿元，惠及2416个县的8.5万个小城镇和中心村，覆盖150万个机井、2.1亿亩农田。分两批下达中西部地区农网改造升级中央投资计划，总投资385亿元。其中，安排国家级扶贫开发重点县、集中连片特困片区县农网改造升级中央投资计划127亿元。2016年，共为全国350万农村用户实施了“低电压”综合治理，为1.41万个贫困村通动力电或实施动力电改造。

【水电开发】 2016年，核准开工青海黄河玛尔挡（涉及青海省玛沁县、同德县等贫困县）、金沙江叶巴滩（涉及四川省白玉县、西藏自治区贡觉县等贫困县）水电站，总装机规模444万千瓦，总投资约560亿元。

【煤矿安全改造】 安排中央预算内投资支持国家扶贫开发重点县煤矿安全改造项目8个，加快吕梁地区三交、柳林等重点煤层气项目建设，在贵州六盘水等矿区建设瓦斯治理示范矿井，提高煤层气（煤矿瓦斯）抽采利用水平。

【定点扶贫概述】 按照《国家能源局2016年定点扶贫与对口支援工作要点》要求，国家能源局进一步创新政策举措，加快甘肃省通渭县、清水县能源资源开发利用，加强能源等基础设施建设，加大教育事业投入，促进通渭县、清水县经济社会加快发展。

【扶贫制度建设】 2016年，国家能源局与甘肃省政府联合编制了《国家能源局定点帮扶与省直单位双联融合推进通渭县、清水县脱贫攻坚总体规划（2016—2020年）》（以下简称“两县规划”）。两县规划梳理了国家能源局定点扶贫和甘肃省直单位双联扶贫的工作内容，提出了“十三五”期间两县脱贫的总体思路、基本原则、实施途径、重点项目、保障措施等。根据两县规划，通渭县围绕基础设施建设、扶贫产业开发、社会保障等方面谋划了120个重大项目，总投资达到39亿元。清水县深入推进“1636”脱贫攻坚行动，实施五大增收工程。

【基础设施建设】 2016年，通渭县实现全县动力电全覆盖。通渭锦屏330千伏变电站项目完成基础工程。清水县2016年农网改造升级项目总投资2078万元，新建与改造10千伏线路7.86千米、配变30台、容量4700千伏安，0.4千伏线路60.89千米、户表20473户。清水330千伏变电站项目已于2016年4月正式开工建设。

【光伏扶贫】 2016年，通渭县建成分布式光伏电站26座，其余541座正在建设。通渭县榜罗镇农光一体化光伏扶贫产业示范园项目一期70兆瓦工程光伏本体基本建成，10千伏升压站完成70%，110千伏送出线路完成65%，项目全部建成后可带动1500户贫困户脱贫。清水县200户分布式光伏扶贫试点项目采用“集中建设、全额上网”模式，已正式并网发电。2016年，清水县正式下达317户资金计划，300户分布式光伏扶贫试点项目实施方案已上报。

【扶贫调研】 2016年8月，原国家能源局副局长李仰哲带队赴甘肃定点扶贫调研，实地察看当地能源基础设施建设和能源帮扶项目实施情况，组织召开脱贫攻坚规划工作会议，审议《国家能源局定点帮扶与省直单位双联融合推进通渭县扶贫攻坚规划（2016—2020年）》和《国家能源局定点帮扶与省直单位双联融合推进清水县扶贫攻坚规划（2016—2020年）》，与地方有关部门和企业研究推进能源扶贫项目落地。

【教育扶贫】 2016年，连续第4年组织通渭县、清水县20名贫困家庭小学生和6名教师赴北京市参加为期一周的游学活动。组织4位专家学者，赴通渭县和清水县，以经济、金融、文化、旅游为主题，为当地干部群众授课。委托华北电力大学组织大学生，赴通渭县开展为期10天的支教活动，共有100余名中学生参加活动。

（国家能源局发展规划司　李　刚）

中国银行业监督管理委员会扶贫

【概述】 中国银行业监督管理委员会（以下简称“银监会”）高度重视贫困地区农村金融服务工作。2016 年，通过引导银行业机构加大涉农信贷投放，大力发展农村普惠金融，深化农村金融机构体制改革，不断丰富农村金融服务主体，创新农村金融产品和服务方式，完善农村金融基础环境，扎实做好定点扶贫工作，有效提升贫困地区的金融服务水平。

【引导加大涉农信贷投放】 2016 年印发《中国银监会办公厅关于做好 2016 年农村金融服务工作的通知》，引导银行业金融机构主动适应农村实际、农业特点、农民需求，不断深化农村金融改革创新，健全金融支农制度，提升金融支农能力，推动金融资源继续向“三农”倾斜。截至 2016 年末，银行业金融机构涉农贷款余额 28.23 万亿元，比年初增加 2.41 万亿元，同比增长 7.1%。

【农村普惠金融】 2016 年印发《中国银监会办公厅 2016 年推进普惠金融发展工作指导意见》，要求各金融机构着力增加普惠金融服务服务和产品供给，明显改善对小微企业、“三农”贫困人口、特殊人群等薄弱领域的金融服务水平并提出明确目标要求。引导银行业金融机构大力发展农村地区民生金融业务，支持返乡农民工、农村青年、农村妇女、大学生村官、科技特派员农村就业创业。改进残障人士等农村特殊群体金融服务。以集中连片特困地区为重点加大信贷投放，推进精准扶贫，推动扶贫小额信贷健康发展。着力改善乡镇基础金融服务，引导和鼓励银行业金融机构在具备条件的行政村，总体实现基础金融服务行政村全覆盖。截至 2016 年末，基础金融服务已覆盖 54.2 万个行政村，服务村级覆盖率 95%。银行业网点覆盖 3.27 万个乡镇，机构乡镇覆盖率 96%。在具备条件的行政村，扎实推进基础金融服务“村村通”，将基础金融服务向村一级加快延伸。

【农村金融机构体制改革】 针对不同机构的特点和优势，分类推进各类涉农金融机构改革。一是着重发挥农村信用社支农服务主力军作用。深化农村信用社改革，截至 2016 年末，全国共组建农村商业银行 1114 家。二是增强政策性金融服务功能。进一步强化政策性银行职能定位，明确政策性业务范围和监管标准。三是农业银行“三农金融事业部”改革试点已全面完成。

四是支持邮政储蓄银行发挥网点和服务优势，为广大农村和社区提供基础金融服务，稳步拓展小额涉农信贷业务。

【农村金融服务】 为社会资本合规进入金融领域打开通道，增加农村金融有效供给，提升农村金融竞争活力。一是稳步培育发展村镇银行。截至 2016 年末，全国共组建村镇银行 1443 家，其中 64.5%设在中西部地区，海南、江苏等 10 个省份实现了县市全覆盖。农户贷款和小微企业贷款合计占全部贷款的九成以上。二是促进涉农融资性担保机构稳健发展，推动有关部门和地方各级政府通过资本注入、补贴奖励和风险补偿等方式，对重点服务“三农”领域的融资性担保公司进行扶持。

【农村金融产品服务】 积极探索低成本、可复制、易推广的农村金融产品和服务方式，持续深入推进农村中小金融机构“富民惠农金融创新”工程，加快建立健全符合当地需求特点的金融产品体系，提高服务的满意度，增强产品的契合度。探索扩大抵押品范围，试点开展林权、土地承包经营权、宅基地使用权的“三权”抵押贷款。

【金融扶贫】 银监会印发《关于银行业金融机构积极投入脱贫攻坚战的指导意见》，明确银行业机构金融扶贫的政策措施，同时编制银行业建档立卡贫困户贷款、扶贫开发项目贷款、贫困县银行机具服务覆盖情况统计表，定期统计、监测扶贫工作进展情况。截至 2016 年末，全国银行业金融机构发放扶贫小额信贷余额 1658 亿元，支持建档立卡贫困户 402 万户；发放有财政扶贫专项资金贴息的扶贫项目贷款余额 802.7 亿元（不含易地扶贫搬迁长期贷款）。支持的建档立卡贫困户新增 250 万户，扶贫小额信贷支持贫困户已经占到全国建档立卡贫困户的 17.7%，户均贷款余额 4 万元。

【农村金融信用环境建设】 引导各地深入开展农村信用户、信用村和信用乡镇建设。加强与地方政府和公检法部门的协调合作，严厉打击骗贷和恶意逃废债行为，营造良好的农村金融环境。组织开展“送金融知识下乡”活动，普及推广农村金融知识。督促银行业金融机构严格执行“七不准”和“四公开”规定，开展专项督查，及时查处各类违规收费，切实降低涉农企业融资成本，保护农村金融消费者合法权益。

【定点扶贫】 银监会高度重视对甘肃省和政县、临洮县的定点扶贫工作。推动金融资源向贫困地区延伸。将定点县确定为“中国银监会普惠金融试点县”，2016 年印发《中国银监会 中国保监会 甘肃省人民政府关于印发临洮县、和政县普惠金融试点实施方案的通知》，着力增强定点县普惠金融服务和产品供给，改善对小微企业、“三农”，特别是贫困人口的金融服务。积极探索金融支持产业发展新途径。在贫困县创新推出“政府+平台公司+龙头企业+保险+合作社+贫困户”的“六位一体”产业链发展模式。加强贫困地区金融人才培养。采取双向挂职、两地培训、专项支援等方式，向定点县长期提供金融智力支持，缓解当地金融人才不足等问题。精准实施建档立卡贫困户大学生助学项目。会同中国扶贫基金会、招商银行、中国民生银行，2016年资助两县贫困学生598人、特困教师88人，资助金额270余万元，实现了对定点县当年考入大学的建档立卡贫困生的全覆盖。

（中国银行业监督管理委员会　张凤英）

中国证券监督管理委员会扶贫

【概述】 2016年，中国证券监督管理委员会（以下简称“证监会”）党委始终以中共中央总书记习近平扶贫开发战略思想为指导，把扶贫工作作为崇高的政治责任，注重发挥资本市场作用，探索资本市场的普惠金融功能，强化扶贫机制建设，凝聚系统和行业合力，支持产业发展，增强贫困地区“造血”功能。行业扶贫工作得到普遍认可，定点扶贫工作有效推进，定点帮扶的河南省兰考县率先脱贫。

【扶贫制度建设】 2016年9月，发布《中国证监会关于发挥资本市场作用服务国家脱贫攻坚战略的意见》，（以下简称《意见》），支持贫困地区利用多层次资本市场融资，对贫困地区企业首次公开发行（IPO）、新三板挂牌、发行公司债券、并购重组等方面，适用“即报即审、审过即发”等政策，引导人才、资本、技术、管理、观念等流入贫困地区。

12月，沪深证券交易所制定上市公司扶贫工作信息披露机制并发布格式指引，支持和鼓励上市公司积极履行社会责任。证监会与中国人民银行、中国银行业监督管理委员会和河南省人民政府印发《河南省兰考县普惠金融改革试验区总体方案》，兰考县成为全国首个国家级普惠金融改革试验区，为贫困县域探索输出一条可持续、可复制推广的普惠金融发展之路。

【多层次资本市场融资】 证监会优先支持贫困地区企业利用多层次资本市场融资。在坚持依法合规、精准扶贫的原则下，对于贫困地区企业IPO优先安排审核，并坚持条件不降低、标准不降低、环节不减少、程序不压缩。2016年12月，安徽集友新材料股份有限公司新股获准发行，成为第一家全流程适用“即报即审、审过即发”政策的首发企业。

【产业扶贫】 支持贫困地区产业发展，研发适合贫困地区的农产品期货品种，引导产业扶贫，增强贫困地区产业“造血”功能。鼓励上市公司结合自身生产经营情况开展产业扶贫。根据2016年年报统计，591家上市公司披露扶贫工作情况，资金总额超过210亿元，帮助41万建档立卡贫困人口脱贫，其中，产业扶贫项目超过3000个，投入资金110亿元，帮助17万建档立卡贫困人口脱贫。

鼓励上市公司、证券公司等设立产业扶贫基金等，通过市场化手段支持贫困地区产业发展。在行业协会的支持下，东海证券股份有限公司、长江证券股份有限公司、华创证券有限责任公司、国盛证券有限责任公司、中原证券股份有限公司等证券公司和牧原食品股份有限公司、金融街控股股份有限公司、雏鹰农牧集团股份有限公司、袁隆平农业高科技股份有限公司等上市公司设立了多支产业扶贫基金。

【行业力量动员】 《意见》发布后，各行业协会迅速响应，召开扶贫工作座谈会、动员会。中国证券业协会（以下简称“证券业协会”）发布“一司一县”、中国期货业协会发布“一司一结对”帮扶行动倡议并制定考核制度，鼓励引导证券期货经营机构结对帮扶贫困县。截至2016年，82家证券公司与125个贫困县、20家期货公司与21个贫困县结对帮扶。证券业协会建立“中国金融扶贫综合服务平台”，搭建行业扶贫交流平台和信息共享机制，推动贫困地区产业资源与资本市场对接。另外，20余家证券公司派驻挂职干部40余人，14家证券公司设立23个金融扶贫工作站，助力脱贫。

【扶贫培训】 加强贫困地区干部金融知识的学习培训，改变发展理念，转变发展模式，提升利用资本市场的能力。2016年12月，在国务院扶贫办举办的金融精准扶贫培训班上，证监会为31个省（区、市）的扶贫部门负责同志解读《意见》等政策。11月，上海证券交易所（以下简称“上交所”）完成向内蒙古沪蒙资本市场发展基金会捐赠2000万元，专项用于在内蒙古培训金融人才等。9月，深圳证券交易所（以下简称“深交所”）为贫困地区的210名金融干部组织“资本市场服务贫困地区发展”专题培训班。证券业协会编写金融扶贫系列读本，并于11月在“中国证券业协会远程培训系统”开通“扶贫培训”网上专区，提供20门免费课件，截至2016年底，专区课程合计报名5296科次，已开始学习4694科次，已完成学习2946科次。证券公司发挥营业网点多的优势，全年共在贫困地区开展资本市场教育培训活动近200场，4万余人次接受教育培训。

【重点地区扶持】 证监会结合自身职能，加大对片区、民族地区、革命老区等重点地区的政策、资金、项目、人才等方面的支持力度。政策措施主要有：支持西藏发展的8项措施；支持赣南等原中央苏区振兴发展的措施；支持内蒙古、广西、宁夏、西藏和新疆5个少数民族自治区资本市场发展的政策措施等。

【公益扶贫】 证监会系统和证券期货基金经营机构积极投身公益扶贫，参与教育、医疗、基础设施建设等。上交所通过上交所公益基金会平台针对“两个群体、两类地区”全年投入2334.03万元，实施11个教育和医疗类公益项目。各证券公司向贫困地区开展公益性捐款捐物全年达8984万元。11家公募基金设立公益基金会，自成立以来累计已捐赠总额2.26亿元，其中2016年捐赠5892.53万元开展扶贫、慈善公益。

【定点扶贫概述】 证监会党委建立以党委书记为第一责任人的扶贫工作体制，印发《关于中国证监会党委成员及证券交易所党委书记定点扶贫工作分工的通知》，强化定点帮扶责任。2016 年，证监会定点帮扶河南省兰考县和桐柏县、安徽省宿松县和太湖县、陕西省延长县、甘肃省武山县、山西省隰县和汾西县、新疆维吾尔自治区麦盖提县，共 9 个贫困县，从证监会机关和 7 家系统单位先后选派 15 名干部挂职扶贫。证监会领导及系统各单位负责人赴定点县考察调研 110 余人次，党委成员及沪深证券交易所 2 位党委书记先后 11 人次带队深入到贫困县开展调研指导工作，总结成绩、分析形势，研究新情况新问题，推动证券行业“一司一县”结对帮扶活动开展，推动兰考县建立普惠金融试验区，走访企业和贫困户，实地研究、推进产业发展。各定点帮扶单位结合党委工作部署和《意见》要求，成立扶贫工作领导小组，制定工作方案，完善扶贫工作机制。

【扶贫资金投入】 2016 年，证监会共投入资金 2232 万元用于定点帮扶县的扶贫工作，帮助引进各类资金超过 2.6 亿元，主要用于：产业扶贫 660 万元，文化教育 550 万元，基础设施建设 160 万元，医疗卫生 258 万元，赈灾救济 296 万元，消费扶贫 132 万等，改善定点帮扶县的生产生活条件，促进当地经济社会发展。全年投入资金 2232 万元，用于定点帮扶县的教育、民生、基础设施建设、产业发展等，推动 9 个县的 14 万贫困人口脱贫。部分证监局也承担了定点扶贫任务。

证监会高度重视扶贫资金和项目管理，建立健全扶贫资金使用监督机制。上交所通过上交所公益基金会规范管理扶贫资金，推进扶贫项目的实施，保证扶贫资金公开、公平使用，并由专业机构进行年度审计。深交所、中国金融期货交易所（以下简称“中金所”）、证券业协会、基金业协会等系统单位均制定明确扶贫资金的使用捐赠管理制度，强化对扶贫资金管理和使用程序。

【产业扶贫】 证监会各帮扶单位因地制宜，根据县域经济和资源禀赋情况，开展产业扶贫。支持兰考县发展泡桐产业，挂职干部推动兰考县与浙江音乐学院合作，宣传推广兰考民族乐器，在“杭州 G20 峰会”中使用兰考乐器演奏民乐。上交所发挥上市公司渠道优势，联系 12 家电子信息行业上市公司和 2 家证券公司在宿松县开展产业对接。深交所推动“深银通”项目支持武山县实体经济和产业发展，立足武山县蔬菜产业优势规模化种植，推进新疆麦盖提县“刀郎庄园扶贫模式”。中金所扶植延长县建立红薯育苗基地，实现生产基地化、规模化、产业化，发展特色农产品。证券业协会建立“吕梁山货特色馆”，将隰县、汾西县特色农产品打包在网上销售。上交所、上海期货交易所（以下简称“上期所”）、证券业协会还大力发展光伏扶贫，投入资金 336 万元，为宿松县、太湖县、汾西县2063户贫困户建设光伏发电站。

【金融扶贫】 证监会发挥自身优势，帮助企业利用资本市场脱贫攻坚。兰考县挂职干部探索建立政府主导、金融支持、风险保障、企业发展的金融扶贫模式，2016年来发放扶贫贷款近3亿元；引入保险机制建立“脱贫路上零风险”的新模式，撬动保险保障金84亿元。上期所挂职干部帮助太湖县的集友股份通过“绿色通道”发行上市。深交所挂职干部构建“深银通”信贷模式，直接投入1500万元为13家中小企业、1463户农户的4700万元贷款提供增信支持，缓解企业“融资难、融资贵”问题。各县还积极推进企业进行股改、注资、上市辅导、发行挂牌或并购重组，促进当地经济发展。

【公益扶贫】 证监会系统各单位加强对定点帮扶县的公益扶贫，全年投入超过1300万元，涵盖教育、医疗卫生、基础设施、赈灾救济等。

教育方面，为太湖县、武山县、隰县的中小学修建宿舍、运动场、图书馆或多媒体教室，设立新长城“自强班”、教育扶贫基金、捐款等形式资助500余名学生，组织兰考县100名儿童在“十一”期间到北京参观学习等。探索“工匠扶贫”模式，协调各定点县与深圳技师学院确立对口扶贫招生合作关系，延长县和兰考县31名高中毕业生学习汽车维修、电梯技术、图文消息处理和模具制造专业，首批学生已于9月份正式入学。推进清华大学对麦盖提县教育卫生系统人员赴清华大学附中和长庚医院接受免费培训。

医疗卫生方面，会机关推动清华大学长庚医院为麦盖提县人民医院捐赠了远程医疗系统设备，缓解大病医治能力不足问题。郑州商品交易所投入250万元在桐柏县实施“基层（乡镇和村）医疗卫生机构医疗设备支持项目”，解决乡镇基本公共卫生服务。证券业协会联系中华医学会杂志社，邀请全国医学专家在隰县人民医院开展义诊和授课活动，并捐赠耳鼻喉诊疗工作站一套。

基础设施建设方面，中金所投入45万元为延长县张家滩镇丛座村修建生产道路、修建果园蓄水池等灌溉设施。深交所协调上市公司碧水源投入60万元建设安全饮水工程，并动员社会力量参与麦盖提县的基础设施建设。

赈灾救济方面，2016年6月至8月安徽省宿松县、太湖县连续遭受大暴雨，上交所援助太湖县231.4万元防汛抗洪，帮助395户因灾死亡家庭、因灾塌房户和受损严重贫困户，上期所援助60万元救助500户受灾贫困户，中金所投入80万元用于延长县灾后移民搬迁村的基础设施建设等。

【扶贫培训】 证监会多次组织交易所、行业协会对定点帮扶县的干部开展资本市场知识培训，提高运用资本市场脱贫攻坚的能力。全年培训定点帮扶县的干部和专业技术人才870余人次。其中，上交所对宿松县的干部和拟上市公司、重点企业负责人 250 余人次举办资本市场培训班，开展 IPO、新三板挂牌、债券融资、并购重组等系统培训；深交所邀请武山县、麦盖提县金融办负责人参加“金融办之家”培训；上期所为太湖县扶贫干部 38 人举办“精准扶贫”高级研修班；证券业协会组织金融专家对隰县干部、企业管理层进行金融知识培训等。举办各类培训班 11 期，培训定点帮扶县的干部 870 余人。帮助引进各类资金超过 2.6 亿元，促进当地经济社会发展。

【扶贫宣传】 证监会系统各单位积极参与、组织各类扶贫宣传活动。2016 年 10 月，证监会联合中国上市公司协会、金融街控股开展了以“金融扶贫 携手共进”为主题的“2016 全国扶贫日金融扶贫成果展”。通过文字、图片、特色产品展示、现场讲解等方式宣传帮扶成效，并通过金融街网上平台对 9 个县的产品进行推广销售，《人民日报》等 28 家主流媒体都刊登版面进行报道。12 月，“资本市场服务脱贫攻坚研讨会”在贵州省召开，150 余家单位、300 多名代表出席研讨会。“期货行业服务县域产业研讨会”在北京市召开，25 家单位和媒体代表参加会议。

【干部挂职扶贫】 2016 年，证监会坚决落实中央单位定点扶贫工作部署，选派 15 名干部挂职扶贫，其中 13 名担任各县副县长职务，2 名担任村“第一书记”职务，分管扶贫、金融等工作。挂职干部认真落实证监会党委的扶贫工作部署，推动资本市场支持贫困地区脱贫攻坚，协助引进项目资金，得到当地干部群众的认可。

（中国证券监督管理委员会
扶贫办 杨志海）

中国保险监督管理委员会扶贫

【概述】 2016年，中国保险监督管理委员会（以下简称“保监会”）高度重视发挥保险功能作用。保监会成立由陈文辉副主席带队的调研组，会同国务院扶贫办赴河北、宁夏、云南、广西、江西、四川等省（区）的贫困地区开展密集调研。调研组深入走访慰问贫困群众，宣导中央精神，全面了解贫困地区保险需求。2016年，保监会连续制定发布了多项助推保险扶贫的文件和政策。会同中国人民银行等7部委联合印发《关于金融助推脱贫攻坚的实施意见》，会同国务院扶贫办联合出台《关于做好保险业助推脱贫攻坚工作的意见》，与贵州省政府联合制定《关于在贵州建设“保险助推脱贫攻坚”示范区的实施方案》，制定出台《中国保监会关于加快贫困地区保险市场体系建设　提升保险业保障服务能力的指导意见》等，明确提出开发专用保险产品、下调保险费率、实施差异化监管、设立保险扶贫示范区等针对贫困地区的特惠政策措施。保监会联合国务院扶贫办召开保险业助推脱贫攻坚工作电视电话会议，对保险扶贫工作进行总体部署，明确责任分工，并组织行业签署《保险业助推脱贫攻坚倡议书》，部署贯彻落实政策措施。保监会推动成立中国保险业产业扶贫投资基金，发挥保险资金长期投资的独特优势，重点投向连片特困地区特色资源开发、产业园区建设和新型城镇化发展等领域，并带动其他社会资金流入，促进贫困地区经济发展和产业脱贫。基金一期已募集10亿元，首个项目已落地投资于河北省阜平县香菇种植基地。

保险业初步建立起以农业保险、大病保险和小额保险为代表的保险扶贫保障体系，以小额贷款保证保险、农业保险保单质押为代表的保险扶贫增信体系，以保险资金支农融资和直接投资为代表的保险扶贫投资体系等三套功能作用协同配合的保险扶贫体系，探索总结出宁夏“脱贫保”、四川“惠农保”、河南兰考“脱贫路上零风险”等典型经验。

【农业保险扶贫】 保监会大力推动农业保险发展，帮助农民转移灾害风险，实现收入稳定。2016年，农业保险为农业提供风险保障2.16万亿元，支付赔款348.02亿元，受益农户4575.51万户次，其中很多为贫困农户；共备案地方特色农险产品850个，其中，扶贫专项产品44个，有力地支持了贫困地区特色产业发展。2016年，地方特色目标价格保险试点品种扩大至四大类近50种，实现保费收入突破10亿元，同比增长65%；提供风险保障154.81亿元，同比增长28.87%。保险赔款已成为农民灾后恢复生产和灾区重建的重要资金来源，2016年黑龙江旱灾风灾保险赔款累计达41亿元，其中28个贫困县承保受灾面积971.02万亩，赔款超过8亿元。农业保险在精准扶贫中的功能作用逐渐发挥。河北省阜平县探索出“金融扶贫、保险先行”模式，通过农业保险为贫困农户发展生产提供自然灾害事故和市场价格下跌双重保障，由于有保险兜底，阜平掀起“依靠金融保险扶贫、实现脱贫致富梦想”的全民创业大潮。安徽省统筹安排省级财政专项扶贫资金，通过“以奖代补”方式，鼓励贫困地区开展地方特色农产品保险，投保率越高，省级财政补助比例也越高。

【健康保险扶贫】 保监会指导推动保险业承办城乡居民大病保险，将精准扶贫落实到维护贫困人口健康权益上，切实解决人民群众因病致贫、因病返贫的突出问题。据2015年数据统计，全国建档立卡贫困户中，因病致贫户占比44.1%。保监会一直将大病保险作为精准扶贫的重要着力点，指导行业认真做好承办工作。2016年，共16家保险公司在全国30个省（区、市）开展了大病保险，覆盖城乡居民10.1亿人。大病保险患者实际报销比例在基本医保的基础上提升了13.16%，个案最高赔付达111.6万元，实现“政府不多拿一分钱、百姓不多掏一分钱，保障程度水平提高”的目的，有效缓解“因病致贫、因病返贫”问题，对于兜实社会保障底线、安定民心发挥了积极作用。保监会与民政部共同印发《关于进一步加强医疗救助与城乡居民大病保险有效衔接的通知》，鼓励各地探索大病保险向困难群众适当倾斜的具体办法，对包括建档立卡贫困人口、特困人员和低保对象等在内的城乡贫困人口实行倾斜性支付政策，如降低起付线、放宽报销范围，提高报销水平等。甘肃省城乡居民大病保险对贫困人口的起付线标准由5000元降为3000元，吉林省对全省建档立卡贫困人口和特困供养人员、城乡低保对象实行大病保险起付标准下调40%和分段支付比例提高5%的倾斜性支付政策。

同时，保监会鼓励和引导保险公司积极开展贫困人口补充医疗保险，进一步减轻贫困人群的医疗负担。如江西省赣州市为105万农村建档立卡贫困人群购买补充医疗保险，将贫困人员的个人自负医疗费用比例降至10%以内，最高补偿24.52万元。云南省昭通市为城乡低保、农村五保、重点优抚对象购买商业团体补充医疗保险，不设起付线，6000元封顶，有效提升了贫困地区群众的医疗保障水平。

【民生保险扶贫】 保险行业积极开展小额人身保险和农房保险等民生保险，兜住贫困群体生产生活风险底线。意外风险是当前城乡社会保障制度的一个短板，因意外致贫返贫的社会问题十分突出。保监会指导行业通过发展各类保障适度、保费低廉的小额保险，着力为贫困人群基本生活资料和主要劳动力提供风险保障。如，保险业针对农村居民和农民工，专门推出小额人身保险，每人每年只交15—25元，出现意外事故可以获得赔款2—3万元。自小额人身保险试点到全面推广以来，覆盖人数已由2008年的238万人扩大到2016年的1.1亿人，提供风险保额近两万亿元，覆盖全国31个省（市、区）。此外，保监会和民政部共同推动农房保险，已经覆盖绝大多数省市，并被作为移民搬迁脱贫工程的重要配套措施。2016年，农房保险实现保费收入8.82亿元，提供风险保障1.84万亿元。受连续台风影响，福建省农房损失较为严重，保险业及时支付保险赔款1.3亿元，在帮助农户灾后重建、防止因灾返贫中起到积极作用。

【保险增信】 贷款难、贷款贵是贫困地区产业发展面临的突出问题。保险业通过小额贷款保证保险、借款人意外伤害保险、保单质押等方式为贫困户增信，推动信贷资源向贫困地区投放。2016年，小额贷款保证保险试点已在全国26个省（市、区）、近百个地市启动，共实现保费收入47.72亿元，提供风险保障1848.87亿元，支持农户和小微企业获得融资1611.19亿元。如，宁波市用3500万保费补贴撬动支农支小贷款100多亿元，财政资金的效用被放大300倍。浙江景宁县运用扶贫专项资金，为低收入农户统一购买小额贷款保证保险并全额贴费贴息，银行机构凭保单发放免息免担保贷款。

【保险资金运用】 保险业积极发挥保险资金长期投资优势，为贫困地区产业项目发展提供资金支持，助推产业脱贫。截至2016年12月，保险资金已累计投资10个项目规模达57亿元，包括绿色农业、高端生态农业、农业科技、农业水务等。此外，中国人民保险集团股份有限公司设立50亿元的支农支小资管产品，在部分省市开展“农业保险+扶贫小额信贷保证保险+保险资金支农融资”试点，为参保农户提供免担保、免抵押、优惠利率的小额融资。目前已在河北、陕西等地试点启动。

【定点扶贫】 自2002年与内蒙古自治区乌兰察布市察右中旗和察右后旗两个国家扶贫开发工作重点旗（县）结成定点帮扶对子以来，保监会在基础设施建设、产业发展、保险扶贫和信息化建设等方面对定点扶贫地区进行帮扶，提高了帮扶地区农牧民的“造血”能力，极大地减少了“因病返贫、因灾返贫”情况的发生。2016年，保监会高度重视定点扶贫地区的脱贫工作，会领导带头开展调研慰问，指导相关部门研究帮扶举措。保监会系统先后有6批次15人次赴定点扶贫单位进行考察调研，为定点扶贫单位脱贫攻坚出谋划策。保监会选派4名优秀干部驻旗驻村挂职，扎根贫困地区，深入研究致贫原因，共同寻求脱贫致富路径。2016年，保监会向定点扶贫地区投入扶贫资金共140万元，其中120万元资金用于重点贫困村的基础设施建设（农田水利、人畜饮水设施、电力设备）、产业开发（养殖棚圈建设）、文化教育（文化设施建设、贫困学生资助、基层党建）、医疗卫生（帮扶慰问重症贫困患者）等项目，改善了当地的生产生活面貌，发挥了以点带面的示范作用。此外，保监会引导保险行业积极发挥专业优势，在察右中旗巴音乡小海子村推动建设“保险行业定点扶贫村”，引进保险公司46.57万元的保险项目，为全村提供大病补充、意外伤害等保险保障。

此外，保监会紧紧围绕定点扶贫地区生产基础设施建设需要，围绕广大贫困户脱贫致富产业化发展的实际需求，制定完善定点扶贫工作规划。突出保险特色，大力发展大病保险、农业保险、农村小额人身保险、贫困学生平安保险等，为贫困地区人民生产生活提供保障。加大对农牧业基础设施建设的投入，配合当地政府将有限的资金向重点项目倾斜，对地下水资源丰富区进行节水灌溉开发，改善生态环境、强化农牧业基础设施建设。积极整合保险行业资源，鼓励和推动保险公司在产业发展、保险扶贫和信息化建设等项目对定点扶贫地区进行帮扶，增强定点扶贫地区脱贫致富的造血能力。鼓励当地保险公司深入农牧区调研情况，推动在保险项目上有所突破，为贫困群众解决后顾之忧。

（中国保险监督管理委员会　张　斌）

中国铁路总公司扶贫

【概述】 2016年，中国铁路总公司（以下简称“铁路总公司”）印发《关于做好新时期铁路扶贫开发工作的意见》《总公司“十三五”定点扶贫规划》，明确“十三五”期间铁路扶贫开发工作和定点扶贫工作的指导思想、基本原则、目标任务、保障措施。调整总公司、所属单位扶贫开发领导小组，各铁路局成立扶贫开发领导小组，主要领导担任组长，建立覆盖铁路总公司机关和全国18个铁路局的扶贫工作组织架构。继续加强建设扶贫和运输扶贫工作，履行片区联系职责，铁路总公司、所属单位实施定点扶贫项目71个，投入2410万元，铁路扶贫工作全面发展。

【贫困地区铁路建设】 铁路总公司认真落实《中共中央 国务院关于打赢脱贫攻坚战的决定》和贫困地区发展规划，大力推进呼张、大张、京沈、成贵、银西、郑万、郑阜、合安高铁，库格、敦格、拉林、丽香、大瑞、成都—川主寺、兰州—合作、青藏线格拉段改造、渝黔新双线、渝怀复线、阳安复线等重大工程。开通运营沪昆高铁贵阳—昆明段、云桂铁路百色—昆明段、渝万高铁，武孝城际、巴达、兰渝铁路兰州—夏官营段、岷县—广元段、织纳铁路等重大项目。中西部及集中连片贫困地区完成铁路基建投资4435亿元，新线投产2954千米，其中高铁1694千米，区域运输能力和服务质量大幅提升。会同地方政府做好赣州—深圳、贵阳—南宁、兰州—中卫、重庆—昆明、安庆—九江、西宁—成都、敦化—白河、牡丹江—佳木斯铁路等项目前期工作。开工建设赣深、贵南、张家界—吉首—怀化高铁，兴国—泉州、浦梅铁路建宁—冠豸山段、新疆博州支线、南疆铁路至兰新铁路联络线等工程。落实相关部署，推进川藏铁路、和田—若羌铁路等重大项目前期研究和方案论证，为加强贫困地区铁路建设打牢基础，其中，交通扶贫骨干通道工程项目完成投资265亿元。

【旅游扶贫】 铁路总公司统筹运用新线和既有线路能力，支持配合中西部地区、贫困地区和革命老区旅游开发工作。相继开通沪昆高铁贵昆段、南昆、郑徐、渝万等高铁，沿线城市首次开通动车组列车。在旅游资源丰富的车站增开旅客列车、增加客车停车、改善服务设施，设立游客接驳换乘服务中心，将铁路旅客引入铁路线路未通达地区，进一步改善贫困地区旅游开发运力保障水平。相继举办“中国铁路旅游·绚丽甘肃、亮丽内蒙古、大美新疆、祖国正北方—祖国正南方”和“千年帝都·老家河南”等系列主题推介，利用铁路局旅游企业的旅游综合门店、宣传媒体或旅游体验店等推介贫困地区旅游资源、精品线路和旅游产品。组织相关铁路局旅游企业与贫困地区旅游发展委员会签订战略合作协议，共同开发铁路元素丰富、比较优势明显的旅游产品。实施“红色旅游”“探险旅游”“田园旅游”等精准扶贫项目，联合开行旅游专列，形成规模效应。2016年，共开行入疆旅游专列156列、入甘旅游专列120列、入蒙旅游专列116列等，全面助推贫困地区经济发展。

【劳务输出扶贫】 铁路总公司在农民工客流较为集中的四川、河南、湖北、安徽等省区，农民工客流长期饱满的方向增开旅客列车。根据客流需求，安排既有线保留大量普速列车。在西南地区未通达铁路的县区，积极与地方政府对接，在广西、贵州等省（区）的23个县（市）确定高铁“无轨站”的建设意向，与其中的横县、博白、容县、北流、陆川5县签署合作协议，分别接驳南宁东、玉林、梧州南等高铁站，无轨站拓展到6个。在西南、西北、东北等偏远地区，开行81对站站停、票价低的“慢火车”，公益性支出达到8.4亿元，累计发送旅客2752万人。2016年春运期间，实行客车“零备用”，每日开行单方向临客687对，占总开行列数近1/5，满足农民工出行需要。

【重点物资运输】 铁路总公司进一步完善与贫困地区、中西部省区各级政府之间的沟通协调机制。根据地方经济发展需求，科学合理优化铁路运输组织，为地方经济和重点企业发展提供运力保障。结合不同地区的货源特点，与地方政府共同确定重点物资的范围，优先安排运力，保障重点物资运输。对新疆棉花、东北粮食、春耕化肥、西北农副产品等季节性强的重点物资，提前制定预案，及时调配运力，集中突击抢运。

【连片特困地区扶贫攻坚】 铁路总公司认真履行片区联系职责，配合科技部、国家铁路局做好秦巴山区联系工作，组织郑州、武汉、西安、成都、兰州5个铁路局落实各项任务。推进西安—成都、郑州—万州、武汉—十堰高铁，兰渝、蒙华铁路，阳安复线等重大工程建设。秦巴山片区范围内的河南、湖北、重庆等6省市共完成铁路建设投资1544亿元，新建线路1161千米，其中高铁575千米。抓好西安—十堰等铁路前期工作，为早日开工创造条件。开通兰渝线广元至岷县段，开行旅客列车2对，结束岷县、陇南地区不通火车的历史。继续在贫困地区车站增开旅客列车，优化停站和运行时刻，为秦巴山片区群众出行提供便利条件。2016年，持续加大运力倾斜力度，秦巴山片区铁路货物发送量达到7905万吨，同比增加767万吨、增长10.7%；货物接卸量12326万吨，同比增加

900 万吨、增长 7.9%。

【教育扶贫】 铁路总公司继续关爱贫困家庭教育，投入 30 万元资助宁夏固原市原州区 100 名贫困大学生、投入 10 万元资助新疆和田地区和田县 50 名贫困大学生上学，投入 12 万元资助和田县达奎村小学改善教学环境。铁路青少年发展捐助中心携手中国青少年发展基金会开展网络认捐活动，筹集 10 万元资助陕西勉县 120 名贫困小学及初中生。8 月，铁路青少年发展捐助中心联合全国铁道团委，面向社会筹集 50 万元，向 100 名湖北麻城市贫困学子每人发放助学金 5000 元，举办心理辅导和参观高铁等活动。10 月，在总公司机关开展扶贫日公益募捐活动，募捐衣物 3500 余件，铅笔、书包、文具盒等学习用品 7 箱，捐赠青海玉树称多县和 25 所铁路援建的希望小学。在全国 124 个铁路车站同步开展"希望工程——快乐阅读"项目募捐活动，以支付宝扫码支付方式，接受铁路职工和乘客捐赠 25368.55 元，由铁路青少年发展捐助中心资金配比至 5 万元，为四川平昌县、青海湟源县、陕西西安市临潼区和勉县、新疆和田县当地小学捐建 5 间希望工程图书室。

【扶贫宣传】 铁路总公司发挥铁路点多线长、连接城乡、人员流动、受众广泛等优势，开展"《人民铁道》报宣传、新媒体活动、铁路站车宣传"等活动。依托在全国铁路车站、旅客列车发行的《人民铁道》报，以扶贫脱贫为主题，宣传中央脱贫攻坚决策部署和铁路扶贫工作重点任务，宣传铁路扶贫的生动实践和先进典型。"扶贫日"前后，在头版、专版共刊发通讯、消息等 7 篇，图片 4 张。在全国铁路车站、旅客列车的宣传屏、广告栏等平台，持续播放扶贫公益宣传视频、专题公益广告及相关节目。利用全国铁路微博、微信、客户端、门户网站"两微一端一网"新媒体平台共 60 余个账号，发布以扶贫脱贫为主题的图文消息 80 余篇、铁路扶贫故事 20 篇，网上阅读量 780 余万人次。

【定点扶贫概述】 铁路总公司定点扶贫结对帮扶县（区）由 8 个调整为 4 个，分别为：河南省洛阳市栾川县、陕西省汉中市勉县、宁夏回族自治区固原市原州区、新疆维吾尔自治区和田地区和田县。年初，组织郑州、西安、兰州、乌鲁木齐铁路局领导分别赴 4 个定点扶贫县，调研 24 个贫困村，召开 20 个座谈会，慰问 32 户贫困户，初步摸清贫困现状、脱贫需求及当地规划和安排。2016 年，铁路总公司领导分别与原州区、栾川县、勉县等有关领导会见，分赴定点扶贫县现场调研。选派 4 名干部到 4 个县（区）挂职，1 名干部到栾川县潭头乡大王庙村任第一书记，履行沟通协调、调查研究、督促检查、基础管理等职责。投入 1030 万元资助 25 个项目，涉及生态移民村建设、农村特色产业开发、教育扶贫等领域，帮扶建档立卡 3579 人脱贫。

【产业扶贫】 铁路总公司定点扶贫项目资金精准到户，投入 110 万元资助栾川县83户建档立卡户改造农家宾馆、参与香菇种植和羊养殖3个项目。投入100万元援建勉县阜川镇晏河村墩青坪（茶区）茶叶产业扶贫项目。投入270万元资助原州区培育富民产业，为寨科乡蔡川村168户配套投放基础母牛168头，为108户配套新建养殖圈棚108栋；为中河乡小沟村48户配套补充獭兔种兔2400只、购置兔笼9600个，为80户配套投放基础母牛240头，建设养殖园区1个，新建围栏1200米。投入334万元，资助和田县色格孜库勒村和苏盖提波斯坦村114户修建葡萄架7000米，资助414户改造棚圈81座，搭建葡萄架296个，扶持养羊1380只，养土鸡11040只，资助528户发展庭院经济，点对点帮扶贫困群众脱贫增收。

【民族融合发展】 铁路总公司指导乌鲁木齐铁路局继续深化“访民情、惠民生、聚民心”活动，选派9名优秀干部入驻和田县拉依喀乡达奎村，工作组组长兼任达奎村第一书记，帮助村民新建木材加工厂、磨面房、锅炉房，改造中小学体育设施，修缮村文化活动室、广播室、阅览室，慰问“四老人员”和困难群众，培训农民种植养殖，宣传现代文化。在新疆贫困地区开展“民族团结一家亲”活动，组织铁路干部与驻村贫困户结对子、交朋友。在宁夏回族自治区固原市原州区投入20万元资助张易镇上马泉村盐水沟自然村修建文化广场1处。8月，由兰州铁路局组织甘肃省第二人民医院、兰州爱尔眼科医院16名医疗专家，到原州区中河乡小沟村为近600名村民开展送健康义诊活动，送去1万余元的药品。

（中国铁路总公司办公厅　郭新杰）

国家开发银行扶贫

【概述】 2016年，国家开发银行（以下简称“开发银行”）发挥开发性金融优势和作用，加大融资融智支持力度。新增发放精准扶贫贷款3153亿元，重点支持易地扶贫搬迁、贫困地区基础设施建设、特色产业、教育医疗卫生和助学贷款等领域。

【扶贫调研】 为摸清贫困地区实际情况，2016年，开发银行董事长胡怀邦先后到贵州省务川县、正安县、道真县和四川省古蔺县调研扶贫工作，开发银行共开展扶贫专题调研537次，覆盖437个贫困县，形成研究报告和工作方案64篇，为支持脱贫攻坚打基础、探路子、寻方法。

【“四到”工作思路和方法】 开发银行明确支持脱贫攻坚“易地扶贫搬迁到省、基础设施到县、产业发展到村（户）、教育资助到户（人）”的工作思路，制定“十三五”期间发放1.5万亿元脱贫攻坚贷款的工作目标，形成开发性金融支持脱贫攻坚的基本策略与路线图。

【组建扶贫金融】 2015年中央扶贫工作会议召开后，开发银行成立了由董事长胡怀邦任组长的脱贫攻坚领导小组，全面加强脱贫攻坚组织领导。2016年，召开5次全行性专题会议，就脱贫攻坚进行安排部署和组织推动。完成方案设计、人员调配、制度建设、机构设立和报批等工作。5月31日，经银监会批准，开发银行扶贫金融事业部正式成立运行，下设综合业务局、基础设施局、区域开发局3个总行一级局，实现了扶贫业务的专账单独核算和经营。开发银行有了专门机构、专业队伍、专家力量，为支持打赢脱贫攻坚战提供了组织保障。此外，为进一步落实责任，开发银行各分行党委“一把手”作为支持当地脱贫攻坚的第一责任人，与总行党委签订了脱贫攻坚责任书，立下“军令状”，实现脱贫攻坚主体责任的逐级明确落实。

【银政合作】 加强与国务院扶贫开发领导小组办公室、中央农村工作领导小组办公室、国家发展和改革委员会（以下简称“发改委”）等部门的联系、沟通和汇报，积极参与脱贫攻坚政策研究。与有关部委合作，共同研究推动水利、交通、教育、医疗卫生等行业扶贫工作。深化与地方政府的脱贫攻坚合作。先后与贵州、甘肃、云南等21个省（市、区）签订了开发性金融支持脱贫攻坚合作协议，明确工作目标、支持重点和合作机制等内容，为合力推进脱贫攻坚奠定基础。搭建开发性金融脱贫攻坚合作机制和平台。与各地政府共同建立省、市、县三级“开发性金融脱贫攻坚合作办公室”，构建组织、推动、协调金融扶贫的工作机制和合作平台，完善扶贫项目运作和资金运行管理。

【易地扶贫搬迁】 根据国务院副总理汪洋关于“理顺从中央到省、市（县）的资金运作机制，做到上下贯通”的指示，开发银行打通资金运作渠道，协助22个省（市、区）政府建立省级扶贫投融资主体。在发改委的指导下，主动研究设计省、市、县三级资金管理体系，规范资金借、用、管、还各环节，并承办“全国易地扶贫搬迁投融资工作专题培训班”。做好资金筹集工作。全年成功发行9期专项政策性金融债券，筹集易地扶贫搬迁信贷资金336亿元。加快项目评审和贷款投放。按照省级扶贫投融资主体“统一贷款、统一采购、统一还款”的融资模式，开辟绿色通道，优化贷款程序，对22个省（市、区）承诺贷款4461亿元，惠及911万建档立卡贫困人口和253万同步搬迁人口，截至2016年，发放贷款311亿元，审批专项建设基金216亿元，投放199亿元，为易地扶贫搬迁提供了充足的资金保障。

【基础设施建设】 开发银行根据国务院办公厅《关于支持贫困县开展统筹整合使用财政涉农资金试点的意见》，研究提出通过整合财政涉农资金撬动信贷资金的创新性举措，围绕村组道路、安全饮水、环境整治、校安工程等难点和“短板”，在不增加地方财政负担的前提下，为贫困县建档立卡贫困村的基础设施建设提供贷款支持，有效解决基础设施建设难题，2016年，开发银行承诺农村基础设施建设贷款2255亿元，发放319亿元，覆盖全国22个省（市）、417个贫困县；惠及30147个建档立卡贫困村、5259万人，其中建档立卡贫困人口1354万人，能够建设村组道路26万千米、校安工程4908个，解决1904万人的安全饮水和19288个建档立卡贫困村的环境整治问题。

【产业扶贫】 2016年向146个贫困县发放产业扶贫贷款277亿元，直接惠及310万人，其中建档立卡贫困人口15.7万人。完善推广“四台一会”（管理平台、统贷平台、担保平台、公示平台、信用协会）贷款模式，构建社会化的运行管理体系和风险防范机制，将“四台一会”融资机制与村级互助资金协会运作机制有效结合，向甘肃建档立卡贫困人口提供单笔额度不超过3万元的小额扶贫信用贷款，全年发放贷款10.2亿元，支持了3.4万贫困农户发展特色产业。支持龙头企业发挥产业带动作用，使贫困农户分享产业增值收益。与陕西省供销集团合作，发挥供销社流通体系优势，探索形成“政府+开发银行+供销集团+龙头企业（合作社）+贫困户”的产业扶贫融资模式，发放贷款6500万元，首批支持了陕西8个贫困县的9家龙头企业，带动近3000个建档立卡贫困户增收脱贫。

将易地扶贫搬迁后续产业发展作为支持重点，编制产业扶贫规划，推进搬迁与产业发展同步授信，研究建立易地扶贫搬迁后续产业发展基金，有效撬动金融和社会资本共同推动安置区产业发展，增强搬迁群众后续发展能力。

【教育扶贫】 开发银行不断扩大助学贷款业务覆盖范围，大力支持教育扶贫，助力阻断贫困的代际传递。发挥助学贷款主力银行作用，按照“应贷尽贷”原则，截至2016年，累计发放助学贷款1108亿元，其中当年新增发放229亿元，覆盖26个省（市、区）、2094个县、2711所高校，使898万家庭经济困难学生圆梦大学，其中支持建档立卡贫困学生超过100万人。推动“两后生”助学贷款取得突破。在四川古蔺率先开展中职教育助学贷款试点，为家庭贫困的中职学生提供信用贷款，重点解决住宿费和生活费不足问题。首批实现贷款发放109万元，支持226名贫困学生接受中职教育，为促进就业增收打下基础。支持职业学校和农民工培训基地建设。通过大力支持职业学校改造建设，着力提高贫困人口生产劳动技能，增强就业和创业能力，帮助贫困人口彻底摆脱贫困。

【扶贫金融专员】 开发银行选派183名骨干人才到贫困地区专职开展扶贫开发工作，其中党员占比79%，处级干部占比36%，拥有硕士及以上学历占比70%。扶贫金融专员走村入户，在政策宣传、规划编制、扶贫项目策划、融资模式设计等方面发挥了宣传员、规划员和联络员的作用。借助互联网力量，发起网络众筹，为贫困村甜橙等特色产业开展宣传、筹集资金；帮助农户引入优质葡萄品种，更新种植技术，协助筹集资金，发展特色产业，通过引进电商平台解决销路，为贫困村脱贫致富提供一条龙服务。

【融智扶贫】 开发银行发挥专家银行的优势，通过编制规划、咨询服务和开展培训等方式，为贫困地区脱贫攻坚提供智力支持。加强规划编制。积极参与国家“十三五”脱贫攻坚规划、易地扶贫搬迁规划的编制工作；协助22个省编制省级脱贫攻坚规划，并选择22个国家扶贫开发工作重点县开展融资规划编制合作试点；组织开展武陵山和大别山两个集中连片特困地区等28项扶贫融资规划的编制工作，形成片区脱贫攻坚的思路和方法。举办“扶贫开发地方干部培训班”。为滇桂黔石漠化片区、六盘山片区等8个集中连片特困地区、391个贫困县的492名干部开展培训，帮助贫困地区干部更好地了解开发性金融支持脱贫攻坚的理念和做法，增进地方干部运用金融手段开展扶贫开发的意识和能力。加强政策宣传与典型推介。积极宣介中央扶贫政策和金融支持的思路方法，全面介绍开发银行支持脱贫攻坚的方法和经验，总结脱贫攻坚的案例和模式，为全国各地提供参考借鉴。

【定点扶贫】 开发银行坚持“输血”与“造血”两轮驱动，完成自身承担的贵州正安、务川、道真和四川古蔺 4 个定点县扶贫任务，累计为全国定点扶贫县发放贷款 91 亿元，捐赠资金 3500 万元，带动 33 万贫困群众脱贫致富，其中贵州务川、正安和道真已相继实现省内减贫摘帽任务。创新改进捐赠资金使用方式，为 21 个贫困县捐赠资金 2400 万元，用于壮大风险补偿金，为贫困县产业发展提供支持。在做好自身定点扶贫工作的基础上，开发银行积极配合中央国家机关和单位，创新定点扶贫体制机制，与中央国家机关工作委员会、国家民族事务委员会、民政部、水利部、国家旅游局、全国工商业联合会等相关单位通过签订合作协议、联合发布指导意见等方式，共同推动定点扶贫工作。截至 2016 年，开发银行已与 47 个中央国家机关建立合作关系，与 103 个县的中央国家机关挂职人员和驻村干部建立稳定联系机制，参与 79 个县的扶贫规划编制，为 119 个县设计融资方案并与其中 44 个县签订扶贫合作协议，累计向 230 个县发放贷款 1074 亿元。

（国家开发银行　杨　郁）

中国农业发展银行扶贫

【概述】 中国农业发展银行2016年全年累放精准扶贫贷款4883亿元，占全行各项贷款累放额的27.6%；精准扶贫贷款余额9012亿元，占全行各项贷款余额的22%。2016年末，精准扶贫贷款余额较年初增加3361亿元，占全行各项贷款增量的51.2%；精准扶贫贷款增幅59.5%，是全行各项贷款平均增幅的3倍。其中，产业精准贷款余额3296亿元，累放1603亿元，带动贫困人口220万人次；项目精准贷款余额5716亿元，累放3279亿元，服务贫困人口8934万人次。2016年中国农业发展银行荣获《金融时报》“年度最佳脱贫攻坚银行奖”、《半月谈》杂志社“2016年中国金融扶贫突出贡献奖”；西藏自治区分行胡世财同志荣获“2016年全国脱贫攻坚奖”，是全国性金融机构和西藏自治区唯一获奖者。

【扶贫机构建设】 中国农业发展银行建立并完善体制机制，为服务脱贫攻坚提供组织保障。总行成立服务脱贫攻坚工作领导小组。党委书记、董事长解学智任组长，行长祝树民同志任副组长，负责对全行服务脱贫攻坚工作的组织领导。总行成立扶贫金融事业部。行长祝树民同志任总裁、副行长鲍建安同志任常务副总裁，下设扶贫综合业务部（易地扶贫搬迁部）、产业发展扶贫部、基础设施扶贫部、扶贫信贷和风险控制部等一级职能部门，负责扶贫业务的组织和管理。成立扶贫金融事业部执行委员会，负责落实总行党委有关重大决策和议定事项，并对扶贫金融事业部重大事项进行决策。建立全行扶贫组织体系。在22个向中央签署脱贫攻坚责任书省份的省级分行设立扶贫业务处，二级分行设立扶贫业务部，在839个国家扶贫开发工作重点县有农发行机构的设立“扶贫金融事业部”，没有机构的设立扶贫工作组，实现贫困地区政策性金融服务机构全覆盖。建立行领导包片扶贫工作机制。建立了总行行领导包片扶贫联系制度，包片负责22个扶贫重点省份、中央确定的4个农发行定点扶贫县和1个对口支援县的帮扶工作。坚持省负总责，省级分行行领导分片包干负责辖内国家扶贫开发工作重点县政策性金融扶贫工作。明确839个国家扶贫开发工作重点县政策性金融扶贫责任人。

【政策性金融扶贫五年规划】 中国农业发展银行研究编制了政策性金融扶贫五年规划，明确了全行扶贫工作总体思路、目标任务和工作措施。力争在“十三五”

时期累计投放扶贫贷款3万亿元，到2020年末扶贫贷款余额较“十二五”期末新增2万亿元。

【易地扶贫搬迁】 2016年审批易地扶贫搬迁贷款5085亿元，累放贷款1202亿元，贷款余额1921亿元，支持搬迁项目624个。其中，易地扶贫搬迁贴息贷款投放419亿元，同业占比58.4%，易地扶贫搬迁专项建设基金投放239.2亿元，同业占比55.7%。通过银行间债券市场发行扶贫专项金融债390亿元，加权平均利率2.89%，加权平均期限4年；发行普通扶贫金融债600亿元，加权平均利率3.23%，加权平均期限5.75年。积极参与易地扶贫搬迁政策研究和规划制定，出台专项贷款产品，加强贷款管理，理顺资金运作机制。

【产业扶贫】 中国农业发展银行2016年累计发放产业精准扶贫贷款1603亿元，贷款余额3296亿元。全力支持国家“五个一批”脱贫攻坚工程。积极支持光伏扶贫工程，会同国家能源局、国务院扶贫办等部门联合出台《关于实施光伏发电扶贫工作的意见》，并专门出台光伏扶贫信贷产品。推出旅游扶贫信贷产品，受到各方高度关注。大力支持贫困地区粮棉油收储和农业产业化经营。明确以贫困地区粮棉油收储、贫困地区农业产业化经营、贫困地区发展特色产业和贫困地区发展新型产业作为粮棉油产业扶贫支持重点，创新支持模式，优化信贷管理，加大支持力度。稳步推进特色产业扶贫。明确特色产业扶贫信贷业务的政策内涵、支持重点、创新模式和贷款管理各项要求，确立了生产基地扶贫、科技扶贫、电商扶贫、种养加扶贫、旅游扶贫、生态扶贫六大特色产业扶贫重点领域，逐步制定差异化信贷政策。

【基础设施扶贫】 中国农业发展银行充分发挥农业农村基础设施建设贷款对贫困地区的支持作用，加大对重点区域、重点领域的支持力度。全年累计发放基础设施扶贫贷款2026亿元，贷款余额3796亿元。规划先行，围绕贫困地区水电路气网等基础设施建设短板，研究制定了一系列文件，按时间、地区、品种分解基础设施扶贫贷款投放任务；完善政策，取消839个国家扶贫开发工作重点县农村交通、改善农村人居环境建设贷款对地方财力区域准入限制，积极支持贫困地区基础设施的资金需求；创新模式，研究下发关于基础设施扶贫工作指导意见，明确基础设施扶贫贷款发展思路。积极探索政府购买服务、政府采购、政府授权自营、PPP等多元化业务模式在扶贫开发领域运用；夯实基础。对839个国家扶贫开发工作重点县和495个省级贫困县的经济、债务数据进行统计分析，全面掌握贫困县经济发展基本情况，为基础设施扶贫贷款投放提供依据。

【政策性金融扶贫实验示范区】 中国农业发展银行以实验示范区为平台，积极探索创新政策性金融扶贫模式。与国务院扶贫办联合推动广西壮族自治区百色市、河北省保定市、贵州省毕节市、陕西省安康市四个实验示范区建设，完善地方政府、扶贫办、农发行三方协同机制，积极探索财政资金与政策性金融扶贫资金合力扶贫、精准扶贫的有效模式；推动与贵州、重庆、安徽等十余个省级政府合作创建省级政策性金融扶贫实验示范区，在省、市级政府购买扶贫开发服务模式、建立省级政策性担保公司实施政府增信、推动精准扶贫信贷产品落地、打造金融生态环境等方面积极进行探索。

【东西部扶贫协作和“万企帮万村”精准扶贫行动】 中国农业发展银行分别制定下发了支持东西部扶贫协作和支持“万企帮万村”精准扶贫行动的指导意见，对选好切入点，加大支持力度做出具体部署。明确支持东西部扶贫协作的职能定位、服务对象和支持政策，加强与地方政府、有关部委的扶贫合作。与全国工商业联合会、国务院扶贫办、中国光彩事业促进会共同签署政策性金融支持“万企帮万村”精准扶贫行动战略合作协议，以全国工商联“万企帮万村”精准扶贫行动台账管理系统和各省级分行推荐项目为基础，建立“万企帮万村”精准扶贫行动项目库，实行名单制管理。聚焦精准扶贫，实施差异化信贷政策，引导民营企业在贫困地区投资经营。择优支持一批扶贫带动效应明显、处于行业领先地位、市场影响范围广的企业，打造100个先行示范企业。

【银政合作扶贫模式】 中国农业发展银行积极与国家有关部委、地方政府开展扶贫合作。积极参与地方政府扶贫规划编制及政策制定，申请成为当地扶贫领导小组成员，加强与地方政府的扶贫合作。已有20个省级分行成为本省扶贫开发领导小组成员单位，与22个省级政府或省级扶贫开发主管部门签订了合作协议，达成扶贫贷款合作意向额度13380亿元。与农业部签署了支持农业现代化全面战略合作协议，全面推动特色产业扶贫，探索产业精准脱贫带动模式和激励扶持措施。与交通部联合下发了《关于合力做好交通扶贫脱贫攻坚工作的通知》，加大与交通部对接与合作，积极支持贫困地区农村公路建设。与住建部联合下发《关于推进政策性金融支持小城镇建设的通知》，支持贫困地区特色小镇“区域化、整体化”建设，发挥贫困地区特色小镇示范引领作用。与国家发展改革委签订全面支持网络扶贫合作框架协议，拟投入不低于1000亿元信贷资金，全力助推国家网络扶贫开发战略。

【片区扶贫攻坚】 加大对西藏自治区脱贫攻坚的信贷投入，对西藏自治区全年累计发放各类扶贫贷款464.84亿元，扶贫贷款净增412.87亿元，贷款余额达到470.43亿元，扶贫贷款增量增速均居该区金融机构第一，实现对西藏自治区74个县（区）的全覆盖；投放易地扶贫搬迁专项建设基金0.75亿元，占全区易地扶贫搬迁专项建设基金份额的60%。西藏自治区分行被西藏脱贫攻坚指挥部评为脱贫攻坚先进单位。建立健全对藏区脱贫攻坚的支持政策，对西藏自治区及四省藏区分别制定支持政策，明确在业务授权、区域准入、信贷管理、办贷流程、利率定价、资源配置等方面予以倾斜，实行差异化信贷支持。

【扶贫信贷产品】 加快精准扶贫信贷产品的研发，在出台光伏扶贫、旅游扶贫等专项精准扶贫信贷产品基础上，积极研究支持教育扶贫、网络扶贫、生态扶贫、资产收益扶贫、扶贫批发贷款等。推动扶贫过桥信贷政策落地，认真落实中发34号文件关于采用过桥贷款撬动扶贫信贷资金投入精神，专门出台扶贫过桥信贷产品，支持有稳定来源的扶贫项目建设。开展支农转贷款业务试点，选取江西和浙江分行作为支农转贷款业务试点行，探索与贫困地区商业银行的合作联动，破解贫困地区“融资难”“融资贵”和“最后一公里”问题。

【定点扶贫概述】 2016年，中国农业发展银行定点扶贫吉林省大安市，广西壮族自治区隆林县，贵州省锦屏县和云南省马关县。在《中国农业发行银行政策性金融扶贫五年规划》中专题对未来五年定点扶贫工作进行整体规划。制定《关于加强定点扶贫工作的意见》，明确单列信贷计划、实行优惠利率、财务资源倾斜、取消财政收入准入门槛限制等一系列特惠支持政策。加强在定点扶贫县开展创新信贷业务试点，明确在定点扶贫县开展扶贫批发贷款试点，拓展定点扶贫地区精准扶贫支持领域。

【扶贫调研】 2016年，中国农业发展银行总行领导带队到定点县调研共14次，调研时长共44天，实现对定点县调研的全覆盖。中国农业发展银行董事长解学智与吉林省、贵州省党政负责人会谈，达成战略合作意向，为合力助推定点县脱贫营造良好银政合作环境；行长祝树民两次到所联系的隆林县，介绍扶贫支持政策，积极回应地方党政提出的脱贫攻坚需求。在马关县调研期间，专门主持召开定点扶贫座谈会，谋划全行助力定点县脱贫的大扶贫工作格局；副行长鲍建安在锦屏县调研时专门督办董事长部署的各项帮扶锦屏工作措施，进一步明晰向定点县派驻挂职干部3人小组的工作思路及职能任务。

【扶贫措施】 实施五项助力脱贫工程。第一，以党建助力定点扶贫县脱贫，将定点扶贫工作与开展“两学一做”学习教育相结合。第二，对定点县急需的基础设施建设项目、产业项目进一步加大信贷支持力度，优先保障定点扶贫县信贷需求。2016年，4个定点扶贫县累计发放贷款和重点建设基金32.8亿元，项目服务建档立卡贫困人口5.54万人。其中因实行利率特惠涉及项目7个，贷款8.02亿元，每年为4个定点扶贫县让利近千万元。第三，分析4个定点扶贫县脱贫攻坚最为迫切的金融需求及财政支撑能力，制定金融支持方案。方案初步明确了在定点扶贫县未来五年拟支持项目50个，信贷投放总计151.9亿元。第四，在总行已派驻挂职干部的基础上，从总行和省分行新选拔了8名同志增派至4个定点县挂职，组成定点扶贫3人小组，作为扶贫政策的宣传队及当地金融规划的智囊团。第五，总行成立专项扶贫捐赠资金，用于捐助贫困村村组道路、特殊学校及残疾人生活设施改善等公益性、基础性、救济性项目。2016年，共捐助救助项目24个，捐助资金800万元。定点扶贫县所在省各级行也分别组织员工开展捐助活动。

（中国农业发展银行扶贫综合业务部　王　喆）

中国农业银行扶贫

【概述】 2016年，中国农业银行（以下简称“农行”）在总行成立以董事长任组长的全行金融扶贫工作领导小组，挂牌设立扶贫开发金融部。相关分、支行组建专门扶贫机构或团队。建立各级行领导干部挂点指导贫困地区县支行制度，并将挂点效果纳入领导干部考核体系。2016年1月印发《关于做好“十三五”期间金融扶贫工作的意见》，明确未来五年全行金融扶贫的基本原则、目标任务、重点工作和资源保障，确保每年对832个国家扶贫重点县新增贷款不低于700亿元，贷款增速高于全行，带动不少于100万建档立卡贫困人口增收脱贫。加强与各级扶贫、发改、财政、人行、银监等政府职能部门合作，创新开展政府增信扶贫、政府购买服务项目扶贫、光伏扶贫、产业基金扶贫等行动。根据贵州省政府要求，印发《关于支持贵州省脱贫攻坚的意见》。根据中央统战部来函，印发《关于做好光彩事业促进会贷款项目的通知》。2016年针对832个国家扶贫重点县机构，单列专项信贷计划，在用工计划、招聘政策、培训资源等方面实施了定向倾斜。明确了建档立卡贫困户贷款的减值准备由总行承担，并执行差异化的经济资本系数。对贫困地区重点扶贫项目开辟了绿色审批通道。印发了2016年《金融扶贫专项评价方案》，专项评价贫困县域支行金融精准扶贫工作情况，并将832个国家扶贫重点县的信贷投放情况纳入“三农”金融事业部考核，考核结果与专项工资、费用分配挂钩。开发了全行精准扶贫贷款专项统计系统（APSS），可实现对全行金融精准扶贫贷款和带动建档立卡贫困人口数据的及时、完整统计，精准反映农行金融扶贫工作成效。

【信贷扶贫】 2016年，农行在832个国家扶贫重点县累计投放贷款3351亿元，贷款余额达7044亿元，比2016年初增加920亿元，增幅比同期全行贷款高5.4个百分点，完成全年计划值的131%，达到增幅高于全行的预期目标。其中，投放水、电、路、桥、网等基础设施建设贷款637亿元，贷款余额2402亿元。审批授信542亿元，支持贫困地区34项国家重大水利工程建设，贷款余额80亿元。投放新型农业经营主体贷款302亿元，贷款余额330亿元，支持593家农业产业化龙头企业、4.1万个专合社社员、9.5万户家庭农场和专业大户。投放县域工业贷款866亿元，贷款余额

2070亿元，小微企业贷款585亿元、余额1089亿元。安徽分行与省工商联、扶贫办、光彩会联合组织开展“千企帮千村”精准扶贫行动，已支持千企帮千村企业84户，贷款余额20.4亿元。投放农村城镇化贷款209亿元，贷款余额591亿元，教育医疗类贷款36亿元、余额51亿元。湖南花垣县支行审批贷款2亿元，支持12家乡镇卫生院和3家县医院基础设施建设。

【精准扶贫】 根据人民银行统计标准，2016年，农行投放精准扶贫贷款1041亿元，至年末精准扶贫贷款余额2034亿元，比年初增加424亿元，增幅达26.4%；累计服务带动了560万建档立卡人口，较2015年增加106万人，完成了每年带动100万以上贫困人口增收或脱贫的目标。截至2016年末，建档立卡贫困户贷款余额163亿元，支持107万建档立卡人口生产增收。产业精准扶贫贷款余额504亿元，其他个人精准扶贫贷款余额24亿元，共带动了25万建档立卡人口增收。支持贫困地区基础设施、民生工程等重点项目建设，项目精准扶贫贷款余额1344亿元，惠及周边428万建档立卡人口，改善贫困地区生产生活条件。

【金融扶贫模式】 截至2016年末，农行打造推广一批商业可持续的金融扶贫模式。“政策性担保公司或风险补偿金+农行+（贫困）农户”的政府增信推广到27家一级分行、973家支行，累放贷款807亿元、余额349亿元，累计支持了154万农户。内蒙古分行与包头等13个地市政府合作，设立了专项服务农村基础设施建设的“美丽乡村产业基金”，已投资212亿元，将惠及全区1000余万农牧户。采用政府购买服务方式，审批贷款46亿元支持贵州省黔西南州“十三五”教育扶贫工程，工程涵盖学前、小学、初中、高中、中职和特殊教育6类学校的基础设施、附属设施建设。西藏自治区分行以乡镇、村级信用体系建设为基础，累计发放农牧户信用贷款470亿元，覆盖了全区90%以上的农牧户。

甘肃、新疆、宁夏、湖北、河北等省（区）分行创新推出了为建档立卡人口量身打造的“精准扶贫贷”。甘肃省分行在甘南和陇南地区投放精准扶贫贷款65亿元，支持13.5万建档立卡贫困户。湖南、安徽、河北、山西等地9家分行创新推出了“光伏扶贫贷”。安徽分行已审批光伏扶贫贷款2.9亿元，可带动13000多户建档立卡贫困户和27个建档立卡贫困村脱贫。贵州、湖南等分行创新推出了“易地扶贫搬迁贷”。贵州分行发放扶贫移民贷8亿元，支持建设住房1.23万套、面积116.7万平方米，惠及搬迁人口4.8万人。安徽、江西、湖南、贵州、云南、甘肃等地创新了林果贷、甜蜜贷、油茶贷、茶农贷等特色产业信贷产品。江西省分行在赣南苏区发放油茶贷款23亿元、余额15亿元，支持当地36户企业、1.4万户农户种植油茶124万亩。四川、宁夏、云南等地的分行与当地政府合作，针对贫困妇女、返乡创业青年创新专项信贷产品。四川分行采取“农行+妇联+农户”模式，在48个县发放贷款2.56亿元，支持4631户农村妇女创业就业。

在832个国家扶贫重点县发放惠农卡6122万张，布放电子机具20.6万台，设立惠农金融服务点14.6万个，对行政村覆盖率达72%，对具备固话通信网络条件的行政村实现全覆盖，为贫困农户提供了便捷的小额存取、转账、结算等基础金融服务。在惠农服务点陆续上线了跨行取款、跨行转账等新功能，并积极代理新农合、新农保、涉农财政补贴项目、农村公共事业代收费项目等，代理业务对贫困地区行政村覆盖率达36%。

在贫困地区推广“农银e管家”电商平台。构建“普惠金融示范区”（实现“存、取、贷、汇、查、缴、消”等基础金融服务农村地区全覆盖）、“特惠金融引领区”（2016年发放了10亿元免担保、基准利率、财政贴息的精准扶贫贷款）、“互联网金融创新区”（创新“互联网+扶贫+金融+民生+政府+产业”金融服务新模式）。

在贫困地区，农行执行惠农卡免收工本费和小额账户管理费、减半收取年费的“两免一减半”政策，建档立卡贫困户贷款执行基准利率。2016年以来新发放“三农”贷款利率在2015年下降118个基点的基础上，再下降84个基点。

【定点扶贫】 农行定点帮扶河北省武强县和饶阳县、贵州省黄平县和重庆市秀山县。2016年，农行成立了董事长任组长的定点扶贫工作领导小组，召开全行定点扶贫工作对接会，印发《定点扶贫工作支持政策》，落实全额保障信贷规模等11项特惠政策；行领导、三农总监及相关部门负责人先后多次赴定点县开展调研，协调解决有关工作问题；稳步推进向定点扶贫县派副县长、派副行长和派贫困村“第一书记”的“三派”制度，第二批共9人已于2016年下半年全部到位；对于定点扶贫县重点建设项目，实施信贷预审查，条件成熟的项目加快贷款审批进程；向4个定点扶贫县划拨扶贫捐赠资金690万元，支持蔬菜种植、光伏扶贫、基础设施建设等贫困村扶贫项目；总行机关服务管理局在国家扶贫日设立“益农融商·公益扶贫”产品展示店，在总行机关为定点扶贫县特色农副产品开辟宣传、销售的新渠道。

2016年，在4个定点扶贫县累计投放贷款26亿元，到年末，贷款余额44亿元，比年初增长35%，支持带动3万建档立卡人口。

（中国农业银行扶贫业务处　何源源）

中华全国供销合作总社扶贫

【概述】 2016年，中华全国供销合作总社（以下简称“供销合作总社”）统筹整合资源合力开展定点扶贫和对口支援，发挥行业优势开展产业扶贫、电商扶贫和科技教育扶贫，在实施《2016年度中央财政支持供销合作社综合改革专项资金方案》时，对集中连片特殊困难地区县和国家扶贫开发工作重点县申报的项目优先予以投资扶持，支持贫困地区开展农村电子商务和土地流转及后续农业社会化服务；在安排供销合作社农业综合开发项目资金时，对贫困地区予以重点支持，2016年安排中央财政资金20850万元，支持81个国家扶贫开发工作重点县开展土地托管服务和特色产业融合。

【扶贫调研】 供销合作总社党组成员、理事会主任王侠6次对供销合作社脱贫攻坚工作作出批示，2次主持召开主任办公会议研究脱贫攻坚工作，5月带队赴江西省赣州市开展脱贫攻坚调研。10月，按照国务院扶贫办的要求，党组成员、理事会副主任邹天敬带领供销合作总社工作组，赴云南省昭通市、普洱市和西双版纳州开展脱贫攻坚督查，与11名县级干部、49名乡村干部、24名驻村干部和52个贫困户开展访谈，督促推动云南省脱贫攻坚责任落实和工作落实。

【扶贫制度建设】 发挥供销合作总社扶贫开发协调工作机制作用，不定期召开扶贫开发工作协调会，学习中共中央脱贫攻坚精神，研究解决定点扶贫和对口支援过程中出现的困难和问题。向系统印发《关于发挥供销合作社优势打赢脱贫攻坚战的意见》，要求各级供销合作社以建档立卡贫困村为扶贫主战场，以建档立卡贫困户为主要服务对象，以推动贫困地区特色产业发展为主要扶贫举措，在特色产业扶贫、综合服务帮扶、电商扶贫、科技教育扶贫、异地搬迁脱贫、就业扶贫等方面发挥优势参与脱贫攻坚。供销合作总社制定出台《“十三五”定点扶贫和对口支援工作规划》，实施特色产业增收、电商扶贫、科技教育培训、整村推进等四个一批工程，帮助定点扶贫安徽省潜山县和江西省寻乌县、对口支援江西省安远县（以下简称“帮扶县”）按期脱贫摘帽。截至2016年底，山东、吉林、山西、重庆、云南、海南、广西等省（区、市）供销合作社在全省系统内印发参与脱贫攻坚的指导意见。

【扶贫主题联学活动】 以“抓基层党

建促脱贫攻坚”为主题，供销合作总社与3个帮扶县开展“走下去、请上来”主题联学活动。9月，供销合作总社组织12个部门和单位的负责同志，赴3个帮扶县开展扶贫调研，与县委县政府、村两委等负责同志和扶贫挂职干部、驻村“第一书记”座谈交流，看望慰问贫困党员和贫困儿童。供销合作总社党组成员、经济发展与改革部部长侯顺利主持召开主题联学座谈会，邀请3个帮扶县的扶贫挂职干部和基层供销合作社主任，共同学习中共中央总书记习近平关于脱贫攻坚系列重要讲话，研究解决3个帮扶县脱贫攻坚中存在的困难和问题。

【产业扶贫】 截至2016年底，在832个贫困县成立农民合作社3.2万个，组建农民合作社联合社897个，发展龙头企业1471个，为贫困户提供土地流转、土地托管、配方施肥、统防统治、农机作业等服务面积1048万亩，服务贫困农户219万户。陕西省供销合作社探索形成的“政府（扶贫办）+供销合作社（供销企业集团）+金融（保险）+企业（合作社）+农户（贫困户）”的现代产业精准扶贫模式，在全国脱贫攻坚奖表彰大会上评为脱贫攻坚创新奖。

【电商扶贫】 参与网络扶贫行动计划，依托“供销e家”全国平台牵头搭建“国家贫困县名优特产品网络博览会”，参与搭建“中国社会扶贫网”，为贫困地区供销合作社发展电子商务提供定制服务。向系统印发《中华全国供销合作总社办公厅关于贯彻落实网络扶贫行动计划的通知》，组织地方供销合作社有序对接网络博览会。联合国务院扶贫办等部门印发《关于促进电商精准扶贫的指导意见》，“扶贫日”期间联合举办电商精准扶贫论坛。按照“供销e家全国平台+贫困县县域电商运营中心+龙头企业+农民合作社”的模式，构建覆盖县、乡、村的县域电商服务运营体系，组织带动贫困户发展标准化生产，提高贫困户自我发展和持续增收能力。截至2016年底，262个贫困县供销合作社被地方政府纳入当地电子商务领导小组，124个贫困县供销合作社牵头负责县域电子商务发展，2016年通过供销合作社系统实现电子商务销售额93.7亿元。贵州省供销合作社以电子商务为抓手，在全省建设县级运营中心43个，在乡村布局电商服务站5083个，开辟农村末端物流线路800条，“贵农网”上线运营一年来，实现“黔货出山”16亿元，带动4万户、20万贫困农民增收。

【科教扶贫】 供销合作总社依托直属7所科研院所，通过技术攻关、成果转化、平台建设、要素对接、科普惠农等方式，与贫困地区建立技术帮扶机制，提升贫困地区特色产业发展水平。依托系统94所职业院校、5.9万个庄稼医院、1.8万个社团组织，对贫困户开展实用技能培训，2016年在贫困地区培育科技特派员2006人，开展农村实用人才培训27.4万人次。重庆市供销合作社利用重庆市经贸中专学校和农业产业化培训基地、国家科技特派员创业培训基地等平台，以农民合作社社员和建档立卡贫困户为主要对象，组织开展农业技能培训30期，培训人员3000人。

【定点扶贫和对口支援】 供销合作总社从机关和直属事业单位选派5名干部，到3个帮扶县挂职扶贫和担任驻村“第一书记”。根据3个帮扶县的产业发展需要，安排农业综合开发中央财政资金1500万元，扶持安徽省潜山县发展瓜蒌产业，支持江西省寻乌县、安远县发展脐橙加工产业。供销合作总社直属企业中国供销农产品批发市场控股有限公司在安远县投资8亿元兴建赣南脐橙交易中心，可承载赣南地区70%的脐橙交易量，带动5000贫困户从中受益；与寻乌县签订总投资10亿元的农产品批发市场与蔬菜基地项目合作框架协议，分期兴建占地400亩的农产品交易市场、电子商务展示展销中心、农副产品冷链物流区及冷库仓库等设施，同时，采取“公司+基地+农户”等方式，分批投资建设千亩高标准设施农业蔬菜示范基地，带动贫困农户发展特色蔬菜产业。供销合作总社直属南京野生植物综合利用研究院、济南果品研究院对潜山县瓜蒌产业和寻乌县脐橙、蜜橘产业提供技术帮扶。供销合作总社直属北京商业干部管理学院对寻乌县农民合作社理事长进行免费培训。江西旅游商贸职业学院与寻乌县开展教育结对帮扶，对建档立卡贫困户家庭子女实行免费入学。

（中华全国供销合作总社
经济发展与改革部　刘喜成）

中华全国总工会扶贫

【概述】 2016年，中华全国总工会（以下简称“全国总工会”）制定《中华全国总工会关于在脱贫攻坚中充分发挥工会作用的指导意见》，推进工会系统参与扶贫开发工作。在劳动和经济工作部增设扶贫工作处，明确专人负责工会系统开展扶贫开发及定点扶贫工作。加大经费投入和工作力度，积极推进山西省和顺县和壶关县的定点扶贫工作。在每年150万扶贫资金标准基础上，进一步加大经费投入，分别向和顺县、壶关县各下拨扶贫资金300万元，并安排驻村“第一书记”工作经费10万，全年共投入经费610万元，实施扶贫项目近60个，直接惠及100多个贫困村、建档立卡贫困群众5000多人。对扶贫工作队组成进行了调整充实，全国总工会扶贫工作队驻和顺分队成员3人，驻和顺县义兴镇青杨树村“第一书记”1人，驻壶关分队成员2人。

【扶贫调研】 2016年1月，全国总工会党组书记、副主席、书记处“第一书记”李玉赋，副主席、书记处书记、党组副书记刘国中带队组成调研组，赴山西省和顺县、壶关县宣传中央扶贫开发工作会议和中央单位定点扶贫工作会议精神，调研指导、对接定点扶贫工作，看望全国总工会扶贫队员。调研组考察了全国总工会帮扶项目义兴镇九京设施蔬菜产业园区，到全国总工会驻村“第一书记”帮扶村青杨树村实地探访。在两县分别召开了扶贫工作座谈会，了解两县贯彻落实中共中央扶贫开发工作会议和山西省脱贫攻坚大会精神情况和扶贫工作的具体措施，听取全国总工会扶贫队、驻村“第一书记”的工作汇报，并就进一步加强脱贫攻坚工作与山西省总工会有关负责同志、两县领导以及两县所属的晋中市、长治市委领导交换了意见。

【扶贫制度建设】 印发《中华全国总工会关于在脱贫攻坚中充分发挥工会作用的指导意见》，强调工会是社会扶贫力量的重要组成部分，要求各级工会必须把做好脱贫攻坚工作作为重大政治任务，坚持精准扶贫方略，主动积极参与，充分发挥优势，实现脱贫攻坚与困难职工解困脱困相结合和推动脱贫攻坚与增强基层工会活力相结合，配合党委政府打赢脱贫攻坚战。

全国总工会有针对性地制定扶贫工作计划、编制年度经费预算。和顺扶贫队走遍全县的五乡五镇，深入村干部和贫困户家庭、种植养殖合作社、田间地头，对扶持的30余个扶贫项目进行了多次跟踪考察；壶关扶贫队走访了全县7个乡镇30余个村，考察了20多个农业合作社项目；驻村第一书记对所在村人口情况、贫困原因进行了全面摸底调查。在深入调研的基础上，分别形成了两县的2016年定点扶贫工作计划和青杨树村扶贫工作规划，同时，对未来3年的定点扶贫工作进行谋划，研究定点扶贫工作思路和措施，初步形成《全总驻山西扶贫工作队定点扶贫三年规划》。

【扶贫机构建设】 2016年12月，在劳动和经济工作部增设扶贫工作处。主要职责是贯彻落实党和国家关于扶贫开发工作的要求和国务院扶贫办工作部署，指导工会系统开展扶贫开发工作；参与国家有关扶贫开发政策、法律、法规制定，做好与国务院扶贫办联系工作；指导全国总工会扶贫工作队开展定点扶贫工作，并做好相关服务；参与武陵山片区脱贫攻坚试点联系工作；根据国务院扶贫办部署，参与国家脱贫攻坚工作的督查考核工作，开展国家扶贫日等活动；承担全国总工会定点扶贫工作领导小组办公室工作。

【产业扶贫】 借力农民专业合作社平台，扶持传统种植养殖项目。全国总工会扶贫工作队与农民专业合作社密切合作，从资金、技术等方面给予大力支持，并协调有关部门给予政策支持，辐射、覆盖周边贫困群众，带动大家一起脱贫致富。在实地调研基础上，综合县委县政府意见，甄选出若干基础扎实、前景较好的项目，如苹果、核桃等经济林木种植，金花葵、万寿菊等药用花卉种植，菜花、架豆等有机蔬菜种植，驴、兔等肉用动物养殖等，进行程度不同的介入扶持，并着力扩大贫困群众参与范围和深度，通过种植养殖项目让更多贫困群众受益。引进农业种植新品种，打造定点扶贫亮点项目。在引进农业新品种、培育新产业新业态、延长产业链条上下功夫，集中人财物力打造重点项目。在和顺引进该农业新品种，首开山西规模种植树莓先河。运用扶贫资金、同时筹集社会资金注册了公司，全面负责运营该项目。截至目前，已完成第一期140亩种植。

【教育扶贫】 2016年1月，全国总工会向和顺县白珍小学捐赠了价值1万多元的图书资料、教学用具和文体用品；“六一”儿童节前夕，分别向和顺、壶关两县学校和贫困村的儿童赠送了图书资料和有声读物；8月下旬，邀请澳门部分社团来和顺捐资助学，向阳光九年一贯制学校捐赠了10多万元的奖学金和物资物品；10.17全国扶贫日前后，扶贫队为和顺、壶关两县建档立卡贫困家庭经济困难学生发放助学金，受助学生达到324人，总资金近20万元；拨出专款，帮助和顺县串村幼儿园粉刷教室墙壁、硬化操场、加固教学楼顶防水。

【健康扶贫】 邀请首都医科大学和宣

武医院近20名专家和护理人员到和顺县和壶关县进行义诊并举办专业讲座，并解决当地群众“看病难”问题，在为期两天的义诊活动中，共计诊治病患600多人次，咨询1000余人次。联系促成思源基金会向和顺县捐助了3辆救护车。

【公益扶贫】 扶持和顺县义兴镇南沟村兴建了磨坊，解决了村民秋收后脱粒、磨粮食的困难；扶持马坊乡成家庄村修整了人畜饮水设施，解决群众日常生活具体困难。和顺县发生洪灾发生后，全国总工会高度重视和关心，深入了解灾情后，向和顺县拨出30万救灾专款，用于解决受灾群众生活困难。与县总工会联合开展金秋助学活动，协助解决困难职工和农民工子女上学难的问题；全国总工会法律部同志为当地工会干部、企业工会负责人和职工进行法律培训，帮助他们增加法律知识和维权能力。

【扶贫日活动】 组织《工人日报》对包括定点扶贫在内的工会系统扶贫开发工作进行专题报道，采写了《从定点到系统：工会扶贫的四样法宝——全国工会扶贫开发工作综述》，在《工人日报》、中工网刊发和全国总工会网站上刊载。

（中华全国总工会劳动和经济工作部
扶贫工作处　张　杰）

中国共产主义青年团中央委员会扶贫

【概述】 2016年，中国共产主义青年团中央委员会（以下简称“共青团中央”）认真贯彻落实中共中央扶贫开发工作会议和《中共中央 国务院关于打赢脱贫攻坚战的决定》精神，专题印发《关于共青团助力脱贫攻坚战的实施意见》，专题召开共青团助力脱贫攻坚电视电话会议、共青团助力脱贫攻坚对接暨农村青年电商培育工作推进会，举办全国扶贫开发重点地市团委书记调度培训班，组织动员各地团组织重点围绕生产扶贫、教育扶贫、人才扶贫和公益扶贫等开展工作，充分发挥广大团员青年在脱贫攻坚战中的生力军和突击队作用。

【深入推进“脱贫攻坚青春建功行动”】 一是加强工作部署，形成层层抓落实的工作态势。2016年1月，团中央印发《关于共青团助力脱贫攻坚战的实施意见》，组织召开共青团助力脱贫攻坚电视电话会议，学习贯彻中共中央总书记习近平重要讲话和中央扶贫开发工作会议重要精神，安排部署全团助力脱贫攻坚工作。各地迅速行动，以召开研讨会、对接会、大走访大调研等形式，对贫困县、贫困村调查摸底和梳理需求，并召开专项工作会议、组织专题培训，部署脱贫攻坚工作。二是统筹资源，加强对重点区域的工作指导。3月中旬，团中央在贵州省召开共青团助力脱贫攻坚对接暨农村青年电商培育工作推进会，强化全团资源统筹，组织东西扶贫协作对口支援的18个省级团委、19个副省级和地市级团委就帮扶项目进行对接，形成对口支援项目册，截至2016年底，项目册总计205个项目中，实际完成项目169个（完成率82.4%），未完成项目36个，涉及项目资金总计6460.78万元（含部分援疆、援藏等对口支援项目资金）。加强对重点区域的工作指导，建立重点扶贫地市微信群，搭建重点扶贫地市进行常态化培训指导和经验交流平台；督促各地按季度报送工作进度，采取靠前指导、调研推进的方式，推动各地开展工作。

【扶贫培训】 团中央高度重视网络扶贫工作，以电商扶贫为重点，深入实施青年电商培育工程。一是开展青年电商示范培训。通过整合政府、社会和团属资源，重点围绕电子商务实操、网络营销、物流配送等内容，面向农村青年团中央本级举办了46个示范培训班，补贴培训经费410万元。各级团组织采取集中式、片区式、互联网远程教育等形式，为农村青年提供电商技能培训。二是建立青年电商创业组织。为加强青年电商人才队伍建设，凝聚青年电商精英、整合电商各类资源，联合相关电商平台和协会发起成立中国青年电商联盟，共吸纳电商行业精英、电商企业高管、电商创业者、高校及研究院电商领域专家等 280 人，为服务和促进青年电商发展提供人才智力支撑。三是提供电商创业金融服务。组织 2108 名金融青年干部赴 1900 多个县级团委挂职工作，实现对国家级贫困县的全覆盖，设计“青”字号电商创业金融服务产品。依托中国青年创新创业板，为农村青年电商创业项目挂牌展示和融资搭建服务平台。举办“创青春”中国青年创新创业大赛现代农业和农村电子商务组专项比赛，引进风投机构参与大赛评定，为青年提供电商创业金融服务。四是搭建电商服务平台。通过整合京东集团等全国性电商平台资源和区域性电商平台资源，认定 33 家“青年电商创业孵化中心”，为贫困地区青年电商创业提供租金减免、资源对接、培训指导等服务。五是助力贫困地区农产品上行。联合京东、阿里巴巴等企业设立电商扶贫专区，通过线上平台进行宣传、展示、推介，60 个扶贫企业项目及产品入围上线。各地通过“青年电商嘉年华”“青年电商年货大集”“青年电商示范店”、青年电商论坛等线上线下活动，帮助贫困地区打通农产品上行的渠道。六是选树电商创业青年典型。通过评选表彰和宣传农村青年致富带头人、青年电商新锐，寻找农村青年电商创业人物，讲好农村电商创业故事，挖掘一批可学习、可操作、可复制、可推广的农村青年电商创业典型人物和案例，示范带动更多的农村青年投身电商创业实践。七是优化电商政策环境。以“互联网+青春力量”为活动主题，举办“中国青年电商群英会暨电商扶贫活动周”系列活动，争取中央网信办、国务院扶贫办等部委对青年电商扶贫工作的支持。以“促进城乡青年电商创业”主题，举办“共青团与全国人大代表、全国政协委员面对面”座谈会，请代表、委员在全国“两会”上集中呼吁涉及青年电商的建议和议案，进一步优化青年电商创业政策环境。

【教育扶贫】 通过“希望工程”“共青团关爱农民工子女志愿者服务行动”“西部计划研究生支教团”等项目向贫困家庭子女提供各类助学帮扶。一是按照精准扶贫的要求，中国青少年发展基金会调整资助模式，实施“精准扶贫—希望工程助学计划”，2016 年“希望工程”接受社会捐助 38693. 83 万元，用于援建希望小学，资助资助建档立卡贫困学生，援建希望工程图书室、希望厨房、快乐体育、快乐音乐和电脑教室等。二是开展“中国大学生自强之星”寻访活动。选树自立自强、奋发成才的大学生先进典型，为 920 名学生发放“西部特困大学生专项助学金”420 万元。三是支持贫困地区青少年开展校外教育。面向8个省12个贫困县支持青少年校外活动场所专项补助经费525万元；实施“流动少年宫”关爱中西部农村留守儿童项目和红粉笔乡村教育计划，投入资金230余万元，广西、四川、新疆等中西部省份的近万名农村学生受益；中国光华基金会书海工程向四川重庆等地1498所中小学校捐赠价值7700万码洋的图书。

【人才扶贫】 一是实施中国青年志愿者研究生支教团项目和大学生志愿服务西部计划，选派2135名志愿者在中西部20个省（市、区）的289个县，400多所中小学支教；选派16165名志愿者在中西部22个省（市、区）的2100多个县开展农业科技、医疗卫生、基层青年工作、基层社会管理等志愿服务。二是实施全国大中专学生暑期“三下乡”社会实践活动，面向110个国家级贫困县组织187支团队开展“农科学子助力精准扶贫”专项实践活动，开展技术培训、农技推广和农业咨询服务。三是实施就业扶贫示范项目，协调北方汽修、中青家政、管家帮、苏州东山精密制造股份有限公司等企业资源，为贫困青年提供技能培训和就业服务。中华全国青年联合会、中国青年企业家协会等联合实施“千校万岗”大学生就业精准帮扶行动，为5700余名困难大学生提供就业岗位。各地也通过开展现场招聘会、与企业、大型工业园区协调就业岗位、组织委托定向培训等方式搭建贫困青年就业对接服务平台。

【定点扶贫】 团中央机关各部门、各直属单位结合共青团自身特点和山西省石楼县、灵丘县经济社会发展实际，支持扶贫工作队探索适合当地发展和群众脱贫致富的路径，定点扶贫工作取得了积极进展。2016年，支持石楼扶贫队285万元；支持灵丘扶贫队实施项目34个，投入资金及物资折款220.28万元。一是助推农业产业发展。驻石楼县扶贫工作队先后与浙江省丽水市政府、中国农业科学院郑州果树研究所以及北京德青源农业科技股份有限公司、北京同仁堂制药有限公司、中国移动通信集团公司等单位联系，推动解决该县在干部交流学习、红枣裂果、发展禽蛋产业、销售中药材等方面的问题；协调中华联合保险集团股份有限公司为石楼县创业青年提供资金支持；牵头成立电商脱贫领导小组，建成县级青年电商创业孵化园，推动各乡镇建立起9个乡镇特色馆，开展核桃、红枣线上销售活动，共售出鲜核桃15.9万斤，鲜枣12.6万斤；积极引进企业注册成立“善农蜂业有限公司”，申报农业部“农产品地理标志”和欧盟有机认证，打造蜂蜜品牌，为石楼天然蜂蜜规模化、标准化、产业化生产奠定坚实基础。驻灵丘县工作队通过引进新技术、新品种，邀请农业专家技术指导等方式，带动村民发展特色农业，成立电商协会、涉农协会，开展技术交流与培训等工作，新建百亩油用牡丹基地；在北京设立灵丘农产品销售点，并与网络媒体合作拓宽销售渠道。二是开展助学活动。资助石楼县贫困中小学生987名，大学新生 100 名，累计资金 120 余万元；组织 10 所学校的 30 名小学生参加“2016 年少先队员和少先队工作者培训班暨城乡少年手拉手夏令营”。资助灵丘县贫困学生 203 人，派遣 33 人次研究生支教团在灵丘开展支教服务。三是推动人才培养，提供智力支持。石楼县协调浙江大学、延安大学博士生服务团开展“精准公益扶贫”调研和电商专题考察活动；依托中青家政开展技能培训和劳务输出，培训 106 人，其中建档立卡贫困户 60 余人。灵丘县通过选派青年干部赴发达地区挂职，推荐青年参加各类培训考察和交流活动等方式，帮助干部群众转变观念、开阔视野、提升综合能力；联合“阿姨帮”O2O 家政服务平台共同打造“灵丘阿姨”品牌，培训“灵丘阿姨”84 人，帮助 37 人实现就业。

（中国共产主义青年团
中央委员会　张淑霞　周　明）

中华全国妇女联合会扶贫

【概述】 2016年，中华全国妇女联合会（以下简称“全国妇联”）立足贫困地区妇女儿童实际需求，充分发挥妇联组织优势，扎实推进“巾帼脱贫行动”，为促进贫困地区妇女儿童事业进步发展做出了积极贡献。据不完全统计，全国24个省（区、市）妇联出台了实施“巾帼脱贫行动”的办法或意见，各地妇联投入贫困地区的扶贫项目和资金约15.8亿元。

【妇女创业担保贷款项目】 全国妇联持续推动妇女创业担保贷款政策在基层的落地实施，为贫困妇女创业发展提供资金支持。截至2016年底，全国累计发放妇女创业担保贷款3109.25亿元，获贷妇女576.17万人次，中央及地方落实财政贴息资金271.02亿元。其中，2016年全年新增妇女创业担保贷款502.21亿元，新增获贷妇女60.77万人次，中央及地方落实财政贴息资金41.47亿元。全年为中西部地区妇女发放创业担保财政贴息贷款353.6亿元，占发放总额的70%，有51.7万名中西部妇女获得贷款，占获贷妇女总数的86%，中央及地方财政落实贴息资金26.4亿元，占财政贴息资金总额的64%。各地妇联积极配合扶贫部门发放扶贫小额信贷408.6亿元，扶持带动56.8万建档立卡贫困妇女创业增收。贫困妇女通过贷款，发展种植、养殖、农副产品加工、乡村旅游、手工编织、绿色庭院经济等，增加了收入、提高了地位、改善了生活质量、逐步摆脱了贫困。

【农村妇女“两癌”免费检查及救助项目】 全国妇联继续配合卫生部门开展农村妇女“两癌”免费检查项目。各地在项目执行过程中，始终坚持贫困妇女优先的原则，2016年共为1000万名农村妇女进行宫颈癌免费检查，为120万名农村妇女进行乳腺癌免费检查，进一步扩大贫困地区项目覆盖面，促进“两癌”早诊早治，降低农村妇女疾病负担和因病死亡的风险。为防止“两癌”患病妇女和家庭因病致贫、因病返贫，全国妇联积极争取中央彩票公益金的支持，专门设立了“贫困母亲两癌救助专项基金”。2016年救助资金从2015年的1亿元增加到3亿元，按照人均1万元的标准，救助贫困患病妇女29700名，其中建档立卡贫困患病妇女15863名，做到了建档立卡贫困妇女应救尽救。截至2016年底，已争取中央彩票公益金7亿元，加上全国妇联筹集的社会资金，已累计救助贫困患病妇女71696名，成为造福贫困地区妇女和家庭的民心工程。

【春风行动】 为解决农村进城务工人员就业，改善农民工进城务工环境，全国妇联继续配合人力资源与社会保障部、中华全国总工会共同开展以“送政策、送岗位、送技能、送服务”为内容的“春风行动”。据统计，2016 年“春风行动”仅广东、上海、天津、重庆等 13 个省（市）发放宣传资料 637 万份，组织各类宣传和招聘活动 4097 场，参与妇女群众 260 万人。其中，成功介绍女性就业 53.9 万人，组织女性劳务输出 9 万余人。

【劳动力转移就业】 为推动解决贫困地区妇女就近就地就业和“三留守”问题，全国妇联发挥妇女心灵手巧的优势，开展了“巧手致富行动”，发挥龙头企业的示范引领作用，创办一批巾帼巧手致富示范基地，重点向集中连片贫困地区倾斜，2016 年新命名 12 家手工龙头企业（合作社、工作室）为“全国巾帼巧手致富示范基地”，发挥基地在开展手工技能培训、带动扶持建档立卡贫困妇女就业等方面的示范带动作用。各地妇联在 832 个贫困县建立妇女手工协会 919 个，扶持妇女手工企业 1123 个，带动 39 万贫困妇女发展手工就地就近灵活就业。

巾帼家政服务有序发展。举办全国巾帼家政服务职业大赛。以“巾帼家政服务，温暖千家万户，助力就业扶贫”为主题，共决出个人单项奖 60 个。建立全国巾帼家政转移就业培训基地，按照培训资质健全、劳务输出规范、带动建档立卡贫困妇女就业的原则，新命名 12 家巾帼家政企业（培训机构）为“全国巾帼家政转移就业培训基地”，以发挥基地在提升家庭服务从业人员职业素质和帮助贫困妇女就业增收的积极作用。各地妇联积极推动巾帼家政、电商等具有妇女优势的产业发展，帮助 28 万名贫困妇女参与家政服务，实现转移就业，带动 16.4 万名贫困妇女参与电商实现增收。

【妇字号示范基地】 全国妇联面向集中连片特困地区、贫困发生率高、贫困人口相对集中的省份，大力开展“全国巾帼脱贫示范基地”创建工作，发挥基地在引领广大农村妇女特别是贫困地区妇女参与生产发展、实现就业增收、提高脱贫致富能力等方面的示范带动作用。基地创建提出量化指标，要求每个基地年带动建档立卡贫困妇女不少于 10 人，确保基地精准帮扶建档立卡贫困妇女。2016 年，新认定“全国巾帼脱贫示范基地” 186 个（含 12 个全国巾帼巧手致富示范基地、12 个全国巾帼家政转移就业基地），投入项目资金 930 万元，覆盖国家 135 个贫困县，直接带动建档立卡贫困妇女 6080 人。各级妇联组织在全国 832 个贫困县共创建 4000 多个妇字号基地，通过基地、合作社及女能人示范带动了 61 万贫困妇女发展脱贫产业。

【扶贫培训】 2016 年，全国妇联先后举办集中连片特困地区妇联干部培训班、建档立卡贫困妇女发展乡村旅游培训班和面向贫困妇女的手工编织、家政、电商等全国性的各类示范培训班共39期，直接培训全国妇女骨干、县级妇联干部3500多人。据统计，各地妇联共举办各类脱贫技能培训班1.2万期，培训贫困妇女和妇女骨干87万人，组织动员174万名贫困妇女参加政府各类培训。各级妇联组织创新培训方式，将课堂理论培训与“田间讲堂”现场教学相结合。在培训对象上注重与新型农业经营主体对接融合，在培训内容上注重与学员实际需求对接融合，在培训方式上注重理论学习与实操体验对接融合。探索农村妇女在线教育培训、管理考核、移动互联服务。

【巾帼脱贫行动】 2016年10月，全国妇联会同国务院扶贫办在甘肃省陇南市组织召开全国“巾帼脱贫行动”现场推进会。广西、贵州、河北、吉林、山东5省（区）妇联介绍了各自扶贫工作经验和做法，陇南市、甘肃省妇联、西和县作了典型发言。会议期间，与会代表赴成县、西和县、武都区，实地考察了陇南电子商务产业孵化园、西和巾帼巧手创意馆、西和石堡乡包集村巾帼脱贫示范点、陇南市祥宇油橄榄开发有限责任公司。22个省（区、市）及新疆生产建设兵团妇联有关负责同志，甘肃省14个市（州）妇联以及全国妇联定点扶贫县有关负责同志参加会议。

【扶贫日活动】 2016年10月16日，全国妇联承办“2016年扶贫日论坛——妇女扶贫论坛”。论坛邀请来自政府、企业、公益组织、研究机构的16位嘉宾，从产业扶贫、技能扶贫和公益扶贫三个方面展开聚焦式讨论，与会代表认为，政府制定和实施有利于消除妇女贫困的战略规划和妇女减贫政策，妇女贫困问题明显缓解，但多重困境与性别不平等的叠加，使得妇女贫困具有更加复杂的致贫原因。农村大量女性劳动力外出务工和留守妇女并存的现象对妇女扶贫提出了新的问题和挑战。政府、企业和公益机构要建立合作共赢机制，提高扶贫资源的精准配置。来自中央国家机关、各社会团体、高校研究机构、公益企业的负责人及专家学者和脱贫受益妇女代表等70余人参加论坛。

【定点扶贫】 根据中央单位新一轮定点帮扶工作安排，全国妇联在原有帮扶甘肃省漳县的基础上，新增了甘肃省西和县。全国妇联积极落实中央单位定点扶贫工作会议精神，按照中共中央、国务院关于扶贫开发工作的总体部署，结合漳县、西和县经济社会发展目标和帮扶需求，着力开展项目扶贫和智力扶贫，推动了当地基础设施建设和公共文化建设进一步完善，贫困群众生产生活条件相对改善，社会经济协调发展。2016年，两县共落实项目资金合计695.87万元，其中，西和县落实项目资金376.78万元，漳县落实项目资金319.09万元。

3月，全国妇联召开贯彻落实中央单位定点扶贫工作会议精神暨定点帮扶工作会议，研究部署全国妇联定点扶贫工作。6

月，全国妇联与陇南市代表座谈，听取了当地扶贫工作情况，研究了全国妇联定点帮扶对接工作。

2016年，全国妇联选派5位干部，分赴漳县、西和县挂职，其中1名干部在漳县担任村“第一书记”。

在漳县、西和县分别举办培训班5期和7期，内容涉及种养殖、家政、手工编织、乡村旅游等，通过集体授课、个人实践、沟通交流等形式培训妇女1200余人。在漳县、西和县创建“全国巾帼脱贫示范基地”各8个，合计80万元，基地涵盖种养殖、手工刺绣、乡村旅游等多个产业，为妇女脱贫发挥了积极作用。做好劳动力培训输转工作，分别为漳县、西和县妇女解决外地就业45人和97人。全国妇联指导漳县、西和县妇联开展妇女小额担保贷款和“两癌”免费检查及救助工作，支持妇女发展种植、养殖和加工业，支持平安家庭、儿童之家创建，建立巾帼科技示范基地。发挥公益慈善扶贫的作用，实施消除婴幼儿贫血行动、母亲邮包、母亲健康快车、母亲水窖、春蕾计划、春蕾午餐、安康计划、九年制校园饮水进行改造等公益项目，捐赠图书、文具、书包、校服和童鞋等物品，帮助漳县建档立卡贫困人口脱贫。

（中华全国妇女联合会
妇女发展部　高继辉）

中国残疾人联合会扶贫

【概述】　2016年，中国残疾人联合会（以下简称“中国残联”）为贯彻落实中共中央总书记习近平关于扶贫开发战略思想，对新时期打赢贫困残疾人脱贫攻坚战做出了全面部署，按照中央对特殊困难群体精准扶贫精准脱贫的工作要求，中国残联会同有关部门积极行动，针对贫困残疾人特殊困难和需求，全力推动贫困残疾人精准扶贫精准脱贫工作，并取得显著成效，贫困残疾人得到有效扶持，生产生活状况得到进一步改善，87.8万贫困残疾人通过扶贫开发实现脱贫，75.6万贫困残疾人接受了实用技术培训，2.2万农村残疾人得到康复扶贫贴息贷款扶持，7111个残疾人扶贫基地安置11.6万残疾人就业，扶持带动24.9万户残疾人家庭实现增收。

【扶贫机制体制建设】　2016年3月，为深入学习领会中共中央总书记习近平关于扶贫开发系列讲话精神和贯彻落实中共中央、国务院关于打赢脱贫攻坚战的决策部署，中国残联成立以党组书记鲁勇为组长，其他党组成员为副组长的贫困残疾人脱贫攻坚领导小组，加强对贫困残疾人脱贫攻坚工作的组织领导和督促落实，指导各地残联开展贫困残疾人脱贫攻坚工作。

【扶贫政策】　2016年6月，中国残联与国家卫生和计划生育委员会、国务院扶贫办共同印发《残疾人精准康复服务行动实施方案》，着力推动有需求的贫困残疾人享有基本康复服务，有效减少贫困残疾人医疗康复的刚性支出。中国残联与国务院扶贫办、财政部、中国人民银行共同印发《关于加强康复扶贫贷款、扶贫小额信贷和财政贴息工作的通知》，进一步指导地方针对建档立卡贫困残疾人家庭加大康复扶贫到户贷款投放和财政贴息资金的安排，特别提出国家实施的免担保、免利息的扶贫小额信贷要加大对建档立卡贫困残疾人家庭的支持力度。

10月，中国残联与教育部、农业部、共青团中央委员会、全国妇女联合会共同印发《“十三五”残疾青壮年文盲扫盲行动方案》，加强对贫困残疾人的智力帮扶，助推教育脱贫任务。

12月，中国残联会同国务院扶贫办等26个部门和单位共同印发《贫困残疾人脱贫攻坚行动计划（2016—2020年）》，在“十三五”期间凝聚多方力量全力打赢贫困残疾人脱贫攻坚战。重点抓好抓实贫困残疾人及其家庭的精准识别、精准施策、精准考核等重点环节，以稳定实现贫困残疾人及其家庭不愁吃、不愁穿，义务教育、基本医疗、住房安全有保障，基本康复服务、家庭无障碍改造覆盖面有效扩大为整体目标。提出通过“七个一批”帮带贫困残疾人脱贫的主要任务，通过全面落实农村低保等社会救助政策和困难残疾人生活补贴、重度残疾人护理补贴等保障制度兜底脱贫一批；通过减少贫困残疾人医疗康复费用刚性支出并改善其身心功能状况缓解一批；通过加快实施易地扶贫搬迁工程和农村危房改造，推动贫困残疾人家庭住房安全解困一批；通过加大职业教育和实用技术培训力度赋能一批；通过加强产业带动、资产收益折股量化等多种方式帮带一批；通过开展基层党组织和党员干部助残扶贫行动结对帮扶一批；通过动员社会各界力量积极参与贫困残疾人扶贫帮助一批。充分发挥各方面优势资源，采取不同的方式加大扶持力度，确保贫困残疾人及其家庭在脱贫攻坚中切实受益，让贫困残疾人更有获得感，尽快实现贫困残疾人家庭精准脱贫的目标。

【精准识别】 中国残联与国务院扶贫办多次对各地残联和扶贫办部署残疾人建档立卡精准识别工作，同时，借助残疾人基础数据和国务院扶贫办信息中心贫困户建档立卡数据两大信息数据平台，对贫困残疾人建档立卡数据进行了多次比对核实，明确了截至 2016 年 8 月，将核实出的 413.5 万农村建档立卡持证贫困残疾人作为“十三五”残疾人脱贫攻坚工作的主要任务目标，并以正式文件的形式分解到各地进行落实。

【扶贫会议】 2016 年 9 月，中国残联在河南省驻马店市召开中西部重点任务省区残疾人脱贫攻坚工作座谈会，住房城乡建设部村镇建设司、中西部贫困残疾人扶贫任务重的省区残联有关负责同志参加会议，会议对贫困残疾人家庭危房改造和危房存量核实工作进行了研讨，并对持续做好基层党组织助残脱贫工作进行了研究部署。

9 月，中国残联与国务院扶贫办共同召开全国贫困残疾人脱贫攻坚工作会议，部署“十三五”残疾人脱贫攻坚工作，各省（区、市）残联理事长、分管理事长及 22 个扶贫任务重的省（区、市）扶贫办分管副主任参加会议，会议要求各地扶贫部门提高对残疾人脱贫工作的认识，要对贫困残疾人及其家庭采取更加有力超常规的扶持措施，要求各级残联组织发挥自身优势，按照中央关于群团改革的精神，全力做好残疾人精准脱贫工作。

【扶贫调研】 2016 年 1 月，中国残联主席张海迪到河北省滦平县调研，看望贫困残疾人家庭。国务院扶贫开发领导小组成员、中国残联副理事长程凯赴海南省开展精准扶贫工作督导调研，实地了解精准识别建档立卡情况。

4 月，由中国残联党组成员分别带队，在全国范围内开展加快残疾人小康进程专项调研工作，重点对贫困残疾人脱贫、住房安全、残疾儿童少年未入学、残疾人基本康复服务、重度残疾人家庭无障碍改造等方面开展专项调研，进一步抓好脱贫攻坚和托底补短工作。

【扶贫日活动】 2016年10月16日，中国残联与国务院扶贫办共同举办“2016年扶贫日论坛——残疾人精准扶贫论坛”。来自中国残联、国务院扶贫办、商务部、农业部、教育部、国家卫生和计划生育委员会、共青团中央委员会、全国妇女联合会、中国农业发展银行、中国互联网新闻中心有关部门负责人，清华大学、北京大学、中国人民大学有关专家，中国肢残人协会、中国狮子联会、阿里巴巴网络技术有限公司等社会组织、知名企业以及爱心人士，地方部分省份残疾人联合会的代表共百余人参加会议。

论坛以“激发信心，凝聚力量”为主题，以展示残疾人在摆脱贫困进程中的坚强毅力和自强精神为主线，以各级党委政府、残联组织和社会有效帮扶为背景，广泛交流了残疾人精准扶贫、精准脱贫的经验和体会。中国互联网新闻中心有关负责人宣布启动2016年残疾人脱贫与助残扶贫典型展播活动；来自山西省、辽宁省、山东省、安徽省、河南省的残疾人脱贫典型在会上介绍了他们脱贫创业的经历；荣获“全国脱贫攻坚奖”奋进奖的两位残疾人脱贫致富典型黄勇、王秀芝在会上讲述了自己的脱贫故事；来自北京大学、中国人民大学等高校的专家学者论述分享了残疾人精准扶贫、精准脱贫工作的研究成果。部分社会组织和企业代表围绕精准康复、精准电商扶贫、帮助贫困残疾人脱贫进行了成果展示和交流研讨。

【定点扶贫】 2016年2月1日，中国残联党组书记、理事长鲁勇带队，赴中国残联定点扶贫县河北省南皮县开展定点扶贫工作调研。

中国残联为做好河北省南皮县定点扶贫工作，每季度召开一次扶贫领导小组办公室全体会和定点扶贫工作调度会，对定点帮扶工作的进展及各直属单位结对帮扶工作进行调度，与南皮县政府多次对接，积极协调中央有关部门加大对南皮县的支持，协调环境保护部支持农村环境综合治理经费1000万元，协调国家能源局、国务院扶贫办、国家电网公司，获批南皮县大浪淀乡农电一体光伏发电项目，协调国务院扶贫办、河北省商务局将南皮县纳入京东电商扶贫示范县等。中国残联各直属单位积极行动，全力推进结对帮扶南皮县各乡镇工作，中国康复研究中心、中国聋儿康复研究中心、中国残联就业服务指导中心、中国残疾人辅助器具中心、中国残疾人福利基金会等单位多次深入结对帮扶乡镇及贫困户开展调研，结合自身优势资源，动员各方面力量，针对贫困户精准扶贫开展帮扶，工作取得阶段性成果。

（中国残疾人联合会
就业扶贫处　郝大鹏）

中华全国工商业联合会扶贫

【概述】 2016年，中华全国工商业联合会（以下简称“全国工商联”）以“万企帮万村”精准扶贫行动为工作平台，积极组织、引导民营企业投身脱贫攻坚战和公益慈善事业，扎实推进光彩事业，加大定点扶贫力度，不断拓宽工作思路、创新工作载体、深化合作机制、增强工作合力，推动工商联系统扶贫与社会服务工作迈上了新台阶。

【万企帮万村】 2016年1月，全国工商联、国务院扶贫办、中国光彩事业促进会（以下简称“中国光彩会”）联合召开推进“万企帮万村”精准扶贫行动全国电视电话会议，对行动进行全面动员纵深部署。4月至5月，全国工商联、国务院扶贫办、中国光彩会组成3个联合调研组，分赴安徽、江西、河南、湖北、湖南、广西、四川、重庆、贵州、陕西、甘肃、宁夏12个省（区、市），就“万企帮万村”精准扶贫行动的推进情况开展了专题调研。7月，举行“万企帮万村”精准扶贫行动台账管理工作培训班。部分省（区、市）工商联党组书记、副主席，台账管理负责同志，贵州省织金县工商联、扶贫办有关负责同志和村“第一书记”，全国工商联、国务院扶贫办和中国光彩会有关部门同志共70余人参加培训。9月，全国工商联、国务院扶贫办、中国光彩会与中国农业发展银行签订《政策性金融支持“万企帮万村”精准扶贫行动战略合作协议》。10月，全国工商联、国务院扶贫办在湖北省黄冈市召开“万企帮万村”精准扶贫行动现场会，国务院副总理汪洋出席会议并作重要讲话。11月，全国“万企帮万村”精准扶贫行动领导小组召开台账管理工作电视电话会议。12月，召开全国工商联第十一届扶贫工作委员会第四次全体会议，总结2015—2016年度扶贫工作，部署“万企帮万村”精准扶贫行动提质增效和开展东西部扶贫协作工作；在河北省石家庄市组织召开工商联系统东西部扶贫协作工作座谈会。

根据全国工商联“万企帮万村”精准扶贫行动台账统计，全国已有2.65万家进入台账管理的民营企业精准帮扶388.64万农村建档立卡贫困人口，涉及2.46万个村（其中建档立卡贫困村2.1万个）；产业扶贫投入382.52亿元，公益扶贫投入82.98亿元，安置就业30.76万人，技能培训31.63万人。

【定点、重点地区扶贫】 2月，全国政协副主席、全国工商联主席王钦敏率调研组赴织金县开展精准扶贫工作专题调研。先后深入桂果镇克窝村和打麻厂村、黑土乡三坝村、三甲街道龙潭村，看望了10户建档立卡贫困户，向村、镇领导及扶贫驻村工作队详细了解精准扶贫工作情况。期间，王钦敏主席先后在桂果镇和三甲街道召开了两场座谈会，与7个贫困村的扶贫驻村工作队队长、4个贫困村党支部书记、9户贫困户群众、2个带动周边贫困户脱贫的涉农小微企业进行了座谈。随后，调研组继续走访调研了26个乡镇的41个建档立卡贫困村。

3月，中共中央统一战线工作部副部长、全国工商联党组书记全哲洙率调研组到普定县龙场乡秀水村、毕节市七星关区和织金县开展专题调研，并代表全国工商联向织金县捐赠2000万元精准扶贫产业帮扶资金。

5月，全国工商联第十四期乡镇干部培训班在中国劳动关系学院培训中心举办。来自贵州省、云南省、甘肃省、陕西省、河南省的96名乡镇干部参加培训。培训期间召开两次“乡镇干部精准扶贫工作交流座谈会”，对万企帮万村精准扶贫行动实施工作提出意见和建议。

6月，全国工商联组织京、津、沪、黔80多家民营企业赴织金县进行精准扶贫考察。考察团一行先后深入织金县绮陌、桂果、金龙、茶店等乡镇（街道），就织金县产业扶贫、全域旅游、古城改造、建档立卡等工作进行实地考察，并举行了精准扶贫座谈会暨精准扶贫项目签约仪式。现场签订29个产业投资和公益扶贫协议。其中，宝龙集团与中国光彩事业基金会、织金县签署了捐赠2000万元帮扶织金县的20个建档立卡贫困村产业扶贫的帮扶协议。贵州省10家民营企业与织金县的10个建档立卡贫困村签署“一对一”的结对帮扶协议。中共中央统一战线工作部光彩事业指导中心，以及北京市、上海市、天津市、贵州省工商联有关领导同志参加了考察。

【光彩事业扶贫】 7月，与中国光彩会、甘肃省人民政府共同在甘肃省庆阳市举办“中国光彩事业庆阳行暨民企陇上行”活动。300位中国光彩会理事和一批有投资项目和意向的民营企业家参加此次活动，共签约合同项目2726个，合同金额5187.5亿元。公益捐赠2049万元，用于支持南梁镇及周边6镇（乡）12个贫困村的精准扶贫，为875户建档立卡贫困户共3318人实施产业开发、基础设施建设项目、农民技术培训3类5项帮扶项目。

9月，与中国光彩会、云南省人民政府共同在云南省瑞丽市举办“中国光彩事业德宏行”活动。本次活动共签订合同项目131个，合同金额1570亿元。累计接收公益捐赠4100万元的善款和价值500万元的物资，其中中国光彩会捐赠2000万元，用于在陇川县实施肉牛和桑蚕养殖等帮扶项目，帮助1558户建档立卡贫困户4721人精准脱贫。

12 月，与国家林业局、中国光彩会共同在云南省临沧市举办“第 12 期全国民营企业家及管理干部林业培训班”。本次培训内容重点是介绍和解读中央有关“万企帮万村”精准扶贫政策和林业相关法律法规、政策措施。来自全国 25 个省（区、市）从事国土绿化的民营企业家及管理干部约 140 人参加本次培训。

【援藏援疆】 9 月，全国工商联举办民族地区小微企业经营者培训班，为来自西藏自治区、新疆维吾尔自治区和新疆生产建设兵团的 150 名藏族、维吾尔族、哈萨克族、柯尔克族、乌孜别克族、回族等小微企业经营者进行了培训。

【就业扶贫】 4 月，人力资源和社会保障部、教育部、中华全国总工会、全国工商联组织开展了“2016 年全国民营企业招聘周”活动。本次招聘周活动主题为“促进供需对接，助力转型发展”。共有 17.4 万家民营企业参加了招聘周活动，现场提供各类岗位信息约 312.3 万条，累计发放政策宣传品约 687.3 万份，提供维权及法律援助约 19.4 万人次。活动期间，共有 86.1 万名求职者与用人单位达成就业意向，其中高校毕业生 35.7 万人，农村进城务工劳动者 32.9 万人，就业困难人员 10 万人。

【公益扶贫】 9 月，由民政部、全国工商联、广东省政府、深圳市政府和中国慈善联合会共同主办“第五届中国公益慈善项目交流展示会”。本届慈展会吸引了 31 个省（区、市）和港澳台的 2600 多个慈善组织、企业和个人以及 75 个国际公益组织参展，对接项目 510 个，对接总额 133.22 亿元。

（中华全国工商业联合会
扶贫与社会服务部　郭东风）

七

社会扶贫篇

（一）东西部扶贫协作

综　述

2016年，参与东西部扶贫协作的各省（区、市）认真贯彻落实中共中央总书记习近平东西部扶贫协作座谈会重要讲话精神和《中共中央办公厅 国务院办公厅印发〈关于进一步加强东西部扶贫协作工作的指导意见〉的通知》要求，不断增强责任意识和使命担当，思想认识进一步统一，组织领导进一步加强，结对关系进一步优化，帮扶任务进一步落实，工作力度进一步加大，初步形成了上下联动、东西携手、共奔小康的局面。

一、关于东西部扶贫协作座谈会

7月20日，在扶贫开发工作实施30周年、东西部扶贫协作开展20周年之际，中共中央总书记习近平在宁夏回族自治区银川市主持召开东西部扶贫协作座谈会（以下简称“银川会议”），发表重要讲话，回顾总结我国东西部扶贫协作和对口支援的实践，全面安排部署“十三五”东西部扶贫协作和对口支援工作，对扎实推进中央脱贫攻坚决策部署提出明确要求。他指出，东西部扶贫协作和对口支援，是推动区域协调发展、协同发展、共同发展的大战略，是加强区域合作、优化产业布局、拓展对内对外开放新空间的大布局，是实现先富帮后富、最终实现共同富裕目标的大举措，必须长期坚持下去。同时，对进一步提高东西部扶贫协作工作水平提出了四条重要指示，要求提高认识，加强领导；完善结对，深化帮扶；明确重点，精准聚焦；加强考核，确保成效。北京、天津、辽宁、上海、江苏、浙江、福建、山东、广东和大连、苏州、杭州、宁波、厦门、青岛、广州、深圳、珠海有帮扶任务的东部9个省（市）和9个城市的党委书记，内蒙古、广西、重庆、四川、贵州、云南、西藏、陕西、甘肃、青海、宁夏、新疆接受帮扶的西部12个省（区、市）的党委书记，京津冀协同发展对口帮扶的河北省委书记，中央和国家机关有关部门负责同志参加座谈会。座谈会上，福建省、宁夏回族自治区介绍了闽宁扶贫协作情况，上海市、四川省、新疆维吾尔自治区和深圳市做情况介绍和交流发言。

银川会议是扶贫开发史上的重要里程碑，上承扶贫开发伟大实践，下启脱贫攻坚全新征程，为扶贫开发攻克最后堡垒注入了新的思想动力和工作动力，提供了重要遵循。

二、基本情况

（一）召开加强东西部扶贫协作工作电视电话会议。银川会议召开后，国务院总理李克强就认真贯彻落实会议精神作出批示，要求认真学习中共中央总书记习近平重要讲话，贯彻落实中央扶贫开发工作会议和东西部扶贫协作座谈会精神，坚持优势互补，优化结对关系，突出帮扶重点，引导东部地区瞄准西部贫困地区的短板领域和薄弱环节，切实加大资金和项目支持、产业合作、劳务协作、人才支援等工作力度。相关地区和部门主要负责同志要直接抓这项工作，进一步明确协作双方责任，做好工作衔接，加强进度考核，注重帮扶成效。8 月 25 日，国务院副总理汪洋主持召开加强东西部扶贫协作工作电视电话会议，对贯彻落实银川会议精神进行安排部署。他强调，要认真学习贯彻中共中央总书记习近平在银川东西部扶贫协作座谈会重要讲话精神和国务院总理李克强关于加强东西部扶贫协作的重要批示要求，深入总结历史经验，借鉴推广闽宁协作等先进典型做法，进一步增强责任意识和使命担当，聚焦精准、拓展领域、真抓实干，不断提高东西部扶贫协作水平。国务院扶贫办、人力资源和社会保障部及广东省、浙江省、西藏自治区做会议交流发言。国务院扶贫开发领导小组成员单位和各地区以不同形式传达学习，研究贯彻落实措施。

（二）出台指导意见，健全完善制度。10 月 27 日，《中共中央办公厅 国务院办公厅印发〈关于进一步加强东西部扶贫协作工作的指导意见〉的通知》（以下简称《指导意见》），进一步明确了做好东西部扶贫协作和对口支援的指导思想、主要目标、基本原则、工作任务和保障措施，对东西部扶贫协作结对关系进行了调整。《指导意见》是贯彻落实《中共中央 国务院关于打赢脱贫攻坚战的决定》和中央扶贫开发工作会议、东西部扶贫协作座谈会精神的重要文件，是新形势下进一步加强和改进东西部扶贫协作工作的重要遵循，也是东西部扶贫协作工作开展 20 年来首次由中共中央办公厅、国务院办公厅印发的专门工作文件。12 月 8 日，国务院新闻办公室举办专题新闻发布会，介绍了东西部扶贫协作和《指导意见》有关情况。

各地、各部门认真贯彻落实银川会议精神，在东西部扶贫协作工作框架下，积极动员本系统和本行业开展东西扶贫协作。中共中央组织部围绕东西部扶贫协作选派挂职干部，开展专题调研，研究起草《关于进一步加强和完善东西部扶贫协作组干部人才选派管理工作的通知》。人力资源和社会保障部、国务院扶贫办印发《关于开展技能脱贫千校行动的通知》，要求“有对口协作帮扶任务的省市要根据中央确定的对口扶贫协作要求，完善与受帮扶省市的对接机制，组织受帮扶地区贫困家庭子女到帮扶省市的技工院校接受技工教育和职业培训”。国家卫生和计划生育委员会、国家中医药管理局、中央军委政治工作部、中央军委后勤保障部和国务院扶贫办开展健康扶贫行动，印发《关于印发加强三级医院对口帮扶贫困县县级医院工作方案的通知》，在全国联合组织开展三级医院（含军队和武警部队医院）对口帮扶贫困县县级医院工作。教育部、国务院扶贫办印发《职业教育东西协作行动计划（2016—2020年）》的通知，要求"2016年底，东西部职教集团、高职院校、中职学校搭建一对一或多对一结对帮扶关系，实现西部地区职教集团、高职院校、中职学校结对帮扶全覆盖"。"东部地区兜底式招收西部地区建档立卡贫困家庭子女接受优质中职教育，毕业后根据学生意愿优先推荐在东部地区就业，实现就业脱贫"。国家开发银行出台《关于加大东西部扶贫协作支持力度的意见》，要求"围绕东西部扶贫协作双方达成的对口帮扶合作协议或有关共识所明确的合作重点，全力服务东部省份做好支持西部省份扶贫工作"。中国农业发展银行印发《关于支持东西部扶贫协作的指导意见》，要求"全行积极发挥政策性金融优势和系统优势，加大对东西部扶贫协作的支持力度"，"以东部地区省级政府统筹开展的东西扶贫协作工作为中心，依托政府间合作协议，支持东西部地区结对开展扶贫工作"。全国工商业联合会、中国光彩事业促进会在部署推进"万企帮万村"精准扶贫行动工作中，专门要求东部企业要到西部开展结对帮扶。北京、天津、上海、江苏、山东、广东、重庆、贵州、甘肃等省（市）制定了贯彻落实的实施意见。

（三）适当调整结对关系，加强对重点地区的帮扶。根据中共中央总书记习近平"适当调整结对关系"的指示，对东西部扶贫协作结对关系进行了适当调整，实现了对30个少数民族自治州结对帮扶的全覆盖，加强了云南、四川、甘肃、青海等地西部深度贫困市州的帮扶力量，调整了辽宁、上海、天津的帮扶任务，落实了京津冀协同发展中"扶持贫困地区发展"的任务。调整后，共有东部9个省（市）、13个市对口帮扶西部10个省（区、市），吉林、湖北、湖南的3个少数民族自治州和河北省张家口、承德、保定三市。

（四）实施携手奔小康行动，推动向基层精准对接。2016年"扶贫日"期间，启动东部经济较发达县（市、区）结对帮扶西部贫困县的携手奔小康行动，全国共确定了东部267个经济较发达县（市、区），与西部地区390个贫困县开展携手奔小康行动。其中结对帮扶革命老区贫困县105个，占全国贫困革命老区县的29.4%；少数民族贫困县292个，占全国少数民族贫困县的70%；边境贫困县28个，占全国边境贫困县的38.9%；集中连片特困地区县349个，占全国集中连片特困地区县的51.3%，充分体现了对革命老区、少数民族地区、边疆地区、集中连片特困地区的倾斜支持。有些省份还积极探索在东西部乡镇、行政村之间结对帮扶。

（五）开展高层互访，广泛交流对接。银川会议后，东部北京、天津、辽宁、上海、江苏、浙江、福建、山东、广东九省（市）的党政主要负责同志都带队到对口帮扶的西部省份进行了调研对接，召开联席会议，签署帮扶框架协议，推动工作落实。西部的青海、陕西、甘肃、四川四省的党政主要负责同志也带队到东部地区进行工作对接。2016年，东部地区带队到西部地区调研对接的省级负责同志达到126人次，是2015年的2.8倍。西部地区到东部地区对接交流的省级负责同志有68人次，是2015年的3.4倍。

东部各省市认真贯彻落实银川会议精神，积极行动，普遍加大了资金支持力度，扩大了帮扶范围。广东省对扶贫协作结对的71个县（市、区），从2016年起，按每县（市、区）每年1000万元新安排财政支援资金7.1亿元，列入年度财政预算。江苏省追加安排2016年扶贫协作资金3亿元，总计投入达3.56亿元，并建立年度增长机制。山东省2016年投入扶贫协作重庆的政府援助资金由2015年的0.5亿元增加到1.3亿元，并确定了“十三五”期间每年10%的增长机制。北京市“十三五”期间计划安排帮扶资金35.68亿元，用于对口帮扶张承保三市16个县（区）脱贫攻坚。此次新调整增加的江苏省和济南、青岛、杭州、宁波、福州、佛山、珠海、中山8个市都主动加大力度，实现了对新增帮扶市州贫困县的全覆盖。

据统计，东部省市2016年共向西部对口帮扶省份提供财政援助资金29.3亿元，比2015年增长102%，动员社会力量捐助款物3.3亿元，比2015年增长3.4倍；实施援助项目1568个，援建道路867千米，学校（含幼儿园）782所，养老院、卫生院（所）158所，资助贫困学生7800人次；引导企业实际投资1306亿元；双方互相选派挂职干部508人次，开展专业技术人才交流3219人次；领导考察互访5359人次，其中省级领导194人次，举办各类培训班387期，培训各类人员3.5万人次，帮助贫困户实现劳务就业1.7万人次。

在9个东部省（市）中，政府财政援助资金最多的是广东7.1亿元，第二是上海4.1亿元，第三是北京4亿元。增幅最大的是广东，由0.36亿元增加到7.1亿元，增长18.7倍；其次是江苏，由0.42亿元增加到3.06亿元，增长6.33倍。

在9个东部城市中，政府财政援助最多和增长幅度最大都是广州，由0.34亿元增加到1亿元，增长1.92倍；政府财政援助投入和增长幅度第二都是杭州，由0.34亿元增加到0.7亿元，增长1.2倍。

西部10个省（区、市）来看，得到东部财政援助资金都超过1亿元。分别是云南5.5亿元、贵州5亿元、四川4.9亿元、陕西3亿元、广西2亿元、陕西2亿元、青海1.6亿元、甘肃1.3亿元、内蒙古1.28亿元、宁夏1.1亿元。

东部地区动员社会力量为对口帮扶地

区捐助款物最多的是广东 1.3 亿元，其次是北京 0.7 亿元。东部向对口帮扶地区派出挂职干部最多的是广东 46 人次，其次是上海 40 人次；向对口帮扶地区派出教师、医生等专业技术人才最多是北京 652 人次，其次是上海 451 人次。

（国务院扶贫办社会扶贫司　张　伟）

北京市—内蒙古自治区、河北省东西部扶贫协作

【概述】 2016年，北京市出台了《关于助力东西部扶贫协作地区和对口支援地区打赢脱贫攻坚战的意见》及其实施方案。按照《中共中央办公厅 国务院办公厅〈关于进一步加强东西部扶贫协作工作的指导意见〉》，国家发展和改革委员会等六部委联合印发《京津两市对口帮扶河北省张承环京津相关地区工作方案》要求，出台了《北京市对口帮扶河北省相关贫困地区实施方案》《2017年对口帮扶河北省相关贫困地区重点工作安排》。

【扶贫资金投入】 2016年安排京蒙帮扶资金1.18亿元，组织实施帮扶项目100个，助力1.8万建档立卡贫困人口实现脱贫。在扶贫搬迁、产业、教育、医疗、旅游、创业创新、电商扶贫等领域实施京蒙重点地区帮扶项目66个；安排京蒙贷款贴息资金500万元，对北京企业在赤峰市、乌兰察布市实施具有扶贫效应的3个项目进行贷款贴息；组织人才智力培训班31个班次。

安排京冀帮扶资金8.52亿元，已拨付帮扶资金2.82亿元，用于河北省节水农业、生态水源林、森林防火、林木有害生物联防联治等7类生态专项帮扶项目。

【工作机制】 北京市东西部扶贫协作工作在北京市对口支援和经济合作工作领导小组的统筹领导下，与受帮扶方建立高层联席会议制度，定期开展互访，确定帮扶重点，研究部署和协调推动扶贫协作工作，日常工作由北京市对口支援和经济合作工作领导小组办公室负责。

【互访交流】 2016年9月，内蒙古自治区党委副书记、自治区主席布小林率团赴北京考察，中共中央政治局委员、北京市委书记郭金龙会见考察团，北京市政府主要领导陪同考察。双方签署《北京市人民政府 内蒙古自治区人民政府关于进一步加强京蒙对口帮扶和全面合作的框架协议》，将北京市16个区与赤峰市、乌兰察布市16个贫困县结对帮扶关系进行优化调整，覆盖赤峰市、乌兰察布市国家级贫困县。

2016年12月，中共中央政治局委员、北京市委书记郭金龙，北京市委副书记、市长蔡奇率北京市党政代表团到河北省张

家口市考察。京冀双方签署《北京市人民政府　河北省人民政府全面深化京冀对口帮扶合作框架协议》，北京市13个区与河北省张家口市、保定市、承德市的16个受帮扶县（区）签署《携手奔小康行动协议书》。

【教育帮扶】　北京市100所学校与内蒙古自治区签订"手拉手"对口支援协议，北京师范大学附属中学、北京市第四中学、北京市第二中学、北京市第八中学等全国名校相继在内蒙古自治区建立分校；北京数字学校为内蒙古自治区部分中小学无偿提供优质教育资源共享服务；北京教育学院、首都师范大学、北京市重点中小学等院校组成的专家团队赴内蒙古自治区开展讲学送教活动。

【医疗卫生帮扶】　协助内蒙古自治区乌兰察布市完成13.7万建档立卡贫困人口免费健康体检全覆盖工作；全市60家社区卫生服务中心与乌兰察布市60家基层医疗卫生机构开展一对一帮扶；利用互联网+北京优质医疗资源对2.78万因病致贫、因病返贫重点人群实施分类管理；开通"重大疾病转诊绿色通道"，危重症患者转入北京医疗机构进行精准治疗；开展北京专家巡诊等医疗服务。

【科技帮扶】　利用京蒙高科企业孵化器推进创新能力，入孵企业累计400多家，向内蒙古自治区转移和辐射200多项高新技术成果和项目，协助引进高层次科技人才数十人；"硅砂资源利用"国家重点实验室、院士工作站在内蒙古自治区挂牌成立；以"2016赤峰·中国北方农业科技成果博览会暨全国农高会新丝绸之路创新品牌展示交易会"、"2016中国新丝绸之路·锡林郭勒草原畜牧业创新品牌展示交易会"等展会为平台，促进北京国家现代农业科技城与内蒙古自治区"三农三牧"（即农业、农村、农民和牧业、牧区、牧民）工作有效对接；将"千人计划、海聚工程、科技北京百名领军人才培育工程、北京科技新星"等人才项目和"草原英才工程"等人才引进培养选拔机制对接，实现京蒙两地"人才+团队+项目"优势互补与深度契合；2016年首都科技条件平台成员单位服务内蒙古自治区企业29家，签订联合研发、委托开发、检测测试、咨询等各类服务合同数十项。

【产业帮扶】　在旅游方面，深化京蒙两地在红色旅游、自驾旅游、乡村旅游、生态旅游等领域合作；两地旅游企业合作打造的"乌兰察布草原文化游"、"克什克腾号"草原旅游专列已推向北京市场。在农牧业方面，北京凯达恒业农业技术开发有限公司投资8亿元，在乌兰察布市察哈尔右翼前旗建设年加工16万吨的智能化马铃薯深加工基地；建设3000平方米"中国薯都薯文化博物馆"和2000平方米观光科普走廊。北京市木业商会在察哈尔右翼前旗打造首都木业产业基地和京察木业产业园；中关村昌晟能源科技示范应用产业联盟与赤峰市巴林右旗人民政府签署《北京赤峰巴林科技生态循环产业惠民工程示范园项目合作框架协议书》；北京东来顺集团在乌兰察布市建立肉类加工基地，每年向周边2500多户农牧民收购活羊近14万只，带动贫困户年增收800余元；北农大集团在赤峰敖汉旗投资5000万元建设“内蒙古节粮蛋鸡产业园”；2016年，北京市在内蒙古自治区投资建设项目682个，到位资金1157.02亿元，占内蒙古自治区同期引进区外到位资金的30.9%。

【电商扶贫】 阿里巴巴在线批发平台和农村淘宝平台达成意向进驻赤峰市；通过北京电商平台等渠道累计销售“后旗红”品牌土豆500多吨；在察哈尔右翼前旗实施了“京蒙帮扶乌兰察布蛋鸡养殖科技扶贫”项目和“京蒙帮扶乌兰察布蛋鸡养殖科技扶贫”项目；在翁牛特旗组织实施“草原有我一只羊”电商精准扶贫项目，带动240户农户增收脱贫。

【智力帮扶】 2016年北京市组织内蒙古自治区干部和专业技术人员培训班31个班次，培训1260名干部；开办东部城市对口支持西部地区培训班4期，培训35名内蒙古自治区干部，内容涉及新能源、新技术利用与可持续发展，互联网思维与创新发展，“一带一路”战略与西部地区发展，文化产业发展等领域；为内蒙古自治区赤峰市、乌兰察布市培训贫困村致富带头人100名。

北京市选派35名党政干部赴内蒙古自治区挂职；选派50名党政干部赴河北省张家口市、承德市和保定市的16个受帮扶县（区）挂职。

【经贸合作】 组织内蒙古自治区赤峰市和乌兰察布市参加“北京市对口支援地区特色产品在京展销会”、“北京农业嘉年华”等活动；通过“京蒙合作乌兰察布农畜产品产销对接会”，促成北京市15家企业与乌兰察布市20多家生产企业达成农畜产品采购协议，新发地批发市场与乌兰察布市农民专业合作社签订长期采购合同，土豆、胡萝卜累计在北京销售2.2万多吨；与赤峰市签订《保障冬季首都市场蔬菜供应合作协议》；内蒙古绿色有机食品北京展销中心、内蒙古绿色农畜产品广场落户北京。

【扶贫宣传】 组织中央、北京市和内蒙古自治区20余家媒体，赴内蒙古自治区赤峰市、乌兰察布市，对“十二五”期间北京市对口帮扶内蒙古自治区所取得的帮扶成效进行宣传报道。通过《北京日报》、北京电视台、北京市支援合作网等媒体宣传报道东西部扶贫协作和对口支援工作10余次；编发北京市支援合作工作信息11期，向国务院扶贫办报送信息10余条。

（北京市对口支援和经济合作工作领导小组办公室　周克武）

天津市—甘肃省、河北省承德市东西部扶贫协作

【概述】 2016年，天津市深化与甘肃省、河北省承德市扶贫协作，天津市与甘肃省、河北省实现高层互访8批次，与河北省召开津冀协作和对口帮扶承德市第一次联席会议并签署“1+4”合作协议。安排甘肃省和河北省承德市扶贫协作资金4.82亿元，其中2亿元支持天津市中德应用技术大学承德分校建设。第二批12名援甘干部分别赴甘肃省甘南藏族自治州、武威市天祝藏族自治县挂职。天津市16个区与甘肃省、河北省承德市30个贫困县开展“携手奔小康”行动。继续实施“对口帮扶甘肃省甘南藏族自治州定向培养医学本科生”项目，累计招收定向医学本科生306名。举行甘肃省招商引资推介会暨天津市甘肃商会成立大会等活动，与甘肃省甘南藏族自治州、张掖市等签署合作协议21个，企业投资协议14个，总投资15.9亿元。天津市人民政府合作交流办公室对口支援二处荣获“全国扶贫系统先进集体”称号，天津市河东区人民政府合作交流办公室阎春雷同志荣获“全国扶贫系统先进工作者”称号。

【扶贫工作机制】 2016年7月，天津市组织召开东西部扶贫协作和对口支援工作座谈会，11月，天津市委书记李鸿忠，市委副书记、市长王东峰，市人大常委会主任肖怀远，市政协主席臧献甫率天津市党政代表团赴河北省承德市学习考察，两省市召开津冀协作和对口帮扶承德市第一次联席会议，双方签署《对口帮扶承德市贫困县框架协议》《对口支援建设高等职业院校框架协议》《支援建设承德津冀六沟产业园区框架协议》《推进旅游一体化框架协议》《开展现代农牧业合作框架协议》“1+4”合作协议，明确天津市每年安排对口帮扶资金2亿元（“十三五”共计10亿元）。西青区、北辰区、东丽区、津南区、武清区分别结对5个贫困县，实现“一对一”帮扶。天津市与甘肃省、河北省实现高层互访8批次，围绕助力西藏自治区昌都市脱贫攻坚，两市签署《扶贫援昌协议》。天津市16个区分别与甘肃省天水市、白银市、平凉市、庆阳市、兰州市、武威市、甘南藏族自治州和河北省承德市、新疆维吾尔自治区和田地区、西藏自治区昌都市、

青海省黄南藏族自治州的41个贫困县开展"携手奔小康"行动。

【帮扶项目】 聚焦精准扶贫精准脱贫，安排甘肃省、河北省承德市扶贫协作资金4.82亿元，其中，河北省承德市扶贫协作资金2亿元，重点支持承德市承德县、平泉县、隆化县、围场满族蒙古族自治县、兴隆县产业扶贫、生态保护、基础设施、公共服务、劳务培训等五大类项目；单独安排2亿元，建设天津市中德应用技术大学承德分校；甘肃省扶贫协作资金8162万元，其中，80%的资金用于实施甘南藏族自治州、天祝藏族自治县项目，20%的资金用于实施藏区外扶贫协作项目，实施美丽乡村建设、社会公共事业、特色产业扶持、就业创业促进、经贸交流、人才培训等扶贫协作项目40个。在甘南州卓尼县车巴沟贫困片区、夏河县阿木去乎贫困片区选择10个建档立卡贫困村实施天津援建生态文明小康村建设。支持"甘肃省精准扶贫劳动力培训支持计划"、金融扶贫、电商扶贫工程。

【智力帮扶】 继续推进"天津市对口帮扶甘肃省甘南藏族自治州定向培养医学本科生"项目，天津医科大学、天津中医药大学、天津医科大学临床医学院累计招收甘肃藏区定向医学本科生306名。在兰州新区开办"兰州舟曲实验中学天津宏志班"，招收甘南州建档立卡贫困户学生44名。为甘肃省组织实施统战和民族宗教、网络教学和教育管理、医疗卫生管理、城市规划、区域经济、机构编制创新、文化旅游管理、金融创新管理等专题培训班15期，培训甘肃藏区各级各类干部、专业技术人才710人次。

【经贸合作】 进一步发挥经贸展会平台作用，展示、销售甘肃省特色产品，推进津甘经贸合作。2016中国·天津投资贸易洽谈会期间，举行甘肃省招商引资推介会暨天津市甘肃商会成立大会、深化对口支援甘南州工作座谈会等活动，天津市甘肃商会与甘肃省陇商联合会签订《商贸战略合作协议》、与津工超市签订《甘肃土特产进津合作协议》、与盛京银行天津西青支行签订《给商会整体授信10亿元的合作协议》。甘南藏族自治州政府与滨海新区、和平区、南开区、静海区、宝坻区、蓟州区6个区建立友好合作关系，与市农委、商务委、司法局、旅游局等10个单位签订合作框架协议。张掖市政府与天津股权交易所、深圳中金海华股权投资基金签订中小微企业股权、债券融资和交易战略合作协议14个，涉及文化旅游、现代农业、生物医药、物流配送、投融资平台建设等领域，总投资15.9亿元。

【产业扶贫】 组织30多家企业到甘肃省考察对接，推动天津天一建设集团有限公司与兰州新区共建保税物流中心，天津滨科生产力促进有限公司托管兰州新区科技孵化大厦组建兰州新区科技金融平台，天士力控股集团有限公司与甘南藏族自治州合作市、临潭县建设药材供应和生产基地，百米马（天津）有限公司、天津辉宇建筑工程有限公司与甘南藏族自治州开展生态旅游资源开发、生态农业合作等达成合作意向，协议投资额近20亿元。组织12家商贸物流企业到甘南藏族自治州和白银市进行洽谈对接，就甘南特色农产品在天津市大型农产品批发市场、连锁超市开设专区或专柜，在白银市设立集线上线下展示销售、物流仓储、保养维修于一体的平行进口汽车服务中心等达成合作意向。

【社会扶贫】 天津市光彩事业促进会组织参加"中国光彩事业庆阳行暨民企陇上行"活动，捐赠扶贫资金110万元；组织开展"光彩事业甘南光明行"，向舟曲县人民医院捐赠价值50万元人工晶体及眼科医疗设备、手术器械，市眼科医院为近200名白内障患者实施了免费复明手术，与舟曲县人民医院签订帮扶合作协议，并为"天津市眼科医院对口帮扶甘南舟曲县技术协作医院"揭牌。天津市红十字会向甘肃省甘南藏族自治州和河北省承德市捐赠棉被、棉服、运动鞋、运动服等物资2.58万件，总价值187万元。

（天津市人民政府合作交流办公室
对口支援二处　王　震）

上海市—云南省、贵州省遵义市东西部扶贫协作

【概述】 2016年，上海市帮扶云南省的东西扶贫协作调整沪滇结对关系，从“4+2”模式（文山、红河、普洱、迪庆4个重点帮扶州市和西双版纳、保山2个重点经济合作州市）转为“8+4”模式（大理、普洱、文山、楚雄、红河、迪庆、西双版纳、德宏8个重点扶贫协作州（市）和曲靖、保山、丽江、临沧4个面上扶贫协作市）。组织14个区与8个州（市）结对开展重点扶贫协作，实现对42个国家扶贫开发工作重点县的全覆盖。政府搭建平台，引导市场主体对曲靖、临沧、丽江和保山4个市开展面上扶贫协作。安排项目资金33641万元，实施项目335个，多措并举，协助263个贫困村，31.02万贫困人口脱贫增收，实施一批惠民利民项目；发挥上海优势，探索实施健康、金融、就业等领域的扶贫创新。

【工作机制】 2016年11月，上海市委书记韩正、市长杨雄率党政代表团赴云南学习考察，上海云南两省市签署《关于进一步加强扶贫协作的协议》；两省市共同组织开展纪念沪滇帮扶协作20周年系列活动，助推云南省脱贫攻坚。

2016年，上海市与遵义市共组织了3次学习考察活动，两地签署了《关于加强扶贫协作与重点领域合作框架协议》。10月，在贵州省召开东西部扶贫协作和对口帮扶贵州工作联席会议上，上海市与遵义市签署了《东西部扶贫协作和对口帮扶合作框架协议》。两地社会各界往来近100批次，达成了旅游、现代农业、商务、社会事业、金融、园区建设、人才培养等方面的众多共识，取得了对口帮扶的一系列成果。

【产业扶贫】 投入云南省县级以下扶贫济困和社会帮扶资金占援滇资金总量的90%。在4州（市）26个重点县实施整村推进231个、新纲要示范村建设32个，着力提升贫困村的产业发展、基础设施、公共服务和党组织建设水平，改善贫困户的生产生活条件。

积极引导上海企业赴遵投资，2016年共签署产业合作协议21项，实施产业合作项目58个，到位资金222亿元，上海远御电子、斐讯数据、联合利华、育安集团等

企业已相继入驻遵义。旅游产业合作力度进一步加大，成立了上海市遵义旅游营销中心，与春秋国旅、携程、驴妈妈、国旅集团等企业签订了旅游合作协议，全年上海入遵游客达27.9万人次，同比增长50.3%。

【教育扶贫】 组织实施金种子校长培养计划、基础教育互助成长计划、高校结对帮扶计划、职教帮扶“四个一”工程、上海名师遵义行等活动，上海对口帮扶区的78所学校与遵义有关学校签订了帮扶协议。2016年，上海市为遵义培养培训校长、教师1150人次，同时还选派80名管理人员和教师到遵义支教，给遵义教育事业发展注入了新的活力。

【帮扶项目】 发挥沪滇双方合力，精准对接，组织上海联华电子商务有限公司、上海农产品中心批发市场经营管理有限公司、上海纺织（集团）有限公司、上海医药集团股份有限公司等重点企业赴云南投资考察，达成一批签约项目。引导新沪商联合会、绿色产业发展联盟等组织，发挥市场主体作用，促进两地产业合作，鼓励企业积极参与“万企帮万村”精准扶贫行动，带动脱贫攻坚。发挥上海“云品中心”、上海农产品批发中心等作用，2016年上海企业在云南带动脱贫4200人，吸纳就业逾万人。

2016年，上海市共投入遵义市帮扶资金6299万元，帮扶项目40个。按照上海帮扶项目投向要求，帮扶项目重点安排在遵义市武陵山、乌蒙山两大集中连片地区的9个县（市），帮扶项目资金重点投入新农村建设、产业发展、社会事业和人力资源开发等领域。全年共实施帮扶项目40个，投入帮扶资金6299万元，较2015年增长8%。截至2016年12月底，所有项目已全部建成发挥效益，有效改善了受帮扶县（市）生产生活条件，极大地增强了受帮扶县（市）自我发展能力，辐射带动9个受帮扶县（市）28个贫困乡镇、27个贫困村减少贫困人口36126人。

【健康扶贫】 贯彻落实中央扶贫攻坚总体要求和国家卫生和计划生育委员会、国务院扶贫办部署，安排资金1680万元，积极实施健康扶贫、精准扶贫工程。统筹全市优质资源，组织28家三级医院与云南省28家贫困县县级医院建立稳定持续的“组团式”对口帮扶机制，开启新一轮五年帮扶工作。2016年，上海市派出28支医疗队，聚焦因病致贫、因病返贫的建档立卡贫困户，在贫困人口流行病学、医疗卫生需求等方面开展摸底调研的基础上，编制规划计划，采取巡回医疗、远程医疗等多种方式，有针对性地开展健康扶贫，帮助结对贫困县医院提高常见病、多发病、部分急危重症诊疗能力。

【社会帮扶】 动员引导企业、社会组织等各类社会力量广泛参与沪滇帮扶。中国宋庆龄基金会组织“每一件旧衣都是一份爱”专题捐赠活动。上海证券交易所公益基金会持续在云南省文山壮族苗族自治州（以下简称“文山州”）开展“行走的渴望”假肢安装公益活动。上海市文化机构支持文山州国家级非物质文化遗产“坡芽歌书”到沪演出。上海市志愿服务公益基金会牵头发起“关爱香格里拉困难先心病儿童特别行动”，10 名迪庆藏族自治州的先天性心脏病儿童在复旦大学附属儿科医院得到免费治疗。上海浦东发展银行与云南省政府共同发起设立扶贫投资发展基金，助力脱贫攻坚。上海交通大学在洱海治理保护、上海交大云南（大理）研究院建设、滇西民族医药协同创新中心建设等方面持续发力，在洱源县设立四个专项帮扶基金。复旦大学向大理白族自治州捐赠价值 600 万元的 CT 机，复旦附属金山医院与永平县开通远程医疗问诊平台，成立病理远程诊断中心。

组织纪念援滇 20 周年系列活动，举办《云岭浦江写春秋——沪滇扶贫协作 20 年图片展》，上海市党政代表团、云南省领导及各方面代表参观展览，观看专题纪录片《申情之滇》。

【人才支持】 坚持选优配强，选派第十批援滇干部共 15 人赴滇挂职 3 年，集中精力助推对口地区脱贫攻坚，服务当地经济社会发展。加强援受双方对接，采取多种形式，进一步提升人力资源开发培训工作质效。全年安排资金 1958 万元，接受云南干部人才到沪挂职、进修 758 人次，为云南省培训各类干部人才 4939 人次。

2016 年，上海市派出 11 名第二批援黔干部，又应遵义要求从上海引进 3 名金融人才赴遵挂职，先后选派两批次遵义干部到上海市相关部门挂职学习自贸区制度创新经验，围绕脱贫攻坚、文化教育、医疗卫生、城镇建设、农业产业化、旅游发展举办了 36 期培训班，对 2635 名干部和专业技术人员进行了培训，其中医疗卫生系统骨干培训 400 人。同时，上海市派出 2 批次 14 名国家“千人计划”专家到遵义进行智力帮扶，为 10 多家医药和大数据企业解决了 60 多个技术难题。

（上海市政府合作交流办对口支援处
胡晓勇　姚志峰）

辽宁省—青海省东西部扶贫协作

【概述】 2016年是辽青东西扶贫协作的收官之年，辽宁省委、省政府始终站在政治和全局的高度，克服自身经济下行压力持续加大的实际困难，在青海省各级党委、政府的大力支持配合下，在双方具体业务部门的共同努力下，保证了援助力度不减、资金额度不少、工作标准不降，确保了援青工作“善作善成、善始善终”。

2016年，落实帮扶资金5856万元，实施基础设施改善、产业扶持、人才智力帮扶等项目52个，其中实施特色种植和养殖业、农牧业产业示范基地建设、贫困群体资产收益、扶贫龙头企业扶持等重点产业扶持项目32个，带动143个村1.2万户4.3万贫困人口持续增收；资助96名青海省贫困高中生在辽学习，重点本科上线率达100%；在青海省举办各类培训班9期，培训各类人员800余人次；积极组织开展社会扶贫活动，辽宁团省委与青海团省委签订《对口支援项目合作协议书》，辽宁省卫生计生委启动新一轮对口帮扶青海省贫困县县级医院工作。

【工作机制】 2016年，辽宁省委办公厅、辽宁省人民政府办公厅联合印发《关于进一步加强对口支援和省内对口扶贫工作的实施方案》，调整充实省对口支援工作领导小组，增加辽宁省工业和信息化委员会、省商务厅、省旅游发展委员会等6家省直部门为成员单位，将省对口支援工作领导小组办公室调整到省发展和改革委员会，各市也进行相应职能调整，为进一步做好东西部扶贫协作工作提供了坚实的组织保障，全省上下形成领导有力、上下联动、沟通顺畅、高效运转的工作机制。

【帮扶项目】 2016年，辽宁省投入对口帮扶资金5856万元，实施各类帮扶项目52个。安排援助资金496万元，集中在平安区古城乡山城村和化隆县初麻乡主庄村实施“高原美丽乡村”建设项目，先后实施了危房改造、村道硬化、村级综合服务中心建设等基础设施建设项目，配套完成了村级文化广场、群众健身设施安置等项目；改善8个乡镇扶贫工作站办公条件；为湟中县5800名建档立卡贫困人口缴纳养老金，为贫困人口提供基本生活保障。在循化县按照资产收益的方式折股量化投资实业，并按8%的收益对贫困群众实施年终分红，带动近千名贫困人口持续增收；在大通县扶持13个乡26个贫困村群众发展牛羊养殖、中藏药材种植等特色中小微产业，使186户700余贫困人口有了脱贫保障；投入辽援资金支付702亩农业示范园区土地流转费，为发展设施农业奠定了物质基础。

【智力帮扶】 创新“实训+创业”模式，重点组织培训79户有技能的“两后生”贫困家庭，在综合农贸市场经营就业，助力脱贫增收；接收96名互助县贫困高中生在辽宁省学习生活，其中1名学生成为互助县理科“状元”，其余学生全部达到重点本科分数线，剩下54名学生仍在辽宁省朝阳市就学；在青海省乐都区举办设施农业、汽车修理、电器维修、樱桃种植等各类培训班次8期，培训贫困群众近500人次。

【社会帮扶】 2016年，辽宁省卫生和计划生育委员会、共青团辽宁省委员会等部门积极发挥自身职能作用，在资金支持、产业对接、人员交流等方面，开展了多形式、宽领域的对口帮扶工作。签订《对口支援项目合作协议书》，青海省考察团赴辽宁省就“青年之声”平台建设、管理及维护等工作开展交流考察，免费培训青海省农村电商企业家30人次；以“青洽会”为契机，组织辽宁企业家赴青海省进行投资考察，参与青海青年创业沙龙活动，辽宁优秀创业者在沙龙活动中为当地创业导师们进行了多场宣读培训；辽宁省卫生和计划生育委员会印发《辽宁省加强三级医院对口帮扶青海省贫困县县级医院工作实施方案》，启动新一轮对口帮扶青海省贫困县县级医院工作，已派出142名医院管理和技术人才赴青海工作，累计诊疗患者3万人次，手术1353例，讲座培训2.26万人次；营口市组织为循化县9个乡镇的贫困户购置化肥160吨，解决贫困户春耕备播的燃眉之急；组织社会各界在春节前为40户贫困户捐赠慰问品和慰问金，开展“送温暖、献爱心”活动。

【辽青对口帮扶20年回顾】 在中共中央的坚强领导、国务院的统一部署下，辽宁省从1996年开始对口帮扶青海省，2016年结束帮扶任务。辽宁省委、省政府始终深入贯彻落实党中央关于扶贫开发和东西部扶贫协作各项战略决策部署，20年来，累计向青海省提供无偿援助资金和物资折价合计7.22亿元，实施各类帮扶项目近千个。在64个贫困村实施辽援“整村推进”工程，覆盖贫困户1.04万户5万余人；实施干旱山区水利工程、雨水集流、人畜饮水等项目，解决2万余人、1.4万头（只）牲畜饮水困难问题；援建发电站3所、中小学校30所、基层卫生院（室）88所，修建乡村道路350千米，20余万人直接受益；在71个贫困村实施产业扶持项目450余个，4.3万贫困群众实现脱贫；培训转移贫困劳动力1.4万余人，转移就业率超过95%，年人均收入增加8000元以上；组织2770余名党政基层干部人才赴辽宁省培训挂职；定向招收青海省高中生、本专科生8750人，其中高考上线率达到84%；省内50所三甲医院对口帮扶青海省贫困县县级医院，提高了青海省医疗卫生整体水平；两省签订各类经济技术合作项目117项，金额近50亿元；提前高标准完成玉树灾后重建工作，建设居民住房、教育、医疗卫生等项目51个，总投资4.73亿元。

（辽宁省发展和改革委员会
对口支援处　孙大川）

江苏省—陕西省、青海省东西部扶贫协作

【概述】 2016年，江苏省按照中央部署，加大对陕西省和贵州省铜仁市的扶贫协作力度，并根据国务院扶贫开发领导小组的安排，新增结对帮扶青海省西宁市和海东市的扶贫协作任务。江苏省援助陕西省扶贫协作资金2亿元，援助青海省西宁市和海东市扶贫协作资金5000万元，援助贵州省铜仁市扶贫协作资金5000万元，扶贫结对、规划制定、资金安排、干部交流等工作有序推进。

【工作机制】 2016年，江苏省根据陕西省扶贫区域特点，研究提出“十三五”时期苏陕扶贫协作市际结对关系；对新增青海省西宁市和海东市的扶贫协作任务，明确由南京市和无锡市分别结对；同时苏州继续结对帮扶贵州省铜仁市。在明确市际结对关系的基础上，在江苏10个设区市中每市选择2个经济实力较强县（市、区）分别与陕西10个结对市、青海省西宁市和海东市、贵州铜仁市中的2个国家扶贫开发工作重点县结对帮扶，加大精准脱贫帮扶力度，实施“携手奔小康”行动，全省结对帮扶重点县共计38对（不含对口支援西藏自治区拉萨市、新疆维吾尔自治区伊犁哈萨克自治州和克孜勒苏柯尔克孜自治州、青海省海南藏族自治州地区的14对结对市县）。

9月，江苏省委书记李强率党政代表团赴陕西省，就进一步深化苏陕经济合作，推进“一带一路”建设，实现优势互补共同提升发展水平进行学习考察。江苏省委书记李强和陕西省委书记娄勤俭共同主持召开了苏陕扶贫协作联席会议，两省政府共同签署了《关于进一步加强扶贫协作和经济合作战略协议》。出台《关于深入推进东西部扶贫协作工作的实施意见》，组织制定江苏省“十三五”扶贫协作工作规划，在“健全扶贫工作机制、推动产业合作扶贫、扩大劳务输出扶贫、强化人才支持扶贫、支医支教助学扶贫、动员社会力量参与扶贫”6个方面围绕建档立卡贫困农户，有针对性地开展帮扶活动。

【医疗卫生扶贫】 江苏省在卫生系统开展对口帮扶贫困县县级医院活动。全省组织三级医院对口帮扶陕西贫困县县级医院22个，对口帮扶西藏拉萨市贫困县县级医院4个。2016年，江苏省共有165名医师派往对口陕西的县（市、区）医院，完成门诊1.3万、急诊2355人次，开展手术2366例，会诊及疑难病例讨论3012次，开

展新技术新业务115项，免费接收进修211人，学术讲座557次，业务培训1.3万人次，教学查房2233次，建立特色专科12个，投入经费128多万元，捐赠设备价值18万，有30对对口医院之间开展远程医疗会诊。陕西相关受援县医院的管理水平、技术水平、服务能力均得到明显提升。

【帮扶项目】 苏州帮助贵州省铜仁市实施的一批扶贫项目，援助扶贫资金6120万元。结合旅游扶贫兴建一批“农家乐”、特色客栈、旅游景观等基础设施项目；在教育方面援建中小学教学楼和硬件设施；在农业产业化方面，围绕茶叶、天麻中药材、苗木基地等项目援助资金579万元；派出扶贫挂职干部6人，帮助培训干部800余人次；产业合作取得积极进展，组织江苏企业赴贵州考察并达成一批产业合作项目意向。无锡市帮助延安市实施27个扶贫协作项目，援助资金620万元，主要集中在乡村道路建设、农贸市场建设和农村电子商务、大棚蔬菜、苗木基地、农业产业人才培训等方面。南京市援助180万元，新建商洛市商镇北坪村5000千瓦光伏扶贫项目；援助50万元新建商南县富水镇、青山镇、城关社区、试马镇、清油河镇等蓝莓种植采摘深加工开发项目；援助30万元新建丹凤县庾岭镇窑沟村双孢菇种植产业基地。

【经贸合作】 2016年5月，江苏省组团参加了2016年丝绸之路博览会暨第20届中国东西部合作与投资贸易洽谈会，江苏省代表团以及13个市的分团共500多家企业、1000多人参展参会，在洽谈会上共达成合作项目137个，总签约金额为386亿元。其中：内联合作项目85个，签约金额255亿元；贸易成交项目52个，签约金额131亿元，投资和贸易成交额，位居参会的各省市区代表团前列。其中：苏州市利泰醒狮控股有限公司与新疆维吾尔自治区伊犁哈萨克自治州奎屯市经济开发区签订纺织类投资及进出口项目总投资30亿元；江苏正硕实业有限公司与甘肃省环县人民政府签订国际商贸物流城项目总投资15亿元；常州市中旖控股集团与秭归县人民政府签订LNG综合利用项目总投资5.5亿元；无锡市玉龙钢管股份有限公司与四川玉龙钢管有限公司签订长距离输送用钢管生产线项目总投资5.5亿元；连云港市金色土投资有限公司与陕西省陇县经济开发区签订自来水管道设备贸易项目总投资5亿元。此外，江苏省还在积极组织企业参加中国西部国际博览会、亚欧博览会的同时，大力配合中西部地区到江苏开展各种形式的经贸宣传和项目推介活动，协助组织了甘肃招商引资推介会、宁夏·江苏经济技术合作交流会等。江苏省以设施联通、产能合作、人文交流等领域为重点，推动“向东”和“向西”双向开放。“向东”开放重在招引，引进项目、引进技术、引进人才，加强与沿线国家的投资合作，加快形成贸易往来与双向投资良性互动、经贸合作与人文交流齐头并进的良好局面；“向西”开放重在合作，强化双向开放叠加效应，包括物流合作、产能合作等，全面扩大连云港的海陆双向功能，并与徐州综合交通枢纽建设紧密结合，共同建设区域性物流中心，形成东西贯通、内外互动的开放发展新格局。

（江苏省发展和改革委员会　张建明）

浙江省—四川省东西部扶贫协作

【概述】 2016年，浙江省共向四川藏区1州14县和青川县无偿援助资金16695万元，实施项目92个。开展经贸合作项目3个，到位资金2亿元，吸纳就业2000人，其中安排建档立卡贫困人口就业350人，开展人才培训9672人次，干部挂职交流933人次，开展互访交流164人次。

【工作机制】 2016年，浙江省委、省政府2次召开省委常委会议和省政府常务会议，研究部署东西扶贫协作工作；建立两省高层领导互访交流机制；根据浙江省机构调整，浙江省东西扶贫协作职能工作调整到浙江省发展和改革委员会（浙江省对口支援工作领导小组办公室），省委书记担任组长，省长担任常务副组长，常务副省长、省委组织部长担任副组长，办公室设在浙江省发展和改革委员会。浙江省7个帮扶市成立相应领导小组，9月，浙江省委常委会专题研究浙江省对口支援工作，印发《浙江省对口支援四川藏区“十三五”规划》。

2016年，浙江、四川双方开展互访交流164人次。11月，四川省党政代表团一行赴浙江省考察调研东西扶贫协作工作，并进行了座谈交流。

【帮扶项目】 2016年，浙江省援助四川藏区资金重点用于教育、产业、民生、人才、就业创业、生态保护6个方面，共安排项目77个。具体安排为：教育专项5个，安排资金2764万元；产业专项19个，安排资金4396万元；民生专项21个，安排资金6075万元；人才专项14个，安排资金500万元；生态保护专项3个，安排资金340万元；特色产业创业发展基金2个，安排资金800万元，安排扩大合作交流项目13个，对口援建项目前期资金570万元。完成以下4个较大项目：四川省阿坝藏族羌族自治州（以下简称“阿坝州”）林业中心医院基础设施提升改造项目、四川省阿坝州大学生创业基地项目、四川省阿坝州档案馆建设项目和阿坝州特色产业发展基金项目。帮扶四川省青川县新建茶叶标准化种植基地3000亩、银杏叶加工厂扩建、橄榄油加工生产建设线、羊肚菌冷藏集配销售冻库建设等；对青川县1016名因重大疾病、严重自然灾害或其他不可抗拒因素造成生活特别贫困的农村家庭和贫困学生实施了生活、医疗、助学求助，全年安排帮扶资金80万元。

【智力帮扶】 2016 年，浙江省共用于智力帮扶资金 500 万元，其中用于四川藏区援助资金 400 万元，用于青川县援助资金 100 万元，主要委托浙江省省级部门、浙江大学、浙江农林大学、中国茶科所等科研院所培训各类干部、专业技术人才。浙江省农林大学承担乡村旅游和电子商务从业人员培训 2 期 60 人，帮助青川县 36 个乡镇 79 个贫困村建档立卡贫困户开展农业产业技术技能培训 7989 人，农家旅游技术培训 400 人次，电子商务业务培训 200 人次，帮助青川县完成农特产品宣传及品牌创建等工作。

【金融扶贫】 2016 年，浙江省安排帮扶资金 150 万元，用于四川省青川县农业产业贷款贴息，重点支持了发展茶叶、油橄榄、食用菌、电子商务、乡村旅游等专业合作经济组织、产业大户、家庭农场、龙头企业用于购置生产设施和生产经营流动资金贷款贴息，拉动了贷款 3000 万元，充分发挥帮扶资金的使用效益。

【经贸合作】 2016 年，浙江省与对口地区开展经贸合作项目 3 个，到位资金 2 亿元，吸纳就业 2000 人。11 月，浙江省邀请对口地区的阿坝州、青川县参加浙江省农业博览会，提供了 250 平方米展位，对口地区 42 家企业和专合社的 146 种产品参展，签订销售协议 1000 多万元，现场销售 350 万元；阿坝州在展会期间举办了“净土阿坝”生态农产品专题推介会。浙江省农业博览会搭建了浙江省对口地区农特产品进入浙江市场的平台，开拓市场，创新提出东西协作扶贫新模式。

【结对帮扶】 中央安排浙江省杭州市结对湖北省恩施土家族苗族自治州（以下简称“恩施州”），宁波市结对吉林省延边朝鲜族自治州（以下简称“延边州”）。浙江省积极开展前期工作，合理分解工作任务，将原浙江省杭州市对口的四川省阿坝州红原县调整给浙江省温州市结对，阿坝州马尔康市调整给浙江省绍兴市结对，阿坝州若尔盖县调整给浙江省嘉兴市结对。浙江省与延边州、恩施州进行了充分对接，起草了对口延边州、恩施州的 4 年帮扶工作规划。根据国家“携手奔小康”行动计划，浙江省在现有帮扶四川省的基础上，进一步扩大浙江与四川扶贫协作范围，新增对口帮扶四川省乐山市的马边县、峨边县、金河口区（彝族人口集聚区）和四川省宜宾市的屏山县。

（浙江省发展和改革委员会　陈金炜）

福建省—宁夏回族自治区东西部扶贫协作

【概述】 2016年，福建、宁夏两省(区)深化“联席推进、结对帮扶、产业带动、互学互助、社会参与”的闽宁对口扶贫协作机制，福建省级财政安排闽宁协作发展资金8000万元，支持宁夏回族自治区中南部地区和生态移民村发展。福建省启动帮扶宁夏回族自治区9县(区)1镇整村推进100个贫困村脱贫“三个一批”工程。建设闽宁协作示范村42个。选派第十批挂职干部21人赴宁夏回族自治区任职，选派200多名各类专业技术人员赴宁夏回族自治区开展帮扶活动。安置就业10万人，年创产值超过350亿元。推进两省(区)在建设陆上、海上、空中和网上丝绸之路方面的交流合作，推介宁夏旅游产品，闽企在宁商会为宁夏贫困地区捐赠善款500万元。

【工作机制】 2016年7月，《“十三五”闽宁扶贫协作规划》出台。福建省、宁夏回族自治区互学互助对口扶贫协作第20次联席会议在银川市召开。会议回顾了闽宁互学互助对口扶贫协作20年开展的工作和取得的成效，对“十三五”时期和近两年的工作做了研究部署。

【携手奔小康】 2016年，闽宁两省(区)在市县结对“携手奔小康”的基础上，向乡镇、村结对帮扶延伸。其中，海原县17个乡镇与漳浦县乡镇“一对一”结对帮扶。福建省漳州市角美镇6个经济强村结对帮扶闽宁镇6个村。闽宁两省(区)第二十次联席会议议定3年共建100个闽宁示范村，2016年已实施了宁夏回族自治区中南部9县(区)和永宁县闽宁镇共13个村为第一批共建示范村，宁夏回族自治区在安排财政专项扶贫资金的基础上，每村另安排闽宁协作发展资金100万元，福建省对口帮扶市(县、区)2016年另投入帮扶资金10582万元。实施的42个闽宁示范村在基础设施、村容村貌、产业发展等方面在当地都起到示范引领作用，成为新农村建设的样板。

【帮扶项目】 闽宁第二十次联席会议明确福建省级财政安排闽宁协作发展资金8000万元，重点实施八大类项目：一是支持闽宁两省(区)结对帮扶县(市、区)在宁夏回族自治区中南部9县(区)和永宁县闽宁镇投资建设闽宁示范村42个。二是支持永宁、西吉、隆德3个县闽宁产业园入园生产企业技术升级改造、员工培训，推动闽宁产业园快速发展。三是支持扶贫龙头企业、农民合作组织发展种养业、农副产品加工业等特色产业，推动宁夏回族自治区西海固地区产业提升。四是支持依托福建省农业科学院、宁夏回族自治区农业学校、固原市农业学校，按照“院校+企业+合作社+农户”的发展模式，扶持发展菌菇种植和巨菌草试种等农科教、产学研项目。五是支持“村级扶贫车间”试点项目。鼓励劳动密集型企业或乡（村）集体经济组织在贫困村建设“村级扶贫车间”，开展技能培训，帮助贫困群众就近就业、脱贫致富。六是支持闽宁镇福宁村现代设施农业示范园资产收益扶贫试点项目，探索建立完善资产收益分配机制。七是支持西吉县赴闽返乡农民创业试点项目。八是建立企业贷款担保基金。由宁夏再担保集团有限公司管理，对在宁夏贫困地区发挥产业带动、帮助贫困群众脱贫增收的闽商企业提供贷款担保。以上八大类具体项目由福建援宁挂职干部督导各市、县（区）扶贫办逐项抓好落实。此外，福建省对口帮扶市（县、区）投入各类帮扶 6313 万元，实施帮扶项目 101 项，援助宁夏回族自治区中南部 9 县（区）和永宁县闽宁镇建设一批基础设施、特色产业及教育、卫生等社会事业发展项目。

【经贸合作】 2016 年闽宁对口扶贫协作第二十次联席会议共签约各类项目 41 个，计划投资总额 240.9 亿元。其中，福建日盛化工有限公司在石嘴山市惠农区已累计完成投资 28.5 亿元，建设精细化工循环化产业链项目；泉州市恒宇兴晨纺织有限公司在同心县投资 2.2 亿元，建设时尚同盟项目，年加工 180 万件民族服饰；新融宇集团（控股）有限公司在西吉县投资 5.96 亿元，建设油用牡丹产业示范基地项目；福建康业投资有限公司在隆德县投资 3.4 亿元，建设中小企业孵化园三期项目，建成厂房 24 栋。同时，宁夏企业也积极赴闽开展生产经营项目。宁夏青龙管业股份有限公司投资 3 亿元投资成立了福建青龙管业有限公司，成为第一家落户福建的宁夏本土企业。宁夏哈纳斯新能源集团有限公司莆田 LNG 接收站项目列入国家规划、福建省“十三五”规划和福建省能源专项“十三五”规划，项目进入核准阶段。宁夏籍企业家在厦门市、福州市投资建成了集产品展示销售、文化交流、旅游推广、品牌推介、城市宣传为一体的宁夏吴忠优质特色农产品展示展销中心，分别于 2016 年 3 月和 12 月在厦门市和福州市开业。

【教育扶贫】 在高等教育合作方面，厦门大学与宁夏大学、福建师范大学与宁夏师范学院、福州大学与银川能源学院开展了多渠道、多层次、多形式的交流合作，帮助宁夏高校提升教育教学和科研水平。在职业教育合作方面，两省区教育、扶贫部门联合印发了《闽宁职业教育协作助力脱贫攻坚工作实施方案》，建立了福建省级示范性职业学校重点帮扶宁夏职业院校建设的合作机制，共安排福建省 10 家高等职业学校、18 家中级职业学校与宁夏回族自治区 28 家高职、中职学校建立了结对帮扶关系，提升宁夏职业院校办学能力。基础教育合作方面，福建省教育厅选派30名中小学骨干教师赴宁夏开展支教活动，选派20名福建省教学名师、专家赴宁夏回族自治区讲学，指导、培训教师，有效缓解宁夏回族自治区，尤其是其南部山区师资紧缺问题。宁夏回族自治区分两期选派40名中小学校长到福建省挂职锻炼两个月，宁夏回族自治区600名中小学教师赴福建省参加培训，提升素质。

【医疗卫生扶贫】 不断深化闽宁卫生计生合作，福建医科大学附属第一医院等8家医院与宁夏贫困县（区）8家医院建立结对帮扶关系，福建省妇幼保健院、厦门市中医院等11个医疗机构与宁夏回族自治区妇幼保健院、中医院等11家医疗机构建立合作关系。2016年，福建省共派驻医师16名，开展专家巡诊4批次，完成诊疗10971人次、手术182例，病理讨论824人次，业务培训57场次2337人次。培训宁夏赴闽进修医务人员尽80人。

【科技扶贫】 2016年10月，福建、宁夏两省（区）组织部、科学技术协会联合开展了“福建院士专家宁夏行”活动，中国科学院院士赵玉芬，中国工程院院士夏照帆、林东昕等21名闽籍院士、专家赴宁夏回族自治区深入高等院校、科研院所、厂矿企业开展学术报告、技术指导和合作交流，并推动一批技术指导和科研攻关合作项目落地。福建农林大学菌草研究所分别在彭阳、隆德等地建立食用菌示范点，开展菌草技术培训，带动3000多户农民发展菌草产业。福建省农业科学院与宁夏农林科学院、固原市人民政府联合开展的食用菌、果树、瓜菜、马铃薯、植物保护、畜禽养殖6大领域9个合作项目，进一步丰富了宁夏回族自治区农业科技成果内容，有力支持宁夏现代农业科技特色产业发展。

【文化扶贫】 福建、宁夏两省（区）积极开展文化艺术、文化产业、文化遗产保护传承、文化人才交流合作等方面的协作。2016年8月，两省（区）文化馆（艺术馆）携手承办了“不忘初心—闽宁非遗交流展演活动”，福建8支展演队伍在银川、吴忠、中卫市和永宁县闽宁镇进行了为期5天的演出。11月，宁夏回族自治区组织15家文化企业和回乡剪纸、刺绣、贺兰石雕刻、沙画等近百种文化产品参加第九届海峡两岸（厦门）文化产业博览交易会，进一步深化了两地“非遗”交流合作，弘扬了优秀民族民间文化。

【旅游扶贫】 福建、宁夏两省（区）旅游部门建立了定期磋商制度，每年举行一次工作会商，构建旅游信息共享渠道，及时通报旅游发展政策、旅游营销举措、旅游质监执法、旅游新产品开发等信息，提升双方旅游市场声誉。在互为旅游目的地和客源地、推进旅游扶贫“富民工程”、开展“旅游智力扶贫”行动等方面展开了深入合作。2016年开展的“八闽亲人宁夏游”活动得到了福建人民的热烈响应，宁夏回族自治区20家4A级以上旅游景区共接待福建籍游客 10 万多人次。两省（区）旅游部门在福建省举办全域旅游和乡村旅游发展管理人员培训班，宁夏回族自治区选派 30 名学员参加了培训。促成厦航开通固原（中卫）—福州直达航班，宁夏与福建首次实现直航。

【干部挂职扶贫】 2016 年，福建省选派第十批 21 名干部赴宁挂职。挂职干部深入基层和一线调研，明确“两着力、两推动”（着力改善民生，着力产业协作，推动智力帮扶，推动社会参与）4 个方面 10 大任务，两年内争取帮扶资金超 1 亿（不含省级闽宁协作发展资金），招商引资超 100 亿，各类培训 5000 人次以上，各类结对帮扶数量达 100 对以上。落实帮扶资金 6313 万元，确定帮扶项目 101 项；落实各类结对帮扶数量达 102 对，共有 46 对乡镇、28 对村、28 对部门实行对口帮扶；海原县 17 个乡镇与漳浦县乡镇“一对一”结对帮扶；闽宁镇拓展镇村组“三级对口扶贫协作的新路子”，新开拓了角美镇 6 个村与闽宁镇 6 个村结对帮扶。实施特色产业帮扶工程 37 项，投入帮扶资金 1670 万元，引进 2 家企业入驻闽宁产业园区，帮扶特色产业项目 7 个，发展了 8 家企业或合作社，解决就业岗位 876 个。宁夏吴忠市红寺堡区集中力量打造“德化新村”，引进国家农产品地理标志——福建“德化黑兔、黑鸡”，探索特色养殖产业扶贫模式。邀请 23 批次福建省企业家到宁夏回族自治区考察，签约项目 32 个，总投资 86.15 亿元。举办各类培训班 8 期 375 人次，组织 11 批 257 人次赴福建省各地参与培训和学习；劳务输出 6 批 593 人次。捐资助学 223.6 万元，资助困难学生 575 人次。捐款捐物（不含助学）累计价值 328.2 万元，其中，资助困难单位 26 个，资助款物价值 320 万元；扶助困难群众 146 户 591 人次，扶助款物价值 20.1 万元。红寺堡区成立“慈善助学基金”100 万元；泾源县争取厦门南普陀寺慈善会为妙湛希望小学捐款 50 万元；海原县发动爱心企业家捐资 22.6 万元助学奖教；西吉县争取莆田市红十字会捐赠价值 280 万元旅游鞋 2.5 万双向贫困学生、困难群体发放；隆德县投入 30 万元帮助改善隆德县残疾人服务中心设施；同心县争取商会民生帮扶意向资金近 300 万元，并与泉州市企业家开展项目对接，着力解决县里残疾人就业问题。

【社会扶贫】 闽宁两省（区）妇女联合会充分发挥自身优势，签订合作交流协议书，建设闽宁镇妇女儿童之家，配备电脑、图书、文体用品等硬件设施，打造当地妇女儿童的温暖之家。开展关爱贫困回族女童助学活动，资助宁夏贫困女高中生 100 人。依托“闽宁妇女培训基地”福建省妇女干部学校，举办 1 期“宁夏妇女干部能力提升培训班”，邀请宁夏回族自治区妇女干部到福建实地学习考察。邀请宁夏回族自治区妇女联合会、妇女手工制品协会会员企业赴福州参加“第十四届中国·海峡项目成果交易会”，免费提供展位，帮助宁夏企业提升知名度、拓展产品销路。两省（区）共青团签订了《助力脱贫攻坚对口支援合作框架协议》，瞄准宁夏贫困地区青少年健康成长、围绕生产扶贫、教育扶贫、人才扶贫、公益扶贫和共青团基层基础工作等确定帮扶项目。福建省工商业联合会组织闽籍商会和闽商参与宁夏帮扶工作，设立“闽商援宁资金”，2016年，福建省工商业联合会、光彩事业促进会组织闽商向宁夏回族自治区捐赠精准扶贫资金500万元，用于支持宁夏回族自治区组织实施精准扶贫项目。组织闽商参与宁夏回族自治区产业项目建设，召开“闽商回商交流恳谈会”，200多名福建籍企业家出席，闽宁两地集中签约31个项目，投资总额183.5亿元，涉及装备制造、能源化工、新技术新材料等领域。福建省组织本地企业和在宁闽商参加在宁夏回族自治区举办的“中国—阿拉伯国家博览会”，持续发挥福建省作为“21世纪海上丝绸之路核心区”和宁夏回族自治区作为“丝绸之路经济带”战略节点的优势，密切两地合作和产业互补，推动闽宁协作。

（福建省扶贫办　张腾云）

山东省—重庆市东西部扶贫协作

【概述】 2016年，山东省瞄准重庆市结对区县建档立卡贫困人口脱贫目标，围绕规划编制、结对帮扶、民生改善、产业合作、社会参与等重点工作狠抓落实，落实扶贫协作重庆政府援助资金1.24亿元，实施援建项目83个，帮助2.19万名建档立卡贫困人口脱贫。

【工作机制】 2016年，山东省委、省政府召开东西扶贫协作工作会议，9月，时任山东省省长郭树清带领省市有关负责同志赴重庆对接考察，召开扶贫协作高层联席会议，与重庆市委、市政府主要领导同志就扶贫协作工作进行协商。签署了“1+8”扶贫协作框架协议，其中两省（市）签署《关于贯彻落实东西部扶贫协作工作座谈会精神进一步加强鲁渝扶贫协作框架协议》，双方教育、科技、人社、农业、商务、文化、卫生、旅游8个部门分别签署了扶贫协作部门合作协议。同时，深入武隆县的企业、特色产业园、移民小镇实地考察，走访贫困村，慰问贫困户。

山东省委、省政府印发《进一步做好东西扶贫协作和对口支援工作的意见》，提出28条政策措施，调整充实了山东省对口支援和扶贫协作工作领导小组，明确了由省委书记、省长担任组长的“双组长”扶贫协作领导机构，领导小组成员单位包括15个市、34个省直部门、对口帮扶前方指挥机构和大企业负责同志，建立部门精准对接，双方教育、科技、人社、农业、商务、文化、卫生、旅游等部门建立了结对帮扶关系。建立了县县精准对接，每市又确定了1个经济强县（市、区）与结对区县实施“携手奔小康行动”。加大省级财政投入，2016年安排省级财政资金5000万元，统筹用于重庆14个结对区县精准扶贫项目。

【民生项目】 着眼提高居民生产生活条件，实施改路、改水等工程，其中投入2590万元新建（改扩建）村组道路160千米。帮助实施高山生态扶贫搬迁工程，济南市援助武隆县白马镇大泉村和茶山小镇高山生态扶贫搬迁工程，搬迁安置农户108户325人，其中贫困户46户150人。搬迁群众利用当地独特资源发展乡村旅游，带动周边村发展农（林）家乐50余家，接待游客2万多人次，总收入1000余万元，茶山小镇被评为“CCTV全国十大最美乡村”。

【智力帮扶】 建立完善劳务协作和服务机制，加强与对口帮扶区县的就业信息对接。采取“订单式”培训方式，通过劳动力输出培训、农业实用技术培训3000人次，帮助1500多名贫困群众就业，实现劳务收入2300多万元，实现了一人就业全家脱贫。各市、县（市、区）分别制定了用工招聘实施方案，组织企业、劳务中介机构帮扶区县开展招聘活动。

【教育医疗扶贫】 实施教育、健康帮扶工程，援助学校（幼儿园）38所，卫生院3所。此外，推进中小学与当地中小学建立结对关系，开展教师双向挂职交流、远程教学互动。推进与对口帮扶区县医院结对，通过培训医生、远程诊疗等形式，帮助当地医院提高诊疗服务水平。

【经贸合作】 5月，山东省组成由省政协副主席陈光任团长的代表团赴重庆市出席第十九届“渝洽会”，组织了“山东馆”展览，重点介绍了山东省经济社会发展情况，宣传“蓝黄两区”“一圈一带”区域经济发展战略，展示对口支援三峡库区和扶贫协作重庆工作成果，推介国家新批复设立的山东半岛国家自主创新示范区，42家山东企业展览展销名优特产和高新科技产品210余种。签约经贸合作项目65个，资金额83.2亿元。结合结对区县蔬菜、林果、畜牧、药材等农产品量大质优的特点，发挥山东现代农业产业的品牌、市场、技术优势，支持对口帮扶各区县因地制宜发展辣椒、脐橙、莼菜、肉牛等特色农产品，帮助建立产业示范园，扩大生产规模，打造名优品牌，开拓销售市场，带动贫困群众增收脱贫。

【产业扶贫】 济南市支持武隆县天尺坪茶园项目，改造茶园2500亩、新种植1200亩，鲜茶年产量达30万斤，带动园内101户农户脱贫，户均增收2万元以上。济南市组织农业产业化公司通过技术指导、种苗捐赠等方式帮助武隆县发展西瓜产业，建设济南优良西瓜品种示范种植基地10000亩，实现销售收入4000万元。

【旅游扶贫】 发挥山东省和重庆市旅游资源互补优势，搭建旅游协作平台，引入大型旅游产品开发企业，推进旅游市场联合开发。济南市旅游部门2次组织旅行社、旅游营销公司，与武隆县共同举办“武隆县旅游营销推介会”，组织12000多名游客前往武隆参观旅游，为当地增加旅游收入3000多万元。

【社会帮扶】 实施青年志愿者赴重庆服务行动计划，选拔10名优秀大学生志愿者赴巫山县开展志愿服务。实施青年团干部培训协作，培训重庆基层团干部10人，同时深入推进山东驻渝团工委建设以及两地青年企业家、农村青年致富带头人交流互访工作。广泛发动企业、公民个人捐款捐物，实现爱心企业、爱心组织、爱心人士“手拉手”“点对点”的精准帮扶。济南园林开发建设集团按照与武隆县扶贫办签订的“扶贫助学协议”，连续第5年捐赠5万元助学款资助50名贫困学生。

（山东省发展和改革委员会
对口支援协调处　李　冬）

广东省—广西壮族自治区、四川省甘孜藏族自治州东西部扶贫协作

广东省—广西壮族自治区东西部扶贫协作

【概述】 广东省各级党委、政府高度重视东西扶贫协作，2016 年 7 月 22 日、8 月 29 日，广东省委书记胡春华先后主持召开省委常委会议、专题工作会议，认真贯彻落实中共中央总书记习近平关于扶贫开发的重要讲话精神和中央东西部扶贫协作座谈会精神，研究部署贯彻落实措施。2016 年 9 月，根据广东省统一部署，广东省对口帮扶广西壮族自治区（以下简称“广西”）的扶贫协作工作，由深圳市具体实施。重点对口广西百色、河池两市开展东西部扶贫协作工作。9 月底，广东省从深圳市选派 10 名干部组成广东省第二扶贫协作工作组入驻广西百色、河池开展工作，2016 年安排的 1.7 亿元扶贫资金推动实施了种植养殖、创业就业、社会民生等 29 个扶贫项目（百色 17 个项目，河池 12 个项目），其中产业帮扶 12 项，民生帮扶项目 11 项，基础设施帮扶 6 项，直接受益贫困村 703 个，直接受益人口约 11 万人。

【扶贫调研】 2016 年 9 月，广东省委书记胡春华带队赴广西百色市，分别召开了粤桂的扶贫协作工作联席会议，与协作省区主要负责同志就对口关系、协作机制、人员派驻、资金支持、帮扶项目、合作领域等进行深入研究。根据方案，由广东统一部署，深圳市负责制定扶贫协作的总体方案和年度计划，10 月，深圳市印发《深圳对口广西百色、河池扶贫协作工作方案》，进一步明确扶贫协作责任，理清总体思路和职责分工，提出精准扶贫建设发展方向。深入 17 个结对贫困县，收集整理受帮扶地区需求，现场考察扶贫协作相关项目。在此基础上，研究制定了《广东省东西部扶贫协作规划编制大纲》，制定 2016—2017 年度工作计划，围绕 2020 年全面建成小康社会的目标和年度工作目标，提出扶贫协作的总体思路、基本原则和具体措施。出台《广东省各级财政支持东西部扶贫协作资金安排方案》，明确从 2016 年起，对

广东省结对帮扶的国家扶贫开发工作重点县、1个滇桂黔石漠化片区县，按每县（市、区）每年1000万元的标准安排财政支援资金。财政支援资金重点用于推进贫困户危房改造、异地搬迁、就业创业等脱贫攻坚项目。

【产业扶贫】 广东省与百色市签订战略合作框架协议，在招商引资、产业转移及产业转型升级等方面展开合作，助力当地产业跨越发展。为百色市、河池市引进了深圳刷宝科技公司金融扶贫、山东协合展望医药科技股份有限公司1000亩金银花种植加工、广东普宁市黄金日投资有限公司靶材生产、中顺洁柔纸业股份有限公司巴马饮品与农副产品加工、深鹏旅游投资公司农业综合体开发等项目，计划投资总额约19.5亿元。与百色、河池签订农业扶贫协作框架协议，在技术培训、业务合作、农产品销售等方面与两市加强合作。深圳市农产品公司出台针对百色、河池贫困地区农产品交易佣金优惠政策，预计让利金额超过2000万元；举办贫困村致富带头人深圳农产品产销对接会，达成农产品2800吨的供需意向，意向金额超过3300万元；深圳点筹网与广西多家农产品企业合作，上线众筹项目23个，为当地农企筹集资金830余万元，带动170多个贫困户实现增收；组织发起"手牵手关爱行"公益活动，以市价产地收购百色、河池建档立卡贫困户的自产农副产品并销往深圳，超过1500个贫困户直接受益。旅游协作方面，分别与百色、河池两市旅游部门、协会签订了旅游合作框架协议。推动近30家深圳旅游企业到百色、河池考察旅游资源，协商旅游投资项目；协助百色旅游部门和20余家旅游企业免费参加2017广州国际旅游博览会。

【劳务协作】 广东与百色、河池两市人力资源部门签订劳务协作框架协议，并将已在深圳市就业的百色、河池籍13185名贫困劳动力纳入就业服务信息系统，享受深圳户籍就业困难人员同等、就业服务。在百色、河池两市举办多场贫困劳动力就业扶贫专场招聘会，累计达成就业意向772人，实际就业255人；向百色、河池赠送19套网络招聘设备，搭建常态化远程在线招聘平台。开展职业教育东西协作行动计划，拟招收100名百色、河池建档立卡贫困家庭"两后生"入读深圳技工院校；深圳与百色、河池共3对职业学校结成帮扶关系。鼓励广东企业与百色、河池的职业学校开展校企合作办学，促成百色学院等7所院校与深圳20家企业建立技术技能人才校企合作机制。

【扶贫干部培训】 2016年，广东省举办了1期广西扶贫管理干部培训班，培训扶贫干部100多人次。在百色、河池举办了4期专题培训班，扶贫系统、人力资源和社会保障系统、旅游系统的干部和农村致富带头人共220人次参加了培训。在深圳市举办了百色河池干部精准扶贫精准脱贫能力提升培训班，百色、河池两地市、区、县及乡镇相关管理部门共 50 人赴深圳参加了培训，提高了当地干部人才带领群众脱贫攻坚的业务能力。

【智力扶贫】 广东与广西联合举办了 3 期贫困村致富带头人培训班，共为上林县、大化瑶族自治县贫困村培训创业致富带头人 289 人次，学员们返乡成立农民种养合作社 32 个，通过吸收贫困户入股、优先聘用贫困户等方式，带动 568 户贫困户成功发展肉牛、养鱼、养鸡、种果等项目。为帮助贫困家庭孩子掌握技能，增加就业机会，对 860 名未升入普通高中、高等院校的农村初、高中毕业贫困学生（含退学、辍学等）进行技能培训；组织 770 人进入技工学院或职业技术学校参加为期 1 年的职业技术培训。

【教育扶贫】 深圳市与百色市、河池市教育部门签署教育对口帮扶框架协议，主要在校长和教师队伍培训、中小学结对帮扶、中职学校提升、高校合作与交流、义务教育学校办学水平督导评估和教育信息化规划建设 6 大板块开展合作交流工作。组织深圳市基础教育系统“年度教师”到两市开展巡回分享报告会，共培训 3080 名中小学教师。组织深圳慈善机构向百色、河池贫困地区学校捐物折款 21 万元。

协助建设百色市靖西实验小学，学校占地面积 26841.6 平方米，学校规模为 2500 人，50 个教学班，总面积 22283.42 平方米，主要建设教学楼、宿舍楼、食堂、风雨操场及停车场等，250 米标准田径运动场、羽毛球场、乒乓球场等活动场所以及消防水泵、门卫室、围墙、校门、给排水、供电、美化绿地等附属设施，按全日制义务教育学校模式运营。协助建设河池拿银小学，规划占地 60 亩，45 个教学班，在校人数 2000 人，教师 95 人，建筑面积 11320 平方米，教学楼 4943 平方米，办公综合楼 1083 平方米，教工宿舍楼 525 平方米，学生食堂 1782 平方米，独立公厕 100 平方米，建设校门 1 个，围墙 2000 米，运动场 2400 平方米，校道硬化 5260 平方米，操场及外装修 4000 平方米等。协助环江毛南族自治县思源实验学校扩建、长乐镇学生宿舍楼和餐厅基础设施扩建及改善。深圳青少年发展基金会和百色市教育基金会合作，开展慈善募资；深圳爱心机构组织 25 位老师开展助教活动，发动援建山区学校“梦想图书室”；深圳旅游志愿者向百色隆林各族自治县岩头村小学捐赠文体用品及现金 2 万余元。

【社会扶贫】 广东省协调新华社广东分社、南方日报社、《中国扶贫》杂志社等主流媒体，集中宣传报道广东省东西部扶贫协作的新经验、新做法和社会扶贫典型事迹。新华社广东分社发了通稿《先富帮后富，广东肩负东西部扶贫协作新使命》；《南方日报》刊登了《大力推进东西部扶贫协作，积极做好劳务输出对接试点》专版；《中国扶贫》杂志刊登了广东省的经验做法。2016 年，广东积极引导各类社会组织、爱心企业和个人参与广西百色、河池扶贫协作工作，募集各类社会帮扶资金（含物折款）586 万元，主要包括成立教育专项基金资助家庭经济困难大学生，给小学生捐赠生活和文体用品，为妇幼保健院、乡镇卫生院、急救站购买（捐赠）医疗设备，采购农资发放给贫困户养殖增收等。

【健康扶贫】 深圳市与百色、河池两市卫生和计划生育部门签订了卫生对口帮扶框架协议，重点对百色、河池两市 17 个贫困县实施建档立卡贫困户健康扶贫工作，加强两地医护人员交流和技术合作，定期开展巡回医疗卫生服务等活动。安排 51 名医疗卫生专业技术人才到百色、河池开展专业帮扶，并入驻各结对医院进行专业技术指导。

（广东省扶贫开发办公室　邓培熙）

广东省—四川省甘孜藏族自治州东西部扶贫协作

【概述】 2016 年，广东省对口支援四川省甘孜藏族自治州（以下简称“甘孜州”），在“十三五”援川规划编制和实施过程中，始终把改善民生放在首位，牢牢坚守援建项目和资金的 80% 以上用在改善民生项目上、80% 以上的项目和资金用于基层这两条红线，做到资金和项目向基层倾斜、向农牧民倾斜、向贫困人口倾斜，重点推进与当地群众切身利益密切相关的民生工程建设。2016 年实施援建项目 66 个，总投资 1.98 亿元。2016 年 12 月，计划确定的 66 个项目，已完成 30 个、正在实施 18 个，共计培训甘孜州教育、医疗、其他专业技术人员和干部人才 7000 人次；协调计划外捐赠近 3000 万元。

【工作机制】 根据中共中央、国务院的部署，按照粤川两省共同商定的《广东省对口支援四川省甘孜藏族自治州经济社会发展工作的实施方案》要求，广东省成立对口支援四川省甘孜藏族自治州工作前方工作组（以下简称“前方工作组”），作为广东在甘孜州开展对口支援工作的前方办事机构。根据广东省委、省政府的安排，经广东省委组织部选拔，2016 年 3 月，前方工作组补充了 3 名组员、1 名旅游规划专家。在广东省实施方案中，一是采用“省统筹，市配合，分片联系到县”的方式，即广东省援藏援疆办负责联席会议日常工作，前方工作组负责与甘孜州协商草拟对口支援规划以及年度项目计划、协助推动援建项目实施、监督检查援建项目的实施情况以及援助资金的使用情况，珠三角相关市（除肇庆市）与甘孜州所辖县建立联系并配合衔接落实各项工作任务；二是

2014年援助资金按平均每县每年不低于1000万的标准安排，总数为1.8亿元，从2015年开始每年按5%比例递增，2016年增加到19845万元。

【基础设施建设】 投入9623万元资金支持农牧民藏区新居建设、小康示范村建设、美丽新村、乡村道路及桥梁等8个项目，农村村容村貌及生产生活条件得到极大改善。

【医疗卫生扶贫】 投入5647万元，帮助7个县乡镇标准化卫生院建设，2016年39个医疗卫生项目已完成8个项目、正在建设31个乡镇卫生院（其中装饰装修及主体施工13个）。建成后将实现全州325个乡镇卫生院标准化建设全覆盖，极大地缓解当地群众看病难问题，并为游客提供有力的医疗救助保障。

【教育扶贫】 投入5717万元资金，用于实施教育项目12个，重点支持县（市）寄宿制学校建设，建设校舍面积2.3万平方米、运动场及校园硬化2.1万平方米，及购置相关设备。为当地教育的发展提供硬件支持，为学生的学习和成长提供了保障。

【社会帮扶】 搭建平台，积极衔接配合广东各界组团来甘孜州开展助学、助残、助医活动13次，计划外捐赠物资、经费累计近3000万元，成为对口支援的重要补充。

【产业扶贫】 配合甘孜州在广州、深圳、上海、北京、成都市及州内举办15场投资推介会，宣传甘孜州绿色能源、生态旅游、优势矿产业、现代农牧业、特色文化业、中藏药业等六大特色产业。聚焦甘孜州优势产业合作开发，推动55家企业走进甘孜签订合作协议，总额逾776.3亿元，帮助大批藏区人民实现就地就近就业。同时，协调广东省相关市协助甘孜州在粤设立非遗文化馆、举办旅游宣传推介会。在珠海、河源等地设立“圣洁甘孜”品牌营销专柜。上百种高原绿色农特产品走进广东，广东省成为甘孜州旅游第三大客源市场。

【智力帮扶】 投入1739万元资金，实施教育、医疗和技能培训项目，支持教师队伍、卫生医疗人才及专业技术人员素质能力提升，帮助提高基层教育、医疗服务质量和专业技能水平。实施7个医疗体系培训项目，培训医技人员3183人次，其中在甘孜州内培训3083人次、选派到广东进修2批80人次，并对甘孜州2061个村的村医进行轮训，提高甘孜州的医疗卫生水平。开展教师、校长队伍培训，共培训教师、校长5.06万人次。实施摩托车维修、乡村旅游、藏毯编制等20多个就业技能培训项目，惠及1790人，有效提升甘孜州劳动者就业技能和职业素质，帮助1432人就业，就业率达到80%，实现以培训促就业、以就业促脱贫。此外，通过邀请广东省人力资源和社会保障厅、商务厅等单位组织专家赴甘孜州办班授课等形式，在甘孜州内培训电子商务、招商引资、旅游服务、藏汉双语文字翻译等人才755人，为优势产业发展提供了人才支持；送往广东培训教育、医疗卫生、旅游服务、产业和城镇规划等干部人才588人，并协助安排甘孜州各部门12批组团赴粤考察交流，为甘孜州发展注入了强大内生动力，提高了基层公共服务能力和水平。

【经贸合作】 强化合作共赢，打造“飞地”特色园区。结合甘孜和广东企业的发展需求，广泛联系发动有意向的广东企业入驻成甘工业园区和甘眉工业园区，目前园区在谈项目11个，签约项目3个，投资额达100亿元，延伸了产业链，实现广东甘孜产业合作互利共赢。扩大对外开放，拓展经济发展空间。研究提出推进PPP项目管理经营和电子商务发展模式的建议，指导州有关部门研究出台《关于进一步扩大和深化对外开放合作的意见》等13份招商引资政策文件，协助甘孜州顺利召开首次对外开放工作会议，研究提出建立行政审批“一站式”服务平台等17条工作建议，为全面推进甘孜州对外开放合作和投资促进工作打下坚实基础。

（广东省对口支援四川省
甘孜藏族自治州工作
前方工作组　吴　炜）

辽宁省大连市—贵州省六盘水市东西部扶贫协作

【概述】 2016年，辽宁省大连市与贵州省六盘水市紧密合作，围绕《大连市对口帮扶六盘水市工作规划（2016—2020年）》深入开展两地各项对口帮扶协作工作。全年两地对口帮扶工作在高层领导互访交流、机制建设、产业项目帮扶、科教帮扶、医疗帮扶、干部人才挂职培训交流等方面取得新成效。2016年，大连市向六盘水市无偿提供政府援助资金3600万元。

【工作机制】 2016年10月，大连市出台《大连市进一步加强东西扶贫协作和对口支援工作指导意见》，将原有对口帮扶协作工作领导小组和对口支援新疆工作领导小组统一合并调整为大连市对口帮扶协作工作领导小组，由时任辽宁省委常委、市委书记唐军和市委副书记、市长肖盛峰担任领导小组组长，29个市委、市政府相关部门为小组成员。新增大连长兴岛经济区同六盘水盘县两河经济开发区、大连花园口经济区同六盘水水城经济开发区结对帮扶关系。深化开展乡镇街道结对帮扶工作，安排大连市7个综合实力较强的街道与六盘水市7个极贫乡镇结成“一对一”帮扶关系，共同携手奔小康。

【互访交流】 2016年3月，贵州省委常委、省委宣传部部长张广智带队在大连举行“走进对口帮扶城市（大连）旅游推介会”。6月，贵州省人民政府在贵阳市组织召开“2016年对口帮扶贵州工作联席会议”。7月，民盟大连市委专职副主委郭连喜率大连市妇产、儿科、口腔、皮肤、美容整形、老年病等专科6名专家赴六盘水市实施医疗帮扶活动。10月，贵州省委、省政府在贵阳市组织召开东西部扶贫协作和对口帮扶贵州工作联席会议，大连市与六盘水市签署了“十三五”东西部扶贫协作和对口帮扶框架协议。

【产业扶贫】 2016年10月，大连市农村经济委员会组织大连康福达集团有限公司、大连天盛农业集团有限公司、大连海越农业有限公司等赴六盘水市开展农业项目对接。大连市组织邀请六盘水市的水城县茶叶发展有限公司、六盘水市农业投资开发有限责任公司等6家企业到大连参加第七届大连国际农业展会，帮助六盘水市农特产品拓展市场，展会期间达成销售合同金额132万元。大连市发挥中央企业的龙头作用，协调中国中车大连机车车辆有限公司到六盘水市开展对接，为六盘水市城市轨道交通发展建设出谋划策。大连万达集团股份有限公司在六盘水市投资建立万达广场项目开工建设。

【智力帮扶】 2016年，大连市举办了六盘水市党政领导干部培训班、非公企业和社会组织“两学一做”党建工作示范培训班、扶贫系统培训班三个培训班次，为六盘水市培训党政领导干部、非公企业和社会组织党组织书记共计150名。大连市教育局承接由贵州省教育厅组织的48名中小学校长（含20名六盘水市校长）到大连进行业务培训和挂职锻炼。由大连市卫生和计划生育委员会组织，33名六盘水市卫生技术骨干及管理人员分批到大连市相关重点医院和学校进行研修。两市各派10名干部到对方城市挂职锻炼，大连市选派5名教师赴六盘水市支教。

【社会帮扶】 2016年，大连市动员引导社会力量共同参与对口帮扶六盘水市工作。6月，中鼎信投资控股集团财富俱乐部向六盘水市水城县玉舍镇顺场小学捐赠8万元现金及价值1万元的学习用品。8月，大连市红十字会向六盘水市红十字会捐助10万元，并劝募2家爱心企业，援助价值3万元的应急救援物资、医疗救护物资。

（大连市人民政府经济合作交流办公室

对口帮扶处　于晓叶　孙　明）

江苏省苏州市—贵州省铜仁市东西部扶贫协作

【概述】 2016年，江苏省、苏州市及各级政府、各部门、社会各界向贵州省铜仁市提供无偿资金及捐物折款共计8643.3万元，实施帮扶项目15个。其中江苏省财政拨款5000万元，苏州市各级政府部门提供无偿资金2565万元，社会捐物折款1078.3万元。帮助铜仁市举办各类干部人才培训超过8000人次，其中培训干部1050人次。

【工作机制】 2016年，苏州市委副书记、市长曲福田，市委副书记、统战部长朱民，市委常委、苏州工业园区党工委书记王翔，市政府副市长王鸿声，及市人大、市政协的领导等先后率团赴铜仁市调研对口帮扶工作。铜仁市委书记夏庆丰、代市长陈晏带队率铜仁市党政代表团赴苏州市考察调研，与苏州市党政领导共商2016—2020年对口帮扶工作事宜。10月，在贵阳召开的东西部扶贫协作和对口帮扶贵州工作联席会议上，苏州市市长曲福田与铜仁市市长陈晏代表双方政府签订了《东西部扶贫协作和对口帮扶合作框架协议（2016—2020年）》，指导“十三五”期间对口帮扶工作。苏州市下辖的县级市、区与铜仁市的县、区全部实现了“一对一”结对帮扶，双方党政主要领导均率队进行了互访交流，研究推动对口帮扶工作，确定年度帮扶项目。

2016年，苏州、铜仁两市签订了《教育对口帮扶合作协议（2016—2020年）》《苏州·铜仁农业对口帮扶合作协议》，印发《苏州市对口帮扶铜仁市“三百工程”医疗卫生工作实施方案》《苏州对口帮扶铜仁“新三百工程”——百位艺术家帮扶铜仁工作方案》。

【扶贫工作规划】 2016年3月，苏州市人民政府办公室印发了《苏州对口帮扶铜仁工作五年规划（2016—2020年）》（以下简称《规划》）。《规划》明确了2016年至2020年苏州市继续支持铜仁市农业产业化建设、进一步深化教育合作帮扶、进一步实施医疗卫生帮扶工程、铜仁市积极开展承接苏州市产业转移和共建产业园区工作等12项重点任务；同时，江苏省财政统筹安排5年22169万元帮扶资金，组织实施“美丽乡村、教育扶持、共建产业园区、农业高效示范园区、农业产业化、人才培养”等对口帮扶铜仁示范项目；明确两市所辖市（县）、区“一对一”结对帮扶关系保持不变。

【帮扶项目】 2016年，苏州市援建的碧江区漾头镇九龙村基础设施建设项目基本建成，帮扶指导建设旅游特色客栈40余座，农家乐30余户。主城区中小学硬件设施提升工程中，已建成铜仁市实验幼儿园苏州楼，铜仁学院附属中学实验室、网络、多功能学术报告厅。

投入铜仁·苏州产业园区建设专项补助资金和2016年度农业产业化项目资金579万元，其中：农业产业化项目涵盖茶叶、天麻、中药材种植，农业大数据，苗木基地等项目10余个。

【智力帮扶】 2016年，依托苏州市委党校、苏州干部学院，围绕铜仁市经济社会发展和各级各类干部需求，投入经费200万元，培训21期各级各类干部1050人。苏州市39名医疗专家赴铜仁现场指导，举办专题讲座60余次，铜仁市78名医疗工作者到苏州进修。苏州市教师27人次赴铜仁开展支教活动，铜仁市教育行政人员赴苏州挂职学习52人次，骨干教师培训3批次、110人次，教研人员培训50人次，教育工程管理人员培训50人次。

【经贸合作】 苏州市各级工商业联合会、商会充分发挥招商引资牵线搭桥的作用，组织苏州企业家赴铜仁进行项目考察，鼓励劳动密集、用地空间受限的苏州企业向铜仁产业转移。引导在苏州有优势，在铜仁有资源的苏商、台商和外商到铜仁投资兴业，参与当地特色产业发展，实现两地优势互补、互利共赢。截至2016年底，苏州市组织企业赴共建园区考察约220余人次，成功签约项目4个，考察对接的项目15个，正能电气设备生产、苗益健医药、沿河寻梦之旅绿色生态旅游等多个项目在铜仁正式开展。

【社会帮扶】 苏州市委农村工作办公室、市水利局、人力资源和社会保障局分别向铜仁市农业委员会、水务局、人力资源和社会保障局捐赠帮扶资金100万元，苏州广播电视总台向铜仁市广播电视台捐赠8讯道电视转播车一辆；苏州市委统战部、农办分别向铜仁市捐赠55万元（“同心工程”项目）、200万元帮扶资金。昆山市投入30万元援建了铜仁互联网数字社区影院，成为贵州省首家互联网数字社区影院。

2016年10月，在北京举行的“资本市场助推贵州脱贫攻坚暨金融招商推介会”上，东吴证券股份有限公司与铜仁市政府签署全面战略合作协议。东吴证券为铜仁市及其辖区内企业提供全方位金融创新服务；保荐承销铜仁企业在股票市场、债券市场融资，推荐铜仁企业在“新三板”挂牌，满足铜仁经济发展的资金需求。东吴证券与铜仁市石阡县和松桃苗族自治县开展结对帮扶。

【新三百工程】 2016年5月，苏州市启动实施“新三百工程”，即“十三五”期间苏州市每年选派百位教授（专家）、百位艺术家、百家旅行社走进铜仁开展帮扶工作。

苏州市科学技术协会建立了 108 名“苏州帮扶铜仁教授专家库”。12 月，首批 6 名教育、金融、医疗卫生、大数据等方面教授专家前往铜仁，以专题报告、现场考察、座谈交流等形式开展对口帮扶工作。

苏州市文化广电新闻出版局主要以实地帮扶、“结对子、种文化”活动、远程帮扶、送演出、送展览活动、来苏交流、培训等形式，分批邀请铜仁市艺术家及文化工作者来苏州集中参观交流，零距离体验苏州文化发展的经验和模式，并安排苏州优秀文化工作者开展针对性的专题培训。11 月，组织苏州百名艺术家在铜仁进行为期一周的交流活动，开展 2 场文艺演出，举办美术展览。

2016 年 6 月，苏州市旅游局组织下辖各市、区近百家旅行社以及旅游主管部门、新闻媒体共计 102 人赴铜仁开展业务交流活动。2016 年，苏州主要旅行社组织市民赴铜仁旅游团共 37 批次，在铜仁逗留 6079 人天。

【经贸合作】 2016 年 6 月，铜仁市优质农产品（苏州）推广中心在苏州市木渎国际影视城成立。主要以铜仁市优质农特产品为依托，旨在向苏州市民推荐优质的铜仁农产品，带动铜仁当地农户脱贫致富，促进铜仁经济发展，让更多的苏州人关注铜仁农业、了解铜仁农业、投资铜仁农业。铜仁市有 64 家企业，500 多种产品入驻。

12 月，第十五届苏州优质农产品交易会暨中国·武陵山区（铜仁）第五届农产品交易会在苏州市举办。铜仁市各参展企业以宣传和交流为重点，突出展示铜仁名特优农产品，接待苏州市民 14.6 万人次，总销售额达 30 余万元。与外商签订 4 份购销协议，其中新加坡天下美食（中国）有限公司与铜仁市签订 600 多万元的合同，太仓市灵芝专业合作社赴铜仁考察洽谈建设灵芝生产基地事宜。

（苏州市发展和改革委员会
经济协作处　邵　军）

浙江省杭州市—贵州省黔东南苗族侗族自治州东西部扶贫协作

【概述】 2016年，浙江省杭州市深入贯彻落实中央东西部扶贫协作座谈会议精神，全面落实国务院扶贫办和省委、省政府对口帮扶工作要求，依托贵州省黔东南苗族侗族自治州（以下简称“黔东南州”）各部门，全力推进对口帮扶黔东南州各项工作。全年度安排帮扶资金6500万元，实施对口帮扶项目44个；编制完成并协调两地政府通过了《杭州市对口帮扶贵州省黔东南州“十三五”规划》；结合“杭州G20峰会”，组织了“杭州人游黔东南”大型旅游帮扶活动，带动杭州及周边地区近30万名游客在“杭州G20峰会”期间赴黔东南州旅游，极大地促进了黔东南州旅游事业的发展。

【工作机制】 2016年，时任杭州市委副书记、市长张鸿铭，时任杭州市人大常委会主任王金财，杭州市委副书记马晓晖，杭州市委常委、组织部长张仲灿，时任杭州市委常委、宣传部长翁卫军，时任副市长张建庭等先后赴黔东南州考察调研，对接工作。杭州市13个区、县（市）和黔东南州16个县（市）均建立了对口帮扶机制，开展了广泛的交流互访。2016年，杭州市和黔东南州签订了《杭州市人民政府黔东南州人民政府“十三五”东西部扶贫协作和对口帮扶合作框架协议》等8个帮扶协议。

【帮扶项目】 2016年，杭州市对口黔东南州共安排帮扶项目44个，帮扶资金6500万元。其中精准扶贫类项目3个，帮扶资金2770万元；就业与产业扶持类项目21个，帮扶资金1760万元；公共服务设施类项目5个，帮扶资金535万元；美丽乡村类项目7个，帮扶资金425万元；智力帮扶类项目5个，帮扶资金700万元；经济文化合作交流类项目3个，帮扶资金310万元。

【社会帮扶】 2016年，杭州市各界向黔东南州共募集慈善捐款捐物价值超过1000万元。其中：余杭区在“七一”期间，发动全区共产党员为台江县“苗岭助学会”捐款379万元，杭州第九世界公益俱乐部等在黔东南开展教育扶贫，推动对口帮扶黔东南州的“益学堂”“助学堂”等公益项目，杭州华东医药集团有限公司在雷山县、黎平县小学多次开展助学活动。杭州市服务业联合会组织杭州市企业向黔东南州振华民族中学“两山致远班”122名贫困学生捐赠助学金18. 3万元。

【产业帮扶】 大力开展电子商务、招商推介、旅游合作、文化和会展交流、农产品展示展销等“五大平台”交流活动。杭州经济技术开发区投入2000万元帮助建设的凯里·杭州经济开发区协作园已正式挂牌运营；黔杭电子商务产业园（凯里互联网众创产业园）已引进116家企业入驻；共同推进麻江乌卡坪生态蓝莓产业园、台江休闲观光农业（扶贫）示范园区等现代农业示范园建设；帮助联系将“中国传统村落·黔东南峰会”升格为由联合国教科文组织指导主办的国际性活动平台。全年共引进浙商项目69个，投资额127亿元，其中杭商项目28个，投资额58亿元。

帮助黔东南州引进阿里巴巴网络技术有限公司、杭州常春藤实业有限公司、杭州四喜信息技术有限公司等电商龙头企业。帮助黄平县、凯里市、台江县、黎平县列入了阿里巴巴农村淘宝“千县万村”计划，施秉县列入贵州省级电商扶贫试点县，凯里、台江等7个县（市）入围了国家级电子商务进农村综合示范县名单。帮助开设了淘宝“特色中国·黔东南馆”，京东“丹寨馆”，贵州电商云“黔东南馆”、“凯里馆”、“黄平馆”等。

【智力帮扶】 2016年，杭州市为黔东南州培训各类人才1500余人次。黔东南州派遣10名党政干部、67名专业技术人才到杭州市挂职锻炼。

【健康扶贫】 积极推动杭州市第一人民医院、第二人民医院、第三人民医院分别与三穗县、榕江县、岑巩县人民医院结对帮扶。协调浙江大学医学院附属第二医院与台江县签定了帮扶台江医疗合作协议，在台江成立“浙医二院”台江分院，已派10名专家驻点帮扶，投入2000万元为“浙医二院”台江分院购置核磁共振等大型设备。落实了杭州9家市属、区属医院和黔东南州的9家医院开展对口帮扶结对共建。

（杭州市对口支援工作领导小组办公室　辛嘉良）

浙江省宁波市—贵州省黔西南布依族苗族自治州、吉林省延边朝鲜族自治州东西部扶贫协作

【概述】 2016年，浙江省宁波市扎实做好对口帮扶贵州省黔西南布依族苗族自治州（以下简称“黔西南州”）工作，启动对口帮扶协作吉林省延边朝鲜族自治州（以下简称“延边州”）工作。黔西南州、延边州的主要领导到宁波考察对接工作，经济技术合作工作取得了重大进展。宁波市政府出台《宁波市和黔西南州对口合作工作规划（2016—2020年）》。

【工作机制】 2016年11月，宁波市行政区划进行调整，原江东区并入鄞州区。原江东区、海曙区、宁波银行业协会共同对口帮扶贞丰县，调整为海曙区、宁波银行业协会对口帮扶贞丰县。鄞州区、市农办对口帮扶兴义市。

【帮扶项目】 2016年，宁波市各级、各部门共落实对口帮扶黔西南州项目70个，资金5390万元，项目覆盖建档立卡贫困户7501户，29269人。项目主要安排在农业产业发展、农村基础设施建设、教育卫生事业和培训等。

【社会帮扶】 2016年5月，宁波市“创二代”联谊会赴贵州省进行了学习考察，在晴隆县进行助学活动和开展精准扶贫活动。

【智力帮扶】 在宁波市举办了黔西南州扶贫干部、致富带头人、旅游专题培训班各1期，培训148人次。宁波市增派了3名干部到黔西南州挂职3年，其中2名担任县（市）委常委、副县（市）长。黔西南州安排了12名干部到宁波市挂职学习1年。两地还开通了远程教育系统和医院远程会诊系统。

【经贸合作】 2016年1月，黔西南州在宁波举办了投资环境推介会暨招商引资项目签约仪式，黔西南州邮件（快件）分拣中心等20余个项目签约，投资总额超过25亿元。3月，黔西南州在宁波举办了“山地公园省·多彩贵州风”的旅游推介会，推出了面向宁波游客的一系列优惠活动，宁波市民到黔西南州旅游可享景区门票5折优惠。

【扶贫交流考察】 2016 年 1 月，由黔西南州委书记张政、州长杨永英率领的黔西南州党政代表团到宁波考察访问，时任浙江省委常委、宁波市委书记刘奇等会见代表团，并与代表团进行了座谈会。12 月，延边州州长李景浩带领延边州八县市政府领导和相关部门负责人到宁波考察对接工作，浙江省委常委、宁波市委书记唐一军等领导会见了延边州党政代表团，宁波市副市长李关定参加了两地对口合作工作座谈会。

（宁波市对口支援工作办公室
对口支援处　许文平）

福建省厦门市—甘肃省临夏回族自治州东西部扶贫协作

【概述】 2016年，厦门市委、市政府推进与甘肃省临夏回族自治州（以下简称“临夏州”）的东西扶贫协作工作，通过加大帮扶资金投入、加强两地交流互访、合理规划援建项目、协助开展招商引资、组织实施社会扶贫等举措，不断提升对口支援临夏州的工作质量。2016年厦门市对口援助临夏州的市、区两级财政资金，由2015年的4050万元增加至4721万元。实施民生援建项目24个，组织投资招商会议3场，举办专业技术人才和劳动力就业培训班12期，培训党政干部、骨干教师及各类专业技术人员、农村未就业劳动力1200多名。2016年，两地领导频繁率领协作队伍相互考察交流，共有20个批次交流互访，其中厦门12个，临夏8个。

【工作机制】 厦门市根据与临夏州开展东西扶贫协作的实际工作需求，不断完善工作机制，认真落实双方高层领导定期互访制度，建立顺畅的沟通渠道。2016年，厦门市赴临夏挂职小组，借鉴援疆、援藏、援宁等挂职队伍的管理经验，制订并补充完善了《纪律要求》《学习制度》《请销假制度》等相关管理制度。同时，进一步明确厦门市所属6个区和火炬高新技术开发区与临夏州的7个国家扶贫开发工作重点县的结对帮扶工作重点，建立稳定的帮扶资金筹措机制，对帮扶临夏州的区级财政出资做了具体规定。厦门市与临夏州的宣传、经信、商务、旅游、市场监管、团市委、妇联、纪检等13个部门开展对接，并取得初步成效，对接帮扶从两地党政层面延伸到县市部门之间。

【帮扶项目】 2016年，开展协作项目24个，投入资金4721万元（市区两级项目资金3300万元，挂职小组争取厦门相关单位支持资金1412万元），比2015年增长16.6%。主要用于教育、卫生、饮水、贫困乡村道路硬化、危旧房改造等公益性民生基础设施项目，惠及当地群众12余万人。其中，援建的教育项目覆盖了临夏州所属的7县1市，同时覆盖了从幼儿园至高中、职业学校、特教学校等各类型学校，解决了1万余名贫困家庭适龄儿童就学难的问题。硬化道路31.78千米，铺设饮水管道12.5千米，修建桥梁13座，改造危旧房

314 户，援建移民安置点 1 处，移民搬迁 4 个村 1134 户约 5000 人，建设贫困村文化广场、活动中心 13 处，改、扩建卫生院 3 所、图书馆 1 座，道路服务区 1 处。

【产业扶贫】 组织厦门市轻工集团有限公司、厦门夏商集团有限公司、厦门信达股份有限公司等 10 多家企业赴临夏州考察，推动临夏的民族特色用品、清真食品、现代农业、旅游业的发展。投入资金 1026 万元，支持 8 个村修建暖棚 266 座，引进良种牛 322 头、良种羊 2196 只，种植百合 600 亩，使得受援助的 977 户贫困户全部脱贫摘帽。同时为 15 个村的村级互助合作社提供了 400 万元的村级发展基金，较好地解决了当地贫困群众有发展意愿，但缺乏启动资金的困难。加强对农村未就业人口的培训力度，对其进行餐饮、驾驶、电焊、电工、美容、数控操作等专业技能培训，共培训农村未就业劳动力 2393 名。投资 200 万元援建的临夏县清真烹饪技术培训中心，已培训建档立卡未就业劳动力 89 名，并帮助其中的 71 人实现了就业，使受到帮扶的贫困群众实现稳定增收脱贫。

【教育扶贫】 组织临夏州中小学老师到厦门培训，厦门第六中学及厦门市特级教师协会 3 次组织骨干教师、特级教师共 25 名赴临夏州临夏中学等学校开展教学培训、交流活动。邀请厦门大学与西安交通大学联合课题组赴临夏州开展电商课题研究，选定广河县为试点县，已完成课题报告。华侨大学在积石山保安族东乡族撒拉族自治县开展支教和扶贫工作，取得一定成效。厦门医学院、厦门城市职业学院、厦门技师学院都与临夏现代职业学院达成协作办学意向。

【健康扶贫】 2016 年 3 月，临夏州卫生和计划生育委员会组织州、县医院有关负责人，赴厦门市与厦门市卫生和计划生育委员会进行洽谈。两地医疗卫生部门在医院管理、医技人员进修、人员培训等方面深化协作，厦门市第一医院、厦门市中医院、厦门市妇幼保健院与临夏州人民医院、临夏州中医院、临夏州妇幼保健院间均建立了畅通的业务培训、人才交流渠道，厦门市卫生和计划生育委员会派出 2 批医生赴临夏州支医，并组织专家组到临夏州巡诊和开办讲座。

【智力帮扶】 根据国家“扶贫先扶智”的要求，落实常态化培训机制，增强培训的针对性和有效性，促进临夏州劳动力转移就业、提升层次。2016 年，厦门市安排帮扶资金 200 万元，在临夏州组织 8 期培训班，为临夏州培训农村专业技术人才、村干部以及农村未就业劳动力 1396 人，为脱贫攻坚提供人才支撑。厦门市思明区、海沧区、湖里区等教育局为 12 名临夏州在厦门务工人员子女解决了转学至公办初中、小学就读问题。

【扶贫培训】 承接临夏州派出 1 批共计 10 名处级干部到厦门开展为期半年的挂职锻炼；承接 100 名教师和医生到厦门培训交流；组织临夏州 20 多名青年创业人才

到厦门众创空间跟班学习；组织40多名妇女干部到厦门培训进修；根据《国家发展和改革委员会关于印发2016年东部城市对口支援西部地区人才培训计划的通知》要求及厦门市与临夏州东西扶贫工作协议，做好干部培训工作，安排专项资金委托厦门市委党校举办了1期临夏州党政干部培训班，就创新社会管理模式与构建和谐社区、建设服务型政府等相关知识进行了培训。培训对象主要包括区县及其部门、乡镇（街道）有关领导干部共计80人。

【社会帮扶】 2016年，厦门建安慈善基金会为贫困群众捐赠物资价值10万元，厦门一品威客网络科技股份有限公司、雅马哈发动机（厦门）信息系统有限公司、新东网科技有限公司为临夏青年创业基地捐赠电脑和远程网络培训设备，并免费培训青年创业者；厦门特教学校为临夏州特教学校捐赠了一批教学用品和设备，并出资组织临夏州特教学校学生赴厦参加两岸特教学生交流活动。

【扶贫宣传】 2016年10月，厦门市委宣传部与厦门市对口支援办公室共同组织中央、福建省主要媒体和厦门日报社、厦门广播电视集团开展“对口支援西部行”采访活动。采访团由新华社、光明日报社、经济日报社、中央人民广播电台、中国新闻社、福建日报社、福建电视台、厦门日报社、厦门电视台等媒体记者组成，厦门市委常委、宣传部部长叶重耕担任团长，赴临夏州进行了采访。新华社在《新华每日电讯》刊发头条文章《扶贫+扶智，“闽宁模式”见实效—厦门对口帮扶宁夏、甘肃部分贫困地区见闻》，讲述近距离探访东西部扶贫协作“闽宁模式”的新进展、新成效、新鲜事。厦门日报社派出3名骨干记者随行采写，开辟“对口支援西部行”专栏，连续6天推出大篇幅系列报道，全面展现厦门对甘肃的扶贫协作给当地带来的巨大变化。

（厦门市对口支援办公室　刘章有）

山东省青岛市—贵州省安顺市、甘肃省陇南市东西部扶贫协作

【概述】 2016年，青岛市围绕政府援助、园区共建、引企入安、职业教育、人才培训、旅游合作等方面，不断拓宽对口帮扶工作领域，支持贵州省安顺市的对口帮扶工作。2016年，青岛市级财政拨付对口帮扶安顺资金3000万元、援建项目31个，青岛市政府出资5亿元，青岛安顺共建产业园城市综合体中心项目进展顺利。青岛市20余家企业与安顺市签约，计划投资15亿元。社会各界捐款捐物1500余万元，东西协作扶贫开发促进安顺经济发展和民生改善。

2016年10月，青岛市新增结对帮扶甘肃省陇南市。11月，两市举行了建立结对帮扶工作座谈会。青岛市与陇南市《青岛市人民政府　陇南市人民政府东西部扶贫协作战略框架协议》修订完成。

【工作机制】 青岛市委、市政府高度重视对口帮扶安顺工作，多次专题研究部署、组织推动帮扶安顺工作。4月，山东省委常委、青岛市委书记李群，青岛市长张新起率党政代表团到贵州省和安顺市考察调研，共商帮扶工作。决定在引企入安方面加大工作力度，追加1000万元专项资金，用于融资担保平台建设，鼓励更多的企业入安发展。青岛市人大、市政协主要领导也分别率团赴贵州省和安顺市考察调研。由青岛市6名副市级领导牵头推进对口帮扶安顺市园区共建、引企入安、职业教育、人才培训、旅游合作、综合协调6个专项工作。认真落实省政府《关于进一步做好扶贫协作重庆和对口帮扶贵州工作的指导意见》，协助安顺市相关企业赴山东省进行投资考察。安顺市招商局分别走访泰安、济宁、烟台等市。协调配合安顺市农业委员会组织15家制茶企业到济南、青岛、潍坊等地考察茶叶市场，帮助推动安顺茶叶产品进入青岛及山东周边市场。

【产业扶贫】 青岛市扶贫协作办组织多批企业开展产业合作项目前期对接、洽商、实地考察，通过产业对接搭建新的平台，促进共同开发资源、培育产业、拓展市场。由青岛城市规划设计院编制完成的《共建产业园建设发展总体规划》，提交安顺市城乡规划局审议。由青岛市政府出资5亿元、青岛华通国有资本运营（集团）有

限责任公司组织实施，园区综合体项目主体结构已于2016年1月封顶，400亩园区工业用地开始招商工作，已签约企业150家。青岛宏达塑胶总公司、山东华廷投资公司等多家企业开工建设。安排资金重点扶持发展茶叶、烟叶、杂粮、油菜籽、火龙果等特色农产品种植加工，提升产量质量，增强产品竞争力，并帮助进入青岛及山东周边市场，带动居民增收致富。山东青果食品有限公司生态蔬菜深加工项目、青岛陆橘农业科技有限公司花卉种植项目，已与安顺市成功签约，计划投资3亿元，这对于提高当地农产品附加值和开拓国际市场，将起到积极的示范带动作用。结合青岛市对外开放优势，协调组织安顺市赴韩国、中国台湾开展招商活动，拓宽了安顺市对外招商渠道。

【金融扶贫】 青岛市通过多种渠道宣传贵州省及安顺市新出台的产业、土地、金融等优惠政策，鼓励青岛企业入安投资兴业，提高当地就业率。由青岛市出资1000万元建立的、鼓励企业入安发展的融资担保措施，编制《安顺市“微保贷”融资管理暂行办法》，为青岛企业到安顺投资农业类项目、安顺当地“三农”和小微企业发展提供融资便利、减低融资成本。

【旅游扶贫】 2016年，青岛市、安顺市两地旅游部门大力开展“山海游”“生态游”“四在农家·美丽乡村”等旅游合作项目。在智慧旅游建设方面给安顺旅游部门提供了新的思路，帮助贵州黄果树旅游集团股份有限公司策划上市。中车青岛四方机车车辆股份有限公司与安顺市签约，参与安顺市城市轨道交通建设，提高景区游客接待能力。

【智力帮扶】 推进干部互派挂职交流工作，双方第三批27名挂职干部已到岗工作。2016年，青岛市各相关部门为安顺市对口举办10余批次以扶贫、乡村旅游、农业、行政管理及卫生医疗、教育等为主题的基层干部培训班，培训各级干部1000余人次。青岛市市立医院、青岛妇女儿童医院、青岛市疾病控制中心等，先后为安顺市卫生和计划生育系统培训各类进修人员253人，支出各类保障经费50万元。

【教育扶贫】 协调青岛大学、青岛职业技术学院与安顺学院、安顺职业技术学院开展对口合作。青岛第二中学、青岛第五十八中学、青岛第十七中学、青岛第一中学与安顺市第二高级中学、安顺市第一高级中学、安顺市民族中学、安顺学院附属中学等分别开展携手合作。组织社会各界参与捐赠助学活动，捐赠资金、电脑等物资折合人民币共计1710余万元。其中即墨市出资200万元用于紫云县小学改建，青岛市总工会投资100万元用于学校建设等，有效地改善了办学条件。

【社会扶贫】 引导青岛市社会各界采用多种形式参与对口帮扶安顺工作，各区市、各民主党派及海尔集团等团体和企业开展了捐资助学、助困、助老、救灾等活动，社会捐赠资金及物资1100多万元。团市委联合青岛银行，由青岛银行在安顺设立“希望工程爱心助学公益项目”，捐助210万元，在安顺市第一高级中学、安顺市第二高级中学分别设立“励志班”和“铭志班”，帮助100名贫困家庭的孩子顺利完成高中学业。台资企业在平坝县捐资20万元，支持花江第二中学电教化教室建设。“爱基金”投资200万元启动实施“我爱图书角”捐赠活动，覆盖安顺经济技术开发区全部小学221个班级。青岛国恩科技股份有限公司捐资100万元用于关岭县云龙洞小学学校建设。青岛新联工贸有限责任公司、青岛盛德辉置业有限公司向安顺市捐赠100万元扶贫资金。

（青岛市扶贫协作工作办公室
政策法规处　吴　戈）

广东省广州市—贵州省黔南布依族苗族自治州、毕节市东西部扶贫协作

【概述】 根据中共中央的统一部署，广州市从2013年起承担对口帮扶贵州省黔南布依族苗族自治州（以下简称“黔南州”）的工作任务。从2016年9月起，广州市增加对口帮扶贵州省毕节市。广州市坚持“统筹规划，完善机制，夯实基础，民生优先，优势互补”的原则，采取政府推动、市场主导、资源共享、项目支撑、区县结对、企业对口等措施，扎实开展对口帮扶援助工作。

【工作机制】 2016年，广州市进一步加强对扶贫协作工作的组织领导，全市上下联动，强化工作合力。广东省委常委、广州市委书记任学锋和市长温国辉高度重视援黔工作，组织召开援黔工作座谈会，并深入毕节市和黔南州，现场指导和部署对口帮扶工作。选派整体素质高、组织能力强、能吃苦拼搏，并且熟悉经济工作和对口帮扶工作的干部，由1名正局级干部带队，共9人组成广东省第一扶贫协作工作组（以下简称“第一工作组”），2016年9月进驻贵州省开展工作，并要求各区抽调干部赴毕节市、黔南州一线开展工作。毕节市专门成立对接广州市对口帮扶工作领导小组，安排专职人员与援黔工作组合署办公；黔南州指定专门部门协助工作组开展工作，并筹划成立专门的协作局进行对接配合。广州市与黔南州、毕节市建立党政联席会议制度，协商解决对口帮扶工作的重大事项，同时逐步建立完善高层互访、产业共建、民间商会往来、企业合作、结对帮扶、督查督办等机制。广州市在援助黔南州0.36亿元帮扶资金的基础上，另向毕节市和黔南州11个国家扶贫开发工作重点县投入1.1亿元帮扶资金，10月底前已拨付到位。

【扶贫项目】 广州市对毕节市和黔南州的11个国家扶贫开发工作重点县每年每县安排1000万元扶贫协作资金，专项用于“四在农家，美丽乡村”（富在农家增收入、学在农家长智慧、乐在农家爽精神、美在农家展新貌）、教育和卫生基础设施等民生项目的建设。2016年，第一工作组会同当地市（州）扶贫部门一起深入考察帮扶项目，先后赴毕节市威宁、纳雍、大方、赫章、织金5个县和黔南州长顺、罗甸、平

塘、独山、荔波、三都 6 个县，考察了拟帮扶的 38 个项目点，按照“当地领导重视，百姓群众欢迎，交通比较便利，基础工作扎实，脱贫效果明显”的原则，对全部拟帮扶项目进行了认真的分析、把关、筛选，在 11 个县共同谋划了 17 个帮扶项目，如毕节市大方县红旗村帮扶项目，重点加强贫困村照明、绿化、道路、村容村貌等基础设施建设，改善当地基本生产生活条件；黔南州三都水族自治县坝街村“两江神岛”乡村旅游综合扶贫开发项目，通过建设红梅花廊、古榕林间、苏宁喜泉等 11 个旅游景点，以旅游促扶贫；黔南州荔波县通过建设妇幼保健院，辐射全县妇幼群体，提高区域整体妇幼保健水平。据统计，17 个帮扶项目中基础设施建设投入 9180 万元，产业开发投入 860 万元，文化教育投入 960 万元，各项目积极推进开展。

【产业园区建设】 第一工作组与当地有关部门到毕节市金海湖新区、纳雍县经济开发区、织金县绮陌工业园区、金沙经济开发区、黔南州都匀经济开发区、都匀市绿茵湖工业园区、福泉市双龙工业园区和贵定县昌明工业园区等实地调研，重点了解当地现有产业园区的项目规划、基础设施、招商引资、项目落地和企业生产等情况。经过深入调研和充分沟通，与当地达成共建产业园区的一致想法，黔南州拟在都匀经济开发区建设“黔南 · 广州产业园”，毕节市拟在金海湖新区打造“毕节 · 广州产业园”。黔南州委州政府已出台了《关于加快黔南 · 广州产业园发展的实施意见》和《黔南 · 广州产业园招商引资奖励办法》，首期将建立 1 亿元的工业产业发展扶持奖励资金池。《毕节 · 广州产业园区发展规划（初稿）》已编制完成。

【招商引资】 广州市各级各部门组织 140 多家企业代表到黔南州和毕节市投资考察，同时协助两地在广州举办招商推介会 3 场，34 家企业初步在黔南州或毕节市达成投资意向，10 个项目已投资建设或签约。如广州江南果菜批发市场于 2016 年 12 月在黔南州长顺县、毕节市赫章县各注册 1000 万元成立了农业科技开发有限公司；广州无线电集团于 2016 年 10 月与黔南蓝盾武装护运公司合作并控股，该公司的服务年产值将达 1 亿元，新增就业岗位 1500 个，同时还在黔南州成立金融外包服务机构并开展业务，金融外包服务基地已在都匀市木表寨落地建设；广州港集团有限公司在黔南州和毕节市分别设立了办事处；广州医药集团有限公司下属的广州采芝林药业有限公司已与毕节市乌蒙山医药有限公司签订 3 年药材采购协议，首批采购 50 吨药材；广州励丰文化科技股份有限公司投资 1 亿元在黔南州罗甸县建设公共文化旅游升级改造项目；广州市菩提树网络文化有限公司投资 7000 万元在黔南州独山县建设集种、养和乡村旅游于一体的农业综合开发项目；广州市宝生园股份有限公司与黔南州都匀市供销茶叶有限责任公司签订合作框架协议，首批 4 个品种已在广州自营店上架；广州芳村茶叶专业市场为黔南州都匀茶城提供了600平方米的专门销售场地。

【旅游扶贫】 广州市旅游局组织广州地区近60家旅行社的负责人和6家媒体记者共70多人，赴毕节市开展对口帮扶旅游开发业界和媒体踩线活动，对接旅游扶贫协作工作，签订《广州、毕节旅游局旅游合作框架协议》；在广州市和毕节市分别举办了两期旅游管理培训班，为黔南州和毕节市培训各类旅游管理人才130多名。第一工作组与广州市、黔南州、毕节市三地旅游部门共同策划了“百企千团十万老广游贵州”旅游扶贫系列活动，2016年12月底广州首发团前往毕节黔南，共有10多家省市媒体报道了首发团活动。岭南集团广之旅公司与两地旅游局签订3年帮扶合作框架协议，承诺3年组织2.3万广东游客赴黔旅游，为当地增加4600万元的旅游收入。

【智力扶贫】 广州市、黔南州、毕节市三地谋划和实施了“广黔同心，携手同行——121广黔人才支援与交流红棉计划”，即3年计划培训党政干部人才约1000人次，培训本土各类专业人才约2000人次，引进援黔人才约1000人次。广州市教育局与黔南州教育局签订了《广州市教育局—黔南州教育局对口帮扶框架协议（2016—2020）》。同时，广州市城市规划勘测设计研究院已经完成关于毕节市老城区改造、新城区建设的建议方案，提出“建、管、控、提”思路，将毕节市城区建成“革命之道”“古彝之路”“山水绿城”，重点塑造城市灵魂和城市特色。

【携手奔小康】 根据国务院扶贫办“携手奔小康”行动要求，广州市已明确10个经济强区结对帮扶毕节市、黔南州22个县（市、区）。10个区政府均已派区领导带队赴被帮扶的县（市、区）进行对接，越秀区、海珠区、天河区、花都区、番禺区、南沙区由区委书记亲自牵头成立对口帮扶贵州毕节黔南领导小组。天河区与纳雍县达成了建设“五个纳雍”（即广州媒体看纳雍、广州文人写纳雍、百万老广游纳雍、百家企业投纳雍、纳雍特产进都市）的共识并正在逐步组织实施；南沙区、增城区积极配合金海湖新区做好招商推介会工作，协助毕节市金海湖新区申报国家级开发区，南沙区也在加紧研究设立“对口帮扶物流产业扶持基金”，鼓励、引导和促进毕节市、黔南州物流产业发展；花都区与毕节市织金县拟共建“花都·织金皮革皮具产业园”，推动花都区皮革皮具产业有序向织金县转移，促进当地产业发展；荔湾区、番禺区还分别与被帮扶的区签订了农特产品产销对接合作意向书，利用区供销电商平台推广销售当地特色农副产品；黄埔区全力协助黔南州都匀经开区做好招商推介会及申报国家级开发区工作，探讨采用黄埔区国企托管广州产业园，与都匀经济开发区共同建设、管理、招商引资等工作的开发模式；越秀区、海珠区、白云区也完成与被帮扶的县的对接工作。

（广州市协作办公室　张世学）

广东省深圳市—广西壮族自治区百色市、河池市东西部扶贫协作

【概述】 2016年9月，根据广东省委、省政府的东西部扶贫协作统一部署，深圳市代表广东省对口广西壮族自治区百色市、河池市开展东西部扶贫协作工作。9月底，深圳市选派10名干部组成广东省第二扶贫协作工作组入驻百色、河池开展工作；12月，深圳市各区（新区）选派17名干部赴百色、河池17个贫困县挂职。深圳市把受援地建档立卡贫困人口稳定脱贫作为工作重点，紧密结合百色、河池两市实际情况，重点聚焦十大扶贫领域，分别为结对协作扶贫、产业协作扶贫、劳务协作扶贫、建设新农村扶贫、教育扶贫、医疗卫生协作扶贫、旅游协作扶贫、人才支援扶贫、青年公益扶贫、开放开发扶贫。2016年安排的1.7亿元扶贫资金推动实施了种植养殖、创业就业、社会民生等29个扶贫项目（百色17个项目，河池12个项目），其中产业帮扶12项，民生帮扶项目11项，基础设施帮扶6项，直接受益贫困村703个，直接受益人口约11万人。

【扶贫调研】 2016年10月，深圳市印发《深圳对口广西百色、河池扶贫协作工作方案》。根据方案，深圳市负责制定扶贫协作的总体方案和年度计划，收集整理受帮扶地区需求，搭建信息交流平台。深圳市把深入基层、调研摸底作为推进各项工作的基础，深入17个结对贫困县，现场考察扶贫协作相关项目。会同百色、河池两市，草拟了扶贫协作五年实施方案和2016—2017年度工作计划草案，围绕2020年全面建成小康社会的目标和年度工作目标，提出扶贫协作的总体思路、基本原则和具体措施，充分征求百色、河池两地意见并修改完善，已报深圳市对口支援工作领导小组审定。深圳市派驻工作组在执行过程中根据具体情况，对相关方案和计划不断调整修订，推动各项措施实实在在落地。2016年共计完成区县（市）对接26次，百色、河池工作调研22次。

【产业扶贫】 2016年深圳市财政投入1.7亿元帮扶资金，结合百色、河池两市资源禀赋和产业特点，开展了多个帮扶项目，主要包括桑蚕产业园（2个）、油茶（2个）、茶叶、西贡蕉、黑猪、柑橘生态示范园、沃柑特色水果、猕猴桃种植基地、

标准化扶贫茶园建设、林下养鸡等12个种植养殖项目；引导百色、河池参加“福田农批精品一条街”为主题的2016年首届名特优农产品展销会，展期4天。百色市和河池市精心组织的11家农业龙头家企业和2家农民合作社参加展销会，携山茶油、火麻油、核桃油、田七、天麻、糯茶、核桃、墨米、有机富硒米、环江香猪、丝瓜水护肤品等11种名特优农产品亮相展销会，实现19.5万元的交易额，1000份公益礼包价值20万，以丰富的品种、实惠的价格、良好的品质赢得盛誉。

2016年12月30日，深圳市工商业联合会在百色、河池举办招商引资推介会，推动广东澳益农业发展有限公司在百色、河池发展一定规模的澳洲淡水龙虾养殖产业落地，带动6000户建档立卡贫困户脱贫致富；引进2家广东涉农企业到百色、河池地区发展果菜种植基地；协调深圳市农产品公司出台针对百色、河池贫困地区农产品交易佣金优惠政策，开展贫困地区名优特农产品展销推介会，培育当地农产品品牌和市场。

【智力扶贫】 为促进广西—深圳两地干部扶贫工作经验交流，进一步提升基层干部精准扶贫精准脱贫能力，支持百色、河池市干部人才队伍建设，12月，深圳市举办了百色、河池干部精准扶贫精准脱贫能力提升培训班，百色、河池两地市、区、县及乡镇相关管理部门共50人赴深圳参加了培训；为帮助贫困家庭孩子掌握技能，增加就业机会，对860名未升入普通高中、高等院校的农村初、高中毕业贫困学生（含退学、辍学等）进行技能培训；组织770人进入技工学院或职业技术学校参加为期1年的职业技术培训。

为准确掌握受援地培训机构基本情况，摸清合作需求，两地人力资源和社会保障部门积极收集各培训机构和职业学校培训师资、培训工种、招生人数、合作需求等信息，为下一阶段开展“校校合作”“校企合作”夯实基础。

【教育扶贫】 共青团深圳市委员会组织深圳慈善机构向百色、河池贫困地区学校捐物折款21万元。

为完善西部教学设施以及师资力量，开展了以下项目的前期工作：一是协助建设百色市靖西小学，学校占地面积26841.6平方米，学校规模为2500人，50个教学班，总面积22283.42平方米，主要建设教学楼、宿舍楼、食堂、风雨操场及停车场等，250米标准田径运动场、羽毛球场、乒乓球场等活动场所以及消防水泵、门卫室、围墙、校门、给排水、供电、美化绿地等附属设施，按全日制义务教育学校模式运营；二是协助建设河池拿银小学，规划占地60亩，45个教学班，在校人数2000人，教师95人，建筑面积11320平方米，教学楼4943平方米，办公综合楼1083平方米，教工宿舍楼525平方米，学生食堂1782平方米，独立公厕100平方米，建设校门1个，围墙2000米，运动场2400平方米，校道硬化5260平方米，操场及外装修4000平方米等；三是协助环江县思源实验小学扩建、长乐镇学生宿舍楼和餐厅基础设施扩建及改善。

【社会帮扶】 协调深圳“扶贫济困日”“关爱行动”“大爱深圳”和“春晖行动”等一批公益扶贫品牌项目的组织单位，将这些公益品牌活动效益扩展到百色、河池，让贫困群众受益；协调深圳大学、共青团深圳市委员会开展扶贫志愿者服务，建立志愿者服务长效机制，每年安排不少于1000名志愿者到广西扶贫；协调深圳市慈善会、深圳市青少年发展基金会和百色市教育基金会合作，通过慈善募资，解决贫困户子女就学和志愿者服务的经费问题。

长江商学院广西校友会和深圳校友会联合向河池都安瑶族自治县捐赠63万元，用于购买一批基础医疗设备，配备到保安乡中心卫生院。

深圳农村商业银行向河池宜州市捐赠50万元用于采购农资按户发放给贫困对象养殖；深圳青少年发展基金会和百色市教育基金会合作，开展慈善募资；深圳爱心机构组织25位老师开展助教活动，发动援建山区学校“梦想图书室”；深圳旅游志愿者向百色隆林县岩头村小学捐赠文体用品及现金2万余元。

【健康扶贫】 为提高百色、河池的医疗水平，改善百色、河池医疗环境，深圳市安排51名医疗卫生专业技术人才到百色、河池开展专业帮扶，并入驻各结对医院进行专业技术指导。

（深圳市对口支援办公室　李雄姿）

广东省珠海市—四川省凉山彝族自治州、云南省怒江傈僳族自治州东西部扶贫协作

【概述】 2016年，珠海市按照珠海市—凉山彝族自治州东西扶贫协作框架协议，扎实推进各项扶贫协作工作。落实扶贫协作资金2049万元，援建彝家新寨、便民桥、村道路硬化、安全饮水工程、教育、卫生等民生项目36个，解决2万多贫困群众实际问题。认真实施“五个一百、五个一批”系列帮扶项目，重点办好“凉山班”，为凉山彝族自治州（以下简称“凉山州”）培养中等技能人才。积极引导社会力量参与扶贫协作，动员香港草庐教育基金会赴凉山州捐赠45万元、解决180名凉山州贫困高中学生入学问题。

2016年7月，中央和省委、省政府调整珠海市东西部扶贫协作任务，由原对口凉山州调整为对口云南省怒江傈僳族自治州（以下简称“怒江州”）。珠海市委、市政府高度重视对口怒江州东西部扶贫协作任务，迅速完成调研对接、落实扶贫协作资金4150万元、启动扶贫协作项目、制定实施意见等工作，建立健全珠海怒江交流合作机制。

【工作机制】 对口凉山州东西部扶贫协作工作继续按照原定的工作机制开展。调整对口扶贫协作单位后，珠海市围绕加强扶贫协作的组织领导、沟通交流、宣传报道等方面建立了工作推动机制。出台《珠海市对口怒江州东西部扶贫协作工作实施意见》，建立对接会商沟通机制。建立联席会议制度、对接协商机制。两地相关部门分别指定专门负责人担任联络员，及时沟通协调，联动处理有关问题。建立结对区帮扶工作机制。珠海市对口怒江州四个结对区分赴结对县调研对接，制定扶贫协作方案，每区向怒江结对县支持扶贫协作资金50万元。推进部门间结对协作。7个部门与怒江州相关部门结对开展部门间帮扶协作，制定了特色农业产业发展等7个扶贫协作工作方案，扎实推进部门间扶贫协作工作。会同市委组织部制定《关于全市正处职领导干部赴云南怒江开展对口帮扶考察调研的工作方案》，动员并规范市正处职领导干部赴怒江开展对口帮扶考察调研，推动工作落实。制定珠海对口帮扶怒江系列宣传报道方案，通过在珠海特区报开展“脱贫攻坚　使命担当——珠海对口

帮扶怒江脱贫进行时”系列宣传报道。

【帮扶项目】 2016年对口凉山州援建项目36个，落实资金2049万元。其中，美姑县巴普镇基伟村实施彝家新寨建设项目1个，落实资金300万元；基础设施建设项目12个，落实资金658万元；教育项目7个，资金465万元；饮水工程项目7个，落实资金339万元；劳务帮扶项目1个，落实资金50万元；文化交流项目1个，落实资金20万元；医疗卫生项目1个，落实资金32万元；扶贫部门项目管理经费和培训经费项目6个，落实资金140万元；珠海市扶贫基金会携手香港草庐教育基金会赴凉山，向180名高中贫困学子每人捐赠2500元资助金，合计45万元。对口怒江州扶贫协作启动了高山移民搬迁示范点建设项目4个，落实资金4150万元。

【社会扶贫】 珠海市充分汇集各方资源，动员社会各方力量参与扶贫协作，在资金支持、劳务协作等方面，开展多形式、多领域和多层次的东西部扶贫协作。珠海市工商业联合会动员民众向怒江捐赠60万元扶贫项目资金；扎实推进劳务协作工作，动员怒江贫困人员到珠海务工就业，已组织628名怒江贫困务工人员到珠海6家企业工作。

【产业扶贫】 2016年，珠海市扎实推进产业帮扶协作，通过产业帮扶助力扶贫地区建档立卡贫困户实现稳定脱贫。5月中旬，珠海扶贫办联合市文体旅游局等部门组织开展了主题为“促进旅游扶贫，搭建合作桥梁”的旅游产品推介会，在珠海、南昌等地推介凉山州旅游，并组织相关企业赴凉山州考察和帮助凉山州培训行业骨干；推进扶贫协作示范点建设，在怒江4个县各启动一个高山贫困户搬迁点项目建设；推进扶贫协作资金落实，落实4000万元对口扶贫协作帮扶资金；为解决扶贫地区农产品销售和珠海市民的“菜篮子”安全问题，珠海市充分发挥政府主导作用，加强统筹谋划，与对口扶贫地区共同构建线上和线下、批发和零售相结合的特色农产品经贸合作市场平台，打造贫困地区特色农副产品流通新模式，促进贫困群众增收致富。打造专业扶贫市场，构建市场合作平台（线下平台）。市政府专门安排了珠海市农业投资控股集团有限公专责星园专业扶贫市场的承建和运营，把星园专业扶贫市场作为对口扶贫地区农产品在珠海市展示展销的窗口，积极扶持和引导贫困地区特色农产品进入珠三角及港澳市场，解决贫困地区特色农产品销售难的问题，带动贫困群众脱贫致富。设立销售专区，构建批发和零售平台。在珠海市6个农贸市场、批发市场设立扶贫地区特优农产品销售专区，进一步拓展贫困地区特色农产品在珠海及粤港澳销售渠道，扩大市场占有量。充分利用“互联网+”技术，与京东进行战略合作，在京东商城建立珠海扶贫馆，构建电商服务平台，帮助贫困群众实现特色农产品电商化。

【智力帮扶】 根据国家“扶贫先扶

智”要求，建立常态化培训机制，促进凉山州劳动力转移就业、提升层次。2016年5月，珠海市扶贫办联合珠海市文化体育旅游局等部门，在珠海、南昌等地推介凉山州旅游，并组织相关企业赴凉山州考察和帮助凉山州培训行业骨干；继续实施“五个一百、五个一批”系列帮扶项目，重点办好“凉山班”，为凉山培养中等技能人才。

（珠海市委农村工作办公室
胡成文）

广东省佛山市—四川省凉山彝族自治州东西部扶贫协作

【**概述**】 2016年8月，广东（佛山）对口凉山扶贫协作工作组入驻四川省凉山彝族自治州（以下简称“凉山州”）开展东西部扶贫协作。至2016年12月31日，广东省、佛山市向凉山州提供财政资金1.2亿元，其中，中国广核集团有限公司提供资金982.1万元；援建安全住房1869户，建设面积19.2万平方米；佛山市社会各界捐款48.3万元，捐物折款6.8万元；两地签订产业合作协议2个，佛山企业招聘近1万名凉山州外出务工人员到佛山务工。

【**对口扶贫协作工作座谈会**】 2016年8月，广东省对口凉山州扶贫协作座谈会在四川省西昌市召开。会议决定调整由佛山市对口凉山州开展东西部扶贫协作工作，并扩大帮扶范围，由原来的4个贫困县调整到11个，并加大支持力度，每个贫困县每年1000万元，共1.1亿元。要求佛山市在2016年8月底前将人力和资金调度到位，按照四川省委、省政府提出的“让贫困群众住上好房子、过上好日子、养成好习惯、形成好风气”的脱贫攻坚目标开展工作。

【**工作机制**】 根据广东省对口凉山州扶贫协作座谈会的要求，佛山市立即加强对扶贫协作工作的组织领导，建立相应工作机制。佛山市委、市政府于2016年8月从全市范围内组织挑选7名干部组成“广东（佛山）对口凉山扶贫协作工作组”，时任市政府秘书长葛承书任工作组组长，并于8月31日如期到达凉山州开展对口扶贫协作工作。

2016年10月，凉山州委书记、时任州长罗凉清率领党政代表团一行50人前往佛山市开展东西部扶贫协作考察及招商引资活动，并签署《广东省佛山市—四川省凉山州东西部扶贫协作框架协议》，确定双方将在住房及配套公共设施、教育卫生、劳务开发、人才培养等9个方面开展全面合作，推动两地扶贫协作向深层次战略合作发展。

【**住房建设**】 佛山对口凉山州扶贫协作以推进援建安全住房建设为首要目标来开展。到2016年12月31日止，共投入资金1.2亿元（含中国广核集团有限公司投入资金982.1万元），实施住房建设项目36个，建设面积19.2万平方米，惠及贫困户

1869户、贫困人口7758人。

【产业扶贫】 在推进对口凉山州扶贫协作工作中，注重加强产业帮扶力度，积极推动各类产业合作，增强凉山州自身发展能力。两地签订农业产业合作框架协议，并于2016年12月23日共同举办“佛山—凉山农业产业对接会暨凉山农业投资促进项目推介会”，两地50余家企业代表近130人参加了推介会；5家佛山农业龙头企业与凉山农业企业签订合作意向书。两地的旅游部门签订了旅游合作协议，在大力推动佛山旅行社组团到凉山旅游的同时，积极策划“爱不停步 五彩凉山之旅”活动，发动大批佛山市民前往凉山州旅游。组织各类商会和行业协会4批次到凉山州开展投资考察。

【经贸合作】 凉山州有丰富的优特农产品，佛山市利用市场优势为凉山搭建销售平台。2016年11月，组织佛山农业企业前往四川省成都市参加“大凉山特色农产品产销对接会”，两地企业达成了苹果、脐橙、石榴、花卉、蛋类等农产品产销对接合作项目，现场签约额达1.5亿元；2016年12月，以“味力粤桂黔 绿色新生活”为主题的第二届粤桂黔名优农产品食品展示博览会在佛山市隆重举行。佛山市协调凉山州作为特别区域加入“粤桂黔农业产业联盟”，并参加本届粤桂黔名优农产品食品展示博览会。凉山州19家农民合作组织、农业产业化龙头企业参加农博会，特色农、牧、林、水产等67种类系列农产品参展。

【人才培养】 2016年11月，佛山市人力资源和社会保障局与凉山州劳务开发暨农民工工作领导小组办公室共同签订了《“佛山—凉山”东西部劳务协作框架协议》，并举行“佛山—凉山”东西部劳务协作启动仪式，在昭觉县、越西县分别举行现场招聘会。共有近1万名务工人员到佛山市就业。佛山市人力资源公共服务中心与西昌学院签定合作框架协议，加强佛山—凉山两地在市场信息共享、高校毕业生就业、协助建设实践教学基地、人才交流、理论研究、人才租赁、人才测评等领域的合作，积极推进佛山—凉山两地人才开发的资源共享、服务的相互贯通。

【社会帮扶】 大力发动社会力量参与对口凉山州扶贫协作工作。截至2016年底，共有佛山市教育局、佛山市红十字会、佛山市律师协会、佛山市民营女企业家协会、佛山市房地产行业协会、广东国鸿氢能科技有限公司、佛山市禅城区部分民营企业等赴凉山州开展慈善活动，共捐款48.3万元，捐赠物品价值6.8万元。佛山市努力打造社会各界共同参与扶贫协作工作的工作机制。

（广东〈佛山〉对口凉山扶贫协作工作组）

广东省东莞市、中山市—云南省昭通市东西部扶贫协作

【概述】 2016年，在广东、云南两省有关部门和东莞市、中山市、昭通市广大干部群众的共同努力下，广东省东莞市、中山市对口云南省昭通市东西扶贫协作工作取得了良好阶段性成效，协助推动昭通建档立卡贫困户脱贫出列24万人。三市签署了“1+8”合作协议，在示范点建设、干部人才交流、产业协作、教育协作、劳务培训与输出、农业协作、医疗卫生协作、旅游协作等8个领域开展交流协作。2016年广东省及东莞市、中山市各级政府、各部门、社会各界向昭通提供无偿资金及捐物折款1.1亿元，其中省市财政拨款1亿元，社会捐款1000万元；三市党政领导干部互访14批112人次，企业考察9批20多家，经贸合作签约项目5个，协议合作投资10.5亿元；启动建设搬迁安置示范点项目10个，总投资3.9亿元；在昭通举办各类培训23场次，培训人员1000多人次；输送外出务工人员到东莞、中山务工4.7万人次，其中新增输送2663人次。

【工作机制】 2016年10月，东莞市、中山市、昭通市在东莞、中山分别举行签约仪式，东莞市市长梁维东、中山市市长焦兰生、昭通市市长郭大进正式签署了《扶贫协作框架协议》和8个部门合作协议。三市商定成立扶贫协作工作领导小组，建立领导互访、联席会议、信息交流等一系列机制和制度。三市的组织、发改、经信、教育、人力资源、农业、扶贫办、旅游等部门也签订了相关协作协议，将在示范点建设、干部人才交流、产业协作、教育协作、劳务培训与输出、农业协作、医疗卫生协作、旅游协作等8个领域开展交流协作，携手脱贫攻坚。

明确“昭通所需、东莞中山所能”原则，遴选出10名干部组建了广东省第五扶贫协作工作组，进驻昭通开展工作。建立三市联席会议制度，明确每年召开一次三市主要领导参加的联席会议，每年开展定期互访，确定协作重点，协调推进扶贫协作工作。出台工作实施方案和三年规划。东莞市、中山市分别起草出台了《关于进一步加强东西部扶贫协作、做好对口帮扶云南省昭通市工作的实施方案》《东莞·昭通东西部扶贫协作规划（2016—2018

年）》和《中山·昭通东西部扶贫协作规划（2016—2018年）》。建立工作对接机制。明确由中山市经协办作为后方机构，牵头统筹指导全市东西部扶贫协作对口帮扶工作，并在“1+8”协议落实的牵头部门和携手奔小康行动有帮扶任务的6个镇街，分别明确1名局（镇）领导作为分管领导，明确1名干部作为联络员，具体负责对口昭通扶贫协作各项工作。

【帮扶项目】 2016年，东莞市、中山市将扶贫协作资金重点投向搬迁安置和危房改造项目，确定在昭通市每个国家扶贫开发工作重点县建设1个、全市共10个扶贫协作示范点，10个示范点总投资3.9亿元，其中广东投入资金1亿元，昭通市投入一部分资金共同建设。

【社会帮扶】 东莞市人大、市政协积极推动企业界代表、委员赴昭通进行考察调研，推动东莞11家龙头型、大型民营企业负责人到昭通进行考察。东莞市世界莞商联合会、东莞农村商业银行积极发动会员企业家、股东向昭通“送温暖、献爱心”，承诺向昭通市鲁甸县各捐赠500万元、共1000万元，支持当地建设一所中小学校。中山市教育、卫生系统积极开展教育、医疗卫生合作对接，派遣6名高级教师、5名高级医疗专家赴昭通开展专题讲座23场次，培训当地教师600多人次、医生400多人次，并开展了义诊活动，为1200多名群众提供了免费诊疗服务。

【产业扶贫】 2016年，东莞市、中山市以打造“永不撤走的工作队”为目标，将协助昭通开展招商引资作为工作重点，结合昭通劳动力资源、矿产资源、旅游资源丰富和农产品、药材质量高的实际，积极引进东莞、中山相关企业到昭通投资，推动9批20多家企业到昭通考察，促成投资项目3个：东莞市润丰果菜有限公司投资10亿元在昭通建设占地1000亩的农产品产业园；华坚鞋业集团公司在昭阳区投资5000万元建设鞋材、鞋面料等的生产线；中山食品进出口有限公司与昭通有关农业公司签署产供销协议，合作建设昭通农特产品实体店、网店等渠道。促成合作项目2个。中山健禾中药饮片有限公司在昭通建设中药材种植基地；昭通市祺祥农业商贸有限公司为中山市咀香园食品有限公司代工生产农副食品。同时，大力协助昭通加快滇粤产业园的建设，帮助当地引进广东省国际咨询有限公司，负责编制产业园规划。特邀昭通参加了2016广东省（东莞）21世纪海上丝绸之路博览会，推介昭通农产品特产。

【劳务输出】 东莞市、中山市的昭通籍外出务工人员约为4.5万人。2016年，东莞市、中山市将劳务输出与解决东莞市、中山市企业缺工问题结合起来，大力推动昭通农村富余劳动力和建档立卡贫困户劳动力向东莞、中山转移就业。建立对接机制。推动昭通市11个县（区）与东莞市32个镇（街）、中山市25个镇（区）结成劳务输出结对关系，由人力资源部门牵头，开展劳务输出合作对接。加强市场对接。大力推动东莞市、中山市的人力资源公司到昭通设立分支机构，组织东莞、中山 125 家中介服务公司、大中型企业赴昭通进行劳务对接。开展劳务工招聘活动。联合昭通学院、有关县区举行大型招聘活动 8 场次，推送就业岗位信息 1 万余条，新增输送到东莞市、中山市的外出务工人员 2663 人，其中东莞 1475 人，中山市 1188 人。

【旅游扶贫】 东莞市、中山市积极协助昭通加大对旅游资源的开发、宣传推介力度，推动东莞、中山与昭通加强旅游产业对接。在广东省有关部门的协助下，推动开通昭通—深圳直飞航班，每周 3 个班次，有效方便了三市人员往来。联络协调东莞青年旅行社等市场主体，推动昭通在东莞、中山、深圳分别成立了 1 家旅游推广中心。2016 年 11 月三市旅游部门联合启动了东莞、中山“万人游昭通”活动，2016 年东莞、中山约有 2000 人次赴昭通进行旅游活动。

（广东省第五扶贫协作工作组
郭 佳）

（二）定点扶贫

综　述

2016年是脱贫攻坚首战之年，中共中央、国务院高度重视定点扶贫工作，中央各单位深入学习中共中央总书记习近平扶贫开发战略思想，认真贯彻落实中央扶贫开发工作会议精神和中共中央总书记习近平、国务院总理李克强对定点扶贫工作的批示要求，坚持精准扶贫精准脱贫基本方略，坚持立足贫困地区实际与发挥自身优势相结合，不断完善工作机制，创新举措，定点扶贫各项工作扎实推进，取得明显成效。

2016年，中央国家机关工委、教育部、国务院国有资产监督管理委员会、中国人民银行、中共中央统一战线工作部、中共中央组织部、中央军委政治工作部等定点扶贫牵头部门，按照分工分别牵头召开了7次定点扶贫会议，及时传达中共中央、国务院关于脱贫攻坚决策部署，督促指导各单位进一步做好定点扶贫工作。中共中央组织部办公厅印发《关于进一步加强选派干部到定点扶贫县挂职工作的通知》，进一步规范了定点扶贫挂职干部选派工作。中央军委政治工作部印发《关于军队参与打赢脱贫攻坚战的意见》，对军队参与脱贫攻坚工作进行了安排部署。

中央各定点扶贫单位高度重视定点扶贫工作，主要领导亲自抓，不断完善工作机制，加大工作力度。2016年以来，中央层面共有311个单位定点帮扶592个贫困县（注：原中央层面共有320家单位定点帮扶592个重点县，2016年由于国务院国有资产监督管理委员会监管企业不断重组、整合等因素，由原来的111家单位调整为102家。因此，现有中央单位共311个），军队和武警部队结对帮扶3500多个贫困村。据统计，2016年，311个单位向定点扶贫县选派652名挂职干部，309个单位选派339名贫困村“第一书记”，实现了对592个国家扶贫开发工作重点县选派定点扶贫挂职干部的全覆盖。2016年，各单位共派员到定点扶贫县调研考察12531人次，其中部级以上领导663人次，较2015年增加222人次，同比增长33.5%。各单位2016年直接投入帮扶资金43.8亿元，同比增长24.4%，帮助引进各类资金232.6亿元，引进项目1357个，举办各类培训班1770期，共培训各类人才14.4万人次。有关中央企业继续开展“中央企业定点帮扶贫困革命老区百县万村活动”。2016年投入帮扶资金4.05亿元，实施项目930个，修建乡村道路 815 千米，修建水窖水池等 319 座，惠及建档立卡贫困人口 15.3 万人。

在中央单位的示范带动下，28 个有扶贫任务的省（区、市）及所辖的市县均层层组织开展定点扶贫工作。截至 2016 年，共有 17.68 万个党政机关、企事业单位参加了地方组织的定点扶贫工作，覆盖全国 12.8 万个建档立卡贫困村。挂职蹲点干部共计 77.5 万人，帮扶单位直接投入 326.77 亿元，实施帮扶项目 26.1 万个，帮助引进各类资金 454.4 亿元，引进各类项目 80.6 万个，共举办各类培训班 15.4 万期，培训各类人员 739 万人次。

（国务院扶贫办社会扶贫司　周晓云）

中国人民政治协商会议全国委员会办公厅定点扶贫

【概述】 中国人民政治协商会议全国委员会（以下简称“全国政协”）高度重视扶贫工作，全国政协主席俞正声多次听取扶贫工作汇报，做出重要指示。2016年，全国政协副主席杜青林、马飚、王钦敏赴扶贫地区调研考察，为脱贫攻坚提出思路。全国政协副主席兼秘书长张庆黎与原毕节市委书记陈志刚座谈，详细了解毕节扶贫需求，确定10项帮扶任务，由全国政协办公厅13个局级单位牵头落实，助推毕节扶贫工作开展。全国政协通过赴扶贫一线调研、座谈等方式，帮助扶贫区县解决困难和问题。在全国政协办公厅的帮扶下，安徽省舒城县、阜阳市颍东区和贵州省毕节试验区经济社会实现平稳较快发展，建档立卡贫困人口持续下降，人民群众幸福指数逐年提高，脱贫致富步伐显著加快。2016年，累计帮助引进各类资金2705432万元，帮助引进建设各类大型项目22个，受益建档立卡贫困人口33636人。全国政协委员许家印、卢志强因在扶贫开发工作中的突出贡献，被国务院扶贫开发领导小组授予“全国脱贫攻坚奖”奉献奖。

【扶贫调研】 2016年11月，全国政协副主席杜青林到毕节市调研脱贫攻坚工作，并出席恒大地产集团有限责任公司结对帮扶毕节市大方县第二批60项重点工程集中开工仪式。2月，副主席马飚赴毕节出席恒大集团结对帮扶大方县首批援建40项重点工程和200个农牧业产业化基地项目开工活动，并考察调研毕节扶贫工作。副主席王钦敏率队在毕节织金县开展精准扶贫专题调研，指导扶贫工作开展。全国政协先后组织6批次、20多名全国政协委员、专家学者，赴3个定点扶贫县考察调研、座谈交流。

【干部挂职扶贫】 2016年，全国政协机关共派出12名干部挂职扶贫。他们扎根在基层、奋战在一线，直接参与招商引资、项目推介、对外联系等具体工作，为地方经济社会发展、保障改善民生做出了贡献。陈中鹏同志在10月17日召开的安徽省社会扶贫工作经验交流会上，作为中央国家机关帮扶安徽省典型作了发言。扶贫区县也选派6名干部在全国政协机关挂职。

【扶贫政策措施】 在阜阳市颍东区，

帮助联络国家发展和改革委员会、工业和信息化部、中国残疾人联合会、国家开发银行、中国农业发展银行等单位，为阜阳市颍东区职教中心建设、利之源工艺品项目、颍东城区棚户区改造等5个项目争取第二批国家专项基金，共3.5亿元；联络国家发展和改革委员会、农业部和国务院扶贫办，积极争取将颍东区申报成为全国中小城市综合改革试点县、国家扶贫开发综合改革试验区。在舒城县，帮助协调国家发展和改革委员会、交通运输部、环境保护部、农业部等部委和国家电网公司，对舒城县桃溪现代农业示范区列入国家级现代农业示范区、万佛湖生态环境保护工程纳入国家江河湖泊生态环境保护专项资金补助范围、舒城县城乡公交一体化建设、“十三五”期间电网建设等，积极争取政策支持；帮助联络教育部、民政部、国土资源部、中国铁路总公司，为舒城师范学校升格、舒城撤县改市、企业用地指标报批、六庐铜铁路过境舒城并设站等工作，争取政策支持。在毕节试验区，继续协调中国农业银行加大资金和信贷投入力度，落实《中国农业银行支持毕节试验区发展的若干政策》，对毕节持续增加贷款投入，用于支持毕节重点项目建设；协调环境保护部对中石化贵州织金60万吨/年烯烃项目环评工作给予支持。

【产业扶贫】 在阜阳市颍东区，帮助协调引进深圳光启集团在建设阜阳·光启项目，已完成投资6.65亿，涵盖机器决策与智能研究院、智能产业制造基地、未来科技中心、空间信息平台等多个项目，落地后将成为阜阳乃至皖北标志性企业；协助联系中国泛海控股集团有限公司、传化物流集团有限公司赴阜阳市颍东区进行投资考察，协助阜阳市颍东区赴深圳研祥智能股份有限公司、荣丰实业有限公司、广东圣丰集团有限公司等考察洽谈，达成投资意向。在舒城县，协助联络华夏幸福基业股份有限公司，引进华夏幸福杭埠产业新城项目，总占地面积45平方千米，合作期限35年，计划总投资不低于260亿元，前3年累计投资不低于30亿元，于2016年2月举行项目签约仪式。在毕节试验区，协助毕节对接洽谈北京市政路桥集团有限公司、上海绿地集团有限公司、康美药业股份有限公司、中国惠普有限公司等500强企业21家，引进7家。

【光伏扶贫】 帮助阜阳市颍东区联络国家能源局，申请集中式农光互补光伏电站建设项目指标，带动全区3333户贫困户稳定获得收益；协调中国华力控股集团有限公司捐款96万元，用于阜阳市颍东区贫困村村级光伏电站建设。协调全国政协常委、正泰集团股份有限公司董事长南存辉无偿捐助部分资金，在舒城县万佛镇沃孜村建设120千伏农光互补光伏扶贫项目，受益建档立卡贫困户109户。

【教育和医疗扶贫】 在阜阳市颍东区，协调中通诚资产管理有限公司捐款30万元，为儿童福利院购买康复器材；协调中国泛海控股集团有限公司捐助贫困大学生；协调中国儿童少年基金会建设7个快乐儿童家园项目，并出资40万元为部分幼儿园和小学配备空调和电脑；协调中国妇女发展基金会捐助价值60万元“爱心书包”；协调中国初级卫生保健基金会捐赠价值4793.54万元医疗器械；协调中国残疾人福利基金会捐助价值40万元电动轮椅、助听器等物资；协调全国残联捐赠一台价值80万元的残疾人流动服务车、20台儿童轮椅。在舒城县，联络中国制笔协会，为舒城县16053名贫困学子捐助152万元学习用品。在毕节试验区，协调云校（北京）科技有限公司，无偿捐助100套云校智慧教育云平台，累计价值3000万元，让贫困地区学生享受到更加优质的教育资源。

【智力扶贫】 协调中国出版集团、中国少年儿童出版社、中国文史出版社、凤凰传媒等单位，为阜阳市颍东区捐赠价值100余万元图书。联系中央人民广播电台中国之声频道，在舒城县举办“广播惠农、爱在乡村”公益活动，为舒城人民送去农业技术、医疗服务和文化大餐。

【精准扶贫“恒大模式”】 在全国政协主席俞正声的关怀指导下，恒大地产集团有限公司从2015年12月1日开始结对帮扶毕节市大方县，计划在3年内投入扶贫资金30亿元，通过产业扶贫、易地搬迁扶贫。2016年恒大集团重点帮扶大方县东部山区60个贫困村，通过9大措施帮助村民脱贫：扶持200个扶贫互助合作社，建成200处肉牛、蔬菜、食用菌、中草药等特色农牧业生产基地；建设1处民族风情旅游小镇——奢香古镇，实现易地搬迁1000户、约4000人；建设10个有产业依托的新农村，实现易地搬迁500户、约2000人，逐步探索出以产业为依托的易地搬迁模式；开工建设11所小学、13所幼儿园、1所中学、1所现代职业技术学院、1所慈善医院、1处敬老院和1处儿童福利院；捐赠3000万元，设立“恒大大方教育奖励基金”；捐赠1亿元，设立“恒大产业扶贫专项贷款担保基金”，担保总额为10亿元；捐赠3亿元，设立“恒大大方贫困家庭创业基金”，扶持贫困家庭创业户942户；捐赠2亿元，设立“恒大大方慈善基金”，完成农村贫困家庭留守儿童、生活困难儿童和孤儿“一助一”帮扶；吸纳1万名贫困家庭劳动力到恒大及合作企业就业。

（中国人民政治协商会议全国委员会办公厅　杨　春）

中共中央对外联络部定点扶贫

【概述】 2016年，中共中央对外联络部（以下简称“中联部”）定点帮扶河北省行唐县。中联部深入学习贯彻中共中央总书记习近平关于扶贫开发的重要讲话精神，部领导高度重视并参与定点扶贫工作，先后安排近10批外国政党考察团和国内扶贫考察组赴行唐县考察。同时，选派1位干部赴行唐县挂职县委常委、农工委书记，先后安排2位行唐县干部来中联部机关党委挂职。引进各类资金约3275万元，项目涉及工业、农业、交通、基础设施、文化教育、医疗卫生等，有力推进了行唐县经济社会发展和扶贫开发工作。

【扶贫资金投入】 2016年，中联部直接投入和帮助引进各类资金3275万元。其中，引进文化建设资金1700万元，引进和捐赠基础设施建设资金1308万元；引进和捐赠教育物资和资金折合240万元，医疗扶贫资金约27万元。

【扶贫调研】 2016年10月，中联部部长宋涛率扶贫考察组到行唐县考察调研定点扶贫工作。考察组先后来到行唐县口头镇口头村，走访慰问贫困户和口头小学，听取口头村脱贫攻坚和美丽乡村建设情况介绍；考察黄龙港村蔬菜大棚、行唐县农村电子商务中心、君乐宝太行乳业有限公司，听取县城规划和颍水河综合整治及新区建设情况汇报，会见与行唐县合作签约、捐赠的企业家代表。考察期间，考察组与市、县及有关部门负责同志就扶贫工作举行了座谈。

【扶贫慰问】 2016年10月，中联部部长宋涛、副部长郑晓松，走访慰问行唐县贫困户和老党员，看望行唐县口头村小学学生。中联部挂职口头村的“第一书记”在“两节”期间，为口头村所有70岁以上的老党员和五保户、低保户送去爱心扶贫款、节日慰问金以及米、面、油等慰问品共计4.5万元；中秋节前走访慰问8户老党员老干部。

【干部挂职扶贫】 2016年，中联部在选派1位处级干部到行唐县口头村任“第一书记”的基础上，又选派1位干部赴行唐县挂职县委常委、农工委书记。中联部在口头村任“第一书记”的高玉琪被评为河北省优秀共产党员。同时，应行唐县委要求，先后安排2位行唐县干部到中联部机关党委挂职，共促定点扶贫工作。

【扶贫宣传】 2016年，中联部加大对定点扶贫工作和先进典型的宣传力度。在中联部机关党委扶贫网页全文登载中共中央总书记习近平、国务院总理李克强关于扶贫工作的重要批示，发放《习近平关于扶贫开发论述摘编》读本；推出中联部部长宋涛考察行唐县的宣传橱窗，印发工作简报，推动扶贫工作深入开展；组织中联部15位同志参加由中共中央组织部、中共中央宣传部等部门联合在人民大会堂举行的李保国同志先进事迹报告会；在中联部部内网发布挂职干部高玉琪被评为河北省优秀共产党员的信息，并转发河北省制作的扶贫先进事迹录像片；安排澳大利亚霍洛基金会，澳大利亚、新西兰扶轮社代表团，日本考察团等赴行唐县考察，在国际上宣传我国扶贫开发战略，推动扶贫项目的落实。

【教育扶贫】 2016年，中联部为行唐县引进和捐赠教学设备及资金约240万元。其中，中国人民财产保险公司为行唐县捐赠200万元，建立教育扶贫基金；戴尔分公司为行唐县口头村小学装备一个微机室，捐赠电脑、投影仪等教学设备，折合30余万元人民币；日本社民党活动家代表团暨日中友好21之会植树代表团为行唐县坟台村小学学生捐赠价值1.2万元的学习用品；河北省教育捐助爱心联合会为行唐县捐助12台校园饮水机和智慧树教育信息系统，总价值约5.5万元。中联部捐赠图书2000册，并为行唐县口头村小学捐赠3万元教学设备。

【健康扶贫】 2016年，中联部促成澳大利亚霍洛基金会为行唐县引进和捐赠医疗扶贫资金约27万元。先后完成39名来自县级医院、乡镇卫生院的医疗骨干和400名村医的初级眼保健培训工作，举办乡村培训23期，发放410份初级眼保健工具包，完成3.6万人的眼病筛查。此外，刘承基中国神经外科医师基金会为行唐县捐赠价值0.5万元的显微手术器械。

【文化扶贫】 2016年，中联部促成北方华录文化科技有限公司与行唐县签订文体中心建设项目框架协议。该公司投资1700万元，完成一期工程影剧院项目建设，已正式投入使用。文体中心建成后，将大大改善行唐县文体设施落后的现状。

【基础设施建设】 2016年，中联部为行唐县引进和捐赠基础设施建设资金约1308万元。其中，中联部为行唐县口头村捐赠100万元，用于樱桃园大棚建设；德国默克集团捐赠8万元，用于口头村公益项目的实施；北京环境卫生工程集团有限公司于2016年以1108.18万元的价格中标，与行唐县合作实施城区卫生清扫和垃圾清运项目。引进美丽乡村建设项目款300万元、壮大村集体项目款300万元、扶贫资金80万元；引进2万棵核桃树苗，绿化乡村。引进道路修建项目款520万元，解决口头村村民出行难、下地难的问题。

（中共中央对外联络部机关党委办公室　赵玲娟）

中央财经领导小组办公室定点扶贫

【概述】 2016年，中央财经领导小组办公室（以下简称“中央财办”）定点扶贫贵州省剑河县。中央财办深入贯彻中共中央总书记习近平关于脱贫攻坚系列重要讲话精神，立足剑河县资源条件和发展基础，与贵州省委共同确定了“生态脱贫·绿色发展”的脱贫攻坚思路，推动形成“县州联动、全域发展”的工作格局，积极为剑河县协调基础设施、产业扶贫、教育民生、金融保险等方面项目24个，涉及资金约43.7亿元，2016年全县建档立卡贫困人口9000人实现脱贫。

【扶贫资金投入】 2016年，中央财办紧密围绕“生态脱贫·绿色发展”总体思路，为剑河县在基础设施、产业扶贫、教育民生等方面积极协调项目24个，涉及资金约43.7亿元，2016年到位10.37亿元。其中，帮助剑河县仰阿莎国家森林公园顺利通过国家评审，并获得1500万元护林员生态补偿基金，成功带动1500个贫困户6800人就地脱贫。争取到基佑、八郎等12个传统村落专项资金3590万元。协调华润（集团）有限公司，在剑河县建设“希望小镇”。协调中国农业发展银行帮扶基础设施转型基金2500万元。协调浙江永利实业集团有限公司出资500万元设立“中财永利园丁奖”；中国人民财产保险股份有限公司出资200万元设立高中奖学助学基金。此外，帮助剑河县成功列为国家开发银行金融帮扶试点县，分3期向国家开发银行融资30亿元，用于改善人居环境及基础设施建设，已到位9.8亿元，剑河县正制定方案准备实施。指导剑河县建立资金管理办法，明确规定资金用途、支付流程、审计及结余资金管理等办法，提高资金管理效率，确保资金用到实处。

【扶贫调研】 2016年，中央财办主任刘鹤，副主任唐仁健、韩俊、杨伟民、舒国增等领导先后8次到贵州省及剑河县调研，了解县情民意，与剑河县干部群众共商脱贫大计。9月，刘鹤带队赴剑河县革东镇调研，走访慰问3户贫困户，指出要严格脱贫标准，防止脱贫户返贫；在精准扶贫上要因户施策，加大政策扶持力度；对因学造成的阶段性贫困户提供最大的帮助。4月，韩俊带队到剑河县太拥镇、南哨镇、久仰镇调研，走访慰问7户贫困户，指出要抓好传统民族村寨保护和文化旅游业发展；要利用金融杠杆撬动扶贫资金，使建档立卡贫困户通过无抵押无担保小额贷款发展产业或入股企业分红脱贫。1月，舒国增率队剑河县岑松镇、革东镇、久仰乡、柳川镇调研，走访慰问18户贫困户，指出要努力保护生态，大力发展生产，尽力改善生活。同时，唐仁健、杨伟民先后率队到贵州省六盘水市就农村“三变”改革开展调研，赴贵阳、遵义等地开展经济和生态文明体制改革、供给侧结构性改革工作调研。通过调研，针对剑河县基础设施建设滞后、教育资源落后、产业发展资金不足等问题，精准确定24项具体帮扶事项，协调国家发展和改革委员会、国家林业局、商务部、国家开发银行等单位到剑河县开展帮扶工作，帮助解决脱贫攻坚中面临的实际困难。

【扶贫工作会议】 2016年，中央财办主任刘鹤先后7次主持召开主任办公会议，办领导深入剑河县先后组织召开5次座谈会，专题研究部署定点扶贫剑河县脱贫攻坚工作。9月，中央财办主任刘鹤与贵州省委书记陈敏尔共同在剑河县召开座谈会，进一步明确了定点帮扶工作思路。指导剑河县建立定点帮扶工作联络指挥部，定期召开工作会议，调度定点帮扶项目的开展情况，推动定点帮扶项目的具体落实。

【扶贫制度建设】 2016年，中央财办建立全员帮扶、重点跟进工作制度，采取“全办干部共同参与，扶贫任务分解到人，挂职干部跟踪联络，集体推进帮扶工作”方法，加强定点帮扶工作的总体统筹和分解落实。贵州省委明确省委常委、省委秘书长作为中央财办定点帮扶剑河县联络联系的牵头领导，省委政研室负责联络联系工作，建立“一个机制”（服务协调机制）、“五个制度”（联席会议制度、帮扶调研制度、信息反馈制度、经验总结提炼制度、联络联系制度），由中央财办争取政策和项目支持等，贵州省委政研室负责协调省直28个相关部门（单位）和黔东南苗族侗族自治州委、州政府，确保信息沟通和反馈，畅通项目的上报和落地的省内程序和环节，形成了中央财办、省、州、县联动强大合力，积极帮扶项目落地。

【干部挂职扶贫】 为加强对剑河帮扶工作的联络联系，强化督促指导，中央财办选派1名处级干部到剑河县挂任县委副书记，负责定点帮扶剑河县有关工作。

【扶贫宣传】 中央财办要求总结提炼好帮扶经验，形成可复制可推广的经验，指导剑河县成立扶贫宣传报道工作组，制定扶贫攻坚宣传工作方案，有计划、有重点地策划了一批有深度、有新意的宣传报道，宣传报道从深层次、广领域、多视角地宣传剑河脱贫攻坚工作。《贵州日报》、贵州电视台陆续刊发题为《生态脱贫　绿色发展——取消GDP考核语境下的“剑河探索”》《剑河　绿色发展奏强音》《中国“钩藤之乡”声名渐隆》《剑河：绿色发展·生态脱贫》等报道30余篇，反映了剑河县在中央财办帮扶下，依托生态资源优势，大力推行绿色发展的脱贫工作新举措和成效。

【产业扶贫】 2016年，中央财办协调中国人民财产保险股份有限公司，探索“龙头公司+合作社+农户+政府平台公司”

混合所有制模式，深度挖掘优化配置剑河生态猪养殖等产业链，在革东镇启动建设扶贫示范养猪场试点。帮助剑河县入选国家级电子商务进农村综合示范县，指导剑河县建设“互联网+农产品”“互联网+旅游”等为一体的综合性电子商务创新创业产业园，入驻电商企业20余家；指导剑河县通过与中国邮政集团公司、苏宁易购、京东等合作以及通过电商云、微信平台的销售渠道，3万余羽“滞销鸡”远销省内外；指导剑河县通过邮政农村电商推动当地的产业化扶贫，成功打造出“剑河握梨”“剑河林下小香鸡”等一系列品牌。协调中国邮政储蓄银行为建档立卡贫困户发展产业提供无抵押、无担保小额贷款，惠及建档立卡贫困户156户。协调华润（集团）有限公司在剑河县投资建设希望小镇，围绕村寨核心区内原有建筑修缮、民居提升、新建幼儿园、公厕、道路、给排水、污水处理、垃圾收集、电力通信、庭院景观等工程进行打造。

【健康扶贫】 2016年，中央财办指导剑河县实施建档立卡贫困户慢性病兜底救助政策，率先在全国范围内开展建档立卡贫困人口慢性病兜底救助试点。截至2016年底，共兜底救助590人次，慢性病人受益率133.79%。合规总费用104.13万元，补偿费用101.68万元。在原新农合报销的基础上，增加报销费用2.75万元，兜底救助费用9.79万元，切实减轻了贫困群众就医负担，有效遏制了因病致贫、因病返贫现象。

【教育扶贫】 2016年，中央财办协调中国发展研究基金会支持剑河实施支持山村幼儿园两年计划，每年支持剑河山村幼儿园300万元。已经开办山村幼儿园59个，共有71个教学班，极大提高剑河县学前三年毛入学率。协调浙江永利实业集团有限公司捐赠500万元（每年100万元）设立“中财永利园丁奖”，用于奖励优秀教师、优秀班主任、优秀教育工作者。联系浙江绍兴鲁迅中学对口帮扶剑河民族中学，签订结对帮扶协议，开展交流学习，共享优质教育资源。协调云校（北京）科技有限公司帮扶剑河县教育信息化建设，无偿为剑河县援建智慧教育云平台。协调中国人民财产保险股份有限公司出资200万元设立高中奖学助学基金，拟两年内分四期资助品学兼优的建档立卡贫困家庭学生。

【基础设施建设】 2016年，中央财办帮助协调“剑榕高速”项目动工建设；协调推动修建三板溪库区4座大桥，和12座人行吊桥。指导帮助剑河县成功申报专项建设基金项目6个，总投资20.87亿元，获专项建设基金1.77亿元。指导剑河完成28个传统村落规划文本，争取到12个传统村落专项资金3590万元，并协调国家开发银行授信30亿元支持剑河县传统村落改造人居环境，2016年已投放贷款9.8亿元。协调中国农业发展银行投放2500万元，支持城镇排水设施建设。

（中央财经领导小组办公室）

中央机构编制委员会办公室定点扶贫

【概述】 2016年，中央机构编制委员会办公室（以下简称“中央编办”）定点扶贫内蒙古自治区化德县。深入学习中共中央总书记习近平系列重要讲话精神和精准扶贫精准脱贫的重要指示，认真贯彻中共中央、国务院扶贫工作的决策部署，始终把定点帮扶化德县的工作摆在重要位置，先后4次召开主任会议和专题会议研究部署定点扶贫工作，推动精准扶贫出实招、见实效。

【扶贫机构建设】 切实加强组织领导，调整加强了中央编办定点扶贫领导小组和办事机构，中央编办主任张纪南任定点扶贫领导小组组长，副主任何建中任副组长，各有关司局主要负责人为领导小组成员；定点扶贫领导小组下设综合协调办公室和组织实施办公室，承担定点扶贫的日常工作。

【扶贫调研】 2016年3月和9月，张纪南、何建中先后两次到化德县调研定点扶贫工作，研究定点扶贫工作方案，细化年度任务和责任司局，有力支持了化德县精准脱贫工作。

【干部挂职扶贫】 中央编办将挂职扶贫作为锻炼干部和联系群众的重要途径，并作为干部任用、提拔的重要考核指标。2016年，选派1名处长担任化德县县委常委、副县长，选派1名副处长担任长顺镇录义村“第一书记”。挂职干部对工作高度负责，吃苦耐劳，敢于担当，富有开拓创新精神，得到化德县干部职工和老百姓的好评。

【精准脱贫】 2016年，中央编办共筹资约80万元，其中中央编办直接投资近60万元，申请项目补贴20多万元，实施长顺镇录义村520亩旱田膜下滴灌改造项目。项目惠及全村所有贫困户和其他村民，每年可为村里增收约16万元（流转租金12万元，劳务收入4万元），其中贫困户人均增收600多元，同时也为村集体增加了一定收入。

从长顺镇白音特拉村实际情况出发，按照“企业+贫困户”模式，动员当地农牧业企业聘用有劳动能力的贫困人口、租用丧失劳动能力贫困户的土地，帮助带动贫困户脱贫。

【健康扶贫】 2016年，中央编办积极协调有关部门，为中蒙医院争取“基层医疗体系‘县级医院’建设”项目资金660万元和“县级中医（民族医）医院基层中医药适宜技术服务能力建设”项目资金20万元。

【电商扶贫】 2016年，在中央编办协调下，化德县纳入阿里巴巴“千县万村”电商扶贫计划，龙头企业入驻化德县电商园区，为化德县电商发展提供了更加广阔的平台；邀请有关行业协会、龙头企业的专家，专程到化德县开展电商扶贫技能培训，参加培训人员100人次；选派办内信息化技术人员对县里一线工作人员进行面对面的技术指导，提高电商技能操作水平，并指导县龙头企业搭建了电商平台。

【产业扶贫】 2016年，中央编办协调“京蒙帮扶”考察团深入化德县地理标志产品“民乐大白菜”种植基地考察调研，为实现化德县大白菜直供北京创造了良好条件。协调药食同源特种种植公司到化德县考察并落户，主要种植波兰克拉科夫巨大型蒲公英、青海13号小粒蚕豆、贡扎系列藜麦等，计划流转土地5—10万亩。组织协调化德县扶贫办、经济信息商务局及龙头企业负责人赴北京新发地农产品批发市场进行考察，与市场负责人座谈，达成农畜产品销售和劳动力输出的合作意向，并免费为有关企业在新发地市场提供办事处。

【全员参与扶贫】 2016年，中央编办结合“扶贫日”，组织党员干部捐资9.4万元赴化德县结对帮扶11名贫困家庭学生。

8月，组织20名青年党员干部赴化德县，结合定点扶贫工作开展主题党日实践活动，深入贫困户家庭，与帮扶对象交心谈心，调查了解贫困户生产生活情况，开展关爱留守儿童、助老扶幼等活动；分别到乡镇和县直单位开展调研，体验“基层工作的一天”；开展座谈交流，共同探讨脱贫攻坚工作思路和措施。

10月，中央编办电子政务中心党支部与化德县白音特拉村党支部开展了党支部结对活动，同时捐资8000元，慰问贫困户8户。

针对化德县部分乡镇办公家具陈旧问题，为化德县捐赠沙发、桌椅、文件柜等各类办公家具463件，价值60多万元。

（中央机构编制委员会办公室
蔡书巧　何登榜）

人民日报社定点扶贫

【概述】 2016年，人民日报社认真贯彻落实中共中央总书记习近平关于扶贫开发战略思想，以及中央单位定点扶贫工作会议精神，充分发挥中共中央机关报舆论宣传作用，认真做好习近平总书记关于扶贫开发战略思想的宣传报道，坚持持续深入做好扶贫开发的宣传报道，为扶贫工作营造良好社会环境。注重结合河南省虞城县、河北省滦平县两个定点扶贫县实际情况，发挥自身舆论宣传优势，加大扶贫宣传报道力度，统筹媒体、人才、资金等资源，从舆论扶贫、产业扶贫、社会扶贫、党建扶贫、干部挂职扶贫等方面下功夫，全力做好定点扶贫工作。

【扶贫资金投入】 2016年，人民日报社向虞城县、滦平县直接投入资金超过320万元。其中，向虞城县韦店集村投入20万元，向滦平县路南营村投入约30万元，并向小学师生捐赠平板电脑、书包、衣服等价值5万余元。在两县采购超过270万元的农副产品，帮助当地贫困群众增加收入。协助两县成功引进项目32个，引进各类资金62.15亿元，直接受益建档贫困户9.73万人。

【扶贫计划】 2016年，人民日报社编委会先后4次召开专题会议研究如何做好新形势下的定点扶贫工作，细化推进定点贫困县脱贫工作任务分解表，印发《人民日报社关于加强定点扶贫工作的意见》《2016年报社定点扶贫工作任务分解表》，明确指导思想、主要任务、责任分工和保障措施，对做好定点扶贫工作进行安排部署。报社扶贫工作领导小组定期研究扶贫工作，分析两县经济社会发展中面临的困难和问题，研究解决脱贫致富的思路和措施。

【扶贫调研】 2016年1月至4月，人民日报社社长、副社长、副总编辑先后带队（共30人次）到虞城县、滦平县进行实地考察调研，了解和掌握两县的基本情况，人口贫困程度、致贫原因等情况，帮助地方党委政府一起找准路子、建好机制。鼓励报社各部门到两县组织活动，亲身体验乡村生活。办公厅、新闻协调部、管理保障局、机关党委等部门负责人带队（共80人次）深入两县调研，同县委县政府座谈交流，详细了解基本情况，走访贫困村，有效对接工作需求。

【舆论扶贫】 人民日报社积极主动发挥中共中央机关报舆论宣传作用，坚持持续深入做好扶贫开发的宣传报道，第一时间对中共中央总书记习近平重要讲话精神进行解读，连续推出“谋划好‘十三五’期间扶贫开发工作”系列评论员文章；推出“四个切实怎样落实”系列专访等一批重要稿件，多方位、系统阐释了习近平精准扶贫、精准脱贫战略思想，取得了很好的传播效果和社会影响。讲好扶贫故事，开辟“打好脱贫攻坚战”“脱贫攻坚进行时”等栏目，充分报道各地做好扶贫工作的好典型、好做法、好经验。2016 年，《人民日报》共发表扶贫宣传报道 2700 余条，其中涉及扶贫开发主题报道近 500 条，涉及习近平精准扶贫战略思想的报道 200 多条。报社编辑记者深入贫困村，到贫困户体验生活，汲取报道素材，共刊发 7 个整版、36 篇报道和 2 篇理论文章，用于集中报道河南省虞城县和河北省滦平县；人民日报海外版和社属媒体企业包括人民网、证券时报、国际金融报等都对虞城县和滦平县扶贫脱贫工作进行了持续关注与报道。

【产业扶贫】 人民日报社结合虞城县、滦平县的产业发展规划，先后与国家旅游局、国家能源局、农业部等有关部门对接沟通，力争使虞城县、滦平县光伏发电、滦平县申报金山岭长城 5A 级景区等项目的落地。截至 2016 年底，金山岭长城 5A 级景区已通过景观质量评定。同时，帮助两县分别申报了 200 兆瓦规模的光伏发电扶贫项目。

【社会扶贫】 人民日报社积极动员社会力量参与支持定点扶贫工作，汇聚更多资源投入定点扶贫。虞城县扶贫挂职干部以中国证券监督管理委员会印发《关于发挥资本市场作用服务国家脱贫攻坚战略的意见》为契机，广泛开展面向上市公司高管在虞城县招募“名誉村长”活动，得到了有关上市公司的积极响应。截至 2016 年底，已经有浙江乔治白服饰股份有限公司、河南科迪乳业股份有限公司、阿特斯阳光电力有限公司、广东长青（集团）股份有限公司、北京首都创业集团有限公司等 10 多家各类上市公司报名参与。滦平县扶贫挂职干部主动协调美的集团有限公司捐助 40 万元资金在当地贫困村新建一所小学，帮助改善当地校舍条件。

【党建扶贫】 人民日报社印发《关于倡议报社基层党组织参与党建扶贫工作的通知》，倡议报社各基层党组织主动参与到扶贫工作。7 月，报社政治文化部党支部 9 名干部赴虞城县韦店集村调研村庄发展情况，走访慰问贫困老人，与韦店集村党支部签署《党支部“党建共建”结对协议书》。20 个基层党支部与贫困县基层党支部结成了对子，开展了形式多样的基层党建活动，各部门单位以及工会组织 300 多人次到贫困县开展结对帮扶送温暖活动，以党建带扶贫，以扶贫促党建，努力实现党建与扶贫工作的双利共赢。

【干部挂职扶贫】 2016 年，人民日报社选派 2 名优秀干部挂职担任定点扶贫县县委常委、副县长，充分利用其在思想、政策、资金、物资、技术、信息等方面的优势，引资金、上项目、调结构，受益建档立卡贫困户超过9万人。选派2名优秀青年干部到贫困县贫困村担任“第一书记”，对贫困村、困难群众进行全面帮扶，为该村筹集各类资源、资金折合人民币400余万元。人民日报社派驻虞城县韦店集村“第一书记”因表现突出，荣获2016年“全国脱贫攻坚奖”贡献奖。

（人民日报社扶贫办　张　利）

中国作家协会定点扶贫

【概述】 2016年，中国作家协会（以下简称“中国作协”）定点扶贫甘肃省临潭县。积极发挥自身优势，在尽力给予物质支持的同时，注重扶精神、扶智力、扶文化；坚持把提高劳动者素质、依靠科学文化知识帮助贫困人口脱贫致富作为扶贫工作的重点，广泛深入开展文化扶贫活动，取得了较为明显的成效。

【扶贫资金投入】 2016年，中国作协投入扶贫资金66.09万元。其中，直接投入资金5万元，物资折款5.49万元。此外，专项投入55.6万元教育扶贫资金，资助临潭县965名贫困学生。

【干部挂职扶贫】 2016年，中国作协选派2名干部赴临潭县挂职，1名担任县委常委、副县长，1名担任冶力关镇池沟村“第一书记”。两位挂职干部克服家庭困难以及高原恶劣气候条件给工作生活带来的不便，认真履行职责，深入调查研究，了解当地人民的实际困难和要求，积极主动创造性开展扶贫工作。

【扶贫机构建设】 2016年，中国作协积极健全中国作协扶贫工作相关组织机构，重新调整充实中国作家协会扶贫工作领导小组，中国作协党组成员、副主席吉狄马加任组长，成员由中国作协各单位各部门主要负责人组成。领导小组着手完善扶贫资金和项目管理办法，建立健全协调统一的扶贫资金管理机制，强化监督检查。

【文化扶贫】 2016年，中国作协向临潭县人民政府图书馆捐赠包括《共和国文库》，历届茅盾文学奖、鲁迅文学奖获奖作品全集在内的文学精品图书百余套（近万本）。为池沟村制作几十面文化墙，修建3处文化广场，捐赠价值5万元的健身器械，丰富村民的业余文化生活。定期走访慰问当地60岁以上的老党员、贫困户等。

【教育扶贫】 2016年，中国作协积极组织文化助学活动，设立冶力关助学平台微信公众号，向全国发出助学活动倡议，动员和汇聚来自社会各界的帮扶力量。先后为临潭县冶力关镇、石门乡、羊沙乡、八角乡举办8场助学活动。为10所村小学、幼儿园创建、完善图书室，为2所小学添置滑梯等儿童游乐设施，为6个村子创建、完善了农家书屋，捐助物资总价值超过50万元。甘肃省各大报纸、甘南州与县电视台对捐赠活动进行了广泛报道。

（中国作家协会办公厅　王　婉）

中国科学技术协会定点扶贫

【概述】 2016年，中国科学技术协会（以下简称“中国科协”）根据中央扶贫开发工作会议精神，按照《中共中央 国务院关于打赢脱贫攻坚战的决定》和中共中央总书记习近平在全国科技创新大会、两院院士大会、中国科协第九次全国代表大会上的重要讲话精神以及《科技助力精准扶贫工程实施方案》的具体要求，动员社会力量，整合扶贫开发资源，扎实开展定点扶贫山西省临县、岚县的工作，做到扶持对象精准、项目安排精准、资金使用精准、措施到户精准、因村派人精准、脱贫成效精准。在山西省吕梁市建立农业示范项目、举办农业实用技术培训班、开展多种形式的科普宣传活动，提升了当地农民科学素质，为吕梁地区贫困人口脱贫起到积极推动作用。

【扶贫资金投入】 2016年，中国科协扶贫资金投入从300万增加到1000万元。加大科技扶贫和精准扶贫力度，通过帮扶重点产业发展，针对资源开发和产业发展关键环节，明确工作思路，选准助攻方向，针对建档立卡贫困户实施科技精准帮扶。

【干部挂职扶贫】 2016年，中国科协2名优秀干部分别赴临县和岚县挂职副县长，同时根据中共中央组织部要求，选派2名干部到基层第一线挂职“第一书记”。

【扶贫调研】 2016年，中国科协书记处分管定点扶贫工作的领导3次赴临县、岚县，与两县相关领导进行座谈交流，考察脱贫攻坚重点工作，安排部署科技精准扶贫工作，看望挂职干部和“第一书记”。扶贫办负责同志也多次赴临县、岚县调研定点扶贫工作，与两县县委分管领导座谈交流，沟通协调具体扶贫工作。

【扶贫政策建设】 2016年1月，中国科协印发《关于动员和组织广大科技工作者为打赢脱贫攻坚战作贡献的意见》，进一步动员和组织广大科技工作者积极投身脱贫攻坚。

10月，中国科协、农业部和国务院扶贫办联合印发《科技助力精准扶贫工程实施方案》，明确要求组织实施“科技助力精准扶贫工程”；组织10万名以上来自各级学会、高校和科研院所等科技专家参与脱贫攻坚，实现科技服务在贫困村全覆盖；引导优质科技资源和服务向基层集聚，大幅提高贫困地区公民科学素质和生产技能。

11月，全国科技助力精准扶贫工程动

员部署电视电话会议在北京召开。会议对深入实施“科技助力精准扶贫工程”进行全面部署，为全国学会、地方科协明确扶贫工作任务。

【产业扶贫】 2016 年，结合吕梁市“8+2”农业产业发展计划，瞄准马铃薯、食用菌等优势产业，中国科协在临县、岚县建设科技示范推广基地，开展科技精准扶贫工作。

2016 年，中国科协引入“PPP”模式，开展“马铃薯科技种植惠万家活动”，岚县试种 1660 亩，临县试种 2550 亩，采取膜覆盖统一、种薯统一、农药化肥统一、机械收获统一、培训统一、大田管理统一的“六统一服务”。两县共涉及贫困户 733 户 2030 人，全部实现当年脱贫。

食用菌“枣木香菇”种植推广示范项目，临县千山菌业有限公司是临县实施单位，2016 年生产香菇 140 万袋，满足临县市场，并远销河南、福建、江苏等地。中国科协联系国内食用菌知名专家李玉院士，并帮助建立院士专家服务站，还成功栽培了枣木木耳。千山菌业有限公司吸纳香菇种植会员，帮扶 60 户贫困户会员增产增收，户均增收 3 万元；通过技术推广和开展示范种植活动，辐射带动全县 130 户贫困户栽培香菇，户均增收 2 万元，帮扶带动的贫困户全部脱贫。在白文镇南庄村、赤普浪村，临泉镇都督村分别新建香菇种植大棚园区，基本实现当年建设当年投产见效，当年收回成本。

山西康农薯业有限公司是中国科协扶持起来的扶贫龙头企业。2016 年，建设种薯繁育示范区 700 亩，打造马铃薯资源种子库和建设一座薯窖。

【构树扶贫】 根据岚县畜牧养殖情况，中国科协带队多次赴中科院植物研究所考察调研，最终确定在岚县建设 1000 亩杂交构树种植示范基地。2016 年初步购买构树种苗 3.2 万株，分别由岚县祥源种养专业合作社和山西康农薯业有限公司试种，促进岚县农业增效、农民增收。

【扶贫培训】 2016 年，中国科协结合临县、岚县开展的农业示范项目，邀请相关专家开展技术指导。邀请中国工程院李玉院士为临县食用菌发展进行技术指导，建立食用菌院士专家服务站，开展枣木香菇、枣木木耳试种和实地种植技术指导工作；聘请两位香菇种植技术员驻场指导菇农开展香菇种植，引进福建香菇烘干技术，培训当地菇农学习烘干技术；邀请河北农业大学红枣专家刘孟军教授为临县枣农开展技术培训；邀请中国农业科学院专家赴岚县考察马铃薯种植及生产加工情况，为岚县马铃薯主粮化加工生产和未来发展方向提供咨询服务；聘请马铃薯种植技术员示范种植马铃薯并发放种植、植物保护资料近万份。

【扶贫宣传】 2016 年，中国科协在《农民日报》刊登《中国科协吕梁科技扶贫工作引入“PPP”模式》《我国将实施“科技助力精准扶贫工程”》《中国科协让每个农民至少掌握1项脱贫技能》《科协带队调研组赴吕梁调研科技精准扶贫》等相关文章，宣传报道中国科协精准扶贫工作；编写《舌尖上的土豆——岚县土豆宴》传播岚县马铃薯文化。筹备制作中国科协吕梁定点扶贫画册和中国科协吕梁扶贫30年专题片，全面总结、宣传中国科协吕梁定点扶贫工作取得的成绩；组织相关基层单位积极参加第23届中国杨凌农业高新技术成果博览会，宣传吕梁马铃薯产业，扩大吕梁马铃薯知名度；12月，在中国科技会堂和中国科技馆举办“品味吕梁太行”山西贫困地区农特产品巡展活动，宣传吕梁特产文化和中国科协定点扶贫工作。

【公益扶贫】 中国科协动员相关学会、协会力量开展捐赠、帮扶工作。2016年，中国化学纤维工业学会开展爱心资助活动，捐赠岚县社科乡10名中学生、15名小学生爱心助学款共1.3万元；中国计算机学会对岚县、方山、石楼的优秀教师进行培训，并邀请优秀教师到北京优秀学校进行观摩学习。中国科协为吕梁市配发两台科普大篷车，并免除了其自筹部分费用，支持建设农村中学科技馆4个，捐赠价值100万的科普图书，捐助流动科技馆一套。中国科技馆利用职工捐款为临县乡镇中学捐助一个多媒体教室，捐赠爱心温暖包（内含文体用具、羽绒服等）60多个。组织临县30名师生赴北京市参加中国科技馆全国夏令营活动，定期派讲师到临县为师生进行培训，在当地建立一个创新方法教育示范点，提升基层科技教育水平，为临县派团参加全国青少年科技创新大赛奠定基础；联系北京师范大学等高校暑期实践团赴临县乡镇学校支教，争取建立长期教育帮扶关系。

（中国科学技术协会扶贫办　胡天媛）

新华通讯社定点扶贫

【概述】 2016年，新华通讯社（以下简称“新华社”）贯彻落实中共中央、国务院关于定点扶贫工作的一系列重要指示和相关会议精神，谋划“十三五”时期定点扶贫工作，出台《新华社关于加强定点扶贫工作的意见》，向定点扶贫县贵州省石阡县和河北省新河县分别派出扶贫工作队共5人，发挥自身优势，重点在精准帮扶、宣传扶贫、信息扶贫、人才扶贫、项目扶贫、产业扶贫上下功夫，为定点扶贫县培训干部、教师和专业技术人才520人次，帮助引进项目13个，直接投入扶贫资金150万元，帮助引进各类公益、建设资金720万元，助推两县增强自我发展能力，实现了“十三五”时期脱贫攻坚良好开局。

【扶贫调研】 2016年，新华社相关负责同志和编辑记者到石阡县、新河县考察调研52人次。7月，新华社社长蔡名照率队到石阡县调研，走进甘溪乡泥山村走访慰问贫困农户，并出席新华社与贵州省定点扶贫工作座谈会，听取扶贫工作队工作汇报及当地经济社会发展情况介绍，交流扶贫脱贫工作思路方法，要求充分发挥新闻信息资源丰富、点多面广、联系广泛的优势，加强与定点扶贫县的联系对接，齐心协力完成好脱贫攻坚任务。

【扶贫制度建设】 2016年，新华社制订出台《新华社关于加强定点扶贫工作的意见》，明确了“十三五”时期全社定点扶贫工作总体思路、工作目标和主要措施，并对完善扶贫工作机制提出要求。新成立由相关部门单位分社参与的两个扶贫工作组，对新华社定点扶贫县进行精准扶贫。扶贫工作组责任落实到各相关单位，各相关单位主要负责同志负总责，就开展定点扶贫想办法、定措施、抓落实。同时，制订《新华社第十一批扶贫工作队自律准则》，要求挂职干部严格自律、履职尽责。

【干部挂职扶贫】 新华社2016年派出2名处级干部和2名科级干部，组成新华社石阡县扶贫工作队、新河县扶贫工作队挂职扶贫。队长分别挂任县委常委、副书记，队员挂任石阡县副县长和新河县委办副主任。新华社原派驻贵州省思南县青杠坝村的“第一书记”于2016年下半年调到石阡县泥山村任“第一书记”，纳入石阡县扶贫工作队。扶贫工作队围绕精准扶贫、精准脱贫，走村入户了解情况，立足实际制定措施，走访贫困户近百家，组织召开党员会、群众会十几次，为贫困村组、贫困群众办实事数十件。

【扶贫宣传】 新华社在石阡县、新河县建立调研基地，宣传报道当地扶贫脱贫工作成绩和经验做法。实施扎根工程，派记者长期到石阡县、新河县蹲点调研，采写播发《贵州石阡：产业扶贫以生态保护为底线》《河北新河：党建扶贫“两手抓”助力村民脱贫致富》等60多篇报道，在新华社客户端、新华网、中国新华新闻电视网等终端和《新华每日电讯》等新华社报刊展示；派专家指导制作《贵山秀水成就铜仁水漾健康》电视专题片和石阡招商引资电视宣传片，提升地方形象。助力石阡苔茶、矿泉水和新河面粉、盆景等特色资源和产品推广，采写的有关中英文报道被海内外媒体包括Youtube等社交媒体广泛刊播；《经济参考报》精心策划一期3个整版报道，专题展示石阡县生态旅游资源、产业资源和扶贫开发新成效，并免除所有费用90多万元；助力两县产品到外省市推介，并将相关产品纳入新华善举公益慈善商店销售并协调苏宁电商等支持销售；协调国家林业局林业产业联合会用自有平台、合作电商平台并利用线下活动推广石阡县农林企业。

【信息扶贫】 新华社积极搭建精准扶贫信息服务产品体系，完善“基础信息+增值服务”标准化产品服务。新华社中国经济信息社和铜仁市合作，共同编制发布全国首个精准扶贫类指数报告《中国·铜仁精准扶贫指数报告（2016）》，应用精准扶贫操作流程化、精准脱贫成效数量化等方法，首次从指数维度衡量和反映铜仁市扶贫工作成效，为动态调整、精准管理扶贫工作提供参考和支持；启动贵州佛顶山生态健康指数研发工作；编报新华精准扶贫电子刊物和智库报告35期，提供权威性扶贫政策解读和分析预测及有针对性的调研成果；加强第三方评估等扶贫衍生服务；组织有关分社为新河县招商引资，提供发达地区企业外迁信息等。

【扶贫培训】 2016年，新华社分别派总社、分社资深专家和采编业务骨干到定点扶贫县举办报告会、座谈会和新闻报道培训班6期，对当地县乡宣传系统干部、政府部门文字工作者、媒体记者编辑和骨干通讯员等500多人进行培训；安排定点扶贫县宣传部门业务骨干赴新华社学习，调集部分摄影摄像器材对口支援县宣传部门，并组织器材实操培训；组织定点帮扶村致富带头人、贫困户和村干部30多人，考察学习蜜蜂养殖、石斛种植等技术；深入开展幼教业务示范教学、师资培训等工作，全年培训定点扶贫县园长、骨干师资2批共25人；与定点扶贫县共同探索建立人才培养基地，共商年轻干部交流培训计划；与定点扶贫县有关单位和职业学校等合作，探索通过劳务派遣方式选荐贫困县的青年到新华社后勤保障岗位进行跟岗锻炼。

【社会扶贫】 新华社积极联络政府部门和社会机构，促成多项扶贫行动。与贵州省交通厅沟通，推动石阡县开通高速公路坪山匝道口项目获批；争取中国交通建设集团有限公司投资5亿元在石阡县打造交通扶贫样板工程；联系空军为石阡县规划建设旅游支线机场对接进行可行性论证；对接国家载人航天工程办公室，使石阡县特色种子免费搭载上太空培育；争取中国节能环保集团公司下属公司投资环保项目并初步达成协议；为石阡县引进教育部中国创伤医学“十三五”规划研究项目严重创伤区域性救治体系建设（试点），并争取获赠了价值超百万元的项目所需软硬件设备，大幅缩短石阡县创伤患者的救治时间；促成江苏省扬州市新集镇与石阡县坪山乡达成对口帮扶战略协议，扬州市新集镇2016年至2020年每年向坪山乡捐款25万元用于发展教育、接济贫困家庭，并在劳务输出、产业投资等方面开展合作；联络遵义医学院组织专家为石阡县泥山村贫困户子女义诊，联系福建一所军医院为石阡县贫困户做手术并减免费用3万多元；联系北京汽车集团有限公司与定点扶贫县本地汽车配件企业开展合作；组织20多家上市公司前往定点扶贫县考察调研并捐款捐书捐物，达成多项合作意向。

【产业扶贫】 2016年，新华社支持石阡县大力发展苔茶产业等脱贫支柱产业，联络引进福建彤云茶业和清华紫光（集团）下属企业，投资近百万元建设中型茶叶加工厂，帮助石阡县坪山乡大坪村扩大茶叶种植面积、提高管理水平、增加茶叶收购加工量；帮助石阡苔茶赴青海省推广，争取青海省供销合作联社、青海省茶叶总公司与石阡县签订战略协议经销苔茶；对石阡苔茶进行长期跟踪报道和多媒体展示；新华社购买石阡苔茶和矿泉水并作为公共活动指定用品进行推广；协调北京、上海规划设计专家到大坪村考察，义务进行旅游和精品民宿规划设计，减免近百万元设计费。指导组建泥山村农业专业合作社，协调资金7万元实施马铃薯种植项目100亩，可增加集体收入10—20万元。指导聚凤乡指甲坪村农民养牛专业合作社进行股份制改造，吸收贫困户入股，并争取配套扶贫资金及政策性补贴30多万元。牵线台资企业在新河县打造台湾产业园。

【教育扶贫】 新华社利用专项扶贫资金70万元为定点扶贫县乡村学校添置电脑、教学一体机等教学设备400多台，覆盖10个乡镇18所学校，受益学生超2000人；向石阡县、新河县各捐赠60余种、2000多套、价值5万多元的学生课外读物等书籍，组织职工捐款64.9万元用于石阡县幼儿健康改善计划及乡村幼儿园建设，职工结对帮扶63名贫困家庭学生每人每年1000元；新华社保育院与石阡县城及乡村幼儿园联合共建，深入开展业务互访交流，并捐赠价值4万元的教具文具；争取江苏省扬州市新集镇结对帮扶12名贫困学生；联手壹基金发起“温暖包发放行动”，为新河县400名贫困家庭学生发放冬衣和学习用品，实施“授渔计划”公益项目，资助适龄孤儿、留守青少年和贫困学生在高中毕业后接受成人高等教育；协调“爱心衣橱”公益项目向定点扶贫县贫困学生捐赠户外御寒服装1228套；争取中国狮子联会为定点贫困县14所山村小学捐赠“爱心图书”1万余册；通过互联网众筹，为石阡县“楼上古寨”国学班募集社会捐款购买书桌及书籍文具；争取东吴证券股份有限公司向石阡县学生捐赠120万元助学金，联络新城控股集团股份有限公司向石阡县援建3个“光彩图书馆”，配备价值20万元的近万册图书及配套桌椅。

（新华通讯社办公室　邓诗微）

中国日报社定点扶贫

【概述】 2016年，中国日报社深入贯彻中共中央总书记习近平扶贫开发战略思想，全面落实中共中央、国务院关于加大脱贫攻坚力度支持革命老区开发建设的精神，发挥自身资源优势，因地制宜、因需施策，制订年度扶贫工作计划，扎实有效地推进定点扶贫工作。2016年，中国日报社向定点扶贫的江西省会昌县累计投入资金折合230多万元，选派2名处级干部赴当地挂职扶贫。

【扶贫调研】 中国日报社社领导多次带队到会昌调研指导，通过与县委政府、乡村各级干部群众座谈了解情况，分析制约当地经济发展的交通、教育和资源等瓶颈问题，理清扶贫思路和阶段性安排。报社针对致贫原因，因地制宜，选准突破口和切入点，制定帮扶总体目标、帮扶形式、具体措施等，精心挑选扶贫干部，明确抓好文化扶贫、旅游扶贫、整村推进精准扶贫等工作。

【扶贫宣传】 2016年7月，中国日报社邀请《光明日报》、中央人民广播电台、中新社等中央主要媒体和央广网、国际在线、凤凰网等网络媒体，参加会昌县民俗文化旅游节，发布66篇稿件。对会昌县的社会、经济、生态、旅游、扶贫等方面进行全方位报道。8月，由中国日报社主办的“百名摄影师聚焦新长征暨重走长征路”全媒体采访活动专门赴会昌县采访拍摄，通过摄影家的镜头进行宣传报道。11月，邀请央视七套农广天地节目组赴会昌县，免费为会昌县橘柚、脐橙、豆干、米粉等特色农产品制作宣传推广片，并在央视七套黄金时段播出，助力提升农特产品知名度。

【产业扶贫】 中国日报社开展通联工作，将知名电商、金融企业引入会昌县，为会昌振兴发展事业注入强大动力。联系北京京东世纪贸易有限公司为会昌优质农特产品搭建形象展示平台和销售渠道，为当地农户提供优质工业消费品及售后服务、农资产品及农资配套服务，以及京农贷、乡村白条等创新金融产品和综合性金融服务。吸引中信证券股份有限公司与会昌县达成帮扶协议，为江西五丰食品有限公司和石磊氟化工有限责任公司提供上市服务咨询。

【教育扶贫】 2016年5月，中国日报社组织英语教育领域学者与专家，为会昌县中小学549名英语教师开展英语培训，受到参训教师的广泛好评。北京理工大学附中教育集团与会昌县文武坝中心小学确定结对帮扶关系，从学校管理、教学资源、师资培训、贫困学生帮扶、资源共享以及资金扶持等方面，帮助文武坝中心小学全面提升教育水平，突出自身特色，锻造教育品牌。

【干部挂职扶贫】 2016 年，选派 1 名处级干部担任会昌县珠兰乡大西坝村“第一书记”。“第一书记”坚持以党建工作为核心协调推进各项工作，健全和落实议事规则，完善全村务公开、办事公开等多项制度，同时牵头制订“产业富民、旅游旺村、建设荷美大西坝”的精准扶贫整村推进发展思路，以“党建+合作社+农户”的模式，成立由党员致富能手牵头的白莲、果蔬种植合作社。在生态建设和环境整治方面，新建游客接待中心、休闲农庄，拆除 150 多栋、1.5 万平方米的危旧土坯房，对全村 135 户进行了房前屋后环境卫生整治，并配备了保洁员。2016 年，大西坝村被评为“会昌县最美乡村”。

（中国日报社扶贫办公室　郭海港）

中国外文出版发行事业局定点扶贫

【概述】 2016年，中国外文出版发行事业局（以下简称“中国外文局”）定点帮扶山西省左权县。中国外文局发挥自身优势，探索精准扶贫工作思路，拓展新的帮扶领域和项目，坚持做好文化扶贫、宣传扶贫、智力扶贫、产业扶贫等，把定点扶贫工作落到实处。共完成党政干部培训50人次，投入培训费用35万元，捐资8.22万元资助贫困大学生39人，捐助学金和慰问金5.01万元，捐赠新电脑价值1.5万元，捐赠图书、药品等折合14.1万元。

【扶贫调研】 2016年6月，时任中国外文局局长周明伟带队到左权县进行实地调研和考察，深入贫困村、贫困户、贫困人口中走访慰问并了解情况，并与该县领导就加强精准帮扶工作进行沟通交流和研究。

【扶贫制度建设】 2016年，中国外文局结合左权县脱贫攻坚任务，研究制定《中国外文局精准扶贫工作方案》。同时，建立扶贫工作协调机制。

【扶贫培训】 2016年11月，中国外文局出资35万元，为左权县县乡两级50名中青年干部，在北京市举办为期21天的第12期培训班。

【干部挂职扶贫】 2016年，中国外文局选派第10批到左权县挂职扶贫的中青年干部4名，分别担任副县长、乡党委副书记和村支部“第一书记”。

【教育扶贫】 从2016年开始，中国外文局每年为左权县建档立卡贫困大学生进行帮扶资助。2016年，中国外文局及局属20家单位资助左权县39名贫困大学生。以单位、党支部、个人等多种形式联系帮扶贫困大学生，以每年每人不低于2000元的标准，资助完成大学学业，共捐资8.22万元。同时与每一名大学生建立定期联系制度，及时关注他们的思想、学习和生活情况，让他们切实感受到中央精准扶贫工作带来的温暖，更好地为实现中华民族伟大复兴的中国梦而发奋学习、健康成长。

【文化扶贫】 2016年，中国外文局向左权县贫困乡村捐赠了价值7万元的电脑和图书；中国外文局传播研究中心捐赠3.5万元助学金和图书，资助学生41人；同时还利用社会资源捐资助学，协调中国集结号志愿者行动，捐赠价值1.01万元的助学金和文具，资助学生32人；协助爱心人士向左权县学校捐赠价值3.6万元的图书。

【扶贫慰问】 6月，中国外文局领导在左权县考察时，走访慰问5户贫困户，为贫困户送去慰问金共5000元。

【**健康扶贫**】 2016年，中国外文局联系首都医科大学向左权县医院、乡镇卫生院捐赠药品，价值5万元。

（中国外文出版发行事业局扶贫办 孟凡泽）

中华全国台湾同胞联谊会定点扶贫

【概述】 按照中央单位定点扶贫工作会议及文件精神，2016年，中华全国台湾同胞联谊会（以下简称“全国台联”）根据自身特点，以教育扶贫为抓手，继续推进甘肃省榆中县定点扶贫工作。全国台联领导赴定点扶贫县调研1次，选派挂职干部1名，“第一书记”1名；引进社会资金20万元用于榆中县羊下村基础设施建设；组织40名优秀师生赴北京市参加夏令营活动；陆续发放奖学金、助学金8.7万元。

【扶贫调研】 2016年4月，全国台联党组书记、副会长苏辉等赴榆中县及马坡乡调研，重点了解榆中县教育发展情况及教育基础设施建设，与榆中县委、县政府有关同志共同研讨教育兴县、教育脱贫的思路。同行爱心台商董淑贞女士为榆中县贫困学生发放助学金5万元。

【干部挂职扶贫】 2016年，全国台联选派1名副处级干部到榆中县政府挂职，任副县长。挂职干部到任后，克服自身困难，扎根基层，迅速进入工作状态，恪守工作纪律，树立挂职干部的良好形象。

2016年9月，在榆中县羊下村任“第一书记”已满1年的全国台联干部廖云霞同志，主动要求延长1年任职时间，为改变贫困村的落后面貌继续做出努力。

【教育扶贫】 2016年7月，全国台联组织榆中县7所希望小学共40名优秀师生参加第十五届北京夏令营活动。活动与中国建筑第二工程局有限公司合作，组织师生参观大型项目建设工地，教育学生尊重每一位劳动者，树立平等的职业观；与中国民航博物馆合作，让夏令营师生体验到模拟飞行的乐趣。党组书记、副会长苏辉等会领导出席夏令营爱心捐赠仪式，汪毅夫会长向营员捐赠3000元助学金，研究室党支部捐赠4000元党费作为助学金。

全国台联联系有意捐资助学的社会爱心人士，和一名榆中县贫困学生结对帮扶，每月资助200元，鼓励困难学生圆求学梦。

依照“全国台联帮扶基金蔡培辉奖学金”发放规则，全国台联对2016年两个学期评选出的60名符合要求的优秀小学生按照每人500元的标准发放3万元的奖学金。

全国台联退休干部焦万曼向中国扶贫基金会捐款30万元，设立“海峡新长城自强班”项目，并指定该款项定向用于资助榆中县应届高中新生50人完成3年高中学业。

【基础设施建设】 2016年，全国台联联系连捷投资集团许清水先生出资 20 万元，用于榆中县羊下村整体亮化工程，为村内道路安装太阳能路灯 66 盏，方便广大村民夜间出行，改善村里公共设施和整体的村容村貌。

【公益扶贫】 2016 年，全国台联干部利用工作中积累的资源，发动社会爱心人士为榆中县羊下村小学捐赠冬衣 300 余件。

（中华全国台湾同胞联谊会办公室 王海云）

国家档案局中央档案馆定点扶贫

【概述】 2016年，国家档案局中央档案馆定点帮扶四川省喜德县，认真贯彻落实中共中央总书记习近平等中央领导关于定点扶贫工作的一系列重要指示精神。国家档案局中央档案馆领导多次带队到喜德县开展专题调研，先后选派2名干部挂职扶贫，同时安排2名新录用的选调生协助做好定点扶贫相关工作；直接投入扶贫资金109.33万元，帮助引进各类资金22.2万元；为喜德县举办干部和人才培训班4期，培训干部和专业技术人才209人次，其中培训干部34人次，医生、教师等专业技术人员67人次，创业致富带头人8人次；推动实施“授渔计划”，帮扶贫困初高中毕业生完成中专学历教育、成人大专学历教育；实施帮扶项目5个，帮助建档立卡贫困人口脱贫109人。

【扶贫资金投入】 2016年，国家档案局中央档案馆通过下属事业单位共筹、机关职工捐款等方式筹措资金，直接投入扶贫资金109.33万元，帮助引进各类资金22.2万元，用于喜德县基层档案干部培训、家禽养殖项目、农村文化场所建设等。

【扶贫资金管理】 2016年，国家档案局中央档案馆到喜德县调研，在充分吸收村两委建议的基础上，结合喜德县精准脱贫工作要求，制定出扶贫项目规划和资金管理办法。同时，切实加强对扶贫项目实施情况、扶贫资金使用情况的跟踪监督，确保帮扶政策、帮扶资金落实到户、落实到人。

【扶贫调研】 2016年，国家档案局中央档案馆主要负责同志带领扶贫工作领导小组深入到喜德县，就项目实施、资金管理、具体帮扶措施进行考察调研，到定点帮扶的斯果觉村了解情况。扶贫工作领导小组深入彝族村寨，走访慰问贫困农户，与当地干部群众座谈交流，广泛听取意见建议。与县委县政府有关负责同志共同研究帮扶工作，进一步明确定点扶贫工作的思路和方向，提出“一揽子”帮扶计划；与中国社会福利基金会共同启动实施“授渔计划”精准扶贫一帮一助学行动。

【扶贫培训】 2016年，国家档案局中央档案馆将喜德县纳入“中西部县级档案馆建设项目”，促进县综合档案馆新馆建设。举办凉山彝族自治州档案干部业务培训班，对100名基层档案干部进行基础理论知识和重点工作培训，特别是进行扶贫档案管理培训，对管好用好定点扶贫档案起到积极促进作用。

【干部挂职扶贫】 国家档案局中央档案馆选派2名干部到喜德县挂职扶贫，分别担任喜德县委常委、喜德县两河口镇斯果觉村“第一书记”，从事对喜德县的帮扶工作。与此同时，又安排2名2016年新招录的选调生到喜德县光明镇挂职锻炼，协助做好定点扶贫相关工作。在工作中，挂职扶贫干部严格按照扶贫工作要求，克服工作和生活中的困难，完成定点扶贫的各项工作。参与喜德扶贫工作的研究决策，协助推进扶贫工作决策部署的贯彻落实；带领村“两委”成员制定和实施村脱贫计划，组织落实扶贫项目，推动精准扶贫。

【扶贫慰问】 2016年春节前，国家档案局中央档案馆挂职干部深入斯果觉村开展走访慰问活动。看望慰问村里的老党员、老村“两委”人员、五保户、残疾人和无户口老人，共计57人次，为困难群众发放衣物3000余件。

【产业扶贫】 2016年，中央档案馆国家档案局在喜德县开展“鸡苗培育”项目。利用部分帮扶资金购买鸡苗2700只，按每户60只标准发放给45户贫困户，派人定期进行技术指导，保证鸡苗成活率在90%以上。该项目使每户村民增收3500元左右。

【教育扶贫】 2016年，国家档案局中央档案馆与中国社会福利基金会、四川省档案学校等单位积极联系协调，帮扶喜德县贫困初高中毕业生完成中专学历教育、成人大专学历教育，带动家庭脱贫。喜德县共有37名贫困学生参加“授渔计划”，就读四川省档案学校，其中有2人来自于定点帮扶的斯果觉村。

【文化扶贫】 在国家档案局中央档案馆积极争取下，通过多方协调，将斯果觉村原有使用率不高的村民活动场所改建成村幼儿园，解决村里35名儿童入学问题。同时，利用院坝为村民播放电影3次，组织夜校培训5期，惠及千余名群众。

（国家档案局中央档案馆机关党委办公室　张权彬）

外交部定点扶贫

【概述】 外交部定点扶贫云南省金平苗族瑶族傣族自治县（以下简称“金平县”）和麻栗坡县。经外交部领导大力推动、部内部署单位和驻外使领馆积极做工作，2016年，外交部筹集到账扶贫资金1813万元（含物资折现），向金平县和麻栗坡县共拨付扶贫资金1808万元，实施扶贫项目47个，涵盖温饱、教育、卫生、培训、助学和产业扶贫6大类项目，扶贫项目实施情况良好。其中，拨付金平县815万元，用于教育项目701万元，医疗卫生项目49万元，温饱项目（饮水）40万元，其他16万元。拨付麻栗坡县883万元，用于产业扶贫460万元，教育项目358万元，温饱项目（饮水）45万元，卫生项目20万元。

【扶贫会议】 5月，外交部召开2016年度扶贫工作领导小组会议，部内部属35个小组成员单位代表与会。副部长王超充分肯定外交部24年来的扶贫成果，结合深入贯彻落实中共中央总书记习近平有关扶贫工作的系列讲话精神和中央扶贫开发工作会议精神，全面阐述了定点扶贫工作面临的新形势、新任务，对外交部“十三五”时期的定点帮扶工作做出部署和要求。

【扶贫调研】 1月，外交部扶贫工作领导小组组长王超率队赴广西壮族自治区开展中央扶贫开发工作会议精神宣讲调研慰问活动。王超对中共中央总书记习近平关于扶贫开发工作的系列讲话精神和中央扶贫开发会议精神进行了全面深入的解析。会后，赴河池市都安瑶族自治县、东兰县和巴马瑶族自治县实地调研，走访慰问5家贫困户，代表国务院扶贫开发领导小组送去了慰问品和慰问金。

4月，外交部扶贫工作领导小组组长王超赴金平县和麻栗坡县开展调研考察活动。就云南省红河哈尼族彝族自治州、文山壮族苗族自治州的扶贫情况进行了深入考察调研。走访贫困村、贫困户，实地检查扶贫措施落实情况。

10月，外交部作为国务院扶贫开发领导小组副组长单位，会同中共中央组织部组成联合督查组，到河北省开展2016年度脱贫攻坚督查巡查工作。外交部抽调6位同志采取随机抽样和实地查看扶贫项目的方式，赴保定市开展督查。先后走访了涞水、易县、望都和阜平4县21乡25村，同县、乡、村干部，驻村干部和贫困户进行一对一访谈，共访谈基层干部76人，入户调查81户，完成问卷调查表，并形成督查报告。

【干部挂职扶贫】 外交部派出3名干部挂职，分别担任金平县县委常委、副县长，麻栗坡县县委常委、副县长及金平县金河镇广街村驻村“第一书记”。挂职干部积极主动克服困难，深入基层调研，倾听基层群众意见，围绕贫困县所需、贫困群众所盼，跟踪、监督外交扶贫项目的实施，制订年度扶贫项目库，确保定点扶贫工作高质高效落实到位。按照分工，2名挂职干部还配合政府主要负责同志分管地方外事工作。

【产业扶贫】 2016年，外交部围绕“如何带领贫困山区的贫困户摘帽脱贫，如何让扶贫资金精准帮扶建档立卡户走上致富路”，努力拓宽产业扶贫新路子。2次与香港联泰集团到麻栗坡县实地考察产业扶贫项目，推动香港联泰国际集团与麻栗坡县签署1000万元产业扶贫合作协议，采取“基金会+合作社+贫困户”的合作模式，由基金会提供无息贷款支持合作社扩大经营规模，合作社优先使用贫困户劳动力，贫困户采取赊销方式获得仔猪、仔鸡、能繁母牛或辣椒种子、饲料、防疫药品、种植技术等。为金平县牵线搭桥，介绍新西兰安发国际控股集团新项目，安排县领导和技术人员赴安发集团福建公司考察学习，推动金平县积极部署引进奇异果种植项目，并已种植400株树苗。新尝试将受益对象主要瞄准建档立卡的贫困村和贫困户，从“输血”式扶贫转变为“造血”式扶贫，让地方产业带动贫困户脱贫。

【教育扶贫】 3月，外交部扶贫办与“国际救助儿童会（英国）”在金平县开展针对领导层、骨干教师的儿童权利培训、儿童之家培训，儿童之家夏令营教师培训、儿童心理发展教师培训、教师心理支持培训团队建设等培训活动。来自试点项目学校的领导和骨干教师，以及全县各乡镇学校的领导共269人参与培训活动。截至2016年底，通过项目活动的执行以及试点项目学校儿童之家活动的开展，有4277名儿童直接受益，4000多名儿童间接受益。在麻栗坡县开展以学习者为中心的参与式教学方法和行动研究的培训项目，提升学生的综合能力和自信心、提高教师教学水平和教研能力。截至2016年底，参与式教学方法推广到全县的乡镇小学，总受益人数达25145人次。

10月，第8期外交部“乡村小学教师培训班”在云南省昆明市举办，来自定点帮扶的金平县、麻栗坡县100名乡村小学教师参加培训。外交部扶贫办与云南省外事办公室、昆明学院继续教育学院创新办班形式，丰富教学内容。安排课堂学习80课时、课堂观摩学习2.5天、参观考察学校若干所。来自云南省内高等院校、教育科研机构、教师培训机构、昆明市名优小学及国外的专家教授、校长、知名特级教师为学员授课，内容涉及教育思想与教育理念、师德修养、学科模块教学策略与方法等内容，培训富有针对性、实用性和实效性。

11月，中国—赤道几内亚友谊小学新教学楼落成。赤道几内亚驻华大使埃夸、外交部非洲司司长林松添及金平县代表和有关人士1000人出席了仪式。2015年4月，赤道几内亚捐赠490余万元为金平县第一小学援建一座新教学楼。为纪念两国深厚友谊，金平县第一小学更名为“中国—赤道几内亚友谊小学”。工程于2016年6月竣工，占地面积2529平方米，共5层，包括20个教室和5间教师办公室，每层都布置有代表金平县的“蝴蝶”和代表赤道几内亚的“红树”图案。

【公益扶贫】 5月，外交部副部长王超会见汉堡德国华商联合会副会长张禹华。张禹华捐款88.59万元，用于麻栗坡县扇子地小学教学楼建设项目并为该校住宿学生购买被褥。

5月，外交部第70期机关党校培训班一行33人深入麻栗坡县，考察自1992年以来外交部的定点扶贫成果，并开展党性锻炼。

7月，外交部部长助理钱洪山会见鸿基金发起人、理事长陈伟鸿，与“鸿基金2016萤火虫之旅夏令营”的留守儿童进行互动交流。此次夏令营由来自全国各地的60名留守儿童组成，其中包括金平县和麻栗坡县的8名留守儿童。鸿基金向金平县和麻栗坡县留守儿童发放2万多个“爱心背包”。

10月，外交部扶贫工作名誉大使乐爱妹会见上海东昌企业集团有限公司董事长丁建勇。东昌集团表示愿继续与外交部合作，以产业扶贫等更多形式参与扶贫合作，帮助外交部定点扶贫县尽快脱贫，并向外交部捐款100万元。

10月，由外交部部长王毅夫人钱韦女士发起的第八届“大爱无国界”国际慈善义卖活动在北京市举办，共募集223万元善款，助力我国公益扶贫事业。本届义卖主题为“同心共筑便民桥”，所筹善款将通过中国扶贫基金会，为广西壮族自治区凌云县和田林县贫困地区修建便民桥，改善两县贫困地区交通条件。

（外交部扶贫办　李长高）

公安部定点扶贫

【概述】 2016年，公安部定点帮扶贵州省兴仁县、普安县，共向2县投入帮扶资金577万元，重点用于帮扶贫困人口和推动贫困村寨发展。支持普安县青山镇小学建设，改善贫困村镇小学的办学条件，青山小学建成后能接收青山镇附近十几个贫困村孩子就学，特别是能为众多留守儿童创造良好的学习环境；支持兴仁县民裕村新农村建设，通过饮水工程、通组道路、文化广场等项目建设，改善贫困农村的生活环境，使全村4000余人受益；对普安县联盟村进行驻村帮扶，帮助修建饮水工程，解决全村群众饮水安全问题；对村小学教学设施进行维修和防水处理，改善联盟村小学的办学条件。

【扶贫资金投入】 2016年，公安部16个部属单位捐助扶贫资金共577万元，这些资金主要用于支持兴仁县、普安县贫困地区教育事业建设和贫困群众生活条件的改善。还向兴仁县、普安县公安机关捐助110万元的警用器材，支持当地公安机关的发展，提升公安机关打击犯罪、维护社会稳定的能力。

【扶贫机构建设】 2016年，为进一步加强扶贫工作，公安部增设专门扶贫工作机构，调整加强扶贫领导力量，由32个部属单位组成新的公安部扶贫开发领导小组，傅政华、夏崇源、王俭三位部领导分别担任领导小组组长、副组长，领导小组听取扶贫工作汇报，研究分析公安部扶贫工作面临的形势和任务，对扶贫工作做出分工部署。

【扶贫调研】 5月，公安部扶贫办组织参与扶贫工作的部属单位前往兴仁县、普安县考察调研。考察期间，调研组与县委、县政府负责同志进行座谈交流，并针对部分扶贫项目进行实地考察。在锁寨村枇杷农业生态园区，调研组考察园区建设发展情况。在普安县，调研组参观了即将建成的青山小学新校区。青山小学是一所大型农村镇级中心小学，新校区建成后，可满足青山镇及邻近农村适龄儿童入学就读的需要，有效解决普安县南部6个乡镇2000多名留守儿童就学困难问题。

【扶贫会议】 3月，公安部召开2016年扶贫工作部署会，传达学习中央扶贫开发会议精神，安排部署全年扶贫工作。5月，公安部在贵州省贵阳市召开扶贫工作座谈会。会议听取了普安、兴仁2县脱贫攻坚战情况介绍，并就公安部帮扶工作进行了研究。12 月，公安部召开扶贫支援工作座谈会，会议对全年工作进行交流总结，并对下一阶段的扶贫工作做出安排部署。

【干部挂职扶贫】 公安部 2016 年先后派出 7 名中青年干部到帮扶地区挂职锻炼，其中 2 名干部分别担任兴仁县、普安县县委常委、副县长，1 名干部任普安县江西坡镇党委副书记，2 名干部先后任兴仁县民裕村“第一书记”，2 名干部作为扶贫工作组成员驻普安县联盟村开展驻村帮扶。“第一书记”采取多走、多看、多听、多记、多干的方式，组织村民成立种植养殖合作社，搭建村民共同发展的平台，修建引水工程，解决全村饮用水安全问题；新修通组公路，解决困扰村民多年的出行难题；组织劳务输出，帮助解决就业等，为群众做大量的实事、好事。其他几位挂职干部同样在扶贫工作岗位上尽责尽力完成扶贫任务。

【扶贫慰问】 2016 年春节前夕，公安部前往兴仁县、普安县开展春节慰问活动。慰问组走访生活困难群众家庭，详细了解他们的工作生活情况，积极帮助他们出谋划策，代表公安部赠送慰问金。

【扶贫宣传】 2016 年，公安部扶贫办将原扶贫支援工作网站进行升级改造。在 10 月 17 日“扶贫日”，公安部扶贫办通过多种方式积极开展扶贫宣传活动，在公安部机关大院显著位置悬挂横幅、摆放宣传板，并通过部机关视频播放系统和手机短信群发方式，集中宣传中央扶贫工作精神、公安部扶贫工作情况以及帮扶地区经济社会情况。为创新扶贫宣传的工作模式，公安部扶贫办在部机关小卖部开设了帮扶地区特色产品专柜，展示、销售兴仁县、普安县地方特色产品。

【教育扶贫】 2016 年，公安部重点对普安县青山小学、联盟村小学和兴仁县的民裕村小学开展系列帮扶工作。支持普安县青山镇小学配套设施建设，改善贫困村镇小学的办学条件，5 月，公安部到青山小学考察调研，了解学校建设进展情况。支持联盟村教育发展，公安部天津消防研究所投入 20 多万元修缮资金，对联盟村小学教学楼进行维修和防水处理，对所有教室内照明电路和灯具进行更新，添置新的桌椅，在校园内增设体育设施，使联盟村小学的办学条件大为改善。支持兴仁县民裕村小学发展，捐建校图书室，新建厕所，改善校园环境，通过单位和职工捐款为每位在校学生购置校服。

（公安部扶贫办）

国家安全部定点扶贫

【概述】 2016年，国家安全部（以下简称“安全部”）定点扶贫河北省盐山县和内蒙古自治区敖汉旗。全年直接投入扶贫资金1500万元，其中物资折款70万元，帮扶项目17个，带动帮助5114名贫困群众脱贫。帮助引进各类资金1.85亿元，引进项目4个，帮助培训各类人员1000余人。另外，协调价值100万元教学软件，投入定点扶贫村。

【扶贫会议】 2016年2月，安全部党委委员、政治部主任、部定点扶贫工作领导小组组长分别主持召开河北省盐山县、内蒙古自治区敖汉旗精准扶贫工作对接汇报会，听取盐山县、敖汉旗扶贫工作开展情况和“十三五”期间脱贫攻坚工作方案的汇报，对精准帮扶盐山县和敖汉旗脱贫攻坚进行部署和安排。6月，部长陈文清、政治部主任参加国家安全部机关“国安青年基层行”座谈会，听取国安青年赴盐山县、敖汉旗实地调研的情况及驻村“第一书记”工作汇报并提出要求。

【项目扶贫】 2016年，安全部投入扶贫资金1235万元，安排养殖种植精准扶贫项目11个。先后完成敖汉旗新惠镇扎赛营子村温氏生猪养殖项目、二道沟梁经济山果树种植园项目、农机合作社项目和敖汉旗四道湾子镇四德堂村肉驴养殖小区建设项目、东阿集团肉驴产业扶贫项目，敖汉旗萨力巴乡生猪养殖小区建设项目，敖汉旗下洼镇东古鲁板蒿村水源建设项目，敖汉旗四家子镇老虎山村黑木耳种植特色产业项目，敖汉旗新惠镇康家店村北虫草种植农民专业合作社扩建项目，盐山县温氏生猪养殖项目，盐山县孟店乡东小卢村蛋鸡养殖项目等。

【产业扶贫】 2016年12月，安全部在继续协助做好敖汉旗塞浦路斯浦达拉集团印尼沥青岩项目的相关工作，协助完成该项目环评报告的审批。企业投入1.26亿元，设备安装、招工培训等各项工作有序推进。

【基础设施建设】 2016年，安全部协调交通运输部、水利部等部委支持，改善敖汉旗、盐山县区域交通状况。帮助将敖汉旗境内305国道玛尼罕至玉田皋段公路建设项目和210省道高日罕至羊场段公路建设项目，将盐山县境内205国道绕城段公路建设项目和225省道绕城段公路建设项目纳入国家交通运输“十三五”规划和省（区）“十三五”公路发展规划。敖汉旗境内305线和210线，已经立项并获自治区批复。省道210线新惠至老虎山段一级公路项目已开始建设。盐山县境内205国道绕城段和225省道绕城段公路建设项目，截至2016年底已进行项目申报批复。

协助敖汉旗、盐山县做好水利扶贫项目。帮助敖汉旗完成辽西北调水敖汉支线工程项目立项前期工作。完成配水方案的编制工作，内蒙古自治区人民政府已同意经辽宁省白石水库调水到敖汉旗。内蒙古水利厅、辽宁省水利厅和辽宁省水资源管理集团有限公司已就供水量、水价、设计线路等达成部分一致，已由3方委托的设计院完成第1次联合勘察。帮助敖汉旗金沟水库应急备用水源建设项目立项审批，总投资3000万元。帮助实施盐山县城乡供水一体化项目，该项目总投资1.92亿元，现已下拨资金2800万元，计划2年完成。

投入扶贫资金110万元，帮扶盐山县6个贫困村基础设施建设。包括庆云镇东马村800米街道水泥硬化项目，杨集乡王打狼村街道排水沟项目，小营乡前陈村街道排水沟项目，孟店乡乔庄村道路建设项目，常庄乡常庄村路灯建设项目，孟店乡东小卢村道路水泥硬化及村主排水渠加固硬化等项目。

【教育扶贫】 安全部开展“国安青年基层行”活动。组织4批约80名团员青年，利用一周时间，到敖汉旗扎赛营子村和盐山县东小卢村开展社会调查，访贫问苦，与贫困群众同吃同住同劳动，与留守学生结对开展教育帮扶。联系科大讯飞股份有限公司向敖汉旗捐赠300套教学软件，价值100万元。联系香港凤凰国际教育集团，在敖汉旗内选取10名贫困学生，以半工半读的模式出国留学，香港凤凰国际教育集团提供100%减免学费的帮扶机制，培育技术人才。

【干部挂职扶贫】 2016年10月，安全部选派2名干部分别到盐山县东小卢村、敖汉旗扎赛营子村接任“第一书记”。在盐山县东小卢村，投入资金150万元，协助建成股份制蛋鸡养殖场，全村贫困人口和村集体占股30%，按股分红；投入资金40万元，改造村内道路1000多米，清淤、加固、硬化村内主排水渠150余米，安装村内广播和监控系统一套；在敖汉旗扎赛营子村，投入资金180万元，协助该村建成年产6000头生猪的自动化养猪场；投入资金60万元，购买12台套农业机械，协助该村成立农机合作社，确保全村贫困人口精准脱贫。同时，利用安全部捐赠的电脑、书籍、家具、家电等物资改善村委会办公条件，为村办小学建立图书室和电教室。

（国家安全部定点扶贫领导小组办公室　王　原）

国家审计署定点扶贫

【概述】 国家审计署（以下简称“审计署”）高度重视定点扶贫工作，认真贯彻落实中央扶贫开发工作会议精神和中共中央总书记习近平关于扶贫开发工作重要讲话精神，扎实推进对定点帮扶的河北省顺平县和贵州省丹寨县的脱贫攻坚工作，着力推进精准扶贫、精准脱贫。审计署领导深入帮扶县开展调研，明确工作思路。2016年2月，审计署党组书记、审计长刘家义到丹寨县调研，提出要探索一种可推广、可复制的全社会共同参与扶贫开发的新模式。秦博勇、张通、袁野和李晓钟也分别赴顺平县、丹寨县和江西省会昌县实地调研扶贫工作，了解各项工作进展情况，看望慰问部分贫困党员和特困群众。

制定《审计署加大脱贫攻坚力度帮扶定点扶贫和对口支援县工作方案》和《审计署抓党建促定点扶贫和对口支援县脱贫攻坚工作措施》，选派7名干部到定点帮扶县挂职或任驻村“第一书记”。积极协调其他对口帮扶单位与地方党委政府，整合扶贫资金和资源，积极探索扶贫开发新模式。推进水利和道路等基础设施建设项目，发展产业扶贫，支持敬老院、福利院等民生建设和社会事业发展。

【创新扶贫模式】 2016年2月，刘家义到丹寨县调研，倡议“整合扶贫资金，整合扶贫资源”，不仅要帮助丹寨县早日实现整体脱贫，更要从中探索一种可推广、可复制的全社会共同参与扶贫开发的新模式。随后，审计署多次派出调研组到丹寨县就脱贫帮扶工作开展专项调研，形成《审计署关于贵州省丹寨县扶贫开发工作情况的调研报告》。与贵州省委省政府研究推动丹寨县成为贵州省财政资金统筹使用改革试点县，协调其他对口帮扶丹寨县的单位与地方党委政府共同深入研究贯彻落实中共中央、国务院关于精准扶贫精准脱贫的战略部署，研究从实际出发整合扶贫资金、聚合扶贫资源。贵州省政府印发《贵州省丹寨县统筹整合财政专项资金开展脱贫攻坚改革试点实施方案》，最大限度发挥扶贫政策和财政资金带动作用，全力帮助丹寨县早日实现整体脱贫。截至2016年12月底，整合各年度财政专项资金5.3亿元，所涉及的42个项目已全部开工，其中25个项目已完工。

【基础设施建设】 审计署与水利部共同组成调研组，于2016年1月赴顺平县开展实地调研，并研究确定在“十三五”期间重点支持顺平县中小河流治理项目、抗旱应急水源工程、龙潭灌区续建配套与节水改造项目、节水灌溉项目和水土保持项目等。2016 年，实施农村饮水安全巩固提升项目，使 8 个村 5500 人受益；水土保持项目，使 6 个村 2150 人受益；移民后期扶持项目，使 4 个村 1503 人受益；白云乡抗旱应急水源工程，使 2 个村 2648 人受益；抗旱应急工程，使 3 个村 1023 人受益。

为解决丹寨县工程性缺水问题，在大兴水库、乌壁滩水库等 6 个水库已列入贵州省“十三五”水利建设规划后，积极协调相关单位开展前期工作。2016 年 6 月，国家发展和改革委员会已将凯里经丹寨至都匀铁路建设项目作为高速铁路区域连接线纳入国家《中长期铁路网规划》。

【产业扶贫】 2016 年，在顺平县，实施概算投资 52 亿元的顺平县塑料产业循环经济园区项目，实施概算投资 2500 万元的肠衣基地污水处理厂项目，实施概算投资约 6 亿元的蒲阳镇东委村农光互补项目，与北京大北农科技集团股份有限公司签订种猪养殖合作协议引入战略意向资金。在丹寨县，实施万达旅游小镇项目，于 2016 年 5 月 1 日开工建设，10 月主体结构封顶，各项工作有序推进。审计署在丹寨县通过资源变资产、资金变股金、农民变股民的“三变”模式，动员引导群众以土地、资金入股发展产业，60 户贫困户入股丹寨县安信茶业有限责任公司并建设茶叶基地 800 亩，每年每户入股分红和务工工资收入达 5000 至 8000 元；40 多人在茅草坡茶园务工每天获取劳务报酬 80 元；8 户贫困户发展林下养鸡；18 户贫困户入股农业合作社，流转 150 亩土地发展订单生姜种植。

【教育扶贫】 在顺平县，按照“覆盖全县、轮次配置”的原则，2016 年继续投资 32 万元为蒲阳镇、腰山镇、蒲上镇、高于铺镇 4 个乡镇的小学安装多媒体教学设备 16 套，进一步改善了教学条件；继续做好每年 30 万元的审计长奖（助）学金发放工作。在丹寨县，万达职业学院于 2016 年 3 月开工建设，8 月完成主体结构封顶。

【公益扶贫】 建设丹寨县域敬老院，推动南皋乡和长青社区 2 个敬老院尾工工程建设，有效解决农村五保托底供养老人 120 人的养老难题。协调丹寨县自来水公司、贵州广电网络丹寨分公司等单位，认真对照社会福利事业相关政策，调整计费标准，切实为儿童福利院排忧解难。成立万达帮扶基金，定向帮扶孤儿、五保、重病、重残等特困人员。

（国家审计署机关党委〈人事教育司〉
黄桂锋）

海关总署定点扶贫

【概述】 2016年，海关总署根据“精准扶贫、精准脱贫”指示精神，及时调整对河南省鲁山县和卢氏县扶贫工作重点，重新研究落实年度扶贫工作计划。确定以两个驻村“第一书记”所在村为重点，聚焦村级产业脱贫项目，带动乡镇产业发展格局；从全国海关招募音体美特长支教志愿者，赴两县偏远山区小学完成支教送学任务；继续加大扶贫资金投入力度，充分发挥海关政策支持导向优势，协调社会各界广泛参与扶贫。

【扶贫资金投入】 2016年海关总署增加对鲁山县和卢氏县的投入，每县达到260万元，并且明确驻村“第一书记”所在村扶贫经费使用额度不低于80%。在两村修建村民文化广场、党群活动室、图书室和乡村大戏台等。修建桥梁，实施亮化绿化工程，开展文明卫生治理。打深水机井20眼，解决村民饮水和农作物灌溉难题。在两村分别建立电教室，组织选派业务骨干举办电脑培训班，帮助村民在微信、淘宝上开办特产店。发挥海关出版社优势，为两县各出版发行一本反映当地历史文化、风景旅游和招商引资等价值40余万图书画册。组织宁波、广州等海关捐赠价值400余万元罚没侵权物资。

【扶贫调研】 2016年2月，海关总署党组书记、署长于广洲和副署长胡伟分别率队赴卢氏县、鲁山县，考察指导定点扶贫工作，送去16条支持定点扶贫开发措施和各200万元慰问金，并深入到文峪乡南石桥村看望慰问群众和海关驻村“第一书记”。

【产业扶贫】 组织带领两位驻村“第一书记”到山东、上海和大连等地学习调研产业发展项目，为两个村重点发展3项产业。海关总署向卢氏县南石桥村投资，平整集体荒山栽植连翘，并带动周边农家乐旅游发展；引入当地知名企业成立卢氏鸡养殖合作社，购买种鸡在山地集中养殖；从山东省寿光市引入大棚蔬菜种植技术，与村民联合投资建造蔬菜大棚等；注册成立海富合作社，制定“公司+合作社+农户”分配方案，激励能人带头致富，实施规模化、规范化种植养殖，还能通过盈利二次分配，让贫困户分享增收红利。全村贫困户人均年收入达5500元，2016年底全部完成脱贫任务。鲁山县土桥村通过实施经济补助和现代农业设施技术引进等，引导村民兴办香菇产业，投资建造香菇大棚；扩大晚秋黄梨种植面积，享受国家连片种植补助；从大连市引进大棚草莓种植技术，聘请当地专家常年驻村指导。注册成立海扶山草莓合作社，通过海关扶贫补助资金与个人注资形式联合建棚，草莓种植户经营利润按比例分批返还村集体，村集体根据年度贫困户动态变化情况，对那些无劳动能力、老弱病残、鳏寡孤独人员实施兜底帮扶。

【智力扶贫】 2016 年，在海关总署党校（上海）举办 3 期乡镇、村屯干部培训班，为期一周，共培训 150 人，通过专家辅导、实地考察等形式，以理论武装与党性教育、外贸形势与自贸区建设、城市规划和美丽乡村建设为主题，开拓基层干部扶贫致富视野和拓宽发家致富思路。针对两县山区小学缺少音乐、体育和美术教师现状，面向全国海关招募支教志愿者 58 名，首批 4 名志愿者已完成两县山区小学支教任务。

【文化扶贫】 海关出版社为两县分别编辑出版一本绘图书籍，集中反映当地历史文化经济旅游招商等信息。《魅力古县河南鲁山》已经出版发行，《青青卢氏》正在编辑。

【政策支持扶贫】 为平顶山市设立海关办事处，支持批准三门峡市建立海关公用型保税仓库。组织郑州海关有关部门向 46 家企业宣讲海关政策，为河南平高电气股份有限公司、平顶山煤业集团有限责任公司和河北钢铁集团舞阳钢铁有限责任公司等重点企业量身定做服务措施，保证节假日通关，支持当地产品“走出去”。指导企业用好减免税、保证金等海关政策，为平高集团当年减免税款 483 万美元。指导郑州海关与两市政府签署合作备忘录，建立促进区域开放型经济发展的长效机制。

【社会扶贫】 协调引进先进企业和技术。利用海关进出口统计信息优势，引领当地企业赴绥芬河海关、满洲里海关调研，商议进口俄罗斯木屑替代本地木料，着力解决食用菌生产原料缺乏问题；协助引进吉林黑尊生物科技有限公司落地河南；从福建协调引进菌草种植产业，在卢氏县部分山区开展培育实验。

助推特色产品走出去。郑州海关帮助两县将特色农产品推介到郑州经济开发区唯品会、全速通等知名电商企业，提高农产品销量和提升知名度；积极向中国南方航空股份有限公司推介，两县蜂蜜、木耳、香菇深加工产品成为航空配餐食品；为当地特色产品羊肚菌争取设立单独海关税则号列。

扩大劳务输出渠道，联系海关辖区富士康等国际知名企业，对两县年轻待业人员进行培训，解决部分农民工就业问题。

（海关总署政工办〈机关党委〉
房　季）

国家税务总局定点扶贫

【概述】 2016年，国家税务总局（以下简称“税务总局”）定点帮扶青海省民和回族土族自治县（以下简称“民和县”）和海东市平安区（以下简称“平安区”）。税务总局党组高度重视定点帮扶工作，认真贯彻落实中共中央关于扶贫开发工作的重要指示精神，运用多种帮扶形式，动真情、办实事，为民和县、平安区的经济、社会发展做出积极贡献。2016年投入专项帮扶资金415.5万元，用于实施易地扶贫搬迁、产业扶贫、智力扶贫、光伏扶贫等扶贫项目。截至2016年底，税务总局直接援助民和县、平安区资金累计近4000万元。选派3名处级干部挂职副县长、驻村“第一书记”职务。

【扶贫资金投入】 2016年，税务总局直接投入专项帮扶资金415.5万元，主要用于易地扶贫搬迁、光伏扶贫、建设希望小学、慰问贫困大学生和建档立卡贫困户等。挂职干部争取各方资金支持和捐赠物资折合341万元，其中，争取地方财政支持资金100万元，用于易地搬迁脱贫、希望小学电取暖改造配套等；争取爱心捐赠15万元，用于希望小学改造项目；引进阿里巴巴集团控股有限公司（以下简称“阿里巴巴集团”）等企业项目资金约100万元，用于发展农村电子商务；争取地方财政在2016年—2018年每年列支电商发展基金100万元，用于农村淘宝项目的培训、运营和支持全区电子商务发展；协调交通部门争取道路专项资金26万元，用于修建山村道路。

【扶贫培训】 税务总局挂职干部积极协助当地推动“雨露计划”就业培训项目，加强对贫困户的职业技能培训，连续举办特种机械、农村电商、土族刺绣、家政服务、拉面技能等培训班30余班次，共培训1000余人次。指导和带动大批贫困户到北京市、兰州市等地外出务工。

【干部挂职扶贫】 2016年，税务总局共选派3名干部赴定点扶贫县挂职。分别任民和县副县长兼县国税局副局长、平安区副区长兼区国税局副局长、区精准扶贫指挥部副指挥、区电子商务工作领导小组成员兼办公室主任和民和县核桃庄乡大库土村“第一书记”。“第一书记”施晶智的扶贫事迹被《中国扶贫》杂志、青海省各大新闻媒体进行了宣传报道。

【扶贫慰问】 2016年9月，税务总局联合平安区团委、北京邮电大学支教团为平安区上法台村、下法台村等贫困村的10户高考生及贫困大学生送温暖，捐赠学费和生活费；12月，联合平安区扶贫局为沙沟乡牙扎村、树尔湾村、石沿村，古城乡总门村、石壁村等贫困村的6户建档立卡贫困户送温暖，捐赠生活费。2016年底，配合当地县委县政府和省国家税务局慰问活动，对部分因病致残、五保户等进行走访慰问，送去慰问金和米面油等生活用品。全年累计送出10万元慰问金和慰问品。

【扶贫宣传】 挂职干部积极协助当地开展第三个国家“扶贫日”宣传活动，宣讲中央和省市县扶贫开发、易地搬迁，教育扶贫、电商扶贫、医疗扶贫、生态扶贫以及贫困大学生“雨露计划”等相关扶贫惠民政策。

【产业扶贫】 2016年，挂职干部协助民和县为建档立卡贫困户修建家庭牧场、建设畜棚、购进牛羊猪，鼓励和支持当地百姓结合实际发展养殖业，规模化养殖产业初步形成规模。挂职干部协助推动种植牡丹、枸杞、松树、杨树、梨梅、葡萄、香椿、软梨、马铃薯、蔬菜、药材、核桃等经济作物，使更多的农民受益。挂职干部协助定点扶贫县发展电商扶贫，民和县被评选为“农村电商示范县”。由阿里巴巴集团出资建设农村物流中心和村级淘宝服务站，支持推动“一村一品”项目发展，农村物流成本下降一半以上，在外出打工返乡青年中选拔村淘合伙人，吸引年轻人返乡创业。

【智力扶贫】 平安区挂职干部协调阿里巴巴集团，邀请集团高级经理等专业人员举办2期电子商务培训班，详细讲解互联网和电子商务发展的意义、现状、问题等，帮助领导干部熟悉互联网、了解电子商务，推动电商扶贫；为各乡镇青年农民等举办电子商务及现代营销相关宣传培训活动10余场，讲解现代市场营销方式和渠道等。

【教育扶贫】 平安区挂职干部积极协调江苏省盐城市地方税务局青年志愿者协会，一次性向平安区爱心捐赠13万元，再由区教育局配套3万元，为上唐隆台村小学捐款实施电取暖改造项目；推动税务总局政策法规司和青海省国家税务局开展党建共建活动，通过爱心党费捐赠活动，为法台希望小学捐赠2万元，用于改造取暖设施、补足取暖用煤；联合海东市国家税务局团委、平安区团委、平安区青年志愿者协会等，举办留守儿童关爱活动，走访留守儿童关爱中心，为留守儿童疏解心结、提供温暖，捐赠文体用品等；推动落实贫困户儿童与社会爱心人士“一对一”结对帮扶、为小学生发放校服120套，资助贫困生12人。

【文化扶贫】 2016年，民和县挂职干部带领县政府有关部门，对22个乡镇125个贫困村、13个后进村的群众文化活动和农民健身广场建设情况进行实地调研，推进文化广场建设。协调完成33个村的38个文化广场、7个戏台的修建、资金拨付等工作。民和县挂职干部协助有关部门开展群众文化和文化下乡扶贫演出活动，先后组织完成3场次下乡演出、民和县庆30周年开幕式文艺演出和系列文体活动。推动桃花源3A级景区品牌提档升级工作，指导有关部门积极培育农家乐、农家宾馆。

【公益扶贫】 驻村“第一书记”通过沟通协调，与江苏省苏州市“汤妈妈慈善救助中心”平台对接，在大库土村开展“脱贫从娃娃抓起”行动，让大库土与苏州市、上海市中小学生“手拉手”，培养贫困儿童感恩父母、感恩国家、感恩社会的品质；协调公益慈善机构送温暖，捐赠新羽绒服113件、旧衣物和生活用品。

【基础设施建设】 配合青海省“高原美丽乡村”建设，针对农村、学校、医院、街道等一些公共区域照明设施严重匮乏的现状，在民和县直接投入专项扶贫资金197.5万元，为当地购置安装新型太阳能路灯，并在县政府配合下，配套硬化部分农村文化广场地面，安装体育健身器材，改善农村基础设施，丰富群众文化生活。

【劳务输出】 大库土村“第一书记”结合村情民情，提出“打工脱贫、项目致富”两步走的致富思路。先鼓励村民“走出去”，通过打工积累资金和经验，形成一定积累后再回乡发展适合项目致富奔小康。制定《鼓励村民外出打工六条措施》，对外出务工人员进行专门培训，确保有外出务工意愿的劳动力全部参加职业技能培训。全年共指导安排贫困户就业11人。

【易地扶贫搬迁】 税务总局直接投入专项帮扶资金200万元用于平安区易地扶贫搬迁项目，平安区挂职干部协调争取地方财政配套资金100万元，联合推动平安区重点贫困村——石灰窑回族乡上法台村实施易地搬迁脱贫一期工程，为86户贫困搬迁户（含52户建档立卡贫困户、4户危房改造户）实施新建院落围墙大门建设项目。

（国家税务总局机关党委　檀英坡）

国家质量监督检验检疫总局定点扶贫

【概述】 2016年，国家质量监督检验检疫总局（以下简称“质检总局”）继续做好定点帮扶甘肃省礼县和河南省民权县工作。健全完善组织机构，由质检总局副局长梅克保任扶贫工作领导小组组长，加强对定点扶贫工作的指导，形成扶贫攻坚合力，全年完成劳务培训3期89人次、公共卫生知识培训1期236人次，直接投入资金250万元，帮助引进各类资金272.64万元，帮助开展10个扶贫项目。

【扶贫资金投入】 2016年质检总局对定点扶贫县直接投入资金250万元，帮助引进各类资金272.64万元，帮助开展10个扶贫项目。直接投入资金中，用于水电路气房等基础设施项目资金110万元，用于产业扶贫资金70万元，用于文化教育资金20万元，50万元专门用于礼县贫困村标准化卫生室建设。

【扶贫调研】 2016年，质检总局副局长吴清海、张沁荣分别赴礼县、民权县开展扶贫调研，落实中央要求，提出从质检工作角度参与定点扶贫县经济社会发展，继续给予贫困县支持帮扶。总局各司局、各直属单位积极参与调研和定点扶贫工作。

【扶贫规划】 质检总局印发《关于印发甘肃省礼县扶贫重点工作任务分工的通知》，从产业帮扶、教育扶贫、电子商务、卫生扶贫4个方面对重点工作进行细化深化强化，明确责任人员、完成时限和具体要求，以正式文件形式落实定点扶贫具体任务分工。

【干部挂职扶贫】 质检总局选派2名处级干部到礼县和民权县挂职扶贫，分管定点扶贫工作。挂职干部深入调研，摸索创新，加强交流，充分利用总局平台优势，把扶贫帮扶与促进地方经济发展紧紧联系起来，研究适合两县发展的新路径，扶持做大做强优势产业，搭建经济服务平台，促进外向型经济发展。

【扶贫资金管理】 2016年，质检总局继续把筹措扶贫资金作为扶贫工作的重要内容之一，印发《关于继续落实2016年定点扶贫和支援会昌资金任务的通知》，完成定点扶贫经费筹集任务。2016年底，对2016年扶贫资金进行专项审计，规范扶贫资金的使用。

【产业扶贫】 扶持礼县苹果和大黄产业发展，帮助有关苹果企业开展生态原产地产品保护工作，截至2016年底，共有4

个品牌通过质检总局评定；协调国内大型水果出口商与礼县企业进行对接，帮助企业开拓国外高端市场，提升礼县苹果的价值和果农收入；帮助礼县开展出口中药材（大黄）质量安全示范区建设，帮助龙头企业鑫晟源生物科技开发有限公司开展礼县大黄生态原产地保护工作；协调甘肃省质监局及相关院校、科研院所、中医药专家等帮助开展大黄相关标准制定及产品开发，推进礼县大黄的品牌建设和产业发展。

帮助民权县出口水果蔬菜质量安全示范区提质增效，支持果园、蔬菜、食用菌基地、农产品加工企业进行出口注册备案，支持 HACCP 认证、GAP 认证的出口食品农产品备案企业入驻“同线同标同质”公共服务平台。组织相关专业人员和技术专家在农产品种养殖过程、国际农业发展趋势、国外技术标准、质量安全控制等方面进行授课，解决食品农产品生产过程中的难题，提升农民、合作社的技术水平和管理能力，不断提升出口食品、农产品质量安全示范区的“含金量”“硬实力”。

【电商扶贫】 帮助协调有关资源，鼓励引导电商企业开辟特色农产品网上销售平台，提升贫困户利用电子商务创业增收的能力。支持建立礼县和民权县特色产品线上线下销售平台，推动在电商平台首页设置生态原产地产品专栏，免收流量费和广告费，为生态原产地产品扩大销路、提高知名度，打造品牌。

【旅游扶贫】 着力打造礼县先秦文化、三国文化等旅游项目，建立文化旅游品牌，策划、帮助礼县出版旅游系列图书《走向大秦帝国》连环画，为礼县岐山武侯祠配备售票机、讲解器、对讲机等设备，发挥旅游产业带动效应，弘扬礼县文化，扶持礼县旅游。

【科技扶贫】 做好民权县国家级制冷设备知名品牌创建示范区验收筹备工作，协调国家认证认可监督管理委员会派出 CNAS 和 CMA 专家认证组对国家冷冻冷藏设备质量检验中心的实验室进行认证，现已获得 CNAS 和 CMA 认证；质检总局知名品牌创建示范区验收组专家对民权产业聚集区筹建“国家级制冷设备知名品牌创建示范区”进行现场考核验收，已验收通过；与浙江大学能源学院进行对接，探索人才合作模式，推进检验中心的人才队伍建设和培养工作。

【扶贫培训】 在礼县举办主题为“建设健康礼县、助推精准扶贫”公共卫生知识培训班，对县乡各医疗卫生计生机构负责人、部分医务人员、各基层医疗机构公共卫生专干等共 236 人进行培训，提升农村基层卫生从业人员的公共卫生知识水平。组织民权县农牧局、园艺局和商丘检验检疫局民权办事处负责同志赴四川省蒲江县学习交流，组织民权县工商和质量技术监督局、商务局工作人员赴重庆学习交流，通过实地调研开阔扶贫县干部视野，拓宽工作思路，为进一步做好扶贫工作打好基础。

【教育扶贫】 质检总局直接投资10万元为礼县2所小学整修了校舍，向2所小学捐赠30台电脑，为8所小学配备10套远程多媒体教学设备，为1所小学配备60套符合健康要求的可调节课桌椅并捐赠若干文体用品。

为民权县褚庙乡王庄小学218名学生捐赠学习用品，并在王桥乡赵庄小学设立3万元的“质检自强”助学基金，解决学校中部分困难家庭学生的生活问题，激励学习成绩优秀同学。

协调重庆出入境检验检疫局、检验检疫科学研究院为礼县投资18.64万元，捐赠远程教学系统10套、课桌椅60套、电脑20台；协调江苏出入境检验检疫局、北京出入境检验检疫局为礼县捐赠衣物5000多件，书包、文具盒各100个，笔记本4000本，书籍40本；协调中国扶贫开发协会向陇南市捐赠智慧校园管理平台和设备。为两县的部分学校引进远程教学系统，配置计算机设备以及搭建远程管理平台，并继续推广远程教学应用。

【健康扶贫】 2016年，质检总局为礼县新增50万元扶贫资金，用于建设贫困村卫生室。组织系统30家单位及卫生专家赴礼县实地调研，组织当地医疗干部进行公共卫生知识培训，为10多万建档立卡贫困人口提供基本卫生服务，2016年配备了第一批50个贫困村标准化卫生室，投资70万元为礼县援助建设2座村民综合服务中心，已完成项目主体施工。

（国家质量监督检验检疫总局扶贫办 易思岑）

国家食品药品监督管理总局定点扶贫

【概述】 国家食品药品监督管理总局（以下简称“食品药品监管总局”）定点帮扶安徽省临泉县和砀山县。召开食品药品监管总局定点扶贫工作座谈会，组织20余家食品、药品和医疗器械企业进行调研考察，组织培训班25期，参训91人次，选派6名干部挂职扶贫，捐赠医疗、农业等各类图书2380册，为两县落实中央转移补助资金各200万元，支持两县脱贫攻坚工作。

【扶贫调研】 2016年1月，食品药品监管总局负责同志赴临泉县和砀山县调研，深入两县农村、产业园区与基层监管所，看望慰问贫困群众和干部职工，实地考察扶贫项目，并分别在两县召开座谈会，听取当地扶贫工作汇报，征求进一步做好定点扶贫工作的意见和建议。食品药品监管总局提出结合部门职能优势和贫困地区实际，积极创新产业扶贫模式，助推临泉和砀山两县做好“农业”与“水果”产业两篇文章。同时，加大智力支持、技术服务以及信息与政策指导，将产业发展与贫困户脱贫紧密联系，突出帮扶困难群众，做到因村施策、因人施策，确保精准扶贫精准脱贫。

【扶贫会议】 2016年12月，食品药品监管总局组织有关司局、直属单位、临泉和砀山两县有关人员召开定点扶贫工作座谈会，总结定点扶贫工作情况，听取两县经济社会发展、扶贫开发及食品药品监管工作汇报，商讨推动两县扶贫工作的具体措施。同时，与20多家食品药品企业代表进行座谈，听取企业意见和建议，进一步挖掘行业资源，探索搭建产业扶贫平台，鼓励企业积极承担社会责任，充分发挥企业资金、技术、市场、管理等优势，引导企业优先在两县投资兴业、培训技能、吸纳就业、捐资助贫等。

【产业扶贫】 组织中央电视台、人民网、新华网等10家中央主流媒体，开展“走基层”活动，宣传砀山水果，提高砀山水果在全国的知名度，带动提升当地水果的电商平台销售量。砀山水果电商销售额达24亿元，是2015年全年销售额的2倍。食品药品监管总局、国家中药品种保护审评委员会组织中国保健协会、中国营养保健食品协会、农夫山泉股份有限公司等单位到砀山县考察，指导以砀山酥梨为主要原料的保健食品和食品深加工产品的研发。四川省食品药品监督管理局联系新希望集团有限公司，与临泉县对接，探讨开展合作解决粮食“出口”问题，支持临泉县发展农业。助推临泉县医药产业发展，帮助引进总投资 5 亿元的投资项目；协调桂林三金药业股份有限公司、亳州等地企业代表团到临泉县考察生姜及中药材种植、经营项目。强化两县食品药品监管，将两县作为基层食品药品监管工作的调研基地和试验基地，努力打造基层监管示范县，切实提升两县食品药品监管水平，为当地产业发展创造良好条件。

【干部挂职扶贫】 2016 年，食品药品监管总局共选派 6 名干部到两县挂职锻炼，帮助地方脱贫攻坚。在临泉县，挂职干部帮助引进安徽弘润药业有限公司投资落地，并为企业筹建提供政策法规等咨询；协调支持临泉县政府带领企业团队到安徽省蒙城县调研；指导和帮助安徽永生堂药业有限责任公司开展仿制药一致性评价工作，到北京市、安徽省霍山县和金寨县等地洽谈合作。在砀山县，挂职干部积极联系香港金日投资集团有限公司、杭州娃哈哈集团有限公司等企业与本地企业合作，开发以梨为原料的保健食品；协助安徽宇宁生物科技有限公司成功在创业板挂牌上市；帮助联系北京福农食品有限公司等到砀山考察，帮助外销黄桃和砀山酥梨 600 吨；争取中国中药协会和相关中药种植加工企业来砀山指导，初步明确了在梨树树干上种植铁皮石斛，树下种植紫花地丁等立体集约发展模式。

【示范县创建】 食品药品监管总局协调农业部将砀山县列为全国农产品质量安全示范县试点单位，同时要求安徽省食品药品监督管理局帮助临泉县积极创建省级食品安全示范县。通过示范县创建，积极打造两县绿色、无公害农副产品品牌，助推当地实施农业脱贫。

（国家食品药品监督管理总局
刘文臣　卢强强）

国家安全监管总局定点扶贫

【概述】 2016年，国家安全监管总局定点帮扶山西省阳高县、广灵县。认真贯彻落实中央扶贫开发工作会议、中央定点扶贫工作会议精神，按照国务院扶贫办的统一部署，在深入调研的基础上，从两县各选取2个基础最为薄弱、贫困问题最为突出且距离相近的建档立卡贫困村，因户施策、因人施策，集中资金、技术、信息、政策等进行精准滴灌，从农田水利设施改善、特色项目扶持、特色产业培育等方面进行集中攻坚，投入资金979万元。

【扶贫资金投入】 2016年，国家安全监管总局共投入资金979万元用于定点扶贫，其中，直接投入资金403万元，协调投入资金576万元。690万元用于贫困县建设蔬菜大棚，280万元用于贫困县水利基础设施建设，9万元用于走访慰问贫困县特困户。

【扶贫调研】 2016年4月，国家安全监管总局主要领导率领工作组深入阳高县、广灵县调研，研究确定了精准扶贫“四个结合”（即坚持重点突破与全面推进相结合，帮助啃掉一批“硬骨头”，着力激发和振奋信心；坚持立足当前与着眼长远相结合，增强贫困村集体实力，着力提高内生动力；坚持行政手段与市场机制相结合，突出问题导向，着力破解“等靠要”问题；坚持外部帮扶与自身努力相结合，找准工作定位，着力形成合力）的工作思路，并会同当地党委政府研究制定精准扶贫工作方案。赴定点扶贫县开展精准扶贫专题调研，实地调研精准扶贫项目落实情况，并与贫困县党委、政府座谈交流，研究提出精准扶贫工作思路和工作计划。

【干部挂职扶贫】 国家安全监管总局向贫困县派出3名处级干部挂职扶贫，分别担任阳高县副县长、广灵县副县长、阳高县狮子屯乡后营村“第一书记”。在做好定点扶贫工作的同时，按照分工，挂职扶贫干部分别配合当地政府主要负责同志分管阳高县工业经济、扶贫和招商引资工作，广灵县扶贫、安全生产和招商引资工作，阳高县狮子屯乡后营村党建和扶贫等方面工作。

【扶贫慰问】 春节前，投入9万元走访慰问贫困县特困户，组织国家安全监管总局书法协会会员并邀请中央国家机关书法协会书法家为贫困户写春联2000多幅，受到当地群众的欢迎。

【产业扶贫】 采取“合作社+农户”

“企业+基地+农户”的模式，直接投入400万元，协调当地企业投入290万元，集中建设38个蔬菜大棚。广灵县的18个高标准蔬菜大棚建成并投入使用。阳高县一次性以5000元/亩的价格流转土地50亩作为蔬菜大棚用地（含预留发展土地）。协调相关部门帮助广灵县长青新能源（秸秆）发电有限公司落实国家相关政策。

【基础设施建设】 协调山西省水利厅投入280万元，用于贫困村水利基础设施建设。在广灵县作疃乡平城南堡村和曹窑村附近整修洪水干渠2条共6.8千米，支渠8条共5.2千米，恢复灌溉面积1.26万亩，7个村2000户7000多人受益。为阳高县狮子屯乡后营村和侯官屯村新打120米深机井3眼，为5眼机井配套水泵、变压器、管道、机房、渗水井等设施，新增水浇地1150亩，建档立卡贫困户户均新增水浇地近5亩。

（国家安全监管总局办公厅
刘翔君）

国家知识产权局定点扶贫

【概述】 2016年，国家知识产权局(以下简称“知识产权局”)定点扶贫湖南省桑植县和河北省张家口市崇礼区，认真贯彻落实中共中央总书记习近平系列重要讲话精神和中央扶贫开发工作会议精神，遵循“真扶贫，扶真贫”的工作方针，充分发挥知识产权人才优势、技术优势和信息优势，强化组织领导、加大资金投入、选派优秀后备干部挂职，坚持因地制宜、因需施策，把整村推进、基础设施建设、产业扶贫、科技扶贫、教育扶贫、信息扶贫和引进社会资金扶贫有机结合，变“输血式”扶贫为“造血式”扶贫，扎实开展精准扶贫、精准脱贫战略，最大限度地提升当地群众脱贫致富和后续发展能力。通过拓思路、解难题、引资金、扶产业、办实事、惠民生，直接投入资金和电脑、图书等物资折款394万元，积极协调帮助引进资金190万元，选派挂职干部6名，实施扶贫项目15个，为定点扶贫县经济社会发展做出应有的贡献。

【扶贫资金投入】 2016年，知识产权局在桑植县直接投入252万元，包括扶贫经费132万元和物资折款120万元。其中，用于基础设施建设100万元、产业开发20万元、文化教育121.5万元、人力资源培训7万元、赈灾救济送温暖3.5万元。此外，通过积极协调争取帮助桑植县引进资金127.5万元。在张家口市崇礼区直接投入142万元，包括扶贫经费127万元和物资折款15万元。其中，用于基础设施建设79.5万元、产业开发20万元、文化教育36.5万元、人力资源培训5万元、赈灾救济送温暖1万元。此外，通过积极协调争取帮助张家口市崇礼区引进资金62.5万元。

【扶贫资金管理】 修订完善和严格执行《国家知识产权局扶贫经费管理须知(试行)》，强化对扶贫经费使用精准性、管理规范性、项目安排公开性、监督检查及时性的管理指导。探索实行“先垫资，后验收，最后支付款项”的扶贫经费管理模式，确保资金投入价值和项目建设品质取得实效。扶贫项目立项前，扶贫工作组多次深入县、乡、村征求群众意见，充分考察论证，会同当地乡镇政府提出项目和经费预算计划，报知识产权局扶贫领导小组会议研究审批。扶贫项目审核批准后，扶贫工作组与项目申报方起草项目协议书，并经知识产权局财务部门及时审核后由扶贫工作组与项目申报方正式签订协议书。签订协议书后，由项目申报方先行垫付全部资金并组织实施项目，扶贫工作组以协议内容为依据对组织实施项目的单位进行监督检查。项目完成后，由扶贫工作组出具项目合格验收报告。知识产权局财务部门审核项目协议书、项目相关发票、扶贫工作组验收报告无误后，支付项目申报方相应扶贫项目经费。

【扶贫调研】 2016 年 3 月，知识产权局党组书记、局长申长雨赴张家口市崇礼区，就进一步做好定点扶贫工作进行调研。在崇礼区期间，申长雨一行先后赴高家营镇场地寄宿制小学、西湾子镇上两间房村实地调研扶贫工作，与县、乡、村等各级干部进行深入座谈，针对如何积极开展科技扶贫、教育扶贫、智力扶贫、技术扶贫等方面工作进行研讨，并代表知识产权局向高家营镇场地寄宿制小学捐赠价值 30 万元的常用办公器材。同时，赴 2022 年北京冬奥会崇礼赛区现场实地考察冬奥会基础设施建设情况，听取有关方面负责同志的介绍，就如何发挥知识产权优势助力冬奥会筹办提出具体意见和建议。9 月，专利局副局长徐聪赴张家口市崇礼区调研扶贫支教工作，检查年度扶贫项目落实情况。机关党委、通信发明审查部、化学发明审查部、中华全国专利代理人协会、机关团委等局属部门和单位，利用“两学一做”学习教育、主题联学、党日活动、访贫问苦活动、青年国情教育实践活动等平台，赴桑植县和张家口市崇礼区开展各项扶贫调研，既为贫困地区群众改善生产生活条件出主意、想办法，又在实践活动中了解国情、受到教育。2016 年，赴定点扶贫县参与扶贫调研实践活动共计 240 人次。

【扶贫会议】 为强化对定点扶贫工作的组织领导，知识产权局扶贫领导小组定期召开专题会议，学习传达中央扶贫政策方针、听取扶贫挂职干部工作会议、审议年度扶贫项目、研究定点扶贫新办法新举措等。2016 年 2 月，知识产权局召开扶贫挂职干部欢迎欢送会，局党组成员、副局长廖涛及专利局副局长徐聪出席。会议欢送欢迎新老两届扶贫挂职干部，就如何扎实开展精准扶贫、精准脱贫，完成年度定点扶贫工作任务进行部署安排。

【扶贫培训】 委托桑植县经济信息和科学技术局、张家口市崇礼区科技局举办专利技术培训班 4 期，就专利技术如何转化和应用于精准扶贫进行专题培训。2016 年 6 月，在张家口市崇礼区举办畜牧养殖技术、蔬菜大棚职业病预防、农业产业种植技术培训 3 期，覆盖 200 余户种植养殖专业技术人员和贫困户。10 月，在桑植县廖家村镇二户田村举办蜜蜂养殖技术培训班 2 期，并组织贫困群众 60 余人赴桑植县黄鳝、台鳅养殖基地学习培训。

【干部挂职扶贫】 2016 年 2 月，知识产权局人事司、专利局人事教育部选拔确定 5 名扶贫挂职干部，分别挂职担任定点扶贫县县委常委、副区长、县委办副主任、政府办副主任、教育局副局长等职，同时选派1名科级干部担任桑植县廖家村镇二户田村“第一书记”。

【扶贫宣传】 充分利用《中国知识产权报》等报刊平台发布新闻和通讯报道4篇，宣传报道知识产权局开展精准扶贫和社会扶贫的成果做法。2016年4月，广泛开展“4·26”知识产权系列宣传活动，树立起通过创造和运用知识产权推动产业扶贫、绿色发展的理念，增强企业和群众的知识产权申请和保护意识，为充分运用科技和知识产权致富奠定基础。9月，组织扶贫挂职干部、团员青年代表举办扶贫工作青年主题沙龙，强化扶贫宣传力度，引导和鼓励全局青年参与扶贫工作、关注扶贫事业。10月，结合知识产权局及定点扶贫县实际，开展第三个“扶贫日”宣传活动，充分运用当地电台电视台等媒体，宣传报道扶贫政策要求和设立“扶贫日”的重要意义，营造扶贫济困的社会氛围，广泛募集资金和实物，实地走访慰问送温暖献爱心。

【协调社会各界扶贫】 充分发挥知识产权优势，积极挖掘社会资源和社会资金参与定点扶贫。联合中国青少年发展基金会、九阳股份有限公司出资100万元在桑植县和张家口市崇礼区15所中小学校定向援建“九阳希望厨房”，直接受益学生约7000余人。协调北京三聚阳光知识产权代理有限公司出资16.3万元支持援建张家口市崇礼区清三营乡寄宿制小学澡堂建设工程。协调北京三友知识产权代理有限公司出资23万元向廖家村镇中心小学捐赠612套校服、500套过冬棉服和学生食堂厨具。协调北京尚诚知识产权代理有限公司出资10.8万元支持援建了桑植县廖家村镇二户田村麻利溪桥改造工程。协调北京戈程知识产权代理有限公司出资10.6万元对桑植县廖家村镇二户田村35名贫困学生进行为期三个学期的生活费用资助。协调北京市金杜律师事务所等6家共同出资12.7万元支持援建桑植县廖家村镇二户田村胜利桥改造工程。通过多方筹措，向桑植县电商平台、中小学捐赠110台电脑，用于桑植县电商发展硬件设备添置和中小学电脑教室设立，进一步强化对桑植县农副产品销售和教育事业发展的支持。协调9万元在桑植县开展知识产权和专利成果转化项目，支持桑植县知识产权强县工程试点县建设。积极联系蔬菜批发市场、超市酒店、电商平台等大宗用户到张家口市崇礼区收购蔬菜，帮助当地群众有效解决蔬菜销售问题。

【整村推进】 按照国家“整村推进”的目标要求，知识产权局在桑植县和张家口市崇礼区以点带面积极开展帮扶工作。围绕村民反映最为集中和强烈的乡村道路拓宽和硬化、缺乏村部和卫生室等活动场所、人畜安全饮水设施建设、乡村居住环境改善等实际困难，切实改善贫困群众基本生产生活条件。统筹协调100万元扶贫资金参与实施桑植县廖家村镇二户田村村组道路硬化项目，彻底解决村属9个小组、

228户、1094人的出行不便问题。采取以奖代补、“合作社+农户+基地”经营体系等措施，在桑植县廖家村镇二户田村扶持蜜蜂养殖产业，促使40户贫困群众每年增收3000元。在张家口市崇礼区重点帮扶村西湾子镇上两间房村和瓦窑村实施田间道路硬化和排水水渠项目、配套机井项目等6个项目，有力解决定点帮扶村蔬菜大棚的节水灌溉问题，节约成本、壮大蔬菜产业规模，切实提高贫困户收入。

（国家知识产权局扶贫办公室
刘来宾）

国家宗教事务局定点扶贫

【概述】 2016年，国家宗教事务局（以下简称“国家宗教局”）定点帮扶贵州省三都水族自治县（以下简称“三都县”）。为做好定点帮扶工作，国家宗教局成立以局长王作安为组长的扶贫开发领导小组，并派遣2名正处级干部到三都县挂职。国家宗教局各党组成员均分别带队，多次赴三都县展开前期调研、慰问活动。在和三都县进行充分协商的基础上，制定《国家宗教事务局定点扶贫工作规划（2016—2010年）》，明确了工作任务、工作原则、进度安排和相关组织保障措施。

2016年，国家宗教局依靠自身力量，安排组织三都县帮扶项目10项，涵盖全县教育、卫生医疗、易地搬迁、产业开发、文化旅游及贫困户精准帮扶等多个领域。为三都县党政干部举办脱贫政策专题培训班，三都县60余人参训。组织少数民族干部群众赴江苏、福建等经济发达省区参观学习，支持三都县将水族文化和信仰研究列入国家宗教局研究中心年度招标课题并给予经费支持，支持三都县举办教职人员培训和宗教干部培训工作，出版《中国宗教三都专刊》。在三都县夏季洪涝灾害期间，组织全局干部职工为受困群众捐款捐物，奉献关爱。共完成党政干部培训60人次、少数民族群众致富带头人培训500余人次、长（短）期职业技术人员培训20人。2016年共引进资金2086万元，帮扶项目48项。其中教育扶持项目20个，基础设施建设项目11个，人才培训4个，医疗卫生3个，产业援建项目2个，书籍出版、访贫问苦等项目8个。

【扶贫资金投入】 2016年，国家宗教局及全国宗教工作系统和宗教界为三都县扶贫、救济、教育、文化、卫生等公益性事业无偿捐赠资金共计2349.73万元，其中国家宗教局直接投入262.95万元，宗教工作系统及宗教界投入2086.78万元，涉及帮扶项目48项。此外，宗教界直接在三都县开展了扶贫济困、人才培训等项目10余项。

【扶贫调研】 2016年，国家宗教局局长王作安率中国佛教协会、中国道教协会、中国伊斯兰教协会、中国天主教“一会一团”、中国基督教全国两会、中华基督教青年会女青年会全国协会负责人，深入三都扶贫调研，走访慰问困难群众。调研组重点了解农村群众的生活生产，当地留守儿童义务教育普及情况及学校教育教学和建设，农村医疗卫生条件和群众就医中存在的困难，民族文化传承保护等情况。座谈会后，国家宗教局、各全国性宗教团体和中华基督教青年会女青年会全国协会与三都县政府签署定点帮扶脱贫攻坚协议，并举行“全国宗教界公益慈善实践基地”揭牌仪式。此次协议确定将实施一批扶贫项目，涉及产业发展、基础设施、民生保障、助学助困等领域，总计投入2009万元。

【扶贫规划】 为贯彻落实中央扶贫开发工作会议和中央单位定点扶贫工作会议精神，统筹做好帮扶工作，国家宗教局研究制定《国家宗教事务局定点扶贫工作规划（2016—2020年）》。

【扶贫制度建设】 在国家宗教局的督促指导下，三都县制定了“四个一”的工作机制，即一个本子：宗教界帮扶的项目及规划；一个口子：全部扶贫资金统一进入县扶贫开发局账户统一汇总，按项目实施情况下拨；一块牌子：重点示范项目由县政府统一颁发“宗教界参与三都脱贫攻坚示范工程”牌子；一个班子：制定《三都县宗教扶贫资金管理办法》及成立宗教扶贫工作领导小组，加强制度规范和组织领导，促进帮扶工作更加规范有序。

【扶贫培训】 2016年3月，国家宗教局在北京市举办了专题培训班。围绕“十三五”时期民族地区的发展规划、小城镇建设规划、山区特色农业现代化、乡村旅游政策项目以及《中共中央 国务院关于打赢脱贫攻坚战的决定》解读等主题为培训班授课，并安排实地考察高新农业、乡村旅游、电子商务项目和宗教活动场所。三都县党政干部共60余人参加了培训。

6月，国家宗教局在贵州省贵阳市举办第四期公益慈善培训班，学习贯彻全国宗教工作会议精神和《中华人民共和国慈善法》，提高宗教界依法依规开展公益慈善活动的能力和水平，引导宗教界将扶贫作为今后公益慈善的重点，参与帮扶贵州省三都县的脱贫攻坚工作。来自全国的宗教工作干部、宗教界人士，以及各全国性宗教团体工作人员共160人参加培训。

【干部挂职扶贫】 国家宗教局先后派出2名处级干部到三都县挂职扶贫，分别担任三都县委副书记和县扶贫工作委员会副主任、周覃新区党工委书记，县人民政府副县长和拉揽村“第一书记”职务。挂职干部明确工作职责，将贯彻落实中央要求和部门扶贫职责作为工作遵循，履职尽责，为沟通好中央机关、宗教界和帮扶地区需求，扎实工作；广泛开展调研，帮助地方制定脱贫工作规划，并具体负责分管领域、分管乡镇的脱贫攻坚工作；引导联络全国宗教界参与三都脱贫攻坚工作，组织带领当地少数民族干部群众赴各地学习参观。

【扶贫慰问】 2016年，国家宗教局组织全国宗教界为三都奉献爱心、捐款捐物。全年捐助各项慰问金总计37万元。春节、水族端节以及“六一”儿童节前夕，国家宗教局分别委托三都县挂职干部开展节日慰问活动，共慰问困难群众100户、贫困学生20名。7月，三都县受暴雨袭击，国家宗教局组织局机关、直属单位干部职工和在北京的全国性宗教团体为三都县洪涝灾害受灾群众捐款。

【扶贫宣传】 国家宗教局组织各全国性宗教团体联合向全国宗教界发出《善心善行携手并进——五大宗教参与三都县精准扶贫倡议书》，号召动员全国宗教界力量，聚焦三都、合力帮扶。为推动学习中央关于扶贫工作的精神要求和政策部署，集中宣传和交流动扶贫工作，国家宗教局网站开设“扶贫工作”专栏。专栏设“要闻”“政策”“动态”等栏目，分别转载中央领导有关扶贫工作的重要指示和要求、转发中央关于扶贫工作的重要政策文件、发布国家宗教局扶贫工作动态以及宗教工作系统、宗教界开展扶贫活动情况等。2016年共登载有关三都县的扶贫信息及文章100余篇，为充分宣传党的扶贫政策、宗教界的扶贫成果、促进各地交流合作，发挥了重要作用。

此外，《中国宗教》杂志出版“三都扶贫专刊”，广泛宣传三都县县情近况和脱贫攻坚成果。开设“扶贫工作论坛”，每期登载有关三都县帮扶工作的文章。

【扶贫资金管理】 在《国家宗教事务局定点扶贫工作规划（2016—2010年）》中，对扶贫资金和项目管理的要求做了原则性规定。为加大项目效益的监测力度，国家宗教局在各次会议中，均将扶贫资金的管理、使用和监管问题作为会议内容，明确提出要求，听取汇报。经国家宗教局批准，三都县制定《三都县宗教扶贫资金管理办法》，成立宗教扶贫工作领导小组，加强制度规范和组织领导，促进帮扶工作更加规范有序。三都县扶贫工作领导小组专门建立项目库和项目卡管理办法，确保资金使用规范。定期对资金使用和项目落实情况进行督查，强化监督检查，查处挤占挪用、截留缓发等情况。每年年终，按国家宗教局要求，三都县将项目落实情况、资金使用情况等专函报局扶贫工作领导小组办公室，由办公室统一审核查验，并引发各宗教团体公示，主动接受社会监督。

【产业扶贫】 2016年，共实施产业帮扶项目5个，资金共计460万，受益困难群众400余人。“放飞希望——生态鸽养殖产业”是三都县脱贫攻坚的主导产业，也是国家宗教局帮扶的重点产业之一，国家宗教局号召中国天主教“一会一团”、中国伊斯兰教协会、中国道教协会和江西、江苏等地宗教慈善组织，分别向这一产业捐赠170万元，解决了120户贫困户的产业养殖成本。此外，还向拉揽村香猪养殖产业投入100万元，竹编产业投入100万元，水晶葡萄种植产业投入60万元。为支持三都养老产业发展，中华基督教青年会女青年会全国协会利用自身优势，为三都县举办“养老护理员国家职业资格培训班”，22名学员赴杭州市参加为期11天的培训，并考取国家级资格证书。培训班后，在青年会的帮助和指导下，三都县制定《三都县水族自治县养老服务体系“十三五”发展规划》，并与中华基督教青年会女青年会全国协会合作，在2016—2020年内，开展多项产业培训，为三都县培养一批养老工作的讲师、骨干、项目负责人等中坚力量，以点带面，辐射于整个县城，不断扩大受益群体，协助当地有效应对老龄化的瓶颈问题，促进养老理念及养老事业结构的改变，推动经济社会发展。

【公益扶贫】 为号召动员广大宗教界广泛参与三都脱贫攻坚工作，国家宗教局多次组织召开全国性的宗教界参与扶贫济困情况座谈会、推进落实扶贫项目座谈会等，推动扶贫举措的落实。为了进一步提升帮扶水平和帮扶效果，国家宗教局经广泛征求各全国性宗教团体的宗教领袖们的意见后，将三都县命名为“全国宗教界公益慈善实践基地”。各全国性宗教团体和中华基督教青年会女青年会全国协会与三都县人民政府签署帮扶协议资金共计2009万元，涉及项目30余项。其中，中国佛协帮扶项目9个；中国道协帮扶项目5个；中国伊协帮扶项目1个；基督教全国两会帮扶项目5个；中国天主教“一会一团”帮扶项目2个；中华基督教青年会女青年会帮扶项目1个。此外，江苏、贵州、北京、重庆、天津、江西、山东、河南等省（市）以及中国澳门、中国台湾等境外宗教慈善组织自发组织起来，主动对接地方政府，开展帮扶工作。

（国家宗教事务局扶贫办　李云华）

国务院参事室定点扶贫

【概述】 2016年，国务院参事室按照中央扶贫开发工作会议、中央单位定点扶贫工作会议部署，进一步采取有力措施，推动定点扶贫吉林省龙井市各项工作扎实开展。2016年主要开展了7个方面工作：一是加强组织领导。研究成立定点扶贫工作领导小组和领导小组办公室，建立完善定点扶贫工作机制，明确责任机构，研究制定规划制度。二是召开定点扶贫座谈会。会同龙井市政府研究进一步做好定点扶贫工作的若干事项。三是开展实地调研。重点围绕教育、农林、电子商务、文化旅游等开展调研，走访乡镇、贫困村、贫困户、学校、企业等，提出10余条助力发展建议和近20项具体帮扶措施。四是落实帮扶责任。多方筹措资源，采取有力措施，积极协调部委、社会组织和企业，帮助引进有关项目，落实帮扶责任。五是支持教育发展。议定签署教育合作协议，将龙井市实验小学纳入北京第二实验小学教育集团成员校，指导开办老头沟镇中学实验班，开展师资培训。通过参事协调有关教育机构，总计赠送超过20余万元的教学设备和软件，培训200余名校长教师。六是选派挂职干部和"第一书记"。2016年10月，选派处级干部挂职龙井市委常委、副市长，加强参事室扶贫工作。选派干部任驻村"第一书记"，定期听取扶贫干部的工作汇报，给予指导和支持。七是开展扶贫慰问。筹措取暖煤、大米、食用油、防寒衣等物资，慰问30户特困人口和160余户贫困人口。另外，组织开展扶贫征文活动，打造良好的舆论氛围，合力脱贫攻坚。

【扶贫资金投入】 国务院参事室严格按照中央国家机关有关财政规定，积极研究、落实扶贫资金的投入。发挥自身优势，除本单位帮扶投入资金以外，协调推进中央及地方有关项目及资金的落实，多方面、多渠道争取筹措帮扶资金。截至2016年底，已累计投入30万元调研联系点建设经费，用于调研走访、扶贫纾困等。

【扶贫工作会议】 2016年7月，国务院参事室党组成员、副主任赵冰主持召开参事室定点扶贫吉林省龙井市座谈会，学习贯彻习近平总书记扶贫开发重要战略思想，研究进一步做好定点扶贫工作。

【扶贫机制建设】 建立完善定点扶贫工作机制，明确责任机构。一是研究成立国务院参事室定点扶贫工作领导小组，由国务院参事室党组书记、主任王仲伟任组长。二是明确工作机构和责任人，参事室机关党委作为定点扶贫工作领导小组办公室，负责具体工作。三是制定扶贫工作规划和实施方案，研究拟定国务院参事室“十三五”期间定点扶贫工作的指导思想、主要目标、组织领导、对口支持主要工作和工作要求，并积极推动各项工作落实。

【扶贫调研】 2016年3月，由时任参事室副主任、机关党委书记方宁带队，组织国务院参事、国务院参事室特约研究员及机关有关部门负责同志等赴龙井市，重点围绕教育、农林、电子商务、文化旅游等项目开展调研。累计走访6个乡镇、10多个贫困村、5家贫困户低保户、8家学校、18个文化点、20余家企业等，全面了解龙井市经济社会发展和扶贫开发工作情况，提出10余项助力发展的建议和近20项具体帮扶措施。

【产业扶贫】 国务院参事室实施“五个一批”（发展生产脱贫一批、易地搬迁脱贫一批、生态补偿脱贫一批、发展教育脱贫一批、社会保障兜底一批）和“六个精准”（扶贫对象精准、项目安排精准、资金使用精准、措施到户精准、因村派人精准、脱贫成效精准）开展产业扶贫。通过调研贫困村、贫困户，掌握贫困需求，结合地方发展现状和实际，重点发展产业经济，完善医疗保障和养老兜底，选取龙山、平安、勇成三村100人先期进入参事室2016年直接帮扶建档立卡贫困人口名单，力争“十三五”期间达到500人。由国务院参事室领导亲自牵头，对接中国人民政治协商会议全国委员会、商务部、国家能源局、国家开发银行、国家文物局、友成企业家扶贫基金会、北京京东世纪贸易有限公司等机构，牵线搭桥，在科技农业、电子商务、光伏扶贫、扶贫贷款、文物保护、培训教育等领域，积极推进扶贫项目，帮扶发展相关产业。帮助指导编制《龙井市“十三五”电子商务规划》《龙井市旅游发展规划纲要与行动方案》《龙井市“十三五”旅游规划重点任务推进表》等，帮助龙井市整合包装节庆活动打造特色节庆品牌，帮助协调提升文化项目“非遗”级别事宜，以及对加大发展特色农业等方面提供智力支持。

【教育扶贫】 为支持龙井市教育事业发展，2016年4月，时任国务院参事室副主任、机关党委书记方宁主持召开定点扶贫吉林龙井教育合作协调会议，会议议定了签署教育合作协议、明确实施教育扶贫项目负责人、三年精准帮扶计划等有关事项，国务院参事汤敏、李烈等参加会议并承担教育扶贫有关任务。龙井市与北京第二实验小学签订了教育扶贫合作协议，将龙井市实验小学纳入北京第二实验小学教育集团成员校，分享北京第二实验小学及教育集团内资源。

5月，按照教育合作协议协调有关机构，对龙井市150余名教师进行了培训。7月，在龙井市老头沟镇中学开办10人规模的实验班，赠送实验班每位学生“电子书包”及其软件，并进行实验指导。协调有关机构人员为龙井市150多名中小学教师组织了培训，向包括36位班主任在内的龙井市实验班师生开放1000余注册用户。在友成企业家扶贫基金会的帮助下，协调“爱学堂”等教育机构，免费向龙井师生开放多个学科优秀收费课程。为龙井实验小学捐赠并配置安装了价值20余万的集团云平台终端设备，无偿分享北京第二实验小学优质资源。9月，邀请龙井市2名教师赴北京市参加课堂教学大爱杯活动；10月，邀请龙井市1名校长参加全国小学教育专委会年会活动等；12月，邀请龙井市10名教师赴北京市参加集团校教育大奖赛活动。

【干部挂职扶贫】 2016年10月，选派彭涛到龙井市挂职市委常委、副市长，加强参事室扶贫工作。选派刘学勇到龙井市东盛涌镇龙山村任“第一书记”，参事室定期听取扶贫干部的工作汇报，给予指导和支持。“第一书记”根据中共中央精准扶贫的要求，因地制宜，一手抓党建，一手促扶贫。团结带领龙山村干部群众，通过扎实开展“两学一做”学习教育，加强基层党组织战斗堡垒建设，全面推进脱贫攻坚各项工作开展。帮助协调土地、用水、用电等，促使先期投资500多万的观光农业项目落地龙山村，带动了村民和贫困户的就业。沟通商务部、住房和城乡建设部、国家开发银行、中国建设银行、东北证券股份有限公司等机构，助力龙井市少数民族特色小镇、电商示范县、特色小镇等项目的申报实施工作。出资15万余元，联合65名贫困户成立农民合作社开展农机专业服务，购置秸秆打捆机、搂草机等农机设备，面向农民开展秸秆处理等服务；通过电子商务推广大米、泡菜、大酱等特色产品。立足村情，精准识别建档立卡贫困户，履职扶贫攻坚；购置电脑电视等一批设施，改善村部办公条件，购置反光镜减少村道交通隐患；全面完成危房改造、森林防火和防汛救灾等重大事项。2016年台风期间转送共青团龙井市委员会1000元爱心善款；筹措取暖煤、大米、豆油、防寒衣等物资，于春节前夕联合包保单位慰问特困户。

【扶贫慰问】 国务院参事室在龙山村开展慰问送温暖活动。联合协调包保单位，筹措取暖煤、大米、食用油、防寒衣被等物资，重点慰问了30户特困人口，向160余户贫困户送温暖。

【扶贫日活动】 为全面展示学习中共中央总书记习近平关于扶贫开发重要论述的理论和实践成果，深刻领会习近平总书记扶贫开发战略思想，国务院参事室在2016年10月第三个“扶贫日”期间，组织举办“学习习近平总书记关于扶贫开发重要论述”征文活动，面向机关及所属单位广大党员干部征文，进一步凝心聚力，打造良好的舆论氛围，合力脱贫攻坚。

（国务院参事室参事业务一司　刘学勇）

国家机关事务管理局定点扶贫

【概述】 2016年，国家机关事务管理局（以下简称“国管局”）继续定点帮扶河北省阜平县。坚持精准扶贫精准脱贫基本方略，围绕发展教育、助推电商、扶持产业、整村推进、扶危济困等工作，全力助推阜平脱贫攻坚，共协调各类物资和资金投入868万元，帮助和带动5375名贫困群众脱贫。

【扶贫资金投入】 2016年，国管局协调各类物资和资金投入共计868万元，其中直接投入128万元，协调社会力量援助740万元，引进投资1000万元。

【扶贫调研】 2016年9月，国管局党组书记、局长李宝荣带队前往阜平调研推进定点帮扶工作，走村入户，察实情、出实招、求实效，与当地干部群众共商脱贫攻坚大计、共谋美好发展前景。2016年1月，时任国管局党组成员、办公室主任、扶贫工作领导小组组长王卫东带队到阜平走访慰问困难群众，调研推进定点扶贫工作。7月，国管局党组成员、副局长、扶贫工作领导小组组长尚晓汀带队到阜平走访慰问困难群众，调研推进定点扶贫工作。11月，国管局与阜平县委县政府在北京召开座谈会，国管局党组书记、局长李宝荣同阜平县委书记郝国赤、县长刘靖，就进一步深入贯彻落实中共中央、国务院决策部署，更好地推动贫困人口真实稳定脱贫、荒山整治、产业发展、美丽乡村建设以及扶贫资金使用管理、扶贫项目组织实施等问题，深入交换意见。

【扶贫工作会议】 2016年，国管局党组书记、局长李宝荣主持召开2次扶贫工作会议，传达学习中共中央总书记习近平的重要讲话和《中共中央办公厅　国务院办公厅关于印发〈脱贫攻坚督查巡查工作办法〉的通知》《中共中央办公厅　国务院办公厅关于印发〈脱贫攻坚责任制实施办法〉的通知》精神，听取局扶贫办和扶贫工作组情况汇报，研究加快推进定点帮扶阜平有关事宜。

【教育扶贫】 加强阜平县职业技术教育中心与4家车企合作，推动学生稳定就业，共有468名学生到汽车企业顶岗实习。其中，中国第一汽车集团公司65人、上海汽车集团股份有限公司92人、重庆长安汽车股份有限公司及其品牌4S店246人、比亚迪股份有限公司65人。举行梦翔汽车培训基地和“9+2”职业教育协作区成立3周年座谈会和职教扶贫成果展，协调4家车企与阜平县职业技术教育中心续签合作协议至2021年。国管局在职教中心设立300万元（每年60万元）教育扶贫奖学奖教金。协调中国第一汽车集团公司设立150万元（每年50万元）奖学奖教金，协调上海汽车集团股份有限公司提供价值34.7万元实训设备，分别举行了奖学金、奖教金颁奖仪式。

按照中央扶贫开发工作会议和中央单位定点扶贫工作会议部署要求，紧抓新型城镇化和“互联网+”发展机遇，借助京津冀协同发展、新型城镇化和生活性服务业发展契机，以有就业意愿贫困群众为帮扶对象，招生对象优先向贫困家庭倾斜，联合北京物业管理行业协会（以下简称“北物协”）与职教中心合作，协商确定了校企合作机制，确定了短训班、中期班、学历班三种培训体系，选定培训教材，协调北物协分组对23名教师开展培训，建成梦翔楼宇智能化培训基地，基地建筑面积2000多平方米，包括空调、给排水、消防等14个实训教室和1个占地13000多平方米的园林绿化实训基地，实训教室全部采用真实、可运行的楼宇设施，具备现场教学、动手实训及效能展示，能够满足学生各种实训教学需要。基地首批招收学生（员）760人（其中学历教育160人，短期培训600人），通过提升就业服务能力、促进外出务工、就地就近就业创业等方式，为贫困群众铺设了就业脱贫“快车道”。

分批选派优秀教师到汽车企业、北物协进行参观、调研和培训，邀请北京大学信息技术学院专家到校开展信息化教学培训，联系北京大学继续教育学院专家来阜平开展教育帮扶，协调丰台区职业教育中心学校与阜平职教中心合作共建电子商务专业，共同组建京津冀“互联网+”职业教育集团，邀请丰台区职业技术教育中心学校教师定期到校开展专业教学，提升教师教学水平。邀请深圳国泰安信息技术有限公司到阜平县进行考察调研，针对职教中心师资力量薄弱、专业建设后继乏力等问题，从管理机制、师资力量、校园文化等方面提出顶层设计方案，为促进学校水平整体提升打下了基础。

为光明小学捐赠价值10万元的课桌椅、黑板、计算机等物资，有效改善了学校办学条件。协调九阳股份有限公司为阜平13所九年一贯制学校和职教中心配备了价值100万元的食堂设备。

【智力扶贫】 协调北京市昌平区职业学校，组织天生桥镇和龙泉关镇的10户乡村旅游经营户到京开展专项技能培训和学习考察，组织统一订购餐具、餐桌和广告牌等用具，促进乡村旅游发展。协调县扶贫办、教育局、农业局等单位，组织专业教师送教下乡，在田间地头、瓜棚果林传授樱桃、富硒西瓜等林果种植和牛、驴等特种养殖技术；依托学校资源，组织开展手工业专业技能培训和党政干部致富带头人培训，并将重点内容做成微课，在微信群定期发布，开展网络远程指导，随时解疑释惑。全年组织开展各类培训 11000 余人次，其中种植、养殖培训 5000 余人次，手工业等专业技能培训 1200 余人次，党政干部和致富带头人素质提升培训 4800 余人次。

【电商扶贫】 协调北京京东世纪贸易有限公司与阜平县签署农产品网上销售、互联网金融、招工就业等精准扶贫战略合作协议，举办中国·阜平京东食用菌节，搭建城乡双向物流服务体系，带动阜平县域产业结构调整和优化升级。协调北京智慧社区企业与食用菌种植基地建立了“基地+电商+社区”合作机制。组建了以电商公共服务中心为依托，以企业、合作社、“一村一店”为支撑，淘宝店铺、微店等为基础的农副产品销售网络，累计孵化培育网店 710 多家，微店近 6000 家，实现了包括 164 个贫困村在内的县域行政村电商网点全覆盖，电商全网销售额达 3000 多万元，有效带动群众增收，并顺利通过了商务部组织的全国电子商务进农村综合示范项目评估，得到了较高评价。

开展电子商务和“大众创业、万众创新”培训。邀请淘宝大学电商学院、河北大学金融学院等电商企业、院校优秀讲师到阜平开展宣讲，免费对本地企业、合作社和个人开展系统性培训，普及电子商务知识，提高从业人员素质。组织电子商务协会、电子商务龙头企业开展企业电子商务应用、电子商务进农村培训。全年组织开展微商营销、物流配送、农资下乡等各类培训 70 余场，累计培训 15000 余人次。组织举办“电商助农精准扶贫年货展销会”，对优秀电商进行了表彰奖励，激发了电商企业和个人的创业积极性。

完成了电商创业园的装修和企业入驻使用。组织物流企业整合到电商服务中心，12 个乡镇全部建立物流配送中心，提高了快递速度和效率。协调河北大学在电商园设立了“互联网+”创客空间。组织整合农行惠民取款点、邮掌柜等资源，实现县域所有行政村电商网点全覆盖，惠及贫困群众 1 万人。着力打造县域品牌，加大产品研发力度，开发了 6 大类、14 个品种的新品，设计了新包装，市场反响良好。

发掘宣传电商创业带头人，采取典型带动、示范引领等促进电商产业蓬勃发展（例如北果园乡杨梦娇将传统大枣加工点转型升级，积极开发新产品，月销售额已达 5 万多元），极大地带动了群众参与电商的热情。整合农特产品资源，采取“公司+合作社+农户”，因地制宜，运用网络营销、“互联网+”线上线下融合发展；发挥电子商务服务站村级网店作用，为村民提供代购、代售、代收寄、代支付及小额金融与电商指导等服务；同时，在“一村一店”网点的带动下，推动农产品上行，加大网上推广销售力度，不断研发新产品，为农特产品提高附加值，带动农民增收致富。

【整村推进】 按照“让老年人有保障，让年轻人有收入，让孩子们有未来”的帮扶目标，实施“党建+养老+产业+教育"的"1+3"帮扶思路，实现黑崖沟村贫困人口从767人下降到145人，贫困发生率从80%下降到15%。深入推进"两学一做"主体教育，组织党员干部外出学习考察9次。设立老书记陈万昌同志纪念室。制发扶贫挂历和"第一书记"连心卡。利用微信短信平台加强政策宣传。接待村民来访来电500多人次，解决遗留问题6项。协调建成平安乡村监控系统。通过"互联网+"开展公益众筹，汇聚社会资金及物资230万元，建成175千瓦光伏养老爱心电站，可为全村240位老人每人每年增加1200元收入，20多家主流媒体予以报道关注。联系14家爱心机构开展公益助学活动21次，落实资金和物资60多万元，从教学楼、图书室、教学设施、奖学金、结对资助等方面进行全面帮扶。此外，积极宣传推广黑崖沟村，编发黑崖沟微刊200多期，累计阅读40余万人次。

【产业扶贫】 组织农业、畜牧、林业等部门编制涉农电力基础设施项目，协调国家电网公司列入了2016年的基建计划并组织实施。组织县旅游局制定《阜平县扶持旅游业发展暂行办法》《阜平县乡村旅游发展扶持奖励办法》，提请县政府研究设立旅游发展专项资金2000万元。启动《菩提湖石佛堂景区项目规划》《神仙山5A级景区总体规划》等规划编制，拟定县内主要旅游招商项目手册。协调扶贫贷款150万元，对接北京农业企业开展订单式生产，建成50亩蔬菜瓜果大棚。联系企业开展就业扶贫，实现转移就业15人。启动家庭手工业创业园建设，落实扶贫贷款30万元，建立补贴基金，实现就业50多人，年人均增收25000元。帮扶开办2户农家乐，协调推动星空餐厅建设。

【干部挂职扶贫】 国管局先后派出5名干部到阜平县挂职扶贫，其中2名处级干部先后担任县委常委、副县长，1名处级干部担任县政府党组成员、职教中心副校长，1名科级干部担任黑崖沟村"第一书记"，1名科级干部担任职教中心副校长。

【扶贫慰问】 走访慰问贫困群众、劳动模范、中小学生、优秀教师、老党员和困难党员共计600余人次，送去米面肉油和棉衣、棉被等生活物资、学习生活用品价值8万多元。协调资金及物资40多万元，慰问黑崖沟村困难群众2100人次。协调广东顺发五金制品有限公司为贫困群众捐赠价值10万元的保温壶500只。协调北京京东世纪贸易有限公司捐赠各类电器100多台，价值近30万。

【健康扶贫】 协调中国人口福利基金会到黑崖沟村开展送医送药活动，诊疗200余人次，捐赠药品价值8万元。

（国家机关事务管理局西山服务局
李文学）

国务院侨务办公室定点扶贫

【概述】 2016年国务院侨务办公室（以下简称“国侨办”）定点帮扶甘肃省积石山保安族东乡族撒拉族自治县（以下简称“积石山县”），扶贫工作以调研、培训、支教活动、扶贫捐资、慰问活动、扶贫挂职、产业扶持、民生改善等为主，募捐各类物资676.1万元。

【扶贫资金投入】 2016年国侨办引进资金及直接投资613万元，其中：发放1万元贫困群众慰问金，中国侨商会发放10万元助学金，投资110万元改造危房，投资74万元修建集雨节灌水窖，投资20万元养殖小黑蜂，筹集100万元成立“侨爱培训中心”，侨商捐赠100万元修建两所学校，侨商捐资19.56万元对高关小学教学设备升级，支教“一帮一”助学金7.21万，意大利米兰浙里文化交流中心捐资5万元为高关小学建成音乐教室，利用侨胞捐款100万元设立大病返贫医疗救助基金，筹资31.07万元为高关村修建文化墙，配套5万元进行亮化改造，投资10万元购置音响、筹资20.16万元在高关村实施光网覆盖。

捐物折价63.1万元，主要包括：捐赠了价值11万余元的教学设备用；联合泉州市丰泽区文明办捐赠总价9.6万元的衣物；苏州九龙医院为胡林家乡卫生院捐赠价值10万元的B超和电脑设备；协调侨资企业捐赠价值32.5万元的太阳能路灯。

【扶贫调研】 国侨办主任裘援平赴积石山县走访慰问了5户贫困户，每户发放慰问金2000元，为10名贫困学生发放中国侨商联合会助学金10万元（每人1万元）。召开扶贫工作座谈会，现场举行了“侨爱卫生院”“侨爱培训中心”授牌揭碑仪式。2016年共组织4批25人次前往积石山县指导开展扶贫工作。

【民生扶贫】 国侨办筹措帮扶资金110万元，有效解决积石山县部分贫困户建房资金短缺问题，帮助49户无建房能力的贫困户改造危房，新建住房为面积约60平方米的水泥砖混结构平顶房。协调侨捐资金74万元，帮助积石山县实施集雨节灌水窖。

【产业扶贫】 筹集资金20万元，实施富民产业项目。帮助积石山县高关村、后沟村贫困户发展小黑蜂养殖，指导成立高关村小黑蜂梨花蜜养殖专业合作社，实现每户年增收3000元。国侨办挂职干部协调县林业部门向高关村提供啤特果苗木10万株，组织群众规模栽植啤特果树2000余亩。委托华侨大学委派专家对积石山县旅游资源进行实地调研、勘察，拟制《积石山县十三五旅游发展规划提纲》和《积石山县乡村旅游发展提纲》，引导相关村发展“农家乐”等旅游项目。

【扶贫培训】 筹集帮扶资金100万元，成立“侨爱培训中心”。完善硬件设施，购置布鞋加工设备以及拉面、电焊、瓦工等培训教学设备；大力发展壮大当地民间刺绣及手工布鞋制作工艺，注资在积石山县柳沟乡阳山村成立了阿阳布鞋农民专业合作社，并挂牌成立“侨爱培训基地”。开展劳务技能培训活动，依托劳务培训中心分批次对闲散劳动力进行了种植、养殖、庭院经济发展、民族刺绣等形式多样的培训。委托暨南大学5名教授对积石山县“两后生”、电商从业人员进行为期一周的电商技能培训指导。通过劳务技能培训，有组织输出劳力，带动积石山县群众劳动力由劳力型向技能型转变，2016年共向外培训输转劳动力1375人次，外出务工人员人均增加收入50元/天。国侨办在华侨大学举办第十一期积石山县党政干部培训班，对积石山县31名乡（镇）党政领导、县直部门负责人进行为期一个月的培训。组织积石山县30名宗教界爱国人士组成考察团，赴广州市开展为期1周的学习考察，引导宗教界爱国人士保持理性和平、与人为善、中正和谐的健康形态，正确对待教义教规与法律法规的关系，不断增进不同民族、不同宗教之间的团结友爱。

【教育扶贫】 国侨办协调法国中法友好协会捐资100万元修建2所学校；捐赠国侨办机关回收整理的40台台式计算机为乡村学校增添电教设备；协调侨捐资金19.56万元，对高关小学教学设备进行更新升级。组织当地20名教师在暨南大学参加培训班，协调暨南大学4名教师到积石山县开展连片教研及教师轮回培训活动；华侨大学组织64名师生组成暑期支教团前往积石山县开展支教帮扶活动。期间募集资金18.5万元，为积石山县7所学校捐赠价值11万余元的教学设备用品，向困难学生发放“一帮一”助学金7.21万元，联合泉州市丰泽区文明办向积石山县捐赠总价9.6万元的衣物255箱。组织美国马里兰州支教团一行54人，深入积石山县中小学为450名学生开展支教活动；组织意大利米兰浙里文化交流中心一行7人到高关小学支教，期间募集捐资5万元为高关小学建成一个音乐教室，7名华裔青少年与高关村7名贫困学生形成长期结对帮扶对象；委托甘肃省人民政府侨务办公室组织70余名海外华裔青少年在积石山县举办2016年海外华裔青少年“中国寻根之旅——心系积石山县”夏令营。

【健康扶贫】 国侨办联系侨胞兴办的苏州九龙医院为积石山县胡林家乡卫生院捐赠价值10万元的B超和电脑设备。委托暨南大学为积石山县10名医务骨干在暨大附属医院进行为期半年的进修学习。暨南大学12名医疗专家赴积石山县开展教学查房、示范手术、义诊等医疗送健康帮扶活动，期间会诊及咨询 176 人次，开展示范手术 10 台次，病理阅片及放射阅片 86 例，讨论病历 2 例。利用侨胞捐款 100 万元设立大病返贫医疗救助基金，对一些因病、因灾返贫的贫困户实施救助。

【文化扶贫】 结合积石山县“美丽乡村”建设，筹资 31.07 万元为高关村修建文化墙，协调侨资企业捐赠价值 32.5 万元的太阳能路灯，配套 5 万元进行亮化改造，开辟了集办公、文娱、健身等为一体的综合性文化广场。投资 10 万元购置音响、民间乐器及民族演出服装等，筹建成立高关村民间剧团，派出专业人员进行群众文娱节目培训，传承发掘乡村民间文化。加大对外交流，协调韩中文化友好协会，组织积石山县 10 名妇女参加 2016“美丽皱纹、孝行天下”韩国首尔“中国日”活动，赴韩妇女现场向韩国方面展示了保安服饰、民族刺绣等产品，向外宣传介绍积石山县保安族、撒拉族、东乡族等特有民族的民间民俗文化。筹资 20.16 万元，在高关村实施光网覆盖，让群众通过网络、手机、电商等平台搜集致富信息、推销农特产品。

【干部挂职扶贫】 国侨办选派 2 名干部在积石山县任副县长和高关村“第一书记”。着眼积石山县干部培养计划，每年由积石山县选送 1 名干部到国侨办挂职锻炼，全面参与定点扶贫工作。

【扶贫宣传】 国侨办积极向海外侨胞介绍积石山县，宣传国家新时期的扶贫政策，引导他们踊跃参与积石山县扶贫事业，并帮助积石山县争取国家有关部委对新农村建设项目的支持。邀请北京师范大学“看中国”栏目组，配合罗马尼亚、南非等国际友人，在积石山县拍摄完成“东乡族书记纪实”“保安族腰刀”等纪录片，积极向外展示积石山县民族干部脱贫攻坚决心和灿烂的民族文化传承。在国庆期间举办爱心侨胞帮扶积石山县活动，为 28 名长期关心支持积石山县扶贫事业的侨胞颁发荣誉证书，编印《海外侨胞帮扶甘肃积石山县图片册》，展示海外华侨华人对祖（籍）国、对积石山人民的深厚感情。

在第八届世界华侨华人社团联谊大会上举办“情系积石山·扶贫献爱心”礼赞活动，为 10 名爱心侨领颁发爱心扶贫荣誉证书，并召开座谈会讨论定点扶贫工作。4 月，邀请来自菲律宾、泰国、英国、美国、加蓬、中国香港等国家和地区的 17 位侨商和 3 家较强实力的地方侨商会代表组成“侨资企业西部行——积石山县扶贫考察团”，与甘肃省交流扶贫开发工作政策、思路、做法和经验，深入积石山县高关村、后阳洼村贫困户养蜂、养羊场以及侨爱卫生医院、村级文化广场、劳务培训中心，详细了解贫困群众的生产生活及家庭经营状况。

（国务院侨务办公室　顾尚军）

中国科学院定点扶贫

【概述】 2016年，中国科学院（以下简称“中科院”）学习中共中央总书记习近平关于扶贫工作的讲话精神，围绕精准扶贫精准脱贫的要求，定点帮扶贵州省水城县、广西壮族自治区环江毛南族自治县（以下简称“环江县”）、内蒙古自治区库伦旗、贵州省六盘水市六枝特区4个国家扶贫开发工作重点县。在院党组领导下，中科院继续发挥科技和人才综合优势，在成果转化、技术培训、咨询服务、科普宣传等方面，开展了内容丰富的科技扶贫活动。同时，提高责任研究所和区域协调分院作为帮扶主体的责任意识和使命感，明确了责任落实和奖励考核等内容。2016年，中国科学院、科技部、教育部、中国工程院、国家自然科学基金委员会、国防科工局和国务院扶贫办等七部门联合发布《科技扶贫行动方案》，进一步落实国务院对科技扶贫工作的相关要求。

2016年，中科院共有200余名科技工作者参加科技扶贫工作，选派4名处级科技副职担任副县长，直接资金投入超过1360万元，帮扶建档立卡贫困人口2209人，为库伦旗制作《贫困县域小康社会发展规划编制与评估》，在4个贫困县投入低成本健康医疗扶贫设备，建设科教卫同屏互动服务平台，在水城县引入猕猴桃、马铃薯等特色经济作物示范种植、在环江县启动杂交构树“林—料—畜”一体化产业扶贫示范工程、对4个县进行精准扶贫成效第三方评估，分析存在的问题并提出整改方向。另外，帮助当地引进产业项目5个，引进其他扶贫资金270万元，举办各类科普培训班40多期，培训各类人员超过1860人次。

【扶贫资金投入】 中科院及其所属单位全年投入扶贫资金1630万元，其中直接经费投入1360万元，带动社会资金投入270余万元。实施帮扶项目17个，直接帮助建档立卡贫困户脱贫841人。

【扶贫制度建设】 2016年中科院制定《科技扶贫发展规划（2016—2020年）》，“十三五”期间，中科院将根据中共中央、国务院关于扶贫工作的总体部署和要求，总结前期院内外扶贫工作经验，紧密结合当地经济社会发展实际需要，以精准扶贫、精准脱贫为核心，依靠科技加大扶贫开发力度，增强贫困地区内生动力，积极构建服务贫困地区发展的科技扶贫网络，按照“地方党委政府满意、合作企业满意、老百姓满意”的扶贫要求，不断完善中科院扶贫工作各级组织领导与责任体系，加快农牧民增收脱贫，实现到2020年帮扶对象全面脱贫。

【干部挂职扶贫】 中科院按照“干部先行”的原则，选派了4名处级干部挂职担任副县长，专职协调中科院在当地的科技扶贫工作。同时，中科院选派1位干部到水城县蟠龙镇院坝村任“第一书记”。

【扶贫资金管理】 中科院根据已实行的科研项目经费管理办法，结合科技扶贫工作性质和特点，专门就科技扶贫项目经费的管理使用进行了补充说明，对项目任务书相关内容及其经费用途等提出了具体细化要求，指导项目承担单位合理、合规使用项目经费，确保项目为定点帮扶县产生实质性的经济和社会效益。

【产业扶贫】 在库伦旗，由中科院引进的内蒙古荞泰生物科技发展有限公司利用江南大学的生物技术提取荞麦麸皮里丰富的生物活性物质类黄酮、芦丁，制备高端保健产品。新引进35个荞麦品种，建立了较为稳定的荞麦品种对比试验基地100亩。利用覆膜技术、早春种植燕麦、提纯复壮等技术组合为当地荞麦产业服务。在额勒顺镇泊白村建立青贮玉米品种对比试验地120亩。为下一步全旗发展青贮饲料产业，解决当前饲料不足困扰养殖业的发展问题。利用中国科学院微生物所研制的青贮饲料菌剂，共加工青贮玉米饲料约3000吨。在库伦旗六家子镇装备了10套中科院先进技术研究院研制的全科医生工作站，解决了10个村村民公共卫生健康普查的问题。在库伦旗北部额勒顺镇吉力图开展了“半固定沙地植被近自然恢复技术”和“沙地人工疏林建植与退化天然疏林恢复技术”等工作。建立樟子松幼树林地抚育示范区500亩和沙地杨树林地抚育示范区500亩。帮助库伦旗以服务旅游为牵引，指导并规划各特色产业发展，全面推动整个社会经济的持续稳定发展，促进全旗农牧业实现特色、高端、优质、高效的目标。

在环江县，与广西药用植物园共同编制《环江县中草药生态种植基地建设方案》《环江县农村污水治理发展规划》，提出在西南山区农村养殖狐尾藻治理污水的方案。发展林下中药种植经济，建设铁皮石斛种子试管苗培养室及炼苗棚繁育基地1个，完成了“喀斯特石山地林下种植山豆根示范基地”一期工程的10万株种苗栽种，在下南乡的玉环、下塘、古周等村发展中草药，已经种植中草药118亩，辐射全县2880亩（贫困户的土地占80%）。重点发展喀斯特林下种草养牛产业，其中发展合作社1个和养殖大户2个，发展养牛社员37户，菜牛存栏210头，出栏382头，进行林下种草养牛面积280多亩。对下塘村部及周边民房环境进行了整治，对生活污水和家庭养殖废水进行了治理，并对民房进行了美化。与广西木论天然食品有限公司签署科技合作协议，共同开发木论思泉系列饮用水，安排贫困农民就业20人；与广西金果生态农业发展有限公司签署了科技合作协议，共同创建广西环江毛南族自治县现代特色农业园区。

在六盘水市六枝特区，中国科学技术大学举办“两学一做”领导干部培训班。积极推进项目扶贫，围绕山地功能农业推广及茶叶产业化规划。依托中国科学技术大学相关技术团队以及安徽农业大学茶树生物学与资源利用国家重点实验室的技术和专家，在六枝特区创建全国首个山地功能农业扶贫示范区，全面提升六枝茶叶的品质和质量，开展锌硒茶叶的规范种植，打造六枝牂牁茶叶品牌，实现茶叶最佳的经济效益。推动知识产权帮扶工作，中国科学技术大学公共事务学院与六枝特区政府签署《知识产权帮扶协议书》。

在水城县，中科院武汉植物园采用多年成熟猕猴桃技术成果，建立米萝乡猕猴桃生产基地200亩；同时利用政府项目资金，建设高标准的低温冷库为当地果蔬的贮藏保鲜创造条件。另外，在青林乡开展了不同海拔猕猴桃的种植实验。在蟠龙镇的院坝村，结合老百姓的需求开展了道路修筑、科学茶厂建设、饮水工程设施建设、实用玫瑰种植等工作。

【扶贫调研】 2016年，中科院共191人次到扶贫点考察调研，其中部级领导32人次。11月，中科院院长白春礼率队赴环江县实地调研，分别考察了当地种草养牛示范基地、畜禽废弃物及生活垃圾资源化利用等项目，并召开中国科学院2016年度扶贫工作交流会。5月，中科院7位院士以及中科院昆明分院、成都分院有关单位的21位专家参加了援黔行动。深入北盘江流域，实地考察石漠化治理、水系保护及利用、片区扶贫工作以及旅游资源开发利用等情况；深入水城县考察猕猴桃等农业产业，与六盘水市委、市政府举行座谈。7月，中国科学技术大学“知识产权富民工程”4位博士赴六枝特区，对六枝产业、旅游、具有地理性标识产品及民俗风情文化等非物质文化遗产项目进行了专题调研。

【教育扶贫】 中科院每年通过中国扶贫基金会的“新长城特困大学生自强项目”，按照每人每年3300元的标准，继续资助50名中国科学技术大学在校特困大学生，同时，在水城县、环江县、库伦旗分别资助10名当地特困大学生。2016年，共资助80名特困大学生完成学业，总计捐赠26.4万元。并由原先预定的资助“211大学”协商扩大到省（区）内大学，扩大了贫困家庭学子的受益范围。

【扶贫培训】 2016年，在六枝特区举办了2次“两学一做”领导干部培训班，培训80位乡镇干部及专业人员。在库伦旗举办科级干部班2次，培训150人次；举办农牧民科技培训班7次，培训120人次；邀请科技干部到科技发达省份学习5次，共40人次。

【智力扶贫】 中科院在六盘水市举办3场“科学与中国——院士专家巡讲团”科普报告会，邀请3位院士分别为六盘水市党政领导干部、高校师生、中学师生作了“生态文明建设中的若干关键问题”“生态文明与动物保护”“遗传密码，你知道多少”三场“科学与中国”科普报告。中国科学技术大学派出大学生暑期社会实践团11人赴六枝特区进行贫困调研慰问，开展农业技术科普宣传及关爱留守儿童等活动，赠送文体学习用品共计6000元。

（中国科学院　段　瑞）

中国工程物理研究院定点扶贫

【概述】 2016年，中国工程物理研究院（以下简称“中物院”）定点帮扶陕西省富平县，共组织召开定点扶贫专题会议5次，深入富平县当地调研9次、邀请富平县当地领导到中物院沟通对接3次，院属相关单位组织开展调研对接活动10余次，有力推进相关扶贫项目实施。经院地双方对接协商，2016年中物院共安排扶贫项目8个，内容涉及产业发展、基础教育、医疗卫生、农村电商、基础设施建设等领域，为该县12348户43063人实现脱贫提供了有力支持。

【扶贫资金投入】 2016年，中物院多渠道筹措扶贫资金，通过组织召开全院定点扶贫工作动员会，对定点扶贫资金筹集事宜做出具体安排，两次组织扶贫募捐和捐资助学活动，共筹集定点扶贫专项资金4028.61万元，其中，院属各单位筹资合计3628万元，职工个人捐资合计400.61万元。按照中物院定点扶贫三年规划和2016年项目计划，2016年实际完成投资602.38万元，直接拨付当地扶贫专项资金496万元。

【扶贫调研】 2016年10月，中物院定点扶贫领导小组组长、院长刘仓理赴富平县调研，提出了充分发挥专业特长和优势资源加大教育和医疗卫生帮扶的思路，推动“科技冬令营”活动和“送医送药下乡义诊”活动的顺利开展；12月，中物院党委书记杭义洪深入富平县，对精准扶贫工作进行实地视察，看望慰问扶贫挂职干部、医疗卫生帮扶工作组，并走访慰问贫困户25户，发放慰问金5000元。中物院7次组织人员赴富平县开展调研和对接工作，3次邀请富平县各级领导到中物院协商对接，院属相关单位组织开展调研10余次。

【扶贫会议】 为加强扶贫工作组织领导，中物院坚持将定点扶贫工作纳入院整体工作安排部署，与院中心工作和科研生产任务一道同计划同布置、同落实同检查，建立了领导小组定期会议制度，组织召开2016年院定点扶贫领导小组全体会议，审议通过《中国工程物理研究院定点扶贫实施方案（2016—2018年）》《中国工程物理研究院2016年定点扶贫项目计划》《中国工程物理研究院定点扶贫资金管理办法》，对院定点扶贫工作进行总体规划和顶层设计，确保定点扶贫工作的科学决策和统筹推进。针对定点扶贫工作推进中出现的新情况、新问题，及时召开其他各类专题会议 4 次，研究解决问题，协调各方行动，加快推进扶贫工作。

【干部挂职扶贫】 中物院派出 2 名干部到富平县挂职扶贫，分别担任富平县政府副县长、驻梅家坪镇车家村“第一书记”，从事扶贫帮扶工作。驻村“第一书记”扎根当地，克服困难，认真履行“第一书记”职责，宣传国家扶贫大政方针，加强村级党组织建设，带领车家村两委班子及当地村民，因村、因户、因人分类制定并实施帮扶解困措施，积极帮助当地发展特色水果产业，多次联系院内单位代销当地季节性特色水果，提高了当地贫困群众经济收入，有力推动了包联村贫困群众精准脱贫，被评为“渭南市优秀党务工作者”，荣获“富平县 2016 年度脱贫攻坚先进驻村干部”称号。选派的挂职副县长于 2016 年 10 月派驻到位，到位后积极认真履职，主动深入基层，加强调查研究，尽快熟悉环境、转变角色、融入工作，扎扎实实开展好扶贫帮扶各项工作，为当地脱贫攻坚出谋划策。

【扶贫资金管理】 为规范扶贫资金管理，加强资金统筹和使用管理，制定出台《中国工程物理研究院定点扶贫资金管理办法》，明确定点扶贫资金实行领导小组统一决策使用、专账专户管理、封闭运行、结转使用的管理思路和运行模式，为后续扶贫项目顺利实施和管好用好扶贫资金提供了制度基础。在扶贫项目实施过程中，中物院严格落实资金管理办法，一方面及时跟踪掌握项目进度和质量情况，按实施进度做好项目经费拨付保障工作，另一方面紧紧依托当地扶贫部门和业务主管部门，加强资金监管，确保资金安全。

【产业扶贫】 中物院将扶持富平县水果产业发展作为帮扶重点内容，2016 年主要实施两大产业扶贫项目，一是对口援建梅家坪镇车家村果品市场，建设果品交易大棚 2100 平方米、市场管理用房 306 平方米、货运道路、停车场 1950 平方米，总投资约 280 万元，建成后将有效带动当地 50 余名贫困人口脱贫增收；二是完成农村电子商务综合服务站项目，总投资 100.68 万元，配套建成 100 个农村电子商务服务站，解决了当地工业品下乡、特色农产品上行的“最后一公里”问题。

【教育扶贫】 中物院开展教育帮扶活动，2016 年重点做好 3 项教育扶贫工作，一是完成贫困学生资助项目，按照每人 3000 元标准向 100 名建档立卡贫困学生发放助学金，共计 30 万元；二是完成峪岭月白幼儿园活动场所建设及室外活动器材采购项目，总投资 28.25 万元；三是投资 61 万元建设底店草滩幼儿园教学楼，该项目已完成主体工程建设。

【基础设施建设】 2016 年，中物院积极推进富平县基础设施建设，投资 215.18 万元建成老庙镇新店村至兰山村杨峪组道路，该路线全长 3.21 千米，按四级公路技术标准实施，解决了兰山、新店两个贫困村 2800 多人出行难问题，优化了投资环境，助推当地群众脱贫致富。投入资金 109.33 万元帮助建成 5 个村级组织活动场所，涉及刘集镇张北村、美原镇古城村、薛镇湘子村、梅家坪镇十八坊村和梅家坪镇车家村，该项目的实施有效改善了贫困村的办公条件，增强了基层党组织的凝聚力和战斗力，进一步提高了群众的文化生活水平。

【健康扶贫】 2016 年，中物院加强医疗卫生扶贫工作，投入资金 109.94 万元实施残疾人康复器材采购项目，购置儿童康复视听系列、无障碍系列和康复功能评定系列各一套，购置残疾人轮椅 500 辆、助听器 30 个、腋拐 500 副，辅助器具已全部发放，900 名贫困残疾人从中受益，满足了基本康复需求，提升了生活质量。组织四川省科学城医院、第三军医大学西南医院医疗专家组深入富平县老庙镇和梅家坪镇开展医疗卫生帮扶活动，通过下乡义诊、送医送药等方式，共派出医疗人员 19 人次，诊疗病患 1562 人次，发放药品器械价值共计 3.3 万余元，缓解了当地百姓看病难问题。

（中国工程物理研究院
公共事业管理部办公室　张晓波）

国家粮食局定点扶贫

【概述】 2016年，国家粮食局立足安徽省阜南县实际，积极谋划“十三五”时期定点扶贫工作，研究制定定点帮扶实施方案，将定点扶贫纳入粮食行业“十三五”规划，为做好“十三五”期间定点扶贫工作谋篇布局。同时严格落实2016年各项帮扶措施，切实做好已确定的各项定点扶贫工作。选派1名处级干部到阜南县政府挂职担任副县长，1名干部到阜南县洪河桥镇盛郢村任“第一书记”；协调安排中央投资900万元，建设粮食仓容6万吨；拨付16万元扶贫资金用于盛郢村村级光伏发电厂项目；出资55万元用于教育文化扶贫；协调安排阜南县粮食系统77名干部职工参加职业技能培训；积极协调有关部门定向招生1名贫困生，免费就读并安排定向就业。在各级党委、政府的关心支持和各有关部门的帮扶下，2016年阜南县经济社会保持了良好的发展态势，其中国家粮食局派驻“第一书记”的洪河桥镇盛郢村，已于2016年年底实现脱贫出列。

【扶贫工作会议】 国家粮食局党组高度重视定点扶贫工作，及时召开会议研究部署。2016年，国家粮食局扶贫开发工作领导小组组长、副局长卢景波两次主持召开工作会议，传达学习中央扶贫开发工作会议、中央单位定点扶贫工作会议精神，研究部署局定点扶贫工作。

【扶贫制度建设】 国家粮食局印发《国家粮食局定点帮扶安徽省阜南县实施方案》，提出了未来五年定点帮扶的指导思想、目标任务，制定了定期走访慰问、选派挂职干部双向交流、加强粮食流通设施建设、开展文化扶贫、鼓励结对帮扶等11项工作措施，明确了4项工作要求。编制发布《粮食行业“十三五”发展规划纲要》，明确将定点扶贫工作纳入到粮食行业“十三五”规划中，按规定尽量将有关项目、资金向定点帮扶县倾斜。

【扶贫慰问】 2016年1月，国家粮食局副局长卢景波到阜南县调研。召开座谈会，听取阜南县经济社会发展等情况的介绍，实地查看粮食仓储、物流设施项目，进一步摸清当地贫困状况，研究提出扶贫开发工作思路。调研组深入洪河桥镇盛郢村调研走访，慰问部分困难群众，为10户贫困家庭发放慰问金各1000元，以及面粉、食用油等慰问品。9月，国家粮食局组织人员赴阜南县开展专题调研。与阜南县政府及粮食、农业、扶贫、教育等部门进行座谈，赴粮食仓储和加工企业、柳编板鸭等特色产业企业以及农业种植合作社进行实地考察，深入贫困村、贫困户进行走访慰问，并有针对性地研究制定具体帮扶措施。

【干部挂职扶贫】 国家粮食局选派1名干部到阜南县洪河桥镇盛郢村任“第一书记”。“第一书记”积极了解熟悉村里情况，谋划帮扶思路和切入点，发动社会力量捐款捐物，增加村集体收入，得到了干部、群众的充分肯定。《中国青年报》《粮油市场报》《中国粮食经济》等新闻媒体进行了宣传报道。8月，国家粮食局选派1名处级干部到阜南县政府挂职担任副县长。挂职干部深入了解全县经济社会发展情况，充分发挥桥梁纽带作用，积极配合做好各项扶贫工作。为加强阜南县干部队伍建设，接收了1名阜南县乡镇干部到国家粮食局机关挂职锻炼。

【基础设施建设】 国家粮食局结合“粮安工程”实施，加大粮食流通基础设施建设支持力度。协调安排阜南县900万元，支持建设粮食仓容6万吨，增加当地粮食收储能力，防止出现农民“卖粮难”问题。同时，国家粮食局还从扶贫资金中拨付16万元，支持派驻“第一书记”的盛郢村建设村级光伏发电厂项目，项目建成后每年可实现6万元左右的村集体收入。

【文化教育扶贫】 国家粮食局高度重视文化教育扶贫工作，开展多种形式的捐资助学活动。一是每年出资45万元建立专项助学金，资助9个偏远乡镇建档立卡贫困生450名，每人1000元。二是每年拨款5万元支持当地中小学文化教育建设，用于购买电脑等。三是每年向县直机关和行政村捐赠价值7万元的《中国粮食经济》杂志。四是协调“书海工程”公益项目，积极与阜南县对接，2016年底向阜南县中小学捐赠价值25万元图书。

【扶贫培训】 国家粮食局充分发挥行业优势，加大对阜南县粮食系统职业培训力度。协调安徽省粮食局安排阜南县粮食系统77名干部职工参加职业技能培训；积极协调“安徽省粮食系统双百贫困生人才培养工程”实施部门定向下达招生名额，从阜南县建档立卡贫困家庭中定向招收1名贫困生，免费就读安徽粮食职业工程学院，并发放补助，毕业后定向到阜南县粮食企业就业。

（国家粮食局调控司　纪　展）

国家国防科技工业局定点扶贫

【概述】 国家国防科技工业局（以下简称“国防科工局”）高度重视定点扶贫工作，认真贯彻落实中央扶贫开发工作会议、中央单位定点扶贫工作会议精神，抓好对陕西省宁强县、略阳县的定点扶贫工作。2016年5月，国防科工局进一步加强局定点扶贫工作组织力量，调整局扶贫开发领导小组组成，由党组书记、局长亲自担任组长，分管局领导担任常务副组长。立足部门实际，积极推动定点扶贫工作的深入开展，较好地完成了2016年度任务目标。

【扶贫规划】 国防科工局认真贯彻落实中共中央、国务院有关精准扶贫精准脱贫决策部署和要求，按照局党组会议议定的思路方向，印发《定点扶贫工作方案》，提出了航天特色科技扶贫、产业扶持、教育助困、就业扶持、医疗关爱帮扶、销售推广特色农产品、爱心帮扶等7大扶贫计划，并明确任务分工。

【干部挂职扶贫】 2016年10月，国防科工局选派2名处长分别赴宁强县、略阳县挂任县领导，1名干部赴黄家沟村任“第一书记”。挂职干部到任以后，积极联系群众，深入基层村组、田间地头、村民家中实地考察，主动向当地干部请教，很快摸清了县村基础情况，投身当地脱贫攻坚事业。“第一书记”组织两委认真研究，根据当地实际情况提出了“继续完善基础设施建设，重点帮扶有基础有技术贫困户，精准救助特殊困难家庭，推动全村彻底长期脱贫”的工作思路，与群众同吃同住同劳动，与当地干部合力推动精准扶贫，并积极响应中央“大众创业、万众创新”号召，运用“互联网+”手段，基于移动互联平台创立“陕西黄家沟”微店，指导、培养有条件的致富带头人，售出野生猕猴桃2000斤、蜂蜜近千斤，以及香菇、木耳、天麻、灵芝、兰草等价值十万余元的当地土特产，为当地百姓增收开拓了新局面。2016年黄家沟村共有35户脱贫，村“第一书记”被评为汉中市“优秀第一书记”。

【航天特色科技扶贫】 国防科工局充分发挥航天高科技优势，以卫星遥感、卫星通信为手段大力开展科技扶贫。通过高分辨率对地观测系统工程开展卫星遥感扶贫相关应用。经实地调查，为当地提供了地图样例和功能说明书，与各部门沟通交流，逐步明晰地图应用在贫困村分布调查、移民搬迁点预期规划、交通道路规划等方面的需求。同时协调高分辨率对地观测系统陕西数据与应用中心，筹备高分地图应用的技术培训和应用演示，为两县相关工作人员提供现场培训。为有效克服地面通讯保障不足，发挥中国卫通资源和技术优势，通过“卫星数字发行平台”，在试点地区的定点学校、医院和贫困家庭开展远程教育、远程医疗、远程文化传播等方面的应用试点。

【基础设施建设】 2016 年，国防科工局按照“突出重点，一县一村，修路架桥”的思路，实施宁强县双白果村沙沟口至唐家湾道路硬化项目，全长 1.6 千米，路面宽度 4.5 米；实施略阳县麻柳铺村赵家沟组道路硬化项目，全长 2 千米，路面宽度为 3.5 米；捐资 8 万元，在略阳县黄家沟村修建 17 个村内垃圾收集焚烧站。以上项目在 2016 年共计投资 60 余万元。

【教育扶贫】 发挥军工优势，组织北京理工大学、北京航空航天大学、西北工业大学等 10 余家军工特色高校，赴两县和汉中市召开 3 场招生宣传会。各高校围绕教育扶贫精心准备，针对市、县的生源录取情况进行了统计分析，特别是针对国家专项计划、高校专项计划等政策进行了重点讲解，解答了当地师生提出的有关问题，并结合实际招生情况对考生填报高考志愿提出了建议。市、县教育局及招办负责人、中学校长、高三年级班主任、贫困学生及家长代表 400 余人参加了宣传活动。

组织国防科工局机关、局属单位及职工自愿与贫困学生“结对子”，指导生活和学习并捐资助学，年内共捐助 9.93 万元。

【送温暖活动】 2016 年春节前夕，国防科工局党组成员、机关党委书记王承文前往宁强县、略阳县，对 50 户困难村民进行了慰问。送去米、面、油和慰问金，合计 3.5 万元。

【扶贫日活动】 2016 年 10 月 17 日，在国防科工局机关一楼利用大厅电子屏开展“扶贫日”宣传活动，制作宣传展板，使机关干部进一步了解扶贫事业、关心扶贫工作、支持扶贫工程，起到了良好的宣传教育效果。

（国家国防科技工业局人事司
董 章）

国家文物局定点扶贫

【概述】 2016年，国家文物局定点帮扶河南省淮阳县，深入贯彻中央扶贫开发工作会议和中央单位定点扶贫工作会议精神，结合淮阳县文化遗产资源丰富的实际情况，充分发挥自身部门优势，着力实施文化扶贫工程，以文物保护利用项目为抓手，精准项目安排、精准资金使用、精准挂职干部选派，形成单位当后盾、挂职干部当先锋、全局上下齐抓共管的定点扶贫工作格局。截至年底，直接投入产业扶贫资金900万元，帮助整合各级资金5000多万元，争取协调资金95万元，直接带动建档立卡贫困人口200余人脱贫。通过定点帮扶，进一步完善当地的基础设施，改变村容村貌，促进村民收入水平和文化生活稳步提高。同时在定点帮扶工作中注重统筹文物保护利用与经济建设、城乡发展、环境优化、民生改善、旅游开发等方面的关系，实施平粮台国家考古遗址公园建设项目，以保护促开发，以资源开发促动产业融合，不断提高当地经济社会发展水平，助推淮阳的脱贫攻坚工作。

【扶贫资金投入】 2016年，国家文物局投入资金900万元用于平粮台古城遗址的考古发掘、城墙保护等。文物保护工程项目的实施带动了周边环境改善和村民增收，使用当地民工超过200人，人均增收超过5000元。争取协调资金95万元，用于平粮台周边村庄道路修建和供电线路改造，改善贫困村民的基本生产生活条件。整合各级资金5000多万元，对淮阳县18个乡镇综合文化站及465个基层综合性文化服务中心进行改造提升。

【扶贫资金管理】 国家文物局高度重视扶贫资金管理，通过国家重点文物保护专项补助资金安排的项目，都经过立项、方案审批、预算控制数审核等程序，同时加强事中事后监管，实行项目资金年报制度，并对资金使用情况进行绩效考评。国家文物局在对村帮扶上，根据扶贫项目申报情况拨付扶贫资金，资金直接拨付到所在县财政局。驻村“第一书记”通过镇党委政府向县政府申请资金，按照扶贫资金使用要求，经过招标后组织项目施工。施工结束后由镇政府组织人员进行验收，确保资金规范使用。

【文化扶贫】 国家文物局大力实施文化扶贫工程，打造提升“中原古韵——中国（淮阳）非物质文化遗产展演”活动。积极协调国家非遗中心和河南省文化厅，邀请十几个省份的表演类国家级非遗项目到淮阳县展演，展演活动带动淮阳民俗民间文化的传承发展，活跃老百姓的文化生活。经过近两年的打磨提升，淮阳非遗展演已成为全国有影响力的非遗展演节会之一。

着力实施河南省公共文化服务体系示范区创建工程。争取整合各级资金 5000 多万元，对全县 18 个乡镇综合文化站及 465 个基层综合性文化服务中心进行了改造提升，投资 600 多万元的县群众文化中心多功能厅投入使用。截至年底，淮阳县基本形成了覆盖县、乡、村的三级公共文化服务网络，公共文化服务内容不断丰富，服务质量和效能不断提高，人民群众满意度大幅提升。

【产业扶贫】 以平粮台国家考古遗址公园项目实施为抓手，大力实施产业扶贫工程。通过积极协调，平粮台古城遗址列入国家“十三五”大遗址保护名单，启动了平粮台国家考古遗址公园建设工作。积极联系促成淮阳县与湖南省等国家考古遗址公园建设先进地区结成帮扶对子，学习借鉴先进建设经验，形成以大遗址保护为核心，引进相关产业，促进业态融合和要素融合，放大文化遗产资源作用，达到带动周边环境优化，让老百姓得实惠，提升土地价值，助推城市开发建设，以及打造新的旅游景点，增加旅游综合收入。

【基础设施建设】 国家文物局拨付扶贫资金 30 万元用于北关村内 1000 米道路硬化和 340 米下水道疏通项目，两项工程严格按照扶贫资金使用要求，经过招标后组织建筑施工，并于 2016 年初顺利完成验收。

（国家文物局　郑绍亮　张后武）

国务院扶贫开发领导小组办公室定点扶贫

【概述】 2016年，国务院扶贫开发领导小组办公室（以下简称“国务院扶贫办”）定点帮扶甘肃省渭源县和贵州省雷山县，认真谋划定点帮扶措施，积极动员发动各方资源，围绕精准扶贫精准脱贫，主动开展工作，定点帮扶稳步推进。

【扶贫调研】 国务院扶贫办主任刘永富先后6次就定点扶贫工作开展调研或座谈。2016年3月，国务院扶贫办主任刘永富听取定西市和渭源县工作汇报，并就做好定点扶贫工作进行部署安排。4月，赴渭源县召开座谈会，听取意见建议。6月，听取贵州黔东南苗族侗族自治州和雷山县汇报。7月，赴兰州市主持召开渭源县定点帮扶工作座谈会，就渭源县脱贫攻坚工作和国务院扶贫办定点帮扶工作提出了明确要求。10月，赴雷山县调研。11月，主持召开国务院扶贫办定点帮扶雷山县工作座谈会。国务院扶贫办副主任郑文凯2月赴渭源县深入元古堆村调研并召开座谈会。国务院扶贫办副主任欧青平4月赴渭源县专题调研。国务院扶贫办副主任洪天云3月赴雷山县深入南猛村调研。国务院扶贫办党组成员夏更生在6月举办的“国务院扶贫办定点扶贫单位‘支部+电商扶贫’和扶贫金融产品专题研讨班”上为学员授课。

此外，国务院扶贫办机关各司、各直属事业单位也结合业务工作开展调研。

【挂职干部扶贫】 2016年，国务院扶贫办共派出4位干部分别到定点扶贫县挂职。其中，李慧挂职渭源县委常委、副县长，张婉婷在渭源县元古堆村和香卜路村任“第一书记”。卢立群挂职雷山县委常委、副县长，刘为任雷山县南猛村“第一书记”。挂职干部和驻村“第一书记”任职均为2年。

【项目帮扶】 在渭源县，2016年，国务院扶贫办共协调安排项目资金1507.22万元，帮助引进各类资金182.4万元。积极协调落实项目资金，协调财政专项扶贫资金1000万元，开展马铃薯良种工程繁育项目，用于支持渭源马铃薯产业的发展；协调省级财政专项扶贫资金500万元，开展会川镇干乍村实施精准扶贫综合试点项目，主要用于村内基础设施建设和产业发展。帮助引进项目，包括田家河乡元古堆村帮扶资金100万元，网店建设2.4万元，为会川镇光伏产业园扶持60户贫困户建设塑料大棚60座，每座补助项目资金0.5万元。积极协调社会帮扶，协调中国经济改革研究基金会开展“送故事下乡”项目捐赠活动，捐赠“姥姥讲故事机”722个，折合资金7.22万元；协调中国扶贫基金会为县小学生捐赠爱心包裹3000个；协调姜昆艺术公益基金会捐赠《姜昆老师告诉你，意外伤害如何防》图书2000套。协调北京贝亿健康科技有限公司捐赠230万元医疗仪器。为会川镇干乍村帮扶50万元作为担保金和风险补偿金，探索支持建档立卡贫困户和低收入、易返贫的非建档立卡户产业发展新模式，为贫困户持续稳定增收提供金融支撑。

在雷山县，国务院扶贫办共协调安排项目资金2000万元，帮助引进帮扶资金213.15万元。积极协调落实项目资金，帮助雷山县成功获得2016年国家级电子商务进农村综合示范县，获得2000万元的项目资金，促进雷山电商发展。积极开展社会帮扶，协调中海油田服务股份有限公司，提供200万元捐助资金，帮助雷山发展专业合作社、乡村旅游和中药材试验示范种植等；协调中国经济改革研究基金会开展“送故事下乡”公益项目，捐赠“姥姥讲故事机”1015个，折合资金10.15万元；通过中国扶贫基金会和腾讯公益网络平台募集资金3万元，为雷山县南猛村150个学生捐赠了台灯和课桌椅；协调万科企业股份有限公司与雷山达成初步达成帮扶意向，通过围绕文化旅游产业、特色山地农业、易地扶贫搬迁和特色城镇化、教育发展、转移就业等方面措施帮扶雷山县脱贫；协调北京京东世纪贸易有限公司，于5月13日在人民大会堂与雷山县签署精准扶贫战略合作协议；协调北京国安社区科技有限公司积极支持雷山县参加“黔货进京”活动，推介雷山农特产品，并推动该公司与雷山县签订了脱贫攻坚战略合作协议，双方在雷山县旅游开发、产品输出、教育培训等方面给予扶持帮助，合作金额1亿元；协调中国茶叶有限公司，与雷山合作开展茶叶生产和推广，组织雷山企业参加了第十三届中国北京国际茶业博览会，贵州省雷山县脚尧茶业有限公司生产的银球茶荣获绿茶类金奖，扩大了苗山茶的影响力；积极推动贵州黔贵天赐大健康集团有限公司，与雷山大塘镇桥王村合作开展丹参种植，采取“公司+合作社+农户”模式，促进贫困户增收。协调姜昆公益基金，为雷山幼儿园和小学低年级学生提供1200套《姜昆老师告诉你，意外伤害如何防》的书箱；联系芥菜籽公益组织，帮助雷山达地乡小学建立起芥菜籽图书馆，为小学生提供图书借阅服务并组织开展课余活动；对接中国扶贫基金会帮扶雷山，包括资助雷山县民族中学的贫困家庭学生、为小学生提供爱心包裹、爱心厨房营养项目、留守儿童关爱同伴计划等帮助。开展多种形式帮扶，包括与国家发展和改革委员会、国家旅游总局就雷山县纳入国家主体功能区生态补偿机制试点县、雷山县作为全国乡村旅游扶贫示范县进行打造、支持西江景区创建“国家5A级景区”等工作进行对接。协调北京第二外国语学院专家，帮助雷山县编制了《雷山县乡村旅游扶贫规划》，协调《中国扶贫》杂志和《农民日报》宣传报道雷山县参加时尚北京《苗族生活方式特展》活动；与CCTV7频道就推广雷山县茶叶和红米2个特色农产品进行沟通。

【扶贫培训】 2016年6月，举办了定点扶贫单位“支部+电商扶贫”和扶贫金融产品专题研讨班。对两县有关县领导、乡镇镇长、重点贫困村“第一书记”（驻村工作队队长）等开展基层组织建设、电子商务以及金融扶贫等内容的培训。

【对口帮扶】 以“扶贫日”为平台，推动协调企业和东部发达地区村与两个定点县开展对接活动。一是促成渭源县与天合光能有限公司、天津奥群牧业有限公司两家企业签订了帮扶框架协议，签约项目2个；天合光能有限公司经实地考察，计划在会川镇干乍村新建一座100千瓦的村级光伏扶贫电站，带动贫困户20户，预计每户每年增收700元。二是促成渭源县郭家沟村、香卜路村、干乍村、元古堆村与浙江省谢家路村、江苏省董北村、江苏省山联村、福建省蓉中村达成结对帮扶关系；促成雷山县南猛村、乌达村、也蒙村、里勇村与山西省皇城相府村、北京市韩村河、四川省宝山村、广东省英德市锦田村达成结对帮扶关系，以扶持产业发展、商品助销、技术指导、人才培训为主要内容的帮扶协议。渭源县于11月组成党政代表团赴江苏省董北村、山联村和浙江省谢家路村进行考察学习对接，并达成对口帮扶协议；广东省英德市一行7人也于11月到雷山县里勇村开展了“先富帮后富，村帮村”牵手行动，向里勇村赞助人民币1万元，看望2户“五保户”，向一位中学生患心脏病家庭捐赠1000元，并初步商定开展麻竹笋种植加工帮扶项目。

（国务院扶贫办机关党委　王安福）

中国国际贸易促进委员会定点扶贫

【概述】 中国国际贸易促进委员会（以下简称“中国贸促会”）定点帮扶贵州省从江县、黑龙江省林甸县，2016年举办干部和人才培训班4期，共完成党政干部培训580人次、教师培训60人次，选派5名挂职干部分赴从江县、林甸县挂职，开展精准扶贫工作。

2016年，中国贸促会先后投入或引进资金（包括直接投入资金、物资及直接引进政策性资金）3225.25万元用于定点扶贫工作，帮助两县成功申请“国家电子商务进农村综合示范县”，支持基础教育建设、农产品深加工、各类项目推介等，组织会属单位、国际商会会员企业等35次深入从江县、林甸县实地考察对接，并专门为两县举办了“2016（中国·贵州）海内外商会精准扶贫项目对接会”，有力地促进了两县经济社会的发展。

【扶贫资金投入】 2016年，中国贸促会先后投入或引进资金3225.25万元用于定点扶贫工作，其中，中国贸促会直接投入资金111.41万元，物资折款113.84万元，用于两地农村教育、基础设施、贫困家庭帮扶；引进政策性资金3000万元，用于发展两县的电子商务示范县项目。

【扶贫调研】 2016年，中国贸促会多次召开扶贫工作座谈会，邀请定点扶贫县的主要领导到机关介绍县域经济社会发展情况、听取意见和建议。组织调研组235人次，深入考察从江县、林甸县农产品加工、中药材种植及旅游业开发利用情况，深入两县当地公司企业、贫困家庭了解经济社会发展和农民生产生活情况，与县委县政府负责人共同分析探讨脱贫致富之路。通过结合贸促会工作平台、联系渠道和能力条件，进一步明确定点扶贫工作要以开发式扶贫为方针，以扶贫项目作支撑，以建档立卡贫困户为重点，走可持续发展的精准扶贫之路。

【扶贫会议】 2016年，中国贸促会成立了扶贫工作领导小组，党组书记、会长姜增伟担任组长，在全会范围内抽调政治素质好、业务工作精、责任心强的干部充实到办公室，确保专人专职从事扶贫工作。领导小组共召开19次扶贫会议研究和部署定点扶贫工作。在前期调研的基础上，中国贸促会制定《从江县扶贫工作方案》《林甸县扶贫工作方案》，围绕展会论坛、电子商务、特色旅游、教育帮扶、养殖种植、中草药开发等项目开展帮扶。细化项目，进一步明确起止时间、成果设计、实施步骤和责任人员，印发《贸促会关于2016年对从江县扶贫项目安排》《贸促会关于2016年对林甸县扶贫项目安排》。

【扶贫制度建设】 为提高扶贫工作的制度化、规范化水平，切实加强扶贫资金管理，防范廉政风险，出台《中国贸促会专项扶贫资金管理暂行办法》。为进一步增强各扶贫责任单位的责任感、紧迫感，确保各项目标任务顺利完成，出台《中国贸促会定点扶贫监督考核暂行办法》，建立健全扶贫工作监督考核机制。

【扶贫培训】 2016年8月，中国贸促会投入50余万元组织林甸县、从江县两地60名农村小学一线骨干教师赴北京师范大学培训。为提升从江县当地干部的管理能力，更新思想观念，改善知识结构，支持当地人才队伍建设。10月，中国贸促会为从江县股级以上干部举办经贸摩擦应对和法律风险防范（农产品贸易）培训班，培训人员580人次，为从江县的特色农产品走向市场、走出国门做好铺垫。

【干部挂职扶贫】 2016年，中国贸促会选派5名干部到从江县、林甸县挂职扶贫，其中，2名处级干部挂职担任副县长，2名处级干部、1名科级干部挂职贫困村"第一书记"。在工作中，挂职干部严格按照扶贫工作要求，本着"看真贫、扶真贫、真扶贫"的要求，克服工作和生活方面的各种困难，做好定点扶贫各项工作，当好"信息员、宣传员、联络员"，推动扶贫工作真正扶到根上、点上，让贫困群众切切实实受益。

【扶贫慰问】 2016年，党组书记、会长姜增伟赴从江县、林甸县调研，实地考察了解两县贫困状况，走访慰问贫困户，送去慰问金，召开座谈会与两县负责人研究精准脱贫思路和方法。

【产业扶贫】 2016年，中国贸促会利用展会、论坛等各类形式协助从江县、林甸县开展招商引资及特色产品推介。组织两县参加了国际中药博览会暨全国中药材博览会、第五届北京国际旅游商品博览会、黄河三角洲（中国·垦利）国际农业博览会、石油机械展览会等，指导两县策划推广产品。通过俄罗斯叶卡捷琳堡第三届中俄贸易博览会，召开林甸县专场旅游资源推介会，宣传推广林甸县旅游资源。中国贸促会组织召开农产品流通（产销）对接会，组织永辉超市股份有限公司、家乐福集团、阿里巴巴网络技术有限公司、苏宁云商集团股份有限公司等企业考察对接、参与扶贫。协助从江县成功举办生态文明贵阳国际论坛，组织两县到中粮肉食投资有限公司、北京同仁堂健康药业股份有限公司以及北京巅峰智业旅游文化创意股份有限公司等企业考察，寻找洽谈合作事项。

2016年，中国贸促会协助从江县申报国家有机认证示范县、从江椪柑有机产品生产基地、从江稻鱼鸭有机产品生产基地以及国家农业标准化示范区农产品供销基金项目等，指导打造农产品品牌，提高产业效益；协助林甸县利用东北黑土地做文章，初步打造出林甸“碱性大米”特色品牌，利用“互联网+”平台推广。

通过各类活动，林甸县成功引进凯迪生态环境科技股份有限公司生物质能源项目，林甸县企业通过展会成功与胜利油田签订供货合同。旺旺集团等企业与从江县初步达成构建食用菌种植基地、有机产品认证、香猪采购等项目，家乐福等企业将林甸县红小豆、绿豆等农产品纳入春节备货采购序列。

【教育扶贫】 2016 年，中国贸促会在教育扶贫方面加大力度。除组织林甸县、从江县两地 60 名农村小学一线骨干教师赴北京师范大学培训外，中国贸促会先后组织有关单位为林甸县中国贸促会希望小学、宏伟村小学、从江县岜沙村小学、银潭村小学等采购捐赠价值 135.25 万元的教学设备、图书器材等。2016 年，中国贸促会直属机关党委、团委等部门先后为从江县、林甸县组织开展扶贫捐赠活动，组织团员青年赴当地进行调研实践，深入了解贫困学生家庭，捐赠助学金等 38.2 万元、图书 4000 册、书包文具 500 套、衣物 3500 余件，真正使贫困地区的学生受益。

【基础设施建设】 中国贸促会派驻林甸县宏伟村“第一书记”走村入户了解民情。结合村民意愿，中国贸促会投资 20 万元，当地政府提供配套资金，共同为宏伟村修建完成村文化大院、文化活动室设施，为村民提供了休闲娱乐场所，丰富了村民的精神文化生活。

【整村推进】 中国贸促会分别向林甸县宏伟村、从江县丙妹镇岜沙村和谷坪乡银潭村分别派驻了“第一书记”，因地制宜，制定了不同的帮扶措施，致力于将挂职村打造成精准扶贫示范村。宏伟村依托露天蔬菜种植，在有序推进土地经营权流转特别是贫困户土地经营权流转的基础上，采取激励机制，进一步扩大蔬菜种植面积，做好反季节销售和水洗加工，带动村民脱贫致富。岜沙村依托旅游合作社，与贵州省乡滋源农特发展有限公司、九乡米业等农特产品开发企业对接，形成稻鱼鸭、香鸡等订单式生产，联合民族手工艺品开发公司，包装设计苗绣、竹编等特色产品，实现规模化生产。银潭村依托四寨河库区资源，开发水产养殖产业和库区风光、民族风俗体验等旅游项目，联系中国农垦公司等企业对油茶、钩藤种植和家畜水产养殖等项目进行产业开发。

（中国国际贸易促进委员会扶贫办
李庆飞）

中国中信集团有限公司定点扶贫

【概述】 2016年，中国中信集团有限公司（以下简称“中信集团”）认真学习贯彻落实中共中央的决策部署和中共中央总书记习近平关于扶贫工作的指示要求，扎实开展对云南省元阳县、屏边苗族自治县（以下简称“屏边县”）和重庆市黔江区的定点扶贫工作，派出6名扶贫挂职干部，捐赠扶贫资金总计2973.28万元（含下属子公司捐赠扶贫资金1683.28万元），其中中信集团定点扶贫资金1290万元，实施产业扶贫、易地搬迁、基础设施建设、整村推进、教育扶贫等项目，协助当地积极做好精准扶贫精准脱贫工作。中信集团专门设立社会公益事业办公室（以下简称“公益办”），与帮扶所在地区建立畅通的渠道和沟通协调机制，保障扶贫项目的科学规划、实施和管理。

【扶贫资金投入】 2016年，中信集团总部及各子公司投入扶贫资金共2973.28万元，其中中信集团总部定点扶贫资金1290万元。年度扶贫资金捐赠情况为：中信集团总部向元阳县投入定点扶贫资金530万元，向屏边县投入定点扶贫资金530万元，向黔江区投入定点扶贫资金230万元；中信银行股份有限公司捐赠扶贫资金770万元；中信国安信息产业股份有限公司捐赠扶贫资金339.48万元；中信建投证券股份有限公司捐赠扶贫资金323.54万元；中信证券股份有限公司捐赠扶贫资金121.38万元；其他子公司捐赠扶贫资金128.88万元。

【扶贫调研】 2016年，为做好精准扶贫精准脱贫工作，中信集团多次深入定点扶贫县进行调研，走访中信帮扶项目，了解项目实施进展情况，要求中信6名扶贫挂职干部选准扶贫项目、实施精准扶贫，监督并使用好中信集团的专项扶贫资金，为当地贫困村早日脱贫做出贡献。中信集团6名挂职干部，多次下乡调研、开会讨论和深入研究贫困乡村和贫困群众的真实需求，按照中央精神和各级党委政府的要求筛选、规划扶贫项目，按项目需求测算资金投入，瞄准建档立卡贫困人口，集中体现精准扶贫，通过多种保障措施使扶贫资金发挥社会和经济双重效益，使建档立卡贫困人口真正受益、早日脱贫。

【扶贫工作会议】 为加强扶贫开发工作的组织领导，中信集团坚持定期召开扶贫开发工作会议，每年不少于2—3次。2016年，中信集团主管扶贫、援藏工作的领导纪委书记冯光主持召开中信扶贫工作会议，相关职能部门和在云南省、重庆市6名挂职干部参加。

11月，中信集团工会副主席兼公益办主任宋巍组织扶贫挂职干部召开了扶贫工作座谈会，深入学习《习近平关于扶贫开发论述摘编》，贯彻落实中央单位扶贫工作会议和国家机关定点扶贫工作座谈会的要求，转变工作思路，创新扶贫模式，按照中央精准扶贫的要求，紧紧围绕建档立卡户贫困群众做文章，围绕能够使建档立卡户贫困群众真正长期受益的原则，规划扶贫项目，统筹扶贫资金。

【干部挂职扶贫】 中信集团选派6名干部挂职扶贫。6名挂职干部充分发挥优势，按照中信集团2016年产业扶贫项目实施要求，明确产业项目经营合作模式和建档立卡户收益模式，并对实施主体包括乡镇政府、合作社或致富带头人等在项目规划阶段就提出了明确要求，使建档立卡贫困群众在产业项目上获得多重收益：土地流转租金收益，参加务工所得收益，以及产业项目分红收益。在项目实施阶段，由乡镇、行政村基层党组织、村委会组织群众代表对项目实施主体进行监督管理，参与产业项目建设、生产运营和销售的全过程，确保扶贫项目和资金能够发挥应有的作用。

有的挂职干部还利用自己的专业优势协助当地政府分管金融等工作，进行招商引资，建立平台，为贫困户解决扶贫小额信贷，支持产业发展，通过产业发展带动贫困户脱贫致富。

【产业扶贫】 2016年，中信集团积极探索扶贫新模式，分别通过实施“村集体+茶厂+建档立卡户”“村集体+专业合作社+建档立卡户”扶贫模式，有效壮大了村集体经济，连片带动建档立卡贫困户受益，变传统的“输血式”扶贫为“造血式”扶贫。

在元阳县，2016年中信集团采用“村集体+茶厂+建档立卡户”的模式，投入100万元作为建档立卡户参股股金，对新街镇水卜龙村茶厂进行改造提升，共惠及建档立卡户88户285人。采用“村集体+专业合作社+建档立卡户”的模式，投入68万元作为建档立卡户参股股金，扶持成立全福庄村板蓝根种植专业合作社，共发展板蓝根种植3500亩，惠及建档立卡户126户572人。投入30万元（驻村“第一书记”专项资金）扶持成立新街镇水卜龙电商中心，作为农村电子商务平台的实体终端直接扎根于农村，服务于“三农”，使建档立卡户和村民成为平台的最大受益者。

在屏边县，2016年，中信集团投入343万元在玉屏镇开展养殖项目精准扶贫工作，根据地方条件重点扶持养猪项目，扶持建档立卡户413户1956人，养殖生猪4287头。围绕产业扶贫解决脱贫致富的根本途径，紧紧围绕屏边县“十百千”工程，中信集团在屏边县扶持以荔枝、猕猴桃产业为主的示范种植，使一些建档立卡户通过土地流转租金和在示范园务工获得收益。2014 年起中信集团在屏边县建设中华红心猕猴桃标准示范园，2016 年扩建 37 亩，总计 120.4 亩，共种植苗木 1.3 万棵，项目总投资 160.8 万元，目前苗木长势良好。中信“妃子笑”荔枝标准化示范园启动建设于 2012 年 6 月，总面积 50 亩，共种植“妃子笑”荔枝 2000 株，预期实现销售收入 9 万元，按规定比例给建档立卡户分红收益。

【教育扶贫】 中信集团自 1992 年实施定点扶贫就成立了中信奖助学金，用于奖励优秀学生与老师，资助家庭困难的学生读书。截至 2016 年，中信集团累计发放的中信奖学金和助学金达 347.38 万元，近万名学生和千余名优秀老师得到资助和奖励，解决贫困家庭子女上学难的问题，增强贫困群众脱贫的信心，助推教育扶贫事业的发展。2016 年，中信集团在元阳县、屏边县各发放中信奖助学金 15 万元；在元阳县投入 50 万元修建元阳县民族小学塑胶跑道及足球场；在黔江区投入 10 万元设立困难群众教育帮扶基金，支出 2.3 万元帮助 9 名困难大学新生读书。

【公益扶贫】 2016 年中信集团捐赠 150 万元，携手中国健康促进基金会、全国防盲指导组、北京同仁医院，赴大别山革命老区、湖北省重点贫困地区——随州市开展“中信同仁光明行”活动，此次活动历时一周，由北京同仁医院的专家医师为随州地区的 300 名贫困白内障患者免费实施复明手术。中信戴卡股份有限公司出资 10 万元，对屏边民族高级中学 30 名贫困高中毕业学生进行资助上大学。中信戴卡股份有限公司 13 名员工捐资 5.5 万元，资助屏边民族高级中学 11 名高考录取的贫困大学生每人 5000 元。中信银行重庆分行对黔江区沙坝乡中心学校开展爱心助学活动，投入财物 21.4 万元，其中表彰优秀教师 1 万元，建设留守儿童亲情聊天室 1.4 万元，阳光书屋添置图书 1 万元，发放奖学金、助学金和特色小组活动经费 8 万元，爱心捐赠 2 万元，爱心早餐（牛奶）8 万元。

【基础设施建设】 2016 年，中信集团在屏边县投入资金 90 万元，实施新现镇洗马塘村委会下把总寨村民小组进村道路硬化项目 2.13 千米，受益建档立卡户 136 户 514 人；投入资金 50 万元，实施湾塘乡阿碑村委会塘子自然村活动室建设项目，受益建档立卡户 39 户 189 人。在元阳县投入 30 万元，修建元阳县黄茅岭乡茅山村经济路 5 千米，受益建档立卡户 60 户 276 人。

【整村推进】 2016 年中信集团选派扶贫干部在黔江区开展精准扶贫工作，并投入 60 万元帮扶资金（含 2016 年中信集团给予驻村书记专项扶贫资金 30 万元），分为 2016、2017 两个阶段使用，推动该村实现“村脱贫、户逾线”攻坚目标。驻村“第一书记”充分发挥金融工作专长，在沙坝乡木良村设立了“黔江区沙坝乡木良村产业发展种子基金”“黔江区沙坝乡木良村重病困难群众帮扶基金”“困难群众教育帮扶基金”，帮助贫困群众解决实际困难，激发内生动力，通过在村里实施基础设施扶贫、教育扶贫、卫生扶贫、产业扶贫等项目，改善了全村居民的生活状况。

“黔江区沙坝乡木良村产业发展种子基金”以中信集团资助的20万元扶贫资金为启动资金，用于无偿支持建档立卡户通过劳动、创业致富脱贫。用款时间到期后，只需归还本金的90%，10%用于直接奖励，将循环支持其他建档立卡户创业，提高了建档立卡户脱贫致富的内生动力。2016年，共有4户建档立卡户利用申领到的8.5万元资金办起了肉牛养殖、蔬菜大棚、土鸡养殖和蚕桑扩能，户均增收有望突破3万元。

“黔江区沙坝乡木良村重病困难群众帮扶基金”以中信集团资助的10万元扶贫资金为启动资金，用于帮助因病致贫困难家庭。2016年资助自付金额超过3300元/人/年的重病困难群众17人，总额5.57万元，有效减少了因病致贫或因病返贫的现象。

“黔江区沙坝乡木良村困难群众教育帮扶基金”以中信集团捐助的10万元扶贫资金为启动资金，用于帮扶村里的困难学生。2016年资助9名大学新生2.3万元，帮助他们顺利进入大学校园读书。

在村基础设施建设方面，利用中信集团投入的20万元扶贫资金（2016年支付金额13万元），配合黔江区水利局完成全村529户入户饮水配套工程，为全村529户1778人（其中建卡贫困户91户、381人）解决了饮水困难问题。

【易地扶贫搬迁】 2016年，中信集团在黔江区投入200万元，协助黔江区政府，按照“政府引导、群众自愿、资源整合、统筹推进”的工作思路，严格按照每户60—90平方米标准修建砖混结构房屋，对黔江区生存条件恶劣、生态环境脆弱的60户179人建档立卡户进行易地扶贫搬迁。贫困群众居住条件得到改善，在新的居住地因地制宜开展农家乐、手工业、养殖业等脱贫增收产业，推动脱贫攻坚与生态环境保护相互促进。

（中国中信集团工会社会公益事业办公室）

中国光大集团股份公司定点扶贫

【概述】 2016年，中国光大集团股份公司（以下简称“光大集团”）认真贯彻落实中共中央、国务院关于打赢脱贫攻坚战的部署，围绕脱贫目标，坚持“突出精准、突出特色、突出绿色、突出实效”，发挥金融集团和当地资源两个优势，坚持改善民生、发展产业、金融扶持三位一体，在定点帮扶的湖南省新化县、新田县、古丈县开展“六扶一推进”，即：金融扶贫、产业扶贫、教育扶贫、健康扶贫、驻村扶贫、救助式扶贫，推进实业扶贫，全方位、立体式，多措并举，共投入资金1445.62万元，其中资金1425.62万元，物资折款20万元。组织实施扶贫项目21个，直接帮扶1712名贫困人口脱贫。

【扶贫机构建设】 为了加强对扶贫工作的组织领导，结合光大集团和各直属企业领导变化，光大集团党委召开会议，研究调整光大集团扶贫工作领导小组成员和办事机构。光大集团党委书记、董事长唐双宁担任光大集团扶贫工作领导小组组长，光大集团副董事长、总经理高云龙、光大集团党委副书记、监事长朱洪波和光大集团党委委员、纪委书记谢志斌担任副组长。集团下属中国光大银行股份有限公司等4个单位成立了扶贫工作领导小组和办事机构，形成了光大集团系统的大扶贫格局。

【扶贫调研】 光大集团党委书记、董事长唐双宁，集团副董事长、总经理高云龙，集团党委副书记、监事长朱洪波，集团党委委员、纪委书记谢志斌分别赴古丈县、新化县、新田县开展调研。同县、乡镇和村干部了解情况，慰问群众，了解当地贫困情况，考察优势产业项目，检查集团帮扶成果。在古丈县、新化县、新田县分别与当地党委政府和扶贫干部座谈交流，详细了解当地社会经济发展、建档立卡和扶贫规划，互通情况，共商帮扶思路，深入探讨帮扶办法以及对中国光大集团定点扶贫的需求和建议。

【文化旅游扶贫】 光大集团充分挖掘当地红色旅游文化资源，助力村寨旅游项目开发。在新化县利用辛亥革命时期著名革命先驱者陈天华和无产阶级革命家成仿吾的家乡资源；在新田县利用红军六军团小源会议旧址等红色资源；在古丈县利用土家族、苗族聚居区的民族特色资源，依托四个贫困村，建文化旅游示范基地，以点带面，打造当地红色文化旅游圈，带动周边贫困村贫困人口增收脱贫，仅古丈县一个镇一天的游客接待量就达到3000人左右，此项目惠及一个村的124个贫困户318名贫困人口。

【产业扶贫】 光大集团在古丈县建立湘西第一条黑茶加工生产线。为丰富成品茶品种，集团在古丈县提供加工生产设备，安装黑茶生产线，实现黑茶产、供、销一体化，直接受益贫困户达到上千户。在新田县建石蛙和竹鼠养殖基地4个，共23亩，帮助200人脱贫。在新化县建有机茶基地600亩，发展富硒茶叶。按照“公司+合作社+基地+农户”模式，帮助100人脱贫。在新化县扶持发展李子产业。在已建成的1万亩基础上，加强对4000亩的田间管理，增加产果量，帮扶150人脱贫。在古丈县，利用当地的黑猪、土鸡、山羊和黄牛品种优异和林下绿色生态养殖的优势，与专业合作社合作，进行孵化、育种、养殖等基地建设，直接带动99个贫困人口增收。

【金融扶贫】 为了创新帮扶方式，2016年10月，光大集团与人民日报社签订战略合作协议。人民日报社社长杨振武、集团董事长唐双宁共同启动了“人民—光大精准扶贫特色电商平台”。古丈县的毛尖茶叶，新田县的富硒豆粉等特色农产品，首批免费上线正式登录光大银行“购精彩”电子商城，销售定点扶贫地的茶饮等农产品。“媒体+金融机构+移动互联网”的融合，为精准扶贫走出一条创新之路。

【教育扶贫】 为改善和解决光大集团定点帮扶的3个县建档立卡贫困家庭孩子上学难的实际，集团组织实施“光大明德助学计划”，将贫困孩子的情况挂在集团网站上，组织集团系统员工自愿认捐，开展“一对一”资助，手拉手结对。集团系统各单位各部门干部员工积极参加助学活动，网站刚刚开通就迎来了认捐高潮，开通仅3天，被认捐结对的孩子就达85%，共收到捐款125.62万元，资助贫困学生756名。另外，在2015年工作基础上，继续扶持新化县文田镇富公坳小学1200平方米的教学楼建设项目，更新学生课桌椅550台套，捐助各类书籍14000余册，同时添置厨房设备，改善食堂条件。

【扶贫培训】 与当地县委组织部共同组织乡镇、县直有关单位干部和扶贫干部学习新农村建设经验和农村产业扶贫开发经验，拓宽工作思路。组织农业实用技术培训。2016年共举办各类培训班9期，培训1650人次，其中各级干部500人次、农技骨干1150人次。购置印发《农业实用技术》《农业技术手册》等资料6000余册。通过种植养殖技术等培训，提高农民致富技能。

【救灾扶贫】 2016年7月，新化县、新田县和古丈县等地普遍遭受暴雨袭击，造成山洪暴发，38个乡（镇）42.8万人受灾，基础设施被破坏，农业生产损失巨大。光大集团领导在第一时间慰问，同时向3个县紧急拨付扶贫救灾款共300万元，用于抢险救灾、恢复重建，帮助当地干部群众抗灾救灾。

【驻村帮扶】 充分发挥集团挂职扶贫“第一书记”的作用，积极开展驻村帮扶工作。在新化县洋溪镇六竹村建油茶林基地。开发油茶林 200 亩，同时发展养殖业，两项产业带动全村 30 个贫困人口脱贫；为六竹村打了一眼“光大爱心井”，并建水塔；在新化县洋溪镇山联村建中药材基地。直接帮扶 40 个贫困人口脱贫；在新化县洋溪镇精华村成立养殖合作社，依托养殖大户建养殖基地，喂养牛羊、家禽和鱼等，直接帮扶 50 个贫困人口脱贫；为山联村和金华村修建两条“光大连心路”，共 13.8 千米。

【干部挂职扶贫】 光大集团认真贯彻落实中央单位定点扶贫挂职干部选派工作要求，坚持把开展定点扶贫工作与培养干部紧密结合起来，定期从集团选派中青年干部到定点扶贫县挂职和任村“第一书记”。向 3 个定点帮扶县共选派扶贫挂职干部 4 名，其中挂职县委政府 3 名，村“第一书记”1 名。为了加强对挂职扶贫干部的管理，集团先后制定《光大集团挂职扶贫人员考核管理办法》《光大集团挂职扶贫人员主要工作职责》等规章制度，同时落实季度工作报告制度。集团挂职干部认真履行职责，积极参与当地党委政府工作，主动汇报，热情协调，勤勤恳恳，任劳任怨，招商引资，努力完成分管工作和急难险重任务，为当地党委和政府当好参谋助手，受到当地党委和政府的好评。

【扶贫日活动】 光大集团充分利用“扶贫日”的有利时机，在集团系统积极宣传中共中央、国务院新阶段扶贫工作的新要求、新任务和实现“十三五”时期确保农村所有贫困人口如期脱贫，全面建成小康社会的重大意义，并组织了光大集团系统向扶贫县捐款活动，共筹集单位捐款 1300 万元，员工个人捐款 125.62 万元。同时，在《中国光大集团 2016 年年度报告》中，专题反映了定点扶贫工作和企业落实社会责任的情况。

【公益扶贫】 光大集团除做好定点扶贫工作外，还积极参加其他社会帮扶活动。光大银行自 2005 年 10 月正式参与支持“大地之爱 · 母亲水窖”公益活动以来，截至 2016 年底，已捐款 3142 万余元。2016 年光大银行组织全行员工向母亲水窖捐款，募集善款 300 万元，并按照光大银行与全国妇女发展基金会第三个五年合作计划，划拨捐款 300 万元，认真分配、跟踪投放建设资金。同时，持续开展“您消费一次 我捐一分爱心”活动，举办第六届“光大梦想 爱心启航——全国青少年才艺展评暨母亲水窖公益活动”。光大证券股份有限公司向遵义市黄莲乡“光大道竹小学”捐赠价值 10 万元的电脑、投影仪等教学设备，并开展了“一对一”爱心助学活动。

（中国光大集团股份公司
扶贫办 吕铁军）

中国邮政集团公司定点扶贫

【概述】 中国邮政集团公司定点扶贫陕西省商洛市商州区、洛南县。2016 年 6 月，中国邮政集团公司总经理李国华专程赴陕西商洛地区调研邮政定点扶贫工作，实地考察邮政集团在商洛地区帮扶的秸秆饲料加工、鼯鼠养殖以及邮政农村电商服务中心、“双基联动易农贷”、“三农”金融服务站的工作情况，并向集团公司总部派遣的邮政驻村干部了解邮政扶贫工作，对加大商洛地区项目扶贫工作力度提出要求。副总经理李丕征赴陕西商洛地区了解当地的扶贫情况，并召集中国邮政集团公司公司总部、陕西省分公司同陕西省商洛市政府召开联席会议，听取了地方政府对邮政公司的扶贫期望内容，制定了中国邮政集团公司“十三五”时期扶贫工作方案及相关措施。

2016 年，中国邮政集团公司投入扶贫资金 584. 2 万元、提供金融扶贫信贷资金 2178 万元、募捐 48 万元爱心包裹，实施农村电商扶贫、移民帮扶扶贫、教育扶贫、科技扶贫、产业扶贫、基础设施扶贫，派出扶贫干部，扶贫工作涵盖商洛市 32 个乡镇的 39 个行政村，帮扶贫困人口 3392 人。

【金融扶贫】 2016 年，在商州区、洛南县累计投放金融扶贫信贷资金 397 户 2178 万元，其中建档立卡贫困户 31 户 245 万元。

【爱心包裹项目】 2016 年，中国邮政集团公司共募捐价值 48 万元的爱心包裹，其中向商州区、洛南县贫困学生直接捐赠 996 个爱心包裹，价值约 20 万元；另外，陕西省分公司募集价值 28 万元爱心包裹，通过中国扶贫基金会发放给贫困学生。

【电商扶贫】 2016 年，中国邮政集团公司投入资金 175 万元，建成洛南县县级电商服务中心 1 处；建成乡镇级邮政电商服务中心 17 处，其中商州区 8 处、洛南县 9 处。

【移民帮扶扶贫】 2016 年，中国邮政集团公司投入资金 33 万元，建成移民帮扶便民服务站 33 处，其中商州区 16 处，洛南县 17 处。

【教育扶贫】 2016 年，中国邮政集团公司投入资金 123. 3 万元，资助 351 名贫困户学生；定向培养贫困人学生 9 人，其中石家庄邮电职业技术学院培养 4 人、陕西通信技师学院培养 5 人。

【科技扶贫】 2016 年，中国邮政集团公司投入资金 49. 9 万元，举办科技培训 5

期，其中在商州区、洛南县组织邮政电商技能培训、农村致富带头人科技培训各 1 期，组织农村种养殖知识技能培训 1 期。赠订农业科技报刊 400 份，商州区、洛南县各 200 份；赠订商州区牧护关镇竹园村书籍 2000 本。

【教育扶贫】 中国邮政集团公司向商州区西荆小学、洛南县景村镇中心小学等 12 所学校捐赠课桌板凳 970 套，其中商州区 430 套、洛南县 540 套；邀请名校大学生支教团到竹园村支教。

【产业扶贫】 2016 年初，在中国邮政集团公司帮助下，商州区竹园村鼯鼠养殖专业合作社与安徽沪樵药业股份有限公司达成合作，竹园村所有五灵脂按当地市场价格统一采购。该项合作达成后，竹园村的鼯鼠养殖产业确定了稳定销路，当年实现纯利润逾 20 万元，鼯鼠养殖规模扩大至 2200 只。此外，该专业合作社共吸纳 27 户贫困户参与鼯鼠养殖，每年每户可获得分红 1000—1200 元。

【基础设施建设】 2016 年，中国邮政集团公司投入资金 203 万元，建成基础设施扶贫项目 27 个。人畜饮水项目 2 个、修建便民桥 3 座、修建连户生产路 20 处、修建灯 50 盏、建设邮政文化广场 1 处。

【干部挂职扶贫】 2016 年，中国邮政集团公司先后派遣 4 名干部到商洛市商州区、洛南县挂职，其中 2 名干部分别任副区长和副县长，2 名干部任村“第一书记”。

（中国邮政集团公司信息科技与建设部　卢耀华）

中国工商银行股份有限公司定点扶贫

【概述】 2016年，中国工商银行股份有限公司（以下简称“工商银行”）认真贯彻中共中央、国务院精准扶贫精准脱贫基本方略，从完善领导机制、增加资金投入、加强督促检查等方面入手，不断加大对四川省通江县、南江县、万源市、金阳县的精准帮扶力度，全年共计投入资金及物资折款56628万元，集中开展了一系列金融、产业、教育、卫生等扶贫项目，新投放8.5亿元支持了凉山光伏电站、嘉陵江亭子口水电站等重点项目建设，创新设计并推广“致富创业贷款”，支持4县市9家商户在工商银行融e购电商平台上线，实现销售收入近800万元；启动贫困大学生专项招聘，直接资助新考入大学贫困学生381名，表彰优秀教师400名，培训村小教师400名；资助贫困孕产妇1600人；开展了黑鸡、黄羊、黑猪、花椒种养殖等产业扶贫项目，共投放1.5万只黑鸡鸡苗，2000多只黄羊、2000多头黑猪，有力支持了定点扶贫地区的经济发展。

【扶贫资金投入】 2016年，工商银行共计投入资金及物资折款56628万元，主要包括用于基础设施建设资金33138万元，产业开发资金22511万元，文化教育类扶贫资金586万元，医疗卫生类扶贫资金250万元，人力资源培训资金70万元，赈灾救济送温暖73万元。

【扶贫资金管理】 2016年，工商银行继续按照《定点扶贫援建项目管理办法》规定，对所有工商银行捐助的项目，均成立以扶贫干部为组长，地方政府项目主管副县长为副组长、地方政府项目相关部门负责人、支行行长为成员的项目实施领导小组。各县市工商银行开立专门存放援建项目资金的“安心账户”，对账户实行“专户管理、封闭运行”，在项目实施领导小组领导下对账户资金进行监管。严格执行财务制度，按照计划、合同、工程进度付款。拨付资金时，由项目实施领导小组组长和工商银行当地机构负责人审核双签。同时，进一步完善扶贫项目的监督和监测机制，确保每个扶贫项目事前有方案审批、事中有质量监测、事后有跟踪和评估，并建立和完善规范的项目管理台账。因工商银行扶贫地区均在四川省，同时要求四川分行加强对援建项目的指导和管理，定期向总行报告项目进度、资金使用等情况。

【干部挂职扶贫】 为保证扶贫效果，工商银行建立了派驻扶贫工作组定点帮扶机制，并将干部挂职扶贫作为锻炼干部和联系群众的重要途径，每年从总行选派优秀中青年干部赴定点扶贫县（市）挂职帮扶。2016年首次开展了扶贫干部公开选拔，向定点扶贫地区选派了4名处级干部。调整了扶贫干部相关政策，从有利于保持扶贫工作连续性的角度出发，将扶贫干部挂职期限从1年增加到2年；在薪酬待遇、职务晋升等方面出台一系列激励政策，充分调动了广大干部员工参与扶贫工作的积极性。

【金融扶贫】 工商银行瞄准脱贫攻坚的重点人群和重点任务，精准完善金融支持措施，坚持信贷政策和扶贫政策协调，坚持创新发展与风险防范统筹，以多元化方式满足贫困地区的金融需求，推动定点扶贫地区发展。紧密围绕定点扶贫地区发展规划，认真梳理扶贫项目融资需求，新投放8.5亿元贷款支持凉山光伏电站、嘉陵江亭子口水电站等项目。创新设计一批符合本地特色的金融产品。四川省分行与达州市政府共同出资，合作建立了小微企业风险补偿基金，截至2016年末贷款余额达3亿元，惠及40余家小微企业。试点实施了创新贷款产品“致富创业贷款”，对种养殖带头人进行融资支持，发放了6笔106万元，带动了3户11人脱贫。三是启动政府财务顾问服务试点，帮助定点扶贫地区进行政府规划、招商引资、产业发展、投融资服务。四是继续运用“电商+企业+贫困户”的互联网精准扶贫新模式，推动定点扶贫4县市9家商户在工商银行电商平台“融e购”上线，实现销售额近800万元，精准带动农户增收。五是精准推进贫困地区普惠金融发展。结合当地政府规划，持续提升基本金融服务水平，实行结算优惠政策，提高“助农POS”等产品在贫困乡村的覆盖面和使用率，方便农民足不出村办理存取款、转账汇款、代理缴费等基础金融服务。

【产业扶贫】 2016年，工商银行加大产业扶贫力度，扩大了产业扶贫规模，投入资金近1200万元，在万源市投放了1.5万只黑鸡鸡苗，在南江县投放了2000多只黄羊、2000多头黑猪，在通江县投放了350余头黑猪，在金阳县启动了2个花椒种植项目，构建“工行+政府+村两委（村党支部委员会和村民委员会）+企业+农户”的产业扶贫新模式，在助推产业发展的同时，使建档立卡贫困户获得实实在在的收益。

【教育扶贫】 2016年，工商银行继续加大教育扶贫工作力度。在4县市分别举办了工商银行“启航工程——贫困大学生资助”活动，按每人5000元标准资助了381名新考入大学的建档立卡贫困户学生。在教师节期间，在4县市开展了“烛光计划——优秀山村教师表彰”活动，共表彰山村教师400名，每人奖励2000元。举办“烛光计划——山村教师培训”活动，4县市共培训教师400名。投入120万元，向定点扶贫地区捐赠儿童安全书包，惠及5400名儿童，在当地形成了较大影响和良好口碑。在金阳县启动了春江乡王家屋基村希望小学建设。在10月17日“扶贫日”，正式发布贫困家庭大学生专项招聘计划，2016年招聘280名、未来五年内共招聘1000名建档立卡贫困家庭大学生，进一步延伸了教育扶贫链条。

【健康扶贫】 自2009年开始，工商银行坚持向中国扶贫基金会捐款，在定点扶贫地区开展保护贫困孕产妇在医院顺利分娩的“母婴平安120行动”。2016年，工商银行再次捐赠160万元，资助了1600名贫困高危孕产妇。

【扶贫调研】 2016年4月，工商银行监事长钱文挥带领总行扶贫组赴四川省调研扶贫工作，与定点扶贫县市党委政府负责人分别进行座谈，听取定点扶贫县市党委、政府的扶贫规划安排，了解当地扶贫需求，重点考察工商银行金融扶贫、产业扶贫、教育扶贫、卫生扶贫及扶贫干部管理方面的情况，对捐建项目进行现场走访勘察。2016年11月，工商银行监事长钱文挥在四川组织召开定点金融精准扶贫工作座谈会，进一步推动金融扶贫政策在定点扶贫地区落地实施。

（中国工商银行股份有限公司
扶贫办　银　杰）

中国银行股份有限公司定点扶贫

【概述】 2016年，根据中共中央、国务院的决策部署，中国银行股份有限公司（以下简称“中国银行”）充分发挥国际化、多元化的平台优势，认真履行社会责任，积极投身国家扶贫事业，在促进陕西省永寿县、长武县、旬邑县、淳化县4个县精准扶贫工作中，通过公益的理念、市场的力量和商业的模式，努力探索社会公益性和商业化、市场化相结合的可持续的扶贫新模式。2016年，中国银行先后在4县投入帮扶资金7238.8万元，其中直接投入帮建资金1299.1万元、发放扶贫贷款5750万元、捐赠物资折款189.7万元，为4县企业叙做贴现业务超过2.5亿元，实施“安全饮水、道路交通、光伏建设、农业设施”等各类项目23个，帮助建档立卡贫困人口脱贫1377人，产业扶贫帮助带动建档立卡贫困人口2904人，受到资助的贫困学生2053人，有力推动了咸阳市县脱贫攻坚工作。

【扶贫制度建设】 中国银行党委及时研究调整领导机制，由党委书记、董事长田国立与党委副书记、行长陈四清共同担任定点扶贫工作领导小组组长，增加相关业务部门和附属公司为小组成员，明确各自职责分工，进一步加强对扶贫工作的组织领导。研究制定《中国银行定点扶贫管理办法》《中国银行“十三五”金融扶贫工作规划》《中国银行2016年金融扶贫工作计划》，对扶贫工作进行科学合理规划。

【扶贫会议】 2016年3月，中国银行党委专题研究扶贫工作，明确提出要加强组织领导，加大资源投入，争做扶贫攻坚表率，把开展定点扶贫工作与探索金融如何更好地支持实体经济结合起来，创新措施，精准实施，提高实效。6月，召开党委会进一步形成共识，要求充分发挥中行国际化、多元化的专业优势，有效整合海内外资源，做好扶贫工作，打造具有中行特色的扶贫之路。7月，召开执行委员会会议，听取关于落实党委会关于扶贫工作部署的若干措施，督促工作进展，进一步要求全行提高思想认识，加强协同联动，扎实做好扶贫工作。11月，党委会再次研究扶贫工作，指出扶贫是中国银行肩负的长期责任，要通过扶贫开启一次农民启蒙运动，不断了解农村、熟悉农业、培训农民，使扶贫工作成为了解中国国情的窗口、寻找市场机会的窗口和全行员工“接地气”的窗口。

【扶贫调研】 2016年5月，中国银行董事长田国立率领总行5个部门、2家附属公司和陕西省分行负责人，利用5天时间赴逐县考察调研，先后听取咸阳市经济社会发展、脱贫攻坚以及中行定点扶贫工作情况汇报，召开有地方党政干部和企业负责人参加的5场座谈会，实地调研8个扶贫项目；调研结束后，提出利用“四种力量”落实“十个一批”的扶贫战略思想。9月，行长陈四清率队再赴4个定点扶贫县，先后赴10个中小企业和扶贫项目基地实地考察，要求全行不断创新金融服务产品，努力提高精准扶贫质量效益，将定点扶贫工作纳入中国银行与陕西省政府战略合作整体框架中进行统筹谋划。

【产业扶贫】 中国银行于2014年首创“中银全球中小企业跨境撮合服务”，为全球中小企业互联互通搭建桥梁。在熟悉国内贫困地区情况，同时又掌握国内外优势产业和优势企业信息的基础上，创新推出“科技+智慧+载体+资金”的扶贫撮合模式，帮助4县对接国内外优质客户和项目。2016年5月，举办“中国陕西中小企业跨境投资与贸易合作洽谈会”，为50家咸阳企业设立了专场。9月，举办精准扶贫跨境撮合洽谈会，来自7个国家及国内9个省（区、市）的优势产业、龙头企业客户，与陕西省内及咸阳地区的80家企业进行了285场次洽谈。河南南阳鹏远肠衣有限公司在淳化县投资2.1亿元建厂，全线投产将解决近千贫困人口就业。还有一批企业签署了合作备忘录。中国银行充分发挥整合社会资源的角色定位和能力优势，把贫困人口、政府、企业等不同主体的需求、供给、能力和资金等有机结合起来，帮助引进先进农业技术，延伸农业产业链，加快产业融合发展，让贫困农户更多分享农业全产业链和价值链增值收益。

【电商扶贫】 为解决当地苹果及其它农产品销售和贫困家庭创收难题，中国银行通过公益理念、市场力量、商业模式和互联网技术的结合，开发“公益中行”精准扶贫平台。平台供给侧对接4县10余万贫困人口，需求侧对接中国银行境内员工。试运行半年，平台购买端注册员工约27万，实现销售额近1500万，累计帮助销售果品超过700吨。不仅能够把贫困地区优质农产品销售出去，还通过关口前移、产业倒逼，加快了农产品资质认证、标准制定、品牌培育等工作进程，有效提升了当地农产品竞争力。“公益中行”平台不仅是贫困户农副产品销售的一个重要渠道，也是广大员工奉献爱心、开展公益的一个重要载体，还是商业开发农村市场特别是贫困地区市场的重要探索。

【公益扶贫】 2016年10月，中国银行举办“乐善济贫、百年相承”定点扶贫爱心公益活动，面向境内中高端客户募集善款3000余万元，全部款项赠予中国银行慈善基金会，专项用于咸阳定点扶贫事业。协调香港慈善机构、爱心人士，在4县设立2000万港元的奖教助学基金，用于支持贫困地区教育发展。

【基础设施建设】 中国银行与政策性银行优势互补，与中国农业发展银行签署《金融扶贫合作协议》，充分发挥商业银行和政策性银行的资源优势，共同创新金融扶贫模式，双方加强技术合作，重点合作支持国家级、省级政策性金融扶贫实验示范区和双方定点扶贫县脱贫。总投资 2.26 亿元的咸阳市淳化县屯庄水库成为首个合作项目，建成后能有效解决 5 个乡镇 8.71 万群众生活和生产用水问题。

【干部挂职扶贫】 在人力支持、智力扶贫方面，中国银行制定一系列鼓励优秀员工到艰苦地区干事创业的制度措施，鼓励优秀青年员工到 4 县承担扶贫工作，在基层扶贫工作中锻炼成长、建功立业。2016 年共派出 10 名干部挂职开展扶贫工作，充实扶贫工作力量；派出驻村的“第一书记”成为当地扶贫的带头人，通过发挥示范引领作用支持了当地发展。同时，中国银行利用自身培训机构和培训力量，每年为咸阳举办一次规模为 50 人左右的干部金融研修班。建立了当地干部到中国银行交流的工作机制，增强他们利用金融手段发展经济的能力。

【扶贫培训】 中国银行党委注重把扶贫与扶志、扶智相结合，组织职业农民技能培训班、“互联网+扶贫”培训班，积极探索特色农产品产区制，向农民讲解传播“三农”政策、生产技术、金融知识和致富案例，引导培育广大农民的主体意识、金融意识、市场意识、发展意识。

（中国银行股份有限公司扶贫办
陈开锋）

交通银行股份有限公司定点扶贫

【概述】 2016年，交通银行股份有限公司（以下简称“交通银行”）深入贯彻落实中共中央、国务院关于精准扶贫工作的战略部署，成立交通银行扶贫工作领导小组，精心制定交通银行扶贫工作五年规划和年度计划，通过开展实地调研、选拔高素质挂职干部、推动精准扶贫实践，从金融扶贫、产业扶贫、技术扶贫、教育扶贫等多维度全方位推进扶贫工作，取得显著成效。2016年，交通银行投入帮扶资金500余万元，用于甘肃省天祝县、山西省浑源县和四川省理塘县实施产业扶贫项目、基础设施建设、集体牧场建设等项目，帮助贫困地区群众加快脱贫步伐。另外，捐赠1200余万元用于各省直分行开展的定点扶贫和其他扶贫捐赠项目。2016年，交通银行精准扶贫工作获得了社会普遍认可，荣获“2016中国社会责任精准扶贫奖”、甘肃省精准扶贫“民心奖”等。

【扶贫资金投入】 2016年，交通银行扶贫捐赠总金额1700多万元（含员工捐款等其他渠道捐赠），实施扶贫捐赠项目近200个。其中，向3个定点扶贫县投入帮扶资金500余万元，帮助建档立卡贫困人口脱贫数2549人，带动建档立卡贫困人口2926人脱贫；其余1200余万元主要投入各省直分行开展的定点扶贫和其他扶贫捐赠项目。此外，交通银行还充分发挥金融企业专业优势，积极实施金融扶贫，2016年，金融精准扶贫贷款余额为62.22亿元，其中，个人建档立卡贫困人口贷款34.71亿元；单位精准扶贫贷款27.52亿元，有效助力贫困地区脱贫。

【扶贫资金管理】 交通银行在全行捐赠预算额度内，做好捐赠资源的统筹规划，留出扶贫专项资金，优先保障总行定点扶贫项目和省委省政府指定的重点扶贫项目。同时，不断加强扶贫资金的使用管理，建立健全协调统一的扶贫资金管理机制，强化审计监督，拓宽监管渠道，坚决查处挤占挪用、截留和贪污扶贫资金的行为。总行定点扶贫项目主要委托贫困县所在地省分行进行项目跟踪管理，同时委派扶贫挂职干部对项目材料选购、项目建设进展等情况进行全程监督检查，积极协调解决项目建设中存在的各类问题，确保了帮扶工作的顺利进行。

【扶贫调研】 2016年，交通银行党委书记、董事长牛锡明到理塘县、天祝县、浑源县进行实地调研、座谈，询问扶贫工作进展情况，了解当地建档立卡贫困户和贫困人员详细状况，并入户进行走访慰问。党委副书记、监事长宋曙光，党委委员、副行长于亚利以及党委委员、副行长王江，也分别进行了扶贫实地调研。

【干部挂职扶贫】 交通银行建立选派挂职扶贫干部机制，严格做好挂职扶贫干部选拔、管理和考核工作。2016 年，交通银行通过公开竞聘方式选择 3 位处级干部到定点扶贫县挂职，选派 1 位干部到天祝县贫困村担任“第一书记”。交通银行扶贫干部扎根扶贫一线，做好相关扶贫政策、信贷政策的宣导，发挥专业优势帮助贫困地区招商引资；同时，凝聚全行力量参与脱贫攻坚，多方争取资金，精准聚焦脱贫攻坚。

【扶贫培训】 交通银行积极搭建技术扶贫平台，围绕精准定位的产业扶贫项目，在与政府沟通的基础上，利用农闲时间及新技术推广期间，邀请有关专家驻村召开培训班，并进行实地指导。交通银行扶贫干部带领帮扶工作队 4 人，根据村情实际，通过入户宣讲、上党课、党员讨论、典型示范等形式引导村牧民转变观念；配套电商扶贫网点开展电商技术培训，累计培训贫困户 1000 人次，切实增强农民脱贫攻坚的本领。

【金融扶贫】 2016 年，交通银行制定《关于积极推进金融精准扶贫工作的意见》，为推进金融扶贫打下良好政策基础。积极创新金融服务实体经济新模式，总行资产管理业务中心从 2016 年 9 月开始，以设立专项扶贫基金的形式向集中连片特困地区、革命老区和中央苏区等提供融资支持。截至 2016 年末，扶贫基金已在贵州铜仁、陕西渭南、广东梅州、广西百色、河南商丘等地顺利落地，主要覆盖新型城镇化、交通、水利、旅游等公共事业和特色产业领域，总规模超过 700 亿元。

【产业扶贫】 交通银行在天祝县投入资金 200 万元，建成打柴沟镇深沟村日光温室示范园建设项目，修建日光温室 95 座，帮扶资金主要用于配套日光温室自动卷帘机、钢制卷帘机支、保温被、棚膜，配套农电线路，修建日光温室管理房等。2016 年，95 座日光温室全部建成并投入使用，项目正常产生效益后，受益农牧民达 95 户 420 人，户均增收 1.6 万元。在浑源县支持生态养殖黄芪鸡综合开发项目，该项目总投资 500 万元，交通银行投入帮扶资金 60 万元，主要用于购置孵化设备和电力配套设施，其余由资金公司自筹。项目建成后，年经营纯收入 300 万元，可带动周边至少 500 户贫困户约 2000 人脱贫致富。在理塘县投入资金 150 万元，分别用于理塘县 2016 年拟“摘帽”的下汝村、额和村和卡灰村的集体牧场建设。项目建成后，实现 3 个村共 108 户 444 人稳定脱贫。

【基础设施建设】 在浑源县选取蔡村镇尧村深井与配套建设项目进行帮扶，项目概算总投资 96 万元，其中交通银行投入帮扶资金 66 万元。项目建成后，扩大有效灌溉面积480亩，覆盖106户农户213人，其中建档立卡贫困户64户115人。该项目能发展蔬菜种植300亩，亩增加收入800元，人均年增收950元，使64户贫困户一次性脱贫，对促进该村整体脱贫有着十分重要的意义。此外，交通银行还投入资金15万元，帮助天祝县祁连乡马场滩村自身无搬迁能力的2户特困户，通过易地扶贫搬迁项目，实现了稳定脱贫。

【教育扶贫】 交通银行积极与中小学开展联建活动，帮助贫困地区学校增强办学条件，为天祝县引进沪江网校教学平台，免费开展天祝师资培训、国内名师课堂共享等活动；交通银行扶贫干部积极联系资源，向天祝县岔口驿村捐赠二手电脑115台；举办2016年“交通银行扶贫青少年融情夏令营”活动以及关爱留守儿童专项行动，将公益行动与扶贫工作紧密融合。

【电商扶贫】 交通银行充分利用行内互联网平台资源，加大贫困地区农产品网上销售平台建设。发动员工在县电商扶贫中心互联网平台上先后采购了140余万元农副产品；在“健康交行”移动管理平台上增设“精准扶贫”模块，将贫困地区特产、工艺品以对应“健康积分”的方式向全员开放兑换，鼓励员工在健康运动的同时支持扶贫事业。

（交通银行股份有限公司
企业文化部　秦丹丹）

中国人民保险集团股份有限公司定点扶贫

【概述】 2016年，中国人民保险集团股份有限公司（以下简称“人保集团”）坚持精准扶贫、立足定点扶贫县实际，深入调研，总结经验，结合行业特点和自身优势，不断创新保险扶贫举措，直接投入扶贫资金450万元，在江西省吉安县、乐安县，陕西省留坝县和黑龙江省桦川县开展了金融扶贫、产业扶贫、教育扶贫、基础设施扶贫、公益扶贫等扶贫开发工作，落实扶贫攻坚责任，增强贫困地区发展内生动力。

【扶贫资金投入】 2016年，人保集团按照“依法合规、专款专用、职责清晰、流程规范”的基本原则，分别对吉安县、乐安县、桦川县、留坝县按照每县100万元划拨扶贫专项资金。同时，对集团选派“第一书记”所在的吉安县横江镇良枧村划拨扶贫专项资金50万元，年度直接投入共计450万元。

【扶贫制度建设】 人保集团在“十三五”规划纲要中明确提出创新保险扶贫的有效方式，积极开展相关工作。2016年7月，印发《关于成立中国人民保险集团助推脱贫攻坚工作领导小组的通知》，由党委书记、董事长吴焰担任组长，并要求相关子公司结合实际制定具体实施方案。8月，印发《中国人民保险集团关于开展保险助推脱贫攻坚工作的指导意见》，提出完善定点扶贫机制，充分发挥人保集团在当地机构网络和既往积累的经验优势，优先在定点扶贫县开展“三农”保险、大病保险、医疗救助保险、小额人身意外保险、小额贷款保证保险等保险业务，着力发挥保险风险保障、社会管理和融资增信功能在定点扶贫地区的实践应用，因地制宜制定定点帮扶规划和实施方案，增强贫困地区造血功能，提高扶贫对象自我发展能力，实现脱贫致富。

【扶贫调研】 2016年5月，人保集团赴吉安县开展扶贫调研，就新时期如何更好地开展定点扶贫工作进行沟通交流，共同研讨电商扶贫、金融扶贫等扶贫新路径。4月和8月两次派出调研组，对吉安县的扶贫工作开展调研，了解集团选派驻村“第一书记”落实中央决策部署、开展扶贫工作和个人生活情况及良枧村“合作社精准扶贫”模式。12月，集团党委书记、董事长吴焰带队赴吉安县调研脱贫攻坚工作，对吉安县基础设施建设、产业发展及集团扶贫项目等进行实地考察，深入了解当地群众受益于扶贫项目的情况，认真听取当地干部对资金筹措、使用等方面的意见和建议，探讨精准扶贫模式。

【干部挂职扶贫】 2016 年，人保集团选派 5 名处级干部到定点扶贫县和贫困村开展扶贫工作。扶贫干部认真分析贫困户致贫原因，准确识别贫困户贫困类型，积极协调各方力量，因地制宜开展特色扶贫项目。针对不同的贫困类型和贫困户实际，扎实开展产业扶持、教育培训、金融服务、结对帮扶，逐村、逐户制定精准帮扶措施，做好与当地县委县政府的沟通协调，推进扶贫项目实施及其他工作的正常有序开展。

【基础设施建设】 2016 年，人保集团在桦川县开展闲置大棚二次利用项目。在留坝县开展武关驿镇南河街村秧田坝组机、马道镇二十里铺村铺沟组机耕路建设、青桥驿镇铁炉村农村文化广场建设；在火烧店镇堰坎村开展房屋改建项目，为房屋已成危房的特困群众进行房屋改建。在乐安县开展南村乡稠溪移民新村基础设施建设及鳌溪镇咸溪村委会引水工程、桥陂村委会活动场所建设。在吉安县开展油田镇丁田小学教学楼改建和官田乡水利设施修建项目、良枧村村委办公设施改造和村路新建整修项目。

【产业扶贫】 2016 年，集团投入 17 万元在留坝县玉皇庙镇两河口村发展中蜂养殖产业；帮扶马道镇特困户开展中药材种植和土鸡养殖；带动龙潭坝村 14 户贫困户参与冷水鱼养殖项目；为乱石窖村 51 名贫困户发展肉牛养殖项目。

在乐安县招携镇瓦子场村委会投入 10 万元开展蚕桑产业扶贫项目，用于新建桑园 100 亩，同时为新建专用蚕房进行补贴，共扶持带动 10 余贫困户脱贫致富。

在吉安县开展天河镇横林村委会山羊产业开发，并投入 16.5 万元帮助建档立卡贫困户入股专业合作社。2016 年成立的吉安县横江镇良枧农产品电子商务专业合作社，引进吉安县名特农产品专业技术，种植横江葡萄、红心火龙果、井冈蜜柚等，由人保集团和吉安县扶贫办共同为全村 55 户建档立卡贫困户每户出资 6000 元，采取入股分红形式加入合作社。合作社成立当年就向每户贫困户分红 500 元现金和价值 50 元的葡萄一箱。同时，贫困户在合作社劳动可获得务工收入，解决了持续性收入问题。

【教育扶贫】 2016 年，人保集团继续在桦川县开展城乡困难群体中学龄阶段子女教育救助工作。在吉安县协助当地政府在全县 19 个乡镇建立科技服务站，为当地农民致富提供智力支持。

为填补农村国学教育的空白，人保集团、中国人保公益慈善基金会与中国青少年发展基金会联合发起“中国人民保险国学希望教室”公益项目，为乡村小学捐助国学图书室，并定期组织国学经典诵读活动。2014 年—2016 年，分别在新疆、云南和西藏等中西部偏远贫困地区邀请北京市吟诵教育研讨会的国学老师为当地学生讲授国学吟诵体验课，深化学生对国学的认识和教育。累计向全国31个省（区、市）316所偏远贫困地区小学的43642名学生赠送助学用品和运动服，为西部地区的学生制作防寒服；累计捐赠316套体育用品，10万册国学图书。

【金融扶贫】 2016年，人保集团在桦川县开展贫困户种植业保险保费补贴工作，参保贫困户2637户，承保土地面积44078.71亩，按照每亩缴纳3元保费缺口标准，保费补贴金额13.2万元，为贫困户增强收入保障和综合抗灾能力。

在留坝县投入12.32万元扶贫资金开展政策性森林保险项目，承保面积10.27万亩，解决了群众因森林资源灾害返贫的问题；对5007户农户进行政策性农房保险补贴项目，保费补贴金额4.38万元。2016年底，建成人保系统首个“保险助推脱贫攻坚示范区”，并经县政府印发方案，组织实施。方案中明确由集团针对贫困户生活、普通农户生产、县域农特产业发展等3个层面面临的风险独家提供综合保障。第一年实施期间，集团承担80%的保障费用，20%由当地财政分摊，较全面地防止贫困农户因自然灾害、市场波动和意外事故致贫、返贫，逐步实现“三农”保险全覆盖，保障全方位，服务全配套。

在乐安县开展水稻种植保险保费补贴项目，对贫困户和低保人员自主经营的每亩水稻代缴5.4元保费缺口，承保面积37037.04亩，参保户数2273户，保费补贴金额20万元。集团还积极参与29745名精准扶贫对象的大病医疗补充保险，并推出“贫困对象返贫责任险”，返贫对象每人最高可获2万元救助补偿金，新华社对此进行了专门报道。

在吉安县开展建档立卡贫困户水稻种植保险保费补贴项目，涉及全县19个乡镇306个行政村，承保面积62537.65亩，参保户数9839户，贫困户每亩自缴10.8元，保费补贴金额675406.62元。

【公益扶贫】 人保集团积极为定点扶贫县争取社会慈善捐赠，经多次沟通协调，向国家卫生和计划生育委员会、中国人口福利基金会申请在吉安县设立“幸福工程”项目点，并开展科技、文化、卫生“三下乡”活动。2016年8月，“幸福工程”项目向吉安县捐赠资金50万元，向当地学校捐赠价值20万元的电脑设备。“幸福工程”资金将向项目点连续投放3年，并根据具体情况确定投放金额。

【革命老区建设】 2016年，人保集团在江西省进一步加大农险扶贫产品开发力度，为474.66万农户提供354亿元风险保障，户均保障水平达到7500元。同时，集团通过“险资入赣”项目，放款5000万元支持江西扶贫攻坚。

在安远县长沙乡吉祥村投入28万元进行农田、厕所和饮水工程改造；为赣州市南康区安装光伏分布式发电设备的1518户贫困户提供光伏产业扶贫保险，免除贫困户安装光伏发电设备损坏的后顾之忧；实行农房保险与农房防灾防损相结合，在江西省六地市、33个县（区）开展农房保险，承保农户184万户，对“五保”人员实现全覆盖，同时，在全国率先开展农房防灾防损工作，筹资帮助家庭困难且房屋危旧的参保贫困农户修缮房屋，给予每户2000元资金支持，已有751户参保农户领取了特困群众房屋修缮资金。

在赣州市会昌、安远等12个县区开办贫困人口疾病医疗商业补充保险项目，覆盖68.21万贫困人员，累计补偿4182人次，总赔款金额4088.42万元，贫困人口住院医疗费用自付比例由过去的36%下降至7.31%，最低个人负担为0.08%；在上犹县，开发出江西省首个精准扶贫人口意外伤害保险项目，为4.29万农村贫困人口提供40亿元的意外身故、伤残和医疗费用保障；推行“金信保”产业扶贫贷款保证保险，帮助贫困户以较低的融资成本获取银行贷款用于农业生产。

【扶贫宣传】 人保集团充分运用和借助公司内外网、门户平台、新媒体等渠道，对定点扶贫工作进行广泛宣传。“爱与分担·e互助”微信订阅号，定期发布系统内的扶贫、社会责任类信息，进一步做好企业社会责任、互助扶贫捐助等信息传播。

2016年10月17日“扶贫日”，人保集团联合桦川县政府，开展桦川县电商扶贫专题活动，主推当地特色农产品。当日销售成交额近万元，电商平台一周内的综合访问量达到3000人次。留坝县组织开展“脱贫攻坚——PICC在行动”宣传活动，借助图片展板等方式，对全县8个镇的脱贫攻坚工作亮点、成效进行回顾，宣传人保集团扶贫成果。

2016年，人民网、新华网发表《中国人保爱心温暖困难群众》《央企定点扶贫助力陕西留坝贫困户拔“穷根”》等报道，反映人保集团扶贫工作成效。

（中国人民保险集团股份有限公司办公室　何相宁）

中国人寿保险（集团）公司定点扶贫

【概述】 2016年，中国人寿保险（集团）公司（以下简称“中国人寿”）贯彻落实中央定点扶贫工作会议精神，把握大势、发挥优势，通过强化机制建设、深化精准帮扶、创新电商扶贫等重点举措，将中央扶贫开发工作会议、中央单位定点扶贫工作会议的各项安排深入落地，在湖北省丹江口市、郧西县，广西壮族自治区天等县、龙州县四个定点扶贫县开展金融扶贫、产业扶贫、电商扶贫、教育扶贫、基础设施扶贫、爱心公益扶贫等扶贫开发工作，全年累计投入帮扶资金1600万元，实施扶贫项目15个。

【扶贫资金投入】 2016年，中国人寿分别对丹江口市、郧西县、天等县、龙州县4个定点扶贫县按照每县400万元扶贫专项资金预算，合计投入帮扶资金1600万元。1600万元的扶贫资金提前半年拨付到位，给贫困县政府早准备、早启动、早落实各项扶贫项目争取时间。

【扶贫机制建设】 2016年，中国人寿完善扶贫工作机制，建立“集团统一领导，各直属单位直接参与负责”的新工作机制，新机制强调落实各直属单位的主体责任，强化了领导组织保障。3月，按照集团要求，各直属单位相继成立了领导小组和扶贫办公室，扶贫工作领导办量显著加强，许多涉及扶贫的大事、关键事、重点工程，都通过公司党委会等高规格会议来议定，这些举措都有力促进了2016年定点扶贫工作的落实。中国人寿组织召开中国人寿系统定点扶贫工作会议，明确了公司定点扶贫思路、规划和目标，正式颁布了公司定点扶贫“大纲”，顺利完成了扶贫工作的顶层设计工作。集团扶贫办根据工作要求先后召开4次定点扶贫协调会，召集各单位共同协商定点扶贫重点工作，确保各项任务高效执行。

【干部挂职扶贫】 2016年，中国人寿加大扶贫干部选派力度，强化扶贫攻坚的人才支持，共派出4名挂职副县长，同时增派了8名驻村“第一书记”，共计派出了12名扶贫干部。挂职干部到位之后，创造性开展精准扶贫、精准脱贫工作，为定点贫困县脱贫攻坚提供有力支撑。

【产业扶贫】 2016年，中国人寿在丹江口市，援助600余户、2000人实施柑橘低产园改造，实现增收。在郧西县，援建10个马头山羊繁殖场，带动870余户贫困户实现脱贫。在天等县，建设4个产业扶贫基地，其中驮堪乡项目直接带动了 50 户贫困户脱贫。在龙州县，支持开展 7 个产业扶贫项目，累计帮助 458 户贫困群众实现脱贫。

【金融扶贫】 2016 年，中国人寿累计投入扶贫资金 772.2 万元用于为 4 个定点扶贫县贫困群众购买小额人身保险和房屋、牲畜等财产保险，累计覆盖贫困人口超过 42 万，累计保额高达 716 亿元，免除贫困群众的后顾之忧，为当地贫困群众改善生产生活条件，防止因病、因灾致贫、返贫做出贡献。

2016 年，中国人寿大力推动大病保险，缓解因病致贫返贫。31 家省级分公司在 200 多个城市与政府合作，开展 250 多个大病保险项目，覆盖 4 亿城乡居民，行业领先。全年累计为 800 多万人次（400 多万人）支付赔款 220 多亿元。通过医疗费用越高、报销比例越高的制度设计，大病患者实际报销比例在基本医保基础上提高了 10 多个百分点，发挥了兜底作用。因大病致贫、因大病返贫现象得到缓解。

积极经办新农合及医疗救助，帮助困难群众“病有所医”。全年中国人寿在 23 个省（区、市）开展新农合、城镇居民医疗、城镇职工医疗、医疗救助等政策性医疗经办业务 300 多个，服务人数 5000 多万人，管理资金 60 多亿元。

不断拓展扶贫小额保险，增强低收入群体风险抵御能力。全年中国人寿全国开展扶贫小额保险的省级公司已达 13 家，宁夏“脱贫保”、甘肃“两保一孤”以及重庆扶贫保险成为先进典型。

全力推动农业保险发展，发挥支农惠农作用。中国人寿农险产品数量共有 412 个，为满足贫困农户多样化、多层次的保险需求提供产品储备。同时，全面推进政策性农险保额补充、天气和价格指数等创新型险种的扩大发展，不断扩大贫困地区农险覆盖面。

【扶贫调研】 2016 年，中国人寿组成了 19 个批次的调研组，分赴 4 个定点扶贫县调研，其中公司级领导率队调研次数达到 6 次，调研组与贫困村和困难群众座谈交流，听取基层意见，受到当地政府和群众的欢迎。

【电商扶贫】 2016 年，中国人寿创新开展电商扶贫，借助公司电商平台，销售贫困县出产的农副产品。截至 12 月底，电商扶贫产品销售额超过 290 万元，员工参与购买人数超过 8000 人，平台的影响面和辐射力不断扩大，帮助贫困县群众迅速增产又增收。

【公益扶贫】 2016 年，中国人寿加大爱心公益扶贫力度，发起爱心捐赠活动，发动员工向贫困地区学校、福利院开展“献爱心、送温暖”活动，为定点扶贫县学校学生和五保老人筹集笔记本电脑、大量文体器材和过冬衣物。天等县福新乡黎亮小学被纳入“为公益点亮，与健康同行”、“6·16”客户节公益捐助对象，受赠 2000 本、价值 24108 元的小学生读物。

【教育扶贫】 2016 年，中国人寿加大专项扶贫资金的投入力度，重点用于改善当地中小学教学条件。公司为 4 个定点扶贫县投入专项资金，用于 1 所幼儿园、4 所小学、1 所中学校舍建造、体育场馆改造，更新扩充教学设施，有效改善 300 名儿童、2000 多名中小学生的学习和教育环境。

【基础设施建设】 2016 年，中国人寿积极参与当地重点基础设施工程，建桥修路，帮助福利院搞好配套建设等。在郧西县 3 个贫困村架桥，为 2000 余名贫困群众解决出行难问题；在郧西县 3 个乡镇的中心福利院搞好配套建设，帮助 500 余名贫困低保人员老有所居、老有所养。

【扶贫宣传】 2016 年，中国人寿在内、外网开通“中国人寿定点扶贫工作专栏”，并通过微信和微博等平台，发布扶贫信息，协助贫困县进行特色农产品推广、旅游资源推介等，提升知名度和影响力。邀请中国人寿形象代言人姚明到天等县开展与篮球有关的公益活动，为留守儿童在身心、学习、生活等多方面提供支持与援助，呼吁更多人参与到帮助、关爱留守儿童的行动中来。

11 月，《中国保险报》记者深入走访天等县、龙州县，实地考察中国人寿的精准帮扶项目，采访扶贫挂职副县长和“第一书记”，刊发了反映龙州县保险扶贫成效的《小额保险“四个一点”助力龙州百姓脱贫》，反映天等县定点扶贫举措的《天等，不等天了》，并策划推出定点扶贫的“天等模式”，在社会上引起反响。

（中国人寿保险〈集团〉公司办公室
综合信息处　赵　雪）

中国华融资产管理股份有限公司定点扶贫

【概述】 中国华融资产管理股份有限公司（以下简称“中国华融”）定点帮扶四川省宣汉县。为贯彻落实精准扶贫战略部署，积极投入脱贫攻坚战，针对当地实际情况，中国华融转变定点扶贫工作思路，将工作重心由科教扶贫为主转为瞄准建档立卡贫困人口的精准帮扶为主，探索开展产业扶贫、金融扶贫，有效发挥金融加速脱贫能效，确保扶贫实效。

2016年，中国华融围绕精准扶贫精准脱贫的基本方略，以“保持扶贫力度、集中资金优势、精准扶贫发力、确保扶贫实效”为指导思想，以“定目标、定方位、定措施、定机制、定效果”为工作理念，点面结合，突出重点，创新扶贫模式，扎实开展定点扶贫各项工作。2016年共投入定点扶贫资金632.26万元，从产业、民生、教育3个方面实施定点扶贫项目，对宣汉县峰城镇仁义村和桃花乡龙井村进行对口帮扶，以产业扶贫为重点，培育贫困村造血能力，着力打造“中国华融精准扶贫示范村”。中国华融坚持智力扶贫，加强扶贫干部管理，共选派挂职干部2人次、“第一书记”1人赴宣汉县开展扶贫工作；帮助宣汉县培养当地干部，邀请县党政干部参加中国华融主办的境内扶贫工作培训和境外金融知识培训，助力宣汉县社会经济可持续发展。

【扶贫资金投入】 2016年，中国华融全系统总计向宣汉县投入定点扶贫资金632.26万元。其中，扶贫项目资金594.54万元，由公司总部及集团内15家子公司共同捐赠，用于开展产业扶贫、民生扶贫和教育扶贫项目；扶贫培训费用7.72万元，用于组织扶贫干部培训活动；全系统员工捐款、捐物折合资金约30万元，主要包括公司员工捐赠的爱心衣物、书籍及对宣汉贫困学生的“一对一”资助等。

【扶贫会议】 2016年，中国华融召开董事长办公会、定点扶贫领导小组会议，公司党委书记、董事长赖小民主持会议，全体公司领导参加，共同研究落实中央扶贫工作要求，制定公司定点扶贫工作五年计划和年度计划，扎实做好“十三五”期间精准扶贫工作。

【扶贫调研】 2016年，中国华融加强对定点扶贫工作的实地调研。先后派出25人次赴宣汉县开展实地调研，了解贫困村、贫困户实际情况和需求，研究扶贫工作措施，督促落实定点扶贫项目。5月，公司党委委员、副总裁王文杰亲赴宣汉县调研定点扶贫工作。调研组实地考察扶贫项目情况，研究部署下一步工作措施；慰问仁义村贫困户，了解贫困村干部群众的诉求；与宣汉县委、县政府沟通协商定点扶贫工作机制，推动2016年扶贫计划落地实施。

【扶贫制度建设】 2016年，中国华融结合扶贫工作实际情况，修订《扶贫干部管理办法》，加强对派驻扶贫干部的管理。明确扶贫干部的职责和工作要求，加大对扶贫干部的工作考核力度；调整扶贫干部有关福利待遇，激励更多优秀员工赴贫困县挂职扶贫。

【扶贫资金管理】 2016年，中国华融按照“一次性预拨付到位、按项目审批支取、年终汇总结算、剩余结转”的原则对扶贫资金进行管理。扶贫资金采用一次性拨付到位、按项目使用审批支取的形式，委托宣汉县财政局按照专项资金的要求对公司的定点扶贫资金进行监管，专款专用。扶贫项目的主办部门在项目实施前，需将具体的项目实施方案和资金计划报公司定点扶贫工作领导小组同意后实施。实施过程中，项目主办部门按照县政府财政资金申请审批流程，申请支取公司定点扶贫专项资金，并由公司挂职扶贫干部审核确认资金使用符合公司定点扶贫项目安排。资金拨付后，主办部门需将项目资金审批相关材料报公司备案。县财政局每年向公司汇报年度定点扶贫资金使用情况。挂职扶贫干部任期结束时，公司审计部对扶贫干部挂职期间的定点扶贫资金审批和使用情况开展经济责任审计。

【产业扶贫】 2016年，中国华融投入262万元开展产业扶贫。投入62万元在宣汉县设立“中国华融农业产业扶贫基金”，为贫困村、贫困户提供产业发展启动或周转用无息借款，按照无偿使用、归还本金、滚动运转的模式，解决贫困户发展产业资金严重短缺的问题。2016年基金先在峰城镇和桃花乡试点实施，支持桃花乡龙井村组织贫困户发展了蜀宣花牛养殖、桃花米和酱椒种植等产业。投入资金150万元在峰城镇修建特色农产品“桃花米”加工厂，加工厂委托仁义村金丰城合作社经营管理，通过提高粮食收购价格、提供就业岗位、利润分红等多种形式增加贫困户收入，并帮助宣汉中部山区5个乡（镇）提高了稻谷的商品转化率和转化质量。合作社共收购优质稻谷约47吨，销售桃花米约21.5吨（其中，中国华融内部以市场价购买8.25吨），实现销售收入约30.5万元，帮助80余户村民解决了卖粮难的问题，户均增收约1000元。投入资金50万元帮助仁义村养殖合作社扩大蜀宣花牛养殖规模。公司捐赠资金作为全村建档立卡贫困户入股股本，可获取合作社盈利分红。截至2016年末，合作社蜀宣花牛养殖规模达到62头。经测算，在保持合作社可持续运营的前提下，每年可为全村114户贫困户带来户均500元以上的分红收益。

【基础设施建设】 2016年，中国华融投入162.1万元辅助开展基础设施建设项目，帮助改善贫困村生产生活条件。聘请专业设计机构帮助仁义村进行空间发展规划设计，奠定村庄科学建设基础；设置扶贫标语宣传牌，营造脱贫致富氛围；建设2处新村聚居点，解决村民住房安全问题；设立家庭梦想基金，为贫困家庭改造厨房、厕所、院坝等基础居住环境；新建约3.5千米村级道路，修复4处塌方、病险道路，解决村民日常交通出行问题；修建3处安全饮水工程，改善村民生活用水条件；修建红军寨广场，为村民提供文化休闲活动场所；资助仁义村和龙井村新建组织阵地，提供村民集体议事、活动场所，进一步加强基层党建和党组织凝聚力。

【教育扶贫】 2016年，中国华融投入106.9万元开展教育扶贫。投入51万元继续实施“中国华融助学扶贫基金”项目，在宣汉县3所乡镇高中定点设立“中国华融奖学金”和“中国华融助学金”，并要求资助对象须是建档立卡贫困户，以增强对象的精准度。全年共向60名成绩优异的贫困高考考生颁发奖学金每人5000元；分春、秋两个学期向贫困高中学生发放助学金每人1000元，累计资助210人次。投入50万元资助芭蕉镇初级中学校园改扩建工程。公司多年来一直积极帮助协调解决该校改扩建用地问题，力促改变学校校园面积狭小、教学基础设施拥挤的现状。2016年用地问题解决后，公司捐资50万元补足学校整体改扩建工程资金缺口。投入5.9万元设立仁义村助学济困基金，资助仁义村建档立卡贫困户所有在读的大学（含大专、高职）和高中（含中专、中职）学生。

【扶贫培训】 2016年，中国华融为宣汉县组织了3次培训活动，培训人数64人。邀请宣汉县党政干部参加中国华融在香港组织的“资产管理与投资业务创新培训班”，帮助他们开拓眼界、提高金融素养。组织定点扶贫工作培训班，邀请宣汉县党政干部参加，通过专题讲座、现场考察等方式，帮助他们提高扶贫理论和政策水平、学习扶贫先进经验、增强扶贫工作能力。继续开展第二届“中国华融·宣汉县最美乡村教师”奖励基金项目，奖励由宣汉县教科局评选出的50名优秀乡村教师，每人给予一次性现金奖励1万元，并组织获奖教师赴北京市参加培训，鼓励和引导广大教师长期扎根学校、服务乡村教育。

【公益扶贫】 2016年，中国华融发动全系统员工共献爱心，参与定点扶贫。组织来自公司总部及西南片区分支机构的14名青年志愿者赴宣汉走基层，为贫困山区的学生捐赠电脑及文体用品，考察公司定点扶贫项目，与仁义村贫困户同生活共劳动，并为宣汉县青年创业项目献计献策。组织公司总部员工继续开展对宣汉县贫困山区学生的“一对一”资助活动，资助贫困学生63人，资助金额共计10余万元。组织公司总部、河南分公司、华融置业、华融信托等机构开展爱心捐衣活动，为仁义村及周边贫困村捐赠衣物近3000件。四川分公司、辽宁分公司员工自发前往仁义村开展送温暖活动，慰问村中老人和贫困户。公司青联西部片区员工和社会人士同献爱心，捐赠 1.9 万元，帮助仁义村 6 个贫困家庭的孩子完成上学梦。

【干部挂职扶贫】 2016 年，中国华融加强挂职扶贫干部和“第一书记”的选派和管理。先后选派四川分公司高级经理吴梅和重庆分公司高级副经理赵良朋赴宣汉县任挂职扶贫干部，选派总部办公室经理鄢宏驻仁义村任“第一书记”。3 位同志挂职期间，积极调研基层情况，思考扶贫有效措施，带动贫困户寻求劳动致富出路。

【扶贫宣传】 2016 年，中国华融进一步加大扶贫工作的内部动员和外部宣传力度。创办“定点扶贫工作动态”，作为定点扶贫工作信息宣传和报送的常态化载体。在公司内网首页醒目位置开辟“社会责任”区域，专门显示扶贫相关信息，并在“社会责任”版面增加扶贫政策相关内容，让系统内员工及时了解公司扶贫工作动态和国家扶贫方针政策。“扶贫日”前后，公司通过展板、视频、新闻稿等多种形式积极宣传扶贫工作理念，提高公司扶贫工作的知名度和影响力。配合公司整体宣传计划，加大对扶贫工作的媒体宣传，《金融时报》登载了《中国华融开展奖励基金项目　推进乡村教师队伍建设》，《人民日报》先后登载了《中国华融扶贫　履行央企责任》《中国华融积极履行社会责任　“输血”+“造血”央企扶贫有担当》，树立中国华融良好的社会责任形象。

（中国华融资产管理股份有限公司
扶贫办公室　尹姝姝　赵国骄）

中国东方资产管理股份有限公司定点扶贫

【概述】 中国东方资产管理股份有限公司（以下简称“中国东方”）自2010年起定点帮扶湖南省邵阳县。2016年是中国东方开展“十三五”脱贫攻坚的开局之年，根据国务院定点扶贫工作的总体要求，结合邵阳县县情，中国东方及时调整扶贫思路，由原来的“智力扶贫为主、兼顾产业扶持、民生基础设施建设”调整为“产业扶贫为主、兼顾民生基础设施建设、继续实施智力扶贫”。中国东方充分发挥集团公司自身优势，以扶贫富民为核心，以扶贫资金投入为基础，以扶贫机制创新为动力，以增强贫困地区可持续发展为保障，扎实推进精准扶贫工作。中国东方全年共筹措资金212万元（其中自筹资金200万元，协调其他资金12万元）用于发展扶贫产业、实施村组道路硬化、修复废弃灌溉渠、发放产业补贴、改善村容村貌、资助贫困学生和慰问困难群众。

【扶贫资金投入】 中国东方2016年共投入扶贫资金200万元，其中，投入60万元帮扶双杏村发展葡萄种植产业，帮助村葡萄合作社发展葡萄种植100亩并搭建专业棚架，该部分资金采取入股方式进行投入，再将股份免费赠予建档立卡贫困户。合作社共吸纳近30名贫困人口就业（贫困户人均劳务年收入约6000元），入股合作社的贫困户及参加合作社劳动的贫困户均可实现长期稳定脱贫。投入10万元，通过“以奖代补”方式，向主动发展种植、养殖产业的建档立卡贫困户发放奖励。投入15万元帮扶芦山村发展油茶种植230余亩，每年每亩可实现收入5000余元，可稳定产出80年以上。投入20万元帮助双杏村建立土猪养殖合作社。投入36.8万元用于金桃村废弃灌溉渠的修复，修复完成后可恢复300亩以上农田的生产能力。投入15万元解决金桃村村组道路自筹资金问题。投入12万元用于资助双杏村全部建档立卡贫困学生。投入31.2万元，用于组织开展农业技术及产业技术培训、改善双杏村容村貌、慰问困难群众。

【扶贫调研】 中国东方全年共有9批、53人次深入邵阳县对口帮扶贫困村进行调研。调研人员走访慰问贫困户，详细了解贫困户的家庭情况、经济状况、生活困难情况、致贫原因及脱贫意愿等，同时与邵阳县委、县政府主要领导，以及派驻邵阳县扶贫干部进行专题座谈，实地了解定点扶贫工作开展情况，为中国东方实施精准扶贫、科学决策收集第一手资料。为更好地沟通协调扶贫工作，中国东方邀请邵阳县委书记蒋伟赴北京就当地扶贫工作进展和面临的实际困难进行了深入交流沟通。另外，中国东方定点扶贫领导小组办公室每季度组织专人赴定点扶贫村现场办公解决“硬骨头”问题，迎难而上，协调解决挂职干部工作中遇到的困难和矛盾，紧盯任务，积极有为地抓好扶贫工作落实。

【扶贫会议】 2016 年，根据公司党委统一部署，中国东方两次召开全系统定点扶贫工作领导小组会议，讨论制定《中国东方扶贫工作领导小组工作规范》《中国东方定点扶贫五年规划》，会议深入学习中央和上级单位扶贫会议精神，总结前期扶贫工作经验，研究新形势下扶贫工作思路和措施，部署 2017 年定点扶贫工作。

【扶贫制度建设】 中国东方强化定点扶贫工作的组织领导，成立由公司领导任组长，公司相关部门、12 家控股子公司主要负责人为成员的定点扶贫工作领导小组。领导小组下设办公室，成员由相关部门（单位）相关人员组成，抽调多名业务骨干专门负责扶贫联络工作。为确保扶贫工作机构运转顺畅，中国东方制定了扶贫工作领导小组工作规范，建立健全公司系统扶贫工作机制，明确组织架构、工作职责及议事规则，为定点扶贫工作提供强有力的组织和制度保障。

【扶贫培训】 中国东方投入 3 万元资金，聘请种植能手、相关专家，在邵阳县塘渡口镇举办 3 期葡萄种植培训班，为近 100 户、300 多位种植葡萄的村民开展种植技术培训并现场提供技术指导，提高葡萄种植户防病、防虫水平，年增收可达每亩 2000 元以上。

【干部挂职扶贫】 按照中共中央、国务院的相关要求，中国东方充实扶贫工作力量，选派素质高、作风正、讲奉献、能吃苦的优秀干部到定点县和贫困村挂职扶贫。中国东方通过内部遴选，从总部机关选派 1 名处级干部到邵阳县挂职县委常委、副县长，任期两年。2016 年 7 月到期后，根据该同志挂职期间的表现，中国东方党委考虑到邵阳县定点扶贫工作的延续性，经公司党委研究安排该同志继续在邵阳县挂职。在总部机关中选派 1 名青年业务骨干进驻湖南省邵阳县贫困村担任“第一书记”，开展驻村定点帮扶工作。该同志到任后，克服各种困难，迅速进入角色，充分发挥桥梁纽带作用，推动定点扶贫工作顺利开展。

【扶贫慰问】 针对部分建档立卡贫困户因病、因伤基本或完全丧失劳动力，无法通过发展产业脱贫的特殊情况，中国东方党委、扶贫工作领导小组研究，决定通过结对帮扶、赠予合作社股份及开展节日慰问的方式进行帮扶，保障该部分人群的基本生活需求。

2016 年，中国东方党委委员、副总裁、扶贫工作领导小组组长胡小钢到双杏村慰问困难群众，向困难群众转达中国东方帮助困难群众摆脱贫困的决心，带去中国东方党委对困难群众的节日问候，同时向困难群众送上慰问金和慰问品。中国东方对双杏村建档立卡贫困户、五保户、困难党员户及重大疾病户开展慰问活动，慰问困难群众67户，每户慰问金额500元，共发放慰问金33500元。

【产业扶贫】 中国东方根据双杏村的气候、土壤、水等情况，决定在双杏村扩大葡萄种植规模，帮助双杏村发展葡萄种植合作社。2016年，投入资金60万元帮助双杏村建设70亩标准化葡萄园，3年左右产生效益。中国东方出资15万元，用于芦山村油茶合作社购肥、购药及发放入社劳动贫困户工资，帮助建档立卡贫困户稳定脱贫。

【教育扶贫】 2016年，中国东方共为东方希望小学贫困学生、双杏村全部建档立卡贫困学生300余名发放助学金15万元；投入3万元，帮助东方希望小学抢修通往学校的道路。合星小学是双杏村内的留守儿童教学点，约有30余名双杏村合星片区留守儿童在该校就读。中国东方2016年向合星小学捐赠了电脑、打印机、投影仪、电风扇和书包、体育用品，改善合星小学的教学条件。针对学校食堂用水安全问题，中国东方联系县环保局对校内井水水质进行了检测，保障学校的饮水安全。

【金融扶贫】 中国东方推进并成功发起“信托+慈善”的金融扶贫新模式，在金融系统率先推出了慈善信托项目。该项目6月获得广东省湛江市遂溪县民政局的批复，8月获得湖南省邵阳县民政局同意设立“大业盛德系列——东方爱心慈善信托计划”的批复，专项用于扶贫工作，并且对接了中国扶贫基金会等专业公益组织。

【基础设施建设】 2016年，中国东方投入36.8万元，用于修复双杏村废弃灌溉渠，下游近300亩水田复垦，也解决了葡萄园的灌溉问题。投入15万元完成2.6千米村组道路硬化项目。同时，中国东方派驻干部协调县文化部门，争取到文化广场建设资金12万元，帮助双杏村完成了一座600平方米的文化广场建设，为村民开展体育文化活动创造了条件。

（中国东方资产管理股份有限公司扶贫办　江　涛）

中国民生银行股份有限公司定点扶贫

【概述】 2016年，中国民生银行股份有限公司（以下简称“民生银行”）成立由党委书记、行长郑万春任组长的“金融扶贫工作领导小组”，召开数次会议研究民生银行对河南省滑县、封丘县定点扶贫工作，带队赴实地调研，并根据调研情况及两县需求，结合民生银行业务特点，对滑县、封丘县定点帮扶工作做了明确规划。2016年定点扶贫工作不仅延续教育扶贫的做法，还规划了股权扶贫、医疗救助基金、干部挂职等模式。民生银行向定点扶贫县捐款1564.04万元。荣获中国扶贫基金会颁发的“2016年度杰出公益勋章”，在中国社会科学院发布的《企业扶贫蓝皮书（2016）》入选企业扶贫优秀案例。

【扶贫资金投入】 2016年，民生银行向定点扶贫县捐款1564.04万元，强化教育扶贫，加大“扶智”力度，共资助了1107名贫困学生、721名教师，在两县贫困村各援建一所小学的教学楼；强化医疗保险扶贫，共出资近400万元在两县设立医疗救助基金，为52667名建档立卡贫困户购买医疗保险；向滑县捐赠300万元，设立股权扶贫基金，建设光伏发电项目，帮扶40个村375户贫困户，平均每户贫困户可获得年收益1200元；向封丘县捐赠402万元，设立股权扶贫基金，入股河南中兵重工机械有限公司，通过投资收益分红帮扶贫困户322户，每户每年帮扶1000元，并通过增加用工的方式帮扶贫困户100户。

加强金融扶贫贷款支持力度，2016年新增发放牧原农业项目3000万元流动资金贷款，滑县永达道口食品有限公司已经获得民生银行授信批复1000万元，滑县粮食深加工龙头企业贷款余额2500万元。

【扶贫调研】 2016年3月，中国民生银行行长郑万春一行赴封丘县、滑县对定点扶贫工作进行了实地调研，并根据调研情况及两县需求，结合民生银行业务特点，对两县定点帮扶工作做了明确规划。6月，民生银行扶贫工作小组再赴两县，就落实扶贫项目做了深入调研。

【扶贫制度建设】 2016年2月，民生银行成立由党委书记、行长郑万春任组长的金融扶贫工作领导小组，多次召开专项会议研究定点扶贫工作，并设立扶贫工作实施小组及重点项目办公室，明确建立业务沟通与联络机制。制定金融扶贫十三五规划，进一步明确总体要求、支持重点和保障措施，同时要求总行、分行相关机构主动对接政府脱贫攻坚规划，研究制定金融服务方案，找准切入点和工作定位，明确带动帮扶贫困户的目标、产业扶贫的支持重点、工作措施、激励保障政策及责任制度，倒排工作期限确保工作取得实效。制定《关于我行贯彻落实金融扶贫工作的指导意见》《关于加强金融扶贫监督检查工作的意见》等文件，积极组织协调全行各部门、各分行落实相关职责，确保高标准完成金融扶贫任务。

【扶贫培训】 民生银行配合中国扶贫基金会、北京富平学校，协调滑县妇女联合会、雪绒花郑州月嫂培训学校开展“爱心月嫂”免费培训活动，参加培训人数共95人，其中赴北京市参加培训12人，其余83人由雪绒花郑州月嫂培训学校在滑县本地培训。

【干部挂职扶贫】 民生银行向两县派驻挂职副县长和驻村“第一书记”，负责定点扶贫工作的具体联系与执行。挂职干部深入乡镇，进行贫困学生调查核实、优秀教师调研核查、危旧学校实地考察等教育扶贫调研，大病人口调查、大病保险方案调研、保险公司对接、投保生效等医疗扶贫调研。

【扶贫慰问】 在“扶贫日”，滑县挂职副县长丁杰到半坡店乡黄塔村开展未脱贫贫困户走访慰问活动，详细了解他们的家庭人口和经济状况，询问乡、村对贫困户采取的帮扶项目、脱贫增收等情况。封丘县挂职副县长赵庆君代表民生银行参加“扶贫日”活动，与河南省畜牧局一起，对封丘县大村特困户进行慰问，向20户特困户发放大米、食用油、电热扇、大衣等慰问品，并请专家对该村养殖户进行培训。

【产业扶贫】 民生银行出资300万元设立滑县光伏发电扶贫基金，计划建设375千瓦光伏发电装置（含接电入网装置），每户平均投资8000元，帮扶40个村375户贫困户，建成后平均每户贫困户可获得收益1200元/年，长期稳定为贫困户增收。在封丘县，民生银行拨付股权扶贫资金402.07万元，通过利用股权扶贫资金向河南中兵重工机械有限公司投资取得收益向贫困户分红的方式，对贫困户进行帮扶，通过分红每年帮扶贫困户322户，同时，通过项目实施后增加用工的方式帮扶贫困户，已招收30名贫困户。

【教育扶贫】 2016年，民生银行进一步加大“扶智”力度，出资280万元设立滑县教育扶贫基金，向封丘县捐助174万元的教育扶贫资金，共资助1107名贫困学生、721名教师，在两县贫困村小学各援建1所教学楼。

【基础设施建设】 结合滑县“乡村清洁工程”，捐资5万元，为半坡店乡黄塔村村道两侧硬化路面共3.5千米，改善村容村貌。民生银行拨付5.04万元为封丘县中孟村实施太阳能路灯项目，每年可为村里节省约3500元电费，具有明显的社会效益、经济效益和环保效益。

【医疗卫生扶贫】 民生银行在滑县出

资300万元设立医疗救助基金，专项用于为建档立卡贫困户购买大病保险，该保险已由中国人寿滑县支公司承保，保险方案经滑县人民政府常务会议通过，于9月全部投保生效，惠及滑县建档立卡贫困人口1.5万人，占滑县未脱贫人口的63.5%。

（中国民生银行股份有限公司
施 燕）

中国航天科技集团公司定点扶贫

【概述】 2016年，中国航天科技集团公司（以下简称“航天科技集团”）承担陕西省太白县、洋县和河北省涞源县定点帮扶任务，选派挂职干部5名，驻村“第一书记”3名。航天科技集团秉承“真扶贫、扶真贫”的宗旨，继续深入实施精准扶贫战略，推进革命老区基础设施建设，突出帮扶实效，创新扶贫开发模式，在发展特色产业、完善基础设施、推动教育发展、开展社会救助等方面倾心扶贫。全年共有161人次到扶贫县调研和开展帮扶工作，共投入专项扶持资金1453万元，帮助建档立卡贫困人口4546人脱贫。

【扶贫资金投入】 2016年航天科技集团投入专项扶持资金1453万元（含物资折款33万元），其中常规扶贫资金713万元，百县万村专项经费740万元。

【扶贫工作会议】 2016年，航天科技集团召开扶贫工作领导小组会议，航天科技集团董事长、党组书记雷凡培参加会议，对2015年航天科技集团扶贫工作进行了总结并研究制定2016扶贫工作计划。

【扶贫调研】 2016年8月，航天科技集团董事长雷凡培赴太白县实地调研扶贫工作，与当地政府干部群众共商脱贫攻坚大计，考察指导电商扶贫、航天育种和光伏扶贫等建设项目，看望慰问贫困户，召开座谈会听取脱贫攻坚及定点扶贫工作汇报。

【扶贫日活动】 在第三个“扶贫日”到来之际，航天科技集团在对口帮扶的太白县、洋县、涞源县三地开展了一系列精准扶贫支援服务活动。

在太白县，组织西安航天总医院为太白贫困山区群众300余人进行了健康体检；在太白靖口小学启动了航天职工与贫困小学生结对帮扶活动，50名贫困户子女受益；科技工作者在靖口小学开展航天科普讲座，并为全校学生送去文具和保温杯；组织杨凌职业技术学院专家到太白县马耳山村对农民进行了农业种植栽培技术培训，在航天树莓种植园就树莓种植技术进行讲解和答疑。

到洋县马畅初级中学，宣传讲解航天科技知识，指导孩子们制作火箭模型和现场放飞，激发孩子们的爱国热情和对太空探索的兴趣，通过微课堂让孩子们体验互联网发展给学习方式带来的革新和变化。并向该中学100多名贫困学生捐赠书包、台灯等价值5000多元的学习用品和价值3万元的图书。10月，洋县工作组到洋州街道办草坝村开展航天知识科普宣传、火箭模型制作放飞、义诊、医疗知识咨询等活动。与洋县人民政府签订洋县有机农产品认购协议书。

在涞源县白石山镇中心小学为学校捐赠校服230套；组织乐凯职工医院的医护人员赴涞源县南屯乡上沟村开展“爱心献老乡、健康走基层”大型义诊活动，为全体村民开展基础医疗检测及诊断，提供村民免费的药品。

【产业扶贫】 在太白县持续实施光伏发电、电商、精准脱贫示范区建设项目，发展农光一体光伏扶贫，建成120千瓦分布式光伏发电站一座，为40户贫困户每年每户增收3000元。配套修建长45米，宽5米农业大棚12座，用于该村30户贫困户在其中种植航天蔬菜花卉增收。建成镇村电商扶贫服务中心10处，将太白农特产品的“包装—订货—销售—物流—售后”融为一体，完成产品包装策划，将农特产品转化成商品；对接航天智慧家园APP，形成消费支撑；发起6种产品系列众筹，扩大太白农特产品影响力。在鹦鸽镇马耳山打造精准脱贫示范区，按照“政府主导、贫困户自愿、市场运作、因地制宜、统筹兼顾”的原则，大力扶持特色产业发展。成立脱贫合作社，将全村贫困户根据劳力分类，精准落实脱贫产业。建设水肥一体高标准树莓产业园100亩，解决就近务工50户200人，当年人均实现务工收入2000元；建设生态化、规模化、集约化土蜂养殖场一处，养殖土蜂300箱，将马耳山村中华蜂养殖项目打造成集种蜂繁殖、养殖、展览、高端定制及体验旅游为一体的土蜂养殖产业，将两户贫困户就地转化成职业养蜂人；发展土鸡土猪养殖，养殖土鸡5000只，土猪100头，引入专业院校进行技术指导及产品鉴定，出产高品质、原生态肉禽产品；扶持发展农家乐11户，发展乡村农耕体验、生态休闲旅游；建设农产品加工包装及电子商务平台项目，解决农产品销售包装问题及就近安排贫困人口务工，加工包装核桃、板栗、土鸡蛋、土鸡土猪、土蜂蜜、各种杂豆等土特产品，建立网络销售渠道，依靠航天智慧家园，拓宽网络销售渠道和物流服务点，依托电商平台外销，充分发挥电子商务对企业（作坊）和农民收入的促进作用。

在洋县，航天科技集团投入帮扶资金37万元，采取定额补助的方式，帮助谢村镇老庄村11个组、68户贫困户发展银杏种植116.9亩，莲藕种植14亩，烤烟种植10.6亩，养猪37头，养牛84头，养羊20只，实现产值39.75万元，人均增收1950元；投资38万元，帮助茅坪镇朝阳村74户贫困户新建4个土蜂养殖场，购买444箱土蜂集中养殖，促进户均新增收入2400元；投入帮扶资金95万元，帮助磨子桥镇八一村、龙亭镇庙垭村、金水镇牛角坝村3个村219户贫困户建成椴木香菇种植基地，总计2190架，由各村专业合作社统一提供技术指导、农户自收自销或合作社统购统销，每个贫困户年均增收2500元；投入帮扶资金30万元，依托洋县民联蔬菜专业合作社，帮助周边26个贫困户，种植50个大棚蔬菜，种植西瓜、西红柿、辣椒等7大类18个品种，户均净增收入达到3000元以上，同时带动周边11个村发展蔬菜产业。

在涞源县，航天科技集团投入帮扶资金220万元，帮助当地开展种、养殖基地建设及品种改良，打造蔬菜、水果产业化发展的龙头企业，为贫困人口脱贫致富奠定坚实的基础。涞源县旺杨蔬菜种植基地建设项目，以生产绿色果类蔬菜为主兼柴鸡养殖和果树种植，带动二道沟140户低保、五保户增收；“南屯飞建”蔬菜种植基地建设项目，作为涞源县设施蔬菜的龙头企业，吸纳150人就业，是涞源县带动农民就业最多的企业；中泉食用菌种植园建设项目，已发展成集制菌、接菌、发菌、种植为一体的完整产业链，2016年带动峨头、中庄、三道城等12个贫困村1600户贫困户增收；涞源县运农农民专业合作社核桃基地改良项目，对树龄较大的核桃树高接换头，嫁接青香核桃150亩、香玲核桃100亩、麻核桃10亩，项目使73户贫困户受益；涞源县南屯上沟村毛驴养殖项目，村委会负责配套驴舍、监控等相关设施，航天科技集团帮扶资金购买毛驴作为109个建档立卡贫困户的股金，通过规模化养殖，带动贫困户增收。

【教育扶贫】 依托杨凌职业技术学院，选派专家进行职业农民培训并提升贫困人群的信息技术水平，充分调动贫困群众的积极性主动性。在中小学开展学生结对帮扶，捐资助学，航天科普知识宣讲，留守儿童关爱等活动，使学生从小树立远大理想，阻断贫困代际相传。

【扶贫慰问】 2016年12月，航天科技集团派出12人到洋县磨子桥镇八一村，向困难群众送去了3万元慰问品和慰问金。医务人员现场为村民免费提供各项义诊服务，进行常见病、慢性病的咨询、诊断和一般性治疗，为广大村民普及医学常识和健康知识，共义诊140余人次，免费发放价值3万余元的药品、各类健康宣传资料200余份。

【基础设施建设】 2016年航天科技集团投入740万元资金，开展老区水、电、路“三缺”项目建设，改善基础设施条件。其中：在太白县投入资金405万元，对7个镇32个村，实施“三缺”项目41个。在全县7个镇22个村安装太阳能路灯440盏；修建生产用桥（涵洞）7座，修建砂石、水泥路1万米；实施饮水工程8处，河堤治理1处；在洋县投入资金200万元，实施基础设施建设项目14个，硬化村组道路11条16.6千米，建过水路面2个、混凝土桥1座；在涞源县投入资金135万元，实施基础设施建设项目7个，主要为街道硬化、移民新村建设、人畜饮水及农业产业园水利配套项目，2016年实施完成5个。

（中国航天科技集团公司　芦书静）

中国船舶重工集团公司定点扶贫

【概述】 中国船舶重工集团公司（以下简称“中船重工”）定点帮扶云南省勐腊县和丘北县。2016年，中船重工强化扶贫工作的使命感、责任感、紧迫感，把扶贫工作作为中央企业的重要政治责任和社会责任，把精准扶贫作为新形势下扶贫工作的指导思想，编制“十三五”定点扶贫开发工作规划。在坚持教育扶贫的基础上，探索产业扶贫等新模式，共投入资金342.4万元，重点实施中船重工纳卡希望小学综合楼、矣堵村文化活动中心等项目，启动中船重工小矣堵希望小学项目。

【扶贫调研】 2016年，中船重工定点扶贫领导小组赴勐腊县和丘北县开展扶贫调研共7次、68人次。丘北县党政领导赴中船重工总部开展扶贫工作交流1次。通过深入定点扶贫县调研，了解当地经济社会和文化教育发展情况，听取当地政府意见和建议，协调解决扶贫工作存在的困难和问题，确保扶贫项目精准和落实。

【干部挂职扶贫】 2016年，中船重工共有4名干部在定点扶贫县挂职扶贫，其中2016年9月新选派2名副处级干部，分别挂职勐腊县和丘北县副县长，协助分管扶贫、教育等工作。另2名挂职干部，1名挂职勐腊县扶贫办副主任；1名任丘北县八道哨乡矣堵村“第一书记”和驻村帮扶工作队队长。挂职扶贫干部认真履行职责，深入村寨调研，落实扶贫项目，发挥桥梁纽带作用，得到当地干部群众的肯定。

【扶贫慰问】 2016年，在六一儿童节、“扶贫日”等节日期间，中船重工各级领导、爱心助学协会代表等前往中船重工纳卡希望小学和中船重工普者黑水头小学，对贫困学生送关怀、献爱心，提供书籍、学习用品及助学金共计12.2万元。中船重工扶贫慰问组3次赴丘北县走访慰问建档立卡贫困群众，送达慰问品共计3万元。

【扶贫宣传】 2016年，中船重工依托内外部媒体平台，宣传扶贫开发工作，动员更多力量参与扶贫开发事业。通过在《中船重工》报设立专版、印发《集团公司扶贫工作简报》、借助集团公司微信平台和官方网站等方式，宣传中央扶贫开发工作会议精神，报道中船重工扶贫工作取得成效，披露重点扶贫项目最新进展。《中国企业报》刊发《中船重工心系山区教育　扶贫资金集中投入》报道，引起社会各界的关注。

【扶贫资金投入】 2016年，中船重工共投入扶贫资金342.4万元，其中投入扶贫资金320万元，捐赠物资约合15.2万元，引入资金7.2万元。在勐腊县投入268.6万元，在丘北县投入73.8万元。

【扶贫资金管理】 中船重工加强扶贫项目资金管理，健全管理机制，提高资金使用效益。编制《中船重工“十三五”定点扶贫开发工作规划》，明确“十三五”重点项目预算总额和年度支出计划等内容，切实保障项目扶贫资金。完善扶贫项目立项、申报、审批流程，确保扶贫项目调研和项目资金使用规范。发挥所属昆明船舶设备集团有限公司区位优势，具体负责项目实施和管理，确保项目资金专款专用。严格项目审计，对每个扶贫项目都安排第三方审计机构进行专项审计，确保扶贫资金合规、有效使用。

【教育扶贫】 2016年，中船重工投入扶贫资金260万元，在勐腊县实施“中船重工纳卡希望小学综合楼”项目，满足学校多功能教学、教师办公、住宿等需求。面对学校建成后配套设施短缺的困难，额外筹措专项资金，为学校师生配齐教学用具，确保项目成为竣工即可使用的“交钥匙”工程。项目于2016年10月竣工验收并交付使用。

【文化扶贫】 2016年，中船重工投入资金60万元援建丘北县矣堵村文化活动中心，为矣堵村开展文化教育活动提供条件，推广少数民族文化，推动矣堵村精神文明建设。

【公益扶贫】 2016年10月，中船重工组织开展“精准扶贫，爱心助学”捐款活动，共计捐款13.9万元，款项用于为勐腊县和丘北县希望小学购买学习和教学物资。昆明船舶设备集团有限公司长期开展爱心助学公益扶贫活动，已有近百名职工与贫困小学生“一对一”结对帮扶。

【基础设施建设】 2016年，中船重工引入扶贫资金7.2万元，为丘北县矣堵村实施村内道路硬化项目，为村民解决出行难问题。

（中国船舶重工集团公司　高宏辉）

中国兵器工业集团公司定点扶贫

【概述】 2016年，中国兵器工业集团公司（以下简称“兵器工业集团”）定点扶贫云南省红河县和黑龙江省甘南县。秉承“结合主业、回馈社会”的理念，紧密围绕全价值链体系化精益管理战略，在注重教育脱贫的基础上，加大提升脱贫效果的可持续性；坚持开发式扶贫，积极引导贫困县转变发展模式，增强造血功能，投入定点扶贫资金460万元，开展稻田养鱼、生态鸭养殖、阳光大棚、兵工计算机教室、兵工食堂等11个特色扶贫项目，直接帮扶建档立卡贫困人口230人脱贫。出资3亿元参与发起中央企业贫困地区产业投资基金，投资贫困地区的资源开发、产业园区建设、新型城镇化发展等。2016年，兵器工业集团定点扶贫案例被中国社会科学院评为“2016企业扶贫优秀案例”并入选《中国扶贫蓝皮书》。

【扶贫资金投入】 2016年，兵器工业集团共投入定点扶贫资金460万元，其中，产业扶贫275万元，教育扶贫135万元，基础设施建设40万元，社会救助10万元。

【扶贫调研】 2016年，兵器工业集团共44人次到定点扶贫县开展调研，邀请红河哈尼族彝族自治州主要党政领导赴兵器工业集团北京总部开展扶贫工作交流1次。通过调研贫困村、召开专题座谈会，详细了解定点扶贫县贫困人口基本情况以及扶贫工作实际需求，找准贫困根源，确定适合当地发展且能真正帮扶到建档立卡贫困户的扶贫项目。通过年初调研确定年度扶贫计划、年中调研跟踪项目实施情况、年末调研开展项目验收以及跟踪项目使用情况，确保每个扶贫项目契合当地实际、项目实施取得脱贫实效，注重扶贫项目针对性和精准性。

【干部挂职扶贫】 2016年，兵器工业集团选派2名干部到红河县和甘南县挂职扶贫，担任挂职副县长；选派2名干部，分别担任红河县石头寨乡和甘南县兴隆乡兴鲜村“第一书记”。4名挂职干部认真履行职责，深入乡镇村寨开展扶贫工作调研，掌握当地贫困群众、建档立卡贫困户的主要致贫原因以及对扶贫项目的需求，组织召开多个座谈会议，研讨脱贫的办法和措施。

【扶贫资金管理】 按照《中国兵器工业集团公司对外捐赠管理办法》，规范扶贫资金的审批，制定《中国兵器工业集团公司对外捐赠管理流程》，进一步加强扶贫资金管理。将扶贫资金纳入年度预算管理，总部及各子集团和直管单位提出年度扶贫工作计划，经董事会审批后实施。在项目执行过程中，以挂职干部为主实施项目资金管理，扶贫资金经挂职副县长确认后直接投入到项目建设中，确保扶贫资金落到实处。

【产业扶贫】 在红河县重点打造梯田立体生态经济链，初步建立田里种稻、水中养鱼、水上养鸭的复合式种养发展模式；在甘南县以建立大棚种植基地为中心，形成大幅提升土地附加值的发展模式。

2016年，投入资金35万元在红河县实施兵工稻田养鱼项目，发放鱼苗86万尾，覆盖红河县12个乡镇、3881户建档立卡贫困户。截至2016年底，累计投入资金超过100万元，形成以甲寅乡、宝华乡等为代表的梯田鱼养殖区，村民收入大幅增加。

投入资金120万元，在红河县实施生态鸭养殖项目，发放蛋鸭鸭苗8万多只，扶持3553户建档立卡贫困户开展生态鸭养殖，受益15989人，其中贫困人口10712人。

投入资金105万，在甘南县兴鲜村实施阳光大棚项目，建设35栋阳光节能大棚，由35户贫困户负责经营管理，并于2016年秋季开始收获。2014年—2016年，累计投入资金360万元，援建甘南县阳光大棚110栋。

投入资金15万，在甘南县兴鲜村实施秸秆打捆机项目，购买秸秆打捆机1台，用于支持兴鲜村肉羊养殖专业合作社的发展。

【教育扶贫】 2016年，兵器工业集团继续推进兵工计算机教室、兵工课桌椅、兵工学生宿舍、兵工助学金等兵工系列项目，实现从点到面的转变，从根本上改善当地教育条件。

投入75万元，购置计算机252台套，建立计算机教室5个。截至2016年底，该项目已实施六期，累计投入近600万元，购置计算机1669台，建立计算机教室36个，覆盖两县村镇中小学校，其中红河县做到全县初、高中全覆盖。

投入30万元，为红河县购置学生课桌椅1000套，解决部分中小学因学生增加导致的课桌椅短缺问题。截至2016年底，该项目已实施六期，累计投入240多万元，为红河县购置学生课桌椅8100多套。

投入资金15万元，为红河县购置学生高低床架270套，解决红河县第二中学宿舍床架不足的问题。

投入资金15万，为30名甘南县2016年度应届贫困大学生提供助学帮助，解决贫困学生入学难问题。

【基础设施建设】 2016年，兵器工业集团投入资金40万元，在甘南县兴隆乡兴鲜村和中兴乡建设村各安装路灯40盏，解决了夜间行路问题。

（中国兵器工业集团公司
社会责任部　孙筱强）

中国兵器装备集团公司定点扶贫

【概述】 2016年，中国兵器装备集团公司（以下简称“兵装集团”）定点帮扶云南省泸西县和砚山县。至2016年，兵装集团累计投入帮扶资金超过5450万元。同时为加大帮扶效果，兵装集团制定发布《兵装集团定点扶贫“十三五”规划和2016年计划》，明确“十三五”期间兵装集团计划向两县投入定点扶贫资金共2亿元。

兵装集团在云南省的扶贫工作以“产业扶贫、教育扶贫为主，以适合于兵装集团的特色扶贫为辅”为指导思想，2016年，兵装集团派出3名扶贫挂职干部，包括1名驻村“第一书记”，投入4000万元扶贫资金，用于定点扶贫县的产业发展、教育提升、电子商务升级等25个扶贫项目，加快推进定点地区群众脱贫致富，为当地经济发展和社会进步做出积极贡献。

【扶贫资金投入】 2016年，兵装集团向2个定点扶贫县投入4000万元。其中在泸西县投入2000万元，主要用于产业扶贫、教育扶贫和以车扶贫；在砚山县投入2000万元，主要用于产业扶贫、教育扶贫、以车扶贫和电商扶贫。同时，兵装集团出资3亿元入股“中央企业贫困地区产业投资基金”支持贫困地区经济发展。

【干部挂职扶贫】 2016年，兵装集团选派3名扶贫挂职干部，1人担任砚山县副县长，1人担任泸西县副县长，1人挂职泸西县永宁村“第一书记”。在工作中，挂职干部严格按照扶贫工作相关要求，克服工作和生活困难，履行工作责任，协助地方选好项目，找准扶贫资金投向，监督扶贫项目实施，做好定点扶贫各项工作。

【产业扶贫】 2016年，兵装集团投入1815万元，用于发展云南省砚山县和泸西县产业扶贫。

其中投入砚山县1235万元，包括450万元者那乡1500亩蔬菜基地建设项目、285万元蚌峨乡2000亩漆树种植基地项目、400万元八嘎乡800头商品牛养殖项目和100万元八嘎乡20000羽商品鹅养殖项目。

投入泸西县580万元，包括100万元小江上寨120亩中草药示范园建设项目、100万元向阳乡400亩猕猴桃种植项目、100万元的乡级和村级产业孵化中心建设项目、10万元的水果基地供水管道建设项目、60万元10户特困户安置房建设项目和210万元的特色蔬菜基地种植建设项目。

种植和养殖产业扶贫，注重提升产业

品质，给予龙头企业政策支持，引其入股参与扶贫产业发展，由龙头企业提供技术、销售渠道，贫困户提供土地和劳动力，既保障项目的质量和成功率，又保证贫困户的收入。

【教育扶贫】 2016 年，兵装集团投入 1545 万元，用于发展云南省砚山县和泸西县教育扶贫。

其中投入砚山县 440 万元，包括 120 万元 5 所中学多媒体教室建设项目、50 万元 2500 套床上用品送小学生项目、200 万元砚山技师学院汽车实训基地建设项目和 70 万元资助贫困生项目。

投入泸西县 1105 万元，包括 665 万元泸西技师学院汽车实作培训基地建设项目、100 万元城子小学和明德小学修缮项目、100 万元教学用车和教学软件投入项目、240 万元资助贫困生项目。

兵装集团通过开展教育扶贫，改善校容校貌，为职业教育毕业生提供较好的就业渠道，促进当地文化教育事业发展。

【以车扶贫】 2016 年，兵装集团投入 75 辆长安欧诺商务车，采用将车捐给有实力的合作社或企业，政府和合作社签订帮扶协议，再由合作社与贫困户签约，约定帮扶内容和时限的“政府+合作社+贫困户”模式，用于帮扶建档立卡贫困户增加收入，实现脱贫致富。

其中向砚山县 25 家合作社捐赠 30 辆长安欧诺商务车，25 家合作社与当地 122 户建档立卡贫困户签订了帮扶协议。向泸西县 45 家合作社捐赠 45 辆长安欧诺商务车，45 家合作社与当地 315 户建档立卡贫困户签订了帮扶协议。

帮扶协议内容包含募工、提供化肥、提供种苗、提供技术、提供销售渠道等，达到了“因户施策，精准到户”的目的。

【电商扶贫】 2016 年，兵装集团投入 120 万元用于发展砚山县“三七之乡”等电子商务中心和维摩“彩云南”乡村购物中心项目，打造农村商贸流通体系建设升级版，释放农村消费空间和潜力，探索形成具有砚山特色的电子商务进农村发展模式，实现农村消费便利化、综合化、统一化、标准化。

【消费扶贫】 2016 年，兵装集团动员 34 家成员单位开展消费扶贫，购买泸西特色高原水果近 270 吨，支付水果采购款 246 万元，使贫困村一举摘掉村集体经济空壳村的帽子，支持贫困户脱贫。

（中国兵器装备集团公司扶贫办公室　程文艺）

中国电子科技集团公司定点扶贫

【概述】 2016年，中国电子科技集团公司（以下简称“中国电科”）认真贯彻落实中共中央总书记习近平关于精准扶贫系列指示精神，本着“因地制宜、精准扶贫、输血为辅、造血为主”的原则，多措并举，在陕西省绥德县和四川省叙永县，积极投身精准脱贫攻坚工作，投入扶贫经费726.86万元，实施产业扶贫、教育扶贫、困难人群帮扶、基础设施建设、志愿服务等项目，各项工作取得了阶段性成效。

【扶贫资金投入】 2016年，中国电科由集团层面投入扶贫经费680万元（其中增设“应急难”专项捐赠83万元），另由有关扶贫支撑单位投入经费46.86万元。

【扶贫调研】 2016年，中国电科共组织两次定点扶贫调研活动，其中集团党组成员、纪检组长毛远建赴绥德县调研扶贫工作，实地考察高家沟村、前湾村党建阵地和扶贫综合功能区、大棚种植选址现场、援建的养老院等；集团副总工程师李晋湘赴叙永县调研，实地考察亮窗口村肉牛养殖场、叙永县中心小学中国电科科技小屋等。

【扶贫培训】 2016年，中国电科在定点扶贫县、乡、村结合具体的扶贫项目建设进展，不定期面向养殖户开展养殖、种植等技能培训。其中，在叙永县开展农业培训两次共120人，面向学生科技启蒙培训2次约300人，面向干部管理改进培训交流20次约70人。同时，在绥德县完善科技特派员下乡制度组织大型培训8次约1200人，各类小型交流培训55期约3400人。

【干部挂职扶贫】 2016年，选派挂职干部3人，在绥德县挂职副县长1人，在叙永县挂职副县长1人、“第一书记”1人。扶贫干部克服工作生活上的困难，深入基层，根据当地贫困群众实际情况，有针对性地策划开展扶贫项目。

【扶贫宣传】 2016年“扶贫日”，中国电科开展系列“大爱电科”志愿服务活动。同时，结合工作进展，充分利用网站、微信和报纸等媒体，大力宣传扶贫工作，营造全员关注扶贫、参与扶贫的氛围。

【扶贫资金管理】 严格按照《国家扶贫资金管理办法》，重点将贫困乡、村、户作为定点扶贫资金投放、项目实施和受益的对象。拨付各笔款项时，明确要求当地政府扶贫经费专款专用，接受挂职副县长监督。同时结合扶贫调研活动，对两县资金使用情况开展监督审核，确保扶贫款项的有效利用。

【产业扶贫】 2016年，结合当地自然条件和特点，支持具有劳动力的贫困户开展特色养殖、种植项目。在叙永县亮窗口村、高家村资助启动建设2个肉牛养殖场，各养殖肉牛100头，以合作社的方式帮助当地入场贫困人员脱贫、全村贫困户增收；在绥德县高家沟村资助建设100个蔬果大棚设施农业项目，帮助100个贫困户通过种植反季节蔬果脱贫致富。

【基础设施建设】 分别在绥德县高家沟村、前湾村，叙永县高峰村资助启动建设3个“党建综合阵地+扶贫综合功能区”，为村党支部和村民自治委员会组织党员、贫困群众开展党群各类活动提供条件，集培训室、阅览室、医务室、老年餐桌、电商等功能。

【同舟工程】 按照“同舟工程”要求，2016年起，中国电科在叙永县开展面向特困群众的“应急难”专项帮扶项目。资助83万元，配合当地民政系统帮助53名因病、因灾致贫群众渡过难关。

【公益扶贫】 2016年，广泛调动团员、青年开展“大爱电科”特色志愿帮扶行动，开展“梦想1+1”结对帮扶活动，结对叙永县29名贫困学生家庭，提供从小学到18岁每年2000元学费；在叙永县、绥德县分别建设一个中国电科“点亮科技梦想——科技小屋”，并定期开展支教、助教活动。“大爱电科”项目获得2016年中国青年志愿服务项目大赛银奖。

【扶贫基金】 2016年，中国电科积极参与国务院国有资产监督管理委员会“中央企业贫困地区产业投资基金”建设，作为股东之一，为该基金公司一期投资3亿元，支持贫困地区产业发展。

（中国电子科技集团公司）

中国海洋石油总公司定点扶贫

【概述】 2016年，中国海洋石油总公司（以下简称“中国海油”）帮扶海南省五指山市、保亭黎族苗族自治县（以下简称“保亭县”），甘肃省合作市、夏河县及内蒙古自治区卓资县共5个县（市）。共投入扶贫资金2000万元，派出扶贫干部5名，包括“第一书记”1名。共有12人次赴扶贫地区考察调研工作，其中局级领导2人次，其他负责同志4人次。

【扶贫资金投入】 2016年，中国海油在5个定点扶贫县共计投入扶贫资金2000万元。其中，向五指山市投入扶贫资金300万元，主要用于五指山市水满乡新村精准扶贫、毛阳镇毛兴村饮水和道路工程、畅好乡番通村电网安装工程。向保亭县投入扶贫资金300万元，主要用于建档立卡户的危房改造、解决贫困村和学校饮水困难问题、发展乡村旅游。同时，与海南省妇女联合会及成美慈善基金会合作设立100万元“救急难”项目，资助五指山市和保亭县“因灾、因病、因学”致贫、返贫的困难人群。向合作市、夏河县各投入扶贫资金500万元，分别用于支持两地的“生态文明示范村”建设，以实现“改善农村基础条件、增加贫困群众收入、提高公共服务水平”。向卓资县投入扶贫资金300万元，一部分用于为100名建档立卡户以工代赈方式实现精准帮扶，另一部分用于改造三顺路乡村公路和圪塔村饮水帮扶项目，有效解决了当地村民出行难、饮水难的问题。

【扶贫会议】 2016年1月，召开“中国海油第十四次扶贫援藏工作会议”，针对未来五年中国海油与受援地区就如何打好脱贫攻坚战“统一思想，聚焦精准”，实现有效衔接。

【干部挂职扶贫】 2016年，中国海油选派6名干部到定点扶贫县挂职。其中5人担任副县长，1人担任村“第一书记”。挂职干部认真完成地方政府分配的工作，履行中国海油委托的扶贫工作责任，协助地方选好扶贫项目，找准扶贫资金的落地投向，监督年度扶贫项目的实施情况。

【整村推进】 2016年，中国海油在合作市投入500万元，用于援建那吾乡花加彩村、门娄（开斗）村、上俄高村、赛吾（尕日求）村和坚木克尔街道上加拉村共5个村的生态文明村建设项目。在夏河县投入500万元，用于博拉乡罗吾滩自然村和阿木去乎镇黑力宁巴自然村的生态文明小康村建设项目。

【基础设施建设】 2016年，中国海油在五指山市开展了村电网安装工程、贫困户危房改造、饮水及道路改造工程。其中，在水满乡新村村投入30万元，打造新村组织文化活动场所，投入5万元，对新村贫困户建房给予资助。投入45万元，与市政府资金配套修建毛阳镇毛兴村南乐村小组环村道路；投入155万元，与市政府资金配套新建毛阳镇毛兴村7个村小组饮水工程；投入40万元，与市政府资金配套用于畅好乡番通村电网安装工程。

中国海油在保亭县实施建档立卡户的危房改造项目和饮水安全项目。其中，投入60万元用于解决毛感乡和保城镇番文村委会什罗村小组危房改造，共补贴57户227人。协调修建水管1627米，为什罗村小组的66户243人解决安全饮水问题。

投入240万元支持卓资县三顺路维修改造工程。改善了沿线8个行政村2000人的出行条件，为复兴乡、梨花镇和卓资山镇部分村庄脱贫创造条件。出资60万元以“以工代赈”方式，聘用乡村建档立卡100人从事乡村环境保洁和乡村卫生管理工作。

【公益扶贫】 中国海油开展的“母亲水窖”“校园饮水安全”“美丽乡村建设”“中国海油大学生助学基金”“法律援助1+1”“白内障救助”等公益项目逐步向定点扶贫地区倾斜，使其与定点扶贫项目相互辅助配合，形成项目的协同发展。2016年，来自合作市、夏河县和保亭县的8名大学生得到“中国海油大学生助学基金”的资助。“法律援助1+1”项目侧重帮扶保亭县。

2016年，中国海油支持的“校园饮水安全”项目为卓资县巴音锡勒镇中心学校、卓资县梨花镇中心学校等6所学校配置了价值5万元的太阳能净水设备，有效解决了学校安全饮水问题。

（中国海洋石油总公司办公厅
丁善敏）

国家电网公司定点扶贫

【概述】 国家电网公司定点扶贫湖北省秭归县、长阳土家族自治县、巴东县、神农架林区（以下简称“三县一区”）和青海省玛多县。2016年，国家电网公司贯彻中央打赢脱贫攻坚战的决定精神，发挥公司资源、管理、技术、服务优势，实施“国网阳光扶贫行动”，重点推进村村“通动力电”、光伏扶贫项目接网、五县（区）定点扶贫三大工程。其中，五县（区）定点扶贫工程投入3.07亿元，实施扶贫项目78项，开展光伏扶贫电站建设、扶持地方特色产业、参与中央企业帮扶“百县万村”活动和“救急难”行动，改善教育医疗条件，对促进湖北、青海五县（区）经济发展、助力建档立卡贫困群众早日脱贫发挥了积极作用。

【扶贫会议】 国家电网公司成立了以董事长、党组书记任组长，总经理和分管副总经理任副组长的“国网阳光扶贫行动”领导小组，全面加强对电力扶贫开发工作组织领导。2016年，领导小组及领导小组办公室召开了6次专题会议研究推进扶贫工作。3次赴湖北、青海五县（区）召开有地方政府参加的扶贫工作座谈会，了解地方政府脱贫需求。

【扶贫调研】 国家电网公司分管副总经理韩君带队，分别赴5个定点扶贫县（区）实地调研考察，与地方政府对接脱贫攻坚工作，督导光伏扶贫项目进展。公司总部相关部门10次赴5县（区）调研，协调解决具体问题。国网湖北电力、青海电力以及相关地市、县电力公司不定期开展扶贫项目调研、检查，推进工作落实。

【扶贫资金投入】 国家电网公司向5县（区）总计投入扶贫资金3.07亿元。其中，向湖北“三县一区”投入资金17982万元，建设6座总容量为19.8兆瓦的集中式光伏扶贫电站；投入资金2200万元，用于特色产业、安全饮水工程、教育助学以及“救急难”等项目。向玛多县投入资金9282万元，建设1座容量为10兆瓦的光伏扶贫电站。投入1200万元，发展特色产业和服务业、实施教育助学以及“救急难”等项目。

【光伏扶贫】 2016年，国家电网公司投入2.72亿元，在湖北、青海五县（区）建成7座、总容量29.8兆瓦集中式光伏扶贫电站，所得收益全部用于帮助建档立卡贫困村和贫困人口的脱贫。其中，玛多县10兆瓦扶贫光伏电站投资9282万元，于5

月26日投产发电，当年累计上网电量1094万千瓦时，产生可用于扶贫的收益384万元，可使该县1132户建档立卡贫困户户均增收3392元。湖北“三县一区”6座共19.8兆瓦集中式光伏扶贫电站投资1.8亿元，于2016年12月前全部投产发电。收益可使3000贫困人口人均增收1000元。

【产业扶贫】 投入扶贫资金1905万元，实施27个产业项目，支持发展种养殖业、培育农村合作社，增强扶贫对象的造血功能和自我发展能力。新建及改造果蔬基地7个、阳光蔬菜棚4座、观光果园1个、茶叶基地7个、药材种植基地2个、牲畜养殖基地2个，共计7200亩。按精准到户制定实施方案，共帮扶1168户3474人建档立卡贫困人口。投入90万元，在巴东县建设茶叶苗圃基地400亩，新建茶叶加工生产厂房一栋，购置清洁化能源全自动茶叶加工生产线1条，受益建档立卡贫困户178户560人。帮助玛多县新建自动化洗车行2处，扶贫产业园1处，可帮扶187户440人建档立卡贫困人口，吸纳10个贫困人口就业。通过产业帮扶，推动从“输血”式扶贫向“造血”式扶贫转变，湖北“三县一区”受益贫困人口人均增收1000元，玛多县受益贫困人口人均可增收400元。

【教育扶贫】 投入扶贫资金285万元，实施教育项目16个，改善教育条件，扶贫扶智。实施“新长城”扶助贫困大学生项目，扶持100名贫困学生圆了大学梦。扶持贫困家庭高中生，使200名中学生顺利完成学业；改善三所学校的教学条件；开展科技三下乡活动。对玛多县75名牧业户籍考入普通高等院校专科、本科和高等职业院校学生给予资助，激励更多贫困学生接受职业教育及高等教育。

【革命老区建设】 落实关于开展中央企业定点帮扶贫困革命老区“百县万村”活动的要求，重点解决湖北“三县一区”贫困革命老区村“三通”问题中的通电和通水问题。2016年，公司在湖北“三县一区”投入2.8亿元农网改造资金，改善了176个革命老区村的用电质量。投入扶贫资金965万元，共实施22个安全饮水项目。建成集中供水设施24处，单户供水设施154处，铺设管线57万米，解决了3576户11114人的安全饮水问题，其中建档立卡贫困人口4025人。2016年，国家电网公司投入扶贫资金110万元，实施安全饮水工程，解决了神农架林区青天村120户800人的饮水安全问题。

【同舟工程】 落实“同舟工程——中央企业参与‘救急难’行动”的要求，投入120万元在神农架林区和玛多县实施“救急难”试点。对神农架林区36个、玛多县4个困难家庭、因病致贫家庭实施帮助。

【扶贫项目管理】 国家电网公司坚持依法合规，严格扶贫资金和项目管控，完善项目管理制度和流程，确保项目规范和安全、质量、进度。制定《国家电网公司总部定点扶贫管理办法》《国网阳光扶贫行动实施方案》《国家电网公司关于进一步加强公司总部定点扶贫工作的通知》等文件，规范扶贫资金和项目管理。积极推进光伏扶贫项目的标准化建设，组织编制村级光伏电站及接网工程的典型设计、设备选型标准和典型造价，全面应用典设成果，落实电站标准化建设，提高设备通用性、互换性，统一工艺规范。加强光伏项目施工安全质量管理，突出关键环节管控、加强全过程管理，加大施工作业现场安全监管力度和质量监督。光伏扶贫电站建设工程实行总包模式，全部实行公开招标；严格程序和约束机制，对光伏扶贫项目进行全过程跟踪审计，严把资金使用关，促进规范管理，确保建成“阳光工程”。定点扶贫项目实行调研督查制度、扶贫资金审计制度、扶贫项目负责人终身问责制度、各级供电公司分级参与扶贫项目竣工验收制度。对使用扶贫资金超过50万元的项目开展项目后评价。

【干部挂职扶贫】 2016年，国家电网公司共选派5名挂职副县长到定点扶贫5县（区），协助分管定点扶贫工作。挂职干部履职尽责、勇于担当，在工作中充分发挥自身优势，在精准扶贫政策宣传、脱贫措施制定等方面发挥了重要作用。选派1名干部任长阳县龙舟坪镇土地坡村驻村“第一书记”，组织党员在脱贫攻坚中发挥了示范作用、带领作用。此外，根据地方政府要求，公司系统21个省公司向1115个扶贫点派出1336名驻村扶贫干部。

【扶贫培训】 国家电网公司坚持发展产业与转移就业脱贫相结合，统筹整合地方培训资源，优先对贫困村有劳动能力人口实施职业技能提升和转移就业培训。2016年，按照玛多县定点扶贫的产业项目后续发展用人需求，在全县建档立卡贫困村中针对有劳动能力且有一定文化基础的贫困人口进行定岗、定向培训，培训了汽车维修美容服务、蔬菜大棚种植、酒店管理等专业人员45名，提高贫困人口就业技能。

（国家电网公司营销部农电处　刘　一）

中国大唐集团公司定点扶贫

【概述】 中国大唐集团公司（以下简称“大唐集团”）坚决贯彻落实中共中央、国务院关于脱贫攻坚的决策部署，进一步加强对定点扶贫工作的领导，把定点扶贫工作列入重要议事日程，深入贫困县调查研究，推动定点扶贫工作，确保扶贫资金落实到位和项目措施到位。

2016年，大唐集团定点扶贫广西壮族自治区大化瑶族自治县（以下简称“大化县”）、陕西省澄城县，通过干部挂职指导、改善当地基础设施、推进项目开发建设、促进农业产业发展等多种手段，解决缺水、缺电、缺路等瓶颈制约和群众迫切需要解决的突出民生问题，促进贫困群众尽早脱贫。

【扶贫资金投入】 2016年，大唐集团按照“尽力而为、量力而行、突出精准、解决急需”的原则，共投入扶贫资金468.5万元，主要用于大化县、澄城县的民生工程建设、教育和培训帮扶、基层党组织建设以及赈灾救济等方面。

【扶贫调研】 2016年，大唐集团公司负责人和扶贫项目单位负责人共60人次到定点扶贫县开展调研。通过现场调研看真贫、查实情，找准贫困根源，掌握贫困地区脱贫的重点、难点和贫困群众的实际需求，研究制定适合当地发展且能真正帮扶到建档立卡贫困户的思路和举措，确保扶贫工做出实效。

【干部挂职扶贫】 2016年，大唐集团派出4名干部分别到大化县北景镇安兰村、大化县北景镇板兰村、陕西省渭南市澄城县寺前镇北街村任“第一书记”，驻村开展扶贫工作；1名干部到陕西省澄城县担任副县长，指导澄城县中小企业发展。在工作中，挂职扶贫干部，严格按照扶贫工作相关要求，克服工作和生活方面的种种困难，做好定点扶贫各项工作。

【扶贫宣传】 2016年，中央电视台新闻联播、《人民日报》等对中国大唐延安热电项目定向招聘了50名老红军、老八路、老干部和革命烈士直系后代，为红色电厂融入了红色血脉进行了重点报道。国内主流网站刊发《大唐集团在多地开展扶贫攻坚》《大唐集团探路革命老区精准扶贫》《大唐集团精准扶贫心系“红色基因”》等文章，为大唐集团扶贫工作树立了良好的对外形象。

【产业扶贫】 大唐集团在澄城县规划建设240万吨/年现代化大型矿井太贤煤矿

项目和2×350兆瓦低热值煤电厂项目。项目建成后，将极大地促进澄城县域经济发展、调节经济结构、推动社会发展，带动拥有42万人口的澄城县人民实现脱贫致富。

【基础设施建设】 2016年，大唐集团在澄城县寺前镇北街村投入130多万元，硬化全村巷道7000平方米，另外，铺设排水主管网2000米，支管网5000米，解决全村的排污问题。

大唐集团在大化县投入30万元，帮助北景镇安兰村修建弄甲至弄约砂石路1.4千米，直接受益群众21户95人；投入10万元，帮助北景镇安兰村修建弄浪屯集中饮水工程，当地受益群众34户126人；投入40万元，在北景镇板兰村部修建1000立方米大型水柜，12户贫困户、在校贫困学生500多人受益；投入7万元，帮助北景镇安兰村特困户开展危房改造；投入5万元，帮助北景镇安兰村建设80平方米的公共服务中心配套厨房，修缮卫生间及排水设施等；投入1.5万元，帮助北景镇板兰村部购买电脑、打印机及办公桌椅。

【教育扶贫】 2016年，大唐集团投入6万元，帮助大化县北景镇板兰村弄英教学点建设围墙及厕所；捐赠板兰村弄英教学点学生校服80套，价值1.6万元；捐赠板兰小学价值3万多元的桌椅、电脑、打印机等物资；投入0.5万元资助大化县北景镇安兰村卡英屯2名贫困儿童上学。

【智力扶贫】 2016年，大唐集团投入4.2万元，组织板兰村两委干部及挂村干部外出参加党性教育培训学习，提高基层干部素质；投入0.8万元，支持大化县北景镇安兰村工作队、村干部及技术带头人外出考察牛、羊养殖产业试点示范区及珠李果种植技术培训基地。

【就业帮扶】 2016年，地处大化县境内的大唐岩滩水力发电有限责任公司和大唐大化发电总厂以及新成立的检修公司，通过有效对接本企业用工需求，有计划地开展就业招聘及培训辅导，向周边贫困家庭提供劳务派遣工作岗位近450个，不但实现了贫困人口的就业脱贫，同时也带动了当地更多的企业参与到就业扶贫中来。

（中国大唐集团公司政策研究室　陈剑锋）

中国长江三峡集团公司定点扶贫

【概述】 中国长江三峡集团公司（以下简称“中国三峡集团”）定点帮扶重庆市巫山县、奉节县，江西省万安县和内蒙古自治区巴林左旗4个县。2016年，中国三峡集团积极整合各类资源，加大扶贫资金力度，采取特色产业扶贫、生态扶贫搬迁、精准扶贫、光伏扶贫、教育扶贫、旅游扶贫、医疗扶贫等扶贫形式，加快推进定点扶贫地区群众脱贫致富，为当地的经济发展和社会和谐稳定做出了积极的贡献。

【扶贫资金投入】 2016年，中国三峡集团向4个县投入扶贫资金1233.36万元。其中，向巫山县、奉节县各投入扶贫资金450万元，向万安县投入扶贫资金102万元，向巴林左旗投入扶贫资金231.36万元，实施扶贫项目共计23项。

【干部挂职扶贫】 2016年，中国三峡集团选派5名挂职干部分别担任巫山县人民政府副县长、奉节县人民政府副县长、奉节县永乐镇白龙村“第一书记”、万安县人民政府副县长、巴林左旗副旗长。挂职干部严格按照扶贫工作要求，克服各种困难，主动深入基层，深入群众，分析贫困的现状、原因以及脱贫致富的途径，理清工作思路和扶贫的着力点，了解定点扶贫县的经济社会发展情况和当地老百姓对扶贫项目的需求，落实扶贫方案，做了扎实的基础性工作。

【扶贫调研】 2016年10月，中国三峡集团会同所属具体实施单位中国三峡新能源公司、中国水利电力对外公司赴帮扶县进行实地调研，通过召开座谈会、实地考察、查阅资料等方式，了解帮扶县经济发展现状、农民增收渠道、资源优势和发展潜力等，结合帮扶县村的现状和诉求，改进帮扶措施，推进项目实施。

【扶贫培训】 2016年，中国三峡集团投入扶贫资金10万元，在巫山县开展农民实用技术培训，培训100人次，提升当地农民的劳动力就业技能、种植业科技水平，更新当地农民的现代农业发展理念。

【扶贫资金管理】 2016年，中国三峡集团实行科学化、精细化、规范化的扶贫项目资金管理，做到年初有预算、年中有审核，年终有结算，同时做到资金到项目、管理到项目、核算到项目，全面实施审核审批和预算编制管理，加强项目资金使用的监督与管理，确保帮扶资金安全高效使用。

【扶贫日活动】 2016年，中国三峡集团围绕“扶贫日”系列活动主题和目标，精心策划“责任三峡·大爱无疆”扶贫开发成果展，在中国三峡集团北京、宜昌、成都三地办公楼巡回展出，集中展示中国三峡集团历年来扶贫开发工作取得的成绩和经验做法，统一思想、凝心聚力，动员和号召全体干部职工关心扶贫、参与扶贫。中国三峡集团及各帮扶单位在贫困村积极开展各种送温暖献爱心活动，采取捐款捐物、送米送油的方式奉献爱心，全心全意把党和政府的关怀送到广大群众的心坎上。

【产业扶贫】 2016 年，中国三峡集团在奉节县共投入扶贫资金 350 万元，用于实施特色产业扶贫，增强奉节县内生动力和发展能力。投入扶贫资金 200 万元，在奉节县草堂镇天坪村、鹤峰乡青杠村援建小水果产业 1000 亩，配套部分基础设施。该项目的建成使奉节县草堂镇天坪村、鹤峰乡青杠村 295 户 1200 人贫困群众增收致富。投入扶贫资金 100 万元，在奉节县龙桥乡阳坝村援建高山蔬菜产业 500 亩，配套部分基础设施。该项目的实施使当地 260 户 810 人户均增收 2000 元。投入扶贫资金 50 万元，在奉节县永乐镇铁甲村援建油橄榄产业 500 亩，配套部分基础设施。该项目建成后，使当地 187 户 724 人户均增收 2000 元。

在巴林左旗投入扶贫资金 100 万元，支持内蒙古上京食用菌脱贫产业园项目。采取“杠杆式”扶贫模式，将 100 万元帮扶资金存入中国农业银行巴林左旗支行，撬动农业银行低息信贷资金 1000 万元，为入住食用菌产业园 175 户建档立卡贫困户每户落实 5 万元左右低息贷款，滚动使用，并与龙头企业签订担保偿还协议，由龙头企业免费为食用菌种植户提供种植菌棒、按市场价回收食用菌，确保帮扶资金和银行贷款无风险，贫困群众实现脱贫致富目标。

【教育扶贫】 2016 年，中国三峡集团投入扶贫资金 226.36 万元，支持帮扶县教育事业发展。其中，投入扶贫资金 100 万元援建一栋占地面积 500 多平方米的乡镇级留守儿童服务中心，该中心设有教室、宿舍、活动场所，可接纳 100 位留守儿童入学。投入扶贫资金 100 万元，援建巴林左旗四方城寄宿制小学教学楼，新建的教学楼建筑面积 2500 平方米，包括普通教室、多功能教室、图书阅览室、实验室、教师办公室及相关附属工程等。

2016 年，在巴林左旗四方城寄宿制小学、毛宝力格寄宿制小学（三峡中水电小学）各设立助学金 5 万元，共计 10 万元，用于资助贫困学生生活补贴。2016 年秋季，开展职工捐赠资助贫困学生活动，募集资金 6.36 万元用以继续承担毛宝力格寄宿制小学（三峡中水电小学）53 名贫困学生的生活费用。7 月，投入资金 10 万元，组织巴林左旗毛宝力格寄宿制小学（三峡中水电小学）26 名学生和老师赴京开展夏令营活动，培育学生的民族自豪感和自信心，激发学生的爱国主义热情。

【光伏扶贫】 2016 年，中国三峡集团投入扶贫资金100万元，为重庆市巫山县铜鼓村、建平村200户贫困家庭无偿安装3千瓦分布式光伏发电设备。以年均1536小时的日照时间计算，每年每户发电量约3500度，贫困户年均可增收3000元。

【旅游扶贫】 2016年，中国三峡集团投入扶贫资金150万元支持乡村旅游。投入扶贫资金100万元，用于巫山县建平乡春晓村乡村旅游道路硬化及春晓村至平安村道路灯安装工程。项目带动周边20家农家乐发展乡村旅游产业。投入扶贫资金50万元，配套建设奉节县永乐镇白龙村乡村旅游示范点停车场800平方米。该项目的实施带动辐射周边乡村旅游发展，年接待游客2000余人次，带动当地120户510人年增收3000余元。

【易地扶贫搬迁】 中国三峡集团通过易地扶贫搬迁、生态移民的方式，推进和完善搬迁群众聚居点的基础设施建设。根据重庆市巫山县政府的安排，投入扶贫资金170万元，帮助两坪乡仙桥村和曲尺乡月明村的村民实施易地扶贫搬迁，共160户500人，同时进行安置点生产生活基础设施建设和排水排污工程配套建设，使搬迁后的人居环境得到明显提升，有效解决高山峡谷地区的贫困对象搬迁安置问题。

【基础设施建设】 2016年，中国三峡集团投入扶贫资金20万元，用于巫山县平乡青台村村级活动中心配套设施建设，完善村级办公条件，实施整村脱贫销号，该项目的建成为500余人提供休闲娱乐场所。

【同舟工程】 中国三峡集团分别在巫山县、奉节县开展“救急难”行动，共投入扶贫资金100万元，帮助巫山县、奉节县因病致贫，致使基本生活陷入困境乃至面临生存危机的家庭或群众。该项目帮助了60多个贫困家庭减轻负担。

【扶贫慰问】 2016年11月，中国三峡集团深入巴林左旗十三敖包镇、碧流台镇、富河镇，开展扶贫走访慰问活动。捐赠5万元，对50户建档立卡贫困户进行爱心捐助，每户1000元。

【文化扶贫】 2016年，中国三峡集团捐赠近千册、价值2万元的图书，为万安县茅坪村建立“村民图书室”，所赠图书包括文学类、励志类、艺术类、科普类、生活百科、工具书等多种优秀读物，有效改善贫困地区书籍空缺的难题。

（中国长江三峡集团公司办公厅
黄晓天）

神华集团有限责任公司定点扶贫

【概述】 2016年，神华集团有限责任公司（以下简称“神华集团”）定点扶贫陕西省米脂县、吴堡县和四川省布拖县、普格县，继续认真履行中央企业的政治责任和社会责任，不断加大定点扶贫工作力度，扎实开展各项扶贫帮困工作，突出精准、解决急需，着力改善贫困地区的生产生活条件和文化教育设施，大力扶持地方特色农牧产业发展壮大，助推定点县脱贫攻坚事业。

【扶贫资金投入】 2016年，神华集团总计投入定点扶贫资金1000万元，其中：拨付米脂县扶贫资金350万元，实施扶贫项目22个；拨付吴堡县扶贫资金250万元，实施扶贫项目10个；拨付布拖县扶贫资金200万元，实施扶贫项目1个；拨付普格县扶贫资金200万元，实施扶贫项目1个。

【扶贫资金管理】 神华集团根据项目建设进度，及时、足额地将定点扶贫资金拨付到各县指定账户，由当地政府按照相关项目与资金管理等方面的规章制度严格实施。神华集团在关键环节进行监督检查，确保各扶贫项目的质量可靠性与资金使用的合法合规性。

【挂职干部】 2016年2月，神华集团选派2名干部到布拖县、普格县任挂职“第一书记”，加强基层组织建设和推动精准扶贫。挂职布拖县觉撒乡博作村任“第一书记”胡小明被评为2016年凉山彝族自治州优秀驻村“第一书记”，挂职普格县大槽乡大槽村任村委会副主任李思伟被评为2016年四川省脱贫攻坚“五个一”优秀驻村干部。

9月，选派2名干部到米脂县和吴堡县任挂职副县长，12月又选派2名同志到普格县和布拖县任挂职副县长。4位挂职干部迅速进入角色、融入当地，充分发挥自身优势，为当地谋出路、引项目、克难题、献爱心，推动神华集团的精准扶贫工作深入细致地开展。

【基础设施建设】 神华集团参与国务院国有资产监督管理委员会和国务院扶贫办开展的“百县万村”专项活动，帮助米脂县和吴堡县解决贫困村缺路、缺水、缺电等突出问题。

在米脂县安排资金287万元实施项目19个，其中：投资157万元新修、硬化、拓宽了11个村的村级公路和生产道路，总计长度42.93千米；投资47万元，用于新修石拱大桥2座；投资15万元，为1个村安装太阳能路灯2千米；投资16万元，为1个村新修谷坊9台；投资15万元填沟造地项目4.58亩；投资28万元，用于硬化2个村的村民文化广场和村委会设施改善；投入9万元，用于修筑帮畔121米。

在吴堡县安排资金225万元实施9个项目，其中：投资111万元新修、硬化、拓宽了5个村的村级公路和生产道路，总计长度18.5千米；投资28万元，为2个村新建人畜饮水工程2处；投资26万元，为1个村实施新农村点亮工程，安装太阳能路灯；投资60万元，在神华集团“第一书记”所在村实施环境整治工程，绿化道路1.5千米，安装太阳能路灯80盏，拓宽硬化道路300米。

【产业扶贫】 2016年，神华集团在米脂县安排资金50万元，扶持贫困户养殖合作社2个，直接帮扶12户贫困户；在吴堡县安排资金15万元扶持生态农业示范园1个，以扩大生产经营规模，带动当地更多贫困户就业与致富。

【教育扶贫】 2016年，神华集团拨付布拖县教育扶贫资金200万元，在觉撒乡的4个贫困村（老尔村、老呷村、博作村、马依包村）帮扶建设4所幼教点，包含校舍、食堂、厕所、学生活动场所和水电等基建工程和设备购置。项目建成后，可在觉撒乡新增开办7个幼教班级，能够招收容纳幼儿233名，并配备14名辅导员，将极大地缓解觉撒乡幼儿入园难的问题，具有十分突出的教育扶贫效益。拨付普格县教育扶贫资金200万元，在用于花山乡大河坝小学新建综合教学楼项目，新建综合教学楼1205平方米，可新增容纳300名学生，能够有效改善学校教学用室和辅助用室不足的情况，进一步提高当地的入学率。

【同舟工程】 根据《关于开展“同舟工程——中央企业参与‘救急难’行动”的通知》要求，神华集团于2016年开始在米脂县开展了“救急难”专项活动。从扶贫资金中单列出3万元经费，帮扶米脂县大病家庭3户（每户1万元），活动取得了良好的济困效果和社会效益。

（神华集团有限责任公司
战略规划部　贾睿涛）

中国移动通信集团公司定点扶贫

【概述】 中国移动通信集团公司（以下简称“中国移动”）定点帮扶黑龙江省桦南县、汤原县，新疆维吾尔自治区疏勒县、阿克陶县、洛浦县，以及海南省白沙县。中国移动坚持“以民为本、科学规划、突出重点、持续发展”的扶贫总体思路，合理规划，整合资源，强化扶贫工作管理，2016年中国移动在扶贫资金、干部援助、项目建设等方面加大投入。其中，在2015年基础上新增资金150万元，落实扶贫资金共1148万元；选派6名干部赴定点扶贫县开展援助任务，同时选派1名“第一书记”赴村开展工作；坚持向基层倾斜，通过民生工程、教育扶贫、产业扶贫等重点项目引导，有效增强受援地区自我发展能力，推动受援地区经济社会更好更快发展。

【扶贫资金投入】 2016年，中国移动共投入扶贫资金1148万元，其中，桦南县、汤原县各274万元，疏勒县、洛浦县、阿克陶县、白沙县各150万元。资金分类上，扶贫项目资金1038万元，扶贫慰问金80万元，捐资助学30万元。

【扶贫制度建设】 根据中共中央、国务院定点扶贫工作意见精神，中国移动各级领导高度重视扶贫工作，成立以中国移动总裁为组长的扶贫领导小组。中国移动组成调研组多次赴帮扶县实地调研，了解扶贫资金的使用情况和扶贫项目的落实情况，为帮扶县的发展献计出力，并到贫困户家中慰问。在工程建设过程中，工程管理单位严把原材料进口关、设备采购关、施工过程关，严格落实质量目标责任制，实行工程质量终身负责制，并对建设过程实施跟踪监理、跟踪审计。大力推行工程县、乡、村三级质量监控，把农村当地群众引入质量监督体系，监督建设过程与监督政府及相关部门作为情况并举，实现工程建设“公开化、透明化”，确保质量监督无缝隙、无盲区、全覆盖。

【干部挂职扶贫】 2016年，中国移动共选派6名干部赴定点扶贫县开展援助任务，同时选派1名“第一书记”到桦南县太平村开展工作。扶贫干部热爱扶贫事业，情系贫困群众，以地方发展为己任，将企业的社会责任感融入到实际工作中，不畏艰苦，求真务实，积极开展帮扶工作，赢得了基层群众的良好口碑，有力保障了扶贫工作的顺利推进和落实，提高了扶贫工作效率与质量。

【扶贫慰问】 2016年，中国移动共拨付桦南县、汤原县慰问金80万元，解决了部分贫困群众越冬期间生产生活的实际困难。

【扶贫资金管理】 中国移动出台有关扶贫资金管理的相关管理办法，进一步优化资金的使用流程，详细明确资金的使用要求。当出现项目结余资金时，援助（扶贫）干部需会同当地政府确定结余资金使用方案，要求项目结余资金只可用于原计划项目的续建或新的对口支援（扶贫）项目，并提交至省公司工作组，经省公司工作组审定通过后方可执行。

在工程实施过程中，对工程建设资金实行专账核算、专人管理、专款专用，严禁截留、挤占、挪用，资金使用过程中，严格执行县级报账提款制。同时实行监理计量与跟踪审计同步进行，规定定时审结以及业主、监理单位、施工单位、审计单位“四方会签”，确保资金运作达到零争议。

【教育扶贫】 中国移动投入助学资金30万元，对桦南县的200余名应届贫困大学生每人资助1500元，确保贫困大学新生不因家庭困难而失学。

在洛浦县，投入援助资金150万，启动洛浦县第四幼儿园的项目建设，该项目建成后预计可满足当地周边8个村至少300个幼儿教育所需，有效缓解学龄前儿童进入小学接受“双语”教育难问题。

在阿克陶县，投入扶贫资金150万元，在玉麦乡英阿依马克村建设1所农村“双语”幼儿园，建筑面积800平方米，该项目有效解决了当地适龄幼儿入园难，班额普遍超标，财政投入不足等问题。

【基础设施建设】 在桦南县，投入资金204万元用于农业基础设施建设：建设孟家岗镇楼山村旱改水基地打农田井2眼、饮水井1眼，梨树乡永远村肉牛养殖基地打饮水井1眼，解决当地百姓用水难、喝水难的问题；建设闫家镇公平村水泥路2千米，为全村400户贫困群众解决行路难的问题，改善了贫困村交通环境；建设梨树乡民主村村民活动室200平方米。

在汤原县，投入资金201万元，在永发乡跃进村启动建设幸福大院，为40户贫困户解决住房安全问题；投入资金33万元，在竹帘镇茨梅村和永发乡北华村启动实施路灯安装项目，安装路灯110盏，提升贫困村基本公共服务水平。

在疏勒县，投入150万援助资金，启动疏勒县日光温室和富民安居房的项目建设，在改善农民生活条件、提升自身脱贫致富能力的同时，实现农村发展、农业增效、农民增收。

在白沙县，投入资金75万元，启动打安镇浪烈村整村推进民房改造建设项目，将贫困村民房改造为具有少数民族特色的民居，同时带动偏远村庄乡村旅游业发展。

【产业扶贫】 在海南白沙县，投入资金75万元，启动荣邦乡岭尾村215亩山油茶示范基地项目，以开发一片带动整片区域发展的原则，合理开发岭尾村的荒坡、荒地，加快农业产业结构调整，培植林农产业、保护生态，增加农民收入，实现贫困户脱贫致富，促进岭尾村经济、生态、社会协调发展。

【精准扶贫大数据】 根据扶贫工作中存在的实际问题与需要，中国移动以互联网和大数据技术为核心搭建开发精准扶贫平台。该平台依托中国移动的 IT 和数据资源及能力，为政府提供支撑系统化管理扶贫工作的工具，实时展现数据分析结果，为精准扶贫提供依据。平台最大的特点是基于扶贫工作的实际流程，根据现在扶贫工作中的痛点所开发出的“四个精准”功能，即精准识别、精准匹配、精准帮扶与精准管控。截至 2016 年底，已有河南、湖南、云南等 6 省 7 地市接入了平台系统，连接 7.3 万名扶贫干部和 209 万名贫困人口。

（中国移动通信集团公司
计划建设部 朱 琳）

中国电子信息产业集团有限公司定点扶贫

【概述】 中国电子信息产业集团有限公司（以下简称“中国电子”）定点帮扶四川省阆中市、贵州省松桃苗族自治县（以下简称“松桃县”）、陕西省镇安县和海南省临高县。2016 年度，中国电子投入扶贫资金和物资共计 609.3 万元。其中，定点帮扶 4 县（市）帮扶资金 420 万元，社会捐助物资和资金合计 189.3 万元。帮扶资金主要集中在乡村道路及基础设施建设、民生工程、产业扶持、精准扶贫及智力扶贫等方面。

【扶贫机构建设】 2016 年，中国电子调整扶贫工作分工，由总会计师李晓春分管扶贫工作，并兼任扶贫领导小组组长职务，同时对扶贫领导小组及办公室成员进行补充调整，完善组织机构，确保工作正常开展。中国电子扶贫领导小组及办公室先后 3 次召开专题会议，领会和掌握关于精准扶贫精准脱贫的有关指示精神和要求，进一步明确工作方向，研究落实扶贫工作具体事项。

【扶贫调研】 2016 年 4 月，中国电子党组成员、总会计师、扶贫领导小组组长李晓春赴临高县进行调研，听取挂职干部关于定点扶贫的专题工作汇报，并对扶贫工作给予指导。2016 年，中国电子先后有 4 名部门领导共 9 批次 20 多人次赴 4 个定点扶贫县进行实地调研、项目验收、干部考察和慰问。

【基础设施建设】 2016 年，中国电子在 3 个定点扶贫县共投入扶贫资金 270 万元，带动地方配套资金 400 多万元用于基础设施和民生工程建设。其中，帮助阆中市思依镇金斗观村建设“水利灌溉工程”项目、峰占乡中华观村村道建设项目、东兴镇大力宫村村主干道建设项目及大力宫村水利提灌站维修项目。帮助镇安县月河镇建设翁家沟口至白杨洼、月河口至窑湾后湾口村组公路项目，改善村民交通运输困难问题，帮助 71 户 164 人贫困户致富；为镇安县安山村建设蓄水池项目，解决该村 254 户 1000 余名群众生产、生活用水和 6700 余头（只）家畜家禽饮水问题，实现 112 户 387 人脱贫。帮助松桃县大坪场镇坳田村等 3 个村建设村组路硬化项目，新修村组路 2.8 千米，安装路灯 120 余盏，项目覆盖 720 户 3110 余人，精准扶贫户 123 户 422 人，有效解决当地群众长期期盼解决的基础设施难题；为松桃县孟溪镇头京村和石梁乡胜利村等 2 个村实施灌溉沟渠建设项目，修建防渗灌溉渠道3千米，使灌溉区内800亩农田收益，年亩均增产超过300元。

【产业扶贫】 2016年，中国电子在阆中市东兴镇大力宫村建设生猪育肥场，建设面积为1100平方米，每年出栏生猪800头，并成立“阆中市中电诚帮生猪专业合作社”，对贫困户提供资金入股托管，并计划后续引入其他经营和养殖模式，逐步扩大产业规模，增加贫困户收益。在大力宫村培育规模为200亩的核桃种植项目，为村民脱贫致富提供新途径。在临高县东英镇兰麦村配合海滨观光旅游和垂钓项目，投资65万元建设80亩瓜果蔬菜基地，项目采取“基地+公司+农户”的模式，组织53户村民参与基地经营，每户村民每年增收1.5万元以上，全村33户176名贫困人口得以脱贫。

【教育扶贫】 2016年，中国电子向临高县职教中心提供集团所属企业生产的“长城牌”电脑150台，装备3个云教学电脑教室，解决该县职业技术学校1000多名在校学生教学问题；每年还可为社会培训2000多人次，每年节约培训经费超过10万元。

【电商扶贫】 阆中市挂职干部协调争取到南充市电商扶贫资金80万元，四川省电商扶贫资金100万元，开展电商扶贫工作。加强电商宣传，在阆中高速出入口设置单立柱广告牌，宣传电商及电商孵化园，并通过网络、电视、报纸等媒体加大电商宣传力度；协调和沟通四川阆中农村商业银行股份有限公司，利用“蜀信E·惠生活”平台，建成村级服务站点，并通过易田、京东邦、邮乐购等平台，在阆中市建成58个网上购物和农产品销售网点；指导易田电子商务有限公司在阆中市飞凤镇、思依镇、水观镇、龙泉镇、老观镇分别建设了电商服务站点；创建淘宝网“特色中国·阆中馆”线上馆，并已投入使用，“特色中国·阆中馆”线下产品展示厅也已建成并投入使用，项目总投资为290万元，已入住商家32家，为阆中市电子商务发展打下了良好的基础。

【同舟工程】 中国电子把临高县作为同舟工程“救急难”试点，落实精准扶贫新举措。2016年，投资15万元解决该县19人次应急“救急难”，使这些人员没有因突发重大灾难而出现返贫现象。

【智力帮扶】 中国电子外派各县市扶贫干部结合分管工作和定点帮扶工作实际情况，加大培训，加大智力扶贫工作力度，2016年为4个定点扶贫县举办各类培训班40余次，培训各类业务和技能人才3000人次，协助完成劳务输出2360人次。

【干部挂职扶贫】 2016年，中国电子向4个定点扶贫县派出4名挂职干部，并向阆中市双龙镇大力宫村派出1名驻村“第一书记”。挂职干部深入基层和一线，能够掌握最翔实的情况，使扶贫工作开展更有针对性和精准性。发挥纽带和桥梁作用，加强中央企业与定点帮扶单位之间的沟通和协调，使扶贫工作开展更加顺畅。充分利用平台和优势，积极为扶贫县市牵线搭桥，开展招商引资；为4个定点扶贫县市引进合作项目3个，资金约370万元。

【扶贫宣传】 中国电子认真履行央企社会责任，每年发布一期《社会责任报告》，将扶贫工作作为报告的主要内容进行广泛宣传；“扶贫日”之际，中国电子及所属企业充分利用企业内部报刊杂志、宣传橱窗、网络微信和自媒体等平台，大力宣传中国电子定点扶贫工作取得的成绩和成效，便于广大职工充分了解扶贫工作，关心扶贫工作，积极参与扶贫工作，为中国电子定点扶贫工作做出积极的贡献。

（中国电子信息产业集团有限公司
党群工作部 左昌信）

中国机械工业集团有限公司定点扶贫

【概述】 中国机械工业集团有限公司（以下简称“国机集团”）负责河南省固始县、淮滨县和四川省广元市朝天区共3个扶贫县（区）的定点帮扶工作。先后选派6名干部到定点帮扶的三个县（区）担任挂职副县（区）长和驻村“第一书记”。同时，四川省广元市朝天区政府也选派干部到国机集团挂职。2016年，国机集团及所属企业共计投入扶贫资金1254.5万元用于特色产业扶贫、教育扶贫、基础设施建设、扶贫培训等。同时，向“中央企业贫困地区产业投资基金”投入资金3亿元支持贫困地区产业发展。

【扶贫资金投入】 2016年，国机集团及所属企业共计投入扶贫资金1254.5万元，其中，在广元市朝天区投入扶贫资金470万元，在固始县投入扶贫资金484.5万元；在淮滨县投入扶贫资金300万元。向淮滨县捐赠了价值24.9万元的农机设备。此外，国机集团还向“中央企业贫困地区产业投资基金”投入资金3亿元用于扶贫工作。

【扶贫调研】 2016年，国机集团董事长、党委副书记任洪斌，党委书记、副董事长石柯，总经理、党委副书记徐建分别带队前往广元市朝天区、淮滨县、固始县调研扶贫开发工作，走访慰问贫困村和贫困户，考察产业园区，对国机集团对口帮扶3个地区提出了明确要求，做出具体部署。

【扶贫培训】 国机集团出资60万元，开展贫困劳动力免费技能培训。依托国机集团所属德阳安装技师学院的资源优势，面向广元市朝天区有技能培训、技能提升、创业需求的贫困劳动力，采取入校集训和送训上门等灵活方式，分工种、分批次开展免费技能培训和职业资格鉴定。同时通过资金支持，委托朝天区人力资源和社会保障局对贫困劳动力完成种植、养殖等农业技能培训。为引导和鼓励贫困户通过自身努力，将培训技能转化为脱贫致富的实际成果，面向全区通过创业脱贫致富的贫困人员，评选年度10名“脱贫致富先进农户”，给予奖励和表彰。邀请西南大学魔芋种植专家赴朝天区，在当地农业局的配合下，对朝天区魔芋种植技术及加工利用情况进行专项调研，并举办魔芋种植知识专题讲座。2016年，共培训550名贫困劳动力。

在淮滨县刘圩村，国机集团通过相关

技能培训，统筹使用各类培训资源，以就业为向导，拓展劳动力外出就业空间，先后引导 84 户家庭人员外出就业务工，确保贫困家庭劳动力至少掌握一门致富技能，实现靠技能脱贫。

【干部挂职扶贫】 国机集团先后选派 6 名挂职干部到定点扶贫 3 个县（区），帮助当地开展扶贫攻坚工作。同时，为进一步加强扶贫开发工作的联系和对接，广元市朝天区政府也选派了干部到国机集团所属中国农业机械化科学研究院挂职。

【扶贫资金管理】 国机集团十分重视对扶贫资金的管理，要求相关部门及挂职干部要按照国家扶贫开发政策要求，结合当地扶贫开发工作实际情况，紧密围绕促进减贫的目标，因地制宜确定扶贫资金使用范围。国机集团正不断地完善资金使用管理制度，强化扶贫领域信息公开，加强每个扶贫项目、每笔资金的跟踪监督和检查，消除“盲区”，堵塞漏洞，让扶贫资金切实发挥效益。

【产业扶贫】 国机集团根据广元市朝天区当地特色，投入 40 万元用于帮助贫困户开展麻柳刺绣、蜜蜂养殖、藤椒种植等特色产业发展。同时组织所属企业集中研发力量攻关，为朝天区村级农合组织量身打造了核桃去青皮清洗烘干小型化一体机，为山区核桃产业发展提供技术支持。

为解决固始县观塘乡水稻生产灌溉问题，国机集团投入 70 万元，对观塘乡的 6 个生产用水塘进行修缮改造；投入 65 万元，帮助郭陆滩孙棚村贫困户组建小龙虾养殖合作社和养鸡场鸡舍建设，帮助建档立卡贫困户发展特色产业。

在淮滨县刘圩村，出资 123.9 万元购置“东方红-1304 型拖拉机”、小麦精量播种机、打捆机等农机设备，成立“东方红农机合作社”。合作社以刘圩村为主要耕作区域，向外辐射，对特困户免收机耕费和租金，兜底保障本村 20 户特困户。

集团及所属企业积极调动职工关注扶贫、参与扶贫的积极性，先后组织职工采购定点扶贫县（区）贫困户自产的固始鸡、固始蛋、樱桃、野花蜜、跑山鸡等当地农产品，价值共计 31.4 万元，有效带动当地贫困户增收。

【教育扶贫】 国机集团立志打造教育扶贫的“国机模式”，充分利用国机集团现有德阳安装技师学院和合肥通用职业技术学院的资源优势，面向固始县、淮滨县和朝天区定向招收建档立卡贫困户子女入学。2016 年 100 余名贫困生入学，除享受学费全免政策外，还可领取助学金，连同国家助学金、贫困生“雨露计划”补助等，每人在校月均生活补贴近 600 元，减轻贫困家庭就学负担；毕业后由学校负责安置就业，国机集团所属企业优先录用。

为进一步减轻贫困生经济负担和鼓励教职工投身教育扶贫的热情，国机集团出资 50 万元，在朝天区设立“国机教育扶贫奖励基金”，奖励品学兼优、家庭贫困的在读高中生、初（高）中毕业生以及投身教育扶贫事业、关爱贫困学生的优秀基层教职工。2016 年，全区 125 名贫困学生和 10 名基层教职工受到奖励和表彰。

2016 年，国机集团在固始县出资 325 万元，针对贫困家庭的学龄儿童和国机励志学校的所有 963 个建档立卡贫困家庭子女制定了系列帮扶方案。在全国第三个"扶贫日"，出资 14.5 万元，为全校贫困生提供了 1000 套校服；在淮滨县，集团投入 19.5 万元为县中等职业学校提供实训设备。

【基础设施建设】 2016 年，国机集团投入 220 万元，用于广元市朝天区鱼洞乡鱼鳞村乡村道路建设、村委会阵地建设和修建水塘，目前已完成 3.2 千米山区道路的硬化；投入 70 万元资金，委托集团所属中机六院设计和监督施工，对河南固始县观塘乡 6 个生产用水塘进行改造修缮，帮助贫困户解决生产生活用水问题；为将固始县郭陆滩孙棚村打造成"国机红旗村"，2016 年，投入 60 万元发展特色产业，同时出资 10 万元对基层文化设施进行改造；按照美丽乡村标准，国机集团将淮滨县刘圩村打造成"东方红"扶贫示范村，2016 年，国机集团投入 181.5 万元，重点在刘圩村所需的文化广场、综合服务楼、养老院、垃圾填埋场及路灯等基础设施建设方面予以支持，使当地贫困户的生活更加便利。

(中国机械工业集团有限公司　刘海平)

中国东方电气集团有限公司定点扶贫

【概述】 中国东方电气集团有限公司（以下简称“东方电气集团”）定点帮扶山西省吉县、四川省昭觉县。2016 年，共向吉县、昭觉县投入扶贫资金 589.69 万元，出资 3000 万元参与设立“中央企业扶贫产业投资基金”。派出 4 名挂职干部到贫困县挂职，到贫困县实地考察 19 人次，邀请贫困县有关部门和干部到东方电气商讨扶贫工作 3 次。

【扶贫资金投入】 2016 年，东方电气集团投入扶贫资金 589.69 万元，其中，实施直接资金捐赠 124 万元，物资捐赠折款 5.69 万元，采购定点扶贫县农特产品 460 万元。此外，积极响应国务院国有资产监督管理委员会的号召，出资 3000 万元参与设立“中央企业扶贫产业投资基金”。

【扶贫调研】 2016 年，东方电气集团总经理、总法律顾问及扶贫领导小组成员分别带队前往定点扶贫县进行实地调研，现场了解定点扶贫县的具体情况。召开扶贫工作座谈会，听取地方政府对扶贫工作的意见和建议，开展工作交流，就县域经济发展、产业情况、扶贫项目等内容进行深入沟通。

【扶贫会议】 2016 年东方电气集团召开 1 次扶贫领导小组会议，传达学习中共中央、国务院扶贫工作会议精神，听取挂职干部的工作汇报，研究确定全年扶贫工作计划和重点扶贫项目。召开 2 次总经理办公会议，审议具体扶贫项目的立项和实施情况。

【干部挂职扶贫】 2016 年，东方电气集团向三个定点扶贫县派出 4 名干部开展挂职扶贫工作，其中 1 名担任扶贫专职副书记，2 名担任挂职副县长、1 名担任驻村“第一书记”。挂职干部坚持扎根基层、服务基层，深入贫困村、建档立卡贫困户家庭开展实地调研，了解贫困现状，分析贫困原因，采取扶贫对策。挂职副县长和专职副书记的干部，积极发挥特长，为贫困县经济发展、能源开发、工业规划等出谋划策。驻村“第一书记”积极推动精准扶贫，通过走访协调，为 55 户贫困户建立起一对一帮扶关系；为村集体经济发展制定了帮扶短、中、长期规划；对帮扶难度较大的贫困户，按照当前解决基本生活、逐步注入产业发展、找准信息渐次推进的办法，逐户进行梳理，保障联系帮扶工作整体推进。2016 年底已实现脱贫 49 户。驻村“第一书记”重点开展了乡村文明建设，举办林雨村消夏晚会，“敬老、助老、爱老”活动，表彰奖励近年来林雨村涌现出的先进模范等活动。

【扶贫资金管理】 东方电气集团高度重视扶贫资金管理，将扶贫资金管理责任落实到定点扶贫县的挂职干部。规范扶贫资金管理。年初由扶贫领导小组确定全年扶贫资金预算；在扶贫项目实施前，由总经理办公会确定立项和资金划转；在扶贫项目实施过程中，由挂职干部负责资金使用和监管，保证扶贫资金全部用于扶贫项目，防止挪用和截留。

【产业扶贫】 2016 年 6 月，东方电气集团在吉县遭遇罕见冰雹灾害后，捐资 50 万元帮助贫困的苹果种植户恢复生产，减少损失；协调东方电气集团所属企业团购吉县苹果、土特产、饮料等农副特产品，已累计采购 1200 余万元产品；在东方电气集团电商平台上积极推广宣传吉县农副产品，帮助当地企业拓宽销售渠道；联合其他 11 个驻晋定点帮扶中央单位，共同策划了以“品味吕梁太行，携手扶贫众筹”为主题的中央驻晋帮扶单位联合推介活动，通过网络向社会推介贫困地区农特产品，组织在成都、德阳、自贡等地开展 5 场巡展活动，助推吕梁、太行山片区的农特产品、旅游资源及劳务资源走出山西，走进中央单位干部职工等消费群体，帮助贫困群体实现脱贫；针对吉县的地理特点，发挥东方电气的产业优势，主动参与吉县光伏扶贫项目建设，首批 5×100 千瓦分布式村级光伏扶贫电站已建成并实现并网发电，为当地贫困人口带来了稳定收入。

【智力扶贫】 为帮助贫困地区干部开阔眼界，东方电气集团协助昭觉县组织 3 期 160 人次后备优秀干部培训，通过到集团及下属企业学习参观，开阔眼界，拓展思路。

【教育扶贫】 东方电气集团以教育扶贫为重点，着力帮助昭觉县贫困学生提升教育水平。在捐资兴建“东方电气第一希望小学”的基础上，持续捐资完善校舍软硬件设施，组织员工为昭觉县东方电气第一希望小学捐款捐物、结对帮扶贫困学生，累计已对该小学捐款 18 万元，提高该小学的教育质量；在昭觉县设立“东方电气奖（助）学金”，每年向昭觉县优秀贫困学生发放奖学金和助学金 30 万元，已累计帮助 1500 余名贫困学生；捐资 20 万元维修昭觉县哈甘乡小学危旧校舍，惠及学生 700 多人；为昭觉县民族学校修建活动室，完善图书角，优化全校 1000 多名学生的学习环境。在吉县，以帮扶职业教育为重点，向吉县职业中学捐赠价值 300 余万元的机械加工实训设备，建设实训车间，派出专业技师充实师资力量，促进吉县职业教育发展。

（中国东方电气集团有限公司
办公厅　朱玉辉）

中国远洋海运集团有限公司定点扶贫

【概述】 2016年，由原中国远洋运输（集团）总公司和中国海运（集团）总公司重组整合而成的中国远洋海运集团有限公司（以下简称“中国远洋海运”）切实按照中共中央、国务院的总体部署，分别在西藏自治区洛隆县、云南省永德县、湖南省安化县和沅陵县开展扶贫开发工作，各下属单位也积极参与地方政府安排的对口帮扶任务。2016年扶贫资金支出3542.05万元，实施项目59项，帮助引进资金660万元，帮助当地培训干部人才21人次，帮助建档立卡贫困人口脱贫3108人、受益385人，举办劳务培训班3期，培训160人次，帮助建档立卡贫困户实现就业396人次。在教育、公共设施、新农村建设、医疗卫生改善、扶贫济困等方面做了大量工作，为推动当地经济社会稳步发展、加快实现小康社会和长治久安做了贡献。

【扶贫资金投入】 2016年，中国远洋海运用于扶贫开发的资金为3542.05万元，其中，洛隆县1200万元，永德县435万元，安化县300万元，沅陵县300万元。集团各下属单位也积极参与了对口帮扶工作，主要分布在6个省的12个行政单位，投入资金213.85万元。此外，中远海运慈善基金会向新疆、贵州、云南、安徽等贫困地区捐赠1093.2万元，主要在教育、养老、农村基础设施建设等。

【干部挂职扶贫】 中国远洋海运高度重视挂职干部选拔和培养，在全系统精心选拔，并将挂职干部列入后备干部管理。2016年共派出扶贫挂职干部14人次。挂职干部不仅为帮扶地区带去新思路、新项目，更是深入田间地头，听取当地人民群众的心声，帮助当地解决实际问题，成为连接公司与帮扶地区的桥梁与纽带。

【扶贫调研】 中国远洋海运重视扶贫工作现场调研和管理，2016年4月，集团总会计师孙月英带队赴永德县考察扶贫开发工作，对有关项目进行验收，给当地学生送去慰问品，同时考察了中远海运慈善基金会在临沧市双江县和耿马县的帮扶项目。6月，集团工会主席张善民带队赴西藏自治区昌都市就援藏工作开展考察和调研，到对口支援的洛隆县参加了“孜托镇小学新校区交接暨中国远洋海运体育场揭牌仪式”，与洛隆县主要领导座谈，对援藏工作进行总结和交流，现场考察援藏项目；赴类乌齐县与县主要领导就下一步援藏工作进行对接，对类乌齐县经济社会情况进行了解。10月，集团工会副主席是铮带队赴安化县、沅陵县开展扶贫考察和调研，参加安化城南完小“远航·追梦”慈善助学项目捐赠仪式，与当地对接项目，深入基层了解当地人民群众需求，研究解决办法。

【扶贫会议】 中国远洋海运在新总部机构中设立扶贫办，并成立以公司全体党组成员组成的扶贫（援藏）工作领导小组，统筹决策扶贫开发事项。5月召开集团扶贫（援藏）工作小组第一次会议。

【扶贫培训】 中国远洋海运重视扶贫挂职干部的培训，建立任前培训、任后述职等机制，对即将上任的挂职干部进行谈话和培训，共培训6人次。2016年10月，组织21名洛隆县县直机关部门和乡镇负责人赴天津市学习培训。学习培训的重点是团队建设、领导力和执行力、突发事件应对等，提高洛隆县干部的综合素质。

【扶贫慰问】 2016年，中国远洋海运利用领导赴对口帮扶地区调研考察的时机，分别对当地贫困学生、孤寡老人、困难家庭进行了慰问，发放慰问品650份。

【扶贫宣传】 2016年，中国远洋海运分别借助集团领导去当地考察、地方来公司拜访以及扶贫挂职干部轮换等机会，先后在中国远洋海运报、企业公众号等媒体利用整版篇幅宣传集团扶贫开发成果，宣扬挂职干部事迹，介绍对口帮扶地区扶贫开发情况。

【产业扶贫】 2016年，中国远洋海运尝试利用在物流产业方面的优势，帮助西藏国有企业发展物流业务，与西藏中兴商贸组成联合调研组，对西藏及周边地区商贸情况等进行实地详细调研，与当地各行业领域客户探讨开通出藏集装箱班列的可行性。12月，中远海运物流与西藏中兴商贸正式签订战略合作协议，双方充分发挥各自资源优势，在“开通西部货运集装箱班列”“园区基础设施建设”和“搭建培训体系”等方面开展全面合作，充分融入国家“一带一路”和“南亚陆路大通道”战略。拉萨—宁波“西藏号”集装箱班列正式首发，列车编组35辆、共70只集装箱，总计1890吨卓玛泉天然饮用水，历时6天，纵穿西藏、青海、甘肃、陕西、河南、安徽、浙江等地，行驶4500千米后抵达目的地。

中国远洋海运继续扶持扩大安化县芙蓉乡茶园种植面积，主要采取与当地农户或农户合作组织共同出资合作开发、收益全部归属当地农民的形式，鼓励、带动当地农户扩大茶园、茶叶苗圃种植面积，为村民拓宽增收渠道，为安化县茶产业发展提供支持。全年新增茶园、茶叶苗圃面积合计400亩，惠及当地农户200余户。

2016年“扶贫日”，中国远洋海运积极响应国务院国有资产监督管理委员会有关做好扶贫开发工作的倡议，主动承担企业社会责任，作为首批创立单位，投资3亿元参与了“中央企业贫困地区产业投资基金”。

【教育扶贫】 中国远洋海运大力支持地方教育事业，扶贫资金向教育倾斜，

2016年共有1584万元用于教育项目，包括洛隆县孜托镇中心小学新校区体育场、学生餐厅等建设项目，永德县德党镇大出水村教学楼、宿舍和食堂等附属工程建设，安化县柘溪完小学校新建教学楼配套工程、江南镇陈王完小和乐安镇中学、龙塘乡中学教学设施配套等。为永德县特殊学校新建心理咨询室、教学专用感统训练室，并为69名贫困寄宿学生补助一年生活费补贴。

已持续开展多年的“中远海运·格桑梅朵”“中远海运永德县希望班”、安化二中自强班、“远航·追梦”等奖助学金和教育帮扶项目为贫困家庭子女解决教育经费，2016年资助学生达到1300余人。

【公益扶贫】 2016年，在中国远洋海运工会、团委的倡议下，为永德捐赠电脑近300套、捐赠鞋袜210箱4882双、衣服16箱，书包文具等折合81.2万元。

【基础设施建设】 2016年，中国远洋海运投资670万元，用于帮助对口帮扶地区改善基础设施建设，包括水利、村级公路、敬老院等。其中，300万元帮助洛隆县解决缺水、缺电、缺路等突出民生问题；在沅陵县借母溪乡投资105万元，安装太阳能路灯、修建旅游便道、焚烧炉、公共厕所、安全饮水工程、游客接待中心、西门连接游步道等建设；在永德县投资60万元用于建设入村水泥硬板路；在安化县投资180万元用于扶持“村村通”公路和部分村内道路建设，包括江南镇新民村、柘溪镇林场神湾村、烟溪镇抱龙村、大福镇印石村、仙溪镇芙蓉村、田庄乡湘岩村、乐安镇香马村、柘溪镇唐溪村的农村公路，总里程45千米。

【健康扶贫】 2016年，中国远洋海运投入130万元，为洛隆县9个大骨节病重病区16岁以下（入学儿童外）共1376名儿童实施换粮和藏医治疗。投入50万元，为永德县崇岗乡龙竹洼村、乌木龙乡扎摸村各新建120平方米卫生室一座。

【劳务输出】 2016年，中国远洋海运大力拓展劳务输出渠道，为贫困地区家庭安排就业。通过“订单式”专业培训，帮助湖南、云南对口帮扶地区培训和输出航海、轮机专业人员28名，通过转移就业，促进当地困难家庭脱贫致富。组织23名永德职校酒店管理专业学生到昆明市的一个四星级酒店接受为期两周的培训，并全部安排好就业。组织永德县85人到集团下属的连云港箱厂就业。

【易地扶贫搬迁】 2016年，中国远洋海运投入300万元，帮助洛隆县硕督村35户农牧民进行易地扶贫搬迁，其中建档立卡贫困群众23户78人，同步搬迁12户65人。

（中国远洋海运集团有限公司
扶贫办 张 进）

中国航空集团公司定点扶贫

【概述】 2016年，中国航空集团公司（以下简称“中航集团”）定点帮扶广西壮族自治区昭平县和内蒙古自治区苏尼特右旗。在深入走访调研的基础上，中航集团党组对扶贫开发工作提出3个总体原则：一是坚持“真扶贫，扶真贫”的原则，深入下去而不是浮在上面，让真正贫困的群众生活得到改善；二是坚持“造血式扶贫”和“输血式扶贫”相结合、扶贫与扶智并举的原则，从当地实际需求出发，为百姓提供更多生存和发展的手段；三是坚持把自身优势转化为扶贫优势的原则，结合企业自身实际，坚持精准扶贫的思路，从项目扶贫着手，打造既有当地特点，又有中航集团优势，对贫困地区发展有“造血功能”的项目，切实带动百姓增收。2016年，中航集团累计对定点扶贫县（旗）投入资金590万余元，帮助农村贫困人口加快脱贫致富的步伐，促进当地经济社会发展，取得了良好效果。

【扶贫资金投入】 自2014年定点扶贫工作开展至今，中航集团累计向昭平县、苏尼特右旗投入2713万元资金帮扶、机上媒体宣传和牛羊肉采购。2016年，中航集团累计投入资金总计590万元。其中，向苏尼特右旗投入帮扶资金100万元用于集中育肥基地的建设；向昭平县投入帮扶资金490万元，其中用于教育扶贫的资金累计420万元，用于“第一书记”所在江口村建设70万元。

【扶贫制度建设】 中航集团于2016年5月对原有扶贫工作机构进行了调整，成立扶贫工作领导小组和办公室，由集团党组书记任组长，下设扶贫办公室，专门负责领导、协调和落实定点扶贫工作，集团财务、工会、人力、团委等相关部门负责人参加，增强工作协同性。集团定期召开扶贫工作会议，研究确定工作计划与安排，落实扶贫项目与资金，协调处理扶贫工作中出现的问题。为使定点扶贫工作实现系统化、规范化和制度化，集团出台《挂职扶贫干部管理暂行办法》规章制度，推动扶贫干部管理的规范化和制度建设。

【干部挂职扶贫】 2016年，中航集团选派3名优秀干部到定点扶贫县（旗）挂职，具体指导、参与扶贫工作。挂职干部发挥自身优势，联合社会各界力量共同扶贫。

【扶贫慰问】 2016年6月，中航集团所属4家公司员工代表前往昭平县江口村，开展爱心扶贫助学慰问活动，代表中航集团全体员工向江口村捐赠 14 万元的物品和慰问金。2016 年，昭平江口村“第一书记”牵头，联系有关企业、院校和社会团体组织的爱心人士等群体，开展爱心捐助活动筹集款物折合人民币 30 余万元。中航集团还配合贺州市委组织部“帮扶贫困户、点亮微心愿”的活动，给三所村小 65 个贫困户的在校子女捐赠价值 1 万多元的爱心礼包，帮助他们实现自己的“微心愿”。

【扶贫宣传】 中航集团利用自身航空媒体、媒介优势，加大对定点扶贫县（旗）特色产品及旅游景点的宣传、推广力度，不断提高其影响力和美誉度。2016 年 8 月，中航集团利用机上杂志《中国之翼》免费为昭平县提供市场价 245 万元的专题昭平黄姚古镇旅游宣传。在苏尼特右旗，集团利用机上纸质、影视媒体宣传当地的自然景观、风俗文化、物产资源，提高当地知名度，助力全域旅游、招商引资、农畜产品销售取得新的突破。

【扶贫资金管理】 中航集团加大精准扶贫财政投入力度，建立扶贫开发资金持续增长机制，不断提高扶贫资金投入，确保定点扶贫工作的有序推进。中航集团始终把筹措扶贫资金作为扶贫工作的重要内容之一，把扶贫工作与党群工作密切结合起来，广泛动员干部职工积极参与捐助捐赠、结队帮扶、助学助残、医疗救助等公益事业。2016 年 12 月，中航集团工会发动基层工会会员在自愿原则的前提下，分别从昭平县采购价值 150 万元的茶叶，从苏尼特右旗采购价值 1100 万元的羊肉。

【产业扶贫】 2016 年，中航集团在昭平县江口村发动 47 户贫困户发展特色产业项目，新增茶叶、桑蚕、水果种植 400 余亩，成功帮扶 29 户贫困户 134 人脱贫出列。在苏尼特右旗，投资援建育肥基地项目，1500 亩青储玉米取得较好收成，育肥出栏肉牛 220 头，合作社不仅将 50% 的利润（45 万元）用于额尔敦塔拉嘎查的脱贫攻坚，还直接吸纳 6 名贫困户就业，创新了脱贫举措，实现贫困户增收。

【教育扶贫】 中航集团向昭平县捐赠资金 500 余万元，用于援建昭平镇练滩小学教学楼；捐建 2 个“中航集团新长城自强班”，让昭平县建档立卡户中 100 多名品学兼优的高中生实现了大学梦；捐赠图书 1.5 万册，让江口村三所小学的孩子们第一次有了属于自己的图书室，第一次穿上了统一的校服，第一次免交了学杂费。

【基础设施建设】 2016 年，中航集团在昭平县江口村完成扶贫道路建设 850 米，硬化 4 个小组村屯道路 1600 米，3 个村屯小组篮球场建设，三门滩大坝下游防护墙维修等多个项目，使村内基础设施得到提升。

（中国航空集团公司党组工作部综合办公室　王兴莱）

中国中化集团公司定点扶贫

【概述】 中国中化集团公司（以下简称“中化集团”）坚定不移地贯彻落实中共中央、国务院关于定点扶贫工作部署，借助多元化产业经营优势，坚持“输血与造血”相结合、“扶贫与扶智”相结合，扎实开展产业扶贫、教育扶贫、公益扶贫，不断完善帮扶形式、拓宽帮扶渠道、加大扶贫力度。15 年中，中化集团对口帮扶内蒙古自治区清水河县、和林格尔县、阿鲁科尔沁旗、林西县 4 个旗（县），共投入资金 5700 万元，涵盖了移民搬迁、文教卫生、水利交通、产业建设、人才培训、科技示范等项目，撬动引入项目资金和捐资 2 亿元，为改善当地农牧民生产生活条件、促进经济社会发展做出了贡献。

【扶贫工作机制】 中化集团定点扶贫工作领导小组建立有效的工作机制、统筹协调扶贫工作。每年年初，公司召开扶贫工作会议，根据对口扶贫点的实际情况确定资金投入额度，对定点扶贫计划进行质询、审议；对重点项目实施情况进行检查指导。2016 年，公司定点扶贫工作会议审议通过阿鲁科尔沁旗、林西县定点扶贫“十三五”规划和年度帮扶计划。中化集团巡视组对阿鲁科尔沁旗、林西县近几年的定点扶贫工作进行了专项巡视审计。根据巡视组的意见，修订《中化集团对口支援和扶贫工作管理办法》，进一步完善定点帮扶工作机制。

【扶贫资金投入】 2016 年，中化集团向阿鲁科尔沁旗、林西县直接投入扶贫资金及捐款 11013. 68 万元。其中，产业发展项目资金 383. 68 万元、“同舟共济救急难公益基金会”保障基金 200 万元、农牧业产业合作投入 343 万元、卫生医疗设备租赁合作 1 亿元、助学捐款 25 万元、“送温暖”活动捐赠 32 万元、培训 10 万元、规划调研费 20 万元，动员社会力量向阿鲁科尔沁旗输送帮扶项目 6 个、捐款 140 万元，引进京蒙合作项目 3 个、捐款 600 万元。受益贫困户约 2050 户。

【基础设施建设】 2016 年，中化集团投资 140 万元资金，对贫困村 500 亩湿地和 2800 亩土地进行整体规划，开发特色乡村旅游产业。

【产业扶贫】 在阿鲁科尔沁旗，实施“中化化肥精准产业扶贫工程”“种子扶贫工程”和“移民产业帮扶工程”“医疗保障项目”。中化化肥控股有限公司和中国种子集团有限公司共投入产业帮扶资金 343 万元，派专家取土测土，为玉米、谷子、葵花、苜蓿草等作物专项配方，挑选适宜当地气候土质条件的优良玉米品种，开展作物高产创建讲座、田间指导病虫害防治及种植模式调整，覆盖10个乡镇85个村，培训农牧民3652人。向农牧民提供测土配方肥1100吨、4个玉米优良品种35吨，为建档立卡贫困户优惠或免费赠送价值32万元的化肥、种子。紫花苜蓿草示范种植面积20万亩、玉米示范种植面积5万亩，增产增收率达到5—10%。同时，捐赠一套以色列进口水肥一体化设备，在生态恶劣的盐碱地上开展葵花籽种植示范，每亩增收250元。

投资40万元，对建档立卡的36户贫困家庭实施“移民产业帮扶工程”。出资与国家扶贫资金整合约100万元，共同整治300亩沙土地，建设重庆太极药业集团的中药材种植基地，科学种植、定向收购，力争贫困户搬得出、稳得住、能致富。

中化集团旗下远东宏信医疗健康集团投资1亿元，与阿鲁科尔沁旗人民医院融资租赁合作发展医疗卫生事业，使广大贫困农牧民大病不出县、小病不出村。

在林西县，实施“盐碱地改良项目”“光伏扶贫”“互联网+扶贫”。2016年，中化化肥有限公司在林西县开始实施“盐碱地改良项目”。通过测土配方、排灌结合、合理施肥、提高土壤肥力等措施，前期实验达到了预期的效果。项目共投资16.18万元，前期实验覆盖了查干沐沦河沿线的4个乡镇共800亩耕地，种植作物为甜菜。项目实施后，通过测产，比未改良耕地平均每亩增产5000吨，增产率达到11%。

2016年，由中化集团牵头在大营子乡前地村实施分布式“光伏扶贫”项目。项目覆盖农户94户，总投资207.2万元，其中使用中化集团帮扶资金120万元。项目在2016年底建成并网发电，预计每户年增收3000元以上。

中化集团与林西县的麻溜易购电商平台合作，建立电商孵化培训基地，进行创业和农村合作社的电子商务培训。建成乡、镇、村电商示范店35个，解决当地群众的卖难买难问题。林西县成为2016年国家级电子商务进农村综合示范县，获得国家电子商务建设专项资金2000万元。

【教育扶贫】 截至2016年底，在阿鲁科尔沁旗，资助中小学生从70名增加至290名，其中60%的受助生是建档立卡贫困户和低保家庭的孩子，每年得到的帮扶资金约35万元。在林西县，资助人数从103名增加到200名，资助金额从2015年的6.18万元增加到2016年的13.68万元。

【公益扶贫】 2016年，中化集团组织下属单位和社会公益组织开展“扶危济困”“扶贫送温暖”活动，捐赠款物合计240万元。中化石油有限公司在阿鲁科尔沁旗天山六中和坤都总校建立两个“结对石油班”，开展助学、捐赠、联谊活动；中化河北有限公司向阿鲁科尔沁旗新平村155位老人进行捐赠；芭莎公益慈善基金向阿鲁科尔沁旗医院和中医院捐赠急救车；北京向阳花公益会向阿鲁科尔沁旗白城子总校181名学生进行慰问捐赠；九阳股份有限公司向阿鲁科尔沁旗六所贫困中小学捐赠标准化厨房设备，挂牌“九阳·希望厨房”。

【干部挂职扶贫】 2016年，中化集团在阿鲁科尔沁旗派出挂职干部1名，任职常委、副旗长；在林西县派出挂职干部1名，任职县委常委、政府副县长；在阿鲁科尔沁旗天山镇新平村派驻1名“第一书记”。在工作中，中化挂职扶贫干部深入基层，了解实情，提出有针对性的扶贫规划，以高度的责任心开展扶贫工作。

（中国中化集团公司扶贫办 周 芳）

中粮集团有限公司定点扶贫

【概述】 2016年，中粮集团有限公司（以下简称“中粮集团”）按照中共中央、国务院关于扶贫开发工作的方针政策，统筹兼顾，积极部署，聚焦产业扶贫，拓宽产业扶贫项目，不断加大帮扶资金投入力度。在开展“精准扶贫、精准脱贫”过程中，调整思维模式使“输血式”扶贫不断向“造血式”扶贫转变，切实履行中央企业政治责任和社会责任，为打赢脱贫攻坚战贡献中粮力量。承担黑龙江省延寿县、绥滨县，广西壮族自治区隆安县，四川省甘孜县、石渠县，江西省修水县，新疆维吾尔自治区乌什县7个县的定点扶贫任务。2016年，中粮集团及专业化公司（平台）共投入扶贫援助资金1569.2万元。向定点帮扶地区选派挂职干部9名。在开展扶贫攻坚工作过程中，充分发挥企业特点及产业优势，继续在产业扶贫、教育扶贫、医疗卫生扶贫等方面开展工作。2016年，中粮集团定点帮扶的7个县中，已有16个贫困村、1200多个贫困户、3800多贫困人口完成了脱贫、减贫目标。

【扶贫资金投入】 2016年中粮集团在7个定点帮扶地区（县）共投入定点扶贫专项资金1569.2万，用于公共设施建设950万元，用于发放“救急难”救助资金70万元，扶贫产业项目开发500万元，希望小学建设50万元。

【扶贫调研】 2016年中粮集团党组书记、董事长赵双连及中粮集团党组成员、扶贫办公室主要领导、中粮集团相关专业化公司（平台）领导，相继对7个贫困县开展实地考察调研10余次。通过实地走访，征求定点扶贫县对中粮集团定点扶贫工作的意见和建议，促进集团扶贫项目方案制定、立项、实施。

【同舟工程】 2016年，中粮集团实施同舟工程，在绥滨县开展困难家庭救助工作，出资55万，为182户建档立卡贫困户发放“救急难”救助资金，惠及546人；为江西省修水县发放“救急难”资金20万元，有效补充修水县社会救助资金空缺。

【教育扶贫】 中粮集团下属全资子公司中国中纺集团公司在修水县杭口镇双井村小学建设过程中，投入建设资金50万元，作为筹建希望小学的补充资金，对加快学校建设进程起到推动作用，县政府决定将学校取名为“双井中纺希望小学”。学校主体建设已完工，建成后可容纳学生300名，有效改善当地教育基础设施条件。

【基础设施建设】 2016年，中粮集团公司投入资金950万元，用于定点帮扶地区的基础设施建设与维护。为延寿县注入扶贫资金200万，用于村庄亮化、农村卫生室建设、排污管道建设与维护和危房改造，协助延寿县地区推进道路硬化“村村通”项目进程。为乌什县128户贫困户发放补助1万元/户，用于建设安居富民房，使贫困户摆脱无房住、住危房的困境。为隆安县投入扶贫资金170万，用于增建饮用水井、篮球场、太阳能路灯、水库拦水坝、挡土墙，为雁江镇福颜村建设生产便道800米，对贫困村脱贫工作起到巩固作用。为甘孜县庭卡乡投资100万元，用于修建乡村道路及排污管道，为28户困难群众投入扶贫资金56万，进行危房改造与修缮，投入扶贫资金44万元，为扎恩村道路进行路面硬化。为修水县修建1000米村公路，解决村民耕作和出行难题。

【干部挂职扶贫】 中粮集团出台《中粮集团定点扶贫挂职干部选派管理规定》，明确挂职扶贫干部从选派条件、选派流程、薪酬待遇、保险福利、休假探亲、日常管理、期满安排等内容，管理规定的出台强化了中粮集团挂职干部选派和挂职干部管理体系建设。

2016年，中粮集团共选派挂职干部副县长7名，“第一书记”2名到定点扶贫县（区）挂职，推动集团落实中粮集团定点扶贫工作。在开展定点扶贫工作过程中，挂职干部对照“六个一”认真开展扶贫工作，详细了解帮扶地区经济特点、民生状况，积极与集团扶贫工作领导小组办公室和当地政府对接工作，使中粮集团在探索定点帮扶地区产业扶贫项目开发和扶贫资金高效利用方面起到关键作用。

【健康扶贫】 中粮集团积极配合黑龙江省延寿县在全县106个村建设“农村卫生室”工作。2016年中粮集团先后对“农村卫生室”项目建设投入资金共计72万元，有效推进“农村卫生室”的建设进程。标准化卫生室的建设，真正实现群众小病不出村、疾病预防不出村的目标，显著改善了贫困地区医疗卫生基础设施状况。

【产业扶贫】 2016年，中粮集团充分发挥贫困地区生态环境和自然资源优势，借助集团当地企业影响力，立足地区农业产业化发展，通过资金、技术、销售渠道等多方面援助，有效拉动帮扶地区经济提升。中粮糖业已将隆安糖业主体业务纳入中粮南糖业务范围。在乌什县，借助中粮屯河在新疆地区的糖业业务平台，带动当地果品种植和番茄加工行业的发展。中粮米业在黑龙江地区生产、加工、销售等渠道较为成熟，通过扶贫产业开发，促进了绥滨县、延寿县地区水稻种植发展，对农民增收起到积极作用。为绥滨县质量检测研究院出资150万元，用于设备升级改造。高端设备的引进，使食品安全检验水平得到大幅提高。为乌什县200户建档立卡贫困户发放庭院经济救助资金72万元，鼓励贫困地区困难群众自力更生，寻求发展经济新渠道，对当地群众脱贫摘帽起到关键作用。为石渠县开发畜牧业养殖项目，共计投入资金 200 万元，主要用于购进优良藏系绵羊、蛋鸡、藏猪，建设羊舍 1080 平方米、鸡舍 100 平方米及排污设施，防疫设施，水电等附属设施，为拉动当地经济收入起到关键作用。

【扶贫培训】 2016 年，中粮集团新疆屯河公司驻村扶贫工作队在乌什县阿克托海村为当地群众举办电商销售培训班，引导当地群众利用电商销售平台对当地农副产品进行网络销售。2016 年共计开展网络销售培训班 3 期，培训人数近 100 余人，并在村委会设立互联网电商服务站，用于网络销售的宣传与推广。电商销售的推广使部分农民人均收入增加约 1000 元/月，集体经济年收入增加 5 万元以上，惠及村民近 2500 人。

【公益扶贫】 在 2016 年“扶贫日”期间，中粮集团积极开展一系列精准扶贫活动。与中国扶贫基金会合作，启动“福临门油”捐赠活动，在中粮集团负责的 7 个定点扶贫县开展食用油进学生餐桌活动；开展“天下没有远方，有爱就是天堂”捐款活动，为藏区贫困家庭儿童捐款 30 万；举办“衣旧情深”衣物捐赠活动，共募捐衣物近 9 吨，并在第一时间将捐赠物资发放到贫困群众手中。

（中粮集团有限公司扶贫工作办公室）

中国通用技术（集团）控股有限责任公司定点扶贫

【概述】 中国通用技术（集团）控股有限责任公司（以下简称“通用技术集团”）定点帮扶内蒙古自治区武川县、商都县。2016年，通用技术集团认真贯彻落实中共中央、国务院脱贫攻坚战略决策和中共中央总书记习近平关于脱贫攻坚系列重要讲话精神，在实现企业持续稳定发展的同时，切实履行好应尽的社会责任，扎实做好定点扶贫工作，取得了积极成效。

【扶贫资金投入】 2016年，通用技术集团在两个定点扶贫县投入扶贫资金480万元。其中，通用技术集团公司直接投资280万元，所属企业轻工公司、新兴集团各捐助100万元。同时，参加“中央企业贫困地区产业投资基金”募资工作，作为首期出资的51家央企之一，通用技术集团出资5000万元，为完成脱贫攻坚任务做出应有的贡献。

【扶贫机制建设】 通用技术集团调整成立扶贫开发工作组，由党组书记、董事长任组长，总经理、分管领导任副组长，总部有关部门和骨干子企业负责人为成员，切实加强对定点扶贫工作的组织领导。定期召开专门会议，研究制定2016年扶贫工作计划，着力推进扶贫项目的实施和落地，积极协调解决扶贫工作中遇到的实际困难。

【扶贫调研】 通用技术集团党组书记、董事长许宪平，党组副书记、副总经理刘大山，带队赴定点扶贫县考察扶贫工作。集团领导还多次接待定点扶贫县主要领导来访，深入交流扶贫思路，明确扶贫的重点项目和推进措施，积极协调有关部门和单位整合各种资源，支持扶贫工作。

【干部挂职扶贫】 通用技术集团向两个定点扶贫县共选派3名挂职干部。挂职干部认真落实县委县政府交给的工作任务，积极参与县里安排的各种会议、活动，广泛深入学校、工厂、矿场、农村、田地调研研究，掌握基层情况，协调推进相关工作，给当地政府带去了新思路、新闯劲、新变化，获得县委领导高度评价。

【教育扶贫】 2016年，通用技术集团继续支持武川县职业中学办学，设立“通用技术奖学金”10万元，设立“通用技术教学标兵奖”5万元，资助教师进修培训5万元，投资增添教学设备10万元。学校规模达2000多人，成为内蒙古自治区重点职业高中，办学成果得到社会各界广泛好评。8月，通用技术集团援建的商都县通用小学竣工投入使用，有效解决了留守儿童就地入学的问题。通用小学占地26800平方米，建筑面积9927平方米，总投资2400多万元，其中通用技术集团投入资金660万元、所属施工企业新兴建工让利100多万元。学校于2014年9月开始建设，分一期、二期工程，由教学楼、宿舍楼、食堂和幼儿园组成，均由通用技术集团所属新兴建工承建。学校设7个教学班，现有学生243名、教职工30名。同时，通用技术集团积极推动所属企业北京机床所与商都县职业中学联合办学，探索联合开办数控机床专业。

【产业扶贫】 通用技术集团所属企业中国医药公司与武川县就中药材黄芪项目达成合作意向：中国医药以武川县当地黄芪种植加工合作社为基础增资扩股，建立规范的饮片加工厂；武川县按照中国医药的标准组织种植黄芪，中国医药收购全部合格产品；联合当地研究所，建立产学研一体化模式，建立集育苗、种植、加工于一体的全产业链。双方签署《合作框架协议》。

商都县计划采用“PPP模式”建设公共文化设施“六合一馆”（科技馆、规划馆、展览馆、博物馆、美术馆等）文体中心项目，总投资约5.7亿元。经通用技术集团引荐，北京中关村数字文化联盟与商都县基本达成合作意向，解决了该项目的投资和后期运营方案问题。

【社保兜底脱贫】 通用技术集团投入230万元用于武川县、商都县建档立卡贫困户的社会兜底保障。

【扶贫培训】 通用技术集团投入30万元支持通用技术集团选派村“第一书记”所在村的扶贫工作，开展富余劳动力人员就业技能培训，投入30万元帮助武川县改造800平方米扶贫开发培训基地。

（中国通用技术（集团）控股有限责任公司党群工作部　许学银）

中国建筑工程总公司定点扶贫

【概述】 中国建筑工程总公司（以下简称“中建总公司”）定点帮扶甘肃省康乐县、卓尼县、康县3个贫困县，积极履行中央骨干企业社会责任和政治责任，根据中共中央、国务院关于做好精准扶贫开发工作的指示精神和工作安排，利用自身在勘察设计、建筑施工、管理运营等方面的业务优势，通过资金帮扶、劳务输出帮扶、医疗救助帮扶和项目带动等方式，积极开展定点扶贫工作，取得较好成绩。

【扶贫资金投入】 2016年，共投入专项扶贫资金889.05万元，用于专项扶贫项目的开发建设。向康乐县、卓尼县、康县投入的金额分别为279.79万元、300万元、309.26万元。

【扶贫会议】 中建总公司领导高度重视定点扶贫工作，认真贯彻落实中央领导同志关于定点扶贫的一系列重要指示和中央扶贫开发工作会议、中央单位定点扶贫工作会议精神。党组于2016年4月召开会议传达了相关会议精神，讨论并通过了《关于推进中国建筑工程总公司定点扶贫工作的议案》，为开展下一阶段定点扶贫工作指明了方向。

2016年10月17日我国第三个“扶贫日”，中建总公司党组书记、董事长官庆，党组副书记刘锦章率队赴公司定点扶贫县召开定点扶贫工作座谈会，同甘肃省扶贫办、州和县相关领导就下一步开展精准扶贫工作进行专题研讨，就因地制宜实施产业扶贫、教育扶贫、劳务输出扶贫等举措达成初步共识。开展实地考察调研，看望公司挂职扶贫干部，考察公司扶贫项目，为康乐县城南小学送去爱心书包，为康乐县妇幼保健站送去办公电器。

【扶贫制度建设】 根据2013—2015年度定点扶贫工作开展情况及帮扶贫困人口脱贫摸底结果，结合精准扶贫要求，中建总公司通过了《关于推进中国建筑工程总公司定点扶贫工作的议案》，总结公司在康乐县、卓尼县、康县开展的定点扶贫工作成果；部分中央企业在推进定点扶贫开发工作中的典型做法；并提出了开展下一步定点扶贫工作的思路和建议。公司以“整村推进、整村脱贫”为目标，以推进旅游产业扶贫为精准扶贫基本模式，同时涵盖劳务输出、生态保护、民族地区（回族、藏族）、农村危房改造和人居环境整治、医疗救助等脱贫攻坚模式，形成“精准扶贫三年规划”，确保公司定点扶贫任务取得实效，帮促甘肃3县与全国同步建成小康社会。

【教育扶贫】 2016年，中建总公司投入资金244.79万元，用于建设康乐县城南小学项目，为少数民族贫困村——康乐县城南村建设一座现代化小学。新建三层框架结构教学楼一栋，建筑面积1379平方米，同时配建锅炉房、旱厕、围墙、校园硬化等附属工程。建成后，可同时容纳600名学生就学，解决城南村及周边村学生上学难问题，提高当地学前教育质量，促进当地文化教育事业发展。

【产业扶贫】 在卓尼县，中建总公司开展木耳镇吾固村旅游综合开发项目。项目位于卓尼县大峪沟国家4A级旅游景区腹地，2016年度在吾固村扎烈自然村建设河堤、道路、停车场等基础设施、建设村级综合服务中心、厕所等公共服务设施、扶持农（藏）家乐等富民产业。项目完成后，将成为大峪沟国家4A级旅游景区的重要节点，带动本地及周边贫困人口脱贫。2016年度向本项目投入扶贫资金300万元。

在康县，开展王坝镇何家庄村旅游综合开发项目。项目位于康县美丽乡村建设及乡村旅游精准扶贫开发重点流域，2016年度在何家庄村建设景观桥、河道水景、人工湖、人行步道、景观水磨、亭子、廊亭等旅游设施。项目完成后，将成为康乐县乡村旅游重要节点及美丽乡村建设示范点，带动本地及周边贫困人口脱贫。2016年度向本项目投入扶贫资金218万元。

【干部挂职扶贫】 2016年，中建总公司在甘肃3县派驻挂职副县职人员3人，挂职贫困村“第一书记”3人（其中1人为兼职）。

同时，中建总公司公司委派政工部（扶贫开发办公室）同定点扶贫县沟通协调，加强对挂职干部的管理考核，充分发挥挂职干部作用；切实关心派驻人员的工作和生活，做好服务保障工作；定期沟通、回访，听取挂职干部对扶贫工作的意见和建议；对工作实绩突出的优秀挂职干部，推动对其进行宣传和表彰。

【扶贫培训】 中建总公司在甘肃省康乐县开展劳务输出扶贫项目，对康乐县委培的电焊工予以培训资金支持。2016年度向本项目投入扶贫资金35万元，培训完成100人。

【同舟工程】 根据民政部、国务院国有资产监督管理委员会《关于开展“同舟工程——中央企业参与‘救急难’行动”的通知》部署，中建总公司在康县开展“救急难”医疗救助扶贫工作。2016年度向本项目投入扶贫资金91.26万元，救助因病特困人员169人。

（中国建筑工程总公司政工部
吴　扬）

国家开发投资公司定点扶贫

【概述】 国家开发投资公司（以下简称“国投公司”），党组高度重视定点扶贫工作，成立专职机构定规划、制方案，以“亿万千百十”（投资亿元扶贫资金，帮扶万名贫困人口，结对千名困难学生，助力百个贫困村组，派出数十名挂职干部）的总体思路，推进“精准扶贫，精准脱贫”工作实施。

2016共计无偿捐赠资金1931万元，帮助定点扶贫县开展危旧房改造、易地搬迁项目，推进农户扶持、生态扶持，帮助整村推进道路硬化、建设安全饮水项目，资助特困大学生、高中生上学，并且探索定点扶贫创新方式，帮助贫困户缴纳养老和医疗保险，支持村级阵地建设，慰问困难家庭、春节送温暖等。

【扶贫资金投入】 2016年，国投公司在做好定点扶贫任务的同时，积极组织集团投资控股企业开展对外捐赠和对口帮扶，参加教育、医疗、援疆援藏、文化体育等公益事业，累计对外捐赠5899万元。雅砻江水电开发公司、国投新疆罗布泊钾盐有限公司等控股投资企业派驻村工作队，开展为民致富、帮助村民培训就业、资助学生上学等，得到地方党委政府的好评，深受百姓的欢迎。

【扶贫调研】 2016年，国投公司董事长、党组书记王会生，国投公司总裁、党组副书记冯士栋，副总裁、党组成员钱蒙等分别带队赴定点扶贫四县调研扶贫开发工作，详细了解当地近年来经济社会发展状况和精准扶贫情况，检查2015年定点帮扶项目。2016年，国投公司扶贫开发领导小组成员及集团各成员企业代表共计73人次赴定点扶贫地区调研，了解致贫原因，确定未来国投公司定点扶贫、精准扶贫的工作方向和帮扶思路。同时国投公司领导和成员企业代表来到贫困户家中进行慰问。

【扶贫会议】 2016年，国投公司组织召开2次党组扩大会，认真学习和传达中共中央总书记习近平重要讲话精神，深入贯彻中央扶贫开发工作会议精神和《中共中央 国务院关于打赢扶贫攻坚战的决定》。召开2次扶贫工作座谈会，组织挂职干部交流扶贫工作经验，介绍挂职心得体会。

【扶贫制度建设】 2016年，国投公司按照中央扶贫开发工作会议和中央企业定点扶贫工作会议的部署要求，充分发挥好中央企业在扶贫攻坚中的突出作用，结合国投公司定点扶贫工作实际，研究制订

《国家开发投资公司定点扶贫工作五年规划》，成立"国家开发投资公司扶贫开发领导小组"，紧紧围绕定点扶贫县扶贫开发工作总体规划和年度计划，稳定实现扶贫对象"两不愁""三保障"，最终以贫困乡、贫困村逐步率先脱贫，实现全县整体脱贫，与全国同步实现全面建成小康社会目标。

【干部挂职扶贫】 2016年，国投公司通过干部自荐、支部推荐的方式优中选优，共派出挂职干部5人，1人赴合水县蒿咀铺乡蒿咀铺村任"第一书记"，挂职任期3年；其余4人在甘肃省合水县、宁县以及贵州省罗甸县、平塘县分别挂职县政府副职，分管扶贫开发等工作。

【基础设施建设】 2016年，国投公司为甘肃省合水县、宁县分别捐赠102万元和80万元，用于帮助合水县蒿咀铺乡蒿咀铺村、老城镇庙庄村和宁县焦村镇的易地搬迁配套基础设施建设（给排水、道路硬化及路灯等）和村委会场地建设（村党支部、村委会标准化建设），共解决827名建档立卡贫困人口搬迁后生活困难的问题，同时通过援助村级阵地建设惠及1811名建档立卡贫困人口；国投公司为贵州省平塘县、罗甸县分别捐赠102万元和238万元，用于帮助解决平塘县者密镇金玉村和罗甸县油烟村、兴祥村共计766名贫困人口饮水难的问题，帮助解决者平塘县密镇拉关村、卡蒲毛南族乡摆卡村和罗甸县油烟村、兴祥村共计629名建档立卡贫困人口出行难的问题，直接惠及贫困群众达3490人。

【产业基金扶贫】 2016年10月17日，国投公司参与发起设立"中央企业贫困地区产业投资基金"。该基金首期规模122.03亿元，由51家中央企业一次性出资设立，存续期15年，国投创益于2016年10月正式受托管理该基金。2016年底投资项目已达50多个，通过支持贫困地区产业发展，带动贫困人口精准脱贫。

2016年，国投公司还在合水县和宁县共投入250万元，帮助两县共10个贫困村建设村级互助资金协会，全年共帮助4028名建档立卡贫困户解决发展支柱产业资金短缺的问题，同时为合水县老城镇庙庄村和宁县九岘乡、焦村镇无偿提供国投罗钾钾肥，解决232户贫困种植户肥料短缺的问题；国投公司为平塘县和罗甸县投入183万元，帮助两县共876名建档立卡贫困人口发展种养殖业（养猪项目和砂仁、李子种植项目）。

【教育扶贫】 2016年，国投公司继续与中国扶贫基金会开展新长城项目合作，捐赠79.2万元用于资助定点扶贫贵州省平塘县、罗甸县两县240名贫困大学生上学；捐赠80万元在定点帮扶的甘肃省合水县、宁县各设三个"国投自强班"以及庆阳市华池县设立两个"国投自强班"，共资助400名贫困高中生上学。

8月，国投公司青年志愿者与选拔出的6名最美筑梦人组成"爱心助梦"支教团队，赴甘肃省合水县开展支教活动，将员工爱心捐赠的18万元善款和丰富多彩的支教活动带给老区的贫困学生。

2016 年，国投公司开展“传递关爱共温暖，结对帮扶奔小康”为主题的“结对帮扶”活动，总部各职能部门及在京子公司共计 1025 名员工积极参与活动，成功结对帮扶贫困学生 400 余名、贫困家庭 100 余户，累计捐赠帮扶资金 100.4 万元。

【扶贫慰问】 2016 年春节前，国投公司分别向贵州省平塘县、罗甸县和甘肃省宁县、合水县发慰问信并拨慰问金 40 万元（每县 10 万元），慰问贫困家庭 820 户，送去公司全体员工的新春祝福。

【劳务输出】 2016 年，国投公司在甘肃省平塘县全县聘请 150 名贫困户代表作为生态护林员看管林场，每人每年补助 1 万元，共投入 150 万元精准帮助 150 户贫困户脱贫。

【易地扶贫搬迁】 2016 年，国投公司紧扣搬迁对象、安置地点、标准设计、资金管理以及项目建设 5 个关键环节，在定点扶贫地区共计 12 个村组范围内，投入 310 万元精准实施易地搬迁和危房改造工程，帮助那些无自筹能力、仍住在四面透风的危房甚至无房的贫困户建设安全住房；同时还有一些虽享受国家危房改造政策但仍建不起房的贫困户，国投公司给予他们补助金帮助解决住房问题。通过易地搬迁和危房改造共精准解决了 233 户建档立卡贫困户 861 名建档立卡贫困村民的住房安全问题。

（国家开发投资公司
党群工作部　刘　予）

招商局集团有限公司定点扶贫

【概述】 招商局集团有限公司（以下简称“招商局集团”）先后定点扶贫贵州省威宁彝族回族苗族自治县（以下简称“威宁县”）、湖北省蕲春县。2015 年底，中国外运长航集团有限公司（以下简称“中外运长航”）整体并入招商局集团，其所负责的新疆维吾尔自治区叶城县和莎车县的定点扶贫工作一并纳入招商局集团统一管理。

2016 年，招商局集团扶贫工作组织领导体系全面升级，成立由董事长李建红任组长、集团主要班子成员参与的扶贫工作领导小组，下设工作小组及专门办公室，办公室为集团部门级，专职协调扶贫相关工作。同时，进一步发挥招商局慈善基金会作为招商局集团统一的公益平台与资金平台的优势，确保扶贫工作获得稳定的资金来源，通过专业与专职团队的运作，整合其他的社会力量有效参与到扶贫事业中来。

2016 年，招商局集团通过招商局慈善基金会捐赠公益资金共计 5099.6 万元，其中涉贫资金 4382.12 万元，用于定点扶贫工作的资金共计 3820.57 万元，占公益捐赠总额 74.92%。其中威宁县 228.7 万元，蕲春县 3411.87 万元，叶城县 90 万元，莎车县 90 万元。

招商局集团紧密结合各县脱贫攻坚的目标，围绕中央“六个精准”和“五个一批”的基本方略，量身定制帮扶方案，创新推动开发式扶贫，取得良好的帮扶效果与社会评价。

【扶贫资金投入】 2016 年，招商局集团共计投入扶贫资金 3820.57 万元。

在威宁县投入 228.7 万元：建设极贫乡镇极贫村卫生室 2 间；培训帮扶干部 40 人；支持 2 个乡镇支教志愿者 25 名，服务师生 3500 余人次；支持开展体验式素质教育课程 50 余节，服务师生 3000 余人次及亲子家庭 50 余户。

在蕲春县投入 3411.87 万元：支持蕲春港长江码头水工建设并捐赠门机作业设备；帮助 126 户贫困户通过扶贫资金折股量化共建大屋幸福新村农贸市场；培训帮扶干部 40 人；帮助 400 户贫困户发展畜牧业并提供培训服务；支持开展贫困幼儿班 5 个，服务师生 200 余人次；参与蕲春县“6·19”特大洪灾重建工作，救助受灾人口 1 万余人次。

在叶城县投入 90 万元：支持 80 户贫困户开展庭院经济建设及发放贫困户慰问金。

在莎车县投入 90 万元，支持 1 间乡卫生院建设及发放贫困户慰问金。

【扶贫调研】 2016 年，招商局集团主要领导共计 63 人次赴定点扶贫县考察调研，深入贫困乡镇和村庄，走访建档立卡贫困户，了解生产生活需求；同时与县委县政府、乡镇及贫困户代表举行座谈会，研究分析新时期定点扶贫工作的思路和计划。

【扶贫会议】 2016 年 4 月，招商局集团举行中外运长航定点扶贫工作对接专题会议，会议研究明确对接工作的组织体系、考核要求及资金统筹等相关事宜。

7 月，招商局集团举行重大扶贫项目推进工作专题会议。会议研究蕲春港长江码头项目水工建设以及威宁县物流分发中心项目后期运营等相关事宜。

9 月，招商局集团召开企业社会责任、定点扶贫与慈善公益工作专题会议。会议推进《招商局集团“十三五”定点扶贫工作规划》的落地；另外，会议研究决定，招商局慈善基金会注册资金规模增加到 1 亿元人民币、3 亿元港币。

【扶贫制度建设】 招商局集团审议并发布《招商局集团“十三五”定点扶贫工作规划》，明确工作总体要求、目标任务、主要举措、和保障措施等。

招商局慈善基金会修订并完善《招商局慈善基金会基金管理办法》《招商局慈善基金会项目管理办法》等规章制度 13 项，确保机构管理高效，资金使用透明和项目实施效果。

【扶贫培训】 招商局集团充分发挥百年文化积淀以及创办蛇口工业区、漳州开发区等方面的经验，利用园区开发运营及人才培养的经验和优势，开办贫困地区帮扶干部培训班，帮助定点扶贫县干部更新观念、开阔视野和拓展思路。2016 年培训干部共计 80 名。

【干部挂职扶贫】 2016 年，招商局集团共派出挂职扶贫干部 7 人，其中 4 人担任副县长职务，另外 3 人担任驻村“第一书记”职务。在工作中，派出的挂职扶贫干部严格按照扶贫工作要求，扎根基层，服务基层，坚持“三进三出”（进基层、进村庄、进农户，出方案、出成绩、出效果）；除了完成招商局集团的定点扶贫任务以外，还充分发挥自身专业特长，积极参与县里的发展和管理工作。

【扶贫慰问】 蕲春县“6・19”特大洪涝灾害发生后，全县范围内受灾严重，招商局集团董事长李建红赴现场指导救灾工作，并代表招商局集团捐赠慰问金 110 万元，开展受灾水厂、便民桥等重建项目，救助受灾群众 10000 余人。

【扶贫宣传】 2016 年 10 月 17 日是我国第三个“扶贫日”，也是第 24 个国际消除贫困日，招商局集团高度重视并贯彻落实《国务院扶贫办关于印发 2016 年扶贫日活动方案的通知》，要求有关部门及人员积极谋划，精心筹备“扶贫日”主题活动。主要开展以下两项扶贫宣传活动：一是线上传播。10 月 17 日，招商局集团在微信公众号“招商局慈善基金会”上推送文章《盘点CMCF的扶贫模式》，回顾梳理招商局慈善基金会自2009年成立以来的公益实践与扶贫模式。二是线下活动。招商局集团举办招商课堂，重点宣传扶贫理念与实践，2016年分别在温州、宁波、北京等地举办，共计6场。

蕲春港长江码头是招商局集团定点扶贫蕲春县以来投入最大的项目，也是贯彻落实中央单位定点扶贫工作会议精神的重点项目。为做好蕲春县首个现代化码头建设的过程记录工作，以及蕲春县的宣传推广工作，2016年招商局集团投入45万元，聘请专业影视团队开展专题纪录片拍摄工作。

【扶贫资金管理】 招商局慈善基金会作为招商局集团统一的公益资金平台，2016年修订并完善《招商局慈善基金会基金管理办法》《招商局慈善基金会项目管理办法》等规章制度13项；同时启动项目管理标准化流程的设计，逐步完善项目信息公开及评审环节。

2016年招商局慈善基金会工作队伍进一步壮大，新增3名专职工作人员，工作团队专业能力得到加强。截至2016年12月，已有全职工作人员8名，兼职工作人员5名。工作团队绝大多数成员具有公益领域的工作经验或专业背景，在项目管理、行政保障、风险控制等均有了专（兼）职岗位，有效促进项目策划和执行、内部管控、品牌传播和对外交流等方面的迅速发展，进一步增强扶贫资金使用的规范性、专业性和有效性。

2016年，招商局慈善基金会聘请第三方审计部门，对2个项目和资金的使用情况进行专项审计，同时开展2016年机构年审，完成并公开3份审计报告：《招商局慈善基金会2016年度审计报告》《招商局慈善基金会“乡村社区工作者能力发展计划”项目专项审计报告》《关于第七届中国非公募基金会发展论坛专项审计报告》。针对审计过程中发现的问题及建议，招商局集团扶贫办与招商局慈善基金会进行专题讨论会，认真总结经验教训，提出整改方案，规范资金的使用与监管。

【产业扶贫】 2016年招商局集团继续投入2716.3万元，完成码头水工部分建设及2台门机作业设备（25吨、16吨）的购置。

招商局集团紧跟国家“大健康”产业的步伐，立足蕲春县充足的中医药资源，结合旗下企业在园区综合开发运营和商业贸易等方面的优势，加快融入“健康中国”战略。2016年招商局集团围绕“打造一个园区”“培育一个市场”和“发展一个产业”的战略发展蓝图，引进招商局蛇口工业区控股股份有限公司（以下简称“招商蛇口”）、招商局海通贸易有限公司（以下简称“招商海通”）等企业投资蕲春，发展蕲春。2016年10月，招商海通与蕲春县医药龙头企业签订股权合作框架协议；2016年11月，招商蛇口召开蕲春项目启动会，明确以中医药产业为基础，融合养生、旅游、休闲、绿色食品等构建大健康产业生态圈。

招商局集团注重扶贫主体的多元化，积极寻找社会力量共同参与扶贫工作。2016年投入94万元，支持四川海惠助贫服务中心（国际小母牛），开展蕲春贫困乡村社区综合发展项目，帮助蕲春县檀林镇和向桥乡4个村的400户贫困农户通过参加技术培训，发展畜牧业增收脱贫，并建立互助小组以提高社区凝聚力。

【教育扶贫】 2016年，招商局集团投入80.22万元用于威宁县乡村支教项目，支持25名大学生志愿者开展在威宁县乡村支教服务，覆盖2个乡镇十余所学校，服务师生3500余人次，有效缓解当地师资紧张的情况。投入52.92万元用于“招商局·成长小剧场”素质教育课程项目，在威宁县1所学校5个年级开展开展体验式素质教育课程50余节，服务师生3000余人次及亲子家庭50余户。

另外，招商局集团投入50万元用于蕲春县乡村幼儿班项目，在3个乡镇开设5个幼儿班，服务师生200余人次，有效解决当地儿童学前教育的难题。

【基础设施建设】 招商局集团在原蕲春县大屋幸福新村的基础上，为实现126贫困户“搬得出、稳得住、能致富”的目标，进一步创新扶贫模式，通过扶贫资金折股量化的方式，探索资产性收益的扶持制度。2016年，招商局集团投入400万元，建设由村集体所有的农贸市场，规划用地7000平方米，总建筑面积1856平方米，包括社区公共空间、特色农产品交易中心、日用品购销中心、农技信息及培训中心、游客集散中心等。农贸市场建成之后，由镇政府、村两委以及村民共同运营管理，盈利部分按照村集体经济40%，大屋幸福新村126户贫困户60%的原则进行分配。

2016年，蕲春县遭遇“6·19”特大洪涝灾害，招商局集团投入110万元用于灾后重建工作。张塝镇大竹村水厂、平板桥重建投入70万元；韩榜村蕲艾水毁基地整修投入10万元；七里村平板桥重建投入10万元；方咀村水涧冲溢洪道整修投入10万元；古木村水毁公路修复投入5万元；车门村山体滑坡清理投入5万元。

【健康扶贫】 按照国务院常务会议部署实施健康扶贫工程的相关要求，招商局集团决定帮助威宁县7个贫困乡（镇）50多个贫困村建设一批标准化乡村卫生室，解决村民看病远、看病难的问题，作为“十三五”期间定点扶贫威宁县的重点工作。2016年10月，威宁县“招商局幸福乡村卫生室”项目正式启动，投入64.92万元在黑土河镇坪山村、大街乡营中村开展2间试点村卫生室建设，改善6300余人的卫生医疗条件。在此基础上，招商局集团积极匹配资源，重点提升村卫生室医务人员的素质。

（招商局集团有限公司扶贫办
伍锦松）

中国商用飞机有限责任公司定点扶贫

【概述】 中国商用飞机有限责任公司(以下简称“中国商飞公司”)深入学习贯彻中央领导关于定点扶贫的一系列重要指示和中央扶贫开发工作会议、中央单位定点扶贫工作会等会议精神和决策部署,树立“爱心翱翔 责任领航”的企业社会责任观,在型号研制和公司发展建设的关键阶段,积极投入到定点扶贫工作中。与宁夏回族自治区西吉县人民政府签署《“十三五”期间定点帮扶框架协议》。建立西吉县“同舟工程——中央企业参与‘救急难’行动”专项救助基金。首批启动资金50万元。持续举办“走进大上海·走近大飞机——宁夏西吉县优秀中小学生夏令营(冬令营)”公益活动,组织2批次、60余名宁夏回族自治区西吉县中小学生走出大山、走近大飞机。积极协调推动与善小基金会合作,加大扶贫力度。加强与Honeywell等供应商开展公益项目合作。连续5年编制发布企业社会责任报告,积极推动企业社会责任工作的项目化、规范化、制度化。

【扶贫资金投入】 中国商飞公司设立大飞机爱心基金西吉县“同舟工程——中央企业参与‘救急难’行动”专项救助基金,依托西吉县民政局“救急难”综合试点平台提供的救助对象信息,开展“救急难”项目。首批启动资金50万元,由大飞机爱心基金支出,已划拨至西吉县扶贫办设立专户,委托西吉县扶贫办协同西吉县民政局定向开展“救急难”项目。向西吉县帮扶困难群众等捐款金额0.6万元。向河北省大厂回族自治县助学捐款金额32.80万元。向教育事业捐赠49万元,建立大飞机奖学金、助学金。投资2000万元参股中央企业贫困地区产业投资基金股份有限公司。

【扶贫调研】 中国商飞公司党委书记、董事长金壮龙于2016年8月赴西吉县调研定点帮扶工作,与西吉县党政领导就开展定点帮扶工作进行座谈交流,全面了解定点扶贫县的经济社会发展水平,认真研究扶贫工作形势,实地考察五年来公司定点帮扶工作的开展情况,总结公司定点扶贫的经验做法。与西吉县人民政府签署《“十三五”期间定点帮扶框架协议》。看望慰问宁夏西吉县困难村民、困难党员、老红军,并送上慰问金。

【扶贫制度建设】 中国商飞公司建立健全扶贫工作领导和工作机构,明确公司工会作为定向扶贫的归口管理部门，负责贯彻公司党委的总体要求，对定点扶贫工作中的重大事项进行协调，并定期向公司党委汇报扶贫工作情况。公司安排专人负责定点扶贫工作，组织制定相关政策，落实推进措施，并与宁夏西吉县扶贫办对口联系。

【干部挂职扶贫】 2016年，中国商飞公司选派1名干部赴将台乡西坪村，担任扶贫工作队队长、村党支部“第一书记”。7月，委派1名干部挂职担任西吉县委常委、副县长，协助做好扶贫工作等相关事宜。

【扶贫资金管理】 完善大飞机爱心基金管理办法实施细则，持续举办大飞机“爱心日”一日捐活动。公司总部和各所属单位职工在2016年“大飞机爱心日”捐款159.06万元。

【产业扶贫】 2016年，中国商飞公司与西吉县人民政府签署《“十三五”期间定点帮扶框架协议》。根据协议要求，公司在未来五年投入1500万元用于对西吉县定点帮扶工作的开展，并承诺在落实扶贫资金、完善扶贫工作机制、做好对口支援工作的基础上，拓展帮扶领域，最大可能地争取各方支援。协议明确了相关责任，做到长期有目标、年度有安排，为定点扶贫工作统筹协调持续开展奠定了基础。

【公益扶贫】 持续举办“走进大上海·走近大飞机——宁夏西吉县优秀中小学生夏令营（冬令营）”公益活动，组织2批次、60余名西吉县中小学生走出大山、走近大飞机。积极协调推动与善小基金会合作，加大扶贫力度。加强与Honeywell等供应商开展公益项目合作，为西吉县将台乡五所小学捐赠5套饮用水净化系统。连续5年编制发布企业社会责任报告，积极推动企业社会责任工作的项目化、规范化、制度化。

（中国商用飞机有限责任公司工会 阎 超）

中国诚通控股集团有限公司定点扶贫

【概述】 2016年，中国诚通控股集团有限公司（以下简称“中国诚通”）定点帮扶河南省宜阳县，按照《中国诚通2016—2018定点扶贫规划》，要求13家二级公司共同参与定点扶贫工作，明确中国诚通总部在基础设施建设、公共服务、自我发展方面在县域层面进行帮扶，总部和13家二级公司以产业扶贫为主对宜阳县16个重点贫困村进行帮扶，形成集党政工团、各二级公司力量对宜阳县进行重点领域和重点村全方位、立体式帮扶的“诚通扶贫模式”。2016年捐资475万元，完成安全饮水、危桥改造等基础设施建设项目3个，完成花椒、土豆、中草药等连片种植项目8个，完成肉鸽、牛羊等养殖项目4个，完成教学条件改善、智力扶贫、党政干部培训等综合类项目6个，直接帮扶贫困人口5240人。

【扶贫资金投入】 2016年，中国诚通及13家二级公司为宜阳县定点扶贫捐助扶贫资金475万元，其中，捐资91万元建设安全饮水项目、危桥修建等3个项目；捐资80万元开展“诚通宏志班”、教学条件改善、当地干部培训、乡村美丽教师评选等6个项目；捐资304万元开展肉鸽养殖、花椒种植、蔬菜大棚、农产品深加工等12个项目。

【扶贫调研】 2016年4月，中国诚通党委书记马正武带领调研组40余人赴宜阳县走村入户、深入调研，研究拟开发的扶贫项目，召开中国诚通定点扶贫现场动员部署会。13家二级公司相关领导多次赴宜阳到结对帮扶的贫困村慰问、调研，在宜阳县相关乡村召开现场扶贫会议28次。中国诚通工会、团委、13家二级公司依据调研实际情况，确定了安全饮水、危桥改造、养殖种植、智力扶贫、干部培训等三大类21个扶贫项目。2016年，中国诚通各级领导、干部赴宜阳调研累计328人次。

【扶贫工作会议】 2016年3月，中国诚通召开专题党委会研究定点扶贫工作，成立由中国诚通党委书记、董事长马正武任组长的中国诚通定点扶贫工作领导小组，明确扶贫工作领导小组每年召开不少于2次专题会议。中国诚通总裁朱碧新会见洛阳市市长、宜阳县县长，就2016年定点扶贫工作进行深入沟通。11月，中国诚通党委副书记单忠立会见宜阳县委书记，双方就定点扶贫工作进一步推进落实、交换意见。

【扶贫制度建设】 2016年，中国诚通制定《中国诚通2016—2018定点扶贫规划》，理清帮扶思路，明确开展扶贫项目和所需帮扶资金。制定《扶贫资金拨付及使用管理办法》，明确资金拨付途径、使用方式等。

【扶贫干部培训】 2016年12月，中国诚通出资20万元，组织宜阳县三级干部40余人成立“宜阳县三级干部精准扶贫学习考察团”赴山东沂南、费县等三县开展为期一周的实地培训、调研，成功借鉴扶贫先进地区经验，“爱心超市”“慈孝基金”等扶贫模式在宜阳县得到有效推广。中国诚通将发挥公司人才培养的经验和优势，每年为宜阳县举办1—2期领导干部培训班，以助推宜阳人才兴县、人才强县的战略，支持宜阳县人才队伍建设。

【干部挂职扶贫】 中国诚通派出2名干部到宜阳县挂职，分别担任宜阳县副县长、沙坡村驻村“第一书记”，助推宜阳县打赢脱贫攻坚战。

【扶贫慰问】 2016年，中国诚通组织内部员工捐赠资金、衣物价值3万元，赴宜阳县沙坡村、草场村慰问贫困户4次，组织青年志愿者38人对“诚通宏志班”学生进行“一对一”帮扶，共慰问贫困户42户，贫困学生40人。

【扶贫宣传】 中国诚通党委对定点扶贫工作的高度重视，落实的大量扶贫项目，相关部门持续跟踪中国诚通扶贫进展，《河南日报》先后刊发《央企勇担当　乡村变了样——中国诚通集团全力支持地方脱贫》等2篇文章，《洛阳日报》先后刊发《发挥特有优势 助力脱贫攻坚》等4篇文章。中国诚通、中共宜阳县委、宜阳县人民政府联合制作宣传片《真情扶贫铸丰碑——中国诚通集团定点帮扶宜阳县纪实》，被“腾讯视频”收录。

【扶贫资金管理】 2016年6月，中国诚通制定《扶贫资金拨付及使用管理办法》，明确资金的拨付途径、使用方式等。中国诚通及各二级公司将扶贫资金支付到宜阳县国库支付中心，划转到扶贫办专用账户，由扶贫办为捐赠公司开具“捐赠专用票据”。中国诚通严格管理扶贫资金，要求每笔扶贫资金与规划项目一一对应，不得占用、挪用。

【产业扶贫】 中国诚通帮扶宜阳县率先建立洛阳市第一个县级电子产业园，吸引阿里巴巴集团控股有限公司等知名电商入驻，解决40个贫困村购物难、农产品进城难问题；成立“宜阳县农产品集散中心”，解决优质农产品销售难问题；推广“金果树”工程，为重点帮扶16个贫困村的贫困户房前屋后栽种优质果树苗5000株；建立占地10亩的现代化肉鸽养殖基地2处；发展3000亩花椒种植项目；建设150千瓦的沙坡村光伏发电站；发展30亩中草药种植项目；为三个贫困村建设蔬菜大棚共45个；发展500亩七彩土豆连片种植项目；建设花椒深加工项目等。

【智力扶贫】 2016年，组织4个贫困村8名村干部赴陕西省韩城市学习花椒种植及加工技术；开展花椒种植培训、月嫂培训8次，培训300余人次；开展“互联网+电商扶贫”，开展培训班16次，培训480人次。

【教育扶贫】 2016年，中国诚通出资30万元，成立第一届“诚通宏志班”，解决38个建档立卡贫困户因学致贫问题。为改善“宏志班”所在学校的教学条件，中国诚通捐资15万元，为教学楼和学生宿舍更换165扇门，防寒保暖并消除安全隐患。设立基金，第一届诚通杯“乡村美丽教师”评选出34名优秀教师，为每位教师发放现金2000元。中国诚通捐赠37万元成立教育基金，已对77名非义务教育阶段的贫困生进行资助。

【公益扶贫】 中国诚通组织宜阳县三级干部赴山东学习调研扶贫先进经验，其中“爱心超市”等项目已在宜阳县落实。中国诚通工会组织员工为“爱心超市”捐款捐物折合人民币8万余元，为爱心超市购买油盐酱醋，丰富了爱心超市衣服设备。贫困户可以手持“爱心卡”到爱心超市“划卡购物”，享受公益扶贫带去的爱心。

【基础设施建设】 中国诚通投资77万元在宜阳县沙坡村打井，解决当地饮水难题，每年可节约饮水支出20余万元，同时为沙坡村后续产业发展奠定基础。捐资8.2万元帮扶花果山乡大尖村建设饮水工程，修建地下水窖，铺设管路，将山泉水聚集，通入每家每户，解决大尖村饮水难问题。捐资6万元对张午镇下龙村危桥进行改造，河堤加固，解决下龙村百姓生产生活出行难问题。

【劳务输出扶贫】 中国诚通积极发挥人力资源优势，为宜阳县贫困人口开展300余人次培训，在赵保镇开展2期月嫂培训，参与培训的部分贫困户已脱贫。

（中国诚通控股集团有限公司
刘　洋）

中国交通建设集团有限公司定点扶贫

【概述】 中国交通建设集团有限公司（以下简称“中交集团”）定点帮扶云南省泸水市、兰坪白族普米族自治县（以下简称“兰坪县”）、福贡县、贡山独龙族怒族自治县（以下简称“贡山县”）和新疆维吾尔自治区英吉沙县，推动上述5个县与全国同步实现小康。2005年以来，先后派出10批50多人（次）赴定点扶贫县，累计投入扶贫资金4922万元，扶持当地农业项目20个，带动项目覆盖区周边贫困群众发展农村产业，累计经济效益影响达3000多万元，直接受益人口2万余人。2016年，中交集团投入帮扶资金1788万元，全部用于基础设施建设扶贫、产业扶贫、安居房建设扶贫、教育扶贫和劳动力转移扶贫等方面。加大驻村挂职干部派遣力度，选派5位干部挂职扶贫，着力打造扶贫示范村和示范项目。

【扶贫资金投入】 2016年，中交集团及所属各单位在定点扶贫地区共计投入扶贫资金1788万元，以安居房建设扶贫、产业扶贫、劳务输出扶贫、基础设施建设扶贫和教育扶贫为重点，选取7个扶贫项目开展帮扶工作。

【扶贫制度建设】 制定《中交集团关于深入推进精准扶贫加大脱贫攻坚力度的实施意见》，明确“十三五”扶贫攻坚重点及目标任务，号召各级单位全员参与，全力攻坚。制定《中国交通建设股份有限公司挂职扶贫干部暂行管理办法》，对如何开展驻村帮扶工作提出明确具体要求。

【干部挂职扶贫】 2016年7月，中交集团召开挂职扶贫干部培训会议。中交集团先后派出5名干部到泸水市、福贡县、贡山县、兰坪县和英吉沙县扶贫，分别担任县委常委、县扶贫办副主任，同时兼任驻村“第一书记”职务，从事对上述5县的驻村帮扶工作。挂职扶贫干部严格按照《中国交通建设股份有限公司挂职扶贫干部暂行管理办法》要求开展工作。严守工作纪律，积极走访调研，明确帮扶思路，深入到贫困农户家中了解情况，分析致贫原因，寻求致富门路。结合区域内自然环境特点以及物种多样性和独特性等特点，精心选择致富项目，认真组织实施。充分发挥桥梁纽带作用，加强与当地相关部门的联系，做好信息沟通，促进扶贫工作稳步推进。

【产业扶贫】 在泸水市、兰坪县、福贡县、贡山县，2016年投入资金716万元，开展火龙果、核桃、草果等种植项目和高黎贡黑猪、苏门塔尔肉牛养殖等项目。在英吉沙县，投资500万元，建设25座大型植物移动温室暖棚，为10万座大棚和10万亩林地育种育苗，取得良好经济效益。

与此同时，创新产业扶贫项目治理机制，采取成立专业合作社、种植养殖大户牵头、建档立卡户入股（中交集团提供资金支持）等多元化混合制股权奖励分配机制，有效调动各方创业积极性和主动性，发挥各自优势，同心聚力发展产业。

【基础设施建设】 2016年，中交集团拨付专项扶贫资金90万元，整合县乡配套资金，基本解决泸水市自扁王基村活动室、医务室和临街铺面建设的资金问题。同时指派所属有关单位提供免费设计，确保项目功能和布局合理性。该项目可以满足全村现有67名党员的活动和1889名村民安全就医需要，能提供村民文化活动和技能技术培训场所，铺面出租可为村集体每年带来3万元左右的收入，村两委的号召力和凝聚力也能得到极大提升。

【教育扶贫】 在泸水市的自扁王基村7名在校大学生，由于家境贫困难以完成学业，中交集团所属企业进行爱心捐助，资助每人每月400元，直至完成学业。

【扶贫宣传】 2016年12月，中交集团采访组一行4人，深入到云南省的4个定点扶贫县，对20年来中交集团的帮扶情况进行采编报道。编写了《20年履责助力脱贫》《精准扶贫的中国交建计划》《在怒江的四天三夜》3篇文章，引起了强烈的反响。《中国青年报》全文刊登了上述3篇文章。

（中国交通建设集团有限公司
办公厅　马　平）

中国电力建设集团有限公司定点扶贫

【概述】 中国电力建设集团有限公司（以下简称“中国电建”）定点帮扶云南省剑川县和新疆维吾尔自治区民丰县；地方政府或其他方面安排中国电建所属23家重点单位定点帮扶29个贫困县（乡、村）。中国电建及所属单位全年累计派出挂职干部和“第一书记”24人次，赴定点县考察209人次，累计投入扶贫资金1474.40万元，实施帮扶项目44个，帮助建档立卡贫困人口脱贫1403人；帮助引进各类资金504.88万元；举办劳务输出培训班23期，培训人数945人次，扶贫开发成效显著，取得了积极的扶贫效益和社会效益。

【扶贫资金投入】 2016年，中国电建及所属子企业累计投入扶贫资金1474.4万元。其中，中国电建本部向剑川县和民丰县各提供200万元捐资用于地方精准扶贫工程。剑川县将中国电建的扶贫资金加上地方配套资金90万元，用于建设弥沙乡弥井古村古迹修复重建工程。

中国电建所属昆明院投入资金46.75万元，帮助邦敢村进行村镇道路硬化、修建了8个烤烟灌溉水窖。水电十二局筹集资金35万元，主要用于村级道路硬化、村内机耕路桥改建、村内操场石化、自来水改造等。水电十四局出资50万元分批启动了过滤池建设、竹鼠养殖、庭院经济等项目。水电十五局积极帮助贫困户解读国家扶贫政策，先后帮助贫困户申请政府扶持贴息贷款31户，合计155万元。

【扶贫调研】 2016年8月，中国电建党委书记马宗林、副总经理李跃平赴剑川县进行实地调研，听取贫困户关于精准扶贫、精准脱贫工作意见和建议，并要求中国电建及下属企业从剑川县的实际出发，挖掘潜力，增强能力，提高效率，充分发挥中国电建的核心能力优势，多对接，真抓实干，打赢脱贫攻坚战。中国电建扶贫开发归口管理部门负责人扎实开展扶贫调研，考察了定点帮扶县基础设施建设、旅游资源开发、农村小水利发展等有关情况，结合实际认真落实中国电建定点扶贫开发有关工作。

【扶贫会议】 2016年8月，中国电建召开集团定点扶贫开发专项工作会议，与剑川县和民丰县干部进行深入沟通，与下属单位就如何做好定点扶贫开发工作进行广泛沟通。中国电建有关子企业扶贫工作领导小组定期召开专题会议，研究思路、明确项目、规范运作，全面准确落实扶贫开发各项要求，因户施策、因人施策，进一步提升扶贫开发的质量和效益。

【扶贫培训】 2016年，中国电建有针对性地开展多方面专项培训。为进一步提升剑川县和民丰县干部管理水平，优化知识结构，更新思想观念，增强脱贫攻坚行动的自觉性和能力，中国电建和清华大学联合举办的两期年度投资管理高级研究班均邀请剑川县和民丰县干部全程参加，共培训干部12人次。为进一步提高定点帮扶地区农民工技能水平，培养具有一技之长的农民工以增加务农之外的收入，中国电建及所属单位共举办劳务输出培训班23期，培训人数945人次，主要培训内容有建筑水电工、钢筋工模板工等工种。

【干部挂职扶贫】 2016年，中国电建先后共派出牛珣、朱志军、蒋道辉3名干部到剑川县和民丰县挂职扶贫，协调云南省扶贫办，全年争取并实施甸南镇扶贫开发整乡推进项目和甸南镇13个贫困村整村推进项目，总投资约2.58亿元，全面改善贫困乡镇和贫困村基础设施建设。争取到中国扶贫基金会资金84万元，新建马登黄花小学、弥沙弥新小学两幢宿舍楼工程，助力教育均衡发展。捐资200万元实施的弥沙乡弥井古村古遗迹修复重建工程，为传统古村落保护和下一步旅游扶贫奠定基础。

宣传剑川旅游，推介剑川木雕、石雕、刺绣、黑陶等传统手工艺品，推进特色农业。在上海云品中心举办的“剑川县农特产品上海推介会”上，全方位、立体式、大规模集中展示剑川花心洋芋、芸豆、松茸、蓝莓、青花鸡等剑川高原特色农产品，并在上海超市上架销售，提升产品价值，增加贫困户收入。

【送温暖活动】 2016年9月，剑川县遭遇洪灾，中国电建及时向受灾地区无偿捐资50万元，在金华镇受灾严重的2个村设立2个村级互助社滚动发展资金池，帮助受灾群众恢复重建、发展生产。

中国电建所属子企业开展多种形式送温暖活动，中南勘测设计研究院有限公司在湖南省龙山县遭遇洪涝灾害后向里耶镇捐款近34万元；水电四局资助贫困家庭学生95人次，资助金额23.12万元；在2016年夏季南方洪涝灾害中，湖北电力勘测设计院扶贫工作队始终坚守在抢险救灾第一线，向灾区捐款7万余元，帮助重建家园。

【扶贫资金管理】 中国电建注重强化扶贫资金“事中、事后”监督管理，以挂职干部为纽带，将定点扶贫工作的目标瞄准建档立卡贫困村和贫困户。从2016年初开始，中国电建就与定点帮扶县联系，协助定点帮扶县上报年度项目实施计划，经过中国电建决策审批流程后予以下达年度实施计划，确保帮扶资金去向清楚。要求定点帮扶县对中国电建下达的年度扶贫资金实施专账管理，专人负责，专款专用，确保扶贫资金发挥落到实处并发挥效益。中国电建组织专业人员对年度实施项目进行监督检查，确保项目实施进度和效果。

要求定点帮扶县在扶贫项目实施完工后，对项目进行审计，确保扶贫资金精准、安全、高效到位。

【产业扶贫】 2016 年，中国电建捐资 287.88 万元用于产业扶贫。中国电建所属水电开发公司组织 4 户贫困户种植时令蔬菜并负责销售，为贫困户每年创收近 4 万元；落实“一扶持一新建”党员示范项目，扶持村民扩大现有养殖规模，调整养殖结构，新建藏香猪养殖基地，带动 15 人就业，增加村集体收入 10 万元。帮助村委会申请成立有志中药材专业合作社。湖北电力勘测设计研究院向省财政争取帮扶资金 10 万元，用于在塔林村开辟 60 余亩蕲艾种植基地和 40 余亩油茶种植基地，帮助 20 余人建档立卡贫困户增收脱贫。

【智力扶贫】 2016 年，中国电建全年文化教育扶贫投入资金 110.46 万元，资助贫困生 1586 人；举办劳务输出培训班 23 期，培训人数 945 人次。中国电建所属水电九局创新“培训+鉴定+就业”扶贫模式，举办培训班 8 期，培训有意愿从事钢筋工、架子工、泥瓦工、浇筑工、电焊工工作的贫困人员 407 人，安排就业 122 人次，直接带动 690 人脱贫。水电五局公司启动“雨露计划”，组织对口帮扶村初中、高中毕业无业人员、农民工到“四川水电高级技师学院”进行为期 3 年的专业技术（以工程测量为主）免费学习再深造，毕业后考核合格者将吸纳到公司就业。为解决贫困家庭优秀学生继续学业资金压力，每村设立奖学金 1.5 万元/年，极大地鼓舞了学生们学习的积极性，解决了贫困家庭学生后顾之忧。2016 年 5 月开始，分三批共 200 人次，为当地务工人员免费提供焊工、水电工及机械设备操作培训，大部分人学会了电工、焊工、挖掘机、混凝土布料机及胎带机操作，增加了脱贫技能。

（中国电力建设集团有限公司
万齐平）

中国能源建设集团有限公司定点扶贫

【概述】 中国能源建设集团有限公司（以下简称"中国能建"）定点帮扶广西壮族自治区西林县和陕西省镇巴县。2016年，中国能建加强对扶贫工作的组织领导，选派2名干部挂职扶贫县副县长，选派2名干部挂职定点扶贫村"第一书记"，通过实地调研，按照"造血功能强、惠民功能强、服务受众广"的原则，制定《"十三五"定点扶贫工作规划》，加大精准扶贫力度，精选扶贫项目，2016—2018年计划投入帮扶资金920万元，2016年投入325万元，实施道路硬化、桥梁建设、排洪排污、社区服务站、有机茶种植示范园和养羊等项目，改善当地基础设施条件，发展特色农业，美化乡村环境。募集爱心款12万元资助寒门学子，捐赠价值10余万元的教学仪器及用品，帮扶学生2200余人，缓解贫困学生上学、教育等难题。

【扶贫资金投入】 2016年共投入帮扶资金325万元。其中投入53万元建设西林县足别乡央龙村龙汉屯3.1千米屯内道路；投入资金105万元，帮助央龙村贫困户建设有机茶种植示范园和发展养羊业；投入167万元完成了陕西镇巴县任村镇东院社区服务中心项目、东院坝平板桥项目及东院社区排洪排污工程的建设。

【扶贫调研】 2016年10月，中国能建分管领导赴陕西省镇巴县进行调研，实地考察对口的镇、村，了解当地的基础设施、产业发展情况，查看公司支持援建的项目，与镇、村干部进行深入交流，并与镇巴县委、县政府主要领导及相关职能部门就脱贫需求和扶贫工作思路进行了商谈。还参加了广西壮族自治区组织的中央单位定点帮扶广西贫困县工作座谈会，并与西林县党委书记进行商谈。

中国能建广西扶贫工作组和陕西扶贫工作组共5次到西林县和镇巴县进行工作对接，到定点帮扶地西林县足别乡央龙村进行实地考察调研，了解央龙村贫困户情况，以及当地自然和环境情况、已有产业和计划扶持产业等，并与县相关领导和部门进行专题座谈。

【扶贫制度建设】 根据中央有关"精准扶贫"的要求，通过了解镇巴县和西林县的脱贫目标任务，组织制订公司《"十三五"定点扶贫工作规划》和年度计划，明确两县扶贫工作指导思想、基本原则、目标任务、实施方案和工作措施等，指导"十三五"期间公司定点精准扶贫工作。

【扶贫培训】 针对西林县足别乡央龙村村民普遍缺乏茶叶栽培技术、茶叶产量不高、病虫害严重等问题，联系县农业局、科技局为村民举办了3期茶叶栽培技术及防治病虫害培训班，邀请桂林茶叶科学研究所专家给村民现场指导，使村民较好地掌握种茶技术，茶叶产量、品质大幅度提高。参加培训村民300多人次。举办一期家禽养殖培训班，参加培训村民60多人次。安排该村技术带头人10多人次到外地考察学习种养技术。

【干部挂职扶贫】 中国能建选派4名优秀干部到定点帮扶县挂职扶贫，分别挂职西林县副县长、镇巴县副县长、西林县足别乡央龙村“第一书记”、镇巴县泾洋街道办蒿坪子村“第一书记”。挂职干部克服困难，扎根基层，主动走访县、乡各部门，深入厂矿企业、田间地头了解情况，出思路，提对策，抓落实，在当地扶贫项目建设、产业扶贫、教育扶贫、培训就业、村党支部建设等方面发挥了重要作用。2016年央龙村被评为西林县先进村级党组织，驻央龙村“第一书记”李杰被评为西林县2016年度“最美扶贫干部”。

【扶贫资金管理】 加强与两定点帮扶县扶贫办的沟通，规范扶贫资金的使用，定期了解项目实施情况。向西林县扶贫办发出《关于加强沟通，共同做好扶贫项目管理的函》，对承包人选择、施工过程、结算与付款等方面工作提出建议，要求在扶贫项目的实施过程中，做到“实施规范，阳光透明，实事求是，专款专用”。

【产业扶贫】 结合西林县实际，积极发展特色农业。投入资金40万元扶持央龙村贫困户建设有机茶种植示范园，依托广西西林九龙山茶叶有限公司，采取“公司+贫困户”的合作方式，提质扩建200亩的标准示范园，带动当地贫困户增收致富。全村2000亩“苗岭山”茶叶基地通过欧盟有机茶认证机构认证，获得农业部授予的全国生态有机农业（茶）示范基地称号，2016年8月，国家农业部认定西林县足别瑶族苗族乡央龙村为“全国一村一品”示范村。

投入资金65万元扶持央龙村贫困户发展养羊业，组建成立央龙东民种养农民专业合作社，创办养羊项目，为79户建档立卡贫困户每户购买10只幼羊发展养殖，采用“村党支部+合作社+贫困户”的经营模式，把村集体利益与贫困户脱贫捆绑，既解决村集体经济收入问题，又可使贫困户获得稳定收入。

中国能建所属广西电力设计院对西林县风电开发开展初步可行性研究工作，中国能建投资分公司经实地考察，与西林县签订《中国能建投资分公司与西林县新能源战略合作协议》，并寻找合作开发风电项目，为当地的造血式扶贫开辟新的途径。

【公益扶贫】 中国能建所属广西电力设计院设立“圆梦基金”，向西林县有关学校送出爱心款、教学仪器、电脑、书籍、衣物“五个圆梦礼包”，缓解农民子女上学、教育等难题。募集爱心款12万元资助寒门学子，捐赠价值10余万元的教学仪器及用品，帮扶学生2200余人。为9位新考上大学及高职高专的贫困学生申请“金秋助学”8600元。动员2位辍学学生入校学习，协调当地教育部门给予核发膳食补助。公司所属西北电力设计院主要领导人个人捐款1万元，用于镇巴县在校贫困家庭两名学生的帮扶，减轻家庭负担，解决入学困难。

【基础设施建设】 2016年，中国能建投入帮扶资金53万元帮助西林县央龙村龙汉屯建设3.1千米的屯内道路，有效解决屯内55户284名村民的出行难问题。投入帮扶资金167万元完成了陕西镇巴县任村镇东院社区服务中心项目、东院坝平板桥项目及东院社区排洪排污工程的建设，为东院社区及东院坝小组的后续开发建设提供了基础保障，直接受益群众2000余人。

（中国能源建设集团有限公司
战略与投资部　沈雄飞　秦木林）

南光（集团）有限公司定点扶贫

【概述】 南光（集团）有限公司（以下简称“南光集团”）定点扶贫县为云南省禄劝彝族苗族自治县（以下简称“禄劝县”）和甘肃省临夏县。2016 年，南光集团出资 256.34 万元对于禄劝县教育、基础设施、产业 3 个方面进行帮扶；出资 150 万元对临夏县江家寨村基础设施、产业等方面进行帮扶。集团获得“甘肃省双联行动精准扶贫省外帮扶单位民心奖”“2016 年度联村联户为民富民行动先进集体”荣誉。

【扶贫资金投入】 2016 年，南光集团对定点帮扶县禄劝县累计投入资金人民币 256.34 万元。具体项目为教育资助 83.20 万元，基础设施修路 88.14 万元，产业扶持 85 万元。对临夏县累计投入扶贫资金 200 万元人民币，其中基础设施修路 130 万元，产业扶持 70 万元。

【捐款捐物】 2016 年 5 月，南光集团发动员工积极捐款，为禄劝逸夫小学筹集校服 1800 套。南光集团下属分公司——珠海振戎公司发起个人捐款，共筹集善款 2 万元，用于捐助江家寨村贫困村民。

【智力扶贫】 2016 年 8 月，南光集团招收禄劝县职业高级中学 8 名酒店管理专业应届毕业生到集团属下的澳门酒店就业，2 名汽修专业应届毕业生到澳门中旅新时代巴士公司就业。

【产业扶贫】 2016 年，南光集团投入 85 万元帮助禄劝省级贫困村克梯村建设一个能容纳 50 头能繁母牛养殖基地，以村委会养殖合作社为平台，采取“公司+合作社+农户”模式，带动老百姓致富。

南光集团投入 50 万元帮助江家寨村建设一个中型的散养鸡场，发动村民以土地入股方式征得土地 28 亩，养鸡千余只。采取“公司+合作社+农户”模式，带动老百姓致富。

【教育扶贫】 2016 年 11 月，南光集团向禄劝县第一中学、民族实验中学的 416 名在校建档立卡户贫困高中生给予每人 2000 元资助，合计 83.20 万元。

【基础设施建设】 2016 年 12 月，南光集团出资 88.14 万元对于所派“第一书记”所在村禄劝县屏山镇发明村修建第三条路，打造民族团结示范路。

2016 年，南光集团出资 100 万元实施临夏县江家寨村道路全面硬化工程，全长 15.7 千米。

【送温暖活动】 2016 年春节，驻村书记向碌劝县屏山镇发明村捐助网站销售当地土特产所得收益5000元，用于慰问探访村内孤寡老人，每人送去一袋大米和两桶油。

2016年8月，驻村书记组织相关家属携带物资派送给江家寨村的特困人员。

【干部挂职扶贫】 2016年，南光集团向禄劝县及甘肃临夏县再派驻两名干部挂职当地副县长一职。

（南光〈集团〉有限公司　顾征东）

中国国民党革命委员会中央委员会定点扶贫

【概述】 2016年，中国国民党革命委员会中央委员会（以下简称“民革中央”）贯彻中共中央扶贫开发工作会议和统一战线聚力脱贫攻坚暨多党合作参与毕节试验区建设座谈会精神，发挥优势，整合资源，聚焦精准扶贫精准脱贫，扎实推进在贵州省纳雍县的定点扶贫工作。2016年，民革中央和全国各级民革组织在纳雍县直接投入帮扶资金192.5万元，物资折款391万元，实施各类帮扶项目12个，资助贫困学生367人，帮扶建档立卡贫困人口438人；组织开展医疗技术、骨干教师和乡村旅游培训9期，累计培训医生、教师、乡村干部和致富骨干1052人次。

【扶贫会议】 2016年1月，民革中央在北京召开参与扶贫攻坚工作推进会，全面部署民革全党参与脱贫攻坚工作，推进精准扶贫、精准脱贫。4月，民革中央组织东中部16个省（市）民革省级组织在北京召开定点帮扶纳雍县工作研讨会，深入贯彻落实统一战线聚力脱贫攻坚暨多党合作参与毕节试验区建设座谈会精神，研讨确定帮扶项目，进一步完善东中部民革组织联手帮扶工作机制。

【扶贫调研】 民革中央副主席何丕洁先后3次率队赴纳雍县就精准扶贫工作进行考察调研，与县委、县政府全面沟通情况，认真研究脱贫发展思路举措。5月，民革中央社会服务部组织东中部16个省级组织赴纳雍县开展“同心博爱行”活动，与纳雍县对接精准帮扶项目。民革重庆市委员会组织专家赴纳雍县考察调研，指导乡村旅游规划建设和畜牧养殖管理技术，并开展专题培训活动，培训乡村干部、农民致富骨干140余人。

【教育扶贫】 民革中央动员党员、企业向纳雍县捐赠价值213万元1776套班班通管理软件，帮助提升教育信息化水平。促成深圳海云天集团与毕节市教育局签署为期5年的精准教育扶贫资助协议，向毕节市捐助价值1000万的“基础教育质量监测评价”服务，帮助毕节市改进和提升教育质量。由民革党员创办的重庆市涪陵创新计算机学校面向纳雍县贫困户家庭招收209名初中毕业生到重庆免费就学，并补助生活费用。天津、上海民革组织捐资22.5

万元，用于改造法都寨小学和箐口小学基础设施，改善办学条件。组织吉林、河南、天津等地教育专家和优秀教师赴纳雍县开展同课异构教学、教师课程力和教学评一致性专题培训3期，培训幼儿园和中小学校教师800人。

【健康扶贫】 民革中央协调江苏省苏北人民医院、湖南省中医药大学第一附属医院、广东省清远市第二人民医院接收纳雍县选派的12名医生进行为期3至12个月免费跟班学习，帮助培养医疗骨干人才，帮助提升当地医疗卫生水平。民革黑龙江省委员会组织医疗专家赴纳雍县为因病致贫困难群众义诊义治，指导农村社区卫生服务中心标准化建设，开展医疗技术培训，实施免费眼科手术40例。

【整村推进】 2016年底，民革中央启动实施核桃寨村农村卫生和文化服务中心、村小学改建、经果林种植项目，提升贫困村公共服务水平和产业发展后劲。

【公益捐赠】 2016年，民革中央向纳雍县捐赠50万元救灾款。8月，以纳雍县民革组织成立5周年为契机，民革浙江省委员会向纳雍县受灾群众捐赠价值110万元的奶粉，重庆市涪陵创新计算机学校向纳雍县的玉龙坝中学等5所中学捐赠50万元援建款。

【干部挂职扶贫】 民革中央派出1名处级干部赴纳雍县挂职任副县长。在工作中，挂职扶贫干部严守工作纪律，克服工作和生活方面各种困难，密切深入联系贫困群众，认真协调民革帮扶项目，有序推动各项扶贫工作的开展。

（中国国民党革命委员会
中央委员会　艾　岩）

中国民主同盟中央委员会定点扶贫

【概述】 2016年，中国民主同盟中央委员会（以下简称“民盟中央”）定点扶贫河北省广宗县，以产业扶贫、教育扶贫为切入点，助推广宗经济社会事业全面发展。民盟中央及专家团队全年赴广宗县走访调研共45人次，举办农业技术类、教育类培训班6期，培训专业技术人才240余名。帮助协调引进各类帮扶资金294万元，建设生态农业产业基地1个，资助贫困学生40名。

【扶贫调研】 2016年7月，全国人大常委会副委员长、民盟中央主席张宝文，全国人大常委、民盟中央副主席龙庄伟到广宗县调研，对广宗县现代农业园区、广宗县第二中学考察后，就广宗特色农业发展、精准扶贫产业以及教育发展方向提出指导意见。民盟中央副主席龙庄伟深入农村基层走访调研，召开座谈会，听取县领导班子工作汇报，分析贫困原因，谋划新年规划。民盟中国农业大学委员会多次组织专家团队，赴广宗县就农业产业项目进行调研。

【干部挂职扶贫】 民盟中央向广宗县派出挂职干部1人，任职副县长，分管扶贫工作。挂职干部积极牵线协调民盟资源，做好民盟帮扶项目的对接工作，得到当地领导一致认可。

【扶贫慰问】 2016年1月，民盟中央副主席龙庄伟一行赴广宗县大平台乡北葛村走访慰问困难群众，向广宗县的100户困难群众发放慰问金及慰问品3万余元。

【产业扶贫】 民盟中央社会服务部携手民盟中国农业大学委员会，加大对广宗县农业产业发展帮扶力度。中国农业大学农学院编制完成《河北省广宗县农业产业总体规划》《河北省广宗县农业科技示范园区规划》。依托中国农业大学广宗教授工作站，全年共举办4期农业专题培训班，培训农民200余人次。

7月，民盟中国农业大学牵头引进同心福润科技有限公司，在广宗县北塘疃镇建设“生态养殖示范基地”，打造党盟共建农业品牌——“同心福润”，建成集创业、创新于一体的“党—盟—校—地”合作模式，带动广宗畜牧行业新发展，培养新型产业人才。“生态养殖示范基地”一期占地200亩，投资200万元。

【教育扶贫】 2016年，联合北京四中网校，向广宗县第一中学、第二中学捐赠价值80万元的远程教育资源，开展教师培训2期，培训一线教师40余名，并邀请广宗县第一中学2名教师，到北京参加为期5天的翻转课堂、微课制作、教学设计培训。

【公益扶贫】 2016年8月，民盟中央社会服务部、陈香梅公益基金会嘉慧教育基金共同在广宗县开展“慧蕾行动”。活动选取40名考上高中或大学的贫困家庭女生作为资助对象，高中生将连续3年每年获得2000元、大学生一次性获得5000元的资助。

【送法下乡】 12月，民盟中国农业大学委员会组织学校法律系学生，把移动“法律诊所”带到广宗县，共为50余名群众解决法律咨询问题。

（中国民主同盟中央委员会
社会服务部扶贫处　方大伟）

中国民主建国会中央委员会定点扶贫

【概述】 2016年，中国民主建国会中央委员会（以下简称“民建中央”）定点帮扶河北省丰宁满族自治县（以下简称“丰宁县”），累计投入和协调款物合计1408万元，实施项目10个，直接帮助460个建档立卡贫困户增收达到脱贫标准，帮扶项目共惠及9620名困难群众。

【扶贫资金投入】 2016年，民建中央全年累计投入和协调款物合计1408万元，其中通过中华思源工程扶贫基金会投入扶贫款物865万元。

【扶贫调研】 2016年8月，民建中央主席陈昌智率队赴丰宁县调研，实地考察丰宁抽水蓄能电站建设情况，深入黄旗镇了解民建会员企业开展产业扶贫项目情况。期间，召开民建中央帮扶丰宁县精准扶贫座谈会，陈昌智出席并作重要讲话。会上，两家会员企业与丰宁县签订总额共65亿元的意向投资协议，中华思源工程扶贫基金会捐资865万元在丰宁县开展当年帮扶项目，天津农科院林果所与丰宁签订技术帮扶协议。

2016年，民建中央副主席张少琴赴丰宁县召开民建中央帮扶丰宁县精准扶贫精准脱贫座谈会，研究部署“十三五”时期，特别是2016年民建中央在丰宁县的精准扶贫精准脱贫工作，并提出具体要求。民建中央多次赴丰宁县实地调研，与当地县、乡、村、户四级代表和民建会员企业家座谈，详细了解帮扶需求，对接帮扶项目。进一步发挥京津冀对口帮扶丰宁的联动机制的作用，3个省级组织和部分市级组织先后多次赴定点扶贫县开展精准扶贫。调动专门委员会的力量，民建中央农业与农村委员会多次前往定点扶贫县调研，为农业产业化发展献计献策；民建中央理论研究委员会召开会议专题讨论“社会服务工作与参政党建设理论研究”，对于准确把握当前社会服务工作的现状和存在的问题，更好地提炼经验、指导实践有着重要意义。

【扶贫会议】 2016年9月，民建全国社会服务工作会议在北京市召开。会议总结民建中央社会服务工作取得的成绩和经验，表彰先进集体和个人，号召全会参与脱贫攻坚，明确民建全会社会服务工作的总体思路和方向。

【扶贫培训】 民建中央在丰宁县投入20万元，继续实施乡村医生、乡村致富技能带头人及乡村骨干教师培训，共培训乡村医生136名、致富带头人210名，同时，民建中央协调民建广东省委员会开展教师培训计划第五期活动，以“走出去”的方式，组织培训了50名丰宁县乡村骨干教师。

【干部挂职扶贫】 民建中央机关派出1名正科级干部到丰宁县挂职扶贫，担任县政府办副主任兼扶贫办副主任职务。在工作中，挂职干部严格按照挂职帮扶工作要求，尽快完成党派干部到帮扶干部的身份转换，适应新的工作环境，做好对口帮扶各项工作。挂职干部在工作和实践中加强学习，深入基层，到企业车间、田间地头了解县情民情，虚心请教当地干部群众，思考区域贫困成因，研究扎实推进精准扶贫的新模式，探索脱贫致富与生态提升相结合的好路子。做好民建中央对口帮扶丰宁的联系衔接工作，积极做好沟通，为扶贫项目对接落实做好服务，关注帮扶项目后续进展，做好民建组织和会员与丰宁之间的联络员。

【扶贫慰问】 2016年1月，民建中央副主席张少琴率队赴丰宁县杨木栅子乡开展送温暖活动，深入20个建档立卡贫困户家中，送去2万元慰问金。自2003年起，民建中央已连续13年赴丰宁开展送温暖活动，共慰问丰宁7个乡镇的1690个贫困户。

【扶贫宣传】 民建中央进一步加强了脱贫攻坚的宣传工作，编印《民建扶贫开发典型案例选编》并印发至省市两级组织，促进扶贫经验交流，发挥典型示范作用。

【扶贫资金管理】 在项目实施过程中，民建中央逐项实施、逐个销号，保障了项目的有效执行。同时，通过实地走访、入户调查、核实资料等方式，建立了跟踪问效、多方监督的核查机制，加强了对扶贫项目执行、资金使用等环节的监督检查。

2016年9月，中华思源工程扶贫基金会获颁慈善组织证书和公募资格证书，成为民政部认定的首批拥有公募资格的慈善组织。同时，在由基金会中心网评选的中基透明指数排行上，连续第5年并列基金会透明指数第1名。2016年会计师事务所共对中华思源工程扶贫基金会进行9次审计，对基金会财务管理、财务核算、项目管理、项目执行、信息公开、制度建设、内部控制体系及审批流程等均表示认可。

【产业扶贫】 民建中央允分发动当地会员企业以产业扶贫的形式，结对帮扶建档立卡贫困户，帮助他们增收脱贫。在会中央大力推动下，民建会员企业丰宁满族自治县元始种植有限责任公司在丰宁县黄旗、小坝子、鱼儿山等12个乡（镇）的26个村发展小米、玉米、黑豆等传统杂粮种植，每亩为种植户增收1000元以上，共460个贫困户通过参与种植达到脱贫标准，其中45户纯收入超过1万元，3户超过2万元。

【基础设施建设】 民建中央捐资10万元，在丰宁县南关乡、杨木栅子乡、土城镇配套建设清洁沼气罐300套，为300个困难农户提供更加方便卫生的清洁能源。

【健康扶贫】 2016年，民建中央捐资50万元在丰宁县西官营、外沟门、大滩等乡镇修建、升级了10所村级卫生室。自2009年以来，民建中央在丰宁捐资352万元援建70所民建思源卫生室，新建房屋7132平方米，覆盖全县25个乡（镇）70个村，使79420人受益，占全县总人口19.8%，占全县272个村级卫生室的25.7%，有力解决当地就医、防疫、住院、治疗等看病难的问题。

民建中央中华思源扶贫基金会向丰宁县35家医院捐赠总价值700万元的移动互联网医疗服务平台，充分利用互联网大数据的手段，改善医疗服务流程，进而提高基层医疗机构对疾病的防治能力。

实施"思源救护"计划，协调中华思源工程扶贫基金会向丰宁县的乡镇卫生院捐赠救护车15台，价值105万元，打通边远山区医疗救治的"最后一公里"。

组织会内医疗专家赴丰宁县开展送医送药下乡活动，义诊200余人次，向100多名基层医卫工作人员传授先进技术和诊疗经验。

（中国民主建国会中央委员会
社会服务部　赵思源）

中国民主促进会中央委员会定点扶贫

【概述】　2016年，中国民主促进会中央委员会（以下简称“民进中央”）定点帮扶贵州省安龙县，以“同心·彩虹行动”为品牌，团结引导各级组织和广大会员突出特色、发挥优势，通过开展扶贫调研、教育培训、医疗卫生帮扶、产业扶贫等工作，积极参与安龙县脱贫攻坚工作。2016年，共协调组织140余位专家学者、企业家、艺术家到安龙县考察指导、开展科技培训和慈善捐助活动；为安龙县经济社会各项事业直接投入170.7万元，帮助引进各类资金2805.8万元。民进中央先后选派2名干部到安龙县万峰湖镇坝盘村挂职“第一书记”，选派1名处级干部到安龙县挂职副县长；民进贵州省委员会选派1名处级干部到安龙县挂职副县长。民进中央社会服务部、民进浙江省委员会、民进贵州省委员会组织了3期培训班，共培训校长、骨干教师等460余人。

【扶贫调研】　2016年11月，全国人大常委会副委员长、民进中央主席严隽琪赴安龙县开展脱贫攻坚考察调研。调研组先后到安龙县大秦光伏农业高科技示范园、县人民医院、县教育园区实地考察，举行民进中央参与黔西南试验区脱贫攻坚工作座谈会暨捐赠签约仪式。4月，全国政协副主席、民进中央常务副主席罗富和赴黔西南布依族苗族自治州（以下简称“黔西南州”）就“健康服务业发展”开展专题调研，调研组详细了解黔西南州和安龙县医疗、旅游、农业等方面发展情况，为今后五年民进参与安龙县脱贫攻坚工作做好铺垫。民进上海市委员会、民进浙江省委员会、民进山东省委员会、民进福建省委员会等也分别组织相关人员就帮扶项目落地和工作开展到黔西南州、安龙县进行考察调研。

【扶贫慰问】　2016年1月，民进黔西南州委员会赴安龙县万峰湖镇开展“春联万家”、春节慰问暨文化、医疗、科技“三下乡”活动，特邀民进会员及州书法家协会画家为村民书写春联，为坝盘村10户计生户、10户贫困户送去了1.3万元的慰问金和棉被、大米、棉衣等物资，同时组织医疗专家为群众开展义诊活动。3月，民进福建省委员会与坝盘村签署教育扶贫协议，向安龙县贫困学生捐赠180条福建民进会员亲手编织的“爱心围巾”，通过开明慈善基金会福建星空专项基金为坝盘村开明儿童活动中心捐赠了2万元的活动器材，为村内贫困学生捐赠 1.7 万元的助学金。5 月，民进中央捐资 1 万余元，为坝盘村捐建儿童活动室，走访慰问村里部分老党员和贫困户。12 月，民进黔西南州委员会干部职工前往扶贫点万峰湖镇毛凼子村开展送鸡仔下乡活动，共送去鸡仔 450 只、饲料、药品等物资，总价值近 7000 元。

【产业扶贫】 2016 年 7 月，民进中央社会服务部副部长刘文胜率调研组到安龙县考察调研，就相关产业项目进行对接，助推当地产业发展，广东温氏食品集团股份有限公司（以下简称“温氏集团”）、杭州信控科技有限公司、杭州和山太昊环境艺术设计工程有限公司等企业参加考察，温氏集团与安龙县初步达成合作意向。8 月，温氏集团与安龙县签订了安龙温氏畜牧一体化生猪产业项目合作协议，计划投资 8.3 亿元建设年出栏 50 万头生猪、占地 1000 亩的生猪养殖一体化项目，其中 2016 年实际投资 1000 万元。邀请福建农林大学校长兰思仁一行赴黔西南州调研，实地考察了顶效楼纳绿缘兰花基地、安龙大秦光伏农业园、安龙县食用菌基地、普安县江西坡茶场、晴隆县沙子镇菌草基地等，就相关产业发展提出了建设性的意见和建议。10 月，民进中央社会服务部邀请安龙县相关部门负责人一同赴册亨县考察种羊养殖项目，共同协商在安龙县投资建设种牛养殖项目和安龙县中国农业大学民进支部工作站，带动安龙县养殖业的发展。

【教育扶贫】 2016 年，民进中央发挥特色优势，进一步拓展“同心·彩虹行动”的内容和形式，继续推进教师培训工作。7 月，投入 16 万元举办为期五天的“同心彩虹行动”2016 年音乐教师暑期培训班，其中，培训安龙县基层音乐教师 10 名。8 月，民进浙江省委会举办“同心·彩虹行动”黔西南培训班，培训为期两天，内容包括幼儿园品牌化建设、新指南背景下的幼儿园课程思考、优质课观摩等专题，来自黔西南州的 150 余名幼儿园园长和骨干教师参加了培训；向安龙县捐赠学前教育专项资金 100 万元，以及《同心彩虹》幼教专用教材。民进贵州省委员会组织省级骨干教师和专家组到安龙县开展考前培训，安龙县第一中学、第四中学 550 名师生等参加培训会，其中参训教师约 300 名。协调会员企业云校（北京）科技有限公司与安龙县教育局签订捐赠协议，向安龙县捐赠“云校”智慧教育云平台 56 套及安装、调试、培训、升级维护等服务费，总价值 1680 万元。开明慈善基金会“学大个性化教育专项基金”捐助 150 万元，在安龙县 10 所学校建设“学大梦想中心”。

【公益扶贫】 2016 年 5 月，民进黔西南州委员会在安龙县开展“春阳同心行动”，向 62 名普通高中困难家庭女生发放助学金，共计 9.3 万元。民进北京市委员会投入 14.5 万元资助安龙县 12 名少数民族贫困女生在贵州盛华职业学院旅游工艺品设计与制造专业免费就读。民进中央开明画院组织重庆开明画院部分美术家赴安龙县采风，向安龙县第五中学捐赠字画12幅，为200余名学生作了西方美术作品鉴赏和书法基本知识讲座。山东开明画院组织书画家赴安龙县进行文化交流和采风，并将现场创作的书画作品捐赠给安龙县。

【健康扶贫】 2016年，民进中央围绕民生改善，加大医疗卫生扶贫力度。与中国工程院院士韩德民联系协商，推动中国医疗保健国际交流促进会与黔西南州卫生和计划生育委员会签订《华佗工程医疗帮扶合作协议》，首期在安龙县人民医院以耳鼻咽喉头颈外科为核心进行试点，推动建设县级医疗机构标准化学科体系，提升当地医疗机构整体水平。协调39互联网医院与安龙县人民医院达成合作，通过远程会诊共享优质医疗资源，为当地患者免费提供一定数量的重症病例诊疗，帮助实现重病不出县的目标。

（中国民主促进会中央委员会
社会服务部　郭建龙）

中国农工民主党中央委员会定点扶贫

【概述】 2016年，中国农工民主党中央委员会（以下简称“农工党中央”）定点帮扶贵州省毕节试验区大方县。为进一步动员各方凝心聚力、奋力攻坚为助推大方县打赢脱贫攻坚战，从医疗卫生、文化教育等领域开展帮扶工作。农工党中央及农工党东部十省（市）组织在大方县投入资金1982.43万元，整合和优化资源，形成强大合力，为大方脱贫攻坚添砖加瓦，努力为贫困地区全面建成小康社会闯出新路子，在多党合作服务改革发展实践中探索新经验。

【扶贫调研】 2016年1月，农工党中央调研组赴大方县进行考察调研，与大方县商拟农工党帮扶大方县2016年工作计划及未来五年工作规划，推动大方县“同心助医工程”升级版的发展、推动已落地大方的农工党员企业再进一步的扩大发展、了解“同心全科特岗医生”工作的开展情况。3月，农工党中央副主席龚建明赴大方县调研医疗扶贫工作并召开“同心全科特岗医生”座谈会。6月，农工党中央组织农工党东部十省（市）组织走进毕节试验区大方县，开展精准扶贫考察调研指导。专门针对因病致贫、因病返贫这一难题组织开展健康扶贫跟踪调研活动。

【扶贫会议】 2016年3月，统一战线聚力脱贫攻坚及多党合作参与毕节试验区建设座谈会在毕节召开，中共中央政治局委员、中央统战部部长孙春兰强调，聚力脱贫攻坚是统一战线的重要政治任务，为发挥多党合作优势作用提供了广阔空间。6月，农工党东部十省（市）组织支持毕节试验区大方县精准扶贫座谈会在贵州省贵阳市召开。全国人大常委会副委员长、农工党中央主席陈竺出席并讲话。召开“同心全科特岗医生”座谈会。18名特岗医生共接诊门诊人次27610人，收治住院病人1426人次，随访病人1753人次，参与家庭医师签约服务8024人次。同心全科医生扎根基层，努力以优质服务解决贫困地区百姓病痛的精神，切实提升基层医疗卫生服务能力。第四届全国天麻会议在大方县召开。农工党中央帮助协调国家卫生和计划生育委员会、国家中医药管理局以及有关科研院所、专家、学者和企业家参加会议。此次会议对于促进天麻产业发展、带动群众增收致富有着现实意义。特别是在贵州天麻申报新食品原料方面，国家卫生和计划生育委员会已正式受理了新食品原料申报的相关申请，已按程序召集相关专家评审。

【扶贫慰问】 7月，大方县理化乡偏坡村金星组发生山体滑坡，农工党中央第一时间向大方县发出慰问，协调中国初级卫生保健基金会向大方县捐赠100万元用于灾害救助和灾后重建工作。12月，农工党中央青年干部赴大方县调研，看望理化乡贫困群众12户，送去3600元慰问金。农工党上海市委员会赴大方县开展调研，看望贫困户，送去3000元慰问金。

【健康扶贫】 农工党东部十省（市）组织结对帮扶10所卫生院。农工党江苏省委会与南京瑞年百思特药业有限公司捐赠价值55万元的医疗仪器。农工党中央捐赠1500万元的医疗设备，帮助协调南京解放军105医院等10多家医疗单位与大方县建立了对口支援和长期合作的帮扶关系；指导县人民医院、中医医院完成了多个二级学科的分科，指导大方县人民医院通过了“二甲医院”评审；指导完善科室设置，新建重症医学科、骨科、血透科等。

【教育扶贫】 7月，农工党中山市委员会赴大方县调研并为牛场中学捐献爱心款3.05万元。9月，由农工党山东省委员会“明日之星”教育基金会“班班通——同心助学工程”走进大方县，并在大方县牛场中学举行“班班通——同心助学工程”精准教育扶贫捐赠仪式，向大方县教育局捐赠价值50万元的教辅物资，向牛场中学捐赠价值10万元的学生电子学习用品。11月，农工党河南省委员会赴大方县考察并协调黄河交通学院为毕节同心农工中等职业技术学校捐赠了10万元的汽修实训设备。12月，农工党上海市委员会联系企业家赴大方县调研，为六龙中学免费安装价值10余万元的风光互补路灯27盏。农工党江苏省委员会向大方县第四中学捐赠了价值27.8万元图书，2万元的助学金。

【智力扶贫】 农工党浙江省委员会联系浙江大学为大方县培训50名乡科级干部，资助培训费12.5万元。农工党上海市委员会联系上海复旦大学为大方县培训50名乡科级干部，帮助解决培训费20余万元。农工党北京市委员会联系首都师范大学附属育新学校为大方县培训12名教师，减免了各类费用24万元，联系首都儿科研究所培训医生2名，减免了费用4.48万元。10月，在农工党河北省委员会协调下，大方县猫场中学与石家庄市复兴中学结成帮扶对子。猫场中学共派出57名学生、10名教师、1名校长到复兴中学开展为期1个月的交流学习，共减免费用30万元，同时联系哈励逊国际和平医院为大方培训医生4名，减免了费用6万余元。

【公益扶贫】 4月，中华少年儿童慈善救助基金会2016大方国际微笑行动启动仪式在大方县举行。共为104名唇腭裂患者做了免费手术。减免群众费用100余万元。在农工党北京市委员会的协调下，“名医主刀”平台专家团队赴大方县开展义诊活动，6名“名医”汇聚大方，为骨关节患者进行免费手术。减免手术费用6万余元。

【干部挂职扶贫】 农工党中央选派机关干部到大方县挂职县长助理。挂职期间，随大方县委统战部到农工党中央、北京、天津、河北等8个省市组织回访，同时选派农工党大方工委专职干部到农工党北京市委员会机关挂职学习，积极联系各方资源，有力推动农工党北京市委员会对大方县的帮扶工作。

【产业扶贫】 2016年，大方县通过招商引资引进贵州水西阳光生态农业发展有限公司，在大方县发展万亩猕猴桃，全县猕猴桃规划种植面共26030亩。在农工党中央的协调下，北京华麟果业有限公司入住大方县创建猕猴桃示范园。2016年，土地流转1033亩，带动农户244户，其中建档立卡贫困户26户。建立对土地流转农户的帮扶机制，扶贫项目资金入股，在传统务工收入（每月2000元）的基础上，加上地租（每亩500元），再增加收益后的分红，每亩人均收入将达到5000元以上，是传统农业的2—3倍，大大提高了农户的收入。解决20人的固定就业，季节性用工5000人次。项目已完成投资2000万元，相关的质量认证如绿色生产标准认证已启动申报程序。

（中国农工民主党中央委员会
王 玥）

中国致公党中央委员会定点扶贫

【概述】 中国致公党中央委员会（以下简称“致公党中央”）紧密围绕“致西合作”的目标和任务，把支持重庆市酉阳土家族苗族自治县（以下简称“酉阳县”）扶贫开发工作作为重大政治任务来抓。以《中国致公党帮扶酉阳县近期工作计划》为统领，坚持以智力服务为主，千方百计加大扶贫投入，通过实施医疗卫生扶贫、教育扶贫、农业产业扶贫、旅游扶贫、基础设施建设以及职业技能培训等扶贫措施，不断将定点扶贫工作引向深入，充分体现民主党派助推地方经济社会发展的优势和特色。通过号召发动东部发达地区签约结对帮扶酉阳县等途径，为“致西合作”蓄积更加强劲持久的发展动力。2016年，致公党中央、致公党重庆市委员会以及全党各级组织在酉阳县定点扶贫工作中直接投入资金、物资150万元，举办培训班1期，完成培训100人次。帮助引进资金80万元。

【扶贫资金投入】 2016年，致公党中央及各级组织共为酉阳县教育、文化、卫生等公益性事业引进资金150万元，用于编制花田乡旅游发展规划1份、发放“致公·酉阳班”奖学金128人次、慰问五保贫困老人212人次；用于建设1个科普中心、1个操场跑道、2个图书室、1个音乐舞蹈教室。投入基础设施建设资金80万元，修建黑水镇卫生院1所。

【扶贫会议】 2016年4月，中国致公党实施精准扶贫、精准脱贫工作推动会在京召开。会议共完成9个央地互动项目的签约，项目资助总金额达169万元；共有34个地方组织与15个连片贫困地区进行了签约结对帮扶。其中致公党北京市朝阳区委员会、浙江省杭州市委员会、天津市河西区委员会、福建省厦门市委员会签约结对帮扶重庆市酉阳县。会议还举行了旨在关爱留守儿童的“致公爱心妈妈”行动启动仪式，并聘请致公党中央常委李羚为活动形象大使。

10月，深化“致西合作”座谈会在致公党中央机关召开。全国人大常委、致公党中央副主席闫小培、中共酉阳县委书记陈文森等出席会议。协调北京、天津、杭州、厦门等地方组织对酉阳开展结对帮扶。

【基础设施建设】 2016年3月，致公党中央致福基金会捐资50万元、致公党重庆市委捐资20万元，为酉阳县花田乡中心小学修建塑胶篮球场及300米塑胶跑道。5

月，致公党中央致福基金会及致公党上海市委员会及共同捐资 20 万元建立花田乡中心小学青少年科普活动中心。12 月，致公党中央及重庆市委会共同帮助协调引进资金 80 万元用于修建黑水镇卫生院。

【扶贫慰问】 2016 年 1 月，由重庆市政协副主席、致公党重庆市委主委张玲率队，致公党中央社会服务部副部长李曼一行赴酉阳县特殊教育学校及敬老院慰问贫困学生及五保贫困老人共 212 人，每人发放慰问金 500 元，共计 10.6 万元。

【产业扶贫】 2016 年，致公党厦门市委员会组织专家教授两次赴酉阳县考察及对口帮扶，为提高酉阳县花田乡及南腰界乡优质稻米产量提供 12 万元的海洋生物肥料。

【健康扶贫】 2016 年，致公党重庆市委员会和致公党天津市委员会分别组织中高级医疗专家赴酉阳县开展“致福送诊”活动。4 月，渝中区委组织 13 名医疗专家共为酉阳县 200 余名群众义诊两天，为酉阳县医院提升医疗技术水平进行现场教学，其中致公党重庆市委副主委张健为酉阳县患者做人工髋关节置换免费手术。9 月，致公党天津市委组织 13 名医疗专家赴酉阳县开展为期 3 天的“致福送诊”、“村医培训”活动。

【教育扶贫】 2016 年，致公党重庆市委员会与重庆机械电子高级技工学校合办的“致公·酉阳班”争取到重庆市民族宗教委员会每年 30 万元少数民族教育培训基金的支持，并将已经合作举办 10 年的“致公·酉阳班”命名为“重庆市少数民族青少年培训基地”。该班 2016 年招生 96 人，发放奖学金 128 人次，金额 5.95 万元。10 月，联系美国健华社为酉阳县龙潭镇初级中学和花田乡中心小学捐资 4 万元，建立健华图书馆。11 月，致公党杭州市委员会为酉阳县黑水中学捐赠 20 万元的图书，建立“明志·阅读”致公图书角。致公党重庆市渝北区工委捐资 5 万元，建立了酉阳“渝北致公音乐舞蹈室”。

7 月，致公党中央与致公党重庆市委员会共同组织的酉阳县中学英语骨干教师培训班在酉阳县举行。致公党中央、致公党重庆市员委员会分别邀请到加拿大卡尔顿大学博士 Ellen Cray（艾伦·克里）教授、西南大学外国语学院博士肖丹教授以及重庆市第八中学骨干教师一行亲临酉阳县开展培训，为近 50 名参训教师安排了 7 天的课堂教授、小组游戏互动、户外拓展等形式多样的课程活动。

【智力扶贫】 2016 年 6 月、7 月，致公党重庆市委员会多次组织重庆第二师范学院专家教授，赴酉阳县花田乡深入考察调研，为其制定了乡村旅游详细规划，并开展乡村旅游培训，市委会资助课题资金 10 万元。

【干部挂职扶贫】 2016 年，致公党中央派出 1 名干部赴酉阳县挂职一年，任副县长职务，分管“致西合作”脱贫攻坚工作。

【脱贫攻坚民主监督】 2016年6月，致公党中央承接对口四川省开展脱贫攻坚民主监督工作。与中共四川省委统战部、四川省扶贫和移民工作局、致公党四川省委会等单位共同制定《致公党中央开展四川省脱贫攻坚民主监督工作方案》，成立由万钢任组长的“致公党中央开展四川省脱贫攻坚民主监督工作领导小组”，领导小组下设办公室；成立几方工作协调小组和联络组。为确保脱贫攻坚民主监督工作落到实处、取得实效，探索建立“领导小组+协调小组+联络员”的组织模式、“调研+督查+信息通报”的监督模式、“《调研报告》+《直通车专报》+《信息简报》”的信息共享模式，发挥民主党派参政议政的智力优势，助推四川省脱贫攻坚工作。

9月，致公党中央常务副主席蒋作君、副主席兼秘书长曹鸿鸣一行7人赴四川开展脱贫攻坚民主监督工作，先后赴广安市广安区、武胜县调研脱贫攻坚实际情况，查看脱贫攻坚“作战图”、痕迹化管理手册、精准扶贫信息平台等资料，实地了解道路、新村、村卫生室等基础设施和贫困村产业发展情况。

10月，致公党中央副主席严以新率队赴四川省就“推进贫困地区素质教育”和脱贫攻坚民主监督进行专题调研，先后实地调研了武胜县民族小学、武胜县中小学生科普活动中心、武胜县中小学生素质教育基地、武胜中学、南江县实验小学等。

11月，致公党中央副主席闫小培率致公党地市级组织负责人赴四川省广元市、南充市开展脱贫攻坚民主监督工作调研，并开展“致公爱心妈妈”温暖工程捐赠。

12月，致公党中央对口四川省脱贫攻坚民主监督工作座谈会在成都市召开。在新时期将继续发挥“侨”“海”特点和优势，整合各方资源，推动形成脱贫攻坚的强大合力。

（中国致公党中央委员会社会服务部

高 莺）

九三学社中央委员会定点扶贫

【概述】 2016年，九三学社中央委员会（以下简称“九三学社中央”）定点扶贫四川省旺苍县，成立由主席韩启德任组长的九三学社中央扶贫工作领导小组，着力加强统筹协调，推进省际间合作，举全社之力参与脱贫攻坚工作，在产业脱贫、教育脱贫、医疗脱贫等方面工作。共投入资金19.35万元，在旺苍县三江镇厚坝村实施精准脱贫项目，帮助3户建档立卡贫困户发展机电维修和家畜养殖业，通过医疗救助解放家庭劳动力，开展“同心树人”项目，组织木门小学45名骨干教师赴陕西宜川中学、城关小学参加培训。引进九三学社内专家帮助旺苍县国华镇花街村建成柴胡规范化种植核心示范基地800亩，带动周边群众推广种植面积4000余亩。协调河北、河南、深圳等九三学社地方组织医疗资源，开展精准医疗救助行动，免费救治脑瘫患儿4例、免费安装（更换）假肢40例、免费实施先天性心脏病患儿手术8例，为当地贫困患者免除医药费用91万元。协调九三学社北京市委员会、中国食品工业（集团）公司分别与旺苍县人民政府签署帮扶旺苍水源生态环境红色旅游项目、淀粉系列产品生产项目。派出1名副处级干部到旺苍县挂职副县长，为期两年，推荐九三学社旺苍县支社社员1名到三江镇挂职副镇长。

【扶贫资金投入】 2016年，九三学社中央直接投入资金19.35万元，其中，15万元用于实施旺苍县三江镇厚坝村3户建档立卡贫困户精准脱贫项目，帮助发展机电维修和家畜养殖业，并组织社内医疗专家对3户家庭成员所患疾病进行精确诊断、规范治疗，通过医疗救助解放家庭劳动力。

【扶贫会议】 2016年2月，九三学社中央召开主席办公会议，研究扶贫工作有关事宜，决定成立九三学社中央扶贫工作领导小组，全国政协副主席、九三学社中央主席韩启德任组长。九三学社中央组织召开帮扶旺苍县工作座谈会，与九三学社四川省委、广元市委，九三学社旺苍县支社，以及中共广元市委、旺苍县委等单位负责同志就帮扶规划和实施方案进行深入研讨。会议确立以既有的“九广合作”模式做好旺苍县精准扶贫的工作思路，决定建立以“九三学社中央总体协调、九三学社四川省委担当主力、九三学社广元市委主动作为”为主要内容的社内上下联动、通力合作机制，充分发挥九三学社智力优势，围绕“五个一批”发展基础产业，组织协调社内力量，为旺苍县科技、教育、医疗等事业发展提供帮助，要求把帮扶旺苍县的工作与参政党履职相结合，探索在定点扶贫工作中发挥民主监督作用，推进完善扶贫考核机制，同时加强调研，及时将定点扶贫工作中发现的各类问题、各种经验转化为参政议政成果。

【扶贫调研】 2016年4月，全国人大常委会委员、九三学社中央副主席丛斌率调研组赴旺苍县就脱贫攻坚工作进行调研，结合当地实际情况，对帮扶工作做出具体部署。调研组考察了旺苍县国华镇花街村中药材种植基地、“旭日”家庭农场，与企业家、农民专业合作社负责人和农户深入交谈，了解当地中药材产业和养殖产业发展、科学技术应用以及收益情况，共同探讨脱贫致富新路子；深入旺苍县三江镇厚坝村，与贫困群众代表和3户帮扶贫困户座谈，了解困难群众诉求及发展建议，并送去慰问金3000元。九三学社中央办公厅、社会服务部，九三学社北京、河北、山东、河南、重庆及陕西等省市级组织，社内中药材、医药卫生等领域专家及企业家先后到旺苍县调研，开展帮扶工作。累计调研79人次。

【干部挂职扶贫】 2016年11月，九三学社中央选派机关办公厅文秘处副处长李胜男到旺苍县挂职副县长，为期两年，协助分管脱贫攻坚、教育、文化、卫生工作。7月，九三学社旺苍县支社推荐社员王福强到三江镇挂职副镇长，为期一年。

【产业扶贫】 2016年4月，九三学社中央邀请社内中药材专家、北京大学药学院教授屠鹏飞赴旺苍县进行专业指导，帮助当地打造旺苍县国华镇花街村中药材种植基地。建成柴胡规范化种植核心示范基地800亩，带动周边群众推广种植面积4000余亩。9月，在广元市召开的“九广合作”30周年暨创新型企业家论坛上，组织九三学社北京市委、中国食品工业（集团）公司分别与旺苍县人民政府签署帮扶旺苍水源生态环境红色旅游项目和淀粉系列产品生产项目协议，助推旺苍县相关产业发展，其中，淀粉系列产品生产项目预计总投资6亿元。

【教育扶贫】 2016年5月，九三学社中央在旺苍县实施“同心树人”工程，组织木门小学45名骨干教师赴陕西省宜川中学、城关小学参加培训，通过专题讲座、实地参观、听课、观看课间操、社团活动，以及与当地师生交流、与学校中层干部座谈交流互动等方式，开阔参训老师的眼界。9月，九三学社济南市委会协调山东省“泰月投资、慧才添福”教育帮扶基金会在旺苍县为当地100名贫困学生发放助学金1000元/人，此项资助活动已经连续举办12期，累计金额达上百万元。

【健康扶贫】 2016年9月，九三学社中央整合河北、河南和深圳等地方组织医疗资源，针对旺苍县不同群体实施精准医疗救助行动。九三学社河北省委组织医疗队在旺苍县开展脑瘫患儿救治活动，完成筛查56例，符合手术条件的9例，完成免费救治4例；九三学社河南省委组织有关企业和技术人员在旺苍县实施“同心”康福优德行动，为当地建档立卡贫困户中的残疾人免费实施假肢安装（更换）手术，先期筛查测量54例，后期免费资助39人实施40例假肢安装（更换）手术；九三学社深圳市委会带领有关专家到旺苍县实施“九三·心莲心”先天性心脏病患儿筛查行动，完成筛查10人，免费手术8例。以上项目总计为当地贫困患者免除医药费用91万元。

（九三学社中央委员会社会服务部
郭晓东）

台湾民主自治同盟中央委员会定点扶贫

【概述】 2016 年，台湾民主自治同盟中央委员会（以下简称“台盟中央”）与台盟地方各级组织深入贯彻“上下联动、横向联合”工作机制，聚焦精准扶贫精准脱贫，以参与定点扶贫事业建设和参与脱贫攻坚民主监督为工作主线，围绕社会普遍关心的民生问题，量力而行、尽力而为，集中全盟资源和力量，深入开展教育扶贫、医疗卫生扶贫等一系列定点帮扶工作，为进一步助力贵州省赫章县打赢脱贫攻坚战做出了新的贡献。

【扶贫调研】 2016 年 3 月，全国政协常委、台盟中央副主席杨健率调研组到赫章县就定点帮扶工作情况进行考察调研。调研组考察了统一战线在平山乡协调引进的现代农业种植项目建设情况，并与赫章县委县政府座谈交流，深入了解赫章县经济发展情况及脱贫攻坚工作的重点和难点。期间，北京、上海、湖北、福建、广东等地的台盟地方组织共同向赫章县城关镇第三小学捐赠价值 30 万元的 60 台电脑建立“两岸同心电教室”。

9 月，全国人大常委、台盟中央副主席、广东省政协副主席、台盟广东省委主委陈蔚文率调研组赴赫章考察调研。调研组就赫章教育发展情况进行了深入了解，并就“一对一”教育帮扶工作进行座谈交流。座谈会上，台盟广东省委、台盟广州市委和台盟湖北省委联合向赫章教育部门捐赠教育帮扶资金 14 万元，并分别牵线广州市越秀区教育局、武汉市教育局与赫章城关二小、赫章可乐中学开展教育结对合作，签订帮扶意向协议，助力赫章教育事业发展。

【教育扶贫】 2016 年 7 月，台盟中央、台盟北京市委、北京青年政治学院联合举办了 2016 年赫章县骨干教师培训班，30 名基层骨干教师参加培训。培训课程内容涵盖教育科学研究、促进学生成长和教师发展等多个专题内容。培训采取名师讲座、微课堂和考察交流等相结合的多元化授课方式，开拓学员的视野，提升学员的教学水平。

8 月，台盟中央、台盟辽宁省委和沈阳师范大学联合组织开展了沈阳师范大学教育专家支教组送教赫章培训活动。1300 余名学员参加培训，其中中小学管理人员 300 人，高中教师 500 人，中小学班主任 500 人。培训内容涵盖学校领导角色的定位与专业发展、学校管理艺术、高中新课程背景下的课程管理、青少年心理辅导与策略及班级管理艺术等课程。本次活动开阔了学员们的教学视野，更新教育理念，为学员们做好学生心理健康教育，加强和改进中小学实验教学工作奠定良好的软件基础。

【健康扶贫】 2016 年 3 月，全国政协常委、台盟中央副主席杨健代表台盟中央向赫章县捐赠 20 万元，用于海雀医院援建项目。

8 月，台盟中央、台盟安徽总支、安徽医科大学联合举办了首次乡镇医师培训班，赫章县 6 名乡村医师参加了培训。培训内容以皮肤病、高血压等常见疾病以及心肺复苏等急救知识为主，采取课堂授课和实操培训相结合的培训方式。提高了赫章县基层医务工作者的技能素质，为切实做好赫章健康扶贫和医疗帮扶工作强化了人才队伍建设基础。

台盟中央结合党派实际，充分考虑党派自身优势和特色，聚焦医疗帮扶，致力于打造“两岸医师医疗咨询义诊公益活动”品牌项目。

5 月，台盟中央和台盟成都支部共同在四川省新津县和阿坝藏族羌族自治州松潘县开展“两岸医师医疗咨询义诊公益活动”。义诊专家由台南医师公会及由台盟盟员组成的京沪知名医学专家 20 余人组成。义诊为近千名群众提供了内科、骨科、呼吸科、妇产科等专科诊疗服务。

9 月，台盟中央和台盟陕西省委共同在陕西铜川市开展了“两岸医师医疗咨询义诊公益活动”。义诊专家由台湾台南市医师公会和北京协和医院、上海爱尔眼科医院、厦门市心血管医院、第四军医大学西京医院以及安徽医科大学等多所著名医学院校的内科、外科、骨科等科目 28 名医师专家组成。义诊期间，专家共为 1060 名群众进行了义诊咨询。义诊结束后，两岸专家就医疗义诊的感想收获进行分享座谈，座谈会上大家就义诊体会以及两岸在医疗领域可借鉴与发展的成功经验展开了热烈交流，达到互相学习、共同提高的目的。另外，台南市医师公会与铜川市耀州区人民医院签订友好合作协议，为继续延伸两岸医学交流奠定了坚实基础。

【送温暖活动】 2016 年 5 月，台盟中央联合台盟上海市委、台盟浙江省委、台盟吉林省委、台盟云南省委组成调研组到赫章县开展“六一”慰问活动。期间，调研组实地考察野马川镇、白果镇、水塘乡、河镇乡等乡镇 10 所中小学，详细了解各学校的教学设施、师资队伍及学生学习生活情况，并向赫章教育部门捐赠价值 7 万元的书包和书籍。

【干部挂职扶贫】 台盟中央派出 1 名处级干部到赫章县挂职扶贫，担任副县长职务。在工作中，挂职扶贫干部严格按照工作要求，克服工作和生活方面的种种困难，做好定点扶贫各项协调联络工作。挂职干部坚持扎根基层、服务基层，深入乡镇和部分村、校及企业调研，了解定点扶贫县的经济社会发展情况和当地老百姓对扶贫项目的需求，分析贫困的现状、原因以及脱贫致富的途径，理清工作的思路和扶贫的着力点。当好台盟中央扶贫工作的联系人，挂职干部全面掌握定点县扶贫需求和台盟中央扶贫意向，及时与相关部门做好信息沟通、协调工作，落实扶贫方案，推动扶贫工作开展。

【扶贫干部培训】 2016 年 10 月，台盟中央在福建省漳州市举办社会服务骨干培训班，全盟 60 余名从事扶贫开发工作的社会服务骨干人员参加培训。这是台盟中央首次以扶贫开发工作为专题，把全盟各省、市组织的工作骨干作为培训对象的培训活动。培训班采取课堂教授、现场教学、小组讨论相结合的方式，围绕脱贫攻坚政策、扶贫开发方法理论、实践经验等内容科学设置培训专题，邀请了国务院扶贫办、民盟中央社会服务部以及台盟中央参政议政委员会、台盟中央两岸经济合作交流委员会相关盟内外专家授课。

【脱贫攻坚民主监督】 2016 年是民主党派开展脱贫攻坚民主监督工作的启动之年。按照中共中央统战部统一协调部署，台盟中央对口甘肃省开展脱贫攻坚民主监督工作。

6 月，全国政协副主席、台盟中央主席林文漪出席中共中央统战部召开的各民主党派中央开展脱贫攻坚民主监督工作启动会。林文漪主持召开台盟中央九届四十四次专职主席会，就脱贫攻坚民主监督工作进行专题探讨。会议研究提出建立台盟中央脱贫攻坚民主监督 3 个机制。一是建立全盟工作协调机制，二是建立工作联系沟通机制，三是强化社会力量参与机制。

7 月，台盟中央召开九届十五次中常会，全体代表就台盟脱贫攻坚民主监督工作进行专题研讨。会上，与会代表通过了《台盟中央关于开展脱贫攻坚民主监督工作的实施方案（试行）》。台盟中央机关与甘肃省政府就甘肃省脱贫攻坚民主监督事宜进行会谈。双方就甘肃省贫困基本情况、脱贫攻坚工作进展情况以及脱贫攻坚民主监督工作三方面内容进行了交流。

8 月，全国政协常委、台盟中央副主席杨健赴甘肃省康县、舟曲县、天水市秦州区、陇西县开展脱贫攻坚民主监督摸底调研。

（台湾民主自治同盟中央委员会
社会服务部　陈美龙）

清华大学定点扶贫

【概述】 2016年，清华大学以教育、医疗、人才智力、产业帮扶等工作为重点，持续助力云南省大理州南涧县经济社会发展。双方领导互访4次；清华大学赴南涧县调研交流61人次。开展培训班10期，培训当地党政干部160人次，中小学教师441人次。开展儿童先天性心脏病筛查工作，共筛查疑似先心病患儿290人；109名患儿在清华大学第一附属医院接受手术治疗，并获得基金支持得以减免大部分医疗费用共计178.7万元。北京清华长庚医院为2名小耳病患儿开展全方位的医疗救助。选派2名干部在南涧县挂职工作。60余名同学组成7个实践支队在南涧县开展主题多样的实践活动。在当地代表性企业建设清华大学绿色食品基地。学校继续教育学院52位企业家学员到访南涧县，开展交流学习与项目洽谈活动。清华控股有限公司旗下企业启迪控股股份有限公司云南分公司引入移动电子商务平台公司，在当地注册成立南涧县首家高新技术企业。

【扶贫资金投入】 2016年，清华大学直接投入资金110万元，开展教育、医疗、人才智力、产业帮扶以及相关的调研活动。

引入中国发展研究基金会、中国教育发展基金会、中国下一代教育基金会、中国民主同盟中央委员会以及学校教育基金会、附属医院合作基金、相关校友会和部分校友，累计捐赠资金和设备价值962.5万元，直接助力南涧县教育和医疗公共事业发展。以支持幼儿园建设为例，引入中国发展研究基金会197万元资金支持，采用幼教点、农村党员活动室、村民议事室等“一室多用、多室合一”的思路解决农村幼教点办学场所问题。截至2016年，南涧县完成山村幼儿园建设56个，全县学前教育3年毛入园率从2015年9月的63.95%提高到2016年9月的75.46%。

【扶贫调研】 2016年1月，清华大学党委副书记、副校长姜胜耀赴南涧县调研和推进定点帮扶工作，在大理州与州领导交流工作，在南涧县召开清华大学南涧县定点帮扶工作座谈会。座谈会上签订了三项合作协议：清华大学教育基金会帮扶南涧县教育发展项目、北京清华长庚医院帮扶南涧县医疗发展项目、清华大学绿色食品基地（南涧县红云核桃）建设项目。座谈会后，在南涧镇复兴村，为新建成的复兴村铅厂小学揭牌。该小学的新教学楼与校园建设由清华大学福建校友会马克思主义学院分会全资捐建。

【干部挂职扶贫】 2016年4月，清华大学派出校团委副书记刘宇，挂职任南涧县政府党组成员、政府办副主任。清华大学校团委办公室主任王风潇于2015年11月开始在南涧县挂职任南涧镇副镇长、西山村“第一书记”，在工作一年期满时，主动申请继续挂职工作一年。

【产业扶贫】 2016年1月，“清华大学绿色食品基地”在当地特色产业代表性企业南涧县红云核桃公司挂牌。8月，清华大学继续教育学院工商管理研修班课程学习暨企业交流活动在南涧县举行，来自全国15个省的52位企业家学员到访南涧县，开展了为期4天的交流学习与项目洽谈活动。11月，启迪控股股份有限公司云南分公司总经理到访南涧县，洽谈产业帮扶南涧县系列工作。12月，启迪云南分公司引入创立于清华科技园的移动电子商务平台“邻老板”，在南涧县注册成立了南涧县天焱电子商务有限公司，为南涧县首家高新技术企业。

【智力扶贫】 清华大学新闻学院教授胡钰，以“媒介社会与媒介素养”为题，为滇西挂职干部、大理州及12县市宣传和旅游部门干部、大理大学师生开展讲座。公共管理学院副教授殷存毅以“县域城市治理”为题，为南涧县科级以上干部开展讲座。

60余名清华大学学生组成7个实践支队，先后来到南涧县开展主题多样的实践活动。清华大学博士生支队以“南涧县扶贫开发系统设计”为主题开展为期六周的专业实践，形成南涧县扶贫政策建议报告。马克思主义学院支队在南涧县8个乡镇进行了为期一个月的挂职锻炼。中外支教项目——南涧支教分队以全英文教学的方式，在南涧镇中学开展为期7天的支教活动。化学工程系支队自筹经费，在南涧县3所小学搭建超滤膜净水设备，为近千名学生提供安全可靠的直饮水。美术学院支队为南涧县设计“跳菜虎”图案、彝文特色衬衫、南涧县手绘旅游地图等一系列文化产品，并配合当地茶厂设计了与南涧茶文化相关的“清华纪念品”。辅导员支队赴南涧县调研基层民主选举工作。经济管理学院支队赴南涧镇西山村调研精准扶贫工作。该支队二年级本科生刘文昊以调研所见所感为基础撰文的《如果我是扶贫干部，该怎么做?》发表在《人民日报》上。

【教育扶贫】 2013年4月起，清华大学在南涧县教师进修学校设立了“清华大学教育扶贫现代远程教学站”。2016年清华大学继续教育学院指导南涧县远程教学站开展培训班8期，共培训党政干部45人次，中小学师生388人次。8月底至9月初，由继续教育学院承担教学以及在清华期间的食宿费用，开办“南涧县初中、小学教导主任教学管理培训班”，邀请南涧县53名初中、小学教导主任走进清华，进行为期一周的培训。3月，受大理州委组织部委托，继续教育学院举办“大理州领导干部党性教育和综合能力提升班”，大理州级和各县市的 115 名干部，在清华大学进行为期一周的培训。

【医疗卫生扶贫】 2016 年 10 月，清华大学第一附属医院院长吴清玉率领心脏中心专家医疗队在大理州人民医院、南涧县妇幼保健院开展儿童先天性心脏病筛查。此次筛查活动范围覆盖大理州 12 个市县和普洱市景东县，共筛查疑似先心病患儿 290 人，确诊 91 人需手术治疗（在南涧县筛查 57 人，10 名患儿需要手术治疗）。这 91 位患儿将先后前往清华大学第一附属医院接受手术治疗。2016 年全年有 109 名来自大理州的先心病患儿在一附院接受了手术治疗，并获得爱佑慈善基金会支持，减免医疗费用共计 178.7 万元。

2016 年 8 月，北京清华长庚医院筹集亿阳集团股份有限公司 20 万元社会服务基金，为南涧县 2 名小耳病患儿成功实施外耳重建手术并开展全方位的医疗救助（提供包括医疗费用、往返交通和在京生活补贴在内的支持）。

（清华大学对口支援办公室　朱　涛）

中国农业大学定点扶贫

【概述】　按照教育部滇西定点扶贫工作的整体安排，中国农业大学自2013年开始，定点扶贫云南省镇康县。2016年，中国农业大学进一步整合优化资源，结合前期工作基础，依“镇康之所需、农大之所能”，以“精准施策、精准推进、精准落地”为原则，共建“教授工作站”“科技小院”，成立“镇康教授服务团”，研发推广农业技术、开展多层次教育培训，点对点实打实地做好定点扶贫工作。

2016年，学校选派2名扶贫干部分别挂职副县长和驻村“第一书记”，选派职教研究4人，成立“中国农业大学镇康教授服务团”“中国农业大学镇康科技小院”，21人次赴镇康县进行调研、指导、培训，免费为33名领导干部赴京培训，培训农技人员、致富带头人160人次，培训农民300人次以上，现场指导农民1000人次以上，免费对茶叶、坚果、水、土进行检测，落实中国教育发展基金会资金105万元用于勐堆乡中心完小灾后重建，学校捐赠50万元为勐堆乡帮东村完小建设多媒体教室和图书室，购买窗帘、被褥、校服等。

【扶贫资金投入】　2016年，通过自筹经费、落实上级项目经费等多形式、多渠道整合项目经费，用于定点扶贫工作，共计243万元。其中，用于产业扶贫63万元，包括教授服务团8万元，科技小院45万元，农产品检测10万元；组织干部赴京培训25万元；教育扶贫155万元，包括援建东村完小50万元、落实中国教育发展基金会资金105万元用于镇康县勐堆乡中心完小灾后重建。

【扶贫调研】　组织领导专家21人次，与镇康各乡镇、有关部门座谈，了解经济社会发展情况；镇康县县长等9人赴中国农业大学，交流定点扶贫意见和建议。2016年4月，学校党委书记姜沛民、副书记兼副校长张东军带队一行7人，前往镇康县调研定点扶贫工作，为开展定点扶贫工作听取镇康县建议，推动并深化校地合作关系；5月，镇康县县长董万春带队赴中国农业大学交流。通过校县交流调研，确定定点扶贫年度重点工作，包括农产品免费检测、领导干部赴京培训、帮助东村完小援建，以及多项科技帮扶项日等。

【扶贫会议】　中国农业大学建立定点扶贫工作会议制度，每年不少2次。2016年9月，与镇康县共同组织召开“中国农业大学—镇康县对口精准扶贫工作座谈会”，研讨学校对口帮扶镇康县的工作计划；校长柯炳生召集有关职能部门负责人和学院教授召开专题工作会，总结定点扶贫工作成效，研讨部署下一步精准扶贫工作计划，与会各职能部门负责人、有关学院负责人、专家教授、挂职干部，围绕镇康县的精准扶贫工作进行重点研讨。

【扶贫制度建设】 制定《中国农业大学定点扶贫工作实施方案（2013—2020年）》，从教育扶贫、人才扶贫、智力扶贫、科技扶贫、信息扶贫及学科扶贫等六方面提出明确规划和可操作性实施办法，建立了校地双方沟通、年度工作报告、定期工作交流、校内专项工作经费支持等多项机制，加强政策制度保障。

2016年学校两次党委常委办公会研究，对原定点扶贫方案进行了调整与完善，决定将定点扶贫工作调整到校党委，成立领导小组，党委书记姜沛民担任组长，党委副书记兼副校长张东军担任副组长；校党政办公室全面协调，校科研院具体负责产业扶贫；制定年度定点扶贫工作方案；扶贫专项经费由30万元/年，增长到100万元/年以上。

【扶贫培训】 2016年9月，中国农业大学出资25万元，举办首期镇康县领导干部培训班。围绕“现代农业产业发展能力提升”，根据镇康县需求量身定做培训内容，采取课堂学习与现场考察相结合的方式，邀请国内知名学者、农业部领导进行授课，33名干部参加培训。

【干部挂职扶贫】 2016年，中国农业大学派出2名干部赴镇康县挂职，均为副处级干部。共派出挂职干部8人，其中副局级1人，正处级1人，副处级4人，副教授2人。挂职干部严格按照扶贫工作要求，尽职尽责、勇于担当，克服工作和生活方面的种种困难，积极发挥校地合作交流的桥梁作用，为定点扶贫工作做出了贡献。

【扶贫宣传】 宣传国家脱贫攻坚工作、转载媒体对中国农业大学定点扶贫工作的报道和李小云等典型人物事迹，调动全校师生投入到国家脱贫攻坚中的积极性；依托校友会平台，协助镇康县开展招商引资，向校友企业进行深层次、新角度、全方位的镇康宣传推介，打造“政府+企业+农户”的产业发展模式，形成镇康发展、农民脱贫、企业盈利的局面。

【扶贫资金管理】 中国农业大学对扶贫资金管理主要包括预算制定、经费批复、经费使用、审计监督等方面。扶贫资金纳入学校年度预算，根据年度工作任务，学校党委常委会研究决定经费额度，原则上不低于100万元/年。学校财务处根据学校常委会决定，将专项费用全额拨付到业务管理部门；业务管理部门根据定点扶贫工作开展情况，严格按照财务规定，规范使用扶贫经费；审计处对扶贫资金进行审计。

【产业扶贫】 充分学校发挥人才、科技、信息优势，围绕镇康县高原特色农业产业，先后与镇康县共建平台“镇康教授工作站”“镇康教授服务团”“镇康科技小院”等平台，研发推广适用农业技术，提升镇康高原特色农业竞争力。

2016年，落实资金8万元，成立“镇康教授服务团”，依托教授工作站，根据镇康县需求，开展技术指导工作。教授服务团9人深入乡镇调研指导，形成产业发展调研报告4份，引进蔬菜种植3项、肉牛养殖新技术4项，引进蔬菜新品种45个，在镇康县示范推广。举办培训班2场，培训农技人员、致富带头人160余人次。自筹经费10余万元，委托资质机构对镇康茶叶、坚果、土壤、水进行全检测，为镇康茶叶与坚果发展提供科学依据与参考。

2016年，设立专项自筹资金45万元，在镇康县木场乡建立“镇康科技小院”，选派研究生常年驻村，深入农业生产第一线，与木场乡农技员和农民一道开展农业技术示范推广，引进新技术3项，辐射2000亩，制定马铃薯栽培技术规程1份，培训农民300人次以上，现场指导农民1000人次以上。

【智力扶贫】 2016年7月，“教授服务团”成员、国家肉牛产业技术体系首席科学家曹兵海教授，现场为木场乡杨柳桥村农户制定“山繁川育”的养殖模式与低成本饲料配方，自发扩大养殖规模20%；2016年8月，举办蔬菜种植技术与有机栽培技术培训班2场，培训160余人次，指导试种引进的蔬菜新品种，推广新技术，指导生产的蔬菜占镇康县蔬菜市场的2/3；2016年，“科技小院”举办冬桃冬季剪枝现场会1次、培训会5次，培训300人次以上，现场指导农民1000人次以上。

【教育扶贫】 2016年，学校筹措50万元，为镇康县勐堆乡帮东完小援建多媒体教室和图书室，共配备电脑36台、多媒体1套、打印复印一体机1台、速印机1台、图书5000余册，书架15个、阅览桌椅30套，校服135套，以及被褥、窗帘等若干。将镇康县定为研究生支教点，2016年7月，选派4名研究生，继续在镇康县第一中学任教。

（中国农业大学科研院　卜洪震）

北京林业大学定点扶贫

【概述】 2016年，北京林业大学（以下简称“北林大”）继续定点帮扶大兴安岭南麓山区、内蒙古科尔沁右翼前旗（以下简称“科右前旗”），赴科右前旗调研26人次（其中单位负责同志2人次），派遣挂职扶贫干部2人，投入资金40万元，将智力帮扶作为主要扶贫方式，以素质换物质，实施精准扶贫、精准脱贫，取得实效。

【扶贫调研】 2016年，北林大党委书记王洪元、副校长王玉杰分别带队赴科右前旗进行实地考察调研，并慰问挂职扶贫干部，与当地政府有关部门负责人座谈，走访调查当地多个贫困嘎查，对接当地实际需求，找准突破口和着力点。看望慰问在当地服务的4位研究生支教团同学，勉励他们在科右前旗锻炼成长成才，全面服务边疆建设。

【扶贫制度建设】 北林大组织编制《北京林业大学“十三五”定点扶贫规划》并报送校党委常委会审议通过，作为北林大“十三五”期间定点扶贫工作的纲领性文件，制定实施人才培养、智力帮扶、科学研究、产学结合等精准帮扶的时间表、路线图。

【教育扶贫】 北林大组织“研究生支教团”继续接力支教当地中小学。2016年加大支持力度，上半年派出4人、下半年派出8人全年共12人次的研究生在索伦小学、俄体小学、俄体中学分别开展支教，解决偏远地区教师资源不足瓶颈。

【教授服务团】 北林大贯彻落实中共中央总书记习近平关于李保国同志先进事迹重要批示精神，组织开展“教授服务团走进科右前旗”精准帮扶活动。针对当地的资源禀赋和产业结构，组织林木育种、园林植物、农林经济等五个优势学科、掌握具有服务贫困地区潜力或应用转化前景技术的8位教授，深入科右前旗最边远最贫困地区的基层群众和田间地头，开展实用技术推广、短期培训、政策建言、咨询服务等特色帮扶和交流合作。服务团走村入户，足迹遍及当地5个乡（镇）、13个自然村、7个嘎查、数十家农户，深入田间地头，接触多家村镇企业，行程累计数百千米，在林果基地和种植大棚进行技术指导，在家庭农场、设施农业园区传递产业发展新理念，为林果加工企业提出技术改造措施、帮助企业降低运营成本，在农村特色扶贫产业专场报告会上解读特色产业发展的思路和措施。活动得到《中国教育报》《绿色时报》等新闻媒体专题报道。

【干部挂职扶贫】 北林大面向校内广大优秀青年干部开展全面动员和细致遴选，选拔最得力和合适的骨干人才，担任“第一书记”与副县级干部。2月，基建房产处正科级干部郭世怀，赴科右前旗科尔沁镇平安村担任“第一书记”。8月，党委宣传部副处级干部刘忆赴科右前旗旗政府担任副旗长，后改任科右前旗旗委副书记。他们认真适应新岗位完成角色转换，主动融入地方工作发挥好桥梁纽带作用，深受地方好评。

【扶贫日宣传】 “扶贫日”到来之际，北林大组织开展内容丰富形式多样的系列主题宣传活动。北林大以国家宏观政策、中共中央总书记习近平的重要论述、教育系统“扶贫日”行动举措、科右前旗基本情况以及学校精准扶贫工作经验成效等内容为主题，通过橱窗海报、校园网、移动新媒体、社会媒体《绿色时报》《中国教育报》等平台，在“扶贫日”前后开展为期一周的定点扶贫集中宣传、推广活动，带动师生人人关注扶贫工作，营造精准帮扶皆愿为、皆可为、皆能为的良好氛围和有效合力。北林大组织召开全校“扶贫日活动暨定点帮扶科右前旗工作座谈会”，学校主要领导、挂职干部、扶贫教授、支教学生、部门负责人等校内各类扶贫主体参会，深入研讨定点扶贫各项工作情况，系统总结成功经验，加快推进精准帮扶有效扶贫。北林大向全国涉农涉林高等院校发出公开倡议书，号召更多兄弟学校教授、专家学习李保国精神，积极投身脱贫攻坚实践。组织青年志愿者开展校内书籍募捐活动，面向全校师生发放1500本《扶贫日宣传手册》，收集各类农林养殖、劳动技能类专业书籍，定点援建科右前旗平安村图书室。

（北京林业大学发展规划处　欧阳汀）

南开大学定点扶贫

【概述】 2016年，南开大学认真组织实施甘肃省庄浪县的定点扶贫工作。以《南开大学定点扶贫工作实施方案》为引领，在发展战略研究、教育扶贫、人才扶贫、科技扶贫、信息扶贫、文化扶贫等6种形式上，通过建立合作平台、实施培训工程、开展干部挂职交流和大学生社会实践活动、建立大学生实习基地等，在技术人才等方面大力支持庄浪县的经济、社会、文化的全面建设。学校定期召开定点扶贫工作领导小组召开工作会议，将“加强领导、精心组织；明确责任、抓好落实；及时汇报，做好总结”作为开展定点扶贫工作的要领和方针。

【扶贫资金投入】 南开大学每年拨付定点帮扶专项经费50万元，此外，自2013年以来，南开大学积极利用自身优势、对接庄浪县需要、争取社会资源、整合校友力量，募集价值80余万元的帮扶资金与物资，用于定点帮扶庄浪县相关工作。

【扶贫培训】 10月，举办“庄浪县领导干部创新发展培训班”，连续4年累计培训庄浪县中层以上干部140余名。为学员提供地方发展战略、精准扶贫、统筹乡镇发展、乡村致富项目规划、科学管理等方面的培训，并专门组织学员实地考察了新型小城镇示范区——天津华明示范镇、空客A320天津总装线等地。

【扶贫调研】 7月，校长龚克率团前往甘肃省考察扶贫工作，在兰州会见了甘肃省省长林铎等甘肃省领导，对庄浪县的扶贫工作进行交流和讨论。深入庄浪县农村、学校、果园等，考察如何结合高校实际，深化扶贫协作。

【干部挂职扶贫】 2016年，南开大学选派文学院党委副书记、副院长翟明睿赴庄浪县挂职副县长。在完成精准扶贫、基层党建、产业培育、困难帮扶、政策宣讲等工作的同时，配合学校办公室做好学校与庄浪县帮扶合作的各项对接。2016年艾伟俊先后荣获“甘肃省脱贫攻坚年度人物”及“甘肃省优秀驻村帮扶工作队员”荣誉称号。

【产业扶贫】 南开大学组织12位教授成立对口帮扶庄浪县咨询专家组，为庄浪县的优势产业发展提供智力支持和咨询服务。支持“农梦成真”等学生创业团队与庄浪县建立合作，在苹果电子商务、微信平台上探索建立销售渠道，通过“苹果产业+果业公司（果农大户）+农村电商+

大学生创业团队”的苹果产业帮扶新模式，销售庄浪爱心苹果一万箱，推广庄浪苹果品牌。8月，南开大学“爱生活”创业团队为庄浪县的集传统互联网、数字移动互联网、微信三大平台为一体的综合信息服务平台——“庄浪苹果网”正式上线运行，已有40余家果农商户入驻平台。

通过南开大学和南开校友总会的平台，面向全球校友宣传庄浪县的可开发资源、重点建设项目和投资环境，借助校友力量帮助庄浪县开展招商引资等工作。以各地校友会为枢纽，借助相关行业校友企业力量，帮助庄浪县搭建农产品、手工艺品等特色产品的销售渠道，通过组织团购、集体定制等方式，改进销售模式、拓宽产品销路。以南开天津校友会、南开甘肃校友会携手共建为契机，推荐组织若干名在地方经济建设和招商引资方面具备专业知识和实操经验的南开校友，作为庄浪县经济发展促进顾问团，为庄浪县的整体经济发展与招商工作开展提供建议。

【文化产业扶贫】 2016年，南开大学旅游与服务学院多次组织师生调研团赴庄浪县实地考察，结合专业知识帮助当地论证完善关山大景区规划，并将景区开发同精准扶贫结合起来，助力庄浪关山大景区的旅游开发与品牌建设，提升庄浪旅游的知名度和美誉度。南开大学旅游与服务学院院长白长虹教授还为庄浪县各单位的100余名领导干部作了题为“传承梯田精神谋划旅游发展”的主题报告。

【教育扶贫】 南开大学电光学院组织开展了“书香庄浪·公益南开”暑期社会实践活动，捐赠字典、书包等爱心物品，建设南开书屋，开展微支教。选派4名优秀毕业生组成研究生支教团甘肃分团，对口支援庄浪县第三中学和水洛中学。邀请庄浪县第一中学的高中生走进南开，参加文学、药学、数学等学科的夏令营活动，首批10名庄浪县高中生代表作为全国青少年科学营营员参加了为期一周的科学营系列活动。2016年5月，南开大学作为定点扶贫典型获“甘肃省双联行动暨精准扶贫省外帮扶单位‘民心奖’”。

【公益扶贫】 南开大学电子信息与光学工程学院将公益扶贫、社会实践和体育运动结合起来，在爱心企业的资助下，参与学生可凭晨跑里程数“兑换”图书、文具，活动募集的全部物资用于定向支持庄浪县贫困小学。已有2960名学生参与晨跑，总里程达4755.2千米，累计募集字典、书籍2000余本，爱心书包400余个，合计募捐物资5万余元，并在庄浪县建起3所“南开书屋”。“公益晨跑”活动受到了校外媒体的青睐，《光明日报》《今晚报》、中国日报网、人民网、新华网、中国社会科学网、中新网、北方网、网易新闻、搜狐新闻、凤凰网、腾讯新闻客户端等多家媒体、网站进行新闻报道与转载。

（南开大学学校办公室　王　辰）

复旦大学定点扶贫

【概述】 2016 年，复旦大学认真贯彻落实习近平总书记关于扶贫开发战略思想，发挥高校优势，通过人才培养、干部培训、科技支撑、产业发展、医疗服务等多种形式，扎实推进定点扶贫云南省永平县相关工作。2016 年投入资金 1554 万元（含引进资金）；举办 9 期培训班，培训 600 余人次；接收医疗卫生人员到复旦大学附属医院进修学习 6 人次；派驻医疗专家到永平县人民医院，共接诊门急诊病人 1188 人次，开展手术 170 例次，推动永平县的脱贫攻坚工作和社会事业的发展。

【扶贫资金投入】 2016 年，复旦大学直接投入资金总额 354 万元，其中用于人力资源培训 144. 4 万元，医疗卫生投入资金 103 万元，文化教育投入资金 93. 6 万元。此外，复旦大学帮助永平县引进各类资金 1200 万元，受益建档立卡贫困户约 1500 人。

【扶贫调研】 2016 年，复旦大学常务副校长包信和、党委副书记陈立民、副校长张志勇、原党委副书记王小林分别带队，先后 6 次赴永平县调研扶贫工作，学校相关部门、附属医院负责人及来自多个院系的教授累计 70 余人次赴永平县对接、落实扶贫工作，为永平县带去各类扶贫项目 10 余个。4 月，学校与大理州人民政府签署《大理白族自治州人民政府—复旦大学战略合作框架协议》，与大理州携手推进永平县的定点扶贫工作。

【干部挂职扶贫】 2016 年 4 月，复旦大学援滇挂职干部、保卫处副处长张阳勇挂职任永平县副县长，为期一年；人事处副处长王永珍挂职任德宏州政府副秘书长，党委宣传部理论宣传办公室副主任姚志骅挂职任博南镇曲硐村“第一书记”。

【智力扶贫】 2016 年 9 月，复旦大学派出 10 余名教授在“博南文化节”期间，在永平县主办首届“博南文化论坛”，就西南丝绸之路历史文化等主题进行主旨演讲。帮助永平县完成县级“四规合一”的总体发展规划，组织了上海复旦规划建筑设计研究院对永平县高标准做好城乡建设、经济社会发展、土地利用和生态环境保护的规划编制工作。

【教育扶贫】 2016 年 7 月，复旦大学第二附属中学在永平县举办“沪浙苏滇三省一市中小学校长论坛”，以“科学育人”为主题，来自浙江、江苏、云南和上海三省一市133所中小学校的200多位校长和教师齐聚一堂，采取专家讲座、分组研讨、集体交流等方式，为推动永平乃至滇西边境山区教育事业实现跨越发展建言献策。2016年，附属中小学共接收6名永平县的中小学校长和骨干教师到上海进行为期三个月的考察学习和进修培训，50名教师到复旦大学参加短期专题培训15天。邀请附属中小学的校长和教育专家到永平县举办专家讲座、示范教学和交流3场次，并将一批凝结多年教育教学心血的教学资料无偿分享给永平县。

【健康扶贫】 2016年，先后接收2批次，6名医管人员、护士和学科带头人到附属医院进行为期1—6个月不等的进修学习。学校安排医学专家团及“复旦大学博士生医疗服务团”等团队到永平开展专题讲座、义诊、临床教学和学术交流活动，累计培训医务人员2000多人次，教学查房4次，为当地1000多名群众提供医疗义诊和健康咨询服务。2016年4月，复旦大学附属金山医院与永平县人民医院签订为期五年的《三级医院对口帮扶贫困县县级医院责任书》；5月，由普外科、心内科、五官科、骨科和妇产科等5名专家组成的金山医院首批医护专家团队进驻永平县人民医院，正式启动医院定点帮扶工作。派驻专家共接诊门急诊病人1188人次，开展手术170例次，开展疑难病例讨论及会诊491次，义诊1315人，开展学术讲座51次，培训549人次，教学查房89次，手术示教38次，影像科CT核片3200张、平片核片500张。6月，由金山医院党委书记陈刚带队，包括3名全国劳模和1名上海劳模组成的医疗专家团来到永平县开展教学查房、学术讲座和现场义诊活动。7月，联系社会爱心企业向永平县捐赠价值600万元的64层CT机1台。推动相关机构与永平县签署了《永平县实施心血管、早期肺癌、脑卒中等疾病CT临床筛查科研合作项目合作协议》《永平县实施内科和乡村医生慢病管理远程教育项目合作协议》。2016年，附属金山医院帮助永平县建设了“爱加问诊”平台，实现远程医疗对接，架起远程会诊全天候手机在线诊断平台。2016年10月，复旦—云南永平乡村医生远程教育启动仪式在上海与永平县通过远程视频会议形式举行，通过“互联网+”技术搭建起乡村医生培养平台。2016年，《建立系统长效机制、深入推进健康扶贫》项目入选教育部直属高校精准扶贫精准脱贫十大典型项目；10月，中国教育电视台E视界栏目详细报道了复旦大学医疗帮扶永平县的故事。

【科技扶贫】 2016年，按照《复旦大学—永平县人民政府新农村发展战略合作框架协议》，在林下产业开发等方面加大力度，正在推动成立联合实验室，进一步深化科技帮扶工作。复旦大学电光源先进照明技术教育部工程研究中心与云南省普洱市在运用LED补充照明系统用于促进铁皮石斛生长及其产业化方面有着良好合作，目前正在与永平县积极对接合作，通过科技手段带动当地产业发展。学校与上海禺益农业科技有限公司签署合作意向书，以复旦大学科研技术为支撑，在永平县建设农产品种植基地，招收并培训当地建档立卡贫困户，提高蔬果种植的科学性和健康性，并将生产的蔬果引入上海市场，带动当地产业发展，提高农户收入水平。

【产业扶贫】 复旦大学以新农村发展研究院为主要载体，通过开展研究推广农业先进实用技术、协助建立专家工作站、帮助发展电子商务、帮助创立农业品牌、宣传推介特色农产品等工作，帮助永平做大做强核桃、烤烟、生态茶、畜牧养殖等优势高原特色农业，增加产业发展后劲，促进农民收入持续增长。2016 年 7 月，复旦大学后勤公司、上海卉谷茶业到永平县考察生态茶产业发展情况，为下一步结合卉谷的“互联网+”销售渠道优势和永平茶叶原料品质优势开展深入合作打下了良好基础，争取引进企业投资，发展地方经济。邀请上海新曹江集贸市场经营管理有限公司等有实力的、有影响力企业赴永平县实地考察，积极争取合作的机会。

【社会实践扶贫】 2016 年，学校在永平县建立的复旦大学学生社会实践基地，组织志愿者服务队，围绕教育教学、医疗卫生、旅游开发等方面到永平开展社会实践、志愿服务、调查研究等服务帮扶活动。7 月，复旦大学博士生医疗服务团赴永平县多个乡镇，深入初一铺村、青羊厂村等基层一线，开展义诊活动，受到欢迎。“烛心社”支教服务团利用暑期，为当地小学生量身定制暑期公益课程，内容新鲜丰富、寓教于乐，极大地激发了孩子们的学习热情。一系列社会实践活动帮扶成效明显，深受当地群众和中小学生们的欢迎和好评。此外，复旦后勤服务公司与永平县职业高级中学合作，在上海建立学校实习基地，2016 年接收了 10 名永平县职业高级中学的学生到上海实习。

【公益扶贫】 2016 年 4 月，协调复旦大学校友、舜杰建设集团总裁潘克明个人及公司每年出资 30 万元，帮助永平县建档立卡贫困户学生完成学业。9 月，保卫处武装部党支部积极践行“两学一做”学习教育活动，联合上海速飞智能科技有限公司向永平县曲硐中小学捐赠价值 10 万元的技防设施。复旦大学对外联络与发展处设立“复旦—云南永平公益基金”，2016 年已筹集到来自校友等社会爱心人士捐助的善款 15 万余元，将用于永平县因学致贫、因病致贫贫困户的救助帮扶。此外，学校发动各方力量，2016 年先后向永平县山区学校捐赠价值 13.2 万元的电子白板、价值 20 万的计算机、价值 0.4 万元的图书、价值 9 万元的“远程教育+图书馆”。

（复旦大学办公室　邵　田）

东华大学定点扶贫

【概述】 2016年，东华大学定点帮扶云南省盐津县。继续扎实推进《东华大学定点（云南盐津）扶贫工作实施方案》，立足学校纺织、材料等学科优势，结合盐津县情，不断解决遇到的新问题，在人员培训、电商建设、科技助力、爱心捐赠等方面为盐津县的经济社会发展起到积极推动作用。

2016年，东华大学先后8次赴盐津县调研，参加人数35人次，其中校领导1人次；投入扶贫经费63.6万元，其中资金直接投入19万元，物资折款44.6万元；选派1人赴盐津县挂职副县长，选派1人赴盐津县庙坝镇黄草社区海子村挂职“第一书记”；举办培训班5期，培训干部、乡村中小学校长、中小学教师、中小微企业家330余人次；加入中国扶贫开发协会高校教育扶贫委员会，被推选为副理事长单位。

【扶贫资金投入】 2016年，东华大学向盐津县投入和捐赠资金63.6万元。其中，培训干部、乡村中小学校长、中小学教师、中小微企业家投入17.6万元，共330余人次；捐赠电脑、图书等，物资折款44.6万元；资助盐津县贫困学生1.4万元。

【扶贫调研】 2016年12月，东华大学副校长卿凤翎等一行5人赴盐津县实地调研，参加盐津县电商平台签约及揭牌仪式、慰问挂职干部，考察扶贫企业、贫困户集中安置点等，走访慰问部分贫困户。1月，旭日工商管理学院旅游系教授徐明老师及寒假社会实践团队4人赴盐津县，为盐津乡村旅游发展建言献策，并形成书面材料供内部决策参考。4月，人文学院副教授高小红1人到盐津县指导旅游宣传片拍摄，并探讨合作事宜。5月，校长办公室主任徐伟等一行5人赴盐津县，先后深入庙坝镇海子村民小组走访贫困户，调研道路、危房改造基础设施建设，并为贫困户代表送去每户500元的慰问金，就东华大学帮扶盐津加强职业教育、电商发展等脱贫攻坚若干事项进行座谈磋商，进一步形成共识。10月，继续教育学院邀请中国电子商务协会副秘书长李建华、上海对外经贸大学会展与旅游学院院长全华赴盐津县调研并授课，为全县的县直单位科级以上领导、乡镇分管领导、各村支书、农村淘宝合伙人等200余人次进行专题培训。

【扶贫培训】 2016年8月、10月、11月，盐津县中小学校长、中小学教师、中小型企业家及各级干部共计102人到东华大学学习培训。针对盐津县教育发展现状，学校邀请上海市特级教师、教育专家等为校长班、教师班的学员传授上海地区先进教育经验；针对制约当地经济发展的问题组织中小型企业家、盐津县干部等来校开展交流培训。10 月，东华大学继续教育学院成功开办盐津县领导干部远程网络培训班，旨在全面提升盐津县领导干部文化素养，30 余名干部参与学习。10 月中旬，继续教育学院组织专家教授赴盐津县开展关于旅游管理、电子商务等课程培训，参训人员 200 余人。

【电商扶贫】 2016 年，围绕“互联网+”格局，东华大学积极开展盐津县电商平台建设。9 月，东华大学“电商扶贫”项目作为部属高校精准扶贫十大典型项目候选之一参与评选。东华大学计算机学院安排专业老师和科创团队，对盐津县的扶贫状况进行可视化系统开发、“云盐津”网上商城开发等技术支持。将东华大学校企合作资源引入到盐津县，为电商发展提供客户资源。经营腾讯微店，整合盐津县优势农产品，将云南深山的农产品卖到全国各地。

【干部挂职扶贫】 2016 年 8 月，东华大学选派陶俊清老师接任盐津县黄草社区海子村“第一书记”。挂职教师到岗后作风扎实，深入基层，融入干部群众，走村串户了解民情，作为学校与盐津县的桥梁，全力推进精准扶贫精准脱贫工作开展。11 月，党委组织部选派理学院副教授卢洪伟挂职盐津县副县长，负责对接东华大学定点盐扶贫津县的相关工作。

【公益扶贫】 2016 年 7 月，环境学院师生团队赴盐津县开展实地调研，先后走访盐津县政策研究室、水务局、环保局等部门，并深入庙坝镇、豆沙镇、兴隆乡、牛寨乡、落雁乡等乡镇考察农村垃圾收集点、异地搬迁安置点等生活、农业、工业方面的污水处理设备，就乡村“一水两污”治理、人畜污水处理、安置点给水排水工程规划等进行深度调研；9 月，学校捐赠 80 台电脑用于盐津县职业中学计算机专业教学；11 月，东华大学附属实验学校为盐津县捐赠 3400 册图书，送达盐津县中小学图书室。

【协会扶贫】 2016 年 6 月，东华大学受邀参加中国扶贫开发协会高校教育扶贫委员会成立暨第一届理事会全体会议。继续教育学院孙莉萍院长代表学校介绍扶贫工作整体思路及重要举措。会上，东华大学被推选为副理事长单位。

（东华大学校长办公室　赵怀坤）

东南大学定点扶贫

【概述】 2016年东南大学继续做好对云南省南华县的定点扶贫工作。与楚雄州人民政府、南华县人民政府各类校地互访7次，东南大学累计派出51人次赴南华县调研考察；选派1名干部挂任南华县人民政府副县长，为期1年，选派1名干部挂任南华县龙川镇龙泉社区第一书记，为期2年；结合南华县人才需求，举办干部和人才培训班3期，共培训管理干部和专业技术人才473人次；帮助引进项目1个，引进各类资金77.4万元；帮助带动建档立卡贫困人口50人，受益建档立卡贫困户120人；选派4名研究生支教团成员赴南华县开展为期一年的支教工作；举办“至善东南”夏令营和“彩云至南”文化体验营各一期，受益中学生近百人；东南大学各基层党委（党总支）与南华县102名家庭经济困难学生结对帮扶；组织医疗专家团、博士团赴南华县开展医疗培训和临床实践教学2次；围绕南华县农产品电子商务平台建设开展学术讲座2场；在学校城市规划设计研究院为南华县修编的《南华县城市总体规划（2014—2030）》的基础上，学校交通规划设计研究院正式启动《南华县城市综合交通规划》相关工作，已完成《南华县综合交通规划（2015—2030）——工作大纲及居民出行调查分析》《南华县依黑么村农村公路工程设计》方案。

【扶贫资金投入】 东南大学2016年投入扶贫资金268万元（含物资折款），用于开展人力资源培训，发展文化教育事业、医疗卫生事业，赈灾救济送温暖以及助推产业结构转型升级等；此外，东南大学通过教育基金会为依黑么村村间道路修建工程募集资金200万元。

【扶贫调研】 2016年1月，东南大学常务副校长王保平率党委组织部、校长办公室、出版社、附属中大医院、城市规划设计研究院等部门和单位负责同志赴南华县考察调研；3月，东南大学校长助理、附属中大医院党委书记刘乃丰率中大医院部分科室专家到南华县人民医院开展帮扶工作；4月，东南大学党委书记易红、副校长黄大卫以及党委办公室、校长办公室、附属中大医院、交通规划设计院等单位负责同志一行赴南华县调研定点扶贫相关工作；7月，校长办公室主任金志军、经济管理学院电子商务专家、附属中大医院信息中心专家一行赴南华县调研；10月，云南省楚雄州副州长邓斯云率州教育局、州政府办等部门负责人赴东南大学调研交流，磋商校地签署《东南大学 楚雄州人民政府精准扶贫合作协议》相关工作；10月，南华县人民政府县长何文明、南华县政协主席肖志、南华县扶贫办主任李春剑等一行到访东南大学，全面总结定点扶贫工作并对未来定点扶贫工作提出建议；12月，东南大学校长张广军一行到南华开展定点扶贫调研，详细了解南华县脱贫攻坚工作进展情况，确定下一步的定点扶贫工作目标和任务。

【扶贫制度建设】 2016年初，东南大学在充分调研的基础上，科学制定《东南大学定点扶贫云南省楚雄州南华县2016年工作方案》和《东南大学定点扶贫云南省楚雄州南华县五年工作方案（2016—2020）》，并于5月正式颁布《关于成立东南大学定点扶贫工作领导小组的通知》，由党委书记易红任组长，常务副校长王保平任副组长，校内职能部门一把手负责人为成员。

【扶贫培训】 2016年5月，东南大学为来自南华县的15名医务人员安排在附属中大医院各科室进行为期3个月的进修、培训；10月，东南大学继续教育学院为南华县48名县、乡镇党政干部举办为期一周的“产业发展暨农村电子上午培训班”，制定符合南华县实际情况的精品课程，包括《“结构性短缺”与中国未来的产业升级》《一带一路发展战略分析》《公务员的压力与情绪管理》以及参观南京市江宁区紫金创业特别社区等，切实提升南华县党政干部业务水平和工作能力。

【干部挂职扶贫】 2015年8月，学校选派产业党工委秘书杨爱军同志挂任龙川镇龙泉社区“第一书记”，抓党建、促脱贫、促进新农村建设，为期两年；2016年4月，学校选派土木工程学院党委副书记兼副院长张豪裕同志挂任南华县副县长，配合做好教育、医疗卫生等社会事业发展工作，为期1年。

【扶贫慰问】 2016年8月，东南大学建筑设计研究院有限公司党总支与南华县龙川镇龙泉社区党总支共同签署了“党组织结对共建协议”和“爱心捐款捐赠协议”，东南大学建筑设计研究院有限公司为龙泉社区捐赠资金4万元，专项用于帮扶残疾贫困家庭。

【产业扶贫】 2016年7月，东南大学经济管理学院张建军教授、武忠教授赴南华县调研讲学，围绕农产品电子商务平台建设开展《农产品电子商务模式与发展路径》《农产品电商的运营与品牌构建》主题讲座，当地农产品加工业人员、电子商务平台工作人员等150余人受益。

【智力扶贫】 2016年5月，东南大学建筑学院风景园林系系主任成玉宁教授及其团队接受南华县人民政府委托，完成南华县人民医院整体搬迁建设项目景观规划的初步设计。在东南大学城市规划设计研究院为南华县修编的《南华县城市总体规划（2014—2030）》的基础上，东南大学交通规划设计研究院正式启动《南华县城市综合交通规划》相关工作——根据城市现状、交通现状以及城市总体规划，针对南华县的城市特点以及城市交通的具体特征，以适应未来城市经济社会发展为目标，综合运用交通工程、系统工程的理论和方法，分别对城市综合交通提出有针对性的、具有可操作性的科学规划方案。7月，东南大学交通规划设计研究院赵蓉龙书记和黄飞主任带队一行8人赴南华县，开展南华县综合交通规划调研和红土坡镇依黑么村村间4条共计11千米的道路勘测工作，配合南华县政府在县域范围内开展大规模的居民出行调查（发放调查问卷2500份，回收有效问卷2121份）；同时完成对依黑么村的航拍数据、实地测量测绘数据采集工作。根据调研及问卷、测绘数据分析，完成了《南华县综合交通规划（2015—2030）——工作大纲及居民出行调查分析》《南华县依黑么村农村公路工程设计》方案。10月，东南大学建筑设计研究院党总支书记高嵩、院长葛爱荣带队赴南华县龙川镇龙泉社区，实地考察调研社区各个小组预留宅基地情况以及在预留宅基地上的房屋建造情况，并进行现场指导，提供合理建议，最终为尚未开工建房的小组居民，分别按照宅基地面积88平和100平设计3-5套图样，供居民选择参考；完善纪家村二组的预留宅基地的整体设计方案并提供效果图；为正在筹划分配的马平屯二组预留宅基地设计整体方案并提供效果图。

【教育扶贫】 东南大学通过推进“教育人才选派”“教学设施改善”“教育物资投入”和“教育项目实施”四项教育扶贫工程，构筑教育援助体系。2016年，继续选派4名研究生支教团成员赴南华县民族中学、南华县第一中学，承担数学、通用技术等课程，开展为期1年的支教工作，解决当地师资短缺问题。4月，东南大学出版社为南华县第一中学捐赠价值3万余元图书；8月，出版社再次为南华县民族中学、南华县第一中学、思源实验学校捐赠价值15万余元图书。

在此前为南华县第一中学和南华县民族中学捐赠220台电脑，援建“至善机房”的基础上，再次向南华县捐赠100套台式机和5台笔记本电脑，目前已经配送至南华县龙川中心学校、雨露中心学校、沙桥中心学校。东南大学建筑设计研究院向南华县捐资5万元，用于资助南华县内家庭贫困、品学兼优的新入学大学生，首批资助7名2016年考入大学的新生，根据学生家庭情况和学费金额每人资助3000至4000元。自2013年起，在全校教职工范围内，针对南华县50名家庭经济困难学生，开展“一对一爱心结对助学”活动，每生每年资助1000元至1500元不等，至2016年已完成首批家庭经济困难学生资助工作；2016年，在南华县筛选102名家庭经济困难学生，面向东南大学各基层党委（党总支）开展新一轮爱心结对帮扶，给予每生每年1000—1500元不等的资助，为期3年。联络南京市多家企业为南华县七所中小学免费搭建和维护微校园系统，为南华县雨露乡中心完小、红土坡镇中心学校和依黑么村完小的学生捐赠 600 个爱心书包以及文具、衣服、书籍 27 箱。7 月，东南大学机械工程学院和仪器科学与工程学院的 7 位老师和 6 位学生赴南华县民族中学，面向 80 名中学生开展“至善东南”科技夏令营，开展包括“机器人与赛车”专家讲座、班级团队建设、“小小科学家”机器人大赛、“至善东南”大学生科技作品展、“疯狂的机械师”室外科技寻宝等系列活动，让中学生们领略到了科技的魅力，激发起他们探索科学、好好学习的动力。8 月，联络南京十所高校通过众筹方式组织南华县第一中学 4 名高中生和东南大学 4 名志愿者一行来到南京开展第一届“彩云至南”文化体验营活动，让南华县的中学生感知体验现代的大学学习生活和六朝古都南京的文化底蕴。

【健康扶贫】 2016 年 3 月，东南大学校长助理、东南大学附属中大医院党委书记刘乃丰率中大医院部分科室专家到南华县人民医院开展帮扶工作，共完成 5 场专业讲座，开展临床教学查房、疑难病例讨论、专科培训指导、特诊咨询服务、赠送专业书籍等多项帮扶活动；为当地卫生系统、县医院、乡卫生院的管理人员进行医院信息化平台的流程管理与质量控制的培训指导。7 月，东南大学医学院党委副书记程斌、普外科刘兴主任、心内科陈龙主任带队的医学博士团一行 9 人到南华县人民医院、沙桥镇中心卫生院和龙川镇徐营卫生院开展实践活动。期间共义诊约 200 人次、教学查房 5 次、疑难病例讨论 2 次、学术讲座 3 场、急救技能培训 3 场。

（东南大学校长办公室　生沛文）

南京农业大学定点扶贫

【概述】 南京农业大学（以下简称“南农大”）定点帮扶贵州省麻江县。2016年7月，南农大成立了校扶贫开发领导小组，由校党委书记任组长，分管副校长任副组长，14个职能部门为成员单位，领导小组办公室设在新农村发展研究院办公室；校地扶贫开发工作互访交流紧密，南农大党委书记左惟等5位校领导先后4次赴麻江县考察调研，对接扶贫开发工作，麻江县人民政府县长及相关县直单位、下辖乡镇等领导干部先后3次到南农大开展考察交流；组织麻江县直单位、乡镇干部及农技骨干到南农大开展专题培训4期，总计170余人；选派2名青年骨干教师到麻江县挂任县委常委、副县长和高枧村“第一书记”；组建第三批研究生支教团4人赴麻江县龙山中学开展义务支教；总计投入各类帮扶资金20余万元，募集帮扶资金4万元；定点扶贫麻江工作受到光明日报、中国教育报、中国青年报、贵州日报、贵州卫视、新华网等多家媒体报道。

【扶贫资金投入】 2016年，南农大设立定点扶贫工作专项工作经费，总投入30万元，其中用于麻江干部及技术骨干培训10万元；用于产业项目帮扶6万元；用于文化教育帮扶4万元；用于扶贫工作对接调研9万元；用于赈灾救济1万元。

【扶贫调研】 2016年4月，南农大党委书记左惟、副校长丁艳锋率队赴麻江县深化定点扶贫工作，先后走访贫困村并对贫困户进行慰问，校地双方召开定点扶贫调研工作座谈会，签署《南京农业大学定点扶贫麻江县合作备忘录》。5月，南农大党委副书记王春春率队赴麻江县龙山镇调研扶贫支教工作，探望南农大研究生支教团成员。7月，南农大党委副书记盛邦跃率队赴麻江开展暑期“教授团走进麻江”活动，校地共同成立了南农大麻江扶贫开发专家工作站，进一步就麻江特色产业项目对接事宜进行调研。11月，南农大邀请县委县政府来访交流，就麻江县药谷江村菊花谷、果品加工、畜禽加工等项目与园艺学院、食品学院展开座谈交流，并调研了南农大湖熟菊花基地等地。12月，南农大副校长陈发棣率队赴麻江县调研菊花产业落地麻江情况，推进帮扶麻江县药谷江村菊花谷建设对接。

【扶贫工作会议】 南农大坚持每年召开1-2次由南农大党政主要领导出席的扶贫开发工作会议。2016年3月，南农大党委书记左惟召集有关部门负责人和产业专家，就麻江县定点扶贫工作开展研讨。

【干部挂职扶贫】 南农大先后选派1名副处级干部桑运川挂职麻江县委常委、副县长，将南农大100多项实用科技成果带到麻江对接推广。选派1名科级干部施雪钢任贤昌镇高枧村"第一书记"，重点参与夏同龢状元故里菊花谷建设，协助龙山中学设立企业奖助学金、留守儿童爱心基金、大学生社会实践共建基地等。

【扶贫宣传】 2016年，《光明日报》刊发《南京农业大学："金菊花"跨省富两村》、《中国教育报刊》发《倾情田间山林水塘中》、《中国青年报》刊发《南京农业大学社会实践瞄准"精准扶贫"》、《贵州日报》刊发《多多金菊盛放乡亲心海》等3篇文章、新华网刊载《在贵州当"第一书记"驻村帮扶是一种怎样的体验》等，此外贵州卫视、黔东南州电视台等媒体也报道了南农大定点扶贫工作成效。

【扶贫资金管理】 2016年，南农大印发《关于印发〈南京农业大学科研经费管理办法（2016年修订）〉的通知》、《关于印发〈南京农业大学差旅费管理暂行办法〉、〈南京农业大学会议费管理暂行办法〉的通知》等文件，规范资金使用。

【产业扶贫】 2016年5月，南农大与麻江县农业局对接菊花、红蒜、锌硒米三个产业帮扶项目，分别在麻江县贤昌镇、宣威镇开展特色产业项目帮扶示范。10月，"夏同龢状元故里"菊花谷免费对外开放，3万多游客慕名而来。仅一个月仅菊花盆花、菊花茶销售就给村带来16万元的直接收入，拉动旅游消费给当地村民带来60万元间接收入，带动8名贫困户通过产业脱贫。《光明日报》、《贵州日报》、黔东南州电视台，麻江县电视台等媒体予以相关报道。在宣威镇举行稻米品鉴会和生产技术培训会，并引入18个水稻品种在锌硒矿带进行示范试种。在贤昌镇试验示范区试种面积285亩的红蒜，推广红蒜脱毒与提纯复壮关键技术。

【智力扶贫】 南农大围绕麻江县红蒜、锌硒米和菊花三个产业开展农技骨干、农民技能等培训。先后投入7万余元，在麻江举办培锌硒米、菊花专业技术培训班2期，南农大举办红蒜组培技术专题培训班1期，共培训100余人，培训时间15天。2016年，南农大在校本部举办为期一周的扶贫干部培训班1期，培训来自麻江县直单位、乡镇的干部51人。

【支教服务】 2016年，南农大研究生支教团在麻江县龙山中学的支教与扶贫工作已经开展第三年，"禾苗"助学成长计划、"阳光黔行"图书募捐计划、"山路"家访计划等品牌公益项目持续开展，效果显著。同时积极撬动社会公益资源，发起"拾穗行动"，资助贫困学生近40人，发放新旧图书超过5000册，衣物200余件，文体用品若干，总价值超过18万元。

（南京农业大学扶贫开发领导小组办公室　王明峰）

浙江大学定点扶贫

【概述】 2016年，浙江大学（以下简称“浙大”）共有42人次专家教授、管理干部赴云南省普洱市、景东县等地考察调研，指导扶贫工作，其中校级领导1名；学校用于定点扶贫景东工作的直接投入达166.78万元，其中资金163.78万元，物资折款约3万元；直接投入中用于产业开发的50万余元，协助景东县建立特色产业示范基地等；用于文化教育的有48.08万元；举办培训班10期，共培训1730人次。

【扶贫资金投入】 为加大扶贫工作力度，经浙大党委常委会讨论决定，自2016年起，学校每年拨付150万元专项资金用于定点扶贫景东县工作，比往年增加50万元，用于增加“求是助学金”和科技特派员、首席专家津贴及建造产业示范基地等，确保扶贫项目的顺利实施。2016年，浙大用于定点扶贫景东工作的直接投入达166.78万元，其中资金163.78万元，物资折款约3万元；直接投入中用于产业开发的50余万元，用于文化教育的有48.08万元，用于人力资源培训达50万元。

【扶贫调研】 2016年7月，浙大校长吴朝晖率队赴景东县考察扶贫工作，看望挂职干部，签署《浙江大学定点帮扶云南省景东彝族自治县框架协议（2016—2020）》。在浙大定点帮扶景东县工作座谈会上，吴朝晖校长充分肯定了过去三年多浙江大学定点帮扶工作取得的成效，强调十三五期间要进一步强化责任感和使命感，加强顶层设计、探索对口扶贫新模式、创新产学研合作新途径，通过机制创新推动扶贫工作实现合作共赢和可持续发展。10月，在浙大邀请下，景东县委书记祁海、县长胡其武带领景东党政代表团进行回访。浙大党委书记金德水会见景东党政代表团一行，双方就定点扶贫工作进行了交流。金德水书记强调扶贫规划要落地，扶贫工作要做实做细，同时对下一轮扶贫工作提出新思路。

【扶贫工作会议】 2016年1月，浙大党委常委会专题讨论“十三五”浙江大学定点扶贫景东县工作。浙大党委书记金德水指出，继续做好定点扶贫景东县的工作，是贯彻落实中央扶贫开发工作会议精神、服务国家扶贫战略的责任担当，要充分发挥学校科技、人才综合优势，坚持精准扶贫精准脱贫，做好“十三五”时期的定点扶贫工作。4月，浙江大学扶贫工作办公室召集校内相关学科专家，对“十三五”帮扶规划初稿进行深入讨论，听取意见。

【扶贫制度建设】 2016 年，浙江大学制定《“十三五”定点扶贫云南景东彝族自治县工作规划（2016—2020 年）》。同时，依据《规划》，双方制定《2016 年浙江大学定点扶贫景东县工作计划》。重点在完善规章制度、人才培养、干部挂职、实施扶贫项目及卫生教育等方面开展工作。

【扶贫干部培训】 2016 年 3 月和 11 月，浙大分别举办了第七期和第八期“浙江大学—云南省景东县党政干部研修班”，共接受景东县 70 名党政干部赴全国干部教育培训浙江大学基地进行了为期半个月的学习培训，所有课程量身定做，特色鲜明。

【教师培训】 2016 年 4 月，在杭州千训基金会赞助下，依托浙大“求是强师”计划，景东县 26 名骨干教师赴杭州市保俶塔实现学校开展为期 10 天的学习培训；6 月，景东职中高三教学组教师一行 12 人访问浙大，并在学校安排下，赴杭州中策职高对接交流，为未来职业教育合作奠定良好基础。

【干部挂职扶贫】 2016 年 4 月，浙大赴普洱市思茅区挂职干部陈肖峰顺利结束挂职任务返回学校。同时，选派浙大农业技术推广中心副教授汤一赴普洱茶学院挂职担任副院长。浙大赴景东县挂职干部王高合基于挂职期间的优异表现，受到景东县党政领导干部的一致认可，经组织同意，挂职任务延期一年，继续挂职担任副县长一职；2015 年 7 月由浙大党委组织部选派的徐超炯博士在 2016 年继续挂职担任景东县温卜村“第一书记”。3 位干部在挂职期间，兢兢业业，克服难关，推动了帮扶工作的顺利开展。徐超炯作为村“第一书记”，他着力聚焦村党组织的软弱涣散整顿转化，带领村党总支，在脱贫攻坚中始终坚持“红色党建引领绿色发展”的理念，把脱贫攻坚和建设美丽乡村、创造美好生活统一起来，做到党建与扶贫、脱贫与发展齐抓共管，有力诠释了“党建抓实了就是生产力、抓细了就是凝聚力、抓强了就是战斗力”。

【智力扶贫】 2016 年，浙大多次组织专家学者赴景东县开展专题讲座、学术报告和业务培训等活动。2 月，浙大中国农村发展研究院农业品牌研究中心主任胡晓云教授、农村电商研究中心副主任曲江研究员赴景东县为 800 名党政干部和技术骨干做了题为《发展区域优势 创造品牌经济》和《以县域电商的趋势和机遇》的精彩讲座；4 月，浙大博导、本科生招生处副处长金涛教授赴景东县银生中学开展“你的大学”讲座，为高考生答疑解惑；8 月，浙大农学院副院长王岳飞教授赴景东县开展题为《科技创新与中国茶产业转型升级》的专题讲座；9 月，胡晓云教授再赴景东县参加茶叶品牌专题座谈会，并作了《游走在现实与虚拟之间——“互联网+品牌”，中国茶品牌的价值再造》主题讲座。浙大首席专家服务团多次赴景东县为当地农业技术骨干开展现场业务培训和技术指导工作。

【产业扶贫】 2016年，浙大多次组织包括乌骨鸡产业、茶产业、食用菌产业、品牌、电商等方面的专家服务团，赴景东县开展多方面和多维度扶贫的深入调研。2月，景东县人民政府特聘胡晓云主任为景东县品牌战略发展首席专家，特聘曲江副主任为景东县电商产业首席专家。食用菌产业首席专家陈再鸣副教授三赴景东，深入浙大精准扶贫点大朝山东镇彭家村开展科技服务，帮助发展茯苓、灵芝等食药用菌，建立浙大食用菌实验室与位于景东县哀牢山国家级自然保护内的“浙江大学—景东野生菌资源保护实验室”远程可视系统，成功驯化了包括小香蕈、珍稀白肉灵芝、大红菌等在内的5种野生食用菌，检测收集200多种景东大型真菌资源样本，指导建立食用菌产业扶贫联合体，共建了7个食用菌基地。2016年，相关食用菌栽培总面积达100余亩，带动周边农户210多户，合作社社员户均增收7100余元。陈再鸣引进了浙江的两家合作社赴景东县种植赤灵芝，为农民建立示范基地，并且通过雇佣农户，增加了60余个当地就业岗位。茶产业首席专家汤一副教授在挂职普洱茶学院副院长期间，多次赴景东开展调研指导工作，并提出以合作社方式进行发展，同时加强制茶技术的培训，在茶产业加工上提质增效的思路。6月，在汤一的指导下，景东茶叶协会成功举办“银生杯”首届景东彝族自治县斗茶大赛。通过举办斗茶大赛，对内进一步激发活力，提升茶叶加工水平，突出景东县的普洱茶特有品质，提升景东县茶叶综合竞争力；对外进一步扩大景东茶叶的影响力。活动期间，景东县茶企实现茶叶销售94.5吨，销售额429万余元，外地茶商带走茶样16个。7月，浙江省茶叶集团股份有限公司与景东县人民政府签订合作协议，双方在资源、技术、资金等方面开展合作。经过探索实践，浙大正式创建“高校+政府+企业+合作社+基地+贫困农户”的“六位一体”产业扶贫运行模式，通过开放式帮扶体系，进一步带动产业发展，帮助更多贫困农户脱贫致富。

2016年，景东县食用菌产业首席专家陈再鸣副教授在景东县实施的“野生菌资源保护和森林功能促进项目”，获教育部批准，成功入选滇西边境片区精准扶贫典型落地项目，这是浙大在滇西边境片区的首个精准扶贫典型落地项目。9月，浙江大学报送的《科技引领 助推产业扶贫》项目，从41个项目中脱颖而出，入选教育部直属高校精准扶贫精准脱贫典型项目十大典型项目。浙江大学的经验做法，成为推动直属高校定点扶贫工作，探索多样化扶贫的路径之一。

【教育扶贫】 2016年7月，浙大第三批研究生支教团5位团员圆满完成支教任务返校，同时，浙大再次选派了5位优秀研究生组建第四批研究生支教团，奔赴景东职业高级中学开展为期1年的义务支教生活。2016年，浙大前后选派了5批本科生、研究生暑期社会实践团队奔赴景东，其中，宣传部带领的学生团队深度报道了陈再鸣团队的帮扶事迹，并经多家媒体转载；研究生干部讲习所的博士生团队协助温卜村建立了景东县第一个村级微信公众号；高分子系“水资源保护与净水处理”暑期社会实践团队依托高分子系分离膜研究技术，通过发放净水物资和搭建移动式净水工作站，切实改善当地安全饮水问题；王岳飞教授带领的茶学系研究生团队赴景东县开展田野调查，该团队获得浙江省十佳暑期社会实践团队。同时，2016 年，浙大将捐助景东县的“求是奖教金”和“求是助学金”总额提升至 40 万元。在各方的努力下，景东县 2 位高考生利用自强计划顺利考入浙大，实现景东县高考的历史性突破。为奖励两位考生，浙大云南校友会会长周仲青、云南省青年基金会和温州商会共同赞助 24.5 元帮助景东学子圆梦。

【公益扶贫】 1 月，浙大研究生支教团和万事利集团共同发起“温暖景东 关爱贫困学生”爱心接力众筹活动，共募集价值 7000 余元的围巾捐赠给贫困学生；3 月，海亮集团捐赠一批衣服给贫困学生；4 月，浙大向景东县一中、民中、县小等学校捐赠了一批图书；同月，杭州千训基金会捐赠 8.2 万元用于支持“求是强师”工程；6 月，浙大机关团委发起第三届“赠人玫瑰 手有余香”捐衣助学活动，共募得 70800 元爱心捐款和 1000 余件衣服，用于资助景东县近 100 名贫困学子；7 月，浙大向景东县捐赠 10 万元抗洪救灾款，杭州温商慈善基金会和千训慈善基金会共计向景东县捐赠 40 万元扶贫助学、抗洪救灾款，用于灾后重建；9 月，浙江斑马鱼健康科技有限公司、慈溪市夏蒙电器有限公司和广州澜泉家用电器有限公司向景东县教育系统捐赠 192 个净水杯、2 台超滤机和 2 台净水机柜等约 50 万元的净水设备。

【健康扶贫】 2016 年，浙大先后组织浙江大学医学院附属第一医院、浙江大学医学院附属第二医院领导专家赴景东县开展专题讲座和义诊活动，利用已搭建的远程会诊系统帮助景东县人民医院实现会诊病例 20 余次，既满足患者的需求，又提升了医院的医疗水平。3 月，浙江大学医学院附属第一医院精神科主任许毅教授赴景东县为当地卫生医疗系统管理干部和医务人员约 150 人做了《精神科专题讲座》；7 月，浙江大学医学院附属第二医院党委副书记王凯教授赴景东县人民医院开展肺癌预防讲座；10 月 17 日国家扶贫日之际，浙江大学医学院附属第二医院院长王建安教授采用远程授课的形式为景东县人民医院做了《胸痛的诊断和鉴别诊断》。

（浙江大学地方合作处 程荣霞）

武汉大学定点扶贫

【概述】 2016年，武汉大学定点扶贫湖北省恩施土家族苗族自治州（以下简称“恩施州”），同时，参与湖北省大悟县新城镇熊湾村扶贫工作。武汉大学党委将定点扶贫工作列为学校2016年重点推进工作，成立专门机构、划拨专项经费、选派专人挂职、制定专门计划，扎实推进定点扶贫工作，成效显著。2016年，武汉大学争取整合投入各类扶贫资金1111.5万元，组织430余名干部师生赴定点村考察慰问，成立农业专业合作社1个、发展光伏主导产业1个，援建村卫生室、道路堰塘桥涵等基础惠民工程11项，举办各类人才培训8期次391人，帮助建档立卡贫困人口脱贫42户127人。

【扶贫资金投入】 2016年，武汉大学争取整合投入各类扶贫资金1111.5万元，其中，学校直接投入专项帮扶资金（含无偿和有偿）455.3万元，捐款捐物折合153.2万元，整合引进各类社会帮扶资金503万元。此外，学校还积极发动校友企业在恩施市投资2个项目，累计投资金额超7亿元。

【干部挂职扶贫】 2016年，武汉大学选派5名干部深入一线挂职扶贫。其中，选派实验室与设备管理处刘超挂职恩施市副市长，选派测绘遥感信息工程国家重点实验室温智杰担任恩施市芭蕉乡白果树村“第一书记”，选派艺术学院胡骏、后勤服务集团叶道军、中南医院涂辉组成驻村工作队进驻大悟县新城镇熊湾村，开展精准扶贫精准脱贫工作。

【扶贫工作会议】 2016年，学校先后召开党委常委会1次、校长办公会2次、定点扶贫工作领导小组会1次、专题会2次等研究定点扶贫相关工作。2月，学校召开党委常委会专题研究定点扶贫工作。6月，学校召开定点扶贫工作领导小组会议，党委书记韩进，校长李晓红，党委副书记黄泰岩，副校长谈广鸣、周叶中出席会议。会议听取了学校近期扶贫工作情况汇报，就进一步推进落实定点扶贫工作进行了研究和部署。

【扶贫制度建设】 2016年，武汉大学成立定点扶贫工作领导小组，校党委书记韩进、校长李晓红任组长，19个职能部门负责人为成员，领导小组下设办公室。

6月，学校出台《武汉大学关于进一步做好定点扶贫工作的实施意见》，制定《武汉大学挂（任）职扶贫干部管理暂行办法》。

7月，武汉大学制定《武汉大学定点扶贫恩施市工作规划（2016—2020年）》《武汉大学定点扶贫恩施市芭蕉侗族乡白果树村工作规划（2016—2018年）》《武汉大学定点扶贫大悟县新城镇熊湾村工作规划（2016—2020年）》等文件。

【扶贫调研】 2016年，武汉大学先后组织专家学者、干部、学生等430余人次前往定点扶贫县市开展考察、调研、慰问等活动。其中，主要校领导（副部级）2次，分管校领导3次。

【智力扶贫】 2016年，武汉大学举办各类人才培训8期次391人，在智库建设、医疗、教育、质量管理、城乡规划、党建等方面为受援地提供智力支持。

3月，恩施州各市县分管质量的市县长、州质量兴州领导小组成员单位的负责人等60余人参加了武汉大学宏观质量管理研修班，开展脱产学习培训。5月，恩施市规划部门和乡、镇负责人等80余名学员参加了武汉大学城乡规划与管理知识培训班学习。9月，学校组织青年马克思主义培训班学员前往白果树村，对全村贫困情况、党建情况及白果树村小学贫困生情况进行调研，并针对白果树村的精神文明建设制定了帮扶措施。

此外，学校还组织专家开展专题研究立项3项，分别是以恩施市三岔乡为样本，开展城乡规划、旅游规划、特色文化建设等方面的研究；保险扶贫研究；以恩施市芭蕉乡、龙凤镇等为样本，对恩施市党建与精准扶贫结合融合问题进行研究。

【健康扶贫】 2016年，武汉大学援建村卫生室2个，开通远程会诊系统1个，帮助培养医疗专业人才近100人。

6月，武汉大学人民医院与恩施市中心医院远程会诊系统正式开通，实现优质医疗资源向贫困地区辐射，提高当地人民医疗保障水平。同时，学校为该院提供发展资金10万元。6月至9月，白果树村卫生室建设总投入建设经费约38万元，其中武汉大学配套支援15万元。并由武汉大学人民医院援助基本医疗器械设备药品、培训医务人员等。11月，武汉大学中南医院提供2.3万元援建熊湾村医务室，援助医疗设备器械、药品等，改善村民就医条件。

2016年，学校招收恩施市40名骨干医生在临床医学博士学位班学习；在恩施市中心医院举办生物医学临床研究生班培训，招收36名医务人员；免费接收恩施市中心医院医生10人、护士10人进修。

【教育扶贫】 6月，武汉大学划拨扶贫专项资金50万元，支持恩施市教育卫生事业发展，其中，恩施市第一中学校园无线千兆网及教育平台建设资金40万元。7月，学校投入资金22万元，组织恩施市、大悟县，以及神农架区150余名中小学校长来汉，接受为期一周的免费培训，提高当地教育管理水平。此外，学校组织看望和慰问受援地留守儿童，向社会募集了2500余册科普书籍，价值近3万元，捐赠给村小学。

【产业扶贫】 2016年，武汉大学根据受援地实际情况，采取多种形式帮扶产业发展，成立农业专业合作社1个，发展光伏主导产业1个，特色种养殖业3个，有效带动贫困户增收脱贫。

6月，按照“合作社+能人大户+一般农户+一般贫困户+扶持单位+市场拓展”阶梯形架构模式，成立“恩施芭粮坊农业合作社”，总投资约200万元，带动50户贫困户140人脱贫致富。10月，学校将该合作社农产品纳入工会年终福利采购清单，实现总成交金额近120万元，帮助合作社在创立初期能稳步发展。

12月，武汉大学、新城镇人民政府、农行大悟县支行、风绿科技有限公司在熊湾村签署了四方合作协议，按照“政府主导统筹、企业承建运营、学校帮扶参与、银行贷款融资、集体农户受益”的模式，在熊湾村建设190千瓦光伏电站，项目总建设资金160万元，武汉大学提供援建经费84万元。项目建成后可运行25年，村集体年收益5.5万元，28户B类贫困户累计年均收益4000余元。

【基础设施建设】 3月，武汉大学划拨专项资金15万元，援建大悟县新城镇农村堰塘整治和道路修缮工程。其中，完成熊湾村10组当家塘（约2.6亩）、毛集村8组当家塘（约4亩）治理工程、韩河村村通组断头路1.5千米修缮工程。8月，紧急划拨专项救灾资金5万元，支持大熊湾村主干道损毁桥梁修复工作。10月，白果树村通村小学880米蛮扎营公路建设工程实现主体道路竣工通车，总投入建设经费35万元，其中武汉大学配套支援10万元。11月，提供配套援建经费30万元，支持熊湾村6.5千米道路硬化工程。

6月，武汉大学投入建设经费约200万元，为白果树村实施农村安全饮水工程，实现全村户户通水。

【结对帮扶】 2016年，武汉大学组织开展了党支部与贫困户结对帮扶活动，累计组织干部师生400余人次前往熊湾村开展调研、考察、慰问、研究等活动，给贫困户送去慰问金3.19万元，捐赠设备价值73.8万元，捐赠生活学习物资价值12.6万元。

（武汉大学定点扶贫工作领导小组办公室　杨志威）

中南大学定点扶贫

【概述】 2016年，中南大学以定点扶贫单位湖南省江华瑶族自治县（以下简称“江华县”）为主，兼顾河北省阜平县以及部分西部地区，结合定点扶贫对象实际情况和中南大学的特色，努力健全沟通机制、拓展合作区域，以医疗扶贫为先导、教育扶贫为根本、科技扶贫为动力，全方位推进智力扶贫、创新扶贫，在培养培训职教师资、培养医务骨干、勘查矿产资源、协助移民工作等方面开展工作。教育部网站、人民网、新华网、光明网、湖南卫视、新浪、网易等媒体先后对中南大学定点扶贫工作宣传报道60余篇次。湖南广播电视台金鹰纪实频道拍摄《大圩的春天》纪录片，全面报道中南大学驻村扶贫工作。

【扶贫机制建设】 中南大学成立由党政一把手任组长，分管校领导担任副组长，各相关职能部门负责人为成员的领导小组，下设涵盖15个职能部门的对口支援与定点扶贫工作办公室，挂靠学校办公室。设立中南大学驻江华县扶贫工作队，负责学校与江华县扶贫工作协调，黎胤挂职江华县县长助理，朱徐担任江华县大圩镇社贝村“第一书记”。

【扶贫资金投入】 2016年，中南大学投入扶贫资金982万元，其中，资金743万元，物资折款239万元，主要用于资助贫困学生、农村基础设施、医疗卫生、产业扶持以及人力资源培训等。中南大学针对2016年扶贫资金开展审查，协同挂职干部针对贫困人数、贫困程度、基础条件等问题，对经费进行有效的管理和监督，杜绝挤占挪用、截留和贪污行为出现。

通过各种渠道筹集资金，对基础设施进行提质改造。筹集经费200余万元完成电网改造，结束了社贝村7组不通电的历史；申请经费53万元建成4个蓄水池，使社贝村实现安全饮水；筹集300万元用于村村通公路建设，基本实现社贝村村组路全部水泥硬化；实现网络入村，建立远程移动医疗服务中心和慢性病筛查，修建村级卫生室和公共厕所等卫生设施；拓宽村级文化广场，开辟篮球场，投资10万元修缮村委会闲置用房，建成老年活动服务中心。

【扶贫调研】 学校各级领导多次到对口支援所在地开展全方位的扶贫调研等工作。定期组织召开扶贫工作会议，确保定点扶贫方案各项措施落到实处，学校领导结合江华县的实际情况，制定3年帮扶扶贫工作规划，确立了通过协助建设农村电商带动当地经济发展的工作思路。

2016年，学校领导及职能部门、二级学院负责人共计60余人先后到江华县开展多种形式的调研工作，并就江华生态立法保护、县域经济发展、“十三五”扶贫发展规划、瑶族文化艺术创作、生态旅游规划等方面开展课题研究和政府立项申报，协助江华县科学规划县域发展，生态立县、产业强县。同时，对社贝村68户贫困户全部建账立卡，确立帮扶责任人，全校各级部门参与“一对一”帮扶，真正做到精准帮扶。学校各单位结对资助金额达20万元，寒冬生活物资发放100余套，采购春节农特产品10万余元，提供产业帮扶措施10余项，提供就业机会超过50人次。

9月，学校选派调研团赴河北省阜平县开展调研，并撰写《关于河北阜平农村电商有关调研情况的报告》，提出了阜平县开展电商帮扶工作的建议，并开展准备工作。

中南大学先后组织40余支学生调研团队前往江华县、阜平县开展社会实践活动，实践涵盖农村电商创业、义务支教、文化扶贫、旅游开发等多个类别，江华县直接或间接受益人员达5000余人。

【产业扶贫】 学校根据江华县的现实条件，积极引导贫困农户发展生态农业等特色产业。引进江华县瑶郡农业开发有限公司，以“公司+农户”模式，引导农民开展特色种植400余亩，养殖藏香猪1000余头，逐步建立了以红薯、芋头、有机水稻为主体的农业生态示范园。指导山区贫困户注册瑶源生态家庭农场，开发山场1000亩用于茶叶、药材、油茶、果树种植，林下养殖土鸡3000余羽，预期年经济产值可达500万元，带动就业100余人，人均增收18800元。与湖南广播电视台签订农业种植订单，种植子姜300亩，辣椒订单200余亩。与中南大学食堂签订采购协议，集中采购红薯粉、大米、辣椒等农产品。邀请旅游企业探索开发以凤凰山峡谷十里桃花路、紫薇山溶洞为主线的旅游项目。2016年，社贝村被评为全国乡村旅游扶贫重点村。筹集22万元建成农村电商农产品加工基地，设计江华特色文化产品、择优选择农副产品，引导农民进行生产加工、包装、物流订单处理等工作，开展农业技术培训和电商指导。帮助村民搭建电商平台，“惠购宝”完成销售额43.8万元；培训3户村民使用电商平台，销售额20万元。

【教育扶贫】 帮助大圩镇中小学建立电脑机房3间，捐赠多媒体教学设备20套，捐赠打印机、油印机12台，捐赠办公桌椅200套，捐赠空调、热水器，电视机及床具等教师宿舍设施70套。为2所村小学捐赠爱心书包260个，捐赠爱心图书柜100个，为所有大圩镇教室建立了爱心图书角，捐赠图书100万码洋，在中心学校设立爱心图书室。通过教师捐赠和中南和谐基金设立的江华教育资助金，学校重点资助大圩镇的中小学师生，一次性资助150名贫困学生，每人1000元，资助40名一线贫困教师，每人 2000 元。协助提升教育质量。依托县职业中专设立“中南大学江华青年电商人才培训基地”，集中培训农村电商人员 120 名；设立大圩镇中学、江华县第一中学两个支教点，选派优秀研究生来校支教；组建留学生英语支教团，与当地学生开展英语沙龙活动。保护传承瑶族文化。2016 年 11 月，学校启动“江华瑶族长鼓舞传承”调研计划，对江华瑶族长鼓舞资料进行整理加工，为江华民族文化和非物质文化遗产保护提出可行性方案。

【健康扶贫】 中南大学积极组织医务人员参与城乡医院对口支援工作，在基层一线形成良好的医疗口碑。探索“三位一体”的医疗帮扶新模式。通过“人才培养、技术支撑、管理培训”，对受援地区的医疗机构实施精准帮扶，提升受援地区医疗服务能力和管理水平，推动当地医疗事业健康和可持续发展。附属医院定点指导基层医院。2016 年 7 月，中南大学湘雅三医院与江华县人民医院签订医疗精准扶贫战略合作协议，选派专家到县人民医院，以集中授课、教学查房等形式开展指导；指导建立重大疾病远程医疗服务平台，远程移动医疗和慢性病筛查服务；接收 30 名医护人员到湘雅三医院进行专项学习；设立医学生校外实践基地，开展赤脚医生培训。党员博士医疗服务团开展公益活动。对江华县乡镇卫生院及村卫生室运行状况进行实地调研，现场“把脉问诊”，开展免费体检、送医送药、集中义诊等活动。

（中南大学）

华南理工大学定点扶贫

【概述】 华南理工大学对口扶贫云南省云县，同时派干部到云南省孟连傣族拉祜族佤族自治县（以下简称“孟连县”）挂职锻炼。2016 年，赴两县考察调研 48 人次，直接投入 8.77 万元，实施帮扶项目 12 个，帮助引进各类资金 381.17 万元。共举办各类培训班 18 期，培训党政干部及专业技术人员 3000 人次。开展赈灾救济送温暖活动，募集资金和各类物资折合 35 万元以上，其中累计募集图书 1.15 万余册；资助贫困学生投入 6.5 万元，受益学生 21 人次；宣传推广旅游资源，组织专家制订旅游规划，促进当地产业转型升级。

【扶贫调研】 2016 年，针对云县、孟连县的实际需求，定期派出指导专家开展实地调研工作，累计 48 人次。1 月，组织华南理工大学 6 名旅游规划方面专家前往孟连指导规划当地旅游产业发展。7 月，组织华南理工大学“党外专家扶贫调研团”前往云县和孟连县，为两县绿色产业发展、城乡规划和旅游规划、农产品精深加工、人力资源培训等提供具体指导。10 月，华南理工大学副校长党志带队前往云县调研并举行讲座，指导云县城市建设和脱贫攻坚工作。11 月，华南理工大学党委书记杜小明带队赴两县，就帮扶工作落实情况进行调研并慰问。

【扶贫培训】 2016 年，共举办讲座 18 场次，集中培训 3000 人次。在云县、孟连县分别开设“华园云州大讲坛”和“华工大讲坛”，2016 年分别举办 2 期和 4 期讲座，受训人数 1100 人次。建立“华园云州在线讲坛”系统，投入资金 300 多万元、吸纳计算机科学与技术等 13 个专业打造价值 1 亿元的学习资源，免费向整个临沧地区开放，受益人群达 1 万人次。组织广州相关高校教授、中小学校长、骨干教师到孟连培训授课，受训人员达到 300 多人次。组织各类科普知识讲座，2016 年在云县部分农村地区举行科技示范培训，共培训 6 期 900 余人次；在孟连针对农民群体举行电子商务专题讲座 6 期，受益 700 余人。统筹组织孟连各类人员到广东参加学习培训，累计派出县级干部、中小学校长、骨干老师约百余人。另外多次选派当地骨干教师前往云南昆明、大理州等地接受培训，累计 20 人次以上。

【干部挂职扶贫】 2016，华南理工大学选派 1 名处级干部和 1 名高级职称专业人员分别在两县挂职副县长，同时派出 1 名科级干部在云县茂兰镇茂兰社区担任“第一书记”。3位同志分责挂钩精准扶贫，积极探索符合山区实际、注重群众增收的脱贫奔小康之路，深入推进扶贫工作。2016年暑期派出11名研究生到云县交通局、文体广电旅游局、国土局、农业局、市场监督管理局、云县茂兰镇茂兰社区等部门实践锻炼。

【产业扶贫】 促成广州云纵有限公司与云县大寨镇古树茶专业合作社签订商贸合同，通过线上电商渠道对合作社加工的古树茶进行推广和营销。截至2016年底，共帮助销售80多万元茶叶，带动近百名村民产业脱贫致富。2016年2月，联系一批广东客商前往云县参加招商引资推介会，双方就边境货物进出口贸易、生物制药开发、软件科技园开发等领域达成合作意向，同时在云县注册进出口贸易公司。其中，广东得园（元亨）集团在云县启动进出口贸易业务，2016年完成3笔茶叶出口，金额近1000万元。

【智力扶贫】 华南理工大学旅游管理专家顾问团帮助孟连县制定“三四三”十年旅游发展战略。联系专家帮助云县规划设计大寨镇生态农业扶贫示范园区，建设以龙潭村生态茶庄为核心共70平方千米的生态农业扶贫示范园区。挂职干部实地调研，先后完成《临沧市4区县电子商务开展情况调研报告》《2016年孟连县医疗机构调研报告》《孟连县电子商务发展路线图》等多份调研报告，部分建议被当地人民政府工作报告吸纳。

【捐资助学】 定期资助贫困学生，对家庭困难学生捐款捐物。筹资30万元分别在云县和孟连县设立“学子助学基金”，分5年对两县家庭经济困难的大学生进行帮扶，2016年已实现对20名贫困学生每人3000元的助学帮扶。另外增加1名帮扶名额，资助5000元。7月，在孟连县开展扶贫慰问活动，捐赠衣物价值10万元；向孟连县小学生捐赠图书1000余册，并资助部分贫困学生。

【公益扶贫】 10月，华南理工大学校友工作会筹集9万多元，为孟连县部分村小学购买了5台65寸教学一体机、一台实物展示仪、一台打印机；协助孟连县富岩镇中心学校向中国教育发展基金会申请到食堂新建项目，协议全额90万元；为孟连县部分小学募集图书5000多册；引导孟连各学校参加大树下公益基金校园图书角活动，获得捐赠图书3000多册；联系有关企业为孟连县一中捐赠历年高考试题解题资料，共计5698个视频资料。华南理工大学多次开展募捐活动，为孟连县部分中小学募集爱心衣物5000件，中小学生书籍2500余册，学习用具及文体用品200件，捐献物资折合价值达16万元。发动广州市天河区骏景小学师生向孟连县第一小学捐赠图书，合计1000余册。发起孟连县农特优产品义卖活动，活动收入加上捐赠，为孟连景信乡糯各村小学156名全体师生购买了校服。

【基础设施建设】 组织实施安居幸福工程。2016年3月底，云县大寨镇慢赖村147户建档立卡贫困户共签订建房协议120户，加固改造18户，已建好入住新居8户。在基础改善工程方面，农田水利建设稳步实施，东山组、慢赖组村内道路硬化等工作稳步推进。在孟连县芒卡村，华南理工大学扶贫干部为村民募集水泥近30吨、石棉瓦200片，太阳能路灯2盏，为该村5个建档立卡贫困户解决水泥5吨，为村小学解决太阳能路灯4盏。

【健康扶贫】 2016年4月，由孟连县人民医院、县妇幼保健院骨干医生组成的考察团一行10人到华南理工大学及市三甲医院调研学习，推动与南方医院等达成联合开展远程医疗初步合作意向。推动孟连县作为试点县加入中国乡村儿童大病医保公益基金组织的大病医保计划，为乡村儿童免费提供大病医疗保险服务，签订《大病医保公益基金孟连县试点项目合作协议》，协议折合资金额250多万，全县3万多儿童家庭因此受益。

（华南理工大学党委组织部
刘金程）

四川大学定点扶贫

【概述】 2016年，四川大学定点帮扶四川省甘洛县、岳池县，学校处级及以上领导到两县开展扶贫工作达107人次；派驻挂职扶贫干部3人（其中副处级1人，科级2人），支教人员7名；实施各类帮扶项目24项；完成县科级以上干部领导培训24人次、农牧科普知识培训341人，惠及28个乡镇及208个村；学校引资124余万元用于两县各类帮扶项目，直接投资57万元用于甘洛县“互联网+教育扶贫”捐建项目，划拨专项科研经费20万元用于研究开发岳池县扶贫信息数字化APP系统。学校创新打造产业扶贫项目，与凉山彝族自治州（以下简称“凉山州”）企业形成“企业提需求、政府建专项、学校给配套”的合作模式，推动凉山州特别是甘洛县的区域经济社会发展；引入“借鸡生蛋”和“有机农业”项目，建立新型“企业—集体经济合作社—贫困户”联动模式，改变贫困户的种植、养殖方式，建立长效获利机制；开辟“绿色农产品进川大”通道，实现甘洛县农特产企业进驻四川大学超市。

【扶贫调研】 2016年，四川大学党委书记王建国、校长谢和平、原党委书记杨泉明分赴甘洛县、岳池县督导和对接扶贫工作；副校长李旭锋多次带领扶贫工作组走到田间地头，通过深入实地调研或座谈研究等方式。校内相关部门和学院负责同志多次到甘洛县、岳池县进行工作对接，具体落实相关帮扶措施，2016年处级及以上领导到两县开展扶贫工作达107人次。

为落实精准扶贫，切实掌握每一户贫困户的致贫原因和实际困难，组织扶贫工作组对甘洛县格布村95户贫困户、岳池县安家坝村49户贫困户进行入户调研，并有针对性地在两个村开展了“蜀优217”优质稻种种植、高抗病肉鸡养殖，及春耕、养殖补贴；山坪塘整治和沟渠改建，及卫生站、村垃圾池捐建；专家义诊、药品捐赠、“暖冬”慰问及教具、图书捐赠等一系列对村、对户精准帮扶措施，各类工程、物质、补贴款总价值达140余万元。

【扶贫制度建设】 四川大学党委始终高度重视扶贫工作，不断加强扶贫制度和机制建设，为推进扶贫工作有序进行，学校定点扶贫工作领导小组编制《四川大学关于进一步开展定点扶贫工作的实施办法》、出台《四川大学2016年定点扶贫甘洛县工作计划》《四川大学2016年定点扶贫岳池县工作计划》，明确年度定点扶贫工作目标、任务和实施措施。同时，学校建立工作协调和二级单位分包到户“一对一”帮扶机制，坚持定点扶贫工作重大事项上常委会、校务会，具体事项开专题会；建立各部门联络员制度，保证相关职能部门和学院各司其职、信息畅通和协调工作有效开展；动员学校二级单位，接成“一对一”帮扶对子，具体解决贫困户实际困难。

【扶贫资金投入】 2016 年，四川大学共引（投）资 200 余万元用于甘洛和岳池县精准帮扶项目，主要用于网络及多媒体项目、教育及医疗设备捐赠和各类人员培训等。其中，投资 45 万元用于甘洛“互联网+教育扶贫”捐建项目；建立专项综合解决岳池县安家坝村农业灌溉及灌溉用沟渠问题，项目资金约 85 万元；划拨专项科研经费 20 万元，用于研究开发岳池县扶贫信息数字化 APP 系统；捐资 10 万余元，用于岳池县安家坝村医疗卫生站和垃圾池建设，并为该村捐赠价值 10 余万元药品和医疗器械；投入 15 余万元，用于发展两村贫困户家庭种植和养殖；减免各类培训、设计费用 20 余万元。

【扶贫资金管理】 四川大学专门预算并划拨了工作经费 50 万元用于两县定点扶贫工作，专款专用，专人负责；为了进一步加强和规范学校扶贫项目资金使用与管理，促进提升资金使用效益，每个扶贫项目都需要经过学校组织专家前期论证，结合两县实际情况，并与当地政府充分沟通后实施，项目实施中，学校也对资金使用情况全面监控，以保障帮扶项目的顺利开展。

【智力扶贫】 四川大学组织联合专家团队对《岳池县“十三五”脱贫攻坚规划》和《岳池县扶贫移民局“十三五”规划》进行研究并提出修改意见，对县地方经济发展规划进行论证指导，对县国土资源局等 25 个相关部门和单位、涵盖 71 个具体项目进行科学规划和梳理，内容涉及地方区域经济发展，城市道路及交通建设，新农村改造及新村建设。学校科研院划拨专项科研经费 20 万元，用于研究开发岳池县扶贫信息数字化 APP 系统，拟实现扶贫各类信息的动态收集、分析、汇总、督导等。四川大学“创新创业”学生团队结合甘洛县区域特色开展农产品、彝族刺绣工坊、彝族文化皮雕开发、工业物联网升级服务等双创项目，创办“四川大学—甘洛青年创客空间”，发挥学科专业优势，打造四川大学与甘洛县“双创扶贫”典型模式。

【教育扶贫】 四川大学选派由 7 名研究生组成的支教团前往甘洛县开展支教工作。2016 年 3 月，“川大梦想班”在甘洛挂牌成立，梦想班首期人数为 20 人，由甘洛县品学兼优、家庭贫困的中学生组成，川大支教团实现对梦想班学生奖助学金（1000 元/人/年）全覆盖。10 月，在甘洛职中捐建“梦想教室”正式启用，并捐赠价值 5 万元的音乐器材及学习用品，同行校友还现场捐赠 3 万元用于“梦想教室”的建设。此外，在“扶贫日”的活动中，还举行了四川大学与微课程联盟捐建甘洛“互联网+教育扶贫”项目的启动仪式，共同打造“翻转课堂教室”，并对教室环境进行设备配置和改造，包括捐赠100台平板电脑、无线网络覆盖改造、基于翻转课堂教学交互式平台搭建、“老师走起平台”建设等，价值45万元。

【扶贫培训】 开展短期培训班，提高基层干部综合能力。对甘洛县24名科级以上领导干部进行插班培训，内容涉及“机关党务”“综合素质提升”“宏观经济形势”“司法体制改革”等共9个专题。四川大学继续教育学院为进一步提升甘洛基层干部队伍的整体素质，提高基层干部学历，切实解决基层干部学历及文化偏低的现状，与甘洛县委组织部进行沟通对接，就下一步甘洛县基层干部来校开展学历提升及相关知识培训达成一致意见，相关培训计划正在制定当中。

开展农业科技讲座，提升科普知识普及。学校与甘洛县县政府联系，结合甘洛县农业实际情况，组织农业专家及校内相关部门开展科技讲座，为甘洛县农牧局全体干部职工、28个乡镇农技人员及208个村的“第一书记”共341进行科普知识普及提升。

选派专家实地指导，提高农民培植技术。学校选派农业专家到斯觉镇格布村田间地头进行实地指导，提高农民培植技术。专家为当地农技人员和60多位村民，举办玉米种植管理及病虫害防治的专题讲座，并与斯觉镇格布村的干部群众一起，深入田间地头进行现场指导，面对面地为农户开展种植技术咨询。

【干部挂职扶贫】 2016年选派2名优秀教师赴岳池县、甘洛县挂职开展扶贫工作。4月，学校选派华西临床医学院学生党总支书记陈森前往岳池县挂职工作，担任县委常委、副书记。10月，选派规建处科长廖勇赴甘洛县格布村担任“第一书记”，继续开展对格布村的帮扶工作，保持了工作的延续性。

【产业扶贫】 四川大学与凉山州签署校地战略合作协议，与凉山州企业形成“企业提需求、政府建专项、学校给配套”的合作模式，借助四川大学的平台优势，吸引全球专家及智力资源聚焦凉山州，共同推动凉山州特别是甘洛县的区域经济社会发展；引入“借鸡生蛋”和“有机农业”项目，建立新型“企业—集体经济合作社—贫困户”联动模式，改变贫困户的种植、养殖方式，建立长效获利机制；联络四川大学校友企业向甘洛县推介重楼（中药材）和羊肚菌的种植技术以及企业引进2个产业扶贫新项目；开辟“绿色农产品进学校”通道，2016年6月，甘洛县5家当地农特产企业首次进驻四川大学超市进行产品展销，成为四川大学对口帮扶甘洛县扶贫举措的一次新尝试。

【健康扶贫】 学校充分利用四川大学华西医学中心这个独特的资源优势，整合各类医疗资源，积极为定点扶贫县提供医疗帮扶。在甘洛县学校组织开展“医生走基层”活动，由华西医院选派专家教授与甘洛县人民医院联合在甘洛县月琴广场开展全县义诊活动；结合当地常发性疾病实际情况，组织华西公共卫生学院医疗卫生专家在县医院开展防控艾滋病专题讲座；华西医学中心专家还对甘洛县人民医院、县妇幼保健院的专科建设以及远程网络平台相关技术给予了现场培训指导。华西医院党委书记带领13个科室的16名科主任、专家和11名职能部门负责人，赴岳池县开展精准扶贫活动，在市、县两级人民医院针对师资培训、省市级科研项目申报、设备采购、影像远程建设、疑难危重患者转诊机制、学科建设、联合查房等问题，进行根因分析，提出解决措施，进一步理顺合作机制，以保障帮扶合作进一步纵深开展。同时，专家和科室负责人兵分五路，分别在县人民医院、乡镇卫生院、村卫生室和贫困户家中开展具体帮扶和专家义诊活动，耐心细致地为村民提供常见病、慢性病的咨询、初步筛查和诊断服务等。学校商学院校友捐赠8万元为岳池县安家坝村捐建村级医疗卫生站一个；华西医院为该卫生站捐赠一批价值10余万元的药品。

（四川大学对外联络办公室
杨　彬）

电子科技大学定点扶贫

【概述】 2016年，电子科技大学（以下简称“电子科大”）定点帮扶贵州省岑巩县。共投入资金约83万元，选派挂职干部2名，开展党政干部教育培训3期，赴岑巩县调研交流30人次，资助困难学生38人，建设岑巩智慧党建管理系统和脱贫攻坚信息作战系统，制定智慧岑巩建设总体方案和建设标准。

【扶贫制度建设】 2016年2月，电子科大成立由党委书记、校长任组长的定点扶贫工作领导小组，领导小组下设办公室具体落实扶贫工作。6月，电子科大印发《电子科技大学外派挂职人员管理暂行办法》，规范挂职人员选派程序，落实挂职人员待遇，确保挂职干部“下得去、待得住、干得好”。

【干部挂职扶贫】 2016年3月，电子科大选派沙河校区管理委员会副主任张海涛挂职岑巩县委副书记，自动化工程学院辅导员赵冰挂职岑巩县塔山村“第一书记”。2位同志发挥桥梁纽带作用，协调各方资源，在产业发展、教育培训、信息化建设和基层党建等方面重点开展工作。

【扶贫会议】 2016年4月，电子科大党委副书记、定点扶贫工作领导小组副组长王亚非组织召开定点扶贫工作布置会，研究部署2016年定点扶贫工作。

5月，电子科大与岑巩县四套班子主要领导举行定点扶贫工作推进会，研讨“十三五”校县定点扶贫工作开展。

12月，电子科大党委常委会召开专题会议，传达学习中共中央、国务院扶贫开发精神，听取扶贫工作办公室2016年扶贫工作总结，审定电子科大扶贫项目和经费管理办法。

2016年，电子科大扶贫工作办公室共组织召开干部挂职选派、制度建设、扶贫重点项目推进等专题会议6次。

【扶贫调研】 2016年8月，电子科大党委副书记、定点扶贫工作领导小组副组长王亚非率队前往岑巩县开展扶贫工作调研考察，与岑巩县签订《电子科技大学定点帮扶岑巩县补充协议》，走访慰问贫困户20户，慰问品总计价值3000余元。2016年，电子科大扶贫工作办公室组织专家团队赴岑巩县开展实地调研3次。

【扶贫宣传】 2016年8月，电子科大扶贫工作网投入使用，工作网主要宣传国家扶贫政策和岑巩县经济社会发展成果、报道电子科大扶贫工作开展情况。10月，电子科大自动化工程学院组织扶贫日宣传活动，募集资金2511.11元。《贵州民族日报》以《来自象牙塔的“塔山”人——记岑巩县大有镇塔山村“第一书记”赵冰》为题，专题报道赵冰开展扶贫工作的先进事迹。

【扶贫资金投入】 2016年，电子科大共投入资金约83万元。其中48万元用于智慧岑巩建设总体规划方案设计；15万元用于设立岑巩县塔山村产业发展基金；10万元用于设立岑巩县塔山村爱心助学基金；10万元用于党政干部、骨干教师等教育培训。

【扶贫资金管理】 2016年12月，电子科大印发《电子科技大学扶贫项目管理暂行办法》和《电子科技大学扶贫经费管理暂行办法》，明确扶贫项目的立项条件与程序、规范项目的实施与管理、加强经费的使用与监管。

【智力扶贫】 2016年8月、9月、12月，电子科大组织岑巩县党政干部培训3期共410人次。

8月，电子科大开发的岑巩县智慧党建管理系统投入使用。系统采用数据空间、科学计算、智能关联及自学习技术实现对岑巩县17个党（工）委、325个党组织、7476名党员信息的网络管理，实现党建工作的精确评价、准确预测、有效引导、精准管控。

12月，电子科大研发的岑巩县脱贫攻坚信息作战系统投入使用，通过整合建档立卡和岑巩各党政部门的数据资源，用大数据方法管理贫困人口信息、管控扶贫项目的实施和资金的使用、开展贫困监测和工作绩效评估，为岑巩县委县政府提供决策辅助支持，为贫困群众提供信息服务。

2016年，电子科大组织校内专家聚焦岑巩建设“欠发达地区智慧城乡示范县”的目标定位，围绕电子政务、电子商务、智慧农业、智慧旅游、智慧教育、智慧医疗和智慧党建等制定“智慧岑巩”建设总体方案和建设标准。

【教育扶贫】 2016年12月，电子科大出资10万元设立岑巩县塔山村爱心助学基金，共资助塔山村优秀高中生、大学生18名；组织校内党支部开展爱心“一对一”帮扶，对塔山村20名贫困中小学生进行经济资助和思想帮扶；电子科大继续教育学院与岑巩县职校签订结对帮扶协议，明确帮扶内容及帮扶方式；电子科大自动化工程学院志愿者团队在成都市中小学募捐优质图书1000余册，捐赠塔山村小学。

（电子科技大学人力资源部　段培俊）

西北农林科技大学定点扶贫

【概述】 2016年，西北农林科技大学定点帮扶陕西省合阳县。投入资金509.50万元，实施科技项目21项，产业帮扶带动建档立卡贫困人口553人，资助贫困学生24人，帮助引进资金500余万元，举办培训班18期，培训人员4000余人次，212人次赴合阳县开展定点扶贫工作。扶贫事迹被《人民日报》《中国教育报》等重要媒体多次报道。

【扶贫资金投入】 2016年，西北农林科技大学在合阳县实施相关科技项目21项，项目资金504万元；扶贫慰问送温暖2.1万元；资助贫困学生3.4万元。

【扶贫制度建设】 2016年5月，第九次党委常委会议专题研究，决定成立西北农林科技大学扶贫工作领导小组加强扶贫工作。书记李兴旺、校长孙其信任组长，钱永华副校长任副组长，23个相关单位负责人为扶贫工作领导小组成员。领导小组下设扶贫工作办公室。

制定《西北农林科技大学定点扶贫合阳县实施方案（2016—2020年）》《西北农林科技大学扶贫工作领导小组各成员单位职责》《西北农林科技大学扶贫工作领导小组成员单位任务分工方案》等文件和《西北农林科技大学2016年扶贫工作计划》。

【干部挂职扶贫】 2016年，西北农林科技大学选派扶贫工作办公室专职副主任崔永健担任合阳县副县长。扶贫工作办公室秘书韩锁昌挂职合阳县坊镇乾落村担任“第一书记”满一年后继续留任。

【扶贫调研】 1月，党委副书记吕卫东、副校长廖允成及有关部门、学院负责同志和专业技术人员13人赴合阳县开展扶贫调研慰问。与合阳县委、县政府对接“十三五”期间的定点扶贫工作。在乾落村开展扶贫调研，慰问21户贫困户。赴黑池镇考察红薯产业现状，商讨科技帮扶工作。

10月17日，“扶贫日”之际，副校长钱永华和陕西省扶贫办副巡视员张录德带领扶贫工作办公室、党委组织部、机关党委、相关专家及省扶贫办相关人员23人赴合阳县开展定点扶贫工作。调研坊镇乾落村红提葡萄产业、洽川镇莲菜种植腐败病防控技术示范项目、黑池镇甘薯扶贫示范项目、城关街道办翊东奶牛养殖场、城关街道办西郭村樱桃产业，与地方政府座谈，共商扶贫攻坚发展产业，精准到户引领脱贫方案的落实。

【智力扶贫】　7月，由农经、苹果、樱桃、葡萄、畜牧、红薯、社会学专家组成的教授服务团16人深入合阳县6镇10村，走访贫困户，调研当地产业发展，开展科技培训、现场技术指导，为贫困乡亲送去致富良方，切实做好精准扶贫、精准脱贫工作。

【扶贫培训】　2016年，根据合阳县域产业发展需要和农民的技术需求，组织开展葡萄、樱桃、莲菜、奶畜、苹果、电商营销、水蜜桃、冬枣、现代农业产业发展与脱贫攻坚等专题技术培训班。全年共举办各类培训班18期次，培训人员4000余人次。

【产业扶贫】　2016年，西北农林科技大学在金峪镇方寨村通过建立樱桃园，以点带面示范樱桃新品种新技术，带动众多农户脱贫致富，其中贫困户王含林栽培大樱桃2.7亩，年收入9万元。在黑池镇建设“甘薯扶贫示范基地”，94户贫困户进驻，按照有机农产品生产要求，种植优质有机甘薯并通过国家农产品地理标志登记保护。洽川镇莲藕产业精准扶贫项目每亩莲藕年产值达到5000元。推广奶牛标准化养殖技术，做大做强合阳奶牛产业。在甘井镇休里村实施西甜瓜种质资源创新、西甜瓜新品种选育及标准化育苗技术，为合阳县西甜瓜生产做出样板。开展“留茬免耕秸秆全程覆盖技术”示范推广项目，推广旱地耕作技术2000亩。提出3大措施解决甘井镇10万亩苹果园缺乏抗旱技术，果个小、产量低、效益差的问题。为8个村65户红提种植户全程服务，从品种、苗木、土肥水管理、整形修剪、花果管理、病虫害防治，特别是葡萄套袋至采收期管理技术要点手把手解答问题。

【教育扶贫】　2016年，落实国家奖助学金、国家助学贷款、生源地贷款、学费减免等资助政策，做到4名在校在册合阳籍建档立卡贫困户大学生资助全覆盖。在合阳中学设立“西北农林科技大学奖学金”，奖励品学兼优的贫困中学生。组织合阳中学优秀中学生参加夏令营活动，拓展提高贫困地区学生素质。组织合阳中学校长参加学校举办的中学校长论坛，促进贫困地区中学教育教学改革和学生综合素质培养。暑假期间，2支大学生暑期社会实践服务队在乾落村为67名中小学生开展2期支教活动，从课业辅导、素质拓展、科技体验、VR体验、辩论比赛、科普活动等方面开展支教活动。

【扶贫平台建设】　2016年，“丝绸之路农业教育科技创新联盟”“秦巴山区科技特派员扶贫创业联盟”“陕西省职业农民培训学院”等机构相继成立。标志着西北农林科技大学服务国家扶贫攻坚战略，开展教育扶贫与培训，促进丝绸之路沿线国家与地区农业教育科技的进步与发展与国际扶贫（减贫）事业的壮大发展。

（西北农林科技大学扶贫工作办公室　侯　沛）

北京理工大学定点扶贫

【概述】 2016年，北京理工大学（以下简称“北理工”）定点帮扶山西省方山县。北理工通过共建党组织长期帮扶、选派干部精准帮扶、发动师生教育帮扶、发挥优势科技帮扶、引进企业产业帮扶等做法，与方山县合力打赢脱贫攻坚战，助力方山县在山西省率先脱贫摘帽。2016年，北理工落实150万元物资开展教育扶贫、科技扶贫和产业扶贫，直接帮扶200个建档立卡贫困人口脱贫，帮助引进资金3亿元，间接帮扶2万个建档立卡贫困人口脱贫。北理工在定点帮扶的桥沟村直接投入资金70万元，整合涉农资金600万元，实施帮扶项目12项，增加村集体收入15万元，探索实践了村集体经济破零和新型资产性收益分配机制的“桥沟模式”，并被广泛宣传推广。

【扶贫资金投入】 2016年，北理工设立10万元“理工梦想”助学金，落实50万元资金建设11个高标准反季节蔬菜大棚，安排10万元资金用于大学生暑期赴方山县开展支教和实践活动。北理工教职员工通过消费扶贫方式购买方山县小米、核桃、红枣等农特产品约21万元。

【扶贫制度建设】 北理工根据方山县经济、社会、教育发展实际，制定了《北京理工大学定点扶贫方山县工作规划（2016—2017）》，明确定点扶贫总体思路和“转观念、拓思维；强教育、育英才；搭平台、补短板；出策略、谋发展；立项目、建桥沟”5项主要任务和11项具体举措；同时，制定了《北京理工大学驻村帮扶方山县桥沟村重点建设项目计划》，支持桥沟村绿色蔬菜产业发展示范点建设、高标准农田建设、“五星级党支部”创建行动、“美丽乡村”建设行动、暑期学校建设等五项重点建设计划。

【扶贫调研】 2016年，北理工7位校领导共计9人次带队赴定点帮扶方山县考察调研，推进扶贫工作。学校党委书记同北理工校友企业中恒集团董事长赴方山县调研考察生态肉牛养殖项目。8个职能部门、10个专业学院22批600多人次到方山县开展扶贫调研，建立帮扶关系，推进精准扶贫。

【电子商务培训】 为进一步激发方山县青年创业兴趣，更新当地干部思想观念，助推县域经济转型升级，北理工利用和发挥教育培训及人才培养的经验和优势，联合山西国际商务职业学校开展电子商务专业技能培训班2期，支持方山县发展电子商务，助推方山人才兴县、人才强县的战略。县委县政府四套班子科处级干部及部分乡镇领导成员、“第一书记”、创业青年250人次参加培训，培训班邀请多位知名专家学者讲授电子商务前沿理论、摄影美工、平台实操、创业实践等。

【干部挂职扶贫】 北理工先后派出2名干部到方山县挂职扶贫，分别担任县政府副县长和村“第一书记”职务。北理工关心挂职干部，出台外派干部管理办法，明确到国家偏远山区和贫困地区扶贫的挂职干部的补助标准。

【扶贫慰问】 2016年，北理工慰问团赴方山县共开展2次集中慰问，共慰问127户贫困农户、37名贫困学生，慰问金总计15万元。

【扶贫资金管理】 2016年12月，北理工对“理工梦想”助学金资助情况进行总结检查，“理工梦想”助学金由北理工教育基金会立项资助，严格按照教育基金会财务管理办法公益项目进行支出。2016年，北理工把筹措扶贫资金作为扶贫工作的重要内容之一，北理工帮扶桥沟村向全体师生发出倡议，在学校开展了捐款活动，募集扶贫资金，共筹集价值4万元扶贫物资。

【产业扶贫】 北理工筹措50万元建设11个高标准反季节蔬菜大棚，惠及22户（11个贫困户），每年增加收入25万元，带动35人脱贫；落实“农光互补”项目建设，建成220千瓦光伏发电设施，每年增加村集体收入27.5万元，带动深度贫困户脱贫；落实100万元高标准农田建设项目，新增农田200亩，带动30人脱贫；启动旅游扶贫项目，落实山西省乡村旅游示范村建设经费50万元，启动旧窑洞改造5个，大力发展乡村旅游。

【教育扶贫】 建立方山北理工暑期学校，将其作为北理工大学生暑期实践基地，设立“精准扶贫”专题实践项目，10个专业学院组成10个实践团赴方山北理工暑期学校开展思想教育、专业教育和课外教育，累计培训农村中小学生700人次；定点帮扶方山县高中，选派8名研究生支教团开展为期一年支教；设立“理工梦想”助学金，资助37名贫困家庭孩子完成学业；开展中小学共建行动，选派10名方山县优秀青年教师赴京进修学习，提升教师业务水平；开展科普宣讲，参与学生超过1000人次。

【劳务输出】 北理工助力吕梁护工走进高校，在学校设立吕梁护工临时办事机构，开展劳务输出，提供500个岗位的就业信息，截至2016年底，帮助输出劳动力120余人，每人年增加收入5万元，实现“一人就业，全家脱贫”。

（北京理工大学学校办公室　刘博联）

哈尔滨工业大学定点扶贫

【概述】 2016年，哈尔滨工业大学（以下简称“哈工大”）定点帮扶广西壮族自治区金秀瑶族自治县（以下简称“金秀县”）。召开1次党委常委会、2次工作会议，专题研讨布置定点扶贫工作，成立了以学校党委常务副书记熊四皓为组长，学校组织部、校工会、科学与工业技术研究院、建筑学院、计算机学院等19个相关部（处）和学院的主要负责人为成员的哈尔滨工业大学定点扶贫工作领导小组，办公室设在校工会。

2016年哈尔滨工业大学投入74.6万元开展专项扶贫，直接帮扶139个建档立卡贫困人口脱贫，帮助引进资金449万元，间接帮扶1491个建档立卡贫困人口脱贫，实施帮扶项目3项。开展各类培训班3期，累积参与100余人次。

【扶贫制度建设】 学校党委印发《哈尔滨工业大学定点扶贫工作方案》，签订《哈工大—金秀县校地合作协议》，制定《哈尔滨工业大学—金秀县2016年扶贫攻坚工作方案》，设立定点扶贫专项经费。选派2位挂职干部于1月赴金秀县分别担任金秀县副县长和桐木镇三友村“第一书记”。

【扶贫调研】 2016年4月，邀请金秀县县委副书记、县长兰向东率领党政代表团访问北理工，了解金秀需要，双方达成了初步合作意向。10月，校党委书记王树权带队到金秀县调研。期间与金秀县政府签署校地合作协议，积极推动人才帮扶、科技帮扶、教育帮扶、支教帮扶、爱心帮扶“五大帮扶工程”落细落实落深，助力金秀县打赢脱贫攻坚战；2016年，学校9个职能部门、9个学院，8批次100多人次到金秀县开展扶贫工作，建立帮扶关系，推进精准扶贫。

【扶贫会议】 2016年10月，哈工大召开定点帮扶金秀县工作会议，校党委书记王树权参加会议，要求学校上下齐心协力做好对口帮扶工作，精准把脉、精准发力、精准扶贫，切实把哈工大帮扶“五大工程”工作落到实处。

【人才帮扶】 充分发挥哈工大人才在精准扶贫精准脱贫中的智力帮扶作用，全力推进人才帮扶工作。2016年6月，金秀县领导干部能力构建与提升专题研修班在北理工开班，来宾市委常委、金秀县委书记韦德斌同志带队，培训学员为县委、县政府、县直各部门、各乡（镇）的主要领导共40名。校党委书记王树权、校党委副书记张洪涛出席了开班仪式，并会见了韦德斌一行。

【支教帮扶】 派出哈工大研究生和留学生支教团，弥补当地贫困地区师资不足，开阔当地师生视野。2016 年 7 月，由校团委书记黄陆军带队的，由相关学院教师以及博士研究生、硕士研究生以及本科生共计 20 人组成的社会实践团，进行为期一周的“助力金秀 · 圆梦中国”大学生暑期实践，在三友村开展了网络电商培训活动，为三友村小学生带来了科普知识讲座，指导帮助桐木镇村民安装了太阳能路灯，协助解决国土局网络拥塞问题，完成旅游宣传册的中文校对和英文翻译，为金秀高中的近 500 名高三学生做了题为“与人生对话—我的成功从今天开始”的报告，在金秀民族中学启动“助力金秀　圆梦中国—互联网+支教”志愿活动。8 月，国际教育学院组织俄罗斯、印度尼西亚、美国、乍得等 12 名留学生赴广西金秀瑶族自治县进行了为期一周的支教，开展对金秀县中小学及幼儿园的教育及文化帮扶活动，深入金秀县幼儿园、县民族高中、县桐木镇三友村小学开展丰富多彩的联欢、联谊活动，开展金秀县中学英语教师英文交流水平的帮扶活动，开展金秀县旅游资源的开发的帮扶活动，与当地旅游局共同拍摄宣传片推动金秀县旅游资源的开发。

【爱心帮扶】 哈尔滨工业大学全校师生员工积极加入到帮扶队伍中，献爱心、送温暖，助力金秀脱贫。12 月在哈工大超市设立“哈工大—金秀扶贫产品专柜”，长期销售金秀帮扶对象的绿色无污染的土特产产品，产品全部从当地农业合作社采购，销售额全部返给合作社，采购商品额 45. 2 万元，无利润销售额 27. 52 万元。7 月，北理工教职工与金秀县三友村贫困学子结对子助学金发放仪式在三友村举行，教职工与三友村 35 户因学致贫家庭的 40 名学子结成“一帮一”对子，共捐助助学金 52300 元；向家庭贫困学生捐助了书包、文教用品和生活用品等物品，向三友小学捐赠了篮球、足球、气排球等一批文体用品。12 月，建筑学院党委书记兼副院长孙澄同志带队一行四人远赴广西大瑶山，对金秀县进行了实地调研，向金秀县贫困学生捐赠 100 套绘图工具和三江乡贫困村定向扶持基金。7 月，北理工投入经费支持金秀县桐木镇三友村委开展了主题为“脱贫致富、共奔小康，你我同行、实现中国梦”的主题党日活动；科工院代表团和计算机学院代表团深入金秀县调研，积极为当地贫困户捐款。

【教育帮扶】 依托哈工大继续教育学院和哈工大附中等优秀资源开展教育帮扶。哈工大附中高中部与金秀县民族高中“结对子”，提供 10 个定向招收金秀县贫困家庭孩子免费就读哈工大附中高中部。哈工大把金秀县民族高中确定为优秀生源基地校，每年在金秀县民族高中单独设立高校专项计划面试点并划分适当名额。哈工大继续教育学院深入金秀县，招录了 21 名远程教育学生，并减免了这些学生的全部学费 16.09 万元。学校扶贫工作办公室组织全校师生开展爱心捐书活动累计捐赠 10008 册爱心书籍，在金秀县的部分中小学和三友村建立爱心图书室。

【科技帮扶】 依托哈工大学科和人才优势，为金秀县城镇发展提供规划设计，为产品深加工等提供技术支持。2016 年 12 月 7 日，哈工大化工与化学学院免费帮助金秀县将部分产品送权威单位检测，检测了 6 类生姜等农产品的营养成分、微量元素等重要指标，为产品推广提供科学依据，节省费用 5 万元。2016 年末，由科工院组织的，由机电学院、电气学院、化工与化学学院、计算机学院、交通学院等专家组成的科技帮扶代表团一行 7 人赴金秀调研，代表团走访了广西德坤瑶药业有限公司等多家金秀重点企业，就瑶药品种技术升级、道地药材萃取及多层次利用、保健品剂型改革、销售网络拓展等方面进行了深入交流，对部分企业需求给予了具体指导，对金秀特产进行科学系统分析、产品深加工开发、企业自动化改造等方面提出了建议，就滑塌路基现场处理技术方案的可行性问题与县交通部门进行了交流，并探讨了公路工程新技术在金秀地区应用以及金秀县作为交通科技项目试验基地的可能性，后续将整理形成具体帮扶方案，为金秀县发展提供持续支持。

（哈尔滨工业大学工会　张国宏）

2016年度中央、国家机关和有关单位定点扶贫情况统计表

单位名称	定点帮扶县名称	挂职干部数量(人)	赴定点县考察(人次)	本单位直接投入(含无偿和有偿)(万元)	帮助引进各类资金(含无偿和有偿)(万元)	培训情况	
						举办培训班(期)	培训人次
中央直属机关工作委员会	宁武(山西),平山(河北)	2	16	0	650	9	497
中国人民政治协商会议全国委员会办公厅	舒城、颍东(安徽)	10	2	0.6	2705432		
中共中央组织部	舟曲(甘肃),台江(贵州)	9	48	1195	387500	97	5920
中共中央宣传部	耀州(陕西),科尔沁右翼中旗(内蒙古)	6	30	5593.6	0	8	3565
中共中央统一战线工作部	赫章(贵州),晴隆、望谟(贵州)	5	33	182.7	4750	26	3300
中共中央对外联络部	行唐(河北)	2	80	103	3172	23	400
中共中央网络安全和信息化领导小组办公室	佛坪(陕西)	2	35	500	86600	3	7000
中央财经领导小组办公室	剑河(贵州)	1	20	0	103700	0	0
中央外事工作领导小组办公室	彭水(重庆)	1	2	0	1500	0	0
中央机构编制委员会办公室	化德(内蒙古)	2	53	150	680	3	190
人民日报社	虞城(河南),滦平(河北)	4	110	320	621545		
中央文献研究室	南召(河南)	2	3	14	160000	0	0
求是杂志社	杂多(青海)	3	8	52.5	0	0	0
全国总工会	和顺、壶关(山西)	6	35	610	0	2	300
中国共产主义青年团中央委员会	灵丘、石楼(山西)	10	20	505.28	1023.92	11	487
中华全国妇女联合会	漳县、西和(甘肃)	5	50	695.87	40	12	1174
中国文学艺术界联合会	武都(甘肃)	2	12	623	0	6	300
中国作家协会	临潭(甘肃)	2	0	61.09	0	0	0

续表

单位名称	定点帮扶县名称	挂职干部数量(人)	赴定点县考察(人次)	本单位直接投入(含无偿和有偿)(万元)	帮助引进各类资金(含无偿和有偿)(万元)	培训情况	
						举办培训班(期)	培训人次
中国科学技术协会	岚县、临县(山西)	4	39	1019	0	26	20000
中华全国归国华侨联合会	上饶(江西)	1	2	50	220	0	0
国家新闻出版广电总局	德格(四川),平顺(山西)	3	11	6608.51	630.92	4	28
新华社	石阡(贵州),新河(河北)	5	56	151.4	725	6	520
光明日报社	囊谦(青海)	1	15	732	0	1	16
经济日报社	赤城(河北)	1	8	40	80	1	20
中国日报社	会昌(江西)	2	19	230	150	1	549
中华全国台湾同胞联谊会	榆中(甘肃)	2	2	15	55	0	0
中央档案馆国家档案局	喜德(四川)	4	17	109.33	22.2	4	209
国家保密局	房县(湖北)	2	26	55.39	0	3	405
中共中央国家机关工作委员会	临城(河北),阳原(河北)	3	33	80.86	12670.1	0	0
全国人大常委会办公厅	太仆寺旗、察哈尔右翼前旗(内蒙古)	6	15	100	404	1	20
最高人民检察院	西畴、富宁(云南)	4	57	334.5	424700	8	336
外交部	麻栗坡、金平(云南)	3	20	0	1808	3	369
国家发展和改革委员会	灵寿(河北),田东(广西),汪清(吉林)	11	67	102000	330000	3	350
教育部	青龙、威县(河北)	10	15	1620	13647	—	2055
科学技术部	佳县、柞水(陕西),井冈山、永新(江西)	5	120	4000	980	12	730
工业和信息化部	洛宁、汝阳(河南),南部、嘉陵(四川)	5	31	813.27	122961	7	173
国家民族事务委员会	巴林右旗(内蒙古),德保(广西)	5	18	1330	0	3	36
安全部	敖汉旗(内蒙古),盐山(河北)	4	116	1500	18500	10	1000

续表

单位名称	定点帮扶县名称	挂职干部数量(人)	赴定点县考察(人次)	本单位直接投入(含无偿和有偿)(万元)	帮助引进各类资金(含无偿和有偿)(万元)	培训情况	
						举办培训班(期)	培训人次
民政部	遂川、莲花(江西)	3	66	30436.9	14148	8	360
财政部	平江(湖南),永胜(云南)	3	20	0	43006	51	6037
人力资源和社会保障部	天镇(山西),金寨(安徽)	3	60	120	80	4	800
国土资源部	赣县、宁都、兴国、于都(江西)	5	62	47959.18	0	1	10
环境保护部	围场、隆化(河北)	3	90	7181.9	0	0	0
住房和城乡建设部	湟中、大通(青海),红安、麻城(湖北)	5	40	53962	100	2	10
交通运输部	黑水、壤塘、小金、色达(四川)	6	35	24090	100000	2	91
水利部	城口、巫溪、丰都、武隆(重庆)	11	194	1837.73	112000	11	501
农业部	咸丰、来凤(湖北),龙山、永顺(湖南)	15	13	30284.68	0	20	14670
商务部	广安、仪陇(四川),城步(湖南)	4	35	107.6	0	14	1900
文化部	娄烦、静乐(山西)	4	71	163.16	100	9	1056
国家卫生和计划生育委员会	大宁、永和(山西),清涧、子洲(陕西)	8	15	800	0	28	5500
国家审计署	顺平(河北),丹寨(贵州)	4	12	100	17040.08	1	22
国务院国有资产监督管理委员会	平乡、魏县(河北)	4	10	200	10000	1	10
海关总署	鲁山、卢氏(河南)	6	326	998.16	70	4	353
国家税务总局	民和、平安(青海)	3	12	415.5	358	30	1000
国家质量监督检验检疫总局	民权(河南),礼县(甘肃)	2	156	250	22.64	4	325
国家安全生产监督管理总局	阳高、广灵(山西)	3	28	403	576	0	0
国家食品药品监督管理总局	临泉、砀山(安徽)	6	27	400	0	25	91
国家林业局	罗城、龙胜(广西),荔波、独山(贵州)	5	20	19390	178300	4	295

续表

单位名称	定点帮扶县名称	挂职干部数量(人)	赴定点县考察(人次)	本单位直接投入(含无偿和有偿)(万元)	帮助引进各类资金(含无偿和有偿)(万元)	培训情况	
						举办培训班(期)	培训人次
国家知识产权局	桑植(湖南),崇礼(河北)	6	240	394	190	9	350
国家宗教事务局	三都(贵州)	2	25	312.8	1906.95	3	120
国务院参事室	龙井(吉林)	2	18	0	0	1	150
国家机关事务管理局	阜平(河北)	5	95	128	1740	71	6363
国务院侨务办公室	积石山(甘肃)	2	25	0	602.02	8	590
国务院法制办公室	阜城(河北)	4	3	9.61	300	0	0
中国科学院	水城(贵州),环江(广西),库伦旗(内蒙古)	6	80	306.7	270	11	536
中国社会科学院	丹凤(陕西),上犹(江西)	2	43	599.05	0	2	981
中国工程院	会泽(云南),澜沧(云南)	4	62	310	2600	13	670
国务院发展研究中心	大名(河北)	2	78	161.5	52000	1	150
中国工程物理研究院	富平(陕西)	2	45	602.38	0	0	0
中国地震局	永靖(甘肃)	4	28	381	0	0	0
中国银行业监督管理委员会	和政、临洮(甘肃)	3	2	1458	19092	13	3974
中国证券监督管理委员会	隰县、汾西(山西),宿松、太湖(安徽),兰考(河南),桐柏(河南),延长(陕西),武山(甘肃)	15	11	2232	26259	11	870
中国保险监督管理委员会	察哈尔右翼中旗、察哈尔右翼后旗(内蒙古)	4	15	140	46.57	0	0
国家自然科学基金委员会	奈曼旗(内蒙古)	1	1	200	0	0	0
国家信访局	海兴(河北)	2	7	3	5322	2	180
国家粮食局	阜南(安徽)	2	14	79	900	1	78

续表

单位名称	定点帮扶县名称	挂职干部数量(人)	赴定点县考察(人次)	本单位直接投入(含无偿和有偿)(万元)	帮助引进各类资金(含无偿和有偿)(万元)	培训情况	
						举办培训班(期)	培训人次
国家能源局	清水、通渭(甘肃)	2	10	30	5500	2	1000
国家国防科技工业局	略阳、宁强(陕西)	3	31	90	0	0	0
国家烟草专卖局	竹溪、竹山(湖北)	4	19	4292	12.05	3	110
国家测绘地理信息局	海伦(黑龙江)	3	7	212	8115.64	2	27
国家铁路局	榕江(贵州)	1	13	102	0	0	0
中国民用航空局	策勒、于田(新疆)	3	11	357.4	173.6	3	11
国家邮政局	平泉(河北)	2	16	186	400	1	100
国家文物局	淮阳(河南)	2	10	930	95	0	0
国家中医药管理局	五寨(山西)	1	12	44.8	0	0	0
国家外汇管理局	巨鹿(河北)	2	35	9	900	1	90
国务院扶贫开发领导小组办公室	渭源(甘肃),雷山(贵州)						
国务院南水北调办公室	十堰市郧阳区(湖北)	2	36	8.5	0	3	240
中华全国供销合作总社	潜山(安徽),寻乌(江西)	4	25	1013.4	760	1	150
中国国际贸易促进会	林甸(黑龙江),从江(贵州)	5	235	225.25	3000	2	640
中国宋庆龄基金会	彭阳(宁夏)	2	6	50	0	1	18
中国铁路总公司	和田(新疆),栾川(河南),勉县(陕西),原州(宁夏)	4	117	1030	0	0	0
中国中信集团公司	元阳、屏边(云南),黔江(重庆)	6	3	1290	60000	4	60
中国光大集团股份公司	新化、古丈、新田(湖南)	4	35	1445.62	0	9	1650
中国邮政集团公司	商州、洛南(陕西)	4	185	2762.2	0	5	156

续表

单位名称	定点帮扶县名称	挂职干部数量(人)	赴定点县考察(人次)	本单位直接投入(含无偿和有偿)(万元)	帮助引进各类资金(含无偿和有偿)(万元)	培训情况	
						举办培训班(期)	培训人次
国家开发银行	道真、务川、正安(贵州),古蔺(四川)	6	80	201724	25000	11	18
中国进出口银行	岷县(甘肃),云阳(重庆)	3	57	524	28839	0	0
中国农业发展银行	大安(吉林),隆林(广西),锦屏(贵州),马关(云南)	12	275	328819	9330	1	15
中国工商银行股份有限公司	南江、通江、万源、金阳(四川)	5	281	56628	1741	21	3031
中国农业银行股份有限公司	武强、饶阳(河北),秀山(重庆),黄平(贵州)	7	72	213150.6	45300	18	836
中国建设银行股份有限公司	汉滨、紫阳、汉阴、岚皋(陕西)	14	783	1472.48	8500	9	402
交通银行股份有限公司	天祝(甘肃),理塘(四川),浑源(山西)	5	74	524	0	0	0
中国人民保险集团股份有限公司	乐安、吉安(江西),桦川(黑龙江),留坝(陕西)	4	51	456.88	250	4	602
中国人寿保险集团有限公司	龙州、天等(广西),郧西、丹江口(湖北)	12	19	1600	10000	3	100
中国太平保险集团公司有限责任公司	两当(甘肃),裕安(安徽)	4	10	265.02	0	0	0
中国出口信用保险公司	霍邱(安徽),余干(江西)	3	6	1000	0	0	0
中国长城资产管理公司	陇县(陕西)	2	12	30	0	1	10
中国东方资产管理公司	邵阳(湖南)	2	53	200	12	3	300
中国信达资产管理股份有限公司	乐都(青海)	3	3	107	0	4	120
中国民生银行股份公司	封丘、滑县(河南)	5	28	8064.04	0	1	95
中国核工业集团公司	石柱(重庆),同心(宁夏)	3	45	389	0	2	80
中国航天科技集团公司	太白、洋县(陕西),涞源(河北)	8	161	1453	9700	11	873
中国航天科工集团公司	富源、东川(云南)	3	102	286.4	99.4	2	7

续表

单位名称	定点帮扶县名称	挂职干部数量(人)	赴定点县考察(人次)	本单位直接投入(含无偿和有偿)(万元)	帮助引进各类资金(含无偿和有偿)(万元)	培训情况	
						举办培训班(期)	培训人次
中国船舶重工集团公司	勐腊、丘北(云南)	4	68	335.2	7.2	0	0
中国兵器工业集团公司	红河(云南),甘南(黑龙江)	4	44	460	0	0	0
中国兵器装备集团公司	泸西、砚山(云南)	3	89	4000	0	1	132
中国电子科技集团公司	绥德(陕西),叙永(四川)	3	60	680	46.86	87	5090
中国海洋石油总公司	保亭、五指山(海南),夏河、合作(甘肃),卓资(内蒙古)	6	12	2000	962.4	13	224
中国华能集团公司	横山(陕西),阿合奇(新疆)	3	11	1210	0	5	350
中国大唐集团公司	大化(广西),澄城(陕西)	5	60	468.5	0	4	55
中国华电集团公司	乌恰、阿图什(新疆)	3	10	0	0	0	0
国家电力投资集团公司	商城(河南),美姑(四川),延川(陕西)	6	59	1400	1235	6	181
中国长江三峡集团公司	巫山、奉节(重庆),万安(江西),巴林左旗(内蒙古)	5	12	1233.36	-	2	100
神华集团有限责任公司	米脂、吴堡(陕西),布拖、普格(四川)	6	54	1000	0	0	0
中国移动通信集团公司	汤原、桦南(黑龙江),白沙(海南),疏勒、洛浦、阿克陶(新疆)	7	6	1148	270	0	0
中国电子信息产业集团有限公司	镇安(陕西),阆中(四川),松桃(贵州),临高(海南)	5	20	609.3	370	40	3000
中国机械工业集团有限公司	固始、淮滨(河南),朝天(四川)	6	180	1254.5	0	9	550
中国东方电气集团有限公司	昭觉(四川),吉县(山西)	4	19	589.69	0	0	0
鞍山钢铁集团公司	塔什库尔干(新疆),盘县(贵州)	3	10	50.7	0	0	0
中国铝业股份有限公司	阳新(湖北)	2	12	100	0	9	403

续表

单位名称	定点帮扶县名称	挂职干部数量(人)	赴定点县考察(人次)	本单位直接投入(含无偿和有偿)(万元)	帮助引进各类资金(含无偿和有偿)(万元)	培训情况	
						举办培训班(期)	培训人次
中国远洋海运集团有限公司	沅陵、安化(湖南),永德(云南)	9	32	3542.05	660	4	181
中国航空集团公司	苏尼特右旗(内蒙古),昭平(广西)	3	10	835	0	0	0
中国中化集团公司	林西、阿鲁科尔沁旗(内蒙古)	3	63	11013.68	739.32	25	3652
中粮集团有限公司	延寿、绥滨(黑龙江),乌什(新疆),隆安(广西),甘孜、石渠(四川)	9	30	1569.2	0	3	100
中国通用技术(集团)控股有限责任公司	武川、商都(内蒙古)	3	15	480	0	0	0
中国建筑工程总公司	卓尼、康乐、康县(甘肃)	5	6	889.05	0	1	100
国家开发投资公司	罗甸、平塘(贵州),合水、宁县(甘肃)	5	73	1931	0	0	0
招商局集团有限公司	威宁(贵州),蕲春(湖北)	7	63	3820.57	0	2	80
华润(集团)有限公司	广昌(江西),海原(宁夏)	7	98	70499	48	23	389
中国节能环保集团公司	嵩县(河南),富川(广西)	3	15	305	0	0	0
中国国际工程咨询公司	利辛(安徽)	2	0	30	0	0	0
机械科学研究总院	新县(河南)	2	106	0	9000	3	1000
中国冶金科工集团有限公司	沿河、德江(贵州)	1	—	0	0	0	0
中国化工集团公司	古浪(甘肃),平山(河北)	3	15	100.18	0	0	0
中国化学工程集团公司	环县、华池(甘肃)	3	3	476.8	0	0	0
中国工艺(集团)公司	鲁甸、巧家(云南)	3	9	31	3000	1	83
中国恒天集团有限公司	平陆(山西)	2	6	200	0	1	260

续表

单位名称	定点帮扶县名称	挂职干部数量(人)	赴定点县考察(人次)	本单位直接投入(含无偿和有偿)(万元)	帮助引进各类资金(含无偿和有偿)(万元)	培训情况	
						举办培训班(期)	培训人次
中国建材集团有限公司	石台(安徽),泾源(宁夏),昭阳、永善、绥江(云南)	10	15	1070	14.9	4	75
中国有色矿业集团有限公司	梁河(云南)	2	4	201.3	0	0	0
中国国际技术智力合作公司	姚安、大姚(云南)	2	4	427.4	0	1	500
中国建筑科学研究院	偏关(山西)	2	5	25	0	0	0
中国中车股份有限公司	麦积、甘谷(甘肃),那坡、靖西(广西)	5	23	806	0	0	0
中国铁路通信信号集团公司	社旗(河南)	2	1	114.63	205	2	60
中国交通建设股份有限公司	贡山、福贡、泸水、兰坪(云南),英吉沙(新疆)	5	20	1788	0	3	47
中国中丝集团公司	忻城(广西)	2	3	0	0	0	0
中国林业集团公司	通道(湖南)	2	8	40	0	0	0
中国医药集团总公司	靖宇(吉林),治多(青海)	3	15	71	0	1	2
中国民航信息集团公司	神池(山西)	2	7	253.1	55.75	0	0
中国航空器材集团公司	白水(陕西)	2	22	136.11	0	0	0
中国电力建设集团有限公司	剑川(云南),民丰(新疆)	27	39	1474.4	505	13	270
中国能源建设集团有限公司	镇巴(陕西),西林(广西)	4	30	325	0	5	370
中国黄金集团公司	贞丰(贵州),新蔡(河南)	4	42	195.8	507	6	127
中国广核集团有限公司	乐业、凌云(广西)	3	11	167.8	0	1	20
上海贝尔股份有限公司	宁蒗(云南)	2	7	36.8	0	1	2
武汉邮电科学研究院	大悟(湖北)	2	12	23.2	0	0	0
中国西电集团公司	麟游(陕西)	2	60	15.9	0	0	0
中国铁路物资(集团)总公司	孝昌(湖北)	1	9	98	2877	80	3000
中国国新控股有限责任公司	利川(湖北)	2	6	72	0	1	45

续表

单位名称	定点帮扶县名称	挂职干部数量(人)	赴定点县考察(人次)	本单位直接投入(含无偿和有偿)(万元)	帮助引进各类资金(含无偿和有偿)(万元)	培训情况	
						举办培训班(期)	培训人次
中国国民党革命委员会中央委员会	纳雍(贵州)	1	94	583.5	1000	9	1052
中国民主同盟中央委员会	广宗(河北)	1	45	5	294	5	240
中国民主建国会中央委员会	丰宁(河北)	1	60	208	1200	3	396
中国民主促进会中央委员会	安龙(贵州)	4	140	170.7	2805.8	3	460
中国致公党中央委员会	酉阳(重庆)	1	100	150	80	1	50
九三学社中央委员会	旺苍(四川)	2	79	19.35	101	1	45
台湾民主自治同盟中央委员会	赫章(贵州)	1	50	84.9	0	3	1336
全国工商业联合会	织金(贵州)	2	39	2010	2000	2	150
清华大学	南涧(云南)	2	61	110	962.5	10	601
北京科技大学	秦安(甘肃)	2	9	60.92	36	1	50
中国农业大学	镇康(云南)	2	21	138	105	8	1460
北京林业大学	科尔沁右翼前旗(内蒙古)	2	26	40	0	0	0
中国地质大学(北京)	化隆(青海)	2	15	92.01	1450	2	99
中国矿业大学(北京)	都安(广西)	3	27	31.22	114.8	2	70
南开大学	庄浪(甘肃)	2	67	50	105	10	1500
山东大学	确山(河南)	2	30	35	200	2	150
吉林大学	通榆(吉林)	2	150	150	0	14	1324
东北林业大学	泰来(黑龙江)	2	22	6	0	0	0
复旦大学	永平(云南)	3	125	354	1200	9	600
华东理工大学	寻甸(云南)	2	24	17.73	0	1	48
东华大学	盐津(云南)	3	35	63.6	0	5	330

续表

单位名称	定点帮扶县名称	挂职干部数量(人)	赴定点县考察(人次)	本单位直接投入(含无偿和有偿)(万元)	帮助引进各类资金(含无偿和有偿)(万元)	培训情况	
						举办培训班(期)	培训人次
南京大学	双柏(云南)	2	19	137.95	0	1	81
东南大学	南华(云南)	2	51	268	77.4	3	473
河海大学	石泉(陕西)	2	28	52.48	0	1	6
南京农业大学	麻江(贵州)	2	24	30	4	4	170
中国药科大学	镇坪(陕西)	2	48	155	520	5	360
浙江大学	景东(云南)	3	42	166.78	526.73	10	1700
华中科技大学	临翔(云南)	3	173	180	143	17	2840
武汉大学	恩施(湖北)	5	430	608.5	503	8	391
华中农业大学	建始(湖北)	9	82	331.32	228	24	4800
中南大学	江华(湖南)	6	135	982	428	21	1714
华南理工大学	云县(云南)	3	48	8.77	381.17	18	3000
四川大学	甘洛(四川)	3	107	77.38	124.66	2	425
电子科技大学	岑巩(贵州)	2	30	83	0	3	410
西安交通大学	施甸(云南)	3	40	160	0	18	1000
西北农林科技大学	合阳(陕西)	2	212	509.5	500	18	4000
西安电子科技大学	蒲城(陕西)	2	75	203.3	38.3	4	152
长安大学	商南(陕西)	3	22	10.7	100	4	143
北京航空航天大学	中阳(山西)	2	26	152	100	8	156
北京理工大学	方山(山西)	2	500	150	30000	4	300
西北工业大学	融水(广西)	2	26	79	0	10	2935
哈尔滨工业大学	金秀(广西)	2	65	74.6	449	3	103

注：根据各定点扶贫单位提供的数据整理。

（三）军队和武警部队扶贫

军队和武警部队扶贫

【概述】 2016年，军队和武警部队坚决贯彻中共中央、国务院、中共中央军事委员会（以下简称“中央军委”）有关决策，在完成军事任务的同时，按照中央脱贫攻坚总体部署，坚持以革命老区、民族地区、边疆地区和集中连片特困地区为重点，紧紧围绕“精准”二字聚焦用力，充分发挥自身优势和作用，扎实开展定点帮扶，集中支援基础设施和生态文明建设，持续深入做好改善民生工作，积极实施产业、教育、医疗和科技扶贫，配合搞好文化惠民工程，为帮助贫困群众加快脱贫步伐、促进贫困地区经济社会发展，助推实现全面建成小康社会奋斗目标做出了新的贡献。

【工作指导】 中央军委政治工作部认真履行职责，根据中共中央办公厅、国务院办公厅《贯彻实施〈中共中央 国务院关于打赢脱贫攻坚战的决定〉重要政策措施分工方案》明确的分工任务，积极配合中央国家机关有关部门，指导军队和武警部队发挥自身优势和作用，扎实做好参与脱贫攻坚工作。2016年3月，中央军委政治工作部会同国务院扶贫办联合印发《关于军队参与打赢脱贫攻坚战的意见》，明确当前和今后一个时期军队参与脱贫攻坚的指导思想、基本原则、主要任务和措施要求等；4月，在北京召开军队参与打赢脱贫攻坚战任务部署会，对部队做好脱贫攻坚工作特别是精准扶贫、精准脱贫工作进一步作出动员部署。中央军委政治工作部群众工作局按照军委、军委政治工作部领导指示要求，围绕“充分发挥军队优势和作用，协助地方打赢脱贫攻坚战”深入开展专题调研，及时了解掌握部队开展精准扶贫、精准脱贫情况，研究解决遇到的矛盾问题，推动军队脱贫攻坚工作深入开展。2016年初，着眼提高军队参与脱贫攻坚的精准度，组织研发军队参与打赢脱贫攻坚战信息管理系统，实现了对部队各级帮扶对象、帮扶项目、帮扶行动、帮扶成果等信息的精确掌握，2016年10月底前已全部配发至任务部队安装使用。

中央军委机关和副战区级以上单位，认真贯彻落实习主席关于党政军机关带头做好定点扶贫工作的重要指示，按照《关于军队参与打赢脱贫攻坚战的意见》要求，把定点帮扶贫困村作为一件大事来抓，指定专人具体负责这项工作，派出工作组进村入户开展实地调研，与村干部、贫困群众面对面商议脱贫对策，因地制宜实施产业项目扶持、基础设施援建、教育和医疗扶贫等帮扶措施，以实实在在的帮扶行动让贫困群众得到实惠，为部队参与打赢脱贫攻坚战立起标杆。有关省份、省军区系统和扶贫任务重的驻军单位普遍参加地方各级扶贫开发领导机构，军地及时搞好需求对接、加强工作协调配合、扎实开展精准扶贫、精准脱贫、形成了军地共同打赢脱贫攻坚战的整体合力。

【扶贫日活动】 中央军委政治工作部专门下发意见、对组织指导部队参与“扶贫日”活动提出明确要求。各级深入搞好思想发动，认真制定计划方案、加强军地沟通联系，严密协调组织实施、推动了“扶贫日”活动扎实开展、取得实效。中央军委政治工作部原副主任贾廷安出席“全国脱贫攻坚奖”表彰大会，陪同国务院副总理汪洋接见全国脱贫攻坚奖全体获奖者、扶贫系统先进集体和先进工作者代表；中央军委政治工作部群众工作局派人分别参加学习贯彻习近平总书记扶贫开发战略思想研讨会、“2016 扶贫日论坛——社会扶贫平行论坛”，并在论坛上以“充分发挥部队优势作用，全力支持配合打赢脱贫攻坚战”为题进行主旨发言，介绍军队和武警部队参与脱贫攻坚情况。在全国省、市、县各个层级，驻军部队积极参加当地举办的“扶贫日”募捐、慰问贫困群众等活动，还组织官兵走进贫困村镇和社区，广泛开展多种形式的爱民助民活动，积极为贫困群众做好事办实事，有力支持了各地“扶贫日”活动的开展。“扶贫日”当天，军队卫生系统组织全军 157 所医院，在全国革命老区同步开展为老红军老干部和老区人民送健康主题日活动，共接诊和上门巡诊 9.5 万余人次，并对当地医疗机构进行业务帮带指导，深受当地干部群众欢迎。

【定点扶贫】 承担定点扶贫任务部队，认真贯彻精准扶贫、精准脱贫基本方略，按照“扶真贫、真扶贫、真脱贫”要求，坚持以定点帮扶革命老区、民族地区、边疆地区和连片特困地区贫困村为重点，因地制宜制定脱贫方案和实施计划，并明确细化目标、任务、责任和举措，力求做到帮扶对象精准、帮扶目标精准、帮扶项目精准、帮扶措施精准，让贫困群众真正得到实惠。2016 年，军队领导指挥体制改革全面实施，许多新组建单位刚刚调整到位，就接过扶贫工作接力棒，确保定点帮扶接续不断线。全军和武警部队共确定定点帮扶贫困村 3500 多个，助力 20 多万贫困户、40 多万贫困人口脱贫，取得了初步成效。

【教育扶贫】 为配合地方实施教育扶贫工程，结合纪念红军长征胜利 80 周年，全军部队持续做好对长征沿线 100 多所“八一爱民学校”援建工作，帮助学校改善基础设施，协调解决办学中遇到的实际困难和问题，大力支持贫困地区基础教育事业发展。驻东中部经济发达地区部队，协调驻地优质学校与援建学校建立联系交流机制，帮助培训师资力量，助推援建学校不断提高教学质量和水平。各级注重发挥部队思想政治工作优势，帮助援建学校积极挖掘和用好红色资源，协调组织老红军、老革命、老战士和英模代表走进校园，讲好红军长征等红色故事，并根据学校需求，安排军政素质过硬的官兵担任校外辅导员，协助开展爱国主义和革命传统教育，助推爱党爱国爱军的红色基因在学校师生中代代相传。各部队持续深入开展“1+1”“N+1”捐资助学活动，组织发动官兵特别是团以上干部重点与建档立卡贫困家庭学生建立稳定帮扶关系，先后结对资助学生27万多人，既从经济上给予必要的经费支持，帮助他们顺利完成学业，又注重在精神上教育鼓励，帮助他们提高综合素质，努力从根本上阻断贫困代际传递。

【健康扶贫】 根据中央扶贫开发工作会议精神和健康扶贫有关要求，中央军委政治工作部会同中央军委后勤保障部、国家卫生和计划生育委员会、国务院扶贫办等有关部门，先后印发《关于印发加强三级医院对口帮扶贫困县县级医院工作方案的通知》《关于实施健康扶贫工程的指导意见》，组织87所军队和武警部队医院与113所贫困县县级医院开展对口帮扶，进一步提升贫困县县级医院服务能力，助力农村贫困人口医疗健康水平提高。全军医疗卫生机构继续扎实做好与2100多个贫困乡镇（村）卫生院（室）的挂钩帮带工作，帮助培训医务人员5000多人，协助搞好重大传染病、地方病和慢性病防治，改善医疗卫生条件；积极参加“心蕾工程”“光明行动”等专项医疗救治活动，组织医疗队深入贫困地区送医送药、巡诊治病20万多人次，不断加大对建档立卡贫困群众的医疗救助力度，帮助贫困群众缓解看病难、看病贵问题，努力为减少因病致贫、因病返贫创造医疗条件。

【兴边富民行动】 驻边疆地区部队在保卫边防安全的同时，积极参加兴边富民行动，派出工作队深入驻地贫困乡镇，配合加强对各族群众的爱国主义教育、国防教育和扶贫宣传，深入开展民族团结进步创建活动；扎实做好与贫困村结对共建工作，协助巩固和加强基层政权组织。针对边疆地区实际，主动支持边疆农村牧区基础设施建设，帮助整修乡村道路、修建桥梁，改善群众出行、饮水、用电等生产生活条件；扶持发展边境贸易和特色经济，助推沿边开发开放和群众生活水平提升，促进边民安心守边固边。新疆军区持续做好支持自治区“安居富民、定居兴牧”工程建设，帮助塔什库尔干、墨玉县拉运建材物资，援建安居富民房，促进自治区各族人民安居乐业。

【政策宣传和党建帮扶】 驻贫困地区部队充分发挥思想政治工作优势，组织官兵深入偏远乡村和牧区，大力宣传党和国家脱贫攻坚决策部署和惠农富农政策，引导贫困群众更新思想观念，树立宁愿苦干、不愿苦熬的思想，坚定用辛勤劳动改变贫困落后面貌的信心。组织官兵到驻地乡村开展文艺演出、文体比赛等军民联谊活动，积极传播文明新风，宣扬社会主义核心价值观，丰富贫困群众精神文化生活。广泛开展军地基层党组织互学互帮互促活动，共学创新理论、共过组织生活、共解发展难题，帮助贫困村党支部建设成为团结带领群众脱贫致富奔小康的坚强战斗堡垒。空军驻疆部队帮建的乌鲁木齐市乌鲁木齐县水西沟镇东湾村，由过去有名的“上访村”一跃成为全县“十强村”，村民上访明显减少，刑事案件率大幅下降。

【扶贫济困】 各级坚持从贫困地区贫困群众最关心、最直接、最现实的利益问题入手，不断加大经常性扶贫济困力度，做好“解民忧、惠民生、暖民心”工作。驻农村地区部队持续做好关爱服务农村留守老人、留守妇女、留守儿童工作。驻宁夏、内蒙古的给水工程部队主动在缺水贫困地区找水打井，积极缓解当地群众用水难问题。各部队对常年帮扶的 4 万多户特困群众家庭、8000 多名孤寡老人和残疾人，在每年元旦、春节、八一、十一、“扶贫日”等期间，主动走访慰问，送去米面油衣等生活物品。

【扶贫宣传】 为配合实施打赢脱贫攻坚战，从 2016 年 2 月起，《解放军报》、中央人民广播电台、中央电视台等军地主要新闻媒体开设《脱贫攻坚 · 中国军人在行动》等专栏、专题，综合运用报刊、广播、电视、网络等多种手段，有计划有重点宣传中共中央脱贫攻坚重大决策部署，宣传党和国家的扶贫成就，宣传军队参与精准扶贫、精准脱贫的经验做法和涌现的先进典型。军队媒体所属网站和微博、微信、移动客户端同步搞好相关宣传报道，各部队普遍利用板报、墙报、军营广播和闭路电视等形式，并协调驻地新闻媒体大力宣扬脱贫攻坚的身边人身边事，形成了鲜明导向。2016 年，军地主要新闻媒体，共刊发军队扶贫稿件 600 余篇，营造了军地合力打赢脱贫攻坚战的浓厚舆论氛围。

（中共中央军事委员会政治工作部
群众工作局　刘　彬）

（四）社会组织扶贫

综　　述

社会组织具有专业化、灵活性、精细化服务的特点，历来是扶贫济困的重要生力军。按照中共中央、国务院的安排部署，国务院扶贫办积极推动社会组织参与扶贫。

一是出台法律和政策措施引导社会组织参与扶贫开发。2016年3月全国人大通过《慈善法》，为社会力量参与精准扶贫提供了重要的法律保障和政策支持。《慈善法》明确将扶贫济困定义为公益慈善活动，将开展扶贫济困的社会组织定义为慈善组织，鼓励社会各界为扶贫济困开展慈善捐赠，支持以扶贫济困为宗旨的慈善组织开展公开募捐、慈善信托、慈善服务等活动，从志愿服务、信息公开、专业人才培养、购买服务、税收减免、金融服务、表彰制度等方面规定了各项促进措施，并特别强调：国家对开展扶贫济困的慈善活动，实行特殊的优惠政策。

二是指导开展社会组织精准扶贫行动。为更好地动员社会组织参与扶贫开发，国务院扶贫办与民政部联合召开了社会组织精准扶贫座谈会，指导中国扶贫基金会、中国扶贫志愿服务促进会等联合开展社会组织精准扶贫行动，邀请全国部分5A级基金会及其他相关机构参与，根据各地提出的帮扶需求，设计申报精准扶贫公益品牌项目，动员广大社会力量参与精准扶贫。国务院扶贫办主管社团中国扶贫志愿促进会、中国扶贫基金会、中国扶贫开发协会、中国老区建设促进会、友成企业家扶贫基金会等社会组织示范带头，策划并实施了很多精准扶贫项目，打造了社会组织扶贫品牌。

三是培育发展社会组织，为贫困地区弱势群体提供更完善的公共服务。国家层面简政放权，取消全国性社会团体分支机构、代表机构登记行政审批，取消社会团体筹备成立审批，完善公益慈善等四类社会组织直接登记认定指引，民政部与财政部共同发布取消社会团体会费标准备案的通知，更多向社会让渡空间，促进社会力量更多发挥内生潜力。相关部门修订《社会团体登记管理条例》《基金会管理条例》《民办非企业单位登记管理暂行条例》，继续为社会组织的培育和发展提供良好环境。

四是搭建社会力量参与精准扶贫的平台。国务院扶贫办主管的中国扶贫志愿服务促进会紧扣精准扶贫精准脱贫方略开展工作，筹建中国社会扶贫网，建立权威、公正的社会扶贫供需对接平台，该网一期已见成效。

（国务院扶贫办社会扶贫司 宿盟）

中国扶贫基金会扶贫

【概述】 2016年，中国扶贫基金会紧紧围绕理事会确定的“精准扶贫，稳健发展”的年度工作定位开展各项工作，完成年度各项工作目标。2016年中国扶贫基金会筹措扶贫款物47116.79万元，投入扶贫款物48347.52万元。截至2016年末，中国扶贫基金会从成立以来累计筹措扶贫款物248.67亿元，受益贫困人口和灾区民众2908.72万人次。

培育项目探索取得较大进展。美丽乡村项目快速发展，国际化项目在五个国家落地，电商扶贫项目模式成型并初见成效，养老项目在四川省雅安市进入执行阶段，童伴计划得到各界的认可，项目规模逐渐扩大，针对因病致贫设计的顶梁柱计划也已在江西省实施。

四大领域项目稳步推进，受益人次共计429.40万人次。其中：生计扶贫200.42万人次，救灾扶贫60.98万人次，教育扶贫124.57万人次，健康扶贫41.95万人次，其他1.48万人次。

互联网筹款稳健发展。个人捐款第二年占到机构总捐款收入的40%以上，月捐筹款取得突破，年度月捐规模已达1000万元。公众筹款采用与多平台合作的方式，注重团队建设，提供优质的捐赠客户服务，搭建可持续的筹款渠道。

倡导型项目继续发力。坚持倡导人人可公益慈善理念，倡导公众积极参加反贫行动，实现了14.35亿次的个人捐赠，6.1万名志愿者提供了130.9万小时的志愿服务；积极参与行业建设，推动行业稳妥规范发展；努力倡导与推动中国民间组织步入国际反贫及人道主义救援的舞台，承办商务部与欧盟组织的中欧民间合作对话会；派代表参加在日内瓦召开的联合国人权理事会第32届会议和在青岛召开的第三届C20大会，代表中国的NGO组织在国际舞台上发言。

积极配合国务院扶贫办筹备全国脱贫攻坚奖评选工作、参与推动社会组织参与精准扶贫、筹备电商扶贫论坛和社会扶贫论坛、配合国务院扶贫办开展对口帮扶工作。

进一步加强党建，努力提升机构管理水平和团队能效，行政、财务、人力、监测、宣传、信息化等工作进展顺利，切实提升机构的管理水平和抵御风险的能力。通过机构与项目的规范管理和制度建设以及各种大型活动的开展、传播，机构影响力不断提升，为机构的进一步发展提供了有力的保障。

【美丽乡村项目】 2016年美丽乡村项目收到社会各界捐赠款物1050万元，项目投入1051.68万元。“美丽乡村”项目致力于搭建乡村和外部联结平台，在精准扶贫思想的指导下，通过“景区带村、能人带户”等方式，积极引入社会资金、信息和人才等要素，推动乡村可持续发展。截至2016年末，项目惠及4省5县的5个贫困村，共计1224户4719人，其中建档立卡贫困户322户1095人。

【善品公社项目】 2016年善品公社项目收到社会各界捐赠款物242.69万元，项目投入37.13万元。截至2016年末，已经完成运作模式及业务模型探索，项目点涉及四川、陕西、山西、吉林4省10县（市、区），立项扶持了黄果柑、猕猴桃等8个品类。2016年实现线上交易额424万元、带动合作社实现线下交易额1500万元，为参与其中的农户人均增收逾700元。

【紧急救援项目】 2016年紧急救援项目收到社会各界捐赠款物3513万元，项目投入7260.15万元。2016年项目启动31次灾害救援行动，惠及中国16个省（区、市）和厄瓜多尔、海地2个国家的25.72万人（次）。同时，在减防灾领域，还在18个省（区、市）开展了“向灾害SAY NO”社区减防灾倡导活动，在云南省巧家县10所小学开展校园安全教室项目。

【公益倡导项目】 2016年公益倡导项目收到社会各界捐赠款物1094.53万元，项目投入1633.86万元。主要开展公益未来、善行者、饥饿24以及梦想合唱团等多种项目，并与外交部联合主办“大爱无国界”国际义卖活动，尝试开展“小小公益传播官”等倡导活动。公益未来项目在2016年支持29个省（区、市）86个城市190所高校292个公益社团发展，超过5万名大学生志愿者参与，累计志愿服务时间118.85万小时。善行者项目，倡导人人可公益，通过“亲近自然自我挑战”的方式参与公益，2016年9月，2016年善行者公益徒步筹款活动在北京市举办，800支队伍3200名队员参与。

【NGO发展项目】 2016年NGO发展项目收到社会各界捐赠款物9716.14万元，项目投入5626.84万元。NGO发展项目包含人人公益、民生爱的力量以及公益同行等项目。2016年9月，正式启动了第二届ME公益创新资助计划，经资格审查、项目评审、项目答辩、实地走访等环节，从申报的400余公益项目（机构）中评选出21家机构，每家可获得50万元资助资金。

【爱加餐项目】 2016年爱加餐项目收到社会各界捐赠款物34732266.99元，项目投入40627646.82元，受益儿童达15.6万人次。项目优考虑覆盖建档立卡村和贫困生数量较多的学校，目前，爱心厨房项目学校共覆盖781个建档立卡村，受益学生5.7万人。

截至2016年末，项目覆盖云南、四川、

广西、贵州等10个省（区）、37个市（州）、74个县（区），累计提供了3800余万份的营养加餐，完成1164所标准化的爱心厨房建设。此外，项目还为全国20省82县56.3万人次儿童提供了68.4万包蜜儿餐。全国共有3.5万名志愿者先后参与项目的系列爱心活动。

【溪桥工程项目】 2016年溪桥工程项目收到社会各界捐赠款物606.08万元，项目投入791.71万元，在全国10省16县援建便民桥78座，受益人次达14.98万。

溪桥工程项目旨在为贫困地区乡村援建便民桥，架设爱心，让过河者有其桥。截至2016年末，项目在全国24个省（区、市）163个县累计建造653座便民桥，受益总人数约92万人。

【筑巢行动项目】 2016年筑巢工程项目收到社会各界捐赠款物1200.6万元，项目投入1333.52万元。项目旨在为贫困地区的乡村完小修建学生宿舍，为贫寒学子撑起一个温暖的家。在众多爱心企业和爱心人士的支持下，截至2016年末，项目已在全国18个省206个县援建220所学校宿舍，受益人数达9.3万人。

【中小扶贫项目】 2016年中小扶贫项目收到社会各界捐赠款物8631.08万元，项目投入6873.72万元。中小扶贫项目多为企业或机构定向捐赠资金、额度不大、项目周期较短的扶贫项目。本项目包括小学援建、饮水工程、平房改造、甘肃惠农、恒大扶贫、社区发展项目等。

【儿童发展计划项目】 2016年儿童发展计划项目收到社会各界捐赠款物558.06万元，项目投入360.14万元。2016年，项目继续为贵州省威宁彝族回族苗族自治县项目学校建设爱心厨房，修建阳光操场和图书角；发放美术包、温暖包、学校型体育包、图书包等生活和学习用品；举行教师培训，开展夏令营活动。加油课程在项目学校1—6年级全面开展，此外该课程还在吉林、四川、江西3省51所学校每周开展一次。

【养老项目】 养老项目是中国扶贫基金会以公益的力量倡导“尊老、爱老、护老”，积极应对人口老龄化社会趋势，探索为贫困弱势老年人群提供养老服务，实现终点公平的新尝试。项目选择以四川省雅安市为项目试点，2016年与雅安市民政局、雅安市社会福利院共同打造雅安公益养老示范项目。通过社区调研、深度访谈、实地考察，形成养老调研报告与行业分析报告。在此基础之上引入专家资源，开展专家研讨，为政府部门编撰了《雅安市“十三五”养老服务业发展规划》。

【童伴计划项目】 2016年童伴计划项目收到社会各界捐赠款物931.54万元，项目投入298.62万元。2016年是童伴计划项目实施的第二年，项目通过“一个人·一个家·一条纽带”的模式，建立留守儿童监护网络，探索农村留守儿童福利保障的有效途径，为政府决策提供依据。截至2016年末，项目覆盖四川、贵州的20县

200 个村，受益儿童近 10 万人。

【母婴平安 120 项目】 2016 年母婴平安 120 项目收到社会各界捐赠款物 2595. 45 万元，项目投入 2417. 79 万元。母婴平安项目自启动以来，先后开展了母婴平安 120 行动项目、助明计划、大病项目等。截至 2016 年末，项目累计投入资金 1. 3 亿元，项目覆盖云南、宁夏、安徽、四川等 11 省（区、市）22 个县（市、区），项目受益人达 52. 5 万人次。

【新长城助学项目】 2016 年，新长城助学项目收到社会各界捐赠款物 3610. 74 万元，项目投入 3149. 97 万元。新长城助学项目包括新长城特困大学生自强项目和高中生自强班项目等。2016 年，新长城大学生资助项目受益人数为 5171 人，特困高中生自强班项目受益人数为 9023 人，其中新生 2490 人。“圆梦 832 贫困高中生关爱行动”致力于帮助贫困地区青年通过接受普通高中教育实现成才梦想，此活动截至 2016 年末已在 10 个试点县开班。

【爱心包裹项目】 2016 年，爱心包裹项目收到社会各界捐赠款物 7163. 46 万元，项目投入 8506. 6 万元，惠及 29 个省、193 个县、4185 所学校、60. 95 万名学生。2016 年，爱心包裹项目实施了受益地区集中管理，优化了名址收集，对美术包供应商开展了竞争性谈判，择优选定供货商，确保生产质量。

自 2009 年项目启动到 2016 年 12 月 31 日，项目惠及 31 个省（区、市）、710 个县、2. 12 万所学校、466. 5 万名学生，同时还有 6549 个家庭受益。

【小额信贷项目】 截至 2016 年底，小额信贷项目覆盖全国 18 个省 235 个县，其中 85%为国家扶贫开发工作重点县和省级贫困县，其他为欠发达地区和灾区县。小额信贷项目已经累计发放农户小额贷款 165. 9 万笔，192. 19 亿元，户均余额 11887 元，30 天以上的风险贷款率为 0. 77%。2016 年，共发放贷款 39. 68 万笔、66. 5 亿元，91. 93%的贷款面向农村妇女。2016 年 7 月 1 日，推出建档立卡贫困户贷款优惠政策，建档立卡贫困户申请贷款时可享受利率下调 1%的优惠。

【国际项目】 2016 年国际项目收到社会各界捐赠款物 1220. 92 万元，项目投入 1523. 62 万元。国际项目包含国际微笑儿童项目、尼泊尔灾后重建项目以及胞波大学生项目等。截至 2016 年末，国际微笑儿童项目总体受益学生 2 万人；尼泊尔灾后重建开展了 WASH、心理抚慰、学校重建等 7 大项目，14 个地区 1. 05 万人受益；缅甸大学生助学金项目为仰光经济大学等 4 所学校 600 名贫困学生发放了助学金。

（中国扶贫基金会　李红梅）

中国扶贫开发协会扶贫

【概述】 2016年，中国扶贫开发协会广泛组织社会力量和有效资源，着力推进产业、金融、教育、文化、科技和国际扶贫合作，进一步探索了路子，取得了新的成效。支持贫困村大学生村官工程，完成了年内1200名，总量6000名的村官培训任务；博士后扶贫工程，充分发挥1200多名高端人才技术优势，加快推进功能农业开发、农民种地不花钱和贫困地区农产品进城市社区三大工程，并都取得初步成效；高校扶贫工程，召开了新闻发布会和高校教育扶贫委员会成立大会，联合106所国家重点高校，以多种形式和渠道开展教育扶贫创新；在产业扶贫开发中，加快山西五台籽粒苋基地项目、陕西榆林蓖麻产业开发项目、四川旺苍茶产业开发项目、四川巴中牦牛精准扶贫等重点项目开发；在国际合作扶贫中，继续加强了与新加坡连氏援助组织合作，到2016年年底，已帮助73个贫困村、19万群众解决安全饮水问题，连援组织捐赠资金总额已达2000万元以上。

【大学生村官培训】 2016年，中国扶贫开发协会分别在福建省泉州市和宁德市、江西省赣州市南康区、云南省保山市、山西省晋中市举办了5期培训班，培训1000名贫困村大学生村官，使培训人数达到6000人，涉及全国28个省（区、市）850个国家或省级扶贫开发工作重点县，涉及26个民族。

从2016年开始，中共中央组织部组织二局根据中国扶贫开发协会培训计划，统一安排各相关省组织部门做好学员推荐工作。学员由所在县组织部、扶贫办共同推荐，省组织部、扶贫办审核后确定。

协会还积极组织相关活动，如建立大学生村官中药材产业发展联盟，在江西省瑞金市进行农村电商扶贫试点和旅游扶贫开发试点，通过扶贫众筹的模式为贵州省台江县贫困村小学生筹集3000套课桌椅等活动，使学员真正将所学内容与精准扶贫工作结合。

【国际合作】 2016年，协会继续推进与新加坡连氏援助组织合作开展的贫困村安全用水项目，新完成对山东省沂源县2个村，贵州省毕节市、遵义市的6个村，湖南省永顺县、保靖县的5个村的安全用水提升、改造，连援援助资金499万元，地方配套670万元，受益贫困村民2万人。

截至2016年底，项目共在甘肃、宁夏、

内蒙古、重庆、贵州、云南、湖南、湖北、山东 9 个省（区、市）的 34 个县的 73 个贫困村投入 3100 万元，其中新加坡连氏援助组织累计投入项目资金 2000 万元。寻找并加固保护水源地 90 余处。建设高位蓄水池共 209 座，累计 13963 立方米。建设消毒室及配电泵房 28 座，建设集水场 80 个，小水窖 215 口，打井 30 眼。安装变电、水泵及消杀设备 90 余套，架设配电线路 6100 米。铺设输水管线总计 111.8 万米。累计为 10 万人解决饮水困难问题。建成的蓄水池全部蓄水并发挥效益，95%的供水工程实现了自来水入户。已运行的自来水管网供水系统记录良好，供水保证率高于 90%。为确保供水安全和饮水卫生，85%的蓄水池加筑了防护设施，并有针对性地为部分蓄水池配备了专用净水器和水质消毒杀菌设备。

【教育扶贫】 2016 年 1 月，由中国扶贫开发协会主办、对外经济贸易大学承办的“高校参与脱贫攻坚新闻发布会”在对外经济贸易大学举行，来自 54 所高校的领导和代表共 100 余人出席。

6 月，中国扶贫开发协会高校教育扶贫委员会成立暨第一届理事会全体会议召开。教育部副部长、党组成员朱之文，国务院扶贫开发领导小组副组长，办公室党组书记、主任刘永富以及 106 个高校（团体）作为首批理事单位参加会议。

7 月，中国扶贫开发协会与对外经济贸易大学联合举办的“贸大高远在线农村初中英语教师培训”项目开班，来自陕西省榆林市和云南省勐腊县的 50 名贫困地区初中英语教师参加了培训。本期培训是协会与对外经济贸易大学共同举办的第三次培训班。培训班采取集中培训和在线学习相结合的培训方式进行。集中培训为期两周，在线学习为期一年，为教师免费提供为期一年的远程英语教育在线培训。

10 月 16 日，由教育部、国务院扶贫办指导，全国扶贫宣传教育中心、中国扶贫开发协会承办的 2016“扶贫日”论坛“教育扶贫论坛”在北京举办。本次教育扶贫论坛围绕“教育扶贫在精准扶贫中的作用”为主题展开，就教育精准扶贫的热点、难点、焦点、前瞻性问题和搭建相关平台机制等问题进行了深入的讨论。

【10·17 基金】 “启程计划”经过近 3 年时间的推广，已经在贵州、四川、重庆、山西、河南、湖南、安徽、云南 8 个省（市）建立了 40 多所启程计划爱心学校，培养了 1000 多名学员，并已向发达国家输送了数百名研修人员。该计划实施的专业包括服装制作、护士护理、农业、食品加工、塑料成型等专业。

“农民办事不出村”项目是由中国扶贫开发协会联合北京宇星新语科技有限公司共同发起的信息化扶贫项目，该项目已在湖北、河北、内蒙古等地选择试点实施，有效解决了当地群众办事周期长、效率低、成本高的难题。

2016 年，10·17 基金分别设立了成才教育专项基金、文化精准扶贫专项基金和健康精准扶贫专项基金，用于关注儿童体育运动、农村精神生活、农村安全饮水等方面的问题，向贫困地区捐赠物资130多万元。

“贫困大学生就业培训的锦程计划”于2016年12月在北京启动。参与就业培训的毕业生可以享有免息贷款缴纳培训费，完成培训，就业后再逐月还款。为此，该计划还专门设立“锦程计划专项基金”，旨在向中西部高校的贫困学生提供一定的帮扶，助力其完成学业，并顺利就业。

2016年12月，由中国扶贫开发协会与《小康》杂志社联合主办的“2016第十一届中国全面小康论坛”在北京市召开。此次论坛就全面小康建设中的重点及难点问题展开研讨，为五大发展理念出谋献策。

【博士后扶贫工程】 截至2016年，自愿加入博士后扶贫工程中心参与扶贫攻坚的博士后有1200多名，院士、博导、教授近百名。博士后扶贫工程中心始终以“造血式”的扶贫理念开展扶贫工作，可推广实施的扶贫项目20多项。

2016年4月，“农民种地不花钱”项目在河南省鄢陵县开展。绿色小麦种植基地面积达2万亩。项目每亩种植成本约400元都由协会会员企业承担。传统小麦种植参考2015年普通小麦均价收购每斤1.1元，农民亩均毛收入1100元，扣除种植成本400元，净收益为700元。在收购价格上，对贫困户实施特殊政策，2016年回购价格每斤高于市场0.1元，贫困农民不需承担种植费用，亩均收入可达1200元。比传统种植模式亩均增收500元。增幅比例高达71%，真正做到了农民种地不花钱。

6月，“大健康医疗”扶贫工程在江西省于都县率先实施。博士后扶贫工程中心向于都县12家卫生院免费捐赠由中心合作企业自主研发生产的低剂量数字化X射线机（LDR），并承担设备的免费维修服务，乡镇卫生院给患者拍片后，通过远程宽带传输由北京各大医院的专业影像医生进行判读，患者1小时内能收到远程诊断报告，乡镇卫生院只需从该项检查年收入中的30%支付远程判读咨询和信息平台服务费用，可正常运转10 15年。通过对于都县12家受捐卫生院的跟踪动态监测和实地调查回访，工程效应良好，可按照分期分批的方式向全国更多贫困地区推广。

9月，“社区扶贫惠民”工程在上海市浦东区川沙地区社区正式启动实施。以“互联网+精准脱贫”“互联网+定制农业”“互联网+社区惠民”“互联网+流通”的模式，形成贫困地区农产品实现“零中间环节”直接进入城市居民社区。该项目已与全国多个贫困地区的绿色农副产品基地、合作社签约合作，将上海列为该工程的示范城市，在全国各大城市社区推广实施。

（中国扶贫开发协会　李　萌）

中国老区建设促进会扶贫

【概述】 2016年，中国老区建设促进会（以下简称“老促会”）认真贯彻落实中共中央决策部署，注重调查研究，加大宣传力度，聚焦五大扶贫，科学筹划、凝神聚力、团结协作、克难而上，促进老区脱贫攻坚工作稳步推进。

【扶贫宣传】 2016年，老促会专题组织学习领会中共中央总书记习近平关于老区精神的重要论述，深入研究老区精神的形成与发展、丰富内涵与精神实质、历史价值和现实意义，把老区精神提炼概括为：爱党信党、坚定不移的理想信念；舍生忘死、无私奉献的博大胸怀；不屈不挠、敢于胜利的英雄气概；自强不息、艰苦奋斗的顽强斗志；求真务实、开拓创新的科学态度；鱼水情深、生死相依的光荣传统。执行会长石宝华撰写的《让老区精神闪耀时代光芒》在《人民日报》刊载。5月，组织全国各地老促会300余人，在湖南省张家界市召开“纪念长征胜利80周年，大力弘扬老区精神”宣传工作会议，对宣传老区精神作出具体部署和推动。在全国农业展览馆组织举办的“全国革命老区首届特色手工艺品和农特产品展览会”中融入展示老区精神内容，系统展示革命老区的光辉历史和老区人民的牺牲奉献，集中宣传伟大的老区精神，为社会开启铭记老区伟大贡献、传承老区革命精神的窗口，在首都搭建了一个宣传老区精神的大舞台。加大老促会系统先进个人和典型经验的宣传力度，大力宣传推广各地老促会参与脱贫攻坚和开发建设的成功做法。在10月16日召开的全国脱贫攻坚奖表彰大会上，甘肃省老促会会长陈秀、江苏省老促会副理事长赵亚夫作为全国老促会系统的代表，分别荣获2016年全国脱贫攻坚奉献奖和贡献奖。与中央教育电视台合作，拍摄了《走进老区》人文系列纪录片，《群英追梦》《津门孺子牛》和《扶贫状元再出征》，中国老区建设画报社和红色思源网开辟专栏和专题宣传推介。开展“彩虹桥工程”，先后组织北京101中学、北京师范大学附属实验中学、北京师范大学的大、中学生走进老区学习实践，感悟老区精神。

【扶贫调研】 贯彻落实中央扶贫开发工作会议精神和《关于加大脱贫攻坚力度支持革命老区开发建设的指导意见》（以下简称《指导意见》）精神，组成5个调研组，深入四川、贵州、广西、云南、甘肃、湖北、河南、安徽、陕西、宁夏、河北11

省（区）的34个老区贫困县，围绕贯彻落实《指导意见》文件精神、易地扶贫搬迁、中央企业“百县万村”帮扶、彩票公益金项目实施、中等职业教育和企业帮扶老区贫困村等专题进行深入调研。对各地贯彻落实《指导意见》和易地扶贫搬迁等方面出现的新问题新情况，提出具体意见建议。同时还结合参加各地老促会活动开展专项调研。积极适应形势任务要求，针对中央国家机关赋予老促会的监测评估任务，成立政策研究室，展开相关工作。在学习领会文件精神的基础上，形成了三项监测评估工作的实施方案、对68家央企定点扶贫的评估方案、中央彩票公益金使用情况评估方案，对老区县贯彻落实《指导意见》的监测评估方案，并报相关部委。针对调研发现的实际困难，老促会力所能及开展一对一的帮扶工作。对山西省武乡县贫困学校进行了调研摸底，针对存在的办学条件差、贫困生上学难等问题，积极协调山西省军区进行帮扶，长治军分区、长治市老促会在武乡县启动了“情系革命老区、共育祖国未来”助学兴教活动，省军区各单位和驻晋部队共投入资金60余万元，改善贫困学校的教学设施和生活条件。同时，协同山东昂利集团和随州市，出资200万元，为随州市老区贫困村捐建了光伏扶贫电站，年收益30余万元。

【产业扶贫】 按照“老促会牵线搭桥，爱心企业投资牵头，贫困农户直接参与，惠及老区万千群众”的社会扶贫新模式，在全国贫困老区开展产业扶贫行动。会同中国扶贫发展中心与中国农业发展银行、国家开发银行、中国进出口银行等政策性银行，签订了《金融扶贫合作框架协议》，搭建了面向老区重点企业和老区贫困村、贫困户的金融支持平台。4月，参加湖北省老促会在随州市组织的精准扶贫现场会，在全国老促会系统推广湖北省老促会开展精准扶贫的经验做法。6月，在内蒙古自治区呼和浩特市召开全国老促会第十一次会长座谈会暨老区精准扶贫观摩见学活动，集中研究老促会参与老区脱贫攻坚的途径和抓手，推广呼和浩特市老促会在产业扶贫等方面的成功经验。

【教育扶贫】 联合北京师范大学，在贫困老区实施中小学、幼儿园教师学历提升工程，在52个县进行了试点，已有4365名教师报名参加。会同职业教育部门，启动了每年培训1000名农村致富带头人工作。同时持续抓好会昌珠兰示范学校建设，充分发挥其农村教育扶贫示范作用，向该校龙车村教学点捐资30万元，改善教学条件。

【健康扶贫】 实施“3+1”工程，联合中国人体健康科技促进会、中国社会福利基金会、北京宏泰嘉业有限公司、华医移动医疗技术创新研究院，对老区地市中心医院、县区人民医院、贫困老区乡镇医院给予医疗设备扶持。老促会2次专程赴河南省信阳市对河南圣德医院进行考察调研，并协调中央军委政治工作部联系军队医院进行对口帮扶。联系德润特数字影像科技有限公司以优惠价格向老区医院提供医疗器械，以低于市场总价500多万元的价格向天津市蓟县9家乡镇医院提供10台X光机，黑龙江的泰来县人民医院已经签约进入招投标程序，四川省剑阁县中医院、旺苍县中医院也完成对接。联合中国医师协会，在老区县开办乡村医师培训基地。开展在线移动医疗项目，在河北围场县试点“县域三级影像技术及分级诊疗项目”，河南、广东、山东等省也申报了试点项目。

【电商扶贫】 依托苏宁云商集团股份有限公司、平顶山物联网、北京京东世纪贸易有限公司，实施“革命老区电商扶贫千家万户行动”，培训老区电商人才，培育老区电商龙头企业，助推老区特色产品网上销售。4月，在南京苏宁总部举办了380人参加的首届老区电商实务操作培训。主动参与“中国农产品物联商务创新联盟”筹备工作，尝试探索老区农产品物联商务的技术创新与发展。与北京市农林科学院信息研究所共同创办“中国老区农民现代远程教育中心”，在开发和运用远程教育新技术新手段新方式方面进行了研究探索。

【科技扶贫】 联合中国科技产业化促进会，组织科技专家赴老区乡村开展科技咨询，积极帮助老区中小企业搞好科技成果转化。联合中科圣浩健康产业科技有限公司，充分利用其科技成果，在革命老区江西省会昌县开展果树黄龙病治疗、改良土壤等工作，取得明显效果。

【巾帼脱贫行动】 积极响应全国妇女联合会开展的“巾帼脱贫行动”，实施“老区脱贫、巾帼建功”活动，积极宣传在老区脱贫攻坚中涌现出的妇女典型。4月，组织200余名老区妇女骨干进行了培训。同时，积极呼吁社会各界做好对家庭比较贫困的老干部、老战士、老专家、老教师、老劳模等的帮扶工作。

【老区风貌展示】 2016年10月，在全国农业展览馆举办“全国革命老区首届特色手工艺品和农特产品展览会”，展示革命老区技艺精湛的手工艺品和风味独特的绿色农副产品。此次展会，展出了全国28个省（区、市）老促会、扶贫办选送的近1100余件特色手工艺品、6000多种农特产品，有44个项目、75人现场制作表演，其中包括40名“非遗”传承人。先后有15000多名国内参观者和15个国家的减贫官员参观了展览。

【双百双促行动】 为贯彻落实国家“万企帮万村”精准扶贫行动，找准助推老区脱贫攻坚的抓手，11月，老促会启动了“双百双促”行动，即：动员百家企业，帮扶百个贫困革命老区村；促进贫困老区村率先脱贫，促进帮扶企业优质发展。在各地老促会的协助下，完成对100多个老区贫困村的推荐，报名参加帮建的企业60多家。

（中国老区建设促进会　郑建军）

中国扶贫志愿服务促进会扶贫

【概述】 中国扶贫志愿服务促进会（以下简称“促进会”）成立于2016年4月，成立后，从健全组织机构、明确职能定位、完善规章制度、创新扶贫模式等方面着手，认真抓平台建设、抓项目实施、抓活动组织、抓自身建设，开展了一系列扶贫工作。

【中国社会扶贫网】 促进会紧紧围绕推进社会扶贫、加强宣传动员、搭建服务平台的要求，全力建好中国社会扶贫网的自助、众筹、电商和消费扶贫、展示、评价五大功能。2016年10月16日，在“全国脱贫攻坚奖表彰大会”上，国务院副总理汪洋启动了社会扶贫网项目开通运行。开通后，不断完善社会扶贫网的功能、版面和运营方式，完成平台改版升级。五大业务功能，包括爱心捐助、扶贫商城、1017（帮扶）、扶贫展示、评价平台的网页端全面上线；开展试点工作，取得了阶段性成果；强化队伍建设，引进北京帮一把网络科技有限公司管理团队，配好配强领导班子，招聘专业人才，组建强有力的工作队伍，完善组织架构，实现规范运行；采用“互联网+社会扶贫”的创新形式，依托国家9000万建档立卡大数据资源，进行精准审核，将社会资源与贫困地区、贫困群众需求有机衔接，形成聚合力。通过12.8万贫困村驻村干部、“第一书记”担任捐赠执行、监督和服务的工作队，将爱心物资精准对接给贫困户，实现精准捐助。根据贫困户的差异化需求，组织社会资源精准对接，体现精准帮扶；提高用户认同感，贫困用户发布需求快速上升，口碑效应逐步形成，中国社会扶贫网得到贫困人群和爱心人士的广泛支持与认可。

【产业扶贫】 促进会组织推动农业产业扶贫、旅游扶贫、光伏扶贫、构树扶贫、消费扶贫等工作快速开展。经对多个扶贫项目落地运营和现实可行性论证，通过广泛宣传动员、座谈、沟通，先后推动83家企事业单位和个人自发成立了旅游扶贫联盟，128家企事业单位和个人自发成立了农业产业扶贫联盟。成立光伏扶贫工作组和消费扶贫工作组，指导推动97家光伏企业和相关企业开展光伏扶贫、消费扶贫工作。联盟组建以后，促进会根据不同企业的长处和特点，制订组团包县脱贫的专业方向，寻找资源禀赋较为有利的贫困县进行对接，发挥双方优势，探索多种模式。在重点跟进“产业组团、包县脱贫”有关项目落地实施的基础上，做好安徽省灵璧县、河北省丰宁满族自治县，贵州省岑巩县、贞丰县等地扶贫模式典型示范工作。

贫困村光伏农场即将贫困村的村级光伏扶贫电站建设与农场化发展有机结合，通过扶贫龙头企业的技术创新和模式创新，拓宽建档立卡贫困户的参与面，保障其获得光伏、农业、就业、入股分红等多渠道叠加收益。贫困村光伏农场的发电收益，扣除还本付息、运维等成本后，其余 20 余万收益全部用于发展村集体经济，通过设置 6—8 个村级公益岗位、发展村级小型公益事业、设立村级奖补基金等方式，让建档立卡贫困户充分参与生产经营，获得一份有尊严的收入。此模式在安徽省灵璧县、重庆丰都县等地试验启动。

消费扶贫直通车即为贫困地区搭建与其对口帮扶城市、定点帮扶单位的消费扶贫对接平台，通过贫困县政府组织当地建档立卡贫困户参与创业、创新双创项目，开通符合标准的县域特色产品进城市的直通车。该项目由贫困县政府为对接平台推荐产品，对接平台通过筛选形成订单后，优先录用建档立卡贫困户为配送员，将消费扶贫直通车开进社区进行配送。此模式在河北省阜平县、深圳市、佛山市试验启动。

【贫困村帮扶】 为贯彻落实中共中央总书记习近平在东西部扶贫协作座谈会中关于“探索东西部乡镇、行政村之间结对帮扶”的要求，促进会开展了“先富帮后富，村帮村”牵手扶贫行动。通过“乡村发展与脱贫攻坚论坛”平台，组织了有意愿参与结对帮扶的福建省南安市蓉中村、重庆市九龙坡区海龙村等 13 个富裕村积极参会，现场与重庆市云阳县梨树村、贵州省雷山县乌达村等 14 个贫困村签订了结对帮扶协议。自 2016 年 10 月 16 日起，富裕村对帮扶对象进行为期 4 年的结对帮扶，通过人才培养、产业带动、富余劳动力转移接收等措施，切实帮助贫困村摆脱贫困，实现小康。为形成贫困村结对帮扶长效工作机制，促进会专门成立了贫困村结对帮扶行动工作组，专职为各签约村提供对接协调服务。有 12 对结对已开展了实质性帮扶工作。

福建省南安市蓉中村通过“消费扶贫”方式帮助甘肃省渭源县元古堆村打通特色农产品“下行”渠道，发展产业经济，增加村集体收入，通过党建引领，培养村两委的参与意识。江苏省兴化市董北村通过提供就业岗位，帮助联系、对接中草药销路等方式帮扶甘肃省渭源县香卜路村发展产业。广东省英德市锦田村在贵州省雷山县里勇村已投入资金 30 万元，种植了 1170 亩麻竹笋。英德市委书记汪耿东到里勇村实地考察调研，会商雷山县再次协调帮扶财物 100 万元，用于里勇村村内道路、幼儿园及水塘建设，促成 2 家英德市的茶叶厂到里勇村流转 1100 亩茶叶生产建设用地等。

【致富带头人培训】 由促进会负责承办的致富带头人培训基地自成立以来，为贫困地区培训致富带头人1000余人次。其中国务院扶贫办创业致富带头人（蓉中）培训基地，共计开展9次培训课程，完成797位创业致富带头人培训工作（包括南安560人次，石城、卓尼、嘉峪关、元古堆及创业导师班237人次）。国务院扶贫办粤桂两省（区）贫困村创业致富带头人培训基地，共开设3期培训班，培训创业致富带头人291人，培训后创业165人，其中由基地组织的高值水产养殖产业孵化学员有26名，直接带动25个贫困村集体增收，带动了960个贫困家庭增收脱贫。

【扶贫日活动】 2016年“扶贫日”活动中，促进会承办了“2016中国扶贫日县域发展与脱贫攻坚论坛”和“乡村发展与脱贫攻坚论坛”两个论坛。在县域发展与脱贫攻坚论坛现场，有48个县与27家企业签订了帮扶协议，签约项目71个，累计签约金额达499.14亿元（其中农业帮扶项目42个，累计金额277.44亿元；光伏扶贫项目20个，累计金额80.7亿元；旅游扶贫项目9个，累计金额141亿元）。在乡村发展与脱贫攻坚论坛现场，组织有意愿参与结对帮扶的福建省南安市蓉中村、重庆市九龙坡区海龙村等13个富裕村与重庆市云阳县梨树村、贵州省雷山县乌达村等14个贫困村签订了结对帮扶协议。

（中国扶贫志愿服务促进会
办公室　徐建东）

中国红十字会总会扶贫

【概述】 根据国务院扶贫办、中共中央组织部等9家单位印发的《关于进一步完善定点扶贫工作的通知》，中国红十字会总会的定点扶贫县由原来的山西省浑源县调整为湖北省英山县。2016年，红十字会总会援助英山县款物总价值580万元，总受益人数3.7万人。

2016年1月，中国红十字会总会出台《关于对口支援西部地区红十字事业发展的指导意见（2016—2020年）》（以下简称《指导意见》），以服务西部地区日益增长的人道需求为出发点和落脚点，重点从提升应急救援能力、推进应急救护培训工作、加大人道救助支持力度、加大项目扶持力度等7个方面全面部署对口支援工作，不断健全社会力量参与机制、深入推动对口支援西部地区红十字事业发展。

中国红十字会总会通过博爱家园项目建立起长效循环救助、可持续精准扶贫等有效机制，是红十字助力扶贫攻坚的实践经验，实现人道救助从“经常扶”到“扶长远”、从“输血式”到“造血式”的转变。

【定点扶贫】 中国红十字会总会党组高度重视定点扶贫工作。改组定点扶贫工作领导小组，由党组书记、常务副会长徐科任组长，领导小组定期听取工作汇报，协调解决定点扶贫县工作中的重大问题；研究定点扶贫工作的重大政策措施，制定总会定点扶贫工作方案；要求领导小组成员每年应至少到定点扶贫县开展一次扶贫调研，推动工作落实。总会将定点扶贫工作与党群工作密切结合起来，发动本部门、本系统干部职工参与到定点扶贫中来，多方筹措帮扶资源，为定点扶贫县贫困群众办好事、办实事，中国红十字基金会党支部组织了“天使计划——英山调查”活动，赴英山县11个乡镇开展调研。

帮助英山加强人才队伍建设。把培养锻炼干部与定点扶贫工作有机结合，选派优秀干部赴定点扶贫县挂职，2016年1月起，选派红十字总会1位干部挂职担任英山县人民政府副县长，协助分管扶贫工作。选派总会1名干部到英山县方家咀乡四棵枫村任“第一书记”；开展针对英山县红十字会专职工作人员、基层组织骨干成员和志愿者等参加的干部培训班。

帮助英山推动相关工作。协助英山县有效应对自然灾害等突发事件；遭遇自然灾害时，在派遣救援队伍、分配救灾物资时给予倾斜；支持英山县红十字会加强备灾救灾能力建设。

指导和支持英山县红十字会开展应急救护培训“五进”（进学校、进社区、进农村、进机关、进企业）工作；建立完善群众性应急救护培训长效机制，提高应急救护知识在群众中的普及率和公众自救互救能力水平；援建红十字博爱卫生站、救护站等；培训救护师资和旅游景区救护人员。推动和支持在英山实施“红十字博爱送万家”“红十字天使计划”等品牌项目和活动，加大对贫困人口集中乡镇的救助力度，在农村和社区开展以健康服务、大病救助、扶贫帮困等为主要内容的社会救助活动；在日常捐赠物资分配时给予倾斜。在英山县贫困村实施博爱家园项目，提升社区防灾减灾能力，促进社区发展，提高基层农村社区生计扶贫工作的能力和水平；援助英山县建设博爱学校、博爱电脑教室，设立红十字书库等。

【对口支援】 2016年1月，中国红十字会总会出台了《关于对口支援西部地区红十字事业发展的指导意见（2016—2020年）》，同时，还拟定了《〈中国红十字会总会关于对口支援西部地区红十字事业发展的指导意见〉的实施方案》。《指导意见》印发后，相关省级红十字会积极行动，如：江苏省红十字会把对口支援工作作为“十三五”期间一项政治任务和重要工作，成立江苏省红十字会协调对口支援工作领导小组。江苏省原副省长、省红十字会会长何权带队赴青海省海南藏族自治州（以下简称“青海海南州”）沟通对接，确定相关援建项目，推进对口支援工作。派出医疗机构专家、应急救护培训师资组成的医疗组赴新疆维吾尔自治区克孜勒苏柯尔克孜自治州（以下简称“新疆克州”）开展义诊和培训，累计义诊近500人次，培训近300人次。为对口支援的5省区培训应急救护师资60人。派出医疗专家和救护师资15人援疆小分队赴新疆克州进行应急救护培训和义诊治病服务。已落实经费400万元用于青海海南州备灾救灾仓库建设项目；已拨付项目经费150万元支持新疆克州、伊犁哈萨克自治州，西藏自治区拉萨市，青海海南州，陕西省和贵州省实施人道项目，资助对口支援地区价值100余万元的医药产品和价值195万元的物资。2016年江苏省红十字会共筹集款物1010万元，支持对口支援地区开展人道救助项目和扶贫工作。各市红十字会也积极参与对口支援，开展交流合作，支持对口支援地区147多万元款物用于实施人道项目。

山东省红十字会以各市红十字会负责同志分别赴青海省海北藏族自治州、新疆维吾尔自治区喀什地区和西藏自治区日喀则市对接对口支援工作，山东省红十字会系统共与对口支援地区达成第一期援助意向19项，包括参与对口支援地区博爱送温暖、结对帮扶、捐资助学、大病救助等民生救助项目，支持当地博爱卫生站、博爱学校、博爱家园等项目建设，计划援助资金 154 万元、物资价值 91.26 万元，并筹集 39 万元资金用于干部、救护师资培训和青少年交流活动。青岛市红十字会对口支援贵州省安顺市，通过开展微尘阳光少年及博爱小学项目，已在当地资助了 2 所博爱小学和 400 名阳光少年。

广东省红十字会投入 40 万元，对口援建了贵州省长顺县代化社区司头组博爱家园项目；50 万元援助贵州省备灾救灾中心项目建设；深圳市红十字会向四川省南充市红十字会项目资助 10 万、向南充市妇女联合会资助 15 万开展相关救助项目；分别向湖南省和湖北省捐赠紧急救灾款 10 万元和 3.63 万元；东莞市红十字会成立了“滇苗助学”项目，为云南省南涧彝族自治县的贫困学生筹募了 2.62 万元的助学款。同时对四川省雅江县、九龙县红十字会实施了对口帮扶，各拨付 2 万元支援当地开展救护培训工作；广州市红十字会与四川省炉霍县、色达县、新龙县签订对口帮扶框架协议，启动了“十三五”期间西部援建相关工作；江门市红十字会积极落实对口援建项目，主动对接康定县、泸定县红十字会，免费为四川省康定市、泸定县培训 20 多名应急救护师。

【博爱家园项目】 2016 年，在贵州省召开全国红十字助力扶贫攻坚现场会，要求各省以博爱家园项目为抓手，积极助力精准扶贫，实现贫困县全覆盖。项目以社区为工作阵地、以民生需求为导向、以弱势群体为服务目标的综合性业务平台，它的出发点是“推动社区治理、提升社区能力、促进社区发展”，落脚点是最大限度改善贫弱地区最易受损群体的生产生活状况。作为红十字会开展核心业务、服务民生的综合性平台，博爱家园通过防灾减灾、技能培训、生计发展等举措，精准定位，综合施策，既扶贫又扶志，既治贫又治愚，对于改善最易受损群体生存与发展境况具有积极意义。

博爱家园项目主要包括组织发展、软件建设、硬件建设和生计发展四方面的内容，旨在通过在社区成立红十字基层组织，开展红十字特色的防灾减灾、卫生健康等服务，建设利民设施，发展生计，增强社区自我发展的综合实力。组织发展是指通过在社区成立红十字基层组织、招募会员、组建社区专业志愿者服务队，积极开展社区志愿服务等活动，加强红十字会的能力建设。软件建设是指通过 VCA（易受损性及能力评估）、防灾减灾和卫生健康培训、社区应急预案建立及演练等活动，提高社区居民防灾减灾、卫生健康等方面的意识与技能。硬件建设是指通过修筑逃生路、堤坝、引水渠、避难广场、卫生室、垃圾场等设施，改善社区的防灾减灾和卫生健康基础条件。硬件工程的建设是以 VCA 为依据的。生计发展是指通过小额贷款的模式，辅助技术培训，提高社区居民的生计和生产能力，促进社区发展生产和改善经济条件。项目实施后，每个项目社区将拥有“一个基层组织和一支志愿者队伍”“一种社区精神文明建设模式”“一项利民工程”和“一笔致富基金”，社区综合实力得到明显提高。

博爱家园项目最初在汶川地震六省（区、市）（四川、甘肃、陕西、重庆、云南、宁夏）开展，2016 年，中国红十字会总会共投入 5297.36 万元，开展博爱家园项目点 139 个。通过项目的实施，提升了社区的防灾减灾能力，降低了家庭的易受损性，初步实现社区的自我管理与持续发展。

（中国红十字会总会赈济救护部
曹　橙）

中国光彩事业促进会扶贫

【概述】 中国光彩事业促进会于1995年10月成立。自2005年起，中国光彩事业促进会在全国31个省级行政区中的27个地区开展了公益项目，共组织了32次“光彩行”活动，同时，为促进非公有制经济健康发展，非公经济人士健康成长，积极为民营企业家参与公益事业、回馈社会搭建平台，实施13个公益项目，在光彩事业基金会项下成立了12个专项基金，仍在运行的有6个。积极参与抗震救灾，组织企业家捐款捐物，实施灾后重建项目。中国光彩事业促进会用实际行动为“老、少、边、穷”地区的脱贫致富贡献力量，弘扬“致富思源、富而思进，义利兼顾、以义为先，扶危济困、共同富裕”的光彩精神。2016年，中国光彩事业促进会认真学习贯彻党的十八届五中、六中全会和习近平总书记系列重要讲话精神，按照中共中央统一战线工作部工作部署，以促进“两个健康”为主题，以“精准扶贫”为重点，开拓创新、求真务实，以饱满的热情和干劲，积极推进各项工作，取得了扎实成效。

【万企帮万村】 2016年4月至5月，由全国工商业联合会、国务院扶贫办、中国光彩事业促进会组成3个联合调研组，分赴安徽、江西等12个省（区、市），就“万企帮万村”精准扶贫行动的推进情况开展了专题调研，采取实地考察与座谈交流相结合的形式，深入31个市（县）的41个建档立卡贫困村、贫困户和43家民营企业实地走访，召开了26场座谈会，了解情况，总结经验，发现问题，听取意见，指导工作。10月，国务院扶贫开发领导小组在湖北省黄冈市召开“万企帮万村”精准扶贫行动现场会，国务院副总理汪洋出席并做重要讲话。会议深入贯彻落实中央扶贫开发工作会议精神，深刻学习领会习近平总书记重要指示精神，总结“万企帮万村”精准扶贫行动工作，学习交流经验，研究部署下一阶段工作，进一步推动“万企帮万村”行动落到实处、取得实效。10月16日，全国“万企帮万村”精准扶贫行动论坛在北京市举办。此次论坛是2016年“扶贫日”减贫发展论坛的重要组成部分，由10·17论坛组委会主办，全国工商业联合会、国务院扶贫办、中国光彩会联合承办。

【光彩事业】 2016年7月，由中国光彩事业促进会、甘肃省人民政府共同举办的“中国光彩事业庆阳行暨民企陇上行”

活动在甘肃省庆阳市举行。本次活动以“弘扬南梁精神，助推老区发展”为主题，活动期间共签约合同项目2726个，合同金额5187.5亿元。公益捐赠2029万元，用于支持南梁镇及周边6镇（乡）12个贫困村的精准扶贫，为875户建档立卡贫困户共3318人实施产业开发、基础设施建设、农民技术培训帮扶等3类5项公益帮扶项目。

9月，由中国光彩事业促进会、云南省人民政府共同举办的“中国光彩事业德宏行”活动在云南省德宏傣族景颇族自治州瑞丽市举行。本次活动以“聚力一带一路，助推脱贫攻坚，建设美丽德宏”为主题，活动共签订合同项目131个，合同金额1570亿元。累计接收公益捐赠4100万元的善款和价值500万元的物资，其中中国光彩事业基金会捐赠2047万元，用于在陇川县实施肉牛和桑蚕养殖等帮扶项目，帮助1558户建档立卡贫困户4721人精准脱贫。

【芦山猕猴桃项目】 2016年，中国光彩会芦山猕猴桃项目种植猕猴桃7696亩，2013年种植的1357亩，2016年挂果超过100吨，取得了初步效益。

【乐和之家项目】 在中国光彩事业促进会的支持下，中国光彩事业基金会与北京地球村环境教育中心联合发起“光彩爱心家园——乐和之家”项目。江苏亨通慈善基金会捐赠500万元、重庆中昂地产有限公司捐赠200万元支持试点。该项目于2013年5月启动，由中国光彩事业基金会和北京地球村环境教育中心联合重庆市光彩会共同实施，在重庆市黔江区、巫溪县和酉阳土家族苗族自治县的10个村试点。至2016年，试点项目服务乡村儿童近3000名，服务范围也延伸到留守妇女和空巢老人。2016年5月，在北京举办了项目总结会。向社会正式发布了光彩爱心家园——乐和之家试点项目总报告、社工手册案例篇和社工手册理论篇3个项目成果。

【母婴健康行动】 2013年至2016年在泛海公益基金会的支持下，中国光彩事业基金会与国家卫生和计划生育委员会合作，邀请国内权威医疗专家，组成光彩行动健康宣传志愿服务队，深入西藏自治区和四川、云南、甘肃、青海四省藏区10个县集中开展母婴健康活动，为3500多名群众义诊，临床带教基层医生200多名，安排20名基层医生到北京接受培训，向1700多名青少年传播青春期身心健康知识，并在当地长期建立“光彩健康小屋”，配备远程卫星传输系统、健康科普图文、音像资料等。

【西藏儿童先天性心脏病救治专项基金】 该项目基金2014年正式启动，由民生银行捐赠不少于4000万元，用于帮助西藏先天性心脏病患儿接受免费治疗，目标预设为救治800名患儿。2016年2月，在保持北京安贞医院救治的基础上，增加四川华西医院为项目合作医院，以保证确诊患儿得到及时救治。2016年，中国光彩事业促进会对西藏日喀则市4个县、阿里地区所属全部7个县以及拉萨市八一学校开展筛查，经安贞医院专家确筛 169 名。2016 年，共救治患儿 206 例。在 2016 年民政部组织的“情暖高原、大爱西藏—全国性社会组织援藏年”活动中，作为全国社会组织的唯一代表介绍经验，接受荣誉证书。

【村企结对定点帮扶】 2016 年 10 月，积极动员民营企业充分发扬光彩精神和企业家精神，主动履行社会责任，参与统一战线定点帮扶工作，19 家知名企业与晴隆、望谟两县的 20 个建档立卡贫困村开展结对帮扶。比如，劲牌有限公司捐赠 100 万元用于教育扶贫，大连万达集团股份有限公司捐赠 200 万元用于晴隆县大厂镇六坝田村的蔬菜大棚项目和为望谟县民族学校配备学习设施，亨通集团有限公司捐赠 200 万元用于晴隆县光照镇者布村精准扶贫项目。

【基础设施建设】 在劲牌有限公司、正邦集团有限公司、广东海印永业（集团）股份有限公司、北京中和珍贝科技有限公司的资助下，共捐赠 358.2 万元，用于援建广昌县甘竹镇坪上村小学、广昌县赤水镇清潭村小学、广昌县甘竹镇答田小学和支持广昌县甘竹镇龙溪村石上渠道维修工程项目。援建学校项目满足适龄儿童接受义务教务的需求，按照国家和江西省有关中小学建设标准，严格遵循国家现行学校的建设工程抗震设防要求和建筑设计规范。

【丹姿·光彩水窖】 在中国光彩事业促进会的支持下，中国光彩事业基金会与广东省丹姿慈善基金会共同合作，由丹姿慈善基金会资助 100 万元，用于在甘肃省环县八珠乡、毛井镇、虎洞镇、车道乡 4 个乡镇的 10 个建档立卡贫困村建设“丹姿·光彩水窖”500 处，解决项目地建档立卡贫困户人畜饮水问题。该项目由环县人民政府负责组织实施，已完成建设 423 处。

【同心·光彩助学基金】 2011 年初，中国光彩事业促进会副会长、山东华乐集团董事长苏寿堂捐款 500 万元设立“同心·光彩助学基金”，专项资助毕节地区贫困大学生。从 2012 年起以本金衍生的利息收入为资金，以贵州毕节地区贫困大学生为资助对象，2016 年资助 100 名贫困大学生，直至大学毕业。每名贫困大学生人均资助 6000 元，迄今已资助 500 名贫困学生。

（中国光彩事业促进会　崔志勇）

中国妇女发展基金会扶贫

【概述】 中国妇女发展基金会（以下简称“妇基会”）是全国性唯一以性别为特征的基金会，成立之始就面对一个基本事实，贫困人口中女性最为贫困。成立近30年来，募集资金和款物近43.45亿元，实施和开展了“母亲水窖”“母亲健康快车”“母亲创业循环金”“母亲邮包”等一系列公益项目和活动，为促进贫困女性公平分享公共资源和发展机会，走出贫困陷阱，做出了应有贡献。

2016年，根据国家精准扶贫的形势要求，妇基会更加注重将扶贫与生态保护与妇女发展能力有机结合，并在金融扶贫、电商扶贫、光伏扶贫等新领域做出积极的尝试。全年共募集扶贫款物4.47亿元，获得中央专项彩票公益金对“贫困母亲两癌项目”3亿元支持。

【母亲邮包】 选取贫困母亲日常生活必需品，发动社会各界通过“一对一”的捐助模式，将主要由生活必需品组成的“母亲邮包”准确递送至贫困母亲手中，帮助贫困母亲解决生活中的一些实际困难。开展物资救助的“母亲邮包”项目，宗旨是满足极贫妇女日常生活用品的急需和受灾女性的援助，到2016年底，项目惠及全国64万名贫困母亲及家庭。

【母亲水窖】 2000年开始实施的“母亲水窖”，致力于解决中西部缺水及妇女过重的取水负担，为解决“干旱致贫”世界难题提供了有效公益的范式。2016年母亲水窖项目进一步扩展项目内容。“母亲水窖”配合国家战略，立足项目可持续发展的后劲，启动“1+n”模式以及以“水”为核心的绿色乡村建设，着力提高妇女参与经济和水资源保护的意识和能力，在配合地方政府改善项目点经济产业结构，实现农民的增收需求同时，2016年实施了6个绿色乡村项目。试点“母亲水窖·亲亲水站”项目，该项目不仅可以为社区中的贫困家庭创造就业岗位，还可以在社区居民购水消费的同时，捐赠贫困地区的妇女儿童公益项目。2016年“母亲水窖”项目建设集中供水工程38处，集雨水窖76口，在全国15个省（市）的127所学校开展校园安全饮水项目。

【健康扶贫】 “母亲健康快车”开展14年来，已经为全国30个省（区、市）近1000个县（市）配发了2468辆“母亲健康快车”，支持近百家基层医院完善科室建设，为受益人数6000多万人次。2016年，

“母亲健康快车”项目实施金额总计 5700 万元。其中，母亲健康快车发车 99 辆，覆盖 12 个省（区、市）的 100 余个县市医院；为帮助医务工作者提高妇幼服务能力，投入培训资金 1763 万元，培训基层医务工作者 1.76 万人；为帮助中西部基层医院完善妇幼科室建设，共向 40 余家基层卫生院捐赠了共计价值 3000 余万元的 44 台医疗设备。

【电商扶贫】 母亲创业循环金项目着力帮助有创业就业愿望的妇女获得资金和技术培训支持。为与互联网思维结合，母亲循环金项目提升为“@她创业计划”，运用互联网技术和企业支持，让创业就业妇女在电商运营上获得更多的发展空间，现已形成“妈妈家”“母亲小站”“母亲电商服务站”等项目模式。同时项目还通过融入时尚元素与商业力量赋予传统工艺新的生命力，帮助女性手工艺者传承技艺，实现可持续发展。现已形成“妈妈制造”“妈妈合作社”等品牌，并与中国手工艺联盟达成战略合作，共同发起绣娘扶持行动，开展妇女精准扶贫工作。2016 年，共投放母亲创业循环金近 2000 万元。围绕“@她创业计划”打造了 5 个示范模型，8 个创业基地，为 3000 余名女性提供创业扶持金，各类项目共培训 74236 人，累计受益人数 88348 人。

【光伏扶贫】 为落实光伏扶贫工程精神，配合政府大力发展清洁能源战略，妇基会携手中国南方电网有限责任公司共同发起“母亲幸福光伏电站”项目。电站并网发电后，能在之后的 25 年给 100 户无劳动能力的贫困家庭每年 3000 元的电费补贴。当地妇女接受培训后参加电站的维护工作，获得劳动报酬从而脱贫致富。电站于 2016 年 10 月并网发电成功。金太阳光伏公益项目在完美（中国）有限公司的支持下，已在内蒙古、青海、西藏、四川等省（区）的 16 个地区安装了 25 套不同型号的太阳能发电设备，助力当地贫困家庭发展旅游、畜牧业及蔬菜种植等。

（中国妇女发展基金会　郭正华）

中国残疾人福利基金会扶贫

【概述】 中国残疾人福利基金会（以下简称“基金会”）成立于1984年，始终坚持“弘扬人道、奉献爱心”的宗旨，广泛动员社会支持，累计筹集70亿元款物，积极打造“集善工程”助残品牌，在残疾人康复、扶贫等领域，长期坚持开展了助听、助行、助困等一批扶贫助残项目，帮扶各类残疾人超过200万人。

2016年，基金会以助听、助行、助困等长期扶贫助残项目为基础和重点，加大筹资和扶贫助残开发力度，累计筹集款物5.88亿元，直接帮扶残疾人超过20万人，辐射带动各地助残项目帮扶残疾人超过30万人。

【集善工程·助听行动】 2016年9月，第九届“中华慈善奖”表彰活动在江苏省南通市举行，“集善工程——助听行动”获得“中华慈善奖——最具影响力项目奖”2016年，基金会加大力度，筹集2300万元资金和助听设备，直接救助和带动地方项目救助听障残疾人和听障人士总计超过2万人。

2016年，基金会承担了100万元中国残疾人联合会财政资金支持开展“助听行动”项目，坚持“引领残疾人追求美好生活”的时代鲜明主题，采取较高的项目招标技术指标、动员助听企业“爱心投标”，帮扶926名听障残疾人和听障人士佩戴上高品质助听器。

基金会争取澳门基金会捐赠支持305万元资金，继续开展“集善工程（澳门基金会）助听行动”。为确保精准服务和项目成果，2016年该项目捐款中专门列支了27.5万元筛查、验配经费，总计帮扶1664名听障残疾人和听障人士，拓展了服务领域，提升了社会认知，为该项目持续发展夯实了基础。

基金会社会捐赠助听行动主要包括：索诺瓦听力技术（上海）有限公司、西万拓听力技术（苏州）有限公司、上海美好医疗器械有限公司、奥迪康（上海）听力技术有限公司等爱心企业和社会各界捐赠项目，总计捐赠1900万元资金和助听设备，帮扶6000多名听障残疾人。

在基金会财政支持和社会捐赠等示范项目的带动下，广西、黑龙江、河南、湖北、甘肃等省（区）积极争取本地财政资金支持和企业捐赠支持，地方财政和企业捐赠配套支持合计超过1300万元，受助人群超过 1 万人。

【集善工程・助行行动】 2016 年，“集善工程・助行行动”继续坚持“提升残疾人生活品质”的项目主题，累计筹资 1000 万元，救助肢体残疾人和适应症患者 2000 人，示范带动地方项目开展帮扶 5000 名肢体残疾人。

中银三星人寿保险有限公司、韩国三星生命保险株式会社连续第五年捐赠 500 万元资金和电动轮椅，开展“集善工程（爱之翼）助残行动”，帮扶北京、天津、甘肃、黑龙江等全国 20 个省区市的 720 名肢残人士“驾驶”电动轮椅，走出家门，回归社会。

上海烟草集团有限责任公司与基金会签订 300 万元捐赠协议，开展“集善工程（上海烟草・爱之翼）助残行动”。首期项目于 11 月底完成，帮扶广西、云南等 9 个省（区、市）1021 名肢体残疾人，充分体现了大型国企的社会责任和良好形象。

大溪地诺丽饮料（中国）有限公司再次捐赠 100 万元款物，资助新疆、黑龙江、辽宁、河南、甘肃 414 名肢体残疾人，同时帮扶了 800 名贫困残疾人改善营养健康状况。该项目在本行业率先持续开展助残捐赠，示范作用显著，影响积极。

基金会“集善工程・助行行动”示范带动河南、江西、甘肃、广西等省（区）项目开展，累计帮扶肢体残疾人超过 5000 人。

【集善工程・助困行动】 2016 年，“集善工程・助困行动”助困行动累计捐赠服装、保健品等款物合计 4600 万元，帮扶贫困残疾人超过 20 万人次。2016 年，该行动站在“全面建成小康社会”的高度，将帮扶对象从“帮扶贫困残疾人”调整至“重点帮扶贫困残疾人，同时帮扶残疾人家庭、困难群众和贫困大学生”，使该项目承担了更大的社会责任。

——“集善工程（爱心温暖）服装捐赠项目”捐赠共计 42 万件、3500 万元的全新服装，帮扶 17 万贫困残疾人和困难群众。2016 年，上海拉夏贝尔服饰股份有限公司捐赠 30 万件全新服装。中国衣恋集团捐赠 12 万件全新服装。帮扶黑龙江、湖北、广西、江西、甘肃、新疆等省（区）14 万贫困残疾人和 3 万贫困群众。该项目自 2009 年开始，已累计捐赠 300 万件、2.5 亿元的全新服装，帮扶 87 万贫困残疾人和困难群众，该项目已经成为基金会助困行动中的品牌项目。

基金会获 100 万元中国残疾人联合会财政支持，开展“集善工程”（中残联财政支持）保健品助残项目，招标采购 13770 罐蛋白粉，资助中西部 12 个省（区、市）、30 多个县（市），受益残疾人 3400 名，在引领社会关注残疾人健康方面起到了积极作用。

“集善工程（助您健康）海王集团捐赠保健品项目”2016 年捐赠 1000 万元蛋白粉，帮扶 5 万名残疾人和困难群众。自 2012 年起，深圳海王集团股份有限公司累计捐赠基金会8000万元蛋白粉、大豆卵磷脂等保健品，共计帮扶了22个省（区、市）20万贫困残疾人和困难群众，受到广大残疾人朋友和困难群众的普遍欢迎。

（中国残疾人福利基金会
朱晓峰　杜　玥　吕　鹏）

中国儿童少年基金会扶贫

【概述】 2016年，中国儿童少年基金会（以下简称“中国儿基会”）紧密围绕国家精准扶贫精准脱贫战略部署对社会组织提出的新任务新要求，发挥慈善职能，广泛动员社会力量参与扶贫攻坚，全年募集社会资金和物资4.27亿元，捐赠支出3.57亿元。通过实施“春蕾计划”“安康计划”“儿童快乐家园”“HELLO小孩”等系列品牌项目，累计资助500多万名儿童，在服务儿童全面发展、服务国家精准扶贫、精准脱贫中做出新贡献。

【教育扶贫】 根据贫困地区存在的儿童因贫辍学、教学设施落后、大龄女童未来职业发展需求等问题，深入实施“春蕾计划”公益项目。2016年，加大“春蕾计划”教育扶贫力度，投入捐赠资金7900多万元，共资助小学、中学、大学各学龄段春蕾女童3.6万人次，新捐建6所春蕾学校、7个蓝天春蕾图书室、2个蓝天多媒体教室，为5所蓝天春蕾学校修缮校舍、配置教学设备。资助738名高中毕业未考上大学的大龄春蕾女童，开展实用技术培训，帮助她们增强就业本领。组织100名春蕾女童开展“倾听花开的声音——春蕾女童夏令营”。“春蕾计划促进女童教育特使”彭丽媛亲临开营仪式，并对同学们提出殷切勉励和希望。

【健康扶贫】 2016年，通过实施“消除婴幼儿贫血行动”项目，共向61个贫困县的14.97万名婴幼儿免费发放爱心营养包，预防和改善婴幼儿贫血状况，提升健康素质，同时面向婴幼儿家长开展健康宣传教育，提高贫困家庭科学喂养水平。实施“为5加油——学前儿童营养改善计划”“丰盛童康爱问候礼包”项目，共使5万余名贫困儿童在关键发育期获得必要的营养支持与健康教育，有效改善贫困地区儿童营养健康状况。对1400多名患有脑瘫、弱视、听障、白血病等重大疾病儿童进行救助，为儿童健康成长助力加油。

【儿童快乐家园】 贯彻落实国务院《关于加强农村留守儿童关爱保护工作的意见》，依托“儿童快乐家园”慈善项目，探索农村社区关爱留守儿童有效模式。2016年，通过筹集社会爱心资金，在全国29个省（区、市）留守儿童集中的农村社区捐建327个“儿童快乐家园”，配备有电脑、电视、图书、文体用品等硬件设施，同时，通过动员和征集“爱心爸爸”“爱心妈妈”与留守儿童结对子，进行一对一陪伴照顾；

动员爱心志愿者团队，开展托管服务、心理咨询、儿童安全自护知识培训等关爱活动，一定程度上解决了留守儿童校外学习、生活中面临的安全、孤僻、缺少交流等问题，直接受益留守儿童达6万余人次。

【HELLO小孩项目】 面向贫困儿童实施的“HELLO小孩”项目共发放爱心套餐51337份，内置有学习、生活、文体等儿童学习生活必需品。“恒爱行动——百万家庭亲情一线牵”项目作为贯彻落实第二次中央新疆工作座谈会精神的实践载体，号召爱心父母为孤困儿童重点是新疆少数民族家庭儿童编织爱心毛衣等编织物约7.8万件。以废旧衣物回收为主要内容的“一家衣善”公益项目共向贫困家庭转赠9万余件经清洗消毒后的八成新衣物，约3万人受益。

【儿童安全教育工程】 2016年，继续推进“儿童安全教育工程”深入实施，通过开展系列宣传普及、安全教育培训活动以及改善有关教学设施，提高儿童少年安全防范意识和安全应急技能。全年共捐建64间儿童安全体验教室、17间安康图书馆、举办115场“安全守护嘉年华”活动，发放以防性侵为主要内容的《儿童手册》《家长手册》50万套，开展女童安全自护培训讲座130期。联合中国营养保健食品协会等单位共同启动“全国儿童食品安全守护行动”，项目突破传统宣教模式，依托新兴科技手段，通过研发并赠送食品安全教育资源包、儿童食品安全动手学习盒，建立儿童食品安全移动体验营等系列工作，让孩子们在各类互动体验中学习掌握食品安全知识。“全国儿童食品安全守护行动”项目作为2016年全国食品安全宣传周重点活动之一，已在26个学校、12个社区开展食品安全守护行动，惠泽8万多名儿童。

【扶贫项目管理】 严格遵守《慈善法》及相关配套法规，借助信息技术手段，建立中国儿基会公益管理信息平台，实现项目捐赠收入与资助支出的收、管、支、结的完整闭环管理。严格落实合规审查工作，对捐赠事项、协议事项、合作项目等进行事前审查，以确保项目合作的合法性、公益性、规范性和可控性。强化项目信息公开，每季度面向社会公开披露项目进展情况，主动接受社会监督。建立向捐赠人反馈信息机制。定期通报项目进展情况，对众筹项目的资金分配和实施结果，及时在众筹平台上通报，主动回应捐赠人关切。通过努力，中国儿基会在基金会中心网的透明指数排行榜上，连续保持满分，并列行业第一名。

（中国儿童少年基金会　许长秋）

中国西部人才开发基金会扶贫

【概述】 2016年，中国西部人才开发基金会（以下简称“基金会”）始终秉承机构宗旨、奉行“根”“种”“酶”三大理念，持续开展“彩烛工程”“相守计划”“伊利方舟”儿童安全、“泛海扬帆大学生创业行动”等公益项目。截至2016年12月底，基金会全年募集资金3411.89万元，直接用于公益项目支出达2430万元。

【教育扶贫】 “彩烛工程”是由基金会联合国家开发银行、江苏汤沟两相和酒业有限公司等爱心企业共同举办的教育扶贫类公益项目。2016年，“彩烛工程”围绕心理健康教育主题在北京市举办了第十五、十六、十七期专题培训班，来自江西省全南县、四川省古蔺县和贵州省务川仡佬族苗族自治县、正安县、道真仡佬族苗族自治县的共148名基层教师参加了培训。

为贯彻落实中共中央、国务院关于打赢脱贫攻坚战的指示和要求，与国家行政学院扶贫领导小组合作，2016年4月，“彩烛工程”培训班在云南省大关县、墨江哈尼族自治县举办，来自两县边远山区的100多名山村教师参加培训。

【“相守计划”公益项目】 “相守计划”公益项目旨在资助扶持小学校长及留守老师自主设计和组织开展面向本校留守儿童的特色关爱活动，为健全农村留守儿童关爱服务体系进行模式探索。2016年，“相守计划”第三、四期在四川省古蔺县、湖北省竹山县和竹溪县、江西省宁都县和兴国县共181所学校实施，累计资助370万元。

2016年，基金会积极争取中央财政资金共100万元，专项用于云南省大关县、墨江县50所学校的“相守计划”公益活动。学校根据本校实际情况和突出特点申报关爱留守儿童活动方案，项目为每校提供1万元左右的活动经费支持、2500元的“相守”百宝箱、2000元左右的通讯补助，惠及师生9000人。

2016年底，“相守计划”获得了由民政部主管的《公益时报》社颁发的“2016（第六届）中国企业社会责任项目卓越奖”，人民网主办的“第十一届人民企业社会责任奖年度案例奖”两项大奖。

【儿童安全教育】 “伊利方舟”公益项目是由中国西部人才开发基金会和内蒙古伊利实业集团股份有限公司联合主办的儿童安全公益项目。项目以打造“我的方舟”为核心，通过集中培训、实地回访、物资捐赠、创新活动等一系列举措，支持各地开展儿童安全教育和治理工作，以期为儿童安全、健康、快乐成长保驾护航。2016年，项目整合公益和政府两种资源，与5个重点地区教育部门合作，围绕“方舟全息图”和“安全生态校”两大内容，在培训指导、经费资助、物资配备、远程督导、宣传推广、工作激励等方面精准发力。形成“方舟全息图1.0版”，扶持5地共43个学校打造“安全生态校”，探索可复制推广的儿童安全教育和校园安全治理模式。

11月，由“伊利方舟”联合凤凰网等共同发起的“安全守护与爱‘童’行”2016中国儿童安全保护主题活动，众多公益组织代表、教育工作者、爱心人士汇聚一堂，共话儿童安全保护，产生了广泛的社会影响。

【泛海扬帆行动】 泛海扬帆行动是贯彻落实《国务院关于大力推进大众创业万众创新若干政策措施的意见》，中国西部人才开发基金会联合中国泛海控股集团和泛海公益基金会，共同开展的进一步促进大学生创业者互助共生，扶持大学毕业生通过创业带动就业，助力脱贫攻坚的公益项目。2016年，项目在总结前5年成果的基础上，继续分别启动重庆第六期、昆明第五期、兰州第三期和山东省首期项目，评审并资助356个创业项目，捐赠公益资金2000万元。同时，昆明、兰州地方政府分别配套200万元用于支持该项目实施，直接带动就业近4000人。7月，为实现提升创业能力、培育社会责任、搭建合作平台3个目标，组织了69名优秀创业者赴上海，开展了深度创业培训。截止2016年底，项目共累计资助公益项目1117个，带动就业1万多人，累计捐赠公益资金8000万元。新华社《瞭望》新闻周刊以“构建互助共生模式”为题，对该公益项目做了长篇报道和深度解读。

（中国西部人才开发基金会项目部
王晴晴）

（五）企业扶贫

综　述

2016年是“万企帮万村”精准扶贫行动（以下简称“行动”）开局之年。各级工商业联合会、扶贫办、光彩事业促进会以行动作为工作统领，全面宣传、动员、引导民营企业参与扶贫。行动领导小组深入贯彻落实中央扶贫开发工作会议和东西部扶贫协作座谈会精神，推进行动全面铺开，得到了中共中央、国务院高度重视。广大民营企业家积极响应、踊跃参与，已有2.2万家企业与2.1万个建档立卡贫困村建立了结对帮扶关系。行动得到社会各界的普遍关注和广泛好评。

一、纵深开展组织动员

一是深入开展组织发动。2016年1月，印发《关于推进“万企帮万村”精准扶贫行动的实施意见》，召开推进“万企帮万村”精准扶贫行动全国电视电话会议，对行动进行全面动员纵深部署。电视电话会议覆盖省、市、县三级工商业联合会、扶贫办、光彩事业促进会和有关商会负责同志、民营企业家，46400余人在各地1499个分会场参加，统一了思想，提高了认识，为行动快速在全国铺开奠定了基础。全国工商业联合会（以下简称“全国工商联”）、国务院扶贫办和中国光彩事业促进会（以下简称“中国光彩会”）将行动作为全年工作重点，在各类会议、行动中强调部署，持续发动。全国工商联常委会、执委会和中国光彩会理事会，都把推动和部署行动作出重要议题。国务院扶贫办在2016年“扶贫日”活动中设“万企帮万村”行动专题论坛。

二是加强调研督促指导。为了掌握行动开展情况，总结经验、查找问题、发现典型指导工作，全国工商联、国务院扶贫办和中国光彩会联合赴12个省（区、市）开展专题调研。发现了推进不平衡、理解不全面、合力未形成等突出问题，现场指导各省深化对行动的理解，加大工作力度、加快工作进度，督促未成立领导小组的地方迅速成立行动领导机构、形成三方合力，并发现一些民营企业参与精准扶贫的典型案例。行动领导小组两次派员参加中共中央办公厅调研室针对民营企业参与精准扶贫开展的调研活动。

三是试点先行示范引领。为探索经验、指导各地和广大民营企业开展精准扶贫，全国工商联把定点扶贫县作为试点，指导贵州省织金县开展“百企帮百村”精准扶贫行动，组织京津沪和全国工商联直属行业商会的 80 多家民营企业到织金县开展结对帮扶，捐赠 4000 万元用于支持建档立卡贫困村贫困户发展产业项目，指导并资助当地培训贫困村致富带头人。中国光彩事业庆阳行、德宏行也将“行动”作为民营企业参与精准扶贫的平台，组织民营企业家奉献爱心，慷慨解囊，捐赠 6000 多万元善款和价值 1000 多万元的物资，聚焦 2433 户建档立卡贫困户，实施蔬菜大棚种植、牛猪羊饲养、桑蚕养殖、水窖建设等公益项目，8039 建档立卡贫困人口受益。

四是挖掘典型树立榜样。通过调研发现、各省推荐挖掘民营企业参与“行动”的先进典型，梳理出了整县推进、整乡推进、包村推进、一企帮多村、多企帮一村、一企帮多户等多种参与形式，总结出土地集约提升型、能人大户带动型、金融机构助推型、扶贫资金入股型、电商平台拉动型等多种产业帮扶模式，树立了恒大地产集团有限公司、陕西荣民房地产集团有限公司、贵州兴伟集团有限公司、中国泛海控股集团、福耀玻璃工业集团股份有限公司、湖南开源 · 浏阳河集团股份有限公司、上海凯迪企业（集团）有限公司、湖北名羊农业科技发展有限公司、青岛昌盛日电太阳能科技股份有限公司、广西空店资产管理有限公司等一批各有特点又可信可学可比的先进典型。为推介典型，行动领导小组邀请上述企业在推进“万企帮万村”精准扶贫行动全国电视电话会、全国工商联十一届八次常委会、中国光彩会五届二次理事会议、“万企帮万村”精准扶贫行动现场会、“万企帮万村”精准扶贫行动论坛上作交流发言，为广大民营企业提供了示范和借鉴。

二、召开现场会

10 月，国务院扶贫开发领导小组在湖北省黄冈市召开“万企帮万村”精准扶贫行动现场会，国务院副总理汪洋出席会议并做重要讲话。

现场会充分肯定了“万企帮万村”行动取得的显著成绩。汪洋高度评价“万企帮万村”的重大意义，指出“行动”是充分发挥中国特色社会主义制度的重要举措，是民营企业担当社会责任先富帮后富的重要体现，是拓展民营企业发展空间的重要途径；强调“行动”的成功实践充分展现了民营企业饮水思源的强烈社会责任感，民营企业通过“行动”探索的精准帮扶模式，不仅丰富了民营企业扶贫的路径和方式，也为全国推进脱贫攻坚提供了思路上的借鉴。

通过现场学习交流，推动各地比学赶超。参会代表现场观摩了湖北名羊农业科技发展有限公司、上海凯迪企业（集团）有限公司、李时珍医药集团有限公司和大自然控股集团实施的企业帮村精准扶贫项目；湖北省黄冈市、江西省工商联、贵州兴伟集团有限公司、湖南开源 · 浏阳河集团股份有限公司、华盛绿能（宁夏）农业科技有限公司做了交流发言；会上还汇编了各省行动总结交流材料、《“万企帮万村”精准扶贫行动典型案例》，为各地工商联、扶贫办、光彩会和广大民营企业提供了交流学习机会；编印了《企业参与扶贫“百问百答”》汇编，成为民营企业参与“行动”、争取政策支持的工具书。

部署了工作任务、提出了具体要求。汪洋强调，各地区各部门和广大民营企业要共同努力，促进行动提质增效。要进一步提高思想认识，把行动纳入脱贫攻坚总体部署，与专项扶贫、行业扶贫同部署、同落实，形成合力；要聚焦建档立卡贫困人口，因户因人施策；要坚持市场导向，重点围绕产业和就业开展帮扶；要落实支持政策，各级党委和政府要树立“扶持帮扶企业就是扶持贫困农户”的意识；要营造良好环境，各地区、各有关部门要组织主流媒体加大对“行动”的宣传。

三、扎实做好支持服务

一是争取金融支持。为破解民营企业在参与精准扶贫中的融资难、融资贵问题，全国工商联、国务院扶贫办、中国光彩会和中国农业发展银行签订并联合印发了《政策性金融支持“万企帮万村”精准扶贫行动战略合作协议》，明确了合作原则、合作内容和合作机制，为争取政策性金融资源支持民营企业参与行动打下了基础。

二是开展系列宣传。在全国工商联、国务院扶贫办、中国光彩会官方网站和自由媒体上开辟专栏，持续报道各地行动开展情况和民营企业典型案例。推动中共中央宣传部将“行动”列为2016年“扶贫日”系列宣传的重点专题，组织召开了新闻通气会。7家中央媒体、5家系统媒体及多家地方媒体对“行动”现场会进行报道。《人民日报》、新华社、《光明日报》等中央媒体对民营企业的典型帮扶案例进行了报道。互联网和新媒体持续关注，网易、腾讯、新浪等众多新闻门户网站大量转载行动相关内容。

三是积极推荐表彰。在2016年全国脱贫攻坚奖评选表彰活动评选过程中，积极为民营企业争取表彰名额，并密切关注由中共中央统战部、各省扶贫办推荐的民营企业参评情况。陈正拜、王文彪、卢志强、许家印、杨国强、张近东、王健林、李振生、吴丹9位民营企业家分别荣获2016年“全国脱贫攻坚奖”贡献奖、奉献奖、创新奖。

四是做好日常管理。行动领导小组每季度召开一次会议，研究重要事项，审议重要文件，对下一阶段工作做出部署。领导小组办公室编印了11期“行动”动态，发布领导讲话、典型案例、各地行动开展情况等内容，指导各地开展工作。行动领导小组办公室开发了“行动”台账管理系统，通过互联网实时了解各地行动进展情况、企业投入情况和帮扶脱贫成效，为督促指导各地工作提供了依据。

（国务院扶贫办社会扶贫司
宿盟）

恒大地产集团有限责任公司扶贫

【概述】 恒大地产集团有限责任公司（以下简称“恒大”）自1996年成立以来，积极承担社会责任，已累计为民生、扶贫、教育、环保、体育等慈善公益事业捐款100余次超52亿元，荣获“全国脱贫攻坚奖”“全国劳动模范”“优秀中国特色社会主义事业建设者”等多项国家荣誉，并连续七年荣膺“中华慈善奖”。同时，还被授予“中国最佳企业公民”“全国爱心捐助奖”“中国最具社会责任感房地产企业”等荣誉。2015年12月，恒大响应中共中央总书记习近平打赢脱贫攻坚战的号召，在中国人民政治协商会议全国委员会鼓励支持下，开始结对帮扶贵州省毕节市大方县，3年无偿投入30亿，通过产业扶贫、易地搬迁扶贫、发展教育扶贫和吸纳就业扶贫等“一揽子”综合措施，确保到2018年底实现大方县18万贫困人口全部稳定脱贫。集团成立由集团副总裁任主任的扶贫办，从集团系统内选派287人的专职扶贫团队常驻大方县，组织4600多人的扶贫队伍与当地干部群众一起展开脱贫会战。

截至2016年底，恒大帮扶大方的103个重点捐建项目全部开工，总建筑面积约400万平方米，精准帮扶措施已覆盖70%的贫困人口，已帮助大方县约8.05万人实现初步脱贫。

【产业扶贫】 针对能够就地进行生产扶持的贫困群体，恒大无偿投入10亿元，3年建设1000个以合作社形式运营的农牧业产业基地。截至2016年底，已开工蔬菜、肉牛、中药材和经果林基地264个，引进27家上下游龙头企业，已为201个蔬菜、肉牛等专业合作社发放担保贷款2.9亿元。

2016年，恒大建成蔬菜产业化大田基地6万亩，蔬菜大棚6300栋，通过援建育苗基地、节水灌溉和蔬菜大棚等农业基础设施，扶持86个互助合作社带动贫困户发展生产。引进16家蔬菜上下游龙头企业建设若干个集散中心，借助互联网手段，根据市场需求指导育苗中心生产。蔬菜成熟后，由集散中心到田间地头收购并供给到全国各地。这种供产销一体化的扶贫模式，解决了农户“不知道种什么、不知道种多少、不知道怎么种、不知道卖给谁”的根本性问题。帮扶的贫困户，户均种植蔬菜2.5亩，年人均纯收入超过4100元。

从内蒙古自治区、吉林省等牧区调入优质基础母牛2115头，以每头低于市场价3000元的价格，由贫困户全额贷款购买，恒大提供全额担保、全额贴息、全额保险，每繁殖成活一头牛犊再奖励1000元。“买牛不愁钱，养牛没风险，产牛有奖励，卖牛有保障”的一条龙扶贫模式，深受贫困户欢迎。此外，恒大已从国外引进纯种安格斯种牛3000头，建立大型种牛繁育基地。从加拿大引进9万支优质种牛冻精，已改良当地土牛1.2万头。引进8家畜牧上下游龙头企业，建立母牛供应、技能培训、饲养、收购、加工、销售等产业化体系。帮扶的贫困户，户均饲养肉牛3头，年人均纯收入超过4000元。

建成3.2万亩丹参、天麻等中药材基地，2万亩油用牡丹和猕猴桃等经果林基地。并引进7家中药材、经果林上下游龙头企业，建立种子供应、技能培训、种植、收购、加工、销售等产业化体系。用产业带动贫困户入股分红、务工增收扶贫模式，帮助贫困户持续增收、稳定脱贫。帮扶的贫困户，年人均纯收入超过5500元。

【易地扶贫搬迁】 恒大结合新型城镇化和新农村建设，无偿投入7亿元，建设50个带产业依托的新农村和1个民族风情小镇。恒大建设的新农村，配备了家私家电等基本生活用品，每户配建两栋蔬菜大棚，同时辅以肉牛养殖、乡村旅游等作为“第二产业”，民族风情小镇配建商业街，并就近配建农牧基地，确保贫困户“能脱贫、稳得住”。

截至2016年底，首批援建的10个恒大新村6个已搬迁入住，4个新农村也陆续搬迁。产业基地同步配套，其中8个已投入使用。首批恒大新村安置500户、2000人，第二批40个恒大新村已于2016年11月开始建设。

【教育扶贫】 恒大无偿投入5亿元，通过建学校、强师资、设基金，全方位补足当地教育资源缺口。截至2016年底，已全面开工建设11所小学、13所幼儿园、1所完全中学和1所职业技术学院。与清华大学合作，已培训340名教师及管理干部。设立的恒大大方教育奖励基金，已奖励资助200名偏远山区优秀教师、300名贫困家庭优秀学生。

【就业扶贫】 针对贫困家庭实际情况，恒大组织贫困家庭劳动力进行职业技能培训，并由恒大下属企业及战略合作单位到培训现场招工，双向选择，吸纳就业。截至2016年底，已培训1.15万人，吸纳就业9084人，就业人员年人均工资4.2万元。恒大和大方县针对产业扶贫、易地搬迁扶贫，结合蔬菜、肉牛、中药材、经果林等产业发展，组织开展农民实用技能培训。贫困户需要什么就培训什么，到田间地头开展实训，教会为止。截至2016年底，已培训2.2万人。

【贫困家庭创业】 为鼓励支持贫困户创业，激发脱贫致富的内生动力，恒大设立了3亿元的“恒大大方贫困家庭创业基金”，3年内分期分批，以贴息和奖补等形式鼓励贫困家庭创业，帮助3万人脱贫致富。截至2016年底，已扶持创业户

9615户。

【慈善基金】 恒大无偿投入3亿元，用于建设1所慈善医院、1所养老院、1所儿童福利院。设立2亿元的“恒大大方慈善基金”，为孤寡老人养老就医、困境儿童生活学习和贫困家庭就医提供补助。另外，为14140名特困人群每人购买一份固定收益的商业保险，补足当地低保标准与脱贫标准之间的差额，实现直接脱贫。组织集团系统员工“一助一”帮扶全县农村贫困家庭留守儿童、困境儿童和孤儿4993人。

【企业扶贫模式】 结对帮扶大方，恒大坚持精准扶贫，因户施策、因人施策；坚持“输血”与“造血”并举；坚持既要“见效快”更要“利长远”，探索出一些可复制、可推广、可借鉴的做法。

一是直接参与，政企联合形成脱贫合力。恒大不仅出资金，更重要的是出人才、出技术、出管理、出思路，集团选派287人的专职扶贫团队常驻大方，组织4600多人的扶贫队伍与当地干部群众并肩作战，做到大方不脱贫、恒大不脱钩。

二是精准滴灌，多措并举实现立体帮扶。恒大按照中央“六个精准”的要求，运用大数据对大方县建档立卡数据库贫困人口进行精准比对，并一家一户走访调研，根据需求因户施策、因人施策。按照中央“五个一批”的要求，通过产业扶贫、易地搬迁扶贫、发展教育扶贫、吸纳就业扶贫、贫困家庭创业扶贫和特困群体生活保障扶贫等一揽子综合措施，“输血”与“造血”并举，建立全方位、系统化帮扶体系。

三是着眼长远，创造持续脱贫内生动力。扶贫攻坚的核心在于产业支撑，恒大除了援建一大批农业基础设施外，还引进27家上下游龙头企业参与扶贫，对接市场指导生产，实现供、产、销一体化经营，确保农民稳定增收，持续发展。为提高贫困人口素质，恒大援建了26所学校，并引进清华大学教育与优质资源，让当地孩子能接受良好教育，阻断贫困代际传递。同时发挥民营企业优势，通过“职业技能培训+吸纳就业”方式，帮助贫困群众转变思想观念，实现就业。这些做法从根本上激发了贫困地区的内生动力，增强了贫困老百姓的自我发展能力。

【扶贫宣传】 2016年，《人民日报》、新华社、中央电视台、《人民政协报》、人民网、新华网、央广网、中国网以及各大门户网站等300多家央级和国内各省区各大主流媒体多次报道恒大结对帮扶大方情况，媒体累计报道1956篇，转载35023次。

（恒大地产集团有限责任公司扶贫办 桂 锦）

中国泛海控股集团有限公司扶贫

【概述】 中国泛海控股集团有限公司（以下简称“中国泛海”）创始于1985年，在企业发展的同时，逐步形成并恪守“社会、企业、个人”在“目标、责任、利益”三个维度上相统一的经营理念和“得益于社会，奉献于社会”企业价值观，积极履行企业社会责任，热心公益慈善事业。为实现中国泛海公益事业的持续化、体系化、战略化发展，更好地参与社会公益事业，2010年10月，中国泛海控股集团董事长卢志强和中国泛海共同捐资2亿元，成立由中共中央统一战线工作部主管、在民政部注册的泛海公益基金会（泛海公益基金会成立后，中国泛海捐赠均通过泛海公益基金会实施），并于2013年捐资1亿元发起成立中华艺文基金会和捐资5000万元发起成立山东泛海公益基金会。至2016年底，卢志强和中国泛海已累计向社会公益事业捐赠50亿元，资助公益项目300多个，涉及的社会公益事业包括扶贫济困、新农村扶贫建设、光彩帮扶、大学生创业、人学教育和中小学教育、革命老区建设、抗震救灾、抗洪救灾、文化艺术、环境保护等多个领域，惠及十几个省份、数百万人。2016年，卢志强荣获首届“全国脱贫攻坚奖”奉献奖、2016年度中国社会责任“杰出人物奖”、“第十三届（2016）中国慈善榜十大慈善家”称号，中国泛海荣获民政部第九届中华慈善奖“最具爱心捐赠企业奖”，泛海扬帆大学生创业项目荣获中华慈善奖“最具影响力项目”提名奖，泛海公益基金会荣获“第十三届（2016）中国慈善榜”非公募基金会榜单第10名等荣誉。

【企业扶贫模式】 自中央扶贫开发工作会议召开以来，卢志强积极响应中共中央号召，把参与国家脱贫攻坚和“万企帮万村”精准扶贫行动纳入中国泛海发展战略，制定了“公益性扶贫”和“产业投资扶贫”两个五年（2016—2020年）实施计划，并成立由卢志强为组长的扶贫领导小组，加强对精准扶贫工作的领导。

遵照中共中央“治贫先治愚、扶贫先扶智”，“发展教育脱贫一批”的扶贫攻坚措施，和“万企帮万村”精准扶贫行动的要求，卢志强认真学习领会中央精神，多次深入调查研究，总结回顾多年教育扶贫的实践，将帮教助学作为精准扶贫重点，针对家庭贫困大学生人学、在校学习、毕业创业三个阶段和培养高端人才，在有关部门的大力支持下制定并实施配套的教育精准扶贫长期规划：用 5 年时间捐资 15 亿元开展“泛海助学行动”，捐资近 3000 万元在山东 32 所高校开展“同心光彩助学行动”，捐资 1.5 亿元开展“泛海扬帆大学生创业行动”；捐资近 10 亿元支持知名高校培养高端人才，以“3+1”的项目运作模式参与脱贫攻坚。

【教育扶贫】 将帮教助学作为精准扶贫重点，在有关部门的大力支持下制定并实施对大学生入学、在校学习、毕业创业系统帮扶，资助培养高端人才有机结合的教育精准扶贫长期规划，积极参与脱贫攻坚。

开展泛海助学行动。2016 年 2 月，卢志强赴云南省寻甸回族彝族自治县实地考察，决定每年捐资 1000 万元资助寻甸 2000 名家庭困难大学生，5 年共捐资 5000 万元。同时还捐资 2218 万元建设光伏太阳能脱贫示范工程项目，捐资 2100 万元建设中央红军 4.29 渡江令发布地遗址保护项目。经过初步试点后，谋划自 2016 至 2020 年，在广西、重庆、湖北、贵州、山东、陕西 6 省（区、市），由中国泛海每地每年各捐赠 5000 万元，5 年共计捐赠 15 亿元；每地每年各资助 1 万名贫困家庭大学新生，每人 5000 元，每年共资助 6 万名，5 年共资助 30 万名。5 月，中共中央统一战线工作部举行“泛海助学行动”座谈会部署工作，给予支持和指导。卢志强用 28 天时间，赴 6 省（区、市）同省委、省政府及统战部领导座谈交流“泛海助学行动”，签订“泛海助学行动”框架协议。

按照同 6 省签订的框架协议和泛海公益基金会同各地职能部门、渤海银行签订的四方合作协议，2016 年 8 月 25 日，中国泛海已将第一年 3 亿元捐款拨至 6 地，资助 6 万名大学新生。

开展同心光彩助学行动。中国泛海与山东省委统战部共同发起实施“同心光彩助学行动”，资助 32 所高校家庭困难品学兼优在校大学生完成学业。5 年来，已资助 5800 名优秀寒门学子，发放助学金总计 2901 万元。

此外，泛海公益基金会规划 2016—2020 年每年向广西“泛海·和合班”捐赠 150 万元，用于资助贫困地区学生营养晚餐，5 年共计捐赠 750 万元。2016 年度 150 万元捐款已于 2016 年 8 月拨付。

开展泛海扬帆大学生创业行动。为积极响应党和国家“大众创业、万众创新”号召，支持大学生就业、创业，脱贫致富，泛海公益基金会决定 2010—2020 年分 3 个阶段，共计捐款 1.5 亿元，会同中国西部人才开发基金会在重庆、山东及昆明、兰州、武汉 5 地深入开展“泛海扬帆大学生创业行动”。至 2016 年已拨付捐赠款 8000 万元。2016 年，“泛海扬帆大学生创业行动”在重庆、山东和昆明、兰州共资助创业项目 356 个，带动大学生就业近 2000 人。形成了“公益组织策划、爱心企业捐赠、地方政府指导、创业学生参与”的“泛海模式”；不是只重视捐款，而是通过“瞅准互助创新、构建互助生态、谋划互助发展”，逐步构建创业互助共生模式，得到中央领导、社会群众和创业大学生的肯定。

2015年9月，卢志强赴重庆市现场考察大学生创业成果，同创业大学生座谈，鼓励他们创新创业。并决定要发挥中国泛海的优势，对发展潜力大的创业项目采用市场化运作、金融性帮扶的措施予以大力支持。

资助知名高校培养高端人才。2016年，中国泛海先后向复旦大学、中国人民大学、武汉大学、清华大学、北京大学等知名高校共计捐赠10亿元，用于资助教学设施、重点学科的建设和国际交流，支持培养高端人才。

【研究基金】 2016年6月，泛海公益基金会与中国文学艺术基金会签订捐赠协议，向该基金会捐赠并完成拨付500万元人民币，支持其开展文化艺术公益活动。8月，泛海公益基金会与北京当代经济学基金会签订捐赠协议，计划在2016—2018年分3期共捐赠5000万元，支持其遴选颁发经济学研究奖项、举办经济论坛，及其他学术交流、研究等公益项目，并拨付1000万元。9月，泛海公益基金会向北京保研公益基金会分3年共计捐赠3000万元，支持其对保险行业公益服务项目的研发、创新、交流和宣传，推动保险事业健康发展。

【健康扶贫】 自2012年、2014年泛海公益基金会分别捐赠1000万元支持国家卫生和计划生育委员会、中国光彩事业促进会联合开展的藏区卫生健康活动。2016年为继续支持第三期“光彩·西藏和四省藏区健康促进工程”项目，向中国光彩事业基金会捐赠1000万元，用于2016年光彩·西藏和四省藏区母婴健康行动。该项目医疗宣传服务队5年来行程近10万千米，300人次，19次深入五省藏区的35个项目县，为超过1.65万名藏区农牧民群众提供了医疗健康服务，对2629位基层医生进行了临产带教专业培训。为1万名中小学生开设了20多场青春健康课堂。为3.55万新生儿家庭发放了健康礼包，以及大量汉藏双语电视、平面宣传品。

2016年11月，泛海公益基金会与爱佑慈善基金会签订捐赠协议，捐赠1000万元用于支持孤儿和困境儿童项目。

（中国泛海控股集团有限公司
行政管理总部公益事业部　冉力省）

凯迪生态环境科技股份有限公司扶贫

【概述】 凯迪生态环境科技股份有限公司（以下简称“凯迪公司”）始创于1992年，是一家生物质能源类控股型集团化公司。自成立以来，公司秉承“奉献环保，造福人类”的企业核心使命，专注于环保和绿色能源产业发展，已在全国投资建设50个生物质发电项目，其中已投入商业运行41个（截至2016年12月31日），总装机容量为1200兆瓦，流转林地1018万亩。自2008年以来，公司生物质发电产业直接或间接带动农民增收120亿元，先后帮助约10万名农民增收致富，实现了经济、社会和生态效益的共建共享，已形成产业建设与精准扶贫协调发展的格局。

2016年，凯迪公司贯彻落实中央脱贫攻坚决策部署，履行企业产业扶贫责任担当，在地方各级党委政府领导下，在各级工商联和扶贫工作部门指导下，依托主营产业，积极参与全国“万企帮万村”、各省“千企帮千村”和各县“百企帮百村”精准扶贫行动，已与5个省、3个地级市（州）、80个县（市、区）签订产业扶贫协议88份，覆盖13125个建档立卡贫困村，涉及42个国贫县、4312个贫困村。

【企业扶贫模式】 凯迪公司确定产业扶贫理念。坚持创新驱动发展，环保改善生态，循环转变方式，低碳构建和谐，绿色引领未来，共享福泽民生的产业扶贫理念，以生物质能源产业为依托，以生物质电厂为核心，以村级收购点和林业产业为平台，以生物质燃料产销专业合作社和林业专业合作社为载体，以造福建档立卡贫困群体为目标，通过农林废弃物能源化利用和林业产业化技术，与农民结成利益共同体，实现产业精准扶贫和企业发展良性循环。目的是把公司产业扶贫贯穿于生物质能源产业建设发展全过程中，融合一、二、三产业协调发展，突破体制机制障碍，与建档立卡贫困群体建立共享发展成果的利益共同体。

凯迪公司创建产业扶贫模式。公司在实践中探索创建了“1+3+N”生物质能源产业精准扶贫模式，即以生物质能源产业为依托，通过生物质发电、燃料利用和林业产业3个模块提供燃料采收、燃料加工、电厂就业、林地流转、林地管护、林地经营、灰渣利用、物流运输、冷库仓储、入股分红、职业培训等多种精准扶贫渠道。

凯迪公司建立产业扶贫保障体系。公司在实践中探索建立四级产业扶贫保障体系：第一层是政企联合扶贫组织领导体系；第二层是企业内部“总公司+项目公司+渠道工作组”组织管理体系；第三层是村级合作社组织运行体系；第四层是融企联合金融支持体系。这四级体系，可确保产业精准扶贫，精准效果。

凯迪公司制定产业扶贫工作标准。在实践中，根据“四个切实”和“六个精准”总体要求，探索总结出点上和面上“双十精准”标准，这是公司在产业精准扶贫实践中一直坚持的工作标准。点上“十个精准”是指精准立卡、精准走访、精准分类、精准对接、精准签约、精准培训、精准结对、精准帮扶、精准脱贫和精准跟踪。这是推进产业精准扶贫智能化管理的基础。面上“十个精准”是指精准解剖、精准统计、精准规划、精准台账、精准渠道、精准方案、精准对接、精准措施、精准管理和精准验收。这是从公司层面加强产业精准扶贫标准化管理的依据和手段。公司还制定了《凯迪产业精准扶贫评估验收基本指标》，作为检查、评估和验收公司产业精准扶贫效果的标准和办法。

【产业扶贫】 凯迪公司在实践中探索和建立了“政府引导、企业运作、市场机制”帮扶工作机制和“公司+合作社+贫困户”利益连接机制，在公司项目所在地全面推进燃料利用“1115”产业扶贫工程和林业产业“1115”扶贫工程，以生物质发电项目为核心，以村级燃料收储运网络体系、能源林基地为产业扶贫平台，引导和组织建档立卡贫困户组建新型农村经济组织，以专业合作社为载体，参与生物质能源产业建设发展，公司通过注入科技、资本和管理三要素，规模带动贫困地区贫困群体就近就地向产业工人、资产经营者转变，按需就业，按劳取酬，按股分红，创新发展农村集体经济组织，促进农村经济社会转型发展，实现企业发展成果与广大贫困群体的共建共享。

【万企帮万村】 2016 年 10 月，全国“万企帮万村”精准扶贫行动现场经验交流会在湖北省黄冈市召开。来自国务院扶贫办、全国工商业联合会、中国农业发展银行、全国 31 个省（区、市）和新疆建设兵团工商联、统战部、扶贫办的领导、22 个贫困县的县委书记县（市）长及企业家代表 200 多参会代表实地参观考察了蕲春县凯迪绿色能源开发有限公司和蕲春凯迪精准扶贫高峰村级收购点的精准扶贫工作。参会代表通过参观考察和现场交流，一致认为凯迪生态产业精准扶贫模式可复制、可推广、可持续。

【生物质合成油项目】 该项目是深化“政府主导、企业运作和市场机制”产业扶贫帮扶机制的又一标杆项目，于 2016 年 8 月启动建设。该项目年需求农林废弃物量约为 130 万吨，由吉林省松原市政府主导成立生物质原料收储运公司，在全市 165 个贫困村建立秸秆收储点，并配套组建专业合作社，凯迪公司输出技术、管理标准，以带动 165 个贫困村 4.7 万个建档立卡贫困人口增收，实现整市脱贫。

【就业扶贫】　以生物质电厂为依托，每家生物质电厂设定30个辅助用工岗位，面向建档立卡贫困群体，定向招聘有劳动能力和增收脱贫意愿的贫困群众定向就业。在电厂辅助用工模块，已吸纳到电厂辅助用工岗位工作的贫困劳动力，年均实现工资性收入2.87万元（包括各种福利），最高达到5.22万元，最低也有2.1万元。每个新建生物质电厂均预留30个岗位面向建档立卡贫困群众定向招聘就业。

【燃料利用产业扶贫】　推进燃料利用"1115"产业扶贫工程，即1个村级燃料收购点，配套组建1个专业合作社，每个专业合作社至少带动10户以上建档立卡贫困户，实现户年均增收5000元目标。在实施燃料利用"1115"产业扶贫工程实践中，公司因地因人施策，采取五大措施精准帮扶到户到人：一是给予参与燃料采收贫困户每年配额30吨、每吨50元的价格补贴；二是每个村级采收点安排4—6名贫困户固定用工，季节性作业6个月，日工资不少于100元；三是割灌机、油锯等采收工具免费租给贫困户使用；四是给合作社配置2台三轮车，由合作社为没有运输工具的贫困户运输燃料；五是向合作社提供运营管理和技术服务，并签订购销合同，兜底保质保价收购，确保建档立卡贫困户稳定增收脱贫。

截至2016年12月底，在全国范围内，已建设并投入运营的村级燃料收购点1016个，配套成立生物质燃料产销专业合作社661个，吸纳建档立卡贫困户1259人，户人均增收3928元。公司2016年在湖北省蕲春县已建成投运村级燃料收购点12个，成立专业合作社12个，吸纳954户农户参与产业建设，其中建档立卡贫困户294户。在蕲春，年增收1万元以上的有8户，最高的贫困户年收入35417元；5000元以上36户（人）；2000元至5000元的45户（人）；2000元以内的209户（人）。

【林业产业扶贫】　以林地林木资源为依托，推进林业产业"1115"产业扶贫工程，即以1000亩林地为一个经营单元，1个经营单元配套组建1个林业专业合作社，每个林业专业合作社至少带动10个以上建档立卡贫困户，实现户年均增收5000元目标。凯迪公司在全国105个县就近就地整合并优化资源配置，已将31家林业类全资子公司整合为26家，全部集中在国家级贫困县，已先行组建了547个林业专业合作社，通过种、管、扶、采一体化林业产业扶贫模式，推进林业产业发展。后续随着产业升级，将不断扩大规模。

据统计，凯迪公司已流转的个人林地涉及3.8万个建档立卡贫困户，每年支付林地流转费1196万元，年户均增收313元；流转集体林地涉及1141个村，其中573个为建档立卡贫困村，辐射8.3万建档立卡贫困户，每年支付林地流转费3988万元，年户均增收482元。

【金融扶贫】　2016年11月，凯迪公

司与中民投资本管理有限公司（下简称“中民投资本”）签订战略合作协议，双方约定通过包括相互投资、建立产业基金等多种形式开展合作。此次签署的协议包括了一揽子合作方案，双方约定在绿色经济、绿色金融、生物质产业精准扶贫和“一带一路”等领域开展全面的战略协作。双方通过互相投资，共同建设海内外平台，建立长期坚实的战略合作伙伴关系。公司提供技术和资源，中国民生投资集团提供资本，双方共同建设产融合作平台。双方首期合作目标为投资200亿元，就生物质扶贫产业基金，越南等海外市场投资项目，绿色金融等方面展开合作。

【文化扶贫】 2016年，由凯迪公司冠名出资120万元，与湖北省委宣传部、省扶贫办、省新闻出版广电局在湖北省境内联合开展“构建精神支柱，助推精准扶贫”送电影下乡活动，启动开播仪式和10个专场播放，扶贫先扶志，激发贫困地区广大贫困群体自我发展的内生动力。

【教育扶贫】 2016年，凯迪公司携手共青团湖北省委员会向湖北省青少年基金会捐款500万元，在湖北省阳新、罗田、来凤、江陵、崇阳、赤壁、谷城、蕲春、监利和京山10县（市）10个贫困村，建设10所希望小学，解决贫困家庭子女教育问题。

2016年5月，凯迪公司携手江西省万载县人民政府，在万载县举办“凯迪杯”中国·万载首届百合旅游文化节，与该县白水乡人民政府签订“一企帮一乡”产业精准扶贫协议，为该乡白水小学捐资20万元，用于该乡建档立卡贫困家庭助学和为该校添置部分教学设备。

【献爱心活动】 2016年8月，凯迪公司向中国光彩事业武汉促进会捐款100万元，用于湖北省武汉市各区（县）受灾贫困群众灾后重建工作。

2016年，公司旗下湖北省京山、蕲春、来凤、崇阳、松滋电厂，安徽省望江、淮南、南陵、金寨、霍山电厂，湖南省临澧、双峰电厂，吉林省汪清电厂，广西壮族自治区北流电厂向当地建档立卡贫困户累计捐资12.91万元，公司还向湖北省英山县八里山村50个建档立卡贫困户共捐资1.96万元扶贫物资，助其改善生产生活条件。

（凯迪生态环境科技股份有限公司
刘福银）

碧桂园控股有限公司扶贫

【概述】 碧桂园控股有限公司（以下简称“碧桂园”）成立于1992年，2016年，碧桂园除继续做精做实传统项目之外，正式启动科技小镇战略，项目贯彻绿色生态的高标准理念，产业聚焦全球优质科技产业资源，助力国家创新驱动发展战略。在谋求自身发展壮大的同时，碧桂园始终坚守其核心价值观：做有良心、有社会责任感的阳光企业。截至2016年，碧桂园集团及其董事局主席杨国强、副主席杨惠妍为全社会捐款累计超过27亿元，用于教育扶贫、产业扶贫、培训就业、救灾赈灾等方面，包括创办3所学校：全国唯一全免费民办高中国华纪念中学、全国唯一全免费大学广东碧桂园职业学院及培训退伍军人的全免费学校国良职业培训学校。

【企业扶贫模式】 碧桂园践行企业社会责任，在广东省2016年扶贫济困日活动上，碧桂园再次捐赠5亿元，助力脱贫攻坚。碧桂园坚持“授人以鱼”不如“授人以渔”的扶贫理念，专门设立社会责任部，派出12名员工常驻扶贫点，与村民同吃同住，不断探索、创新适合国情的公益慈善模式，将产业扶贫与人才培训、整村推进、转移就业、驻村帮扶等有机结合，形成长效扶贫机制，并持续强化定点扶贫开发力度，取得显著成效。

【产业扶贫】 2016年，碧桂园继续响应广东省委、省政府号召，积极参与到广东广西东西部扶贫协作中，将“绿色产业扶贫”模式引入广西壮族自治区田阳县，以桥马片区央律村为核心，引导、扶持片区有种植意愿、有发展条件的贫困户，采取“市场主导、贫困户主体、企业参与、政府帮扶、金融支持”的运作方式，通过“龙头企业+专业合作社+贫困农户”的模式，发展苗木花卉种植，拓宽农户增收渠道，打造苗木花卉产业扶贫示范基地，树立桥马片区乡村旅游新品牌。该项目计划总投资5000万元，预期开发5年，共种植苗木300亩，每年带动桥马片区210户建档立卡贫困户脱贫致富。

【扶贫培训】 2012年起，碧桂园决定将职业教育的课堂搬到村子里。杨国强选定在广东省佛冈县水头镇开展“送技术技能下乡培训项目”。该项目以自愿为前提，对全镇16—60周岁适龄劳动力开展免费的技术技能培训，派驻工作人员驻扎在水头镇，与村民同吃同住。除了开展培训，项目还积极探索人才输出，联系人才公司和用工单位，多次组织现场招聘会，疏通就业渠道，帮助受训农民找工作。

2016年，碧桂园再次针对建档立卡户开展培训工作，2016年共培训138人，其中87人通过考试取得资格证书，已有部分村民走上工作岗位，月薪在3500左右，真正实现“一人就业、全家脱贫”。

【教育扶贫】 碧桂园人以教育慈善的模式兴办学校，免费培养贫困学子，在为社会培养职业化人才的同时，带动贫困家庭脱贫致富。一是设立仲明大学生助学金。1997年设立“仲明助学金”，用于资助贫困大学生完成大学学业，接受资助的学生与碧桂园签订《道义契约》，承诺有能力时返还助学金以帮助更多有需要的人。2016年，受助学生达到533人。二是创办国华纪念中学。2002年，杨国强捐资2.6亿创办了纯慈善、全免费的全日制寄宿中学——佛山市顺德区国华纪念中学，为全国各地“最优秀、最贫困”的少年提供最好的高中教育。学校承担学生在校所有费用，并提供助学金直至学生完成大学、硕士、博士所有学业，为国家培养精英人才。2016年，国华中学共接收了190名处于辍学边缘的学生，高考重点大学录取率达97.8%，本科率达100%。2016年6月，国华纪念中学校友会、校友基金正式成立，校友基金第一期筹得超60万善款，传递爱心，让更多国华学子受益。三是创办国良职业培训学校。2007年，在解放军总参谋部军务部支持下，杨国强创办了全免费的国良职业培训学校，系统培训农村籍退伍军人，使之成为技能型产业工人。该校被国务院扶贫办授予“雨露计划示范基地”称号；被解放军总参谋部军务部授予“全军退役士兵职业培训和就业示范基地”。截至2016年，共出资1.3亿资助1.45万名农村籍退役军人接受职业培训，并走上工作岗位。四是创办碧桂园职业学院，探索新型职业教育模式。2013年，杨国强出资4.5亿元创办了全国唯一全免费的大专院校——广东碧桂园职业学院，2016年共招收371名贫困学子。所有入读学生不仅免除一切费用，还发放日常生活补贴。学院通过变革引领职教潮流，开创校企联合办学模式，结合碧桂园的企业经验和学院的专业知识，致力于将学生培养为基层一线管理干部和技术骨干。

【公益扶贫】 2016年，碧桂园启动“1+1伴你同行”——1对1帮扶贫困群众公益慈善项目，整合各方资源，为社会各界爱心人士提供一个奉献爱心、参与公益的有效平台。截至2016年底，“1+1伴你同行”精准扶贫项目已开展三期帮扶活动，涵盖佛冈县水头镇10个行政村48个自然村，共计帮扶64户困难家庭，受益贫困人数245人，其中受益学生113人。

（碧桂园控股有限公司社会责任部
李思吟）

中民新能投资集团有限公司扶贫

【概述】 中民新能投资集团有限公司（以下简称“中民新能”）成立于2014年，是中国民生投资集团在新能源领域的专业投资平台。中民新能充分发挥资本整合优势、机制灵活优势和人才技术优势，沿着规模化、专业化、集约化发展之路，强势拓展市场，创新商业模式，新能源、新业态、新金融三大板块齐头并进，资产规模不断扩大，截至2016年末，资产总规模已超过150亿元，形成清洁能源、农林渔牧以及扶贫、金融、旅游等主要业务板块。

中民新能投资集团以“提供清洁能源、服务国家战略”为核心使命，以投资运营电站为切入点，通过自主开发与投资并购相结合、大型地面电站与分布式电站开发并举，进一步布局地热能、风能、生物质能、储能、能源互联网、农牧业及旅游等产业。中民新能已在宁夏、河南、山东等10多个省（区、市）投资近30个项目，其中宁夏（盐池）新能源综合示范区项目是全球最大的单体光伏电站。同时，中民新能重点推行“清洁能源进万家”战略，利用绿色金融手段，积极发展户用分布式业务，引进国际先进技术，分析客户用电习惯，配合配售电改革，积极推动能源互联网建设。

在投资电站的过程中，中民新能积极践行国家精准扶贫战略，履行社会责任，服务地方发展。截至2016年底，中民新能在扶贫领域投资已近30亿元，致力于造血式、规模化的可持续扶贫，新华社、《人民日报》《光明日报》、中央电视台等主流媒体广泛报道。

2016年4月，在新华网举办的2016年中国光伏领袖高峰论坛上，中民新能荣获“最具投资价值新能源企业”“2016年中国最具综合实力光伏投资企业奖”；5月，中民新能跻身“全球光伏电站20强排行榜中国光伏电站投资企业20强”；9月，中民新能荣获“精准扶贫典范企业”荣誉称号；10月，中民投“光伏+精准扶贫”实践入选全国工商业联合会、国务院扶贫办“万企帮万村”精准扶贫典型案例。

【光伏扶贫】 中民新能因地制宜，以宁夏回族自治区盐池县为落点推进扶贫攻坚，探索企业与地域相结合的扶贫模式，推出一套“光伏+”组合拳，形成了“党建引领、典型示范、产业支撑”的精准扶贫产业格局。

结合盐池县充足的光热资源，中民新

能为在盐池县惠安堡惠苑新村、冯记沟务工移民新村等地1700户农户开发建设5.3兆瓦屋顶光伏扶贫电站，其中建档立卡的贫困户共计694户。项目总投资5200万元，截至2016年10月，已全部建设完成并实现并网发电，2016年年底已开始向农户兑现收益承诺，连续20年每年每户可获得3000元的发电收益，农户累计收益可达1亿余元。

盐池县共有建档立卡贫困村74个，建档立卡贫困户8428户，约2.5万贫困人口。中民新能投资18.8亿元在盐池县的74个贫困村建设村级光伏扶贫电站，项目总规划233兆瓦，自2016年3月开始动工，截至2016年底，74个村级电站已全部建设完成。该项目全部并网发电后，每村每年可获得20万元收益，作为产业扶持基金，持续20年，实现输血式扶贫向造血式扶贫的有效转变。2016年，中民新能在电站项目并网完成前提前向74个贫困村支付了扶贫资金，每村2万元，合计148万元。

中民新能投资1.38亿元，在盐池县南梁、顾记圈、黄记台、范记圈、施记圈5个行政村868户实施“美丽乡村”建设项目，援助建设和改造高标准住房，使这些村民住上宽敞明亮的新居，并且一次性配套光伏发电和带地暖的羊舍，为每个村建设一个集学习、培训、科普为一体的党建活动室，改善当地农户生产生活及居住条件。截至2016年底，已完成143户新建、426户改造工作。

【金融扶贫】 2016年3月，中民新能与盐池县共同成立中民融盐扶贫担保有限公司，注册资本达3亿元，其中中民新能2.5亿元，盐池县政府0.5亿元，撬动30亿元银行资金，以金融为依托，支撑当地农副产品加工等特色产业发展，给当地群众脱贫致富提供资金支持。截至2016年底，担保公司已向各合作银行累计出具担保意向书1865笔，拟担保金额为4.14亿元；累计提供担保笔数1414笔，金额1.92亿元，其中建档立卡的贫困户294户，贷款金额共计2113万元。

【产业扶贫】 中民新能探索“组织引领、典型示范、产业支撑”可持续发展的造血机制，大力支持地方特色产业发展，提炼特色品牌，用品牌来统领产业链，进而构建出企业与农户与产业与金融互动的良好产业生态。

作为全国滩羊集中产区和宁夏畜牧业生产重点县，盐池县享有“中国滩羊之乡”的美誉，然而因为缺乏现代化的养殖技术和规模经营，深加工开发不足，滩羊并没有成为带动当地农民脱贫致富的抓手。2016年初，中民新能从滩羊入手，与盐池县政府达成合作协议，以“龙头企业+养殖户”的模式，大力发展滩羊养殖业和深加工，并注资2.57亿元（出资比例51.4%）成立了中民盐池滩羊股份有限公司，通过优化、整合、盘活滩羊产业资源，创新滩羊养殖、加工、销售模式，打造滩羊领导品牌，打通盐池滩羊全产业链，让滩羊走出盐池、走向全国乃至全世界，带动一方经济发展，实现企业和民生共赢。

【就业扶贫】 通过产业发展，开发工作岗位，促进贫困人口实现就业，对打赢脱贫攻坚战具有十分重要的意义。中民新能正在全面推进的滩羊产业链，将直接带领数千农户参与养殖和深加工，让农民变为产业工人，农户通过以羊入股分红和产业工人工资获得双份收入，收入和生活将发生质的变化。

中民新能在盐池县打造的全球最大单体光伏电站——中民投宁夏（盐池）2000兆瓦新能源综合示范区，占地面积达 4.6 万亩，一期首批 380 兆瓦于 2016 年 6 月成功并网发电，首年发电量约为 5.75 亿千瓦时，每年可实现约 4.66 亿元的工业产值，带动地方经济发展的同时，也为当地农业创造了就业机会。项目全部建成后仅每年的场区养护、光伏板清洁、饲草种植加工等配套产业，就可以提供 300—400 个就业岗位。

与新能源示范区同期建设的光伏低碳小镇，由展览馆、体育馆、观光塔等多部分组成，建成后将成为集科普教育、旅游观光、会议接待、绿色能源于一体的特色旅游景区，既为当地经济提供了新的增长点，也为贫困农民创造了新的就业机会。

【扶贫培训】 中民新能通过政企合作、村企共建等开展党建工作，与盐池县扶贫办、农牧局、就业局等机构开展合作，为当地农民开展长期技能培训。2016 年度共招聘了 9 名扶贫专员驻村开展基层服务，从根源上转变贫困农民的思想和观念，切实培养他们的劳动技能、创业精神，实现劳动力的有效转移，帮助贫困农民有尊严地致富。2016 年，先后累计开展了包括光伏组件清洁、绿化、滩羊养殖、面点制作及新型职业农民带头人滩羊养殖大户培育班在内的 9 期培训工作，培训当地农民、贫困户 687 人次。

【扶贫模式】 中民新能独具特色的“党建引领、典型示范、产业支撑”的精准扶贫模式，使原本可能成为企业“负担”的扶贫工程变成企业积极主动探索的商业模式，树立了贫困农民的自尊自信，使农户有了自立自强的资本，在扶与被扶之间形成默契和互动，构筑出了一种共生共荣的生态。

截至 2016 年底，中民新能投资集团已在盐池累计投入扶贫产业配套资金近 30 亿元，惠及全县 8428 户约 2.5 万贫困人口，为盐池县在 2018 年前实现脱贫做出了决定性的贡献。

通过这一整套与地域特征相结合的扶贫“组合拳”，中民新能已在全国十多个省份建成 20 多个电站以及重点支持的产业扶贫项目，直接和间接推动当地就业岗位超过 1 万个。

（中民新能投资集团有限公司
综合管理部　朱银涛）

北京德青源农业科技股份有限公司

【概述】　为贯彻落实中共中央总书记习近平关于扶贫开发“四个切实”“六个精准”的要求，坚决打赢脱贫攻坚战，在国务院扶贫办、国家发展和改革委员会、财政部、农业部的大力支持下，北京德青源农业科技股份有限公司（以下简称“德青源集团”），以蛋鸡产业为抓手，在国家扶贫政策、资金的支持下，通过市场化运作，在河北省威县探索资产收益扶贫新模式，实施“德青源金鸡产业”扶贫项目，并已成功在河北、西藏、河南、贵州、安徽、山西、陕西、重庆、湖北、内蒙古、云南、广西12个省（区、市）的19个贫困县实现项目复制，扶贫工作取得初步成效。金鸡产业扶贫项目已成为国务院扶贫办向全国重点推广的国家级产业扶贫工程。截至2016年底，已有15个县相继开工建设，其中河北省威县和西藏自治区尼木县已进入运营期。

【企业扶贫模式】　德青源集团选择河北省威县作为扶贫项目试点，把发展蛋鸡产业作为打赢脱贫攻坚战的重要抓手。实行由威县县委、县政府承担扶贫攻坚主体责任，成立金鸡项目领导小组，县委书记作为试点项目第一责任人，动员部署，统一思想，协调任务落实，调动扶贫工作队和有关乡镇党委书记，贯彻“片为重点、工作到村、扶贫到户”的工作机制。依托威县财政资金和金融杠杆，结合威县扶贫开发实际，创新的运营管理方式：威县政府设立资产公司，即威州现代农业投资有限公司（以下简称“农投公司”），融资建设一个蛋鸡生态园；德青源集团在威县设立运营公司，即威县德青源农业科技有限公司（以下简称“威县德青源”），投入技术、品牌、管理、人才和流动资金。项目建成后，由德青源集团租赁农投公司建设的固定资产，每年缴纳租金，并投入生物资产和流动资金，进行项目经营。农投公司将还本付息后的剩余金额，用于威县扶贫开发事业。德青源通过总结威县项目试点经验，探索出一条可复制的产业扶贫模式：贫困县成立资产公司，投入固定资产，享有所有权；龙头企业成立运营公司，投入流动资金并输出品牌、市场、管理、技术，享有经营权，贫困群众组成经济合作社，投入土地和劳动力，享有收益权。金鸡项目通过政、企、农的三权分置，探索出了一套龙头企业在贫困地区发展产业带动群众脱贫致富的产业扶贫模式。贫困群众既成为德青源集团的主要扶贫对象，又成为德青源集团的重要用工来源。

【精准识别】 精准识别扶贫对象，威县在4个乡镇筛选了126个村（48个重点村），共3.46万户12.92万人，通过建档立卡“回头看”排队、评议、公示、审核，最终甄别出2117户4424人，分别加入6个蛋鸡合作社，县财政按照每人4680元配资，贫困户成为特惠股东，实行动态管理，享有收益权。

【资金投入】 以资本为纽带，连接各利益主体，按照1∶1∶1筹措项目资金。金鸡项目总投资3.75亿元，威县德青源投资1.25亿元（企业自筹6250万元，扶贫再贷款6250万元），用于生物资产和流动资金；农投公司投资2.5亿元，一是筹措0.5亿元资本金（包含重点项目基金0.3亿元、扶贫资金0.2亿元）；二是由农投公司做资产抵押担保；河北省农发行创新产品，用农村土地流转中长期贷款品种给予威县支持1.3亿元贷款，2016年底调整为产业扶贫贷款品种；三是县政府再整合涉农资金0.7亿元。三项合计2.5亿元用于金鸡产业园建设，形成资产由威县农投公司管理。通过农投公司投资2.5亿元，建设青年鸡场、产蛋鸡场、饲料厂、屠宰场、沼气厂、食品厂、生活服务区［以下统称“六厂（场）一区”］。项目建成后，蛋鸡饲养规模240万只，年鸡蛋5.5亿枚，总产值6.2亿元，可创税2268万元。

【收益扶贫】 项目全部建成后，威县德青源每年向农投公司支付租金2500万元，农投公司向农发行还本付息之后的剩余金额1062万元分配如下：一是100万元用于缴纳增值税；二是36万元用于专项建设基金分红；三是442万元用于提高4424名入股贫困群众的兜底收入，每人每年分红收益1000元；四是剩余的484万元分配给48个重点贫困村，每村每年10万元。每个村先拿出7万元设立6名公益岗（包含村级环卫、安保和养老护工等岗位），让有劳动能力的贫困群众通过力所能及的劳动创造收入实现脱贫，留给每个村3万元集体收入，用于贫困村公益事业建设和维护。

【就业扶贫】 一是威县德青源生态园专设保安、保洁、保绿、门卫等低技术要求的爱心岗位近150个，组织贫困群众通过劳动创收；二是威县德青源协助乡镇集体创办物流公司和包装厂，创造近600个就业岗位，并提供稳定物流、包装订单，组织贫困群众通过劳动创收。

【带动产业扶贫】 以威县德青源金鸡产业为样板，威县探索出一条“园区带村、龙头带户、金融撬动、促农增收”的产业扶贫新路径，对全县贫困人口进行精准分类扶持，进一步将产业模式复制到宏博白羽肉鸡、君乐宝奶牛养殖、生态梨果种植及物流加工、根力多生物肥葡萄提升4个项目，加上威县德青源金鸡产业，通过5个产业的资产收益精准扶贫项目，覆盖全县所有贫困村和贫困群众。威县将毗邻金鸡产业园的固献乡沙河王村进行新型城镇化改造，为241户1260名群众打造产城一体的金鸡小镇：一产是玉米种植和蛋鸡养殖，二产是蛋品加工、清洁能源和有机肥料，三产是电子商务、现代物流和生态旅游，再配合“清洁能源+电子政务+新型民居”三大市政改造，打造以新型城镇化为引导，以扶贫产业为依托的固献乡第一民生工程。2016年固献乡沙河王村，被河北省委、省政府评为“河北名村”。

【扶贫培训】 在中国扶贫志愿服务促进会支持下，威县德青源在当地贯彻“贫困户优先原则”招募和储备了150余人，开展致富带头人培训和精准扶贫对象产业技能培训，两个批次80余人已经到岗就业，其中建档立卡贫困人口占比近20%。

【扶贫项目管理】 为规范项目管理，威县建立了《威县资产收益扶贫项目管理办法》，标准化的项目监管程序包括项目审批（四符合一审定）、公告公示（一套公告、备案、复核、变更程序）、验收报账（先验收、再报账）、监督管理（经常性检查、审计检查、社会监督）。

【扶贫会议】 2016年9月，全国产业精准扶贫现场会在河北省威县召开，来自全国15省的扶贫办共同考察了威县金鸡产业扶贫项目，对于项目给予高度评价，各省扶贫办纷纷积极引入金鸡产业扶贫项目，在带动贫困群众脱贫的同时，推动地区农业产业升级和食品安全升级。为落实并推进好该工程国务院扶贫开发领导小组办公室每个月追踪一次项目进度，每个季度召开一次项目现场会，在全国范围内进行统一部署和全面协调。

（北京德青源农业科技股份有限公司　马　楠）

东阿阿胶股份有限公司扶贫

【概述】 东阿阿胶股份有限公司（以下简称“东阿阿胶”）是一家集生产、研发、销售于一体的医药企业，为全国最大的阿胶及系列产品生产企业、国家高新技术企业、国家级创新型企业、国家非物质文化遗产传承保护企业、国家胶类中药工程技术研究中心、国家胶类中药标准制定者，国家综合性新药研发技术大平台产业化示范企业。公司于1952年建厂，自成立以来，公司立足阿胶传统特色产业优势，创新扶贫产业发展思路，将养驴产业与脱贫攻坚有机结合，发挥龙头企业带动作用，大力发展养驴扶贫产业，走出了一条扶贫济困与产业发展的“双赢”之路。截至2016年底，直接或间接投入精准扶贫资金累计2.83亿元，惠及全国68个市、156个县、1682个乡（镇）、1.73万个贫困村、2.73万户贫困户、6.65万名贫困人口，带动贫困户当年实现人均纯收入4200元以上。

【产业扶贫】 东阿阿胶投入资金1.83亿元，用于发展产业扶贫。一是支持建设扶贫养驴场。2016年，公司响应山东省聊城市委、市政府产业扶贫号召，捐资5000万元，配合省特色种养加扶贫基金1925万元，共同分配至各县（市、区），在全市新建规模扶贫养驴场100个，新增存栏3万余头。与贫困户签订脱贫协议3000份，贫困户当年家庭收入达2万元以上。通过建立健全贫困户入股分红机制和务工收入渠道，贫困户负赢不负亏，有效带动东阿县349户、717名贫困人口实现增收脱贫。二是支持外地产业扶贫。在宁夏回族自治区，建档立卡贫困户进入合作社，利用宁夏金泽农业产业惠农基金、宁夏嘉荣创业投资担保有限公司的担保融资平台，提供资金支持。2016年12月完成对首批240户每户1000元扶贫资金的发放，让养殖户无资金成本、无市场风险、保固定收益进入优势特色产业，实现稳定脱贫目标。在甘肃省白银市平川区，由甘肃省红星伟业农业科技开发公司搭建养驴扶贫产业平台，向300户贫困户发放5—30头不等的怀孕母驴，并提供圈舍建设标准、毛驴繁育、配种技术、饲养管理、疾病防控培训等服务，贫困户仅此一项家庭纯收入新增3万余元。三是延伸产业扶贫链条。公司以“把毛驴当药材养”为指导理念，以“毛驴活体循环开发”为科技支撑，实施“以肉谋皮”和“深度开发”策略，进一步延长产业链条，投资建设了饲料加工车间、驴奶粉生产车间等全产业链设施，优先开发驴奶、孕驴血、驴胎盘等产品，提升毛驴单头养殖效益，进一步带动增加贫困户的收入。

【扶贫培训】 东阿阿胶每年投入3000万元以上专项资金，用于贫困村干部、贫困户培训，提高养驴科技水平。其中，2014年以来，先后委派由企业业务骨干和贫困户、贫困村干部等组成的专业团队，前往新疆、甘肃、内蒙古等省（区、市）的8个市、46个县，开展驴产业前景、效益分析和养殖技术培训。截至2016年，举办各类培训班101期、培训贫困户4600人次，其中省外培训69期、培训贫困户2476人次。培训期间，发放养驴科技书籍1.5万份，光盘200张，科技明白纸1.5万张；捐赠价值100万元优质种公驴，免费发放驴冻精细管5万支，示范带动合作客户养驴5万头，年新增纯效益1500万元以上。

【扶贫宣传】 东阿阿胶高度重视企业扶贫宣传工作，通过电视、广播、报纸、新媒体等不同媒介立体发声，多渠道、多形式开展扶贫宣传，为企业扶贫营造了良好舆论氛围，先后在《人民日报》、新华网、中国新闻网、《农民日报》《中国畜牧业兽医报》等各大权威媒体发表稿件70余篇，《中国扶贫》杂志发表稿件3篇，在新华网、大众网等网络媒体发布稿件500余篇，CCTV2《每日农经》、CCTV7《聚焦三农》等央视媒体报道10次，曝光总量达1.2亿频次，宣传辐射全国各地区。

【企业扶贫模式】 东阿阿胶积极发挥龙头企业人才、组织、技术和资金优势，积极探索出毛驴产业发展与养驴脱贫协同发展的新思路，通过“上游输出良种和技术、中游输出服务、下游保障市场”的保姆式养驴模式，走出一条独特的企业五种扶贫模式。一是订单式扶贫模式。公司依托“国家黑毛驴繁育中心”科研机构，将产业基地延伸到有劳动能力且庭院较大或有空闲宅基地的贫困户，贫困户家里，发展“企业+贫困户”经营方式，推行“订单式”扶贫，提供驴驹及回收服务，实行保护价制度，将驴分散给贫困户喂养并保护价回购，带动58户贫困户参加企业“订单式”扶贫，每户可新增加收入4000元左右。为了能让贫困户放心养驴、安心发展，公司还提供胚胎等养殖技术指导和跟踪服务，帮助贫困户解决生产遇到难题。二是实行金融租赁驴模式。公司与内蒙古自治区赤峰市敖汉旗政府共同融资2000万元，成立养驴扶持基金，在敖汉旗内实施融资租赁养驴项目，使用基金统一采购基础母驴，租赁给贫困户饲养，租金全额补贴。每户贫困户为公司代养2头已孕母驴，所产驴驹归贫困户所有。截至2016年底，租出母驴2000头，惠及贫困户1000余户，带动300户贫困户当年实现了脱贫增收。三是探索保险扶贫模式。公司不断创新保险扶贫模式，为贫困户发展养殖增信融资。在省内，与中国太平洋财产保险股份公司签订协议，为每头驴购买保险，发生死亡全额赔偿，有效规避养殖风险。截至 2016 年底，公司示范带动承保黑驴 2.5 万头次，投保额 150 万元，承保额 1 亿元。在山东省外，成立养驴扶贫担保基金。公司向敖汉旗捐赠资金 500 万元，与敖汉旗革命老区促进会专项资金 500 万元打捆使用，存入中国邮储银行，作为养驴扶贫担保基金，其中的 500 万元按 1∶10 比例放大，形成 5000 万元贷款资金，另外 500 万元用于贷款全贴息。养殖户每引进一头母驴提供贴息贷款 6000 元，每户引进养殖基础母驴 6—8 头，总计发放贷款 5000 万元，扶持毛驴养殖户 1000 余户，每个养殖户每年可繁殖驴驹 4—6 头增加收入 2 万余元，每年增加当地贫困户收入 2500 万元。四是建立扶贫典范模式。公司和内蒙古自治区巴林左旗人民政府共同投资 1700 万元，以肉驴养殖产业为依托，建设“东阿阿胶希望乡村”，打造“企业+政府+贫困户”的三位一体新农村建设扶贫典范。助资建设集肉驴育肥、种驴繁育、肉驴改良、合作社办公为一体的综合肉驴养殖场，把驴产业作为贫困户增收平台，因地制宜发展种植、养殖循环生态经济。投资 50 万元，对村庄道路进行了改造、绿化，村庄环境得到改善。

【公益扶贫】 东阿阿胶参与社会公益事业。先后参与了汶川大地震救援、玉树大地震救援、贫困学生资助、慈心一日捐、抗癌协会救助贫困癌症患者等，累计捐资捐物近 1 亿元。自 2010 年起，公司在华东理工大学设立“东阿阿胶杰出奖学金”，坚持出资奖励优秀家境贫困学生 30 名。2013 年，公司开展“复方阿胶浆爱心捐赠公益活动”，斥资 3000 万元支持国家中医“治未病”工程，救治农村贫困人口。2015 年，公司出资 120 万元作为专项基金，与中国健康基金促进会共同发起“中国关爱贫困孕产妇健康公益活动”，呼吁关爱城乡贫困孕产妇身心健康。2016 年，公司倡导“健康中国”理念，呼吁关爱贫困女性健康，组织助力贫困乡村女子公益活动，现场捐款 20 万元。2016 年，公司开展金秋助学活动，为 42 名高考中榜贫困学子提供救助金。依托聊城职业技术学院、东阿县职业教育中心等职业教育院校，通过开设东阿阿胶班等形式，招收有条件的贫困户子女，在旅游、熬胶、餐饮、技术等方面进行培训，招录贫困学子 40 余人。

（山东省聊城市扶贫办政策调研部 孙 伟）

山东青田食品有限公司扶贫

【概述】 山东青田食品有限公司（以下简称“山东青田”）成立于2004年，是一家集种植、加工、储藏、出口于一体的农业产业化龙头企业，获得省扶贫龙头企业荣誉称号。公司现有员工120人，其中贫困职工28人。自成立以来，响应脱贫攻坚号召，履行企业扶贫社会责任，支持当地脱贫攻坚。近两年，山东青田按照“精准扶贫、精准脱贫”要求，认真贯彻落实沂蒙脱贫攻坚“百千万”行动和“六个一”工程，将企业资本、技术、市场、人才等优势与贫困村生态、土地、劳动力、特色资源等进行有机结合，采取金融扶贫、产业扶贫、电商扶贫、公益扶贫等多种方式，形成“组合拳”，用市场手段撬动帮扶、促进企业发展，加快贫困村、贫困户脱贫步伐。截至2016年底，投入扶贫资金6000万元，惠及依汶、孙祖、岸堤等8个乡镇、92个贫困村、2.1万贫困人口，贫困户人均增收达3250元。

【金融扶贫】 2016年，山东青田成功申请“富民生产贷”小额扶贫信贷资金500万元，与周边4个村、50户贫困户、190名贫困人口签订脱贫帮扶协议，安排有劳动能力的贫困户到企业务工，人均月收入工资达3000余元。对没劳动能力的贫困户，吸纳其子女、亲属或亲戚到企业务工，每月从务工人员工资拿出200元，公司再额外补助200元，直接发放给贫困户。另外，山东青田将富民生产贷政府贴息部分拿出来补助给完全丧失劳动能力的贫困户，帮助他们兜底脱贫。

【产业扶贫】 山东青田探索实践“龙头企业+合作社+基地+贫困户”模式，走“创龙头、建基地、带农户、进市场”产业化扶贫之路。2016年，山东青田探索村企扶贫共建，依托村委会帮助流转土地，在每个村发展10—30亩不等的种植大户或家庭农场，以依汶镇汶明、汶凤、泉粮3个村为核心辐射带动周边村发展大蒜种植基地5000亩，签订散户462户980亩，新发展规模种植户或家庭农场8处360亩，带动1200名贫困群众脱贫致富。

【电商扶贫】 山东青田引导支持贫困户加入蔬菜种植合作社，采取“帮建棚、供种子、传技术、保销售”帮扶形式，贫困户负责种植，合作社负责提供种苗、教授技术，公司负责回收、网销，带领公司驻地周边村1120户贫困群众在电商产业链中每年增收3000元。同时，聘请电商专家培训指导贫困群众开设网店，截至 2016 年底，共举办培训班 10 期，培训贫困群众 900 余人次，指导开设网店 120 余家，每户贫困户年经济收入 1 万余元。

【就业扶贫】 山东青田优先安排贫困户就业，为有就业意向的贫困群众增加了一条脱贫渠道。针对附近无法外出的、有劳动能力的贫困户，组织他们到公司干点力所能及的活，月均工资不低于 1800 元；没有劳动能力的贫困户可吸纳其亲属到公司务工，人均月工资不低于 3000 元。截至 2016 年底，已安置 112 名贫困人员或其亲属在公司稳定就业。同时，为进一步加强对贫困户的培训，山东青田邀请山东大学、青岛农业大学等高校教授进行现场科技知识培训，2015—2016 年，山东青田共组织 3000 余人次培训学习。

【企业扶贫模式】 山东青田立足当地实际和产业基础，实施“蔬菜种植、采摘游、电子商务、来料加工”四大精准扶贫工程，快速高效推进脱贫攻坚。一是实施蔬菜产业精准扶贫工程。对有意愿发展蔬菜种植的贫困户，给予每亩 600 元的扶持资金。2016 年引导贫困户新发展优质蔬菜 2000 亩以上，带动 1500 户以上贫困户脱贫增收。同时，结合蔬菜链条的延伸，大力发展物流冷藏，建设产业园区，引导贫困户以土地入股分红、进园务工或承包经营、自建大棚等方式获得收益。二是实施生态旅游精准扶贫工程。利用种植基地，大力发展“采摘游”，力争带动 30 个村的 200 户贫困户通过参与旅游开发或服务旅游实现脱贫，带动 1200 户贫困户直接或间接受益旅游开发。三是实施电子商务精准扶贫工程。围绕就业培训、物流配送、网货供应等体系建设，实施激励扶持政策，结对联系周边 30 个村、50 个新型农业经营组织，带动和帮助 1000 户贫困户销售农副产品或直接参与电商营销。四是实施来料加工精准扶贫工程。通过贴息、补助、奖励、免费培训等措施，支持散布在乡村的 185 个来料加工企业和加工点扩大规模，吸贫困人口就业，力争年内新发展 50 个，带动 1000 名贫困人口脱贫致富。

【公益扶贫】 山东青田自 2012 年开始，常年救助贫困学生 12 名，每年每名学生资助不低于 1000 元。节假日，组织看望孩子们，承诺资助活动持续到贫困学生上完大学。公司对于驻地周围村中考上大学的其他贫困学生，每生每年资助 1 万元助学金，帮助贫困学生圆大学梦。2016 年，山东青田组织人员在传统节日到山东省沂南县依汶镇敬老院走访慰问孤寡老人，送出慰问金 1 万余元。2016 年，山东青田爱心捐款达到 3.2 万元，被县委县政府表彰为“救助困境妇女儿童先进集体”，企业负责人黄立刚当选为县政协常委。

（山东省临沂市扶贫办综合协调组 龚宜超）

中椒英潮辣业发展有限公司扶贫

【概述】 中椒英潮辣业发展有限公司(以下简称“中椒英潮辣业”)始建于1992年，先后获得“农业产业化国家重点龙头企业”“全国绿色食品示范企业”“山东省高新技术企业”“全国农产品加工业示范企业”“山东省扶贫重点龙头企业”等荣誉称号。为发挥扶贫龙头企业的带动作用，公司依托10万亩辣椒标准种植示范基地，按照“全员覆盖、产业帮扶、整体脱贫”的总体要求，以促进贫困户增收为核心，以市场为导向，以主导产业为载体，以机制创新为保障，全力推进产业扶贫、金融扶贫和就业扶贫，基本实现了由“救济式”扶贫到“开发式”扶贫的转变，基地覆盖的7800户贫困户，户均年收入稳定增加1000元以上。

【基础设施建设】 中椒英潮辣业将企业发展规划与当地村镇建设发展有机结合，投资300万元整修乡村公路3千米，投资100余万元打机井37口，铺设田间输水管道4000米，疏浚田间灌溉沟渠3000米，并出资完善了农村田间电力设施，架设农电线路4000米购置安装50千伏安变压器2台，改善了当地基础设施条件，带动和促进了地方经济和社会发展，带动周边2000户农民户均增收5000元。

【产业扶贫】 中椒英潮辣业结合自身的红色辣椒产业优势和当地贫困户的具体需求，摸索出一条脱贫快、可复制、可持续的“123”红色产业扶贫新模式，即一产依托10万亩辣椒标准种植示范基地，统一供种、供药、供肥，实施最低保护价收购，让贫困户通过种植辣椒实现脱贫；二产在姜庄村、后庄村、野庄村等辣椒种植专业村建立辣椒加工厂，为工厂周边村的贫困户提供就业岗位；三产通过提供扶贫流动售货车，让贫困群众按出厂价拿货，驾驶扶贫流动售货车走街串巷、进社区、进校区、进农贸市场销售产品，实现脱贫。截至2016年底，直接带动7800户农民走上了致富道路，实现年社会效益5000余万元。

【金融扶贫】 中椒英潮辣业以农民增收为核心，通过加强领导、强化管理，拓宽了贫困户的融资渠道，增强了贫困群众脱贫致富的决心和信心，延伸了产业链条，发挥了扶贫资金的“造血”功能。2012年，中椒英潮辣业通过德州银行和深圳发展银行申请扶贫贷款1900万元，其中德州银行400万元，深圳发展银行1500万元，同武城县内的贫困村和贫困村民签订59份辣椒种植收购合同，带领大家种植辣椒，实现脱贫致富。为发挥扶贫龙头企业的带动作用，中椒英潮辣业协调贷款400万元，帮扶武城镇肖邢王庄村、桃花店村和李家户乡位庄村31户贫困户，解决了贫困户致富道路上的资金欠缺问题。

【电商扶贫】 为解决贫困椒户有产品卖不出的困境，中椒英潮辣业投资100万元，建立电子商务平台，将贫困椒户生产的辣椒特产等放到公司线上电商旗舰店、线下体验店进行销售，直接把椒农生产的辣椒特产等推向市场，每年可实现销售收入100万元，实现利润20余万元。中椒英潮辣业与贫困户签订帮扶协议，每年年底将销售收益分红给周边5个村建档立卡贫困户62户、136人，实现贫困户户均年增收3000元。中椒英潮辣业选择有条件的残疾人和有从事电子商务意愿的贫困青年进行免费培训，帮助贫困户31户、105人就业脱贫，其中有2户开了自己的淘宝店，真正实现了稳定脱贫。

【扶贫培训】 中椒英潮辣业建立了“辣椒新品种示范园及常规种子扩繁示范园”“辣椒套种轮作种植示范园”“高畦栽培辣椒种植示范园” “病虫害统防统治”“配方施肥”等辣椒种植科技示范园，通过选育推广优良品种，推行辣椒种植新技术，提高种植效益。公司常年安排高级农艺师为技术顾问，为贫困户提供技术支持，现场解决辣椒种植中存在的问题，同时组织人员到省外基地进行观摩学习，促进技术交流，提升辣椒种植贫困户向科技要效益的意识，为技术推广奠定了基础。编写了《辣椒种植栽培技术操作规程》，定期组织椒农进行技术培训，提高整体技术水平。一是由公司科技人员培训辣椒生产、栽培、初加工等方面的知识；二是聘请县农业局技术人员培训辣椒规范化种植和病虫害防治知识；三是聘请县林业局的技术员培训、指导沼气池的修建使用技能；四是定期和不定期召开群众大会及时宣传党的路线、方针、政策。

【企业扶贫模式】 中椒英潮辣业坚持走“公司+贫困户+基地”的产业化经营路子，在农村建立辣椒生产基地，现已发展辣椒基地10.2万亩（其中一体化示范基地2000亩，紧密型辣椒基地10万亩），通过与基地贫困户签定种植合同、制定保护价格以及严格履行合同，为贫困户提供优良品种和标准化种植管理服务，免费提供技术培训，帮助贫困户实现增产增收。一是签订单、保回收。中椒英潮辣业与辣椒种植贫困户签订种植合同，最低保护价收购，一级合格鲜椒公司交易最低保护价1.6元/公斤，一级合格干椒公司交易最低保护价8元/公斤，其他等级以质论价。如果市场价高于保护价，按照市场价收购，带动了当地贫困村居民脱贫致富，缓解了公司生产的原料压力，最终达到企业和贫困户合作共赢。二是家前就业、促增收。中椒英潮辣业坚持鼓励劳动创造，引导贫困户自力更生，实现就业脱贫。中椒英潮辣业为贫困群众设置专门岗位，并出台了优惠政策，给予贫困工人每天5元的贫困补贴，车间的贫困工人工费标准高于非贫困工人10%—20%。同时，为扩大贫困群众的就业范围，在辣椒种植专业村附近建立辣椒简易加工厂，安排周边村贫困群众进加工厂当产业工人，从事辣椒去把、挑选、分级等粗加工劳动，按照计件给予发放工费，每人每天收入在60—80元，直接带动522户1634名贫困群众增收致富，实现了“一人就业，全家脱贫”的目标。三是入保险、保灾害。为更好地促进辣椒生产，使种植辣椒的农户在遭受火灾、雹灾、风灾、冻灾、涝灾和旱灾等自然灾害所致辣椒损失时，能够及时得到经济补偿，中椒英潮辣业统一给种植辣椒贫困户入辣椒农业保险，发生以上灾害贫困户每亩地可以得到500元的赔偿。

【公益扶贫】 中椒英潮辣业积极支持和参与社会公益事业，把企业发展与构建社会主义和谐社会紧密结合起来，支持和参与各种社会公益事业。每年都安排专门资金、组织专人开展到敬老院慰问孤寡老人，资助贫困学子上大学，帮助失学儿童重返校园和下岗职工再就业等社会公益活动，为民营企业反哺社会、造福大众做出了表率。累计为社会公益事业捐款60余万元，帮助8名失学儿童重返校园、100余名下岗职工实现了再就业，受到了社会各界的广泛好评。针对农村老人（60岁以上）缺乏经济来源，又不方便外出就业问题，公司提供接送大巴车1辆，免费接送农村老人到工厂从事辣椒去把、分级、挑选等工作。截至2016年底，公司共帮助近2000人老年人就业，年支付工资800余万元。

（山东省德州市扶贫办宣传培训科　祁玉方
山东省德州市武城县扶贫办　吴志飞）

天津辉宇建筑工程有限公司扶贫

【概述】 天津辉宇建筑工程有限公司（以下简称“辉宇建筑公司”）成立于2013年，积极响应中共中央、国务院关于脱贫攻坚、西部大开发和“一带一路”等重大国家战略号召，公司以天津市与甘肃省开展东西部扶贫协作为契机，启动甘肃省油用牡丹产业项目，先后在张掖市民乐县投资成立辉宇农业有限公司、黑崖头种植专业合作社及西北牡丹生物科技有限公司，注册资金4500万元；在甘肃省甘南藏族自治州（以下简称“甘南州”）卓尼县成立鼎昇生物科技有限公司，注册资金2000万。

【产业扶贫】 辉宇建筑公司以甘南州、张掖市为油用牡丹产业项目重点投资地区，计划投资7.5亿元，以精准扶贫为主线，以研发制造为龙头，以科技服务和职业培训为两翼，以良种繁育和规模化种植为支撑，分三期五个模块援建甘肃省油用牡丹产业，即良种繁育模块、产业研发模块、深加工模块、牡丹旅游产业模块、牡丹交易市场模块，采取“公司+科研机构+合作社+农户+基地”，实现油用牡丹产业化运营，力争到2020年，达到年产牡丹籽75000吨，年产牡丹油15000吨，牡丹油加工销售额突破60亿元，上缴税金12亿元左右，带动约4万农户、10万农民脱贫致富，用实际行动助推甘肃省打赢脱贫攻坚战。

【产业基地建设】 在甘肃省民乐县，以“公司补助+收益分成”的模式，种植油用牡丹5000亩，促进800农户实现稳步脱贫致富。辉宇建筑公司在张掖市民乐县黑崖头村建立的油用牡丹示范基地，采取“企业+集体经济合作组织+牡丹种植基地+农户+基本股息+再分红”的经营模式，一次性支付农民五年租金400万元，租赁流转黑崖头村民人均4亩，共计2000亩，帮助农民人均年增收8000元，不仅降低了农民的经营风险和生产投入，还使黑崖头村68户农民摘掉了贫困户的帽子。同时，公司优先聘用出租土地的农民，确保农民失地不失业。黑崖头村依托公司的投资发展，实现增收近200万元，较往年净增163万元，村民人均纯收入达6020元。

在甘肃省卓尼县，公司致力于将油用牡丹产业打造为甘南藏族自治州的支柱性产业，促进当地经济结构调整和产业升级，带动农民精准脱贫奔小康。计划投资5亿元，投资建设10万亩的油用牡丹综合产业基地，全力打造集牡丹食用油、精油、面膜、胶囊、花蕊茶及废料深加工于一体的，集牡丹种苗繁育、加工制造、产品研发、职业培训、旅游观光“一、二、三产融合发展”的牡丹产业链。已实现1000亩油用牡丹试种工作，与合作社和农户建立长期稳定的购销合作关系，免费提供种苗及技术服务，引导农民开展标准化和专业化种植，并在牡丹种植低产期，指导农民套种其他经济作物，保证正常的种植收入；在种植、储运、加工等环节挖掘就业潜力，开展免费就业创业培训，为当地农民提供更多的就业机会。

（天津市人民政府合作交流办公室
王　震）

四川公路桥梁建设集团有限公司扶贫

【概述】 四川公路桥梁建设集团有限公司（以下简称“四川路桥集团”）始建于中华人民共和国成立初期，拥有国家公路工程施工总承包特级资质和公路行业甲级设计资质，主要从事公路、铁路、桥梁、隧道、房建、市政、港航等“大土木”基建领域的投资、建设和运营，同时拓展清洁能源、矿藏资源、新型城镇化、物流贸易、金融证券等多元产业。四川路桥集团秉承“产业报国、发展交通、造福人民”的发展理念，在2008年“5·12”汶川抗震救灾、2010年抗击“8·13”特大山洪泥石流、2013年“4·20”芦山抗震救灾等多次急难险重任务中勇挑重担，在扶贫攻坚、捐资助学、社会公益方面不遗余力，受到党和国家领导人、社会各界和人民群众的高度赞誉，先后获得“全国五一劳动奖”“全国抗震救灾英雄集体”“全国文明单位”“全国先进基层党组织”“四川十大扶贫爱心组织”“四川省定点扶贫工作先进单位”等荣誉。

【企业扶贫回顾】 四川路桥集团按照中央和四川省委的脱贫攻坚部署，为脱贫攻坚做出了较大贡献。集团先后参与简阳市烧火坪村、营山县城南镇、南江县正直镇、阿坝州枫香树村、岳池县高木桥村等地的扶贫工作，投入帮扶资金3604万元帮助当地修建基础设施。共捐赠620余万元在阿坝藏族羌族自治州、江安县、安岳县、营山县、攀枝花市等地修建“四川路桥希望小学”，有效解决了贫困地区部分适龄儿童就学问题。

2016年，四川路桥集团响应四川省委、省政府的号召，定点扶贫南江县及东榆镇桥坝村。在帮扶工作中，集团以基础设施建设扶贫为主要举措，加速推进南江经济社会发展，帮扶村的面貌发生了变化，群众的生产生活水平得到提高。集团按照“抓基础、兴产业、同步建成小康”的目标，依托项目合作，着力解决南江县经济建设和基础设施建设等实际困难和问题。经多次实地考察、调研和沟通，最终与南江县签订了战略合作协议，涉及南江县基础设施建设、旅游地产开发、城乡建设用地土地增减挂钩、石墨产业开发等多个项目，预计投入263.08亿元。

【基础设施建设】 四川路桥集团主动履行社会责任，充分发挥资源优势，着力解决南江县及桥坝村基础设施落后的实际问题。集团出资1887万元援建了7.14千米的安桃公路，该公路的建设打通了以桥坝为中心的连片贫困村的通道，作为连接南江镇、东榆镇、坪河乡、团结乡的重要交通枢纽，建成通车后改善了老百姓交通条件，结束了3个村不通公路的历史，解决了桥坝片区（桥坝村、田磅村、响水村、五星村）4个贫困村1500余户5000余人安全出行问题。公路的建成，将带动以桥坝为核心区域的连片贫困村经济产业发展、聚居点建设，为该区域老百姓脱贫奔康打下坚实基础。

【易地扶贫搬迁】 东榆镇桥坝村“易地扶贫搬迁与城乡建设用地土地增减挂钩项目”作为四川路桥集团承建的精准扶贫项目，集团精心组织实施，于2016年6月全面开工建设。对项目规划建设的“一个中心村三个聚居点”，采取了“四同步”工作方法，确保了建房工作的顺利开展。坚持意愿征集与安置规划同步推进，下派的驻村干部同镇村工作人员深入农户宣传政策，采集房屋远景、近景以及房屋结构、房屋面积、圈舍面积、院坝面积等信息，同步征求农户搬迁地点、户型选择等意愿，一户一档建立专卷，收集填写了《农户建房意愿调查表》。坚持易地扶贫搬迁与城乡建设用地土地增减挂钩项目同步实施，即贫困户享受易地扶贫搬迁政策，非贫困户享受城乡建设用地土地增减挂钩项目政策，共计实施159户农户建房，其中贫困户96户、非贫困户63户，2016年已全部建成。坚持易地扶贫搬迁与公共设施同步配套，同步启动新建硬化南江县安桃公路7.1千米、聚居点内道路1.6千米，新建安全饮水工程6处、公厕2处、应急避难场所1个。坚持易地扶贫搬迁与产业培育同步发展，在推进易地扶贫搬迁的同时，同步培育了特色产业，确保搬得出、稳得住、能致富。

【产业扶贫】 根据地方党委政府总体工作安排，四川路桥集团在东榆镇桥坝村一并制定了短中长期产业发展规划，大力开展产业扶贫。积极争取中国工商银行“125”黄羊发展政策，争取了中国工商银行帮扶资金50余万元，建成两个集中标准化黄羊养殖小区，全力带动和帮扶了17户贫困户参与黄羊圈舍建设，新建面积达1000平方米以上，计划发展黄羊3000余头。为全村农户发放了近5000只当地土鸡鸡苗，采取在家农户分散养殖的模式发展巴山特色土鸡，降低养殖风险。帮助村内专业合作社完善相关规章制度，通过专业合作社完成管护、低改和新植核桃3000亩，种植万寿菊150亩；采取林下套种的方式，实现中药材、万寿菊等产业的共同发展，形成公路沿线标准化种植产业带，为老百姓实现短中长期创效增收，提高了群众的自我发展能力。

【结对帮扶】 四川路桥集团按照“户户有责任人、有帮扶计划、有脱贫项目”的工作目标，大力开展结对帮扶，各帮扶责任人对所结对的贫困户定期走访，送去慰问金，并按照“一户一策”为他们制定脱贫规划、落实脱贫项目。集团下派 2 名驻村干部，在桥坝村村委会任职，协助当地搞好脱贫攻坚工作。介绍和帮助了当地 50 余人到四川路桥集团修建的安桃公路和住房建设工地就近务工，获得收入 37.1 万元，为当地老百姓人均增收 7420 元，实现贫困户就近就业。联系 2 户贫困户子女到集团下属单位做业务工，为贫困户家庭稳定增收提供了条件；资助解决 2 户贫困户子女入学面临的实际困难。借助四川省农业厅植保站平台，联系了地方农业技术专家在村上开设“农家课堂”，已开展各类种养专业培训 5 次，实现培训人数达 300 人次。2016 年春节期间，集团帮助桥坝村结对帮扶的贫困户销售了 200 余头南江黄羊，折合资金约 20 余万元。2016 年 11 月“走基层、送温暖”活动中，与四川省工商局一起为贫困户购置了棉衣棉被。

（四川公路桥梁建设集团有限公司
党委办公室　吴佩耕）

甘肃中天羊业股份有限公司扶贫

【概述】 甘肃中天羊业股份有限公司(以下简称“中天羊业”)成立于2004年，是农业产业化国家重点龙头企业、甘肃省高新技术企业、甘肃省民营百强企业、甘肃省扶贫重点龙头企业。公司依托甘肃省陇西县、民勤县和金昌市三大种源基地，及民勤县、陇西县两大肉羊屠宰精深加工生产线，在公司技术人员的常年培训和技术指导下成功推广“前期优质供种+全程技术服务+后期回收加工”的羊产业全产业链“中天模式”，以定西市、白银市、临夏回族自治州及河西地区为示范，带动全省和国内等地10余万农户发展畜牧养殖业，对公司业务覆盖区域实现供种和技术培训全覆盖，被确立为甘肃省发展肉羊产业重点推广的“中天模式”。荣获2014年中国畜牧业协会“畜牧行业优秀模式”，2016年“第四届中国畜牧行业先进企业”称号。

公司采用契约型利益联结、担保型利益联结、市场交易型利益联结、龙头企业一体型利益联结等多种联结形式，以“公司+家庭牧场+合作社+基地”的运作模式，对合作农户实行“五统一”服务，即统一规范标准、统一提供良种、统一技术服务、统一饲料供应、统一组织回收。实现企业在发展自身的同时，带动农民共同致富，最终实现企业和农民的互利双赢。在不断与农户建立稳定合理的利益联结模式，获取优质、稳定的农产品加工原料的同时，中天羊业不断创新服务方式，以高科技、高品质、高效益为标准，实现公司从“良种繁育、规模养殖、屠宰分割、转化利用、市场销售”一条龙的全价值链、全产业链、全循环链“中天模式”。

【扶贫基地建设】 公司坚持把基地建设作为推动扶贫工作发展的重要拉动力，以市场为导向，以基地为载体，强化投入质量，调整产业产品结构，有效带动贫困户脱贫致富。公司先后投入4亿元建设了陇西县首阳循环经济示范园、民勤中天勤锋滩养羊工程技术中心、民勤中天公司红沙梁种羊繁育基地，金昌1万只湖羊核心繁育场和2万只湖羊扩繁场等多个种羊繁育基地，每年可向社会提供优质纯种肉羊和杂交肉羊10万只以上，通过“以企助社，以社扶农”帮扶模式，在甘肃省27个县区扶持发展了100多家合作社或养殖小区。同时公司通过甘肃省养羊资金帮扶平台，对有意愿与公司合作的养殖户或养殖小区规划肉羊养殖方案，公司优于市场价提供优质种羊，所供种羊全部购买保险，以保障养殖风险。

【科技扶贫】 中天羊业依托兰州大学、甘肃农业大学、中国农业科学院北京畜牧兽医研究所、中国农业大学等科研单位的技术支撑，建立了甘肃省肉羊繁育生物技术工程实验室、甘肃省肉品加工与质量安全控制实验室、省级企业技术中心和院士专家工作站。通过公司研发团队的不断进取，在肉羊新品种培育和肉制品加工生产方面形成一系列拥有自主知识产权的核心技术，公司先后承担省部科技研发项目 6 项，自立研发项目 10 余项。现有专利 47 项，其中发明专利 8 项，实用新型专利 18 项，外观设计专利 21 项。主持或参与制定地方标准 3 项，通过农业部或省级科技成果鉴定 9 项，获甘肃省科技进步二等奖 2 项、甘肃省科技进步三等奖 1 项。目前，公司通过拥有多项专利技术和专有技术，已掌握了大规模实施种羊扩繁的技术，同时也掌握了多种饲料营养配方及育种、育肥饲养技术，并已成功将这些技术应用于养殖园区和养殖基地，有效扶持贫困户通过先进养殖技术脱贫致富。

【扶贫培训】 甘肃中天羊业股份有限公司职业技术学院承担农户的培训任务，先后聘请 50 多名业界精英专家教授辅导培训。通过采取“内训”和“外训”并举的方式全方位为参加培训的养羊带头人进行理论和实践操作全方位培训，使参加培训人员全面了解掌握羊产业发展动态、羊品种选择、养殖技术、疫病防控、饲草配方、饲喂过程管控等。先后组织培训贫困户 6000 人次，发放培训资料 3 万册。

（甘肃中天羊业股份有限公司
武得虎）

六安龙翔美食王禽业有限公司扶贫

【概述】 六安龙翔美食王禽业有限公司（以下简称“龙翔公司”）成立于2006年，是安徽省农业产业化龙头企业，带动安徽省霍邱县朗德鹅产业产值达到10亿元以上。公司养殖基地位于安徽省霍邱县花园镇，主要经营模式为“公司+合作社+协会+家庭农场+贫困养殖户”，带动周边地区形成了规模的鹅肥肝生产产业。在公司的带动下，霍邱县已形成年养殖加工朗德鹅200多万只，加工鹅肥肝1000吨，鹅副产品1万吨的生产能力。2014年，公司在霍邱县长集现代农业示范区，出资6000万元建设1万吨的鹅肝酱及鹅副产品深加工项目，完善了朗德鹅产业链条。公司在发展过程中，不断健全管理机制、强化农民增收意识、拓宽农民增收思路、落实农民增收项目、解决农民实际困难。在推动安徽省朗德鹅养殖产业发展的过程中，做了大量扶贫攻坚的工作，挤出资金出资投入当地基础设施建设，积极参与公益性扶贫，无偿对农民进行技术培训，实行对贫困农户低价、无偿提供鹅苗、保底价回收成鹅的方式，致力于贫困农户收入的增加。

【产业扶贫】 龙翔公司把农民增收、特别是贫困户的增收工作当作是企业应承担的社会责任，在公司发展的过程中，组建了朗德鹅养殖协会、鹅肥肝产业协会，霍邱县皖翔鹅业养殖专业合作社，采取“公司+合作社+协会+家庭农场+贫困养殖户”的运作模式，公司牵头成立的龙翔畜禽业产业化联合体，在2016年被评为省级农业产业化示范联合体，对养殖户进行技术培训同时，与养殖户签订销售合同，养殖户养殖的商品鹅按保护价销售给公司，从根本上保证了农户的利益；实施“公司带动农户脱贫、农户支持公司发展”战略，每年公司安排固定农民工200余人，直接带动周边1000多农户的增收致富，真正起到了龙头企业的“龙头”带动作用。为了充分发挥公司在当地扶贫工作中的作用，在龙翔公司的带动下，霍邱县注册成立了与朗德鹅产业相关的公司53家，合作社16家，家庭农场52个。通过连续不断的培植扶持，这些产业化单位中，已拥有农业产业化省级龙头企业1家，市级2家，省级示范家庭农场1个，市级示范合作社1家，市级养殖示范场1家，注册商标上百个。其中中国驰名商标1个，安徽省著名商标1个，六安市知名商标1个。产品被评为安徽名牌产品1家，六安名牌产品2家。

【企业扶贫模式】 一是参与养殖模式：2016 年，公司在原来扶贫工作的基础上，创新开展了一系列的扶贫帮困工作。与花园镇天竹、刘李、安业、江北 4 个重点贫困村，签订了“百企帮百村”3 年行动村企结对帮扶协议书，龙翔公司对贫困户建设养殖大棚养鹅达到 1200 只以上的，给予每户补贴大棚建设资金 5000 元。企业还先垫资投入鹅苗，饲料给贫困户，等到回收成鹅时收取鹅苗款、饲料款，再从鹅款中扣除。养殖户不需要任何资金投入，并且无偿进行技能培训，效果显著。此外，公司为花园镇 4 个贫困村 700 多户贫困户每户免费提供 20 只白鹅苗，与贫困户签订养殖回收协议。二是带动就业模式：龙翔公司积极吸收有劳动能力的贫困户就业。对于与公司合作时间较长、有一定养殖经验的养殖户，公司帮助其扩大养殖规模，以解决其家庭内部及亲友的就业问题；对于个人独立养殖确有困难的农户，吸收到公司上班，根据其能力做些力所能及的工作，待时机成熟，鼓励其回家以家庭为单位参与养殖，确保贫困户收入稳定，在公司就业的贫困户年纯收入均达 2 万元。三是贫困户入股分红模式：贫困养殖户申请的小额信贷资金可以入股到龙翔公司、合作社或者产业联合体，即使公司亏损，也确保贫困户的股金收益不低于银行同期贷款利率。

【教育扶贫】 公司关注教育事业的发展，注重实施教育扶贫。每年除帮助本县范围内贫困学子完成学业外，还积极开展成年农民养殖技术培训工作。看到贫困学子无法圆求学梦，公司从 2010 年开始每年都出资在周边地区帮助贫困中小学生解决学习生活中的实际困难。龙翔公司还倡导成立安徽省霍邱县花园镇关心下一代爱心协会，总经理胡建远还兼任协会常务副会长，在自己积极深入家庭、学校了解贫困学生、特别是留守儿童的实际生活困难的同时，积极倡导其他企业、本公司员工参与爱心助学活动，在龙翔公司的积极倡导下，安徽省霍邱县花园镇关心下一代爱心协会会员单位一致通过了每年向协会捐赠 1 万元的决定，为协会资金的筹措做出了积极的贡献。2016 年，公司为花园镇关心下一代爱心协会捐赠 1 万元基金。

【扶贫培训】 龙翔公司每年举办 20 次左右的养殖户实用技术培训，每场次参训人员近 100 人。2016 年，开展养殖培训 20 批，共 1600 人，培训费用 32 万元。通过培训，养殖专业户掌握了熟练的孵化、养殖、填食、取肝等朗德鹅养殖、加工技术，部分人员成为公司的骨干成员，为公司的业务拓展发挥了积极的作用。培训中，公司坚持订单培训，实现稳定就业。围绕公司下一步发展的需要，培训开始时明确培训目标，培训过程中注重实效，严格考核，对于考核优秀的人员公司本部择优录用到公司本部工作或到主要涉农企业充当技术人员。

【公益扶贫】 2016 年，在霍邱县

“慈善一日捐”活动中，龙翔公司共捐赠2.7万元；在“百企帮百村”活动中，为花园镇帮扶的4个村贫困户送去价值1.6万元的熟食，为邵岗乡焦桥村5户贫困户捐赠5000元。

【基础设施建设】 龙翔公司积极支持贫困地区的基础设施建设。继出资17万元用于花园镇汲东干渠渠埂硬化以后，2016年捐资1.5万元，用于疏通霍邱县花园镇的时圩水库支渠1000米；在花园镇天竹村为民服务办公楼竣工之后，捐赠1.6万元用于购买办公设施；与其他帮扶单位一起，为霍邱县邵岗乡焦桥村提水站建设捐赠2万元。公司还积极为公司所在地周边地区设施建设出谋划策，捐钱捐物。

（安徽省霍邱县花园镇党政办公室　宋国同）

（六）公民个人参与扶贫

公民个人参与扶贫

2016年，国务院扶贫办坚持全党动员、全社会参与的工作思路，积极动员社会公民参与扶贫工作，引导广大社会成员，通过爱心捐赠、志愿服务、结对帮扶等多种形式，帮助建档立卡贫困人口。

一是完善了公民参与扶贫的荣誉体系。充分发挥好“扶贫日”这个国家品牌作用，设立“全国脱贫攻坚奖”，动员号召公民个人参与扶贫。2016年10月16日，举行“全国脱贫攻坚奖”表彰大会，38名公民个人分获奋进奖、贡献奖、奉献奖和创新奖。他们中有光荣脱贫和带领群众脱贫的先进典型，各级党政机关、国有企事业单位、军队和武警部队、民主党派和工商联、人民团体中的扶贫先进典型，各类社会组织、非公有制企业和公民个人中的扶贫先进典型，以及实施精准扶贫精准脱贫方略中理论与实践创新的先进典型。他们都是我国公民个人参与扶贫的典范，为公民个人参与扶贫树立了榜样。各地也以各种形式开展了公民个人参与扶贫的表彰和宣传活动。

二是丰富公民参与扶贫的对接体系。公民个人参与扶贫往往需要通过政府、社会组织、企业等组织形态与建档立卡贫困户建立联系，实施帮扶。全国工商业联合会、国务院扶贫办、中国光彩事业促进会联合推动的“万企帮万村”精准扶贫行动，为民营企业管理层和职工参与扶贫搭建了平台，2.2万家民营企业负责人率领企业职工通过各种形式帮扶了2.1万个建档立卡贫困村的贫困户。民政部、国务院扶贫办共同策划开展社会组织精准扶贫行动，根据提出贫困户的帮扶需求，设计精准扶贫项目，为公民个人通过社会组织参与扶贫畅通了渠道。其中，国务院扶贫办主管的中国扶贫志愿服务促进会紧扣精准扶贫精准脱贫方略开展工作，筹建了中国社会扶贫网，建立权威、公正的社会扶贫供需对接平台。

三是完善公民参与扶贫的政策体系。2016年3月，全国人大通过《慈善法》，为包含公民个人在内的社会力量参与精准扶贫提供了重要的法律保障和政策支持。中央先后出台《关于进一步加强东西部扶贫协作工作的指导意见》和《关于进一步加强中央单位定点扶贫工作的指导意见》，明确了帮扶的主要任务和工作要求，各地按照中央要求也出台了地方措施，广大政府机关、国有企事业单位等干部职工积极响应中央号召参与到脱贫攻坚战中，77.5万名干部到贫困村开展驻村帮扶，18.8万名优秀干部到贫困村和基层党组织薄弱涣散村担任“第一书记”。同时，各行业部门组织专业技术人才到贫困县贫困村开展专业性的帮扶工作，其中实施健康扶贫，组织动员80万基层卫生计生人员逐户逐人逐病核实，分类救治贫困患者100多万人。

2016年，广大社会公民无论能力高低、收入多少、年龄大小，广泛参与脱贫攻坚。有经济实力的到贫困地区投资兴业，有一技之长的到贫困地区开展志愿服务，有信息来源的为贫困地区提供信息帮助，普通群众通过购买贫困地区、贫困群众的土特产来扶贫，甚至小学生做些扶贫向善的宣传，都是对扶贫工作的贡献。

（国务院扶贫办社会扶贫司　宿盟）

（七）网络扶贫行动

网络扶贫行动

2016年10月14日，中共中央网络安全和信息化领导小组办公室、国家发展和改革委员会、国务院扶贫办牵头，印发《网络扶贫行动计划》，积极探索脱贫攻坚的新方法、新路径。主要在“网络覆盖、农村电商、信息服务、网络扶智、网络公益”五大工程方面加大推进力度。

一、实施网络覆盖工程

实施电信普遍服务试点项目，提高贫困地区网络覆盖，补齐农村互联网短板。2016年共支持约10万个行政村光纤通达和升级改造，其中包括3.1万个贫困村。各地区也加大力度，推动贫困地区互联网建设。如江西省推动贫困地区公路沿线、集镇、行政村、旅游景区的4G网络基本覆盖，4G网络已覆盖15991个行政村，覆盖率达94.48%。

二、实施农村电商工程

引导电子商务进农村综合示范政策向贫困地区倾斜，2016年商务部新确定的240个综合县中有158个是国家级贫困县，综合示范共带动12万户贫困户就业。中国邮政2016年新增“邮乐购”站点18万个；河北省62个贫困县全部建成县级电商服务中心，7366个建档立卡贫困村中有6018个建成村级电商服务站，带动13.1万贫困人口参与，贫困地区农产品网上交易额超过35亿元。国务院扶贫办已在428个贫困县开展电商扶贫试点。

三、实施信息服务工程

西部贫困发生率较高的贵州、甘肃等地区瞄准建档立卡贫困人口，建立脱贫攻坚的数字化档案、大数据平台以及精准扶贫管理系统，实时掌握贫困人口的对象分布、致贫原因、健康状况、教育程度等情况，动态跟踪精准贷款、危房改造、教育扶贫、卫生扶贫、专项扶贫等各项措施落实进度。重庆市建立涵盖“市—区县—乡镇—村”四级的综合信息服务体系，在贫困村建成801个综合信息服务试点，带动近2万贫困人口就业。

四、实施网络扶智工程

为帮助妇女特别是下岗无业妇女创业就业，吉林省妇女联合会实施“吉林网姐”电子商务创业项目，共投资900多万元，培训“网姐”3000多名，帮助妇女创办网店2000多家。江西省赣州市启动建设“教育云”工程，2244所中小学校接入宽带网络，108所学校建成录播教室。湖南设立留守儿童爱心“网络小屋”，让孩子们通过平台与父母语音视频聊天沟通，在线学习。

五、实施网络公益工程

网络扶贫启动后，互联网企业积极响应，承担社会责任。供销合作总社组织资源和力量，搭建并开通了面向832个贫困县的“国家贫困县名优特产网络博览会”，打造了一个永不落幕的特色产品展示交易平台。中共中央网络安全和信息化领导小组办公室组织各省（区、市）推荐100家网信企业推出100项网络扶贫精品项目。中国互联网发展基金会、中国扶贫基金会联合北京京东世纪贸易有限公司、阿里巴巴网络技术有限公司、中国电信集团公司、新华网股份有限公司等15家网信企业，共同发起网络公益扶贫联盟，首批加入联盟的网信企业就达100多家。2016年11月，阿里巴巴网络技术有限公司、北京京东世纪贸易有限公司、深圳市腾讯计算机系统有限公司、中国供销电子商务股份有限公司（供销e家）、北京趣拿信息技术有限公司（去哪儿网）等18家网信企业与贵州省赣州市、吉安市及所辖的16个贫困县签署了一对一的结对帮扶协议。

六、开展金融支撑服务

中国农业银行研究制定网络扶贫贷款办法，“十三五”时期将安排意向额度1000亿元，用于支持832个国家级贫困县的互联网建设、“互联网+”特色产业、远程教育、移动医疗、网络文化等项目。蚂蚁金服推出“扶贫三宝”，旺农贷提供小额无抵押贷款，旺农付带来便民生活服务，旺农保则通过保险阻止返贫发生。旺农贷已覆盖234个县的4852个村，户均贷款4.4万元。西藏自治区积极探索“互联网技术+银行融资+产业发展”模式，精准识别、对接新型扶贫经营主体的信贷需求。

七、开展东西部网络扶贫协作

北京、上海、广东等地积极落实省际结对关系，加强与少数民族自治州和西部市州的网络扶贫协作和对口支援工作。北京市支援内蒙古自治区乌兰察布市启动“第一视频”医护到家医疗健康扶贫工程，向当地捐赠价值300万元的医疗护理服务。上海沪江网通过“互+计划”支持四川省广元市利州区开通小规模学校联盟网络艺术课堂，至2016年底累计开设艺术直播课程200多节。上海东方网股份有限公司开展“青年志愿者西部支教公益行”，上海报业集团下的澎湃新闻网组织“雪域童年”支教活动均取得积极成效。

八、讲好网络扶贫故事

中共中央网络安全和信息化领导小组办公室组织开展“长征路上奔小康”网络媒体“走转改”大型主题采访活动，300

多名采编人员沿中国红军长征经过的江西、湖南、贵州、四川、甘肃、陕西 6 个主要省（区）的革命老区基层一线进行“走转改”。仅江西省的微话题阅读量就达 3.6 亿。重庆市举办“我的扶贫故事”网络征文大赛，面向扶贫一线的党员干部、驻村书记、大学生村官、扶贫志愿者和自立自强的贫困群众，浏览量累计超过 1000 人次。

（国务院扶贫办社会扶贫司　蒋维克）

（八）中国社会扶贫网扶贫

中国社会扶贫网扶贫

【概述】 中国社会扶贫网是国务院扶贫办主管的社会扶贫网络平台。依托国家建档立卡大数据资源，运用互联网新技术和新模式，构建五大功能平台，即爱心捐助、扶贫商城、扶贫众筹、扶贫展示、扶贫新榜样，搭建一座连接贫困人口和社会爱心人士、爱心企业的网络服务平台。旨在创新完善人人皆愿为、人人皆可为、人人皆能为的社会扶贫参与机制，形成政府、市场、社会协同推进的大扶贫格局，贯彻精准扶贫精准脱贫方略，动员社会力量多形式助力脱贫攻坚。

根据《中共中央 国务院关于打赢脱贫攻坚战的决定》《关于进一步动员社会各方面力量参与扶贫开发的意见》，响应党中央、国务院精准扶贫的号召，在国务院扶贫办领导的推动下，利用互联网集聚社会扶贫力量，由国务院扶贫办下设中国扶贫志愿服务促进会，成立全资子公司，北京帮一把网络科技有限公司负责中国社会扶贫网的运营管理工作。2016 年 10 月 16 日，国务院副总理汪洋正式启动中国社会扶贫网试运行上线。

中国社会扶贫网用户包括扶贫对象、“第一书记”、驻村干部、政府机构、社会组织、企业、爱心人士等，通过 PC 端、移动端（APP、微信、Web）进行访问，采用“互联网+社会扶贫”的创新形式，形成了一套完善的线上线下精准扶贫发展体系。截至 2016 年底，中国社会扶贫网累计对接贫困帮扶需求信息 6335 条，爱心捐赠 67 条，对接成功 45 例。

【爱心捐助】 依托 9000 万建档立卡数据资源，以医疗救助、教育资助、创业带头人扶助为主要帮扶方向，2016 年 10 月，中国社会扶贫网调动社会力量，将捐赠人与扶贫对象联结，河北省蔚县代王城镇新家庄村小学获得捐赠图书 3000 册，成立了图书馆。中国社会扶贫网发起“衣暖人心”活动，组织动员社会爱心企业对宁夏回族自治区 3 个贫困村共捐赠 584 件全新女式羽绒服。

【扶贫众筹】 中国社会扶贫网充分动员社会力量参与脱贫攻坚，为解决贫困地区创业和上学困难，中国社会扶贫网上线 3 个电脑众筹项目，分别是重庆市电脑众筹、甘肃省渭源县电脑众筹、贵州省雷山县电脑众筹。此次项目惠及 3 个省（区、市）的多名受助对象，一组受助对象是渭源县田家河乡的 5 户建档立卡贫困户，参与渭源县组织的电商培训班，利用捐赠的电脑开办网店，将自家的当归、黄芪、蚕豆、菜籽油等农作物及农作物制品销售出去，增加家庭收入致富。另外一组受助对象是贵州省雷山县南猛村的贫困大学生，每名大学生受助一台笔记本电脑用于大学期间学习使用，改善学习条件、树立良好风气，鼓励贫困家庭通过发展教育脱贫致富。

【扶贫商城】 联合各大电商平台，形成流量汇聚，构建全平台消费扶贫概念，打造“1017 消费扶贫”品牌，中国社会扶贫网的扶贫商城平台首批成功对接京东、苏宁易购、乐村淘、供销 e 家 4 家平台，共上线 2020 家网店，覆盖 386 个贫困县。

【扶贫评价体系】 通过展现省、市、县、村等各级管理员自主发布的扶贫成果、经验、事迹等文章，建立广泛的扶贫交流，成为中国扶贫交流与推广的重要平台。建立评价积分体系，按个人、企业、组织等维度设立扶贫榜单，体现参与社会扶贫的荣誉与价值。展示扶贫案例 324 件，产业扶贫行业 47 个，扶贫企业代表 126 家，树立扶贫榜样 38 人。通过扶贫展示和评价，充分调动了社会爱心参与脱贫攻坚的积极性和责任感，为营造全民参与、“三位一体”的大扶贫格局打下坚实的基础。

（中国社会扶贫网）

八

地方扶贫篇

河北省扶贫开发

【概述】 2016年，河北省扶贫开发工作以中央和省一系列有关扶贫开发工作会议精神为指导，围绕“四个全面”战略布局，坚持精准扶贫精准脱贫基本方略，紧扣扶持谁、谁来扶、怎么扶、如何退几个关键环节，突出倒计时、路线图、军令状、指挥棒几个核心问题，坚持扶贫开发与经济社会发展相互促进，坚持扶贫开发与生态保护并重，以燕山—太行山集中连片特困地区、黑龙港流域集中连片特困地区、环首都扶贫攻坚示范区为主战场，以增加贫困群众收入为核心，以培育发展富民产业为主攻方向，以改革开放为动力，不断完善创新体制机制，瞄准建档立卡贫困人口，分类施策、精准帮扶，倒排工期、挂图作战，确保“十三五”脱贫攻坚实现良好开局。2016年，中央和河北省共投入扶贫资金58.8亿元，较2015年翻了一番。其中，市级及以下投入资金14.1亿元，增长57.5%。2016年，河北省减贫104.2万人，完成劳动力转移培训2.37万人次，市县转移就业1.96万人，启动15.2万人的搬迁工作；62个贫困县农民人均可支配收入8805元，同比增长10.5%，增幅高于全省农村平均水平2.6个百分点；贫困地区脱贫产业布局进一步优化，基础设施和公共服务水平进一步提升，贫困群众脱贫致富奔小康的内生动力进一步增强，为打赢“十三五”脱贫攻坚战奠定了坚实基础。

【扶贫资金投入】 2016年，中央和河北省共投入财政扶贫资金58.8亿元，其中，中央财政专项资金23亿元，省本级专项扶贫资金21.7亿元，市级及以下投入专项扶贫资金14.1亿元。各级财政专项资金直接投入贫困村54.3亿元，其中扶持建档立卡贫困户资金43.4亿元，惠及贫困户58万户。

【扶贫资金管理】 河北省加强扶贫资金整合，印发《关于支持贫困县开展统筹整合使用财政涉农资金试点的实施意见》，一次性将全省62个贫困县全部纳入统筹整合使用财政涉农资金试点范围，整合90.3亿元。强化扶贫资金监管，印发《河北省财政扶贫资金绩效评价办法》，对2013—2016年财政扶贫资金管理使用情况进行专项清理，进一步规范和加强财政扶贫资金监督管理，提高资金使用效益。建立通报约谈制度，2015年及以前年度资金全部报账完毕，2016年资金报账率达到92%。

【易地扶贫搬迁】 河北省坚持将易地

扶贫搬迁作为打赢脱贫攻坚战的“当头炮”，印发《河北省“十三五”易地扶贫搬迁规划》和《河北省“十三五”易地扶贫搬迁实施方案》，计划2016—2017年完成易地扶贫搬迁12.6万人，2018—2020年，积极争取国家支持，对其他符合条件、有搬迁意愿的29.4万农村人口实现应搬尽搬。省级建立易地扶贫搬迁开发投资有限公司，有搬迁任务的38个县全部组建县级投融资平台，有关县通过省级平台和财政共承接资金54.77亿元。4月，在涞源县举行河北省易地扶贫搬迁工作启动仪式，启动31个县、15.2万人（贫困人口9万、同步搬迁人口6.2万人）的搬迁工作，188个集中安置项目全部开工。探索养老式搬迁新路子，在集中安置区配套建设养老院58个，实行产权归政府、群众免费住、集中供养服务，让贫困老人老有所养、病有所医、安享晚年。印发《关于切实做好易地扶贫搬迁贫困人口后续扶持工作的意见》，实施搬迁小区和产业园区“两区同建”，强化产业、就业、社保等扶持，确保贫困群众搬得出、稳得住、能脱贫。

【产业扶贫】 河北省将产业扶贫作为脱贫攻坚的主攻方向，大力发展富民产业，带动贫困群众增收致富。实施特色农业扶贫，印发《关于贫困地区发展特色产业促进精准脱贫的实施意见》，大力发展设施蔬菜、食用菌、优质林果、中药材和畜牧养殖等产业。全省贫困县新增设施蔬菜40万亩、食用菌3万亩、林果80万亩、中药材10万亩，通过发展特色产业带动60万人实现脱贫。印发《关于推动旅游扶贫工作的实施意见》，在野三坡、白石山等20个景区开展“景区带村、能人带户”旅游扶贫，带动贫困群众增收脱贫，截至2016年底，建设旅游扶贫专业村440个，分类带动贫困家庭13万户。2016年，国家将河北45个国家扶贫开发工作重点县全部纳入光伏扶贫试点，共安排55万千瓦集中式光伏扶贫电站和30万千瓦村级光伏扶贫电站，规模位居全国第二位，项目建成后可精准帮扶7.86万户群众。印发《关于积极推进村级光伏扶贫电站（含户用）建设的指导意见》，下达村级光伏扶贫电站并网计划项目1017个，总规模29.47万千瓦。大力推广“企业+合作社+基地+农户”的龙头引领发展模式，引导家庭手工业由自发生产转向组织化、产业化、规模化发展，发展家庭手工业专业村160个，从业人口2万人，带动5万贫困群众脱贫。实施电商扶贫，印发《关于加快推进“互联网+扶贫”行动的通知》，62个贫困县全部建设了农村电商公共服务中心，6846个贫困村建设电商服务站，网购网销额突破55.3亿元。

【金融扶贫】 河北省建立金融扶贫机制，印发《河北省“政银企户保”金融扶贫实施意见》，探索出一条“政府搭台增信、银行降槛降息、企业农户承贷、保险保证兜底”的金融扶贫新路子。2016年底，扶贫小额信贷已覆盖62个贫困县和“十二五”期间3个后续扶持县，65个县全部建立了风险补偿机制，风险补偿金总规模达13.22亿元，扶贫小额信贷2016年累计完成放贷166.4亿元，惠及贫困户46.26万户，保定市被列为全国政策性金融扶贫实验示范区。

【社会扶贫】 河北省广泛动员社会力量共同参与扶贫开发。积极协助中央定点扶贫单位做好帮扶工作，32个中央、国家机关和有关单位共向40个国家扶贫开发工作重点县派出挂职干部79人，投入帮扶资金1.2亿元，其中直接投入资金1.05亿元，物资折款1630万元，引进资金6.03亿元，引进项目129个，举办培训班97期，培训各类人员4097人次，资助贫困生9104人，劳务输出1323人。深入推进驻村帮扶，出台《关于选派优秀干部到贫困村任第一书记的实施意见》，省、市、县三级精准选派驻村干部22164人，实现了贫困村“第一书记”和驻村工作队全覆盖。各工作队投入引进帮扶资金28.61亿元，实施帮扶项目6439个，38.51万户贫困户受益，带动53.97万人实现脱贫，帮助成立各类合作社3814个，举办培训班21765期，共培训69.86万人次，帮助贫困户实现劳务就业7.74万人。推动京津对口帮扶。北京、天津两市17个区对口帮扶张家口、承德、保定20个贫困县，开展“携手奔小康”行动。组织省内对口帮扶，推动廊坊、唐山市经济实力较强的县（市、区）帮扶张家口、承德两市贫困县，其他7个市开展市内对口帮扶。开展“千企帮千村”行动，制定《河北省“千企帮千村”精准扶贫行动方案》，1000家民营企业与1020个贫困村结成帮扶对子，开展村企共建，投入资金1.1亿元，吸纳贫困人口就业5532人，带动1.5万户贫困群众发展增收项目。开展“扶贫日”活动，发布《河北省2016年扶贫日活动倡议书》，召开全省脱贫攻坚奖表彰大会，组织多种形式的募捐活动，募集各类扶贫善款1064万元。

【雨露计划】 2016年，河北省继续实施“雨露计划”，共投入扶贫专项资金7828万元。对符合条件的贫困家庭子女参加中、高等职业教育的，给予贫困家庭助学补助，全省贫困家庭职业教育补助1.86万人；鼓励和引导贫困农村劳动力转移就业和创业，开展贫困劳动力转移就业培训325期，培训2.37万人次；加强致富带头人培训，完成创业致富带头人培训245期，培训1.59万人次；围绕富民增收产业，开展实用技术培训954期，培训11.22万人次。

【彩票公益金试点】 河北省扎实开展彩票公益金试点，2016年国务院扶贫办安排中央专项彩票公益金支持贫困革命老区小型公益设施建设项目资金1.4亿元，通过组织召开竞争答辩会，确定了赞皇、魏县、平乡、怀安、饶阳、滦平、涞源等7个县为2016年中央专项彩票公益金支持贫困革命老区实施扶贫项目县。

【扶贫公益事业】 2016年，河北省收到捐赠资金1742万元，物品累计折款约2500万元，拨付贫困地区捐赠资金共计972

万元，帮扶建档立卡贫困村 104 个，受益贫困户达到 5.5 万余人。开展科技扶贫活动，组织全省专家 153 名对接 62 个贫困县，提供专业技术和项目服务，搭建科技专家服务贫困县平台。开展扶贫公益捐赠活动，为全省 62 个贫困县每县捐赠 50 台净水机，价值约 1000 万元，捐赠对象主要为驻村工作队和社会福利机构。组织爱心企业、人士进贫困村开展公益捐赠活动，为贫困群众送温暖；创新拳击与扶贫相结合，举办公益慈善拳王争霸赛。启动“精准健康扶贫”项目，为全省 7366 个建档立卡贫困村的 0-7 岁儿童提供营养奶粉。出台《河北省扶贫公募款物管理暂行办法》，严格做好捐赠款物收入、支出的管理工作，全程坚持公开公示制度，接受社会监督，确保捐赠款物的使用效果。

【以工代赈】 2016 年，国家安排河北省中央以工代赈资金 2.44 亿元，实施项目 148 个，覆盖 46 个燕山—太行山集中连片特困地区片区县和国家扶贫开发工作重点县，完成基本农田建设 6.3 万亩，小型农田水利工程新增灌溉面积 10.6 万亩、修建乡村道路 530 千米、独立桥涵 590 延米，小流域治理 3.7 平方千米、片区综合开发 4780 亩等，为改善贫困地区农村基础设施发挥了重要作用。

【社保兜底扶贫】 2016 年，河北省全力织牢社保兜底扶贫保障网。提高农村低保标准，印发《关于做好农村最低生活保障制度与扶贫开发政策有效衔接的实施方案》《关于推进低保线与扶贫线“两线合一”的实施方案》，实现农村低保线与扶贫线“两线合一”、动态管理，全省低保标准达到 2900 元/年以上，最低补差标准提高到 150 元/月。提升医疗保障救助水平，印发《关于提高贫困人口医疗保障救助水平解决因病致贫返贫问题的实施方案（试行）》，实现了基本医保待遇水平、大病保险报销水平、医疗救助水平“三个显著提高”，减轻贫困患者医疗负担 50%。扎实推进教育扶贫，印发《关于推进教育脱贫行动的实施方案》，“三免一助”（免学费、免住宿费、免费提供教科书、享受国家助学金）资助范围扩大到省内公办普通高中、中职学校、普通高校建档立卡贫困家庭学生，惠及贫困学生 4.46 万人，人均获得资助 4217 元。

【扶贫机制创新】 河北省探索股份合作利益联结机制。发挥龙头带动作用，推行股份合作模式，强化市场主体与贫困群众的利益联结，使贫困群众成为得租金、挣薪金、持股金的“三金”农民。扶贫龙头企业达 2.1 万家、农民合作社达 10.1 万家，贫困地区股份合作制企业达 4500 家，带动贫困群众 45 万户。印发《建立农村股份合作制资金风险防控机制实施意见》，建立完善农村股份合作资金风险防控机制，确保扶贫资金使用安全。探索资产收益扶贫机制，印发《河北省贫困地区水电资源开发资产收益扶贫改革试点实施方案》，推广威县等地资产收益扶贫模式，将财政涉农资金投入扶贫龙头企业、农民合作社等经营主体，形成的资产以股权形式量化给贫困户，分享资产收益。完善土地扶贫机制。每年从新增用地指标中拿出1万亩专项用于支持贫困县重点项目建设，优先保障扶贫开发用地需要。制定了支持贫困县土地整治和增减挂钩政策措施，补充耕地指标和增减挂钩结余指标在省域范围有偿转让。2016年6月，在保定市阜平县召开了全省土地政策助推脱贫攻坚工作现场观摩会，推广阜平县土地扶贫经验。探索党建扶贫机制。推广承德“脱贫攻坚党旗红”活动做法，形成了党组织建在产业链、党员聚在产业链、群众富在产业链“三在产业链”等党建扶贫新模式。

【扶贫机构和队伍建设】 河北省整合加强扶贫机构，张家口、衡水、邯郸、承德、石家庄市和49个国家扶贫开发工作重点县整合组建扶贫和农业开发办公室。组织全省扶贫系统广泛开展“争做李保国、李双星式扶贫模范”活动，为扶贫干部竖起了学习标杆，各级扶贫队伍作风明显转变。依托省委党校、省行政学院等平台，举办了扶贫系统干部、贫困县党委政府负责同志、贫困村党组织书记和致富带头人等脱贫攻坚专题培训班，提升了干部推动脱贫攻坚、服务贫困群众的能力和水平。

（河北省扶贫开发办公室宣传处 康 明）

山西省扶贫开发

【概述】 2016年，山西省把脱贫攻坚作为“第一民生”，强化党委领导，落实各方责任，坚持目标导向问题导向，找差距补短板，狠抓突出问题集中整改，以强有力举措持续发力。实现57万贫困人口脱贫，超年度目标14%，1900个贫困村有序退出，贫困地区农村居民人均可支配收入6623元，同比增长9%，高于全省平均水平2.4个百分点，年度脱贫目标任务圆满完成，首战之年实现良好开局。

【扶贫资金投入】 2016年，中央和山西省加大财政扶贫投入，共安排财政专项扶贫资金34.09亿元。其中：中央安排资金23.02亿元（含中央彩票公益金），省级安排资金11.07亿元。安排农村公路建设债券资金10亿元和用于支持贫困村基础设施建设的债券资金12亿元；省级易地扶贫搬迁14.76亿元（地方债拨付9.76亿元，专项建设基金拨付5亿元）；市、县本级财政安排扶贫资金11.83亿元。

【扶贫资金投向】 补助市、县项目支出29.43亿元。采用因素法分配切块到市、县资金28.03亿元；采用竞争方式安排的资金1.4亿元。按政策性因素分配资金15.39亿元。包括：市级易地扶贫搬迁投融资主体资本金7.41亿元，2014年移民第二批公用基础设施补助4000万，光伏扶贫1.52亿元，旅游扶贫5000万元，构树扶贫300万元，老区贫困村帮扶项目9310万元，新型职业农民培育项目3000万元，项目管理费4070万元，扶贫项目贷款贴息15000万元，千村万人就业培训2000万元，精准扶贫信息管理补助1000万元，亚行贷款项目配套费101.01万元，少数民族发展资金804万元，以工代赈资金13000万元，国有贫困农场资金1023万元，国有贫困林场资金2267万元，全省统筹整合使用财政资金示范县奖补资金2700万元，资产收益扶贫试点示范县奖补资金1002万元。按客观性因素分配资金12.64亿元。采用扶贫对象规模、贫困发生率、人均可支配收入、人均财力、资金绩效评价等客观性因素分配，资金切块到市、县。采用竞争方式安排的资金1.4亿元。在36个国家扶贫开发工作重点县中通过公开公平竞争方式，安排代县、岢岚、平顺、左权、吉县、方山、石楼等县，每县2000万元实施中央彩票公益金项目。主要支持建档立卡贫困村实施村内小型生产性公益设施建设项目。

省本级项目安排4.66亿元。其中：扶

贫产业发展基金2亿元，易地扶贫搬迁贴息资金12247万元，易地扶贫搬迁项目政府购买服务费12818.08万元；亚行包容性发展项目前期准备经费出286万元；省级扶贫培训项目经费390万元；项目管理费支出365万元；世行技援项目债务还款支出145.99万元；扶贫开发业务费支出335.7万元。

【易地扶贫搬迁】 2016年，山西省投入32.62亿元用于易地扶贫搬迁。11个市80个县搬迁任务12.5万人，其中建档立卡贫困人口10万，同步搬迁人口2.5万。全年80个项目县，规划安置点542个全部开工，涉及4.43万户、12.51万人。346个集中安置点竣工，竣工率64%，涉及1.98万户、6.14万人；分散搬迁落实2440户、7616人。

【生态保护扶贫】 山西省实施退耕还林奖补、造林绿化投工、森林保护就业、经济林增效和林产业增收“五项措施”。退耕还林重点安排到贫困县贫困户，除国家补助外，省级每亩再补助800元；上一轮退耕还林，省级按每年每亩90元的补助标准延长5年；提前启动2017年120万亩退耕还林任务，2016年底前将国家每亩补助500元和省级配套补助150元兑现到退耕贫困户。采取议标形式，支持贫困人口达到60%的扶贫造林合作社优先承包造林工程。贫困县80%的护林员岗位提供给贫困户，2016年7000万元国家林业管护资金全部用于36个国家扶贫开发工作重点县新聘用贫困劳动力。在贫困县实施干果经济林提质增效100万亩，每亩补助200元，山西省的做法在全国总结推广。

【资产收益扶贫】 2016年山西省在长治市和隰县、大宁县等17个贫困县开展特色农业、林业、供销和农机等资产收益扶贫试点工作，以财政资金、集体资产等折股量化为抓手，依托村集体经济组织加专业合作社、农机合作社、供销合作社和林业合作社，带动贫困户增收脱贫。天镇县政府与12家经营主体对接，投入2350万元扶贫资金，借本还息，开展资产收益扶贫，支持47个贫困村每年每村增收5万元。

【社会保障扶贫】 2016年，山西省低保标准低于国家扶贫标准的县从91个减少到11个，政策衔接、标准衔接、对象衔接、管理衔接工作深入开展。民政、教育、健康和残疾人帮扶精准到户的24项政策得到认真落实。针对因病致贫问题，为180万农村贫困人口建立电子健康档案，认定医保扶贫对象20.96万人。新农合资助贫困人口100万人次、8405万元，基本医保、大病保险和重特大疾病医疗救助实现贫困人口全覆盖。贫困人口就医免除普通门诊挂号费，太原、朔州、长治市实现县域内就医“先诊疗后付费”。贫困人口大病保险起付线由1万元降到5000元，报销比例提高2—3个百分点，慢性病补偿提高10%；33种重大疾病纳入救助范围，个人支付费用降至10%，贫困户孕产妇在县域内住院的正常分娩费用全免。针对因学致贫因贫失学问题，贫困户子女学前教育每生每年1000元生活补助，落实义务教育“两免一补”政策，率先对建档立卡家庭经济困难学生免除高中学杂费，对贫困户学生接受高等教育和职业教育资助做到全覆盖，72.89万贫困家庭学生受益。积极探索社会保障政策与保险扶贫政策衔接。山西省扶贫办联手中国人寿保险集团公司山西分公司，推出贫困户大病医疗补充保险和意外伤害保险专属特惠产品，大病医疗补充保险缴费18元最高可获20万元赔付，意外伤害保险缴费50元最高可获5万元赔付。全省43个县81万贫困人口参加医保补充险、74万贫困人口参加意外伤害险。

【光伏扶贫】 2016年，山西省光伏扶贫项目指标总规模为58.4万千瓦，其中，村级光伏电站（含户用）18.4万千瓦，集中式地面电站40万千瓦。689座、18.4万千瓦村级电站全部启动，在10个市38个贫困县建成221座村级光伏扶贫电站9.52万千瓦，占村级电站总规模的51.7%，推进40万千瓦集中电站建设筹备工作。

【旅游扶贫】 2016年，山西省乡村旅游扶贫按照以成熟景区周边连片贫困村为重点，以生态休闲和文化旅游“两村”建设为主的工作思路，安排财政扶贫资金5000万元，支持100个建档立卡贫困村开展乡村旅游扶贫，带动2830余户贫困户，户均增收700余元。山西省旅游扶贫的模式有：自主参与型即贫困户通过出售旅游产品、到旅游企业打工或直接经营旅游项目等方式获得增收；结对帮扶型即通过旅游扶贫企业、合作社等经济组织和贫困村进行一对一的帮扶对接，带动贫困村、贫困户增收；入股分红型即贫困村、贫困户以土地、林地、房屋以及自有资金等方式入股旅游企业或合作社，获得股份分红。同时财政资金和社会帮扶资金也可以入股旅游扶贫项目，折股量化支持贫困村、贫困户增收。壶关县桥上乡大河村利用丰富旅游资源，在地方政府和省旅游局驻村工作队的帮扶下，通过企业投资、能人带动、农户参与等方式，使大河村变成了绿色生态旅游村，被省旅游局命名为“山西农业旅游示范村”。

【电商扶贫】 2016年山西省出台《山西省电商扶贫行动方案》和《山西省2016年电商扶贫行动计划》，对“十三五”期间推动贫困地区电商网络结点建设、完善县乡村三级农村物流配送体系、贫困地区农产品网络销售、电商带动贫困人口用工、贫困地区电商人才培育等方面作出总体部署，多部门联合推动电商扶贫的模式初见成效。省扶贫办与省供销社共同推进农村电商扶贫工作，签署精准扶贫战略合作框架协议，确定在贫困地区农村电商培训、发展农村电商等方面开展合作。山西供销农芯乐电子商务有限公司线下电商服务网络已覆盖全省贫困县51个，乡镇电子商务服务站366个，村级电商综合服务网点3513个，覆盖贫困村2029个，帮扶贫困人口6786人，开展电商培训90次，培训

4900人次，增加就业岗位1147个，共销售贫困地区农产品3200万元。山西省扶贫办、财政厅、商务厅多部门联合推进电子商务进农村示范县工作。临县、和顺县、天镇县、右玉县、万荣县5个贫困县成为“2016年国家电子商务进农村综合示范县”。2016年山西各级政府和省内外各大电商平台在贫困地区建设县级中心72个，建设乡级站点293个，建设村级网店个数4273个，创业就业达14000人；电商帮扶贫困户11800余户，帮扶贫困人口35000多人，实现贫困户农产品网销金额2.1亿元，贫困人口人均增收565元。

【扶贫培训】 2016年，精准培训11.77万贫困劳动力，“吕梁护工”“天镇保姆”培训1.6万人，输出6515人，首批102名山西护工在北京14家三甲医院就业，“灵丘阿姨帮”“五台泥瓦工”等形成了特色劳务扶贫品牌。

【教育扶贫】 2016年，山西省教育扶贫投入12064.4万元，资助大学生7370人，中高职贫困生41897人，实现应助尽助。

【外资扶贫】 山西包容性农业产业融合发展项目前期准备工作顺利开展。2016年7月，筹备成立项目技术支持服务专家团队，9月、10月亚洲开发银行考察团完成了项目考察、企业财务评估和初步筛选。2016年根据山西省亚行贷款河川农业综合开发项目进度，下达年度项目工程财务计划资金263.60万元，项目实施直接带动农户39829户，受益人口17.8万人，解决劳动就业9万人，妇女参与4.3万人；培训农户26万人次；增加绿地覆盖面积7447公顷；减少土地退化和水土流失约251.5万吨，年增加水源涵养能力661.85万吨；养殖发展年增加有机肥生产还田142万吨；采用管灌、滴灌、渠灌、喷灌等节水灌溉技术，节水约30%。

【驻村帮扶】 2016年，山西出台完善干部驻村帮扶机制9项措施，集中开展驻村帮扶督导落实专项行动、明查暗访和满意度测评等工作。省、市、县充实加强干部驻村帮扶工作领导小组，组织部长、政府分管领导任正副组长，组织部门挂帅，统筹驻村工作队和“第一书记”管理工作。充实帮扶力量，省直机关新增派320名、市级新增派1630名“第一书记”到任务重的贫困县贫困村任职。加强队伍管理，除“双签”责任书外，省、市、县派出的驻村工作队和“第一书记”全部实行属地在编管理，驻县大队长挂任县委副书记，工作队长挂任乡镇副书记，工作队员全脱产。执行定期督查巡查、包村单位通报、领导约谈、工作队员和“第一书记”召回四项制度，对工作不力的追责问责。同时，省、市、县三级为驻村工作队、“第一书记”安排专项经费，明确补助标准，改善驻村条件，开展定期体检，办理人身保险，确保“人到、心到、责任到、支持到”。

【社会帮扶】 山西省脱贫攻坚领导小组成员单位各司其职，协同配合，推动落实。省人大常委会专题审议、专题询问，省政协常委会专题协商、专题调研，中央26家定点帮扶单位高度重视、倾力支持，开展电商扶贫、就业培训、劳务输出等精准帮扶系列活动。14位挂职副县长为吕梁山货携手代言，组织贫困地区农特产品走进中直机关，深受干部群众欢迎。驻晋部队团以上单位结对帮扶贫困村，山西省工商业联合会开展“千企帮千村”，1500多户民营企业与1600多个贫困村结对帮扶，累计投资65.7亿元，捐资助困助学4200万元，帮助3万名贫困劳动力就业增收。共青团山西省委实施“双心双实”工程，省妇女联合会开展“三晋巾帼脱贫行动”。58个贫困县县医院均有两家以上省市三级医院对口帮扶、专家兼职任职、290名技术骨干长期驻点。88所省级示范高中对口帮扶贫困县67所普通高中，60所职业院校对口帮扶58所贫困县职教中心。太原市六城区和开发区集中帮扶娄烦、阳曲两个县。实施帮扶项目186个，提供就业岗位4100个。吕梁市组织孝义、汾阳、文水3个县结对帮扶3个最贫困的临县、岚县和石楼县。

【扶贫宣传】 2016年，山西省加强宣传，形成宣传报道3199条，其中，国家级媒体942条，省级媒体2257条。对“（扶贫）冬季行动”“天镇保姆”“吕梁护工”等扶贫活动及品牌进行宣传。宣传报道重要会议70条。召开《山西省坚决打赢脱贫攻坚战的实施意见》的新闻发布会，围绕8大工程20项行动、6大政策保障机制、4个“三位一体”组织体系等情况分4期进行解读。《山西日报》、山西电视台等媒体开设“走进贫困县”“决战贫困”专栏专题，组织记者开展“精准扶贫基层行”采访报道。中央电视台、《人民日报》分别报道了山西省扶贫先进经验。20多家新闻媒体宣传中央驻晋定点帮扶挂职干部举办的“吕梁山片区特色农产品网上年货节活动”。

【金融扶贫】 山西省与中国农业发展银行、国家开发银行签订协议，“十三五”贷款投放规模分别为350亿和300亿，2016年已分别投放15.79亿元和75.92亿元。银行业金融机构特色产业扶贫贷款余额81.17亿元，比2015年增加40.8亿元。探索完善以“二免一贴”为内容的扶贫小额信贷模式，把扶贫小额信贷作为“金融+精准扶贫”的重要抓手和加速贫困农户脱贫致富新手段，精心打造金字品牌。2016年，58个贫困县新发放扶贫小额贷款15.6亿元，覆盖贫困户4.8万户。

【扶贫制度建设】 2016年，出台《中共山西省委 山西省人民政府关于坚决打赢全省脱贫攻坚战的实施意见》；省委办公厅、省政府办公厅印发《全省脱贫攻坚战工作方案》《山西省贫困退出实施办法》《山西省脱贫工作成效考核办法》《山西省脱贫攻坚督查巡查工作办法》；山西省脱贫攻坚领导小组印发《山西省脱贫攻坚领导小组关于建立重大涉贫事件处置反馈机制的指导意见》；山西省扶贫办、山西省发展和改革委员会联合印发《吕梁山集中连片特困地区（山西）“十三五”区域发展与扶贫攻坚规划》和《燕山—太行山集中连片特困地区（山西）“十三五”区域发展与扶贫攻坚规划〉的通知》，指导全省扶贫开发工作。

（山西省扶贫办　刘世锋）

内蒙古自治区扶贫开发

【概述】 2016年，内蒙古自治区认真落实中央扶贫开发工作会议精神，全面落实精准扶贫精准脱贫基本方略，强化政策举措，完善体制机制，贫困人口由2015年底的80.2万人减少到2016年底的56万人，减贫24万人。31个国家扶贫开发工作重点旗（县）农牧民人均可支配收入达9005元，比全区农牧民平均水平增幅高2.1个百分点。贫困地区基础设施建设、公共服务明显改善，义务教育、基本医疗和住房安全保障水平显著提高。

【扶贫资金投入】 2016年，内蒙古自治区投入财政专项扶贫资金77.6亿元，其中中央财政投入20.2亿元，自治区本级财政安排38.4亿元；盟（市）、旗（县）两级财政投入18.9亿元。在52个贫困旗（县）启动了统筹整合使用财政涉农涉牧资金试点工作，整合资金44.5亿元。发放小额扶贫贷款150亿元以上，外加行业和社会扶贫投入，全年扶贫开发投入超过400亿元。

【扶贫政策体系】 围绕贫困退出、督查巡查、考核评估、贫困旗县财政涉农涉牧资金整合等，内蒙古自治区党委、政府连续出台9个扶贫政策性文件，行业部门出台21个精准扶贫配套政策，涵盖贫困地区基础设施、公共服务、产业就业、生态建设、社会保障等重点领域，构建起了较为完备的政策体系。

【建档立卡】 动员10万人进村入户开展建档立卡"回头看"，完成90个旗（县、区）、9852个嘎查村，35.7万户、80.2万贫困人口的建档立卡信息更新工作，剔除不符合标准21.4万人，新识别补录17.2万人。在所有建档立卡贫困人口的嘎查村全面推行"453"挂图作战法。"4"做到"四个清"（底数清、责任清、办法清、工作要求清）；"5"挂出"五张图"（全村贫困现状图、致贫原因分析图、五个一批分类扶持措施图、贫困村和贫困户脱贫任务图）；"3"记好"三本账"（脱贫计划、帮扶措施和工作台账）。

【扶贫工作机制】 健全干部帮扶机制，为2834个贫困村选派驻村工作队3463个，驻村干部1.1万名。开展抓党建促脱贫工作，选派村"第一书记"8195名。安排15.2万名党员干部联系帮扶35.7万贫困户，每个党员干部包联3—5户贫困户，实现了帮扶工作全覆盖。加大对驻村干部、"第一书记"的培训力度，举办各类培训班74期。建立考核评估机制，出台《盟市党委、政府扶贫开发工作成效考核办法》和《内蒙古自治区贫困旗县经济社会发展实绩考核办法》，主要考核减贫成效，精准识别、精准帮扶、资金使用和项目管理。自治区扶贫开发领导小组牵头组成9个考核组，完成了盟市党委、政府扶贫开发工作成效考核、57个贫困旗（县）经济社会发展实绩考核复审。建立贫困退出机制，出台《内蒙古自治区建立贫困退出机制的实施意见》，贫困旗县摘帽采取旗县自查、盟市复查、自治区核验的评估认定“三步骤”，贫困户脱贫验收由驻村工作队、帮扶责任人、贫困户“三方认定”。设定脱贫摘帽滚动计划，实行“摘帽不摘政策，脱贫不脱帮扶”的正向激励机制，确保2020年全面完成脱贫攻坚任务。建立督查巡查机制，制定《脱贫攻坚督查巡查办法》，开展联合督查、专项督查、随机抽查、明察暗访300多次，实现12个盟（市）、57个贫困旗（县）督查检查全覆盖，并组织开展扶贫领域形式主义大排查，针对突出问题制定改进措施办法。国务院督查组在第三次大督查中给予充分肯定。改进扶贫资金监管机制，严格执行扶贫资金项目公告公示制度，所有扶贫项目和资金使用情况均通过网站、报纸、公告栏、立碑挂牌等形式公开。全面推行村级义务监督员制度，为2834个贫困村每个村聘请10名村级义务监督员，跟踪监督资金使用和项目建设全过程。将扶贫项目审批权和资金使用权全部下放到旗县，从源头上构筑资金使用“防护网”。创新精准扶贫模式，推广菜单式扶贫模式，根据贫困户产业发展需求，列出支持项目，明确补贴标准，直接补贴到户。探索资产收益扶贫，依托农牧业龙头企业、专业合作社，把分散的扶贫资金、土地资源、生产设施等整合到优势特色产业平台上，采取入股分红、寄养托管、承包租赁、订单种植等模式，让贫困人口流转土地赚租金、资产入股分股金、就近打工挣薪金。注重发挥村支部书记作为党建责任人作用，采取“党支部+合作社+贫困户”的模式，抓党建促脱贫。

【三到村三到户】 继续在2834个贫困嘎查村开展规划、项目、干部“三到村三到户”工作。为每个贫困村安排1个帮扶单位，选派1支驻村工作队，为每个贫困户落实1名帮扶责任人。为每个村投入50万元的财政扶贫引导资金，采取自建直补、先建后补、杠杆式扶贫、菜单式扶贫等模式，实施到村到户产业发展项目4067个，12.5万户、29万贫困人口得到扶持。

【易地扶贫搬迁】 启动新一轮易地扶贫搬迁工程，制定《内蒙古自治区“十三五”易地扶贫搬迁工作方案》，组建自治区投融资主体，投入33亿元，完成5万建档立卡贫困人口的搬迁任务。坚持“哪有产业往哪移，哪能就业往哪移”，探索出了“六个结合”（易地扶贫搬迁与农村牧区基础建设工程、与城镇房地产“去库存”、与城镇商品房“配建制”、与盘活农牧区“闲置房”，与产业园区建设、与养老互助幸福院相结合）搬迁模式和“七种安置方式”（村内就近安置、新建移民新村安置、依托小城镇安置、依托产业园区安置、依托乡村旅游区安置、入住养老幸福院、投亲靠友货币化安置）。为搬迁贫困人口落实“四不变、两同等、一减免”（搬迁农牧民原承包耕地、草地、林地经营权、受益权不变，子女进城上学“两免一补”政策不变，进城后享受农村牧区合作医疗政策不变，随子女进城的老人原低保政策不变；子女进城入托上学和就业享受与城镇居民子女同等待遇；自愿转为非农户口的，除缴纳户口变更工本费外，减免各种行政性收费）政策，妥善解决了搬迁贫困户住房、看病、子女上学等问题。

【金融扶贫】 年内新增金融扶贫富民工程贷款 106 亿元，19 万户贫困农牧民直接获得 3—5 万元扶贫小额贷款支持，贷款使用 1 年以上的贫困户人均增收 1500 元。参与扶贫的金融机构由 1 家扩大到 9 家，实施项目旗（县）由 57 个贫困旗（县）扩大到 81 个农牧业旗（县）。同时，与中国人民银行合作发放扶贫再贷款，与国家开发银行、中国农业发展银行合作发放政策性扶贫贷款，与中国扶贫基金会合作发放中和农信小额扶贫贷款，年底累计发放扶贫贷款 385 亿元。

【产业扶贫】 制定《内蒙古自治区产业精准扶贫规划（2016—2020 年）》，支持乳、肉、绒、薯菜、饲草、粮油、瓜果、药材、旅游、民族用品十大扶贫产业发展。推广菜单式、“党支部+合作社+贫困户”、“龙头企业+基地+贫困户”等模式，使贫困户深度参与产业发展并实现持续增收。在 31 个国家扶贫开发工作重点县全面推进光伏扶贫，182 个贫困嘎查村推进旅游扶贫，20 个旗（县）开展电商扶贫综合示范县建设。产业扶贫覆盖 50 多万贫困人口。

【革命老区扶贫】 出台《内蒙古自治区加大脱贫攻坚力度支持革命老区建设的实施意见》，投入 4000 万元中央彩票公益金支持革命老区旗县基础设施建设、产业发展等项目，推行“一旗一县脱贫计划”，加强水、电、路、讯、生态保护等基础设施和公共服务建设。对革命老区和少数民族聚居区实行强基础、扶产业、重保障等差别化政策。教育政策倾斜，实现 23 个少数民族聚居贫困旗（县）学前教育、义务教育、高中阶段教育寄宿生生活费补助标准，义务教育阶段双语授课少数民族学生寄宿生生活费补助“双提高”。高职院校单独招生计划、自治区公务员考录向少数民族聚居区倾斜，事业单位招聘计划 15% 的职位用于蒙古语大学生。医疗政策倾斜，建立边远地区义诊巡诊制度，增加流动诊疗车，为少数民族聚居区和边远地区的农牧户全面配发小药箱。低保政策倾斜，对鄂伦春旗的鄂伦春族、莫旗的达斡尔族农村牧区低保对象全额发放低保金。

【社会扶贫】 26 个中央、国家机关单位继续定点帮扶 31 个贫困旗（县），选派挂职干部 29 人、“第一书记” 18 名，帮助引进各类项目 19 个，总投资 3.6 亿元。

签署《关于进一步加强京蒙对口帮扶和全面合作的框架协议》，启动“携手奔小康”行动，北京16个区实施帮扶合作项目49个，投入帮扶资金2亿元。自治区170个厅局单位定点帮扶兴安盟和乌兰察布市，投入帮扶资金6210万元。实施“村企合作”精准扶贫行动，662家企业帮扶593个贫困嘎查村，带动1.7万户5万贫困人口。设立贫困地区产业发展基金，引导企业到贫困地区投资兴业。组织开展了“扶贫日”内蒙古自治区活动。

【以工代赈】 2016年，中央财政以工代赈资金投入2.04亿元，下达两批次以工代赈项目213个。建设基本农田及农田水利4.03万亩、乡村道路135千米、小流域治理3平方千米、片区综合开发0.35万亩、草场建设1.1万亩、林业示范600亩、畜牧业棚舍建设9.2万平方米。

【转移就业扶贫】 落实就业扶贫行动实施方案，建立就业信息系统就业扶贫模块，完善就业扶贫工作进展情况旬报制度，形成年度目标考核体系。针对扶贫对象意愿和用工需求，在贫困地区开展农牧民转移就业技能培训13.2万人，建档立卡贫困劳动力实现就业70131人。开通京蒙劳务对接平台，在京津和区内呼包鄂打工的贫困劳动力年人均劳务收入超过3万元。

【生态建设扶贫】 国家和自治区实施的重大生态工程项目和资金进一步向贫困地区倾斜，投入49.7亿元用于57个贫困旗（县）生态建设。全面落实草原补奖政策，奖补区人均政策性补贴收入增加920元，惠及546万农牧民，其中贫困人口23万人。为5000名建档立卡贫困人口提供生态护林员公益性岗位，年人均补贴1万元。

【教育扶贫】 建立起从学前教育到高等教育“一条龙”教育资助体系。减免农村牧区贫困家庭幼儿保教费并给予生活费补助，对普惠制幼儿园贫困家庭幼儿按当地保教费的50%给予补助。区内高职院校单独招生规模的60%投向57个贫困旗（县）。实行对低保家庭大学生每人每年1万元教育资助政策，资助贫困大学生近6万名。对不在低保范围的建档立卡贫困家庭子女实施“雨露计划”，培训学生1.3万人。设立教育扶贫基金，开展“扶贫济困、圆梦学子”专项资助活动，资助贫困学生3.4万名。

【健康扶贫】 建档立卡贫困人口基本医保、大病保险报销起付线分别降低50%，报销比例提高5个百分点，基本医疗保险覆盖95%以上农牧民，大病保险覆盖所有参保农牧民。将建档立卡贫困人口全部纳入重特大疾病医疗救助范围，设立贫困人口大病保障基金，对贫困人口医疗费用给予兜底保障；推行家庭病床做法，对患有大病和长期慢性病贫困人口村内就诊比照住院给予报销；开展三级医院与贫困地区医院“一对一”帮扶行动，173家三级医院“一对一”帮扶269家贫困旗（县）县级医院，解决因病致贫返贫问题。

【基础设施建设】 全面推进危房改

造、安全饮水、街巷硬化、村村通电、村村通广播电视、校舍建设与安全改造、标准卫生室、文化活动室、养老医疗保障等十项重点工作，集中解决贫困村贫困户基础设施、公共服务和义务教育、基本医疗、住房安全“三保障”。危土房改造项目覆盖16.1万建档立卡贫困户。

【社保政策兜底】 开展低保制度与扶贫开发政策有效衔接工作，为16.7万贫困人口落实社会保障政策。2016年农村牧区低保标准达到4197元，比扶贫标准高出1051元，保障人数112万人，比贫困人口多近40万人。农村牧区探索推行“互助幸福院”模式，让更多的贫困老人“老有所养、老有所居、老有所乐”。

【扶贫宣传】 2016年，在国家级各类媒体共刊发稿件2751篇，其中《人民日报》29篇。省级媒体刊发稿件7352篇，内蒙古自治区扶贫开发微信平台推送扶贫信息7230条。中央电视台《聚焦三农》栏目实地采访3次，播发新闻6条、专题2次。与人民网合作开辟“精准扶贫内蒙古”专栏集中宣传报道。与《内蒙古日报》合作推出“脱贫攻坚·圆梦小康”专题系列栏目26期。与内蒙古广播电视台合作推出扶贫政策解答栏目4次，专题报道10次，直播节目4次。召开省级扶贫新闻发布会2次。开展扶贫领域预防职务犯罪宣讲基层行活动，宣讲覆盖12个盟（市），参与人数5000多人。深入开展“走基层、访贫困、讲党课”活动，党员干部先后深入57个贫困旗（县）2630多个贫困嘎查村，宣讲扶贫开发政策，宣传精准扶贫举措，督查指导工作落实。

【扶贫机构队伍建设】 根据脱贫攻坚的新形势、新任务、新要求，对机关内设机构和职能进行优化调整，新增事业编10个，5个盟（市）、24个旗（县）扶贫办增加内设机构和编制，苏木乡镇增设扶贫专干。

（内蒙古自治区扶贫开发办公室
高凤义）

辽宁省扶贫开发

【概述】 2016年，辽宁省深入学习贯彻中共中央总书记习近平关于扶贫开发战略思想，认真落实中共中央、国务院和省委、省政府脱贫攻坚决策部署，围绕精准扶贫精准脱贫，创新机制，合力攻坚，27.6万建档立卡贫困人口脱贫，621个贫困村销号。精准扶贫建档立卡工作经验在全国精准扶贫建档立卡现场会上进行了介绍；北票市建立“1+4”、“442”扶贫模式，获得国务院第三次大督查第20督查组通报表扬；辽阳市推进医疗精准扶贫、阜新市推进扶贫改革试验区的做法，国务院扶贫办进行了推广。

【扶贫资金投入】 2016年，辽宁省投入财政专项扶贫资金9亿元，其中，中央财政资金投入2亿元，省本级投入4亿元，市、县投入3亿元。沈阳市本级投入2900万元，实现建档立卡贫困人口全部脱贫。鞍山市安排专项资金5000万元用于脱贫攻坚。省财政安排中央新增地方政府债券5亿元，支持贫困村基础设施建设。抚顺市发放扶贫互助金9100万元，扶持7400个贫困户发展种养加项目。中国人民银行沈阳分行下达扶贫再贷款限额24亿元，中国农业银行、中国邮政储蓄银行、中国农村信用合作社等金融部门发放金融扶贫小额贷款13.4亿元。西丰县与中国农业银行合作开展“扶贫风险补偿基金”贷款业务，撬动银行资金1亿元，带动1500个贫困户脱贫。

【扶贫责任落实】 2016年，辽宁省委、省政府成立以省委书记李希、省长陈求发任组长，46个省直部门主要领导和12个有脱贫攻坚任务市的书记、市长为成员的脱贫攻坚领导小组。省委、省政府召开6次省委常委会议、8次省政府常务会议或省长办公会议，召开全省脱贫攻坚电视电话会议、省脱贫攻坚领导小组第一次全体会议、全省东西部扶贫协作和省内扶贫工作会议。省委书记李希、省长陈求发先后11次深入脱贫攻坚一线调研指导工作。34位省级领导同志按照省领导联系贫困县的要求，先后58次赴扶贫联系县调研指导，推动工作落实。12个有脱贫攻坚任务市的书记、市长向省委、省政府签署了脱贫攻坚责任书，市、县、乡、村层层立下军令状，15个省扶贫工作重点县党政正职攻坚期内保持稳定，不脱贫、不调整，不摘帽、不调离。

【扶贫政策体系】 辽宁省出台《关于全力打赢脱贫攻坚战的决定》及12个配套

文件，省有关部门制定 30 余个配套文件，形成了省级“1+12+30”的政策体系。各市、县结合本地实际，相继出台和完善“1+N”的系列文件。这些政策举措既涵盖了贫困地区精准识别、精准脱贫、资金管理、考核监督等工作措施，也涵盖了贫困地区产业、就业、基础设施、公共服务、社会保障等重点领域，还涉及资金、土地、科技、人才等支撑保障，为打赢脱贫攻坚战提供了有力的政策保障。

【产业扶贫】 2016 年，辽宁省印发《辽宁产业精准脱贫规划（2016—2020）》，明确提出，到 2020 年，确保全省现行国家标准下有劳动能力的 43.97 万贫困人口全部脱贫，贫困地区常住贫困人口人均可支配收入增长幅度接近全省平均水平。辽宁省农村经济委员会牵头实施各类产业扶贫项目 4226 个，推动全年 17.28 万人脱贫。义县、建昌、桓仁围绕贫困村“村村有脱贫产业，户户有增收项目”的目标，大力发展三次产业，助推脱贫攻坚。

【教育扶贫】 辽宁省教育厅制定全省教育精准扶贫工作实施方案，通过实施高中阶段建档立卡贫困户学生免收学杂费等政策，推动 1.18 万人脱贫。喀左县实施“雨露计划”，为 509 名升入大学的贫困户子女每人补助 1500 元。

【健康扶贫】 辽宁省卫生和计划生育委员会制定全省卫生计生系统健康扶贫工程实施方案，建档立卡贫困人口新农合参保率实现 100%，大病保险实现全覆盖，推动 2.86 万人脱贫。辽阳市安排 2000 万元健康扶贫专项经费，兜底解决贫困户住院个人缴费部分。

【低保兜底扶贫】 辽宁省民政厅制定充分发挥民政在脱贫攻坚中兜底保障作用的指导意见，农村低保标准由 3442 元提高到 3903 元，推动 4.85 万人脱贫。

【危房改造扶贫】 辽宁省扶贫办制定建档立卡贫困户危房改造规划，全年完成危房改造 3000 户，推动 1.43 万人脱贫。阜蒙县整合部门资金，完成了 600 个贫困户的危房改造。

【对口帮扶】 2016 年，辽宁省、市、县三级派出驻村工作队 1791 个、驻村帮扶干部 5375 名，其中包括 1791 名“第一书记”。311 个省直帮扶单位落实对口帮扶资金 8.6 亿元。辽宁省委组织部强力推进贫困村党支部建设，召开全省抓党建促脱贫攻坚座谈会，与省直机关工委及时总结推广驻村帮扶经验，宣传先进典型。沈阳、大连分别支持阜新、朝阳帮扶资金 1500 万元，鞍山支持铁岭帮扶资金 500 万元；营口、鞍钢集团分别支持建昌帮扶资金 1166 万元、钢材 1750 吨；盘锦、辽河油田各支持义县帮扶资金 500 万元。辽宁省社会团体和个人共捐赠扶贫物资折价 1.8 亿元。辽宁省委统战部、省工商业联合会组织开展“千企联千村”精准扶贫行动，组织 1050 个民营企业结对帮扶 990 个贫困村，投入资金 5.1 亿元，落实项目 914 个。本溪市组织 200 家民营企业结对帮扶 72 个贫困村。锦州银行建立脱贫专项基金，用于整村脱贫和产业发展。

【扶贫考核监督】 2016年，辽宁省脱贫攻坚领导小组组成12个督查组，深入33个县（市、区）、93个村，开展全面督查。辽宁省人大、省政协先后24次开展专题视察或调研。辽宁省检察院、省扶贫办联合开展集中整治和加强预防扶贫领域职务犯罪专项工作，全年共立案侦查扶贫领域职务犯罪案件59人。辽宁省审计厅对13个省直部门和4个市、16个县的脱贫攻坚政策落实情况进行跟踪审计。辽宁省财政厅和辽宁省扶贫办组成督查组，对8个市、8个县扶贫资金使用情况进行了随机抽查。

【扶贫宣传】 制定《辽宁省2016年扶贫宣传方案》。举办全省扶贫系统扶贫宣传业务培训班，邀请人民日报、新华社、辽宁日报等媒体专家就扶贫宣传活动中的人员组织、稿件征订、信息采集等有关内容进行培训。辽宁省委宣传部、省直机关工委、省扶贫办联合组织全省驻村帮扶先进事迹报告团，赴9个市巡回报告，听众达到4200余人。在《人民日报》《经济日报》、中央电视台等国家级媒体、网站刊发稿件57条；在省级新闻体刊发稿件429条；编发《辽宁省脱贫攻坚快报》54期；在辽宁省扶贫网、《辽宁扶贫》杂志上设立精准扶贫精准脱贫专栏，发布信息1980条，发行《辽宁扶贫》杂志12期；报送国务院扶贫办信息650条。

（辽宁省扶贫办　闫立斌）

吉林省扶贫开发

【概述】 2016年，吉林省以中共中央总书记习近平扶贫开发战略思想为根本遵循，全面贯彻中共中央、国务院决策部署，把脱贫攻坚作为一项重大政治任务、全局性工作和第一民生工程摆上突出位置，全面动员部署，狠抓措施落实，在组织领导、机制体制、政策体系、建档立卡、十大攻坚行动、包保帮扶、扶贫宣传等方面下功夫，年度脱贫30万人。

【扶贫资金投入】 2016年，吉林省筹措各类扶贫资金316.25亿元，财政专项扶贫资金投入52.6亿元，其中：省本级18.5亿元，市、县两级23.1亿元。省发展和改革委员会、住房和城乡建设厅、水利厅、交通运输厅、卫生和计划生育委员会等投入资金134.55亿元，支持贫困地区改善生产生活条件和公共服务设施。以国家和省农业发展银行债券作为项目资本金和还款来源，向国家开发银行吉林支行贷款129.1亿元用于专项建设基金。从2016年开始，省级财政专项扶贫资金连续5年每年增加1亿元；优化财政支持结构，每年再安排资金5亿元，专项用于扶贫开发，重点向贫困县、贫困人口倾斜。

【扶贫资金管理】 2016年，吉林省推进扶贫资金管理改革，下放审批权限，全面落实扶贫目标、任务、资金、权责“四到县”制度。引入第三方监督，引导扶贫对象参与管理；提高扶贫资金透明度，公开接受社会监督；强化年度考核评价，开展涉农资金专项整治行动，对扶贫资金管理使用情况进行绩效评价；加强项目监督检查，明确资金监管、工作考核及项目验收等要求；强化人大监督，发挥审计、纪检、监察等部门作用，严惩违纪违法行为；推进重点督查常态化，对有扶贫任务的县（市）实行专项扶贫资金项目验收。

【包保帮扶活动】 2016年，吉林省启动实施“千个单位包村、万名干部包户、百万党员参与帮扶活动”，实行省级领导带头包保，省直单位重点包保，市直单位定向包保，县直单位兜底包保，武警部队以及社会团体参与包保，百万党员支持包保。全省各级各部门（单位）派出驻村干部19595人，101061名干部帮扶377294户贫困户，实现包保全覆盖。

【建档立卡】 2016年，吉林省组织省、市、县3.5万名干部集中开展“回头看”精准识别行动，逐村逐户摸底排查。在工作中，强化进村入户取证核实、公示公告群众认可、村书记和驻村“第一书记”签字背书三个环节；突出对贫困人口状况、贫困程度、致贫原因、帮扶措施、扶持项目、包保单位、脱贫年限“七清”；确保户有证、村有册、乡有簿、市县有档案、省有数据库“五有”，精准核实贫困人口，贫困对象识别由基本准确到比较准确。经过反复甄别核实，全省共有建档立卡贫困人口700739人。

【扶贫政策体系】 2016年，吉林省统筹构建“1+9+36”的脱贫攻坚政策体系。“1”即吉林省委、省政府制定的《关于全面推进脱贫攻坚的实施意见》；“9”即9个方面的保障机制，包括帮扶机制、考核机制、约束机制、退出机制、扶贫投入稳定增长机制、资金整合机制、干部培训机制、激励机制、扶贫条例；“36”即行业部门的实施方案和支持政策，包括易地扶贫搬迁、卫生计生、交通、水利、教育、低保、电力、金融、电商、新农村建设、干部人才、危房改造、就业和社会保障、国土资源、贫困县农村教育卫生人才发展等，涵盖了脱贫攻坚的主要领域。

【基础设施建设】 2016年，吉林省新增贫困地区高速公路通车里程255千米，实施安防工程506千米，建成村村通和重点村屯连通硬化路1393千米；实施农田水利设施建设等工程项目199个；为316个贫困村37万人解决安全饮水问题；改造危房4万户；15个贫困县低电压问题得到解决；启动实施“柴改电”工程。

【行业扶贫】 2016年，吉林省加大行业部门帮扶力度。推进贫困地区义务教育均衡发展，49个县（市、区）通过国家认定，比例达81.7%，居全国前例。实施健康扶贫，重点落实“五提高、一降低、一增加”优惠政策，新农合32种常见慢性病、42种特殊疾病门诊、住院患者报销、42种重大疾病、大病保险报销比例均提高5个百分点；降低新农合大病保险报销起付线；增加23项残疾人康复新农合报销项目。在贫困地区新建24个省级农民工返乡创业基地，扶持贫困户创业8337户，带动就业4.82万人。实行农村低保标准“差异性”提标，已有36个县实现农村低保提标两线合一。

【连片特困地区扶贫攻坚】 2016年，吉林省在西部片区着力实施河湖连通工程，连通湖泊32个，蓄水10亿立方米，恢复湿地500平方千米，高效节水灌溉发展到900万亩。在东部片区，实施长白山森林生态修复、东北虎豹保护、水源保护、湿地保护等工程，建立生态保护补偿机制。

【边境扶贫】 2016年，吉林省加大对全省10个边境县（市）财政资金分配权重，省财政单独安排5000万元资金，专项用于道路、电力、水利等基础设施建设。

【产业扶贫】 2016年，吉林省因地制宜发展特色林果、中药材、蔬菜、杂粮、特色养殖及农畜产品加工等产业，大力发展庭院经济，发展产业项目2258个，带动贫困户10.7万户、建立县级电商服务中心

15 家、村级服务站点 600 个，形成“一村一品一店”，实现贫困地区县乡两级电商服务机构全覆盖。新建村级电站 271 座、新建大型集中电站 7 座，覆盖贫困户 2.8 万户，户均增收 3000 元。引导整合各类建设资金 1.79 亿元，在 192 个旅游资源丰富的贫困村开发建设旅游项目，带动 5685 户贫困户、1.68 万名贫困人口实现增收致富。

【小额信贷】 2016 年，吉林省开展“信用户”“信用乡镇”创建活动，对建档立卡贫困户进行信用评级、授信，采取承贷机构自主调查、评审、放贷的方式，发放扶贫小额贷款。全省共有 43 个县（市）设立风险担保金 2.3 亿元，发放扶贫小额信贷 11.42 亿元，惠及贫困户 6.3 万户；发放扶贫再贷款 10.5 亿元。

【以工代赈】 2016 年，吉林省投入以工代赈资金 1.73 亿元。其中，中央预算内以工代赈资金 0.63 亿元，中央财政预算内以工代赈资金 1.1 亿元。安排国家扶贫开发工作重点县和省定片区县以工代赈项目 167 个，新建和改（扩）建乡村公路 280 千米，独立桥梁 8 座 193 米，新增和改善灌溉面积 13.97 万亩，治理水土流失面积 117.5 平方千米。

【易地扶贫搬迁】 2016 年，吉林省累计完成投资 2.4 亿元，开工建设 14 个县（市、区）25 个易地扶贫搬迁集中安置点，项目开工率 100%。其中：集中安置点项目完工 23 个，建设和购置住房 1471 套、6.6 万平方米，硬化道路 51 千米，铺设饮水管网 106 千米，架设电网 42 千米，建成学校及幼儿园 2 个、卫生院所 9 个、活动室 9 个。

【定点扶贫】 2016 年，中央定点单位相关领导赴吉林省定点帮扶县考察调研 116 人次，其中部级领导 6 人次；派遣挂职干部和“第一书记”21 人；直接投入资金 1.62 亿元，实施帮扶项目 63 个，帮助建档立卡贫困人口脱贫 20113 人；帮助引进各类资金 49.86 亿元，引进项目 43 个，受益建档立卡贫困人口 30033 人；举办培训班 26 期，培训 3469 人次，帮扶贫困户实现劳务就业 743 人次，实现劳务收入 729 万元。

【社会扶贫】 2016 年，吉林省组织开展“千企进千村”行动，在全省选择 1000 家以上经济效益好的民营企业，帮助 1000 多个贫困村拓宽致富门路。省军区和驻长部队积极推进军民融合，主动承担社会责任，协调筹措扶贫资金 3000 余万元，开展扶贫活动 100 多个，出动兵力近 5 万人次，帮助贫困群众 1 万多人。工青妇等人民团体发挥桥梁纽带作用，通过开展“圆梦大学”活动、“村企共建活动”、巾帼脱贫行动等，助推扶贫脱贫。

【扶贫宣传】 2016 年，吉林省在各级各类媒体和网络刊发信息 2404 条（篇），其中，中央主要媒体 100 余条（篇），省级主要媒体 1200 余条（篇）。

【扶贫日活动】 2016 年，吉林省组织“扶贫日”项目推进和主题扶贫实践活动。组织干部职工深入包保村和贫困户家中，通过各种形式集中开展帮扶实践活动；开展扶贫济困募捐活动，动员社会各界慷慨解囊、奉献爱心；召开“民企帮扶脱贫攻坚光彩行动”推进会，因地制宜开展产业扶贫、就业扶贫、公益扶贫等帮扶活动。省、市（州）、县（市）三级联动，通过系列报道、网络宣传、社会宣传、发布公益广告等形式，讲述扶贫真故事，唱响脱贫好声音。共发放宣传单 10 万余份，发放《吉林省脱贫攻坚百问百答》2 万余册，制作宣传板1000 余块。

（吉林省发展和改革委员会扶贫综合处
蔡奎勇）

黑龙江省扶贫开发

【概述】 2016年，黑龙江省按照精准扶贫精准脱贫要求，瞄准脱贫目标和重点任务，继续巩固专项扶贫主导地位，组织引导行业部门、社会力量以贫困地区为重点，以贫困户为工作对象，加大投入力度，创新扶贫开发体制机制，落实精准扶贫工作措施，建立了专项扶贫、行业扶贫和社会扶贫“三位一体”大扶贫工作格局，实施了产业扶贫、教育扶贫、就业扶贫、医疗保障、政策兜底等精准扶贫、精准脱贫举措，建立了组织领导、政策支撑、责任落实等保障体系，全年减少贫困人口30万人，贫困地区农民人均可支配收入达到10060元，增幅高于全省平均水平。

【扶贫资金投入】 2016年，黑龙江省统筹资金开展脱贫攻坚，省级投入贫困县资金68.8亿元，其中省本级安排财政专项扶贫资金7亿元。加大产业扶持资金支持力度，省级财政安排产业发展资金8.3亿元。出台了支持贫困县开展统筹使用财政涉农资金试点的实施意见，整合专项扶贫资金、旅游发展资金和产粮大县奖励资金，支持贫困县统筹资金整合。发挥省级扶贫开发投融资平台作用，通过政策性扶贫贷款支持贫困地区发展产业、加强基础设施建设和提高公共服务水平。

【扶贫资金管理】 2016年，黑龙江省按照《国务院扶贫开发领导小组关于改革财政专项扶贫资金管理机制的意见》要求，制定了《关于改革财政专项扶贫资金管理机制的实施意见》和《黑龙江省财政专项扶贫资金（发展资金）使用与管理实施细则》。在资金分配上，将资金砍块分配到县，项目审批权限下放到县。财政专项扶贫资金中除产业扶贫、省级试点和绩效考评奖励等资金由省级审批外，其他资金以“年度工作安排、减贫计划、县（市）上年度扶贫工作考核评价结果”三项因素为测算依据，砍块分配到县，项目审批权限下放到县，由县级政府依据资金规模及资金适用范围，自主确定扶贫项目。在项目选定上，由贫困村组织召开村民大会或村民代表大会，自主选择建设项目，在贫困村公示后，由贫困村申请，乡（镇）政府、县扶贫和财政部门逐级审核，县级政府审批，省级备案。在资金投向上，按照精准扶贫精准脱贫要求，专项扶贫资金主要用于建档立卡贫困村实施基础设施、公益事业项目及贫困户发展生产项目。在监督管理上，采取常规督查、专项督查、实地督查和跟踪督查相结合的方式，对重大政策落实、重要资金使用、重大项目推进等情况进行督查督办，全年开展单项检查近百次。2016年5月，黑龙江省把扶贫资金使用及项目建设情况作为督查重点内容之一，对有扶贫任务的县（市、区）扶贫资金使用及项目建设情况开展了4次督查，重点对资金管理机制改革后各县在资金使用和项目立项、实施情况进行全面检查，及时发现问题、解决问题，促进项目按要求落地、实施，规范资金使用和管理。

【片区扶贫攻坚】 2016年，黑龙江省完成了《大兴安岭南麓片区区域发展与扶贫攻坚实施规划（2016—2020年）》编制工作，并立足片区县实际，加大资源整合力度，努力增加投入，全年完成投资44.3亿元，占规划总投资额的26.3%。其中，基础设施项目完成投资22亿元，产业发展项目完成投资4.3亿元，民生改善项目完成投资12.1亿元，公共服务项目完成投资1.5亿元，生态环境项目完成投资4.4亿元，分别占相应规划投资总额的27.2%、21.6%、28.8%、40.1%和20.4%。通过推进片区规划实施，特困片区基础设施得到加强，公共服务水平不断提高，区域发展差距不断缩小，群众生产生活条件明显改善。

【整村推进】 2016年，黑龙江省围绕“两不愁、三保障”总体目标，把强化基础设施和产业发展作为贫困地区脱贫的基础，统筹扶贫资源，加大整合力度，以专项扶贫资金为引导，整合行业、社会扶贫资源，重点解决贫困村基础设施和产业发展问题，推进一个村，脱贫一个村。重点解决121个贫困村和6个非贫困村共13.55万农村人口的饮水安全问题，建设工程267处，全面通水入户；每个贫困县增加300万元改薄资金，全面改善义务教育阶段基本办学条件；优先实施贫困县医疗卫生服务体系建设，新建、改（扩）建36个项目，实施350个贫困村卫生室标准化建设；加强贫困村、贫困户危房改造，共在350个贫困村改造12650户贫困户危房，每户增加2500元补助资金；实施贫困县公路建设项目，安排贫困县普通国省道改造667公里、农村公路2317公里；完成317个贫困村文化广场建设和文化活动室设备配置。由于基础设施加强，基本公共服务水平提高，贫困群众出行、环境改善及发展难题得到解决，整体面貌和生产生活条件明显改善，健康生活水平明显提升。

【产业扶贫】 2016年，黑龙江省开展了产业增收脱贫行动。结合产业结构调整确立了4068个村级扶贫产业，支持发展旱改水31.3万亩、杂粮11.2万亩、温室大棚7313栋、食用菌3752.7万棒、中药材38781亩、果菜29310亩、烤烟19125亩、奶牛19640头、牛8349头、羊42616只、猪84683头、狐貉81500只、禽164.8万只、旅游村38个、电商村406个等一批产业，带动18.3万贫困人口增收。齐齐哈尔市把“和牛跨区养殖”与精准扶贫相结合，推动龙江与泰来、甘南、克东4个贫困县合作发展肉牛产业，带动贫困户饲养改良和牛，让农民在“改良、吊架子、育肥和屠宰加工”四个环节享受收益，一头牛增收6000元，实现产业发展和脱贫致富互利双赢。结合发展现代农业抓新型主体带动，20个国家级贫困县共发展新型农业经营主体1.99万个，带动贫困户12.97万户。通过帮助贫困地区发展区域性脱贫致富产业，完善产业带动脱贫机制，贫困地区产业发展基础逐步稳固，贫困群众增收渠道逐步拓宽，规模化、区域化扶贫产业不断做大做强。

【教育扶贫】 2016年，黑龙江省扩大义务教育学生营养改善计划实施范围，20个国家扶贫开发工作重点县受益农村户籍学生达33万人。提高农村义务教育贫困家庭寄宿生生活补助费标准，小学生每人补助1000元/年、初中每人补助1250元/年。落实贫困家庭学生就读普通高中免学杂费政策。为193842名高校贫困生发放国家励志奖学金和国家助学金。落实国家农村贫困地区定向招生专项计划600人，安排省属院校招收本省农村贫困地区学生481人，分别比2015年增长33%和5.5%，全省无因贫辍学发生。

【社保兜底扶贫】 2016年，黑龙江省全面推进社会保障政策兜底脱贫行动。全面启动健康扶贫行动，贫困人口参加新农合及大病保险全覆盖，个人缴费部分由财政补贴，提高住院就医报销比例，率先实行先诊疗后付费制度，贫困人口全部纳入重特大疾病救助范围，解决贫困人口因贫看不起病问题。加大贫困人口参加城镇居民基本养老保险工作力度，对贫困人口保留现行最低缴费档次，全省贫困县共有324.85万人参加养老保险，参保率为96.26%。出台农村低保与扶贫开发两项制度衔接政策，将符合贫困线标准的低保户、五保户、残疾户全部纳入扶贫对象。

【雨露计划】 2016年，黑龙江省深入推进“百社千企万人”和农民“双创”就业行动，共培训特色种养技术、农村电商等23万人次，培训致富带头人3.6万人次，转移就业贫困劳动力7.5万人，转为生态护林员5854人。对符合条件的返乡创业农民工，给予最高额度10万元的创业担保贷款，共培训返乡创业农民工5696人，有1867人实现自主创业，带动就业7064人。

【革命老区建设】 2016年，黑龙江省共使用投入中央彩票公益金4000万元，在2个贫困革命老区县、17个贫困老区村实施村内道路硬化、桥涵、休闲广场等项目，有11128户、37743人直接受益。通过开展革命老区建设，革命老区村基础设施得到加强，群众生产生活环境得到较大改善。

【社会扶贫】 2016年，黑龙江省继续按照“党委、政府齐抓共管，建立省、市、县三级定点帮扶体系”的思路，实行省市领导联系贫困县、各级部门包扶贫困村、党员干部包扶贫困户，构建了党建工作与扶贫开发相结合，专项扶贫与社会扶贫相结合的定点扶贫机制。现职省级领导包联

20个国贫县，市领导包县联户，县（市）领导包乡、联村包户。全年包县省级领导先后82次到贫困县调研考察，实地调研310个贫困村，走访1000户以上贫困家庭。选派定点驻村工作队6233个、驻村干部48396人、“第一书记”3484人，落实帮扶责任人11.4万人，直接投入（含物资折款）8.67亿元，组织实施项目4680个；引进资金4.36亿元，引进项目617个、技术380项、人才439人。组织开展“百企帮百村联万户”精准扶贫行动，有1581家企业、2479个单位、2003个社会组织、1.47万各界人士参与扶贫，全年共实施项目984个，结成帮扶对子3.96万个，资助贫困户4.3万户，资助贫困学生1.18万人。

【金融扶贫】 2016年，黑龙江省深入推进金融扶贫，破解融资难题。全面推开扶贫小额贷款及扶贫再贷款，在43个县（市）建立风险补偿金4.9亿元，为扶贫企业、合作社、贫困户发放各类低息扶贫贷款20.9亿元，受益贫困户36244户。积极培育发展农民资金互助组织，在40个县、309个贫困村开展了互助资金，有1.6万户贫困户参加互助组织。在全国首创农业财政巨灾指数保险，覆盖28个贫困县，总保额23.24亿元。核实全省贫困户承保土地203.4万亩，补贴农业保险保费610.21万元。为50.97万贫困劳动力购买意外人身伤害保险。

【督查考核】 2016年，黑龙江省全面加强脱贫攻坚督查考核、执纪监督问责工作。围绕脱贫责任落实、重要政策落地、重大项目实施、重点工作推进等开展4次督查，实现督查工作全覆盖。完成了市、县党政领导班子和领导干部脱贫攻坚成效考核。省委、省政府对考核评定为C、D等次的市、县党政领导进行了约谈。强化审计监督，对4个贫困县进行扶贫审计，第二轮审计工作正在进行。强化纪检监察，开展涉贫领域违纪专项举报工作。强化检察预防，制定了扶贫领域预防职务犯罪工作方案，开展了跨区检察。

【扶贫体制机制建设】 2016年，黑龙江省以贫困人口实现“两不愁、三保障”为工作目标，围绕精准施策，针对贫困地区和贫困人口脱贫，建立“1+N”脱贫攻坚政策体系，统筹专项、行业和社会扶贫资源，着力提升贫困人口收入，补齐“三保障”短板。省委、省政府出台了《关于打赢脱贫攻坚战的实施意见》，明确69个中直、省直部门和有关单位扶贫责任。出台了健康扶贫、教育扶贫、农村危房改造、交通扶贫、水利扶贫、产业扶贫、金融扶贫、资金整合、社会保障等重要政策。修订颁布《黑龙江省农村扶贫开发条例》，制定脱贫攻坚工作考核办法、脱贫攻坚督查巡查办法，建立贫困退出机制、重大涉贫事件处置反馈机制，为打赢全省脱贫攻坚战提供了强有力的政策支撑。

（黑龙江省扶贫办　夏宇光）

江苏省扶贫开发

【概述】 2016年是“十三五”开局之年，也是脱贫攻坚首战之年。江苏省坚定“两个精准”基本方略，认真贯彻省委、省政府决策部署，紧盯建档立卡低收入农户、省定经济薄弱村、“6+2”重点片区（湖西老区、涟沭结合部、西南岗地区、成子湖周边地区、石梁河库区、灌溉总渠以北地区，黄桥、茅山革命老区）、苏北12个重点帮扶县四类对象和宿迁扶贫改革试验区建设、黄花塘革命老区点穴式帮扶等重点，积极抓好谋方案、建机制、强基础、出政策、抓落实、推创新、重考核7个方面的关键环节和重点工作，全年共有76.8万建档立卡农村低收入人口人均收入超过6000元、238个经济薄弱村实现达标退出，脱贫致富奔小康工程实现良好开局。

【扶贫资金投入与管理】 “十三五”时期，江苏省财政安排专项扶贫资金超过61.1亿元。2016年，省级财政专项扶贫资金192716万元（含中央资金14190万元），比2015年增加50527.99万元（含中央资金6881万元）。各设区市财政共安排专项扶贫资金10107万元，比2015年增加3259万元；各县（区）财政共安排专项扶贫资金52307万元，比2015年增加14197万元。2016年将扶贫小额贷款单笔贷款额度由1万元提高到2万元，部分地区适当延长贷款期限，共发放扶贫小额贷款39.15亿元，有40.2万低收入农户得到支持发展增收项目受益。同时在泗阳县开展每户可贷5万元、使用2年的贷款政策试点，为全省面上推广提供经验。印发《江苏省省级财政专项扶贫资金管理办法》，明确了扶贫资金的预算与分配、使用与拔付、管理与监督。苏北12个省级重点帮扶县（区）建设县级扶贫开发资金项目整合管理平台，整合财政、金融、社会资金用于脱贫致富奔小康工程。

【缓解相对贫困】 “十二五”时期，江苏重点解决4000元以下绝对贫困人口，到2015年底，率先完成4000元以下绝对贫困人口脱贫任务。“十三五”时期，江苏进入“减少相对贫困、缩小收入差距、促进共同富裕”的新阶段，并以人均收入低于6000元作为新一轮扶贫标准，进一步缓解相对贫困。作为东部较为发达的省份，江苏认真按照中央关于“东部地区率先探索减少相对贫困、实现共同富裕有效途径”的要求，积极探索扶贫工作新的内涵、路径和新的方法、举措，努力取得新的成绩、积累新的经验。针对相对贫困问题将长期存在的形势，对照全面小康和建设新江苏的目标要求，研判打赢脱贫攻坚战面临的矛盾和问题，力争在探索健全解决支出性贫困问题的机制、完善城乡统筹的社保制度、加快城乡基本公共服务均等化，有劳动能力、致富愿望的农民找到持续增收的长效机制等方面有所突破，让低收入人口跟上全省发展步伐，走上共同富裕道路，稳步提高生活水平，有更多的获得感。

【扶贫开发机制创新】 2016 年，江苏省先后制定 10 个扶贫开发宏观指导政策性文件和 82 个配套落实文件或实施方案，市县（区）积极完善符合本地实际的政策措施。着力构建“1+2+8+12”扶贫工作推进机制，“1”就是江苏省委省政府实施脱贫致富奔小康工程的意见，“2”就是江苏省“十三五”农村扶贫开发规划和市县党委政府脱贫致富工作成效考核办法，“8”就是行业扶贫 8 个专项行动，“12”就是制定和完善 12 项相关制度、办法和规定。这些政策制度，包括全省扶贫开发的决策部署、专项规划、责任落实、组织实施、督查巡视、考核评价、反馈整改等重要环节，涵盖经济薄弱地区基础设施、产业发展、就业创业、医疗卫生、文化教育、公共服务、社会保障等重点领域，覆盖低收入群体、经济薄弱村、重点片区、革命老区等重点区域，涉及财政、金融、土地、科技、人才等支撑保障。到 2016 年底，江苏省基本形成了较为完备的扶贫开发政策体系和工作机制，新一轮扶贫开发进入深入推进阶段。

【“十三五”农村扶贫开发规划】 江苏省印发《江苏省“十三五”农村扶贫开发规划》，以增强低收入农户和经济薄弱地区发展增收的内生动力、化解支出型贫困突出矛盾、应对返贫难题、完善社会保障兜底制度为工作重点，以实施八项脱贫致富行动、完善“五方挂钩”帮扶机制、健全社会扶贫引导机制、积极引导社会力量参与扶贫开发等为重要举措，通过着力健全精准扶贫精准脱贫机制、深化经济薄弱地区农村改革发展、积极探索资产收益扶贫、着力增强脱贫致富内生动能、突出重点片区整体帮扶、深化区域经济整体协调发展、推动扶贫工作转型提升、建立贫困预警监测机制、统筹解决城乡贫困问题、支持宿迁国家扶贫改革试验区建设 10 个方面创新驱动，努力实现脱贫致富奔小康工程目标。

【建档立卡】 全面开展新一轮低收入人口精准识别工作，在国家“两公示一公告”程序基础上，依据《江苏省农村扶贫开发条例》拓展为“两公告四公示”制度，即申报公告，村、乡镇、县三级公示，对农户异议处理的公示和脱贫公告。各地普遍实行长期公示公告。截至 2016 年 4 月，全省农村共识别人均收入 6000 元以下扶贫对象 103.29 万户，276.78 万人，全部录入“全国扶贫开发业务管理信息系统”，实行联网管理、分级维护、实时监测。根据国务院扶贫办部署，有序组织对低收入农户基础数据进行全面核查、数据清洗。在县级层面开展与教育、人力资源与社会保障、民政等有关部门的数据比对工作。部署实施动态调整工作，按照法定程序对 2016 年脱贫农户予以销号，对因病因灾因学等各类原因新进入、返贫的农户重新纳入，2016 年全省新增低收入人口 6.2 万人。

为建档立卡低收入农户发放统一格式的帮扶手册，强化帮扶对象精准管理。帮扶手册包括低收入农户享受的政策清单、家庭情况、家庭成员、帮扶责任人和帮扶措施等内容。其中，家庭成员表下有调查员签名、户主签名栏；帮扶措施表中，有帮扶人签名、户主签名、调查员签名栏。建立帮扶手册“五签字五确认”规范程序，即按帮扶工作进程，从建档立卡到兑现脱贫帮扶销账全过程，顺次做到识别人签字确认、农户签字确认、帮扶人签字确认、检查验收人签字确认，农户签字确认同意销账，建立了一套切实管用的帮扶对象精准管理工作方法。各地低收入农户普遍将帮扶手册挂在门厅墙上，帮扶人在帮扶工作中及时登记。

【统计监测】 2016 年，江苏省建立低收入农户统计监测制度，在苏北五市 30 个县（市、区）抽取 3000 户低收入农户，采用日记账和访问调查相结合的方式，采集信息开展住户调查。统计监测内容包括调查户基本情况、收入来源构成、生产、生活消费支出和构成、享受帮扶措施及其成效等，建立健全定期调查与一次性调查相结合、全面调查与抽样调查相补充的贫困监测、预警机制。

【行业扶贫】 江苏省围绕落实精准扶贫精准脱贫基本方略，由省相关部门在现有普惠政策基础上，研究制定了更具有针对性的政策措施，开展扎实有效的八项行业专项扶贫行动。

产业引领脱贫致富行动。制定实施经济薄弱地区特色产业精准扶贫规划，合理确定产业发展方向、重点和规模，提高产业发展的持续性和有效性。

就业创业脱贫致富行动。低收入农户劳动力参加职业培训享受相应补贴，从事个体经营的低收入农户和企业吸纳低收入人员就业的扣减一定数额的有关费税，扩大创业担保贷款基金规模等。

教育助力脱贫致富行动。对建档立卡家庭经济困难学生，在不同的教育阶段给予相应的生活费补助、学杂费资助，完善 5 年一周期的中小学教师全员轮训制度，实施乡村教师支持计划等。

健康援助脱贫致富行动。低收入农户参加城乡居民基本医疗保险个人缴费部分由医疗救助基金全额补贴，提高城乡居民基本医疗保险政策范围内住院费用报销比例，在县域内住院实行先诊疗后结算制度，全部纳入重特大疾病救助范围和乡村医生签约服务范围，建立动态管理的电子健康档案和患病报告制度等。

金融助推脱贫致富行动。完善扶贫小额贷款贴息奖励政策，扩大扶贫贷款认定范围，鼓励各类银行业金融机构为低收入农户提供免抵押、免担保的小额信用贷款，支持开展特色农产品价格保险，全面推进人身和财产安全保险业务，建立健全融资风险分担和补偿机制等。

基础支撑脱贫致富行动。畅通经济薄弱地区交通主动脉，加强农村公路建设，加快推动“交通+”扶贫，支持农村电子商务配送及综合服务网络建设，加快重大水利工程建设、农业综合开发和高标准农田建设、“光网乡村”工程建设等。

国土支持脱贫致富行动。各地新增建设用地计划指标优先保障扶贫开发用地需要，对经济薄弱地区列入省重大产业项目以及省级立项的单独选址项目给予优先保障。

企业帮村脱贫致富行动。组织全省优秀民营企业与省定经济薄弱村签约结对、村企共建，带动村集体经济发展，促进农户长期稳定就业和改善生产生活条件等。

【扶贫考核】 江苏省委办公厅、省政府办公厅下发实施脱贫致富奔小康工程重要政策措施分工方案，将 53 项重点任务分解落实到相关责任部门和单位。参照中西部 22 个省区市党政主要负责同志向中央签署脱贫攻坚责任书做法，省扶贫工作领导小组与苏北五市党委政府签订“脱贫致富奔小康责任书”，市对县、县对乡、乡对村也层层落实工作责任。印发《江苏省市县党委和政府扶贫开发工作成效考核办法》，将中央部署与江苏实际紧密结合，细化为减贫成效、精准识别、精准帮扶、扶贫资金、探索创新等 5 大类共 15 项具体指标，主要突出低收入人口与经济薄弱村识别和帮扶的精准性、“真扶贫、扶真贫”切实防止数字脱贫现象、“到村到户”帮扶和“因村因户”施策，以及鼓励基层探索创新以创造积累形成减少相对贫困新经验等四方面导向。对 2016 年度扶贫开发工作检查考核作出部署安排，与中央对中西部 22 个省（区、市）扶贫工作考核同步推进。

【经济薄弱村帮扶】 “十三五”期间，江苏省对 821 个省定经济薄弱村，采取“一次性确村、分年度实施、项目化管理、达标后销号”的方式进行帮扶。2016 年，省级财政安排资金 4.80 亿元，扶持 433 个省定经济薄弱村推进集体经济发展。整合社会帮扶资金 56 亿元，因地制宜帮助薄弱村发展资源开发型、资产经营型、为农服务型、异地发展型、休闲观光型等村级集体经济，形成稳定收入来源。通过驻村帮扶队员担任村党组织“第一书记”，加强经济薄弱村党组织建设，强化在脱贫攻坚中发挥领导核心和战斗堡垒作用。对有劳动能力的低收入农户，通过实施项目扶贫，组织农村实用技术培训和农民创业培训，加入农业生产经营合作社、劳务合作社等服务实体，开展“三来一加”家门口就业工程等，支持增收脱贫。

“十三五”期间，江苏省对低收入人口和经济薄弱村相对集中的“6+2”重点片区，分别由省委、省人大常委会、省政府、省政协办公厅和省发展和改革委员会、省水利厅牵头，推动片区整体帮扶、连片开发。省级财政专项补助资金 6.7 亿元实施关键工程项目 23 个，投入资金 487.83 亿元（其中省级部门投入约 163.75 亿元）实施 1353 个整体帮扶项目。2016 年，重点片区 22 个关键工程项目开工建设，663 个整体帮扶项目开工建设。继续实施黄桥、茅山革命老区富民强村 3 年（2015—2017 年）行动计划，2016 年省财政安排补助资金 4000 万元，培育优势产业，壮大集体经济，加强基础建设。

【两项制度衔接】 江苏省将扶贫开发政策与社会保障制度进行有效衔接，将无劳动能力低收入人口纳入兜底保障，确保 2020 年同步实现脱贫目标，2016 年江苏省农村低保最低标准由 2015 年的每月 335 元提高至每月 365 元。苏北地区农村特困对象救助供养标准不低于 2015 年度当地农村常住居民人均可支配收入的 50%。提高医疗救助水平，重点救助对象基本医保政策范围内自负费用的救助比例高于 70%，年度封顶线高于当地基本医保封顶线的 50%。加大教育资助力度，从 2016 年秋季学期起，全面免除在普通高中学习的建档立卡家庭经济困难学生学杂费，对在普通高校本、专科阶段学习的建档立卡家庭经济困难学生免除学费。对低收入农户家庭子女就读技工学校的，按照每人每年不低于 3000 元的标准给予补助。

【土地股份合作制试点】 2016 年，江苏省探索扶持村级集体经济有效实现形式和经验，安排 102 个省定经济薄弱村开展土地股份合作制试点。以土地为基础，村集体领办土地股份合作社，农民以土地承包经营权折价入股，村集体以帮扶资金入股。每个合作社流转不少于 800 亩成片耕地，进行简单整理，开展规模种植，提高效率、降低成本，经过一年两季种植，形成收益后按股分红。低收入农户在入社和用工上优先。省财政向每村投入 200 万元，用于购置农机、建设仓库粮食烘干设施、必要的土地整理和种植过程所需的流动资金等。到 2016 年底，参加试点的 102 个薄弱村完成了土地流转，注册成立了土地股分合作社或集体农场，配套农业生产设施建设和农机具购置。一部分完工的烘干房已产生收益，加快省定经济薄弱村实现脱贫目标。

【五方挂钩帮扶】 拓展深化省级机关各部门、部省属企业、高校和科研院所、苏南县（市、区）与苏北经济薄弱县（市、区）挂钩帮扶的“五位一体”挂钩体制，组织 12 个省级“五方挂钩”帮扶协调小组的 262 家成员单位［其中省直机关单位 90 家，苏南县（市、区）21 家，省（部）属企业 77 家，高校科研院所 45 家，省级以上农业龙头企业和优秀民营企业 29 家］，与苏北 12 个重点县（区）开展挂钩帮扶。2016 年共投入帮扶资金 19.26 亿元，实施各类帮扶项目 923 个。12 支省委、14 支苏北 5 市市委驻县（市、区）帮扶工作队的 1992 名帮扶工作队员（省派队员 265 名、市县队员1727名）实行驻村定点帮扶，实现821个省级经济薄弱村和1171个市县级经济薄弱村驻村工作队员（“第一书记”）全覆盖。组织100个苏南示范先进村与苏北经济薄弱村进行“南北结对”帮扶，引导1091个省级以上文明单位与1681个省市级经济薄弱村开展“城乡结对、文明共建”活动，动员386家优秀民营企业与309个省定经济薄弱村开展“村企结对”帮扶，实施帮扶项目763个。

【扶贫改革试验区】 2016年9月，江苏省印发《关于支持宿迁市推进扶贫改革试验的意见》，明确宿迁市开展扶贫改革试验工作的总体思路、重点任务、保障措施等，并从财政税收、就业社保、医疗卫生、教育与人力资源开发、土地保护利用、金融保险、产业发展7个方面，提出具体支持政策，其中2016年江苏省财政安排专项资金2000万元。至2016年底，宿迁城乡建设用地增减挂钩节余指标在省域范围内流转4000亩，市域内流转500亩，收益资金优先用于扶贫开发和精准扶贫；建立大病补充保险制度，再次补偿时报销比例达85%，惠及低收入农户近3500人次、1000多万元；建立扶贫助学制度，累计资助学生12万人、金额1.5亿元；实现乡镇电商服务中心、村居“一村一品一店（网店）”全覆盖。

【革命老区建设】 2016年9月，江苏省决定对苏北盱眙县黄花塘革命老区实施“点穴式”帮扶，推进基础设施、产业发展、民生实事项目，加强城乡发展、产业培育、基础支撑、民生改善等工作，增强“造血”功能，确保黄花塘老区经济薄弱村和低收入农户如期脱贫，切实改变老区整体面貌。其中，2016年投资2400万元（省财政安排1600万元），对贯穿黄花塘老区的黄高路实施改造，推进基础设施建设。

【扶贫日活动】 江苏省领导到宿迁、泰州、徐州等地开展扶贫调研、访贫问苦、召开座谈会，2870多名省、市、县党委、政府领导和机关干部，1990多名省、市、县帮扶工作队员以及经济薄弱地区镇村干部，开展“村村到、户户访”调研走访活动。63名退休专家开展“银发人才”扶贫行动。20个县（市、区）、62个省定经济薄弱村的企业、合作社参加在镇江市举行的海峡两岸（江苏）名优农产品展销会，解决近700万千克、金额达4500万元的农产品销路问题。制作发放20万份扶贫公益广告，评选推荐全国脱贫攻坚先进典型表彰对象，表彰27名全省脱贫致富和扶贫济困先进典型，汇编100个实施脱贫致富奔小康工程优秀案例和31名脱贫攻坚先进典型的事迹。同时，动员引导广大企业、社会团体、慈善组织和志愿者、爱心人士等通过捐款捐物、走访慰问、对口资助、技术服务、健康义诊、助学行动等形式，为经济薄弱地区生活困难群众排忧解难，在全社会树立起脱贫致富光荣、扶贫济困光荣“两个光荣”导向。

（江苏省扶贫工作领导小组办公室
展　平）

浙江省扶贫开发

【概述】 2016年，浙江省认真贯彻落实中共中央总书记习近平关于扶贫开发系列重要讲话和全国扶贫开发工作座谈会精神，以提高低收入农户发展能力和巩固“消除4600”成果为目标，以“补齐低收入农户增收致富短板”为核心，继续深入实施“低收入农户收入倍增计划”“重点欠发达县特别扶持”等工程。并在巩固消除绝对贫困成效的基础上，对新一轮低收入农户实行统一认定标准和统一认定机制。同时，搭建信息共享平台，使最低生活保障制度与扶贫开发政策实现有效衔接。2016年，浙江省农村常住居民人均可支配收入22866元，同比增长8.2%，绝对值连续32年居全国省区第一位。全省低收入农户人均可支配收入首次破万，达到10169元，同比增长19.2%；城乡居民收入比从2007年的2.49∶1降低至2.066∶1，相对差距进一步缩小。

【扶贫资金投入】 2016年，浙江省省级财政安排专项扶贫资金71838万元（不含各项职能扶贫资金），其中，异地搬迁项目补助资金19000万元、光伏小康工程补助21458万元，低收入农户发展资金27750万元（包括低收入农户产业发展扶持资金、扶贫重点村资金互助组织补助资金、扶贫小额信贷贴息资金和来料加工以奖代补资金）、少数民族发展资金2700万元、其他资金930万元。此外，省财政继续安排专项资金16.8亿元，用于12个重点欠发达县扶贫开发、特色产业、公共服务等特别扶持项目建设。

【完善社会保障】 2016年，浙江省城乡在册低保对象（未含五保供养）84.05万人，其中城市低保人口9.85万，标准每人每月678元（8136元/年），增长3.8%；农村低保人口74.21万，标准每人每月631元（7572元/年），增长10.7%。城乡低保标准比为93%，比2015年提高5.8个百分点；全省68个县（市、区）实现城乡低保标准一致，占全省县（市、区）总数的76.4%。全年农村低保金支出27.9亿元。全省城乡居民社会养老保险参保1233.12万人，其中60周岁及以上领取养老金待遇542.49万人，2016年度新增首次参保人数22.32万人，基础养老金最低标准120元。参加养老保障制度的被征地农民507.09万人，其中182.98万人参加被征地农民基本生活保障，324.11万人参加职工基本养老保险。全年投入资金45亿元，新增各类养老机构床位数 3.3 万张，建成社区居家养老服务照料中心 3450 个，累计建成 2.23 万个；累计建成居家养老服务站 9951 个；养老服务覆盖 97%建制村。城乡居民基本医疗保障参保人数 3160.61 万人，筹资标准 859 元，其中财政补助 598 元，政策范围内住院报销比例 62.4%，323 万人次享受。全省发放医疗救助补贴资金 12.54 亿元，比 2015 年增加 2.44 亿元。

【教育扶贫】 学前教育等级幼儿园比例 89.7%，比 2015 年提高 7.2 个百分点；义务教育完成率 99.9%；高中段毛入学率为 96%；15 年基础教育普及率为 98.7%，中小学标准化学校比例 89%。农村义务教育阶段学校年生均公用经费标准为小学 650 元、初中 850 元；农村义务教育阶段学校年生均公用经费实际支出为小学 2190 元、初中 3113 元。农村小学低收入家庭子女爱心营养餐标准 1000 元/生·年，受益学生占义务教育阶段学生总数的 6%。义务教育中小学随迁子女在校生 147.52 万人；全省中小学生校车乘坐保障率 98.8%。全省高等专科学校高等职业学校 49 所（含筹备中），中等职业学校 340 所（含技工学校 78 所）。2016 年，培训农村劳动力 32.2 万人次（其中培训农村实用人才 19.4 万人次）；参加成人“双证制”教育培训 5.7 万人。享受本省涉农专业免费就读政策的大中专学生 2.2 万人。

【医疗和文化】 浙江省所有县（市）都已建成至少一所二级甲等以上医院，公办乡镇卫生院和社区卫生服务中心标准化建设达标率分别达到 99.2%和 97%，“20 分钟医疗卫生服务圈”基本形成。每千人医生数 3.42 人，增长 5.6%；每千人护士数 3.55 人，增长 8.2%；每千人医疗机构床位数 5.91 张，增长 5.7%。新建农村文化礼堂 1568 家，累计建成 6527 家。村级文化活动室覆盖率 100%。送戏下乡 1.95 万场、送图书 258 万册次、送讲座展览 4560 场，开展文化走亲活动 1380 场。

【扶贫资金管理】 浙江省通过数据库跟踪、备案项目反馈、下乡调研随访、专项工作督查等形式，加强了对扶贫资金使用情况的督查。同时，充分发挥审计、纪委、监察等部门和社会组织第三方的作用，加强扶贫资金“点”和“面”的审计、扶贫资金专项检查和绩效评价审计，并把绩效评价的结果与扶贫资金的分配额度挂钩，进行“点对点”的绩效情况通报，起到了良好的提醒效果。2016 年 8—10 月，省扶贫办会同省检察院、省财政厅、省审计厅、纪检组，对温州、金华、衢州、丽水和台州 5 市的 2015 年度扶贫资金使用情况进行专项督查，对发现的问题实施清单式整改。此外，积极推行扶贫资金阳光监管延伸到县，各地落实项目公示公告制度，基本完成了扶贫资金、项目由零散公开向集中公开、由静态公开向动态公开、由简单公开向详细公开的“三个转变”。

【“4600”低收入农户动态管理】 根据省委省政府“不把绝对贫困带入‘十三

五'、确保一个都不返贫”工作要求，下发了《关于做好原“4600 元以下”低收入农户动态管理工作的通知》，按照“调出一批、保留一批、补入一批”的工作方针，查找认定了巩固扶持对象 32458 户 72127 人。以此数据为基础，各地加大精准帮扶力度，因地制宜，因人施策，确保巩固工作取得实效。截至 12 月底，所有巩固扶持对象没有一户返贫。

【低收入农户识别】 贯彻落实《国务院办公厅转发民政部等部门关于做好农村最低生活保障制度与扶贫开发政策有效衔接指导意见的通知》精神，省扶贫办会同省民政厅联合制定印发《浙江省低收入农户认定标准、认定机制及动态管理办法》，并开展全省性的业务培训。《办法》明确新一轮低收入农户由低保对象、低保边缘对象、“4600 元以下”低收入农户巩固扶持对象和其他经济困难农户组成，对新一轮低收入农户认定实行统一标准和统一机制。在试点的基础上，又印发了《浙江省低收入农户认定操作细则》，再次细化低收入农户认定的标准和机制，并搭建信息共享平台，初步实现省扶贫办、省民政厅以及有关各部门之间数据的共建共享，实现最低生活保障制度与扶贫开发政策的有效衔接，形成联合扶贫济困的工作合力，为扶贫事业贡献更多浙江实践、浙江素材与浙江经验进行了积极探索。

【特别扶持计划】 贯彻落实《中共浙江省委　省政府关于推进原欠发达地区加快发展的若干意见》，加快重点欠发达县群众增收致富奔小康步伐，省委、省政府决定，从 2011 年起，连续 3 年对文成、泰顺、开化、松阳、庆元、景宁和磐安、衢江、常山、龙泉、遂昌、云和 12 个欠发达县（市、区），分类实施特别扶持项目，简称特别扶持计划。2014 年，按照“增加农民收入、提升民生水平、改善生态环境、增强内生功能”的总体要求，启动实施新一轮《特别扶持计划（2014—2016 年）》。省财政 3 年安排专项资金 50.4 亿元，带动总投资 126.4 亿元，扶持“扶贫开发、产业发展、公共服务”三大类 19 个子项 458 个项目。其中，2016 年 12 县建设特扶项目 402 个，总投资 33 亿元，省特扶资金补助 16.8 亿元。

【产业扶贫】 大力推进现代农业发展，扶持农业产业、来料加工、农家乐休闲旅游业等，积极推动就地就业和转移就业促增收。重点扶持原欠发达地区的产业开发，在传统产业开发上，支持农民合作社以多种形式吸纳低收入农户参股入社，扶持扶贫合作社发展壮大。在新兴产业发展上，根据当地特点，鼓励来料加工项目扶持向低收入农户倾斜，做好农村电商在扶贫重点村的设点、培训工作，做好 17 个国家级乡村旅游扶贫试点村的农家乐发展。2016 年发放来料加工费 115 亿元，乡村旅游扶贫试点村实现农家乐人均增收 11500 元，实现农产品网络零售 396.19 亿元。2016 年培训农村劳动力 32.2 万人（其中培训农村实用人才 19.4 万人），培训后实现转移就业 7.3 万人。2016 年，全省农家乐休闲旅游特色村 1103 个、特色点 2381 个，餐位数 144 万个、床位数 32 万张，经营农户 1.9 万户、从业人员 16.6 万人。全年实现接待游客 2.8 亿人次，增长 27.2%，营业总收入 291.1 亿元，增长 26.9%，其中直接营业收入 233.4 亿元，增长 25.9%；农产品销售收入 57.7 亿元，增长 31.1%。

【异地搬迁】 浙江省深入实施“小县大城”发展战略，以县城、中心镇、小城镇为主要入迁地，结合村庄整治、危旧房改造、土地综合整治等工作载体，推动高山远山群众下山搬迁、地质灾害隐患区群众避让搬迁、大中型水库群众出库搬迁、偏远海岛群众离岛搬迁、文泰震区群众避险搬迁，推动人口加速向城镇集聚，2016 年完成农民异地搬迁 4.5 万人。

【金融扶贫】 深入推进扶贫小额信贷，积极组建村级资金互助组织，稳妥发放国家扶贫贴息贷款，有效推动了低收入农户增收，促进了农民组织化、农业产业化和管理民主化。2016 年新建扶贫资金互助会 77 家，累计组建 1054 家，股本金 3.72 亿元，累计借款 8.05 亿元、4.78 万户次，坏账发生率为 0.98%。扶贫爱心卡发卡量 136.24 万张，低收入农户贷款余额 40.70 亿元，贷款户数 6.71 万户。全省林权抵押贷款余额 84.65 亿元，增长 4.7%；当年贷款 4.01 万户、金额 52.43 亿元。

【东西协作】 2016 年，浙江省向对口帮扶的四川藏区 1 州 14 县和青川县无偿援助资金 16695 万元，实施项目 92 个。开展经贸合作项目 3 个，到位资金 2 亿元，吸纳就业 2000 人，其中安排建档立卡贫困人口就业 350 人，开展人才培训 9672 人次，干部挂职交流 933 人次，开展互访交流 164 人次。

【社会扶贫】 以“扶贫日”和结对帮扶为载体，积极引导社会力量参与精准扶贫，推动各方资源向低收入农户倾斜。省级 29 个帮扶团组和市、县两级帮扶团组按照“一村一计一单位”和“一户一策一干部”的要求，坚持“扶贫与扶智”和“输血与造血”并举，深入开展扶贫结对帮扶行动，共落实帮扶资金 1.62 亿元。省卫生和计划生育委员会开展低收入农户健康助医活动，省、市、县三级共组织助医活动 134 次，接诊农户达 3.2 万人次。省扶贫基金会开展资助贫困大学生“圆梦”行动，累计资助贫困大学生 600 多人次，发放助学金 300 多万元。

【扶贫改革试点】 加快推进丽水市扶贫改革试验区工作，坚持“绿水青山就是金山银山”发展理念，以全力促进低收入农户增收为目标，以激发农村资源和要素活力为路径，以建设国家级扶贫改革试验区为动力，通过创新扶贫开发模式、全面推进产权改革、创新农村金融服务、完善大扶贫格局等全面深化扶贫改革，初步形成了扶贫改革的“丽水模式”。制定农民异地搬迁规划，完善搬迁安置以国有土地划拨性质为主供地机制，实行差异化搬迁补助机制，组建农民异地搬迁政府性公司，加快推进农民城镇化进程。探索农民在符合“一户一宅”等相关法律规定的前提下，允许在县域范围内跨村进行农村宅基地使用权流转。系统构建市、县、乡三级农村产权流转交易服务平台，以林权抵押贷款为切入点，创新设计了林农小额循环贷款等多种贷款方式。赋予农村六权抵押、担保权能，实现农村产权抵押贷款全覆盖。通过增强专项扶贫的针对性、提高行业扶贫的有效性、营造参与社会扶贫的积极性，充分调动社会各界共同参与扶贫事业。2016 年，全市农村常住居民人均可支配收入 16459 元，同比增长 9.7%，低收入农户人均可支配收入 9550 元，同比增长 19.5%，增幅列全省第一；除低保户外，80.2%的低收入农户家庭人均可支配收入超过 8000 元。

【扶贫宣传】 重点对“浙江扶贫信息网”进行改版升级，新增各类动态信息 307 条，充分起到了“政策传递、经验推广、成果展示、信息共享”的媒介作用。借助中央、省级主流媒体及时传播浙江扶贫声音，国家、省级媒体刊载我省扶贫有关的报道 197 篇。其中，2016 年 11 月 5 日，《人民日报》头版头条刊登《脱贫后“不许一户出现反复”—衢州一增一减治返贫》，报道浙江省衢州市根治“返贫”经验。《浙江日报》更是多次头版头条刊登浙江省在巩固“消除 4600”成果、落实精准扶贫举措、促进低收入农户加快增收等方面的创新做法和工作机制。此外，组织专门力量以精准扶贫、美丽乡村、农民培训、农家乐休闲旅游业等为主题，摄制《浙江精准扶贫——一个都不能少》的宣传片，从“抓住发展好机遇、奏出扶贫最强音、精准扶贫促落实、全面‘消除 4600’”等方面详细介绍了江浙省扶贫开发工作的具体做法和取得的成效。

（浙江省扶贫办　林　铭）

安徽省扶贫开发

【概述】 2016年4月，中共中央总书记习近平在安徽省视察，对打赢脱贫攻坚战作出重要指示。安徽省认真学习贯彻习近平系列重要讲话，特别是视察安徽重要讲话精神，全面贯彻落实中共中央、国务院关于打赢脱贫攻坚战的战略决策部署，围绕“坚决贯彻精准扶贫精准脱贫基本方略，确保5年如期完成脱贫攻坚任务”的总体目标要求，以大别山区和皖北地区为主战场，坚持“六看六确保”（看扶贫对象准不准，确保目标数据要实；看项目安排准不准，确保“五个一批”帮扶要实；看资金使用准不准，确保政策落地要实；看包保到户准不准，确保保障措施要实；看因村派人准不准，确保责任到位要实；看脱贫成效准不准，确保质量、进度、群众满意度要实）基本要求，完善“四项清单”（扶贫对象和需求清单、脱贫目标和时限清单、扶贫措施清单、脱贫责任清单）“四严”（源头严把、过程严控、验收严格、纪律严厉）“四覆盖”（努力做到精准扶贫、监测评估、防范返贫、责任落实全覆盖）工作机制，推进实施“脱贫攻坚十大工程”，全面完成了97.1万人脱贫、1077个贫困村出列的减贫任务。20个国家扶贫开发工作重点县农村居民人均可支配收入9890元，增长10.48%，高出全省平均水平2.18个百分点。在中央对中西部22个省（区、市）2016年扶贫开发工作成效考核中，安徽省是综合评价为“好”的8个省份之一，受到通报表扬。

【扶贫资金投入】 2016年，安徽省建立投入体系，出台《关于财政支持脱贫攻坚的实施意见》。全年中央财政专项扶贫资金投入20.53亿元。省级财政专项扶贫资金投入11亿元，市级财政安排12.06亿元，县级财政安排12.98亿元。全省安排地方政府债券40.1亿元支持脱贫攻坚，31个贫困县整合涉农资金87.7亿元，发放扶贫小额信贷18.33亿元中，15家中央单位直接投入帮扶资金1.7亿元，6892个省市县定点帮扶单位直接投入帮扶资金16.99亿元（含物资折款），帮助引进各类资金34.32亿元，2055个企业累计投入帮扶资金6.29亿元。

【扶贫资金管理】 2016年，安徽省进一步完善财政专项扶贫资金和项目管理办法，优化要素配置，将扶贫资金按因素法直接分配到县，项目审批权限下放到县，由县级扶贫开发领导小组审批，报省、市备案。加强资金项目监管，对有扶贫开发任务的 70 个县（市、区）开展扶贫资金专项审计，以财政专项扶贫资金审计为重点，延伸审计精准识别、精准帮扶、项目安排和脱贫成效，对超时滞留的财政专项扶贫资金按规定收回另行安排。开通“12317 扶贫监督举报电话”，及时办理涉及扶贫工作的各类信访和群众举报案件。纪检、监察机关开展了扶贫领域监督执纪问责，法院、检察院开展了严厉打击扶贫领域违法犯罪活动，在全国财政专项扶贫资金绩效评价中被评为 A 等次。

【扶贫政策体系】 2016 年，安徽省按照中共中央、国务院的决策部署，建立脱贫攻坚“1+20+N”政策体系，出台《安徽省全面落实脱贫攻坚责任制实施细则》，编制《安徽省“十三五”脱贫攻坚规划》《安徽省脱贫攻坚期产业精准扶贫规划》《安徽省“十三五”易地扶贫搬迁规划》《安徽省“十三五”光伏扶贫规划》等系列规划。

【产业扶贫】 开展特色种养业扶贫，制定了《特色种养业扶贫工程实施方案》，安徽省发展 1 项以上特色种养业的贫困村 1073 个，从事 1 项以上特色种养业的贫困户达 16 万户。大力实施光伏扶贫，全省建成村级光伏电站 2054 个、户用光伏电站 70754 户。全面启动乡村旅游扶贫“3451”工程，推进建设 333 个省级乡村旅游扶贫重点村。加快商贸流通扶贫，省级及省级以上安排资金 7000 万元，加强贫困地区农产品交易市场、商业服务网点、农资和商品配送中心建设，支持贫困县开展省农村商品流通体系建设试点工作，金寨县、舒城县、霍邱县、霍山县入选全国电子商务进农村综合示范县。积极探索资产收益扶贫，出台《关于开展资产收益扶贫的指导意见》，印发《关于财政支持农村“三变”试点工作的实施方案》《关于农业综合开发支持脱贫攻坚的实施方案》《关于农业综合开发支持村级集体经济发展的意见》，充分发挥新型农业经营组织作用，带动贫困户直接发展产业或参与发展产业增收脱贫，变“输血式”扶贫为“造血式”扶贫。

【就业扶贫】 开展建档立卡贫困劳动者摸底调查，开发“就业创业脱贫信息系统”，将 170.1 万建档立卡贫困户劳动者（16—59 周岁）信息全部录入信息系统。开展就业扶贫基地招募工作，认定 671 家企业为就业扶贫基地（其中省级就业扶贫基地 53 家），拓宽贫困劳动者就业渠道。从财政扶贫资金中专门安排 4200 万元用于技能脱贫培训，帮助 32.4 万贫困劳动力通过培训、转移、居家就业和公共辅助性岗位等多种措施实施就业。

【易地扶贫搬迁】 制定出台《关于易地扶贫搬迁工程的实施意见》《安徽省“十三五”时期易地扶贫搬迁工程实施办法》，建立省级投融资平台和信息调度平台。全省 435 个集中安置点、9336 套安置住房全部完工，工程累计完成投资 14 亿元，28 个县（市、区）完成 2016 年 2.8 万人的易地扶贫搬迁任务。

【生态保护扶贫】 安排中央和省级林业补助资金 5.46 亿元，在 31 个贫困县建设长江防护林、农业综合开发、贫困地区森林抚育。探索建立生态补偿机制，将 11484 名建档立卡贫困人口转为林业生态护林员。引导贫困地区发展林下经济，在金寨县等 11 个贫困县开展“服务精准扶贫国家林下经济及绿色产业示范基地”建设。

【智力扶贫】 制定《安徽省高等学校毕业生到艰苦边远地区基层单位就业学费补偿暂行办法》，印发《关于做好农村建档立卡贫困户家庭经济困难学生资助工作的通知》《重点高校招收农村学生工作实施办法》。2016 年，全省贫困地区农村学生进入重点高校人数达 6561 人。发放资助资金 35.1 亿元、239 万人次；发放生源地信用助学贷款 15.1 亿元、20.4 万人次；投入义务教育阶段免学杂费、免费教科书、营养膳食补助资金 63.6 亿元。安排贫困地区“全面改薄”省级以上资金 16.45 亿元。对 31 个贫困县单列科技帮扶计划，将省一般性科技转移支付资金主要用于科技扶贫，下达科技转移支付资金 2500 万元。在贫困县全面建设农民文化乐园，省级安排 239 个、市县安排 249 个。支持 11 个贫困县改造图书馆、文化馆等公共文化服务设施。2016 年依托国家“三区”人才科技人员专项，向全省贫困地区选派 480 名科技人员，开展“包村联户”等公益性科技服务，培养本地科技人才 62 人，中央、省级支持经费合计 1073 万元。2016 年立项支持 170 个科技扶贫项目，中央、省级支持经费合计达到 3390 万元。通过实施省重点研发计划帮扶项目和转移支付扶贫项目，全年累计开展各类技术培训 600 多场次，培训各类人员 8 万余人次，帮扶建档立卡贫困户 2300 多户，带动 4000 多贫困人口就业致富。

【两项制度衔接】 加大省级统筹工作力度，制定《关于做好农村最低生活保障制度与扶贫开发政策有效衔接的实施方案》，安徽省农村低保标准平均为 3373 元/年，16 个市农村低保标准均达到或超过 3000 元/年，为 2017 年实现“两线合一”奠定基础。农村建档立卡贫困户危房改造完成 6.5 万户，16.6 万人居住条件得到改善。

【健康扶贫】 全面开展贫困人口健康状况调查，出台《关于健康脱贫工程的实施意见》，按照“保、治、防”的工作路径，明确 16 条具体政策措施，构建贫困人口“三保障一兜底”的综合医保体系，在提高基本医保、大病保险、医疗救助三重保障水平基础上，设定贫困人口医疗费用“351”兜底保障线。为保障政策措施落到实处，又陆续研究出台了 13 个配套文件，形成了健康脱贫“1+13”政策体系。市、县政府设立健康脱贫医疗专项补助资金，省财政给予补助，2016 年省财政已拨付专项补助资金 1.5 亿元。对新农合信息系统进行了改造升级和联网调试，已实现省内

"一站式"结算。制定《关于加强三级医院对口帮扶贫困县县级医院的工作方案》，组织 27 家三级医院开展对口帮扶工作。

【基础设施建设】 2016 年投入 208 亿元，完成农村道路畅通工程 3.52 万千米。完成投资 123 亿元。农村饮水安全巩固提升工程投资 7.65 亿元，为 32.9 万贫困人口解决了饮水安全问题。此外，各地还利用财政资金、银行贷款、社会投资等解决计划外 163.8 万农村居民饮水问题，已完成投资 7.6 亿元。小型水利工程改造提升全年完成投资 74.9 亿元，贫困地区重点水利工程完成投资 31.5 亿元。贫困县水土保持工程全年完成投资 1.3 亿元，治理水土流失面积 238 平方千米。贫困地区农村电网改造升级工程投入 35.3 亿元，户均用电容量达 1.8 千伏安/户。实施贫困县光伏扶贫并网，配套送出工程投资 4429 万元，共计新建送出线路 50.5 千米；专项配套投资 9810 万元，用于贫困村村级和贫困户户用光伏电站接入电网建设改造。

【金融扶贫】 出台《关于推进金融扶贫工程的实施意见》，与中国农业发展银行、国家开发银行、农村商业银行、中国邮政储蓄银行开展合作，对易地扶贫搬迁、贫困地区基础设施建设和产业发展等给予支持。中国农业发展银行提供 500 亿元意向性融资，对易地扶贫搬迁、贫困地区基础设施建设和产业发展等扶贫领域给予支持，已与贫困县签订协议 550 亿元，放贷 148.5 亿元；国家开发银行安徽省分行承诺对"十三五"易地扶贫搬迁发放中长期贷款 140 亿元；安徽省农村信用社联合社与安徽省扶贫办签订《金融扶贫合作协议》，已向近 6 万户发放扶贫小额信用贷款 18.33 亿元。

【定点扶贫】 2016 年，18 家中央单位定点帮扶安徽省 19 个国家扶贫开发工作重点县，选派挂职干部 37 人，其中，处级人 20、科级人 17 人。赴定点贫困县考察共计 219 人次，其中部级 25 人次。直接投入资金 2367 万元，物资折款约 639.2 万元，实施帮扶项目 46 个，帮助引进各类资金 2570 万元。调整了省级领导和省直单位扶贫联系点，明确帮扶联系工作职责和相关要求，确保了被帮扶县工作的连续性。全面落实"单位包村、干部包户"定点帮扶制度，省、市、县三级新增定点帮扶单位 1227 家，帮扶单位达 6892 家，省直机关 248 家单位分成 31 个帮扶团组对口帮扶 31 个重点县。派驻 3000 个扶贫工作队，2016 年新增驻村帮扶工作队员 1625 人，工作队员总数达到 12017 人。省、市、县三级定点扶贫直接投入约 16.99 亿元（含物资折款），帮助引进各类资金（含无偿和有偿）34.32 亿元，帮助引进项目数 13348 个，受益建档立卡贫困户 24.83 万人。

【社会扶贫】 实施"千企帮千村"精准扶贫行动，全省参加精准扶贫行动的企业 2055 个，累计投资 6.29 亿元实施帮扶项目 2379 个，帮扶贫困村 1581 个，帮助贫困人口 25.37 万人。利用"扶贫日"平台，开展扶贫项目认领认捐。“扶贫日”期间，共认领扶贫项目 2261 个、资金 6.03 亿元，捐款 1.13 亿元。充分发挥群团组织和民主党派人才、智力优势，积极参与脱贫攻坚，有效履行民主监督，献计献策，真情帮扶。共青团安徽省委启动“共青团助力脱贫攻坚”活动，开展贫困地区青年创业就业行动。安徽省妇女联合会依托“巾帼脱贫行动”，开展就业创业技能培训，打造“徽姑娘”“皖嫂”家政创业品牌，通过组织结对帮扶和小额信贷等扶贫到户方式，帮助贫困妇女脱贫致富。

【扶贫督查】 2016 年，安徽省分别召开产业扶贫、易地扶贫搬迁、健康脱贫、旅游扶贫、小额信贷扶贫、教育扶贫、社会扶贫、民营企业“千企帮千村”等工作调度会。2016 年，组织省扶贫开发领导小组成员单位对 31 个贫困县进行了“一对一”督查。4—5 月，集中开展扶贫对象精准核查和驻村扶贫工作队履职情况大检查，核查出不符合建档立卡标准的贫困户 159891 户、395768 人，重新识别贫困户 160480 户、379938 人，并对 453834 户贫困户的基础信息进行完善更新，对 490175 户帮扶措施进行针对性调整，对 117 名驻村扶贫工作队长进行了调换。11 月，组织 16 个督查组，对各地脱贫攻坚进展情况开展全面督查。12 月，安徽省委组织部和安徽省扶贫办组织“查、看、评、建”专项督查，对实施易地扶贫搬迁工程进度慢的 3 个县政府主要负责人进行了约谈。

【扶贫考核监测评估】 2016 年，安徽省建立考核监测评估体系，制定《市县党政领导班子和主要负责同志脱贫攻坚工作成效考核办法》《安徽省脱贫攻坚第三方监测评估办法》，省直相关部门制定了实施细则。5 月，安徽省委托第三方开展了光伏扶贫质量检查和评估。9 月，委托安徽大学、安徽师范大学、安徽农业大学、安徽财经大学开展脱贫攻坚成效第三方试评估，共组织 220 名学校教师和研究生，对 65 个县（区）的 222 个行政村、4440 户贫困户进行实地随机抽样调查，全面了解各地脱贫攻坚成效，并梳理出 9 大类问题并逐项通报，限期整改。12 月，组织省内 27 所本科院校 19471 名师生，用一周时间，对 16 个市、70 个有扶贫开发任务的县（区）2016 年所出列的村和拟脱贫的户开展第三方监测评估。

【扶贫宣传】 2016 年 1 月，以中央宣讲团赴安徽省宣讲为契机，深入解读和广泛宣传《习近平关于扶贫开发论述摘编》。加强脱贫攻坚政策宣传，编制《脱贫攻坚政策问答》《脱贫攻坚操作规程》送到基层和贫困户手中。出台《关于进一步加强脱贫攻坚宣传报道工作的意见》《关于做好脱贫攻坚新闻宣传工作的通知》，充分发挥主流媒体的阵地作用，在《安徽日报》、安徽广播电视台、中安在线等主要媒体均开设扶贫专栏。《人民日报》、新华社、中央电视台等国家级重要媒体共报道安徽脱贫攻坚工作 308 篇；省内主要媒体共报道 1947

篇次。各地采取制作标语口号、“一封信”“明白纸”“宣传画”等方式，以及利用微博、微信等新媒体平台，推进各项扶贫政策进村入户、家喻户晓。

【扶贫培训】 安徽省继续开展贫困地区劳动力转移培训、农民实用技术培训、贫困大学生资助和职业教育资助等，基本实现“培训一人，就业一人，脱贫一户”目标。严格按照“两个延伸”的要求，在“贫困家庭子女教育资助行动”“劳动力转移培训”“农业实用技术培训”等培训范围内分配资金，重点支持“贫困家庭子女教育资助行动”。全省共投入财政扶贫资金6626.4 万元，对 2.21 万名贫困家庭子女实行定额补助学费或生活费，让贫困家庭子女接受职业教育。

【彩票公益金试点】 经国务院扶贫办和财政部批准，安徽省 2014 年在灵璧县、萧县、泗县实施中央专项彩票公益金支持贫困革命老区整村推进项目，2015 年在金寨县、太湖县、岳西县实施中央专项彩票公益金支持贫困革命老区小型公益设施建设项目，各县中央专项彩票公益金下拨额度均为 1000 万元。2016 年 10 月在各县完成县级自检自查的基础上，安徽省组织了绩效考评，6 个彩票公益金项目县完成项目总投资 9710.04 万元，其中：彩票公益金资金投入 6000 万元，整合及配套资金投入3299.75 万元，群众自筹投入 410.29 万元，彩票公益金项目主要有基础设施建设、环境改善与公共服务、产业发展三大类，所有项目均完成。认真组织 2016 年彩票公益金项目申报和竞争选县工作，经评审并报经安徽省政府同意，确定石台县、宿松县、寿县 3 个县为 2016 年彩票公益金项目县，每个县安排 2000 万元资金。

【以工代赈】 2016 年，国家发展和改革委员会累计投入安徽省以工代赈资金 4.6 亿元，其中：中央预算内示范工程 6900 万元，易地扶贫搬迁工程 1.96 亿元，财政预算内以工代赈资金 1.95 亿元。共安排实施以工代赈项目 572 个，建设田间渠系 58.76 千米，河床拓宽疏浚 6.95 千米，建堤坝、防洪墙、护岸等 10.66 千米，新建电力排灌站 6 座，灌溉机井 160 眼，桥涵 133 座；建设四级公路 636.25 千米，砂石路 13 千米，独立桥梁 16 座 294 延米。进一步完善了贫困地区基础设施，改善了贫困群众生产生活条件，增加了当地贫困人口收入，促进了贫困地区发展，加快了脱贫致富进程。

（安徽省扶贫开发领导小组办公室 程 春）

福建省扶贫开发

【概述】 2016年，福建省深入学习贯彻中共中央总书记习近平关于扶贫开发工作的系列重要讲话精神，采取超常规举措，强化支撑保障体系，狠抓工作责任落实，脱贫攻坚首战告捷，超额完成年度脱贫任务，实现脱贫260425人（其中国家扶贫标准150309人），造福工程搬迁15.6万人，60个贫困人口千户以上的县全面建立了扶贫小额信贷风险担保机构，为贫困户担保贷款9.8亿元，扶持2.46万建档立卡贫困户发展生产，完成“雨露计划”培训4万人次，建成22个山海协作共建产业园区，23个省级扶贫开发工作重点县加快发展，贫困户收入增长高于全省平均水平。层层落实脱贫责任。省委、省政府向有脱贫任务的设区市市委书记和市长下达了脱贫攻坚责任书，各级层层下达责任书，减贫任务全面分解到有关的市、县、乡（镇）、村，落实到户到人。突出精准扶贫精准脱贫。对建档立卡中有劳动能力的贫困人口逐户制定帮扶计划和帮扶措施，实行一户一策、一户一方案、一户一挂钩，主要采取产业发展、龙头带动、资产盘活、就业指导、创业培育、搬迁改造、医疗救助、教育资助等多形式多元化的精准帮扶措施，进一步增强扶贫开发的针对性、精准性和实效性。注重机制体制创新，探索资产收益扶贫机制，引导财政专项扶贫资金和其他涉农资金投入设施农业、养殖、光伏、水电、乡村旅游等项目形成的资产，折股量化给贫困村和贫困户，让贫困尤其是丧失劳动能力的贫困人口获得稳定收益、实现稳定脱贫。

【扶贫资金投入】 2016年，中央安排财政专项扶贫资金27614万元，福建省本级安排财政专项扶贫资金114377.7万元，设区市级安排财政专项扶贫资金46873万元，县级安排财政专项扶贫资金81116万元。各级财政专项扶贫资金主要用于造福工程扶贫搬迁、扶贫小额信贷、“雨露计划”培训、整村推进扶贫开发等项目和扶持建档立卡贫困户发展种、养、加以及“农家乐”等项目补助、贷款贴息以及直接带动贫困户脱贫致富的生产性重点扶贫项目。

【扶贫资金管理】 福建省高度重视扶贫资金管理及监督检查制度建设。完善下达方式，财政专项扶贫资金主要采取切块下达、县级审批、省市备案的管理办法。严格使用程序，产业扶贫资金、易地搬迁补助资金、小额信贷贴息资金、扶贫培训专项资金等的使用均实施项目公开、公示制，建立项目责任制，规范操作规程，确保项目优质高效，切实发挥扶贫效益。开展绩效评价，对财政专项扶贫资金使用管理及效果进行综合考核与评价。注重责任追究，2016 年 4 月，印发了《福建省扶贫专项资金使用管理责任追究办法（试行）》，对责任追究的对象、原则、情形、形式以及相关职能部门的监管责任作出明确规定，为加强扶贫专项资金监管提供了制度遵循。

【扶贫会议】 2016 年 4 月，召开福建省脱贫攻坚精准施策工作视频会，省委书记尤权在会上围绕“扶持谁”“怎么扶”“扶什么”，持续提升精准脱贫实效，确保如期完成各项目标任务，提出了具体要求。12 月，召开福建省脱贫攻坚现场推进会，会议深入贯彻落实以习近平同志为核心的中共中央坚决打赢脱贫攻坚战的战略决策和省第十次党代会对精准扶贫精准脱贫的新部署，总结交流经验，部署下一阶段脱贫攻坚工作。

【建档立卡】 加强对贫困人口的动态监测和管理，对新增脱贫人口、返贫人口进行审核认定，实现贫困人口进出动态有序管理，切实做到应进则进、应退则退、有进有出。年初黄琪玉副省长主持召开全省农村贫困人口精准识别视频会议，组织开展了建档立卡“回头看”工作，将不符合条件的贫困人口剔除，将遗漏和返贫的贫困人口重新认定和增补。2016 年 8 月举办了全省扶贫信息化建设培训班，研究布置建档立卡工作，进行全国扶贫开发信息系统培训及操作。11 月，召开了全省扶贫开发工作座谈会，专题解答基层建档立卡相关疑惑，推动了建档立卡信息采集录入工作顺利进行。12 月，进行了建档立卡专项督查工作，进一步摸清了底数，夯实了基础。

【易地扶贫搬迁】 2016 年，福建省出台《福建省“十三五”易地扶贫搬迁规划》。全年共搬迁 15.6 万人，扶持建设 221 个各类规模的省级造福工程集中安置区，累计完成投资 91.35 亿元。成立福建省扶贫开发投资有限公司，主要承接易地扶贫搬迁所需的地方政府债券资金、国家专项建设基金和中国农业发展银行、国家开发银行等相关金融机构提供的长期低息贷款，全省 63 个有易地扶贫搬迁任务的县（市、区）成立了县级投融资平台。实施差别化补助政策，国定建档立卡贫困户按家庭人口每人补助不少于 25000 元，同步搬迁的省定建档立卡贫困户、非贫困户分别由省级财政按家庭人口每人补助 10000 元、3000 元，同时享受造福工程相关叠加补助政策，专项用于易地扶贫搬迁住房建设。强化项目资金监管，先后印发了《福建省造福工程补助资金管理办法》《福建省易地扶贫搬迁项目资金管理暂行办法》《福建省易地扶贫搬迁中央预算内投资管理实施办法的通知》。

【挂钩帮扶】 完善省领导联系、省直部门挂钩帮扶、沿海较发达县（市、区）对口帮扶23个省级扶贫开发工作重点县制度，协调解决发展中遇到的困难问题。加强山海协作共建产业园区建设，促进山海产业对接，鼓励引导更多的项目在园区落地，建成22个山海协作共建产业园区。23个省级扶贫开发工作重点县加快发展，地区生产总值、地方财政公共收入、固定资产投资、农村居民可支配收入分别达到2729.57亿元、110.42亿元、2840.17亿元、13100元，分别比2015年增长8.4%、1.9%、12.9%、9.1%。

【整村推进】 福建省各级选派2349名党员干部驻村任职，其中省级选派236名党员干部驻村任职，安排179个省直和中央驻闽单位进行挂钩帮扶。2016年，省委、省人大、省政府和省政协等省领导先后有460多人次，深入省级扶贫开发重点村调研指导驻村工作，慰问困难党员和困难群众。省直挂钩选派单位，先后有厅处级干部7700多人次深入省级扶贫开发重点村，帮助驻村干部制定发展规划、谋划发展思路、落实帮扶措施，落实帮扶资金达2.27亿元。

【扶贫小额信贷】 在福建省60个有千户以上贫困户的县（市、区）全面建立扶贫小额信贷风险担保金，为扶贫开发对象发展生产提供5万元以下、3年以内的无抵押担保贷款。修改完善《福建省扶贫小额信贷资金管理办法》。2016年共安排下达扶贫小额信贷省级财政预算资金45957万元，其中风险担保金32657万元，贴息资金13300万元。12月底，已为贫困户担保贷款9.8亿元，扶持24652建档立卡贫困户发展生产。其中，直接为19969户贫困户担保贷款7.42亿元，通过为1017个农业新型经营主体担保贷款2.40亿元，带动贫困户4683户。

【社会扶贫】 开展百企帮百村活动，动员和组织民营企业家投身精准扶贫，福建省共有439家企业（商协会）与401个贫困村结对帮扶，其中有近80家企业（商会）与100多个省级建档立卡贫困村结对帮扶。聚焦23个扶贫开发工作重点县建档立卡中的青少年群体，开展青年就业创业、助力青年人才开发、助力留守儿童成长、实施扶贫志愿行动等帮扶活动。组织开展慈善助力产业扶贫活动，河仁慈善基金会筹集慈善资金3000万元，在长汀县、屏南县、永泰县3个扶贫开发工作重点县中选择10个产业特色明显且有一定基础的贫困村实施产业扶贫，每个村每年帮扶资金100万元，连续帮扶3年。

【扶贫督查】 2016年，由福建省省直有关部门负责人带队，组成8个督查组，分别到除厦门市外的8个设区市及平潭综合实验区，开展脱贫攻坚工作专项督查。督查工作主要采取听取汇报、召开座谈会、查阅资料和实地调查、问卷（电话）调查、随机访或暗访等形式进行，共抽查24个县（其中省级扶贫开发工作重点县11个）、126个村、1033户贫困户，重点对帮扶措施、脱贫减贫、造福工程搬迁、扶贫小额信贷等工作进行检查。

【扶贫表彰】 2016 年，武平县扶贫开发领导小组办公室被评为“全国扶贫系统先进集体”，屏南县扶贫开发领导小组办公室主任胡小青被评为“全国扶贫系统先进工作者”。南安市梅山镇党委副书记、蓉中村党委书记李振生荣获“全国脱贫攻坚奖”创新奖。

【扶贫制度建设】 2016 年 5 月，印发《福建省“十三五”扶贫开发专项规划》。12 月，出台《福建省扶贫开发工作成效考核实施办法》和《关于建立贫困退出机制的实施意见》。

【彩票公益金试点】 2016 年，中央专项彩票公益金扶贫项目总投资额约 8414.46 万元，其中中央资金 6000 万元。共支持长汀县、政和县、明溪县（试点县）3 个革命老区县的 85 个贫困村建设小型生产性公益设施项目 161 个：农村道路（含机耕道）修建硬化项目 102 个，113.5 千米；防洪堤坝建设项目 24 个，7.1 千米；农田灌溉水渠项目 26 个，17.7 千米；乡村桥梁修建改造项目 7 个，240 米；猕猴桃基地项目 1 个，4500 亩；光伏发电扶贫项目 1 个，37.5 千瓦。

【东西扶贫协作】 2016 年，福建宁夏两省区党委、政府深入学习贯彻习近平总书记在“银川会议”上的重要讲话精神，紧扣宁夏脱贫攻坚目标，立足各自实际，发挥各自优势，进一步明确重点、精准聚焦，不断深化“联席推进、结对帮扶、产业带动、互学互助、社会参与”的闽宁对口扶贫协作机制，推进闽宁对口扶贫协作向更宽领域、更高层次发展，为加快宁夏脱贫攻坚步伐和经济社会发展发挥了重要作用。7 月，福建省、宁夏回族自治区互学互助对口扶贫协作第二十次联席会议在银川召开。强化顶层设计，科学编制《“十三五”闽宁对口扶贫协作规划》；延伸协作链条，持续推进“携手奔小康”行动，福建省漳州市角美镇 6 个经济强村结对帮扶闽宁镇 6 个村；围绕精准扶贫，逐项落实帮扶项目；强化产业对接，促进经贸合作，闽宁对口扶贫协作第二十次联席会议共签约各类项目 41 个，投资总额 240.9 亿元；拓展社会事业交流，延伸帮扶领域。

（福建省扶贫办　董建武）

江西省扶贫开发

【概述】 2016年，江西省委、省政府研究出台《关于坚决打赢脱贫攻坚战的实施意见》，召开全省扶贫开发工作会议、全省精准脱贫攻坚推进会、省委常委会、省政府常务会和省扶贫开发领导小组会议，明确以25个贫困县、2900个“十三五”贫困村、200万（2015年底）建档立卡贫困人口为精准扶持对象，实施发展脱贫、保障脱贫和健康脱贫“三大攻坚战”。2016年全省完成76万人脱贫，贫困人口下降到113万，贫困发生率降到3.3%，比2015年底下降2.4个百分点。贫困地区农民可支配收入增长速度继续高于全省平均水平2个百分点，达到9110元，收入增长率达11%。争取农网改造升级工程中央预算15亿元、农村安全饮水巩固提升工程1.3亿元，省级投入农田水利和环境整治等项目1.6亿元，县乡村道路、桥梁项目4.99亿元，加强道路、水利、电力、商贸、文化广电和信息网络等建设，改善贫困地区发展条件。

【扶贫资金投入】 2016年，江西省财政投入专项扶贫资金总额38.64亿元，其中：中央财政下达21.56亿元，省级财政配套17.08亿元。另外发行易地搬迁扶贫地方政府债19.5亿元。资金分配按因素法下达，即：村庄整治资金6.8亿元、产业扶贫资金9.3亿元，作为存量资金，列入基数分配；搬迁移民扶贫资金按计划数分配下达；其它增量部分按照贫困人口占70%、人均可用财力和贫困县各占10%、农民人均可支配收入和国土面积各占5%的因素，进行分配下达。

【扶贫资金管理】 2016年，江西省出台统筹整合使用财政涉农资金实施方案，明确到2020年每年筹集扶贫资金200亿元以上，统筹用于脱贫攻坚。在实施范围上，从国家要求的贫困县扩大到贫困县和中央苏区县，由24个增加到58个；在资金整合的力度上，要求分配纳入统筹整合范围的资金时，将脱贫攻坚作为重要参考因素，确保用于贫困地区、贫困人口的资金增幅高于该项资金的平均增幅；在资金管理上，县级作为实施主体，要求认真做好脱贫规划，围绕脱贫攻坚工程整合资金。加强扶贫资金监管，按照国家要求，江西省扶贫和移民办、省财政厅联合印发《2016年度财政专项扶贫资金绩效评价工作实施方案》，开展全省财政专项扶贫资金绩效评价工作。

【连片特困地区脱贫攻坚】 2016年，江西省围绕脱贫攻坚目标，坚持区域发展与脱贫攻坚相结合，先后编制《江西省罗霄山片区区域发展与脱贫攻坚实施规划（2016—2020）》《江西省“十三五”脱贫攻坚规划》，围绕基础设施、生产生活改善、基本公共服务、产业发展、生态建设等5大类建设任务，确定30个小类18121个项目。2016年共投入罗霄山片区17个县中央和省级财政专项扶贫资金16.3亿元，比2015年11.5亿元增长4.8亿元。产业扶贫方面，投入17个片区县产业扶贫资金3.4亿元，每个片区县2000万元。贫困村村庄整治方面，共投入罗霄山片区17个县村庄整治资金3.07亿元，其中农田水利建设项目投入5133万元；县乡村道路、桥梁投入12655万元；投入2644万元，解决111345人安全饮用水问题；危房或住房改造项目投入164万元，环境整治项目投入3197万元，其他项目6947万元。2016年完成罗霄山片区17个县约1.8万户贫困农户危旧房改造，罗霄山17个片区县培训贫困人口19227人。同时实施健康扶贫、教育扶贫、易地搬迁扶贫等政策向罗霄山片区倾斜。罗霄山片区贫困人口下降到42.4万人，贫困发生率5.5%。

【建档立卡】 2016年，江西省组织全省精准识别“回头看”核查工作，按照动态管理的原则，全省共退出贫困人口19.52万人，新进符合条件人口9.06万人。同时组织各地深入贫困村调查统计贫困人口状况，开展建档立卡贫困人口和农村低保对象台账比对工作，开展建档立卡贫困户居住危旧房情况调查，开展建档立卡贫困户大病和慢性病调查工作，对贫困人口的构成、主要致贫原因以及主要脱贫措施情况进一步分析和掌握，确定“通过发展产业脱贫94万人，通过转移就业脱贫54万人，通过兜底保障脱贫35万人，通过易地搬迁脱贫17万人”的精准扶贫路径。

【彩票公益金项目】 2016年，江西省在整村推进项目方面，投入彩票公益金2000万元，共实施项目140个，其中基础设施分项目73个，包括新建村组道路17.9千米，集中供水点2个，铺设供水管道1.2千米，新建和整治灌溉渠5.46千米，村内排洪渠4.05千米，农田改造120亩；环境改善分项目44个，包括改厕、改厨、改灶、建沼气池涉及220户，建文化活动室、卫生室、健身场所、村级小学共14处，绿化和路灯项目11个。产业发展分项目23个，包括种植大棚蔬菜405亩，烟叶1550亩，花卉600亩，新建和改建油茶1725亩，养殖猪牛、羊5000头。小型公益设施建设项目方面，投入彩票公益金7000万元，共实施项目220个，其中交通设施157个，包括172.97千米村组路，17千米机耕道和4.52千米联户路，水利设施48个，包括集中供水点2处、塘坝26口和灌溉渠38.02千米；环境改善项目15个，包括垃圾处理点827处，污水处理点3处，村内公厕1处。2016年井冈山市、吉安县、上饶县、广昌县确定为彩票公益金项目县，每个县2000万元。从2016年开始，彩票公益金扶贫项目纳入统筹整合财政涉农扶贫资金范围，井冈山市、吉安县、上饶县和广昌县都是统筹整合试点县，各县根据本县的脱贫攻坚规划和统筹整合方案统筹安排彩票公益金项目，由县级自主安排，用于脱贫攻坚。

【易地扶贫搬迁】 江西省根据“十三五”期间易地扶贫搬迁38.5万人规划，2016年易地扶贫搬迁9.6万人，其中搬迁建档立卡贫困人口4.2万人。投入搬迁移民扶贫资金7.68亿元，并通过省级投融资平台2016年承接建档立卡贫困人口投融资资金36.2亿元，其中地方政府债19.4亿元，专项建设基金2.1亿元，长期低息贷款14.7亿元。江西省涉及52个县（市、区）实施易地搬迁扶贫，共规划建设安置项目709个，其中集中安置点项目524个，各类分散安置项目185个。集中安置点项目分别为：县城、工业园安置点项目41个，安置3万人，其中建档立卡贫困人口1.3万人；乡镇安置点项目208个，安置2.9万人，其中建档立卡贫困人口1.2万人；中心村安置点项目275个，安置2.3万人，其中建档立卡贫困人口1万人。分散安置1.4万人，其中建档立卡贫困人口0.7万人。截至2016年底，集中安置点项目开工515个，开工率98.3%。其中已竣工80个，已搬迁入住9690人。

【产业扶贫】 2016年，江西省下达产业扶贫资金9.3亿元，将产业脱贫攻坚工作扩展到全省所有有扶贫任务的104个县（市、区）。全面推行“扶贫和移民产业信贷通”风险补偿机制，全省扶贫小额信贷共安排风险补偿金9.2亿元，覆盖行政村6241个，其中贫困村2009个，支持农民专业合作组织2097个，支持贫困农户11.9万户，累计发放扶贫小额贷款67.9亿元。推进旅游扶贫试点工作，落实项目建设资金6114万元，在47个试点村启动了第二批试点。开展资产收益扶贫试点，省级安排4380万元用于对贫困移民户的资产收益扶持，各县（市、区）也整合资金先后投入5.35亿元，其中财政扶贫资金投入1.77亿元，重点用于对失能弱能贫困户的资产收益扶贫，受益贫困人口10万余人。积极推进光伏产业扶贫，全省建成光伏扶贫项目97106千瓦，实现项目投资7亿元，其中财政扶贫资金投入1.9亿元，贷款资金2.97亿元。受益贫困村1293个，受益贫困人口5.4万人，失能弱能贫困人口2.3万人，贫困户年人均增收1610元。

【金融扶贫】 2016年，江西省围绕全省精准识别建档立卡贫困户中占比25.7%因缺资金这一致贫原因，按照《江西省金融扶贫工作规划》，出台金融服务“三农”、小微企业的实施意见等“1+N”政策文件，集中体现16项金融扶贫具体措施，创新推出油茶贷、产业扶贫信贷通、扶贫贷款保证保险等一批金融扶贫产品。截至2016年底，江西省“财园信贷通”累计发放贷款

943 亿元，惠及 2.5 万户中小微企业，“财政惠农信贷通”累计发放贷款 215 亿元，惠及农户 6.4 万户。江西省扶贫小额信贷共安排风险补偿金 10.23 亿元，支持贫困农户 12.48 万户，累计发放扶贫小额贷款 65.59 亿元。“银税互动”“挂牌贷”“电商贷”等不断满足中小微企业有效信贷需求，江西省小微企业在保 4783 户，在保责任余额 211.8 亿元。“茶油贷”“脐橙贷”等农户贷款新产品，进一步丰富农户贷款“产品箱”。江西省农业保险覆盖面持续扩大，累计为 2354 万户次农户提供风险保障 2795 亿元，

【定点扶贫】 2016 年，江西省各级共安排 8398 个单位定点帮扶“十三五”2900 个贫困村，派驻村工作队人员 3.18 万人，其中处级干部 1053 人，2900 名干部担任贫困村“第一书记”；省、市、县三级定点帮扶单位赴定点扶贫村考察调研 8.25 万人次，厅级干部 1889 人次、处级干部 30796 人次；各级帮扶单位直接投入 11.96 亿元，资金投入 10.54 亿元，帮扶项目 9060 个；各级单位帮助引进各类资金 10.7 亿元，引进项目 3473 个，受益建档立卡贫困人口 18.83 万人；各级单位举办培训班 3355 期，共培训各类人员 14.87 万人，帮助贫困户实现劳务就业 4.7 万人次，劳务收入 6.51 亿元。

【千企帮千村】 2016 年 3 月，江西省扶贫和移民办公室与省工商业联合会、省光彩事业促进会成立“千企帮千村”精准扶贫行动领导小组，并制定出台《江西省“千企帮千村”精准扶贫行动方案》，举行全省“千企帮千村”精准扶贫行动启动仪式，40 位企业家副主席、副会长和部分常委与赣州、吉安、上饶、抚州 4 个设区市贫困村代表签约。共有 1341 家民营企业（商会）与 1247 个建档立卡贫困村结对签约帮扶，实施扶贫项目 1516 个，投入资金 7.137 亿元，帮扶和带动贫困人口 12.8 万人。

【扶贫日活动】 2016 年 9 月，江西省印发“扶贫日”活动方案，组织开展脱贫攻坚表彰活动、电商扶贫公益行动、健康扶贫公益行动、定点扶贫公益行动、社团扶贫公益行动五大行动。依托江西电商扶贫工程线上平台邮乐农品扶贫专区和“老俵情”等微信平台，搭建销售贫困村、贫困户农特产品的网络渠道，为 157 个贫困村的 2462 个贫困户网上销售农产品近 10 万单，销售额达 267 万元，户均增收 1084 元。组织省卫生和计划生育委员会等 12 部门组织开展全省大型义诊活动月，动员省、市、县三级医院组派医疗队到医院定点帮扶贫困乡村或辖区内贫困乡村进行义诊。组织各级各部门单位深入定点帮扶贫困村，省派单位捐赠资金及物资 424 万元，帮助解决贫困户吃穿难 816 户、上学难 1200 人、就医难 2055 人、住房难 204 户。组织省慈善总会、省光彩事业促进会、省老区建设促进会等公益组织发起公益性扶贫项目，为南昌大学、江西财大等 10 所高校 260 名

建档立卡贫困新生捐赠 52 万元。

【电商扶贫】 2016 年，江西省扶贫和移民办公室与省商务厅、中国邮政集团江西省邮政公司签订电商扶贫战略合作协议、联合下发《2016 年江西省电商脱贫工程实施方案》。建成电商扶贫站点 1336 个，覆盖贫困户 2.7 万户；建设电商运营中心 43 个、仓配中心 37 个、电商产业园 1 个，培养 43 名贫困户、294 名返乡农民工、54 名大学生、53 名贫困村村干部和 892 名致富能人担任电商扶贫站站主。成立 84 个电商脱贫合作社，总产值达 3000 多万元，带动上万贫困人口就业。为贫困地区打造“老俵情”“廖奶奶咸鸭蛋”“将军山茶油”“傩乡桔颂”“功橙赣南”、“南康荷包胙”等 7 个注册商标和 100 多款主打农产品。开设各类网上县馆 65 个、上线农产品 1800 余款，带动农产品销售 270 余万笔，销售额达 6000 万元，带动贫困户人均增收 1500 余元。电商脱贫工程得到了各级领导的充分肯定和全国主流媒体的广泛关注，人民日报社、中央电视台、新华网、中新网等主流媒体先后多批次深入采访报道。

【脱贫摘帽】 2016 年 4 月，我国印发《关于建立贫困退出机制的意见》，其中明确贫困县退出以贫困发生率为主要衡量标准，原则上贫困县贫困发生率需降至 2% 以下（西部地区降至 3% 以下）。截至 2016 年底，井冈山市贫困发生率降至 1.6%，是我国贫困退出机制建立后首个脱贫“摘帽”的贫困县。井冈山市突出精准为先，牢牢把握产业、安居、保障、基础设施“4 大关键”，贫困人口由 2014 年初的 4638 户 16,934 人，减少到 539 户 1417 人，贫困发生率由 2014 年初的 13.8% 降至 1.60%，低于国家 2% 的贫困县退出标准；农民人均纯收入由 2013 年的 5857 元增长到 8647 元，贫困户人均纯收入由 2013 年的 2600 元增长到 4500 元以上。

【健康扶贫】 2016 年，江西省坚持聚焦农村贫困人口因病致贫、因病返贫问题，在实施新农合、新农合大病保险、民政医疗救助三道防线基础上，探索试点实施农村贫困人口疾病医疗补充保险政策，构筑起健康保障“四道保障线”。提高新农合住院和门诊慢病保障水平，取消建档立卡贫困人口在县级定点医疗机构住院补偿起付线。将建档立卡贫困人口门诊慢病补偿比例由 40% 提高到 50%，年度封顶线由 3000 元提高到 4000 元。对建档立卡贫困人口新农合大病保险报销起付线下降 50%，同时补偿比例提高 5 个百分点，即个人年度累计负担的合规医疗费用扣减起付线金额后，0 元至 5 万元部分补偿比例由 50% 提高到 55%，5 万元以上至 10 万元部分补偿比例由 60% 提高到 65%，10 万元以上部分补偿比例由 70% 提高到 75%。全面建立农村贫困人口重大疾病医疗补充保险制度，按每人每年不低于 90 元的筹资标准，为全省 342 万通过精准识别并建档立卡的贫困户家庭成员、农村特困供养人员和 80 多万未进入贫困建档立卡系统的农村家庭低保人员整年投保。

【脱贫攻坚奖】 2016 年 10 月 16 日，国务院扶贫开发领导小组在北京召开全国脱贫攻坚奖表彰大会，江西省瑞金市壬田镇凤岗村农民廖秀英、九江市人民检察院退休干部王晓阳分别荣获“全国脱贫攻坚奖”奋进奖、贡献奖。省扶贫和移民办计划财务处处长勒系永、瑞金市扶贫和移民办主任曾能贵荣获“全国扶贫系统先进工作者”称号，赣州市精准扶贫办、井冈山市扶贫和移民办荣获“全国扶贫系统先进集体”称号。

（江西省扶贫和移民办政策法规处 龚亮保）

山东省扶贫开发

【概述】 2016年，山东省认真贯彻落实中共中央总书记习近平扶贫开发重要战略思想，以“走在前列”为目标定位，坚持精准扶贫精准脱贫基本方略，颁布实施“十三五”脱贫攻坚规划，签署2016年脱贫责任书，全面推进“六个精准”“五个一批”，脱贫攻坚首战告捷，实现省定贫困标准线下151.2万贫困人口脱贫，超额完成120万人的年度减贫任务。泰安市岱岳区苏庆亮被评为“全国脱贫攻坚奖贡献奖”，追授“齐鲁时代楷模”荣誉称号。临沂市沂南县扶贫办、枣庄市山亭区蒋邦海分别被人力资源和社会保障部、国务院扶贫办授予“全国扶贫系统先进集体”“全国扶贫系统先进工作者”荣誉称号。

【扶贫资金投入】 2016年，山东省各级投入财政专项扶贫资金46.24亿元。其中，中央安排财政资金3.5218亿元，包括中央财政专项扶贫资金2.9218亿元、彩票公益金0.6亿元。省级财政安排专项扶贫资金17亿元，实现了连续3年翻番。中央和省级资金主要包括发展资金16.7482亿元（含省特色产业发展基金5亿元）、小额扶贫信贷风险补偿和贷款贴息资金2.009亿元、彩票公益金0.6亿元、少数民族发展资金0.3416亿元、国有贫困农场资金0.1082亿元、国有贫困林场资金0.2899亿元、残疾人康复扶贫贷款贴息资金0.0234亿元、“雨露计划”项目资金0.354亿元、项目管理费0.0475亿元等，市级财政以下安排专项扶贫资金25.72亿元。

【统筹整合财政涉农资金】 2016年6月，山东省政府办公厅印发《关于统筹整合使用财政涉农资金支持脱贫攻坚的意见》，统筹整合使用涉农资金，全省162个县（市、区）整合资金65.11亿元。

【扶贫资金监管】 2016年3月，山东省扶贫办与省财政厅联合印发《关于加强2016年度财政专项扶贫资金使用监管的意见》。10月，省扶贫办与省财政厅联合印发《关于开展财政专项扶贫资金集中检查工作的通知》。山东省在国务院扶贫办、财政部《关于2015年财政专项扶贫资金绩效评价情况的通报》中被评为“A级”。

【扶贫调研】 2016年，山东省组织省级层面开展脱贫攻坚重大问题调查研究活动91次，覆盖17个市、112个县、326个乡镇、1258个村，走访贫困户2516户、贫困人口3264人次，形成综合调研报告12个、专题调研报告26个，汇编《山东省脱贫攻坚典型 80 例》。

【扶贫会议】 2016 年，山东省召开全省脱贫攻坚现场会议、全省扶贫协作会议等会议 111 次，17 位省级领导主持或出席会议 87 人次。其中，全省扶贫开发领导小组全体会议 4 次；黄河滩区脱贫迁建工作专项小组全体会议 1 次；全省脱贫攻坚现场会议 3 次；全省统筹整合使用财政涉农资金助推脱贫攻坚工作会议、全省扶贫协作工作会议等专题会议 34 次。

【扶贫机构建设】 2016 年，山东省增加国家统计局山东调查总队为省扶贫开发领导小组成员，成员单位增加到 48 个。17 个市、126 个县（市、区）扶贫开发领导小组全部调整到位，组长均由市县党政主要同志担任。整合组建省扶贫办，内设 12 个组（单位）。市县组建扶贫开发领导小组办公室，主任由党委副秘书长或党委办公室副主任兼任，全省扶贫系统干部达 10286 人。其中，省扶贫办机关干部 77 人，市级扶贫机构工作人员 550 人，县级 2307 人，乡（镇、街道、开发区）级 7352 人。

【干部驻村帮扶】 2016 年，山东省 13013 个机关业企事业单位，共选派 21575 名挂职干部，担任“第一书记”，帮扶 140 个县（市、区）、1259 个乡（镇、街道）、13656 个村（社区）。投入资金 50.72 亿元，实施帮扶项目 23562 个，60.05 万建档立卡贫困户受益，实现贫困户劳务就业 94127 人次，劳务收入达 39430.7 万元。编印《“第一书记”扶贫读本》，选用“第一书记”扶贫工作案例 68 个，优惠政策及操作流程 40 项。

【贫困对象动态调整】 2016 年 5 月，中共山东省委办公厅、山东省人民政府办公厅印发《山东省贫困退出实施方案》。截至 2016 年底，全省扶贫工作重点村 1916 个，省级扶贫标准（3806 元）以下贫困人口 46.5 万户、89.6 万人，国家扶贫标准下 15.9 万户、31.1 万人，青岛、淄博、东营、威海 4 市基本完成脱贫任务。

【易地扶贫搬迁】 2016 年，山东省编制《山东省“十三五”易地扶贫搬迁规划》，明确“十三五”期间易地扶贫搬迁任务。2016 年，安排两批中央预算内投资共 4945 万元，省级财政专项补助资金 1.6 亿元，开工建设安置区 31 个，竣工 14 个，涉及 56 个搬迁村，年度项目开工率 100%；搬迁入住 6767 人，其中建档立卡贫困人口 1926 人。安置就业 2056 人，产业扶持 3145 人。

【产业扶贫】 2016 年 3 月，山东省制定实施《山东省定扶贫工作重点村产业发展项目管理办法》。2016 年，山东省实施特色产业扶贫项目 11482 个、资金 2.07 亿元，其中省以上财政专项扶贫资金投入 14.93 亿元，带动建档立卡贫困人口 51 万户、110 万人。引导鼓励支持农业龙头企业、农民合作社等农业新型经营主体 6826 家，带动贫困人口 55.7 万人。9 月 20—28 日，全国产业精准扶贫现场会观摩山东沂南县、费县、鄄城县，总结推广山东省产业就业扶贫典型经验。

【电商扶贫】 2016年，山东省扶持11个市30个县开展电商扶贫，安排特色产业扶贫基金3000万元，每县投入100万元，覆盖省定扶贫工作重点村121个，带动建档立卡贫困人口4249户、9126人。

【旅游扶贫】 2016年，山东省安排特色产业扶贫基金1亿元，支持100个省定扶贫工作重点村实施旅游扶贫项目，每村投入100万元。项目带动建档立卡贫困人口6198户、13577人。

【光伏扶贫】 2016年，山东省安排特色产业扶贫基金16320万元，每县投入480万元，在34个省派挂职副书记县实施光伏扶贫项目。项目覆盖1873个村，示范带动建档立卡贫困人口32960户、65276人，帮助无劳动能力贫困户实现长期稳定脱贫。

【彩票扶贫项目】 2016年1月，山东省费县在全国2014年度彩票扶贫项目绩效评价中，总分第一。2016年度彩票扶贫项目投入中央专项6000万元，涉及费县、沂南县、莒县3个项目县，每县安排2000万元，重点支持贫困村修建生产路、小型水利等公益设施。

【雨露计划】 2016年，印发《山东省“雨露计划”职业教育扶贫项目管理实施细则》，省级以上财政安排“雨露计划”资金3540万元，其中中央资金2540万元、省级资金1000万元。每年补助标准从500元提高到3000元，1.18万“两后生”获得职业教育补助。

【金融扶贫】 2016年，山东省各级财政投入专项资金11.44亿元，其中风险补偿金7.29亿元、贷款贴息资金3.28亿元、其他资金（担保、保险）0.87亿元。全省137个县（市、区）、1496个乡（镇）确定责任包干银行，合作银行达到244家，发放小额扶贫信贷40.87亿元，带动贫困人口8.9万人；发放扶贫再贷款37.84亿元，带动贫困人口6.6万人。全国首单扶贫社会效应债券落地沂南县，募集资金5亿元投向扶贫领域。

【扶贫改革试验区】 2016年，淄博市积极开展扶贫改革试点工作，淄博市上小峰村、朱南村贫困人口全年分红达1000元以上。12月，淄博市在全国扶贫改革试验区工作座谈会，介绍了建立完善资产收益扶贫运行机制的经验做法。

【行业扶贫】 2016年，省扶贫开发领导小组成员47个单位编制25个专项实施方案和23个实施意见，形成“1+25+23”脱贫攻坚政策体系。全年投入行业扶贫资金126.68亿元，357个扶贫工作重点村完成饮水安全通水工程，新建改建道路1200千米，危房改造2.37万户，医疗救治贫困群众40.6万人，发放困难失能老年人等2.9亿元，资助贫困家庭学生22.4万人次，提供各类公益岗位39613个。

【就业扶贫】 2016年，山东省制定《山东省就业与社会保障扶贫实施方案》《山东省创业扶贫担保贷款资金管理办法》

和《山东省创业扶贫担保贷款工作实施方案》，对3.1万名贫困人口进行免费职业技能培训，实现贫困人口转移就业11.2万人，其中省内9.3万人、省外1.9万人。新建或改建就业“扶贫车间”2790个，吸纳8.9万人贫困劳动力就业。

【社会组织扶贫】 社会扶贫捐款5.6亿元。开展过暖冬过好年、千企帮千村等活动，其中开展“过暖冬过好年”活动，投入资金15.2亿元，惠及贫困群众218.3万人。山东省扶贫开发基金会正式成立，募集启动资金8000余万元，接收社会各界和爱心人士善款700余万元。

【东西部扶贫协作和对口支援】 2016年8月，中共山东省委、省政府印发《关于进一步做好东西扶贫协作和对口支援工作的意见》。全年共投入对口支援协作资金18.3亿元，援助项目370个。山东援疆指挥部作为援疆省市唯一代表获得“中国扶贫政府创新奖”。启动《山东省对口支援新疆志》《山东省对口支援西藏志》编纂工作，全面记述援疆援藏工作。

【省内扶贫协作】 2016年，山东省委、省政府办公厅印发《关于开展省内扶贫协作的指导意见》。济南、青岛等6市和临沂、菏泽等6市结成扶贫协作对子，双方35对县（市、区）、52对乡镇（街道办事处）结对帮扶，签订协作项目27个，协议金额33.94亿元，帮扶资金1540万元。开展人才交流963人次，举办培训班22期，培训2516人次，输出劳务1420人次。

【扶贫干部培训】 2016年，山东省印发《关于做好基层扶贫干部培训工作的通知》。全省投入扶贫培训经费1.2亿元，启用培训教学点1445个，参与培训师资7895人，举办培训班1.29万期、培训98.9万人次。其中，举办省级示范培训5期、培训1129人次；省扶贫开发领导小组成员单位举办培训班35期、培训5483人次；市、县、乡（镇）三级举办培训班1.28万期、培训98.23万人次。县委书记、县长分别授课160人次、145人次。

【扶贫督查考核】 2016年，制定《山东省市级党委和政府扶贫开发工作成效考核办法》《山东省扶贫开发领导小组成员单位扶贫开发工作成效考核办法》《山东省脱贫攻坚督查巡查工作办法》《山东省市级党委和政府扶贫开发工作成效考核实施细则》和《山东省市级扶贫办工作考核办法》5个文件。全年开展督查11次，其中综合督查3次、专项督查8次，发出督查通报65份次，约谈县委书记5人次，市、县扶贫办负责人16人次。组织实施年度考核，考核评价好的市6个，较好的市11个，成员单位中，评价好的14个，较好的31个。

【扶贫审计监督】 2016年，山东省扶贫办和审计厅联合出台《关于进一步加强审计监督助推脱贫攻坚的意见》。5月，从省审计厅抽调8名干部，在省扶贫办内部设立审计监督组。10—11月，审计监督组对菏泽、临沂、聊城3市7县2013—2016年度扶贫资金情况开展审计检查，延伸调查41个乡镇（街道）、758个村、986个项目，涉及扶贫资金3.03亿元。

【扶贫开发综合平台建设】 2016年，山东省投入资金1210万元，建设完成扶贫开发综合平台。7月，扶贫开发综合平台建成投入使用，平台上接国务院扶贫办，下连市县乡，横向对接48个成员单位，绘制农村贫困人口分布图、扶贫措施到户到人图、脱贫人口动态管理图“三张图”，收录各类数据760万条，实现信息汇集、政策发布、供需对接、调度监督、成效评估、督查督办“六大功能”。

【国际减贫交流】 2016年5月，山东省接待由中国国际扶贫中心、南非农村发展和土地改革部共同主办的2016年第一期南非农村发展政策与实践研修班学员16名，实地考察烟台东方海洋科技有限公司、寿光蔬菜博览园等16个项目点，并就农村地区企业发展与扶贫开发工作进行研讨交流。

【扶贫宣传】 2016年，山东省制定《山东省扶贫宣传工作评价办法》，作为对各市扶贫宣传工作情况专项考核的重要依据。省、市、县三级扶贫部门，共编发简报5056期，其中省扶贫办编发138期、市级编发1152期、县级编发3766期。中央主流媒体采用山东稿件793篇，其中《人民日报》98篇、新华社194篇。省级媒体编发稿件3826篇，网络媒体及其他媒体采用稿件8166篇。举办全省扶贫宣传信息工作培训班，培训人员200人次。2016年，在国务院扶贫办全年扶贫宣传考核中，山东省排名第一。

【扶贫政务信息】 2016年，山东省扶贫办制定《政务信息公开暂行办法》，在省扶贫办官方网站设立政务公开专题专栏，公开扶贫政务信息。全年公开扶贫政务信息396条，答复依申请公开请求6件。山东省扶贫办印发《市级扶贫政务信息公开工作考核办法》，加强对 17市扶贫政务信息公开工作考核。

【扶贫信访舆情处理】 2016年，山东省印发《关于建立重大涉贫事件处置反馈机制的意见》，与省纪委信访室建立信访舆情共享机制。制定《信访举报件办理流程》，规范信访舆情办理程序。省扶贫办开通12317扶贫信访举报电话。建立扶贫舆情监测体系，受理信访舆情122件，办结率达100%。

【扶贫警示教育】 2016年，山东省扶贫系统集中开展警示教育工作，省、市、县成立警示教育工作领导小组，会同纪检、检察机关开展扶贫领域监督执法问责、职务犯罪整治预防专项工作。聘请法律顾问提供法律咨询服务，推进廉洁扶贫、阳光扶贫。购买《扶贫领域违法案件警示录》9675册，发放全省各级驻村干部学习。

（山东省扶贫办　杨玉可）

河南省扶贫开发

【概述】 2016年，河南省把脱贫攻坚作为重大政治任务和第一民生工程，省、市、县三级成立由党委和政府主要领导任组长的脱贫攻坚领导小组，建立省级领导干部和部分省直单位联系贫困县脱贫攻坚工作制度，召开省脱贫攻坚领导小组全体会议和全省脱贫攻坚第一次、第二次推进会议，建立常态化省级督导机制。省委、省政府围绕解决好“扶持谁、谁来扶、怎么扶、如何退”的问题，制定了扶贫对象精准识别、财政涉农资金统筹整合、扶贫资金管理、脱贫工作成效考核、贫困退出“5个办法”，转移就业脱贫、产业扶持脱贫、易地搬迁脱贫、社会保障脱贫、特殊救助脱贫“5个方案”，教育脱贫、医疗卫生脱贫、交通运输脱贫、水利脱贫、电网脱贫“5个专项方案”，形成了比较完备的脱贫攻坚政策体系。开展建档立卡“回头看、再核实”，落实“转、扶、搬、保、救”精准扶贫重点举措，实施贫困人口动态调整，统筹做好精准识别、精准帮扶、精准退出工作。全省实现112.5万农村贫困人口脱贫，2125个贫困村达到脱贫标准、退出贫困序列，兰考县脱贫摘帽。全省贫困地区农村居民人均可支配收入9734.9元，与2015年同期相比增加870.1元，增长9.8%，扣除价格因素实际增长7.7%，比全省农村平均水平高2个百分点。

【扶贫资金投入】 投入各级财政扶贫资金59.0747亿元，其中：中央投入28.3149亿元，增幅36.83%；省级投入12.4203亿元，增幅49.3%；市县投入18.3395亿元，增幅26.9%。财政扶贫资金主要用于易地扶贫搬迁、到户增收、科技扶贫、产业扶贫、“雨露计划”培训等精准扶贫项目和整村推进、彩票公益金扶贫等基础设施项目。全省53个贫困县统筹整合使用财政涉农资金131.14亿元。全年发放扶贫再贷款77.8亿元。省级新增政府债券扶贫资金34.85亿元，安排革命老区转移支付补助资金3.89亿元。

【扶贫资金管理】 出台《河南省扶贫资金管理办法》，将各级财政预算安排扶贫资金、地方政府债券、专项建设基金、政策性收益、融资资金、社会捐赠资金纳入监管范围，构建了覆盖预算安排、资金下达、资金拨付、投资评审、政府采购、招标投标、项目实施、审计监督、绩效评价等全过程的扶贫资金管理机制。开展财政扶贫资金违规违纪使用专项集中整治活动，对2013年以来资金的立项、拨付、使用、评估验收、报账和效益进行自查自纠。开展全省懒政怠政、为官不为问责年活动，开展集中整治和加强预防扶贫领域职务犯罪专项工作，把规范扶贫资金使用管理作为重点内容。河南省2016年度财政扶贫资金绩效被财政部、国务院扶贫办考评为A级。

【基础设施建设】 安排贫困地区普通干线公路建设里程2100千米，补助资金30.4亿元，占全省补助资金总量的52.3%；安排贫困地区农村公路道路建设里程0.8万千米、桥梁4.5万延米，补助资金29.6亿元，占全省补助资金总量的55.2%；安排贫困地区农村公路安防工程建设里程2702千米，补助资金2.2亿元，占全省补助资金总量的74.6%；安排贫困地区水运建设项目补助资金2.4亿元，占全省补助资金总量的72.2%。安排全省53个贫困县水利投资50.85亿元，其中：投入21.41亿元实施防洪抗旱减灾工程项目，投入12.95亿元实施农田水利项目，投入7.6亿元实施贫困村饮水安全巩固提升项目，投入1.39亿元实施水生态及水土保持项目，投入7.5亿元实施水利移民项目。安排全省53个贫困县农村危房改造户数9.52万户，占全省农村危房改造户数的63.49%；投入贫困地区危房改造资金8.34亿元，占全省危房改造资金总量的64.72%。安排贫困地区电网投资112亿元，新建和扩建35千伏及以上变电站153座，新建和更换配电变压器2.8万台，新增配变容量484.2万千伏安，建设和改造10千伏及以下线路6.49万千米；完成1511个贫困村电网整村改造；完成25万眼机井通电工程建设。

【整村推进】 河南省1650个贫困村实施整村推进，实施项目6397个，其中：财政扶贫项目2301个，部门整合项目4096个。全省整村推进项目投资45.71亿元，其中：中央、省级财政扶贫资金10.83万元，市级财政扶贫资金0.26亿元，县级财政扶贫资金1.55亿元；整合部门资金29.64亿元；群众自筹资金3.43亿元。整村推进围绕“重发展、强基础、兴产业、扶能力、促就业、助增收”6个方面，实施水、电、路、讯、房、环境改善到农家和农户增收致富“六到一增”工程，发展教育、文化、卫生等社会事业。

【易地扶贫搬迁】 成立河南省易地扶贫搬迁工作领导小组、省扶贫搬迁投资有限公司，召开全省易地扶贫搬迁电视电话会议、现场会议、推进会议。出台《河南省易地搬迁脱贫实施方案》《河南省“十三五”时期易地扶贫搬迁工作实施意见》《河南省“十三五”时期易地扶贫搬迁工程实施细则》。省级组织相关省辖市、直管县（市）精准核定易地扶贫搬迁对象，建立部门协调联动机制，将易地扶贫搬迁与新型城镇化、新农村建设、产业集聚区建设、特色产业发展相结合，支持搬迁群众就业增收，确保实现“搬得出、稳得住、能发展、可致富”。投入中央预算内资金 6.82 亿元、省级补贴资金 1.15 亿元，投入政府专项债券、专项建设基金和贴息贷款 30.11 亿元，实施集中安置项目 304 个，对 9.74 万贫困人口实施易地扶贫搬迁。

【产业扶贫】 投入中央、省级财政扶贫资金 3.3 亿元，实施到户增收项目 803 个，扶持 8.21 万贫困户、30.38 万贫困人口发展特色产业。投入中央、省级财政扶贫资金 0.6918 亿元，实施科技扶贫项目 186 个，扶持贫困村 337 个、贫困户 1.35 万户，推广新品种、新技术 228 项，农业技术培训 5.63 万人次，印发技术资料 1.31 万册。投入中央、省级财政扶贫资金 0.1749 亿元，支持龙头企业和农民专业合作组织实施产业扶贫项目 56 个，带动 7840 名贫困人口就地就近就业；龙头企业投入 0.3691 亿元，帮扶贫困地区开发特色产业。组织省内各级农业银行、邮政储蓄银行、农村信用社作为主办银行，实行扶贫小额信贷分片包干责任制。全省扶贫小额信贷余额 50 亿元，其中 2016 年新增扶贫小额贷款 20.2 亿元，支持 14 万贫困人口发展产业。

【雨露计划】 投入中央、省级财政扶贫资金 1.02 亿元，培训贫困家庭劳动力 13.7 万人，其中：职业教育助学工程投入 0.2963 亿元，资助贫困家庭学生 2.96 万人；短期技能培训工程投入 0.066 亿元，资助贫困家庭青壮年劳动力 0.44 万人；贫困村产业发展农村实用技术培训工程投入 0.5898 亿元，培训 9.83 万人；贫困村创业致富带头人培训工程投入 0.0705 亿元，培训 0.47 万人。

【以工代赈】 投入中央、省级以工代赈资金 4.18 亿元，其中：国家财政预算内资金 2.05 亿元，中央预算内资金 0.88 亿元，省财政及交通配套资金 0.6 亿元，省基建资金 0.65 亿元。在全省 53 个贫困县建设一批乡村道路、农田水利、基本农田、小流域治理、片区综合开发等中小型基础设施工程和示范工程，改善贫困地区生产生活条件和发展环境，增加贫困群众收入。

【产业扶贫】 制定《河南省“十三五”产业精准扶贫规划》，组织全省 53 个贫困县制定实施“十三五”产业精准扶贫规划。投入扶贫专项补贴资金 0.9 亿元，开展农民合作社、村集体经济组织带动脱贫机制试点。制定实施《河南省推进优质小麦发展工作方案（2016—2018 年）》，优化优质粮食产业结构。安排贫困县产业化集群补助资金 0.7 亿元、农业结构调整专项资金 0.185 亿元、农村一二三产业融合发展补助资金 0.56 亿元、农产品产地初加工补助资金 0.4 亿元，提升农业产业化水平。安排 21 个贫困县园艺作物标准化项目资金 0.105 亿元，在 4 个贫困县实施无公害农产品生产基地建设项目，加快特色农产品产业发展。安排 53 个贫困县农业基层农技推广改革与建设补助资金 0.7076 亿元、新型职业农民培育工程补助资金 0.4679 亿元，增强农业科技支撑能力。

【社会保障制度完善】 将农村低保对象年人均保障标准由2015年的2600元提高至2960元、月人均补助水平由2015年的不低于115元/月·人提高至132元/月·人。对“三无”老年人、残疾人和未满16周岁的未成年人实行特困人员救助供养，2016年集中供养标准提高到每人每年不低于4000元、分散供养标准提高到每人每年不低于3000元。将医疗救助对象从低保对象、特困供养人员扩大至符合条件的建档立卡贫困人口；全省建成重特大疾病医疗救助“一站式”即时结算平台137个，覆盖率73.66%。推行社会救助一套制度、一个窗口、一张转办单、一本台账、一部热线电话“5个一”模式，全省98%以上的县（市、区）、乡（镇、街道办事处）设立了“一门受理”窗口。

【定点扶贫】 中央驻豫单位赴定点扶贫县考察442人次，其中部级干部52人次；选派挂职干部50人，其中驻村“第一书记”21人；直接投入贫困地区资金及物资折款0.7743亿元，帮助引进资金68.8亿元，实施帮扶项目73个；举办培训班155期，培训各级干部、技术人员、农村致富带头人和农村劳动力1.3万人次，组织劳务输出1.59万人次。全省共有9523个单位参与定点扶贫，帮扶6492个贫困村，派遣蹲点干部2.81万人。省级财政安排专项资金1亿元，对省派第一书记按每人每年3万元标准发放工作经费，按每村每年45万元标准发放产业发展资金。制定实施《河南省驻村第一书记召回办法》。召开中直单位驻豫定点扶贫工作座谈会，分三批举办省派第一书记及派驻村党支部书记培训班。

【企业和社会各界扶贫】 实施“千企帮千村”精准扶贫行动，全省有2965家民营企业结对帮扶2293个贫困村，投入帮扶资金133.4亿元，实施帮扶项目4889个，帮扶贫困人口24.01万人。开展“秋送助学”“冬送温暖”活动，全省工会系统筹集助学金0.91亿元，资助困难学生3.4万人。全省有190个团委等相关单位结对帮扶38个国家扶贫开发工作重点县、110个贫困村，有5018个青年社会组织或爱心企业与48.5万名贫困青少年结成爱心伙伴。全省建立“巧媳妇”项目加工点2万多个，带动60多万名农村妇女就地就近灵活就业。建立困难残疾人生活补贴和重度残疾人护理补贴制度；对1.8万名困难家庭残疾儿童实施抢救性康复；实名制培训残疾人11.2万人，帮助残疾人就业、创业8.5万人；加强残疾人康复和托养服务设施建设。

【扶贫宣传】 组织协调新闻媒体宣传扶贫开发政策、报道扶贫开发成效，主流媒体宣传报道2000余篇次。中央电视台推出“精准扶贫看兰考”8集系列报道。省委宣传部等单位开展了“咱们一起奔小康”主题宣传活动和“脱贫大决战”大型扶贫公益节目展播。省委网信办等单位开展了“长征路上奔小康”网络媒体“走转改”大型主题采访活动。河南广电全媒体推出

"脱贫攻坚进行时　河南在行动"大型主题报道，河南人民广播电台推出"脱贫攻坚在路上"系列报道，河南日报开设"脱贫攻坚日记"专栏。省扶贫办被评为"全国扶贫宣传先进单位"。

（河南省扶贫办政策法规处　郑　方）

湖北省扶贫开发

【概述】 2016年，湖北省委、省政府认真学习贯彻习近平总书记扶贫开发战略思想，坚定不移地贯彻落实中共中央、国务院的战略部署，牢固树立“四个意识”，把脱贫攻坚作为重大的政治责任、重大的政治任务、重大的民生工程、重大的发展机遇，作为“十三五”经济社会发展头等大事和第一民生，坚持“准”“实”“严”的总标准，按照“精准扶贫、不落一人”的总要求，举全省之力向贫困发起总攻，首战告捷，承诺兑现。2016年，全省98万贫困人口脱贫，1601个贫困村出列，圆满完成年度减贫任务。全国扶贫开发工作会议湖北作典型发言，全国资金整合现场会、全国精准识别现场会、全国“万企帮万村”等现场会先后在湖北召开，湖北资金整合、易地扶贫搬迁工作经验在全国交流。2016年，中央对省级党委和政府扶贫成效考核，湖北评为第一类，受到通报表扬。

【扶贫资金投入】 2016年，湖北省共投入财政扶贫资金122.13亿元。其中中央分配湖北财政扶贫资金25.70亿元，同比增加10.14亿元，增长61.3%。资金构成为：扶贫系统管理的财政扶贫资金22.55亿元、以工代赈资金1.85亿元、少数民族发展资金1.02亿元、国有贫困农场资金0.15亿元、国有贫困林场资金0.13亿元。省级财政扶贫资金32.89亿元，同比增加3.25亿元，增长10.96%。市（州）安排财政扶贫资金5.85亿元，同比增加3.76亿元，增长207.2%。县（市、区）安排财政扶贫资金57.69亿元，同比增加55.45亿元，增长2578%。中央财政发展资金主要用于：一是产业扶贫，投入资金15.78亿元，占69.9%；二是基础设施建设，投入资金1.02亿元，占4.5%；三是培训，投入资金1.32亿元，占5.8%；四是移民扶贫，投入资金3.29亿元，占14.5%；五是资产收益扶贫，投入资金1.14亿元，占5.5%。

【扶贫资金管理】 2016年，湖北省落实财政扶贫资金管理办法，按照贫困县、贫困村、贫困人口脱贫任务三因素，将中央和省级财政扶贫资金一次性切块分配到县。坚持“管总量不管结构、管任务不管项目、管监督不管实施”的原则，到县资金由各地根据扶贫工作实际需要，自主确定资金投向。坚持以铁面对待、铁腕处理、铁规执行、铁心防范的“四铁”精神，对资金流向实行全程监管。落实群众监督、社会监督、审计监察等监管机制和问责机制，建立扶贫资金违规使用责任追究制度。积极搭建扶贫资金电子化监管平台，力争实现资金在线式监控、即查即改。2016 年先后开展了财政扶贫资金绩效评价和审计、资金整合专项督查、加强预防扶贫领域职务犯罪和侵害群众利益不正之风问题集中整治，全年 10 个县（市）85 名干部被追究责任，全省审计部门向纪检监察机关移送案件线索 30 件。2016，国家财政扶贫资金绩效考评，湖北再次获得 A 级。

【产业扶贫】 湖北省锁定 330 万有劳动能力的贫困人口，编制省、县两级产业扶贫规划，从省级支农专项中统筹 0.3 亿元，设立产业精准扶贫专项资金，加大产业扶贫投入力度；设立扶贫小额信贷风险补偿金 6 亿元，发放扶贫小额信贷 46.3 亿元；申报建设光伏电站 88.2 万千瓦，解决无村级集体收入、无劳动能力贫困人口脱贫问题；在 15 个贫困县开展电商扶贫试点；实施乡村旅游扶贫，带动 10 万人增收脱贫。总结推广“支部+党员大户+贫困户”的支部引领模式、“政府+企业+银行+保险+贫困户”的五方协作模式、“租金+薪金+股金+保险金”的四金联结模式、“包技术、包融资、包帮扶、包销售”的四包发展模式和“进农庄、住农家、知农事”的乡村游发展模式。

【易地扶贫搬迁】 2016 年，湖北省认真落实汪洋副总理在十堰市调研时的重要讲话精神，将易地扶贫搬迁作为决战决胜“五个一批”中的关键一批、首要一役，全面实施“交钥匙工程”。落实易地扶贫搬迁一把手责任，成立高度集中统一的易地扶贫搬迁工作指挥部。科学编制全省易地扶贫搬迁“十三五”规划和实施方案、年度实施计划及搬迁户脱贫计划。严把政策红线，锁定人均建房面积不超过 25 平方米，户型精准对应到户到人。严守不因建房而举债的红线，严格控制搬迁户借款建房。严守不得一搬了之的红线，同步谋划脱贫路径，探索出了易地扶贫搬迁中“藤上结瓜、入股分红、资产收益、转移就业”产业配套模式。2016 年，全省完成 12.73 万户、35.21 万人的搬迁。

【教育扶贫】 湖北省出台贫困户子女从幼儿园到研究生的精准资助政策，资助资金 22 亿元，资助贫困学生 150 余万人次。中国泛海控股集团从 2016 年起连续五年每年捐赠 5000 万元，对 1 万名当年考上大学本科的贫困家庭学生每人捐赠 5000 元。组织 37 所省内高校、37 所优质高职、78 所示范高中、37 所优质中职与 37 个贫困县签约帮扶。建立贫困地区“双创”基金，大力实施雨露计划、职业技能培训，建立劳务输出对接机制。

【生态扶贫】 实施林业扶贫攻坚规划，湖北省发放天然林管护费 3 亿元，选聘 2.5 万名贫困人口担任生态护林员。实施森林生态效益补偿，贫困林农人平均增加现金收入近千元。

【社保兜底扶贫】 2016年，湖北省级财政安排22亿元低保资金，对220万名农村低保和五保对象，按人年均1000元的标准提高补助。2016年，全省低保标准已提高至3850元/年，农村五保集中、分散供养标准分别提高到7402元/人·年和7294元/人·年，政府为7.8万人代缴居民养老保险保费。

【健康扶贫】 湖北省实施健康扶贫工程，保障农村贫困人口享有基本医疗卫生服务，防止因病致贫返贫。强化贫困地区卫生计生基础设施建设，安排中央和省项目投资11.11亿元，其中6.7亿元优先安排到连片贫困地区。加强贫困地区人才队伍建设，实施万名医师支援农村卫生计生工程，全省三甲医院一对一支援贫困县医院，每年为贫困地区乡镇卫生院招聘执业医师200多名。加大医疗救助，共发放临时救助资金2.5亿元，救助困难群众36.7万人次。降低贫困户大病保险起付线，贫困户新农合就医报销比例提高20%。

【金融扶贫】 湖北省政府鼓励和引导各类金融机构加大金融扶贫力度，在贫困村共建立2791个金融精准扶贫工作站。2016年，全省扶贫再贷款余额15.03亿元。全省银行业扶贫贷款比年初增长20%，高于各项贷款平均增速6.6个百分点，通过加大脱贫投入，为推进脱贫攻坚提供资金保障。

【区域扶贫协作】 2016年，湖北省出台《进一步加强省内区域协作扶贫和定点帮扶工作的意见》，明确在9个发达市对口帮扶10个民族贫困县（市）的基础上，同步实施省内经济强县对口帮扶37个贫困县。9个发达市向10个少数民族县（市）共援助资金10.7亿元，引导社会无偿捐助资金0.12亿元。实施各类帮扶项目119个，帮助引进人才71人、引进技术24项、投资项目53个，建立特色产业基地21个，通过产业带动1.47万贫困人口脱贫；举办各类培训班76期，帮扶贫困户实现劳务就业1.15万人次。

【定点扶贫】 2016年，湖北建立与中直帮扶单位沟通协调机制，推进帮扶单位的帮扶政策、帮扶资金、帮扶项目等精准滴灌到贫困村和贫困人口。17家中直帮扶单位直接投入帮扶资金2.70亿元（含物资折款0.51亿元），帮助引进项目80个、引进资金8.11亿元，帮助引进人才57人，帮助引进技术48项；开办各类培训班442期，培训人员1.05万人次；组织劳务输出0.85万人次，帮助贫困户实现劳务收入2.43亿元。

【企业和社会各界扶贫】 2016年，湖北实施“千企帮千村”行动，全省7963家企业参与精准扶贫。工商业联合会系统组织签约帮扶的企业达1526家，结对贫困村1338个，实施帮扶项目1868个，带动贫困人口35.83万人，企业投资总额12.85亿元，捐赠总额达18.37亿元。开展“10·17”全国扶贫日活动，全省共募集扶贫公益捐赠资金7.7亿元。工会、共青团、妇女联合会、科学技术协会、残疾人联合会、红十字会等群团组织纷纷开展精准扶贫主题活动，各界人士扶贫热情高涨。

【驻村帮扶】 湖北省统筹整编全省新农村建设工作组、“三万”活动工作组、脱贫奔小康工作队等农村工作队力量，聚焦精准扶贫，打造一支扎根贫困一线的攻坚主力部队，不脱贫，不收兵。2016 年，省、市、县三级共派出 17074 个扶贫工作队，93897 名驻村干部，直接投入帮扶资金 20.48 亿元（其中资金 17.21 亿元，物资折款 3.27 亿元），帮助引进各类资金 18.73 亿元、引进项目 8042 个、引进人才 3124 人、引进技术 4315 项；举办培训班 7787 期，共培训 56.96 万人次；组织劳务输出 40.64 万人，资助贫困学生 2.99 万人，贫困户人均增收 986 元。

【扶贫考核】 湖北省委、省政府继续将精准扶贫专项纳入地方党政领导班子政绩考评和省直部门履职尽责考核体系，突出减贫成效、突出精准识别、突出精准施策、突出精准使用扶贫资金、突出精准帮扶，2016 年 2—4 月，组织对 37 个贫困县精准扶贫进行考核，省扶贫攻坚领导小组下发考核通报。省、市分别约谈了 4 个考核 D 级等次、5 个考核 C 级等次的县委书记。

【扶贫督查】 湖北认真落实中央《脱贫攻坚督查巡查工作办法》，制定《湖北省脱贫攻坚督查巡查工作实施办法》，加大督查巡查问责力度。2016 年，省扶贫攻坚领导小组和省委督查室、省政府督查室组织开展年度脱贫攻坚工作、整合资金等专项督查，督促政策落实、项目落地、军令状兑现，确保脱贫成效精准。

【扶贫机制创新】 为加快精准脱贫，湖北省率先出台贫困县资金整合意见，明确所有到村到户到人的财政性资金都属于精准扶贫统筹范围，不分下拨年度，不分项目类别，不分来源层级，不分存量增量，做到应统尽统；实行资金、项目、招投标、管理、责任“五到县”，“各级出料、县级炒菜、共办桌席”，“多个渠道进水、一个池子蓄水、一个龙头放水”，彻底打破“撒胡椒面”和“打酱油的钱不能买醋”的困局，全省统筹财政资金达 892.7 亿元。2016 年 3 月，湖北省抽调 256 名审计人员，对 94 个县开展了为期 4 个月的精准识别全覆盖审计，在全国属首例。以兴办产业、资源入股、合作经营、共同开发等为主要方式，大力实施“千企帮千村”行动，全省 7963 家企业参与精准扶贫，直接投资 31.9 亿元，帮助引进资金 18.4 亿元，转移贫困劳动力 9.08 万人。全国“万企帮万村”精准扶贫行动现场会在湖北召开，汪洋副总理出席会议并充分肯定湖北做法。湖北省扶贫攻坚领导小组出台《关于进一步激发内生动力加快精神脱贫行动方案》，出台 16 项具体措施，推进“素质”脱贫，构建精神脱贫“硬支撑”。组建脱贫攻坚先进典型事迹团，分赴市州巡回宣讲脱贫攻坚先进事迹。全省涌现出了一批奋斗在脱贫攻坚一线的优秀代表，如四十年如一日凿开大山深处脱贫路的魏登殿；甘当群众“提鞋人”的王光国；不忘初心、返乡扶贫20年的退休县官罗官章；苦干实干、不胜不休的扶贫工作队长杨才举等。

（湖北省扶贫办政策法规处 夏 智）

湖南省扶贫开发

【概述】 2016年，湖南省深入贯彻中共中央、国务院决策部署，扎实推进脱贫攻坚，取得明显成效。全年减少125万名农村贫困人口，1053个贫困村脱贫出列，武陵源区和洪江区2个省级贫困县率先脱贫摘帽，贫困地区农村居民可支配收入增长10.5%、高出全省平均水平2个百分点。

【扶贫资金投入】 中央和省共安排财政专项扶贫资金58.19亿元，较2015年度增加26.68亿元，增长84.7%。其中，省级安排25.22亿元，较2015年度增长207.6%，并新增21亿元地方债推进精准扶贫。市、县两级安排财政扶贫资金分别达到15.4亿元、23.7亿元。出台《关于推进贫困县统筹整合使用财政涉农资金工作的实施意见》，将51个贫困县全部纳入涉农资金整合范围，将20项中央资金和19项省级资金实行“先切块、后分配”，全年整合涉农资金131亿元。加大金融扶贫投入力度，与金融机构签订扶贫专项贷款协议3600亿元，全省金融精准扶贫贷款余额达800亿元，扶贫小额贷款达100亿元，贫困地区再贷款余额达70亿元。

【扶贫会议】 2016年1月，湖南召开扶贫开发暨全面建成小康社会推进工作会议，全面部署全省“十三五”脱贫攻坚，14个市（州）和51个贫困县党政主要负责人向省委、省政府递交脱贫攻坚责任状。3月，时任省委副书记、省长杜家毫主持召开省扶贫开发领导小组2016年第一次全体会议，听取精准识贫、易地扶贫搬迁、农村低保标准和扶贫标准“两线融合”等方面的工作情况汇报，研究部署脱贫攻坚有关工作。8月，杜家毫主持召开省扶贫开发领导小组第二次会议，强调要认真学习贯彻中共中央总书记习近平在东西部扶贫协作座谈会上的重要讲话精神，坚持问题导向，凝聚各方力量，切实扛起脱贫攻坚的重担。9月，省委书记杜家毫、代省长许达哲主持召开贫困县党政正职谈心谈话会，勉励贫困县党政主要负责人认真学习贯彻习近平关于脱贫攻坚的重要讲话精神，牢固树立“四个意识”，争当新时期的“焦裕禄”，坚决打赢脱贫攻坚这场硬仗。11月，代省长许达哲主持召开省扶贫开发领导小组2016年第三次全体会议，学习贯彻国务院扶贫开发领导小组第十二次和第十三次全体会议，以及省第十一次党代会精神，重点研究脱贫攻坚的一些具体工作，要求全面完成年度扶贫目标任务，更好地谋划来年脱贫攻坚工作。

【扶贫机制体制建设】 新增常务副省长为省扶贫开发领导小组副组长。完善省领导联系贫困县、市县乡领导联系贫困村和部门结对帮扶贫困村制度，34 名省级领导带头、170 余次深入贫困地区调研指导推动脱贫攻坚工作。全省扶贫部门增加人员编制 600 多名，乡镇增设扶贫工作站 700 多个、增加工作人员 1500 多人。省级完成扶贫办主任、驻村工作队长和乡镇党委书记“三个全覆盖”培训；全省各级共举办培训班 700 多期（次），参训人员有 16 余万人（次）。

建立以“1+10+17”为主的脱贫攻坚政策支撑体系。“1”为总纲，即《中共湖南省委湖南省人民政府关于深入贯彻〈中共中央 国务院关于打赢脱贫攻坚战的决定〉的实施意见》；“10”为保障机制，包括扶贫立法、扶贫考核、督查巡查、扶贫约束、退出机制、资金整合、人才支持、队伍建设、驻村帮扶、司法保障等；“17”为行业部门支持政策，包括安全饮水、农村道路、农网改造、信息网络、文化建设、产业扶贫、易地搬迁、危房改造、教育扶贫、兜底保障、医疗保障、电商扶贫、旅游扶贫、万企帮万村、科技扶贫、金融扶贫、生态保护等。各地也出台了“1+N”的政策举措，从制度和政策层面确保脱贫攻坚的有序推进。

出台《脱贫攻坚责任制实施细则》，将各级各部门的责任细化具体化。层层签订脱贫攻坚责任状，逐级明确任务、压实责任。制定下达全省“十三五”脱贫摘帽滚动计划，将脱贫攻坚任务逐一分解到年到县，各地根据滚动计划明确了脱贫攻坚的任务书、路线图、时间表，实行挂图作业、按图销号。印发《关于建立贫困退出机制的实施意见（试行）》和《湖南省贫困退出验收细则》，对全省贫困对象退出的组织实施、退出标准、退出程序、政策措施等作出明确规定。加大驻村帮扶工作力度，出台《关于进一步加强干部驻村帮扶的意见》，建立省领导联县带乡驻村工作机制。

【扶贫督查考核】 制定《湖南省脱贫攻坚督查巡查实施办法》，全年组织开展综合督查 2 次，脱贫人口核查认定、重点产业督查评估、驻村帮扶工作督查、脱贫攻坚重点工作督查等专项督查 16 次。建立督查巡查问题直报机制，不间断地开展明察暗访。出台《市州、县市区党委和政府脱贫攻坚工作考核办法》及其实施细则，设置 23 项考核指标，明确采集数据的责任分工，细化计分办法，引入第三方评估。出台《省直和中央驻湘单位扶贫开发责任制考核办法》，将 38 个有行业扶贫任务的部门纳入考核范围。

【建档立卡】 组织开展建档立卡“回头看”、数据清洗与修正，全省通过动态调整平衡后减少贫困人口 21 万余名。启动建档立卡贫困户 2016 年度动态调整工作，在系统中共录入新增贫困人口 32.5 万人，剔除不符合条件的贫困人口 34 万人。

【产业扶贫】 深化“四跟四走”产业扶贫，省级投入财政扶贫资金10亿余元，实施重点产业项目86个，直接帮扶20万贫困人口发展生产。新增扶贫小额贷款93.5亿元，帮扶23万户贫困户发展产业，在60个县556个贫困村开展光伏扶贫试点。

【劳务输出】 湖南省新增转移就业贫困人口11.57万，完成劳务协作脱贫试点，探索“114”工作机制（即一套机制，就是纵向组织推动、横向协作对接的整体工作机制；一项平台，就是打造了“一网找人、两头匹配”的综合信息服务平台，四个关键环节，就是识别、对接、稳岗、服务四个方面），帮助湘西土家族苗族自治州（以下简称“湘西州”）18.96万贫困劳动力实现稳定就业，新增转移就业1.9万余人。

【易地扶贫搬迁】 出台《湖南省“十三五”易地扶贫搬迁实施意见》，以及搬迁对象确认办法、资金管理办法、土地支持政策、集中安置区建设技术导引及利民金融服务专项行动方案等政策，形成“1+5”配套政策文件体系。2016年湖南全省完成易地扶贫搬迁16万人，768个易地扶贫搬迁安置项目如期完成。

【教育扶贫】 按照“三个不能少”（即一个对象不能少、一个项目不能少、一分钱不能少）的要求，精准资助了111万建档立卡贫困家庭在校生；省财政自筹资金4.3亿元，实现农村义务教育营养餐在贫困县全覆盖；安排中央和省级专项资金14.4亿元，推进贫困县农村义务教育薄弱学校改造计划；加大“雨露计划”工作力度，扶持贫困家庭“两后生”5.3万人接受职业技能教育。

【社保兜底扶贫】 全面完成了社会保障兜底对象认定工作，将农村低保标准从原来的165元/月·人提高到220元/月·人，对符合条件的45万贫困人口实行兜底保障。

【医疗卫生扶贫】 对参加新型农村合作医疗的贫困人口就医费用报销比例提高10%，将低保困难群众大病保险补偿起付线降低50%，建档立卡贫困人口新农合参合率达到100%。

【生态补偿脱贫】 投入贫困县的林业项目资金达21.4亿元，在40个片区县、重点县安排1.1万名贫困人口就地转为护林员，带动5万人脱贫。

【行业扶贫】 湖南省实施7大扶贫工程。一是水利扶贫工程：编制完成“十三五”全省水利扶贫专项规划，力争到2020年贫困村集中式供水受益人口比例达85%以上，自来水普及率达80%以上，集中式供水工程水质合格率达90%以上。全年完成110万贫困人口的饮水安全巩固提升任务。二是农网改造升级工程：投资9.2亿元，完成1085个贫困村的农网改造。三是交通扶贫工程：编制《湖南省“十三五”交通扶贫规划》，实现贫困地区交通建设固定资产投资183亿元，完成干线公路升级204千米、窄路加宽4020千米。四是危房改造和人居环境改善工程：制定全省农村危房改造规划暨“十三五”规划。安排32.8亿元资金支持贫困农户危房改造，全年帮助7万贫困农户完成了危房改造任务。开展农村垃圾5年专项治理和重点镇生活污水3年专项治理，贫困地区新增4个国家宜居村庄、6个省级美丽乡镇。五是“互联网+”扶贫工程：先后开展“宽带乡村”“电信普遍服务”试点，覆盖6960个贫困村。7个贫困县成功申报全国电子商务进农村综合示范县，14个贫困县获评“省级农村电子商务示范县”。全国知名电商企业已在贫困县建立60个县级服务中心、1700多个村级服务站，贫困县农村电商交易额达500亿元以上。六是文化扶贫工程：全面启动贫困村公共文化设施建设三年行动计划，投资57.5亿元，完成了400个贫困村综合文化服务中心示范点建设。七是乡村旅游扶贫工程：推动武陵山、罗霄山连片特困地区13条旅游精品线路规划建设，带动沿线531个旅游扶贫重点村脱贫。重点支持50个最美少数民族特色村寨开展民族文化旅游项目建设，1978个贫困村被列入全国乡村旅游扶贫重点村。

【社会扶贫】 湖南省落实“省负总责”的要求，加强顶层设计，出台文件10份，全力推动脱贫攻坚工作。省人大常委会以监督贯彻《湖南省农村扶贫开发条例》为抓手，积极推进脱贫攻坚。省政协开展“助力脱贫攻坚，全面建成小康社会”5年行动计划，组织全省3万名政协委员积极投身“三个一”行动（一名政协委员帮助一个贫困孩子完成学业、结对一个贫困家庭增加收入、有条件的委员帮助贫困家庭一名成员解决就业）。省军区组织驻湘部队精准帮扶129个贫困村、3.6万名贫困群众。省直有关部门共出台支持脱贫攻坚的文件120余份。继续组织经济较发达的7市对口帮扶湘西州7县，累计投入2亿多元；组织长沙县、浏阳市、宁乡县、醴陵市等4个全国经济百强县与4个贫困县“携手奔小康”，探索先富带后富经验。引导社会组织、社区和社会工作专业人才等“三社”力量发挥专业优势，精准帮扶1.6万户贫困农户。开展了社会扶贫“三个万”工程，全省共有2672家民营企业参与“万企帮万村”工程，对接2044个贫困村，总投资约88亿元，实施项目2800多个，帮扶贫困人口25.5万人；深入推进万名学生“一家一”助学就业同心温暖工程，帮助贫困家庭子女升学就业；深入推进万名贫困眼疾患者光明工程，为1万名以上贫困眼疾患者免费实施白内障、翳肉手术。

【扶贫日活动】 《湖南日报》发表题为《强化责任担当全力抓好落实确保脱贫攻坚决战决胜—写在我国第三个“扶贫日”》的署名文章。开展“我想有个家”公益募捐、精准扶贫科技助力、青年志愿服务项目大赛等一系列全国扶贫日活动，募集资金12亿元。开展湖南省“百名最美扶贫人物”评选活动，为坚决打赢脱贫攻坚战营造氛围、集聚合力。麻阳苗族自治县谭家寨乡楠木桥村党支部书记谭泽勇获

“全国脱贫攻坚奖”奋进奖。

【扶贫宣传】 2016年，在《人民日报》、新华社、中央电视台、中央人民广播电台、《光明日报》《经济日报》《农民日报》等中央主要媒体宣传湖南扶贫开发工作稿件1022篇（次），同比增长74.70%；省级主要媒体登载扶贫宣传报道4829篇（次），同比增长213.77%。其中，中央电视台《新闻联播》连续五天报道湘西州十八洞村精准扶贫的做法；《人民日报》陆续刊登《不等不靠甩穷帽》《湖南：背靠“大树”咋脱贫——来自湖南省长沙市精准扶贫的调研》；中央经济工作会议期间，《经济半小时》播出《湖南“四跟四走”拔穷根》等报道，引起社会各界高度关注；中共中央办公厅《工作情况交流》专期推介了《湖南积极探索精准扶贫可复制的经验》。

（湖南省扶贫办　游伟民）

广东省扶贫开发

【概述】 2016年，广东省压实五级书记抓扶贫工作责任，派出驻镇工作组1112个、驻村工作队1.2万个，驻镇驻村工作队员4.3万人，基本完成省定标准的相对贫困人口的认定和建档立卡。出台“1+N”政策措施体系配套文件37个，对无劳动能力的相对贫困人口实施社保兜底，对相对贫困人口实施基本医疗全面覆盖，加大大病救助力度，落实建档立卡贫困户的危房改造、子女学生生活费补助政策。加大帮扶资金投入，中央和省、市、县各级财政用于广东省扶贫开发的投入总计143.18亿元，启动实施各类帮扶项目1.3万个，全年实现脱贫57.36万人，如期完成年度50万贫困人口脱贫任务。

【扶贫资金投入】 2016年，财政扶贫资金投入143.18亿元，其中，中央财政资金1.17亿元，省级财政资金114.02亿元，市级财政资金23.13亿元，县级财政资金4.86亿元。省级财政扶贫资金较2015年增长433.24%，中央安排到广东扶贫资金增幅为17.24%。其中用于支持精准扶贫精准脱贫资金37.13亿元、贫困户农村危房改造12.2亿元、低保兜底保障12亿元、医疗保障9.73亿元、建档立卡贫困户子女在校生补助资金4.67亿元等。

【建档立卡】 动员32.67万名干部进村入户，严格执行有关程序，对相对贫困人口进行精准识别。建立动态管理机制，加强与民政、公安、教育、住建、工商等部门数据信息比对。组织多次“回头看”的工作，摸清底数找准薄弱环节。2016年底，广东扶贫信息系统录入相对贫困人口66.4万户、173.1万人。全省农村贫困发生率为4.66%，主要致贫原因前5位分别是因病（35.38%）、因残（21.09%）、缺劳力（18.74%）、因学（8.61%）、缺资金（7.06%），其他因素（因灾、因婚、缺土地、缺水、缺技术、交通不便等）占9.12%。

【定点扶贫】 落实五级书记抓扶贫工作责任，明确市委书记和市长、县委书记和县长，是当地脱贫攻坚第一责任人，层层签订脱贫攻坚责任书，将脱贫任务和责任分解压实。落实对口帮扶责任，安排珠三角6市帮扶粤东、粤西、粤北12个市，派出驻市驻县工作队52个，驻村工作队1719个。落实党政机关、企事业单位和人民团体定点帮扶责任，共派出驻镇（街道）工作组1112个、驻村工作队1.2万个，驻镇驻村工作队员 4.3 万人，对贫困人口较多的行政村基本实现了全覆盖。落实行业部门帮扶责任，将行业资金、项目、技术等各类资源要素重点投向贫困村贫困人口。落实社会帮扶责任，鼓励工商企业与贫困人口较多的村结对帮扶，实施培训就业、产业扶贫、电商扶贫等项目。利用 6 月 30 日“广东扶贫济困日”、10 月 17 日“扶贫日”等平台，动员社会各界积极参与扶贫，活动期间爱心企业、爱心人士和社会各界认捐善款 22.6 亿元，有力地支持我省精准扶贫精准脱贫事业。

【扶贫资金管理】 印发《广东省精准扶贫开发资金筹集使用监管》，从资金筹集、分配、使用和监管机制等方面，有针对性地提出了多项创新措施。一是创新资金筹集模式，在对贫困人口精准识别、建档立卡的基础上，财政资金通过“扶贫开发”“低保兜底”和“专项保障”3 大方向投入脱贫攻坚，其中“扶贫开发”资金的筹集，由省财政、珠三角对口帮扶市、贫困人口属地市（含县、市、区）按 6∶3∶1 的比例三方共担。二是创新资金分配模式，明确扶贫开发资金按建档立卡贫困人口数量分配到县（市、区），由县（市、区）政府统筹使用，该分配模式将资金项目审批权限完全下放到县（市、区），让县（市、区）级切实成为统筹使用资金的主体，全面承担起脱贫攻坚的主体责任，进一步激发基层扶贫工作积极性。三是创新资金使用方式，明确扶贫开发资金使用和项目实施积极推行以奖代补、先建后补、民办公助等办法。鼓励各地采取股权投资等新型资金管理模式撬动社会资金投入脱贫攻坚，并鼓励社会资本根据市场需要、按市场化方式发起设立基金。四是发挥财政资金的放大效应，制定了《广东省扶贫小额信贷工作实施方案》（2016—2018 年），引导金融和社会资本支持农村扶贫开发，为广东建档立卡贫困户提供贷款额度 5 万元以内，贷款期限 1—3 年，基础利率放贷，免抵押免担保，财政全额贴息的小额贷款。

【扶贫大数据平台】 推进扶贫大数据平台系统包括数据监控、责任监控、项目监控、东西部扶贫、绩效考核、扶贫服务 6 大业务栏目。完成贫困人口建档立卡数据与教育、人社、公安、民政和地税 5 个部门 3.3 亿条相关数据线下比对，已梳理 222 项扶贫事项，其中 148 项进驻省网上办事大厅，总体完成率 66.7%。

【东西部扶贫协作】 承担协作任务的珠三角各市积极与桂川贵滇四省 77 个县开展携手奔小康行动，实现国家扶贫开发工作重点县全覆盖。东西部扶贫协作共覆盖桂、川、黔、滇 4 个省（区）、8 个市（州）71 个县。按照“中央要求、当地所需、广东所能”，建立健全协作机制，增加资金支持力度，立足长远谋划长效扶贫协作，确定重点帮扶项目，集中力量和资源，突出产业合作、社会事业帮扶和劳务输出，东西部扶贫协作取得了阶段性成效。国务院扶贫办《扶贫信息》编发了《胡春华赴有关省区调研对接东西部扶贫协作工作》，广东先后在全国会议上4次就东西部扶贫协作工作作经验交流。

【扶贫宣传】 把握好“扶贫日”“广东扶贫济困日”等重要时间节点，加大在新华社、中央电视台、《人民日报》等中央主流媒体的正面宣传力度。在全国扶贫系统中首个全省扶贫系统集体入驻“头条号”矩阵。主办“发现最美驻村人”网络媒体广东行采访活动、“长征路上奔小康”走转改采访活动，策划了“我与贫困户的故事”征文比赛，引导社会各界关注精准扶贫精准脱贫工作，关爱贫困人口。在中央和省级主要媒体、行业媒体共刊发广东扶贫开发相关新闻报道约3万篇次（条），网络媒体转载相关新闻报道6.5万篇（条）。

（广东省扶贫办　邓　敏）

广西壮族自治区扶贫开发

【概述】 2016年，广西壮族自治区各地深入贯彻落实《中共中央 国务院关于打赢脱贫攻坚战的决定》，扎实推进精准扶贫精准脱贫，全面实施“八个一批”“十大行动”，共筹措安排扶贫资金187.77亿元开展脱贫攻坚；发放扶贫小额信贷181亿元，同比增加163.9亿元。加快推进产业扶贫、易地扶贫搬迁、教育扶贫、健康扶贫等重点工作。其中，投入产业扶贫资金160多亿元，实施一批特色产业项目；出台易地扶贫搬迁差异化补助标准、用地保障等配套政策；实现免除建档立卡贫困户子女在幼儿园的保育费和教育费，以及实现就学15年全免费；实行县域内先诊疗后付费和大病分类救治机制，提高新农合、大病保险补偿比例，降低大病保险报销起付线。2016年广西减贫111万人，减贫人数排全国第一位；减贫速度25%，排全国第二位。实现943个贫困村、4个贫困县（邕宁区、龙圩区、陆川县、合山市）脱贫摘帽。在中央对2016年省级党委和政府扶贫开发工作成效考核中，广西壮族自治区是综合评价好的8个省（区、市）之一，得到通报表扬。

【扶贫资金投入】 2016年，广西壮族自治区共投入财政专项扶贫资金1011881万元，其中：中央财政专项扶贫资金350451万元（包括发展资金286255万元、以工代赈资金25450万元、少数民族发展资金34889万元、国有贫困农场资金1317万元、国有贫困林场资金2540万元），自治区本级财政扶贫资金232091万元（较2015年增加132520.63万元，增长133.1%）；市级财政投入扶贫资金87300万元；县级财政投入扶贫资金342039万元。2016年广西壮族自治区投入到33个滇桂黔石漠化片区县、国家扶贫开发工作重点县的中央财政专项扶贫资金（发展资金）127688万元，占2016年中央财政专项扶贫资金（发展资金）投入总量的59.45%。

【扶贫资金管理】 广西壮族自治区先后制定下发《“十三五”广西脱贫攻坚财政投入稳定增长机制工作方案》《广西壮族自治区财政专项扶贫资金绩效考核管理试行办法》《广西“十三五”时期易地扶贫搬迁项目建设资金筹措使用方案》《关于进一步推进扶贫小额信贷工作的通知》等政策文件，构建起扶贫资金管理使用的政策体系。出台《广西壮族自治区支持贫困县开展统筹整合使用财政涉农资金试点实施方案》和《支持贫困县开展统筹整合使用财政涉农资金试点工作操作指南》，将33个国家扶贫开发工作重点县（含片区县）和6个自治区扶贫开发工作重点县列入2016年试点范围，明确将中央层面19+1项、自治区层面22+1项资金纳入整合范围，涉及资金148.5亿元。建立完善财政扶贫资金月报制度，动态监控市县财政扶贫资金使用情况。按月对广西壮族自治区14个设区市、有扶贫开发任务的县（市、区）财政扶贫资金支出进度进行通报，对整改不力或排名连续靠后的市县，由自治区领导对其政府主要领导进行约谈，督促加快支出进度。

【基础设施建设】 2016年，广西壮族自治区按照贫困村脱贫摘帽标准逐项检查，全面掌握了5000个贫困村基础设施情况，并优先启动交通和饮水安全工程项目建设。其中，投入财政专项扶贫资金10.93亿元修建屯级道路5620千米、独立桥梁141座、小型人饮211处、小型水利51处、其他工程350处。“美丽广西·生态乡村”道路硬化工程投入专项资金1.77亿元，修建屯级硬化路1106千米。自治区安排政府新增债券资金38.51亿元，修建屯级道路10285.5千米、桥梁817座、小型人饮144处等基础设施项目。解决41万户贫困人口饮水难问题。贫困户危房改造户均补助标准提高到每户2.3万元，完成贫困户危房改造7.3万户。完成50个贫困县4837个电网升级改造项目建设任务，改造户表28.21万户，2016年脱贫的贫困村全部开通宽带网络。

【易地扶贫搬迁】 2016年，广西壮族自治区印发实施《广西易地扶贫搬迁“十三五”规划》和2016年实施计划。绘制了“十三五”时期广西易地扶贫搬迁红线图。在全国率先组建省级投融资主体—广西农村投资有限责任公司，采取“统贷统还”模式进行融资，同步组建78个项目县投融资主体。整合自治区水库移民工作管理局职能，将广西壮族自治区易地扶贫搬迁工作统一划转自治区移民工作管理局，市、县两级分别建立各自的工作体系。出台差异化补助政策，分三类确定建房最低补助标准每人不低于2.4万元、2.1万元、1.9万元，对同步搬迁的非贫困户给予每人8000元的补助；对按要求拆除原址旧房的，每户补助2万元。对安置到边境0-3千米范围内的搬迁对象，在相应档次补助标准基础上每人增加0.2万元；属于人口较少民族的搬迁对象，在相应档次补助标准基础上每人增加0.1万元。2016年易地扶贫搬迁项目建设计划用地2507公顷全部落实；开工建设412个安置点，开工率100%；完成投资148亿元，完成率67.5%；完成融资150.33亿元，完成率100%；完成搬迁入住12.196万人，搬迁入住率35.1%。

【产业扶贫】 2016年，广西壮族自治区共投入产业扶贫资金160多亿元，围绕“10+3”优势特色产业提升行动，实施一批禽类养殖、蔬菜种植、桑蚕种养殖、食用菌培育等产业项目。按照产业扶贫的目标任务，先后下发粮食、水果、桑蚕、蔬菜、茶叶、食用菌养殖业、林业、旅游业、农林产品加工业等产业发展指导意见，指导特色优势产业发展。在54个贫困县示范推广超级稻面积约650万亩，种植水果796万亩，发展桑园152.11万亩，茶叶86万亩，食用菌17.44万吨，中草药92.36万亩，蔬菜780万亩；发展油茶455万亩，核桃241万亩。饲养牲畜1181.26万头，家禽18471.54万羽，水产养殖353.62万吨。组织发动30多家旅游规划设计单位，帮助150多个贫困村编制乡村旅游发展规划，建设15个旅游扶贫示范村。在235个村开展乡村旅游富民工程建设，在5个贫困村建立旅游扶贫观测点。54个贫困县共引进市级以上龙头企业188家，启动创建现代特色农业（核心）示范区444个。推进资产收益扶贫，2016年有12.4万贫困户约42万人将扶贫小额贷款带资联营或委托企业经营。新增32个农村淘宝合作县、9个电商扶贫示范县和10个智慧县域。建设农产品网店2300家，鲜活农产品电子交易额50亿元。

【雨露计划】 2016年，共投入“雨露计划”应补尽补资金1.6亿元，扶持建档立卡贫困家庭子女和青壮年劳动力接受学历教育和技能培训17.31万人次；劳动力转移就业技能培训投入851.47万元，培训农村贫困家庭青壮年劳动力0.72万人；农民实用技术培训投入553.7万元，培训贫困农民10.4万人次。2016年建档立卡贫困家庭“两后生”参加第一期中期就业技能培训的学员5891人，扶贫部门按照5500元/人·学年的标准补助生活费，分学期申请、分学期发放，秋季学期投入生活补助资金1620.03万元。通过实行雨露计划培训精准补助、应补尽补政策，联合人力资源和社会保障部门实施技工院校结对帮扶贫困家庭“两后生”中期就业技能培训，配合教育部门落实建档立卡贫困家庭学生教育资助政策，为贫困家庭培养人才，增强贫困家庭脱贫的内生动力。

【片区脱贫攻坚】 2016年10月，广西壮族自治区组建了广西滇桂黔石漠化片区区域发展与脱贫攻坚广西实施规划联席会议制度办公室，联席办设在自治区水利厅，并从自治区林业厅、扶贫办抽调3名同志脱产集中办公，负责广西片区脱贫攻坚实施规划的组织、协调、推进、监督等日常工作。2016年11月8日，召开了片区联席会议制度第一次会议，研究和部署广西2016年、2017年片区脱贫攻坚工作。自治区扶贫办与自治区发展和改革委员会继续联合开展《滇桂黔石漠化片区区域发展与脱贫攻坚广西实施规划（2016—2020年）》的编制工作。

【金融扶贫】 2016年，广西壮族自治区共发放扶贫贷款资金194.7亿元，其中对除低保兜底保障贫困户外的所有建档立卡贫困户发放5万元以下、3年以内、基准利率、免抵押、免担保、财政全贴息的扶贫小额信贷，对自我发展能力强的贫困户允许申请6—10万元的扶贫小额担保贷款，并推行自用自营、入股共营、委托联营等贷款使用方式，提高信贷资金使用效益。至2016年底，自治区共设立县级扶贫小额信贷风险补偿金16.79亿元，共向41.30万户贫困户发放扶贫小额信贷181亿元，相较于2015年向4.79万户贫困户发放17.09亿元，发放户数增长8倍、发放金额增长9倍。

【社会扶贫】 2016年，广西壮族自治区共有8000个单位46.9万名干部职工参与帮扶贫困村贫困户，帮扶贫困户114.5万户，联系贫困生119.8万人，完成114.5万户贫困户的帮扶手册入户登记填写工作。投入帮扶资金（含物资折款）8.5亿元，为贫困地区引进资金约10亿元。建立和推广“空店”精准扶贫模式，获得“全国脱贫攻坚创新奖”。深入推进“千家民营企业帮扶千个贫困村”行动，参加脱贫攻坚的民营企业达3600家，共帮扶贫困村3385个，受益贫困户182243户，投入资金77985.85万元，其中无偿捐赠（含物资折款）32051.51万元、有偿投入66292.9万元，投资项目1253个。组织开展广西2016年扶贫日“扶贫济困、你我同行”主题活动，募集资金4亿多元，营造了扶贫向善的社会氛围。启动“微助八桂”互联网+精准扶贫公益平台，搭建起脱贫攻坚落实平台和社会扶贫对接平台。

【东西部扶贫协作】 2016年，广东省、深圳市、广州市、东莞市及各级政府、各部门、社会各界向广西壮族自治区提供无偿资金及捐物折款23475万元。其中，广东省各级政府拨款19900万元，社会捐款3575万元。帮助广西壮族自治区培训干部213人次，其中培训扶贫管理干部113人次，培训贫困户25期，劳动力输出培训2900人次，农业实用技术培训600人次。深圳市对口帮扶百色、河池及所辖17个贫困县，决定“十三五”期间每年每县投入财政帮扶资金1000万元，年均1.7亿元，主要安排用于基础设施建设、产业协作、劳务协作和培训交流等。广东省第二扶贫协作工作组27名同志进驻广西百色、河池及所辖17个贫困县。

【革命老区建设】 2016年，广西壮族自治区累计在革命老区投入财政专项扶贫资金36.86亿元，另有6个县投入1.2亿元实施中央专项彩票公益金支持革命老区项目。继续实施《左右江革命老区振兴规划》和《左右江革命老区重大工程建设三年行动计划（2015—2017年）》（以下简称《三年计划》），2016年内，百色、河池、崇左三市及隆安、马山两县实施《三年计划》（扶贫开发部分）完成投资20.53亿元，占三年计划投资总额的92%，约有90万革命老区贫困人口实现脱贫，有3个革命老区县（邕宁区、龙圩区、陆川县）和1个非老区县但有老区乡镇的县级市（合山市）脱贫摘帽。广西壮族自治区各级累计投入资金近1亿元，对已查实的2000多处革命遗址、革命纪念设施加强保护和修缮。

【脱贫攻坚工作创新】 广西壮族自治区在精准识别已经完成、精准帮扶已部署的基础上，从自治区到市、县、乡、村逐级建立统一的“挂图作战、清单管理、滚动集成、精准摘帽、带奔小康”的精准管理模式，将减贫任务逐层分解、细化落实。实行“一户一册一卡”，自治区统一制作并向贫困户发放《广西脱贫攻坚精准帮扶手册》和《广西脱贫攻坚精准帮扶联系卡》，帮扶责任人每月到贫困户家中走访、帮扶，推动扶贫政策、项目等落实，与贫困户逐月盘点并登记收支情况，双方签字确认、同步更新，建立脱贫台账。2016 年 7 月开始，实施督查、通报、协调“三项制度”。自治区组建两个督查组，每周不打招呼，深入县、乡、村、户进行督查暗访，形成督查专报；对督查暗访中发现的好经验、好典型用红头简报通报；对存在问题的用黑头简报通报并限期整改、适时回访。对贫困户脱贫实行“双认定”，验收时要求贫困户户主、验收工作队员及帮扶联系人在场、双方签字确认，力求脱贫成效得到群众认可，防止“被脱贫”、数字脱贫。

【扶贫宣传】 2016 年以来，广西壮族自治区编印《广西精准脱贫攻坚简报》79 期；中央主流媒体共报道广西扶贫工作 1829 篇（条）次，区内主要媒体报道 2091 篇（条）次；广西扶贫信息网、《新华掌媒·扶贫快报》发布扶贫信息 1704 条，发送用户达到 5 万人。2016 年 8 月，《人民日报》专题报道了广西壮族易地扶贫搬迁工作。

【社保兜底扶贫】 2016 年，广西壮族自治区在全国率先出台加快推进农村低保制度与扶贫开发政策有效衔接文件，对广西建档立卡贫困户进行核对，将不符合低保条件的予以剔除、符合标准的贫困人口纳入低保范围。纳入低保贫困人口 155 万人，比 2015 年增加 52 万人，低保对贫困户的保障和兜底作用明显增强。14 个设区市 110 个县（市、区）全部提高了农村低保标准，农村低保平均标准达到 2982 元，有 16 个贫困县超过 3100 元。

【外资扶贫】 2016 年，广西壮族自治区累计完成中央专项彩票公益金扶贫项目投资超 1 亿元。顺利通过世界银行项目评估并得到世界银行执行董事会批准，落实世界银行贷款扶贫资金 1 亿美元。推动东亚减贫合作示范项目（老挝部分）建设，12 月，项目剪彩启动实施，总投资 2700 多万元，致力于服务国家“一带一路”战略目标。

【国际交流合作】 2016 年，广西壮族自治区成功承办第十届“中国—东盟社会发展与减贫论坛”；承办 2016 年喀麦隆减贫致富经验交流研修班；有序推进中国东盟—减贫中心筹建工作；配合中国国际扶中心有序推进东亚减贫合作项目。

（广西壮族自治区扶贫开发办公室
文湘林）

海南省扶贫开发

【概述】 2016年，海南省按照“三年脱贫、两年巩固提升”的总目标，以前所未有的力度深入贯彻落实精准扶贫精准脱贫基本方略，取得了明显成效。截至12月31日，完成标识脱贫200685人，完成比例为106.58%；净减少贫困人口190421人，完成比例为101.13%。在按照“四个不退出”从严把握的基础上，实现100个贫困村脱贫出列，5个国家扶贫开发工作重点县农村居民人均可支配收入增长10.6%，比全省农村居民收入增速快1.5个百分点。

【扶贫资金投入】 2016年，投入财政专项扶贫资金13.37亿元（其中中央财政发展资金5.70亿元、少数民族发展资金8030万元、以工代赈资金7300万元，国有贫困林场、农场3772万元，省级财政专项扶贫资金5.76亿元）；省直相关部门整合资金19.79亿元；省级定点扶贫单位投入和引进资金1.92亿元。

【扶贫制度建设】 2016年，根据《中共中央 国务院关于打赢脱贫攻坚战的决定》和中央扶贫开发工作会议精神，结合海南实际，制定《中共海南省委海南省人民政府关于打赢脱贫攻坚战的实施意见》，提出“三年脱贫攻坚、两年巩固提升”的总目标。编制《海南省农村脱贫攻坚“十三五”规划》《海南省生态扶贫移民搬迁“十三五”规划》等，为今后5年脱贫攻坚工作提供遵循。制定《海南省市县党委和政府扶贫开发工作成效考核办法》《海南省人民政府办公厅关于支持贫困县开展统筹整合使用财政涉农资金工作的实施意见》等21个文件，省直部门也先后出台25个相关文件，构建了适应精准脱贫需要、全方位强力支持的扶贫政策体系。

【扶贫队伍建设】 2016年，海南省委、省政府高度重视省扶贫办领导班子建设，7月调整省扶贫办主任，11月新提拔2名同志担任省扶贫办副主任，其中1名副主任从全省驻村优秀“第一书记”中“火线提拔”。同时，还“火线提拔”2名驻村“第一书记”任省扶贫办正处级领导。各市县、乡镇也调整充实扶贫开发领导小组机构，党政一把手任双组长，调配得力的班子成员分管扶贫工作，并配齐配强扶贫办队伍和一线扶贫干部队伍。全省扶贫工作人员大幅增加，其中市县级增加227人，乡镇级增加1065人，村级增加3340人。从机关、国企等单位选派优秀干部918人到村任“第一书记”，全覆盖300个“十三五”建档立卡贫困村。制定《海南省驻村第一书记管理办法》《海南省驻村扶贫工作队管理办法（暂行）》《海南省贫困户帮扶责任人管理办法（暂行）》，明确各级帮扶责任人、驻村工作队、驻村“第一书记”的责任，全省共派出驻村工作队干部 9853 人、帮扶责任人 23194 人，确保每 1 户至少有 1 个帮扶责任人。

【脱贫攻坚责任制】 2016 年，海南省根据《〈中共海南省委海南省人民政府关于打赢脱贫攻坚战的实施意见〉责任分工方案》，明确了牵头部门的责任，各牵头单位制定了具体落实方案，提出加强和推进有关工作的具体意见、措施、进度安排。同时下发了《海南省扶贫开发领导小组成员单位脱贫攻坚的职责》，进一步明确了海南省扶贫开发领导小组和 49 家成员单位的脱贫攻坚工作职责，落实相关责任措施。省委、省政府与各市（县）、各市（县）与各乡（镇）签订脱贫攻坚责任书，分解目标，压实责任，一级抓一级，层层抓落实，逐级传导压力，构建起省、市（县）、乡（镇）、村四级脱贫攻坚责任制。

【精准识别】 2016 年，为切实摸清扶贫对象、找准致贫原因、选准脱贫路子，共抽调省、市（县）和乡（镇）三级机关干部 4000 多人次，组成 844 个调查组，历时 3 个多月，对 2015 年在册的贫困户和新申请的农户、无建档立卡贫困户的行政村、农垦各农场、各市县有农业人口的居委会开展了 4 轮进村入户调查，实现农村贫困人口入户调查核实全覆盖。经调查核实，新增贫困人口 1.58 万户 6.72 万人，剔除贫困人口 1.06 万户 4.28 万人，最终核准贫困人口 11.6 万户 47.71 万人。

【精准脱贫】 2016 年，严格按程序完成扶贫对象动态调整和建档立卡信息采集录入工作。全年标识脱贫人口 200685 人，新增贫困人口 10215 人，返贫人口 1323 人。研究制定《海南省建立贫困退出机制实施方案》，对贫困户、贫困村和贫困县的退出标准和程序进行了规定和细化，并提出相应的激励措施。建立动态核查机制，组织力量对预脱贫人口深入开展“回头看”，再入户、再核查、再确认。对已经稳定达到脱贫标准的帮扶对象，以户为单位，及时完成村“两委”民主评议、村级公示、乡级公告、农户认可等线下工作，年底前全面完成线下线上工作。同时，对 2015 年退出认定错误的贫困户，对有残疾人或重病病人、子女上学负担重、住房不安全以及劳动力不足的家庭，按照收入过线、“两不愁三保障”的标准，及时补漏补缺，进行重新核定录入。为有效统筹脱贫进度和脱贫质量、坚决防止“数字脱贫”“突击脱贫”“强制脱贫”等不良倾向，按照“四个不退出”的要求，对系统中最初标注脱贫的 24.14 万人的信息进行反复比对核实，核减 4.07 万人，核实、修改 4.4 万条信息，对市县年度任务进行了调整，两轮调减了少数市县年度脱贫任务 1.87 万人。

【产业扶贫】 2016 年，整合投入特色产业资金12.6亿元，实施项目1151个。实行“公司+基地+贫困农户”“专业合作社+贫困农户”等模式，扶持贫困人口种植热带瓜果菜、热带经济作物、桑树等155.47平方千米，扶持饲养家畜、家禽407.24万头（只）、蜜蜂3.22万箱、鱼200.57万条，8.84万户32.13万人受益。174家省级龙头企业与贫困户建立保底收购关系，畜牧企业与1.4万贫困户签订了包销合同，保底回购畜禽467万头（只），占扶贫种苗发放总量的85.4%。全省贫困地区农产品电商企业700多家，销售额达1.8亿元，带动贫困人数2000多人，农户增收4000多万元。

【旅游扶贫】 2016年，以美丽乡村旅游示范点建设为契机，加大贫困地区旅游设施建设和致富带头人培训，重点扶持138个贫困村发展乡村旅游，其中有5个国家扶贫开发工作重点县的45个贫困村。海南省旅游系统共投入旅游扶贫开发资金5.83亿元，实施旅游扶贫开发项目113个，直接带动建档立卡贫困户13438人脱贫，贫困户通过旅游直接就业增加收入1.73亿元。在2016年“第二届全国乡村旅游与旅游扶贫工作推进大会”上，国家旅游局评定，保亭槟榔谷黎苗文化旅游区、陵水南湾猴岛生态旅游区和琼中什寒黎苗山寨景区为全国“景区带村”旅游扶贫示范项目；白沙芭蕉村休闲观光专业合作社为全国“合作社+农户”旅游扶贫示范项目；三亚玫瑰谷、白沙天涯驿站和保亭布隆赛为全国“公司+农户”旅游扶贫示范项目；琼中什寒乡村旅游农家乐经营户王国敏为国家旅游扶贫能人带户示范项目。

【就业扶贫】 2016年，将贫困家庭中的“4050”人员及有劳动能力的残疾人员纳入公益性岗位对象范围，补助标准为每月700元。海南省财政安排建档立卡贫困家庭劳动力职业培训资金1200万元，举办培训班140期，培训贫困劳动力9800多人。组织就业扶贫专场招聘会128场，推动用人企业与贫困劳动力有效对接，实现贫困人员转移就业24459人。

【易地扶贫搬迁】 2016年，以《海南省生态扶贫移民搬迁“十三五”规划》为指导，对居住在白沙黎族自治县（下简称“白沙县”）、琼中黎族苗族自治县（以下简称“琼中县”）等市县生态核心区、水源保护区和生存条件恶劣、生态环境脆弱、自然灾害频发等地区的5个自然村实施易地整村搬迁，共搬迁170户735人，实现建档立卡贫困人口76户317人脱贫。

【教育扶贫】 2016年，海南省建档立卡贫困家庭实际在校生9.94万名，全年共资助3.29亿元，实现教育资助全覆盖。其中，建档立卡义务教育阶段贫困家庭学生6.6万名全部得到资助，实行“四免四补”（免学杂费、课本费、作业本费、住宿费，补贴伙食费、校服费、学习资料费、交通费），补贴金额2.31亿元。对5个国家扶贫开发工作重点县义务教育阶段学生每年发放营养餐补助800元，受益学生13.59万人，其中建档立卡贫困学生 2.11 万名。

【健康扶贫】 2016 年，海南省共投入医疗帮扶资金 1.78 亿元，帮扶建档立卡贫困人口 82.44 万人次（含医疗兜底保障 5317 人次）。出台《海南省健康扶贫工程实施方案》，建立医疗救助兜底机制、住院“先诊疗后付费”等一系列健康扶贫重大政策措施，确保贫困病人“有钱看病、有人帮看病”。建档立卡贫困户参加新农合的自缴资金全部由政府承担，并实施“七提高”（提高 7 项新农合报销待遇）。动员社会各方力量支持健康扶贫、参与健康扶贫，广泛开展“消除贫困—送医送药送温暖”“慈善惠民义诊”和“扶贫帮困暖冬行动”等健康扶贫活动，116 家公立医院、1327 支医疗小组、4156 名医务人员参与，服务贫困群众 7.9 万余人。

【危旧房改造】 2016 年，制定建档立卡贫困户危房 3 年改造计划，根据年度脱贫目标，调整增加危房改造任务。2016 年补助资金 11.09 亿元，改造 18947 户，其中拆除重建的 D 级危房 16604 户，修缮加固的 C 级危房 2343 户。将危房改造补助资金由“验收后支付”改为“按进度支付”，简化报账程序，限时完成审核，加快资金支付进度。

【低保兜底扶贫】 2016 年，制定出台《海南省做好农村最低生活保障制度与扶贫开发政策有效衔接的实施方案》，建立农村低保家庭和建档立卡贫困户两种对象的衔接机制。将 3.63 万建档立卡贫困人口纳入低保范围，共发放低保金 7690 万元。未纳入低保的建档立卡贫困户脱贫前，同等享受医疗救助、临时救助等待遇。2016 年，海南省共支出 639.7 万元，为 1578 名贫困人口实行大病救助。

【生态补偿扶贫】 2016 年，中央和省级财政安排生态补偿资金 22.88 亿元，其中森林生态效益补偿资金 2.31 亿元，生态转移支付资金 20.57 亿元。2016 年 5 个国家扶贫开发工作重点县退耕还林补助面积 13.77 万亩、资金 1721 万元，受益人数 61947 人。海南省给贫困户家庭劳动力安排护林员岗位 1211 个，带动了 5000 贫困人口脱贫。

【基础设施建设】 2016 年，大力开展基础设施“五网”建设（路网、水网、电网、光网、气网），做优脱贫攻坚大环境。安排建设 5 个国家扶贫开发工作重点县及 3 个老少边市县的公路建设项目 69 个，里程 152 千米。农村信息基础设施建设投入 28.9 亿元，行政村的光纤宽带网络覆盖率达 94.2%、4G 网络覆盖率达 99.4%，实现“全光网省”目标。安排 18.75 亿元对全省农村电网进行改造升级。投资 47.1 亿元实施各类水利项目，其中投入资金 5466 万元，为 5 个国家扶贫开发工作重点县建设农田水利项目 13 宗，实施农村饮水安全巩固提升工程 18 宗、受益人口 24676 人。2016 年安排财政专项扶贫资金 4.01 亿元，支持贫困地区硬化乡村道路 618.37 千米，修建涵洞 140 个、饮水工程 31 宗，打井 15 眼，建设文化室和改造公共设施27550.44平方米，解决30.48万人行路难和3.78万人饮水安全问题。

【脱贫攻坚第三方评估】 2016年11月，海南省扶贫开发领导小组委托新华社中国经济信息社，按照《海南省精准扶贫成效第三方评估工作方案》要求，对全省18个市县（不含三沙市）135个村、3474户建档立卡贫困户开展以精准识别、精准退出、精准帮扶和群众满意度为主要内容的精准脱贫攻坚工作进行评估。评估组分10个小组、350余人进行入户调查，了解帮扶过程，帮扶成效，查阅扶贫手册，核算人均收入，查看帮扶项目等。共发放有效问卷3903份，其中市县党政主要负责人或分管领导问卷20份、村干部问卷135份、脱贫户问卷2253份、贫困户问卷1495份。评估结果：95%调查户对帮扶方式和效果总体表示满意；调查户对帮扶责任人工作情况、驻村干部工作队的工作和扶贫政策宣传各方面指标满意度达到93%。

【省际交叉考核】 根据国务院扶贫开发领导小组统一部署，由新疆维吾尔自治区扶贫开发领导小组20人组成省际交叉考核小组对海南省2016年脱贫攻坚工作进行考核。考核组分别对屯昌县、琼中县、澄迈县、保亭黎族苗族自治县（以下简称“保亭县”）、琼海市5个县（市）的扶贫成效进行了抽样调查，实地核查23个乡（镇）、15个贫困村、10个非贫困村，入户调查189户贫困户、186户脱贫户，填写《入户调查问卷》375份；访谈3名省级督导组组长、16名县级领导干部、25名乡镇党政领导、31名驻村干部、23名村两委干部、420多名农户，召开座谈会6次，实地察看产业扶贫、旅游扶贫、电商扶贫、农民专业合作社等扶贫项目34个。与此同时，受国务院扶贫开发领导小组委托，由来自中国科学院地理科学与资源研究所、广西师范大学、海南师范大学等高校（院所）的66名专家学者组成评估组，对海南省脱贫攻坚工作进行评估。随机抽查5个县（市）的189户贫困户和186户脱贫户，识别准确率达到100%、退出准确率达到98.92%、群众满意度达到100%。考核综合评价，海南省2016年扶贫开发工作成效为较好省份。

【脱贫攻坚督查巡查】 2016年，根据《中共中央办公厅国务院办公厅关于印发〈脱贫攻坚督查巡查工作办法〉》的通知要求，8—10月，海南省委、省政府共派出9个督导组、6个暗访组对各市县脱贫攻坚工作进行督导。12月，海南省扶贫开发领导小组为进一步加大督导力度，派出12个督导组驻18个市（县）开展督导。海南省扶贫开发领导小组约谈市县党政一把手、分管领导共6人；海南省各市（县）在脱贫攻坚领域共问责干部719人，其中通报批评427人，约谈192人，党纪处分89人，就地免职2人，调整岗位9人。

【定点扶贫】 2016年，海南省直党政机关、企事业单位、人民团体、驻琼军警部队330个单位定点帮扶18个市县323个贫困村。海南省领导、省直部门及企事业单位领导深入帮扶点调研指导2794人次。全年定点扶贫单位自筹和引进资金1.92亿元（其中自筹资金8706.93万元，引进资金10446.54万元），实施帮扶项目443个，受益12.11万多人。通过定点扶贫，建设乡村道路34.26千米、饮水项目11宗，改造危房201间，解决2.30万人行路难、4124人饮水难和767人住房难问题；新建或修缮村文化室31间；维修加固水利设施21宗，新增灌溉面积167公顷；举办各种实用技术培训990期，培训3.7万人次。

【定点扶贫】 2016年，中国移动通信集团公司、中国海洋石油总公司、中国电子信息产业集团有限公司、国家海洋局4家中央单位，在海南省的五指山市、临高县、保亭县、琼中县、白沙县5个国家扶贫开发重点县开展定点扶贫工作，领导考察调研18人次，共投入帮扶资金4213.80万元，引进各类资金1037万元，建设和引进项目10个，实施帮扶项目91个，实现了39个贫困村退出，54028人贫困人口脱贫。

【革命老区建设】 2016年，安排老区转移支付资金1.41亿元（其中省配套资金2000万元），建设项目301个，其中硬化村路243.8千米，建文化室900平方米、文化广场2460平方米；饮水工程项目5宗；安装太阳能路灯252盏；建50吨水塔1座，改造配套供水管12186米，建拦水坝1座。覆盖120个乡镇，64个村委会，306个老区村庄，受益人14.8万人。

【扶贫宣传】 2016年10月，海南省委宣传部印发《脱贫攻坚宣传“百日行动”活动方案》，528名省、市县领导，323名驻村“第一书记”、1292个扶贫工作队、近4.5万名“一对一”帮扶责任人进村入户开展　“六送”活动，共走访慰问贫困户4万余户，发放政策读本等宣传资料19万多本，赠送430万元的生产生活物资，为贫困群众义诊约6000人次，赠送价值6万余元的药品，发动并组织社会各界募集脱贫攻坚资金2.41亿元，组织就业扶贫招聘会，3200多人达成就业意向，并为3708名贫困群众提供公益性岗位。在城镇、农村地区挂横幅、贴标语、刷口号16600多条，通过新媒介宣传平台共发布脱贫攻坚信息8275条。全年，海南省扶贫系统被各级媒体刊用刊载稿件信息共6902篇次（中央主要媒体175篇，省级主要媒体2620篇，网络媒体4107篇）；编印《扶贫工作动态》53期，制作宣传板报专栏3期，发布3座扶贫开发户外宣传牌，在门户网站刊发信息1725篇。全年扶贫宣传成果位列全国第五名。

【脱贫致富电视夜校】 2016年，整合广播电视、远程教育站点、互联网、移动互联网等各种资源，于11月18日正式开办“脱贫致富电视夜校”，每周两次通过海南广播电视台黄金时间面向全省人民播出，同时开通“961017”脱贫服务热线，宣传扶贫开发政策，解答工作难题，传授实用技术，为贫困群众脱贫致富和提升基层干部综合素质提供帮助和指导。截至2016年底，“脱贫致富电视夜校”已播出13期，海南省设2784个教学点，每期有10万余名贫困户及乡镇干部、驻村“第一书记”、帮扶责任人、村两委干部参加学习、讨论。除课堂组织的学员外，每期自发观看人数在30万左右。“961017”脱贫致富服务热线共接听群众来电8959个，受理各类办件5771个，转派职能单位4000多个，有效办结4515个。海南创新精准扶贫模式、开办脱贫致富电视夜校和热线电话的情况被中央电视台《新闻联播》和《人民日报》头版进行了报道，反响强烈。

【扶贫干部培训】 2016年，海南省扶贫办组织机关干部开展学习教育活动39次，参加1139人次。其中党风党纪教育、廉政警示教育和岗位廉政教育5次，受教育260人次；党组成员上廉政党课9次，受教育416人次；组织学习中共中央总书记习近平系列重要讲话精神3次，党组理论中心组织集中学习17次，受教育254人次；邀请省委宣讲团专题辅导2次，受教育83人次；观看专题教育片3次，受教育126人次。2016年投入中央财政扶贫资金132.54万元，举办全省扶贫系统干部培训班18期，培训2298人次。其中扶贫政策法规培训班6期1281人次，举办各类扶贫业务能力提升培训班12期1017人次，召开全省扶贫开发工作现场会3场418人次。

（海南省扶贫工作办公室
政策法规处　王丽妹）

重庆市扶贫开发

【概述】 2016年，重庆市贯彻落实中共中央总书记习近平扶贫开发战略思想和视察重庆市重要讲话精神，围绕实施五大功能区域发展战略，坚持精准扶贫精准脱贫基本方略，扎实推进“六个一批”（产业带动、搬迁安置、转移就业、教育资助、医疗救助、低保兜底）和“十大扶贫行动”（交通、水利、文化、金融、科技、电商、乡村旅游、就业培训、环境改善、村企结对），实现7个区（县）整体摘帽、885个贫困村、59.6万贫困人口脱贫。

【扶贫资金投入】 2016年，重庆市通过加大对贫困区县转移支付、集中各类专项资金、提前安排调度、调整区县财政支出结构、建立过渡期补偿机制等措施，统筹整合各类财政资金投入脱贫攻坚。落实市对18个贫困区（县）扶贫相关投入288.4亿元，其中，市级以上财政专项扶贫资金45.4亿元。在所有贫困区县开展统筹整合使用财政涉农资金试点，贫困区（县）统筹整合使用涉农资金91.6亿元。

【基础设施建设】 2016年，重庆市完成村通畅工程6600千米，实现行政村通畅率100%。完成山坪塘整治1.7万口，新增、恢复蓄水6713万立方米，受益贫困人口20.8万。在贫困区县建成国家农业特色科技园区7个，实施移民贫困村精准帮扶项目34个，为每个贫困区县新增建设用地600亩，全面落实宅基地复垦周转金制度。实施特色村镇保护和发展项目94个，农村环境连片整治350个村，建设美丽宜居村庄100个，完成188个村级基层综合文化服务中心示范点建设，完成贫困户危房改造2.83万户。

【高山生态扶贫搬迁】 2016年，重庆市建立了财政资金、专项基金、地方债、政策性贷款、群众自筹“五位一体”搬迁融资模式。全年落实市级以上资金52.7亿元，完成贫困人口搬迁10.8万人。制定实施差异化补助政策，对深度贫困户实行兜底搬迁。出台用好农业农村发展用地政策促进脱贫增收的20条意见，累计交易“地票”18.5万亩，4.4万贫困人口直接收益12亿元。

【产业扶贫】 2016年，重庆市出台特色产业扶贫指导意见，推动柑橘、榨菜、生态渔业、草食牲畜、茶叶、中药材、调味品7大特色产业链向贫困地区延伸。实施产业扶贫项目5432个，在贫困区县培育市级以上农业产业化重点龙头企业422家。

安排6000万元专项资金，在10个贫困区县开展农村产业融合发展试点。8个贫困区县创建为全国休闲农业与乡村旅游示范县，建成乡村旅游扶贫村201个、美丽乡村精品线路131条、避暑休闲点539个，1.5万贫困户成为“大巴山森林人家”等乡村旅游户，乡村旅游年实现收入250亿元，近10万贫困人口受益。所有贫困区县均为国家农村电子商务试点县，建成贫困村级信息服务站750个，推出“互联网+乡村旅游+农特产品”商业模式，打造了“网上村庄”“武陵生活馆”等一批电商扶贫平台。

【雨露计划】 2016年，重庆市深入实施“一户一人一技能”培训计划，培训贫困人口11万人次，实现贫困人口转移就业8.7万人。健全从学前教育到高等教育全覆盖资助政策，资助贫困学生26.9万人次，为12.6万贫困学生办理生源地助学贷款9.3亿元。为贫困区县选派“三区支教”教师、特色岗位教师1950人，招录培养乡镇及以下中小学全科师范生1500人。

【社会扶贫】 2016年，重庆市市级扶贫集团、国资帮扶集团、对口帮扶区县共计投入帮扶资金15.2亿元。组织1615家民营企业实施“万企帮万村”，投入35.6亿元结对帮扶1004个贫困村。召开鲁渝扶贫协作联席会议，签订“1+8”鲁渝扶贫协作框架协议。引进山东省20余家企业落户，为贫困区（县）提供就业岗位6000余个。38家市属国有企业吸纳1万余名贫困人口就业。搭建扶贫爱心网站等平台，接受社会爱心人士捐款4000多万元，资助贫困群众1.3万户4.4万人。

【金融扶贫】 2016年，重庆市实施金融精准扶贫行动，出台32条金融精准扶贫政策。与中国农业发展银行、国家开发银行等金融机构签订战略合作协议，创新推出“扶贫贷”“贫困扶助贷”“再贷款+”等30多个精准扶贫金融产品，金融机构扶贫贷款余额达到735亿元。安排财政资金8850万元，建立区县风险补偿基金，发放扶贫小额到户贷款20亿元。在1162个贫困村发展互助资金组织，互助资金规模达2.9亿元，入社农户16.4万户，发放借款7.4亿元。

【健康扶贫】 2016年，重庆市资助所有贫困人口参加城乡居民医保，贫困人口在区（县）级医院居民医保住院报销起付线降低50%、医保住院报销比例提高10%、大病保险自付费用报销比例达50%。安排财政资金1亿元，为所有贫困人口购买大病医疗补充商业保险和扶贫小额意外保险。将农村贫困人口全部纳入重特大疾病医疗救助范围。设立区（县）扶贫医疗基金2.3亿元，惠及贫困群众59万余人次。

【低保兜底扶贫】 2016年，重庆市健全与经济社会发展和居民收入相适应的农村低保增长机制，按照“就高不就低”原则，低保标准提高至每人每年3600元，符合条件的20.7万名贫困人口全部纳入低保保障，实现应保尽保。对纳入低保兜底的贫困人口，严格按照“两不愁三保障”要求进行重点扶持。

【建档立卡】 2016 年，重庆市完善“四进、七不进、一出、三不出”标准和“八步四公示”程序，通过逐户调查和大数据比对，新精准识别扶贫对象 6.3 万人。建立贫困监测机制，设置贫困动态监测点，对 9000 余户农户和 2800 多户贫困户进行动态监测。对已脱贫 95.3 万贫困人口继续实行台账式管理，落实帮扶政策和结对干部。

【干部驻村帮扶】 重庆市按照“因岗定人、人岗相适”原则，分类选派贫困村“第一书记”和大学生村干部。累计选派驻村工作队 2915 个、“第一书记”1688 人、驻村工作队员 19696 人，落实结对帮扶干部 19.9 万人，实现对全市 48.2 万户贫困群众的全覆盖。调整作风漂浮、不在状态的驻村工作队员近 300 名。

【基层组织建设】 2016 年，重庆市加强以村级党组织为核心的基层组织建设，将 1919 个贫困村全部纳入后进基层党组织进行整顿，及时调整不能胜任现职的贫困村党组织负责人 727 人。针对贫困村近 10 年大中专生、外出创业人士建立本土人才库，通过给待遇、给政策、给出路和“点对点”动员，累计回引本土人才 2803 名，领办创办合作经济组织 652 个、小微企业 752 个、农村电商 530 家，1830 人在村级换届中进入“两委”班子。打破行政区域屏障和传统党组织设置模式，实行党员联管、人才联动，实现资源共享、信息互通、产业互助。运用“互联网+基层党建”推动扶贫工作，借助“群工系统”为群众解难事、办急事。

【扶贫督查巡查】 2016 年，重庆市制定脱贫攻坚督查巡查工作办法，建立集中督查、重点督查、专项巡查、社会舆论监督“四位一体”常态化督查监督体系。对督查巡查发现的所有问题全部建立台账，实行“背靠背”督查、“面对面”指导、“点对点”通报、“一对一”约谈，确保限时整改落实到位。全年共开展市级集中督查 11 轮次，专项检查 8 次，整改突出问题 225 个。

【扶贫考核评估】 2016 年，重庆市出台区县党委和政府扶贫开发工作成效考核办法，重点考核减贫成效、精准识别、精准帮扶、扶贫资金等方面。坚持将脱贫攻坚考核结果与干部任用挂钩，提拔重用脱贫攻坚一线干部 288 名，约谈区县领导 12 人次。严格执行脱贫攻坚一票否决和捆绑考核，未完成年度减贫任务、违反扶贫资金管理使用规定、脱贫退出弄虚作假搞“数字脱贫”、扶贫领域存在违法违纪行为的，坚决“一票否决”。

【执纪问责】 2016 年，重庆市出台脱贫攻坚工作监督执纪问责意见，落实审计监督、民主决策、公示公告等扶贫资金十项监管制度。加强内部监督、审计监督、纪检（监察）监督和群众监督，建立多位一体监督体系。签订扶贫领域党风廉政建设责任书，将扶贫政策落实、扶贫资金使用管理、扶贫项目实施、党员干部履职等情况列入监督检查重点。通过排查一批线索，督办一批问题，查处一批案件，问责一批人员，教育一批干部。全年问责不履责、不作为基层干部32名，查处违规违纪案件11起。

【扶贫宣传】 2016年，重庆市发挥新闻媒体舆论导向作用，开设“坚决限时打赢脱贫攻坚战”“扶贫一线党旗红”“我的扶贫故事”等专题专栏，开展脱贫攻坚宣传报道2000余篇次，编发《重庆扶贫专报》77期，国家有关部委转发18期。在脱贫攻坚先进典型推荐评选表彰中，荣获全国脱贫攻坚奖1名、先进集体2个、先进个人2名，重庆市表彰市级先进集体50个、先进个人100名。编印《脱贫一线党旗飘》《我的扶贫故事》《扶贫政策顺口溜》等书籍，开展院坝微宣讲、扶贫小故事展播等活动。

（重庆市扶贫开发办公室　王金旗）

四川省扶贫开发

【概述】 2016年，四川省聚焦“两不愁、三保障”和“四个好”目标，聚焦年度脱贫任务，继续实施“3+10+N”组合拳，推进“六个精准”“五个一批”落地落实，抓好住房建设、产业培育、就业增收、教育医疗、社会保障等重点工作，实现5个贫困县摘帽、2437个贫困村退出、107.8万贫困人口脱贫，超额完成年度计划。先后召开省脱贫攻坚领导小组会议10次，对脱贫攻坚作出安排部署。完成建档立卡及“回头看”、数据核查等工作，建成脱贫攻坚“六有”大数据平台和扶贫资金监管平台，实行“痕迹管理”和动态监测。制定出台“十三五”脱贫攻坚规划、17个扶贫专项年度工作计划和安全饮水、医疗卫生等7个年度实施方案，优化完善财政税收、金融支持、产业发展、国土资源等13类脱贫攻坚专项政策，17个扶贫专项全年投入各类资金1181亿元，其中财政资金657亿元。提出住上好房子、过上好日子、养成好习惯、形成好风气的“四个好”目标，细化制定“四个好”评价标准，启动“四好村”创建工作，首批建成省级“四好村”1481个、开办农民夜校2.38万所。继续对11501个贫困村全覆盖实施“五个一”（1名联系领导、1个帮扶单位、1个驻村工作组、1名“第一书记”、1名农技员）驻村帮扶。社会扶贫共投入（募集）资金159.3亿元，实施项目9200个。印发《四川省脱贫攻坚督查巡查工作办法》《四川省脱贫攻坚责任制实施细则》，省领导先后5次带队开展全省性脱贫攻坚调研督导和评估检查，带动省直部门和市、县对有扶贫任务的160个县、11501个贫困村督查督导全覆盖。开展《扶贫条例》执法检查，启动集中整治扶贫领域职务犯罪专项行动、7个民主党派民主监督工作。印发《四川省贫困县贫困村贫困户退出实施方案》，省、市、县三级抽派5万余名干部、700多名专家学者，实施脱贫验收考核和第三方评估，实行贫困退出达标行业认定机制。

【扶贫资金投入】 2016年，四川省财政专项扶贫资金总投入1087816.69万元。其中，中央财政专项资金安排440114万元，较2015年增加109857万元；省级财政安排262139.7万元，较2015年增加75705.5万元；市（州）财政安排84189.7万元，较2015年增加41000.1万元；县（市、区）财政安排301373.29万元。同时，省级财政从2016年政府债务资金中安排32亿元用于支持脱贫攻坚。中央财政专项扶贫资金440114万元用于：整村推进137299.63万元，移民扶贫32283.28万元，能力建设3651.25万元，扶贫小额信贷4745.72万元，资产收益扶贫30889万元，其他资金231245.12万元。

【扶贫资金管理】 2016年，四川省制定出台《财政专项扶贫资金县级财政报账制实施办法》《关于支持贫困县开展统筹整合使用财政涉农资金试点的实施意见》等文件，完善资金监管政策体系，70个试点贫困县整合资金67亿元。在“六有”平台上增加扶贫资金信息化监测系统，实现资金拨付、分配及使用管理等环节的实时监控。与人寿四川分公司和人财四川分公司签订扶贫小额信贷保险合作协议和保险扶贫合作协议，初步建立贫困县农业保险保障体系。委托6家会计师事务所在全省160个贫困县开展财政专项扶贫资金使用管理绩效考核，委托3家会计师事务所对泸州、宜宾、达州等地的中央专项彩票公益金支持贫困革命老区扶贫开发创新试点项目进行现场审计。

【基础设施建设】 2016年，四川省落实交通精准扶贫投资531.87亿元，新改建农村公路2.28万千米，建成渡改桥90座、“溜索改桥”71座，5个摘帽县（南部县、蓬安县、广安市广安区、广安市前锋区、华蓥市）实现了乡乡通油路、村村通硬化路、2437个退出村全面完成了通村硬化路建设任务，巴广渝、宜叙、叙古等贫困地区高速公路相继建成通车。落实电力扶贫投资55.2亿元，新建和改造35千伏及以上变电站12座、配电变压器11887台、低压线路38820千米，治理农村“低电压”62万户。推进实施农村能源建设项目，开工建设省级新村集中供气工程121处、规模化大型沼气工程29处。

【片区扶贫攻坚】 2016年，四川省持续用力推进“四大片区扶贫攻坚行动”。编制完成《乌蒙、秦巴、藏区区域发展与扶贫攻坚实施规划（2016—2020年）》《大小凉山集中连片特困地区扶贫攻坚总体方案（2016—2020年）》。在彝区，推进彝区“十项扶贫工程”和17条政策措施落实，年度到位资金78.47亿元，实施项目88个；实施彝家新寨建设250个村，住房建设21250户；组织帮扶县和民营企业、国营企业对凉山188个极贫村实施定点帮扶。在藏区，深入实施“六项民生工程计划”，年度到位资金64.1亿元，建设藏区新居2万户；完成包虫病病情调查44.6万人，免费药物治疗14762人。举办藏区彝区产业扶贫推介会，签约项目44个、涉及投资774亿元。在秦巴山区和乌蒙山区，累计建成巴山新居2659个、乌蒙新村427个。

【易地扶贫搬迁】 2016年，四川省精准识别出“十三五”期间116万易地扶贫搬迁对象。印发《四川省“十三五”易地扶贫搬迁规划》《四川省“十三五”易地扶贫搬迁实施方案》《四川省支持易地扶贫搬迁的有关政策》《四川省易地扶贫搬迁项目资金管理办法》等，将搬迁工作与新型城镇化、新型工业化、农业现代化结合推进。累计完成投资 165.5 亿元，完成 25 万人年度搬迁任务；实际建成安置住房 9.8 万套，惠及 21 个市（州）144 个项目县（市、区）33.3 万建档立卡贫困人口。

【产业扶贫】 2016 年，四川省编制完成 88 个贫困县、11501 个贫困村产业脱贫规划，逐户制定脱贫措施。出台支持农业产业化龙头企业（工商资本）带动脱贫攻坚 20 条政策，6.8 万个农业专合组织、5180 家农业产业化龙头企业参与脱贫攻坚，基本实现每个贫困村产业发展都有经营主体带动。贫困地区新建高标准农田 254.5 万亩，新建和改造农业产业基地 580 万亩，出栏大牲畜和小家禽 2.47 亿头（只），水产养殖面积达 117.2 万亩。深入开展“万名农业科技人员进万村”技术扶贫行动，培训贫困群众 333.71 万人次。

【就业扶贫】 2016 年，四川省大力实施“雨露计划”，鼓励和动员贫困家庭子女接受中、高职业教育，对初中毕业和高中毕业后就读中职教育的贫困学生实行每人 1500 元/年的助学补助。从公益性岗位开发、鼓励企业吸纳劳动力、组织免费培训、开展劳务协作等方面出台做好就业扶贫工作 9 条政策措施，将贫困家庭 211.1 万劳动力实名登记入库。积极开展就业转移促进脱贫行动，转移输出贫困家庭劳动力 92.2 万人，面向贫困家庭劳动力开发公益性、公益类岗位 3.86 万个，共举办扶贫专场招聘会 688 场（次），提供岗位 20.2 万个。

【以工代赈】 2016 年，四川省落实中央预算内以工代赈资金和省级以工代赈扶贫资金共计 45150 万元，较 2015 年度增加 2650 万元，重点建设了与贫困地区经济发展和农民脱贫致富紧密相关的基本农田、农田水利、乡村道路（含独立桥涵）、草场建设及小流域治理等农村小型基础设施建设。针对贫困区域主要致贫原因，因地制宜选准项目，集中以工代赈资金攻坚，安排以工代赈片区开发项目、示范工程、示范村项目资金 20600 万元，占以工代赈资金总额的 45.6%。

【社保制度完善】 2016 年，四川省将全省农村低保标准低限由 2280 元/年・人提高到 2880 元/年・人，5 个摘帽县低保标准提高到 3120 元/年・人，通过发放特殊生活补贴，使计划脱贫的 32.8 万低保对象收入达到 3100 元/年・人，率先实现“两线合一”。实施医疗卫生扶贫“十免四补助”政策，贫困群众就诊免收一般诊疗费和院内会诊费，全面开展白内障复明手术项目、实施孕产妇住院分娩等 8 项免费医疗服务；对手术治疗包虫病患者、0—6 岁贫困残疾儿童等 4 类贫困人口给予特殊治疗补助。2016 年 1 月起，贫困患者县域内住院政策范围内医疗费用个人支出控制在 10%以内。13 万建档立卡贫困户危房改造开工建设 14.53 万户、开工率达 109.1%。

【扶贫基金】 2016 年，四川省在 160

个县全面建立县级教育扶贫救助基金、卫生扶贫救助基金、扶贫小额信贷分险基金，在11501个贫困村全面建立产业扶持基金，“四项扶贫基金”总规模达56.96亿元。印发《扶贫再贷款管理操作规程》，建立“扶贫再贷款+扶贫小额信贷”四川模式，发放扶贫小额信贷85.18亿元，惠及27.75万户贫困户；截至2016年底，全省扶贫再贷款限额117.3亿元，累计使用79.6亿元。

【省内对口帮扶】 8月，启动省内经济较发达的7市35县对口帮扶藏区、彝区45个贫困县工作。42个帮扶地分别编制了对口帮扶五年规划和年度计划，五年规划总计划投入资金35.07亿元、实施项目540个。挑选1320名优秀干部组成45个“前方工作组”、由副县级以上领导干部任组长，充实到受扶地紧缺岗位挂职帮扶。建立工作台账、项目清单、制度机制，推进工作落实，2016年各帮扶地投入帮扶资金7.82亿元，实施住房建设、产业就业、教育医疗等帮扶项目361个。阿坝州、甘孜州与成都市、眉山市、德阳市共建4个“飞地”工业园区，一批民族地区贫困群众实现在园区就业。

【定点扶贫】 2016年，四川省定点扶贫工作深入开展，中央、省定点扶贫单位共投入资金131.06亿元（直接投入资金39.11亿元，引进资金86.55亿元，募集社会资金和物资折价5.4亿元）、帮助上项目8625个，举办各类培训2.2万期、培训人员80.69万人次。其中，23个在川定点扶贫的中央国家机关，直接投入资金2.49亿元，帮助引进资金1.53亿元，帮助上项目61个，选派挂职干部48人；15781个省内定点扶贫部门（单位）直接投入资金36.62亿元，帮助引进各类资金85.02亿元，帮助上项目8564个。

【东西部扶贫协作】 2016年，加大东西部扶贫协作力度，积极加强与帮扶省、市对接，浙江省、广东省、珠海市、佛山市落实无偿援助财政资金4.95亿元、社会帮扶资金955万元，实施援助项目229个。

【企业和社会各界扶贫】 2016年，四川省共开展“扶贫日”活动逾万个，募集资金（含物资折价）15.79亿元。“四川爱心扶贫网”累计发布24958户贫困户和1554个贫困村信息，募集资金77.96万元。推进“万企帮万村”精准扶贫活动，组织113个商（协）会、2.83万个民营企业结对帮扶贫困村，签署投资协议6550个106亿元。中国长江三峡集团共捐赠16亿元，分4年投入，助推凉山彝区打赢脱贫攻坚战。开展了首届“四川十大扶贫爱心组织”暨第二届“四川十大扶贫好人”评选表彰活动。

【扶贫机构和队伍建设】 2016年，四川从省到乡建立起党政主要负责同志为双组长的脱贫攻坚领导小组，明确各级党委副书记协助书记分管脱贫攻坚。省、市两级扶贫局长兼任同级政府副秘书长，88个贫困县扶贫局长任同级政府党组成员。各行业部门普遍建立专职领导、专职处室、专职团队和1名脱产扶贫人员“三专一脱”工作机构。贫困县扶贫机构全部单设，省市县三级扶贫机构新增领导职数84个、编制1061个。省扶贫移民局增设督查考核处、编制达104个。

（四川省扶贫办　熊素华）

贵州省扶贫开发

【概述】 2016年，贵州省委、省政府深入贯彻中共中央总书记习近平扶贫开发战略思想和中共中央、国务院扶贫开发决策部署，全面实施精准扶贫精准脱贫基本方略，坚持把脱贫攻坚作为头等大事和第一民生工程，以脱贫攻坚统揽经济社会发展全局，将“精准”贯穿脱贫攻坚全过程，不断完善政策措施，推动各类资源、各种要素、各方力量向脱贫攻坚聚集，扎实推进大扶贫战略行动，脱贫攻坚实现良好开局。超额完成建档立卡贫困人口减贫任务，贫困人口识别准确率贫困人口退出准确率群众满意度进一步提高，扶贫资金绩效管埋方式取得新成效。

2016年减少贫困人口120.8万人，按省内标准实现贫困县摘帽和贫困村退出，赤水市摘帽和1500个贫困村退出。贫困地区（66县）农村常住居民人均可支配收入7171元，比2015年6381元增加790元，增长12.4%，其中国家扶贫重点县农村居民可支配收入6994元，比2015年6157元增加806元，增长13.1%（高于全省农村居民人均可支配收入增长平均水平2.4个百分点）。

【扶贫资金投入】 2016年，贵州省投入中央和省级财政专项扶贫资金117.31亿元，其中，中央财政专项发展资金59.84亿元、少数民族发展资金1.84亿元、以工代赈资金2.9亿元，贫困农场资金0.11亿元、贫困林场资金0.24亿元，省级财政专项扶贫资金52.38亿元，较2015年中央和省级财政专项扶贫资金增加39.32亿元。在投入的中央财政专项扶贫资金59.84亿元项目资金中：用于种养殖业产业资金19.6亿元占总资金的32.8%；用于生态移民资金7.7亿元占12.8%；用于“雨露计划”资金3.3亿元占5.5%；用于贷款贴息3.3亿元占5.5%；用于小康路、小康寨、小康水等基础设施资金6.5亿元占10.8%；用于示范园区0.7亿元占1.1%；用于集团帮扶1.68亿元占2.8%；用于壮大村集体经济10.2亿元占比17%；用于生产救灾资金0.8亿元占1.3%。

【扶贫资金管理】 2016年，贵州省坚持专项扶贫资金安排使用服从脱贫需要，实行目标、任务、资金和权责“四到县”，按照“贫困县、贫困村、贫困人口、绩效考核”4个因素以“2∶2∶5∶1”切块分配到县，要求县级按照“3∶3∶1∶1∶2”

的比例投向扶贫产业、农民专业合作社（村集体经济组织）、小额扶贫贷款贴息、扶贫培训和贫困村（不含村级）以下小型公益基础设施建设五类贫困地区最需要、最有效的项目。此外，还在50个贫困县开展统筹整合财政涉农资金试点。所有扶贫专项资金和涉农资金都按时拨付、规范管理、严格监督，资金绩效管理效果明显。

【基础设施建设】 2016年，贵州省启动高速公路加密计划，新增高速公路通车里程300千米，建成二级及以上普通国省干线公路800千米，建成通村通组路1万千米；开工黄家湾水利枢纽等61个骨干水源工程，建成投运黔中水利枢纽一期工程，实现63个县有中型水库水源保障，新增解决249万人的农村饮水安全问题；全面启动实施新一轮农村电网改造升级工程；投入445亿元继续实施“四在农家·美丽乡村”基础设施建设六项行动计划，有效解决了一批贫困乡村尤其是少数民族特困乡村的水、电、路、讯等发展瓶颈制约问题。

【易地扶贫搬迁】 2016年，贵州省易地扶贫搬迁总投资270亿元，其中住房180亿元，配套基础设施90亿元。流转城乡建设用地增减挂钩指标9890亩，建设555个安置点，建成9.7万套搬迁房，实现每户搬迁家庭就业1人以上。

【产业扶贫】 2016年，贵州省投入中央财政扶贫发展资金19.6亿元，安排扶贫项目贷款贴息资金和扶贫到户贷款贴息资金3.3亿元，共向22个扶贫金融合作试点县扶贫产业提供融资授信43.49亿元，发放小额农贷21亿元，发放精准扶贫“特惠贷”累计228亿元。结合农业供给侧改革，实施产业扶贫项目约2万个，73.4万贫困人口从中受益成功脱贫。为5万就地脱贫人口每人整治1亩优质农田，对44万贫困地区青壮年劳动力进行规范化技能培训，打造乡村旅游景点231个，在1300个贫困村设立电商网点。

【雨露计划】 2016年，贵州省“雨露计划”扶贫培训投入资金1.95亿元，共完成各类培训和资助12.4万人。其中：圆梦行动资助建档立卡贫困大学新生1.9万人，整合泛海集团资金5000万元开展“泛海助学行动”资助建档立卡贫困大学新生1万人，实现了对所有建档立卡贫困大学新生资助的全覆盖；开展贫困村致富带头人培训0.71万人，“三女”（持家女、家政女、锦绣女）培训0.8万人，扶贫项目农业实用技术实训9万人。

【革命老区建设】 2016年，安排中央专项彩票公益金6000万元，每县2000万元，集中投入到桐梓、赫章、松桃3个革命老区县。完成7个县7000万元中央专项彩票公益金项目评审工作，在革命老区贫困乡村新建通村（组）道路140多千米，整治病险山塘水库2处，新修灌溉沟渠1830米、水池72口共2601立方米，安装人饮管道27.95千米，解决2.5万人饮水困难。极大地改善了7个乡（镇）22个村19.3万多名群众的生产生活条件。

【生态补偿】 贵州省坚持绿色发展理念，不断厚植生态资源优势，2016年实施退耕还林477.4万亩，完成营造林528万亩，治理石漠化1000平方千米、水土流失2000平方千米，森林覆盖率提高到52%，落实护林员指标2.5万人，直接带动近10万人脱贫。

【金融扶贫】 2016年，贵州省充分发挥财政扶贫资金的杠杆撬动作用，建立以“四平台一协会”（管理平台、统贷平台、担保平台、公示平台、信用协会），推行小额信贷；创设特惠贷财政金融产品，由财政资金建立贴息和风险补偿基金，由农村信用社对建档立卡贫困户提供“5万元以下、3年期以内、免除担保抵押、扶贫贴息的小额信用（特惠）贷款”，帮助建档立卡贫困农户“换穷业”；以财政资金为引导，设立以银行机构投资为主的3000亿元“贵州脱贫攻坚投资基金”，主要投向交通、产业、水利、环境整治、小城镇建设、美丽乡村、公共服务、极贫乡镇8个方面，有效破解贫困地区发展资金不足的问题。

【社保兜底扶贫】 2016年，贵州省针对因学致贫返贫问题，加大财政投入，压缩6%的行政经费用于支持贫困地区教育发展，新增38个县基本普及15年教育、18个县推进义务教育均衡发展，实施农村幼儿园、寄宿制学校标准化建设，启动实施农村学前教育儿童营养改善计划，对农村贫困家庭学生上高中、大学实行“两助三免（补）”补助政策，不让农民家庭因学致贫或增加贫困程度。截至2016年底，已对31.7万贫困学生发放“两助三免（补）”资助金10.1亿元。针对因病返贫致贫问题，把贫困人口全部纳入重特大疾病救助范围，实施基本医疗保险、大病保险、医疗救助“三重医疗保障”，受益贫困人口达113.67万人次，补偿金额15.02亿元。狠抓政策兜底保障精准脱贫。推进民政低保标准与扶贫标准“两线合一”，将158万无力脱贫、无业可扶贫困人口纳入农村最低生活保障，实行政策性兜底脱贫。对78.7万受灾群众实施临时救助，改造农村危房30万户，加强留守儿童、留守老人、留守妇女和残疾人关爱救助保障，兜牢临危、临困人员脱贫底线。

【定点扶贫】 2016年，贵州省通过精准选派“第一书记”、配强“三支队伍”、用好“驻村干部”，选派4.3万干部组建8519个同步小康驻村工作队，对贫困村进行驻村帮扶，其中“第一书记”7072名，实现所有贫困村和党组织软弱涣散村的全覆盖。39个中央单位直接投入帮扶资金3000万元，用于受帮扶县的基础设施、产业开发、文化教育、医疗卫生等项目建设以及人力资源培训和赈灾救济送温暖等活动。同时，各单位还帮助当地引进各类资金30.2亿元，实施63个项目。

【集团帮扶】 2016年，共安排集团帮扶项目资金1.6亿元。其中，用于23名调整到新的扶贫联系点和新明确的省领导扶贫联系点，安排第一期资金共计1.15亿元实施集团帮扶项目；用于 9 名省领导联系县未调整并已在 2015 年集团帮扶实施乡镇安排第一期集团帮扶资金的基础上，继续安排第二期资金 4500 万元。贵州省 37 个省领导每人定点联系 1 个重点县，定点帮扶和拓展帮扶 1 个贫困乡，不脱贫、不脱钩。同时，明确了由省委书记、省长、省委常委、省政协主席、省人大党组书记、副省长等 20 名省级领导带队对 20 个脱贫难度大的极贫乡（镇）开展“一帮一”定点帮扶。

【东西部扶贫协作】 2016 年，贵州省召开东西部扶贫协作和对口帮扶贵州工作高层联席会议，不断拓展合作领域，在经济协作、园区共建、职业教育、人才交流、引企入黔、文化旅游等领域开展合作与帮扶，签署“十三五”对口帮扶合作框架协议，实现 7 个帮扶城市 54 个县（区）结对帮扶贵州省 66 个贫困县（区）全覆盖。编制对口帮扶“十三五”规划，制定出台东西部扶贫协作和对口帮扶贵州工作的实施意见，形成“1+5”对口帮扶系列文件，联手开展“携手奔小康”行动，开展部门间和乡、村之间结对帮扶试点工作。东部 7 个帮扶城市年度财政帮扶资金达 5 亿元，实施援建项目 429 个，直接帮助贫困人口 11.37 万人。

【企业和社会各界扶贫】 2016 年，贵州省按照《贵州省公募扶贫款物管理暂行办法》的规定，2016 年共 476.67 万元的省级公募资金，主要实施在全省 100 多个扶贫济困项目（每个项目 4—5 万元），共有近 2000 户贫困户得到资助。贵州茅台酒股份有限公司等 12 家实力较强的国有企业“一对一”结对帮扶 12 个扶贫开发任务重的贫困县。已落实帮扶资金 3.7 亿元，发放贷款 616.2 亿元，协调及建设项目 793 个，慰问困难群众 4.2 万户，慰问困难群众资金 2773.8 万元，结对帮扶贫困户 2.4 万户。六是民营企业参与帮扶。恒大集团安排了 10 亿元首批扶贫资金，帮扶毕节市大方县实施脱贫攻坚工作。万达集团等单位召开了“万达集团杭州市滨江区贵州电网公司农发行贵州省分行与丹寨县签署协议仪式”和帮扶丹寨县脱贫工作座谈会，确定了贵州万达职业技术学院、旅游小镇、扶贫专项基金 3 个扶贫项目，扶贫资金增加至 14 亿元。全面启动了民营企业“千企帮千村”精准扶贫行动，共有 1772 家民营企业、148 家商会参与结对帮扶 2014 个贫困村，投资 120.24 亿元，实施项目 447 个，带动近 4 万人就业。启动“省属院校帮百村”活动，45 所省属院校结对帮扶 141 个贫困村。启动贵州省社会组织帮百村精准扶贫行动启动仪式，并印发了《“社会组织帮百村”精准扶贫行动实施方案》，82 个社会组织结对帮扶 320 个贫困村。与中央网信办合作，开展精准扶贫“9+1”试点。通过舆论扶贫和网络的力量，发动 9 个网民帮助 1 户贫困户，通过经济、教育、技术、医疗等多种形式开展帮扶，共捐助资金 274.05 万元，3045 户贫困户获得了资助。

【外资项目扶贫】 2016年，落实并下达世界银行贷款贵州省农村发展项目配套资金6000万元；项目完成投资1270.4万元，其中世界银行贷款1181.7万元，中方配套88.7万元，占项目目标的1.5%，共组建39个合作社，完成31个合作社投资计划书的审核修订，以及项目的采购计划、培训计划、项目实施计划的编制与审核。下发《2016年世界银行贷款贫困片区产业扶贫试点示范项目实施计划》，落实并下达配套资金2000万元。项目完成投资51.86万元，其中世行贷款36.18万元，中方配套15.68万元，占项目目标比例0.77%。

【扶贫政策体系】 2016年，贵州省委、省政府从顶层设计上给力脱贫攻坚，构建切合精准扶贫实际、全方位强力支持的扶贫政策体系和体制机制，细化完善了政策措施体系，出台了《省人民政府关于深入推进新时期易地扶贫搬迁工作的意见》及6个配套文件，《贵州省大扶贫条例》和脱贫攻坚精准识别和脱贫退出、督查、考核、问责4个管理办法，《贵州省财政扶贫资金审计条例》等。省、市、县、乡逐级成立了由党委、政府主要领导任组长的双组长制扶贫开发领导小组，建立“五主五包”责任链任务链。确保每个贫困县、贫困乡、贫困村、贫困户、贫困群众都有人帮、有人扶、有人负责脱贫。各级政府设立“扶贫专线”，公开接受社会和群众对扶贫开发工作的监督，在基层全面推行民生特派员工作制度，鼓励支持“第三方”机构监督，形成预防和惩治“不作为”“乱作为”“假作为”的监督机制。建立脱贫攻坚实效激励机制，扶贫成效与干部选拔任用、年度考核及奖惩挂钩。

【扶贫宣传】 2016年，贵州省扶贫办与省委宣传部联合印发了《贵州省舆论扶贫工作实施方案》，全省宣传系统和各媒体单位把“舆论扶贫”工作作为主要工作抓手。同时，进一步深化了与《西部开发报脱贫攻坚周刊》、微信平台宣传合作，开辟了《贵州画报》、贵州手机报“脱贫攻坚专报”等宣传合作新项目，将脱贫攻坚宣传平台向广度、深度延伸。贵州省扶贫报道累计4600余条，其中，中央媒体310条、省内媒体1627条、网络媒体799条、行业媒体999条，对中央扶贫开发政策和贵州省有关贯彻落实政策措施进行了深入解读。启动了全国网络媒体“脱贫攻坚看贵州”主题采访活动，组织“脱贫攻坚进行时”巡回宣讲，举办了10场“脱贫攻坚·党员先锋”先进事迹巡回报告会，汇编400万份“扶贫惠农政策口袋书”“扶贫政策明白卡”“扶贫政策落地操作流程图”等宣传资料，向基层和群众发放。

【扶贫荣誉制度】 2016年，贵州省晴隆县原县委书记姜仕坤生前长期工作在艰苦边远地区基层一线，一生致力于扶贫脱贫事业，其先进事迹得到汪洋、栗战书等党和国家领导人高度评价。国家人力资源和社会保障部、国务院扶贫办追授姜仕坤“全国脱贫攻坚模范”荣誉称号并举办姜仕坤同志先进事迹报告会；2016年“扶贫日”活动上，贵州省扶贫办综合处、铜仁市扶贫办2个单位被表彰为全国扶贫系统先进集体，贵州省扶贫办规划统计处处长顾唯学、毕节市扶贫办规划统计科科长马萍2同志被表彰为“全国扶贫系统先进工作者”；贵州省推荐7名同志入围“全国脱贫攻坚奖”网络评选环节，3名同志获得国务院扶贫开发领导小组表彰；同时，贵州省“十三五”期间每年与国家同步开展“全省脱贫攻坚奖”评选表彰，2016年“扶贫日”活动上，表彰了全省“脱贫攻坚奖”获得者20名，其中设奋进奖、贡献奖、奉献奖、创新奖各5名。

【“三变”改革】 2016年，贵州省委、省政府出台《关于在全省开展农村资源变资产资金变股金农民变股东改革试点工作方案》文件，明确在坚持土地公有性质不改变、耕地红线不突破、农民利益不受损的前提下，开展“资源变股权、资金变股金、农民变股东”改革试点，将农村集体资源性资产和经营性资产作价入股；将财政投入到农村的生产发展类、扶持类资金，在不改变使用性质和用途的前提下量化为村集体经济组织或农民的股金；将农民的土地承包经营权、住房财产权以及资金、实物、技术、劳动力等生产要素入股农业产业化龙头企业、农民合作社等新型农业经营主体，促进农业适度规模经营，增强农村集体经济实力，拓宽农民增收致富渠道，有效促进了农业增效、农民增收、农村繁荣。

【极贫乡（镇）脱贫攻坚】 2016年，贵州省筛选出20个贫困程度最深、发展条件最差、脱贫难度最大的极贫乡（镇），由省委常委、省政协主席、省人大党组书记、副省长等20位省领导各包干一个乡（镇），亲任攻坚指挥长，组建攻坚指挥部和前线工作队，集中火力进行定点包干脱贫攻坚，不脱贫责任不脱钩，保证极贫乡（镇）如期脱贫，攻下全省脱贫攻坚最难点，补齐脱贫攻坚最短板，并带动周边贫困乡（镇）发展，探索解决区域性整体贫困的路子。

【扶贫督查监管】 2016年，贵州省认真执行《贵州省脱贫攻坚工作督查实施办法》《贵州省市县两级党委和政府扶贫开发工作成效考核办法》《贵州省脱贫攻坚问责暂行办法》和民生特派员工作制度，开展省级层面工作检查、专项督查、专题巡查23次，暗访督查10次，对扶贫工作存在问题及时通报曝光，严格督促整改；对工作推进不力、失职渎职、违规违纪的给予严肃问责处理，立案查处扶贫领域案件126件，党政纪律处分1333人，移送司法机关39人。加强财政专项扶贫资金项目从申报、立项、审批、资金拨付、报账，到实施、监管、验收、绩效评价的全过程跟踪监管；运用扶贫云大数据进行资金使用预警、项目备案、项目实施进度监测、扶贫效益评估管理，并及时公布管理结果；通过专项监察、专项巡视等形式，不断加大对各级各部门脱贫攻坚资金使用监管，以2014—

2016年度扶贫项目资金管理情况为重点，2016年6月、9月分别组织开展了强化监督三项重点工作的清理和跟踪检查，完成2013—2016年度扶贫资金全面清理检查、扶贫项目资金分级抽查、强化监督重点工作省级抽查工作。通过省政府扶贫专线，共受理群众有效来电3600多个，全部做到有回应、有落实；对有关扶贫事项、扶贫项目实行省市县乡村五级分级分类公示公告，对公告反映属实问题与合理意见建议及时予以纠正和处理。

（贵州省扶贫办　韩易霖）

云南省扶贫开发

【概述】 2016年，云南省坚决贯彻落实中共中央、国务院的重大决策部署，切实把脱贫攻坚作为发展头等大事和第一民生工程来抓，聚焦“两不愁、三保障”（实现农村贫困人口不愁吃、不愁穿，义务教育、基本医疗和住房安全有保障），从省到乡建立党政“一把手”脱贫攻坚领导小组，层层签订《2016年减贫责任书》，构建“3+X”政策体系，逐级编制脱贫攻坚“十三五”规划，推进实施连片特困地区规划和行业规划。发动13.3万人组成1.7万支精准识别工作队完成建档立卡“回头看”，建成“云南省精准扶贫大数据管理平台”。投入省级以上财政专项扶贫资金93.4亿元，因村因户因人实施发展生产、转移就业、易地扶贫搬迁、生态扶贫、发展教育、社会保障兜底等帮扶措施，并对独龙族、德昂族、基诺族、怒族、布朗族、景颇族、傈僳族、拉祜族、佤族、阿昌族、普米族等11个“直过民族”（指中华人民共和国成立后，未经民主改革，直接由民始社会跨越几种社会生态过渡到社会主义社会的民族）和人口较少民族实施“一个民族一个行动计划、一个集团帮扶”的脱贫攻坚模式。49家中央国家机关和企事业单位定点帮扶云南，上海市扶贫协作范围从26个贫困县扩大到42个贫困县，新增广东省3个市与云南省14个贫困县结成扶贫协作对子，云南省17896个党政机关和企事业单位挂联88个贫困县、挂包4277个贫困村，63.4万名干部职工挂帮159万户贫困户，组建驻村扶贫工作队6770支，选派驻村扶贫工作队员37979名。贫困地区农民人均可支配收入达7847元，同比增长11%，增速高于云南省平均水平1.6个百分点，增速位居全国第六，全年减少贫困人口110万人（净脱贫人口108.3万人）。

【扶贫资金投入】 2016年，投入省级以上财政专项扶贫资金93.4亿元、较2015年同比增加32.3亿元，其中，中央62.4亿元，较2015年同比增加14.4亿元、增长30%；省级31亿元，较2015年同比增加17.9亿元、增长136.6%。省级以下投入资金57.6亿元，较2015年同比增长447%。发放扶贫小额贷款92亿元，扶贫再贷款36.18亿元，28.1万贫困户直接受益。创立总规模达1152亿元的云南浦发扶贫投资发展基金，已放款546亿元。组建省扶贫投资开发有限公司，建122个县级融资平台，承贷511.56亿元。

【扶贫机制建筑】 2016年，中共云南省委、云南省人民政府召开24次省委常委会、22次省政府常务会、4次领导小组全体会议以及云南省脱贫攻坚现场会等系列会议，第一时间把中央的决策部署转化为云南省脱贫攻坚的统一意志和行动方案。保持88个贫困县党政主要领导攻坚期内稳定，层层签订《2016年减贫责任书》。州（市）、县（市、区）、乡（镇）成立脱贫攻坚指挥部，主要领导靠前指挥。16个州（市）扶贫部门全部调整为政府工作部门，88个贫困县扶贫机构单列。行业扶贫部门和“挂包帮”单位协同攻坚，全部成立脱贫攻坚组织领导机构，部分省级牵头责任部门还专门设立扶贫办（处）。

【扶贫政策体系】 坚决贯彻中共中央、国务院《关于打赢脱贫攻坚战的决定》和系列决策部署，构建“3+X”政策体系，3指的是：《关于深入贯彻落实党中央国务院脱贫攻坚重大战略部署的决定》《关于举云南省之力打赢扶贫开发攻坚战的意见》《云南省农村扶贫开发工作条例》；X指的是：53个配套性政策文件或行动计划。废止、清理不适应脱贫攻坚改革发展要求的31个失能、失效文件。修订完善《云南省扶贫开发工作条例》，逐级编制脱贫攻坚“十三五”规划，推进实施连片特困地区规划，制定行业扶贫专项规划，形成承接政策、整合资金、统筹项目、构建合力的重要依据。

【精准识别】 制定实施“五查五看三评四定”精准识别程序，五查五看：查收入、看家庭收入的稳定性，查住房、看居住房的安全稳固性，查财产、看贫富程度，查家庭成员结构、看家庭负担，查生产生活条件、看基本生产生活状况；三评：内部评议、村组党员会评议、村民会评议；四定：村委会初定、村民代表议定、乡审定、县确定。发动13.3万人组成1.7万支精准识别工作队，新识别20.9万户85.7万人，剔除21.6万户87.3万人。全面建成精准扶贫“大数据”平台，实现对扶贫对象适时监测、扶贫成效量化评估、因村因户施策精准管理，省、州（市）县（市、区）、乡（镇）、村五级共建共用，行业扶贫部门共通共享，成为精准扶贫精准脱贫的工作平台、指挥平台、监督平台。

【贫困退出机制】 出台《云南省贫困退出机制实施方案》《云南省贫困退出考核实施细则》，制定贫困户、贫困村、贫困县退出“6105”标准，贫困户脱贫6条标准：户年人均纯收入稳定达到当年国家扶贫标准，有安全稳固住房，适龄青少年就学得到保障，基本医疗有保障，社会养老有保障，享受扶贫政策、资金、项目扶持；贫困村退出10条标准：贫困村贫困发生率降至3%以下，县城、乡镇到行政村通硬化路且危险路段有防护措施，贫困村通10千伏以上的动力电，贫困村广播电视覆盖率达到99%，网络宽带覆盖到行政村、学校和卫生室，通自来水或饮水安全有保障且取水半径不超过1千米，建有标准化农村卫生室、每千常住人口医疗卫生机构床位数达到1.2张、每千服务人口不少于1名的标准配备乡村医生、每所卫生室至少有1名乡村医生执业，行政村有公共服务和活动场所，贫困家庭适龄儿童义务教育入学率达到国家规定标准，贫困村集体经济收入5万元以上；贫困县脱贫摘帽5条标准：贫困发生率降至3%以下，贫困县农村常住居民人均可支配收入增幅高于云南省农村常住居民人均可支配收入增幅，贫困村全部退出，易地扶贫搬迁、农村危房改造、产业带动、教育帮扶、资产收益、就业培训、有组织的劳务输出、金融扶持和生态扶持等项目资金至少有一项对建档立卡贫困户进行扶持并实现扶贫政策、项目、资金对建档立卡贫困户百分之百覆盖。

【产业扶贫】 围绕“村有特色产业、户有增收项目”，强化“企业+基层组织+合作组织+贫困户”产业扶贫模式和贫困户利益联结机制，形成产业特色化、农业现代化、收入多元化格局。成立农林专业合作社近5000家，其中云南省级示范社520家。电商扶贫、光伏扶贫、旅游扶贫扎实推进，近30万户贫困群众直接受益。实施易地扶贫搬迁18.05万户、67.73万人，其中贫困户11.28万户、40.55万人，完成投资239.25亿元，安置住房竣工72139套、入住20805套。先后与北京、广东、上海、福建、江苏、浙江六省（市）建立劳务输出对接长效机制，设立“云南外出务工人员服务点”18个，完成新增转移就业贫困劳动力培训15万人次。资助学前教育12.46万人，免除14.85万名普通高中学生学杂费，73.52万人次中等职业教育学生免除学费并享受助学金，高校面向集中连片特困地区定向招生5117人。490万名农村义务教育学生受益营养改善计划和寄宿生生活补助，151.34万贫困人口享受低保扶持，平均保障标准2787元。完成贫困人口因病致贫、因病返贫调查，22个病种纳入重特大疾病医疗救助范围，新型农村合作医疗参合率98%以上。在88个贫困县实施退耕还林还草195.4万亩，占云南省总数的97.7%。通过提供生态护林员岗位，4万贫困人口实现脱贫。

【特困群体扶贫】 设立片区区域发展与脱贫攻坚、“直过民族”和人口较少民族、“镇（雄）彝（良）威（信）”（以下简称“镇彝威”）革命老区、怒江州脱贫攻坚和集团帮扶5个领导小组办公室，召开系列专题会议、部际联席会议等。制定实施《全面打赢“直过民族”脱贫攻坚战行动计划》和11个“直过民族”、人口较少民族工作方案，先后与三峡集团、华能集团、大唐集团、云南中烟工业公司、云南烟草专卖局签订帮扶协议，分年度投入帮扶资金64.5亿元，已到位15.5亿元，创新“一个民族一个行动计划、一个集团帮扶”的脱贫攻坚模式，有3万户11.2万贫困群众实现脱贫，培训国家通用语言2.42万人次，培养1.6万名致富带头人。实施“镇彝威”革命老区、怒江傈僳族自治州、迪庆藏区脱贫攻坚行动计划，省级以上部门到位资金117亿元。瞄准4277个贫困村“补短板”，云南省建成农村公路里程20余万千米，行政村通畅率达88%、通班车率达87%。巩固提升55.6万贫困人口饮水安全。完成贫困农户电表改造，实现城乡用电同网同价。

【扶贫资金管理】 出台《贫困县统筹整合使用财政涉农资金试点方案》《推进财政支农资金形成资产股权量化改革的意见》，全面推进改革试点，形成了云南省剑川县依托木雕产业引领电子商务进农村和南涧彝族自治县、宾川县、广南县的资产收益扶贫县级模式以及陆良县龙海乡“红色乡村·幸福家园”试点。全面实行简政放权和“四到县”改革，在88个贫困县全面启动统筹整合使用财政涉农资金，加强资金绩效管理和竞争性分配，财政专项扶贫资金全部切块下达到县，项目不再由省级审批。完善省、州（市）、县三级扶贫项目资金绩效考评体系，绩效评价结果在资金分配中的权重达50%。委托第三方专业评价机构对扶贫资金绩效和部门整体支出、重点项目、信贷项目进行考核评价，并建立省级以上财政专项扶贫资金执行情况月报、季报制度，进行实时监测。全面清理县级扶贫专户结余资金，对超过2年以上资金，及时调整使用；超过1年以上资金，由省级统一收回重新安排使用。

【东西部扶贫协作】 上海市扶贫协作范围从4个州（市）26个贫困县扩大到12个州（市）42个贫困县，落实沪滇帮扶资金3.4亿元，实施项目335个。新增广东省东莞市、中山市、珠海市与云南省昭通市、怒江傈僳族自治州14个贫困县结成扶贫协作对子，投入资金1.4亿元，在14个贫困村率先启动示范点建设。两省市有关区、镇、街道与云南28个贫困县结对开展携手奔小康行动。实施“万企帮万村”行动，2017家民营企业与贫困村签订帮扶协议书。先后与浙商总会、新沪商联合会、兴业证券股份有限公司、银泰投资有限公司、中国太平保险集团有限责任公司等签订一批帮扶协议，开展企业挂联到县帮扶试点。驻滇部队、武警部队参与扶贫的力度明显加大，社会各界精准帮扶成果显著，国际扶贫交流合作稳步推进。

【定点扶贫】 49家中央国家机关和企事业单位组织1583人次深入到帮扶县考察调研，直接投入资金4.4亿元，帮助引进资金28.87亿元、项目216个，选派120名干部赴定点扶贫县挂职或任贫困村“第一书记”。云南省17896个党政机关和企事业单位挂联88个贫困县、挂包4277个贫困村，63.4万名干部职工挂帮159万户贫困户，组建驻村扶贫工作队6770支，选派工作队员37979名。召回不合格工作队员1171名，组织33家保险公司为驻村扶贫工作队员捐赠总保额达136.8亿元的意外伤害保险。云南省人民政府扶贫开发办公室（以下简称“省扶贫办”）采取“领导牵头、处室挂联、责任到人、划片包干”方式，每个班子成员牵头负责 2 个州市。机关 15 个党支部挂联云南省剑川县玉龙村、太平村党总支，108 名党员挂帮 268 户贫困户。编制实施《剑川县马registration镇玉龙村精准脱贫行动方案》，选派驻村扶贫工作队员 10 名。

【扶贫考核督查】 制定实施贫困退出实施方案及细则、脱贫攻坚报告办法、督查巡查办法，构建州市、贫困县、行业部门、定点扶贫单位、驻村扶贫工作队“五位一体”责任考核制度体系，建立实行人大政协、纪检监察、检察机关、财政审计、民主党派协同督查监管机制和四级纪委联动脱贫攻坚政策落实情况抽查常态化机制。省扶贫办建立责任制、常态化督导机制，完成 2 轮全面督查，整改 19 个方面问题。云南省共抽调 4427 人组建 213 个考核组，检查考核了 959 个行政村 40397 户建档立卡贫困户、16504 户非贫困户。省扶贫办委托大专院校对 19 个县、177 个村、9215 户贫困户的精准扶贫工作成效进行了第三方评估。针对各类评估报告，梳理甄别 24 类 33 项问题，下发整改落实通知，督促各地各部门对标对表、挂账整改落实到位。率先在全国建立脱贫攻坚纪律检查长效机制，查处违规违纪责任人 158 人，问责 30 个单位、296 名领导干部，立案审查 15 人。

【扶贫宣传】 把脱贫攻坚纳入中共云南省委理论中心组学习、领导干部培训教育和高校百场形势政策报告会的重要内容，深入宣讲中央和省委扶贫开发工作会议精神，培训各级干部 4 万余人次，开展学习习近平总书记扶贫开发战略思想研讨会和征文活动，编印《脱贫攻坚政策百问》，购买《扶贫领域违法案件警示录》10084 册发放至 122 个县、4277 个贫困村。制定实施《云南省扶贫法治宣传教育第七个五年规划》，云南省人大常委会听取《云南省农村扶贫开发条例》贯彻实施情况汇报并赴村组进行执法检查，开展“云南省农业科技”三下乡和法治宣传进社区活动宣讲脱贫攻坚政策。建立重大涉贫事件处置、反馈机制，全年共接待群众来信来访 50 件，承办云南省人大代表建议和政协委员提案 83 件。开设“脱贫攻坚进行时”“驻村扶贫日记”“挂包帮转走访”“云访谈”专栏和云南扶贫开发网、微信公众号，在省级以上主要媒体刊载宣传稿件 3499 篇。开展第三个“扶贫日”活动，表彰了高德荣、李娜倮等一批脱贫攻坚领域先进个人和集体。

（云南省扶贫开发　陆世军）

西藏自治区扶贫开发

【概述】 西藏自治区党委、政府把打赢脱贫攻坚战作为经济社会发展的头等大事和第一民生工程，加强顶层设计，制定出台了《中共西藏自治区委员会、西藏自治区人民政府贯彻落实〈中共中央 国务院关于打赢脱贫攻坚战的决定〉的实施意见》及《西藏自治区贫困人口脱贫考核办法》等“1+N”政策文件，坚决贯彻落实“六个精准”工作要求，扎实推进“五个一批”工程，10个贫困县（区）达到摘帽标准，向国家申请退出摘帽县（区）5个，1008个贫困村（居）退出，14.7万贫困人口实现脱贫。

【扶贫调研】 西藏自治区人大常委会组成精准扶贫精准脱贫调研组，历时1个多月时间，深入到7市（地）、74个县（区）开展脱贫攻坚调研。自治区脱贫攻坚指挥部先后5次组成40个调研组，深入全区74个县（区）开展调研检查，了解脱贫攻坚进展情况、总结经验做法，查找突出问题，推动逐级压实责任和政策落实。

【精准识别】 西藏自治区组织5万多名干部，共识别录入2015年底建档立卡信息系统贫困人口148695户588711人，查找出因病、因残、因学、因灾、因缺耕地、因缺水、因缺技术、因缺劳力、因缺资金、因交通不便、因自身发展能力不足、因婚和其他原因共13类致贫原因。综合分析贫困人口分布、脱贫难易程度等，将日喀则市、昌都市、那曲地区确定为脱贫攻坚主战场，将林周等36个县确定为脱贫攻坚重点县，将边境地区、地方病高发区、深山峡谷区、灾害频发区、高寒牧区作为特困区域。建成了西藏自治区脱贫攻坚挂图作战指挥系统、视频会议室和扶贫开发信息管理系统平台，全区新识别贫困人口3573人，返贫人口192人，2016年新增贫困人口196人，对接核实了26.3万易地扶贫搬迁人口。

【资金投入与管理】 西藏自治区统筹整合36类财政涉农资金85.2亿元用于脱贫攻坚，其中财政专项扶贫资金35.47亿元（中央26.97亿元，自治区本级8.5亿元），7个市（地）整合资金12.86亿元，74个县（区）财政投入9.88亿元。同时，金融机构、社会组织加大了对脱贫攻坚的支持。11月，西藏自治区财政厅、扶贫办等部门组成专项检查组，对全区24个县（区）、35个乡（镇）2013—2016年财政专项扶贫资金自查情况进行复查。从复查情况看，各市（地）、县（区）自查整改到位，同时也发现不少问题，如资金拨付不足额不及时，部分项目管理不够到位执行不够规范等，此次检查还发现违法违纪案件 3 件，处理处罚人员 7 人，涉及金额 75.6 万元，已全部追回。

【产业扶贫】 整合各类涉农资金 40 亿元作为产业扶贫发展资金，设立风险补偿基金 12.78 亿元，撬动对口援藏、金融信贷、社会资本 20 亿元，实施种植业、养殖业、加工业、商贸业、建筑建材业等产业项目 528 个，带动贫困群众 58683 人脱贫。编制《西藏自治区“十三五”旅游精准扶贫规划》和 30 个旅游扶贫示范村旅游精准脱贫专项规划，建立了总投资 201 亿元的旅游扶贫项目库；投入 6700 万元，实施乡村旅游扶贫示范工程建设。

【易地扶贫搬迁】 在尊重群众自愿的基础上，对生存条件恶劣、生态环境脆弱、自然灾害频发区的建档立卡贫困人口实施易地扶贫搬迁。2016 年共落实易地扶贫搬迁贷款 157.8 亿元，完成投资 41.8 亿元，完成年度计划的 81%；开工建设安置点 376 个、住房 18306 套，完成搬迁 7.7 万人（搬迁入住 3.58 万人）。

【生态补偿脱贫】 整合中央对民族地区、主体功能区等重大生态资金，面向建档立卡贫困人口中有劳动能力的群体，实行“定岗定员、定责定酬”，落实林业生态保护、草原生态保护、野生动物保护等各类专兼职生态补偿岗位 50 万个，人均补助标准 3000 元，兑现资金 15 亿元。

【教育扶贫】 对建档立卡贫困家庭子女接受高等教育实行免费补助，专项招生建档立卡贫困家庭子女及“两后生”接受免费中职教育，定向招生贫困家庭“两后生”2120 人；全面实施贫困农牧民子女高考录取专项计划，录取贫困农牧民子女 950 名；资助家庭经济困难大学生 4.11 万人次、资助资金达到 1.87 亿元。

【两项制度衔接】 按照“应扶尽扶、应保尽保、分类保障、动态管理”原则，将符合条件的农村低保对象全部纳入建档立卡范围、建档立卡贫困户全部纳入农村低保范围。全年 32 万农牧区人口纳入最低生活保障，7.2 万重度残疾人纳入生活困难补助范围，孤儿市（地）以上集中收养率达 100%，有意愿的五保对象县以上集中供养率达 100%。农村低保标准由 2350 元提高到 2550 元，兑现农村低保资金 33803 万元、临时救助资金 18774 万元。

【基础设施建设】 西藏自治区实施“水电路讯网、教科文卫保”10 项提升工程，着力改善贫困地区基础设施条件。交通设施建设。全区对断头路、瓶颈路、年久失修路、牧场道路建设和危桥实施改造，公路总里程达到 8.2 万千米，新增通公路行政村 352 个，解决了 10.5 万贫困群众出行难问题。能源设施建设。加大节能灶、太阳能照明等生态能源的推广应用，实施贫困家庭改水、改电、改厨、改圈、改厕和秸秆综合利用，推进农网升级改造。水利设施建设。投资 24.8 亿元，优先投向 2016 年计划脱贫摘帽的 10 个县（区），实施小型农田水利项目 55 个、重点灌区工程 50 个、大中型灌区 2 项、农村饮水安全项目 10 个，解决了 4.9 万农村人口饮水安全问题，新增和改善灌溉面积 77.5 万亩，建成高标准农田 28.15 万亩。广电设施建设。全面实施贫困地区广播电视“村村通”工程，全区广播电视人口综合覆盖率分别达到 95.21%和 96.32%，新增 36834 户贫困户通广播电视，367 个易地扶贫搬迁集中安置点实现广播电视全覆盖。通信设施建设。全区行政村移动信号覆盖率达 100%，266 个自然村移动通信覆盖和 195 个行政村通光缆。

【劳动力转移培训】 西藏自治区中职学校面向贫困群众开展专业培训 65 期，培训 8400 余人；建设就业服务平台 280 个，累计建成服务平台 751 个。投入 6790 万元，依托企业和产业，实行定单、定向和跟班培训贫困人口 49192 人、实现转移就业 34446 人。

【扶贫干部培训】 2016 年共实施脱贫攻坚政策解读、建档立卡信息系统管理等扶贫干部培训 15 期，培训 1882 人次。6 月，由西藏自治区党委组织部、区脱贫攻坚指挥部办公室、区扶贫办、区行政学院共同主办，举办全区打赢脱贫攻坚战专题研讨班，自治区脱贫攻坚指挥部各专项组、各市（地）脱贫攻坚指挥部、市（地）扶贫办和各县区主要及扶贫办负责人，共 176 人参加培训。

【金融扶贫】 中国人民银行拉萨中心支行印发《关于进一步落实精准扶贫金融政策和信贷资金安排的意见》，明确对易地扶贫搬迁、产业扶贫、专业合作组织、农房改造、“钻石金银铜”卡到户信用贷款等给予信贷支持。2016 年共落实扶贫再贷款资金 3784 万元；累计发放扶贫贴息贷款 218.15 亿元，扶贫贴息贷款余额 422.59 亿元，较 2016 年初增加 129.51 亿元，增长 44.19%。

【健康扶贫】 投资 4070 万元，改扩建 32 个乡（镇）卫生院。开展“组团式健康扶贫”，推进“1774”工程（自治区人民医院、7 地市人民医院、74 个县区人民医院），实施全国三级医院与西藏医院一对一帮扶。认真开展全区建档立卡贫困人口“因病致贫、因病返贫”调查，核查核准 45 个重点病种和 48 个次重点病种的发病、诊断、治疗和医疗措施，免费修复唇腭裂患儿 24 名，救治先心病患儿 118 例、白内障患者 4300 名。

【社会扶贫】 组织动员企业参与脱贫攻坚，70 多家中央、自治区国有企业、非公企业和商业协会、民间团体、社会组织参与精准扶贫座谈会。启动“百企帮百村”行动，470 家各类企业与 670 个贫困村（居）对接帮扶，投资 1.16 亿元，实施项目 367 个，8833 户 39302 名贫困群众受益。12 家企业与扶贫部门签订《企业支持就业扶贫框架协议》，面向贫困人口提供近6000多个转移就业岗位。自治区动员88家企业扶贫捐资2500多万元，7市（地）动员各类企业和社会组织捐资3000多万元。中国烟草总公司捐赠5亿元，支持西藏自治区“三县一乡”脱贫工作。

【扶贫援藏】 国务院扶贫办于2016年9月23日，在拉萨市召开了全国扶贫援藏工作会议，全国17个援藏省（市）、17家中央援藏企业和西藏7市（地）、有关部门负责同志参加了会议。会议期间，对口援藏省（市）、中央企业与受援地签订了《扶贫援藏框架协议》。全年落实援藏资金11.41亿元，实施了交通、能源、水利、广电、通讯等项目111个；帮助西藏自治区培训贫困人口9370人。

【定点扶贫】 西藏自治区选派21868名干部到村居驻村开展工作、5467名优秀年轻干部到村居担任“第一书记”，协助村居“两委”推进脱贫攻坚和基层党建工作。发展新党员11256名，帮助群众增加现金收入2.3亿元，为群众办实事好事3.8万件。开展“党员干部进村入户、结对认亲交朋友”活动，地厅级以上干部每人结对帮扶3户贫困户，县处级干部每人2户贫困户，科级干部、驻村工作队员、大学生村干部每人1户，帮助贫困群众谋脱贫之策、寻致富之路。全自治区132家单位参与定点扶贫，实现5467个贫困村居全覆盖；13.67万科级以上干部与26.62万贫困群众结对帮扶，帮助落实扶贫项目1560个，投入资金7.4亿元。

【扶贫宣传】 2016年，中央电视台共播出西藏自治区脱贫攻坚新闻6条；《西藏日报》开辟《脱贫攻坚在行动》专栏，共刊发2000余条新闻；西藏电视台开辟专栏《脱贫攻坚西藏纪实》《脱贫攻坚在行动》，共播出1500条（次）新闻；西藏人民广播电台开辟《脱贫攻坚进行时》专栏，播出扶贫稿件1000余条。新华网西藏频道、西藏新闻网、中国西藏之声网等大型网络设置扶贫栏目16个，共刊发图文、音视频等稿件1400余篇，累计阅读量达62余万次。发布标语40次，各类媒介刊载达2.5万余次。刷新户外广告牌宣传标语26条，推送手机短信宣传内容40条。制作了扶贫开发纪实宣传片，组织展出了“精准扶贫精准脱贫工作成果展”。组织、筹办“扶贫日”一条街宣传活动和西藏自治区扶贫爱心晚会。

【扶贫督查考核】 西藏自治区人大、政协脱贫攻坚纳入监督检查范围。西藏自治区脱贫攻坚指挥部建立督查巡查制度，并组派40个督导组，聚焦精准识别、资金拨付、项目建设等重点领域和关键环节，开展督导检查和考核工作。西藏自治区脱贫攻坚指挥部在11—12月期间，对19个贫困县、22家区（中）直单位进行了脱贫攻坚工作考核。西藏自治区脱贫攻坚指挥部委托中国科学院地理科学与资源研究所，深入全区开展完成了2016年度脱贫攻坚第三方评估。国务院扶贫开发领导小组对西藏自治区2016年脱贫攻坚工作成效进行了省际间交叉考核。西藏自治区被中央确定为“综合评价好”的8个省区之一，受到中共中央办公厅、国务院办公厅的通报表扬。

（西藏自治区扶贫开发办公室政研规划处 蒲正学 曹宏泰）

陕西省扶贫开发

【概述】 2016年是打赢脱贫攻坚战的首战之年，陕西省深入贯彻落实中共中央总书记习近平系列重要讲话精神和中央扶贫开发工作会议精神，认真落实中央脱贫攻坚《决定》，扎实推进脱贫攻坚“六个精准”、“五个一批”各项工作，全面推行脱贫攻坚“一票否决制”，脱贫攻坚决战态势全面形成。脱贫攻坚取得了良好开局。

【扶贫资金投入】 2016年中央安排财政专项扶贫资金34.65亿元，比2015年增加43.58%；省级安排财政专项扶贫资金12.4亿元，比2015年增加44.4%。再加市县财政配套30多亿元以及县区在政策性银行融资80多亿元，年度扶贫资金总规模达到160亿元。陕西省制订了涉农项目资金整合办法，支持56个国家扶贫开发工作重点县全面开展统筹整合使用财政涉农资金试点，明确了30多项涉农项目的整合原则。

【扶贫资金管理】 为管好用好扶贫资金，切实发挥资金效益，陕西省不断加大扶贫资金监管力度，特别是资金项目审批权限全面下放到县后，先后实施了扶贫领域监督执纪问责、集中整治和加强预防扶贫领域职务犯罪、财政专项扶贫资金集中检查和绩效评价、贫困县涉农资金整合试点、扶贫资金管理使用和政策跟踪专项审计、扶贫资金管理使用培训、扶贫系统警示教育、设立“12317扶贫监督举报电话”、全面推行公开公示公告制度等工作，取得了显著成效。

【易地扶贫搬迁】 陕西省政府组建省扶贫开发公司，明确了补助标准，安排易地搬迁贫困户18万户60万人。完成投资180亿元，启动建设集中安置点1436个，开工建设安置房15.75万套，完成国家下达计划的197%。下达贫困县危房改造资金8.3亿元，优先安排建档立卡贫困户。

【产业扶贫】 陕西省扶贫办会同商务厅、财政厅在全省范围内确定了30个贫困县为国家电子商务进农村综合示范县，占全省的87%；省扶贫办会同省财政厅、中国农业银行陕西省分行、省信合、储蓄陕西省分行4家单位制定出台了《关于开展扶贫小额信贷工作的指导意见》，明确了扶贫信贷流程、规范了信用评级、强化了风险防控。进一步完善了扶贫贴息贷款政策和机制，推进扶贫小额信贷工作，加快了贫困人口脱贫致富的步伐。贯彻落实国家发展和改革委等五部委《关于实施光伏发电扶贫工作的意见》精神，确定印台区等

18个区县为国家光伏扶贫工程重点实施地区。全省互助资金协会发展到2013个，互助资金规模6.19亿元，累计向群众发放借款20.25亿元，24.17万户贫困户通过互助资金扶持脱贫。

【社会扶贫】 协助35个中央单位在陕西省56个贫困县开展定点扶贫。与江苏省召开了扶贫协作联席会议，明确了江苏省10个设区市与陕西省10个设区市的帮扶结对关系，江苏省支持陕西省财政资金2亿元。落实“万企帮万村”行动，组织动员1081家民营企业与1070个贫困村结对帮扶，累计实施项目2300多个，总投资37亿多元。切实加强基层组织建设，积极推广“党支部+X+贫困户”的脱贫模式，选派驻村干部3万多人、“第一书记”1.04万名，实现驻村帮扶和联户扶贫全覆盖。

【行业扶贫】 省委、省政府出台《关于贯彻落实〈中共中央 国务院关于打赢脱贫攻坚战的决定〉的实施意见》，省委办公厅、省政府办公厅和省级部门配套印发39个具体落实文件。交通方面，贫困地区普通公路项目加快实施，干线公路和农村公路分别完成投资134亿元、76亿元。水利方面，治理水土流失4188平方千米，继续实施以精准到村入户通自来水为目标的饮水安全支持计划。科技方面，实施创新驱动示范建设试点，派驻科技人员3000人，培训乡土人才199名，培训农民4.5万人次。环保方面，投入4.8亿元支持47个贫困县实施环境综合整治项目、7个贫困县实施土壤污染防治项目。电力方面，投入45亿元实施贫困村电网改造、机井通电等工程。网络方面，投资15亿元在4市6180个行政村开展信息基础网络建设，全省贫困地区中小学宽带“校校通”超过90%。文化方面，对78个乡镇公共电子阅览室进行提档升级，建设数字文化驿站158个，为2421个村级文化室配送设备，培训文化工作者1039人。广电方面，集中连片特困地区农村电影放映工程投入0.29亿元，放映数字电影14.6万场。

【革命老区建设】 会同陕西省财政厅印发《关于2016年中央专项彩票公益金支持贫困革命老区扶贫开发项目县竞选工作的通知》，召开中彩项目县竞选会议，确定富平县、宜川县、定边县、勉县、宁陕县、镇安县6个县为2016年度彩票公益金项目实施县。会同陕西省财政厅联合印发《关于做好2016年中央专项彩票公益金支持贫困革命老区县实施扶贫项目的通知》。争取到国务院扶贫办下达陕西省2016年彩票公益金6个指标项目县，投资规模1.2亿。

【扶贫建档立卡】 陕西省扶贫办印发《关于转发〈国务院扶贫办行政人事司关于认真做好建档立卡“回头看”工作总结的通知〉的通知》，省、市、县、乡、村投入10多万人。经过建档立卡“回头看”工作，全省在2014年底建档立卡447万贫困人口（贫困发生率为17.24%）的基础上（国定标准368万人，贫困发生率为14.13%），共退出不符合条件的贫困人口

42.97 万人，新增贫困人口 33.56 万人。陕西省贫困人口为 316.72 万人，贫困发生率 12.43%（国定标准贫困人口 229.88 万人，贫困发生率 9.02%）。省脱贫攻坚领导小组向国务院扶贫办上报了陕西省《关于 2016 年脱贫任务和“十三五”期间脱贫滚动规划的报告》和《陕西省 2016 年度脱贫责任书》。为完成好陕西省打赢脱贫攻坚战的任务，制定了《八图实施工作方案》。并下发了《关于在全省各级实行脱贫攻坚挂图作战的通知》，规范作战挂图的样式和内容，实行“挂图作战”，确定市、县、乡、村脱贫攻坚时间表、路线图、分布图、流程图，同时要求县级建立到户帮扶纸质和电子台账。

【第三方评估】 2016 年 10 月，陕西省脱贫攻坚领导小组印发了《陕西省脱贫攻坚第三方评估办法（试行）》。第三方评估围绕落实精准扶贫精准脱贫基本方略，坚持服务决策、推动工作，瞄准脱贫攻坚重点区域、重点人群、重点行业和重点政策，对全省脱贫攻坚重大事项实施跟踪评估，推动扶贫政策措施有效落实。坚持客观公正、群众认可，规范评估方式和程序，发挥社会监督作用，形成政府与社会互为补充的评估工作格局。坚持结果导向、以评促改，严格责任追究，强化整改落实，推动贫困县、贫困村、贫困人员有序退出，真实脱贫。

（陕西省扶贫开发办公室　孙全龙）

甘肃省扶贫开发

【概述】 2016年，甘肃省委、省政府深入学习贯彻中共中央总书记习近平扶贫开发战略思想和视察甘肃时的重要指示精神，坚持把脱贫攻坚作为首要政治任务和最大民生工程来抓，以脱贫攻坚统揽全省经济社会发展全局，持续推进“双联”行动、“1236”扶贫攻坚行动和“1+17”精准扶贫行动落地见效，脱贫攻坚各项工作任务顺利完成。制定出台《关于打赢脱贫攻坚战的实施意见》以及《任务分解方案》。调整成立了省脱贫攻坚领导小组，由省委、省政府主要领导担任双组长，组建了省精准脱贫大数据管理平台和脱贫攻坚成效考核两个领导小组，8名省级分管领导、13个市（州）党委政府主要负责同志、22个省直相关部门主要负责同志向省委、省政府签订了脱贫攻坚责任书，承诺了攻坚期的扶贫责任，各市、县也层层签订了责任书，逐级传导责任压力，形成了横向到边、纵向到底的责任体系。甘肃省贫困人口从2015年底的295.4万人减少到2016年底的226.9万人，减贫69万人，贫困发生率由14.2%降至10.9%，贫困地区农民人均可支配收入达6487元，增幅12.2%，比全省平均增幅高4.7个百分点。

【扶贫资金投入】 2016年，中央下达甘肃各类扶贫资金73.95亿元，其中，中央专项扶贫资金59.5亿元，较2015年增加18.4亿元，增长44.8%，比全国平均增幅高出近2个百分点。2015年到期的“三西”（指甘肃的河西、定西和宁夏的西海固）资金延长至2020年，由每年的2亿元增加到4亿元，5年共20亿。省级安排扶贫资金19.76亿元，增长60.7%。省级22个部门整合涉农资金568亿元，切块到县，集中使用。制定出台《关于支持贫困县开展统筹整合使用财政涉农资金试点的实施意见》，对纳入试点范围的中央20项、省级14项专项资金项目审批权限完全下放到县，由贫困县自主统筹使用，涉及资金145亿元，有效改变了财政资金多头管理、分散使用、撒胡椒面等现象，初步形成了“多个渠道引水、一个龙头放水”的投入使用机制。

【扶贫资金监管】 财政专项扶贫资金的立项审批权、计划安排权、管理使用权、备案审查权彻底下放到县，严格落实“三张清单一张网”工作要求，按时公示公告扶贫资金项目，认真受理“12317扶贫监督举报电话”和群众来信来访等举报事项。与省纪律检查委员会联合开展了全省扶贫领域“两查两保”专项行动，与省检察院联合开展集中整治和加强预防扶贫领域职务犯罪专项工作，全省各级纪检监察机关共受理扶贫领域问题举报线索 1609 件(次)，查处违纪问题 686 件，处理人数 1516 人，其中党政纪处分 572 人、组织处理 846 人、移送司法 16 人，有效查处了扶贫领域侵害群众利益的不正之风和腐败问题。甘肃省财政专项扶贫资金管理使用经绩效考评，连续三年被国家评为 A 级。

【基础设施建设】 围绕落实“1236”扶贫攻坚行动“六大突破”和“1+17”精准扶贫方案，完成农村公路 2.1 万千米，95%以上的建制村通沥青（水泥）路；提前一年解决了 26 万贫困户 118 万人的饮水安全问题；改造农村贫困户危房 14 万户；建成 58 个片区县有需求的行政村幼儿园 2465 所；建设贫困村乡村舞台 3000 个；基本实现贫困村动力电、标准化卫生室全覆盖。

【行业扶贫】 制定出台《关于进一步加强“七个一批”清单式管理工作的通知》，对建档立卡贫困人口实施了“七个一批”及危房改造、安全饮水清单式管理，建立到户工作台账，使行业扶贫政策、资金、项目、力量进一步聚焦扶贫对象，确保贫困人口按需求落实行业帮扶措施，按行业标准验收退出。发展特色产业方面：2016 年，全省向贫困地区投入产业扶贫资金 35.2 亿元，加快“一县一业”产业对接和“一村一品”产业培育，全省新增特色优势产业种植面积 150 万亩，新增饲草料作物 51 万亩；在 100 个贫困村开展旅游扶贫试点工作，在 1641 个贫困村开展电商扶贫，景泰、靖远等 20 个县列为国家电子商务进农村综合示范县，陇南市被授予全国电商扶贫试点市，全省已建成 75 个县级电商服务中心、1157 个乡级服务站、5016 个村级服务点。引导输出劳务方面：继续打造提升“陇原妹”“陇原月嫂”“陇原巧手”和兰州牛肉拉面等劳务品牌，按照建档立卡户与非贫困户分离、培训资金归类使用的原则，开展精准扶贫劳动力培训 49.7 万人，其中建档立卡贫困户劳动力 38.8 万人。易地扶贫搬迁方面：2016 年，全省易地扶贫搬迁总建设规模 24.94 万人，其中：建档立卡贫困人口 16.1 万人。投入易地扶贫搬迁资金额度 97.85 亿元。共涉及 717 个集中安置点，项目计划总投资 131.9 亿元。按照“一年建设、两年搬迁、三年稳定”的要求，截至 2016 年底，717 个集中安置点全部开工建设，2.77 万搬迁群众已实现入住，累计完成投资约 71.1 亿元。生态保护方面：75 个贫困县新造林 270.02 万亩，封山育林 23 万亩，新增经济林果 57 万亩、特色苗木 11 万亩，完成低产果园改造 121 万亩，新建林下经济示范点 60 个。争取国家生态护林员补助资金 1.6 亿元，选聘护林员 2 万名，每人每年补助 8000 元，将部分建档立卡贫困人口就地转为生态护林员。教育扶贫方面：在全国率先免除学前教育保教费，省政府将学前教育免除

（补助）保教费以及高中学生免（补助）学杂费和书本费、高职学生免（补助）学杂费和书本费3项工作纳入为民办实事项目；基本实现乡镇、片区县1500人以上行政村、插花县行政村、革命老区和藏区行政村幼儿园“五个全覆盖”，贫困县学前3年毛入园率达到86%、比2015年提高13个百分点；各类扶贫专项共录取贫困地区学生3.55万人、增长37%。医疗救助方面：下拨6000万建设补助资金支持24个贫困县重点专科建设，开展贫困村订单定向3年制专科层次医学生免费培训，选派1281名支农队员到基层医疗机构进行帮扶，将贫困人口大病保险报销起付线由5000元降至3000元，重特大疾病医疗救助病种调整扩大为50种，从政策上解决了因病返贫窘况。低保兜底方面：一、二类对象年人补助由3300元、2808元提高到3420元、2988元，农村五保集中供养和分散供养标准分别提高到5600元、4525元。

【金融扶贫】 坚持把金融资金支撑作为“六大突破”的核心，先后创新推出“双联”惠农贷款、“双业”贷款、特色农业产业保险等一系列扶贫专属产品，累计撬动银行贷款和社会投入1304亿元。精准扶贫贷款累计发放434亿元，惠及96.4万户、398.2万贫困人口，建档立卡贫困户获贷比达95.1%。贫困村互助资金项目覆盖了全省贫困村和有贫困人口的非贫困村，共涉及79个县14890个村，资金总规模达到42亿元。

【精准识别】 先后开展4次“回头看”，通过明察暗访、交叉检查、专项巡查、问题核查等方式，及时发现不准不实的问题，并从内容、程序、方式、责任等方面完善落实措施办法，层层压实识贫、校贫、定贫等各个环节，持续弄准弄清全省建档立卡工作底数。同时，开展了双联行动“大走访、回头看”和“脱贫攻坚回头看”专项行动，省、市、县、乡四级33万名干部深入村组农户，对全省2013年底以来的建档立卡贫困人口进行了全覆盖、地毯式、无遗漏的摸排核查，新识别贫困人口1.92万户8.14万人、剔除不符合标准的1.07万户3.99万人、对达不到“两不愁、三保障”标准的0.62万户2.48万人退回到贫困人口、对因灾因学因病等原因返贫的536户2190人退回到贫困人口，通过新识别、退回、剔除、返贫等动态调整，全省2015年底建档立卡贫困人口数据由288.54万人调整为295.39万人，净增6.85万人，全省农村贫困发生率由13.9%调整为14.2%，全省贫困识别更加精准、贫困退出更加真实、脱贫攻坚工作基础更加坚实，建档立卡由基本精准向比较精准转向更加精准。

【精准退出】 对2015年度拟脱贫人口逐村逐户全面开展了复核工作，重点对年人均纯收入超过国家现行扶贫标准但低而不稳、家庭成员患长期慢性病或大病经济比较困难、享受低保政策的预脱贫户需要继续扶持、有5万元以上大额债务的等不稳定、不可持续脱贫的 9 种情况进行了清理，共清理出 35 万人，作为“巩固提高户”列入 2016 年度预脱贫人口，继续给予扶持，直到其稳定脱贫。坚持时间服从质量，采取自下而上和自上而下相结合的办法，再次对全省 58 个贫困县和 17 个插花县摘帽退出指导时序和贫困人口脱贫计划作了反复测算和分析，制定出台《全省“十三五”贫困县摘帽退出指导时序》，指导贫困县有序摘帽退出，防止个别地方出现“急躁症”。制定出台《甘肃省贫困退出办法》，将贫困人口 11 项指标、贫困村 20 项指标、贫困县 7 项指标均设置为否决性指标，将行业部门项目验收意见作为退出验收的主要依据，把国家公布的贫困识别标准和脱贫验收标准分开，将甘肃 2016 年收入验收标准调整到 3500 元，确保贫困人口脱贫退出时稳定达到“两不愁、三保障”标准，用贫困人口脱贫、贫困村退出、贫困县摘帽的高标准提高脱贫质量，保证贫困人口持续、稳定脱贫。同时，严格退出程序，切实做到程序公开、数据准确、档案完整、结果公正，对贫困人口退出实行民主评议，对贫困村、贫困县退出进行审核审查，开展第三方评估，公示公告退出结果，强化监督检查，确保脱贫结果真实可信。

【精准管理】 先后出台了脱贫攻坚督查巡查工作实施办法、重大涉贫事件处置反馈机制的意见、“4342”脱贫验收责任体系实施办法等一系列精准管理政策措施。紧盯识真贫、扶真贫，制定出台《甘肃省脱贫攻坚“853”挂图作业实施意见》，做到“平台 8 个准”“村级 5 张图”“户户 3 本账”，再次认定了建档立卡贫困村户底数和动态变化情况，详细记录了各项到村到户普惠和特惠措施，系统谋划了帮扶计划、帮扶措施和帮扶责任，进一步明确了全省脱贫攻坚的时间表、路线图和任务书。

【雨露计划】 2016 年，全省实施两后生培训 71887 人，其中：省内学校 52573 人，省外学校 19314 人。在甘肃电大、河西学院、陇东学院、陇南师专、定西师专共组织实施“一村一名农民大学生”培训 2859 人；实施创业致富带头人培训 7031 人，其中省内 6616 人，省外培训 415 人（福建蓉中培训 300 人）；全年向北京、天津培训输转陇原妹 3333 人，向省内培训输转 2000 人。

【以工代赈】 2016 年，全省下达以工代赈资金 36891 万元，重点安排小型农田水利、县乡村道路和小流域综合治理等农村基础设施工程，着力改善贫困乡村生产生活条件。其中，上半年下达以工代赈资金 20636 万元（国家以工代赈资金 19500 万元，省预算内基建配套资金 1136 万元），在 58 个片区县新建、改建乡村公路 575.22 千米，桥梁 35 座 725.11 延米，修建河堤 35.51 千米，新增、改善有效灌溉面积 4.56 万亩。下半年，按照国家和省上关于统筹整合财政涉农资金的要求，下达以工代赈资金 16255 万元（国家以工代赈资金 4900

万元，中央预算内投资6800万元，省级财政配套资金4555万元）。

【社会扶贫】 中央召开东西部扶贫协作座谈会之后，新增青岛、福州对口帮扶陇南、定西，实现了“两州两市”东西部扶贫协作全覆盖，制定出台《关于进一步加强东西部扶贫协作工作的实施意见》，重点围绕产业合作、劳务协作、人才支援、资金支持和社会参与5个方面开展项目对接。中组部、国务院扶贫办、银监会等22个国家机关及企事业单位主要负责同志来甘肃密集调研定点帮扶工作，33个中央国家机关和单位全年直接投入甘肃省帮扶资金14183万元，实施项目157个；引进帮扶资金35286万元，实施项目35个。天津市援助甘肃省帮扶资金8162万元，较2015年增加662万元，增幅8%；厦门市援助临夏州帮扶资金4661万元，较2015年增加611万元，增幅15%。组织开展了“千企帮千村”精准扶贫行动，1596户企业与1360个贫困村、63家商会与126个贫困村建立了结对帮扶关系，带动贫困户91504户、贫困人口39.84万人，帮助6.16万贫困户实现脱贫。全国工商业联合会直属商会在甘肃投资26.85亿元，省属33家商会投资434.91亿元，扶贫捐款925万元。中共中央统战部、全国工商业联合会在庆阳举行“中国光彩事业庆阳行暨民企陇上行”活动，现场签约合同项目2726个，合同金额5187.5亿元。

【扶贫宣传】 2016年，刊发脱贫攻坚《专报》33期、《动态》115期，通过开展“四个一批”典型宣传、积极推广人行“1384”金融精准扶贫工程、省妇女联合会“343”工作模式助力脱贫攻坚、甘肃省检察院“精准扶贫实验班”、陇南市电商助推扶贫、定西市“三个四”产业扶贫、临夏市“以德扶贫”、康县旅游扶贫“花桥模式”等精准扶贫先进典型和成功模式。国务院扶贫办与国务院新闻办联合开展了“走进甘肃看中国脱贫攻坚”采访活动，国家先后在甘肃召开了全国精准扶贫建档立卡现场会、创业致富带头人现场推进会、扶贫领域预防职务犯罪现场推进会、金融扶贫现场会、健康扶贫视频会议、“巾帼脱贫行动”现场会和电商精准扶贫现场会。在首届全国脱贫攻坚奖评选表彰活动中，甘肃省1人被评为脱贫攻坚创新奖，2个单位和3名个人被评为全国扶贫系统先进集体和先进工作者。甘肃省被国务院扶贫办评为“全国扶贫宣传先进单位”。

（甘肃省扶贫开发办公室　任爱军）

青海省扶贫开发

【概述】 2016年，在青海省委、省政府的领导下，全省上下深入学习贯彻中共中央总书记习近平扶贫开发战略思想和“四个扎扎实实”（扎扎实实推进经济持续健康发展，扎扎实实推进生态环境保护，扎扎实实保障和改善民生，扎扎实实加强规范党内政治生活）重大要求，紧紧围绕“四年集中攻坚、一年巩固提升”的总体部署，坚持精准扶贫精准脱贫基本方略，精心谋划，精准发力，脱贫攻坚基础更加牢靠，政策体系更加完善，制度体系更加有效，社会动员体系更加健全。实现了3个贫困县摘帽、404个贫困村退出、11.9万贫困人口脱贫，贫困发生率由13.2%下降至10.3%，年度目标任务超额完成，脱贫攻坚首战告捷。

【扶贫资金投入】 2016年，共落实财政专项扶贫资金73.4亿元，是“十二五”总投入的77%。其中，中央财政专项扶贫发展资金17.1亿元，增幅43.2%，省级财政资金8.44亿元，增幅67.3%。省财政一次注资8.1亿元，在1622个贫困村建立了50万元的互助金组织。省政府注资29.5亿元成立了扶贫开发投资有限公司，搭建了多元化融资平台，落实产业发展和易地扶贫搬迁贷款35.4亿元。

【扶贫政策体系】 在全面总结经验、深入调查研究的基础上，立足青海省区域特点和资源优势，制定出台了覆盖范围广、综合性强、含金量高的“1+8+10”脱贫攻坚政策举措，明确了精准施策的行动路径。编制完成了《青海省“十三五”脱贫攻坚规划》，突出规划引领，着力打好脱贫攻坚“组合拳”。

【精准识别】 按照贫困人口收入和“两不愁、三保障”识别标准，采取“五看法”，通过多轮次拉网排查、多部门数据比对，精准识别贫困人口16万户、52万人，并全部纳入低保救助范围，在全国率先实现扶贫和低保标准“两线合一”。

【建档立卡】 青海省统一印发《建档立卡贫困户精准管理手册》，贫困村统一制作脱贫攻坚“六张图”，建立省县两级精准扶贫综合信息平台，初步形成了“户有管理手册、村有作战挂图、乡有规范档案、县有数据平台、省有指挥中心”的精准管理格局。

【精准帮扶】 健全完善领导干部联县联乡包村、驻村帮扶“123”工作机制，8位省级领导分包8个市（州），39名省级领导定点联系39个贫困县，全省共建立各级领导干部联系点1310个，选派“第一书记”和扶贫（驻村）干部7865名。

【产业扶贫】 投入9.7亿元，实施33个县到户产业扶持项目，持续带动16.2万贫困群众增收。投资3.51亿元，按照折股量化资产收益模式，实施10个县扶贫产业园和50个贫困村旅游扶贫项目。

【易地扶贫搬迁】 投资19.1亿元，实施38个县535个村2.1万户、7.8万人的年度搬迁安置项目。项目建设期为2年，当年已完成住房建设总工程量的73%，项目开工率和工程进度均位居全国前列。2016年11月28日，汪洋副总理在第204期《青海信息专报》上批示：青海注重“今天怎么搬，明天怎么办”，对全国都有意义。

【就业转移脱贫】 大力实施“雨露计划”，完成贫困劳动力短期技能培训1.6万人次、贫困村致富带头人培训1551人次，转移就业4.2万人。开发扶贫公益性岗位1165个，实现劳务收入1.78亿元，人均增收4238元。安排创业项目担保金4000万元，开展“青春创业行动”，扶持贫困地区6700名青年创业就业。投入4054万元，实施职业教育和贫困大学生资助项目，收益人数分别为6478人、7080人。

【资产收益扶贫】 对产业选择难和无经营能力的贫困户，探索建立扶贫产业园和旅游扶贫项目资产收益机制，将产业扶持资金折股量化到贫困户，持续稳定增产财产性收入，收益贫困群众达到2.71万户、9.3万人。

【生态扶贫】 2016年新增贫困人口公益性生态管护岗位1.51万个，贫困群众生态管护公益性岗位达到1.93万个。海西蒙古族藏族自治州、海南藏族自治州（以下简称海南州）、黄南藏族自治州自主开发公益性岗位共851个，全部安排贫困群众就业。

【教育扶贫】 投入财政资金17.6亿元，全面落实6州藏区全部和西宁、海东2市贫困家庭子女15年免费教育。在贫困家庭大学生享受省级有关政策的基础上，西宁市、海南州每人再资助2000元，黄南州再资助8000元。乐都区投入2800万元全面实施15年免费义务教育，有效解决了因学致贫难题。

【健康扶贫】 全额资助贫困家庭参加医疗保险，全面落实医疗救助和“一免七减”政策，累计为贫困群众减免医疗费用550万元，开展临时和医疗救助13.5万人次，累计发放救助金3.3亿元。建成贫困村卫生室86个。

【社保兜底扶贫】 对农牧区12万无劳动能力或部分丧失劳动能力的贫困群众按照年人均2500元标准实施生活补助。对11万低保对象中有劳动能力、29万新增低保对象，按照年人均2016元、400元标准实施分档生活补助，并根据条件扶持发展适宜产业，激发内生动力。

【行业扶贫】 2016年投入行业扶贫

资金65亿元，新改扩建乡村公路5900千米，修建便民桥（涵）200座，建设完成2.1万户贫困家庭危房改造项目、312个贫困村饮水安全巩固提升工程、261个贫困村电网改造工程、151个贫困村综合性文化中心项目、20个贫困村宽带建设项目、10个县全国电子商务进农村综合示范项目；建设109座无线广播电视骨干发射台和308座乡镇补点发射台，完成1622个贫困村公益电影放映1.95万场次；选派1100名科技特派员深入各县开展科技服务；将符合条件的2.05万贫困残疾人全部纳入精准扶贫范围，落实相关政策，代缴最低标准城乡居民养老保险，开展残疾人技能培训1.33万人，实现就业、从业的残疾人达到4.33万人；13家中央定点扶贫单位落实各类帮扶资金1.2亿元，较2015年增长近6倍；247家民营企业（异地商会）与300个贫困村建立结对帮扶关系，落实帮扶资金约2亿元；在多部门协同努力下，总投资7.6亿元人民币的国际农发基金青海扶贫项目初见成效，项目列国内同类在建项目初检首位。

【扶贫督查巡查】 制定了《脱贫攻坚督查巡查办法》，全年省级层面开展督查和暗访5次，下发督查通报10期，各市州、县（市、区）开展各类督查700余次。制定省直定点扶贫单位、省直行业部门以及市州、县（市、区）党委政府脱贫攻坚考核办法和责任制实施细则，将贫困县脱贫攻坚权重提高至70%。制定脱贫攻坚第三方评估暂行办法，通过第三方评估，增强脱贫攻坚社会公信力和群众认可度。2016年12月，在县（市、区）自查、市（州）复查的基础上，抽调500多人集中开展了对市州党委政府脱贫攻坚目标责任考核和贫困退出省级抽查验收工作，形成了自上而下、层层抽验的考核验收机制。

【扶贫资金管理】 层层签订廉洁责任书，强化廉政教育，切实增强扶贫干部廉政意识，筑牢廉政防线。制定印发了项目资金管理和监督检查等指导性文件，开展财政扶贫资金专项检查、联合督查3次，及时整改苗头性、倾向性问题，始终保持从严监管、从严执纪的高压态势，做到廉洁扶贫、阳光扶贫。

【扶贫宣传】 建立扶贫宣传联席会议、新闻通气会等制度，在省内外重要媒体开辟专题专栏，组织开展采访报道活动。2016年，中央主流媒体及省内各类媒体刊发脱贫攻坚稿件5721篇，是2015年度的9.2倍，青海省在全国扶贫宣传工作会议上介绍了经验做法。

（青海省扶贫办　李晓林）

宁夏回族自治区扶贫开发

【概述】 2016年，宁夏回族自治区实现了19.3万贫困人口脱贫，249个贫困村脱贫销号，贫困地区农村居民人均可支配收入达到7505元，增长10.1%，高于全区农村居民人均可支配收入增幅2.1个百分点。2016年全区共投入财政扶贫资金58.877亿元，比2015年增加28.717亿元，增长95.2%。中共中央总书记习近平、国务院总理李克强等党和国家领导人先后到宁夏回族自治区视察工作，习近平在银川市主持召开东西部扶贫协作座谈会，全国集中连片贫困地区抓党建促脱贫攻坚工作现场会、全国金融扶贫工作现场会、全国干部驻村帮扶工作现场会在宁夏举办。

【扶贫体制建设】 宁夏回族自治区建设三大脱贫体系。一是扶贫责任体系，召开“自治区脱贫攻坚誓师大会”，向25个有脱贫任务的市、县（区）下达脱贫攻坚责任书，向26个厅局下达脱贫攻坚任务书，建立领导干部承包联系点和“五级书记”抓扶贫工作机制。二是扶贫政策体系，出台关于脱贫攻坚的意见和9个扶贫政策文件，各部门也出台一系列配套文件或实施方案，完善“1+N”的脱贫攻坚政策体系。三是扶贫制度体系，颁布《宁夏回族自治区农村扶贫开发条例》《贫困县党委、政府扶贫开发工作成效考核实施方案》。

【金融扶贫】 2016年，贫困县和生态移民安置区32.66万农户累计贷款179.35亿元，其中8.21万户建档立卡贫困户扶贫小额信贷贷款33.8亿元。针对建档立卡贫困人口设立“扶贫保”，实施“扶贫+保险”全省域覆盖。人寿保险宁夏分公司为11.7万贫困户、42万贫困人口提供家庭意外伤害保险和大病补充医疗保险，人保财险宁夏分公司向1.5万贫困户提供1.4亿元产业风险保障，中国农业发展银行共投放各类扶贫资金98.08亿元，其中：发放各类贷款58.13亿元，投放农发重点建设基金39.95亿元。

【扶贫培训】 2016年，宁夏回族自治区安排2亿元培训资金，完成12.6万人培训任务。实现脱贫销号贫困村技能培训全覆盖。依据市场需求和劳动力意愿，实行政府引导、社会参与、市场运作的培训新模式和“企业订单、培训机构列单、培训对象选单、政府买单”的新机制。发挥职业院校实训基地（中心）的资源优势，加大对运输、建筑、餐饮、家政服务等用工培训力度，打造贫困地区驾驶员培训、“闽宁月嫂”等特色品牌。

【东西部扶贫协作】 2016年7月21日，闽宁对口扶贫协作第二十次联席会议在银川召开，会议签订部门合作协议16个、经贸合作项目55个，计划投资272亿元。同时，与福建省开展了“携手奔小康”活动，拓展了市、县、乡（镇）、村各级结对帮扶机制，已有64个乡、村建立了结对帮扶关系。闽宁资金由2015年的3500万元增加到8000万元。

【社会扶贫】 2016年，帮扶宁夏回族自治区的9家中央定点单位把帮扶工作摆上了更加突出的位置，全年投入帮扶资金达14593万元。区内帮扶工作积极推进，各单位高度重视，主要领导亲自深入帮扶村开展调查研究，解决贫困群众生产生活中的实际困难，全年各级帮扶单位投入和引进各类项目资金83824万元，比2015年大幅增长。全区1094个驻村工作队，2251名驻村工作队员投入扶贫一线，帮扶贫困村、贫困户改善基础设施、发展产业、提升能力，摆脱贫困。

【以工代赈】 2016年国家下达宁夏回族自治区以工代赈资金15500万元，其中投向国家扶贫开发工作重点县的资金为13924万元。按照精准扶贫精准脱贫的要求，将项目聚焦到建档立卡贫困村，重点支持贫困地区农田水利、小流域治理、片区综合开发、乡村公路等农村基础设施建设，新增和改善灌溉面积12万亩，治理水土流失面积11.7平方千米，片区综合开发治理面积13.6平方千米，新增乡村道路279千米，进一步改善贫困地区的生产生活条件和人居环境。

【教育扶贫】 2016年，继续实施第二期“学前教育三年行动计划”，重点推进学前教育资源向贫困地区行政村延伸，编制《教育精准扶贫学前教育建设项目规划》。安排建设幼儿园181所，新增学位9747个，贫困地区学前教育毛入学率达到67.41%。实施“全面改善贫困地区农村义务教育薄弱学校基本办学条件项目”，安排资金13.5亿元，改扩建贫困地区中小学校658所，新建及维修改造校舍32万平方米，改造运动场98万平方米。下达改造资金1990万元，用于改善63个农村教学点基本办学条件。安排资金6850万元，对9个贫困县（区）的14所普通高中办学条件进行改善，图书及设备采购已全部完成，校舍配套设施、生活设施、教学设施、运动场等硬件条件进一步得到改善。

【科技扶贫】 2016年，组织百名科技扶贫指导员结对帮扶100个贫困村，实施100项科技项目，开展种养殖新品种、新技术、新设备示范推广和培训指导等科技服务工作，有23个结对帮扶贫困村实现脱贫，已累计脱贫销号75个结对帮扶村。在组织800名科技特派员深入脱贫攻坚第一线开展创业扶贫服务的同时，又选派335名科技人员进驻14个“三区”县开展科技服务工作，培养本土科技人员28名。科技扶贫指导员和“三区”人才共组织集中培训2014期、11万余人次，发放技术培训资料11万余份，建设提升了近200个5万多亩的科技示范基地。

【基础设施建设】 2016年，宁夏回族自治区危窑危房改造3万户，国家财政补助资金2.65亿元，自治区配套资金2.22亿元。全区开工3.39万户，竣工3.18万户。其中9个贫困县安排危窑危房改造2.66万户，下达资金4.32亿元，已建成2.98万户，完成投资21.88亿元。

2016年，宁夏回族自治区确定的脱贫村为249个，建设完成贫困村对外连接道路461千米。为改善9个贫困县农村公路通行条件，建设9县其他农村公路346千米。2016年共安排建设9县农村公路807千米。

【水利扶贫】 2016年，以脱贫“销号”村为重点，启动实施农村饮水安全巩固提升工程，对249个贫困村的38处农村饮水安全工程进行巩固提升，使其自来水普及率达到了85%以上，解决了8.29万建档立卡贫困人口的自来水入户问题；在贫困县安排高效节水灌溉项目18个，建成高效节水灌溉面积8.82万亩；实施了28个贫困村小型农田水利工程配套工程，砌护斗农渠53.6千米，配套建筑物220座，改善灌溉面积3.98万亩。中小河流治理河长12千米；实施24处抗旱应急引调提水工程，解决56万人饮用水和6万亩农田灌溉；在水土流失严重的贫困地区开展68项重点治理工程，新增水土流失治理面积865平方千米。

【土地整治】 2016年，土地整治项目资金重点向9个扶贫攻坚重点贫困县倾斜，安排国土整治项目与高标准基本农田建设项目资金4.28亿元，普遍提高了耕地质量等级。

【旅游扶贫】 2016年5月，召开宁夏回族自治区旅游精准扶贫工作推动动员会议，签订《旅游精准扶贫目标责任书》。加大旅游扶贫资金投入，自治区旅游局直接投入旅游扶贫专项资金2800万元，用于16个旅游扶贫重点村、泾源县胭脂峡景区等旅游基础设施建设。推荐评选“十大旅游扶贫重点村”“乡村旅游扶贫百名模范户”“乡村旅游千名致富带头人”，对成绩特别突出、示范效果明显的村庄给予奖励和持续扶持。

【民族地区扶贫】 按照《宁夏统一战线“助力脱贫攻坚”2016年行动实施方案》确定的目标任务，自治区民族事务委员会以同心县、西吉县、海原县中的30个“销号”村为重点帮扶对象，充分发挥少数民族发展资金作用，指导3县以“回族特色村寨建设”为抓手，通过实施基础设施建设、扶持特色产业发展等项目。2016年共向3县切块下达少数民族发展资金3057万元，实施项目49个，完善农村基础设施建设，提高群众的生产生活水平。

【文化扶贫】 2016年，投入资金42360万元，用于推进贫困地区公共文化基础设施建设。贫困地区县乡村公共文化设施配套完善达75%。安排隆德县杨河乡、凤岭乡，泾源县泾河源镇，盐池县高沙窝镇、青山乡，红寺堡区太阳山镇，原州区中和乡7个综合文化站标准化建设项目，全部完成。支持贫困地区建设110个“百县万村”综合文化服务中心示范工程和100农民文化大院。扶持贫困地区村综合文化服务中心、农民文化大院和民间文艺团队63个，按需配备了文化活动器材。筛选确定贫困地区先期扶持的重点文化企业34家、重点项目25个，建立企业档案信息库，利用自治区文化产业发展专项资金对贫困地区重点小微文化企业、新增规模以上文化企业、特色非遗产业化开发等18个重点项目和企业给予奖励补助260万元。

【电商扶贫】 2016年，灵武市、中宁县、青铜峡市、海原县、贺兰县、泾源县、彭阳县、隆德县、原州区、红寺堡区10个贫困地区、移民地区县（市、区）获得2016全国电子商务进农村综合示范县资格，每个示范县获国家财政2000万元资金支持，已向各县下达1500万元。利用农产品商务信息公共服务平台，组织农产品产销企业开展夏秋季农产品网上购销对接会，累计交易农产品2604万元。

【健康扶贫】 2016年，宁夏回族自治区9县（区）医院与北京市医院建立了对口帮扶关系。北京市12所医院共派出专家112人次，诊疗病人3852人次，开展手术52例，开展讲座30次，培训1530人次，教学查房223次；在北京市，举办了为期10天的卫生和计划生育局局长及医院院长培训班，培训40人；免费接收32名骨干医师进修。为中南部山区8县（区）14所县级综合医院和中医医院安排了14所福建省和军队三级医院开展对口支援，派出专家142人次，诊疗病人7503人次，开展手术152例，讲座65次，培训5230人次，教学查房198次，开展新技术新业务32项，捐赠设备价值200余万元；免费接收21名骨干医师进修。安排区内7所三级综合医院和中医医院对口支援中南部地区6个县（区）的9所县级综合医院和中医院。争取中央投资19760万元，分别对9所贫困地区乡镇卫生院改扩建。962户参加“少生快富”工程，兑现奖励资金509.8万元。落实“少生快富”工程独生子女户、纯女户提前奖扶2.18万人，兑现奖励资金2733.91万元。落实“少生快富”工程特殊困难家庭27户，兑现奖励资金15.6万元；落实农村部分计划生育家庭奖扶对象3281人，兑现扶助资金393.72万元；落实计划生育家庭特别扶助对象182人，兑现扶助资金159.84万元。对60周岁及以上的计划生育特殊困难家庭成员，优先安排入住政府投资兴办的养老机构。

（宁夏回族自治区扶贫办　高海林）

新疆维吾尔自治区扶贫开发

【概述】 2016年，新疆维吾尔自治区党委、自治区人民政府着眼战略全局，紧紧围绕社会稳定和长治久安总目标，把脱贫攻坚摆到更加突出位置，制定出台《自治区党委 自治区人民政府关于贯彻落实〈中共中央 国务院关于打赢脱贫攻坚战的决定〉的意见》，编制《新疆维吾尔自治区“十三五”脱贫攻坚规划》和《新疆维吾尔自治区南疆四地州片区区域发展与扶贫攻坚“十三五”实施规划》，按照“五个一批”脱贫路径，制定财政、金融、用地、人才、资产收益和脱贫激励“六项政策”，确定自治区扶贫开发领导小组、“访惠聚”驻村工作队、社会扶贫、援疆扶贫、兵团对口支援“五大抓手”，建立纵向到底、横向到边的“九大机制”，实施“九项惠民工程”以及“十大专项行动”。确定2016年为全区“建档立卡精准识别年”，各级党政在精准扶贫精准脱贫上狠下功夫，开展普查、精查、交叉检查，实行大数据检索，按照“一户一法”“一人一策”的要求，制定一户一本台账、一户一个脱贫计划、一户一套帮扶措施。加大干部选派力度，贫困县增配扶贫专职副书记（常委）和副县长32名。组织对5个拟摘帽县、810个退出村、63万脱贫人口进行严格的脱贫验收核查。2016年，农村居民人均可支配收入为10183元，比2015年增长8.0%。其中：贫困地区农村居民人均可支配收入为8055元，比2015年增长9.7%，高于全区平均增幅1.7个百分点。国家对新疆维吾尔自治区2016年扶贫开发成效进行综合考核评估，评定结果为“较好”。

【扶贫资金投入】 2016年，中央和自治区财政共安排扶贫专项资金86.71亿元，比2015年增加57.49亿元，增幅达198%。其中：中央下达财政专项扶贫资金39.22亿元，比2015年增长47.06%；自治区财政安排专项扶贫资金5.9亿元，比2015年增长145.84%；从地方政府发行的债券中专项安排26亿元；落实易地扶贫搬迁工程建设资金15.59亿元。发放扶贫小额贷款69.24亿元，比2015年同期增长246.5%。全区社会扶贫投入资金达21亿元。

【扶贫资金管理】 2016年，新疆维吾尔自治区着手改革项目审批和资金安排方式，将审批权限全面下放到县，财政专项扶贫资金直接切块到县市，促进了项目贴近需求设置、资金精准使用。建立项目立项审批和报备制度，2016 年各地报备的 2994 个财政扶贫发展资金项目启动率为 98.63%。

【基础设施建设】 2016 年，新疆维吾尔自治区制定《自治区关于支持贫困县推进财政涉农资金统筹整合使用的试点意见》，在国家明确的统筹整合范围基础上增加了 14 项，严格按照脱贫攻坚规划和任务，结合农业生产发展和农村基础设施建设等需求，统筹整合 19.2 亿元涉农资金，切块下达 25 个试点贫困县，重点向 2016 年摘帽贫困县倾斜。2016 年，仅南疆四地州实施基础设施建设项目 2115 个，投入资金 86.94 亿元。

【片区脱贫攻坚】 南疆四地州下辖 33 个县（市），其中，有 26 个国家扶贫开发工作重点县，7 个享受片区政策县。共有 378 个乡镇、5061 个行政村，其中，2016 年尚未退出的贫困村有 1639 个，占南疆四地州行政村总数的 32.4%，是全疆贫困村总数的 94.03%。2016 年，投入到南疆四地州财政扶贫资金 68.41 亿元，全区投放到南疆四地州财政扶贫资金超过全区的 75%。片区财政专项扶贫资金从 1 亿元提高到 4 亿元，增长 300%。

【整村推进】 2016 年，全区 810 个贫困村实施整村推进工程，地方政府债券专项安排 26 亿元重点加强贫困村基础设施建设。按照缺项补项原则，全区共投入各级各类资金 86.51 亿元，受益建档立卡户数 12.08 万户，贫困人口 42.77 万人。

【易地扶贫搬迁】 2016 年，易地扶贫搬迁工程共涉及 9 个地（州、市）、30 个县（市、区）、129 个乡（镇）、476 个行政村实施 7665 户、26100 人易地扶贫搬迁工程。全区通过中央预算内资金、地方政府债券、专项建设基金、长期贴息贷款等资金筹措渠道，全额落实专项资金 15.59 亿元用于项目建设，其中：中央预算内投资 2.61 亿元，地方政府债券 2.54 亿，专项建设基金 1.305 亿元，长期贴息贷款 9.135 亿元。2016 年实际开工建设住房中竣工 7576 套，累计完成投资 23.07 亿元，超出计划投资总额 15.59 亿元的 22.07%。

【产业扶贫】 2016 年，全区实施“十大特色产业带动工程”，安排财政专项扶贫（发展资金）37.9 亿元，安排农业产业扶贫资金 1.98 亿元，大力发展特色农业、农副产品加工业、民族手工业等产业，增强贫困家庭自我发展能力，带动 22 万户 60 余万贫困人口巩固和稳定脱贫。2016 年末，全疆 35 个贫困县林业、畜牧业、纺织服装行业贷款余额分别为 21.4 亿元、105.2 亿元、10.3 亿元，较年初分别增长 25.5%、44.8%、76.6%；各类新型农业经营主体贷款余额 17.7 亿元，较年初增长 30.6%。

【生态扶贫】 2016 年，新疆维吾尔自治区财政筹措资金 1 亿元，在 27 个贫困县（市）启动建档立卡贫困人口转化为生态护林员。为提高贫困农牧民对森林资源的管护能力，各地林业部门分期分批对选聘的

8145名生态护林员进行岗前培训，他们“上岗”后，可精准带动3.5万人实现稳定脱贫。

【旅游扶贫】 全区2016年实施乡村旅游扶贫工程项目163个，投资总额28.36亿元，带动贫困村328个，带动建档立卡贫困户1.88万户，贫困人口6.25万人，贫困户户均旅游收入达6535.55元。

【教育扶贫】 2016年，财政教育投入673.81亿元，比2015年增加25.88亿元。其中，落实各类教育专项资金164亿元，教育重点民生工程资金98.06亿元，分别完成年初计划的141%和145%，落实资金28.93亿元，加快全面“改薄”进程。南疆四地州率先基本实现从学前到高中阶段的15年免费教育。全区对35个贫困县的60.8万名家庭经济困难学生建档立卡，拨付各类奖助学金和资助资金63.88亿元，惠及学生550万人次，实现家庭经济困难学生资助“全覆盖”。

【金融扶贫】 2016年，新疆维吾尔自治区财政安排3.5亿元，支持35个重点贫困县建立风险补偿金制度，打造标准化“两免”扶贫小额信贷产品，向建档立卡贫困户发放5万元以下、3年以内、免抵押、免担保、基准利率、财政全额贴息、县市建立风险补偿金的信用贷款。共发放“两免”贷款58.9亿元，户均贷款3.4万元。2016年，全自治区累计发放扶贫再贷款83.1亿元。新疆发挥保险保障功能，农业保险承保各类作物4908.21万亩，承保各类牲畜298.09万头（只），为农业生产提供风险保障504.87亿元，赔款27.33亿元。

【边境扶贫】 2016年，新疆维吾尔自治区下达兴边富民资金3.52亿元、人口较少民族发展资金1.59亿元、边民补助资金3900万元、护边员补贴资金8650万元，支持边民改善生产生活条件，确保边民不流失、守边不弱化。从2016年6月1日起，新疆从本级财政将高原护边员补助由310元调整至1000元，平原护边员补助由260元调整至800元，提高护边员补助惠及2.5万人，提高边民补贴将惠及7.3万人。

【扶贫培训】 2016年，新疆维吾尔自治区认真落实“雨露计划”及其扶贫培训工作，共完成扶贫培训 272553人（次），是扶贫培训计划年度计划198850人（次）的137%。其中：完成贫困劳动力转移就业技能培训143527人（次），是年度计划119307人（次）的120%；完成农牧业实用技术培训114956人（次），是年度计划69601人（次）165%。完成贫困地区基层干部和扶贫干部、脱贫带头人等培训14070人，是年度培训计划9942人的141%。

【以工代赈】 2016年中央安排新疆维吾尔自治区以工代赈资金共2.23亿元，主要支持35个贫困县（市）的贫困乡村山水田林路综合治理、小流域综合治理，大力组织贫困人口参与以工代赈工程建设，及时、足额发放劳务报酬，以此直接提高贫困劳动力收入水平。

【社保兜底扶贫】 2016年，制定《自治区脱贫攻坚社会保障兜底专项行动实施方案》，出台《关于做好农村最低生活保障兜底脱贫工作的通知》，中央安排新疆维吾尔自治区6亿余元资金，专项用于提标纳入。全区2015年农村最低生活保障标准平均为2393元/年，从2016年7月1日起，增加462元，达到2855元/年。2015年底，全区2393元低保标准下，已有61.5万贫困人口享受低保政策，2016年明确将剩余的25.5万元丧失劳动能力和无劳动能力的贫困人口纳入低保范围，至此，全区实现了87万丧失劳动能力和无劳动能力的“两无”贫困人口全部纳入低保范围。

【定点扶贫】 2016年，中央16家定点扶贫单位帮扶新疆维吾尔自治区27个贫困县，已累计下派挂职干部20人次，其中局级干部3人，处级干部16人，选派“第一书记”5人，132名领导干部赴定点帮扶县（市）考察调研，累计投入帮扶资金及物资折价5569万元；实施帮扶项目41个，帮助建档立卡贫困人口脱贫1.4万人。自治区有8803家帮扶单位累计投入资金物资（含物资折款）10亿元，受益建档立卡贫困户55万人次；帮助引进各类资金16.57亿元，帮助引进项目4473个，受益建档立卡贫困户38万人次；帮助贫困户实现劳务就业18.76万人次，实现劳务收入11.47亿元。

【援疆扶贫】 2016年，实施援疆项目1919个，援助资金143.66亿元，援疆资金75%用于民生建设。组织实施了安居富民、定居兴牧、棚户区改造、教育、就业、医疗卫生、公共基础设施等民生工程1411个，援助资金108.9亿元。落实援疆资金资助建档立卡贫困户建房政策，补助标准在原有基础上每户增加1万至2万元，全年补助资金1.46亿元。

【区内协作扶贫】 按照“先富帮后富、北疆帮南疆、兵团帮地方”的思路，组织地方和兵团33个经济实力较强的县（市、区）同南疆四地州27个贫困县（市）开展协作扶贫。

【军队和武警部队扶贫】 驻疆军队及其武警部队坚持把脱贫攻坚作为稳疆兴疆、凝心聚力的基础工程，新疆军区制定下发《军区部队参与打赢脱贫攻坚战的实施意见》，军区机关率先投入81.6万元在和田县、疏勒县各1个村的132户特困家庭进行精准扶贫先行试点。军区部队先后投入5000万元，修建7个村委会办公场所、7个村民服务中心、16个警务室、16个卫生室、3所双语幼儿园、8个便民超市；组织团以上单位284个，帮扶202个贫困村、82个社区、138所学校、40所乡村卫生院、48所福利院、1700户贫困户、4500名贫困学生。组织官兵修建乡村水渠21千米、整修乡村道路29千米，为喀什地区塔什库尔干塔吉克自治县贫困山区拉运建材1.5万吨。

【企业和社会各界扶贫】 2016年，新疆工商业联合会与扶贫办联合启动“千企帮千村”精准扶贫行动，1666 家民营企业帮扶 826 个建档立卡贫困村、16450 户建档立卡贫困户，投入各类帮扶项目投资总额达 7.7 亿元，带动 6839 人就业，公益捐赠 775 万元。

【驻村帮扶】 2016 年，新疆维吾尔自治区向有脱贫任务的行政村驻工作队 7210 个、干部 36997 名，向贫困村派驻“第一书记”4478 名，开展全方位干部结对帮扶活动，实现了建档立卡贫困村、贫困县、贫困户“3 个全覆盖”。全年共落实惠民生项目 9724 个，引进帮扶资金 57.69 亿元。

【扶贫宣传】 2016 年，《新疆日报》开设“精准扶贫看南疆”专栏，新疆亚欧网开设“新疆脱贫攻坚进行时”栏目，《新疆经济报》开设“脱贫攻坚我们在行动”栏目，今日新疆网开设民生扶贫专门版页，专门报道扶贫开发工作情况。2016 年，全区共完成各类媒体报道总量为 8807 篇。其中：中央级媒体 185 篇，自治区级媒体 820 篇，网络媒体 1896 篇，行业媒体 586 篇，国务院扶贫办网站 47 篇，地方媒体 4042 篇。

【扶贫日活动】 2016 年 10 月 17 日，自治区脱贫攻坚论坛在乌鲁木齐市举行，主题为“聚焦社会稳定和长治久安，凝心聚力推动脱贫攻坚”，自治区党委副书记、自治区主席、自治区扶贫开发领导小组组长雪克来提·扎克尔出席论坛并发表主旨演讲。期间，各地慰问贫困户 3.37 万户，资助贫困家庭学生 3058 人，募集扶贫资金及物资折价 7491.55 万元。在“扶贫日”活动中，吐鲁番市鄯善县鲁克沁镇赛尔克甫村农民玉努斯·尼牙孜荣获首届“全国脱贫攻坚奖”奋进奖荣誉称号。

【“结对认亲”扶贫】 2016 年 10 月，自治区召开“民族团结一家亲”活动动员大会，为脱贫攻坚、巩固和加强民族团结寻找新抓手。自治区本级行政事业单位 11 万名干部职工与南疆四地州基层各族群众结对认亲；各地州市行政事业单位全体干部职工与本地基层群众结对认亲；“访惠聚”工作组成员与所在村群众结对认亲，各单位其他人员与本单位“访惠聚”工作组所在村群众结对认亲；中央国家部委和 19 个省（市）援疆干部与受援地基层群众结对认亲；没有参加“访惠聚”活动的部门和单位全部纳入活动范围，开展“结对认亲”扶贫活动，做到至少每两个月走访 1 次，形成长效机制。

【“双语”支教扶贫】 2016 年，自治区党委、自治区人民政府把“双语”支教作为脱贫攻坚的重要内容，启动实施“南疆四地州学前‘双语’教育干部支教计划”，在全疆范围选拔 3000 名干部到南疆四地州开展学前“双语”支教工作，重点普及南疆四地州 3 年免费学前“双语”教育，把“双语”支教作为阻断贫困代际传递的重大步骤有力推进。

【扶贫机构和队伍建设】 全区共有各级扶贫机构 97 个。其中，省级 1 个、地州市级 12 个、县市级 84 个。全区各级扶贫机构共有编制数 527 个，实有正式工作人员 770 人。自治区扶贫办设 5 个内设处室及机关党委（组织人事处）。行政编制 24 个，其中厅级领导职数 4 名，处级领导职数 15 名，工勤人员列事业编制 4 名；2 个直属机构核定事业编制 18 个，领导职数 6 名，全额预算管理。

（新疆维吾尔自治区扶贫办　王　健）

新疆生产建设兵团扶贫开发

【概述】 2016年，新疆生产建设兵团（以下简称“新疆兵团”）党委围绕精准扶贫精准脱贫，发挥专项扶贫、行业扶贫、社会扶贫和援疆扶贫“四位一体”扶贫攻坚合力，加强扶贫机制改革创新，探索改革贫困团场考核机制，加大资金投入力度，实施精准扶贫试点、原连队居住区转型、产业扶贫和基础设施建设等项目建设，加快贫困团场经济社会发展。

【扶贫资金投入】 2016年，中央专项扶贫资金投入5.28亿元。已安排兴边富民资金2.56亿元（其中中央投资2.28亿元，自筹0.28亿元）在林果业、设施农业、畜牧养殖业、农业基础设施建设等方面扶持58个边境团场。以工代赈资金1.2亿元（其中中央投资1亿元，自筹0.2亿元）以基本农田、小型农田水利建设、人畜饮水工程为重点，涉及11个师22个贫困团场。专项扶贫资金2亿元，重点投向产业扶贫、金融扶贫贷款贴息和贫困团场以奖代补等方面。

【扶贫资金管理】 2016年，新疆兵团严格执行《财政专项扶贫资金管理办法》规定，专款专用。按照团场管理、职工增收、资金管理使用部门督查的要求，积极探索精准扶贫试点项目的新途径。扶贫项目严格执行项目法人制、招标投标制、工程监理制、合同管理制；严格按照计划下达的建设内容和投资规模进行建设。

【基础设施建设】 2016年，用于贫困团场的项目总投资30.37亿元，项目涉及70个贫困团场，农村饮水安全巩固提升项目全部用于贫困团场，2016年巩固提升17个贫困团场8.47万居民的饮水工程，受益建档立卡贫困人口4396户、11816人。共安排30个贫困团场保障性安居工程等项目资金72399万元。新建保障性住房5212户，棚户区改造计划28260户，两项共下达专项补助资金43708万元。投入贫困团场环卫设施补助资金240万元，柴煤改气补助资金231.92万元，安排棚户区和保障性安居工程配套基础设施项目资金34970万元。

【整连推进】 2016年，依托原连队居住区功能转型，整合利用原连队居住区的水、电、路及房屋等设施，大力发展畜牧养殖、特色果蔬种植、现代农家乐等，以合作社为平台，按照“贫困户入股、民主管理、按股分红”的模式，吸纳贫困户参与合作社生产和经营，带动贫困户脱贫致富。2016年，实施“整连推进”66个，带动贫困户 1.5 万人，有效利用资产 2.4 亿元。

【产业扶贫】 2016 年，以南疆困难师团为主战场，实施产业扶贫。一批重点项目落户南疆师团。以三师草湖工业园、洁丽雅等一批纺织服装为代表的企业集团的发展对吸纳当地贫困人口就业，促进脱贫致富起到了重要的作用。南疆师团新增就业 1.39 万人（次），实现团场劳动力转移就业 0.38 万人（次），少数民族就业 0.33 万人（次）。积极发挥龙头企业带动作用。疆南牧业、叶河阳光等产业化龙头企业在调整优化产业结构，推动农业供给侧结构性改革，促进贫困地区群众就业增收发挥了积极作用，成为带动贫困地区发展的重要途径。重点培育各类新型经营主体。以大户、能人牵头的合作社为主，通过“以资金带动产业，以产业促进就业”的模式，重点发展市场前景好，能辐射带动贫困农户脱贫致富的特色优势产业，贫困地区新增各类新型经营主体 160 余家，带动贫困人口就业近 5000 人。

【以工代赈】 2016 年，兵团以基本农田建设、小型农田水利建设、草场建设和小流域治理为重点，安排以工代赈项目 28 个，总投资 1.2 亿元，其中国家以工代赈资金补助 1 亿元。严格按照《新疆生产建设兵团以工代赈管理细则》加强对项目加强对以工代赈项目的组织管理和监督检查。兵师团对项目按月精准调度，提升项目管理的信息化水平。截至年底，项目开工率 100%，完工率达 90%，累计完成投资 1.16 亿元，完成计划总投资的 97.77%，其中以工代赈资金补助 1 亿元，使用率达 100%。完成改造中低产田 0.78 万亩，新增灌溉面积 4.46 万亩，改善灌溉面积 7.25 万亩，渠道防渗 121.47 千米，配套建筑物 824 座，配套建设道路 13.45 千米，地埋管网 282.93 千米、地面管网 185.54 千米，10KV 输电线路 6.2 千米、380KV 输电线路 10.52 千米。

【科技扶贫】 2016 年，从设立师域专项、通过科技成果转化、科技特派员创业等兵团本级计划，加大对边远贫困和少数民族地区的倾斜力度、加强对边远贫困和少数民族地区科技创新平台和科技人才支持。依托两校一院，向 30 个贫困团场派出 103 个科技服务团队，523 名科技人员到“三区”团场开展科技服务，培训基层优秀科技特派员和技术人员 44 名，充分发挥科技精准扶贫的优势，助力脱贫攻坚。

【定点扶贫】 2016 年，52 家新疆兵团机关部门、直属事业单位、大专院校与贫困团场结对开展挂钩扶贫；12 家国有企业与贫困团场结对开展定点扶贫；一师、六师、八师和石河子大学与三师结对开展师师帮扶，二师、十二师和塔里木大学与十四师结对开展师师帮扶。兵师团共抽调 1230 人组成工作队，进驻兵团 324 个连队（村、社区）开展“访民情、惠民生、聚民心”活动，把开展扶贫工作作为主要任务之一，开展入户扶贫帮困。

【教育扶贫】 2016年，新疆兵团从提高贫困团场基础教育、职业教育普及程度和办学质量入手，加强贫困团场教师队伍建设，不断提高贫困团场教育资助水平，推动发展双语教育，加大贫困学生招生倾斜力度。安排9377万元用于贫困团场教师周转宿舍建设、团场学校运动场建设、全面改薄项目、义务教育阶段学生免费教科书专项经费和城乡义务教育学校公用经费等。

【金融扶贫】 按照兵团扶贫开发领导小组与中国农业银行新疆兵团分行签订的《金融扶贫框架协议》，依据贫困户建档立卡信息平台，以项目为载体，创新使用扶贫资金，将扶贫资金以贷款形式折股量化给贫困户，实施金融扶贫助力兵团扶贫开发。2016年，共计发放扶贫贷款7.48亿元，兵团贴息3550万元，惠及贫困户1.7479万户、5.36万人。

【旅游扶贫】 2016年，国家旅游局、国家发展和改革委员会印发了《乡村旅游扶贫工程行动方案》，兵团贫困团场138个连队入选全国贫困乡村旅游扶贫重点村。国家首次启动乡村旅游富民工程，投入中央预算内资金800万元，支持88团和185团的4个连队旅游基础设施建设，带动连队贫困人口就业增收。

（新疆生产建设兵团扶贫办　朱淑芬）

九

国际合作篇

综　述

减贫领域的国际交流合作是中国特色扶贫开发道路的重要内容，也是中国对外开放大局的重要组成部分。中国政府高度重视减贫领域的国际交流合作，一直是世界减贫事业的积极倡导者和有力推动者。国家主席习近平在“2015 减贫与发展高层论坛”发表主旨演讲，明确提出“着力加强减贫发展合作。推动建立以合作共赢为核心的新型国际减贫交流合作关系，是消除贫困的重要保障”，为国际减贫交流合作指明了方向。围绕国家脱贫攻坚和外交大局，国务院扶贫办减贫领域的国际交流合作积极进取，不断创新，进一步加大了与亚非拉发展中国家及国际组织的交流合作力度，各项工作取得积极进展。

2016 年国际减贫交流合作主要工作有三方面：进一步加强我国减贫成就、理念和经验的国际传播，推介“全球贫困治理”中国方案，不断提升我国减贫事业的国际影响力，提升软实力。继续学习借鉴国际先进的减贫理念与实践，进一步丰富和完善国内扶贫开发政策与机制，助力脱贫攻坚。进一步加强减贫经验分享，不断推动减贫领域南南合作，积极落实联合国 2030 年可持续发展议程。

一、国际减贫交流

【领导出访】 2016年11月6—10日，国务院扶贫办副主任欧青平率团赴墨西哥阿卡普尔科，出席第四届多维贫困同行网络高级会议，与墨西哥社会发展部进行会谈，就多维贫困测量的中国经验进行专题发言，并在闭幕式上做总结讲话。

欧青平在发言中从多维贫困的理论视角总结了中国的扶贫开发经验，介绍了中国精准扶贫精准脱贫方略，并表示愿与国际社会分享中国的减贫与发展经验，交流借鉴其他国家在多维贫困方面的研究成果和减贫实践，不断完善中国的精准扶贫工作。会议期间，代表团实地调研了墨西哥社区食堂项目、社区医疗服务项目、职业女性儿童日间护理中心和反家庭暴力项目，并围绕多维贫困测量及政策实践同与会代表进行了充分交流。本届多维贫困同行网络高级会议由牛津大学贫困与人类发展研究中心和墨西哥政府共同举办，来自31个国家和9个国际组织的高级代表与会。

11月9日，国务院扶贫办副主任欧青平与墨西哥社会发展部副部长哈维·加西亚·贝霍斯（Javier Garcia Bejos）进行了会谈。欧青平表示，中墨两国虽然相距遥远，但是关系友好。墨西哥用多维贫困方法识别、瞄准贫困人口，在消除贫困方面有许多好的做法和经验值得借鉴，中国当前正致力脱贫攻坚，希望双方互学互鉴，共同提高。贝霍斯表示非常赞赏中国的减贫成就和经验，希望双方进一步加强交流，签署新一期减贫合作规划，共同推进减贫事业。

【外事会见】 2016年8月16日，国务院扶贫办副主任洪天云会见联合国人权理事会极端贫困与人权问题特别报告员菲利普·阿尔斯顿一行。洪天云副主任对阿尔斯顿的来访表示欢迎，并简要介绍了中国扶贫开发的成就和进展、精准扶贫精准脱贫战略举措，以及“十三五”期间的重点工作等。国际合作和社会扶贫司司长李春光就特别报告员提出的妇女扶贫、残疾人扶贫、多维贫困、社会参与扶贫等问题进行了解答和交流。阿尔斯顿先生表示双方交流富有成效，对中国打赢脱贫攻坚战印象非常深刻，希望进一步深入了解中国扶贫工作，拓展减贫领域合作关系。

2016年9月1日，国务院扶贫办副主任洪天云会见哥伦比亚国际合作署署长甘博亚先生一行。洪天云副主任介绍了我国扶贫开发成就以及“十八大”以来我国脱贫攻坚的主要政策、措施和进展。甘博亚署长介绍了当前哥伦比亚政府对解决农村贫困、促进地区发展的关切与重视。双方均高度评价已有合作，并对未来继续深化减贫合作表达了共识。会后，甘博亚署长与中国国际扶贫中心负责人就国务院扶贫办赴哥伦比亚开展“精准扶贫与建档立卡”培训班事宜签署了合作协议。

2016 年 9 月 6 日，国务院扶贫办副主任洪天云会见盖茨基金会全球政策与倡导项目总裁及首席战略官苏马克一行。洪天云对苏马克一行的来访表示欢迎，介绍了中国扶贫开发的成就和进展、精准扶贫精准脱贫战略举措，以及“十三五”期间重点工作等情况。苏马克表示，双方交流富有成效，盖茨基金会愿意在中国的卫生减贫发展、减贫经验总结和宣传、交流和引进国外专家等方面开展合作，希望能进一步探讨更加具体的合作项目与方式，逐步拓展和深化减贫领域合作关系。

2016 年 12 月 8 日，国务院扶贫办主任刘永富会见新任联合国系统驻华协调员、联合国开发计划署驻华代表罗世礼先生一行。刘永富首先对罗世礼来访表示欢迎，向其介绍了中国扶贫开发的基本情况和精准扶贫精准脱贫基本方略及相关政策举措。他表示，中国的减贫事业得到包括联合国开发计划署在内的国际社会关注和支持，希望双方进一步加强交流，共享经验，开展更加密切、更有效率的务实合作，共同推进联合国 2030 年可持续发展议程减贫目标的实现。

罗世礼高度赞赏中国政府为减少贫困做出的巨大努力和积极贡献，希望双方巩固和深化已有合作基础，在大数据助力精准扶贫、城乡统筹减贫和 2020 年后减贫问题的前瞻性研究等方面开展合作，和国际社会分享中国减贫经验，推动南南合作，为中国和世界的减贫事业做出贡献。国务院扶贫办副主任陈志刚，国务院扶贫办综合司、中国国际扶贫中心负责同志陪同会见。

二、国际减贫培训

【援外培训】 2016 年 4 月 8 日，“2016 年发展中国家包容性增长与持续减贫官员研修班”在北京开班。斯里兰卡雇员信托基金的瓦桑登·尼路穆登雅格（WASANTHA W NELUMDENIYAGE）先生代表学员致辞。研修班的主题是“包容性增长与持续减贫”，为期 21 天，来自巴西、斯里兰卡、吉尔吉斯斯坦、埃塞俄比亚、津巴布韦、赞比亚、多米尼加、莱索托、巴勒斯坦、埃及、多米尼克、阿富汗等 12 个国家减贫部门的 29 名官员参加。研修班邀请国内专家学者介绍中国包容性增长模式相关政策与实践、电商扶贫、中国农村市场体系运行模式等相关专题，并组织学员赴山西省进行实地考察。

2016 年 5 月 6 日，“2016 年非洲法语国家开发式扶贫政策与实践官员研修班”在北京开班。科摩罗国家财政经济部项目协调员汉森·海哲（HASSAN·HADJI）先生代表学员致辞。研修班的主题是“开发式扶贫政策与实践”，为期 21 天，来自马里、乍得、刚果共和国、突尼斯、马达加斯加等 14 个国家减贫与发展相关政府部门共 32 名代表参加。专题讲座邀请国内专家和学者介绍中国农村基础设施建设、农村可持续发展生态环境政策与实践、农村村庄整治、农村产业扶贫、“雨露计划”等农村开发式扶贫。培训班安排学员赴江西实地考察了光伏扶贫、农村村庄整治、农村教育扶贫、农村移民搬迁扶贫等项目。

2016 年 5 月 16 日，由中国国际扶贫中心、南非农村发展和土地改革部共同主办的 2016 年第一期“南非农村发展政策与实践研修班”在北京开班。南非农村发展和土地改革部企业服务司副司长尤金·索斯盖特（Eugene Malcholm Southgate）代表学员致辞。研修班的主题是“农村发展”，为期 15 天，来自南非农村发展和土地改革部的 31 名代表参加。专题讲座邀请相关专家介绍了中国电商扶贫发展概况，并安排学员分别赴江苏省、山东省实地考察了生态循环农业项目、畜牧养殖与特色繁养推一体化项目、特色农—养—加项目、现代农业科技与休闲观光农业项目、特色产业扶贫等项目。

2016 年 6 月 15 日，“2016 年发展中国家农村发展与减贫官员研修班”在北京开班。巴基斯坦俾路支省乌塔尔市拉斯贝拉农业、水与海洋科学大学经济学助理教授哈利德·可汗（Khalid·khan）先生代表学员致辞。研修班的主题是“农村发展与减贫”，为期 21 天，来自哥伦比亚、巴基斯坦、黎巴嫩、毛里求斯、乌干达、保加利亚、吉布提、马拉维、赞比亚、桑给巴尔、肯尼亚、缅甸、巴拿马、埃及、塞拉利昂、格林纳达 16 个国家和地区减贫与发展相关政府部门共 41 名学员参加。培训班安排学员赴广西壮族自治区和四川省实地考察了中国农村旅游扶贫、农村土坯房改造、新农村建设、农业经济现代园区建设、核桃产业园区建设、农村小额信贷等项目。

2016 年 6 月 24 日，“2016 年发展中国家可持续发展经济政策研修班”暨“2016 年发展中国家制定和实施发展与减贫政策研修班”在北京开班。非洲学员代表乌干达纳玛英哥地区政府官员那卡兰奇·萨拉（NAKALUNGI SARAH）女士、亚洲学员代表伊拉克规划部官员卡塞姆·穆罕默德（QASIM MAHMOOD）先生、美洲学员代表巴拿马人文发展战略项目顾问米兰达·艾梅尔（MIRANDA GOUFH ELMER）先生分别致辞。两期研修班的主题分别为“可持续发展经济”和“制定和实施发展与减贫政策”，研修时间均为 21 天，来自亚洲伊拉克、黎巴嫩、缅甸、印度尼西亚等 4 个国家，非洲乌干达、毛里求斯、加纳、南非、尼日利亚、埃及、博兹瓦纳、埃塞俄比亚、喀麦隆、津巴布韦等 10 个国家，欧洲摩尔多瓦、亚美尼亚、波黑等 3 个国家，美洲哥伦比亚、巴拿马、多米尼加、古巴、委内瑞拉等 5 个国家，以及大洋洲巴布亚新几内亚，共 23 个国家减贫与发展相关政府部门 76 名学员参加。专家讲座涵盖了中国农村开发式扶贫政策与实践、农产品流通体系与市场调控等理论课程，也涉及国内外热点话题，比如中国电商扶贫创新、国际产能合作与减贫、一带一路等。同时，安排学员赴湖北考察期间，与武汉贸促会合作开展交流会活动。实地考察襄阳市保康县、谷城县农村产业发展、社会保障、农村公共卫生服务等项目。

2016 年 7 月 8 日，“2016 年亚洲国家城乡协调发展与减贫官员研修班”在北京开班。伊拉克规划部可持续发展项目主管邦·阿里·阿布德·艾尔-欧盖丽（BAN·ALI·ABOOD·AL-OGAILI）女士代表学员致辞。研修班的主题是“城乡协调发展与减贫”，为期 21 天，来自伊拉克、叙利亚、东帝汶、巴勒斯坦、斯里兰卡和格鲁吉亚等 6 个国家规划、减贫与发展相关政府部门共 20 名代表参加。研修班除安排专题讲座、国别演讲外，还组织学员赴四川省广元市 7 个县（区）考察农村旅游扶贫、农村土坯房改造、卫生扶贫、新农村建设、农业经济现代园区建设、核桃产业园区建设、农村小额信贷、灾后重建等项目。

2016 年 7 月 14 日，“2016 年喀麦隆减贫致富经验交流研修班”在北京开班。喀麦隆高教部处长瑟丽莎·瓦纳哈女士（Ms THERESIA E. MBUA N. EPSE WANAHL）代表学员致辞。研修班为双边班，为期 21 天，主题是“减贫致富”，课程内容翔实。

除安排专题讲座之外，还组织学员赴广西壮族自治区河池市进行实地考察；参观访问北京经济开发区、四达时代集团等单位。来自喀麦隆国家相关政府部门的 20 名代表参加了此次研修班。

2016 年 9 月 2 日，由财政部、商务部、农业部、国务院扶贫办、世界银行和国际农发基金共同主办，中国国际扶贫中心承办的“第八届中非共享发展经验高级研讨班”在北京开班。国务院扶贫办副主任洪天云出席开班仪式并致辞，财政部副部长史耀斌、农业部副部长屈冬玉、世界银行中国局局长郝福满、国际农发基金总裁特别顾问吴晋康、商务部国际商务官员研修学院院长李小兵，苏丹农业部副次长纳比尔·艾哈迈德·穆罕默德·萨德等出席开班仪式并致辞。研讨班主题为“扩大对非农业投资、促进非洲农业可持续发展”，来自埃及、赤道几内亚、加纳、利比里亚、马达加斯加、马拉维、南非、南苏丹、尼日尔、苏丹 10 个国家的政府高级官员，中国有关部委和科研机构代表，以及国际组织代表共 80 余人参加本次研讨。与会代表围绕如何确定非洲农业投资需求，扩大中非农业合作，继续推进南南合作等专题进行研讨交流，研讨班赴江苏和广州进行了实地考察。

2016 年 10 月 10 日，“2016 年发展中国家公共服务与减贫官员研修班”在北京开班。约旦计划与国际合作部中小企业处顾问穆罕默德·哈桑阿里（JEBREEN · MOHD HASAN ALI）先生代表学员致辞。研修班的主题是“公共服务与减贫”，为期 21 天，共有来自马拉维、加纳、肯尼亚、巴拿马、摩尔多瓦、柬埔寨、津巴布韦、南苏丹、巴勒斯坦、尼日利亚、多米尼加、瓦努阿图、苏里南、约旦、塞拉利昂 15 个国家扶贫相关部门的 48 名学员参加。培训班邀请专家介绍了中国农村市场体系建设与城乡协调发展、农村社会保障体系、农村教育发展等方面的政策与实践，并安排学员赴云南省昆明市和大理州实地考察了云南省农村减贫与发展的各类政策、模式、成效和经验。

2016 年 11 月 17 日，“2016 年刚果（金）高层交流与合作部长研讨班”在北京开班。商务部国际商务官员研修学院副院长刘明哲、中国国际扶贫中心副主任张广平出席开班仪式并致辞，刚果（金）内政部办公厅主任康巴·卢方达（KAUMBA LUFUNDA）先生代表学员致辞。培训班为双边高端研讨交流班，为期 10 天，主题是“经济发展带动农村减贫”。除安排专题研讨之外，还组织学员参观访问中非发展基金等单位；赴广东省广州市、清远市、东莞市实地考察民营企业“走出去”模式、精准扶贫项目以及科技创新等相关内容。来自刚果（金）的 2 名中央政府高级官员及全国各地的 17 名副省长参加了此次研讨班。刚果（金）学员表示：感谢中国政府出资让我们来中国交流考察，让我们看到了中国经济发展惊人的速度。刚果（金）

作为非洲发展中国家，资源丰富、土地广阔。刚方希望通过本次研讨班能与中国政府、企业及社会各界建立起良好的互利合作关系，吸纳中国企业家到刚果（金）投资办厂，达到共赢的目的。

2016年12月5日，由中国国际扶贫中心、南非农村发展和土地改革部共同主办的2016年第二期“南非农村发展政策与实践研修班”在江苏省南京市开班。南非农村青年服务团培训学院院长福玛内齐尔·福米·萨缪尔·齐巴（Fumanekile Fumi Samuel Gqiba）代表学员致辞。研修班主题是“推动农村企业发展，促进包容性经济增长”，为期15天。培训班邀请专家介绍了中国职业教育发展概况，安排学员在江苏省实地考察了科技创业园、生态农业园、农产品加工以及青年农业创业等项目，并组织学员赴上海考察了浦东科技软件园、金山区植物园艺项目、食用菌专业合作社、草莓研发中心等。南非农村发展与土地改革部的4名官员及15名南非农村青年服务团培训学院青年学生参加了此次研修班。

【出国培训】 2016年2月，由湖北、江西等7省（区）扶贫办、全国扶贫宣传教育中心、国务院扶贫办信息中心、中国国际扶贫中心组成的培训团，一行17人赴巴西进行了为期21天的拉美国家扶贫模式培训。此次培训主要内容：一是了解巴西经济社会发展状况，贫困差距形成的历史原因，巴西政府在解决贫富差距、收入分配和农村社会事业投入等方面的政策措施。二是学习巴西微型信贷扶贫政策和家庭补助金计划等主要做法、政策效果和经验教训。三是了解巴西建立完善农民社会保障体系方面的政策措施以及巴西农业信贷基金扶持农业发展的经验。

10月，由河北、江西、河南等省（区）和中国国际扶贫中心组成11人的培训团，参加了国务院扶贫办组织的“哥伦比亚建档立卡精准扶贫模式培训”。此次培训围绕“哥伦比亚建档立卡精准扶贫模式”培训主题，主要内容包括哥伦比亚经济社会发展及贫困状况、民间组织参与减贫经验、“联合起来战胜贫困（Unidos）”减贫项目、全国统一信息分享系统（Llave Maestra系统）、城市10万户免费住房项目、社会义工参与建档立卡经验、“家庭行动”和“青年在行动”有条件的现金转移支付项目、“家庭田园计划”到村到户项目、土地重建和联合国食品安全管理项目等项目。

11月，国务院扶贫办组织宁夏、重庆、上海等10个省（区、市）和计划单列市扶贫部门等14名成员，赴美国开展了“社会扶贫机制创新与精准减贫”培训，培训班邀请乔治梅森大学、马里兰大学等高校知名教授和相关税务机构、救助机构专家围绕“社会扶贫”的主题进行专题介绍，并安排学员先后访问了美国农业部、联合国开发计划署、威廉王子郡社会服务部、乔治王子郡社会保障局、劳登家庭服务局等机构，实地调研纽约反饥饿联盟、Franciscan社区中心、国家社区学校儿童救助等社会组织。此次培训对美国社会扶贫政策的设计背景、具体做法、实现途径、工作成效等进行了较为系统的学习。

三、国际减贫合作

【与乌拉圭签署合作备忘录】 2016年10月18日，在国家主席习近平和乌拉圭总统巴斯克斯的共同见证下，国务院扶贫办主任刘永富和乌拉圭外交部部长尼恩签署了《中华人民共和国国务院扶贫开发领导小组办公室和乌拉圭东岸共和国社会发展部关于开展减贫和社会发展合作谅解备忘录》。双方将在减贫和社会发展经验交流、信息分享、能力建设、共同研究等方面开展合作，推动双方减贫和社会发展事业，落实《中国—拉美和加勒比国家合作规划（2015—2019）》，创新南南合作模式。

【世界银行贷款第六期扶贫项目】 2016年11月29日，由中国国际扶贫中心主办、四川省扶贫和移民工作局项目中心协办的世界银行贷款第六期扶贫项目（贫困片区产业扶贫试点示范项目，以下简称“世行六期扶贫项目”）“项目管理与合作社治理”培训班在四川省成都市开班。

来自世行六期扶贫项目三省项目区（甘肃、贵州、四川）的各级项目管理人员和合作社管理人员共约120人参加培训。本次培训班邀请了来自合作社政策制定、产业价值链建设、合作社内部治理、项目管理和财务管理以及项目软件管理等方面的专家授课，授课内容紧密围绕规范合作社设计和全产业价值链构建等主题展开，目的是提高各级项目管理人员的项目管理水平，提升合作社辅导员和负责人在设计及投资运行方面的管理能力。为下一步加快世行六期扶贫项目实施进程打下坚实基础。

【东亚减贫示范合作项目】 2016年12月7日，东亚减贫合作示范项目启动会在老挝首都万象举行，老挝国家农村发展与消除贫困委员会代主席通万·维莱杭、中国驻老挝大使关华兵、国务院扶贫办综合司副司长吴敏、中国商务部代表王其辉、中国国际扶贫中心官员以及老挝、缅甸、柬埔寨减贫工作官员参加会议。根据项目设计，未来3年中国将在老挝、柬埔寨、缅甸6个村合作开展道路、供水等基础设施建设，扶持种植、养殖等农业产业，并开展社区环境整治，提供物资支持和派遣专家开展培训等活动，通过上述措施切实改善村民的生产生活条件，增强村庄的发展活力。

【苏丹微笑儿童项目】 2014年，中国扶贫基金会决定捐赠270万元用于支持苏丹饥饿儿童项目，分3年执行，每年90万元。2016 年，基金会投入 150 万元，受益学校从 3 所增加到 7 所，受益儿童从 2030 人增加到 3630 人。微笑儿童项目旨在为苏丹公立小学受饥儿童提供免费早餐，帮助苏丹贫困家庭儿童健康成长，同时加强中国与苏丹的民间交往，加深两国人民友谊，打造民间帮助民间新模式。

四、国际会议及重要活动

【中国扶贫国际论坛暨南南合作减贫知识分享网站开网仪式】 2016年5月8日，“2016中国扶贫国际论坛暨南南合作减贫知识分享网站开网仪式”在北京市举行。论坛主题为“可持续发展目标下的中国扶贫经验分享”，由国务院新闻办公室指导，中国国际扶贫中心与中国互联网新闻中心联合主办，中国网、中国发展门户网和阿大科技（北京）有限公司承办。

国务院新闻办公室副主任郭卫民在论坛上作主旨发言，他表示将中国的扶贫经验分享给全世界，为发展中国家提供借鉴，是中国义不容辞的责任；将国际上的有益经验引入中国，推动中国扶贫工作的发展，也是中国的希望。

国务院扶贫办副主任洪天云表示，减贫是全世界共同话题，消除贫困事关人类可持续的发展。中国提前完成了联合国千年减贫发展目标，总共减少7亿多贫困人口，成为全世界减贫人口最多的国家。扶贫办要充分运用各类平台和机会，不断加强与非洲、拉美、亚洲的减贫经验交流，讲好中国减贫故事，也借鉴国际减贫中的好经验和好做法，在国际减贫合作方面取得新进展。

在论坛上，“南南合作减贫知识分享网站”正式开通。此网站由中国互联网新闻中心与中国国际扶贫中心共同建设，旨在搭建服务南南合作的扶贫知识分享平台，努力成为汇集中国和国际扶贫发展经验的信息中枢。

活动当天还播出了展现中国脱贫攻坚成果进程的中英双语动漫视频《2020，bye bye啦贫困》。这部5分钟的视频短片由国务院扶贫办政策法规司、中国网和中国发展门户网共同策划制作完成。短片通过活泼生动的画面和大量翔实全面的数据，全景式直观展现了中国脱贫事业取得的成果，以及未来5年脱贫攻坚工作的具体举措。

【第十届中国—东盟社会发展与减贫论坛】 2016年6月22—24日，由中国国务院扶贫办与广西壮族自治区人民政府共同主办，中国国际扶贫中心、广西壮族自治区扶贫办、桂林市人民政府共同承办，东盟秘书处、亚洲开发银行、联合国开发计划署、中国国际经济技术交流中心、广西外资扶贫项目管理中心等机构支持的“第十届中国—东盟社会发展与减贫论坛”在广西壮族自治区桂林市举行。来自中国和东盟十国的政府官员、专家学者、媒体、中资企业代表、非政府组织代表及国际组织代表 150 余人与会。本届论坛主题为“一带一路与中国东盟减贫合作”。

中国国务院扶贫办副主任郑文凯，广西壮族自治区人民政府副主席黄世勇，老挝国家农村发展与减贫委员会副主席苏万那拉（Somsanith Souvannalath），柬埔寨农村发展部副国务秘书哈普（Hap Omaly），东盟秘书处副秘书长穆赫坦（Akp Mochtan），桂林市市长周家斌等出席开幕式并致辞。中国国务院扶贫办国际合作和社会扶贫司司长李春光主持开幕式。

国务院扶贫办副主任郑文凯在致辞中指出，2015 年 9 月 25 日，联合国发展峰会通过了“2030 年可持续发展议程”，明确提出了到 2030 年在全世界消除一切形式的贫困。中国政府积极行动，于 2015 年 11 月通过了《中共中央 国务院关于打赢脱贫攻坚战的决定》，提出到 2020 年，我国现行标准下农村贫困人口实现脱贫，贫困县全部摘帽，解决区域性整体贫困。

论坛期间，参会代表就中国—东盟减贫合作的回顾与展望、精准扶贫方略与多维贫困指标、“一带一路”框架下的减贫合作等议题进行了讨论。参会代表还赴龙胜参观考察了产业扶贫、旅游扶贫等项目点。

【澜沧江—湄公河合作减贫联合工作组首次会议】 2016 年 6 月 23 日，“澜沧江—湄公河合作减贫联合工作组首次会议”在广西壮族自治区桂林市召开。会议由中方牵头单位中国国际扶贫中心召集，中国国际扶贫中心副主任谭卫平主持，国务院扶贫办国际合作和社会扶贫司司长李春光出席会议并致辞。来自中国外交部、老挝国家农村发展与消除贫困委员会、柬埔寨农村发展部、缅甸农畜牧及灌溉部、泰国外交部，以及越南外交部、计划投资部和农业与农村发展部的代表参加了会议。

李春光向与会代表介绍了当前中国精准扶贫工作的新形势，以及中国与东盟国家在减贫领域长期以来的交流合作情况，指出澜湄流域国家面临着不同程度的贫困问题，需要建立长效减贫合作机制，减贫是《三亚宣言》确立的五大优先合作领域之一，希望各方积极协调努力，推进成果早日落实。与会代表表示此次会议是澜湄流域国家减贫合作新的开始，对澜湄国家减贫进程将产生促进作用，各方将积极参与并推动相关活动的开展。会议就中方提出的《澜湄合作减贫联合工作组概念文件》进行了讨论修改，并就后续工作计划达成了初步一致意见。

【中非合作论坛——减贫与发展会议】 2016 年 9 月 20—22 日，中非合作论坛——减贫与发展会议在上海市举办。作为中非合作论坛框架下的重要分论坛，此次会议由国务院扶贫办和上海市政府联合主办，中国国际扶贫中心、上海市政府合作交流办联合承办。活动还获得了非洲联盟、联合国开发计划署、中非发展基金等机构的大力支持。

来自中国和毛里求斯、南非、尼日利

亚、莫桑比克、多哥等14个非洲国家的政府官员、专家学者、NGO、企业以及联合国开发计划署、非洲联盟、中部非洲经济共同体等国际组织，媒体代表共150余人参会，就“中非产能合作与减贫”这一主题展开积极研讨、交流各国产业发展和减贫的经验，寻求推进中非减贫交流与合作的更有效途径。毛里求斯社会融合和经济增长部部长普里特维拉杰辛格·鲁蓬（Prithvirajsing Roopun）、南非农村发展与土地改革部副部长穆塞比斯·斯科瓦特沙（Mcebisi Skwatsha）、国务院扶贫办副主任洪天云、上海市副市长时光辉、非盟贸易工业委员特别代表特蕾耶·玛方嘉（Treasure Maphanga）、联合国开发计划署非洲局代表巴巴卡·西塞（Babacar Cisse）出席会议开幕式并致辞。

洪天云在致辞中介绍了我国为实现2020年现行标准下贫困人口全面脱贫目标将采取的几大措施，并指出中国在致力于消除自身贫困的同时，高度重视与广大发展中国家，特别是与非洲各国开展减贫交流合作。会议期间，参会非洲代表与中国企业就产能合作进行座谈并赴上海有关企业考察。

【东盟+3村官交流项目】 2016年9月19—24日，由中国国际扶贫中心主办、上海市人民政府合作交流办公室协办，东盟秘书处及亚洲开发银行等机构支持的第四届“东盟+3村官交流项目”在上海市举办。

来自东盟和中韩等国家的政府官员、基层村官、专家学者、东盟秘书处、亚洲开发银行、中国—东盟中心等国际组织代表以及企业界和新闻媒体代表共计60余人参加了开幕式。活动为期一周，旨在通过室内研讨和深入农村、社区实地考察，让东盟国家代表亲身了解中国农村经济社会发展状况，尤其是考察将有助于参会代表实地感受中国村官在实际工作中的有益实践经验，增强东盟国家村官能力建设。同时，通过互动讨论与交流，中国与东盟国家村官能够有效分享经验，携起手来为中国和东盟国家的减贫事业做出共同的努力。

上海市人民政府合作交流办公室主任姚海、中国国际扶贫中心副主任谭卫平、东盟秘书处社区事务部高级官员唐麦（Mai Tang）、亚洲开发银行首席经济学家阿明·鲍尔（Armin Bauer）等出席开幕式并致辞。活动期间，全体代表赴上海市金山区实地考察爱索特植物园艺（上海）有限公司、智能化农业基地（金山区蔬菜研发中心）、施泉葡萄专业合作社等项目点。此外，全体代表还与村民和村干部进行了座谈。

【全国扶贫国际交流合作与外事工作培训班】 2016年9月7—9日，国务院扶贫办在河南省郑州市举办2016年全国扶贫国际交流合作与外事工作培训班，国务院扶贫办副主任洪天云出席开班式并讲话。此次培训班旨在深入学习中共中央总书记习近平系列重要讲话精神，特别是关于扶贫开发的重要论述，交流分享地方开展国际减贫交流合作的经验，做好扶贫对外宣传，加强与境外非政府组织合作管理，进一步提升扶贫系统国际交流合作工作水平，推动扶贫领域落实好2030年可持续发展议程，更好地服务于国家经济社会发展和外交大局。

培训班邀请国务院扶贫办政策法规司、公安部境外非政府组织管理办公室和中国国际扶贫中心有关专家专题讲座，来自陕西省、重庆市和河南省的省（市）、县、乡、村的世界银行第五期扶贫项目代表以访谈的形式分享了项目经验。培训期间，参训人员赴河南省鲁山县熊背乡葛庄村、桃园沟村对世界银行第五期扶贫项目进行了现场教学，与村民代表开展了生动活泼的互动交流。各省区市扶贫办、有关省市对口协作办、国务院扶贫办直属事业单位以及业务指导社团负责外事工作的分管领导和同志参加培训。

（国务院扶贫办综合司国际处）

十

专题研究篇

精准扶贫、精准脱贫
——2016年扶贫日论坛
背景报告摘要

《中国精准扶贫发展报告》旨在记录中国共产党带领全国各族人民贯彻落实精准扶贫精准脱贫方略、如期打赢脱贫攻坚战的伟大历程和光辉成就，是华中师范大学和全国扶贫宣传教育中心（原全国扶贫培训宣传中心）面向全面建成小康社会、实现第一个百年奋斗目标伟大历史节点联合推出的智库报告。《中国精准扶贫发展报告（2016）》约30万字，《人民日报》《大公报》《经济参考报》等报纸和人民网、新华网、中国网、中国新闻网、凤凰网、新浪网、环球网等近200家门户网站从不同角度对报告内容、观点进行了正面报道，产生了较大社会反响。该报告以“精准扶贫的战略与政策体系”为主题，阐明了精准扶贫战略思想的时代背景、内涵、主要内容及其在国家治理现代化进程中的价值，分析了精准扶贫主要政策内容的内在结构关系，讨论了贯彻落实精准扶贫战略与政策体系面临的挑战，提出了相应对策。报告对精准扶贫政策体系的讨论分为三个维度。一是职能部门的维度，即按照贫困问题的不同类型及相应对策，从农业、就业、教育、卫计、民政、发展改革、财政、扶贫等精准扶贫相关职能部门出发，梳理其职能范围内的政策措施。二是中央—地方的维度，对每个部门或类别的精准扶贫对策，以概括整理中央层面的政策为主，同时也论及省级党委政府及其相关部门有代表性的精准扶贫政策。三是历史（过去—当前—将来）的维度，对每个部门或类别所涉及的贫困问题，首先概略叙述改革开放以来的治理途径及相关政策历程，然后重点梳理当前的精准扶贫政策，最后简要讨论其面临的挑战、未来趋势。

一、精准扶贫战略思想

精准扶贫方略反映了中共中央总书记习近平及以其为核心的中共中央在扶贫开发问题上的认识轨迹，体现了我们党审时度势和不畏险阻的改革精神，蕴含了党和国家创新、协调、绿色、开放和共享的发展理念以及实现两个一百年奋斗目标的坚定决心。

从2013年11月习近平在湖南省湘西土家族苗族自治州十八洞村考察时，首次提出“精准扶贫”概念，到2015年6月发表“6·18讲话”提出“六个精准”“四个一批”；从2015年10月习近平在“减贫与发展高层论坛”主旨演讲中提出“五个一批”论断，即在“四个一批”的基础上增加生态保护脱贫和教育扶贫脱贫思想，到2015年11月《中共中央 国务院关于打赢脱贫攻坚战的决定》提出发展特色产业脱贫、引导劳务输出脱贫、实施易地搬迁脱贫、结合生态保护脱贫、着力加强教育脱贫、开展医疗保险和医疗救助脱贫等政策措施，我国精准扶贫战略逐渐发展完善，成为包含以民为本、共同富裕等丰富内涵的治国理政新思想新实践的重要内容。

二、提升增收能力：产业扶贫和转移就业扶贫的精准政策

产业扶贫政策的精准性可以从几个方面解读：一是产业项目选择精准；二是产业主体培育精准；三是贫困人口受益精准；四是产业投入保障精准；五是产业扶贫组织领导精准。精准扶贫、精准脱贫方略下，尽管从上到下的产业扶贫政策体系已基本成型，但仍有不少现实问题急需解决：一是如何处理政府和市场的关系问题；二是产业扶贫如何惠及最贫困人口问题；三是扶贫产业的商业发展模式问题。

1994年开始实施的“国家八七扶贫攻坚计划”明确提出了转移就业扶贫的相关举措，指出扶贫开发的基本途径之一是“有计划有组织地发展劳务输出，积极引导贫困地区劳动力合理、有序地转移”。21世纪初，劳动与社会保障部门印发《关于做好农村富余劳动力流动就业工作的意见》，提出要促进劳务输出产业化，发展和促进跨地区的劳务协作等措施。此后，保护农民务工权益、促进农民工落户和市民化、扶持返乡农民工创业就业的规章制度和政策措施不断出台。如今，务工收入已经成为贫困农户最重要的现金收入来源，转移就业成为最有潜力的扶贫开发途径。当前劳动力转移就业扶贫面临的挑战主要包括：农民工公共服务体系有待建设和完善；农民工进城落户面临诸多困难；返乡农民工创业就业难度大。

三、“挪穷窝”：易地扶贫搬迁的精准政策

20世纪80年代，易地扶贫搬迁属于扶贫开发实践中针对个别问题、个别区域的非常规措施。20世纪90年代中期，易地扶贫搬迁呈现出从个别区域向多个区域（省、区、市）铺开势态，并开始被视为扶贫开发实践中值得大力探索的一条常规途径。进入新世纪，易地扶贫搬迁开始由区域性、地方性探索转变为国家层面的整体设计和推进。党的“十八大”以后，易地扶贫搬迁除了继续承载扶贫开发和生态恢复建设

两项基础功能之外，与新型城镇化、农业现代化的关系也受到越来越多的关注，非农安置成为重要的探索方向。不少地方依托城镇化和工业园区建设启动了大规模集中安置点建设和易地扶贫搬迁。

“十三五”时期新阶段易地扶贫搬迁的政策重点包括精准确定搬迁对象、住房及配套设施的建设、生计重建、建设资金筹措、成效考核与评估等。面临的挑战包括重搬迁轻脱贫、重建房轻减贫的现象，以及易地扶贫搬迁贷款资金的偿还与风险问题。应该重视的政策措施包括：强化搬迁对象扶贫脱贫实效的考核评估；规范资金使用管理和风险管控。

四、遏制贫困代际传递：教育扶贫的精准政策

教育扶贫实践，从改革开放初期主要针对少数民族地区教育的扶贫，到助力义务教育工程，再到将教育扶贫单独作为扶贫工程来重点扶持，反映了教育扶贫地位逐步上升的变化趋势。在《中共中央 国务院关于打赢脱贫攻坚战的决定》中，教育扶贫被赋予“阻断贫困代际传递”的使命，其实现路径被描述为“让贫困家庭子女都能接受公平有质量的教育”。

教育扶贫得到进一步强化，是中国开发式扶贫的必然体现，亦是生产力发展的必然要求。近几年，教育扶贫政策和实践的重大变化包括：在扶贫模式上，由政策扶贫转向体系扶贫和精准扶贫；在扶贫重点上，由过去的强调义务教育、基础教育，逐渐转向加强各个阶段教育，尤其是职业技术教育；在扶贫方法上，由授人以“鱼”转向授人以“渔”。教育扶贫需要重视的问题包括：关注贫困学生的心理健康教育，使教育扶贫更加精准；推进教师培训方式的精准化，使培训项目与实际需要相符合；继续提高贫困地区教师待遇。

五、织牢社会兜底网：救济式扶贫的精准政策

从政策历程和发展趋势来看，救济式扶贫是中国扶贫脱贫事业的重要政策支撑，与开发式扶贫一起共同构成中国扶贫脱贫政策和实践的两大核心制度体系。

精准扶贫背景下，扶贫开发基本对象的界定是以扶贫开发和农村最低生活保障“两项制度”有效衔接为基本背景的。当前农村贫困人口日益显现出分布分散化、致贫原因多样化、绝对贫困人口边缘化等新特征，扶贫开发进一步细化到对生存性贫困人口与发展性贫困人口实行不同的政策。由于社会发展政策的政策目标与绩效的复杂性、多样性和差异性，各项政策之间可能会出现不一致甚至相互抵牾的状况，这就要求注重农村社会政策体系的衔接与联动，并构建一套包容性强、可持续的农村社会政策体系。农村低保制度与农村扶贫开发政策的协同实施就较好地因应了这一政策要求，两者有机衔接与良性互动状态的达成的一个重要机制是，农村低保制度

无法解决的贫困人口能否进入开发式扶贫政策体系之中，以及绝对贫困人口在通过农村低保制度解决了基本生活问题并初步获得发展能力之时开发式扶贫政策能否及时跟进。

对于以医疗保障与健康促进为政策要点的救济式扶贫而言，当下和今后贫困人口的致贫因素抑或贫困的成因是其根本的内在动因。进入 21 世纪以后，在致贫因素上，个人和家庭因素逐渐占据主导，“因病致贫”“因病返贫”成为农村贫困领域的新现象。新农合制度自实施以来解决了农村医疗资源短缺的现象，大大改善了农村的医疗卫生服务条件，对于农村贫困人口的医疗卫生健康状况和因病致贫、因病返贫现象的改善起到了至关重要的作用，在保障贫困人口获得基本医疗卫生服务的同时，减轻了他们的疾病负担。

有必要从社会与政治层面来理解与探究救济式扶贫的历史贡献与未来路向。在社会层面，贫困人口的脆弱性应当引起重视。这种脆弱性是生态脆弱、经济脆弱和社会脆弱的高度叠加与累积。在多重脆弱性的作用下，贫困人口的生存发展资源、机会、权利都面临严峻挑战，其所面临的贫困风险尤其是相对意义上的贫困风险显著增加。在这种情势下，作为社会保障体系的救济式扶贫应当全方位承接这些功能需要，为可持续减贫构筑坚实、完备的社会兜底网络。在政治层面，则应从公民或国民身份与权利的角度反思救济式扶贫的目标设计与功能定位。应当回到公民或国民身份与权利的认知视角，将对贫困人口的救济与扶持看作贫困人口作为公民的一分子或者国民的一员所应当享有的基本权利之一，这也是作为现代意义上的国家对于其每位国民或公民所应尽的义务，亦是实现社会公平正义的必须之举。

六、探索脱贫新路径：生态扶贫和资产收益扶贫的精准政策

生态扶贫是在生态文明建设的大背景下，探索如何把环境保护和贫困人口的脱贫结合起来的新路子，是一项利国利民、可持续发展的新思路。低碳发展和绿色经济是其未来发展的方向，将生态补偿机制、市场机制和社会保护机制相结合是其主要的途径。生态环境丰富区可以通过国家财政的倾斜政策加强生态补偿，同时通过发展生态农业、林下经济、生态旅游等获得一定的经济补偿；生态环境脆弱区需要转换生计方式，减少对生态的破坏，这些生计方式包括生态移民、从事公益性生态岗位、发展低碳产业。这两类生态服务区，都承载着国家生态文明建设的重要职责，生态补偿机制是生态扶贫的重要途径，但同时需要和市场机制相结合，选择恰当的政策工具，促进贫困地区扶贫开发与生态建设相结合并形成良性互动格局，走出一条中国特色的生态扶贫道路。资产收益扶贫是将贫困地区土地等资源、涉农资金投入形成的资产、财政专项扶贫资金等通过

入股等形式转化为市场经营资产，并量化为村集体或贫困户的股份，进而使贫困户获得分红等收益的扶贫开发方式。这种扶贫方式有助于克服涉农资金和财政专项扶贫资金扶农不扶贫、扶富不扶贫，使用效率低下，目标瞄准偏离等缺陷，也能改善贫困人口的家庭生计，对缺少劳动力的家庭尤其具有重要意义。

从实践来看，生态扶贫和资产收益扶贫也面临一些需要重视的问题。一是生态扶贫如何保证财政补偿机制与市场补偿机制有效结合的问题。生态补偿只能对生态保护区扶贫开发工作起到辅助作用，而不可能成为脱贫的保障，这些地区仍须大力发展经济推进减贫工作，发展生态经济特别是兼顾生态环境服务价值的产业是一条值得大力探索的道路。二是资产收益扶贫导致的“公司化”倾向与村庄治理问题。农村资源和扶贫资金的资产化，常常伴随着村集体、合作社的“公司化”。这种“公司化”的倾向和本土的村庄管理交汇在一起，必将对村庄结构和治理机制产生一定的冲击和影响。

七、完善贫困治理体制和机制：凝聚精准扶贫的强大合力

我国贫困治理体制机制主要包含五方面内容。组织协调体系方面，扶贫开发领导小组及其办公室发挥着关键作用。财政资金配置方面，《关于支持贫困县开展统筹整合使用财政涉农资金试点的意见》提出的资金统筹整合使用政策的贯彻落实，是一个值得关注的问题。村级能力建设方面，由于基层组织软弱涣散、村庄精英外流、乡村空心化等制约了承接能力与脱贫成效，贫困村出现自我发展能力严重不足的问题。对内，强化村级党组织建设、加强村委会治理能力建设、村庄带头人和农村发展能力建设成为三大着力点；从外部，强化选派贫困村“第一书记”、健全驻村工作队（组）制度、积极引导社会力量参与贫困村村级能力建设成为三大创新源。透过内外并举，贫困村带领村民脱贫的主动性与自觉性不断增强，内生动力将逐步显现。社会力量动员方面，建构多元扶贫主体协同治理的新样态，将贫困治理引向深入是改革创新的主方向，搭建信息服务平台、落实优惠政策、加强组织动员、改进服务管理、完善激励机制和强化宣传引导是几条重要措施。评价与激励机制方面，中央与地方政府出台了一系列政策措施，政府内部的评价与激励机制进一步加强，发挥第三方评估的作用日益受到重视，贫困群体在精准扶贫评价与激励机制中的主体性地位逐步确立。

虽然我国贫困治理体制机制的建设已经取得不少成绩，但也要清醒看到，要真正落实精准扶贫精准脱贫基本方略，实现到2020年全部扶贫对象脱贫目标，政策制定与政策（实践）执行之间仍然有较大距离，一些老大难问题仍需持续关注。一是如何跳出“一管就死，一放就乱”的怪圈；

二是如何切实激发贫困户脱贫的主体性与能动性；三是如何从运动型治理走向常规治理；四是如何应对精准扶贫的非预期性后果。

（华中师范大学　陆汉文）

中国—东盟减贫合作：过程、机制及发展趋势

一、中国—东盟减贫合作的现实基础

（一）东盟国家的贫困状况

在东盟十国中，柬埔寨、老挝、缅甸、菲律宾、越南、印度尼西亚等国的经济发展水平比较低，国家建设起步普遍比较晚，多数存在基础设施不完善、农业生产技术落后、教育水平较低等致贫因素。[①]根据数据统计以及国际贫困线标准（1.25美元/人/天），2012年老挝贫困发生率为31%，柬埔寨贫困发生率为28%，菲律宾贫困发生率为23%，印度尼西亚贫困发生率为16%，越南贫困发生率为14%[②]，而新加坡、文莱、马来西亚没有贫困人口[③]。东盟各贫困国家的减贫情况也各不相同。从纵向的角度看，根据国际贫困线（1.25美元/人/天）标准，越南减贫效果最为显著，贫困发生率从1998年的34%下降到2008年的13.5%，菲律宾则进步缓慢。以贫困距比率（Povtery Cap Ratio，贫困人口平均收入与贫困线之间差距与贫困线之比，比值越大贫困程度越高）衡量，贫困程度由高到低依次是老挝、印度尼西亚、柬埔寨、菲律宾和越南（见表1—1）。

表1—1　部分东盟国家的贫困情况

	贫困线以下贫困人口所占比率（%）				贫困距比率（%）	
	1.25美元/天/人		国家贫困线			
国家	早年	最近年份	早年	最近年份	早年	最近年份
柬埔寨	48.6（1994）	25.8（2007）	47.0（1994）	30.1（2007）	13.8（1994）	6.1（2007）
印度尼西亚	21.4（2005）	29.4（2007）	17.5（1996）	14.2（2009）	4.6（2005）	7.1（2007）
老挝	55.7（1992）	44.0（2002）	45.0（1993）	33.5（2003）	16.2（1992）	12.1（2002）
马来西亚	<2.0（1992）	<2.0（2004）		3.6（2007）	<0.5（1992）	<0.5（2004）
缅甸				32.0（2005）		

① 鞠海龙、邵先成：《中国—东盟减贫合作：特点及深化路径》，《国际问题研究》2015年第4期。

② Ibid., Chapter IV (Macro Economy), Table IV.3, P.40; Chapter XI (Other Social Sectors), Table XI.3, p.218.

③ Ibid., Chapter XI (Other Social Sectors), Table XI.3, p.218.

续表

	贫困线以下贫困人口所占比率（%）				贫困距比率（%）	
	1.25 美元/天/人		国家贫困线			
国家	早年	最近年份	早年	最近年份	早年	最近年份
菲律宾	30.7（1991）	22.6（2006）	32.1（1994）	32.9（2006）	8.6（1991）	5.5（2006）
泰国	5.5（1992）	<2.0（2004）	9.8（1994）	8.5（2008）	<0.5（1992）	<0.5（2004）
越南	63.7（1993）	21.5（2006）	37.4（1998）	13.5（2008）	23.6（1993）	4.6（2006）

数据来源：2010. Key Indicators for Asia and the Pacific 2010：The Rise of Asia' s Middle Class. Philippines：Asian Development Bank. P69，Table 1.1. [①]

（二）中国在发展中减贫成就显著

中国是世界上最大的发展中国家。在实行改革开放之前，中国存在十分普遍的贫困现象。以营养标准来衡量，改革开放之前至少有 40%—50% 的人群处于生存贫困状态。[②]改革开放之后，中国开启了市场导向的经济体制改革，实现了经济持续高速增长。借助劳动密集型产业发展和已有的相对公平经济和社会条件，普通劳动者特别是贫困农民能较好地参与到经济增长之中，市场扩大为贫困人口提供了更多、更好的就业和创收机会，因而增长效应能较好地惠及农村贫困人口，贫困人口数量不断减少。按照世界银行 1 天 1 美元的贫困标准估算，从 1981 年到 2004 年，中国人均日消费低于 1 美元的人口所占比例从 65% 下降到 10%，贫困人口减少了 5.17 亿，而同期所有发展中国家贫困人口的绝对数量从 15 亿减少到 11 亿。[③]中国取得了显著减贫成就，在减贫与发展进程中也积累了丰富的减贫经验。中国政府在 20 世纪 80 年代实施了有组织、有计划、大规模扶贫行动，致力于提升贫困人口人力和发展条件改善，促进了贫困人群以及更好地参与经济发展。在扶贫开发行动中，政府将扶贫开发纳入国家总体发展战略，开展大规模专项扶贫行动，构建政府、社会、市场协同推进“大扶贫”格局，动员全社会共同参与扶贫，先后实施了《国家八七扶贫攻坚计划（1993—2000 年）》《中国农村扶贫开发纲要（2001—2010 年）》《中国农村扶贫开发纲要（2011—2020 年）》等致力于消除贫困的全国性扶贫行动规划。

（三）中国与东盟合作关系不断深化

1991 年 7 月，中国首次应邀参加第 24 届东盟外长会议，开启了中国—东盟对话，双方关系发展出现了重大突破。21 世纪以来，中国与东盟政治互信不断增强，从对话伙伴发展为战略伙伴（2003 年），形成了

① 参见王素霞、蒋茵、刘民权：《东盟国家的贸易自由化对减贫的影响研究》，《经济研究参考》2012 年第 5 期。

② 汪三贵：《在发展中战胜贫困——对中国 30 年大规模减贫经验的总结与评价》，《管理世界》2008 年第 11 期。

③ World Bank，From Poor Areas to Poor People：China' s Evolving Poverty Reduction Agenda An assessment of poverty and inequality in China，p3.

包括国家领导人、部长与高管等多层次、较为完整的合作对话机制，制定实施多个《落实中国—东盟面向和平与繁荣战略伙伴关系联合宣言的行动计划》（2005—2010；2011—2015；2016—2020）。中国与东盟在政治与安全、经济、社会人文、国际和地区事务等领域开展广泛的交流合作，取得了系列重要成果。如在经济领域中国与东盟建立了中国—东盟自由贸易区（CAFT）、大湄公河次区域经济合作（GMS）等多项区域经济合作机制。中国与东盟广泛合作及双方关系不断深化为中国—东盟减贫合作提供了良好合作环境。

总体来看，东盟部分国家存在不同程度的贫困问题，中国在快速发展中取得显著减贫成就并积累了丰富的减贫与发展经验，以及中国与东盟在政治、经济、社会人文、国际地区事务等多个领域建立了合作机制、形成良好合作关系，共同构成了中国与东盟减贫合作的现实条件，为中国—东盟减贫合作奠定了坚实基础。

二、中国—东盟减贫合作的过程与机制

（一）中国—东盟减贫合作的行动计划

2003年10月8日，中国与东盟国家在印度尼西亚巴厘岛签署《中国—东盟面向和平与繁荣的战略伙伴关系联合宣言》。自2005年以来，中国与东盟共同制定了《落实中国—东盟面向和平与繁荣的战略伙伴关系联合宣言的行动计划（2005—2010）》《落实中—东盟面向和平与繁荣的战略伙伴关系联合宣言的行动计划（2011—2015）》《落实中国—东盟面向和平与繁荣的战略伙伴关系联合宣言的行动计划（2016—2020）》。

（二）中国—东盟减贫合作的高层机制：中国—东盟社会发展与减贫论坛

“中国—东盟社会发展与减贫论坛”是中国和东盟国家就减贫主题设立的机制性活动。论坛由中国国务院扶贫办在2006年第二届东盟与中日韩（10+3）区域扶贫高层研讨会上提出，获得东盟各国的积极回应，并于2007年10月底在中国南宁举办首届论坛。“中国—东盟社会发展与减贫论坛”以探讨缩小发展差距途径为内容，以共享发展经验、促进互利共赢、和谐发展为目标，每年轮流在中国及东盟国家举办，自2007年以来已连续举办九届，逐步形成了“围绕主题深入研讨、结合实际组织考察”的会议模式，得到了东盟国家以及东盟秘书处、亚洲开发银行、联合国开发计划署、世界银行等国际机构的普遍认可与支持，形成了具有一定影响的区域性高层对话平台。

2007年10月，首届“中国—东盟社会发展与减贫论坛”在中国南宁市举办。论坛以“参与和推进区域社会发展与减贫交流合作”为主题。论坛通过《第一届中国—东盟社会发展与减贫论坛南宁倡议》，提出区域内外各类机构的职责与行动框架、相关要求和具体行动计划。

2008年11月，第二届“中国—东盟社

会发展与减贫论坛”在广西壮族自治区南宁市举办。论坛以“粮食、灾害与减贫”为主题，具体内容包括：粮食价格不断攀升对贫困人口的影响以及各国的应对经验；自然灾害对减贫进程的挑战和各国的应对经验；各国及相关方共同减缓粮价攀升、自然灾害对贫困影响的合作。通过了《第二届中国—东盟社会发展与减贫论坛倡议书》。

2009 年 9 月，第三届“中国—东盟社会发展与减贫论坛”暨第四届“东盟与中日韩减贫高层研讨会”在越南河内召开。论坛以“全球经济放缓对亚太地区贫困及可持续发展的影响”为主题，集中讨论国际金融危机对本地区社会经济及减贫的影响，交流应对金融危机的措施与经验，进一步完善减贫与社会发正常框架的路径。

2010 年 1 月 1 日，中国—东盟自由贸易区正式启动，中国与东盟 10 国组成的贸易区域步入零关税时代。2010 年 7 月，第四届“中国—东盟社会发展与减贫论坛”在中国桂林市举办。论坛以“自由贸易与减贫”为主题，探讨中国—东盟自由贸易区给各国减贫带来的机遇和挑战，总结贸易自由化背景下的减贫经验及应对措施，具有很强的现实意义。

2011 年 9 月，第五届“中国—东盟社会发展与减贫论坛”在印度尼西亚雅加达举行。论坛以“增长的质量与减贫”为题，探讨提高经济增长质量与促进减贫的有关问题，分享东盟各国及中国等其他发展中国家的经验。

2012 年 9 月，第六届“中国—东盟社会发展与减贫论坛”在中国柳州市举办。论坛以“中国—东盟：包容性发展与减贫”为主题，着眼于新形势新变化，集中研讨了中国和东盟国家在实现发展与减贫过程中的机遇和挑战以及贸易便利化、小额信贷、社会保护政策与实践对减贫的影响以及减贫实务操作等。

2013 年 8 月，第七届“中国—东盟社会发展与减贫论坛”在中国防城港市召开。论坛以“城镇化进程中的减贫与包容性发展”为主题，着眼于新形势新变化，分别就城镇化进程中的减贫，人口流动、就业与城镇化，公共服务、社会包容与社会管理创新，城乡一体化发展与后千年发展议程等 4 个专题进行了研讨。

2014 年 8 月，第八届“中国—东盟社会发展与减贫论坛”在缅甸内比都举办。论坛以“深化中国—东盟减贫区域合作”为主题，围绕中国与东盟国家减贫和包容性发展面临的新挑战，分享各国扶贫的成功经验，探讨深化区域减贫合作的新路子、新方法、新模式，推动各国政府扶贫机构与民间组织、社会团体、私营企业建立更加紧密的减贫合作伙伴关系，让更多的人口早日摆脱贫困。此外，本届论坛提出倡议，在中国南宁设立中国—东盟减贫交流中心，推进中国及东盟各国减贫事业的发展。

2015 年 7 月，第九届“中国—东盟社会发展与减贫论坛”在老挝万象举办。论坛以“金融创新与减贫”为主题。参会代表围绕论坛主题，分析了中国与东盟各国金融创新与减贫面临的新挑战，分享了各国向贫困家庭和社区提供可以负担得起且具有可持续性金融服务的经验。重点讨论了政府提供的金融服务以及私人部门、社会企业和组织的资源对促进减贫与发展发挥的重要作用，互联网金融等向穷人提供金融服务的重要创新等。论坛对建立更加包容、利贫的普惠金融制度，让贫困人口更多地分享中国—东盟区域发展的成果具有重要的指导意义。

（三）中国—东盟减贫合作的基层机制："东盟+3 村官交流项目"

"东盟+3 村官交流项目"是中国国际扶贫中心与东盟秘书处和东盟有关国家合作发起，面向基层村官/社区官员的区域减贫交流合作活动。"东盟+3 村官交流项目"机制着眼于农村社区发展领导者——村官，将减贫知识共享拓展到基层社区治理者层面，通过对东盟和中日韩村官的能力建设，实现区域内基层社区发展。项目形式是中国政府作为主办方，邀请"东盟+3"各国村官来华开展为期一周的活动。活动内容包括减贫发展政策与实践讲座、国别发言、实地考察、驻村体验、与村民座谈等。该交流项目加强了"东盟+3"村官能力建设，为"东盟+3"各国农村地区发展注入活力，促进基层减贫交流。

首届"东盟+3 村官交流项目"于 2013 年 4 月在四川省成都市和南部县举办。参与者充分讨论了村级治理中村官能力建设、村民参与等实际问题，并驻村实地考察（考察内容为农家乐）四川农村发展情况。

第二届"东盟+3 村官交流项目"于 2014 年 5 月在四川省成都市和仪陇县顺利举行。活动聚焦如何构建村级治理框架、整合内外资源、提升集体行动能力，图片展示、专题介绍、国别案例交流、参与式研讨、实地考察、驻村等形式，分享了各自在村级治理方面的有效经验，在实地考察部分通过考察整村推进示范村了解中国在村民自治、村务公开和村级发展规划制定等方面的有益作法，促进中国与东盟国家在基层民间的交流。

第三届"东盟+3 村官交流项目"于 2015 年 11 月在广西壮族自治区南宁市举办。此次交流活动包括中国经验介绍、各国案例交流、农村社区发展规划、分组讨论、驻村实地交流等内容。在驻村体验环节，代表们来到广西隆安县那桐镇定江村定典屯生态农业基地参观考察并入住农户。通过驻村体验及与村民座谈，东盟国家代表实地体会了"合作社+种植户+基地+农户"的合作模式，了解中国整村推进、乡村旅游、特色产业等的政策与实践。

（四）中国—东盟减贫合作的培训交流机制

自 2007 年以来，中国国际扶贫中心等中国减贫组织机构针对东盟国家减贫部门官员实施了多类型、多批次的减贫交流培训活动，形成了多样化的减贫交流培训机制。

1. 针对东盟国家整体的减贫交流培训

中国国际扶贫中心等减贫部门开展的针对整个东盟国家的减贫交流培训活动主要有"中国—东盟农村扶贫政策与实践官员研修班"或"中国—东盟扶贫政策与实

践官员研修班”、“东盟与中日韩（10+3）扶贫官员培训班”等。“中国—东盟农村扶贫政策与实践官员研修班”主要是以中国国际扶贫中心主办、中国相关省（区）扶贫办承办的形式，对东盟国家扶贫官员开展以扶贫为主题的研修培训活动。如2011年在广西南宁举办的“中国—东盟扶贫政策与实践官员研修班”邀请了中国农业大学人文发展学院院长李小云教授、中国国际扶贫中心黄承伟研究员以及中国东盟研究院的专家就中国经济发展及基本经验，扶贫开发政策与实践，中国东盟国家减贫与社会发展模式比较等内容进行授课，安排东盟各国及东盟秘书处分主题的国别演讲。研修期间，研修班全体学员还到广西贫困县考察广西贫困村整村推进扶贫开发、产业扶贫、旅游扶贫等项目点。

“东盟与中日韩（10+3）扶贫官员培训班”是以东盟国家以及中日韩扶贫官员为主体的国际区域性减贫和做与交流活动。该活动聘请著名减贫专家为全体学员集体授课，以及全体学员考察中国农村扶贫开发实践项目点。如在2007年举办的“东盟与中日韩（10+3）扶贫官员培训班”邀请了时任国务院扶贫开发领导小组副组长的刘坚、广西壮族自治区扶贫办主任胡德才等资深扶贫专家为全体学员授课。期间全体学员考察了广西贫困村整村推进扶贫开发、产业扶贫、旅游扶贫等项目点。

2. 部分东盟国家与其他国家共同参与的减贫交流培训活动

中国开展的部分东盟国家与其他国家共同参与的减贫交流培训活动主要有“亚洲国家包容性增长与持续减贫”官员研修班、“亚洲国家城乡协调发展与减贫”官员研修班、“亚洲国家发展（减贫）理论与实践”官员研修班、“发展中国家农村发展与减贫”官员研修班、“中国—国际农发基金第三届南南合作”研讨班、“亚洲国家灾害风险管理与减贫”研修班、中国微小企业融资经验研修班等等。在这些减贫交流培训活动中，首要参加的人员除了部分东盟国家扶贫官员，还共同邀请了东盟区域外的其他发展中国家的扶贫部门官员。在这些减贫合作交流机制中，一些培训机制已基本实现常态化，例如“亚洲国家发展（减贫）理论与实践官员”研修班分别在2010年、2011年、2012年举办，“亚洲国家包容性增长与持续减贫”官员研修班在2013年、2015年举办，“亚洲国家城乡协调发展与减贫”研修班在2014年、2015年举办。另外一些减贫交流机制则是根据实际情况进行安排，如针对近年来全球自然灾害发生频率越来越高，2010年举办了“亚洲国家灾害风险管理与减贫”研讨班。

3. 针对东盟个别东盟国家的减贫交流培训活动

近年来，中国政府相关部门开展了针对个别东盟国家的减贫交流培训，将中国减贫经验传递给相关国家，帮助其提升减贫能力。如中国国际扶贫中心分别于2013年9月、2014年12月、2015年9月三次专门对老挝举办农村发展与减贫官员国别培训班。2015 年 9 月的中国国际扶贫中心举行了以“减贫政策与实践”为主题的“老挝中国扶贫工作经验研修班”。来自老挝减贫与发展相关政府部门的 20 名代表参加。研修班邀请了国内著名专家学者为全体学员以专题讲座形式介绍中国国情概况、农村扶贫开发政策与实践、社会保障政策与实践、农村扶贫资金筹集与管理、产业化扶贫机制、社会扶贫做法与成效等内容。研修期间，全体学员实地考察了广西壮族自治区都安、龙胜、资源、新安等县的农民创业园、教育扶贫、产业扶贫、社区发展等农村专项扶贫开发项目。

表 2—1　东盟国家参与中国减贫合作交流培训的统计情况　　单位：人次

年度	研修班名称	文莱	柬埔寨	印度尼西亚	老挝	马来西亚	缅甸	菲律宾	新加坡	泰国	越南	合计
2005	中国扶贫经验班										2	2
2006	亚洲国家			5	2		1	2			1	11
2007	“东盟+3”	3	2	2	3	2	3	1	2	4	2	24
2008	东盟班	2	2		2	1		2	2	2	2	15
	亚专资班				2			1		2		5
2009	农发基金		2								4	6
	亚专资班		1	2				2		2	2	9
	开发式班						2					2
2010	南太班			2	1			3		4	2	12
	亚专资班	2	2	4	4	2	2	3			2	21
	灾害风险				2		3	1				6
	农发基金		4		4			4			8	20
	亚行部长班		2	6	1	3		3				15
2011	微小金融				1		1	4				6
	城乡统筹				3		3	1			3	10
	农发基金				1			1				
	扶贫规划制定班				3		3					6
	东盟班	2	2	1	2	2	2	2	2	2	2	19
	亚专资班			3	2	3	2	1				11
2012	千年发展						1					1
	农村发展				2		2					4
	城乡协调				3							3
	农发基金			1								
	亚专资班			2	2	3	2	2	1	1	2	15
	制定政策					1						1
	部长班					1						1

续表

年度	研修班名称	文莱	柬埔寨	印度尼西亚	老挝	马来西亚	缅甸	菲律宾	新加坡	泰国	越南	合计
2013	农发基金				2							2
	包容性增长		2		2		2					6
2014	城乡协调		2				2					4
2015	老挝班				20							20
	包容性增长			2			3					5
	合计	9	21	30	64	18	34	33	7	17	32	265

注：数据来源于中国国际扶贫中心内部统计资料。

（五）中国与东盟国家减贫合作的示范项目

2014 年 11 月 13 日，国务院总理李克强在出席东盟与中日韩（10+3）领导人会议时指出，缩小差距、减少贫困、改善民生是亚洲地区国家面临的首要任务。中方提议实施“东亚减贫合作倡议”，并提供 1 亿元人民币，开展乡村减贫推进计划，建立东亚减贫合作示范点。为落实好“东亚减贫合作倡议”。2014 年 12 月底，中国国务院扶贫办与外交部、商务部、财政部召开部门协调会，拟定了乡村减贫推进计划工作方案，选定了老挝、缅甸、柬埔寨 3 个国家开展具体工作对接。该减贫合作示范项目已在 2016 年初完成项目立项。

三、中国—东盟减贫合作的特点与发展趋势

（一）中国—东盟国家合作减贫的特点

中国与东盟国家的减贫合作交流为东盟贫困国家提供了可借鉴的减贫经验，帮助东盟国家培养减贫人才，为促进东盟贫困国家减贫和中国与东盟关系发展发挥了积极作用。对中国与东盟减贫合作的历程和合作机制进行系统分析后，不难发现中国—东盟减贫合作主要有以下特点。

一是中国—东盟减贫合作具有较强的持续性和规划性。中国—东盟的减贫合作嵌入于中国与东盟双边发展关系建设之中，并呈现出较强的规划性特点。自 2005 年以来，中国与东盟先后共同制定了《落实中国—东盟面向和平与繁荣的战略伙伴关系联合宣言的行动计划（2005—2010）》《落实中—东盟面向和平与繁荣的战略伙伴关系联合宣言的行动计划（2011—2015）》《落实中国—东盟面向和平与繁荣的战略伙伴关系联合宣言的行动计划（2016—2020）》。这些《行动计划》的目标在于推动建议一个和平、稳定、融合、繁荣和充满关爱的东盟共同体，不断深化中国与东盟战略伙伴关系，为中国与东盟在包括减贫合作等领域实施持续的友好互利合作提供了保障。从历次《行动计划》制定和发布《行动计划》的制定和发布已常态化来看，其内容不断丰富，规划性增强。作为《行动计划》倡议的重要组成部分，中国与

东盟的减贫合作也具有持续性和规划性特点。这些特点在中国—东盟减贫合作的多个机制中都得以体现，如“中国—东盟社会发展与减贫论坛”自2007年首届在广西壮族自治区南宁市成功举办以来，已连续举办了9届，已然发展成为一种常态化、持续性的合作平台。

二是中国与东盟减贫合作机制的多层次性。中国与东盟减贫合作既有较高级别政府官员、重要国际性组织机构出席的减贫合作交流平台（如“中国—东盟社会发展与减贫论坛”等），也有以东盟国家减贫与发展实践的中层官员参与的减贫交流培训机制（如“中国—东盟农村扶贫政策与实践官员研修班”等），更有以“在贫困社区和贫困村庄的扶贫实践者”为主题的基层减贫交流合作机制（如“东盟+3村官交流项目”）。可以说，经过十年来深化合作，中国与东盟在减贫领域已形成了多层次、系统性的合作交流平台。

三是中国—东盟减贫合作以减贫行动的执行者为主，突出能力建设。在中国—东盟减贫合作实践中，东盟国家参与合作人员以扶贫部门官员和扶贫政策基层实践者为主。尽管近年来中国已开始在部分东盟国家进行扶贫项目试点，但是总体来看中国与东盟减贫合作的重点内容为探讨东盟国家减贫策略、分享中国减贫的成功经验、提升东盟国家扶贫行动执行者的贫困干预能力（如减贫知识等）等。减贫合作实践也更为强调提升东盟国家扶贫部门官员或实践者的能力建设。

（二）“一带一路”背景下中国—东盟减贫合作深化发展趋势

1.“一带一路”倡议

“一带一路”是“丝绸之路经济带”和“21世纪海上丝绸之路”的简称。2013年9月，中国国家主席习近平访问哈萨克斯坦首次提出构建“丝绸之路经济带”设想。2013年10月习近平主席访问印度尼西亚时提出共建“21世纪海上丝绸之路”，并倡议筹建亚洲基础设施投资银行，得到国际社会高度关注。2013年10月3日，在印度尼西亚国会发表演讲的时候，中国国家主席习近平指出：“中国倡议筹建亚洲基础设施投资银行，愿支持本地区发展中国家包括东盟国家开展基础设施互联互通建设……中国愿同东盟国家加强海上合作……共同建设‘21世纪海上丝绸之路’。”[①] 2013年10月国务院总理李克强在出席第16次中国—东盟（10+1）领导人会议讲话中提到，考虑到本地区有些国家改善基础设施条件需要解决融资问题，中方倡议成立亚投行。[②] 十八届三中全会通过的《全面深化改革若干重大问题的决定》，要求“加快同周边国

① 习近平：“携手建设中国—东盟命运共同体——在印度尼西亚国会的演讲”，中华人民共和国中央人民政府门户网站，2013年10月3日，http：//www.gov.cn/ldhd/2013—10/03/content_ 2500118.htm

② “李克强总理在第16次东盟与中日韩（10+3）领导人会议上的讲话”，新华网，2013年10月11日，http：//news.xinhuanet.com/politics/2013—10/11/c_ 117660379.htm

家和区域基础设施建设互联互通建设，推进丝绸之路经济带、海上丝绸之路建设，形成全方位开放新格局”。[①] 2015 年 3 月，国家发展和改革委员会、外交部、商务部经国务院授权发布的《推进攻坚丝绸之路经济带和 21 世纪海上丝绸之路的愿景与行动》，指出“一带一路”愿景与行动坚持开放合作、和谐包容、市场运作、互利共赢的共建原则，倡议秉持和平合作、开放包容、互学互鉴、互利共赢的理念，全方位推进务实合作，打造政治互信、经济融合、文化包容的利益共同体、命运共同体；“一带一路”的走向为陆上依托国际大通道，以沿线中心城市为支撑，以经贸产业园区为合作平台，共同打造新亚欧大陆桥、中蒙俄、中国—中亚—西亚、中国—中南半岛等国际经济合作走廊；海上以重点港口为节点，共同建设通常安全高效的运输大通道。

作为东亚与欧洲“中间广大腹地国家”共谋发展的宏大规划，“一带一路”建设努力实现区域基础设施更加完善，安全高效的陆海空通道网络基本形成，互联互通达到新的高度；投资贸易便利化水平进一步提升，高标准自由贸易区网络基本形成，经济联系更加紧密，政治互信更加深入；人文交流更加广泛深入，不同文明互鉴共荣，各国人民相知相交、和平友好。

“一带一路”建设将“五通”作为重点合作内容，即政策沟通、设施联通、贸易畅通、资金融通、民心相通。政策沟通强调要加强政府间合作，积极构建多层次间宏观政策沟通交流机制，深化利益融合，促进政治互信，达成合作新共识；设施联通强调加强沿线国家基础设施建设，共同推进国际骨干通道建设，逐步形成连接亚洲各次区域以及亚欧非之间的基础设施网络；贸易畅通强调着力解决投资贸易便利化问题，消除投资和贸易壁垒，积极与沿线国家和地区共同商建自由贸易区，激发释放合作潜力，做大做好合作“蛋糕”；资金融通强调深化金融合作，深化金融合作，推进亚洲货币稳定体系、投融资体系和信用体系建设；民心相通强调传承和弘扬丝绸之路友好合作精神，广泛开展文化交流、学术网络、人才交流合作、媒体合作、青年和妇女交往、志愿者服务等，为深化双多边合作奠定基础。

2. 中国—东盟减贫合作深化发展的趋势

“一带一路”是中国新时期全方位扩大对外开放战略的重要组成部分，凸显了中国更加重视与广大发展中国家携手共谋发展的清晰指向，传递出做长发展中国经济增长“短板”以培育全球经济新增长点的新思路，体现了开放国策、外交战略、结构调整、促进增长目标之间的良性互动关系。[②]“一带一路”建设，提出要加强沿线

① 《中共中央关于全面深化改革若干重大问题的决定》，北京：人民出版社，2013 年，第 28 页。

② 卢锋、李昕、李双双、姜志霄、张杰平、杨业伟：《为什么是中国？——“一带一路”的经济逻辑》，《国际经济评论》2015 年第 3 期。

国家民间组织的合作交流，重点面向基层民众，广泛开展教育医疗、减贫开发、生物多样性和生态环保等公益慈善活动，促进沿线贫困地区生产生活条件改善。基于当前中国与东盟减贫合作的特点，“一带一路”背景下中国与东盟减贫合作在坚持现有的平台和机制的基础上可能呈现以下深化发展趋势。

一是中国减贫组织机构在东盟国家贫困地区开展减贫合作项目将日益增多。已有中国与东盟的减贫合作实践主要是邀请东盟国家代表到中国来探讨贫困问题、分享减贫经验、提升贫困干预能力等。“一带一路”建设将进一步加强中国政府与东盟各国政府的合作关系。在“一带一路”建设背景下，中国与东盟的减贫合作既注重当前将东盟国家官员“请进来”的减贫合作方式，也日益强调中国政府扶贫部门等减贫机构在东盟国家的贫困地区开展减贫项目合作形式。政府部门、民间组织等中国国内致力于减贫的组织机构在东盟国家贫困地区与当地部门合作实施直接减贫干预的资金规模和项目数量将日益增加。

二是中国与东盟减贫合作转向减贫经验交流与扶贫项目援助并重。当前，中国与东盟的减贫合作以分享中国减贫发展的成功经验交流和提升东盟相关国家政府官员贫困治理能力为主，较少对东盟国家的贫困地区开展直接的扶贫项目援助。2014年11月，国务院总理李克强在出席东盟与中日韩（10+3）领导人会议时指出，缩小差距、减少贫困、改善民生是亚洲地区国家面临的首要任务。中方提议实施“东亚减贫合作倡议”，并提供1亿元人民币，开展乡村减贫推进计划，建立东亚减贫合作示范点。为落实好“东亚减贫合作倡议”，国务院扶贫办、外交部、商务部、财政部等部门已召开部门协调会议，拟定乡村减贫推进计划工作方案，以及减贫合作示范项目的具体调研工作。可见，随着中国国力不断增强和国内贫困问题的进一步解决，中国将日益注重在东盟国家贫困地区开展基础设施建设、社区发展、扶贫对象能力培训、教育扶贫等领域的减贫开发项目，针对东盟国家缓解和消除贫困的合作项目将日益增多。因而，中国与东盟的减贫合作实践将更为强调减贫经验交流与扶贫合作项目并重。

三是本土民间组织成为中国与东盟减贫合作的重要力量。在中国与东盟十年减贫合作进程中，中国政府部门成为参与中国—东盟减贫合作实践的主要主体，国内民间组织参与很少。这一方面是在减贫合作的前期中国与东盟国家减贫交流以政府间交流合作为主，中国政府对国内民间组织“走出去”实施减贫合作引导和管理服务还有待加强；另一方面原因是尽管中国民间组织发展迅速，但国内民间组织发展起步较晚，扶贫类民间组织资金来源不足，内部治理结构不完善，高素质、专业性的复合型人才缺乏，以及本土国际性民间组织数量少等因素使得国内民间组织较难在中国—东盟减贫合作中发挥作用。近年来，在中国政府日益重视民间组织在减贫领域的地位和作用，出台了多项促进民间组织发展和贫困治理政策，积极构建政府、社会、市场协同推进的“大扶贫”格局。国内民间组织也迎来了加快发展和深化减贫交流的难得机遇。“一带一路”建设背景下，民间组织在减贫和民间外交的作用将进一步凸显。《推动共建丝绸之路经济带和21世纪海上丝绸之路的愿景与行动》明确指出，要“加强沿线国家民间组织的交流，重点面向基层民众广泛开展教育医疗、减贫开发、生物多样性和生态环保等各类公益慈善活动，促进沿线贫困地区生产生活条件改善”。因而，在不断发展壮大的本土民间组织将在“走出去”的大背景下成为中国与东盟减贫合作的参与力量。

（广西大学公共管理学院　覃志敏）

参考文献

[1]《中共中央关于全面深化改革若干重大问题的决定》，北京：人民出版社，2013年。

[2] 国家发展和改革委员会、外交部、商务部：《推动共建丝绸之路经济带和21世纪海上丝绸之路的愿景与行动》，北京：人民出版社，2013年。

[3] 鞠海龙、邵先成：《中国—东盟减贫合作：特点及深化路径》，《国际问题研究》2015年第4期。

[4] 王素霞、蒋茵、刘民权：《东盟国家的贸易自由化对减贫的影响研究》，《经济研究参考》2012年第5期。

[5] 汪三贵：《在发展中战胜贫困——对中国30年大规模减贫经验的总结与评价》，《管理世界》2008年第11期。

[6] 卢锋、李昕、李双双、姜志霄、张杰平、杨业伟：《为什么是中国？——“一带一路”的经济逻辑》，《国际经济评论》2015年第3期。

[7] World Bank. From Poor Areas to Poor People: China's Evolving Poverty Reduction Agenda An assessment of poverty and inequality in China.

中国城市反贫困政策发展概述

一、城市贫困状况

在我国，由于缺乏统一的城市贫困标准，城市贫困人口通常指家庭人均收入低于所在城市最低生活保障标准的城镇居民（以下简称“低保”）。从 20 世纪 90 年代开始，随着国有企业改革的深化以及劳动合同制在企业中的普遍实施，城市下岗和失业人员开始大量出现，为解决他们的生活困难问题，一些城市开始探索和建立以保障最低生活需求为目标的城市低保制度。1999 年，城市低保制度在全国范围内正式建立。城市低保标准一般由地方政府依据市场菜篮子法或恩格尔系数法等绝对贫困标准，并考虑当地财政能力以及其他社会保障制度水平等综合因素确定。符合救助资格的家庭按照其家庭人均收入与当地低保标准之间的差额领取救助金。保障标准的调整根据物价指数变动情况，每年调整一次。2016 年全国城市低保的平均标准为每人每月 451 元。

城市低保实施以来，救助对象人数经历了一个先上升后下降的趋势。1998 年全国城市低保对象仅为 184. 1 万人；2002 年增加到 2064. 7 万人；从 2003 年到 2013 年期间，城市低保对象的数量基本维持在两千万以上；2011 年以后，随着制度运行的不断完善，低保人数开始曾现逐年下降的趋势，2016 年下降至不足 1500 万人①。2017 年第一季度我国城镇低保障人数为 1461. 3 万人。从贫困人口的年龄结构来看，包括老年人 266. 10 万人，占 18. 21%；成年人 944. 41 万人，占 64. 63%；未成年人 248. 83 万人，占 17. 03%；从贫困人口的经济活动参与情况来看，城市低保对象中包括了在职人员 22. 75 万人，占 1. 56%；灵活就业人员 308. 53 万，占 21. 11%；失业人员（包括登记和未登记失业人员）615. 1 万人，占 24. 51%②。

二、反贫困政策

我国的城市反贫困政策主要包括养老保险、失业保险、医疗保险和社会救助等五个主要的社会保护政策。这些政策不仅

① 民政部：《社会服务发展统计公报》（历年）。

② 民政部网站：“2017 年 1 季度全国县以上城市低保情况” http：//www. mca. gov. cn/article/sj/tjjb/db-sj/201705/201705051418. html.

对帮助人们在遇到诸如年老、疾病、失业和陷入贫困等困境时发挥重要的保护作用，同时也是重要的再分配政策。

（一）养老保险

我国现阶段的养老保险制度主要包括城镇职工基本养老保险和城乡居民基本养老保险，这两项制度构成了我国的基本养老保险制度。其中，城镇职工基本养老保险采取的是社会统筹和个人账户相结合的资金筹资和待遇计发方法；参保范围包括所有类型的城镇职工、个体工商户、农民工和灵活就业人员；保险基金由单位和个人缴费组成，基金不足时，由政府财政补贴。符合参保条件的职工由其所在单位缴纳工资总额的 20%，记入社会统筹，个人缴纳其本人缴费工资的 8%，记入个人账户；退休金待遇由基础养老金和个人账户养老金两部分组成。基础养老金为每月当地平均工资的 20%，个人账户养老金为每月个人账户总金额除以平均预期寿命。职工达到法定退休年龄，并且累计缴费年数或通过补缴达到 15 年的，可以按月领取退休金；如果缴费年限不足 15 年，则可转入城乡居民基本养老保险或将个人账户部分一次性支付。

城乡居民养老保险于 2012 年实现全国覆盖。该项制度采取政府补贴和个人账户相结合的资金筹资和待遇计发方法。参保范围包括所有年满 16 周岁（不含在校学生），不属于职工基本养老保险制度覆盖范围的城乡居民。保险基金由个人缴费、集体补助和政府补贴构成。个人缴费分为每年 100—2000 元 12 个档次。中央和地方政府共同支付基础养老金，其中，中央财政对中西部地区的基础养老金标准给予全额补助，对东部地区给予 50%的补助。个人缴费、集体补助和政府补贴等全部记入个人账户。居民年满 60 周岁，累计缴费年数或通过补缴达到 15 年的，可以按月领取养老保险金。养老保险待遇由基础养老金和个人账户养老金构成，支付终身。其中，基础养老金由中央确定最低标准，地方政府可以根据实际情况适当提高标准；个人账户养老金为每月个人账户总金额除以预期寿命。参保人死亡，从次月起停止支付其基础养老金，其个人账户资金余额可以依法继承。

从覆盖率来看，2016 年我国基本养老保险参保人数接近 8.88 亿人，参保率达到了 82%。覆盖全民的基本养老保险制度基本形成。其中，城镇职工基本养老保险参保人数达到了 3.54 亿人，城乡居民基本养老保险参保人数达到 5 亿人，占基本养老保险覆盖人数的近 60%。按照人力资源和社会保障部《人力资源和社会保障事业发展“十三五”规划纲要》，到“十三五”期末（2020 年），基本养老保险参保率将达到 90%，其中，城镇职工基本养老保险参保人数将达到 4.25 亿人，城乡居民基本养老保险参保人数达到 5.2 亿人。表 1 列出了 2012—2016 年基本养老保险参保人数。

表 1：基本养老保险参保人数（万人）（2012—2016 年）

年　份	2012	2013	2014	2015	2016
基本养老保险	78796	81968	84232	85833	88777
城镇职工基本养老保险	30427	32218	34124	35361	37930
城乡居民基本养老保险	48370	49750	50107	50472	50847

数据来源：人力资源和社会保障部《人力资源和社会保障事业发展统计公报》（历年）。

2016 年全国共有 1 亿多离退休人员领取职工基本养老金，1.5 亿人领取居民基本养老金①。基本养老金待遇水平根据物价变化、工资增长以及经济发展水平采取逐年调整的方法。从 2005 年到 2015 年国务院连续 11 年每年将企业退休人员的养老金提高 10 以上%。2012—2016 年企业退休人员月均基本养老金由 1686 元增加到 2362 元，年均增长 8.8%。然而，由于制度运行存在“双轨制”和“碎片化”的问题，不同的养老金领取者之间的待遇水平差别很大。1995 年企业养老保险开始实行“统账结合”的筹资模式，而机关和事业单位仍然延续过去的模式，造成长期以来机关事业单位退休人员的养老金远高于企业退休人员。2015 年企业退休人员养老金平均水平达到 2250 元以上，以平均缴费工资为基数计算，替代率已达到 67.5%。2016 年机关事业单位和企业退休人员基本养老金待遇首次同步调整，涨幅统一为 6.5%，养老保险制度的公平性进一步提高。

城乡居民基本养老保险待遇也不断提高。2014 年 7 月国务院首次统一提高全国城乡居民基本养老保险基础养老金最低标准，从每人每月 55 元提高到 70 元；27 个省级人民政府和新疆生产建设兵团在此基础上提高了本地基础养老金标准。2016 年城乡居民月人均养老金达到 117 元，其中月人均基础养老金达到 105 元②。，然而，虽然居民养老保险实现了从无到有和 5 年翻一番的目标，目前的待遇水平远远不足与维持基本生活，仍然需要进一步大幅提高。

（二）失业保险

我国失业保险的主覆盖对象包括所有用人单位及其职工；失业保险金由单位和职工共同缴费构成。从 2016 年 5 月 1 日起，人力资源社会保障要求失业保险总费率从原来的 3%逐步降至 1%—1.5%，其中个人费率由原来的 1%降至 0.5%以下。失业保险的待遇包括失业保险金、一次性丧葬补助金和抚恤金、基本医疗保险缴费、职业培训和职业介绍补贴等；领取失业保险金应满足 3 个条件：失业前用人单位和本人已经缴纳失业保险费满 1 年；非因本人意

---

① 人力资源和社会保障部《2016 年度人力资源和社会保障事业发展统计公报》。

② 人力资源社会保障部：《我国社会保险事业改革发展成就举世瞩目》 http://politics.people.com.cn/n1/2017/0525/c1001—29300455.html.

愿中断就业；已经进行失业登记，并有求职要求。失业保险金的标准由省、自治区、直辖市人民政府确定，应低于当地最低工资标准、高于城市居民最低生活保障标准。领取失业保险金的期限依据失业人员失业前的累计缴费时间确定。

失业者重新就业后，再次失业的，缴费时间重新计算，领取失业保险金的期限与前次失业应当领取而尚未领取的失业保险金的期限合并计算，最长不超过 24 个月。职工跨统筹地区就业的，其失业保险关系随本人转移，缴费年限累计计算。城镇企业事业单位招用的农民合同制工人本人不缴纳失业保险费。单位招用的农民合同制工人连续工作满 1 年，本单位已缴纳失业保险费，劳动合同期满未续订或者提前解除劳动合同的，由社会保险经办机构根据其工作时间长短，对其支付一次性生活补助。补助的办法和标准由省、自治区、直辖市人民政府规定。表 2 是 199 年至 2016 年期间部分年限失业保险金参保和领取失业保险金人数。

表 2：失业保险金参保和领取失业保险金人数

年份	城镇失业人数（人）/登记失业率	参保人数（人）	领取失业保险金人数（万人）
1999	/（3.1%）	9852	/
2005	839（4.2%）	10648	362
2010	908（4.1%）	13376	209
2015	966（4.05%）	17326	227
2016	982（4.02%）	18089	230

数据来源：人力资源和社会保障事业发展统计公报（历年）。

近年来，失业保险制度被赋予了稳定就业的新功能。2014 年 11 月人力资源社会保障部会同有关部门印发了《关于失业保险支持企业稳定岗位有关问题的通知》，对在兼并重组、化解产能过剩、淘汰落后产能中采取措施稳定职工队伍的企业，由失业保险基金给予稳岗补贴。2015 年 4 月国务院印发《国务院关于进一步做好新形势下就业创业工作的意见》，将失业保险支持企业稳岗补贴政策实施范围扩大到所有符合条件的企业。2015—2016 年全国向近 54 万户企业发放稳岗补贴 364 亿元，惠及职工 6561 万人①。

（三）医疗保险

我国现阶段的城镇医疗保险制度包括城镇职工医疗保险和城镇居民医疗保险。其中，城镇职工医疗保险制度适用所有用人单位及其职工，包括企业和机关事业单位。职工基本医疗保险基金由用人单位和职工共同缴纳。用人单位缴纳在职工资总额的 6%，职工个人缴纳本人工资的 2%。医疗保险基金由统筹基金和个人账户构成，

① 人力资源和社会保障部：《我国社会保险事业改革发展成就举世瞩目》http://politics.people.com.cn/n1/2017/0525/c1001—29300455.html.

职工个人缴纳的基本医疗保险费，全部计入个人账户，用人单位缴纳的基本医疗保险费一部分用于建立统筹基金，一部分划入个人账户。划入个人账户的比例一般为用人单位缴费的30%左右，具体比例由统筹地区根据个人账户的支付范围和职工年龄等因素确定。

在待遇支付方面，参保职工和退休人员在起付线和封顶线（最高支付限额）之间从统筹基金中报销一定比例的医疗费用，剩余部分可以从个人账户中支付或由个人自付。具体起付标准、最高支付限额以及在起付标准以上和最高支付限额以下医疗费用的个人负担比例，由统筹地区根据以收定支、收支平衡的原则确定。起付线以下的医疗费用，从个人账户中支付或由个人自付；起付线以上、最高支付限额以下的医疗费用，主要从统筹基金中支付，个人也要负担一定比例。2016年职工医疗保险基金的最高支付限额为当地职工年平均工资收入的6倍，政策范围内住院费用基金支付比例达到80%左右。

城镇居民医疗保险制度的覆盖范围包括除职工基本医疗保险应参保人员以外的其他所有城乡居民。居民医疗保险基金由政府补助和居民个人缴费组成，鼓励集体、单位或其他社会经济组织给予扶持或资助。政府补助和个人缴费标准由中央政府每年确定最低标准，各统筹地区按照基金收支平衡的原则，确定当地的具体标准。2016年居民个人缴费人均不低于150元；2012—2016年各级财政对城镇居民基本医疗保险的补助水平从每人每年240元提高到420元。其中，中央财政对120元基数部分对中西部地区按人均60元给予补助，对东部地区的补助标准相应提高；对增加的300元按照对西部地区80%、中部地区60%的比例补助，对东部地区各省份分别按一定比例补助。

从覆盖率来看，截至2016年底，我国城镇基本医疗保险参保人数74392万人，加上新农合的覆盖人数，参保率达到了95%以上，基本建成了覆盖全民的基本医疗保险制度。表3列出了2011—2016年期间城镇医疗保险参保人数。

表3：医疗保险参保人数（2011—2016年）

年　份	2011	2012	2013	2014	2015	2016
城镇职工基本医疗保险	25227	26486	27443	28296	28893	29532
城镇居民基本医疗保险	22116	27156	29629	31451	37689	44860

在待遇水平方面，医疗保险住院费用报销比例逐年上升。从2010年至2016年，城镇职工医疗保险住院报销比例从70%增加到80%以上，城镇居民基本医疗保险住院报销比例从60%上升到70%以上。随着覆盖面的不断扩大和报销水平的提高，医疗保险制度对缓解长期以来困扰中国社会的因病致贫和因病返贫现象发挥了重要的

作用。

（四）社会救助

从20世纪90年代中期开始，社会救助制度开始成为我国社会保障制度的重要组成部分。随着城市低保于1999年在全国建立，各地在低保制度的基础上，逐步建立起了医疗、教育和住房等专项救助制度，以解决贫困人群的多重困境。2014年国务院颁布了《社会救助暂行办法》，以行政法规的形式确立了以低保制度为基础，以医疗、住房、教育和法律等专项救助为配套，以灾害救助和临时救助为补充的多层次社会救助体系。

1. 最低生活保障制度（低保）

低保是我国社会救助体系中最重要的制度。该项制度为家庭人均收入和资产低于当地规定标准的家庭提供旨在满足最低生活水平的现金救助。制度实施以来，保障标准和补助水平经历了一个稳定提高的过程。从2006年到2016年，城镇低保平均保障标准从不足170元增加到2016年的451元以上，平均补助水平也增加到了316元以上。表4列出了2011—2016年期间全国城市低保人数、平均保障标准和补助水平。

表4：城市低保人数、平均保障标准和平均补助水平（2012—2016年）

年　份	2012	2013	2014	2015	2016
保障人数（万人）	2144	2064	1877	1701	1480
平均保障标准（元/人·月）	288	330	373	411	451
平均补助水平（元/人·月）	240	239	264	286	316

数据来源：民政部“社会服务发展统计公报”（历年）。

由于低保制度的资金由中央和地方政府共同承担，各地的保障标准因受地方经济发展水平的影响而差异较大。2016年第4季度，全国城市低保平均标准为每月495元，高于这一标准的省、自治区和直辖市有15个，低于这一标准的省份有16个。其中，上海市的城市低保平均标准最高，为每月880元；新疆维吾尔自治区低保平均标准最低，为每月384元。表5列出了内地31个省（区、市）的城市低保平均保障标准。

表5：2016年第4季度各省份城市低保平均标准（单位：元/月）

地　区	城市低保平均标准	地区	城市低保平均标准
全国	495	湖北省	488
上海市	880	江西省	481
北京市	800	陕西省	479
天津市	780	海南省	467
西藏自治区	694	重庆市	460
浙江省	674	广西壮族自治区	458

续表

地　区	城市低保平均标准	地区	城市低保平均标准
江苏省	611	吉林省	447
广东省	576	云南省	442
内蒙古自治区	540	山西省	441
黑龙江省	536	湖南省	431
辽宁省	523	河南省	425
福建省	515	四川省	420
贵州省	507	宁夏回族自治区	416
河北省	501	甘肃省	411
安徽省	497	青海省	401
山东省	495	新疆维吾尔自治区	384

数据来源：民政部网站。

2016 年 6 月，民政部、国家发展和改革委员会印发了《民政事业发展第十三个五年规划》，其中对低保制度的发展做出了新的规定和展望。具体包括：完善最低生活保障制度，推进城乡低保统筹发展，确保动态管理下的应保尽保；完善低保对象认定办法，健全低保家庭贫困状况评估指标体系，优化低保审核审批程序，精准认定低保对象；建立低保标准动态调整机制，实行低保标准与物价上涨挂钩联动，按经济社会发展水平逐步提高城乡最低生活保障标准，逐步缩小城乡低保标准差距，确保 2020 年前所有地方农村低保标准不低于国家扶贫标准；对生活困难、靠家庭供养且无法单独立户的成年无业重度残疾人，可按照单人户纳入低保范围。对获得最低生活保障后生活仍有困难的老年人、未成年人、重度残疾人和重病患者，采取必要措施保障其基本生活；探索开展低收入家庭认定工作，研究支出型贫困家庭救助支持政策；加强低保与就业救助、扶贫开发等政策的衔接，鼓励有劳动能力和劳动条件的低保对象依靠自身努力脱贫增收。

2. 医疗救助

我国城市医疗救助制度从 2005 年开始试点，到 2008 年在全国正式建立。按照 2014 年国务院颁布的《社会救助暂行办法》，医疗救助的对象包括最低生活保障家庭成员、特困供养人员以及县级以上人民政府规定的其他特殊困难人员。医疗救助采取两种方式为困难家庭提供帮助。一是对救助对象参加城镇居民基本医疗保险或者新型农村合作医疗的个人缴费部分，给予补贴；二是对救助对象经基本医疗保险、大病保险和其他补充医疗保险支付后，对个人及其家庭的自费部分给予补助，也称“直接救助”。救助内容包括门诊和住院治疗。城市医疗救助基金通过财政预算拨款、专项彩票公益金以及社会捐助等渠道筹集，地方财政每年安排城市医疗救助资金并列入同级财政预算，中央和省级财政对困难地区给予适当补助。

医疗救助制度的实施对增加贫困人口的医疗服务可及性做出了重要的贡献。表 6 是近 5 年城市医疗救助的实施情况。

表 6：城市医疗救助实施情况（2011—2015 年）

年　份	2011	2012	2013	2014	2015
资助参加基本医疗保险					
资助人数（万人）	1549.8	1387.1	1490.1	6723.7	6634.7
支出资金（亿元）	—	—	14.4	48.4	61.7
人均补助水平（元）	67.9	84	96.7	72	93
直接医疗救助					
人次（万人）	672.2	689.9	2126.4	2395.3	2889.1
住院救助人次（万人）	—	—	—	1106.6	1307.9
门诊救助人次（万人）	—	—	—	1288.7	1581.2
人均救助水平（元）	793.2	858.6	—	—	—
住院（人次均/元）	—	—	—	1628	—
门诊（人次均/元）	—	—	—	186	—
支出资金					
支出资金总额（亿元）	67.6	70.9	180.5	252.6	236.8
住院救助（亿元）	—	—	—	180.2	208.7
门诊救助（亿元）	—	—	—	24.0	28.0

注：2012 年之前的城市和农村医疗救助是分开统计的；2013 年城市和农村医疗救助数据部分合并（直接医疗救助人次）；2013 年的支出总金额只包括直接医疗救助金；2014 年以后城市和农村医疗救助合并统计。

数据来源：民政部《社会服务发展统计公报》（历年）。

3. 教育救助

教育救助的目的是解决教育不平等，帮助贫困家庭的子女能够接受恰当的教育服务。2004 年民政部和教育部发布《关于进一步做好城乡特殊困难未成年人教育救助工作的通知》，提出对城乡特殊困难未成年人实施教育救助。城市教育救助的对象包括：属于“三无”对象（即无劳动能力、无生活来源、无法定扶养义务人或虽有法定扶养义务人但扶养义务人无扶养能力）的未成年人；低保家庭中的未成年子女。《通知》要求各级政府在 2007 年之前实现两个目标：一是对城市“三无”对象的未成年人，实现普通中小学免费教育；二是对低保家庭的子女在义务教育阶段基本实现“两免一补”（免杂费、免书本费、补助寄宿生活费），高中教育阶段要提供必要的学习和生活补助。

经过十多年的发展和完善，教育救助制度正在向救助方式多元化、救助对象范围不断扩大和救助水平逐年增长的方向发展。按照2014年国务院颁布的《社会救助暂行办法》的规定，教育救助的对象覆盖了低保家庭和特困供养人员中接受学前教育、义务教育、高中教育、中职教育、本专科教育以及研究生教育的人员。教育救助方式根据不同教育阶段需求，采取减免相关费用、发放助学金、给予生活补助、安排勤工助学等方式实施，保障教育救助对象基本学习、生活需求。

近年来，教育救助受到了中央政府的高度重视。国务院总理李克强在2016年6月1日主持召开的国务院常务会议上指出，要为家庭困难的残疾儿童提供包括高中阶段在内的12年免费教育，确保困境儿童不失学；2016年12月，教育部、国家发展和改革委员会、民政部、财政部、人力资源和社会保障部以及国务院扶贫办等六部门印发的《教育脱贫攻坚"十三五"规划》中提出，到2020年要实现对贫困人口教育基本公共服务全覆盖，保障各教育阶段从入学到毕业的全程全部资助，保障贫困家庭孩子都可以上学，不让一个学生因家庭困难而失学的目标；国务院印发《国家教育事业发展"十三五"规划》，提出在十三五期间实现家庭经济困难学生资助全覆盖，确保应助尽助，并根据经济发展水平和财力状况，适时调整资助标准，不断完善国家助学金制度和助学贷款政策。同年，财政部、教育部、中国人民银行和银监会等四部门联合印发了《关于进一步落实高等教育学生资助政策的通知》，强调要进一步加大对家庭经济困难学生的资助力度，提高资助精准度。

据教育部《2016年中国学生资助发展报告》显示①，2016年全国累计资助学前教育、义务教育、中职学校、普通高中和普通高校学生（幼儿）9126.14万人次，累计资助金额达1688.76亿元（不包括义务教育免费教科书和营养膳食补助）。其中，全国共有1563.83万接受义务教育的家庭经济困难寄宿生享受生活费补助政策；143.77万家庭经济困难的普通高中学生免学杂费政策。此外，政府、高校及社会设立的各类政策措施共资助全国普通高等学校学生4281.82万人次。

4. 住房救助

住房救助从2004年开始实施。2003年建设部、财政部、民政部、国土资源部和国家税务总局联合下发的《城镇最低收入家庭廉租房管理办法》规定，住房困难的低收入家庭可以申请廉租房救助，救助方式包括住房补贴、实物配租和租金核减等。2013年底住房和城乡建设部、财政部和国家发展和改革委员会发布了《关于公共租赁住房和廉租住房并轨运行的通知》，从2014年开始，将廉租房与公共租赁住房（简称"公租房"）并轨运行，并轨后统称

① 教育部：《2016年中国学生资助发展报告》http://www.edu.cn/zhong_guo_jiao_yu/jiao_yu_bu/xin_wen_dong_tai/201702/t20170228_1493263.shtml.

为公租房。《通知》要求，并轨后优先满足住房最困难群体的基本需求，要保证住房最困难的群体优先及时获得住房保障，体现住房保障的公平公正。

2014 年国务院颁布的《社会救助暂行办法》，将住房救助的对象范围限定为住房困难的最低生活保障家庭和分散供养的特困人员，具体救助方式包括配租公租房、发放住房租赁补贴和农村危房改造等方式；同年，住房和城乡建设部、民政部和财政部印发了《关于做好住房救助有关工作的通知》，要求对城镇住房救助对象采取优先配租公租房或发放低收入住房困难家庭租赁补贴，其中对配租公租房的，应给予租金减免；同时，要根据当地经济社会发展水平和住房价格水平等因素，合理制定、及时公布调整住房救助对象的住房困难标准和救助标准，并按年度实行动态调整，以确保救助对象住房条件能随着经济和社会发展水平的进步而相应地提高。

住房救助制度对保障特殊困难群众满足其基本住房需求发挥了重要的作用。到 2014 年 9 月底，通过廉租住房、公共租赁住房、棚户区改造安置住房等实物方式及发放廉租住房租赁补贴的方式，全国累计解决了 4000 多万户城镇家庭的住房困难，其中包括了约 450 万户城镇低保家庭①。截至 2016 年底，全国有 1126 万户家庭住进了公租房，城镇低保、低收入家庭基本实现了应保尽保②。

5. 就业救助

就业救助是我国传统社会救助方式之一。从中华人民共和国成立之初的“以工代赈”到 20 世纪 90 年代针对下岗职工的再就业服务，帮助有劳动能力的经济困难人员实现就业或再就业，一直是我国社会救助制度中重要的组成部分。2005 年国务院印发《关于进一步加强就业再就业工作的通知》，决定向有劳动能力和劳动意愿的国企下岗失业人员和登记失业一年以上的城市低保对象实施《再就业优惠证》制度，具体优惠措施包括：为持有《再就业优惠证》的自谋职业和自主创业人员提供税费减免、信贷优惠和营业场所的便利；为吸收持有《再就业优惠证》的企业提供税费减免、社保补贴和信贷优惠；为持有《再就业优惠证》的灵活就业人员提供一定期限的社保补贴。

近年来，通过就业救助帮助困难群众脱贫受到中共中央、国务院的高度重视，出台了多种形式的支持性和激励性措施，鼓励有劳动能力的贫困对象积极参与劳动力市场。2014 年国务院颁布的《社会救助暂行办法》，进一步明确了就业救助的对象为最低生活保障家庭中有劳动能力并处于失业状态的成员；救助方法包括贷款贴息、

① 《人民日报》：《我国完善住房救助制度》http：//money. 163. com/14/1118/07/ABAN4PNL00254TI5. html.

② 住房和城乡建设部：《2017 年全国将新分配公租房 200 万套》http：//www. mohurd. gov. cn/jsbfld/201704/t20170418_ 231535. html.

社会保险补贴、岗位补贴、培训补贴、费用减免、公益性岗位安置等；吸纳就业救助对象的用人单位，给予社会保险补贴、税收优惠、小额担保贷款等就业扶持政策；低保家庭的成员均处于失业状态的，要确保至少有一人就业。2016年12月，人力资源和社会保障部、财政部和国务院扶贫办印发《关于切实做好就业扶贫工作的指导意见》，要求各地采取多种措施促进贫困劳动力实现就业增收，通过劳务协作、技能培训，促进就地就近就业、稳定就业，带动1000万贫困人口脱贫①；《国务院关于印发“十三五”促进就业规划的通知》中指出，要强化困难群体就业援助，鼓励企业吸纳困难人员就业；对就业困难人员和零就业家庭成员开展动态管理和分类帮扶，提供一对一就业援助，确保零就业家庭动态清零；通过公益性岗位托底帮扶一批确实难以通过市场就业的大龄就业困难人员、零就业家庭人员，实现最低生活保障家庭中有劳动能力的成员至少有一人就业；加强社会救助与就业联动，对实现就业的低保对象，在核算其家庭收入时，扣减必要的就业成本，并通过“低保渐退”等措施，增强其就业意愿和就业稳定性。

2016年，全年城镇新增就业人数1314万人，城镇失业人员再就业人数554万人，就业困难人员就业人数169万人。全年全国共帮助5万户零就业家庭实现每户至少一人就业②。

6. 特困人员供养

特困人员供养制度起源于我国20世纪50年代中期建立的农村“五保供养制度”和城市的“三无”人员救助制度，救助对象均是无劳动能力、无家庭成员和无收入的“三无”人员。1999年城市低保实施以后，城市“三无”人员被纳入了低保制度中，而农村“五保户供养制度”仍然独立运行。

2014年国务院颁布的《社会救助暂行办法》中将城乡“三无”人员保障制度统一为特困人员供养制度。《办法》规定，城乡无劳动能力、无生活来源、无法定赡养抚养扶养义务人或者其法定义务人无履行义务能力的60周岁以上的老年人、残疾人以及未满16周岁的未成年人，均可向本人户籍所在地的乡镇人民政府、街道办事处申请特困人员供养；供养内容包括基本生活、生活照料服务和医疗和丧葬；特困人员的救助供养标准包括基本生活标准和照料护理标准。基本生活标准应当满足特困人员基本生活所需，照料护理标准应当根据特困人员生活自理能力和服务需求分类制定，体现差异性；特困人员供养形式分为分散供养和在当地的供养服务机构集中

① 人力资源和社会保障部：《2016中国就业十件大事》http://www.mohrss.gov.cn/SYrlzyhshbzb/dongtaixinwen/buneiyaowen/201701/t20170126_265585.html.

② 人力资源和社会保障部：《2016年度人力资源和社会保障事业发展统计公报》http://news.cyol.com/content/2016—02/23/content_12211473.htm.

供养，特困人员可以自行选择供养形式。具备生活自理能力的，鼓励其在家分散供养；完全或者部分丧失生活自理能力的，优先为其提供集中供养服务。

2016 年 2 月，国务院出台了《关于进一步健全特困人员救助供养制度的意见》，指出特困人员供养制度要坚持托底供养、属地管理、城乡统筹、适度保障和社会参与的基本原则，并对供养内容做了进一步的明确：提供基本生活条件。包括供给粮油、副食品、生活用燃料、服装、被褥等日常生活用品和零用钱。可以通过实物或者现金的方式予以保障；对生活不能自理的给予照料。包括日常生活、住院期间的必要照料等基本服务：提供疾病治疗。全额资助参加城乡居民基本医疗保险的个人缴费部分。医疗费用按照基本医疗保险、大病保险和医疗救助等医疗保障制度规定支付后仍有不足的，由救助供养经费予以支持；办理丧葬事宜。特困人员死亡后的丧葬事宜，集中供养的由供养服务机构办理，分散供养的由乡镇人民政府（街道办事处）委托村（居）民委员会或者其亲属办理。丧葬费用从救助供养经费中支出；提供住房和教育救助。对符合规定标准的住房困难的分散供养特困人员，通过配租公共租赁住房、发放住房租赁补贴、农村危房改造等方式给予住房救助。对在义务教育阶段就学的特困人员，给予教育救助；对在高中教育（含中等职业教育）、普通高等教育阶段就学的特困人员，根据实际情况给予适当教育救助。

城市“三无”人员的数量整体曾下降趋势。2003 年全国城市低保对象中有近 100 万城市“三无”人员，到 2014 年全国共有 7.6 万城市“三无”人员接受救济①。

7. 临时救助

临时救助是我国民政事业的一项传统业务，主要是指对在日常生活中由于各种特殊原因造成基本生活出现暂时困难的家庭，给予非定期、非定量生活救助的制度。低保制度实施以后，临时救助主要面向未能纳入低保和专项救助范围、生活出现暂时困难的群众，以及纳入低保和专项救助范围但生活仍然暂时面临较大困难的群众。2007 年 6 月民政部发布了《关于进一步建立健全临时救助制度的通知》，对临时救助的对象范围、救助金额以及运行程序提出了指导性意见，并要求各地加大临时救助资金的投入和管理力度。

2014 年国务院颁布的《社会救助暂行办法》，以行政法规的形式对临时救助的对象范围和申请审批程序进行了规范。《办法》规定，临时救助的对象包括两类人群：因火灾、交通事故等意外事件，家庭成员突发重大疾病等原因，导致基本生活暂时出现严重困难的家庭，或者因生活必需支出突然增加超出家庭承受能力，导致基本生活暂时出现严重困难的最低生活保障家庭，以及遭

① 民政部：《2002 社会服务发展统计公报》、《2014 社会服务发展统计公报》。

遇其他特殊困难的家庭，给予临时救助；生活无着的流浪乞讨人员，为其提供临时食宿、急病救治、协助返回等救助。

2015 年 3 月民政部和财政部出台了《关于在全国开展“救急难”综合试点工作的通知》，要求各地按照国务院部署，进一步明确临时救助在“救急难”工作中的功能和作用，不断完善临时救助政策措施。《通知》还提出要创新服务方式，充分发挥社会工作服务机构和社会工作者在“救急难”方面的优势，积极将专业社会工作引入社会救助服务。积极探索政府购买服务开展“救急难”工作的方法，明确政府购买服务的承接主体、购买内容和具体程序，支持、引导社会组织特别是慈善组织和社工机构积极参与“救急难”工作。

据民政部数据显示，2015 年全国临时救助 655.4 万户次，其中，按属地分类救助本地户籍家庭 633.5 万户次，非本地户籍家庭 21.9 万户次[①]。

（五）需要进一步加强的方面

随着我国社会保障制度覆盖面的不断扩大和待遇水平的稳步提高，我国城乡居民的生活水平和质量都有了明显的提高，贫困人群的基本生活得到了有效的保障。然而，无论是在发达国家还是发展中国家，反贫困都是需要政府长期致力的一项任务。就我国的城市反贫困政策来说，未来需要在以下两个方面进一步完善。

1. 扩大农民工的社会保险覆盖面

2012—2016 年我国外出农民工总数从 16336 万人增加到近 17000 万人[②]，但农民工参加社会保险的人数并没有显著的上升。其中，城镇职工基本养老保险的覆盖率为 36%，城镇职工基本医疗保险的覆盖率不到 30%，失业保险覆盖率为 27.5%，工伤保险覆盖率最高，为 44%。表 7 列出了 2012—2016 年期间外出农民工数量和参加城镇社会保险的农民工人数。

表 7：参加城镇基本保险的农民工人数（2012—2016 年）（单位：万人）

年　份	2012	2013	2014	2015	2016
外出农民工人数	16336	16610	16821	16884	16934
参加城镇职工基本养老保险人数	4543	4895	5472	5585	5940
参加城镇职工基本医疗保险人数	4996	5018	5229	5166	4825
参加失业保险人数	2702	3740	4071	4219	4659
参加工伤保险人数	7179	7263	7362	7489	7510

数据来源．人力资源和社会保障部《人力资源和社会保障事业发展统计公报》（历年）。

农民工的就业和收入最易受市场波动的影响，因而也是贫困风险最高的群体。然而，由于受收入和一些制度性因素的影响，农民工的参保意愿和能力普遍较低。

① 民政部：《2015 社会服务发展统计公报》。

② 人力资源和社会保障部：《人力资源和社会保障事业发展统计公报》（历年）。

因此，政府一方面需要继续加强对劳动力市场的规范和监管，保证农民工的权利和义务，另一方面则要制定更具激励性的政策，支持和鼓励农民工参加社会保险，扩大农民工的社会保险覆盖率。

2. 增强社会救助制度的反贫困能力

作为我国最重要的托底性社会政策，社会救助对提高贫困人群的收入和保障其基本生活发挥了重要的作用。然而，维持基本生活只是社会救助的基本作用。随着经济全球化以及经济转型带来的劳动力市场两极分化趋势，社会救助要在提升人力资本、促进经济参与和鼓励向上流动方面发挥重要的作用。具体来说，要针对不同类型的救助对象，例如，针对未成年人、老年人和有劳动能力的人群，制定不同的救助目标和救助策略。其中，儿童贫困问题应该受到特别重视。我国目前城市低保对象中未成年人占到了 17% 以上。对于贫困儿童，仅有保证基本生活的现金救助是不够的，必须增加针对儿童及其家庭的社会服务，保证儿童在健康、教育、社会交往和情感等方面获得正常的发展，这对于实现长期的反贫困目标是非常重要的。

（北京师范大学社会发展与
公共政策研究院　徐月宾）

2016年扶贫脱贫理论研究成果综述

2016年是“十三五”开局之年，我国扶贫开发工作也进入了“啃硬骨头、攻坚拔寨”冲刺期。按照《中共中央 国务院关于打赢脱贫攻坚战的决定》要求制定的《“十三五”脱贫攻坚规划》和一系列政策出台，实现2020年“农村贫困人口脱贫，贫困县全部摘帽，基本解决区域性整体贫困问题”的顶层设计也已基本完成。可以说，2016年是我国扶贫脱贫至关重要的年份。2016年度研究也呈井喷之势，取得了丰硕成果。据不完全统计，2016年扶贫脱贫研究发表学术论文有5295篇，博士和硕士论文中与减贫有关的有299篇，扶贫脱贫研究专著100多部，显示出学术界对扶贫脱贫关注度的极大提升。总体来看，2016年我国扶贫脱贫研究呈现以下特点：第一，扶贫脱贫理论研究逐步深入，习近平扶贫战略思想研究为构建中国特色社会主义的扶贫理论体系奠定了新基础；第二，扶贫脱贫实践经验探索研究进一步深化，国家和社会各界的减贫研究机构不断壮大并成为国家智库建设重要组成部分；第三，扶贫脱贫创新理念和探索进一步拓展，为减贫提供了新动力。

一、习近平扶贫战略思想及扶贫治理体系和治理能力建设研究

中共中央总书记习近平关于扶贫脱贫的系列讲话是在科学认识扶贫实践经验的基础上，逐渐形成的丰富而深刻的扶贫战略新思想。对此，学者进行了理论总结和分析。主要包括的习近平扶贫战略思想的定位。对此，汪洋指出，要深入学习领会总书记关于扶贫开发是社会主义本质要求、事关巩固党的执政基础的重要阐述，进一步增强打赢脱贫攻坚战的使命感和责任感；学习领会总书记关于扶贫开发长期性、艰巨性、复杂性的重大判断，切实做到“扎扎实实，坚持不懈，久久为功”；学习领会总书记关于坚持精准扶贫、注重实效的重要理念，进一步提高脱贫攻坚的精准度和有效性；学习领会总书记关于坚持激发内生动力，调动贫困地区和贫困人口积极性的明确要求，进一步发扬自强自立精神；学习领会总书记关于扶贫开发要坚持发挥政治优势和制度优势的重要指示，进一步加强党对打赢脱贫攻坚战的组织领导。刘永富指出，习近平总书记关于扶贫开发的战略思想内涵极其丰富、内容博大精深，

深刻揭示了扶贫开发工作的基本特征和科学规律、精辟阐述了扶贫开发工作的发展方向和实现途径、充分体现了马克思主义世界观和方法论，是中国特色社会主义理论体系的新发展，是做好“十三五”期间及今后一个时期扶贫开发工作的科学指南和基本遵循。黄承伟认为，习近平扶贫思想是一个体系，内涵极其丰富，是做好当前及今后一个时期扶贫开发工作的科学指南和根本遵循。他认为，从毛泽东到习近平，党和国家最高领导人立足中国国情与贫困实际，在马克思主义贫困理论及共同富裕思想基础上，逐步形成并不断发展丰富了中国扶贫思想体系，为扶贫开发战略政策制定、实践提供了指导思想和行动指南，为扶贫开发理论的完善提供了思想来源和理论支撑，推动了马克思主义贫困理论中国化的进程，为全球减贫知识发展做出了重要贡献。马建堂提出，要认真学习贯彻习近平总书记重要讲话精神，多措多举，在扶贫工作各个环节深入贯彻落实五大发展理念，加强贫困地区基础设施建设，推进贫困地区特色产业发展，加大贫困地区生态保护和建设力度，深化贫困地区结构性改革，促进贫困地区经济又好又快发展。

在扶贫治理研究方面，研究成果表明，治理体系和治理能力现代化是全面深化改革总体目标之一，扶贫脱贫治理体系和治理能力提升是国家全面深化改革的重要内容之一。而要建立新时期扶贫脱贫治理体系和治理能力提升的关键就是新时期中国扶贫脱贫战略思想的形成和发展。如杨宜勇、吴香雪认为，当前为全面建成小康社会，需运用五大发展理念不断创新扶贫治理机制，牢牢抓住精准扶贫治理模式，协调多种扶贫关系，形成反贫困合力，切实践行绿色减贫理念，走绿色发展之路；并提出，未来为解决相对贫困问题，救助式扶贫与服务性扶贫相结合是较好的贫困治理方式。李小云等认为，新时期中国贫困地区的贫困已由绝对意义上的温饱性贫困演化为以相对的资产和福利剥夺为主要特点的贫困，贫困治理面临的社会、经济及生态条件以及基层治理环境也发生了较大的变化，需要对贫困进行包括社会保障兜底、资产补助性转移与增值、自然资产价值化、收入多元化以及扶贫方式改善等综合治理。王晓毅指出，面对农村新的发展格局，扶贫与发展的任务要求驻村扶贫工作队能够更好地融入当地社会，但现实的问题是大多数工作队还是游离于乡村社会之外，如何使驻村帮扶更好地融入乡村社会、发挥扶贫的作用是决策者需要特别关注的事情。冯朝睿结合滇西边境山区扶贫治理现状，提出了构建以地方政府为扶贫开发主体，非营利组织、国际和本土扶贫NGO、社会组织、个人及政府内部各部门间共同协作的多中心协同反贫困治理体系及实施的对策与建议等。

二、贫困标准和内涵界定的理论研究

2016年，相关学者针对贫困的基本问

题如概念、标准、特征、根源和反贫困的理论与实践进行了探讨，以求较全面、准确地勾画出贫困现象、把握住贫困的本质，为我国制定反贫困战略提供了理论参考。鲜祖德等认为现行国家农村贫困标准符合我国国情和当前发展阶段，是与“两不愁、三保障”相结合的基础上达到稳定温饱要求的标准。同时提出，在扶贫实践中，经常会涉及国家标准与地方标准、单一标准与多维标准、贫困监测抽样调查数据与建档立卡数据之间的关系，需要有清晰的认识，并加以妥善处理。王小林建议我国依据基本需要和基本能力理论制定多维贫困标准，认识和评价一切形式的贫困，并进一步完善覆盖贫困人口的经济安全、公共服务和社会保护制度，增强穷人对经济、社会、环境和灾害风险打击的韧性，在可持续发展中消除贫困。

黄可人认为，我国经济快速增长显著改善了农村地区的收入贫困局面，然而权利贫困、能力贫困以及生态贫困等维度的贫困未能得到足够的重视，因此需要在倡导机会公平、共享增长成果的包容性增长理念指导下，推动农村居民收入、健康、教育、生活环境等共同发展，全面缓解农村贫困程度。孙咏梅以多维贫困视角对农民工的福利贫困进行分析发现，对于中度的福利贫困而言，我国新农合和新农保的福利保障程度仍然较低，而在重度贫困下，社会保险和看病问题成为农民工福利贫困的主要影响因素，因此在实践中我国应当以消除福利贫困为重点，积极推进精准扶贫。高帅、毕洁颖认为，打破“持续多维贫困”恶性循环应从“小处”着手，以“输血”为主；防范农村人口陷入多维贫困则应从“大局”着眼，把发展和消除不平等作为解决多维贫困的根本途径，引导“脱贫”和防范“返贫”。杨宜勇、张强认为，总体上我国社会保障制度支出、教育具有明显的减贫效应，城镇化水平对贫困的削减作用是最为显著的，而收入水平的提高对贫困的削减作用并不明显，家庭人口数量的增加、失业率的上升则会显著加剧贫困。

在专著研究成果方面，2016 年，学者针对贫困的基本问题，如概念、标准、特征、根源和反贫困的理论与实践进行了探讨，以求较全面、准确地勾画出贫困现象、把握住贫困的本质，为我国制定反贫困战略提供了理论参考。王小林著的《贫困测量：理论与方法（第二版）》对贫困人口的精准识别和评价进行了深入研究，为打赢脱贫攻坚战提供了基础，在第一版的基础上增补了“中国收入贫困与多维贫困关系”“流动妇女多维贫困分析”“中国儿童多维贫困 AF 方法分析”三章理论指导性更强、更具现实意义的内容。高帅著的《贫困识别、演进与精准扶贫研究》立足于贫困地区农村人口生产生活实际，应用经济学的理论和方法，从宏、微观的不同视角分析了贫困地区贫困人口实际，探讨了粮食生产能力与贫困、粮食消费与贫困、基于营养摄入安全的贫困和基于能力剥夺和主观福利感受的多维贫困，进而对贫困地区贫困人口贫困状况进行综合评价。

三、以精准扶贫为核心的扶贫脱贫机制研究取得新进展

在扶贫脱贫机制研究上，刘永富对“十三五”时期脱贫攻坚的形势进行了全面分析，指出要坚持实施精准扶贫、精准脱贫；扩大贫困地区基础设施覆盖面；提高贫困地区基础教育质量和医疗服务水平；实行脱贫工作责任制这四条路径完成“十三五”脱贫攻坚任务。辜胜阻等认为，我国扶贫开发过程中存在着财政投入不足且碎片化、产业及金融扶贫等造血式扶贫有效性不高、科教扶贫水平较低、贫困人口识别与扶贫退出机制不完善、扶贫社会参与度不高等问题，应进一步加大专项扶贫投入并整合资金，促进低保与扶贫相结合；要利用产业扶贫与金融扶贫，提升贫困地区的内生发展能力；要推进教育扶贫与科技扶贫，切断贫困代际传递，提升贫困地区劳动者素质与生产效率；要加快贫困人口识别工作，构建扶贫退出与政策延续机制；要广泛动员全社会力量，加强发达地区对贫困地区的对口支援和互动共赢。党国英提出，中国贫困人口群体的数量、构成及贫困程度与社会经济结构问题有关，尽管提出了诸如“造血式扶贫”这类概念，但扶贫的主导思想实际上是在转移支付政策下体现的，而真正对脱贫做出贡献的是结构调整，未来一个时期，仍然要通过结构调整完成“贫困发生模式”的转变。万兰芳、向德平认为技术治理在反贫困中的机制包括对象识别机制、资源整合机制、项目选择机制、过程监控机制和多元合作机制，而技术治理在反贫困中的效果主要表现在提升贫困人口发展能力、规避产业风险和实施精准扶贫等方面。

（一）精准扶贫机制研究

2016 年是精准扶贫研究成果最突出的一年。学者们围绕“精准扶贫”开展了一系列研究。在专著成果方面，由华中师范大学和全国扶贫培训宣传中心联袂编撰，陆汉文、黄承伟主编的《中国精准扶贫发展报告（2016）》运用文本分析、历史—比较分析、制度—行为分析等方法，阐明了精准扶贫战略思想的时代背景、内涵、主要内容及其在国家治理现代化进程中的价值，分析了精准扶贫主要政策内容及其内在结构关系，揭示了精准扶贫战略与政策体系的一致性、贯通性和隐藏其中的公共政策规律。另外还有中共中央组织部干部教育局、国务院扶贫办行政人事司、国家行政学院教务部编《精准扶贫、精准脱贫（打赢脱贫攻坚战辅导读本）》。马建堂主编的《中国精准脱贫攻坚十讲》等都对精准扶贫进行了多方位解读和辅导。

在论文成果方面，韩俊提出，精准扶贫是一项复杂的系统工程，有效解决精准扶贫难题，做好精准扶贫工作，关键是创新脱贫攻坚工作的体制机制。汪三贵提出，

精准扶贫最基本的内涵是通过对贫困家庭和人口进行有针对性地帮扶，消除导致贫困的各种因素和障碍，增加其自主发展的能力，达到可持续脱贫的目标，其主要通过精准识别、精准帮扶、精准管理和精准考核，实现精准脱贫。中央党校经济学部精准扶贫课题组指出，创新精准扶贫体制机制是推进扶贫工程的不二选择，要创新精准扶贫的政策框架体系、资源管理体系、特色产业体系和服务支撑体系。马燕坤、肖金成认为精准扶贫的基本出发点是“一方水土养一方人”，关键要看这一方水土的经济开发潜力，而不是看已经成为现实的经济开发强度。郑瑞强认为在精准扶贫推进工作中应妥善处理扶贫开发方式的精准对接与多重方式协同的关系等五重关系，并提出了强化扶贫模式协同、关注新型扶贫模式创新、健全脱贫人口返贫风险预警、完善脱贫人口后期扶持、严格精准扶贫考核、优化扶贫开发工作条件保障等推进机制优化建议。

（二）扶贫脱贫成效评估考核机制研究

在贫困县考核机制研究方面，汪三贵等探讨了扶贫开发第三方评估中各相关方的角色定位及其制定评估方案、组织实施评估、处理评估数据、形成评估报告和评估结果等主要流程的行为规范，同时分析了目前第三方评估存在的资金依赖、制度规范缺失、评估专业化、评估结果应用等亟待解决的问题。万君、张琦对贵州省贫困县考核机制改革进行分析认为，从制度设计上来看，基本建立了较为科学、合理、可行的贫困县考核制度；从制度实施上来看，在考核方式、考核程序方面做了较大探索；从制度结果上来看，推动了扶贫攻坚工作，对贫困人口增收起到一定作用，但仍存在参与性不够、动态性和长期性考虑不足、标准化程度不高等问题，需进一步完善。李文静等对联合国国际农业发展基金的中国农村扶贫项目精准脱贫效果进行评估，认为扶贫项目的整体脱贫效果明显，但在不同省份之间存在差异。此外，他们发现在评价农户是否精准脱贫方面，与农民人均纯收入相比较，资产指数具有更好的稳健性和客观性，因此建议我国应采用资产指数指标精准识别贫困扶持对象。周敏慧、陶然以“八七”扶贫为例，评估政府扶贫投入对国家扶贫开发工作重点县社会经济以及当地政府行为的影响，结果发现中国政府主导的扶贫政策仍存在种种问题，因此提出中国未来要推动减贫，还需要进一步加大社会机构参与、促进人口自由流动和加强对特定群体的转移支付。

（三）贫困退出机制及 2020 后减贫机制研究

在实现 2020 年如期脱贫过程中，贫困县全部摘帽、贫困乡镇、贫困村和贫困户的退出必须有序化和精准性推进。张琦以冀黔甘三省为例分析指出，我国各地贫困退出机制的构建既有共性又有差异性，共性表现在以国家扶贫战略为依据、以人均收入水平为核心、以既定时间节点为基准、以激发贫困对象主动性为原则、以适度的奖惩为补充、以创新和科学为指导，而差异性表现在贫困退出机制各个省市县之间推进速度和程度不同，退出标准不尽相同，实施思路和内容也有所差异。张琦、史志乐认为，目前我国贫困退出机制仍然面临诸多矛盾和问题，需要构建涵盖贫困退出的动力、补偿、风险、激励与约束以及第三方评估的综合系统机制，从贫困基础、经济发展、人文发展和生存环境四个向度构建多维、动态的贫困退出监测框架，推动我国精准扶贫、精准脱贫工作有序良性发展。李瑞华等认为，贫困县退出机制是一种严格考核、有进有出的动态平衡机制，建立贫困县退出机制是对近 30 年来国家贫困县制度的变革，是实现精准扶贫的前提，只有脱贫县的有序退出，不断缩小扶贫范围，才有利于实现精准扶贫。

在 2020 年如期脱贫后的我国减贫思路和扶贫治理体系研究方面，雷明提出，2020 年后相对贫困人口将成为主体，因此 2020 年后我国反贫困工作的主要任务将由消除绝对贫困转向消除相对贫困，由解决温饱转向巩固小康成果，改善生态环境，提高发展能力特别是可持续发展能力，进一步缩小收入差距。减贫脱贫工作任重道远，同时脱贫人口的返贫问题如影随形，成为蚕食扶贫开发工作成果和阻碍扶贫目标顺利实现的顽疾。张琦提出，伴随着 2020 年我国扶贫减贫目标的实现，我国的减贫战略将由集中性减贫治理转向常规性减贫治理的方向转变，由主要解决绝对贫困向主要解决相对贫困转变，由重点解决农村贫困转向城乡减贫融合推进转变，由重点解决国内贫困向国内减贫与国际减贫合作相结合方向转变。在返贫问题研究方面。

四、聚焦脱贫攻坚的扶贫脱贫路径研究

实施精确扶贫，变“大水漫灌”为“滴灌”，关键是如何来实施和实现精准扶贫精准脱贫的目标任务和原则，确定具体的扶贫脱贫路径，也就是所说的“五个一批”。

产业扶贫路径研究方面，李博、左停等认为，产业扶贫实施前的权力主导和弱势吸纳、实施中扶贫资源的股份化运作以及实施后的事本主义共同导致以合作社为依托的产业扶贫功能的式微，并提出面对产业扶贫所存在的一系列问题需要进一步完善产业申请、考核、验收与评估，建立产业依托主体的准入制度，制定产业扶贫的后续扶持政策。张俊飚等对我国欠发达地区农产品供应链发育度与农户减贫增收之间的关联效应进行分析，认为农产品供应链发育度与农户人均纯收入之间存在明显的正向关联效应。黄承伟、周晶认为贵州省石漠化片区草场畜牧业产业化扶贫是兼顾减贫与生态双重目标下的创新模式，破解了石漠化地区的贫困陷阱，通过促进本土资源、市场资源、扶贫资源的有效衔

接，贫困地区土地资本、劳动力资本、生态资本等核心要素的带动运转，实现了贫困地区减贫目标和生态文明的双赢目标，促进了贫困地区的可持续发展。在专著研究成果方面，刘璐琳著的《集中连片特困地区产业扶贫问题研究》。任登魁著的《全球价值链视角贫困地区产业集聚发展研究》等分别从论、实践和政策三个维度对集中连片特困地区的产业扶贫问题进行了系统分析，提出在我国进入全面建成小康社会决胜阶段中如何通过产业扶贫实现集中连片特困地区加快发展、治理贫困、统筹城乡、区域发展和产业集聚发展是贫困地区实现跨越式发展的政策建议等等。

教育扶贫路径研究方面，治贫先治愚，扶贫先扶智，教育扶贫作为我国“十三五”期间精准脱贫攻坚战略的重要举措，已日益成为人们的共识。随着人们对教育扶贫重要作用认识的不断深入，学者也对此进行了深入研究。曾天山认为落实教育脱贫任务，确立以人为本、教育为基、扶智为先的理念，完善精准扶贫机制，发挥学科、人才和智力、文化、信息等方面的优势，做到分工明确、责任清晰、任务落实、评价科学、特色鲜明、持续发展，走出一条教育扶贫带动智力扶贫—科技扶贫—健康扶贫—生态扶贫—产业扶贫的新路子。王嘉毅等认为教育支持精准扶贫精准脱贫，应采取特殊措施、精准发力，着力扩大农村教育资源，在贫困地区普及学前教育，推动义务教育优质均衡发展，推动普通高中教育特色发展，依托职业教育拔除穷根，努力提高高等教育贡献率，提升贫困地区教师整体水平。杨贵平认为，支持女童完成义务教育是消除贫困的有效手段。民间公益组织能够将调研培训、减贫和公共教育结合在一起，通过试点、示范等方式，将有关经验分享给全社会。在专著研究成果中，胡邦永、罗甫章著的《贫困地区教育均衡发展研究》，司树杰、王文静、李兴洲编著的《教育扶贫蓝皮书：中国教育扶贫报告（2016）》等从教育与扶贫相结合的角度，对我国教育扶贫发展历程、主要成就、关键政策、重大行动、突出问题和典型经验等进行系统阐述，从历史与现实两个维度呈现我国教育扶贫开发伟大实践的整体图景和独特经验，总结我国教育扶贫研究与实践的新问题、新思路、新经验。

旅游扶贫路径研究方面，在各种造血式扶贫的方式中，通过发展旅游来缓解贫困是重要方式之一。王英等认为，在旅游扶贫政策的制定和实施中，要进行主动、系统、综合的风险管理，通过旅游需求结构和产业结构的调整提升贫困人口应对风险冲击的韧性，并通过互助、保险等风险应对手段，促进资源在不同风险状态之间的转移，提升旅游减贫绩效。沈涛等提出，云南边疆民族地区旅游扶贫应走包容性绿色发展之路，推进贫困人口参与旅游发展机会的均等化。陈秋华、纪金雄认为，乡村旅游精准扶贫是一个动态、不断反馈、开放运行的有机系统，其目标的实现是精准扶贫识别、精准扶贫帮扶、精准扶贫管理三部分共同作用的结果，并且该系统会随着乡村旅游扶贫环境变化和实践的发展而发生变化。杨建等提出，通过拓宽融资渠道、保障发展要素、构建考核体系、强化智力支撑等四种策略来巩固和扩大旅游精准扶贫的成果。在专著成果中，何景明等著的《旅游扶贫的理论及其实践发展——来自贵州的案例》，邓小海所著的《旅游精准扶贫理论与实践》《基于区域扶贫开发视野的乡村旅游可持续发展问题研究》等对旅游扶贫提出了很多可供参考和指导的政策建议。

易地扶贫路径研究方面，王晓毅认为，易地扶贫搬迁的主要问题在于承袭了非自愿移民的安置方式来安置自愿移民。他指出，在“十三五”乃至今后一段时间，需要通过谨慎评估扶贫搬迁的需求、提高资源利用效率、强调就地扶贫、创新扶贫搬迁的安置方式等方式实现易地扶贫搬迁的转型，将移民融入当地经济发展的链条中。李博、左停认为，必须从国家政策制定、扶贫治理体系构建以及扶贫移民的可持续生计等几个方面来完善制度建设；而何得桂等认为，严峻的土地资源和环境承载压力、高昂的迁移安置成本与建设配套资金供给困境、产业支撑不足与移民生计脆弱等问题是大规模移民搬迁的主要结构性制约因素，并指出应及时改变移民搬迁安置的政策导向，更多地通过外部支持、形成合力等路径解决移民安置的资金问题，有效卸载资源环境的承载压力。在专著成果方面，覃志敏著的《社会网络与移民生计的分化发展——以桂西北集中安置扶贫移民为例》以扶贫移民的生计为研究主题，在社会网络思想和可持续生计观念的基础上，构建了扶贫移民生计发展分析框架，以桂西北跨县集中安置移民案例实践为经验支撑，对扶贫移民社会关系网络变动和生计恢复发展进行系统研究。

绿色生态扶贫脱贫路径研究方面，北京师范大学中国扶贫研究中心著的《中国绿色减贫指数报告 2016》将绿色发展和扶贫开发相结合，开创性地构建了绿色减贫指数即由经济增长绿化度、资源利用和环境保护程度、社会发展能力和扶贫开发与减贫效果等多项指标构成中国绿色减贫指数。进而对我国 14 个连片特困地区的 2014 年绿色减贫情况开展年度跟踪测算研究。分析我国贫困省份尤其是集中连片特殊困难地区整体及各片区经济增长绿化度、资源利用和环境保护程度、社会发展能力和扶贫开发与减贫效果等多项指数的排名和多层次分析，并对 14 个片区绿色减贫指数 27 个指标动态变化制作 14 个片区和 31 个省（市、区）绿色减贫的体检表，对 860 个片区县绿色减贫指数进行测度和排名。最后提出推进我国绿色减贫的相关政策建议。蔡典雄等主编的《中国生态扶贫战略研究》创新发展了生态扶贫，构建了适合中国特色的生态扶贫概念框架，邹波著的《中国绿色贫困问题及治理研究——以全国集中连片特困区为例》深入探究了中国绿色贫困成因，指出了地理区位、基础设施限制等因素导致资源优势未能转化为经济实力；人口增长对生态环境压力较大，技术、人才、资金等缺乏使得绿色资源利用效率低下；县域经济落后、产业层次低；生产生活成本上升，农民发展能力有限；经济发展的政策和制度性障碍较多等问题，并提出相关建议。王晓毅提出，生态脆弱是致贫的重要因素，且贫困加剧生态退化，应当在绿色发展中推动精准扶贫，探索绿色发展之路，避免先污染后治理的传统发展思路。曾维忠等认为森林碳汇扶贫拥有其他扶贫手段不可替代的作用和独特优势，能够起到推动扶贫主体多元化、推进扶贫资源配置市场化、创新贫困人口扶贫方式、突破贫穷与生态退化的恶性循环的作用。杨未基于生态位视角对精准扶贫进行分析，认为精准扶贫需要更新发展理念，要精准找寻贫困地区的最适资源位，精准把握贫困地区的“态”与“势”，科学构建精准扶贫成效的评价标准。杨文静认为，精准扶贫的战略目标不仅是实现贫困地区的精准脱贫，更主要的是精准探寻贫困地区绿色、可持续发展之路。

文化扶贫研究方面，文化扶贫是从文化和精神层面上给予贫困地区以帮助，从而提高当地人民素质，尽快摆脱贫困。文化扶贫往往能用最少的钱，收到最大的效果，大力发展贫困地区的文化事业，是从根本上改善贫困人口生活的关键所在。因此，有关文化扶贫的研究也在受到重视。张春景、张喆昱认为文化扶贫缺乏针对性和实效性、偏重于经济目标的实现而对文化素质的培养缺乏可持续性的措施等问题。边晓红等提出文化扶贫需要充分尊重文化发展的内在规律，将文化扶贫与经济扶贫、教育扶贫相结合，将文化精准扶贫与机制创新相结合。在专著成果中，李长友、吴文平著的《基于文化扶贫视角下的农村公共文化产品供给机制研究》，段友文著的《古村镇文化景观整体保护与扶贫策略研究——以山西“三河一关”20个古村镇为中心》《文化·旅游·扶贫（贵州省民族研究工作联系会·荔波会议论文集）》等都对文化扶贫的必要性、特殊性和如何文化扶贫提出了很多极其有益的建议。

电商扶贫研究方面，“农村电子商务是转变农业发展方式的重要手段，是精准扶贫的重要载体”。电商扶贫也因此成为学者们近来研究重点之一。郑瑞强等提出，要实现电商扶贫模式减贫功能的有效发挥，应明晰电商扶贫模式作用机理，直面影响电商扶贫功能实现的政策定位、服务体系约束、模式异化等问题，采取优化电商扶贫机制、夯实产业基础、完善服务体系、强化市场监管、加快电商立法等措施，规范电商扶贫行为，提高扶贫资源利用效率与发展质量。张岩、王小志以河北承德为例分析农村贫困地区电商扶贫的主要模式，认为农村贫困地区实施电商扶贫应加大农村贫困地区电商产业扶持力度，强化农村贫困地区网络基础设施建设，加快完善农村贫困地区物流体系建设，促进贫困地区电子商务产业引进和人才培养。王云燕、肖林长提出了推进“互联网+”现代农业的具体路径，包括挖掘发展“互联网+”现代农业的产业潜力、推进“互联网+”与现代农业的深度融合、构建发展“互联网+”现代农业的配送流通体系、强化“互联网+”现代农业的人才支撑。在专著方面，崔丽丽著的《农村电商新生态——互联网+带来的机遇与挑战》，裘涵著的《互联网+县域——县域电商那些事儿》，莫问剑著的《上山下乡又一年——县域电商就该这么干》，汪向东、高红冰主编的《电商消贫》，黄海洲著的《电商扶贫创新与突破》淘宝大学著的《互联网+县域：一本书读懂县域电商》等对电商扶贫从不同测面和领域进行系统性的研究，并对电商扶贫的具体实践、操作演练和实践案例创新模式等进行介绍讨论，对面临的问题困难和矛盾以及对策等均进行全面性的理论实践成果展现。

健康扶贫研究方面。因病致贫是贫困原因之一，对此研究也取得了很多成果。王培安提出，健康扶贫既要注重对贫困者从资源上予以支持，又要注重从权利、机会、自主能力等方面予以支持。许庆等认为，尽管民间借贷缓解了农民应对疾病风险的资金压力，却会造成农民未来发生贫困的可能性增加，因此提出在今后的扶贫减贫政策安排上，要加大健康卫生投入，要引导民间借贷合法化、规范化，同时采取促进农村劳动力向非农产业转移、提高农业生产经营效益等措施，拓宽农民增收渠道。王钦池认为，消除灾难性医疗支出对减贫具有显著效果，筹资需求取决于贫困标准和灾难性医疗支出标准的设定等因素，而从筹资需求角度看，以消除贫困家庭的灾难性医疗支出为扶贫目标具有较强可行性。仇雨临、张忠朝认为，“三重医疗保障”反贫困效果显著，能有效遏制农村贫困人口“因病致贫、因病返贫”，其中，新型农村合作医疗减贫效果大于大病保险、大病保险减贫效果大于医疗救助，民族地区医疗保障减贫效果大于非民族地区。

科技扶贫研究方面。科学技术是第一生产力，也是脱贫攻坚的重要抓手和主要着力点。针对贫困地区生产技术落后和技术人才极度缺乏的现实状况，科技扶贫由此提出。当前，扶贫工作已实现由单纯救济式扶贫向依靠科学技术开发式扶贫的转变。学者们也围绕着科技扶贫进行了一定研究。侯波、林建新编著的《精准扶贫背景下的科技对口支援研究》、陈万权主编的《植保科技创新与农业精准扶贫》等著作对科技扶贫的机制、制度以及植物检疫、植物病害、农业害虫、农田草害、农田鼠害、生物防治、化学防治和有害生物综合防治等关于植保科技创新与农业精准扶贫进行了分析，并提出了很多建议。

金融扶贫研究方面，武丽娟、徐璋勇认为支农贷款对贫困农户的收入增加具有负向作用，对非贫困农户的收入增加影响具有正向作用，并据此从实施瞄准性的金融扶贫政策和提升农户获得贷款能力两方面提出金融帮助贫困农户脱贫及脱贫农户致富的政策建议。申云、彭小兵认为，产业链式融资对农户减贫的效果整体较好，贫困农户参与产业扶贫的比例高于非贫困户，且从链式融资中得到的益贫效果也表现出边际收入递减的现象。刘献良、李彦赤总结了当前银行业金融机构开展金融扶贫的十大主要模式。陈芳基于贵州省农户数据进行分析，提出应将财政扶贫资金和信贷资金有机结合，为不同类型、不同层次的农户提供差异化的财政和金融支持等建议。付兆刚、张启文认为，农村非正规金融渠道对农村贫困发生率和相对率的阻碍效果更显著。谭正航认为，法律制度不完善是造成我国农业保险扶贫存在扶贫对象识别不精准、项目安排不精准、保险补贴不精准与扶贫到户措施不精准等问题的重要原因，因此提出应通过准确定性农业保险、合理配置农民保险权利、构建扶贫激励约束法律制度、优化农业保险风险防控法律制度等推进农业保险扶贫法律制度完善。另外，关于微型金融发展与反贫困问题研究方面。陈银娥等著的《中国微型金融发展与反贫困问题研究》对微型金融对贫困减少的影响机制、微型金融反贫困绩效、经验和制度安排等主题开展了创新研究。

财政扶贫研究方面，在扶贫资金配置效率方面，郑瑞强等提出扶贫资金配置机制优化的政策建议：更新扶贫理念，实现包容性扶贫治理；消除路径依赖，开展分区分类扶贫；健全评价体系，关注大数据精准扶贫趋势。谢婷婷、郭艳芳认为适度的地方政府干预农村信贷资金配置将有助于贫困减缓，而过度的地方政府干预会形成地方政府干预陷阱，抑制反贫困效果，而与地方政府经济干预较弱的地区相比，我国地方政府干预程度较强地区的农村信贷资金配置的规模和效率对贫困减缓效果更加显著。徐爱燕著的《财政支出的减贫效应研究》从宏观和微观两个视角对反贫困政策框架重要组成之一的财政支出减贫进行研究，在此基础上以我国典型贫困地区西藏自治区为例分析了地区财政支出减贫效应，最后基于以上针对我国目前的贫困问题，提出相应的财政支出减贫政策，为我国全面脱贫以及全国人民一道实现小康社会奠定基础。王建平编著的《反贫困政策调整优化研究——基于川西北藏区的实证分析》以川西北藏区为例，对川西北藏区的贫困变动特征、农牧民贫困的主要影响因素、反贫困政策实施评价等问题进行较为系统的理论研究和实证分析，针对现行政策的局限性，提出新时期国家反贫困政策调整优化的重点方向。

五、中国扶贫开发道路及经验模式及案例研究

从改革开放以来，我国走出了一套具有本国特色的扶贫脱贫之路，积累了丰富宝贵的经验。黄承伟指出，中国扶贫开发

道路具有鲜明特征，且在丰富的实践中得以发展，同时中国扶贫开发道路研究前景广阔，应服务于实践指导，一是要推动政府、市场和社会三大减贫主体的通力合作，提升减贫合力；二是要选择试点贫困地区，通过驻点式研究总结具有中国本土特色的减贫理论和特色案例；三是要定期举办减贫论坛，为研究者与实践工作者提供交流平台。张琦、冯丹萌系统回顾了我国改革开放以来的减贫成效和历程，认为我国减贫理论探索与实践创新的基本经验包括：贫困标准适时提升和多维贫困标准的实践运用，发展中大国区域政策从轮动到联动推进的减贫效应，社会保障与减贫的双轮驱动，专项扶贫、行业扶贫与社会扶贫相结合的大扶贫格局形成，内源发展与外源拉动的扶贫机制不断完善，绿色生态低碳减贫理念创新和行动，开发式扶贫理论和实践广泛应用等等。唐丽霞认为，中国的减贫实践是国际减贫与发展的重要组成部分，中国的扶贫实践有着强烈的中国特色，尤其是政府的主导性，在新一轮的精准扶贫战略中表现得更为突出。左常升著的《中国扶贫开发政策演变（2001—2015年）》重点梳理了中国政府有关扶贫开发各类相关文件的出台背景、具体要求、落实情况、宏观和微观的实际效果评估、国内外具体反馈等，对涉及的连片特困区、精准扶贫、扶贫改革试验区、特殊贫困群体、城市贫困、减贫国际合作等问题也做了详细论述。

在案例研究成果方面。打赢脱贫攻坚战，必须要因地制宜、脚踏实地。2016 年，中国各地坚决贯彻落实中共中央、国务院的决策和部署，多措并举，涌现出众多扶贫工作的先进典型事迹。如国务院扶贫开发领导小组办公室著的《脱贫攻坚典型案例选》、黄承伟著的《脱贫攻坚省级样本精准扶贫精准脱贫贵州模式研究》、梁相斌等著的《大决战—湖北精准扶贫纪事》、田成川主编的《同心情结——闽宁扶贫协作 20 周年同心专辑》等省级扶贫案例。还有市县扶贫案例研究如胡应南著的《创新之路——湖南省怀化市“四跟四走”精准扶贫的实践与探索》、陆宁生主编的《沧桑巨变——西部大开发扶贫攻坚战兰州卷》和村级扶贫案例研究。如王绍据著的《赤溪——“中国扶贫第一村”纪实》、刀波著的《走进盘田：武陵山片区贫困村典型个案研究》等。

六、扶贫脱贫区域差异性研究

由于中国因不同地区的地理位置、自然环境、经济条件等存在差异，贫困现状因地域不同而呈现出不同特点，地区性的扶贫研究可以有针对性地体现出各个地区的扶贫现状和特性，从而进行差异性、多样化的扶贫策略，提高扶贫效率。因此，许多学者针对不同地区进行了扶贫开发研究。

（一）连片特困地区扶贫开发研究

学术界关于扶贫的地域性研究也相对

集中在这些地方，一方面是站在全局角度进行综合性研究，另一方面是具有针对性的个案研究。万君等提出，要解决连片特困地区当前面对的经济新常态下区域发展带动减贫效应的削弱、进一步提升片区攻坚减贫效率、多维贫困问题、消解片区的贫富分化、协调发展等一系列问题，关键在于实现精准扶贫精准脱贫与片区攻坚融合发展。李裕瑞等认为应进一步完善精准扶贫的区域政策体系、产业政策体系、土地政策体系，着力建立和完善以区域发展助推贫困农户脱贫解困的传导机制。郑长德认为集中连片特困民族地区应走包容性绿色发展之路，强调在减贫政策设计中特别注意机会均等化。周力、孙杰认为在制定连片特困区扶贫政策时相比"片区式"扶贫，"整村推进"是更为合适的选择。曹诗颂等认为，在扶贫开发过程中，应充分考虑"胡焕庸线"对于我国贫困东西格局划分和减贫的影响。李雪萍认为，脆弱性交织是连片特困地区的区域特质也是其发展的陷阱，突破发展陷阱需要寻找到区域脆弱性并以此为出发点，以农牧民生计为轴心，促成复合生态系统良性耦合的发展。刘东燕认为，滇桂黔石漠化片区面临着反贫困政策设计、精准识别、精准帮扶、精准考核等诸多实际困难，亟须以可持续储备型政策为导向、以"内源化扶贫"为目标、以"新型城镇化"为载体、以"组合式"为切入、以"绿色化"为引领，有效破解片区精准扶贫的难点问题。另外很多学者也分别对大别山连片特困地区、武陵山连片特困地区等进行了研究。

在专著成果方面，黄承伟著的《连片特困地区扶贫战略研究——以武陵山片区为例》，李余等著的《中国连片特困地区扶贫开发机制研究》，王志章编著的《连片特困地区包容性增长的扶贫开发模式研究》，丁建军著的《连片特困区统筹发展与多维减贫研究——以武陵山片区为例》，黄承伟、Graham Meadows 著的《高原地区减贫战略规划研究——青海省玉树州的灾后重建与可持续发展》《连片特困地区区域发展与扶贫攻坚若干问题——基于武陵山片区建始县的调查与思考》《连片特困地区区域发展与扶贫攻坚县、村级实施规划的编制方法》，向德平、张大维著的《连片特困地区贫困特征减贫需求分析——基于武陵山片区 8 县 149 个村的调查》，马亮、陆汉文、吴宇雄著的《石漠化地区大扶贫攻坚——广西连片特困地区基础设施建设大会战全景实录和深层透视》等都对片区扶贫开发进行了系统性研究。

（二）特殊区域的扶贫脱贫研究

特殊类型贫困地区，包括少数民族地区、革命老区、边境县地区等，其贫困状况相对全国其他地区更加突出，致贫原因也更为复杂。

在少数民族和民族地区研究方面。杨浩等认为少数民族地区精准脱贫整体可达成，但在区域经济发展、社会保障和交通设施等方面实现程度不高，需重点强化行业扶贫投入力度，促进“生存型”基础设施建设向“发展型”基础设施建设转变，培育民族地区绿色生态产业，发挥特色资源优势，以绿色益贫式发展提升区域性经济发展能力，破解脱贫瓶颈。陈灿平运用实证分析方法探讨了集中连片特困地区精准扶贫机制和措施，发现国家实施扶贫开发战略以来四川少数民族特困地区扶贫效果显著，农村居民收入趋于平稳增长状态，但收入增长速度不平衡。罗莉、谢丽霜认为藏区发展特色优势产业是助推精准扶贫脱贫的重要形式，藏区完全可以依托特色优势资源，发展特色优势产业，以实现脱贫致富。万良杰认为，民族地区应用供给侧结构性改革思维，增强供给结构对需求变化的适应性和灵活性，提升、壮大、优化贫困地区产业实力，在特色旅游业、现代农业、工业园区等方面形成有品牌、有市场的生态产业，促进贫困地区自我发展内生动力，实现贫困地区脱贫致富。赖斌等指出，少数民族地区建设民宿特色旅游村镇是开展旅游精准扶贫的有效途径，并以稻城县香格里拉镇为例提出了基于精准扶贫的少数民族地区民宿特色旅游村镇三条建设路径，即产业路径、组织路径和获益路径，同时强调要发挥政府、社区组织、贫困户和帮扶者四个主体的能动作用。徐莉对滇桂黔石漠化区域内的少数民族村落中贫困女性的生计资源特点进行研究，认为可采取“看得见人”的反贫困策略，即视性别贫困靶向的资源整合，让生计可持续；推进民族教育改革，提高生计能力；建立性别统计制度，推进社会性别主流化。潘明明等认为，西部民族地区农村人力资源开发对西部民族地区减贫具有长期、显著的推动作用，但存在时滞性，并提出，农民生活质量提升和农村生态环境改善是西部民族特困区农村人力资源开发减贫的关键路径，此外应通过教育、医疗、劳动力迁移和人口规模控制与结构调整来提升农村劳动力文化、身体素质。在专著成果中，汪三贵、张伟宾、杨龙著的《少数民族贫困问题研究》，王文长主编的《少数民族地区反贫困——实践与反思》，罗家祥、杨勇著的《云南富宁县山瑶扶贫发展追踪调查研究》等分别对此进行研究并提出了很多有益建议和思路。

在其他特殊类型贫困地区研究方面，李志萌、张宜红认为，产业扶贫是革命老区探索脱贫致富的内生性机制，并以赣南革命老区为例，总结出赣南老区探索产业扶贫的五大模式，提出产业与规划、产业与生态耦合、产业技术带动与推广、企业与贫困户利益联结、政府投入与社会资本、贫困群众脱贫致富与贫困地区经济发展“六统一”破解路径。宁亚芳指出，澜沧县农村社会救助在保障贫困者基本生活和缓解支出型贫困方面发挥了积极作用，同时该县农村社会救助减贫成效也面临着包括制度自身发展不足、特殊县情、乡村金融服务滞后和对有劳动能力贫困者的就业帮扶不足等诸多制约。邵平桢认为，川陕革命老区贫困面大、贫困人口多、贫困程度深的状况还没有根本改变，政府应通过推进供给侧结构性改革，着力破解基础设施瓶颈，夯实产业发展基础，补齐经济社会发展短板，实施创新驱动，简政放权，加快体制改革，确保川陕革命老区在2020年实现全面建成小康社会的目标。李燕琴、刘莉萍剖析了内蒙古自治区中俄边界室韦村在旅游扶贫进程中的个体应对与冲突演进，提出，冲突的破解和应对要充分认识社区生态的"非理性"，通过授权把握发展节奏，发挥主体能动性，并注重多元化发展和差异化管理，才能真正使贫困人口实现脱贫的目标。

在专著研究成果方面，有针对西藏农牧区扶贫研究，如李继刚著的《西藏农牧区反贫困与乡村建设》全方位分析了西藏农牧区贫困问题，对农牧民贫困因素剖析；在西部贫困县扶贫研究上。李雪峰主编的《贫困与反贫困：西部贫困县基本公共服务与扶贫开发联动研究》基于对内蒙古自治区贫困县扶贫开发工作的研究，对基本公共服务与扶贫开发关系进行了理论分析和实证研究，并对二者联动提出了对策与建议。山地灾害性贫困风险研究。田宏岭等著的《贫困地区山地灾害风险与监测预警技术研究》基于山地灾害与贫困之间的相互作用关系，根据精准扶贫的减灾需求，以我国少数民族贫困地区——武陵山区为示范验证区，分析了该区域范围内的山地灾害特点及成灾模式，并在遥感和地理信息系统技术的支持下，完成了多尺度山地灾害遥感监测和预警方法研究。最后根据贫困风险的理论，提出了以山地灾害易发性区划为基础的加强土地利用规划、减灾与扶贫联动的山地灾害减灾扶贫建议。

（三）特定群体扶贫脱贫研究

残疾人脱贫研究。残疾人是社会大家庭中的平等成员，残疾人贫困是贫中之贫，困中之困。因此，残疾人扶贫工作是党和国家全面实现小康的战略部署和脱贫攻坚战的重要组成部分，是精准脱贫的"硬骨头"。保障残疾人脱贫是实现残疾人与全国人民一道共建共享小康社会的重要前提和基础。庄天慧、黄承伟、李本钦等著的《残疾人精准扶贫研究——以巴中为例》以巴中市为个案，解剖麻雀式研究，通过实地调研，深入分析、总结巴中市残疾人精准扶贫工作的成功做法和经验模式，旨在为我国和其他发展中国家残疾人扶贫工作提供重要经验借鉴。杨立雄、李本钦著的《巴中残疾人精准扶贫实践》探索了具有巴中特色的残疾人精准扶贫新模式，分析了巴中市对于残疾人产业扶贫、筹措残疾人扶贫资金、加大残疾人人力资本开发和创新扶贫管理体制等措施，在此基础上为残疾人扶贫事业未来发展总结了经验与思路。

在老年人脱贫研究。在21世纪，中国将面临人口老龄化的严峻挑战。老年人自我发展能力弱、脱贫难度大，是脱贫攻坚的重点难点。骆为祥著的《中国老年人的福祉：贫困、健康及生活满意度》以调查数据为基础，从生活满意度、生理健康和贫困三个方面，细致描述老年人的福祉现状，深入研究影响其福祉的因素，帮助政府制定更加科学和更加有针对性的提升老年人福祉政策。

（四）区域及省级扶贫脱贫研究

区域扶贫脱贫研究方面，刘彦随等指出，农村贫困人口逐渐向我国中西部深石山区、高寒区、民族地区和边境地区集聚，具有贫困户、贫困村、贫困县、贫困区等多级并存的组织结构和空间分布格局，而自然环境恶劣、区位条件差、基础设施落后、区域发展不均衡及前期扶贫开发政策精准性不够等是中国农村持续贫困的主要症结。张俊良、闫东东对龙门山断裂带的区域贫困治理进行研究分析，认为自然灾害危险度越高、生态环境越脆弱的区域贫困发生率越高，两者呈现高度的空间耦合；此外，他们发现公共服务供给和交通状况对扶贫和减贫的作用凸显，因此提出应加大公共服务的供给力度和基础设施建设的投资力度。袁媛等指出未来国家反贫困政策应该充分考虑城市的区位、资源条件、人口规模和构成特征，重点关注贫困加深地区的中小城市、资源型城市和少数民族聚居型城市，并解决经济发展和贫困之间的特殊关系。

省级扶贫脱贫研究方面，黄承伟等分析了贵州省精准扶贫精准脱贫的经验和做法并指出，精准扶贫精准脱贫的核心是精准施策，而精准施策的关键在于精准配置扶贫资源，对各种不同类型的贫困人口采取有针对性的帮助措施。此外，精准施策要处理好精准帮扶和片区发展的关系，现阶段需要的是在区域开发的时候如何能够更有针对性地和每家每户的脱贫结合起来。向德平、叶青分析了贵州省全方位开放式扶贫经验，认为在脱贫攻坚阶段需要在政府、市场与社会的大扶贫开发框架下，完善激励多元主体参与的体制机制，化解开放式扶贫的资源困境，建立科学严谨的监控手段，开展因地制宜的扶贫实践。仲俊涛等以回族聚居宁夏限制开发生态区 30 个典型农村社区为研究对象进行评估，认为山地社区发展能力显著弱于川道社区，而不同类型社区影响其发展能力的因素差异显著，并指出区位因素包括自然区位和经济区位是决定社区发展能力的关键。张庆红分析了新疆维吾尔自治区农村贫困的状况，认为经济增长仍然是新疆维吾尔自治区减贫的主要动力，但由于收入分配的不断恶化和贫困线的上升导致经济增长的减贫效果不断下降，并提出新时期新疆开发式扶贫战略应从单纯强调经济增长转向把经济增长和对穷人有利的收入分配相结合，从而实现有效减贫。刘林、陈作成针对新疆农村地区扶贫资金进行分析，发现扶贫资金的投入对降低新疆农村地区贫困广度和贫困深度作用较为明显，而对贫困强度的改善作用比较微弱，据此认为更加注重精准扶贫和最贫困人口状况是提高扶贫资金减贫效果的关键所在。张振华、张倩分析了新疆维吾尔自治区新源县的绿色脱贫发展之路，认为开创绿色脱贫之路、大力发展乡村生态旅游业对进一步健全治疆、完善牧民定居方略、实现新疆维吾尔自治区全面稳定和绿色脱贫具有重要的现实意义。林忠伟针对广西壮族自治区目前扶贫对象识别不够准确、扶贫措施针对性不强、扶贫资金和项目指向不准等问题开展论述，通过对扶贫对象建档立卡和实行信息化管理，做到准确识别扶贫对象，深入分析致贫原因，创新提出一系列具有实践性的建立健全精准扶贫体制机制的对策建议。

七、社会保障与扶贫开发相结合的研究探索

社会保障与扶贫脱贫相结合是完成2020年脱贫目标任务的兜底政策，但在实现社会保障与扶贫政策相衔接方面，面临着很多政策和实践上问题和矛盾，对此，学者在调研基础上，进行了很多政策理论和实践研究，并取得了新进展。左停认为，扶贫开发与农村最低保障制度都是中国反贫困的重要举措，是中国缓解农村贫困重要的基本制度安排，两项基本制度的互嵌可以有效地发挥各自优势，互相补充，进而提升整体反贫困效果。杨宜勇、吴香雪认为，必须坚持开发式扶贫方针，强化社会保护政策减贫效应，将开发式扶贫政策与社会保护政策有效衔接起来，联合建构协同推进，构建集开发性、预防性、发展性于一体的新型减贫战略体系。左停认为，总体来看以最低生活保障为核心的农村社会救助体系在缓解贫困方面发挥了重要作用，但也需要在简单消极的、保护性的最低生活保障制度之中以及这一制度之外积极创新发展型的社会救助项目。江彬、左停通过对湖南省新化县和陕西省柞水县的实地调查，探讨了在农村最低生活保障制度与扶贫开发政策对接过程中出现的相关问题，认为两项政策能否有效衔接的主要因素在于其功能、目标人群、信息方面能否有效衔接。李实等研究了中国农村公共转移性收入的减贫效果，认为当前中国公共转移性收入发挥了一定的减贫效果，使得贫困发生率下降了4.26个百分点，但仍存在低保瞄准率低下和转移收入水平偏低等问题。万兰芳、向德平针对农村弱势群体的贫困特点，提出了提高农村弱势群体减贫政策瞄准精度，分类实施农村弱势群体帮扶措施、拓展农村弱势群体收益来源，促进农村弱势群体的社会参与，健全农村弱势群体社会支持网络的政策建议。李玉恒等认为，社会资本是贫困户获取资源和机会的重要渠道，是影响扶贫工程有效性及其产出效益的重要因素，同时提出了培育贫困地区社会资本的三个重要途径。

八、社会化大扶贫研究新探索

随着社会组织的不断发展壮大和“政

府主导、社会参与”扶贫开发大格局的深入推进，社会组织参与国家减贫事业的路径多元、效果显著。张琦、贺胜年指出，充分动员和发挥社会组织参与扶贫脱贫攻坚战，对2020年如期实现脱贫目标极其重要。他们认为，社会组织在扶贫工作中具有独特的作用和优势，是实现脱贫攻坚目标的一支重要力量，但目前在参与扶贫的实际工作中仍然面临很多困境，因此，健全和完善公益扶贫的制度体系，倡导公益扶贫理念和创新公益扶贫方式，提升社会组织在公益扶贫中的治理能力和水平，也同样是新时期我国扶贫脱贫重要任务之一。付娆认为，强化政府治理能力与社会组织专业能力以及构建它们之间的互动与激励机制，从而最终促成一个整合各方利益的制衡格局，不失为我国精准扶贫的一条发展之路。围绕大扶贫格局，韩俊魁建议推进国家、省、贫困县三级层面成立政府—非营利组织合作机制，通过将三级平台建设成为以横为主、纵横交织的资源链接和整合平台、治理创新平台、信息化建设及沟通平台和服务平台，开创中国扶贫工作的新局面。李迎生、徐向文认为，精准扶贫、打赢脱贫攻坚战为社会工作介入并发挥作用提供了难得的机遇和发展空间，但我国专业社会工作发展时间不长，反贫困实践还很有限，应科学界定社会工作助力精准扶贫的功能定位，探讨提升社会工作助力精准扶贫整体效能的系统方案。针对世界银行与中国政府的合作历程，徐佳君认为世界银行和中国政府的合作大致经过了“长期对峙—短期冲突—短期协作—长效合作”的历程，其中长期对峙和短期冲突的援助关系不利于制度变迁的发生，并且相比于短期协作援助关系，长效合作的援助关系更有助于制度的本土化创新。刘源则以乐施会为例梳理了国际非政府组织在华参与减贫与发展事业的简要历程，并面向后2020时代，提出此类机构在中国全面建成小康社会后，依然有其独特而难以替代的价值和作用。

社会组织参与扶贫研究的专著成果方面，社会组织参与贫困治理可以弥补政府和市场在贫困治理中的不足，满足贫困群体的合理需求，促进贫困治理的灵活性、公平性和可持续性，对此学者们也结合实践开展了相关研究。莫光辉、祝慧著的《社会组织与贫困治理：基于组织个案的扶贫实践经验》本书主要采取文献研究法、案例研究法、对比研究法等研究方法，总结梳理了多个社会组织参与中国贫困治理的实践经验，对比分析了中国本土社会组织在参与贫困治理的过程中对经济社会发展的贡献力，提出应加快社会组织参与精准扶贫战略的发展策略和决策定位，实现社会组织提供社会服务能力嬗变与贫困治理模式创新关键节点的有效对接，充分发挥出社会组织在脱贫攻坚战中的贡献力和影响力。武汉大学、中国国际扶贫中心编著的《中国反贫困发展报告（2016）——社会组织参与扶贫专题》对社会组织参与扶贫的背景、意义、理论、模式、经验、问题以及发展方向等进行了系统探讨，对各类社会组织参与扶贫的经验进行了总结，对秦巴山区社会组织参与扶贫的实践进行了实地调研，并对此提出建议。

贫困人群社工服务探究方面。李昺伟、吴耀健、郭思源、陈安娜著的《中国贫困人群的社工服务》基于"大爱之行——全国贫困人群社工服务及能力建设"项目的研究成果，理论与实践并重。针对贫困人群社工事业快速发展过程中暴露出的一些问题的反思，从多个方面进行了探索，为政府创新社会治理和职能转移提供了重要的示范与参考。

九、国际减贫经验研究

减少和消除贫困是国际社会共同追求的目标，加强国际间合作与借鉴成为减贫研究的未来趋势。在当今复杂而变化多端的国际背景下，伴随着新问题及新矛盾的产生，贫困理论及新形势下的国际减贫战略也就成为了学者们关注和研究的重点。贺胜年对发展中国家女性和女户家庭的贫困问题进行研究，认为在当前我国脱贫攻坚关键期，国外女性贫困及女户家庭贫困问题研究成果对扶贫对象瞄准、减贫措施精准等具有参考价值。荀天来等总结了国外社会组织参与扶贫的经验，认为国外社会组织开发的新兴扶贫模式即充分利用市场机制，通过开发道德市场、开发穷人的资本以及发展社会企业来推进减贫，值得"十三五"脱贫攻坚借鉴。丁建军总结了美国阿巴拉契亚地区对中国连片特困地区的启示和政策含义，即在适宜的空间尺度上实现不同形式经济多样性发展的优化组合，充分发挥经济多样性的生计方式、就业岗位创造和经济稳定功能，创新教育扶贫、政府转移支付方式以及为经济多样性发展提供人才和资金支持。黄吉等认为，文化在减贫事业中的巨大贡献已为国际社会所公认，韩国、日本、南非等国已有了较为成功的案例经验可供参考，我国可以借鉴国外案例，通过开发贫困地区人力资源、合理保护与开发利用文化资源以及完善公共文化基础设施等手段实施文化精准扶贫。在对拉美国家实施的新一代教育扶贫政策"有条件现金转移支付计划"研究方面。而房连泉认为，拉美国家的经验教训表明，退出机制是一个长期战略，更重要的目标是贫困家庭的长期可持续发展能力，并且在退出战略实施过程中，受益人资格的重新认证和退出后的收入干预措施同样重要；同时来自发达国家"福利到工作"的减贫经验说明，基于就业结果的干预措施更为有效。王三秀、罗丽娅总结了发达国家反贫困经验对我国新时期贫困治理转型具有重要启发意义：是治理日标转型，将经济收入增加与贫困者自我发展能力提升并重；二是治理手段多元，"增权"视角下充分发挥专业社会工作人才的介入作用；三是治理形式创新，实施个性化救助方式。

在专著方面，中国国际扶贫中心的《中非减贫与发展五届会议综述报告》、左常升著的《国际减贫理论与前沿问题 2016》等均反映了减贫领域的新研究进展和新研究成果。郭家宏著的《富裕中的贫困》探讨 19 世纪英国贫困与贫富差距及其化解问题的专著，对当前中国解决贫困与贫富差距问题，具有一定的借鉴意义。

十、其他方面研究

党建扶贫方面，孙兆霞等认为，贵州党建扶贫是中共中央及贵州省委针对农村改革、脱贫解困与区域发展在实践交集平台上作出的体制性回应，其以党建扶贫为基础平台，落实惠民政策，促进村庄合作，构筑乡村治理的政治、社会、精神基础，同时以党建促农村基层组织建设、以农村基层组织建设促减贫发展等历史经验为中国减贫事业和中国共产党承担其历史使命做出了贡献，是人类命运共同体在反贫困征程中凸显出的独特精神财富，从长远来看也将成为夯实中国共产党的执政基础，彰显社会主义制度优越性的伟大工程。新型城镇化与扶贫开发方面，在专著研究成果中，孙兆霞、张建、曾芸、王春光著的《贵州党建扶贫 30 年》以贵州省人大定点帮扶兴仁县为切入点，首次以县为研究对象，通过对兴仁县 20 年扶贫开发历程的深入调研，考察作为扶贫重点区域的贵州省在国家扶贫战略不同阶段的扶贫实践，在中国反贫困研究领域首次系统性地提出并阐发了“党建扶贫”概念。

城市贫困问题研究。随着农业人口快速转移和城镇化快速推进，中国城市的低收入群体不断增加，城市贫困问题日益严重，应尽快针对城市贫困问题开展治理。祝建华编著的《缓解城市低保家庭贫困代际传递的政策研究》，魏后凯、苏红键等著的《中国城市贫困状况研究——聚焦外来务工人员》，刘晓玲著的《经济发达城市中贫困儿童福利研究：以深圳为例》等分别对城市贫困进行了研究。

柔性扶贫研究方面。朱启臻、鲁可荣著的《柔性扶贫——基于乡村价值的扶贫理念》对禄劝县 20 年的扶贫实践进行系统研究，系统总结了禄劝的扶贫经验和成果，在国内首次提出“柔性扶贫”的理念，不仅为探索扶贫战略和制度设计提供重要基础，也对巩固扶贫成果以及预防返贫具有重要意义。

（北京师范大学中国扶贫研究院
张　琦　张诗怡　孙思睿）

附录 1

2016 年扶贫开发专著

	名　称	作者	出版社	出版时间
1	中国连片特困地区扶贫开发机制研究	李余，蒋永穆	经济管理出版社	2016 年 1 月
2	中国生态扶贫战略研究	蔡典雄等主编；李玮译	科学出版社	2016 年 1 月
3	连片特困地区区域发展与扶贫攻坚若干问题——基于武陵山片区建始县的调查与思考	黄承伟，陈琦，张琦等	经济日报出版社	2016 年 1 月
4	连片特困地区区域发展与扶贫攻坚县、村级实施规划的编制方法	黄承伟，张琦等	经济日报出版社	2016 年 1 月
5	石漠化地区大扶贫攻坚——广西连片特困地区基础设施建设大会战全景实录和深层透视	马亮，陆汉文，吴宇雄	经济日报出版社	2016 年 1 月
6	扶贫领域违法案件警示录	国务院扶贫开发领导小组办公室，最高人民检察院	中国检察出版社	2016 年 1 月
7	连片特困地区贫困特征减贫需求分析——基于武陵山片区 8 县 149 个村的调查	向德平，张大维	经济日报出版社	2016 年 1 月
8	高原地区减贫战略规划研究——青海省玉树州的灾后重建与可持续发展	张琦，黄承伟，Graham Meadows	经济日报出版社	2016 年 1 月
9	沧桑巨变——西部大开发扶贫攻坚战兰州卷	陆宁生	甘肃文化出版社	2016 年 1 月
10	基于农户行为逻辑的区域反贫困理论与实证研究	颜廷武	科学出版社	2016 年 1 月
11	减贫与发展	向德平，黄承伟	社会科学文献出版社	2016 年 1 月
12	连片特困地区扶贫战略研究——以武陵山片区为例	张琦，黄承伟	经济日报出版社	2016 年 1 月
13	互联网+县域：一本书读懂县域电商	淘宝大学阿里研究院	电子工业出版社	2016 年 1 月
14	缓解城市低保家庭贫困代际传递的政策研究	祝建华	浙江大学出版社	2016 年 1 月
15	贫困与反贫困：西部贫困县基本公共服务与扶贫开发联动研究	李雪峰	中国财政经济出版社	2016 年 2 月
16	与中国农村减贫同行	黄承伟	华中科技大学出版社	2016 年 2 月
17	赤溪——“中国扶贫第一村”纪实	王绍据	福建人民出版社	2016 年 3 月
18	决战 2020：拒绝贫困	王家华	中国民主法制出版社	2016 年 3 月
19	民族贫困地区社会救助的政府与 NGO 合作问题研究	金红磊	中央民族大学出版社	2016 年 3 月

续表

	名　　称	作者	出版社	出版时间
20	中国贫困人群的社工服务	李昺伟，吴耀健，郭思源，陈安娜	社会科学文献出版社	2016 年 3 月
21	旅游扶贫的理论及其实践发展——来自贵州的案例	何景明等	经济科学出版社	2016 年 4 月
22	云南富宁县山瑶扶贫发展追踪调查研究	罗家祥，杨勇	中国社会科学出版社	2016 年 4 月
23	少数民族贫困问题研究	汪三贵，张伟宾，杨龙	中国农业出版社	2016 年 4 月
24	城乡一体化中反贫困问题研究	汪三贵，张伟宾，杨浩，崔嵩所	中国农业出版社	2016 年 4 月
25	中国土地退化与贫困问题研究	王建武	吉林出版集团有限责任公司	2016 年 4 月
26	中国经济高速增长的利贫性与利群性研究	王生云	中国社会科学出版社	2016 年 4 月
27	旅游精准扶贫理论与实践	邓小海	知识产权出版社	2016 年 4 月
28	中国精准脱贫攻坚十讲	马建堂	人民出版社	2016 年 5 月
29	能力扶贫及其综合绩效问题研究	王善平，唐红，高波等	湖南人民出版社	2016 年 5 月
30	全球价值链视角贫困地区产业集聚发展研究	任登魁	中国经济出版社	2016 年 5 月
31	乡村贫困的地方性特征及土地利用对乡村发展的影响	任慧子	陕西师范大学出版社	2016 年 5 月
32	贫困地区山地灾害风险与监测预警技术研究	田宏岭	科学出版社	2016 年 5 月
33	集中连片特困地区产业扶贫问题研究	刘璐琳	人民出版社	2016 年 6 月
34	古村镇文化景观整体保护与扶贫策略研究（以山西“三河一关”20 个古村镇为中心）	段友文	中国社会科学出版社	2016 年 6 月
35	农业产业扶贫技术培训教材	邓洪庚	电子科大出版社	2016 年 6 月
36	中国绿色减贫指数报告 2016	北京师范大学中国扶贫研究中心	经济日报出版社	2016 年 6 月
37	经济发达城市中贫困儿童福利研究——以深圳为例	刘晓玲	中国社会科学出版社	2016 年 6 月
38	公共服务保障机制：基于贫困地区农村基础设施建设的经验证据	靳永翥，赵龙英	中国出版集团，世界图书出版公司	2016 年 6 月
39	贫困地区别教育均衡发展研究	胡邦永，罗甫章	西南交通大学出版社	2016 年 6 月
40	社会网络与移民生计的分化发展——以桂西北集中安置扶贫移民为例	覃志敏	知识产权出版社	2016 年 6 月

续表

	名　称	作者	出版社	出版时间
41	新农村建设与扶贫	吴杰	光明日报出版社	2016 年 7 月
42	生态文明与开放式扶贫	吴大华，叶韬，张学立，黄承伟	社会科学文献出版社	2016 年 7 月
43	连片特困地区包容性增长的扶贫开发模式研究	王志章	人民出版社	2016 年 7 月
44	上山下乡又一年——县域电商就该这么干	莫问剑	电子工业出版社	2016 年 7 月
45	精准扶贫、精准脱贫（打赢脱贫攻坚战辅导读本）	中共中央组织部	党建读物出版社	2016 年 7 月
46	中国微型金融发展与反贫困问题研究	陈银娥	中国人民大学出版社	2016 年 7 月
47	边境贫困地区生态补偿机制研究——基于新疆视角	孔令英	经济管理出版社	2016 年 7 月
48	中国绿色贫困问题及治理研究——以全国集中连片特困区为例	邹波	经济科学出版社	2016 年 7 月
49	电商消贫	汪向东，高红冰	商务印书馆	2016 年 7 月
50	创新之路——湖南省怀化市“四跟四走”精准扶贫的实践与探索	胡应南	人民出版社	2016 年 8 月
51	基于区域扶贫开发视野的乡村旅游可持续发展问题研究	蒋满元	中南大学出版社有限责任公司	2016 年 8 月
52	大决战——湖北精准扶贫纪事	梁相斌，皮曙初，李伟	湖北人民出版社	2016 年 8 月
53	农村电商新生态——互联网+带来的机遇与挑战	崔丽丽	电子工业出版社	2016 年 8 月
54	少数民族地区反贫困：实践与反思	王文长	中国社会科学出版社	2016 年 8 月
55	同心情结——闽宁扶贫协作 20 周年同心专辑	田成川	宁夏人民出版社	2016 年 8 月
56	中国扶贫开发年鉴（2016）	国务院扶贫开发领导小组办公室主管，《中国扶贫开发年鉴》编辑部编	团结出版社	2016 年 9 月
57	柔性扶贫——基于乡村价值的扶贫理念	朱启臻，鲁可荣	中原农民出版社	2016 年 9 月
58	贫困识别、演进与精准扶贫研究	高帅	经济科学出版社	2016 年 9 月
59	中非减贫与发展五届会议综述报告（上、下）	中国国际扶贫中心	世界知识出版社	2016 年 9 月
60	文化·旅游·扶贫：贵州省民族研究工作联系会·荔波会议论文集	贵州省民族研究院，荔波县人民政府，贵州省民族研究学会	贵州大学出版社	2016 年 9 月
61	互联网+县域——县域电商那些事儿	裘涵	电子工业出版社	2016 年 9 月
62	特殊类型贫困地区贫困与反贫困问题研究——以新疆维吾尔自治区为例	刘林	经济科学出版社	2016 年 9 月

续表

	名　　称	作者	出版社	出版时间
63	困有所助：农村减贫	杭静，周建文著；张新民，张照新，孙树志编	中国民主法制出版社	2016 年 9 月
64	连片特困区统筹发展与多维减贫研究——以武陵山片区为例	丁建军	中南大学出版社	2016 年 9 月
65	社会组织与贫困治理：基于组织个案的扶贫实践经验	莫光辉，祝慧	知识产权出版社	2016 年 9 月
66	中国精准扶贫发展报告（2016）	华中师范大学，全国扶贫宣传教育中心，陆汉文，黄承伟	社会科学文献出版社	2016 年 10 月
67	巴中残疾人精准扶贫实践	杨立雄，李本钦	人民出版社	2016 年 10 月
68	基于文化扶贫视角下的农村公共文化产品供给机制研究	李长友，吴文平	中国经济出版社	2016 年 10 月
69	植保科技创新与农业精准扶贫	陈万权	中国农业科学技术出版社	2016 年 10 月
70	脱贫攻坚省级样本精准扶贫精准脱贫贵州模式研究	黄承伟	社会科学文献出版社	2016 年 10 月
71	走进盘田：武陵山片区贫困村典型个案研究	刀波	民族出版社	2016 年 10 月
72	中国城市贫困状况研究——聚焦外来务工人员	魏后凯，苏红键	中国社会科学出版社	2016 年 10 月
73	中国老年人的福祉：贫困、健康及生活满意度	骆为祥	社会科学文献出版社	2016 年 10 月
74	反贫困政策调整优化研究——基于川西北藏区的实证分析	王建平	经济科学出版社	2016 年 10 月
75	互联网+促进农村减贫	山东省博兴县委宣传部	世界知识出版社	2016 年 10 月
76	中国的减贫行动与人权进步	中华人民共和国国务院新闻办公室	人民出版社	2016 年 10 月
77	中国反贫困发展报告（2016）——社会组织参与扶贫专题	武汉大学，中国国际扶贫中心	华中科技大学出版社	2016 年 10 月
78	电商扶贫创新与突破	黄海洲	中国科学技术大学出版社	2016 年 10 月
79	贫困中的合作：贫困地区农村合作组织发展研究	徐旭初，吴彬	浙江大学出版社	2016 年 10 月

续表

	名　称	作者	出版社	出版时间
80	贵州党建扶贫 30 年	孙兆霞，张建曾芸，王春光	社会科学文献出版社	2016 年 11 月
81	残疾精准扶贫研究——以巴中为例	庄天慧，黄承伟，李本钦	中国农业出版社	2016 年 11 月
82	中国城乡贫困动态演化的理论与实证研究	姚毅	西南财经大学出版社	2016 年 11 月
83	富裕中的贫困	郭家宏	社会科学文献出版社	2016 年 11 月
84	法治视野下中部贫困地区经济社会发展竞争力比较研究	徐丽媛	知识产权出版社	2016 年 11 月
85	教育扶贫蓝皮书：中国教育扶贫报告（2016）	司树杰，王文静，李兴洲	社会科学文献出版社	2016 年 12 月
86	精准扶贫背景下的科技对口支援研究	侯波，林建新	经济科学出版社	2016 年 12 月
87	脱贫攻坚典型案例选	国务院扶贫开发领导小组办公室	中国农业出版社	2016 年 12 月
88	贫困测量：理论与方法（第二版）	王小林	社会科学文献出版社	2016 年 12 月
89	中国扶贫开发政策演变（2001—2015 年）	左常升	社会科学文献出版社	2016 年 12 月
90	2015 减贫与发展高层论坛文集	10·17 论坛组委会秘书处	世界知识出版社	2016 年 12 月
91	国际减贫理论与前沿问题（2016）	左常升	中国农业出版社	2016 年 12 月
92	西藏农牧区反贫困与乡村建设	李继刚	厦门大学出版社	2016 年 12 月
93	财政支出的减贫效应研究	徐爱燕	科学出版社	2016 年 12 月

注：按出版时间排序。

参考论文（略）

宣传表彰篇

（一）扶贫宣传

【深入学习贯彻习近平总书记关于扶贫开发重要讲话精神座谈会】 2016年6月16日，“深入学习贯彻习近平总书记关于扶贫开发重要讲话精神座谈会”在贵州省贵阳市召开。会议旨在深入贯彻落实习近平总书记在部分省区市扶贫攻坚与“十三五”时期经济社会发展座谈会上的重要讲话精神，进一步深刻领会中共中央总书记习近平扶贫开发战略思想。座谈会由国务院扶贫办与贵州省委、省政府联合举办，全国扶贫培训宣传中心与贵州省扶贫办承办。

中共中央统一战线工作部、中央农村工作领导小组、中共中央党校、中共中央文献研究室、中共中央党史研究室、国家发展和改革委员会、水利部有关负责同志，部分对口帮扶区市、企业代表，科研院所及高校相关负责人，贵州省扶贫开发领导小组成员单位相关负责人，部分中央在黔和贵州省内媒体记者200多人参加座谈会。

【学习习近平总书记扶贫开发战略思想研讨会】 中共中央宣传部、国务院扶贫办于2016年10月16日在北京召开“学习习近平总书记扶贫开发战略思想研讨会”。国务院扶贫开发领导小组成员单位代表，各省（区、市）和新疆生产建设兵团扶贫办（局）负责同志，专家学者，中共中央宣传部、国务院扶贫办有关人员，新闻媒体记者约100人参加了研讨会。中共中央宣传部、国务院扶贫办、人民日报社和贵州省、四川省、广东省、江苏省政府，福建省宁德市、河南省兰考县负责同志在会上发言。

会议发言交流了学习贯彻习近平总书记扶贫开发战略思想的体会。中央有关部门发言侧重从理论、政策、工作等方面畅谈了学习习近平总书记扶贫开发战略思想的体会和贯彻落实的打算。地方同志围绕习近平总书记扶贫开发战略思想的早期实践、脱贫攻坚统揽经济社会发展全局、实施精准扶贫精准脱贫方略、提高东西部扶贫协作水平的实践和落实“携手奔小康行动”等进行了认真交流。

会议认为，党的“十八大”以来，习近平总书记把扶贫开发的战略定位提到新的高度，提出了一系列扶贫开发战略思想。这些思想内涵极其丰富，内容博大精深，深刻揭示了扶贫开发工作的基本特征和科学规律，精辟阐述了扶贫开发工作的发展方向和实现途径，充分体现了马克思主义世界观和方法论，是中国特色社会主义理论体系的新发展，是指导“十三五”期间脱贫攻坚的科学指南和基本遵循。

会议认为，学习贯彻习近平总书记扶贫开发战略思想要学深悟透其精神实质、精髓要义，既要深入理解贯穿其中的新思想、新观点、新论断、新要求，又要准确把握扶贫开发战略思想所体现的思想方法和工作方法，提高攻坚克难、化解矛盾、驾驭脱贫攻坚复杂局面的能力，掌握履职尽责打赢脱贫攻坚战的本领。要深入学习领会习近平总书记扶贫开发战略思想的重要性、方向性、目标性、原则性精髓，深入理解把握打赢脱贫攻坚的思想方法、实施方法，切实把思想和行动统一到中央要求和部署上来，坚持战略导向、问题导向、需求导向，拿出“敢教日月换新天”的气概，鼓起“不破楼兰终不还”的劲头，向贫困发起总攻，坚决打赢脱贫攻坚战，确保到2020年所有贫困地区和贫困人口一道迈入全面小康社会，为实现中华民族伟大复兴的中国梦写下新的光辉篇章。

这次会议在打赢脱贫攻坚战首战之年首次召开，对习近平总书记扶贫开发战略思想进行全面展示汇报、集中学习交流，用习近平总书记扶贫开发战略思想武装头脑、指导精准扶贫精准脱贫实践，推动中国特色扶贫开发理论的完善与发展，对坚决打赢脱贫攻坚战意义重大。研讨会的成功举办，引起中央主流媒体、地方媒体的高度关注，《人民日报》专版刊发九位发言人发言摘编，中央电视台新闻联播、中央人民广播电台、中央人民国际广播电台、新华社、《光明日报》《经济日报》《农民日报》等媒体均分不同时段和版块播发或转载相关内容。

组织开展“学习贯彻习近平总书记扶贫开发战略思想研讨会”主题征文活动。为全面展示学习习近平总书记扶贫开发战略思想的理论创新和实践创新成果，深入交流习近平总书记扶贫开发战略思想学习体会，深刻领会习近平总书记扶贫开发战略思想，进一步凝心聚力，合力脱贫攻坚，中共中央宣传部、国务院扶贫办联合在第三个“扶贫日”期间举办“学习贯彻习近平总书记扶贫开发战略思想研讨会”。为征集各地各部门学习习近平总书记扶贫开发战略思想的理论和实践成果，国务院扶贫办政策法规司、全国扶贫宣传教育中心组织开展了征文活动。活动从 2016 年 9 月 6 日至 10 月 11 日，共收到征文 364 篇。经论文评审工作组初步筛选，选出符合主题要求的论文 265 篇进入专家评审环节。7 位专家组成论文评审专家组对论文进行评审，优秀论文结集出版。

【习近平总书记扶贫开发战略思想的理论创新和实践创新研究课题】 经中共中央宣传部批准，国务院扶贫办申报的课题“习近平总书记扶贫开发战略思想的理论创新和实践创新研究”被立为 2016 年度马克思主义理论研究和建设工程重大课题。国务院扶贫办成立了“习近平总书记扶贫开发战略思想的理论创新和实践创新研究”课题研究小组、课题组、专家组。刘永富主任担任课题研究小组组长，全国扶贫宣传教育中心黄承伟主任担任课题组组长、第一首席专家。课题组聘请中共中央政策研究室、国务院研究室、中共中央文献研究室、中共中央党校、国家行政学院、北京大学、清华大学等领导和专家成立指导组。课题研究及成果将推动习近平总书记扶贫开发战略思想的深入学习贯彻。

课题研究初步成果：已出版著作两部，分别为《习近平关于扶贫开发论述摘编》（内部学习）、《鉴往知来——十八世纪以来国际贫困与反贫困理论研究述评》；已发表论文8篇，分别为《习近平扶贫思想体系及其丰富内涵》《扶贫模式创新——精准扶贫：理论研究与贵州实践》《我国脱贫攻坚若干前沿问题》《中国扶贫开发道路研究：评述与展望》《新中国扶贫思想的形成与发展》《决不能让困难地区和困难群众掉队》《“十二五”时期我国反贫困理论研究述评》《更好地实施精准扶贫的根本遵循——学习贯彻习近平总书记在中央政治局第39次集体学习时的重要讲话》。

（全国扶贫宣传教育中心　栾海燕）

（二）扶贫表彰

【国家扶贫荣誉制度建立】 2015年11月，《中共中央 国务院关于打赢脱贫攻坚战的决定》明确提出“建立国家扶贫荣誉制度”有关要求。2015年12月11日，国务院扶贫开发领导小组第八次会议对建立国家扶贫荣誉制度做出了具体部署。2016年1月30日，中共中央办公厅、国务院办公厅印发的《贯彻实施〈中共中央 国务院关于打赢脱贫攻坚战的决定〉重要政策实施分工方案》明确，建立国家扶贫荣誉制度的任务由国务院扶贫办、人力资源和社会保障部负责。

经中央批准，“十三五”脱贫攻坚期间，每年开展一次全国脱贫攻坚奖表彰活动，主办单位为国务院扶贫开发领导小组，表彰名额为“奋进奖”“贡献奖”“奉献奖”“创新奖”各不超过10名。并同意在2016年我国开展有计划、有组织、大规模扶贫开发工作30周年之际，开展一次全国扶贫系统先进集体和先进工作者的评选表彰活动，主办单位为国务院扶贫办与人力资源和社会保障部，表彰先进集体50个，先进工作者60名，获奖个人享受省部级先进工作者和劳动模范待遇。

2016年国务院扶贫办分别组织了“全国脱贫攻坚奖”“全国脱贫攻坚模范”“全国扶贫系统先进集体和先进工作者”的评选表彰，三方面奖项的集中评选表彰活动，对于弘扬社会主义核心价值观，对于凝聚社会各方面力量，乘势而上坚决打赢脱贫攻坚战，对于鼓舞提升全国扶贫系统的战斗力和士气起到积极的助推作用。

（国务院扶贫办综合司　崔诗晴）

【全国脱贫攻坚奖】 建立组织机构。在国务院扶贫开发领导小组的领导下，分别组建评选办公室和评选委员会。评选办公室由国务院扶贫办、人力资源和社会保障部会同其他8个领导小组副组长单位组成，负责评选表彰活动日常工作，负责提出评选委员会组成方案，审议提出获奖建议人选名单。评选办公室先后召开4次全体会议，审议评选委员会提名方案、奖牌奖章制作方案、初评候选人名单和获奖建议名单等重要问题。评选办公室商全国人民代表大会常务委员会办公厅、中国人民政治协商会议全国委员会办公厅、有关省市、科研院所、新闻单位和社会组织推荐62名同志组成评选委员会，负责初次评审和综合复评，其中，全国人大代表10名，全国政协委员10名，基层代表12名，专家学者10名，新闻媒体代表10名，社会组织代表10名，体现了广泛的代表性。

认真组织评选。制定工作方案和办法，分别制定了评选办公室工作方案、资格审核办法、评审办法等，明确了相关工作规则和要求。进行资格审核，受理审核推荐人选共361人，31个省（区、市）和新疆兵团推荐242人，79个中央在京单位推荐119人。361人中有322人通过了资格审核。组织初次评审，9月18日至20日，评选办公室组织评选委员会进行了初次评审，评选出60名候选人建议人选。开展社会公示和网络投票，9月22日至27日，在新华网对评选委员会初次评审出的60名候选人进行了社会公示和网络投票。组织综合复评，9月28日至29日上午，评选办公室组织评选委员会进行了综合复评，评选委员会全体会议进行了投票。研究获奖建议人选，9月29日下午，评选办公室召开第四次全体会议，确定38名候选人为获奖建议人选，其中奋进奖10名、贡献奖10名、奉献奖9名、创新奖9名。征求相关部委意见。10月8日，将获奖建议人选名单分别提交公安部、环境保护部、国家工商行政管理总局、国家安全生产监督管理总局征求了意见，均反馈没有违反法律法规问题。提交领导小组会议审定。10月11日上午，领导小组第十二次全体会议听取了2016年全国脱贫攻坚奖工作开展情况的报告，审议通过了获奖建议人选名单。再次向社会公示，10月11日下午，在新华网和国务院扶贫办官网对拟表彰人选进行了再次公示，没有接到投诉举报，也没有出现负面舆情。

举办表彰大会。10月16日，全国脱贫攻坚奖表彰大会在北京市召开，中共中央总书记习近平和国务院总理李克强作出重要批示，国务院副总理汪洋出席会议，为获奖者颁奖并作重要讲话。国务院扶贫开发领导小组成员单位、各省扶贫办负责同志、全国脱贫攻坚奖获奖者和扶贫系统先进集体先进工作者等400余人参加了表彰大会。

把宣传发动工作贯穿始终。制定了专门的宣传方案，明确评选表彰宣传工作重点。8月23日，召开了中央主要媒体通气会，向社会发布公告。9月21日，召开了专题新闻发布会，发布评选工作情况。10月13日，再次召开新闻发布会，发布扶贫日活动和评选表彰情况。及时组织中央主要媒体对获奖者事迹进行宣传报道，各地各单位也通过多种形式进行了广泛宣传。尤其是脱贫攻坚奖的评选，得到了社会各界和网民的高度关注和广泛参与。

（国务院扶贫办综合司　崔诗晴）

【全国脱贫攻坚模范】　2016年，国务院扶贫办对脱贫攻坚战中涌现出的李保国、姜仕坤两名模范人物授予了“全国脱贫攻坚模范”称号。

河北农业大学教授李保国、贵州省晴隆县委书记姜仕坤长期投身脱贫攻坚，扎根贫困地区，甘于奉献、不计得失、事迹感人，受到群众广泛认可。中共中央总书记习近平对李保国的事迹作出重要批示，国务院副总理汪洋、中共中央办公厅主任栗战书对姜仕坤的事迹作出批示。经河北省委、省政府和贵州省委、省政府分别请示，国务院扶贫办派专人进一步实地了解核实有关情况，人力资源和社会保障部、国务院扶贫办分别于6月、9月追授李保国、姜仕坤“全国脱贫攻坚模范”荣誉称号，印发《关于追授李保国同志“全国脱贫攻坚模范”荣誉称号的决定》和《关于追授姜仕坤同志“全国脱贫攻坚模范”荣誉称号的决定》。6月27日，人力资源和社会保障部、国务院扶贫办召开追授李保国同志“全国脱贫攻坚模范”荣誉称号大会暨李保国同志先进事迹报告会，11月11日，人力资源和社会保障部、国务院扶贫办召开追授姜仕坤同志“全国脱贫攻坚模范”荣誉称号大会暨姜仕坤同志先进事迹报告会，国务院扶贫开发领导小组成员单位有关同志，中共中央纪委驻部纪检组，中央新闻单位代表，国务院扶贫办全体干部参加了报告会，全国31个省（区、市）人力资源与社会保障部门、扶贫部门等设立电视电话分会场，号召大家学习李保国、姜仕坤践行宗旨、心系群众的扶贫情怀，扎根基层、苦干实干的务实作风，淡泊名利、无私奉献的高尚情操。各地组织开展了多种形式的学习活动，中央主要媒体对李保国、姜仕坤同志的事迹进行了专题报道。

（国务院扶贫办综合司　崔诗晴）

【全国扶贫系统表彰】　2016年是我国开展有计划、有组织、大规模扶贫开发工作30周年，是脱贫攻坚的开局之年。为表彰先进、树立典型、弘扬正气，确保打赢脱贫攻坚战，中央批示由国务院扶贫办、人力资源和社会保障部组织开展全国扶贫系统先进集体和先进工作者评选表彰活动，表彰先进集体50个、先进个人60名，获奖个人享受省部级先进工作者和劳动模范待遇。

8月22日，国务院扶贫办与人力资源和社会保障部成立全国扶贫系统先进集体和先进工作者评选表彰工作领导小组办公室，国务院扶贫办党组书记、主任刘永富，人力资源和社会保障部副部长、国家公务员局局长信长星担任组长，印发《关于评选全国扶贫系统先进集体和先进工作者的通知》。通知对评选标准、评选程序、报送材料、进度安排、组织领导、相关纪律等提出明确要求。

各省（区、市）认真研究制定评选推荐工作方案，成立地方评选表彰工作机构，组织开展本地区的推荐评选工作。

经过初审、复审，推荐对象所在单位公示、省级公示和全国公示，最终评选出49个先进集体，55名先进工作者，人力资源和社会保障部、国务院扶贫办印发《人力资源和社会保障部、国务院扶贫办关于表彰全国扶贫系统先进集体和先进工作者的决定》。

10月16日，全国扶贫系统表彰大会在北京市召开，国务院副总理汪洋出席表彰大会并发表重要讲话，对获奖代表进行表彰。

（国务院扶贫办人事司　胡玥琳）

扶贫数据篇

表1　2016年全国及各省（区、市）农村贫困人口变化情况

地区	贫困人口			贫困发生率	
	数量（万人）	比2015年下降（万人）	下降幅度（%）	水平（%）	比2015年下降（百分点）
全国	4335	1240	22.2	4.5	1.2
北京	.	.	.	.	.
天津	.	.	.	.	.
河北	188	53	22.1	3.3	1
山西	186	36	16.2	7.7	1.5
内蒙古	53	23	30.2	3.9	1.7
辽宁	59	27	31.5	2.6	1.2
吉林	57	12	17.3	3.8	0.8
黑龙江	69	17	19.6	3.7	0.9
上海	.	.	.	.	.
江苏	.	.	.	.	.
浙江	.	.	.	.	.
安徽	237	72	23.4	4.4	1.4
福建	23	13	35.9	0.8	0.5
江西	155	53	25.5	4.3	1.5
山东	140	32	18.5	1.9	0.5
河南	371	91	19.7	4.6	1.2
湖北	176	40	18.6	4.3	1
湖南	343	91	21	6	1.6
广东	.	.	.	.	.
广西	341	111	24.6	7.9	2.6
海南	32	8	19.8	5.5	1.4
重庆	45	42	48.3	2	1.9
四川	306	94	23.5	4.4	1.3
贵州	402	105	20.6	11.6	3.1
云南	373	97	20.7	10.1	2.6
西藏	34	14	28.9	13.2	5.4
陕西	226	62	21.7	8.4	2.3
甘肃	262	63	19.4	12.6	3.1
青海	31	10	25	8.1	2.8
宁夏	30	7	19.7	7.1	1.8
新疆	147	34	18.6	12.8	3

注：1.“.”表示数值较小，统计上不显著。下文同。
2.本篇表1—15的数据来源于国家统计局公布的《2016年全国农村贫困监测调查主要结果》。

表2　2016年各省（区、市）贫困地区农村贫困人口变化情况

地区	贫困人口			贫困发生率	
	数量（万人）	比2015年下降（万人）	下降幅度（%）	水平（%）	比2015年下降（百分点）
合计	2654	836	23.9	10.1	3.2
河北	147	50	25.3	10.6	3.6
山西	67	16	18.8	11.9	2.7
内蒙古	46	20	30.1	6.6	2.7
吉林	10	2	20.2	9	1.8
黑龙江	53	15	21.4	10	2.7
安徽	155	54	25.7	7.9	2.8
江西	103	38	26.7	8.5	3.1
河南	221	66	23	7.3	2.2
湖北	117	31	21.2	9.6	2.6
湖南	205	74	26.6	10.3	3.7
广西	100	35	26	9.7	3.4
海南	9	2	21.6	11.2	3.2
重庆	35	33	49.2	4	3.9
四川	150	53	26	9	3.1
贵州	346	98	22.1	11.9	3.4
云南	352	95	21.3	13.7	3.7
西藏	34	14	28.9	13.2	5.4
陕西	140	40	22.4	10.6	3
甘肃	235	61	20.7	14.5	3.8
青海	31	10	25	8.1	2.8
宁夏	18	5	22.6	8.7	2.4
新疆	80	21	20.9	12.8	3

表3　2016年各省（区、市）贫困地区农村基础设施和公共服务状况　　单位:%

地区	1. 所在自然村公路的农户比重	2. 所在自然村通话的农户比重	3. 所在自然村能接收有线电视信号的农户比重	4. 所在自然村主干道路面硬化的农户比重	5. 所在自然村能便利乘坐公共汽车的农户比重	6. 所在自然村通宽带的农户比重	7. 所在自然村垃圾能集中处理的农户比重	8. 所在自然村有卫生站的农户比重	9. 所在自然村上幼儿园便利的农户比重	10. 所在自然村上小学便利的农户比重
合计	99.8	99.9	94.2	96	63.9	79.8	50.9	91.4	79.7	84.9
河北	99.5	99.8	92.1	97.7	83.9	93.4	55.4	98.4	86.4	85.1
山西	100	99.4	96.9	98.1	82.4	81.8	59	85.5	67.8	70.5
内蒙古	100	100	95.7	93.8	85.8	73.7	53.4	95.4	70.1	71.8
吉林	100	100	100	94.9	69.1	100	42.6	86.2	69.5	74.8
黑龙江	100	100	100	93.5	87.5	94.1	26.8	87.7	70.8	73.8
安徽	100	100	96.2	98.1	60	93.5	60.6	91.6	89.6	92.6
江西	100	100	100	99.3	53.9	85.1	66.3	88.4	81.6	90.2
河南	100	100	95.7	99.2	73	93.9	30.5	98.4	94.3	98
湖北	100	100	93.7	97.8	72.9	87.3	56.7	91.9	76	81.1
湖南	99.3	100	89.1	98.2	50.5	75.7	67.1	86.1	75.8	77
广西	100	100	89.1	96.9	47	75.4	80.7	80.3	84.5	91.3
海南	100	78.8	77.1	100	51.2	54.8	74.3	82.1	71.5	84.5
重庆	100	100	100	94.2	55.2	81.4	35.7	93.4	74.5	74.2
四川	99.7	99.8	88	94.8	48	70.1	52.9	87.9	73.7	76.9
贵州	100	100	93	96.6	59	67.7	48.3	95.2	78.1	88.6
云南	100	99.9	95.1	88.3	47.6	71.7	37.2	84.8	73.7	83.3
西藏	100	100	81.8	97.4	55.3	14.4	53.1	91.3	83.4	94.7
陕西	99.7	100	98.4	97.1	74.3	78.4	63.6	95.6	73.8	80.7
甘肃	100	100	100	96.3	75	81	53.6	92.7	76.4	86.5
青海	97.3	97.1	80.2	96	71.6	57.6	42.7	94.7	85.6	88.2
宁夏	100	100	92.3	100	85.4	64.3	34.7	93.7	77.6	89.1
新疆	100	100	85.1	93.3	76.1	72.7	39	93.3	95	94.6

表 4　2016 年连片特困地区农村贫困人口变动情况

片区名称	贫困人口			贫困发生率	
	数量（万人）	比 2015 年下降（万人）	下降幅度（%）	水平（%）	比 2015 年下降 %
全部片区	2182	693	24.1	10.5	3.4
六盘山区	215	66	23.4	12.4	3.8
秦巴山区	256	90	25.9	9.1	3.2
武陵山区	285	95	25	9.7	3.2
乌蒙山区	272	101	27.1	13.5	5
滇黔桂石漠化区	312	86	21.7	11.9	3.2
滇西边境山区	152	40	21	12.2	3.3
大兴安岭南麓山区	46	13	22	8.7	2.4
燕山—太行山区	99	23	18.7	11	2.5
吕梁山区	47	11	18.4	13.4	3
大别山区	252	89	26.2	7.6	2.8
罗霄山区	73	29	28.2	7.5	2.9
西藏区	34	14	28.9	13.2	5.4
四省藏区	68	20	22.9	12.7	3.8
南疆三地州	73	17	19.1	12.7	3

表 5　2016 年连片特困地区农村基础设施和公共服务状况　　单位:%

片区名称	1. 所在自然村通公路的农户比重	2. 所在自然村通话的农户比重	3. 所在自然村能接收有线电视信号的农户比重	4. 所在自然村主干道路面硬化的农户比重	5. 所在自然村能便利乘坐公共汽车的农户比重	6. 所在自然村通宽带的农户比重	7. 所在自然村垃圾能集中处理的农户比重	8. 所在自然村有卫生站的农户比重	9. 所在自然村上幼儿园便利的农户比重	10. 所在自然村上小学便利的农户比重
全部片区	99.8	99.9	93.4	95.6	61.2	77.4	49.5	90.6	79.6	85.2
六盘山区	100	100	97.9	96.9	77.8	77.7	52.3	94.6	81	87.8
秦巴山区	99.9	100	97.4	97	63.3	80.2	51.3	93.6	76	82.2
武陵山区	99.6	100	90.6	97.4	56	73.3	53.8	89.9	74.1	77.1
乌蒙山区	99.7	99.7	87.5	91.2	47.4	59.6	35.7	87.5	78.5	89.8
滇黔桂石漠化区	100	100	93.5	95	52.5	74.9	58.5	89.2	77.9	85.9
滇西边境山区	100	100	95.8	87.6	49.7	73.1	44.5	84.9	73.1	83.8
大兴安岭南麓山区	100	100	100	95.5	83.7	89.4	26.9	88.2	76.7	80.9
燕山—太行山区	99.2	99.3	90.3	98	84.3	86.5	50.8	95.2	80.4	79.3
吕梁山区	100	100	100	94.3	77.5	71.9	48	79.8	60.3	60.5
大别山区	100	100	93.4	99.1	61.6	91.8	45.4	93.2	92	95.3
罗霄山区	100	100	96.7	99.2	61.8	91.7	69.4	88.1	86.7	87.6
西藏区	100	100	81.8	97.4	55.3	14.4	53.1	91.3	83.4	94.7
四省藏区	96.7	96.2	83.1	84.4	49.8	49.2	58.1	78.9	67.8	77.5
南疆三地州	100	100	83.7	93	75.3	73.9	39.5	94	96.8	95.8

表6　2016年各省（区、市）扶贫重点县农村贫困人口变动情况

地区	贫困人口			贫困发生率	
	数量（万人）	比2015年下降（万人）	下降幅度（%）	水平（%）	比2015年下降（百分点）
合计	2219	674	23.3	10.5	3.2
河北	124	43	25.5	10.5	3.6
山西	61	18	22.8	11	3.2
内蒙古	46	20	30.1	6.6	2.7
吉林	10	2	20.2	9	1.8
黑龙江	42	19	31.1	12.4	5.6
安徽	155	50	24.5	8.1	2.7
江西	90	39	30.2	8.6	3.7
河南	181	37	17.1	7.9	1.6
湖北	110	27	19.6	9.6	2.4
湖南	124	44	26.1	12.3	4.3
广西	84	41	32.9	9.4	4.6
海南	9	2	21.6	11.2	3.2
重庆	35	33	49.2	4	3.9
四川	117	48	28.9	8.5	3.4
贵州	279	74	21.1	12.6	3.4
云南	316	64	16.9	15.5	3.2
陕西	116	35	23.4	10.5	3.2
甘肃	217	48	18.2	16.4	3.7
青海	18	9	33.8	10.3	5.2
宁夏	18	5	22.6	8.7	2.4
新疆	69	14	16.6	13	2.6

表7 2016年各省（区、市）扶贫重点县基础设施和公共服务状况 单位:%

地区	1. 所在自然村通公路的农户比重	2. 所在自然村通话的农户比重	3. 所在自然村能接收有线电视信号的农户比重	4. 所在自然村主干道路面硬化的农户比重	5. 所在自然村能便利乘坐公共汽车的农户比重	6. 所在自然村通宽带的农户比重	7. 所在自然村垃圾能集中处理的农户比重	8. 所在自然村有卫生站的农户比重	9. 所在自然村上幼儿园便利的农户比重	10. 所在自然村上小学便利的农户比重
合计	99.9	99.8	94.6	95.7	64.5	80.3	50.2	91.7	78.9	84.4
河北	100	99.7	95.4	97.8	87	93.7	57.4	98.2	86.4	85.4
山西	100	100	97.8	98.1	82.3	81.8	58.1	85.7	67.2	70
内蒙古	100	100	95.7	93.8	85.8	73.7	53.4	95.4	70.1	71.8
吉林	100	100	100	94.9	69.1	100	42.6	86.2	69.5	74.8
黑龙江	100	100	100	94.6	89	95	28.5	89	68.6	72.6
安徽	100	100	96.1	98	59.8	93.7	59.8	91.7	89.3	92.4
江西	100	100	100	100	54.5	83.1	62.8	88.2	80.1	88.7
河南	100	100	98	99	75.6	93.5	32.3	98.4	93.1	97.4
湖北	100	100	93.8	97.6	74.4	86.7	57	91.3	76.4	81.1
湖南	98.7	100	81.7	98.8	48.8	72.9	69.3	83.3	75.3	80.4
广西	100	100	90.3	96.6	48.4	77.2	80.2	80.8	83.7	91.1
海南	100	78.8	77.1	100	51.2	54.8	74.3	82.1	71.5	84.5
重庆	100	100	100	94.2	55.2	81.4	35.7	93.4	74.5	74.2
四川	99.6	99.8	86.7	95.3	47.8	71.3	53.4	81.9	73.6	77.3
贵州	100	100	91.8	96	56.2	65.1	44.1	95.7	76.4	86.7
云南	100	99.9	95.1	86.1	46.2	70.1	35.1	85.7	71.4	82.6
陕西	99.7	100	98.1	96.5	73.1	81.5	62.7	95.6	72.5	78.1
甘肃	100	100	100	95.6	72.9	78.2	48.4	92.3	73.7	84.9
青海	97	95.5	95.7	98.3	73.3	70	41.6	97	92	90.1
宁夏	100	100	92.3	100	85.4	64.3	34.7	93.7	77.6	89.1
新疆	100	100	84.3	92.9	74.7	74.7	41.3	92.9	94.7	94.3

表8　2010—2016年全国及各省（区、市）农村贫困人口规模　　单位：万人

地区	2010年	2011年	2012年	2013年	2014年	2015年	2016年
全国	16567	12238	9899	8249	7017	5575	4335
北京	1	2	1	0	0	.	.
天津	8	5	1	0	0	.	.
河北	872	561	437	366	320	241	188
山西	574	444	359	299	269	223	186
内蒙古	258	160	139	114	98	76	53
辽宁	213	157	146	126	117	86	59
吉林	216	140	103	89	81	69	57
黑龙江	239	155	130	111	96	86	69
上海	0	0	0	0	0	.	.
江苏	187	123	106	95	61	.	.
浙江	148	94	83	72	45	.	.
安徽	839	710	543	440	371	309	237
福建	167	114	87	73	50	36	23
江西	538	438	385	328	276	208	155
山东	544	345	313	264	231	172	140
河南	1461	955	764	639	565	463	371
湖北	678	488	395	323	271	216	176
湖南	1006	908	767	640	532	434	343
广东	314	166	128	115	82	47	.
广西	1012	950	755	634	540	452	341
海南	133	88	65	60	50	41	32
重庆	363	202	162	139	119	88	45
四川	1409	912	724	602	509	400	306
贵州	1521	1149	923	745	623	507	402
云南	1468	1014	804	661	574	471	373
西藏	117	106	85	72	61	48	34
陕西	756	592	483	410	350	288	226
甘肃	862	722	596	496	417	325	262
青海	118	108	82	63	52	42	31
宁夏	77	77	60	51	45	37	30
新疆	469	353	273	222	212	180	147

表9　2010—2016年全国及各省（区、市）农村贫困发生率　　单位:%

地区	2010年	2011年	2012年	2013年	2014年	2015年	2016年
全国	17.2	12.7	10.2	8.5	7.2	5.7	4.5
北京	0.3	0.3	0.2	0	0	.	.
天津	2	1.2	0.2	0	0	.	.
河北	15.8	10.1	7.8	6.5	5.6	4.3	3.3
山西	24.1	18.6	15	12.4	11.1	9.2	7.7
内蒙古	19.7	12.2	10.6	8.5	7.3	5.6	3.9
辽宁	9.1	6.8	6.3	5.4	5.1	3.8	2.6
吉林	14.7	9.5	7	5.9	5.4	4.6	3.8
黑龙江	12.1	8.3	6.9	5.9	5.1	4.6	3.7
上海	0.1	0	0	0	0	.	.
江苏	3.8	2.5	2.1	2	1.3	.	.
浙江	3.9	2.5	2.2	1.9	1.1	.	.
安徽	15.7	13.2	10.1	8.2	6.9	5.8	4.4
福建	6.2	4.2	3.2	2.6	1.8	1.3	0.8
江西	15.8	12.6	11.1	9.2	7.7	5.8	4.3
山东	7.6	4.8	4.4	3.7	3.2	2.4	1.9
河南	18.1	11.8	9.4	7.9	7	5.8	4.6
湖北	16.9	12.1	9.8	8	6.6	5.3	4.3
湖南	17.9	16	13.5	11.2	9.3	7.6	6
广东	4.6	2.4	1.9	1.7	1.2	0.7	.
广西	24.3	22.6	18	14.9	12.6	10.5	7.9
海南	23.8	15.5	11.4	10.3	8.5	6.9	5.5
重庆	15.1	8.5	6.8	6	5.3	3.9	2
四川	20.2	13	10.3	8.6	7.3	5.7	4.4
贵州	45.1	33.4	26.8	21.3	18	14.7	11.6
云南	40	27.3	21.7	17.8	15.5	12.7	10.1
西藏	49.2	43.9	35.2	28.8	23.7	18.6	13.2
陕西	27.3	21.4	17.5	15.1	13	10.7	8.4
甘肃	41.3	34.6	28.5	23.8	20.1	15.7	12.6
青海	31.5	28.5	21.6	16.4	13.4	10.9	8.1
宁夏	18.3	18.3	14.2	12.5	10.8	8.9	7.1
新疆	44.6	32.9	25.4	19.8	18.6	15.8	12.8

表10　2012—2016年各省（区、市）贫困地区农村贫困人口规模　单位：万人

地区	2012年	2013年	2014年	2015年	2016年
合计	6039	5070	4317	3490	2654
河北	354	304	265	197	147
山西	157	126	107	83	67
内蒙古	134	110	95	66	46
吉林	16	15	14	12	10
黑龙江	104	89	82	68	53
安徽	333	301	252	209	155
江西	255	215	176	141	103
河南	444	370	328	287	221
湖北	286	216	180	148	117
湖南	501	423	343	279	205
广西	249	196	164	135	100
海南	10	9	12	11	9
重庆	103	97	83	68	35
四川	399	331	273	203	150
贵州	756	654	545	444	346
云南	744	607	536	448	352
西藏	85	72	61	48	34
陕西	312	271	227	180	140
甘肃	540	451	381	296	235
青海	82	63	52	42	31
宁夏	36	33	30	23	18
新疆	138	117	111	101	80

表 11　2012—2016 年各省贫困地区农村贫困发生率　　单位:%

地区	2012 年	2013 年	2014 年	2015 年	2016 年
合计	23.2	19.3	16.6	13.3	10.1
河北	23.8	20.4	19	14.2	10.6
山西	27.3	21.7	18.9	14.6	11.9
内蒙古	19.7	16.1	13.4	9.3	6.6
吉林	14.6	13.6	12.9	10.8	9
黑龙江	20.4	17.3	15.5	12.7	10
安徽	18.7	15.6	12.9	10.7	7.9
江西	22	18.1	14.9	11.6	8.5
河南	15.9	13.3	11.3	9.5	7.3
湖北	23.5	17.7	14.9	12.2	9.6
湖南	24.8	20.8	18.3	14	10.3
广西	24.4	19.1	15.7	13.1	9.7
海南	12.2	12.5	15.9	14.4	11.2
重庆	12.3	10.3	9.7	7.9	4
四川	22.5	19.7	16.3	12.1	9
贵州	27.2	23.6	19	15.3	11.9
云南	26.7	21.9	20.3	17.4	13.7
西藏	35.2	28.8	23.7	18.6	13.2
陕西	22.1	19.4	17.2	13.6	10.6
甘肃	32.8	27.5	23.4	18.3	14.5
青海	21.6	16.4	13.4	10.9	8.1
宁夏	17.4	16.1	14.4	11.1	8.7
新疆	24.5	20	18.7	15.8	12.8

表 12　2011—2016 年连片特困地区农村贫困人口规模　　单位：万人

片区名称	2011 年	2012 年	2013 年	2014 年	2015 年	2016 年
全部片区	6035	5067	4141	3518	2875	2182
六盘山区	642	532	439	349	280	215
秦巴山区	815	684	559	444	346	256
武陵山区	793	671	543	475	379	285
乌蒙山区	765	664	507	442	373	272
滇黔桂石漠化区	816	685	574	488	398	312
滇西边境山区	424	335	274	240	192	152
大兴安岭南麓山区	129	108	85	74	59	46
燕山—太行山区	223	192	165	150	122	99
吕梁山区	104	87	76	67	57	47
大别山区	647	566	477	392	341	252
罗霄山区	206	175	149	134	102	73
西藏区	106	85	72	61	48	34
四省藏区	206	161	117	103	88	68
南疆三地州	159	122	104	99	90	73

表 13　2011—2016 年连片特困地区农村贫困发生率　　单位:%

片区名称	2011 年	2012 年	2013 年	2014 年	2015 年	2016 年
全部片区	29	24.4	20	17.1	13.9	10.5
六盘山区	35	28.9	24.1	19.2	16.2	12.4
秦巴山区	27.6	23.1	19.5	16.4	12.3	9.1
武陵山区	26.3	22.3	18	16.9	12.9	9.7
乌蒙山区	38.2	33	25.2	21.5	18.5	13.5
滇黔桂石漠化区	31.5	26.3	21.9	18.5	15.1	11.9
滇西边境山区	31.6	24.8	20.5	19.1	15.5	12.2
大兴安岭南麓山区	24.1	21.1	16.6	14	11.1	8.7
燕山—太行山区	24.3	20.9	17.9	16.8	13.5	11
吕梁山区	30.5	24.9	21.7	19.5	16.4	13.4
大别山区	20.7	18.2	15.2	12	10.4	7.6
罗霄山区	22	18.8	15.6	14.3	10.4	7.5
西藏区	43.9	35.2	28.8	23.7	18.6	13.2
四省藏区	42.8	38.6	27.6	24.2	16.5	12.7
南疆三地州	38.7	33.6	20	18.8	15.7	12.7

表14　2011—2016年各省（区、市）扶贫重点县农村贫困人口规模 单位：万元

地区	2011年	2012年	2013年	2014年	2015年	2016年
合计	6112	5105	4279	3649	2893	2219
河北	358	304	274	235	167	124
山西	160	134	123	104	79	61
内蒙古	153	134	110	95	66	46
吉林	22	16	15	14	12	10
黑龙江	93	79	70	73	61	42
安徽	395	311	296	248	205	155
江西	317	268	201	159	129	90
河南	488	391	324	264	218	181
湖北	326	278	203	169	137	110
湖南	379	299	232	208	168	124
广西	252	193	183	143	125	84
海南	15	10	9	12	11	9
重庆	116	103	97	83	68	35
四川	384	320	275	236	165	117
贵州	722	622	535	440	353	279
云南	782	672	543	469	380	316
陕西	312	266	231	188	151	116
甘肃	602	514	395	346	265	217
青海	61	53	46	36	27	18
宁夏	47	36	33	30	23	18
新疆	127	103	84	97	83	69

表 15　2011—2016 年各省（区、市）扶贫重点县农村贫困发生率　　单位:%

地区	2011 年	2012 年	2013 年	2014 年	2015 年	2016 年
合计	29. 2	24. 4	20. 2	17. 5	13. 7	10. 5
河北	28. 5	24. 1	21. 7	19. 8	14. 1	10. 5
山西	28. 8	23. 8	21. 8	18. 8	14. 3	11
内蒙古	24. 5	19. 7	16. 1	13. 4	9. 3	6. 6
吉林	20. 4	14. 6	13. 6	12. 9	10. 8	9
黑龙江	28. 1	23. 3	20. 7	21. 7	17. 9	12. 4
安徽	20. 7	18. 1	15. 9	13	10. 8	8. 1
江西	31. 9	26. 4	19. 4	15. 5	12. 2	8. 6
河南	22. 5	18	15. 1	12. 1	9. 6	7. 9
湖北	28. 7	24. 3	17. 7	14. 8	12	9. 6
湖南	37. 5	29. 2	22. 6	22. 4	16. 6	12. 3
广西	28. 7	22	20. 7	15. 8	14	9. 4
海南	19. 2	12. 2	12. 5	15. 9	14. 4	11. 2
重庆	13. 5	12. 3	10. 3	9. 7	7. 9	4
四川	27. 9	23. 1	19. 9	17	11. 9	8. 5
贵州	35. 4	29. 2	25. 1	20. 1	16	12. 6
云南	36. 2	30. 7	24. 9	22. 8	18. 7	15. 5
陕西	26. 2	22. 3	19. 6	17. 1	13. 7	10. 5
甘肃	45. 1	38. 6	29. 9	26. 3	20. 1	16. 4
青海	30. 8	24. 5	21. 3	16. 8	15. 6	10. 3
宁夏	22. 4	17. 4	16. 1	14. 4	11. 1	8. 7
新疆	30. 7	24	17. 1	19. 5	15. 7	13

表 16　2016 年易地扶贫搬迁情况

序号	省份	2016 年建档立卡贫困人口搬迁建设任务（人）
全国		2489509
1	河北	63000
2	山西	100000
3	内蒙古	50000
4	吉林	5503
5	安徽	28000
6	福建	19000
7	江西	42000
8	山东	7064
9	河南	97394
10	湖北	264748
11	湖南	160000
12	广西	210000
13	重庆	80000
14	四川	250000
15	贵州	260000
16	云南	300000
17	西藏	17500
18	陕西	280000
19	甘肃	161000
20	青海	38200
21	宁夏	30000
22	新疆	26100

注：此数据由国家发展和改革委员会提供。

表 17 东西部扶贫协作统计表（2011—2016 年）

指标	计量单位	2011 年	2012 年	2013 年	2014 年	2015 年	2016 年
一、政府援助							
1. 援助资金	万元	84026	88220	118058.41	133769.41	145097	292595.12
其中：1.1 省级拨款	万元	59099	60425	81841	98463	76988	101403
1.2 地级拨款	万元	11830	15095	17082.18	14447.41	39457	112813
1.3 县级拨款	万元	12297	7150	19135.23	20859	24792	27691.6
2. 援建项目							
其中：1.1 学校	所	147		107	718	163	782
资助贫困学生	人次	22080	13305	5130	11738	7380	8220
1.2 卫生院、所	所	80	66	38	36	40	158
二、企业协作							
1. 协作企业	个	267	454.00	311.00	427.00	221	360
其中：新增协作企业	个	74	185.00	88.00	127.00	121	251
2. 协议合作项目	个	1897	2185.00	2756.00	2425.00	1447	281
其中：实施合作项目	个	375	387.00	2499.00	2248.00	1409	281
3. 协议合作投资	万元	31638125	45563321	56083816	63112836.57	2569	1305.88
其中：实际投资	万元	6482992	23363121	34002984	31313348.11	2104	1305.88
4. 吸收就业	人	49314	21703	16636	13806	14890	58928
5. 实现税收	万元	16466	24594	12348	6540.82	17211	
三、社会帮扶	万元	10557	16240	15043	10734	7496	33250.19
1. 捐款	万元	5999	11942	8486	7058	5109	18710.6
2. 赠物折款	万元	4558	4298	6558	3675	2387	14539.59
3. 东部到西部志愿者	人次	288	553	111	478	342	2195
四、领导考察互访	人次	7364	8580	4593	5528	5399	5359
1. 东部地区到西部地区	人次	4418	4364	2413	3023	2944	2748
其中：省级	人次	92	63	50	40	45	126
地厅级	人次	607	335	433	545	487	866
县处级	人次	1938	2313	1589	1647	1404	
2. 西部地区到东部地区	人次	2928	4216	2180	2505	2455	2581
其中：省级	人次	46	68	53	22	20	68
地厅级	人次	422	471	311	428	226	597
县处级	人次	1954	2738	1497	1700	1065	
五、人才交流							
1. 党政干部交流		354	361	341	404	398	508

续表

指标	计量单位	2011 年	2012 年	2013 年	2014 年	2015 年	2016 年
其中 1.1 东部地区到西部地区挂职	人次	141	126	155	138	124	206
地厅级	人次	13	5	10	8	11	18
县处级	人次	76	75	102	91	95	164
1.2 西部地区到东部地区挂职	人次	213	211	186	266	274	302
其中:地厅级	人次	24	3	4	100	1	6
县处级	人次	84	158	140	173	138	202
2. 专业技术人才交流(含教师、医生、农业技术)		1035	1266	1148	1534	1591	3219
其中:1.1 东部地区到西部地区挂职	人次	787	318	324	398	320	895
1.2 西部地区到东部地区挂职	人次	248	948	824	1136	1271	2424
六、人员培训							
1. 举办培训班	期	3249	498	488	403	409	487
2. 培训人数	人次	454933	330562	35709	35662	31190	63451
其中:2.1 干部培训	人次	4686	5578	4556	7271	7484	10824
2.2 专业技术人才培训(含教师、医生、实用技术人才)	人次	13632	19144	7473	12469	13851	17600
2.3 劳动力输出培训	人次	436615	299456	18176	15098	8880	35027
七、输出(引进)技术	项	32	18	7	14	7	965
八、劳务合作							
1. 输出劳务	人	284662	1215200	212412	258543	431541	17186
2. 劳务收入	万元	406342	1427267	358801	492195	1738449	22490.6

表 18　携手奔小康行动名单

省(市)	县(市、区)	县(市、区)	省(区、市)
合计	267	390	16
北京市(16)	西城区	喀喇沁旗	内蒙古自治区(16)
	海淀区	敖汉旗	
	丰台区	林西县	
	石景山区	宁城县	
	通州区	翁牛特旗	
	顺义区	巴林左旗	
	昌平区	阿鲁科尔沁旗	
	密云区	巴林右旗	
	东城区	化德县	
	朝阳区	卓资县	
	门头沟区	察哈尔右翼后旗	
	房山区	察哈尔右翼中旗	
	大兴区	察哈尔右翼前旗	
	平谷区	商都县	
	怀柔区	四子王旗	
	延庆区	兴和县	
	东城区	崇礼区	河北省(15)
	西城区	张北县	
	朝阳区	康保县	
	海淀区	赤城县	
	门头沟区	涿鹿县	
	顺义区	沽源县	
	昌平区	尚义县	
	怀柔区	丰宁满族自治县	
	密云区	滦平县	
	西城区	阜平县	
	石景山区	顺平县	
	房山区	涞水县	
	朝阳区	唐县	西藏自治区(4)
	海淀区	易县	
	平谷区	涞源县	
	东城区	当雄县	
	顺义区	尼木县	
	通州区	城关区	
	门头沟区	堆龙德庆区	
	朝阳区	墨玉县	新疆维吾尔自治区(4)
	海淀区	和田市	
	大兴区	和田县	
	平谷区	洛浦县	
	西城区	囊谦县	青海省(6)
	丰台区	治多县	
	昌平区	曲麻莱县	
	石景山区	称多县	
	怀柔区	杂多县	
	密云区	玉树市	

续表

省(市)	县(市、区)	县(市、区)	省(区、市)
天津市(16)	滨海新区	合作市	甘肃省(9)
	南开区	夏河县	
	和平区	舟曲县	
	河西区	卓尼县	
	东丽区	临潭县	
	河东区	迭部县	
	红桥区	碌曲县	
	河北区	玛曲县	
	蓟州区	天祝藏族自治县	
	东丽区	承德县	河北省(4)
	西青区	平泉县	
	津南区	隆化县	
	武清区	围场满族蒙古族自治县	
	静海区	卡若区	西藏自治区(4)
	北辰区	丁青县	
	武清区	江达县	
	宁河区	贡觉县	
	津南区	策勒县	新疆维吾尔自治区(3)
	西青区	于田县	
	宝坻区	民丰县	
	滨海新区	同仁县	青海省(4)
		尖扎县	
		泽库县	
		河南蒙古族自治县	
辽宁省(7)	金普新区	盘县	贵州省(3)
	甘井子区	六枝特区	
	中山区	水城县	
	沈阳市	安多县	西藏自治区(3)
	大连市	索县	
	鞍山市	巴青县	
	本溪市	托里县	新疆维吾尔自治区(1)

续表

省(市)	县(市、区)	县(市、区)	省(区、市)
上海市(16)	徐汇区	元阳县	云南省(14)
	长宁区	红河县	
	静安区	广南县	
	虹口区	马关县	
	金山区	墨江哈尼族自治县	
	黄浦区	澜沧拉祜族自治县	
	浦东新区	弥渡县	
	崇明区	南涧彝族回族自治县	
	嘉定区	武定县	
	杨浦区	大姚县	
	松江区	勐腊县	
	青浦区	梁河县	
	闵行区	香格里拉市	
	宝山区	维西傈僳族自治县	
	普陀区	赤水市	贵州省(8)
		桐梓县	
		习水县	
	杨浦区	道真仡佬族自治县	
		正安县	
		湄潭县	
	奉贤区	凤冈县	
		务川仡佬族苗族自治县	
	浦东新区	江孜县	西藏自治区(5)
	松江区	定日县	
	徐汇区	萨迦县	
	杨浦区	拉孜县	
	普陀区	亚东县	
	闵行区	泽普县	新疆维吾尔自治区(4)
	浦东新区	莎车县	
	宝山区	叶城县	
	静安区	巴楚县	
	虹口区	玛沁县	青海省(6)
	青浦区	班玛县	
	长宁区	甘德县	
	奉贤区	达日县	
	嘉定区	久治县	
	黄浦区	玛多县	

续表

省(市)	县(市、区)	县(市、区)	省(区、市)
江苏省(46)	江阴市	延川县	陕西省(19)
	宜兴市	延长县	
	丹阳市	富平县	
	扬中市	白水县	
	江宁区	洛南县	
	浦口区	镇安县	
	邗江区	绥德县	
	江都区	子洲县	
	沛县	麟游县	
	铜山区	陇县	
	武进区	汉滨区	
	新北区	紫阳县	
	启东市	西乡县	
	海门市	勉县	
	泰兴市	旬邑县	
	靖江市	永寿县	
	东台市	耀州区	
	大丰区	宜君县	
	太仓市	周至县	
	姑苏区	江口县	贵州省(10)
	相城区	石阡县	
	常熟市	思南县	
	吴江区	印江土家族苗族自治县	
	吴中区	德江县	
	张家港市	沿河土家族自治县	
	苏州工业园区	松桃苗族自治县	
	昆山市	碧江区	
	苏州高新区	万山区	
	太仓市	玉屏侗族自治县	
	栖霞区	湟中县	青海省(14)
	雨花台区	大通回族土族自治县	
	六合区	湟源县	
	惠山区	乐都区	
	惠山区	平安区	
	锡山区	化隆回族自治县县	
	滨湖区	民和回族土族自治县	
	新吴区	互助土族自治县	
	梁溪区	循化撒拉族自治县	
	常州市	共和县	
	盐城市	同德县	
	南通市	贵德县	
	徐州市	兴海县	
	扬州市	贵南县	
	苏州市	林周县	西藏自治区(4)
	扬州市、泰州市	曲水县	
	镇江市	达孜县	
	南京市	墨竹工卡县	
	盐城市	察布查尔锡伯自治县	新疆维吾尔自治区(5)
	武进区	尼勒克县	
	昆山市	阿图什市	
	无锡市	阿合奇县	
	常州市	乌恰县	

续表

省(市)	县(市、区)	县(市、区)	省(区、市)
浙江省(58)	德清县、长兴县、安吉县	木里藏族自治县	四川省(16)
	乐清市、鹿城区、龙湾区	壤塘县	
	瓯海区、瑞安市	阿坝县	
	海宁市、桐乡市	黑水县	
	平湖市、嘉善县	九寨沟县	
	兰溪市、义乌市	汶川县	
	东阳市、永康市	理县	
	温岭市、玉环县	茂县	
	黄岩区、临海市	松潘县	
	上虞区、嵊州市、新昌县	小金县	
	柯桥区、诸暨市	金川县	
	萧山区、下城区	马尔康市	
	上城区、江干区、富阳区	若尔盖县	
	余杭区、西湖区	红原县	
	海盐县	屏山县	
	越城区	马边彝族自治县	
	北仑区	兴仁县	贵州省(22)
	镇海区	普安县	
	奉化市、宁海县	晴隆县	
	海曙区、江东区	贞丰县	
	余姚市	望谟县	
	江北区	册亨县	
	慈溪市	安龙县	
	西湖区	镇远县	
	拱墅区	黄平县	
	临安市	施秉县	
	江干区	三穗县	
	建德市	岑巩县	
	余杭区	天柱县	
		台江县	
	富阳区	锦屏县	
	淳安县	剑河县	
	下城区	黎平县	
	桐庐县	榕江县	
	萧山区	从江县	
	上城区	雷山县	
	滨江区	麻江县	
		丹寨县	
	江干区	咸丰县	湖北省(8)
	拱墅区	来凤县	
	西湖区	宣恩县	
	萧山区	利川市	
	余杭区	恩施市	
	富阳区	鹤峰县	
	桐庐县	巴东县	
	临安市	建始县	
	宁海县、奉化区	安图县	吉林省(4)
	北仑区	汪清县	
	海曙区	龙井市	
	慈溪市	和龙市	
	杭州市、嘉兴市	那曲县	西藏自治区(3)
	温州市、台州市	嘉黎县	
	宁波市、绍兴市	比如县	
	衢州市	乌什县	新疆维吾尔自治区(2)
	湖州市	柯坪县	
	温州市	格尔木市	青海省(8)
	杭州市	德令哈市	
	湖州市	乌兰县	
	嘉兴市	都兰县	
	宁波市	天峻县	
	金华市	冷湖行政委员会	
	绍兴市	大柴旦行政委员会	
	台州市	茫崖行政委员会	

续表

省(市)	县(市、区)	县(市、区)	省(区、市)
福建省(20)	泉州市	盐池县	宁夏回族自治区(8)
		同心县	
	福州市	原州区	
		隆德县	
	莆田市	西吉县	
	厦门市	泾源县	
		彭阳县	
	漳州市	海原县	
	思明区	临夏县	甘肃省(14)
	同安区	康乐县	
	翔安区	永靖县	
	火炬高新技术区	广河县	
	集美区	和政县	
	湖里区	东乡族自治县	
	海沧区	积石山保安族东乡族撒拉族自治县	
	鼓楼区	岷县	
	福清市	通渭县	
	长乐市	漳县	
	晋安区	渭源县	
	仓山区	临洮县	
	台江区	安定区	
	连江县	陇西县	
	福州市	八宿县	西藏自治区(4)
	厦门市	左贡县	
	泉州市	洛隆县	
	漳州市、龙岩市	边坝县	

续表

省(市)	县(市、区)	县(市、区)	省(区、市)
山东省(42)	兰山区	城口县	重庆市(14)
	荣成市	云阳县	
	邹平县	奉节县	
	龙口市	巫山县	
	肥城市	巫溪县	
	滕州市	丰都县	
	历下区	武隆县	
	东港区	黔江区	
	沂源县	石柱土家族自治县	
	齐河县	秀山土家族苗族自治县	
	广饶县	酉阳土家族苗族自治县	
	茌平县	彭水苗族土家族自治县	
	邹城市	万州区	
	寿光市	开州区	
	崂山区	普定县	贵州省(6)
	胶州市	镇宁布依族苗族自治县	
	城阳区	关岭布依族苗族自治县	
	即墨市	紫云苗族布依族自治县	
	市北区、莱西市	西秀区	
	市南区	平坝区	
	历下区	永顺县	湖南省(7)
	市中区	龙山县	
	高新区	古丈县	
	历城区	保靖县	
	章丘区	泸溪县	
	槐荫区	花垣县	
	天桥区	凤凰县	
	市南区	宕昌县	甘肃省(9)
	市北区	西和县	
	李沧区	康县	
	崂山区	礼县	
	城阳区	成县	
	黄岛区	武都区	
	即墨市	文县	
	胶州市	徽县	
	莱西市	两当县	
	济南市	白朗县	西藏自治区(5)
	青岛市	桑珠孜区	
	淄博市	昂仁县	
	烟台市	聂拉木县	
	潍坊市	南木林县	
	东营市	疏勒县	新疆维吾尔自治区(4)
	济宁市	英吉沙县	
	泰安市	岳普湖县	
	日照市	麦盖提县	
	威海市	门源回族自治县	青海省(4)
	滨州市	祁连县	
	临沂市	海晏县	
	聊城市	刚察县	

续表

省(市)	县(市、区)	县(市、区)	省(区、市)
广东省(46)	坪山新区	田东县	广西壮族自治区(17)
	南山区	田阳县	
		德保县	
	龙岗区	靖西市	
		那坡县	
	盐田区	凌云县	
		乐业县	
	光明新区	田林县	
	罗湖区	西林县	
		隆林各族自治县	
	龙华区	凤山县	
		东兰县	
	福田区	罗城仫佬族自治县	
		环江毛南族自治县	
	大鹏新区	巴马瑶族自治县	
	宝安区	都安瑶族自治县	
		大化瑶族自治县	
	深圳市	甘孜县	四川省(29)
	广州市	德格县	
		石渠县	
		色达县	
	珠海市	新龙县	
		炉霍县	
		稻城县	
	中山市	理塘县	
		白玉县	
	中山市	巴塘县	
		乡城县	
	佛山市	得荣县	
	江门市	康定市	
		泸定县	
	惠州市	丹巴县	
		道孚县	
	东莞市	九龙县	
		雅江县	
	禅城区	普格县	
	禅城区	昭觉县	
	禅城区	布拖县	
	南海区	甘洛县	
	南海区	越西县	
	南海区	喜德县	
	顺德区	美姑县	
	顺德区	金阳县	
	顺德区	雷波县	
	三水区	盐源县	
	高明区	木里藏族自治县	

续表

省(市)	县(市、区)	县(市、区)	省(区、市)
广东省	香洲区	泸水县	云南省(14)
	斗门区	福贡县	
	金湾区	贡山独龙族怒族自治县	
	横琴新区	兰坪白族普米族自治县	
	清溪镇	镇雄县	
	黄江镇	彝良县	
	石碣镇	昭阳区	
	大岭山镇	威信县	
	莞城街道办事处	鲁甸县	
	樟木头镇	巧家县	
	火炬开发区	大关县	
	石岐区	盐津县	
	东区	绥江县	
	小榄镇	永善县	
	越秀区	罗甸县	贵州省(17)
		长顺县	
	海珠区	瓮安县	
	白云区	荔波县	
		平塘县	
	黄埔区	独山县	
		三都水族自治县	
	南沙区	贵定县	
		龙里县	
		惠水县	
	荔湾区	七星关区	
	天河区	大方县	
		纳雍县	
	花都区	织金县	
		黔西县	
	番禺区	威宁彝族回族苗族自治县	
		赫章县	
	东莞市	巴宜区	西藏自治区(7)
	佛山市	墨脱县	
	广州市	波密县	
	深圳市	察隅县	
	中山市	工布江达县	
	珠海市	米林县	
	惠州市	朗县	
	广州市	疏附县	新疆维吾尔自治区(4)
	佛山市	伽师县	
	深圳市	喀什市	
	深圳市	塔什库尔干塔吉克自治县	

备注：东部地区 262 个县（市、区）与西部地区 380 个贫困县（市、区）结对，开展携手奔小康行动。

附 录

附录一
文件汇编

（一）中央文件

国务院关于印发《“十三五”脱贫攻坚规划》的通知

中共中央办公厅 国务院办公厅印发《省级党委和政府扶贫开发工作成效考核办法》

国务院办公厅关于支持贫困县开展统筹整合使用财政涉农资金试点的意见

中共中央办公厅 国务院办公厅印发《关于建立贫困退出机制的意见》

国务院办公厅转发民政部等部门关于做好农村最低生活保障制度与扶贫开发政策有效衔接指导意见的通知

国务院办公厅关于印发《贫困地区水电矿产资源开发资产收益扶贫改革试点方案》的通知

中共中央办公厅 国务院办公厅印发《脱贫攻坚责任制实施办法》

中共中央办公厅 国务院办公厅印发《关于进一步加强东西部扶贫协作工作的指导意见》

国务院关于印发《“十三五”脱贫攻坚规划》的通知

国发〔2016〕64号

消除贫困、改善民生、逐步实现共同富裕，是社会主义的本质要求，是我们党的重要使命。“十三五”时期，是全面建成小康社会、实现第一个百年奋斗目标的决胜阶段，也是打赢脱贫攻坚战的决胜阶段。本规划根据《中国农村扶贫开发纲要（2011—2020年）》《中共中央 国务院关于打赢脱贫攻坚战的决定》和《中华人民共和国国民经济和社会发展第十三个五年规划纲要》编制，主要阐明“十三五”时期国家脱贫攻坚总体思路、基本目标、主要任务和重大举措，是指导各地脱贫攻坚工作的行动指南，是各有关方面制定相关扶贫专项规划的重要依据。

规划范围包括14个集中连片特困地区的片区县、片区外国家扶贫开发工作重点县，以及建档立卡贫困村和建档立卡贫困户。

第一章 总体要求

第一节 面临形势

改革开放以来，在全党全社会的共同努力下，我国成功解决了几亿农村贫困人口的温饱问题，成为世界上减贫人口最多的国家，探索和积累了许多宝贵经验。党的“十八大”以来，以习近平同志为核心的党中央把扶贫开发摆到治国理政的重要位置，提升到事关全面建成小康社会、实现第一个百年奋斗目标的新高度，纳入“五位一体”总体布局和“四个全面”战略布局进行决策部署，加大扶贫投入，创新扶贫方式，出台系列重大政策措施，扶贫开发取得巨大成就。2011年至2015年，现行标准下农村贫困人口减少1亿多人、贫困发生率降低11.5个百分点，贫困地区农民收入大幅提升，贫困人口生产生活条件明显改善，上学难、就医难、行路难、饮水不安全等问题逐步缓解，基本公共服务水平与全国平均水平差距趋于缩小，为打赢脱贫攻坚战创造了有利条件。

当前，贫困问题依然是我国经济社会发展中最突出的“短板”，脱贫攻坚形势复杂严峻。从贫困现状看，截至2015年底，我国还有5630万农村建档立卡贫困人口，主要分布在832个国家扶贫开发工作重点县、集中连片特困地区县（以下统称贫困县）和12.8万个建档立卡贫困村，多数西部省份的贫困发生率在10%以上，民族8省区贫困发生率达12.1%。现有贫困人口贫困程度更深、减贫成本更高、脱贫难度更大，依靠常规举措难以摆脱贫困状况。从发展环境看，经济形势更加错综复杂，经济下行压力大，地区经济发展分化对缩小贫困地区与全国发展差距带来新挑战；贫困地区县级财力薄弱，基础设施瓶颈制约依然明显，基本公共服务供给能力不足；产业发展活力不强，结构单一，环境约束趋紧，粗放式资源开发模式难以为继；贫困人口就业渠道狭窄，转移就业和增收难度大。实现到 2020 年打赢脱贫攻坚战的目标，时间特别紧迫，任务特别艰巨。

“十三五”时期，新型工业化、信息化、城镇化、农业现代化同步推进和国家重大区域发展战略加快实施，为贫困地区发展提供了良好环境和重大机遇，特别是国家综合实力不断增强，为打赢脱贫攻坚战奠定了坚实的物质基础。中央扶贫开发工作会议确立了精准扶贫、精准脱贫基本方略，党中央、国务院制定出台了系列重大政策措施，为举全国之力打赢脱贫攻坚战提供了坚强的政治保证和制度保障；各地区各部门及社会各界积极行动、凝神聚气、锐意进取，形成强大合力；贫困地区广大干部群众盼脱贫、谋发展的意愿强烈，内生动力和活力不断激发，脱贫攻坚已经成为全党全社会的统一意志和共同行动。

打赢脱贫攻坚战，确保到 2020 年现行标准下农村贫困人口实现脱贫，是促进全体人民共享改革发展成果、实现共同富裕的重大举措，是促进区域协调发展、跨越“中等收入陷阱”的重要途径，是促进民族团结、边疆稳固的重要保证，是全面建成小康社会的重要内容，是积极响应联合国 2030 年可持续发展议程的重要行动，事关人民福祉，事关党的执政基础和国家长治久安，使命光荣、责任重大。

第二节　指导思想

全面贯彻党的“十八大”和十八届三中、四中、五中、六中全会以及中央扶贫开发工作会议精神，深入贯彻习近平总书记系列重要讲话精神和治国理政新理念新思想新战略，统筹推进“五位一体”总体布局和协调推进“四个全面”战略布局，牢固树立和贯彻落实创新、协调、绿色、开放、共享的发展理念，按照党中央、国务院决策部署，坚持精准扶贫、精准脱贫基本方略，坚持精准帮扶与区域整体开发有机结合，以革命老区、民族地区、边疆地区和集中连片特困地区为重点，以社会主义政治制度为根本保障，不断创新体制机制，充分发挥政府、市场和社会协同作用，充分调动贫困地区干部群众的内生动力，大力推进实施一批脱贫攻坚工程，加快破解贫困地区区域发展瓶颈制约，不断增强贫困地区和贫困人口自我发展能力，确保与全国同步进入全面小康社会。

必须遵循以下原则：

——坚持精准扶贫、精准脱贫。坚持以“六个精准”统领贫困地区脱贫攻坚工作，精确瞄准、因地制宜、分类施策，大力实施精准扶贫脱贫工程，变“大水漫灌”为“精准滴灌”，做到真扶贫、扶真贫、真脱贫。

——坚持全面落实主体责任。充分发挥政治优势和制度优势，强化政府在脱贫攻坚中的主体责任，创新扶贫考评体系，加强脱贫成效考核。按照中央统筹、省负总责、市县抓落实的工作机制，坚持问题导向和目标导向，压实责任、强力推进。

——坚持统筹推进改革创新。脱贫攻坚工作要与经济社会发展各领域工作相衔接，与新型工业化、信息化、城镇化、农业现代化相统筹，充分发挥政府主导和市场机制作用，稳步提高贫困人口增收脱贫能力，逐步解决区域性整体贫困问题。加强改革创新，不断完善资金筹措、资源整合、利益联结、监督考评等机制，形成有利于发挥各方面优势、全社会协同推进的大扶贫开发格局。

——坚持绿色协调可持续发展。牢固树立绿水青山就是金山银山的理念，把贫困地区生态环境保护摆在更加重要位置，探索生态脱贫有效途径，推动扶贫开发与资源环境相协调、脱贫致富与可持续发展相促进，使贫困人口从生态保护中得到更多实惠。

——坚持激发群众内生动力活力。坚持群众主体地位，保障贫困人口平等参与、平等发展权利，充分调动贫困地区广大干部群众积极性、主动性、创造性，发扬自强自立精神，依靠自身努力改变贫困落后面貌，实现光荣脱贫。

专栏1“十三五”时期贫困地区发展和贫困人口脱贫主要指标

指标	2015年	2020年	属性	数据来源
建档立卡贫困人口(万人)	5630①	实现脱贫	约束性	国务院扶贫办
建档立卡贫困村(万个)	12.8	0	约束性	国务院扶贫办
贫困县(个)	832②	0	约束性	国务院扶贫办
实施易地扶贫搬迁贫困人口(万人)	—	981	约束性	国家发展改革委、国务院扶贫办
贫困地区农民人均可支配收入增速(%)	11.7	年均增速高于全国平均水平	预期性	国家统计局
贫困地区农村集中供水率(%)	75	≥83	预期性	水利部
建档立卡贫困户存量危房改造率(%)	—	近100	约束性	住房城乡建设部、国务院扶贫办
贫困县义务教育巩固率(%)	90	93	预期性	教育部
建档立卡贫困户因病致(返)贫户数(万户)	838.5	基本解决	预期性	国家卫生计生委
建档立卡贫困村村集体经济年收入(万元)	2	≥5	预期性	国务院扶贫办

第三节 脱贫目标

到2020年，稳定实现现行标准下农村贫困人口不愁吃、不愁穿，义务教育、基本医疗和住房安全有保障（以下称“两不愁、三保障”）。贫困地区农民人均可支配收入比2010年翻一番以上，增长幅度高于全国平均水平，基本公共服务主要领域指标接近全国平均水平。确保我国现行标准下农村贫困人口实现脱贫，贫困县全部摘帽，解决区域性整体贫困。

——现行标准下农村建档立卡贫困人口实现脱贫。贫困户有稳定收入来源，人均可支配收入稳定超过国家扶贫标准，实现“两不愁、三保障”。

——建档立卡贫困村有序摘帽。村内基础设施、基本公共服务设施和人居环境明显改善，基本农田和农田水利等设施水平明显提高，特色产业基本形成，集体经济有一定规模，社区管理能力不断增强。

——贫困县全部摘帽。县域内基础设施明显改善，基本公共服务能力和水平进一步提升，全面解决出行难、上学难、就医难等问题，社会保障实现全覆盖，县域经济发展壮大，生态环境有效改善，可持续发展能力不断增强。

第二章 产业发展脱贫

立足贫困地区资源禀赋，以市场为导向，充分发挥农民合作组织、龙头企业等市场主体作用，建立健全产业到户到人的精准扶持机制，每个贫困县建成一批脱贫带动能力强的特色产业，每个贫困乡、村形成特色拳头产品，贫困人口劳动技能得到提升，贫困户经营性、财产性收入稳定增加。

第一节 农林产业扶贫

优化发展种植业。粮食主产县要大规模建设集中连片、旱涝保收、稳产高产、生态友好的高标准农田，巩固提升粮食生产能力。非粮食主产县要大力调整种植结构，重点发展适合当地气候特点、经济效益好、市场潜力大的品种，建设一批贫困人口参与度高、受益率高的种植基地，大力发展设施农业，积极支持园艺作物标准化创建。适度发展高附加值的特色种植业。生态退化地区要坚持生态优先，发展低耗水、有利于生态环境恢复的特色作物种植，实现种地养地相结合。

积极发展养殖业。因地制宜在贫困地区发展适度规模标准化养殖，加强动物疫病防控工作，建立健全畜禽水产良种繁育体系，加强地方品种保护与利用，发展地方特色畜牧业。通过实施退牧还草等工程和草原生态保护补助奖励政策，提高饲草供给能力和质量，大力发展草食畜牧业，坚持草畜平衡。积极推广适合贫困地区发展的农牧结合、粮草兼顾、生态循环种养模式。有序发展健康水产养殖业，加快池塘标准化改造，推进稻田综合种养工程，积极发展环保型养殖方式，打造区域特色水产生态养殖品牌。

大力发展林产业。结合国家生态建设

工程，培育一批兼具生态和经济效益的特色林产业。因地制宜大力推进木本油料、特色林果、林下经济、竹藤、花卉等产业发展，打造一批特色示范基地，带动贫困人口脱贫致富。着力提高木本油料生产加工水平，扶持发展以干鲜果品、竹藤、速生丰产林、松脂等为原料的林产品加工业。

促进产业融合发展。深度挖掘农业多种功能，培育壮大新产业、新业态，推进农业与旅游、文化、健康养老等产业深度融合，加快形成农村一、二、三产业融合发展的现代产业体系。积极发展特色农产品加工业，鼓励地方扩大贫困地区农产品产地初加工补助政策实施区域，加强农产品加工技术研发、引进、示范和推广。引导农产品加工业向贫困地区县域、重点乡镇和产业园区集中，打造产业集群。推动农产品批发市场、产地集配中心等流通基础设施以及鲜活农产品冷链物流设施建设，促进跨区域农产品产销衔接。加快实施农业品牌战略，积极培育品牌特色农产品，促进供需结构升级。加快发展无公害农产品、绿色食品、有机农产品和地理标志农产品。

扶持培育新型经营主体。培育壮大贫困地区农民专业合作社、龙头企业、种养大户、家庭农（林）场、股份制农（林）场等新型经营主体，支持发展产供直销，鼓励采取订单帮扶模式对贫困户开展定向帮扶，提供全产业链服务。支持各类新型经营主体通过土地托管、土地流转、订单农业、牲畜托养、土地经营权股份合作等方式，与贫困村、贫困户建立稳定的利益联结机制，使贫困户从中直接受益。鼓励贫困地区各类企业开展农业对外合作，提升经营管理水平，扩大农产品出口。推进贫困地区农民专业合作社示范社创建，鼓励组建联合社。现代青年农场主培养计划向贫困地区倾斜。

加大农林技术推广和培训力度。强化贫困地区基层农业技术推广体系建设。鼓励科研机构和企业加强对地方特色动植物资源、优良品种的保护和开发利用。支持农业科研机构、技术推广机构建立互联网信息帮扶平台，向贫困户免费传授技术、提供信息。强化新型职业农民培育，扩大贫困地区培训覆盖面，实施农村实用人才带头人和大学生村官示范培训，加大对脱贫致富带头人、驻村工作队和大学生村官培养力度。对农村贫困家庭劳动力进行农林技术培训，确保有劳动力的贫困户中至少有 1 名成员掌握 1 项实用技术。

专栏 2　产业扶贫工程

（一）农林种养产业扶贫工程。

重点实施“一村一品”强村富民、粮油扶贫、园艺作物扶贫、畜牧业扶贫、水产扶贫、中草药扶贫、林果扶贫、木本油料扶贫、林下经济扶贫、林木种苗扶贫、花卉产业扶贫、竹产业扶贫等专项工程。

（二）农村一、二、三产业融合发展试点示范工程。

支持农业集体经济组织、新型经营主体、企业、合作社开展原料基地、农产品加工、营销平台等生产流通设施建设，鼓励贫困地区因地制宜发展产业园区，以发展劳动密集型项目为主，带动当地贫困人口就地就近就业。

（三）贫困地区培训工程。

重点实施新型经营主体培育、新型职业农民培育、农村实用人才带头人和大学生村官示范培训、致富带头人培训、农民手机应用技能培训等专项工程。

第二节　旅游扶贫

因地制宜发展乡村旅游。开展贫困村旅游资源普查和旅游扶贫摸底调查，建立乡村旅游扶贫工程重点村名录。以具备发展乡村旅游条件的 2.26 万个建档立卡贫困村为乡村旅游扶贫重点，推进旅游基础设施建设，实施乡村旅游后备箱工程、旅游基础设施提升工程等一批旅游扶贫重点工程，打造精品旅游线路，推动游客资源共享。安排贫困人口旅游服务能力培训和就业。

大力发展休闲农业。依托贫困地区特色农产品、农事景观及人文景观等资源，积极发展带动贫困人口增收的休闲农业和森林休闲健康养生产业。实施休闲农业和乡村旅游提升工程，加强休闲农业聚集村、休闲农业园等配套服务设施建设，培育扶持休闲农业新型经营主体，促进农业与旅游观光、健康养老等产业深度融合。引导和支持社会资本开发农民参与度高、受益面广的休闲农业项目。

积极发展特色文化旅游。打造一批辐射带动贫困人口就业增收的风景名胜区、特色小镇，实施特色民族村镇和传统村落、历史文化名镇名村保护与发展工程。依托当地民族特色文化、红色文化、乡土文化和非物质文化遗产，大力发展贫困人口参与并受益的传统文化展示表演与体验活动等乡村文化旅游。开展非物质文化遗产生产性保护，鼓励民族传统工艺传承发展和产品生产销售。坚持创意开发，推出具有地方特点的旅游商品和纪念品。支持农村贫困家庭妇女发展家庭手工旅游产品。

专栏 3　旅游扶贫工程

（一）旅游基础设施提升工程。

支持中西部地区重点景区、乡村旅游、红色旅游、集中连片特困地区生态旅游交通基础设施建设，加快风景名胜区和重点村镇旅游集聚区旅游基础设施和公共服务设施建设。对乡村旅游经营户实施改厨、改厕、改院落、整治周边环境工程，支持国家扶贫开发工作重点县、集中连片特困地区县中具备条件的 6130 个村的基础设施建设。支持贫困村周边 10 公里范围内具备条件的重点景区基础设施建设。

（二）乡村旅游产品建设工程。

鼓励各类资本和大学生、返乡农民工等参与贫困村旅游开发。鼓励开发建设休闲农庄、乡村酒店、特色民宿以及自驾露营、户外运动和养老养生等乡村旅游产品，培育 1000 家乡村旅游创客基地，建成一批金牌农家乐、A 级旅游景区、中国风情小镇、特色景观旅游名镇名村、中国度假乡村、中国精品民宿。

（三）休闲农业和乡村旅游提升工程。

在贫困地区扶持建设一批休闲农业聚集村、休闲农庄、休闲农业园、休闲旅游合作社。认定推介一批休闲农业和乡村旅游示范县，推介一批中国美丽休闲乡村，加大品牌培育力度，鼓励创建推介有地方特色的休闲农业村、星级户、精品线路等，逐步形成品牌体系。

（四）森林旅游扶贫工程。

推出一批森林旅游扶贫示范市、示范县、示范景区，确定一批重点森林旅游地和特色旅游线路，鼓励发展“森林人家”，打造多元化旅游产品。

（五）乡村旅游后备箱工程。

鼓励和支持农民将当地农副土特产品、手工艺品通过自驾车旅游渠道就地就近销售，推出一批乡村旅游优质农产品推荐名录。到2020年，全国建设1000家“乡村旅游后备箱工程示范基地”，支持在临近的景区、高速公路服务区设立特色农产品销售店。

（六）乡村旅游扶贫培训宣传工程。

培养一批乡村旅游扶贫培训师。鼓励各地设立一批乡村旅游教学基地和实训基地，对乡村旅游重点村负责人、乡村旅游带头人、从业人员等分类开展旅游经营管理和服务技能培训。2020年前，每年组织1000名乡村旅游扶贫重点村村官开展乡村旅游培训。开展“乡村旅游+互联网”万村千店扶贫专项行动，加大对贫困地区旅游线路、旅游产品、特色农产品等宣传推介力度。组织开展乡村旅游扶贫公益宣传。鼓励各地打造一批具有浓郁地方特色的乡村旅游节庆活动。

第三节　电商扶贫

培育电子商务市场主体。将农村电子商务作为精准扶贫的重要载体，把电子商务纳入扶贫开发工作体系，以建档立卡贫困村为工作重点，提升贫困户运用电子商务创业增收的能力。依托农村现有组织资源，积极培育农村电子商务市场主体。发挥大型电商企业孵化带动作用，支持有意愿的贫困户和带动贫困户的农民专业合作社开办网上商店，鼓励引导电商和电商平台企业开辟特色农产品网上销售平台，与合作社、种养大户建立直采直供关系。加快物流配送体系建设，鼓励邮政、供销合作等系统在贫困乡村建立和改造服务网点，引导电商平台企业拓展农村业务，加强农产品网上销售平台建设。实施电商扶贫工程，逐步形成农产品进城、工业品下乡的双向流通服务网络。对贫困户通过电商平台创业就业的，鼓励地方政府和电商企业免费提供网店设计、推介服务和经营管理培训，给予网络资费补助和小额信贷支持。

改善农村电子商务发展环境。加强交通、商贸流通、供销合作、邮政等部门及大型电商、快递企业信息网络共享衔接，鼓励多站合一、服务同网。加快推进适应电子商务的农产品质量标准体系和可追溯体系建设以及分等分级、包装运输标准制定和应用。

专栏4　电商扶贫工程

通过设备和物流补助、宽带网络优惠、冷链建设、培训支持等方式实施电商扶贫工程。鼓励有条件的地方和电商企业，对贫困村电商站、设备配置以及代办物流快递服务点等，给予适当补助和小额信贷支持；当地电信运营企业根据用户需求负责宽带入户建设，鼓励电信运营企业对贫困村网络流量资费给予适当优惠；在有条件的贫困村建设一批生鲜冷链物流设施。

第四节　资产收益扶贫

组织开展资产收益扶贫工作。鼓励和引导贫困户将已确权登记的土地承包经营权入股企业、合作社、家庭农（林）场与新型经营主体形成利益共同体，分享经营收益。积极推进农村集体资产、集体所有的土地等资产资源使用权作价入股，形成集体股权并按比例量化到农村集体经济组织。财政扶贫资金、相关涉农资金和社会帮扶资金投入设施农业、养殖、光伏、水电、乡村旅游等项目形成的资产，可折股量化到农村集体经济组织，优先保障丧失劳动能力的贫困户。建立健全收益分配机制，强化监督管理，确保持股贫困户和农村集体经济组织分享资产收益。创新水电、矿产资源开发占用农村集体土地的补偿补助方式，在贫困地区选择一批项目开展资源开发资产收益扶贫改革试点。通过试点，形成可复制、可推广的模式和制度，并在贫困地区推广，让贫困人口分享资源开发收益。

专栏5　资产收益扶贫工程

（一）光伏扶贫工程。

在前期开展试点、光照条件较好的5万个建档立卡贫困村实施光伏扶贫，保障280万无劳动能力建档立卡贫困户户均年增收3000元以上。其他光照条件好的贫困地区可因地制宜推进实施。

（二）水库移民脱贫工程。

完善地方水库移民扶持基金分配制度，在避险解困、产业发展、技能培训、教育卫生等方面向贫困水库移民倾斜，探索实施水库移民扶持基金对贫困水库移民发展产业的直接补助、贷款贴息、担保服务、小额贷款保证保险保费补助、资产收益扶贫等扶持政策。

（三）农村小水电扶贫工程。

在总结试点经验基础上，全面实施农村小水电扶贫工程。建设农村小水电扶贫装机200万千瓦，让贫困地区1万个建档立卡贫困村的100万贫困农户每年稳定获得小水电开发收益，助力贫困户脱贫。

第五节　科技扶贫

促进科技成果向贫困地区转移转化。组织高等学校、科研院所、企业等开展技术攻关，解决贫困地区产业发展和生态建设关键技术问题。围绕全产业链技术需求，加大贫困地区新品种、新技术、新成果的开发、引进、集成、试验、示范力度，鼓励贫困县建设科技成果转化示范基地，围绕支柱产业转化推广5万项以上先进适用技术成果。

提高贫困人口创新创业能力。深入推行科技特派员制度，基本实现特派员对贫困村科技服务和创业带动全覆盖。鼓励和支持高等院校、科研院所发挥科技优势，为贫困地区培养科技致富带头人。大力实施边远贫困地区、边疆民族地区和革命老区人才支持计划科技人员专项计划，引导支持科技人员与贫困户结成利益共同体，创办、领办、协办企业和农民专业合作社，带动贫困人口脱贫。加强乡村科普工作，为贫困群众提供线上线下、点对点、面对面的培训。

加强贫困地区创新平台载体建设。支持贫困地区建设一批“星创天地”、科技园区等科技创新载体。充分发挥各类科技园区在扶贫开发中的技术集中、要素聚集、应用示范、辐射带动作用，通过“科技园区+贫困村+贫困户”的方式带动贫困人口脱贫。推动高等学校新农村发展研究院在贫困地区建设一批农村科技服务基地。实施科技助力精准扶贫工程，在贫困地区支持建设 1000 个以上农技协联合会（联合体）和 10000 个以上农村专业技术协会。

第三章　转移就业脱贫

加强贫困人口职业技能培训和就业服务，保障转移就业贫困人口合法权益，开展劳务协作，推进就地就近转移就业，促进已就业贫困人口稳定就业和有序实现市民化、有劳动能力和就业意愿未就业贫困人口实现转移就业。

第一节　大力开展职业培训

完善劳动者终身职业技能培训制度。针对贫困家庭中有转移就业愿望劳动力、已转移就业劳动力、新成长劳动力的特点和就业需求，开展差异化技能培训。整合各部门各行业培训资源，创新培训方式，以政府购买服务形式，通过农林技术培训、订单培训、定岗培训、定向培训、“互联网+培训”等方式开展就业技能培训、岗位技能提升培训和创业培训。加强对贫困家庭妇女的职业技能培训和就业指导服务。支持公共实训基地建设。

提高贫困家庭农民工职业技能培训精准度。深入推进农民工职业技能提升计划，加强对已外出务工贫困人口的岗位培训。继续开展贫困家庭子女、未升学初高中毕业生（俗称“两后生”）、农民工免费职业培训等专项行动，提高培训的针对性和有效性。实施农民工等人员返乡创业培训五年行动计划（2016—2020 年）、残疾人职业技能提升计划。

第二节　促进稳定就业和转移就业

加强对转移就业贫困人口的公共服务。输入地政府对已稳定就业的贫困人口予以政策支持，将符合条件的转移人口纳入当地住房保障范围，完善随迁子女在当地接受义务教育和参加中高考政策，保障其本人及随迁家属平等享受城镇基本公共服务。支持输入地政府吸纳贫困人口转移就业和落户。为外出务工的贫困人口提供法律援助。

开展地区间劳务协作。建立健全劳务协作信息共享机制。输出地政府与输入地政府要加强劳务信息共享和劳务协作对接工作，全面落实转移就业相关政策措施。输出地政府要摸清摸准贫困家庭劳动力状况和外出务工意愿，输入地政府要协调提供就业信息和岗位，采取多种方式协助做好就业安置工作。对到东部地区或省内经济发达地区接受职业教育和技能培训的贫困家庭“两后生”，培训地政府要帮助有意愿的毕业生在当地就业。建立健全转移就业工作考核机制。输出地政府和输入地政府要加强对务工人员的禁毒法制教育。

推进就地就近转移就业。建立定向培训就业机制，积极开展校企合作和订单培训。将贫困人口转移就业与产业聚集园区建设、城镇化建设相结合，鼓励引导企业向贫困人口提供就业岗位。财政资金支持的企业或园区，应优先安排贫困人口就业，资金应与安置贫困人口就业任务相挂钩。支持贫困户自主创业，鼓励发展居家就业等新业态，促进就地就近就业。

专栏 6　就业扶贫行动

（一）劳务协作对接行动。

依托东西部扶贫协作机制和对口支援工作机制，开展省际劳务协作，同时积极推动省内经济发达地区和贫困县开展劳务协作。围绕实现精准对接、促进稳定就业的目标，通过开发岗位、劳务协作、技能培训等措施，带动一批未就业贫困劳动力转移就业，帮助一批已就业贫困劳动力稳定就业，帮助一批贫困家庭未升学初高中毕业生就读技工院校毕业后实现技能就业。

（二）重点群体免费职业培训行动。

组织开展贫困家庭子女、未升学初高中毕业生等免费职业培训。到 2020 年，力争使新进入人力资源市场的贫困家庭劳动力都有机会接受 1 次就业技能培训；使具备一定创业条件或已创业的贫困家庭劳动力都有机会接受 1 次创业培训。

（三）春潮行动。

到 2020 年，力争使各类农村转移就业劳动者都有机会接受 1 次相应的职业培训，平均每年培训 800 万人左右，优先保障有劳动能力的建档立卡贫困人口培训。

（四）促进建档立卡贫困劳动者就业。

根据建档立卡贫困劳动者就业情况，分类施策、精准服务。对已就业的，通过跟踪服务、落实扶持政策，促进其稳定就业。对未就业的，通过健全劳务协作机制、开发就业岗位、强化就业服务和技能培训，促进劳务输出和就地就近就业。

（五）返乡农民工创业培训行动。

实施农民工等人员返乡创业培训五年行动计划（2016—2020 年），推进建档立卡贫困人口等人员返乡创业培训工作。到 2020 年，力争使有创业要求和培训愿望、具备一定创业条件或已创业的贫困家庭农民工等人员，都能得到 1 次创业培训。

（六）技能脱贫千校行动。

在全国组织千所省级重点以上的技工

院校开展技能脱贫千校行动，使每个有就读技工院校意愿的贫困家庭应、往届“两后生”都能免费接受技工教育，使每个有劳动能力且有参加职业培训意愿的贫困家庭劳动力每年都能到技工院校接受至少1次免费职业培训，对接受技工教育和职业培训的贫困家庭学生（学员）推荐就业。加大政策支持，对接受技工教育的，落实助学金、免学费和对家庭给予补助的政策，制定并落实减免学生杂费、书本费和给予生活费补助的政策；对接受职业培训的，按规定落实职业培训、职业技能鉴定补贴政策。

第四章　易地搬迁脱贫

组织实施好易地扶贫搬迁工程，确保搬迁群众住房安全得到保障，饮水安全、出行、用电等基本生活条件得到明显改善，享有便利可及的教育、医疗等基本公共服务，迁出区生态环境得到有效治理，确保有劳动能力的贫困家庭后续发展有门路、转移就业有渠道、收入水平不断提高，实现建档立卡搬迁人口搬得出、稳得住、能脱贫。

第一节　精准识别搬迁对象

合理确定搬迁范围和对象。以扶贫开发建档立卡信息系统识别认定结果为依据，以生活在自然条件严酷、生存环境恶劣、发展条件严重欠缺等“一方水土养不起一方人”地区的农村建档立卡贫困人口为对象，以省级政府批准的年度搬迁进度安排为主要参考，确定易地扶贫搬迁人口总规模和年度搬迁任务。

确保建档立卡贫困人口应搬尽搬。在充分尊重群众意愿基础上，加强宣传引导和组织动员，保障搬迁资金，确保符合条件的建档立卡贫困人口应搬尽搬。统筹规划同步搬迁人口。

第二节　稳妥实施搬迁安置

因地制宜选择搬迁安置方式。根据水土资源条件、经济发展环境和城镇化进程，按照集中安置与分散安置相结合、以集中安置为主的原则选择安置方式和安置区（点）。采取集中安置的，可依托移民新村、小城镇、产业园区、旅游景区、乡村旅游区等适宜区域进行安置，并做好配套建设。采取分散安置的，可选择“插花”、进城务工、投亲靠友等方式进行安置，也可在确保有房可住、有业可就的前提下，采取货币化方式进行安置。地方各级政府要结合本地实际，加强安置区（点）建设方案研究论证工作，将安置区（点）后续产业发展和搬迁人口就业等安排情况纳入建设方案专章表述，并做好推进落实工作。鼓励地方选择基础较好、具备条件的安置区（点），开展低碳社区建设试点。

合理确定住房建设标准。按照“保障基本、安全适用”的原则规划建设安置住房，严格执行建档立卡搬迁户人均住房建设面积不超过25平方米的标准。在稳定脱贫前，建档立卡搬迁户不得自行举债扩大安置住房建设面积。合理制定建房补助标准和相关扶持政策，鼓励地方因地制宜采取差异化补助标准。国家易地扶贫搬迁政策范围内的建房补助资金，应以建档立卡搬迁户人口数量为依据进行核算和补助，不得变相扩大或缩小补助范围。同步搬迁人口所需建房资金，由省级及以下政府统筹相关资源、农户自筹资金等解决，安置区（点）配套基础设施和公共服务设施可一并统筹规划、统一建设。

配套建设基础设施和公共服务设施。按照“规模适度、功能合理、经济安全、环境整洁、宜居宜业”的原则，配套建设安置区（点）水、电、路、邮政、基础电信网络以及污水、垃圾处理等基础设施，完善安置区（点）商业网点、便民超市、集贸市场等生活服务设施以及必要的教育、卫生、文化体育等公共服务设施。

拓展资金筹措渠道。加大中央预算内投资支持力度，创新投融资机制，安排专项建设基金和地方政府债券资金作为易地扶贫搬迁项目资本金，发行专项金融债券筹集贷款资金支持易地扶贫搬迁工作。建立或明确易地扶贫搬迁省级投融资主体和市县项目实施主体，负责资金承接运作和工程组织实施。地方政府要统筹可支配财力，用好用活城乡建设用地增减挂钩政策，支持省级投融资主体还贷。易地扶贫搬迁资金如有节余，可用于支持搬迁贫困人口后续产业发展。

第三节　促进搬迁群众稳定脱贫

大力发展安置区（点）优势产业。将安置区（点）产业发展纳入当地产业扶贫规划，统筹整合使用财政涉农资金，支持搬迁贫困人口大力发展后续产业。支持“有土安置”的搬迁户通过土地流转等方式开展适度规模经营，发展特色产业。建立完善新型农业经营主体与搬迁户的利益连接机制，确保每个建档立卡搬迁户都有脱贫致富产业或稳定收入来源。

多措并举促进建档立卡搬迁户就业增收。结合农业园区、工业园区、旅游景区和小城镇建设，引导搬迁群众从事种养加工、商贸物流、家政服务、物业管理、旅游服务等工作。在集中安置区（点）开发设立卫生保洁、水暖、电力维修等岗位，为建档立卡贫困人口提供就地就近就业机会，解决好养老保险、医疗保险等问题。鼓励工矿企业、农业龙头企业优先聘用建档立卡搬迁人口。支持安置区（点）发展物业经济，将商铺、厂房、停车场等营利性物业产权量化到建档立卡搬迁户。

促进搬迁人口融入当地社会。引导搬迁人口自力更生，积极参与住房建设、配套设施建设、安置区环境改善等工作，通过投工投劳建设美好家园。加强对易地搬迁人口的心理疏导和先进文化教育，培养其形成与新环境相适应的生产方式和生活习惯。优化安置区（点）社区管理服务，营造开放包容的社区环境，积极引导搬迁人口参与当地社区管理和服务，增强其主人翁意识和适应新生活的信心，使搬迁群众平稳顺利融入当地社会。

专栏7　易地扶贫搬迁工程

“十三五”期间，对全国22个省（区、市）约1400个县（市、区）981万建档立卡贫困人口实施易地扶贫搬迁，按人均不超过25平方米的标准建设住房，同步开展安置区（点）配套基础设施和基本公共服务设施建设、迁出区宅基地复垦和生态修复等工作。安排中央预算内投资、地方政府债券、专项建设基金、长期贴息贷款和农户自筹等易地扶贫搬迁资金约6000亿元。同步搬迁人口建房所需资金，以地方政府补助和农户自筹为主解决，鼓励开发银行、农业发展银行对符合条件的项目给予优惠贷款支持。在分解下达城乡建设用地增减挂钩指标时，向易地扶贫搬迁省份倾斜。允许贫困县将城乡建设用地增减挂钩节余指标在省域范围内流转使用，前期使用贷款进行拆迁安置、基础设施建设和土地复垦。

第五章　教育扶贫

以提高贫困人口基本文化素质和贫困家庭劳动力技能为抓手，瞄准教育最薄弱领域，阻断贫困的代际传递。到2020年，贫困地区基础教育能力明显增强，职业教育体系更加完善，高等教育服务能力明显提升，教育总体质量显著提高，基本公共教育服务水平接近全国平均水平。

第一节　提升基础教育水平

改善办学条件。加快完善贫困地区学前教育公共服务体系，建立健全农村学前教育服务网络，优先保障贫困家庭适龄儿童接受学前教育。全面改善义务教育薄弱学校基本办学条件，加强农村寄宿制学校建设，优化义务教育学校布局，办好必要的村小学和教学点，建立城乡统一、重在农村的义务教育经费保障机制。实施高中阶段教育普及攻坚计划，加大对普通高中和中等职业学校新建改扩建的支持力度，扩大教育资源，提高普及水平。加快推进教育信息化，扩大优质教育资源覆盖面。建立健全双语教学体系。

强化教师队伍建设。通过改善乡村教师生活待遇、强化师资培训、结对帮扶等方式，加强贫困地区师资队伍建设。建立省级统筹乡村教师补充机制，依托师范院校开展“一专多能”乡村教师培养培训，建立城乡学校教师均衡配置机制，推进县（区）域内义务教育学校校长教师交流轮岗。全面落实集中连片特困地区和边远艰苦地区乡村教师生活补助政策。加大对边远艰苦地区农村学校教师周转宿舍建设的支持力度。继续实施特岗计划，“国培计划”向贫困地区乡村教师倾斜。加大双语教师培养力度，加强国家通用语言文字教学。实施好边远贫困地区、边疆民族地区和革命老区人才支持计划教师专项计划，每年向“三区”选派3万名支教教师。建立乡村教师荣誉制度，向在乡村学校从教30年以上的教师颁发荣誉证书。

第二节　降低贫困家庭就学负担

完善困难学生资助救助政策。健全学

前教育资助制度，帮助农村贫困家庭幼儿接受学前教育。稳步推进贫困地区农村义务教育学生营养改善计划。率先对建档立卡贫困家庭学生以及非建档立卡的家庭经济困难残疾学生、农村低保家庭学生、农村特困救助供养学生实施普通高中免除学杂费。完善国家奖助学金、国家助学贷款、新生入学资助、研究生“三助”（助教、助研、助管）岗位津贴、勤工助学、校内奖助学金、困难补助、学费减免等多元化高校学生资助体系，对建档立卡贫困家庭学生优先予以资助，优先推荐勤工助学岗位，做到应助尽助。

第三节 加快发展职业教育

强化职业教育资源建设。加快推进贫困地区职业院校布局结构调整，加强有专业特色并适应市场需求的职业院校建设。继续推动落实东西部联合招生，加强东西部职教资源对接。鼓励东部地区职教集团和职业院校对口支援或指导贫困地区职业院校建设。

加大职业教育力度。引导企业扶贫与职业教育相结合，鼓励职业院校面向建档立卡贫困家庭开展多种形式的职业教育。启动职教圆梦行动计划，省级教育行政部门统筹协调国家中等职业教育改革发展示范学校和国家重点中职学校选择就业前景好的专业，针对建档立卡贫困家庭子女单列招生计划。实施中等职业教育协作计划，支持建档立卡贫困家庭初中毕业生到省外经济较发达地区接受中职教育。让未升入普通高中的初中毕业生都能接受中等职业教育。鼓励职业院校开展面向贫困人口的继续教育。保障贫困家庭妇女、残疾人平等享有职业教育资源和机会。支持民族地区职业学校建设，继续办好内地西藏、新疆中等职业教育班，加强民族聚居地区少数民族特困群体国家通用语言文字培训。

加大贫困家庭子女职业教育资助力度。继续实施“雨露计划”职业教育助学补助政策，鼓励贫困家庭“两后生”就读职业院校并给予政策支持。落实好中等职业学校免学费和国家助学金政策。

专栏 8 教育扶贫工程

（一）普惠性幼儿园建设。

重点支持中西部 1472 个区（县）农村适龄儿童入园，鼓励普惠性幼儿园发展。

（二）全面改善贫困地区义务教育薄弱学校基本办学条件。

按照“缺什么、补什么”的原则改善义务教育薄弱学校基本办学条件。力争到 2019 年底，使贫困地区所有义务教育学校均达到“20 条底线要求”。以集中连片特困地区县、国家扶贫开发工作重点县、革命老区贫困县等为重点，解决或缓解城镇学校“大班额”和农村寄宿制学校“大通铺”问题，逐步实现未达标城乡义务教育学校校舍、场所标准化。

（三）高中阶段教育普及攻坚计划。

增加中西部贫困地区尤其是集中连片特困地区高中阶段教育资源，使中西部贫困地区未升入普通高中的初中毕业生基本进入中等职业学校就读。

（四）乡村教师支持计划。

拓展乡村教师补充渠道，扩大特岗计划实施规模，鼓励省级政府建立统筹规划、统一选拔的乡村教师补充机制，推动地方研究制定符合乡村教育实际的招聘办法，鼓励地方根据需求本土化培养“一专多能”乡村教师。到2020年，对全体乡村教师校长进行360学时的培训。

（五）特殊教育发展。

鼓励有条件的特殊教育学校、取得办园许可的残疾儿童康复机构开展学前教育，支持特殊教育学校改善办学条件和建设特教资源中心（教室），为特殊教育学校配备特殊教育教学专用设备设施和仪器等。

（六）农村义务教育学生营养改善计划。

以贫困地区和家庭经济困难学生为重点，通过农村义务教育学生营养改善计划国家试点、地方试点、社会参与等方式，逐步改善农村义务教育学生营养状况。中央财政为纳入营养改善计划国家试点的农村义务教育学生按每生每天4元（800元/年）的标准提供营养膳食补助。鼓励地方开展营养改善计划地方试点，中央财政给予适当奖补。

第四节　提高高等教育服务能力

提高贫困地区高等教育质量。支持贫困地区优化高等学校布局，调整优化学科专业结构。中西部高等教育振兴计划、长江学者奖励计划、高等学校青年骨干教师国内访问学者项目等国家专项计划，适当向贫困地区倾斜。

继续实施高校招生倾斜政策。加快推进高等职业院校分类考试招生，同等条件下优先录取建档立卡贫困家庭学生。继续实施重点高校面向贫困地区定向招生专项计划，形成长效机制，畅通贫困地区学生纵向流动渠道。高校招生计划和支援中西部地区招生协作计划向贫困地区倾斜。支持普通高校适度扩大少数民族预科班和民族班规模。

第六章　健康扶贫

改善贫困地区医疗卫生机构条件，提升服务能力，缩小区域间卫生资源配置差距，基本医疗保障制度进一步完善，建档立卡贫困人口大病和慢性病得到及时有效救治，就医费用个人负担大幅减轻，重大传染病和地方病得到有效控制，基本公共卫生服务实现均等化，因病致贫返贫问题得到有效解决。

第一节　提升医疗卫生服务能力

加强医疗卫生服务体系建设。按照“填平补齐”原则，加强县级医院、乡镇卫生院、村卫生室等基层医疗卫生机构以及疾病预防控制和精神卫生、职业病防治、妇幼保健等专业公共卫生机构能力建设，提高基本医疗及公共卫生服务水平。加强常见病、多发病相关专业和临床专科建设。加强远程医疗能力建设，实现城市诊疗资源和咨询服务向贫困县延伸，县级医院与县域内各级各类医疗卫生服务机构互联互通。鼓励新医疗技术服务贫困人口。在贫困地区优先实施基层中医药服务能力提升工程“十三五”行动计划。实施全国三级医院与贫困县县级医院“一对一”帮扶行动。到 2020 年，每个贫困县至少有 1 所医院达到二级医院标准，每个 30 万人口以上的贫困县至少有 1 所医院达到二级甲等水平。

深化医药卫生体制改革。深化公立医院综合改革。在符合医疗行业特点的薪酬改革方案出台前，贫困县可先行探索制定公立医院绩效工资总量核定办法。制定符合基层实际的人才招聘引进办法，赋予贫困地区医疗卫生机构一定自主招聘权。加快健全药品供应保障机制，统筹做好县级医院与基层医疗卫生机构的药品供应配送管理工作。进一步提高乡村医生的养老待遇。推进建立分级诊疗制度，到 2020 年，县域内就诊率提高到 90%左右。

强化人才培养培训。以提高培养质量为核心，支持贫困地区高等医学教育发展，加大本专科农村订单定向医学生免费培养力度。以全科医生为重点，加强各类医疗卫生人员继续医学教育，推行住院医师规范化培训、助理全科医生培训，做好全科医生和专科医生特设岗位计划实施工作，制定符合基层实际的人才招聘引进办法，提高薪酬待遇。组织开展适宜医疗卫生技术推广。

支持中医药和民族医药事业发展。加强中医医院、民族医医院、民族医特色专科能力建设，加快民族药药材和制剂标准化建设。加强民族医药基础理论和临床应用研究。加强中医、民族医医师和城乡基层中医、民族医药专业技术人员培养培训，培养一批民族医药学科带头人。加强中药民族药资源保护利用。将更多具有良好疗效的特色民族药药品纳入国家基本医疗保险药品目录。

第二节　提高医疗保障水平

降低贫困人口大病、慢性病费用支出。加强基本医疗保险、大病保险、医疗救助、疾病应急救助等制度的有效衔接。建档立卡贫困人口参加城乡居民基本医疗保险个人缴费部分由财政通过城乡医疗救助给予补贴，全面推开城乡居民基本医疗保险门诊统筹，提高政策范围内住院费用报销比例。城乡居民基本医疗保险新增筹资主要用于提高城乡居民基本医疗保障水平，逐步降低贫困人口大病保险起付线。在基本医疗保险报销范围基础上，确定合规医疗费用范围，减轻贫困人口医疗费用负担。加大医疗救助力度，将贫困人口全部纳入重特大疾病医疗救助范围。对突发重大疾病暂时无法获得家庭支持导致基本生活出现严重困难的贫困家庭患者，加大临时救助力度。支持引导社会慈善力量参与医疗救助。在贫困地区先行推进以按病种付费为主的医保支付方式改革，逐步扩大病种范围。

实行贫困人口分类救治。优先为建档

立卡贫困人口单独建立电子健康档案和健康卡，推动基层医疗卫生机构提供基本医疗、公共卫生和健康管理等签约服务。以县为单位，进一步核实因病致贫返贫家庭及患病人员情况，对贫困家庭大病和慢性病患者实行分类救治，为有需要的贫困残疾人提供基本康复服务。贫困患者在县域内定点医疗机构住院的，实行先诊疗后付费的结算机制，有条件的地方可探索市域和省域内建档立卡贫困人口先诊疗后付费的结算机制。

第三节　加强疾病预防控制和公共卫生

加大传染病、地方病、慢性病防控力度。全面完成已查明氟、砷超标地区改水工程建设。对建档立卡贫困人口食用合格碘盐给予政府补贴。综合防治大骨节病和克山病等重点地方病，加大对包虫病、布病等人畜共患病的防治力度，加强对艾滋病、结核病疫情防控，加强肿瘤随访登记，扩大癌症筛查和早诊早治覆盖面，加强严重精神障碍患者筛查登记、救治救助和服务管理。治贫治毒相结合，从源头上治理禁毒重点整治地区贫困县的毒品问题。

全面提升妇幼健康服务水平。在贫困地区全面实施农村妇女“两癌”（乳腺癌和宫颈癌）免费筛查项目，加大对贫困患者的救助力度。全面实施免费孕前优生健康检查、农村妇女增补叶酸预防神经管缺陷、新生儿疾病筛查等项目。提升孕产妇和新生儿危急重症救治能力。全面实施贫困地区儿童营养改善项目。实施0—6岁贫困残疾儿童康复救助项目，提供基本辅助器具。加强计划生育工作。

深入开展爱国卫生运动。加强卫生城镇创建活动，持续深入开展城乡环境卫生整洁行动，重点加强农村垃圾和污水处理设施建设，有效提升贫困地区人居环境质量。加快农村卫生厕所建设进程，坚持因地制宜、集中连片、整体推进农村改厕工作，力争到2020年农村卫生厕所普及率达到85%以上。加强健康促进和健康教育工作，广泛宣传居民健康素养基本知识和技能，使其形成良好卫生习惯和健康生活方式。

专栏9　健康扶贫工程

（一）城乡居民基本医疗保险和大病保险。

从2016年起，对建档立卡贫困人口、农村低保对象和特困人员实行倾斜性支持政策，降低特殊困难人群大病保险报销起付线、提高大病保险报销比例，减少贫困人口大病费用个人实际支出。选择部分大病实行单病种付费，医疗费用主要由医疗保险、大病保险、医疗救助按规定比例报销。将符合条件的残疾人医疗康复项目按规定纳入基本医疗保险支付范围。

（二）农村贫困人口大病慢性病救治。

继续实施光明工程，为贫困家庭白内障患者提供救治，费用通过医保等渠道解决，鼓励慈善组织参与。从2016年起，对贫困家庭患有儿童急性淋巴细胞白血病、儿童先天性心脏房间隔缺损、食管癌等疾病的患者进行集中救治。

（三）全国三级医院与贫困县县级医院“一对一”帮扶行动。

组织全国 889 家三级医院（含军队和武警部队医院）对口帮扶集中连片特困地区县和国家扶贫开发工作重点县县级医院。采用“组团式”支援方式，向县级医院派驻 1 名院长或者副院长及医务人员组成的团队驻点帮扶，重点加强近 3 年外转率前 5—10 位病种的临床专科能力建设，推广适宜县级医院开展的医疗技术。定期派出医疗队，为贫困人口提供集中诊疗服务。建立帮扶双方远程医疗平台，开展远程诊疗服务。

（四）贫困地区县乡村三级医疗卫生服务网络标准化建设工程。

到 2020 年，每个贫困县至少有 1 所县级公立医院，每个乡镇有 1 所标准化乡镇卫生院，每个行政村有 1 个卫生室。在乡镇卫生院和社区卫生服务中心建立中医综合服务区。

（五）重特大疾病医疗救助行动。

将重特大疾病医疗救助对象范围从农村低保对象、特困人员拓展到低收入家庭的老年人、未成年人、重度残疾人和重病患者，积极探索对因病致贫返贫家庭重病患者实施救助，重点加大对符合条件的重病、重残儿童的救助力度。综合考虑患病家庭负担能力、个人自负费用、当地筹资等情况，分类分段设置救助比例和最高救助限额。

（六）医疗救助与基本医疗保险、大病保险等“一站式”结算平台建设。

贫困地区逐步实现医疗救助与基本医疗保险、大病保险、疾病应急救助、商业保险等信息管理平台互联互通，广泛开展“一站式”即时结算。

第七章　生态保护扶贫

处理好生态保护与扶贫开发的关系，加强贫困地区生态环境保护与治理修复，提升贫困地区可持续发展能力。逐步扩大对贫困地区和贫困人口的生态保护补偿，增设生态公益岗位，使贫困人口通过参与生态保护实现就业脱贫。

第一节　加大生态保护修复力度

加强生态保护与建设。加快改善西南山区、西北黄土高原等水土流失状况，加强林草植被保护与建设。加大三北等防护林体系建设工程、天然林资源保护、水土保持等重点工程实施力度。加大新一轮退耕还林还草工程实施力度，加强生态环境改善与扶贫协同推进。在重点区域推进京津风沙源治理、岩溶地区石漠化治理、青海三江源保护等山水林田湖综合治理工程，遏制牧区、农牧结合贫困地区土壤沙化退化趋势，缓解土地荒漠化、石漠化，组织动员贫困人口参与生态保护建设工程，提高贫困人口受益水平，结合国家重大生态工程建设，因地制宜发展舍饲圈养和设施农业，大力发展具有经济效益的生态林业产业。

开展水土资源保护。加强贫困地区耕地和永久基本农田保护，建立和完善耕地与永久基本农田保护补偿机制，推进耕地质量保护与提升。全面推广测土配方施肥技术和水肥一体化技术。加强农膜残膜回收，积极推广可降解农膜。开展耕地轮作休耕试点。鼓励在南方贫困地区开发利用冬闲田、秋闲田，种植肥田作物。优先将大兴安岭南麓山区内黑土流失地区等地区列入综合治理示范区。加强江河源头和水源涵养区保护，推进重点流域水环境综合治理，严禁农业、工业污染物向水体超标排放。

专栏 10　重大生态建设扶贫工程

（一）退耕还林还草工程。

在安排新一轮退耕还林还草任务时，向扶贫开发任务重、贫困人口较多的省份倾斜。各有关省份要进一步向贫困地区集中，向建档立卡贫困村、贫困人口倾斜。

（二）退牧还草工程。

继续在内蒙古、辽宁、吉林、黑龙江、四川、贵州、云南、西藏、陕西、甘肃、青海、宁夏、新疆和新疆生产建设兵团实施退牧还草工程，并向贫困地区、贫困人口倾斜，合理调整任务实施范围，促进贫困县脱贫攻坚。

（三）青海三江源生态保护和建设二期工程。

继续加强三江源草原、森林、荒漠、湿地与湖泊生态系统保护和建设，治理范围从 15.2 万平方公里扩大至 39.5 万平方公里，从根本上遏制生态整体退化趋势，促进三江源地区可持续发展。

（四）京津风沙源治理工程。

继续加强燕山—太行山区、吕梁山区等贫困地区的工程建设，建成京津及周边地区的绿色生态屏障，沙尘天气明显减少，农牧民生产生活条件全面改善。

（五）天然林资源保护工程。

扩大天然林保护政策覆盖范围，全面停止天然林商业性采伐，逐步提高补助标准，加大对贫困地区的支持。

（六）三北等防护林体系建设工程。

优先安排贫困地区三北、长江、珠江、沿海、太行山等防护林体系建设，加大森林经营力度，推进退化林修复，提升森林质量、草原综合植被盖度和整体生态功能，遏制水土流失。加强农田防护林建设，营造农田林网，加强村镇绿化，提升平原农区防护林体系综合功能。

（七）水土保持重点工程。

加大长江和黄河上中游、西南岩溶区、东北黑土区等重点区域水土流失治理力度，加快推进坡耕地、侵蚀沟治理工程建设，有效改善贫困地区农业生产生活条件。

（八）岩溶地区石漠化综合治理工程。

继续加大滇桂黔石漠化区、滇西边境山区、乌蒙山区和武陵山区等贫困地区石漠化治理力度，恢复林草植被，提高森林质量，统筹利用水土资源，改善农业生产条件，适度发展草食畜牧业。

（九）沙化土地封禁保护区建设工程。

继续在内蒙古、西藏、陕西、甘肃、青海、宁夏、新疆等省（区）推进沙化土地封禁保护区建设，优先将 832 个贫困县中适合开展沙化土地封禁保护区建设的县纳入建设范围，实行严格的封禁保护。

（十）湿地保护与恢复工程。

对全国重点区域的自然湿地和具有重要生态价值的人工湿地，实行优先保护和修复，扩大湿地面积。对东北生态保育区、长江经济带生态涵养带、京津冀生态协同圈、黄土高原—川滇生态修复带的国际重要湿地、湿地自然保护区和国家湿地公园及其周边范围内非基本农田，实施退耕（牧）还湿、退养还滩。

（十一）农牧交错带已垦草原综合治理工程。

在河北、山西、内蒙古、甘肃、宁夏、新疆开展农牧交错带已垦撂荒地治理，通过建植多年生人工草地，提高治理区植被覆盖率和饲草生产、储备、利用能力，保护和恢复草原生态，促进农业结构优化、草畜平衡，实现当地可持续发展。

第二节　建立健全生态保护补偿机制

建立稳定生态投入机制。中央财政加大对国家重点生态功能区中贫困县的转移支付力度，扩大政策实施范围，完善转移支付补助办法，逐步提高对重点生态功能区生态保护与恢复的资金投入水平。

探索多元化生态保护补偿方式。根据“谁受益、谁补偿”原则，健全生态保护补偿机制。在贫困地区开展生态综合补偿试点，逐步提高补偿标准。健全各级财政森林生态效益补偿标准动态调整机制。研究制定鼓励社会力量参与防沙治沙的政策措施。推进横向生态保护补偿，鼓励受益地区与保护地区、流域下游与上游建立横向补偿关系。探索碳汇交易、绿色产品标识等市场化补偿方式。

设立生态公益岗位。中央财政调整生态建设和补偿资金支出结构，支持在贫困县以政府购买服务或设立生态公益岗位的方式，以森林、草原、湿地、沙化土地管护为重点，让贫困户中有劳动能力的人员参加生态管护工作。充实完善国家公园的管护岗位，增加国家公园、国家级自然保护区、国家级风景名胜区周边贫困人口参与巡护和公益服务的就业机会。

专栏 11　生态保护补偿

（一）森林生态效益补偿。

健全各级财政森林生态效益补偿标准动态调整机制，依据国家公益林权属实行不同的补偿标准。

（二）草原生态保护补助奖励。

在内蒙古、新疆、西藏、青海、四川、甘肃、宁夏、云南、山西、河北、黑龙江、辽宁、吉林 13 个省（区）和新疆生产建设兵团、黑龙江农垦总局的牧区半牧区县实施草原生态保护补助奖励。中央财政按照每亩每年 7.5 元的测算标准，对禁牧和禁牧封育的牧民给予补助，补助周期 5 年；实施草畜平衡奖励，中央财政对未超载放牧牧民按照每亩每年2.5元的标准给予奖励。

（三）跨省流域生态保护补偿试点。

在新安江、南水北调中线源头及沿线、京津冀水源涵养区、九洲江、汀江—韩江、东江、西江等开展跨省流域生态保护补偿试点工作。

（四）生态公益岗位脱贫行动。

通过购买服务、专项补助等方式，在贫困县中选择一批能胜任岗位要求的建档立卡贫困人口，为其提供生态护林员、草管员、护渔员、护堤员等岗位。在贫困县域内的553处国家森林公园、湿地公园和国家级自然保护区，优先安排有劳动能力的建档立卡贫困人口从事森林管护、防火和服务。

第八章　兜底保障

统筹社会救助体系，促进扶贫开发与社会保障有效衔接，完善农村低保、特困人员救助供养等社会救助制度，健全农村“三留守”人员和残疾人关爱服务体系，实现社会保障兜底。

第一节　健全社会救助体系

完善农村最低生活保障制度。完善低保对象认定办法，建立农村低保家庭贫困状况评估指标体系，将符合农村低保条件的贫困家庭全部纳入农村低保范围。加大省级统筹工作力度，动态调整农村低保标准，确保2020年前所有地区农村低保标准逐步达到国家扶贫标准。加强农村低保与扶贫开发及其他脱贫攻坚相关政策的有效衔接，引导有劳动能力的低保对象依靠自身努力脱贫致富。

统筹社会救助资源。指导贫困地区健全特困人员救助供养制度，全面实施临时救助制度，积极推进最低生活保障制度与医疗救助、教育救助、住房救助、就业救助等专项救助制度衔接配套，推动专项救助在保障低保对象的基础上向低收入群众适当延伸，逐步形成梯度救助格局，为救助对象提供差别化的救助。合理划分中央和地方政府的社会救助事权和支出责任，统筹整合社会救助资金渠道，提升社会救助政策和资金的综合效益。

第二节　逐步提高贫困地区基本养老保障水平

坚持全覆盖、保基本、有弹性、可持续的方针，统筹推进城乡养老保障体系建设，指导贫困地区全面建成制度名称、政策标准、管理服务、信息系统“四统一”的城乡居民养老保险制度。探索建立适应农村老龄化形势的养老服务模式。

第三节　健全“三留守”人员和残疾人关爱服务体系

完善“三留守”人员服务体系。组织开展农村留守儿童、留守妇女、留守老人摸底排查工作。推动各地通过政府购买服务、政府购买基层公共管理和社会服务岗位、引入社会工作专业人才和志愿者等方式，为“三留守”人员提供关爱服务。加强留守儿童关爱服务设施和队伍建设，建立留守儿童救助保护机制和关爱服务网络。

加强未成年人社会保护和权益保护工作。研究制定留守老年人关爱服务政策措施，推进农村社区日间照料中心建设，提升农村特困人员供养服务机构托底保障能力和服务水平。支持各地农村幸福院等社区养老服务设施建设和运营，开展留守老年人关爱行动。加强对“三留守”人员的生产扶持、生活救助和心理疏导。进一步加强对贫困地区留守妇女技能培训和居家灵活就业创业的扶持，切实维护留守妇女权益。

完善贫困残疾人关爱服务体系。将残疾人普遍纳入社会保障体系予以保障和扶持。支持发展残疾人康复、托养、特殊教育，实施残疾人重点康复项目，落实困难残疾人生活补贴和重度残疾人护理补贴制度。加强贫困残疾人实用技术培训，优先扶持贫困残疾人家庭发展生产，支持引导残疾人就业创业。

专栏 12　兜底保障

（一）农村低保标准动态调整。

省级人民政府统筹制定农村低保标准动态调整方案，确保所有地区农村低保标准逐步达到国家扶贫标准，进一步完善农村低保标准与物价上涨挂钩联动机制。

（二）农村低保与扶贫开发衔接。

将符合农村低保条件的建档立卡贫困户纳入低保范围，将符合扶贫条件的农村低保家庭纳入建档立卡范围。对不在建档立卡范围内的农村低保家庭、特困人员，各地统筹使用相关扶贫开发政策。对返贫家庭，按规定程序审核后分别纳入临时救助、医疗救助、农村低保等社会救助制度和建档立卡贫困户扶贫开发政策覆盖范围。

第九章　社会扶贫

发挥东西部扶贫协作和中央单位定点帮扶的引领示范作用，凝聚国际国内社会各方面力量，进一步提升贫困人口帮扶精准度和帮扶效果，形成脱贫攻坚强大合力。

第一节　东西部扶贫协作

开展多层次扶贫协作。以闽宁协作模式为样板，建立东西部扶贫协作与建档立卡贫困村、贫困户的精准对接机制，做好与西部地区脱贫攻坚规划的衔接，确保产业合作、劳务协作、人才支援、资金支持精确瞄准建档立卡贫困人口。东部省份要根据财力增长情况，逐步增加对口帮扶财政投入，并列入年度预算。东部各级党政机关、人民团体、企事业单位、社会组织、各界人士等要积极参与扶贫协作工作。西部地区要整合用好扶贫协作等各类资源，聚焦脱贫攻坚，形成脱贫合力。启动实施东部省份经济较发达县（市）与对口帮扶省份贫困县“携手奔小康”行动，着力推动县与县精准对接。探索东西部乡镇、行政村之间结对帮扶。协作双方每年召开高层联席会议。

拓展扶贫协作有效途径。注重发挥市场机制作用，推动东部人才、资金、技术向贫困地区流动。鼓励援助方利用帮扶资金设立贷款担保基金、风险保障基金、贷款贴息资金和中小企业发展基金等，支持发展特色产业，引导省内优势企业到受援方创业兴业。鼓励企业通过量化股份、提供就业等形式，带动当地贫困人口脱贫增收。鼓励东部地区通过共建职业培训基地、开展合作办学、实施定向特招等形式，对西部地区贫困家庭劳动力进行职业技能培训，并提供就业咨询服务。帮扶双方要建立和完善省市协调、县乡组织、职校培训、定向安排、跟踪服务的劳务协作对接机制，提高劳务输出脱贫的组织化程度。以县级为重点，加强协作双方党政干部挂职交流。采取双向挂职、两地培训等方式，加大对西部地区特别是基层干部、贫困村创业致富带头人的培训力度。支持东西部学校、医院建立对口帮扶关系。建立东西部扶贫协作考核评价机制，重点考核带动贫困人口脱贫成效，西部地区也要纳入考核范围。

第二节　定点帮扶

明确定点扶贫目标任务。结合当地脱贫攻坚规划，制定各单位定点帮扶工作年度计划，以帮扶对象稳定脱贫为目标，实化帮扶举措，提升帮扶成效。各单位选派优秀中青年干部到定点扶贫县挂职、担任贫困村第一书记。省、市、县三级党委政府参照中央单位做法，组织党政机关、企事业单位开展定点帮扶工作。完善定点扶贫牵头联系机制，各牵头单位要落实责任人，加强工作协调，督促指导联系单位做好定点扶贫工作，协助开展考核评价工作。

专栏 13　中央单位定点扶贫工作
牵头联系单位和联系对象

中央直属机关工委牵头联系中央组织部、中央宣传部等 43 家中直机关单位；中央国家机关工委牵头联系外交部、国家发展改革委、教育部等 81 家中央国家机关单位；中央统战部牵头联系民主党派中央和全国工商联。教育部牵头联系北京大学、清华大学、中国农业大学等 44 所高校；人民银行牵头联系中国工商银行、中国农业银行、中国银行等 24 家金融机构和银监会、证监会、保监会；国务院国资委牵头联系中国核工业集团公司、中国核工业建设集团公司、中国航天科技集团公司等 103 家中央企业；中央军委政治工作部牵头联系解放军和武警部队有关单位；中央组织部牵头联系各单位选派挂职扶贫干部和第一书记工作。

第三节　企业帮扶

强化国有企业帮扶责任。深入推进中央企业定点帮扶贫困革命老区“百县万村”活动。用好贫困地区产业发展基金。引导中央企业设立贫困地区产业投资基金，采取市场化运作，吸引企业到贫困地区从事资源开发、产业园区建设、新型城镇化发展等。继续实施“同舟工程——中央企业参与‘救急难’行动”，充分发挥中央企业在社会救助工作中的补充作用。地方政府要动员本地国有企业积极承担包村帮扶等扶贫开发任务。

引导民营企业参与扶贫开发。充分发挥工商联的桥梁纽带作用，以点带面，鼓励引导民营企业和其他所有制企业参与扶贫开发。组织开展“万企帮万村”精准扶贫行动，引导东部地区的民营企业在东西部扶贫协作框架下结对帮扶西部地区贫困村。鼓励有条件的企业设立扶贫公益基金、开展扶贫慈善信托。完善对龙头企业参与扶贫开发的支持政策。吸纳贫困人口就业的企业，按规定享受职业培训补贴等就业支持政策，落实相关税收优惠。设立企业扶贫光荣榜，并向社会公告。

专栏 14　企业扶贫重点工程

（一）中央企业定点帮扶贫困革命老区“百县万村”活动。

66 家中央企业在定点帮扶的 108 个革命老区贫困县和贫困村中，建设一批水、电、路等小型基础设施项目，加快老区脱贫致富步伐。

（二）同舟工程。

中央企业结合定点扶贫工作，对因遭遇突发紧急事件或意外事故，致使基本生活陷入困境乃至面临生存危机的群众，特别是对医疗负担沉重的困难家庭、因病致贫返贫家庭，开展“救急难”行动，实施精准帮扶。

（三）“万企帮万村”精准扶贫行动。

动员全国 1 万家以上民营企业，采取产业扶贫、就业扶贫、公益扶贫等方式，帮助 1 万个以上贫困村加快脱贫进程，为打赢脱贫攻坚战贡献力量。

第四节　军队帮扶

构建整体帮扶体系。把地方所需、群众所盼与部队所能结合起来，优先扶持家境困难的军烈属、退役军人等群体。中央军委机关各部门（不含直属机构）和副战区级以上单位机关带头做好定点帮扶工作。省军区系统和武警总队帮扶本辖区范围内相关贫困村脱贫。驻贫困地区作战部队实施一批具体扶贫项目和扶贫产业，部队生活物资采购注重向贫困地区倾斜。驻经济发达地区部队和有关专业技术单位根据实际承担结对帮扶任务。

发挥部队帮扶优势。发挥思想政治工作优势，深入贫困地区开展脱贫攻坚宣传教育，组织军民共建活动，传播文明新风，丰富贫困人口精神文化生活。发挥战斗力突击力优势，积极支持和参与农业农村基础设施建设、生态环境治理、易地扶贫搬迁等工作。发挥人才培育优势，配合实施教育扶贫工程，接续做好“八一爱民学校”援建工作，组织开展“1+1”、“N+1”等结对助学活动，团级以上干部与贫困家庭学生建立稳定帮扶关系。采取军地联训、代培代训等方式，帮助贫困地区培养实用人才，培育一批退役军人和民兵预备役人员致富带头人。发挥科技、医疗等资源优势，促进军民两用科技成果转化运用，组织 87 家军队和武警部队三级医院对口帮扶 113 家贫困县县级医院，开展送医送药和巡诊治病活动。帮助革命老区加强红色资源开发，培育壮大红色旅游产业。

第五节　社会组织和志愿者帮扶

广泛动员社会力量帮扶。支持社会团体、基金会、社会服务机构等各类组织从事扶贫开发事业。建立健全社会组织参与扶贫开发的协调服务机制，构建社会扶贫信息服务网络。以各级脱贫攻坚规划为引导，鼓励社会组织扶贫重心下移，促进帮扶资源与贫困户精准对接帮扶。支持社会组织通过公开竞争等方式，积极参加政府面向社会购买扶贫服务工作。鼓励和支持社会组织参与扶贫资源动员、资源配置使用、绩效论证评估等工作，支持其承担扶贫项目实施。探索发展公益众筹扶贫模式。着力打造扶贫公益品牌。鼓励社会组织在贫困地区大力倡导现代文明理念和生活方式，努力满足贫困人口的精神文化需求。制定出台社会组织参与脱贫攻坚的指导性文件，从国家层面予以指导。建立健全社会扶贫监测评估机制，创新监测评估方法，及时公开评估结果，增强社会扶贫公信力和影响力。

进一步发挥社会工作专业人才和志愿者扶贫作用。制定出台支持专业社会工作和志愿服务力量参与脱贫攻坚专项政策。实施社会工作专业人才服务贫困地区系列行动计划。鼓励发达地区社会工作专业人才和社会工作服务机构组建专业服务团队、兴办社会工作服务机构，为贫困地区培养和选派社会工作专业人才。实施脱贫攻坚志愿服务行动计划。鼓励支持青年学生、专业技术人员、退休人员和社会各界人士参与扶贫志愿者行动。充分发挥中国志愿服务联合会、中华志愿者协会、中国青年志愿者协会、中国志愿服务基金会和中国扶贫志愿服务促进会等志愿服务行业组织的作用，构建扶贫志愿者服务网络。

办好扶贫日系列活动。在每年的10月17日全国扶贫日期间举办专题活动，动员全社会力量参与脱贫攻坚。举办减贫与发展高层论坛，开展表彰活动，做好宣传推介。从2016年起，在脱贫攻坚期设立“脱贫攻坚奖”，表彰为脱贫攻坚作出重要贡献的个人。每年发布《中国的减贫行动与人权进步》白皮书。组织各省（区、市）结合自身实际开展社会公募、慰问调研等系列活动。

专栏15　社会工作专业人才和志愿者帮扶

（一）社会工作专业人才服务贫困地区系列行动计划。

实施社会工作专业人才服务“三区”行动计划，每年向边远贫困地区、边疆民族地区和革命老区选派1000名社会工作专业人才，为“三区”培养500名社会工作专业人才。积极实施农村留守人员残疾人社会关爱行动、城市流动人口社会融入计划、特困群体社会关怀行动、发达地区与贫困地区牵手行动、重大自然灾害与突发事件社会工作服务支援行动，支持社会工作服务机构和社会工作者为贫困地区农村各类特殊群体提供有针对性的服务。

（二）脱贫攻坚志愿服务行动计划。

实施扶贫志愿者行动计划，每年动员不少于1万人次到贫困地区参与扶贫开发，开展扶贫服务工作。以“扶贫攻坚”志愿者行动项目、“邻里守望”志愿服务行动、扶贫志愿服务品牌培育行动等为重点，支持有关志愿服务组织和志愿者选择贫困程度深的建档立卡贫困村、贫困户和特殊困难群体，在教育、医疗、文化、科技领域开展精准志愿服务行动。以空巢老人、残障人士、农民工及困难职工、留守儿童等群体为重点，开展生活照料、困难帮扶、文体娱乐、技能培训等方面的志愿帮扶活动。通过政府购买服务、公益创投、社会资助等方式，引导支持志愿服务组织和志愿者参与扶贫志愿服务，培育发展精准扶贫志愿服务品牌项目。

第六节　国际交流合作

坚持“引进来”和“走出去”相结合，加强国际交流合作。引进资金、信息、技术、智力、理念、经验等国际资源，服务我国扶贫事业。通过对外援助、项目合作、技术扩散、智库交流等形式，加强与发展中国家和国际机构在减贫领域的交流合作，加强减贫知识分享，加大南南合作力度，增强国际社会对我国精准扶贫、精准脱贫基本方略的认同，提升国际影响力和话语权。组织实施好世界银行第六期贷款、中国贫困片区儿童减贫与综合发展、减贫国际合作等项目。响应联合国 2030 年可持续发展议程。

第十章　提升贫困地区区域发展能力

以革命老区、民族地区、边疆地区、集中连片特困地区为重点，整体规划，统筹推进，持续加大对集中连片特困地区的扶贫投入力度，切实加强交通、水利、能源等重大基础设施建设，加快解决贫困村通路、通水、通电、通网络等问题，贫困地区区域发展环境明显改善，“造血”能力显著提升，基本公共服务主要领域指标接近全国平均水平，为 2020 年解决区域性整体贫困问题提供有力支撑。

第一节　继续实施集中连片特困地区规划

统筹推进集中连片特困地区规划实施。组织实施集中连片特困地区区域发展与扶贫攻坚“十三五”省级实施规划，片区重大基础设施和重点民生工程要优先纳入“十三五”相关专项规划和年度计划，集中建设一批区域性重大基础设施和重大民生工程，明显改善片区区域发展环境、提升自我发展能力。

完善片区联系协调机制。进一步完善片区联系工作机制，全面落实片区联系单位牵头责任，充分发挥部省联系会议制度功能，切实做好片区区域发展重大事项的沟通、协调、指导工作。强化片区所在省级政府主体责任，组织开展片区内跨行政区域沟通协调，及时解决片区规划实施中存在的问题和困难，推进片区规划各项政策和项目尽快落地。

第二节　着力解决区域性整体贫困问题

大力推进革命老区、民族地区、边疆地区脱贫攻坚。加大脱贫攻坚力度，支持革命老区开发建设，推进实施赣闽粤原中央苏区、左右江、大别山、陕甘宁、川陕等重点贫困革命老区振兴发展规划，积极支持沂蒙、湘鄂赣、太行、海陆丰等欠发达革命老区加快发展。扩大对革命老区的财政转移支付规模。加快推进民族地区重大基础设施项目和民生工程建设，实施少数民族特困地区和特困群体综合扶贫工程，出台人口较少民族整体脱贫的特殊政策措施。编制边境扶贫专项规划，采取差异化政策，加快推进边境地区基础设施和社会保障设施建设，集中改善边民生产生活条件，扶持发展边境贸易和特色经济，大力推进兴边富民行动，使边民能够安心生产生活、安心守边固边。加大对边境地区的财政转移支付力度，完善边民补贴机制。加大中央投入力度，采取特殊扶持政策，推进西藏、四省藏区和新疆南疆四地州脱贫攻坚。

推动脱贫攻坚与新型城镇化发展相融合。支持贫困地区基础条件较好、具有特色资源的县城和特色小镇加快发展，打造一批休闲旅游、商贸物流、现代制造、教育科技、传统文化、美丽宜居小镇。结合中小城市、小城镇发展进程，加快户籍制度改革，有序推动农业转移人口市民化。统筹规划贫困地区城乡基础设施网络，促进水电路气信等基础设施城乡联网、生态环保设施城乡统一布局建设。推进贫困地区无障碍环境建设。推动城镇公共服务向农村延伸，逐步实现城乡基本公共服务制度并轨、标准统一。

推进贫困地区区域合作与对外开放。推动贫困地区深度融入“一带一路”建设、京津冀协同发展、长江经济带发展三大国家战略，与有关国家级新区、自主创新示范区、自由贸易试验区、综合配套改革试验区建立紧密合作关系，打造区域合作和产业承接发展平台，探索发展“飞地经济”，引导发达地区劳动密集型等产业优先向贫困地区转移。支持贫困地区具备条件的地方申请设立海关特殊监管区域，积极承接加工贸易梯度转移。拓展贫困地区招商引资渠道，利用外经贸发展专项资金促进贫困地区外经贸发展，优先支持贫困地区项目申报借用国外优惠贷款。鼓励贫困地区培育和发展会展平台，提高知名度和影响力。加快边境贫困地区开发开放，加强内陆沿边地区口岸基础设施建设，开辟跨境多式联运交通走廊，促进边境经济合作区、跨境经济合作区发展，提升边民互市贸易便利化水平。

专栏 16　特殊类型地区发展重大行动

（一）革命老区振兴发展行动。

规划建设一批铁路、高速公路、支线机场、水利枢纽、能源、信息基础设施工程，大力实施天然林保护、石漠化综合治理、退耕还林还草等生态工程，支持风电、水电等清洁能源开发，建设一批红色旅游精品线路。

（二）民族地区奔小康行动。

推进人口较少民族整族整村精准脱贫。对陆地边境抵边一线乡镇因守土成边不宜易地扶贫搬迁的边民，采取就地就近脱贫措施。实施少数民族特色村镇保护与发展工程，重点建设一批少数民族特色村寨和民族特色小镇。支持少数民族传统手工艺品保护与发展。

（三）沿边地区开发开放行动。

实施沿边地区交通基础设施改造提升工程；实施产业兴边工程，建设跨境旅游合作区和边境旅游试验区；实施民生安边工程，完善边民补贴机制。

第三节　加强贫困地区重大基础设施建设

构建外通内联交通骨干通道。加强革命老区、民族地区、边疆地区、集中连片特困地区对外运输通道建设，推动国家铁路网、国家高速公路网连接贫困地区的重大交通项目建设，提高国道省道技术标准，构建贫困地区外通内联的交通运输通道。加快资源丰富和人口相对密集贫困地区开发性铁路建设。完善贫困地区民用机场布局规划，加快支线机场、通用机场建设。在具备水资源开发条件的贫困地区，统筹内河航电枢纽建设和航运发展，提高通航能力。形成布局科学、干支结合、结构合理的区域性综合交通运输网络。在自然条件复杂、灾害多发且人口相对密集的贫困地区，合理布局复合多向、灵活机动的保障性运输通道。依托我国与周边国家互联互通重要通道，推动沿边贫困地区交通基础设施建设。

着力提升重大水利设施保障能力。加强重点水源、大中型灌区续建配套节水改造等工程建设，逐步解决贫困地区工程性缺水和资源性缺水问题，着力提升贫困地区供水保障能力。按照“确有需要、生态安全、可以持续”的原则，科学开展水利扶贫项目前期论证，在保护生态的前提下，提高水资源开发利用水平。加大贫困地区控制性枢纽建设、中小河流和江河重要支流治理、抗旱水源建设、山洪灾害防治、病险水库（闸）除险加固、易涝地区治理力度，坚持工程措施与非工程措施结合，加快灾害防治体系建设。

优先布局建设能源工程。积极推动能源开发建设，煤炭、煤电、核电、油气、水电等重大项目，跨区域重大能源输送通道项目，以及风电、光伏等新能源项目，同等条件下优先在贫困地区规划布局。加快贫困地区煤层气（煤矿瓦斯）产业发展。统筹研究贫困地区煤电布局，继续推进跨省重大电网工程和天然气管道建设。加快推进流域龙头水库和金沙江、澜沧江、雅砻江、大渡河、黄河上游等水电基地重大工程建设，努力推动怒江中下游水电基地开发，支持离网缺电贫困地区小水电开发，重点扶持西藏、四省藏区和少数民族贫困地区小水电扶贫开发工作，风电、光伏发电年度规模安排向贫困地区倾斜。

专栏 17　贫困地区重大基础设施建设工程

（一）交通骨干通道工程。

——铁路：加快建设银川至西安、郑州至万州、郑州至阜阳、张家口至大同、太原至焦作、郑州至济南、重庆至贵阳、兰州至合作、玉溪至磨憨、大理至临沧、弥勒至蒙自、叙永至毕节、渝怀铁路增建二线、青藏铁路格拉段扩能改造等项目。规划建设重庆至昆明、赣州至深圳、贵阳至南宁、长沙至赣州、京九高铁阜阳至九江段、西安至十堰、原平至大同、忻州至保定、张家界至吉首至怀化、中卫至兰州、贵阳至兴义、克塔铁路铁厂沟至塔城段、浦梅铁路建宁至冠豸山段、兴国至泉州、西宁至成都（黄胜关）、格尔木至成都、西安至铜川至延安、平凉至庆阳、和田至若羌至罗布泊、宝中铁路中卫至平凉段扩能等项目。

——公路：加快推进 G75 兰州至海口高速公路渭源至武都段、G65E 榆树至蓝田高速公路绥德至延川段、G6911 安康至来凤高速公路镇坪至巫溪段等国家高速公路项目建设，有序推进 G244 乌海至江津公路华池（打扮梁）至庆城段、G569 曼德拉至大通公路武威至仙米寺段等 165 项普通国道建设。

——机场：加快新建巫山、巴中、仁怀、武冈、陇南、祁连、莎车机场项目，安康、泸州、宜宾机场迁建项目和桂林、格尔木、兴义等机场改扩建项目建设进度；积极推动新建武隆、黔北、罗甸、乐山、瑞金、抚州、朔州、共和、黄南机场项目，昭通机场迁建项目以及西宁等机场改扩建项目建设。

（二）重点水利工程。

——重点水源工程：加快建设贵州夹岩、西藏拉洛等大型水库工程及一批中小型水库工程；实施甘肃引洮供水二期工程等引提水及供水保障工程；在干旱易发县加强各类抗旱应急水源工程建设，逐步完善重点旱区抗旱体系。

——重点农田水利工程：基本完成涉及内蒙古、河北、河南、安徽、云南、新疆和湖南等省份贫困县列入规划的 117 处大型灌区续建配套与节水改造任务，加快推进中型灌区续建配套与节水改造。建设吉林松原、内蒙古绰勒、青海湟水北干渠、湖南涔天河等灌区。以新疆南疆地区、六盘山区等片区为重点，发展管灌、喷灌、微灌等高效节水灌溉工程。

——重点防洪工程：继续实施大中型病险水闸、水库除险加固。以东北三江治理为重点，进一步完善大江大河大湖防洪减灾体系。基本完成规划内乌江、白龙江、嘉陵江、清水河、湟水等 244 条流域面积 3000 平方公里以上中小河流治理任务。以滇西边境山区、滇桂黔石漠化片区、武陵山区、六盘山区及非集中连片特困地区为重点，加大重点山洪沟防洪治理力度。开展易涝区综合治理工程建设，实施规划内蓄滞洪区建设和淮河流域重点平原洼地治理工程。

（三）重点能源工程。

——水电：开工建设金沙江白鹤滩、叶巴滩，澜沧江托巴，雅砻江孟底沟，大渡河硬梁包，黄河玛尔挡、羊曲等水电站；加快推进金沙江龙盘、黄河茨哈峡等水电站项目。

——火电：开工建设贵州习水二郎 2×66 万千瓦、河南内乡 2×100 万千瓦等工程。规划建设新疆南疆阿克苏地区库车俄霍布拉克煤矿 2×66 万千瓦坑口电厂。

——输电工程：开工建设蒙西—天津南特高压交流，宁东—浙江、晋北—江苏特高压直流，川渝第三通道 500 千伏交流等工程。开工建设锦界、府谷—河北南网扩容工程，启动陕北（延安）—湖北特高压直流输电工程工作。

——煤层气：开工建设吕梁三交、柳林煤层气项目，黔西滇东煤层气示范工程，贵州六盘水煤矿瓦斯抽采规模化利用和瓦斯治理示范矿井，新疆南疆阿克苏地区拜城县煤层气示范项目。

——天然气：开工建设新疆煤制气外输管道，楚雄—攀枝花天然气管道等工程。积极推进重庆、四川页岩气开发，开工建设重庆页岩气渝东南、万州—云阳天然气管道等工程，适时推进渝黔桂外输管道工程。

第四节　加快改善贫困村生产生活条件

全面推进村级道路建设。全面完成具备条件的行政村通硬化路建设，优先安排建档立卡贫困村通村道路硬化。推动一定人口规模的自然村通公路，重点支持较大人口规模撤并建制村通硬化路。加强贫困村通客车线路上的生命安全防护工程建设，改造现有危桥，对不能满足安全通客车要求的窄路基路面路段进行加宽改造。加大以工代赈力度，支持贫困地区实施上述村级道路建设任务。通过“一事一议”等方式，合理规划建设村内道路。

巩固提升农村饮水安全水平。全面落实地方政府主体责任，全面推进“十三五”农村饮水安全巩固提升工程，做好与贫困村、贫困户的精准对接，加快建设一批集中供水工程。对分散性供水和水质不达标的，因地制宜实行升级改造。提升贫困村自来水普及率、供水保证率、水质达标率，推动城镇供水设施向有条件的贫困村延伸，着力解决饮水安全问题。到 2020 年，贫困地区农村集中供水率达到 83%，自来水普及率达到 75%。

多渠道解决生活用能。全面推进能源惠民工程，以贫困地区为重点，加快实施新一轮农村电网改造升级工程，实施配电网建设改造行动计划。实行骨干电网与分布式能源相结合，到 2020 年，贫困村基本实现稳定可靠的供电服务全覆盖，供电能力和服务水平明显提升。大力发展农村清洁能源，推进贫困村小水电、太阳能、风能、农林和畜牧废弃物等可再生能源开发利用。因地制宜发展沼气工程。鼓励分布式光伏发电与设施农业发展相结合，推广应用太阳能热水器、太阳灶、小风电等农村小型能源设施。提高能源普遍服务水平，推进城乡用电同网同价。

加强贫困村信息和物流设施建设。实施“宽带乡村”示范工程，推动公路沿线、集镇、行政村、旅游景区4G（第四代移动通信）网络基本覆盖。鼓励基础电信企业针对贫困地区出台更优惠的资费方案。加强贫困村邮政基础设施建设，实现村村直接通邮。加快推进“快递下乡”工程，完善农村快递揽收配送网点建设。支持快递企业加强与农业、供销合作、商贸企业的合作，推动在基础条件相对较好的地区率先建立县、乡、村消费品和农资配送网络体系，打造“工业品下乡”和“农产品进城”双向流通渠道。

继续实施农村危房改造。加快推进农村危房改造，按照精准扶贫要求，重点解决建档立卡贫困户、低保户、分散供养特困人员、贫困残疾人家庭的基本住房安全问题。统筹中央和地方补助资金，建立健全分类补助机制。严格控制贫困户建房标准。通过建设农村集体公租房、幸福院，以及利用闲置农户住房和集体公房置换改造等方式，解决好贫困户基本住房安全问题。

加强贫困村人居环境整治。在贫困村开展饮用水源保护、生活污水和垃圾处理、畜禽养殖污染治理、农村面源污染治理、乱埋乱葬治理等人居环境整治工作，保障处理设施运行经费，稳步提升贫困村人居环境水平。到2020年，90%以上贫困村的生活垃圾得到处理，普遍建立村庄保洁制度，设立保洁员岗位并优先聘用贫困人口。开展村庄卫生厕所改造，逐步解决贫困村人畜混居问题。提高贫困村绿化覆盖率。建设村内道路照明等必要的配套公共设施。

健全贫困村社区服务体系。加强贫困村基层公共服务设施建设，整合利用现有设施和场地，拓展学前教育、妇女互助和养老服务、殡葬服务功能，努力实现农村社区公共服务供给多元化。依托“互联网+”拓展综合信息服务功能，逐步构建线上线下相结合的农村社区服务新模式。统筹城乡社区服务体系规划建设，积极培育农村社区社会组织，发展社区社会工作服务。深化农村社区建设试点，加强贫困村移风易俗、乡风和村规民约等文明建设。

加强公共文化服务体系建设。按照公共文化建设标准，对贫困县未达标公共文化设施提档升级、填平补齐。加强面向“三农”的优秀出版物和广播影视节目生产。启动实施流动文化车工程。实施贫困地区县级广播电视播出机构制播能力建设工程。为贫困村文化活动室配备必要的文化器材。推进重大文化惠民工程融合发展，提高公共数字文化供给和服务能力。推动广播电视村村通向户户通升级，到2020年，基本实现数字广播电视户户通。组织开展“春雨工程”——全国文化志愿者边疆行活动。

着力改善生产条件。推进贫困村农田水利、土地整治、中低产田改造和高标准农田建设。抓好以贫困村为重点的田间配套工程、“五小水利”工程和高效节水灌溉工程建设，抗旱水源保障能力明显提升。结合产业发展，建设改造一批资源路、旅游路、产业园区路，新建改造一批生产便道，推进“交通+特色产业”扶贫。大力整治农村河道堰塘。实施贫困村通动力电规划，保障生产用电。加大以工代赈投入力度，着力解决农村生产设施“最后一公里”问题。

专栏 18　改善贫困乡村生产生活条件

（一）百万公里农村公路工程。

建设通乡镇硬化路 1 万公里，通行政村硬化路 23 万公里，一定人口规模的自然村公路 25 万公里（其中撤并建制村通硬化路约 8.3 万公里）。新建改建乡村旅游公路和产业园区公路 5 万公里。加大农村公路养护力度，改建不达标路段 23 万公里，着力改造“油返砂”公路 20 万公里。改造农村公路危桥 1.5 万座。

（二）小型水利扶贫工程。

实施农村饮水安全巩固提升工程，充分发挥已建工程效益，因地制宜采取改造、配套、升级、联网等措施，统筹解决工程标准低、供水能力不足和水质不达标等农村饮水安全问题。大力开展小型农田水利工程建设，因地制宜实施“五小水利”工程建设。

（三）农村电网改造升级工程。

完成贫困村通动力电，到 2020 年，全国农村地区基本实现稳定可靠的供电服务全覆盖，农村电网供电可靠率达到 99.8%，综合电压合格率达到 97.9%，户均配变容量不低于 2 千伏安，建成结构合理、技术先进、安全可靠、智能高效的现代农村电网。

（四）网络通信扶贫工程。

实施宽带网络进村工程，推进 11.7 万个建档立卡贫困村通宽带，力争到 2020 年实现宽带网络覆盖 90%以上的贫困村。

（五）土地和环境整治工程。

开展土地整治和农村人居环境整治工程，增加耕地数量、提升耕地质量、完善农田基础设施，建设规模 1000 万亩。分别在 8.1 万个行政村建设 55.38 万个公共卫生厕所，8.5 万个村建设 61.84 万处垃圾集中收集点，3.68 万个村建设 15.43 万处污水处理点，3.4 万个村建设 9.92 万处旅游停车场。

（六）农村危房改造。

推进农村危房改造，统筹开展农房抗震改造，到 2020 年，完成建档立卡贫困户、低保户、分散供养特困人员、贫困残疾人家庭的存量危房改造任务。

（七）农村社区服务体系建设工程。

力争到 2020 年底，农村社区综合服务设施覆盖易地扶贫搬迁安置区（点）和 50%的建档立卡贫困村，农村社区公共服务综合信息平台覆盖 30%的贫困县，努力实现社区公共服务多元化供给。

（八）以工代赈工程。

在贫困地区新增和改善基本农田 500 万亩，新增和改善灌溉面积 1200 万亩，新建和改扩建农村道路 80000 公里，治理水土流失面积 11000 平方公里，片区综合治理面积 6000 平方公里，建设草场 600 万亩。

（九）革命老区彩票公益金扶贫工程。

支持396个革命老区贫困县的贫困村开展村内道路、水利和环境改善等基础设施建设，实现项目区内自然村100%通公路，道路硬化率80%，农户饮水安全比重95%以上，100%有垃圾集中收集点，每个行政村设有文化广场和公共卫生厕所等。

第十一章　保障措施

将脱贫攻坚作为重大政治任务，采取超常规举措，创新体制机制，加大扶持力度，打好政策组合拳，强化组织实施，为脱贫攻坚提供强有力保障。

第一节　创新体制机制

精准扶贫脱贫机制。加强建档立卡工作，健全贫困人口精准识别与动态调整机制，加强精准扶贫大数据管理应用，定期对贫困户和贫困人口进行全面核查，按照贫困人口认定、退出标准和程序，实行有进有出的动态管理。加强农村贫困统计监测体系建设，提高监测能力和数据质量。健全精准施策机制，切实做到项目安排精准、资金使用精准、措施到户精准。健全驻村帮扶机制。严格执行贫困退出和评估认定制度。加强正向激励，贫困人口、贫困村、贫困县退出后，国家原有扶贫政策在一定时期内保持不变，确保实现稳定脱贫。

扶贫资源动员机制。发挥政府投入主导作用，广泛动员社会资源，确保扶贫投入力度与脱贫攻坚任务相适应。推广政府与社会资本合作、政府购买服务、社会组织与企业合作等模式，建立健全招投标机制和绩效评估机制，充分发挥竞争机制对提高扶贫资金使用效率的作用。鼓励社会组织承接东西部扶贫协作、定点扶贫、企业扶贫具体项目的实施，引导志愿者依托社会组织更好发挥扶贫作用。引导社会组织建立健全内部治理机制和行业自律机制。围绕脱贫攻坚目标任务，推进部门之间、政府与社会之间的信息共享、资源统筹和规划衔接，构建政府、市场、社会协同推进的大扶贫开发格局。

贫困人口参与机制。充分发挥贫困村党员干部的引领作用和致富带头人的示范作用，大力弘扬自力更生、艰苦奋斗精神，激发贫困人口脱贫奔小康的积极性、主动性、创造性，引导其光荣脱贫。加强责任意识、法治意识和市场意识培育，提高贫困人口参与市场竞争的自觉意识和能力，推动扶贫开发模式由“输血”向“造血”转变。建立健全贫困人口利益与需求表达机制，充分尊重群众意见，切实回应群众需求。完善村民自治制度，建立健全贫困人口参与脱贫攻坚的组织保障机制。

资金项目管理机制。对纳入统筹整合使用范围内的财政涉农资金项目，将审批权限下放到贫困县，优化财政涉农资金供给机制，支持贫困县围绕突出问题，以摘帽销号为导向，以脱贫攻坚规划为引领，以重点扶贫项目为平台，统筹整合使用财政涉农资金。加强对脱贫攻坚政策落实、重点项目和资金管理的跟踪审计，强化财政监督检查和项目稽查等工作，充分发挥社会监督作用。建立健全扶贫资金、项目信息公开机制，保障资金项目在阳光下运行，确保资金使用安全、有效、精准。

考核问责激励机制。落实脱贫攻坚责任制，严格实施省级党委和政府扶贫开发工作成效考核办法，建立扶贫工作责任清单，强化执纪问责。落实贫困县约束机制，杜绝政绩工程、形象工程。加强社会监督，建立健全第三方评估机制。建立年度脱贫攻坚逐级报告和督查巡查制度。建立重大涉贫事件处置反馈机制。集中整治和加强预防扶贫领域职务犯罪。

第二节　加大政策支持

财政政策。中央财政继续加大对贫困地区的转移支付力度，中央财政专项扶贫资金规模实现较大幅度增长，一般性转移支付资金、各类涉及民生的专项转移支付资金和中央预算内投资进一步向贫困地区和贫困人口倾斜。加大中央集中彩票公益金对扶贫的支持力度。农业综合开发、农村综合改革转移支付等涉农资金要明确一定比例用于贫困村。各部门安排的惠民政策、工程项目等，要最大限度地向贫困地区、贫困村、贫困人口倾斜。扩大中央和地方财政支出规模，增加基础设施和基本公共服务设施建设投入。各省（区、市）要积极调整省级财政支出结构，切实加大扶贫资金投入。

投资政策。加大贫困地区基础设施建设中央投资支持力度。严格落实国家在贫困地区安排的公益性建设项目取消县级和西部集中连片特困地区地市级配套资金的政策。省级政府统筹可支配财力，加大对贫困地区的投入力度。在扶贫开发中推广政府与社会资本合作、政府购买服务等模式。

金融政策。鼓励和引导各类金融机构加大对扶贫开发的金融支持。发挥多种货币政策工具正向激励作用，用好扶贫再贷款，引导金融机构扩大贫困地区涉农贷款投放，促进降低社会融资成本。鼓励银行业金融机构创新金融产品和服务方式，积极开展扶贫贴息贷款、扶贫小额信贷、创业担保贷款和助学贷款等业务。发挥好开发银行和农业发展银行扶贫金融事业部的功能和作用。继续深化农业银行三农金融事业部改革，稳定和优化大中型商业银行县域基层网点设置，推动邮政储蓄银行设立三农金融事业部，发挥好农村信用社、农村商业银行、农村合作银行的农村金融服务主力作用。建立健全融资风险分担和补偿机制，支持有条件的地方设立扶贫贷款风险补偿基金。鼓励有条件的地方设立扶贫开发产业投资基金，支持贫困地区符合条件的企业通过主板、创业板、全国中小企业股份转让系统、区域股权交易市场等进行股本融资。推动开展特色扶贫农业保险、小额人身保险等多种保险业务。

土地政策。支持贫困地区根据第二次全国土地调查及最新年度变更调查成果，调整完善土地利用总体规划。新增建设用地计划指标优先保障扶贫开发用地需要，专项安排国家扶贫开发工作重点县年度新增建设用地计划指标。中央在安排高标准农田建设任务和分配中央补助资金时，继续向贫困地区倾斜，并积极指导地方支持贫困地区土地整治和高标准农田建设。加大城乡建设用地增减挂钩政策支持扶贫开发及易地扶贫搬迁力度，允许集中连片特困地区和其他国家扶贫开发工作重点县将增减挂钩节余指标在省域范围内流转使用。积极探索市场化运作模式，吸引社会资金参与土地整治和扶贫开发工作。在有条件的贫困地区，优先安排国土资源管理制度改革试点，支持开展历史遗留工矿废弃地复垦利用和城镇低效用地再开发试点。

干部人才政策。加大选派优秀年轻干部到贫困地区工作的力度，加大中央单位和中西部地区、民族地区、贫困地区之间干部交流任职的力度，有计划地选派后备干部到贫困县挂职任职。改进贫困地区基层公务员考录工作和有关人员职业资格考试工作。加大贫困地区干部教育培训力度。实施边疆民族地区和革命老区人才支持计划，在职务、职称晋升等方面采取倾斜政策。提高博士服务团和“西部之光”访问学者选派培养水平，深入组织开展院士专家咨询服务活动。完善和落实引导人才向基层和艰苦地区流动的激励政策。通过双向挂职锻炼、扶贫协作等方式，推动东、中、西部地区之间，经济发达地区与贫困地区之间事业单位人员交流，大力选派培养与西部等艰苦地区优势产业、保障和改善民生密切相关的专业技术人才。充实加强各级扶贫开发工作力量，扶贫任务重的乡镇要有专门干部负责扶贫开发工作。鼓励高校毕业生到贫困地区就业创业。

第三节　强化组织实施

加强组织领导。在国务院扶贫开发领导小组统一领导下，扶贫开发任务重的省、市、县、乡各级党委和政府要把脱贫攻坚作为中心任务，层层签订脱贫攻坚责任书，层层落实责任制。重点抓好县级党委和政府脱贫攻坚领导能力建设，改进县级干部选拔任用机制，选好配强扶贫任务重的县党政班子。脱贫攻坚任务期内，县级领导班子保持相对稳定，贫困县党政正职领导干部实行不脱贫不调整、不摘帽不调离。加强基层组织建设，强化农村基层党组织的领导核心地位，充分发挥基层党组织在脱贫攻坚中的战斗堡垒作用和共产党员的先锋模范作用。加强对贫困群众的教育引导，强化贫困群众的主体责任和进取精神。大力倡导新风正气和积极健康的生活方式，逐步扭转落后习俗和不良生活方式。完善村级组织运转经费保障机制，健全党组织领导的村民自治机制，切实提高村委会在脱贫攻坚工作中的组织实施能力。加大驻村帮扶工作力度，提高县以上机关派出干部比例，精准选配第一书记，配齐配强驻村工作队，确保每个贫困村都有驻村工作队，每个贫困户都有帮扶责任人。

明确责任分工。实行中央统筹、省负总责、市县抓落实的工作机制。省级党委和政府对脱贫攻坚负总责，负责组织指导制定省级及以下脱贫攻坚规划，对规划实施提供组织保障、政策保障、资金保障和干部人才保障，并做好监督考核。根据国家关于贫困退出机制的要求，各省（区、市）统筹脱贫进度，制定省级“十三五”脱贫攻坚规划，明确贫困县、贫困村和贫困人口年度脱贫目标。县级党委和政府负责规划的组织实施工作，并对规划实施效果负总责。市（地）党委和政府做好上下衔接、域内协调和督促检查等工作。各有关部门按照职责分工，制定扶贫工作行动计划或实施方案，出台相关配套支持政策，加强业务指导和推进落实。

加强监测评估。国家发展改革委、国务院扶贫办负责本规划的组织实施与监测评估等工作。加强扶贫信息化建设，依托国务院扶贫办扶贫开发建档立卡信息系统和国家统计局贫困监测结果，定期开展规划实施情况动态监测和评估工作。监测评估结果作为省级党委和政府扶贫开发工作成效考核的重要依据，及时向国务院报告。

对本规划确定的约束性指标以及重大工程、重大项目、重大政策和重要改革任务，要明确责任主体、实施进度等要求，确保如期完成。对纳入本规划的重大工程项目，要在依法依规的前提下简化审批核准程序，优先保障规划选址、土地供应和融资安排。

---

① 国家统计局抽样统计调查显示，截至 2015 年底全国农村贫困人口为 5575 万人。根据国务院扶贫办扶贫开发建档立卡信息系统识别认定，截至 2015 年底全国农村建档立卡贫困人口为 5630 万人。按照精准扶贫精准脱贫要求，为确保脱贫一户、销号一户，本规划使用扶贫开发建档立卡信息系统核定的贫困人口数。

② 此外，还有新疆维吾尔自治区阿克苏地区 6 县 1 市享受片区政策。

中共中央办公厅　国务院办公厅印发《省级党委和政府扶贫开发工作成效考核办法》

厅字〔2016〕6号

第一条　为了确保到2020年现行标准下农村贫困人口实现脱贫，贫困县全部摘帽，解决区域性整体贫困，根据《中共中央 国务院关于打赢脱贫攻坚战的决定》，制定本办法。

第二条　本办法适用于中西部22个省（自治区、直辖市）党委和政府扶贫开发工作成效的考核。

第三条　考核工作围绕落实精准扶贫、精准脱贫基本方略，坚持立足实际、突出重点，针对主要目标任务设置考核指标，注重考核工作成效；坚持客观公正、群众认可，规范考核方式和程序，充分发挥社会监督作用；坚持结果导向、奖罚分明，实行正向激励，落实责任追究，促使省级党委和政府切实履职尽责，改进工作，坚决打赢脱贫攻坚战。

第四条　考核工作从2016年到2020年，每年开展一次，由国务院扶贫开发领导小组组织进行，具体工作由国务院扶贫办、中央组织部牵头，会同国务院扶贫开发领导小组成员单位组织实施。

第五条　考核内容包括以下几个方面：

（一）减贫成效。考核建档立卡贫困人口数量减少、贫困县退出、贫困地区农村居民收入增长情况。

（二）精准识别。考核建档立卡贫困人口识别、退出精准度。

（三）精准帮扶。考核对驻村工作队和帮扶责任人帮扶工作的满意度。

（四）扶贫资金。依据财政专项扶贫资金绩效考评办法，重点考核各省（自治区、直辖市）扶贫资金安排、使用、监管和成效等。

第六条　考核工作于每年年底开始实施，次年2月底前完成，按以下步骤进行：

（一）省级总结。各省（自治区、直辖市）党委和政府，对照国务院扶贫开发领导小组审定的年度减贫计划，就工作进展情况和取得成效形成总结报告，报送国务院扶贫开发领导小组。

（二）第三方评估。国务院扶贫开发领导小组委托有关科研机构和社会组织，采取专项调查、抽样调查和实地核查等方式，对相关考核指标进行评估。

（三）数据汇总。国务院扶贫办会同有

关部门对建档立卡动态监测数据、国家农村贫困监测调查数据、第三方评估和财政专项扶贫资金绩效考评情况等进行汇总整理。

（四）综合评价。国务院扶贫办会同有关部门对汇总整理的数据和各省（自治区、直辖市）的总结报告进行综合分析，形成考核报告。考核报告应当反映基本情况、指标分析、存在问题等，作出综合评价，提出处理建议，经国务院扶贫开发领导小组审议后，报党中央、国务院审定。

（五）沟通反馈。国务院扶贫开发领导小组向各省（自治区、直辖市）专题反馈考核结果，并提出改进工作的意见建议。

第七条　考核中发现下列问题的，由国务院扶贫开发领导小组提出处理意见：

（一）未完成年度减贫计划任务的；

（二）违反扶贫资金管理使用规定的；

（三）违反贫困县约束规定，发生禁止作为事项的；

（四）违反贫困退出规定，弄虚作假、搞“数字脱贫”的；

（五）贫困人口识别和退出准确率、帮扶工作群众满意度较低的；

（六）纪检、监察、审计和社会监督发现违纪违规问题的。

第八条　考核结果由国务院扶贫开发领导小组予以通报。对完成年度计划减贫成效显著的省份，给予一定奖励。对出现本办法第七条所列问题的，由国务院扶贫开发领导小组对省级党委、政府主要负责人进行约谈，提出限期整改要求；情节严重、造成不良影响的，实行责任追究。考核结果作为对省级党委、政府主要负责人和领导班子综合考核评价的重要依据。

第九条　参与考核工作的中央部门应当严守考核工作纪律，坚持原则、公道正派、敢于担当，保证考核结果的公正性和公信力。各省（自治区、直辖市）应当及时、准确提供相关数据、资料和情况，主动配合开展相关工作，确保考核顺利进行。对不负责任、造成考核结果失真失实的，应当追究责任。

第十条　各省（自治区、直辖市）应当参照本办法，结合本地区实际制定相关办法，加强对本地区各级扶贫开发工作的考核。

第十一条　本办法由国务院扶贫办商中央组织部负责解释。

第十二条　本办法自 2016 年 2 月 9 日起施行。2012 年 1 月 6 日印发的《扶贫开发工作考核办法（试行）》同时废止。

附件

省级党委和政府扶贫开发工作成效考核指标

<table>
<tr><th colspan="2">考核内容</th><th>考核指标</th><th>数据来源</th><th>完成情况</th></tr>
<tr><td rowspan="3">1. 减贫成效</td><td>建档立卡贫困人口减少</td><td>计划完成情况</td><td>扶贫开发信息系统</td><td></td></tr>
<tr><td>贫困县退出</td><td>计划完成情况</td><td>各省提供（退出计划、完成情况）</td><td></td></tr>
<tr><td>贫困地区农村居民收入增长</td><td>贫困地区农村居民人均可支配收入增长率（%）</td><td>全国农村贫困监测</td><td></td></tr>
<tr><td rowspan="2">2. 精准识别</td><td>贫困人口识别</td><td rowspan="2">准确率（%）</td><td rowspan="2">第三方评估</td><td rowspan="2"></td></tr>
<tr><td>贫困人口退出</td></tr>
<tr><td>3. 精准帮扶</td><td>因村因户帮扶工作</td><td>群众满意度（%）</td><td>第三方评估</td><td></td></tr>
<tr><td>4. 扶贫资金</td><td>使用管理成效</td><td>绩效考评结果</td><td>财政部、扶贫办</td><td></td></tr>
</table>

国务院办公厅关于支持贫困县开展统筹整合使用财政涉农资金试点的意见

国办发〔2016〕22号

各省、自治区、直辖市人民政府，国务院各部委、各直属机构：

为贯彻落实《中共中央 国务院关于打赢脱贫攻坚战的决定》精神，优化财政涉农资金供给机制，进一步提高资金使用效益，保障贫困县集中资源打赢脱贫攻坚战，经国务院同意，现就支持贫困县开展统筹整合使用财政涉农资金试点提出以下意见。

一、总体要求

（一）指导思想。全面贯彻党的十八大和十八届三中、四中、五中全会精神，深入贯彻习近平总书记系列重要讲话精神，紧紧围绕“五位一体”总体布局和“四个全面”战略布局，牢固树立创新、协调、绿色、开放、共享的新发展理念，认真落实党中央、国务院决策部署，坚持精准扶贫、精准脱贫基本方略，实行中央统筹、省负总责、市县抓落实的工作机制，改革财政涉农资金管理使用机制，赋予贫困县统筹整合使用财政涉农资金的自主权。

（二）试点目标。通过试点，形成“多个渠道引水、一个龙头放水”的扶贫投入新格局，激发贫困县内生动力，支持贫困县围绕突出问题，以摘帽销号为目标，以脱贫成效为导向，以扶贫规划为引领，以重点扶贫项目为平台，统筹整合使用财政涉农资金，撬动金融资本和社会帮扶资金投入扶贫开发，提高资金使用精准度和效益，确保如期完成脱贫攻坚任务。

（三）基本原则。

——渠道不变，充分授权。对纳入统筹整合使用范围的财政涉农资金，中央和省、市级有关部门仍按照原渠道下达，资金项目审批权限完全下放到贫困县。

——省负总责，强化监督。中央有关部门主要负责政策制定、资金下达、制度建设和监督考核。省级扶贫开发领导小组对试点工作负总责，重点抓好试点选择、上下衔接、组织协调、督促检查等工作。

——县抓落实，权责匹配。贫困县作为实施主体，根据本地脱贫攻坚规划，统筹整合使用财政涉农资金，并承担资金安全、规范、有效使用的具体责任。

——精准发力，注重实效。贫困县财政涉农资金统筹整合使用要与脱贫成效紧密挂钩，精确瞄准建档立卡贫困人口，着力增强贫困人口自我发展能力，改善贫困人口生产生活条件。

二、试点范围

2016年，各省（区、市）在连片特困地区县和国家扶贫开发工作重点县范围内，优先选择领导班子强、工作基础好、脱贫攻坚任务重的贫困县开展试点，试点贫困县数量不少于贫困县总数的三分之一，具备条件的可扩大试点范围。2017年，推广到全部贫困县。

三、资金范围

统筹整合使用的资金范围是各级财政安排用于农业生产发展和农村基础设施建设等方面资金。中央层面主要有：财政专项扶贫资金、农田水利设施建设和水土保持补助资金、现代农业生产发展资金、农业技术推广与服务补助资金、林业补助资金、农业综合开发补助资金、农村综合改革转移支付、新增建设用地土地有偿使用费安排的高标准基本农田建设补助资金、农村环境连片整治示范资金、车辆购置税收入补助地方用于一般公路建设项目资金（支持农村公路部分）、农村危房改造补助资金、中央专项彩票公益金支持扶贫资金、产粮大县奖励资金、生猪（牛羊）调出大县奖励资金（省级统筹部分）、农业资源及生态保护补助资金（对农民的直接补贴除外）、服务业发展专项资金（支持新农村现代流通服务网络工程部分）、江河湖库水系综合整治资金、全国山洪灾害防治经费、旅游发展基金，以及中央预算内投资用于“三农”建设部分（不包括重大引调水工程、重点水源工程、江河湖泊治理骨干重大工程、跨界河流开发治理工程、新建大型灌区、大中型灌区续建配套和节水改造、大中型病险水库水闸除险加固、生态建设方面的支出）。教育、医疗、卫生等社会事业方面资金，也要结合脱贫攻坚任务和贫困人口变化情况，完善资金安排使用机制，精准有效使用资金。

各省（区、市）、市（地）要结合本地实际，明确本级财政安排的涉农资金中贫困县可统筹整合使用的资金范围，进一步加大统筹整合力度。

四、工作措施

（一）增强贫困县财政保障能力。中央和省级财政优化转移支付结构，明显加大对贫困地区的转移支付力度，扩大一般性转移支付规模和比例，提升贫困县财政保障能力。清理整合目标接近、资金投入方向类同、资金管理方式相近的专项转移支付，推进部门内部资金的统筹整合使用。对具有地域管理信息优势的项目，主要采取因素法分配相关转移支付资金，便于贫困县统筹安排使用。进一步加强预算执行管理，提高提前下达转移支付预计数比例，按因素法分配且金额相对固定的转移支付提前下达的预计数比例要达到90%，其他专项转移支付提前下达的预计数原则上不能低于上年度执行数的70%，便于地方统筹编制预算。中央对地方一般性转移支付在全国人大批准预算后30日内正式下达，专项转移支付在90日内正式下达。省级政府接到中央转移支付后，应在30日内正式下达到县级以上地方各级政府。有条件的地方要进一步加快转移支付预算下达进度。

（二）加大对贫困县倾斜支持力度。按照政府扶贫投入力度要与脱贫攻坚任务相适应的要求，中央和省、市级财政要在切实增加扶贫投入基础上，进一步向贫困县倾斜，将脱贫攻坚作为资金分配的重要参考因素。原则上用于贫困地区、贫困人口的资金增幅不低于该项资金的平均增幅，确保完成“两不愁、三保障”（不愁吃、不愁穿，义务教育、基本医疗和住房安全有保障）的目标任务。有关部门和地方不得限定资金在贫困县的具体用途，干扰统筹整合使用资金的，要严肃追究责任。

（三）发挥贫困县统筹整合使用资金主体作用。贫困县要坚持目标导向和问题导向，编制好本地脱贫攻坚规划，做好与全国脱贫攻坚规划、各部门专项规划的衔接，以规划引领投入，凝聚扶贫合力。要结合各部门政策目标和工作任务，依据本地脱贫攻坚规划，充分发挥贴近脱贫攻坚一线、管理信息充分的优势，区分轻重缓急，确定好重点扶贫项目和建设任务，统筹安排好相关涉农资金，交由县级相关部门具体落实。资金统筹整合使用要与脱贫任务挂钩，按照脱贫效益最大化原则配置资源，将脱贫成效作为衡量资金统筹整合使用工作成果的主要标准。要加强脱贫攻坚项目储备，加快相关涉农资金安排进度，项目成熟一个资金到位一个，年度计划的建设任务应在接到上级转移支付后一年内完成，确保不出现资金滞留问题。

（四）创新财政涉农资金使用机制。贫困县要积极探索开展产业扶贫、资产收益扶贫等机制创新，借鉴易地扶贫搬迁筹资模式，通过政府和社会资本合作、政府购买服务、贷款贴息、设立产业发展基金等有效方式，充分发挥财政资金引导作用和杠杆作用，撬动更多金融资本、社会帮扶资金参与脱贫攻坚。在选择扶贫项目时，要充分尊重贫困群众的意愿，积极推广群众民主议事决策机制，优先安排贫困人口参与积极性高、意愿强烈的扶贫项目，有条件的可吸收贫困村、贫困户代表参与项目评选和建设管理。各级有关部门要加强指导、服务和监督。

（五）构建资金统筹整合使用制度体系。中央和省、市级有关部门要及时修订完善各项制度，取消限制资金统筹整合使用的相关规定。贫困县要制定统筹整合使用财政涉农资金具体办法，明确部门分工、操作程序、资金用途、监管措施。对统筹整合使用的资金，贫困县要结合脱贫攻坚规划和各部门专项规划，在农业生产发展和农村基础设施建设范围（即统筹整合使用的财政涉农资金用途）内，提出包括主要目标和具体建设任务在内的资金统筹整合使用方案，认真组织实施。相关资金按上述办法调整用途，各部门应予以认可。贫困县资金统筹整合使用方案确定后，要及时报省级扶贫开发领导小组备案，省级扶贫开发领导小组向中央相关部门通报，各部门要将其作为加强指导、监督问责的重要依据。

五、组织保障

（一）建立沟通协调机制。在各级扶贫开发领导小组的统一领导下，建立有关部门广泛参与的工作协调机制，确定部门职责分工，研究纳入统筹整合使用的具体资金范围，明确对贫困地区、贫困人口倾斜支持政策，取消限制资金统筹整合使用管理要求，定期或不定期召开会议交流情况，解决工作中遇到的实际问题。各级有关部门要加强对试点工作的指导，强化试点工作培训，深入开展调查研究，总结推广好的经验做法。贫困县要及时研究处理具体操作层面遇到的问题，注意积累可借鉴的经验，发掘可复制的典型，并及时向上级扶贫开发领导小组和有关部门报告。

（二）加强规划有效衔接。各级发展改革、扶贫部门要科学编制脱贫攻坚规划，各有关部门要按照脱贫攻坚要求及时调整完善相关专项规划，实现脱贫攻坚规划与部门专项规划的有效衔接，保障按计划完成脱贫任务。部门专项规划与脱贫攻坚规划不一致的，应当区分具体情况研究处理，原则上以脱贫攻坚规划为准。

（三）全面推行公开公示制度。推进政务公开，各级有关部门应将涉农资金政策文件、管理制度、资金分配、工作进度等信息及时向社会公开。贫困县要在本地政府门户网站和主要媒体公开统筹整合使用的涉农资金来源、用途和项目建设等情况，并实施扶贫项目行政村公示制度，接受社会监督。

（四）实行严格监督评价。各级政府要把纳入统筹整合范围的财政涉农资金作为监管重点。贫困县对财政涉农资金管理监督负首要责任，贫困村第一书记、驻村工作队、村委会要深度参与涉农资金和项目的管理监督。各级审计、财政等部门要加大对贫困县的审计和监督检查力度，并对贫困县监管职责落实情况进行跟踪问效，对地方探索实践资金统筹整合使用、提高资金使用效益给予大力支持。探索引入第三方独立监督，引导贫困人口主动参与，构建多元化资金监管机制。各级扶贫、财政、发展改革部门要加强对资金统筹整合使用的绩效评价，并将其纳入扶贫开发工作成效考核，评价、考核结果以本级扶贫开发领导小组名义通报。对试点工作成效好、资金使用效益高的地方，在分配财政专项扶贫资金时给予奖励和倾斜，对不作为、乱作为等行为，严肃追究相关人员责任。

国务院办公厅

2016年4月12日

中共中央办公厅　国务院办公厅印发《关于建立贫困退出机制的意见》

厅字〔2016〕16号

为贯彻落实《中共中央 国务院关于打赢脱贫攻坚战的决定》和中央扶贫开发工作会议精神，切实提高扶贫工作的针对性、有效性，现就建立贫困退出机制提出如下意见。

一、指导思想

全面贯彻党的“十八大”和十八届三中、四中、五中全会精神，深入贯彻习近平总书记系列重要讲话精神，紧紧围绕“五位一体”总体布局和“四个全面”战略布局，牢固树立创新、协调、绿色、开放、共享的发展理念，按照党中央、国务院决策部署，深入实施精准扶贫、精准脱贫，以脱贫实效为依据，以群众认可为标准，建立严格、规范、透明的贫困退出机制，促进贫困人口、贫困村、贫困县在2020年以前有序退出，确保如期实现脱贫攻坚目标。

二、基本原则

——坚持实事求是。对稳定达到脱贫标准的要及时退出，新增贫困人口或返贫人口要及时纳入扶贫范围。注重脱贫质量，坚决防止虚假脱贫，确保贫困退出反映客观实际、经得起检验。

——坚持分级负责。实行中央统筹、省（自治区、直辖市）负总责、市（地）县抓落实的工作机制。国务院扶贫开发领导小组制定统一的退出标准和程序，负责督促指导、抽查核查、评估考核、备案登记等工作。省（自治区、直辖市）制定本地脱贫规划、年度计划和实施办法，抓好组织实施和监督检查。市（地）县汇总数据，甄别情况，具体落实，确保贫困退出工作有序推进。

——坚持规范操作。严格执行退出标准、规范工作流程，切实做到程序公开、数据准确、档案完整、结果公正。贫困人口退出必须实行民主评议，贫困村、贫困县退出必须进行审核审查，退出结果公示公告，让群众参与评价，做到全程透明。强化监督检查，开展第三方评估，确保脱贫结果真实可信。

——坚持正向激励。贫困人口、贫困村、贫困县退出后，在一定时期内国家原有扶贫政策保持不变，支持力度不减，留出缓冲期，确保实现稳定脱贫。对提前退出的贫困县，各省（自治区、直辖市）可制定相应奖励政策，鼓励脱贫摘帽。

三、退出标准和程序

（一）贫困人口退出。贫困人口退出以户为单位，主要衡量标准是该户年人均纯收入稳定超过国家扶贫标准且吃穿不愁，义务教育、基本医疗、住房安全有保障。

贫困户退出，由村“两委”组织民主评议后提出，经村“两委”和驻村工作队核实、拟退出贫困户认可，在村内公示无异议后，公告退出，并在建档立卡贫困人口中销号。

（二）贫困村退出。贫困村退出以贫困发生率为主要衡量标准，统筹考虑村内基础设施、基本公共服务、产业发展、集体经济收入等综合因素。原则上贫困村贫困发生率降至2%以下（西部地区降至3%以下），在乡镇内公示无异议后，公告退出。

（三）贫困县退出。贫困县包括国家扶贫开发工作重点县和集中连片特困地区县。贫困县退出以贫困发生率为主要衡量标准。原则上贫困县贫困发生率降至2%以下（西部地区降至3%以下），由县级扶贫开发领导小组提出退出，市级扶贫开发领导小组初审，省级扶贫开发领导小组核查，确定退出名单后向社会公示征求意见。公示无异议的，由各省（自治区、直辖市）扶贫开发领导小组审定后向国务院扶贫开发领导小组报告。

国务院扶贫开发领导小组组织中央和国家机关有关部门及相关力量对地方退出情况进行专项评估检查。对不符合条件或未完整履行退出程序的，责成相关地方进行核查处理。对符合退出条件的贫困县，由省级政府正式批准退出。

四、工作要求

（一）切实加强领导。各省（自治区、直辖市）党委和政府要高度重视贫困退出工作，加强组织领导和统筹协调，认真履行职责。贫困退出年度任务完成情况纳入中央对省级党委和政府扶贫开发工作成效考核内容。地方各级扶贫开发领导小组要层层抓落实，精心组织实施。地方各级扶贫部门要认真履职，当好党委和政府的参谋助手，协调有关方面做好调查核实、公示公告、备案管理、信息录入等工作。

（二）做好退出方案。各省（自治区、直辖市）要按照省（自治区、直辖市）负总责的要求，因地制宜，尽快制定贫困退出具体方案，明确实施办法和工作程序。退出方案要符合脱贫攻坚实际情况，防止片面追求脱贫进度。

（三）完善退出机制。贫困退出工作涉及面广、政策性强，要在实施过程中逐步完善。要做好跟踪研判，及时发现和解决退出机制实施过程中的苗头性、倾向性问题。要认真开展效果评估，确保贫困退出机制的正向激励作用。

（四）强化监督问责。国务院扶贫开发

领导小组、各省（自治区、直辖市）党委和政府要组织开展扶贫巡查工作，分年度、分阶段定期或不定期进行督导和专项检查。对贫困退出工作中发生重大失误、造成严重后果的，对存在弄虚作假、违规操作等问题的，要依纪依法追究相关部门和人员责任。

国务院办公厅转发民政部等部门关于做好农村最低生活保障制度与扶贫开发政策有效衔接指导意见的通知

国办发〔2016〕70号

各省、自治区、直辖市人民政府，国务院各部委、各直属机构：

民政部、国务院扶贫办、中央农办、财政部、国家统计局、中国残联《关于做好农村最低生活保障制度与扶贫开发政策有效衔接的指导意见》已经国务院同意，现转发给你们，请认真贯彻执行。

国务院办公厅

2016年9月17日

关于做好农村最低生活保障制度与扶贫开发政策有效衔接的指导意见

民政部　国务院扶贫办　中央农办　财政部

国家统计局　中国残联

为贯彻落实党中央、国务院关于打赢脱贫攻坚战的决策部署，切实做好农村最低生活保障（以下简称低保）制度与扶贫开发政策有效衔接工作，确保到2020年现行扶贫标准下农村贫困人口实现脱贫，制定本意见。

一、总体要求

（一）指导思想。全面贯彻党的“十八大”和十八届三中、四中、五中全会精神，深入贯彻习近平总书记系列重要讲话精神特别是关于扶贫开发重要指示精神，认真落实党中央、国务院决策部署，紧紧围绕“五位一体”总体布局和“四个全面”战略布局，牢固树立创新、协调、绿色、开放、共享的发展理念，坚持精准扶贫精准脱贫基本方略，以制度有效衔接为重点，加强部门协作，完善政策措施，健全工作机制，形成制度合力，充分发挥农村低保制度在打赢脱贫攻坚战中的兜底保障作用。

（二）基本原则。

坚持应扶尽扶。精准识别农村贫困人口，将符合条件的农村低保对象全部纳入建档立卡范围，给予政策扶持，帮助其脱贫增收。

坚持应保尽保。健全农村低保制度，完善农村低保对象认定办法，加强农村低保家庭经济状况核查，及时将符合条件的建档立卡贫困户全部纳入农村低保范围，保障其基本生活。

坚持动态管理。做好农村低保对象和建档立卡贫困人口定期核查，建立精准台账，实现应进则进、应退则退。建立健全严格、规范、透明的贫困户脱贫和低保退出标准、程序、核查办法。

坚持资源统筹。统筹各类救助、扶贫资源，将政府兜底保障与扶贫开发政策相结合，形成脱贫攻坚合力，实现对农村贫困人口的全面扶持。

（三）主要目标。通过农村低保制度与扶贫开发政策的有效衔接，形成政策合力，对符合低保标准的农村贫困人口实行政策性保障兜底，确保到2020年现行扶贫标准下农村贫困人口全部脱贫。

二、重点任务

（一）加强政策衔接。在坚持依法行政、保持政策连续性的基础上，着力加强农村低保制度与扶贫开发政策衔接。对符合农村低保条件的建档立卡贫困户，按规定程序纳入低保范围，并按照家庭人均收入低于当地低保标准的差额发给低保金。对符合扶贫条件的农村低保家庭，按规定程序纳入建档立卡范围，并针对不同致贫原因予以精准帮扶。对返贫的家庭，按规定程序审核后，相应纳入临时救助、医疗救助、农村低保等社会救助制度和建档立卡贫困户扶贫开发政策覆盖范围。对不在建档立卡范围内的农村低保家庭、特困人员，各地统筹使用相关扶贫开发政策。贫困人口参加农村基本医疗保险的个人缴费部分由财政给予补贴，对基本医疗保险和大病保险支付后个人自负费用仍有困难的，加大医疗救助、临时救助、慈善救助等帮扶力度，符合条件的纳入重特大疾病医疗救助范围。对农村低保家庭中的老年人、未成年人、重度残疾人、重病患者等重点救助对象，要采取多种措施提高救助水平，保障其基本生活，严格落实困难残疾人生活补贴制度和重度残疾人护理补贴制度。

（二）加强对象衔接。县级民政、扶贫等部门和残联要密切配合，加强农村低保和扶贫开发在对象认定上的衔接。完善农村低保家庭贫困状况评估指标体系，以家庭收入、财产作为主要指标，根据地方实际情况适当考虑家庭成员因残疾、患重病等增加的刚性支出因素，综合评估家庭贫困程度。进一步完善农村低保和建档立卡贫困家庭经济状况核查机制，明确核算范围和计算方法。对参与扶贫开发项目实现就业的农村低保家庭，在核算其家庭收入时，可以扣减必要的就业成本，具体扣减办法由各地根据实际情况研究制定。“十三五”期间，在农村低保和扶贫对象认定时，中央确定的农村居民基本养老保险基础养老金暂不计入家庭收入。

（三）加强标准衔接。各地要加大省级统筹工作力度，制定农村低保标准动态调整方案，确保所有地方农村低保标准逐步达到国家扶贫标准。农村低保标准低于国家扶贫标准的地方，要按照国家扶贫标准综合确定农村低保的最低指导标准。农村低保标准已经达到国家扶贫标准的地方，要按照动态调整机制科学调整。进一步完善农村低保标准与物价上涨挂钩的联动机制，确保困难群众不因物价上涨影响基本生活。各地农村低保标准调整后应及时向社会公布，接受社会监督。

（四）加强管理衔接。对农村低保对象和建档立卡贫困人口实施动态管理。乡镇人民政府（街道办事处）要会同村（居）民委员会定期、不定期开展走访调查，及时掌握农村低保家庭、特困人员和建档立卡贫困家庭人口、收入、财产变化情况，并及时上报县级民政、扶贫部门。县级民政部门要将农村低保对象、特困人员名单提供给同级扶贫部门；县级扶贫部门要将建档立卡贫困人口名单和脱贫农村低保对象名单、脱贫家庭人均收入等情况及时提供给同级民政部门。健全信息公开机制，乡镇人民政府（街道办事处）要将农村低保和扶贫开发情况纳入政府信息公开范围，将建档立卡贫困人口和农村低保对象、特困人员名单在其居住地公示，接受社会和群众监督。

三、工作要求

（一）制定实施方案。按照中央统筹、省负总责、市县抓落实的工作机制，各省（区、市）民政、扶贫部门要会同有关部门抓紧制定本地区实施方案，各市县要进一步明确衔接工作目标、重点任务、实施步骤和行动措施，确保落到实处。2016 年 11 月底前，各省（区、市）民政、扶贫部门要将实施方案报民政部、国务院扶贫办备案。

（二）开展摸底调查。2016 年 12 月底前，县级民政、扶贫部门和残联要指导乡镇人民政府（街道办事处）抓紧开展一次农村低保对象和建档立卡贫困人口台账比对，逐户核对农村低保对象和建档立卡贫困人口，掌握纳入建档立卡范围的农村低保对象、特困人员、残疾人数据，摸清建档立卡贫困人口中完全或部分丧失劳动能力的贫困家庭情况，为做好农村低保制度与扶贫开发政策有效衔接奠定基础。

（三）建立沟通机制。各地要加快健全低保信息系统和扶贫开发信息系统，逐步实现低保和扶贫开发信息系统互联互通、信息共享，不断提高低保、扶贫工作信息化水平。县级残联要与民政、扶贫等部门加强贫困残疾人和重度残疾人相关信息的沟通。县级民政、扶贫部门要定期会商交流农村低保对象和建档立卡贫困人口变化情况，指导乡镇人民政府（街道办事处）及时更新农村低保对象和建档立卡贫困人口数据，加强信息核对，确保信息准确完整、更新及时，每年至少比对一次台账数据。

（四）强化考核监督。各地要将农村低保制度与扶贫开发政策衔接工作分别纳入低保工作绩效评价和脱贫攻坚工作成效考核体系。加大对农村低保制度与扶贫开发政策衔接工作的督促检查力度，加强社会监督，建立第三方评估机制，增强约束力和工作透明度。健全责任追究机制，对衔接工作中出现的违法违纪问题，要依法依纪严肃追究有关人员责任。

四、保障措施

（一）明确职责分工。各地民政、扶贫、农村工作、财政、统计等部门和残联要各负其责，加强沟通协调，定期会商交流情况，研究解决存在的问题。民政部门牵头做好农村低保制度与扶贫开发政策衔接工作；扶贫部门落实扶贫开发政策，配合做好衔接工作；农村工作部门综合指导衔接政策设计工作；财政部门做好相关资金保障工作；统计部门会同有关部门组织实施农村贫困监测，及时提供调整低保标准、扶贫标准所需的相关数据；残联会同有关部门及时核查残疾人情况，配合做好对农村低保对象和建档立卡贫困人口中残疾人的重点帮扶工作。

（二）加强资金统筹。各地财政部门要按照国务院有关要求，结合地方实际情况，推进社会救助资金统筹使用，盘活财政存量资金，增加资金有效供给；优化财政支出结构，科学合理编制预算，提升资金使用效益。中央财政安排的社会救助补助资金，重点向保障任务重、地方财政困难、工作绩效突出的地区倾斜。各地财政、民政部门要加强资金使用管理情况检查，确保资金使用安全、管理规范。

（三）提高工作能力。加强乡镇人民政府（街道办事处）社会救助能力建设，探索建立村级社会救助协理员制度，在乡镇人民政府（街道办事处）现有编制内，根据社会救助对象数量等因素配备相应工作人员，加大业务培训力度，进一步提高基层工作人员服务和管理能力。通过政府购买服务等方式，引入社会力量参与提供农村低保服务。充分发挥第一书记和驻村工作队在落实农村低保制度和扶贫开发政策中的骨干作用。进一步健全社会救助“一门受理、协同办理”工作机制，为农村低保对象和建档立卡贫困人口提供“一站式”便民服务。

（四）强化舆论引导。充分利用新闻媒体和基层政府便民服务窗口、公园广场、医疗机构、村（社区）公示栏等，组织开展有针对性的农村低保制度和扶贫开发政策宣传活动，在全社会努力营造积极参与和支持的浓厚氛围。坚持正确舆论导向，积极弘扬正能量，着力增强贫困群众脱贫信心，鼓励贫困群众在政府扶持下依靠自我奋斗实现脱贫致富。

国务院办公厅关于印发《贫困地区水电矿产资源开发资产收益扶贫改革试点方案》的通知

国办发〔2016〕73号

《中华人民共和国国民经济和社会发展第十三个五年规划纲要》和《中共中央 国务院关于打赢脱贫攻坚战的决定》提出，对在贫困地区开发水电、矿产资源占用集体土地的，试行给原住居民集体股权方式进行补偿，探索对贫困人口实行资产收益扶持制度。为推动资源开发成果更多惠及贫困人口，促进共享发展，逐步建立贫困地区水电、矿产等资源开发资产收益扶贫制度，制定本方案。

一、总体要求

（一）指导思想。全面贯彻党的“十八大”和十八届三中、四中、五中全会精神，深入贯彻习近平总书记系列重要讲话精神，认真落实党中央、国务院决策部署，紧紧围绕“五位一体”总体布局和“四个全面”战略布局，牢固树立创新、协调、绿色、开放、共享的新发展理念，坚持精准扶贫、精准脱贫基本方略，以保障农村集体经济组织合法权益为中心，以增加贫困人口资产性收益为目标，以改革试点为突破口，以严格保护生态环境为前提，发挥资源优势，创新贫困地区水电、矿产资源开发占用农村集体土地补偿方式，探索建立集体股权参与项目分红的资产收益扶贫长效机制，走出一条资源开发与脱贫攻坚有机结合的新路子，实现贫困人口共享资源开发成果。

（二）基本原则。

政府引导，群众自愿。将入股分红作为征地补偿的新方式，坚持政府组织引导、统筹推动和监督检查，建立公平、公正、公开的项目收益分配制度，推动实现共享发展。充分尊重贫困地区农村集体经济组织及其成员意愿，保障其知情权、选择权和参与权。

精准扶持，利益共享。把水电、矿产资源开发与脱贫攻坚紧密结合，瞄准建档立卡贫困户，让贫困人口更多分享资源开发收益。统筹兼顾企业、农村集体经济组织及其成员等各方利益，充分调动利益相关方参与改革的积极性和主动性。

封闭运行，控制风险。试点项目严格按照国家审核通过的省级试点方案组织实施、封闭运行，享受试点政策，未经批准不得扩大试点区域和范围。预估预判各类风险，建立风险防范和控制机制，做到风险可控。

探索创新，有序推进。鼓励试点地方和项目单位结合实际，在股权设置、资产管理、收益分配、精准扶持、退出机制等方面进行探索创新。按照生态优先、绿色发展的要求，稳妥选择试点项目，密切跟踪试点进展，及时总结试点经验。

（三）试点目标。在贫困地区选择一批水电、矿产资源开发项目，用 3 年左右时间组织开展改革试点，探索建立农村集体经济组织成员特别是建档立卡贫困户精准受益的资产收益扶贫长效机制，形成可复制、可推广的操作模式和制度。

二、试点范围、期限与项目选择

（一）试点范围。在集中连片特困地区县和国家扶贫开发工作重点县（以下统称贫困县）开展试点，优先选择革命老区和民族地区贫困县。

（二）试点期限。2016 年底启动，2019 年底结束。

（三）项目选择。以精准扶贫、精准脱贫为导向，在全国范围内选择不超过 20 个占用农村集体土地的水电或矿产资源开发项目开展试点。试点项目不限企业所有制性质，但应符合相关规划和产业政策及环境保护要求，并满足以下条件：

1. 水电开发应选择建设周期较短、经济性较好、征地面积和移民人数适量的项目；矿产资源开发应选择以露天开采方式为主、预期盈利能力较强的项目。

2. 2017 年内完成审批核准程序并开工建设。

3. 征地范围不跨省（区、市）。

4. 征地及影响范围内的原住居民，应包括一定比例建档立卡贫困户。

5. 出具项目影响区域内原住居民同意参与试点、农村集体经济组织承诺优先分配给建档立卡贫困户集体股权收益等证明材料。

三、试点内容

重点围绕界定入股资产范围、明确股权受益主体、合理设置股权、完善收益分配制度、加强股权管理和风险防控等方面开展试点。

（一）准确界定入股资产范围。依法依规准确界定水电、矿产资源开发项目征收、征用的农村集体土地范围。按照“归属清晰、权责明确、群众自愿”的原则，合理确定以土地补偿费量化入股的农村集体土地数量、类型和范围，并将核定的土地补偿费作为资产入股试点项目，形成集体股权。入股资产应限于农村集体经济组织所有的耕地、林地、草地、未利用地等非建设用地的土地补偿费。

（二）明确入股主体和受益主体。农村集体经济组织为股权持有者，其成员为集体股权受益主体，建档立卡贫困户为优先受益对象。探索建立以组、村、乡镇不同层级农村集体经济组织为入股单位的集体股权制度。

（三）规范集体股权设置办法。农村集体经济组织选择以全额或者部分集体土地补偿费入股试点项目，并以农村集体经济组织为单位设置集体股权。股权设置方法、程序等具体事项由试点项目所在地省级人民政府研究确定。股权设置结果须经项目所在地县级人民政府、项目投资建设单位、被占地农村集体经济组织共同确定。鼓励有条件的地方通过设立项目公司等方式，探索对集体股权实行专业化管理。

（四）保障集体股权收益。试点项目所在省份根据试点项目情况，探索建立集体股权收益保障制度，集体股权保障收益水平由项目投资建设单位和被占地农村集体经济组织根据项目实际情况共同协商确定。项目运行期结束、项目法人解散或破产清算时，应保障集体股权持有者享有对按照公司法和企业破产法有关规定清偿后剩余财产的优先分配权。试点期间，集体股权原则上不得用于质押、担保，对依法转让的集体股权，项目投资建设单位享有优先回购权。集体股权持有者不参与项目经营管理和决策，但应享有知情权、监督权等股东基本权利。

（五）健全收益分配制度。农村集体经济组织要制定经成员认可并符合相关财务制度的收益分配方案，明确分配范围、顺序和比例，纳入村务公开范畴，接受成员监督。收益分配方案应明确建档立卡贫困户享有优先分配权益，并保证其收益不得以任何方式被截留、挪用、扣减。建档立卡贫困户额外享有的集体股权收益分配权益，在其稳定脱贫后应有序退出，由农村集体经济组织重新分配。已脱贫农户享有与本集体经济组织其他成员平等的收益分配权。

（六）保障农村集体经济组织成员权益。依法保障农村集体经济组织成员特别是建档立卡贫困户参与集体股权管理、分享集体股权收益的权利。科学确认农村集体经济组织成员身份，建立健全农村集体经济组织成员登记备案、收益权证书管理等制度。集体股权收益分配制度的制定、调整、废止等，须经本集体经济组织成员会议或成员代表会议讨论通过后方可生效。探索建立农村集体经济组织成员对集体股权收益权的转让、继承、质押、担保等机制。加强集体股权民主监督管理，防止被少数人控制，发生侵蚀、侵吞原住居民利益的行为。

（七）建立风险防控机制。按照政府领导、分级负责、县为基础、项目法人参与的管理体制，强化政府在试点工作中的组织协调、监督管理、风险防控等作用，建立农村集体经济组织及其成员的利益申诉机制，密切关注建档立卡贫困户权益，妥善解决利益纠纷，确保试点工作顺利开展。有关地方和部门要依法加强对项目运营情况的监督，发现项目投资建设单位弄虚作假、隐瞒收益的，要责令其限期整改并依法严肃追究有关人员责任。切实做好试点项目对生态环境影响的跟踪评估与风险防控工作，避免破坏生态环境。

四、保障措施

（一）加大政策支持力度。在安排水电、矿产资源开发领域项目中央补助等资金时，对符合条件的试点项目予以优先支持。农村小水电扶贫工程中央预算内投资优先支持试点项目，中央投资收益专项用于扶持建档立卡贫困户和贫困村相关公共设施建设。试点过程中，利用财政投入形成的相关资产，应折股量化到农村集体经济组织，并在收益分配时对建档立卡贫困户予以倾斜支持，帮助其进一步分享资源开发收益。

（二）加强项目运行保障。依法依规简化试点项目前期工作程序，加快项目核准进度。对水电开发试点项目，优先保障其所发电量全额上网。对矿产资源开发试点项目，降低试点区域矿业企业用地成本，适当延长矿区和尾矿库等依法占用临时用地的使用期限。

（三）做好试点组织实施。省级人民政府是试点工作的责任主体，要建立试点工作机制，组织申报试点项目，制定试点实施方案，统筹协调推进试点工作。县级人民政府是试点工作的实施主体，要明确工作职责，做好试点政策宣讲和工作督导，推动加强试点项目所在地基层党组织建设，确保试点工作稳妥有序推进。由国家发展改革委牵头，会同国土资源部、水利部、农业部、国务院国资委、国家林业局、国家能源局、国务院扶贫办等部门建立改革试点工作协调机制，审核省级试点实施方案，指导和支持各地开展试点工作。改革试点中遇到的重大问题，要及时向国务院报告。

（四）强化跟踪评估指导。国家发展改革委要建立试点项目定期调度机制，会同有关部门加强对试点工作的检查、评估和指导，及时总结推广试点经验。省级人民政府要加强对试点项目的动态跟踪和工作督导，组织试点项目投资建设单位定期上报进展情况，协调解决试点工作中出现的困难和问题，研究制定配套政策措施，确保完成改革试点目标任务。2020 年 1 月底前，各试点项目所在地省级人民政府要向国家发展改革委报送改革试点工作情况报告。国家发展改革委会同有关部门在总结各地试点经验基础上，形成全国改革试点工作总结报告和政策建议，上报国务院。

中共中央办公厅　国务院办公厅
印发《脱贫攻坚责任制实施办法》

厅字〔2016〕33号

第一章　总则

第一条　为了全面落实脱贫攻坚责任制，根据《中共中央 国务院关于打赢脱贫攻坚战的决定》和中央有关规定，制定本办法。

第二条　本办法适用于中西部22个省（自治区、直辖市）党委和政府、有关中央和国家机关脱贫攻坚责任的落实。

第三条　脱贫攻坚按照中央统筹、省负总责、市县抓落实的工作机制，构建责任清晰、各负其责、合力攻坚的责任体系。

第二章　中央统筹

第四条　党中央、国务院主要负责统筹制定脱贫攻坚大政方针，出台重大政策举措，完善体制机制，规划重大工程项目，协调全局性重大问题、全国性共性问题。

第五条　国务院扶贫开发领导小组负责全国脱贫攻坚的综合协调，建立健全扶贫成效考核、贫困县约束、督查巡查、贫困退出等工作机制，组织实施对省级党委和政府扶贫开发工作成效考核，组织开展脱贫攻坚督查巡查和第三方评估，有关情况向党中央、国务院报告。

第六条　国务院扶贫开发领导小组建设精准扶贫精准脱贫大数据平台，建立部门间信息互联共享机制，完善农村贫困统计监测体系。

第七条　有关中央和国家机关按照工作职责，运用行业资源落实脱贫攻坚责任，按照《贯彻实施〈中共中央 国务院关于打赢脱贫攻坚战的决定〉重要政策措施分工方案》要求制定配套政策并组织实施。

第八条　中央纪委机关对脱贫攻坚进行监督执纪问责，最高人民检察院对扶贫领域职务犯罪进行集中整治和预防，审计署对脱贫攻坚政策落实和资金重点项目进行跟踪审计。

第三章　省负总责

第九条　省级党委和政府对本地区脱贫攻坚工作负总责，并确保责任制层层落实；全面贯彻党中央、国务院关于脱贫攻坚的大政方针和决策部署，结合本地区实际制定政策措施，根据脱贫目标任务制定省级脱贫攻坚滚动规划和年度计划并组织实施。省级党委和政府主要负责人向中央签署脱贫责任书，每年向中央报告扶贫脱贫进展情况。

第十条　省级党委和政府应当调整财政支出结构，建立扶贫资金增长机制，明确省级扶贫开发投融资主体，确保扶贫投入力度与脱贫攻坚任务相适应；统筹使用扶贫协作、对口支援、定点扶贫等资源，广泛动员社会力量参与脱贫攻坚。

第十一条　省级党委和政府加强对扶贫资金分配使用、项目实施管理的检查监督和审计，及时纠正和处理扶贫领域违纪违规问题。

第十二条　省级党委和政府加强对贫困县的管理，组织落实贫困县考核机制、约束机制、退出机制；保持贫困县党政正职稳定，做到不脱贫不调整、不摘帽不调离。

第四章　市县落实

第十三条　市级党委和政府负责协调域内跨县扶贫项目，对项目实施、资金使用和管理、脱贫目标任务完成等工作进行督促、检查和监督。

第十四条　县级党委和政府承担脱贫攻坚主体责任，负责制定脱贫攻坚实施规划，优化配置各类资源要素，组织落实各项政策措施，县级党委和政府主要负责人是第一责任人。

第十五条　县级党委和政府应当指导乡、村组织实施贫困村、贫困人口建档立卡和退出工作，对贫困村、贫困人口精准识别和精准退出情况进行检查考核。

第十六条　县级党委和政府应当制定乡、村落实精准扶贫精准脱贫的指导意见并监督实施，因地制宜，分类指导，保证贫困退出的真实性、有效性。

第十七条　县级党委和政府应当指导乡、村加强政策宣传，充分调动贫困群众的主动性和创造性，把脱贫攻坚政策措施落实到村到户到人。

第十八条　县级党委和政府应当坚持抓党建促脱贫攻坚，强化贫困村基层党组织建设，选优配强和稳定基层干部队伍。

第十九条　县级政府应当建立扶贫项目库，整合财政涉农资金，建立健全扶贫资金项目信息公开制度，对扶贫资金管理监督负首要责任。

第五章　合力攻坚

第二十条　东西部扶贫协作和对口支援双方各级党政主要负责人必须亲力亲为，推动建立精准对接机制，聚焦脱贫攻坚，注重帮扶成效，加强产业带动、劳务协作、人才交流等方面的合作。东部地区应当根据财力增长情况，逐步增加帮扶投入；西部地区应当主动对接，整合用好资源。

第二十一条　各定点扶贫单位应当紧盯建档立卡贫困人口，细化实化帮扶措施，督促政策落实和工作到位，切实做到扶真贫、真扶贫，不脱贫不脱钩。

第二十二条　军队和武警部队应当发挥组织严密、突击力强等优势，积极参与地方脱贫攻坚，有条件的应当承担定点帮扶任务。

第二十三条　各民主党派应当充分发挥在人才和智力扶贫上的优势和作用，做好脱贫攻坚民主监督工作。

第二十四条　民营企业、社会组织和公民个人应当积极履行社会责任，主动支持和参与脱贫攻坚。

第六章　奖惩

第二十五条　各级党委和政府、扶贫开发领导小组以及有关中央和国家机关可以按照有关规定对落实脱贫攻坚责任到位、工作成效显著的部门和个人，以适当方式予以表彰，并作为干部选拔使用的重要依据；对不负责任、造成不良影响的，依纪依法追究相关部门和人员责任。

第二十六条　各级党委和政府、扶贫开发领导小组以及有关中央和国家机关对在脱贫攻坚中作出突出贡献的社会帮扶主体，予以大力宣传，并按照有关规定进行表彰。

第七章　附则

第二十七条　中西部 22 个省（自治区、直辖市）应当参照本办法，结合本地区实际制定实施细则。其他省（自治区、直辖市）可以参照本办法实施。

第二十八条　本办法由国务院扶贫开发领导小组办公室负责解释。

第二十九条　本办法自 2016 年 10 月 11 日起施行。

中共中央办公厅　国务院办公厅印发《关于进一步加强东西部扶贫协作工作的指导意见》

中办发〔2016〕69号

东西部扶贫协作和对口支援，是推动区域协调发展、协同发展、共同发展的大战略，是加强区域合作、优化产业布局、拓展对内对外开放新空间的大布局，是打赢脱贫攻坚战、实现先富帮后富、最终实现共同富裕目标的大举措。为全面贯彻落实《中共中央 国务院关于打赢脱贫攻坚战的决定》和中央扶贫开发工作会议、东西部扶贫协作座谈会精神，做好东西部扶贫协作和对口支援工作，现提出如下意见。

一、总体要求

（一）指导思想。全面贯彻党的“十八大”和十八届三中、四中、五中、六中全会精神，以习近平总书记扶贫开发重要战略思想为指导，牢固树立新发展理念，坚持精准扶贫、精准脱贫基本方略，进一步强化责任落实、优化结对关系、深化结对帮扶、聚焦脱贫攻坚，提高东西部扶贫协作和对口支援工作水平，推动西部贫困地区与全国一道迈入全面小康社会。

（二）主要目标。经过帮扶双方不懈努力，推进东西部扶贫协作和对口支援工作机制不断健全，合作领域不断拓展，综合效益得到充分发挥，确保西部地区现行国家扶贫标准下的农村贫困人口到2020年实现脱贫，贫困县全部摘帽，解决区域性整体贫困。

（三）基本原则

——坚持党的领导，社会广泛参与。帮扶双方党委和政府要加强对东西部扶贫协作和对口支援工作的领导，将工作纳入重要议事日程，科学编制帮扶规划并认真部署实施，建立完善机制，广泛动员党政机关、企事业单位和社会力量参与，形成帮扶合力。

——坚持精准聚焦，提高帮扶实效。东西部扶贫协作和对口支援要聚焦脱贫攻坚，按照精准扶贫、精准脱贫要求，把被帮扶地区建档立卡贫困人口稳定脱贫作为工作重点，帮扶资金和项目瞄准贫困村、贫困户，真正帮到点上、扶到根上。

——坚持优势互补，鼓励改革创新。立足帮扶双方实际情况，因地制宜、因人施策开展扶贫协作和对口支援，实现帮扶双方优势互补、长期合作、聚焦扶贫、实现共赢，努力探索先富帮后富、逐步实现共同富裕的新途径新方式。

——坚持群众主体，激发内生动力。充分调动贫困地区干部群众积极性创造性，不断激发脱贫致富的内生动力，帮助和带动贫困人口苦干实干，实现光荣脱贫、勤劳致富。

二、结对关系

（四）调整东西部扶贫协作结对关系。对原有结对关系进行适当调整，在完善省际结对关系的同时，实现对民族自治州和西部贫困程度深的市州全覆盖，落实北京市、天津市与河北省扶贫协作任务。调整后的东西部扶贫协作结对关系为：北京市帮扶内蒙古自治区、河北省张家口市和保定市；天津市帮扶甘肃省、河北省承德市；辽宁省大连市帮扶贵州省六盘水市；上海市帮扶云南省、贵州省遵义市；江苏省帮扶陕西省、青海省西宁市和海东市，苏州市帮扶贵州省铜仁市；浙江省帮扶四川省，杭州市帮扶湖北省恩施土家族苗族自治州、贵州省黔东南苗族侗族自治州，宁波市帮扶吉林省延边朝鲜族自治州、贵州省黔西南布依族苗族自治州；福建省帮扶宁夏回族自治区，福州市帮扶甘肃省定西市，厦门市帮扶甘肃省临夏回族自治州；山东省帮扶重庆市，济南市帮扶湖南省湘西土家族苗族自治州，青岛市帮扶贵州省安顺市、甘肃省陇南市；广东省帮扶广西壮族自治区、四川省甘孜藏族自治州，广州市帮扶贵州省黔南布依族苗族自治州和毕节市，佛山市帮扶四川省凉山彝族自治州，中山市和东莞市帮扶云南省昭通市，珠海市帮扶云南省怒江傈僳族自治州。

各省（自治区、直辖市）要根据实际情况，在本行政区域内组织开展结对帮扶工作。

（五）开展携手奔小康行动。东部省份组织本行政区域内经济较发达县（市、区）与扶贫协作省份和市州扶贫任务重、脱贫难度大的贫困县开展携手奔小康行动。探索在乡镇之间、行政村之间结对帮扶。

（六）深化对口支援。对口支援西藏、新疆和四省藏区工作在现有机制下继续坚持向基层倾斜、向民生倾斜、向农牧民倾斜，更加聚焦精准扶贫、精准脱贫，瞄准建档立卡贫困人口精准发力，提高对口支援实效。北京市、天津市与河北省扶贫协作工作，要与京津冀协同发展中京津两市对口帮扶张承环京津相关地区做好衔接。

三、主要任务

（七）开展产业合作。帮扶双方要把东西部产业合作、优势互补作为深化供给侧结构性改革的新课题，研究出台相关政策，大力推动落实。要立足资源禀赋和产业基础，激发企业到贫困地区投资的积极性，支持建设一批贫困人口参与度高的特色产业基地，培育一批带动贫困户发展产业的合作组织和龙头企业，引进一批能够提供更多就业岗位的劳动密集型企业、文化旅游企业等，促进产业发展带动脱贫。加大产业合作科技支持，充分发挥科技创新在增强西部地区自我发展能力中的重要作用。

（八）组织劳务协作。帮扶双方要建立和完善劳务输出精准对接机制，提高劳务输出脱贫的组织化程度。西部地区要摸清底数，准确掌握建档立卡贫困人口中有就业意愿和能力的未就业人口信息，以及已在外地就业人员的基本情况，因人因需提供就业服务，与东部地区开展有组织的劳务对接。西部地区要做好本行政区域内劳务对接工作，依托当地产业发展，多渠道开发就业岗位，支持贫困人口在家乡就地就近就业。开展职业教育东西协作行动计划和技能脱贫“千校行动”，积极组织引导贫困家庭子女到东部省份的职业院校、技工学校接受职业教育和职业培训。东部省份要把解决西部贫困人口稳定就业作为帮扶重要内容，创造就业机会，提供用工信息，动员企业参与，实现人岗对接，保障稳定就业。对在东部地区工作生活的建档立卡贫困人口，符合条件的优先落实落户政策，有序实现市民化。

（九）加强人才支援。帮扶双方要选派优秀干部挂职，广泛开展人才交流，促进观念互通、思路互动、技术互学、作风互鉴。采取双向挂职、两地培训、委托培养和组团式支教、支医、支农等方式，加大教育、卫生、科技、文化、社会工作等领域的人才支持，把东部地区的先进理念、人才、技术、信息、经验等要素传播到西部地区。加大政策激励力度，鼓励各类人才扎根西部贫困地区建功立业。帮扶省市选派到被帮扶地区的挂职干部要把主要精力放到脱贫攻坚上，挂职期限原则上两到三年。加大对西部地区干部特别是基层干部、贫困村创业致富带头人培训力度。

（十）加大资金支持。东部省份要根据财力增长情况，逐步增加扶贫协作和对口支援财政投入，并列入年度预算。西部地区要以扶贫规划为引领，整合扶贫协作和对口支援资金，聚焦脱贫攻坚，形成脱贫合力。要切实加强资金监管，提高使用效益。

（十一）动员社会参与。帮扶省市要鼓励支持本行政区域内民营企业、社会组织、公民个人积极参与东西部扶贫协作和对口支援。充分利用全国扶贫日和中国社会扶贫网等平台，组织社会各界到西部地区开展捐资助学、慈善公益医疗救助、支医支教、社会工作和志愿服务等扶贫活动。实施社会工作专业人才服务贫困地区计划和扶贫志愿者行动计划，支持东部地区社会工作机构、志愿服务组织、社会工作者和志愿者结对帮扶西部贫困地区，为西部地区提供专业人才和服务保障。注重发挥军队和武警部队在西部贫困地区脱贫攻坚中的优势和积极作用，因地制宜做好帮扶工作。积极组织民营企业参与“万企帮万村”精准扶贫行动，与被帮扶地区贫困村开展结对帮扶。

四、保障措施

（十二）加强组织领导。国务院扶贫开发领导小组要加强东西部扶贫协作的组织协调、工作指导和考核督查。东西部扶贫协作双方要建立高层联席会议制度，党委或政府主要负责同志每年开展定期互访，确定协作重点，研究部署和协调推进扶贫协作工作。

（十三）完善政策支持。中央和国家机关各部门要加大政策支持力度。国务院扶贫办、国家发展改革委、教育部、民政部、人力资源社会保障部、农业部、中国人民银行等部门要按照职责分工，加强对东西部扶贫协作和对口支援工作的指导和支持。中央组织部要统筹东西部扶贫协作和对口支援挂职干部人才选派管理工作。审计机关要依法加强对扶贫政策落实情况和扶贫资金的审计监督。纪检监察机关要加强扶贫领域监督执纪问责。

（十四）开展考核评估。把东西部扶贫协作工作纳入国家脱贫攻坚考核范围，作为国家扶贫督查巡查重要内容，突出目标导向、结果导向，督查巡查和考核内容包括减贫成效、劳务协作、产业合作、人才支援、资金支持五个方面，重点是解决多少建档立卡贫困人口脱贫。对口支援工作要进一步加强对精准扶贫工作成效的考核。东西部扶贫协作考核工作由国务院扶贫开发领导小组组织实施，考核结果向党中央、国务院报告。

2016 年 10 月 27 日

（二）行业文件

全国工商联 国务院扶贫办 中国光彩会关于推进“万企帮万村”精准扶贫行动的实施意见
共青团中央关于印发《关于共青团助力脱贫攻坚战的实施意见》的通知
水利部 国家开发银行关于加强金融支持水利扶贫开发工作的意见
国土资源部关于用好用活增减挂钩政策积极支持扶贫开发及易地扶贫搬迁工作的通知
中华供销合作总社关于发挥供销合作社优势打赢脱贫攻坚战的意见
国家发展改革委关于支持贫困地区农林水利基础设施建设推进脱贫攻坚的指导意见
中国人民银行 发展改革委 财政部 银监会 证监会 保监会 扶贫办关于金融助推脱贫攻坚的实施意见
国家发展和改革委员会 国务院扶贫办等关于实施光伏发电扶贫工作的意见
中国人民银行关于开办扶贫再贷款业务的通知
中国银监会关于银行业金融机构积极投入脱贫攻坚战的指导意见
民政部关于贯彻落实《中共中央 国务院关于打赢脱贫攻坚战的决定》的通知
中共中央组织部 人力资源社会保障部等九部门关于实施第三轮高校毕业生“三支一扶”计划的通知
审计署办公厅关于进一步加强扶贫审计促进精准扶贫精准脱贫政策落实的意见
中国保监会 国务院扶贫办关于做好保险业助推脱贫攻坚工作的意见
国家卫生计生委等关于实施健康扶贫工程的指导意见
农业部办公厅关于支持贫困县开展统筹整合使用财政涉农资金试点工作的通知
人力资源社会保障部 国务院扶贫办关于开展技能脱贫千校行动的通知
国家旅游局等关于印发乡村旅游扶贫工程行动方案的通知
财政部 教育部关于免除普通高中建档立卡家庭经济困难学生学杂费的意见
农业部关于加大贫困地区项目资金倾斜支持力度 促进特色产业精准扶贫的意见
中国证监会关于发挥资本市场作用服务国家脱贫攻坚战略的意见
国家旅游局办公室关于实施旅游万企万村帮扶专项行动的通知
科技部 教育部 中国科学院 中国工程院 自然科学基金会 国防科工局 国务院扶贫办关于印发《科技扶贫行动方案》的通知

中国科协 农业部 国务院扶贫办关于联合印发《科技助力精准扶贫工程实施方案》的通知

中央网信办 国家发展改革委 国务院扶贫办印发《网络扶贫行动计划》

住房城乡建设部 财政部 国务院扶贫办关于加强建档立卡贫困户等重点对象危房改造工作的指导意见

人力资源社会保障部 财政部 国务院扶贫办关于切实做好就业扶贫工作的指导意见

全国工商联　国务院扶贫办　中国光彩会
关于推进“万企帮万村”精准扶贫行动的实施意见

全联发〔2016〕2号

各省、自治区、直辖市和新疆生产建设兵团工商联、扶贫办、光彩会：

组织民营企业开展“万企帮万村”精准扶贫行动（以下简称行动），是贯彻落实中央扶贫开发工作会议和《中共中央 国务院关于打赢脱贫攻坚战的决定》精神的重要任务，是引导广大非公有制经济人士积极参与理想信念教育实践活动、踊跃投身全面建成小康社会伟大实践的有效载体。为确保行动取得实效，现提出如下实施意见。

一、基本要求

（一）践行五大发展理念。以五大发展理念为引领，崇尚创新、注重协调、倡导绿色、厚植开放、推进共享，尊重基层和企业的首创精神，探索创新扶贫方式，推动扶贫开发与经济社会发展相互促进、与生态保护并重、与外向经济联动、与社会保障有效衔接，发挥企业优势，努力提高脱贫攻坚质量。

（二）依靠党委政府领导。坚持党委政府统一领导，把行动纳入到当地脱贫攻坚整体规划中。按照党委政府的总体部署，与各方面协同发力，先富帮后富，共同构建专项扶贫、行业扶贫、社会扶贫互为补充的大扶贫格局。

（三）坚持两个健康主题。牢牢把握促进非公有制经济健康发展和非公有制经济人士健康成长的主题，引导广大非公有制经济人士弘扬“致富思源、富而思进，义利兼顾、以义为先，扶危济困、共同富裕”的光彩精神，增强对中国特色社会主义的信念、对党和政府的信任、对企业发展的信心和对社会的信誉，实现做贡献、促发展、受教育的有机统一。

（四）发挥商会组织作用。深度挖掘商会的组织、行业、市场潜力，切实发挥商会非公有制经济人士集中、与企业联系最直接最广泛最紧密的优势，充分调动行业商会、异地商会、乡镇商会等各类商会组织的主动性、积极性、创造性，立足县域经济，兴办企业，发展产业，扩大就业，促进建立脱贫长效机制。

二、帮扶方式

（五）开展产业扶贫。农业产业化企业

要通过“公司+基地+专业合作社+农户”等方式，发展农产品加工业和特色种养殖业，带动贫困户通过利益联结机制实现股本增收。工业企业要合理开发贫困地区自然资源，赋予村集体股权，让贫困村、贫困户分享开发收益。商贸流通企业特别是电商企业要拓展农村业务，发挥“互联网+”优势，与邮政、供销合作等系统加强合作，帮助贫困村、贫困户对接市场，拓宽线上线下销售渠道。旅游业企业要依托当地特有的自然人文资源，帮助发展乡村旅游、红色旅游、生态旅游。鼓励大型企业设立贫困地区产业投资基金，采取市场化运作方式，用于贫困地区从事资源开发、产业园区建设、新型城镇化发展等。

（六）开展就业扶贫。鼓励企业面向帮扶对象招收员工，加大岗前、岗中培训力度，提供劳动和社会保障，实现贫困户稳定就业增收。鼓励民营职业院校和职业技能培训机构招收贫困家庭子女，将企业扶贫与职业教育相结合，实现靠技能脱贫。充分利用基层劳动就业和社会保障平台，支持用人企业在贫困地区建立劳务培训基地，开展订单定向培训，拓展贫困户劳动力本地就业和外出务工空间。

（七）开展公益扶贫。鼓励企业采取直接捐赠、设立扶贫公益基金、开展扶贫公益信托或通过中国光彩基金会等公益组织开展扶贫。以援建村屯道桥、饮水工程、卫生设施、文化场所，配合推进危房改造、光伏扶贫等方式，帮助贫困村改善面貌。以高校学生、重病患者、留守儿童、空巢老人、残疾人为重点，对贫困户开展捐资助学、医疗救助、生活救助等公益扶贫活动。

三、工作措施

（八）抓好精准对接。扶贫办负责提供建档立卡的贫困村、贫困户、工商联、光彩会负责组织有意愿有能力的企业结对帮扶，共同指导企业因地因企制宜、因村因户因人施策，努力实现扶贫对象精准、项目安排精准、资金使用精准、措施到户精准、脱贫成效精准。

（九）抓好统筹协调。主动做好各项服务，为参与行动的企业提供政策、信息、融资等方面的支持，协调解决企业在帮扶过程中遇到的困难和问题。推动落实鼓励支持企业开展精准扶贫的现有政策，通过报送调研报告、建言献策等形式反映企业诉求，针对行动实施中的新情况新问题，推动出台完善相关政策，努力使参与行动并符合条件的帮扶企业“应享尽享”。工商联、光彩会要将光彩行、援藏援疆、定点扶贫统筹纳入行动整体推进，东西部地区工商联、扶贫办、光彩会要加强协作，组织推动东部企业与西部贫困村、贫困户结对帮扶。

（十）抓好宣传引导。充分利用主流媒体和自有媒体平台，线上线下紧密结合，大力宣传扶贫事业取得的重大成就和脱贫攻坚面临的形势任务，准确阐释党和政府扶贫开发的决策部署、政策举措，及时报道企业参与行动的先进典型和各地精准扶贫脱贫的先进经验，以“万企帮万村——民企在行动”为专题讲好企业扶贫好故事，扩大行动影响力。通过现场观摩、经验交流等形式，推介企业的好做法好经验，相互学习相互借鉴。

（十一）抓好督促检查。工商联、光彩会要为参与行动的企业建立帮扶台账，加强统计工作，及时掌握企业的帮扶投入和帮扶对象的脱贫进度，认真做好半年报表和年度报告工作。扶贫办要指导乡镇扶贫工作站和扶贫驻村工作队负责数据核实。落实年度扶贫开发工作逐级督查制度，一级抓一级、层层抓落实。

四、加强领导

（十二）健全工作机构。工商联、扶贫办、光彩会共同成立行动工作领导小组，负责行动的组织指导、统筹协调、督促检查、经验交流、宣传推广、考核验收。各地行动领导小组由同级工商联主席或党组书记任组长，领导小组办公室设在工商联。

（十三）落实工作责任。工商联、扶贫办、光彩会要加强沟通、形成合力，精心组织、周密安排，根据本地脱贫攻坚整体规划和具体实际提出工作目标，分区域、按时间分解任务，细化措施，形成责任清单，纳入当地扶贫工作的年度绩效考核，努力提高脱贫成效。

（十四）改进工作作风。工商联、扶贫办、光彩会要加强调查研究，深入企业和贫困村、贫困户了解行动进展情况，总结经验，研究问题，解决困难，指导工作。用心、用情、用力，出实招、重实效，引导企业真扶贫、扶真贫，让贫困群众有更多的获得感。严格执行八项规定，以严的精神和实的作风推进行动开展，坚决防止弄虚作假。

各地工商联、扶贫办、光彩会要根据本实施意见制定具体实施方案，抓好落实。

中华全国工商业联合会

国务院扶贫开发领导小组办公室

中国光彩事业促进会

2016年1月18日

共青团中央关于印发《关于共青团助力脱贫攻坚战的实施意见》的通知

中青发〔2016〕5号

共青团各省、自治区、直辖市委，中央军委政治工作部组织局群团处，全国铁道团委，全国民航团委，中直机关团工委，中央国家机关团工委，中央金融团工委，中央企业团工委，新疆生产建设兵团团委：

现将《关于共青团助力脱贫攻坚战的实施意见》印发你们。请结合实际，认真部署，抓好落实。

共青团中央

2016年1月28日

关于共青团助力脱贫攻坚战的实施意见

为深入贯彻落实中央扶贫开发工作会议精神和《中共中央 国务院关于打赢脱贫攻坚战的决定》要求，进一步把全团的思想和行动统一到党中央的决策部署上来，现就共青团助力脱贫攻坚战提出如下实施意见。

一、指导思想

全面贯彻落实党的“十八大”和十八届二中、三中、四中、五中全会精神，以习近平总书记关于扶贫开发系列重要讲话精神为指导，教育引导广大团员青年深刻领会精准扶贫、精准脱贫的思想内涵。充分发挥共青团组织化动员与社会化动员优势，坚持瞄准贫困地区青少年健康成长、体现共青团工作特色、纳入当地党政扶贫开发工作盘子的原则，创新工作载体，完善支持机制，组织动员各级共青团组织和广大团员青年关注贫困问题、关爱贫困人口、关心扶贫工作，自觉投身脱贫攻坚实践，为打赢脱贫攻坚战、全面建成小康社会贡献青春力量。

二、总体目标

聚焦集中连片特困地区和国家扶贫开

发工作重点县，以智力扶贫为重点，深入推进“脱贫攻坚青春建功行动”，在精准施策上出实招、在精准推进上下实功、在精准脱贫上见实效，通过生产扶贫帮助一批贫困青年实现创业就业，通过教育扶贫帮助一批贫困学生顺利完成学业，通过人才扶贫帮助贫困地区培养引进一批青年人才，通过公益扶贫帮助一批青少年解决生产生活困难，通过加强贫困地区团的工作，夯实共青团参与脱贫攻坚的组织基础，为实现2020年所有贫困地区和贫困人口一道迈入全面小康社会做贡献。

三、主要任务

1. 围绕生产扶贫，开展贫困地区青年创业就业行动。探索“创业扶贫1+1”模式，组织农村青年致富带头人带动贫困青年脱贫，大力扶持贫困青年自主创业脱贫。加强对创业扶持政策的解读、宣传和对接，做好政府支持创业工作的帮手；通过创新担保方式，开发专属金融产品，利用扶贫贴息政策等途径，着力解决贫困地区青年创业融资难题；通过开展农村实用技术培训、创业能力培训，建设贫困地区创业导师队伍等途径，着力解决贫困地区青年创业技术和人才难题；通过建设青年创业平台，举办创业赛会，培育创业组织，着力提高贫困地区青年创业服务实效。

着力探索推进“互联网+”模式，打造共青团电商扶贫品牌，支持贫困地区青年通过发展农村电子商务实现脱贫致富。帮助青年转移就业，通过订单培训、工岗快递等方式，动员发达地区青年企业家吸纳贫困家庭青年转移就业，增加贫困家庭的工资性收入；通过发布就业信息、组织技能培训、提供见习岗位等方式，积极为贫困地区青年就业提供帮助。践行绿色发展理念，结合保护母亲河行动，创新项目实施方式，通过帮助贫困青年发展经济林和林下经济，推广高效生态农业模式，实现增收脱贫。

2. 围绕教育扶贫，开展贫困青少年助学行动。通过支持教育发展，阻断贫困代际传递，重点瞄准贫困地区因学致贫家庭，围绕青少年在学业方面的现实困难，广泛整合团内外资源，为贫困地区青少年提供切实有效的助学服务。深化希望工程“1+1”、希望之星、“圆梦行动”、书海工程等品牌工作，广泛开展营养餐等学生资助项目，着力解决贫困学生的生活困难。广泛筹措社会资金，帮助贫困地区建设和改善图书室、网络教室、青少年宫、青少年活动中心、青少年校外活动场所、青少年综合服务平台等阵地，着力加强贫困地区青少年校外教育工作。

3. 围绕人才扶贫，开展贫困地区青年人才支持行动。摆脱贫困，关键在人才。要着力开发本地青年人力资源，大力开展优秀青年干部、创业致富带头人、科技工作者、青年教师等青年人才培训工作，支持青少年事务社会工作专业人才队伍建设，协助贫困地区培育本土青年人才。要助力引入外部智力资源，深入实施大学生志愿服务西部计划、大学生西部建功计划、博士服务团、金融干部到县级团委挂职等项目，广泛开展大学生暑期“三下乡”社会实践、“科技之光”专家服务团等活动，引导广大青年人才到贫困地区贡献聪明才智、创造青春业绩。

4. 围绕公益扶贫，开展贫困青少年扶贫关爱行动。积极开展青年志愿扶贫，广泛动员企业、社会组织、个人参与扶贫开发，努力实现社会帮扶资源和精准扶贫需求的有效对接，着力在学业辅导、亲情陪伴、自护教育、助残助困、医疗卫生等方面加强工作力度。以贫困地区农村留守儿童为重点，开展“红领巾圆梦行动”，公益夏令营和“乡村流动少年宫”“七彩小屋”等活动，促进贫困地区青少年健康成长。开展青少年民族团结交流、各民族学生同心营、城乡少年手拉手等活动，推动农村和城市、贫困地区和非贫困地区青少年的交友互助。

5. 夯实基层基础，开展贫困地区团建提升行动。大力支持贫困地区基层团的建设，推动党建带团建制度落实，切实优化贫困地区基层团组织的工作环境。紧扣贫困地区青少年需求，集中力量支持贫困地区建设“青年之家”和“青年之声”，因地制宜选准服务项目，扎实开展服务工作。深入推进区域化团建，深化基层组织格局创新，持续建设乡镇直属团组织和农村合作组织团组织，最大程度实现对贫困地区青少年的有效覆盖和组织活力的逐步提升。加强贫困地区学校共青团和少先队工作，完善组织体系，强化基础团务和运行机制建设，切实提高工作能力和水平。

四、工作机制

1. 建立对口支援机制。强化全局意识，发扬互助精神，坚持输血与造血相结合，加强对口支援力度，做到真帮扶、有实效。参照全国东西扶贫协作对口分工情况，发挥发达地区人才、资源、资金、技术优势，建立发达地区团组织对贫困地区团组织的对口支持机制；调动重点扶贫省份相对发达地区团组织的积极性，形成省内对口帮扶机制。

2. 建立精准调度机制。深入贯彻中央关于精准扶贫、精准脱贫的工作要求，对贫困人口规模大或贫困发生率高的重点省份、重点地市和全国 832 个贫困县进行重点联系指导，努力提高扶贫工作的科学性和精准度。将团干部“8+4”下沉基层联系点工作和“4+1”到基层向服务对象报到工作与脱贫攻坚工作相衔接，力争用 5 年时间实现对 832 个贫困县的覆盖。对接建档立卡贫困户具体情况，有针对性地设计扶贫开发项目，并形成可量化可评价的任务目标，建立考核评估和工作督导机制，定期通报进展、定期评估成效，扎实推进工作落实。按照同级党委政府扶贫工作总体安排，落实好定点扶贫任务。

3. 建立资源统筹机制。着力扩大资源

总量，优化资源配置，通过机制化手段把团内外资源有效整合起来，为深入参与扶贫开发工作提供有力支持。积极对接政府资源，推动有关部门及时出台贫困地区青年创业就业有关扶持政策，积极承接政府职能转移和参与政府购买公共服务，立足实际主动对接扶贫开发项目。广泛整合社会资源，充分调动企业、社会组织、个人积极性，协同参与共青团开展的扶贫项目。大力挖掘内生资源，充分发挥各级青联、学联以及团属协会、基金会、媒体作用，形成全团参与脱贫攻坚的工作局面。

五、有关要求

1. 加强组织领导。各级团组织要深刻认识组织动员广大团员青年投身脱贫攻坚战的重大意义，着力加强组织领导，成立工作机构，明确工作职责，努力形成统一部署、分工负责、层层落实的良好局面。团中央统筹协调，负责顶层设计、政策制定、项目规划和考核评价；省级团委负总责，做好政策衔接、目标确定、组织动员、项目下达和本省的项目规划；地市级团委、县级团委具体落实，结合当地脱贫攻坚总体布局，瞄准建档立卡底数，制定帮扶措施，负责项目落地和推进实施。

2. 创新方式方法。各级团组织要精准确定扶贫对象，精准设计扶贫项目，精准制定帮扶措施，精准开展考核评估，精准总结脱贫成效，努力做到底本清楚、成绩过硬。要注重与共青团工作和建设的互联网转型紧密结合，把“青年之声”网络互动社交平台作为联系服务贫困青年、密切团青关系的“窗口”，及时传递党和政府的扶贫政策，倾听和回应贫困青少年的诉求，推动线上平台与线下服务深度结合，实现扶贫资源与脱贫需求的精准对接。要着力加强电商扶贫力度，帮助贫困青年通过电商平台对接市场资源，实现致富脱贫。要着力推进网络众筹、众扶、众帮的扶贫模式，利用线上公益平台，广泛开展微捐赠、微公益活动，建立人人可参与的公益扶贫渠道。

3. 抓好工作结合。各级团组织要把参与脱贫攻坚战纳入“凝聚青年、服务大局、当好桥梁、从严治团”四维工作格局，融入共青团改革发展事业，从为党分忧、为青年解难的角度谋划工作、探索实践。要注重与团的日常工作紧密结合，充分发挥既有项目载体的作用，做到相互融合、相互促进。要注重挖掘和总结各级团组织和广大团员青年参与脱贫攻坚的好经验和好做法，通过互联网、报纸、广播、电视等各类媒体进行宣传，努力营造良好工作氛围。

共青团中央办公厅

2016 年 2 月 1 日

水利部　国家开发银行关于加强金融支持水利扶贫开发工作的意见

水财务〔2016〕58号

各省、自治区、直辖市水利（水务）厅(局)，各计划单列市水利（水务）局，新疆生产建设兵团水利局，国家开发银行各分行：

为贯彻落实中央扶贫开发工作会议和《中共中央 国务院关于打赢脱贫攻坚战的决定》（中发〔2015〕34号）（以下简称《决定》）精神，充分发挥开发性金融对水利扶贫开发工作的重要促进作用，夯实贫困地区水利基础设施，加快贫困地区水利改革发展，水利部、国家开发银行现就加强金融支持水利扶贫开发工作提出如下意见。

一、充分认识加强金融支持水利扶贫开发工作的重要意义

（一）加快贫困地区水利改革发展，是保障贫困地区尽快脱贫致富、实现全面小康的基础条件，也是中央扶贫开发战略格局的重要组成部分。中央扶贫开发工作会议和《决定》把水利摆在脱贫攻坚的突出位置，对加快贫困地区有关重大水利工程、农田水利基础设施、农村饮水安全巩固提升、水生态治理等水利基础设施建设作出重要部署。水利扶贫开发工作任务十分繁重，建设资金缺口很大，需要综合运用财政和货币政策，引导银行业金融机构增加水利扶贫信贷资金投入。各级水利部门和开发银行要认真贯彻落实党中央、国务院决策部署，进一步增强做好金融支持水利扶贫开发工作的责任感和使命感，用足用好开发性金融优惠政策，全力破解贫困地区水利发展融资难题，夯实贫困地区水利基础，为全面建成小康社会提供坚实的水利支撑和保障。

二、切实落实《决定》有关金融支持水利扶贫开发各项优惠政策

（二）扩大水利扶贫项目融资支持。开发银行积极运用融资总量，倾斜资源配置，发挥综合金融服务优势，“十三五”期间为水利扶贫项目提供5000亿元融资支持。具体项目及额度由地方水利部门与开发银行分支机构对接确定。

（三）提供长期优惠贷款。对于涉及水利项目建设的贫困人口易地扶贫搬迁，开发银行通过发行政策性金融债筹集资金，按照保本微利的原则发放长期贷款。

（四）提供扶贫再贷款。开发银行积极争取扶贫再贷款，执行优惠利率，支持贫困地区发展特色产业和贫困人口就业创业的涉水项目。

（五）提供过桥贷款。对水利枢纽、引调水工程、小水电等有稳定还款来源的水利扶贫项目，以及公益性水利项目，开发银行可给予过桥贷款，并实行优惠利率。

（六）积极争取水利扶贫项目专项建设基金。地方水利部门和开发银行主动加强与地方发展改革等部门的沟通，积极推荐水利扶贫项目列入专项建设基金项目名单，将开发银行作为基金投放主力银行。水利部与开发银行总行加强与国家发展改革委的沟通，为水利扶贫项目争取更多基金额度。对获得开发银行基金的水利扶贫项目，开发银行要简化评审手续，为项目配足大额、长期、低息贷款。

（七）开通贷款办理绿色通道。开发银行加快水利扶贫项目贷款办理进度，开通绿色通道，优先受理、优先评审、加快审批。对已经签订合同的贷款，要保证信贷资金按合同约定尽快落实到位。对已发放贷款的水利扶贫项目，要主动做好各种配套金融服务工作。开发银行放宽分行水利扶贫项目审批权限。

三、建立完善金融支持水利扶贫开发工作机制

（八）联合建立水利扶贫项目储备库。地方水利部门要积极向开发银行分支机构推荐当地水利扶贫项目，联合建立项目储备库。双方共同向省级扶贫开发投融资主体推荐储备库中的项目，确保扶贫水利项目享受各项扶贫金融优惠政策。

（九）合作开展规划编制、课题研究。地方水利部门与开发银行围绕扶贫工作大局，结合“十三五”水利扶贫开发专项规划，合作开展水利扶贫有关专项规划、区域规划、重大水利项目融资方案编制，共同开展有关水利扶贫融资课题研究。开发银行为有关规划

和方案编制、课题研究提供必要的研究经费支持。

（十）完善水利扶贫信贷融资工作机制。对符合政策范围且需要贷款支持的项目，地方各级水利部门和开发银行分支机构要明确牵头部门，组织承贷主体尽快进行对接。要建立水利扶贫信贷融资信息交流沟通机制，及时通报水利扶贫项目情况及融资进展。对于地方省级水利部门和开发银行省分行在水利扶贫信贷融资工作中遇到的有关问题，要及时反馈水利部财务司、国家开发银行评审三局。

水利部　国家开发银行

2016 年 2 月 16 日

国土资源部关于用好用活增减挂钩政策积极支持扶贫开发及易地扶贫搬迁工作的通知

国土资规〔2016〕2号

各省、自治区、直辖市及计划单列市国土资源主管部门，各派驻地方的国家土地督察局，部机关各司局：

为贯彻落实《中共中央 国务院关于打赢脱贫攻坚战的决定》（以下简称《决定》），在精准施策上出实招、在精准推进上下实功、在精准落地上见实效，充分发挥国土资源超常规政策特别是城乡建设用地增减挂钩政策对扶贫开发及易地扶贫搬迁的支持促进作用，现将有关事项通知如下：

一、充分认识增减挂钩支持扶贫开发及易地扶贫搬迁的重要意义

《决定》提出"利用增减挂钩政策支持易地扶贫搬迁"。从各地的实践看，实施增减挂钩，既可为搬迁农民安置提供用地保障，又能为搬迁农民建新居、农村基础设施建设和扶贫产业发展提供有力的资金支持，推动贫困地区经济社会发展，确保易地扶贫搬迁农民搬得出、稳得住、能致富。各级国土资源主管部门要全面学习领会和认真贯彻落实十八届五中全会、中央经济工作会议、中央扶贫开发工作会议、全国易地扶贫搬迁工作电视电话会议精神和《决定》部署要求，高度重视扶贫开发及易地扶贫搬迁工作，用好用活增减挂钩政策作为实施精准扶贫、精准脱贫的有力抓手，主动配合有关部门，助力扶贫开发，因地制宜、因人施策，促进政策落实落地，为"十三五"时期打赢脱贫攻坚战做出积极贡献。

二、增减挂钩指标向贫困地区倾斜

按照应保尽保的要求，加大对扶贫开发及易地扶贫搬迁地区增减挂钩指标支持。部在分解下达全国增减挂钩指标时，向脱贫攻坚任务重的省份倾斜；省级国土资源主管部门在安排增减挂钩指标时，要重点支持贫困市县的扶贫开发及易地扶贫搬迁工作；市、县级国土资源主管部门在组织增减挂钩项目区时，要优先考虑贫困村庄特别是实施易地扶贫搬迁的村庄，积极支持具备条件的贫困地区通过开展增减挂钩，推动扶贫开发和易地扶贫搬迁工作。

三、拓展贫困地区增减挂钩节余指标使用范围

集中连片特困地区、国家扶贫开发工作重点县和开展易地扶贫搬迁的贫困老区开展增减挂钩的，可将增减挂钩节余指标在省域范围内流转使用。各级国土资源主管部门要认真落实这项超常规政策，切实发挥增减挂钩支持扶贫开发和易地扶贫搬迁的作用。省级国土资源主管部门要建立台账，对全省增减挂钩节余指标进行统一管理，按照公开、公平、有偿的原则，引导节余指标合理流转，用于效益好的项目，充分显化土地级差收益，保证产生的节余指标能用得出去、资金能收得回来。市、县级国土资源主管部门要加强增减挂钩项目区实施管理，认真核定节余指标，并报省级国土资源主管部门确认备案，为节余指标安排使用提供依据。为加大“十三五”时期脱贫攻坚的支持力度，对集中连片特困地区、国家扶贫开发工作重点县和开展易地扶贫搬迁的贫困老区此前产生至今尚未使用的节余指标，可按上述规定在省域范围内流转使用。

各级国土资源主管部门在土地利用总体规划调整完善中，应充分考虑扶贫开发及易地扶贫搬迁需要，统筹安排建设用地规模和布局，确保增减挂钩节余指标有落地空间。在具体实施过程中，规划空间不足的，有关省份可根据实际情况，按照自愿、依法的原则，对产生节余指标的市县和使用节余指标的市县规划主要指标进行相应调整。

四、规范扶贫开发增减挂钩节余指标使用管理

增减挂钩节余指标在省域范围内流转使用的，实行项目区分别管理。产生节余指标的县（市）可将拆旧复垦地块和本县域内的建新安置地块组成项目区，编制项目区实施方案，并在方案中说明产生节余指标规模等情况；使用节余指标建新的县（市）可单独编制建新实施方案，详细说明节余指标来源。产生节余指标县（市）的项目区实施方案和使用节余指标县（市）的建新实施方案，可按照规定分别报备。

各级国土资源主管部门要加强拆旧复垦监管，做好建新占用耕地和拆旧复垦耕地的质量等级评定，并对照建新占用的耕地面积和等级，对拆旧复垦的耕地进行严格审核验收，确保实施扶贫开发及易地扶贫搬迁后耕地数量有增加、质量有提高。

五、切实保障农民土地合法权益

运用增减挂钩政策支持扶贫开发及易地扶贫搬迁，要充分尊重农民意愿，保障农民的知情权、参与权和受益权，不搞强迫命令，防止以易地扶贫搬迁为名搞“运动式”搬迁。要切实维护集体经济组织和农民土地合法权益，拆旧复垦腾出的建设用地，必须优先满足农民新居、农村基础和公益设施建设，并留足农村非农产业发

展建设用地。要坚持群众自主的原则，因地制宜选择搬迁安置方式，并按照方便农民生产生活的要求，为农民提供多样式、多户型的住房选择。增减挂钩项目区实施方案编制时，要对项目区范围内的土地利用现状、地上房屋等建筑物和构筑物，以及权属状况进行调查核实，做到界址、面积和权属清楚；增减挂钩项目区实施完成后，要及时进行变更调查和确权登记，切实维护群众土地权益。拆旧复垦土地所有权仍属于拆旧区集体经济组织，其经营使用由集体经济组织自主确定。

六、规范增减挂钩资金收益管理

增减挂钩收益，要按照工业反哺农业、城市支持农村的要求，及时全部返还贫困地区，确保通过增减挂钩实施扶贫开发及易地扶贫搬迁的农民受益。节余指标收益应由县（市）统一管理，充分考虑各项目区拆旧安置成本和增减挂钩指标用途，确保挂钩收益公平合理。节余指标收益，可采取省级国土资源主管部门制定指导价格，由产生指标方和使用节余指标方协商确定节余指标价格；有条件的地区，可探索竞争方式确定节余指标价格。

市、县级政府要加强增减挂钩资金收益统筹管理，根据不同的安置方式，按照“钱随人走、同等受益”的原则分配和使用。对集中安置的，可将增减挂钩收益返还集体经济组织，由村民自主安排用于新居和基础设施建设等；对分散安置的，可以货币形式足额将增减挂钩收益返还当事农户。

七、加强工作的组织领导

增减挂钩支持扶贫开发及易地扶贫搬迁工作要坚持上下联动、加强协调。国土资源部负责政策指导和监督检查；省级国土资源主管部门负责工作统筹组织和实施监管；市、县级国土资源主管部门负责项目区实施方案的编制实施和在线备案等。

各级国土资源主管部门要在同级人民政府领导下，配合发展改革、财政、扶贫等部门，积极运用增减挂钩政策，整合政策、资金，切实发挥部门协同、政策资金整合的整体效应，有效推进扶贫开发及易地扶贫搬迁工作。省级国土资源主管部门要按照本通知要求，结合当地实际，研究制定增减挂钩政策支持扶贫开发及易地扶贫搬迁的具体落实措施，明确操作办法；要通过会议、培训等多种形式，认真积极指导贫困地区用好用活增减挂钩政策，确保政策实效。

此文件有效期为5年。

2016年2月17日

中华供销合作总社关于发挥供销合作社优势打赢脱贫攻坚战的意见

供销经字〔2016〕10号

各省、自治区、直辖市及新疆生产建设兵团供销合作社，中国供销集团有限公司及其成员企业，中华全国供销合作总社各直属事业单位：

打赢脱贫攻坚战是党中央、国务院的重大战略部署，是全面建成小康社会最艰巨的任务。为深入贯彻落实中央扶贫开发工作会议精神和《中共中央 国务院关于打赢脱贫攻坚战的决定》（中发〔2015〕34号，以下简称《决定》），充分发挥供销合作社行业特点和系统优势，打赢脱贫攻坚战，现提出以下意见。

一、切实增强打赢脱贫攻坚战的责任感和使命感

“十三五”时期是全面建成小康社会决胜阶段，实现全面建成小康社会目标，最突出的短板是农村贫困人口，最艰巨的任务是脱贫攻坚。党中央、国务院高度重视扶贫开发，高规格召开了中央扶贫开发工作会议和制定印发了《决定》，对“十三五”时期扶贫开发工作做出了全面部署，提出了明确要求。供销合作社是为农服务的合作经济组织，是党和政府做好“三农”工作的重要载体，也是做好扶贫开发工作的重要抓手。在全党全社会都统一思想，积极投身脱贫攻坚战的大格局下，全系统要把思想和行动统一到中央决策部署上来，切实增强责任感和使命感，切实增强思想自觉和行动自觉，以建档立卡贫困村为扶贫主战场，以建档立卡贫困户为主要服务对象，以推动贫困地区特色产业发展为主要扶贫举措，发挥系统整体优势，密切配合党和政府，为夺取新时期脱贫攻坚战的胜利发挥应有的作用。

二、充分发挥行业优势，积极做好脱贫攻坚工作

（一）大力推进特色产业扶贫。围绕地方优势特色产业，培育发展一批大型龙头企业和新型农业经营主体，加强与贫困户的有效对接，在资金、技术、渠道等方面开展针对性帮扶。大力发展农民合作社，吸纳贫困户通过扶贫资金、承包土地经营权、住房财产权、集体资产产权等折价入股入社，形成紧密联结的利益共同体。支

持龙头企业和农民合作社通过直接投资、参股经营、签订长期合同等方式，建设标准化和规模化的原料生产基地，通过“龙头企业+合作社+基地+贫困户”或“农民合作社联合社+合作社+基地+贫困户”的产业化模式，带动贫困户发展适度规模经营，实现脱贫增收。

（二）积极开展综合服务帮扶。大力发展农业生产性服务业，为建档立卡贫困户和贫困地区各类新型农业经营主体提供代耕代种代收、大田托管、统防统治、烘干储藏等市场化和专业化服务。积极发展农产品产地初加工和精深加工，让更多增值收益留在贫困地区、留给贫困农民。大力发展贫困村农超对接、直供直销、连锁经营等新型流通业态，健全农产品产地营销体系，拓展产地直销渠道，让广大贫困农民从流通环节分享到更多收益。规范开展农村资金互助合作，发展相互保险业务，为贫困地区特色产业发展提供必要的生产性资金和风险保障服务。

（三）着力加强电商扶贫。发挥总社“供销e家”的辐射带动作用，为贫困地区发展电商提供综合服务，对贫困地区线上产品定期开展营销推广，支持贫困地区供销合作社、龙头企业和农民专业合作社免费开设网店销售贫困户农产品。支持贫困县供销合作社发挥电商主体作用，参与电子商务示范县建设，积极搭建电商公司、运营中心、电商协会、物流配送“四位一体”的电商运营服务体系。大力推进贫困地区农村综合服务社和基层经营门店的信息化改造，增强物流、服务、体验等功能，加快线上线下融合发展。加强贫困地区农村电商人才培训，帮助贫困户对接电商平台。

（四）强化科技教育扶贫。在贫困地区加快建设一批新型庄稼医院，为各类农业经营主体提供农资直供、农技咨询、病虫害防治等综合性、专业化服务。探索发展“庄稼医院+合作社+贫困户”服务模式，促进农业先进适用技术到田入户。推进总社直属科研院所与贫困地区建立技术帮扶机制，共建科技示范区县或推广基地，围绕产业发展提供“科技打包服务”，提升特色产业发展水平。发挥贫困地区农村流通科技特派员和法人科技特派员作用，支持开展创业式扶贫服务。鼓励系统高、中职业院校与贫困地区建立教育结对帮扶，加大农村实用人才和新型职业农民培育力度，积极承接公益性培训项目，提高贫困农民脱贫致富技能。

（五）积极参与异地搬迁脱贫。结合各地开展的异地扶贫搬迁，以规模化的移民搬迁安置点为重点开展综合服务帮扶。按照“贫困人口迁移到哪，供销合作社服务跟到哪”的思路，加强移民搬迁安置点流通基础设施建设，改善贫困群众生产生活条件。加快建设农村综合服务社和城乡社区服务中心，为贫困农民提供日用消费品、文体娱乐、养老幼教、就业培训等多样化服务。规范建设再生资源回收网点，改善贫困村生态环境，建设美丽乡村。围绕开发农业多种功能，引导带动搬迁贫困农民发展特色农业、品牌农业、生态农业，推进农业与旅游、教育、文化、健康养老等产业深度融合，拓宽贫困户就业增收渠道。

（六）大力促进就业扶贫。充分发挥供销合作社点多面广、产业众多的优势，积极吸纳有就业意愿的建档立卡贫困户就地就近就业和返乡创业。大力开展农业社会化服务、农村电子商务、农村合作金融等新兴业务，吸纳贫困地区有知识、有技术的中青年创业就业。积极发展农村综合服务、再生资源回收利用、日用消费品经营等劳动密集型产业，吸纳贫困地区留守妇女、中老年人员就近就业。发挥城市供销合作社联结城乡的优势，积极开拓家政服务、物业管理、展会展销、文化创意、休闲旅游等现代生活服务业，吸纳贫困地区劳务输出就业。

三、切实加强对脱贫攻坚战的领导

（七）加强组织领导。各级供销合作社要在当地党委政府的领导下，按照党委政府的统一部署，把脱贫攻坚作为当前重要的工作任务，摆在突出位置，认真谋划和科学制定帮扶措施，确保精准扶贫、精准脱贫。各级供销合作社负责同志要带头深入贫困地区开展调查研究，帮助解决实际困难，推动各项帮扶任务的落实。加大对系统行业扶贫指导力度，利用供销合作社统计联网直报系统，研究建立精准扶贫信息动态监测机制。

（八）加大支持力度。统筹整合系统有限资源，瞄准贫困地区集中发力，总社和省级社要在争取政策、编制规划、分配资金、安排项目时向贫困地区供销合作社倾斜，形成帮扶合力。总社和省级社组织召开的各类业务会议、技能培训以及展示展销活动，要安排更多名额给予贫困地区供销合作社。积极开展总社、省级社与贫困地区供销合作社干部双向交流，加强贫困地区人才队伍建设。

（九）发挥企业带动作用。总社和省级社要积极引导社有企业承担社会责任，发挥资金、技术、市场、管理等优势，通过资源开发、产业培育、市场开拓、村企共建、结对帮扶等多种形式到贫困地区投资兴业、培训技能、吸纳就业、捐资助贫，参与脱贫攻坚，发挥辐射和带动作用。支持社有企业通过公开竞争的方式，参与政府面向社会购买扶贫服务。鼓励社有企业探索以众筹方式募集资金，投资贫困地区农村产业融合项目，带动贫困村、贫困户共同发展。

（十）扎实做好扶贫宣传。坚持正确舆论导向，全面宣传我国扶贫开发事业取得的重大成就，准确解读党和政府扶贫开发的决策部署和政策举措，营造系统上下参与扶贫的良好氛围。创新扶贫宣传形式，拓宽宣传渠道，生动报道供销合作社系统参与脱贫攻坚的丰富实践、主要成效和典型事迹。

中华全国供销合作总社

2016 年 2 月 24 日

国家发展改革委关于支持贫困地区农林水利基础设施建设推进脱贫攻坚的指导意见

发改农经〔2016〕537号

贫困地区农林水利基础设施薄弱，生态环境相对脆弱，是制约脱贫致富的重要因素，是我国经济社会发展短板中的短板。为贯彻落实《中共中央 国务院关于打赢脱贫攻坚战的决定》，加快贫困地区脱贫攻坚步伐，现就支持贫困地区农林水利基础设施建设、加快发展贫困地区特色产业、推进脱贫攻坚，提出如下意见：

一、总体要求

（一）指导思想。全面贯彻落实中共中央国务院关于新时期扶贫开发工作的决策部署，牢固树立创新、协调、绿色、开放、共享发展理念，坚持能力扶贫强基础，产业扶贫增后劲，民生扶贫兜底线，生态扶贫添收益，大幅度增加对贫困地区农林水利基础设施建设投入，支持贫困地区、贫困户因地制宜发展特色产业，为完成脱贫攻坚战略目标、实现全面建成小康社会目标奠定坚实基础。

（二）基本原则

——突出重点，整合资源。把脱贫攻坚作为"十三五"时期农村经济社会发展的头等大事和第一民生工程，支持贫困地区以脱贫攻坚规划和行业发展规划为统领，加强对涉农领域资金的统筹使用，切实提高资金使用效益。

——突出精准，确保成效。坚持问题导向，按照扶持对象精准、项目安排精准、资金使用精准、脱贫成效精准的要求，围绕贫困地区发展需求和贫困人口实际需要，加大支持力度，因人因地施策，确保实现贫困人口脱贫增收。

——突出服务，上下联动。加强中央预算内投资精细化管理，加快中央预算内投资计划下达进度，优化计划编报下达流程，强化投资项目全过程管理。加强各级发展改革部门的上下联动，以及与同级行业管理部门的横向协同，提高工作成效。

——突出监管，公开透明。深入推行涉农资金分配和项目安排公告公示制度，建立健全投资项目民主决策机制和群众监督机制。逐级落实监管责任，构建政府监督、群众参与、社会协同、法制保障的综合监管格局。

（三）主要目标。"十三五"时期，中

央预算内农林水利建设投资用于贫困地区的比重达到40%左右，地方同步加大投入，并视情况进一步增大倾斜支持力度，力争贫困地区农林水利基础设施条件得到明显改善，生态环境保护得到明显加强，特色农业和农村二、三产业得到加快发展。

二、提高贫困地区发展能力，夯实发展基础

（四）提高贫困地区粮食等重要农产品生产能力。强基础、补短板，着力加快贫困地区高标准农田建设，夯实农业发展基础。根据全国新增1000亿斤粮食生产能力规划和糖料主产区生产发展规划，“十三五”时期，对纳入范围的165个贫困县的高标准农田建设需求予以优先保障，安排投资计划时予以倾斜支持，确保在贫困县新建高标准农田3000万亩以上，力争率先完成贫困县高产稳产粮田和糖料蔗基地建设任务。

（五）加快推进贫困地区重大水利工程建设。以加快国务院确定的172项重大水利工程建设为统领，优先启动实施贫困地区重大水利工程项目，不断巩固和提升贫困地区的防洪抗旱减灾能力和水资源保障水平。全面加快吉林松原灌区、黑龙江尼尔基水库引嫩扩建骨干一期、湖北鄂北水资源配置、湖南莽山水库、贵州夹岩水利枢纽及黔西北调水、西藏拉洛水利枢纽、甘肃引洮供水二期、云南德厚水库、黄河下游防洪等在建重大水利工程建设，新开工引江济淮、云南滇中引水、内蒙古引绰济辽、四川向家坝灌区、新疆大石峡、广西驮英水库及灌区、青海引大济湟西干渠等一批重大工程，推动各项在建工程尽快建成发挥效益。按照“确有需要、生态安全、可以持续”的原则，在具备开发条件的地区再筹划论证一批重大水利工程。

三、推进贫困地区产业发展，增强发展后劲

（六）推进贫困地区农村产业融合发展。启动实施农村产业融合发展“百县千乡万村”试点示范工程，将贫困县优先纳入实施范围，指导贫困县编好做实试点示范实施方案。继续加大农村产业融合发展专项建设基金对贫困地区的支持力度，探索实行基金安排额度与带动农民增收程度、实现脱贫解困户数挂钩机制。构建政银企社多方合作机制，着力打造一批产业链条长、市场效益好、商业模式新、较好带动农民就业创业和致富增收的农村产业融合发展项目，探索可复制、可推广的产业扶贫模式。研究设立农村产业融合发展投资基金，统筹加大对贫困地区子基金或优质项目的支持力度。

（七）探索小水电产业扶贫模式。支持贫困地区合理开发小水电，重点选取部分水能资源丰富的贫困县，研究采取“国家引导、市场运作、贫困户持股并持续受益”的扶贫模式，建立贫困户直接受益机制。选择在部分地区部分项目开展试点，在受

益范围如何确定、贫困户的认定与退出机制、分红标准与模式等方面开展探索，及时总结试点经验，视情况决定下一步支持方式。

（八）因地制宜实施农村沼气扶贫工程。在畜禽粪便、秸秆等农业农村废弃物资源丰富的贫困地区，建设一批规模化大型沼气工程、规模化生物天然气工程。工程所产沼气优先向相对集中居住的农户供气，其余沼气通过提纯后并入城镇天然气管网、沼气发电、养殖场自用等方式充分利用。沼渣沼液加工有机肥，生产绿色、有机农产品，促进农牧结合、种养循环。通过工程建设，防治农业面源污染，保护和改善农村环境，解决农民用能用肥问题，增加秸秆销售等收入，带动农民增收节支。

（九）支持贫困地区林业特色产业发展。加大对贫困地区林业特色产业发展的支持力度，结合退耕还林等工程建设，重点支持用材林、木本油料等发展，着力打造标准化、专业化、规模化的产业基地，提高产业发展的质量效益。推行以企业带动、农民合作组织联动的机制，把投入到基地的建设资金折股量化到村到户，提高建档立卡贫困人口的参与度和收益度。

四、改善贫困地区民生条件，共享发展成果

（十）实施农村饮水安全巩固提升工程。按照巩固成果、稳步提升的原则，结合推进新型城镇化、建设美丽宜居乡村和脱贫攻坚等工作部署，有针对性地加强贫困地区已建农村供水工程水源保护、水厂改造、配套延伸、水质检测和运行管护，进一步提高农村集中供水率、自来水普及率、水质达标率和供水保证率，促进贫困地区基本公共服务均等化。

（十一）完善贫困地区农业防灾减灾体系。抓紧实施牧区草原防灾减灾工程规划，对于纳入国家扶贫开发工作重点县范围的124个牧区半牧区县予以倾斜支持，提高草原雪灾、火灾、生物灾害防控能力，优先支持建档立卡贫困牧民建设牲畜暖棚，保障牲畜安全过冬，避免牧民因灾致贫返贫。

（十二）加快贫困地区水库移民脱贫解困步伐。加快修订中央水库移民扶持基金使用管理办法，实现资金分配向贫困群体倾斜。推动各地相应完善地方水库移民扶持基金使用管理办法，集中部分资金继续推进特困移民避险解困工作，对居住在生存条件恶劣、生态环境脆弱、自然灾害频发等地区的特困移民，加快实施移民搬迁，并通过产业扶持、教育培训等措施，实现特困移民有业可就、稳定脱贫。要加强与扶贫部门的沟通衔接，将符合条件的贫困移民村、贫困移民户、贫困移民人口纳入当地建档立卡范围，抓紧编制贫困移民脱贫攻坚工作方案，纳入当地水库移民后期扶持“十三五”规划，并加强水库移民后期扶持资金与扶贫资金的整合，发挥政策叠加效应，确保2020年实现水库移民贫困人口全部脱贫。

五、加强贫困地区生态保护和建设，保护青山绿水

（十三）着力加强贫困县石漠化治理。以136个集中连片特殊困难地区县、10个国家扶贫开发工作重点县为重点，加大石漠化综合治理力度。坚持“治石与治贫”相结合，强化生态经济林、木竹原料林、林下经济、草食畜牧业、生态旅游业等发展，培育绿色增长点，改善石漠化地区贫困人口的生产生活条件，带动和促进贫困人口就业增收，加快石漠化区域扶贫脱贫步伐。

（十四）加大贫困地区生态建设力度。加大对集中连片特殊困难地区和贫困县天然林资源保护、京津风沙源治理、退耕还林还草、退牧还草、农牧交错带已垦草原治理等重大生态工程支持力度。各地在分解中央下达的投资计划时，贫困县的生态建设投资规模和增幅要高于全省平均水平15%以上，新增退耕还林还草任务优先向贫困县倾斜。积极创新工程建设方式，鼓励工程区范围内的建档立卡贫困户投工投劳，提高贫困人口参与度和受益水平。

六、保障措施

（十五）加大投入支持力度。综合考虑物价水平和地方自筹能力等因素，逐步提高贫困地区生态建设等项目的中央投资补助标准。对于在贫困地区安排的病险水库（水闸）除险加固、农村饮水、灌区配套改造、灌排泵站更新改造、中小河流治理、生态建设等公益性建设项目，取消县以下（含县）以及西部连片特困地区地市级配套资金。

（十六）创新资金安排方式。逐步增加直接扶持到户资金规模，采取多种方式，使扶贫对象得到直接有效扶持。中央投资支持的基础设施建设项目，确保扶贫对象优先受益，产业扶贫项目要建立健全带动贫困户脱贫增收的利益联接机制。鼓励贫困地区以县为平台，统筹各类涉农资金和社会帮扶资源，既要避免同领域资金的重复投入，也要加强相近领域资金的协同配合。

（十七）建立健全奖惩机制。坚持省负总责、县抓落实、层层落实工作责任。各地要及时总结支持贫困地区农林水利基础设施建设、推进扶贫攻坚的主要做法、经验和存在问题，定期向我委报告。我委将建立农口中央预算内投资安排与扶贫工作挂钩机制，将脱贫工作成效作为安排中央预算内投资和项目的重要依据。对工作成效好的省（区、市），适当增加下一年度农林水利投资规模。对工作重视不够的省（区、市），适当调减下一年度投资模。

国家发展改革委

2016年3月11日

中国人民银行　发展改革委　财政部　银监会　证监会　保监会　扶贫办关于金融助推脱贫攻坚的实施意见

银发〔2016〕84号

为贯彻落实《中共中央 国务院关于打赢脱贫攻坚战的决定》（中发〔2015〕34号）和中央扶贫开发工作会议精神，紧紧围绕“精准扶贫、精准脱贫”基本方略，全面改进和提升扶贫金融服务，增强扶贫金融服务的精准性和有效性，现提出如下实施意见。

一、准确把握金融助推脱贫攻坚工作的总体要求

（一）深入学习领会党中央、国务院精准扶贫、精准脱贫基本方略的深刻内涵，瞄准脱贫攻坚的重点人群和重点任务，精准对接金融需求，精准完善支持措施，精准强化工作质量和效率，扎实创新完善金融服务体制机制和政策措施，坚持精准支持与整体带动结合，坚持金融政策与扶贫政策协调，坚持创新发展与风险防范统筹，以发展普惠金融为根基，全力推动贫困地区金融服务到村到户到人，努力让每一个符合条件的贫困人口都能按需求便捷获得贷款，让每一个需要金融服务的贫困人口都能便捷享受到现代化金融服务，为实现到2020年打赢脱贫攻坚战、全面建成小康社会目标提供有力有效的金融支撑。

二、精准对接脱贫攻坚多元化融资需求

（二）精准对接贫困地区发展规划，找准金融支持的切入点。人民银行分支机构要加强与各地发展改革、扶贫、财政等部门的协调合作和信息共享，及时掌握贫困地区特色产业发展、基础设施和基本公共服务等规划信息。指导金融机构认真梳理精准扶贫项目金融服务需求清单，准确掌握项目安排、投资规模、资金来源、时间进度等信息，为精准支持脱贫攻坚奠定基础。各金融机构要积极对接扶贫部门确定的建档立卡贫困户，深入了解贫困户的基本生产、生活信息和金融服务需求信息，建立包括贫困户家庭基本情况、劳动技能、资产构成、生产生活、就业就学状况、金融需求等内容的精准扶贫金融服务档案，实行“一户一档”。

（三）精准对接特色产业金融服务需求，带动贫困人口脱贫致富。各金融机构

要立足贫困地区资源禀赋、产业特色，积极支持能吸收贫困人口就业、带动贫困人口增收的绿色生态种养业、经济林产业、林下经济、森林草原旅游、休闲农业、传统手工业、乡村旅游、农村电商等特色产业发展。有效对接特色农业基地、现代农业示范区、农业产业园区的金融需求，积极开展金融产品和服务方式创新。健全和完善扶贫金融服务主办行制度，支持带动贫困人口致富成效明显的新型农业经营主体。大力发展订单、仓单质押等产业链、供应链金融，稳妥推进试点地区农村承包土地的经营权、农民住房财产权等农村产权融资业务，拓宽抵质押物范围，加大特色产业信贷投入。

（四）精准对接贫困人口就业就学金融服务需求，增强贫困户自我发展能力。鼓励金融机构发放扶贫小额信用贷款，加大对建档立卡贫困户的精准支持。积极采取新型农业经营主体担保、担保公司担保、农户联保等多种增信措施，缓解贫困人口信贷融资缺乏有效抵押担保资产问题。针对贫困户种养殖业的资金需求特点，灵活确定贷款期限，合理确定贷款额度，有针对性改进金融服务质量和效率。管好用好创业担保贷款，支持贫困地区符合条件的就业重点群体和困难人员创业就业。扎实开展助学贷款业务，解决经济困难家庭学生就学资金困难。

（五）精准对接易地扶贫搬迁金融服务需求，支持贫困人口搬得出、稳得住、能致富。支持国家开发银行、农业发展银行通过发行金融债筹措信贷资金，按照保本或微利的原则发放低成本、长期的易地扶贫搬迁贷款，中央财政给予90%的贷款贴息。国家开发银行、农业发展银行要加强信贷管理，简化贷款审批程序，合理确定贷款利率，做好与易地扶贫搬迁项目对接。同时，严格贷款用途，确保贷款支持对象精准、贷款资金专款专用，并定期向人民银行各分支机构报送易地扶贫搬迁贷款发放等情况。开发性、政策性金融与商业性、合作性金融要加强协调配合，加大对安置区贫困人口直接或间接参与后续产业发展的支持。人民银行各分支机构要加强辖内易地扶贫搬迁贷款监测统计和考核评估，指导督促金融机构依法合规发放贷款。

（六）精准对接重点项目和重点地区等领域金融服务需求，夯实贫困地区经济社会发展基础。充分利用信贷、债券、基金、股权投资、融资租赁等多种融资工具，支持贫困地区交通、水利、电力、能源、生态环境建设等基础设施和文化、医疗、卫生等基本公共服务项目建设。创新贷款抵质押方式，支持农村危房改造、人居环境整治、新农村建设等民生工程建设。健全和完善区域信贷政策，在信贷资源配置、金融产品和服务方式创新、信贷管理权限设置等方面，对连片特困地区、革命老区、民族地区、边疆地区给予倾斜。对有稳定还款来源的扶贫项目，在有效防控风险的前提下，国家开发银行、农业发展银行可依法依规发放过桥贷款，有效撬动商业性信贷资金投入。

三、大力推进贫困地区普惠金融发展

（七）深化农村支付服务环境建设，推动支付服务进村入户。加强贫困地区支付基础设施建设，持续推动结算账户、支付工具、支付清算网络的应用，提升贫困地区基本金融服务水平。加强政策扶持，巩固助农取款服务在贫困地区乡村的覆盖面，提高使用率，便利农民足不出村办理取款、转账汇款、代理缴费等基础金融服务，支持贫困地区助农取款服务点与农村电商服务点相互依托建设，促进服务点资源高效利用。鼓励探索利用移动支付、互联网支付等新兴电子支付方式开发贫困地区支付服务市场，填补其基础金融服务空白。在农民工输出省份，支持拓宽农民工银行卡特色服务受理金融机构范围。

（八）加强农村信用体系建设，促进信用与信贷联动。探索农户基础信用信息与建档立卡贫困户信息的共享和对接，完善金融信用信息基础数据库。健全农村基层党组织、驻村“第一书记”、致富带头人、金融机构等多方参与的贫困农户、新型农业经营主体信用等级评定制度，探索建立针对贫困户的信用评价指标体系，完善电子信用档案。深入推进“信用户”、“信用村”、“信用乡镇”评定与创建，鼓励发放无抵押免担保的扶贫贴息贷款和小额信用贷款。

（九）重视金融知识普及，强化贫困地区金融消费者权益保护。加强金融消费者教育和权益保护，配合有关部门严厉打击金融欺诈、非法集资、制售使用假币等非法金融活动，保障贫困地区金融消费者合法权益。畅通消费者投诉的处理渠道，完善多元化纠纷调解机制，优化贫困地区金融消费者公平、公开共享现代金融服务的环境。根据贫困地区金融消费者需求特点，有针对性地设计开展金融消费者教育活动，在贫困地区深入实施农村金融教育“金惠工程”，提高金融消费者的金融知识素养和风险责任意识，优化金融生态环境。

四、充分发挥各类金融机构助推脱贫攻坚主体作用

（十）完善内部机构设置，发挥好开发性、政策性金融在精准扶贫中的作用。国家开发银行和农业发展银行加快设立“扶贫金融事业部”，完善内部经营管理机制，加强对信贷资金的管理使用，提高服务质量和效率，切实防范信贷风险。“扶贫金融事业部”业务符合条件的，可享受有关税收优惠政策，降低经营成本，加大对扶贫重点领域的支持力度。

（十一）下沉金融服务重心，完善商业性金融综合服务。大中型商业银行要稳定和优化县域基层网点设置，保持贫困地区现有网点基本稳定并力争有所增加。鼓励股份制银行、城市商业银行通过委托贷款、批发贷款等方式向贫困县（市、区）增加

有效信贷投放。中国农业银行要继续深化三农金融事业部改革，强化县级事业部经营能力。鼓励和支持中国邮政储蓄银行设立三农金融事业部，要进一步延伸服务网络，强化县以下机构网点功能建设，逐步扩大涉农业务范围。各金融机构要加大系统内信贷资源调剂力度，从资金调度、授信审批等方面加大对贫困地区有效支持。鼓励实行总、分行直贷、单列信贷计划等多种方式，针对贫困地区实际需求，改进贷款营销模式，简化审批流程，提升服务质量和效率。

（十二）强化农村中小金融机构支农市场定位，完善多层次农村金融服务组织体系。农村信用社、农村商业银行、农村合作银行等要依托网点多，覆盖广的优势，继续发挥好农村金融服务主力的作用。在稳定县域法人地位、坚持服务“三农”的前提下，稳步推进农村信用社改革，提高资本实力，完善法人治理结构，强化农村信用社省联社服务职能。支持符合条件的民间资本在贫困地区参与发起设立村镇银行，规范发展小额贷款公司等，建立正向激励机制，鼓励开展面向“三农”的差异化、特色化服务。支持在贫困地区稳妥规范发展农民资金互助组织，开展农民合作社信用合作试点。

（十三）加强融资辅导和培育，拓宽贫困地区企业融资渠道。支持、鼓励和引导证券、期货、保险、信托、租赁等金融机构在贫困地区设立分支机构，扩大业务覆盖面。加强对贫困地区企业的上市辅导培育和孵化力度，根据地方资源优势和产业特色，完善上市企业后备库，帮助更多企业通过主板、创业板、全国中小企业股份转让系统、区域股权交易市场等进行融资。支持贫困地区符合条件的上市公司和非上市公众公司通过增发、配股，发行公司债、可转债等多种方式拓宽融资来源。支持期货交易所研究上市具有中西部贫困地区特色的期货产品，引导中西部贫困地区利用期货市场套期保值和风险管理。加大宣传和推介力度，鼓励和支持贫困地区符合条件的企业发行企业债券、公司债券、短期融资券、中期票据、项目收益票据、区域集优债券等债务融资工具。

（十四）创新发展精准扶贫保险产品和服务，扩大贫困地区农业保险覆盖范围。鼓励保险机构建立健全乡、村两级保险服务体系。扩大农业保险密度和深度，通过财政以奖代补等方式支持贫困地区发展特色农产品保险。支持贫困地区开展特色农产品价格保险，有条件的地方可给予一定保费补贴。改进和推广小额贷款保证保险，为贫困户融资提供增信支持。鼓励保险机构建立健全针对贫困农户的保险保障体系，全面推进贫困地区人身和财产安全保险业务，缓解贫困群众因病致贫、因灾返贫问题。

（十五）引入新兴金融业态支持精准扶贫，多渠道提供金融服务。在有效防范风险的前提下，支持贫困地区金融机构建设创新型互联网平台，开展网络银行、网络保险、网络基金销售和网络消费金融等业务；支持互联网企业依法合规设立互联网支付机构；规范发展民间融资，引入创业投资基金、私募股权投资基金，引导社会资本支持精准扶贫。

五、完善精准扶贫金融支持保障措施

（十六）设立扶贫再贷款，发挥多种货币政策工具引导作用。设立扶贫再贷款，利率在正常支农再贷款利率基础上下调 1 个百分点，引导地方法人金融机构切实降低贫困地区涉农贷款利率水平。合理确定扶贫再贷款使用期限，为地方法人金融机构支持脱贫攻坚提供较长期资金来源。使用扶贫再贷款的金融机构要建立台账，加强精准管理，确保信贷投放在数量、用途、利率等方面符合扶贫再贷款管理要求。加大再贴现支持力度，引导贫困地区金融机构扩大涉农、小微企业信贷投放。改进宏观审慎政策框架，加强县域法人金融机构新增存款一定比例用于当地贷款的考核，对符合条件的金融机构实施较低的存款准备金率，促进县域信贷资金投入。

（十七）加强金融与财税政策协调配合，引导金融资源倾斜配置。有效整合各类财政涉农资金，充分发挥财政政策对金融资源的支持和引导作用。继续落实农户小额贷款税收优惠、涉农贷款增量奖励、农村金融机构定向费用补贴、农业保险保费补贴等政策，健全和完善贫困地区农村金融服务的正向激励机制，引导更多金融资源投向贫困地区。完善创业担保贷款、扶贫贴息贷款、民贸民品贴息贷款等管理机制，增强政策精准度，提高财政资金使用效益。建立健全贫困地区融资风险分担和补偿机制，支持有条件的地方设立扶贫贷款风险补偿基金和担保基金，专项用于建档立卡贫困户贷款以及带动贫困人口就业的各类扶贫经济组织贷款风险补偿。支持各级政府建立扶贫产业基金，吸引社会资本参与扶贫。支持贫困地区设立政府出资的融资担保机构，鼓励和引导有实力的融资担保机构通过联合担保以及担保与保险相结合等多种方式，积极提供精准扶贫融资担保。金融机构要加大对贫困地区发行地方政府债券置换存量债务的支持力度，鼓励采取定向承销等方式参与债务置换，稳步化解贫困地区政府债务风险。各地中国人民银行省级分支机构、银监局要加强对金融机构指导，推动地方债承销发行工作顺利开展。

（十八）实施差异化监管政策，优化银行机构考核指标。推行和落实信贷尽职免责制度，根据贫困地区金融机构贷款的风险、成本和核销等具体情况，对不良贷款比率实行差异化考核，适当提高贫困地区不良贷款容忍度。在有效保护股东利益的前提下，提高金融机构呆坏账核销效率。在计算资本充足率时，对贫困地区符合政策规定的涉农和小微企业贷款适用相对较低的风险权重。

六、持续完善脱贫攻坚金融服务工作机制

（十九）加强组织领导，健全责任机制。建立和完善人民银行、银监、证监、保监、发展改革、扶贫、财政、金融机构等参与的脱贫攻坚金融服务工作联动机制，加强政策互动、工作联动和信息共享。切实发挥人民银行各级行在脱贫攻坚金融服务工作的组织引导作用，加强统筹协调，推动相关配套政策落实。开展金融扶贫示范区创建活动，发挥示范引领作用。进一步发挥集中连片特困地区扶贫开发金融服务联动协调机制的作用，提升片区脱贫攻坚金融服务水平。

（二十）完善精准统计，强化监测机制。人民银行总行及时出台脱贫攻坚金融服务专项统计监测制度，从片区、县（市、区）、村、建档立卡贫困户等各层次，完善涵盖货币政策工具运用效果、信贷投放、信贷产品、利率和基础金融服务信息的监测体系，及时动态跟踪监测各地、各金融机构脱贫攻坚金融服务工作情况，为政策实施效果监测评估提供数据支撑。人民银行各分支机构和各金融机构要按政策要求，及时、准确报送脱贫攻坚金融服务的相关数据和资料。

（二十一）开展专项评估，强化政策导向。建立脱贫攻坚金融服务专项评估制度，定期对各地、各金融机构脱贫攻坚金融服务工作进展及成效进行评估考核。丰富评估结果运用方式，对评估结果进行通报，将对金融机构评估结果纳入人民银行分支机构综合评价框架内，作为货币政策工具使用、银行间市场管理、新设金融机构市场准入、实施差异化金融监管等的重要依据，增强脱贫攻坚金融政策的实施效果。

（二十二）加强总结宣传，营造良好氛围。积极通过报纸、广播、电视、网络等多种媒体，金融机构营业网点以及村组、社区等公共宣传栏，大力开展金融扶贫服务政策宣传，增进贫困地区和贫困人口对精准扶贫金融服务政策的了解，增强其运用金融工具的意识和能力。及时梳理、总结精准扶贫金融服务工作中的典型经验、成功案例、工作成效，加强宣传推介和经验交流，营造有利脱贫攻坚金融服务工作的良好氛围。

中国人民银行　发展改革委
财政部　银监会
证监会　保监会
国务院扶贫开发领导小组办公室
2016 年 3 月 16 日

国家发展和改革委员会　国务院扶贫办等关于实施光伏发电扶贫工作的意见

发改能源〔2016〕621号

各省（区、市）、新疆生产建设兵团发展改革委（能源局）、扶贫办，国家开发银行各分行、中国农业发展银行各分行，国家电网公司、南方电网公司，水电水利规划设计总院：

为切实贯彻中央扶贫开发工作会议精神，扎实落实《中共中央 国务院关于打赢脱贫攻坚战的决定》的要求，决定在全国具备光伏建设条件的贫困地区实施光伏扶贫工程。

一、充分认识实施光伏扶贫的重要意义

光伏发电清洁环保，技术可靠，收益稳定，既适合建设户用和村级小电站，也适合建设较大规模的集中式电站，还可以结合农业、林业开展多种“光伏+”应用。在光照资源条件较好的地区因地制宜开展光伏扶贫，既符合精准扶贫、精准脱贫战略，又符合国家清洁低碳能源发展战略；既有利于扩大光伏发电市场，又有利于促进贫困人口稳收增收。各地区应将光伏扶贫作为资产收益扶贫的重要方式，进一步加大工作力度，为打赢脱贫攻坚战增添新的力量。

二、工作目标和原则

（一）工作目标

在2020年之前，重点在前期开展试点的、光照条件较好的16个省的471个县的约3.5万个建档立卡贫困村，以整村推进的方式，保障200万建档立卡无劳动能力贫困户（包括残疾人）每年每户增加收入3000元以上。其他光照条件好的贫困地区可按照精准扶贫的要求，因地制宜推进实施。

（二）基本原则

精准扶贫、有效脱贫。光伏扶贫项目要与贫困人口精准对应，根据贫困人口数量和布局确定项目建设规模和布局，保障贫困户获得长期稳定收益。

因地制宜、整体推进。光伏扶贫作为脱贫攻坚手段之一，各地根据贫困人口分布及光伏建设条件，选择适宜的光伏扶贫模式，以县为单元统筹规划，分阶段以整村推进方式实施。

政府主导、社会支持。国家和地方通

过整合扶贫资金、预算内投资、政府贴息等政策性资金给予支持。鼓励有社会责任的企业通过捐赠或投资投劳等方式支持光伏扶贫工程建设。

公平公正、群众参与。以县为单元确定统一规范的纳入光伏扶贫范围的资格条件和遴选程序，建立光伏扶贫收益分配和监督管理机制，确保收益分配公开透明和公平公正。

技术可靠、长期有效。光伏扶贫工程关键设备应达到先进技术指标且质量可靠，建设和运行维护单位应具备规定的资质条件和丰富的工程实践经验，应确保长期可靠稳定运行。

三、重点任务

（一）准确识别确定扶贫对象

各级地方扶贫管理部门根据国务院扶贫办确定的光伏扶贫范围，以县为单元调查摸清扶贫对象及贫困人口具体情况，包括贫困人口数量、分布、贫困程度等，确定纳入光伏扶贫范围的贫困村、贫困户的数量并建立名册。省级扶贫管理部门以县为单元建立光伏扶贫人口信息管理系统，以此作为实施光伏扶贫工程、明确光伏扶贫对象、分配扶贫收益的重要依据。

（二）因地制宜确定光伏扶贫模式

根据扶贫对象数量、分布及光伏发电建设条件，在保障扶贫对象每年获得稳定收益的前提下，因地制宜选择光伏扶贫建设模式和建设场址，采用资产收益扶贫的制度安排，保障贫困户获得稳定收益。中东部土地资源缺乏地区，可以村级光伏电站为主（含户用）；西部和中部土地资源丰富的地区，可建设适度规模集中式光伏电站。采取村级光伏电站（含户用）方式，每位扶贫对象的对应项目规模标准为 5 千瓦左右；采取集中式光伏电站方式，每位扶贫对象的对应项目规模标准为 25 千瓦左右。

（三）统筹落实项目建设资金

地方政府可整合产业扶贫和其他相关涉农资金，统筹解决光伏扶贫工程建设资金问题，政府筹措资金可折股量化给贫困村和贫困户。对村级光伏电站，贷款部分可由到省扶贫资金给予贴息，贴息年限和额度按扶贫贷款有关规定由各地统筹安排。集中式电站由地方政府指定的投融资主体与商业化投资企业共同筹措资本金，其余资金由国家开发银行、中国农业发展银行为主提供优惠贷款。鼓励国有企业、民营企业积极参与光伏扶贫工程投资、建设和管理。

（四）建立长期可靠的项目运营管理体系

地方政府应依法确定光伏扶贫电站的运维及技术服务企业（简称“运维企业”）。鼓励通过特许经营等政府和社会资本合作方式，依法依规、竞争择优选择具有较强资金实力以及技术和管理能力的企业，承担光伏电站的运营管理或技术服务。对村级光伏电站（含户用），可由县级政府统一选择承担运营管理或技术服务的企业，鼓励通过招标或其他竞争性比选方式公开选择。县级政府可委托运维企业对全县范围内村级光伏电站（含户用）的工程设计、施工进行统一管理。运维企业对村级光伏电站（含户用）的管理和技术服务费用，应依据法律、行政法规规定和特许经营协议约定，从所管理或提供技术服务的村级光伏电站项目收益中提取。集中式光伏扶贫电站的运行管理由与地方政府指定的投融资主体合作的商业化投资企业承担，鼓励商业化投资企业承担所在县级区域内村级光伏电站（含户用）的技术服务工作。

（五）加强配套电网建设和运行服务

电网企业要加大贫困地区农村电网改造工作力度，为光伏扶贫项目接网和并网运行提供技术保障，将村级光伏扶贫项目的接网工程优先纳入农村电网改造升级计划。对集中式光伏电站扶贫项目，电网企业应将其接网工程纳入绿色通道办理，确保配套电网工程与项目同时投入运行。电网企业要积极配合光伏扶贫工程的规划和设计工作，按照工程需要提供基础资料，负责设计光伏扶贫的接网方案。不论是村级光伏电站（含户用），还是集中式光伏扶贫电站，均由电网企业承担接网及配套电网的投资和建设工作。电网企业要制定合理的光伏扶贫项目并网运行和电量消纳方案，确保项目优先上网和全额收购。

（六）建立扶贫收益分配管理制度

各贫困县所在的市（县）政府应建立光伏扶贫收入分配管理办法，对扶贫对象精准识别，并进行动态管理，原则上应保障每位扶贫对象获得年收入 3000 元以上。各级政府资金支持建设的村级光伏电站的资产归村集体所有，由村集体确定项目收益分配方式，大部分收益应直接分配给符合条件的扶贫对象，少部分可作为村集体公益性扶贫资金使用；在贫困户屋顶及院落安装的户用光伏系统的产权归贫困户所有，收益全部归贫困户。地方政府指定的投融资主体与商业化投资企业合资建设的光伏扶贫电站，项目资产归投融资主体和投资企业共有，收益按股比分成，投融资主体要将所占股份折股量化给扶贫对象，代表扶贫对象参与项目投资经营，按月（或季度）向扶贫对象分配资产收益。参与扶贫的商业化投资企业应积极配合，为扶贫对象能获得稳定收益创造条件。

（七）加强技术和质量监督管理

建立光伏扶贫工程技术规范和关键设备技术规范。光伏扶贫项目应采购技术先进、经过国家检测认证机构认证的产品，鼓励采购达到领跑者技术指标的产品。系统集成商应具有足够的技术能力和工程经验，设计和施工单位及人员应具备相应资质和经验。光伏扶贫工程发电技术指标及安全防护措施应满足接入电网有关技术要求，并接受电网运行远程监测和调度。县级政府负责建立包括资质管理、质量监督、竣工验收、运行维护、信息管理等内容的投资管理体系，建立光伏扶贫工程建设和运行信息管理。国家可再生能源信息管理中心建立全国光伏扶贫信息管理平台，对全部光伏扶贫项目的建设和运行进行监测管理。

（八）编制光伏扶贫实施方案

省级及以下地方能源主管部门会同扶贫部门，以县为单元编制光伏扶贫实施方案。实施方案应包括光伏扶贫项目的目标任务、扶持的贫困人口数、项目类型、建设规模、建设条件、接网方案、资金筹措方案、运营管理主体、投资效益分析、管理体制、收益分配办法、地方配套政策、组织保障措施。实施方案要做到项目与扶贫对象精准对接，运营管理主体明确，土地等项目建设条件落实，接网和并网运行条件经当地电网公司认可。各有关省（区、市）能源主管部门汇总有关地区的光伏扶贫实施方案，初审后报送国家能源局。国家能源局会同国务院扶贫办对各省（区）上报的光伏扶贫实施方案进行审核并予以批复。各地区按批复的实施方案组织项目建设，国家能源局会同国务院扶贫办按批复的方案进行监督检查。

四、配套政策措施

（一）优先安排光伏扶贫电站建设规模

国家能源局会同国务院扶贫办对各地区上报的以县为单元的光伏扶贫实施方案进行审核。对以扶贫为目的的村级光伏电站和集中式光伏电站，以及地方政府统筹其他建设资金建设的光伏扶贫项目，以县为单元分年度专项下达光伏发电建设规模。

（二）加强金融政策支持力度

国家开发银行、中国农业发展银行为光伏扶贫工程提供优惠贷款，根据资金来源成本情况在央行同期贷款基准利率基础上适度下浮。鼓励其他银行以及社保、保险、基金等资金在获得合理回报的前提下为光伏扶贫项目提供低成本融资。鼓励众筹等创新金融融资方式支持光伏扶贫项目建设，鼓励企业提供包括直接投资和技术服务在内的多种支持。

（三）切实保障光伏扶贫项目的补贴资金发放

电网企业应按国家有关部门关于可再生能源发电补贴资金发放管理制度，优先将光伏扶贫项目的补贴需求列入年度计划，电网企业优先确保光伏扶贫项目按月足额结算电费和领取国家补贴资金。

（四）鼓励企业履行社会责任

鼓励电力能源央企和有实力的民企参与光伏扶贫工程投资和建设。鼓励各类所有制企业履行社会责任，通过各种方式支持光伏扶贫工程实施，鼓励企业组建光伏扶贫联盟。通过表彰积极参与企业，树立企业社会形象，出台适当优惠政策，优先支持参与光伏扶贫的企业开展规模化光伏电站建设，保障参与企业的经济利益。

五、加强组织协调

（一）建立光伏扶贫协调工作机制

建立省（区、市）负总责，市（地）

县抓落实的工作机制，做到分工明确、责任清晰、任务到人、责任到位，合力推动光伏扶贫工作。各级政府要成立光伏扶贫协调领导小组，地方政府主要领导任组长，成员包括发改、能源、扶贫、国土、林业等部门，以及电网企业和金融机构等，主要职责是协调光伏扶贫工程实施过程中的重大政策和问题。

（二）明确各部门职责分工

国家能源局负责组织协调光伏扶贫工程实施中重大问题，负责组织编制光伏扶贫规划和年度实施计划，完善光伏扶贫工程技术标准规范，建立光伏扶贫工程信息系统，加强光伏扶贫工程质量监督及并网运行监督等。国务院扶贫办牵头负责确定光伏扶贫对象范围，建立光伏扶贫人口信息管理系统，建立光伏扶贫工程收入分配管理制度。请地方国土部门和林业部门负责光伏扶贫工程土地使用的政策协调和土地补偿收费方面的优惠政策落实。

请各有关部门和地方政府高度重视光伏扶贫工作，加强光伏扶贫工程组织协调力度，为实施光伏扶贫试点工程提供组织保障。加大光伏扶贫宣传和培训力度，提高全社会支持参与光伏扶贫程度。加强对光伏扶贫工程的管理和监督，确实把这件惠民生、办实事的阳光工程抓紧抓实抓好。请省级能源主管部门认真做好光伏扶贫工程项目储备，及时按要求上报光伏扶贫工程项目清单。

附件：光伏扶贫工程重点实施范围（略）

国家发展改革委

国务院扶贫办

国家能源局

国家开发银行

中国农业发展银行

2016年3月23日

中国人民银行关于开办扶贫再贷款业务的通知

银发〔2016〕91号

中国人民银行上海总部，各分行、营业管理部，各省会（首府）城市中心支行，深圳市中心支行：

为贯彻落实党中央、国务院关于脱贫攻坚的重要战略部署，加大金融扶贫力度，引导地方法人金融机构扩大对贫困地区的信贷投放，降低社会融资成本，根据《中国人民银行 发展改革委 财政部 银监会 证监会 保监会 扶贫办关于金融助推脱贫攻坚的实施意见》（银发〔2016〕84号），中国人民银行决定设立扶贫再贷款。现就有关事项通知如下：

一、发放对象

扶贫再贷款的发放对象为《中国人民银行 财政部 银监会 证监会 保监会 扶贫办 共青团中央关于全面做好扶贫开发金融服务工作的指导意见》（银发〔2016〕65号）确定的832个贫困县和未纳入上述范围的省级扶贫开发工作重点县的农村商业银行、农村合作银行、农村信用社和村镇银行等4类地方法人金融机构。

二、投向用途

为有效发挥扶贫再贷款的撬动作用，充分体现精准扶贫要求，各分支机构应要求地方法人金融机构将借用的扶贫再贷款资金全部用于发放贫困地区涉农贷款，并结合当地建档立卡的相关情况，优先支持建档立卡贫困户和带动贫困户就业发展的企业、农村合作社，积极推动贫困地区发展特色产业和贫困人口创业就业，促进贫困人口脱贫致富。

三、使用期限

扶贫再贷款期限分为3个月、6个月和1年三个档次。借款合同期限最长不得超过1年。单笔扶贫再贷款展期次数累计不得超过4次，每次展期的期限不得超过借款合同期限，实际使用期限不得超过5年。有关分支机构应结合扶贫再贷款政策效果评估情况，审批扶贫再贷款展期。

四、利率水平

扶贫再贷款实行比支农再贷款更为优惠的利率，具体按现行贫困地区支农再贷款利率执行。中国人民银行可结合货币政策调控需要和扶贫实际，适时调整扶贫再贷款利率。地方法人金融机构运用扶贫再贷款资金发放的涉农贷款利率加点幅度执行支农再贷款政策的有关规定。各分支机构要引导地方法人金融机构切实降低贫困地区涉农贷款利率水平，将扶贫再贷款优惠利率传导至贫困地区实体经济。有关分支机构应积极推动有条件的地方政府加大对扶贫贷款的财政贴息力度，以降低贫困地区融资成本。

五、操作管理

（一）额度管理。总行结合货币政策执行情况和金融助推脱贫攻坚工作要求，安排上海总部、各分行、营业管理部、省会（首府）城市中心支行的支农再贷款限额，满足合理的扶贫资金需求。上海总部、各分行、营业管理部、省会（首府）城市中心支行根据实际需要，在总行下达的支农再贷款限额内安排用于支持贫困地区发展的扶贫再贷款限额。在向辖区内有关地市中心支行下达支农再贷款限额时，明确其中包含的扶贫再贷款限额。有关地市中心支行结合当地金融助推脱贫攻坚实际资金需求，向辖区内贫困县（市）支行下达扶贫再贷款限额。

（二）审批发放。贫困地区地方法人金融机构借用扶贫再贷款，必须按照支农再贷款政策及扶贫再贷款相关文件规定的发放条件、程序提出申请。各分支机构要严格按照现行支农再贷款发放条件，认真审核扶贫再贷款申请，对经审核符合要求的，及时发放扶贫再贷款，并与有关地方法人金融机构签订《扶贫再贷款借款合同》。各分支机构要加大对贫困地区扶贫再贷款支持力度，力争贫困地区扶贫再贷款余额占所在省（区、市）支农再贷款余额的比重高于上年同期水平。

（三）账务处理。在“11402 支农再贷款”会计科目下，按金融机构分设扶贫再贷款账户，反映扶贫再贷款的发放、回收等情况。

（四）监测考核。各分支机构要严格按照支农再贷款政策和扶贫再贷款的有关规定，切实加强对运用扶贫再贷款资金发放贷款的台账管理，对扶贫再贷款资金投向、用途、数量、利率等加强监测分析和评估考核，有效提高扶贫再贷款的政策效果。健全扶贫再贷款政策的正向激励机制，对执行扶贫再贷款政策取得良好效果的地方法人金融机构，可适度加大扶贫再贷款支持力度，积极引导地方法人金融机构扩大涉农信贷投放，降低涉农贷款利率水平，支持贫困地区加快发展。各分支机构要采取有效措施，加强扶贫再贷款管理，维护扶贫再贷款债权安全，并于每月 5 日前向总行报送辖区内上月扶贫再贷款限额、余额，每季度第一个月 20 日前报送上季度扶贫再贷款政策效果专题报告。

六、政策宣传

扶贫再贷款是中国人民银行支持改善扶贫开发金融服务的政策措施。各分支机构要积极做好扶贫再贷款政策的宣传解释工作，引导各方面正确认识和理解扶贫再贷款的性质和政策含义，强调贫困地区地方法人金融机构要坚持商业可持续原则，运用扶贫再贷款资金发放涉农贷款，自主经营，自担风险，同时按照《扶贫再贷款借款合同》的约定，到期足额归还扶贫再贷款本息。

2016年3月28日

中国银监会关于银行业金融机构积极投入脱贫攻坚战的指导意见

银监发〔2016〕9号

各银监局，各政策性银行、大型银行、股份制银行，邮储银行，金融资产管理公司，其他会管金融机构

为认真贯彻落实中央扶贫开发工作会议和中共中央、国务院《关于打赢脱贫攻坚战的决定》（中发〔2015〕34号）精神，指导各级银行业监管部门和银行业金融机构按照人民银行、银监会等7部门《关于金融助推脱贫攻坚的实施意见》（银发〔2016〕84号）的总体部署，履行扶贫开发社会责任，有效发挥金融加速脱贫能效，助力“十三五”扶贫开发工作目标如期实现，齐心协力打赢脱贫攻坚战，现就银行业金融机构积极投入脱贫攻坚战、做好扶贫开发金融服务工作提出以下意见。

一、总体要求

（一）指导思想

全面贯彻落实党的“十八大”和十八届二中、三中、四中、五中全会精神以及中央扶贫开发工作会议精神，以习近平总书记重要讲话精神为指导，围绕实现脱贫攻坚“两个确保”，牢固树立创新、协调、绿色、开放、共享发展理念，遵循精准扶贫、精准脱贫基本方略，发挥银行业金融机构各自独特优势，立足职能定位，持续加大扶贫资金投入，完善工作机制和服务政策，加强信贷管理和金融创新，鼓励和引导商业性、政策性、开发性、合作性等各类机构加大支持，全面做好金融扶贫这篇大文章。

（二）基本原则

1. 精准发力，精细实施。准确对接基础设施建设、产业生产和发展、移民搬迁安置等领域的金融服务需求，采取“一项一策、一项一法、一项一品”精细化管理措施，使金融服务精准落实到贫困人口、贫困户、扶贫开发项目，信贷支持做到对象准确、期限合理、流程匹配，切实提升扶贫开发金融服务工作实效。

2. 推进普惠，聚焦特惠。在商业可持续前提下，推进各类金融资源在农村地区的均等化配置，履行扶贫开发社会责任，突出对贫困地区、贫困人口的特惠政策安排，让贫困地区、贫困人口得到更加实惠的金融服务。

3. 专门机构，专业管理。在重点金融机构确定专门的扶贫开发金融服务工作部门，对扶贫开发金融服务工作进行单独管理、单独核算、单独调配资源。

4. 资金联合，机构联动。以政府主导、财政投入为主的扶贫开发项目为靶向，加大金融资金跟进力度，形成资金合力；发挥各类银行业金融机构各自独特优势，分工负责，协同行动。

5. 融资融智，综合服务。既要加大资金投入，又要充分利用银行业金融机构的网络、信息和服务优势提供融智支持，通过提供全面综合性一揽子金融服务，促进贫困地区和贫困人口提升自我发展、就业创业能力。

（三）工作目标

1. 资金投入持续增长。加大银行业金融机构扶贫开发信贷资金投放，保持贫困地区、贫困户信贷投入总量持续增长，易地扶贫搬迁等脱贫攻坚项目的信贷资金投放与项目计划、进度要求相匹配，对符合条件建档立卡贫困户的有效贷款需求实现扶贫小额信贷全覆盖，力争实现贫困地区各项贷款增速高于所在省（区、市）当年各项贷款平均增速，贫困户贷款增速高于农户贷款平均增速。

2. 优化调整贫困地区贷款结构。为使贫困地区基础设施建设早建成、早见效、见长效，在政策性、开发性金融机构增加长期贷款投放的同时，引导商业性银行业金融机构在风险可控、商业可持续的前提下加大对贫困地区基础设施建设的支持力度，进一步提高中长期贷款比重。

3. 提高机构网点覆盖度。引导贫困地区银行业金融机构持续下沉机构网点，在具备条件的贫困地区优先推动金融机构乡镇全覆盖和金融服务行政村全覆盖，基本实现“乡乡有机构、村村有机具、人人有服务”。

4. 完善扶贫开发金融服务机制。建立健全与国家脱贫攻坚战相适应的金融服务体制机制，形成商业性、政策性、开发性、合作性等各类机构协调配合、共同参与的金融服务格局，创新扶贫开发金融产品和服务方式。

二、准确把握定位，全面落实责任

（四）找准服务定位。发挥政策性金融和商业性金融互补作用，国家开发银行和农业发展银行要发挥主渠道作用和开发性、倡导性、保本微利等特点，先期加大贫困地区基础设施、公共服务设施、移民搬迁、生态保护、教育扶贫等领域的资金投放，加快改善贫困地区、贫困人口生产生活条件。商业性银行业金融机构特别是农业银行、邮储银行、农村中小金融机构等，要以政策扶持为支撑，通过市场机制引导加大信贷投入，对贫困地区主导产业、优势产业、农业现代化以及新型农业经营主体发展规模化生产进行重点支持，着重加大建档立卡贫困人口的扶贫小额信贷投放，扶持生产和就业，促进贫困地区经济增长和贫困人口增收。

加强服务能力建设，提升综合服务水平。农业银行要通过强化贫困县“三农金融事业部”的“一级经营”能力，加大“三农”信贷投放和资源配置力度。邮储银行要进一步拓展农村小额贷款业务，增加直接回流贫困地区的信贷资金，强化贫困地区县以下的乡、村机构网点功能建设。农村中小金融机构要立足县域和社区，积极推进基础金融服务功能普及工作，加大贫困户信贷服务支持力度。其他商业银行要将扶贫开发金融服务作为履行社会责任的重要内容，主动对接扶贫开发项目，特别是脱贫攻坚重点项目，创新信贷管理体制，增加贫困地区信贷投放，加强与主要扶贫开发金融服务机构的业务合作。

（五）建立工作机制。国家开发银行、农业发展银行要设立扶贫金融事业部，统筹协调扶贫开发金融服务工作。其他涉农银行业金融机构要成立扶贫工作专门组织体系，建立有各部门参加直至末端的条线制专项工作机制，对联系扶贫部门、自身任务确定、责任划分、时间进度计划、信贷政策、业务授权、金融创新、资源配置、跟踪督查等进行统筹安排。

（六）落实任务责任。银行业金融机构要根据市场定位、机构优势和自身能力，聚焦有明确扶贫攻坚任务的省份、县和贫困人口所在地，建立各级贫困地区的分支机构明细表，制定区域内各级机构的扶贫开发任务规划。任务规划安排要涵盖机构网点覆盖、扶持贫困户数量以及资金投放等内容。

三、实施倾斜信贷政策，切实增加贷款投放

（七）进一步完善贫困户贷款管理政策。扶贫小额信贷是银行业金融机构实施精准扶贫、精准脱贫方略，为建档立卡贫困户提供公平、持续、有效的信贷机会，保证信贷资金精准到户，帮助贫困户增加收入摆脱贫困的关键举措。银行业金融机构要按照《关于创新发展扶贫小额信贷的指导意见》（国开办发〔2014〕78号）各项政策，单独安排资金，单独考核责任，持续加大扶贫小额信贷投放力度。

拓展扶贫小额信贷适用范围，更好满足建档立卡贫困户生产、创业、就业、搬迁安置等各类贷款需求，对建档立卡贫困户5万元以下、3年以内的贷款，采取信用贷款方式，不设抵押担保门槛；对有贷款意愿、有就业创业潜质、技能素质和一定还款能力的建档立卡贫困户保证应贷尽贷；实行利率优惠。

完善生源地助学贷款政策。支持银行业金融机构对有在读高校学生的贫困户发放生源地助学贷款，学生在读期间利息全部由财政补贴，延长贷款期限至最长20年。

区别对待贫困户不良贷款，在剔除主观恶意欠款不还因素情况下，确系由于自然灾害、气候、市场变化等原因导致无法归还贷款的，可予贷款展期或适当延长还款期限；对通过追加贷款能够帮助渡过难关的，应予追加贷款扶持，避免因债返贫。

（八）设定信贷资金配套比例。对有财政专项扶贫资金投入、扶持生产和就业发展的项目和对象，银行业金融机构应根据财政专项资金规模，安排一定比例的信贷资金予以配套。

（九）合理确定扶贫贷款期限。对贫困地区基础设施、公共服务设施、易地扶贫搬迁等项目的贷款，原则上以中长期贷款为主，同时根据项目还款资金来源及进程，合理设定还款期限。

（十）允许采用过桥贷款方式。对有确定、稳定资金来源保障的扶贫项目，可以采用过桥贷款方式，发放特定期限、特定额度的贷款，先期支持项目及时启动，根据资金到位和后续现金流情况做出还款安排。

四、不断推进金融创新，探索有效服务模式

（十一）探索银行“包干服务”制度。监管部门可根据当地银行业金融机构服务专长和实际情况，按照建档立卡贫困户扶贫小额信贷发放、扶贫项目融资、服务网点布设等情况，建立分片包干责任制。对扶贫小额信贷发放，按乡镇明确一家责任银行，由责任银行对建档立卡贫困户实行名单制管理，对贫困户开展逐户走访和信用评定，采取“一次核定、随用随贷、余额控制、周转使用”的管理办法，在授信额度内，由贫困户自主周转使用。探索采取由主要责任银行承包扶贫开发项目融资服务、包干一定区域内金融服务机具布设、包干某类贫困人群的特定业务等方式，使金融扶贫的服务主体更加精准，服务责任更加明确。

（十二）创新金融服务产品。创新发展扶贫小额信贷，开发覆盖易地搬迁对象、返乡农民工、农村妇女等特定人群，促进创业就业、搬迁安置后续就业技能培训、提高投资收益的小额信贷产品。鼓励银行业金融机构推出契合政府出资担保机构担保的多种贷款产品。灵活运用特许经营项目的收益权、购买服务协议预期收益、林权、集体土地承包经营权、集体资产收益权等作为担保设计贷款新产品。探索银保合作，开发保单质押贷款产品，利用扶贫小额信贷保险分散贷款风险。

（十三）开展融资模式创新。针对各地扶贫攻坚项目的新方式、新特点，开发多样化的授信服务和融资模式。鼓励地方政府和扶贫开发部门灵活运用财政专项扶贫资金，通过财政资金投入建立扶贫贷款的担保、风险分散和补偿等机制，撬动信贷资金投入。

针对产业发展扶贫项目，对企业、公司或者基地与贫困户形成订单生产、雇佣生产、收购协议等关系的实际情况，可灵活采取“公司或基地+农户”统一授信、“公司担保（或订单保证）+农户贷款”、

“公司统一承贷+农户使用”等基于产业扶贫链条授信方式。对易地扶贫搬迁项目，金融服务要着力覆盖建设、安置、安居和就业创业各阶段，对于有稳定还款来源的安置区建设项目，可以对融资主体资质不足、资金到位较慢等问题采取适当放宽标准、特事特办的贷款方式，对搬迁对象的装修和购置家具等消费贷款、创业贷款、就业培训贷款等融资需求，可以按照预期到位补助标准的一定比例发放“一揽子”贷款。

五、加快金融服务均等化建设，提高服务覆盖度

（十四）提高贫困地区银行业网点和服务覆盖度。鼓励银行业金融机构到贫困地区、贫困县、机构空白乡镇设立标准化固定营业网点。支持在贫困地区发起设立村镇银行，稳步提高村镇银行贫困县覆盖面。采取多种形式提供简易便民服务，在贫困地区推动实现基础金融服务“村村通”。加强贫困地区电子服务渠道建设，特别是加大村级金融电子机具的布放力度，引导将金融服务触角向村一级有效延伸。

（十五）增强网点服务功能。加强服务能力建设，在存取款、结算等业务基础上，提供补贴、补助资金、养老金、最低保障金、粮食直补款的领取发放和新农保、公共事业缴费等代收代付业务服务；逐步强化查询、银行卡、小额贷款申请受理和基础信用信息收集等服务功能；进一步增加就业创业咨询、网络支付、理财服务等业务，推进服务精细化，提高综合性服务水平。

六、完善准入政策，实施差异化监管制度

（十六）放宽贫困地区机构准入政策。对银行业金融机构在贫困地区的乡、村设立服务网点实行更加宽松的准入政策。按照《关于银行业金融机构做好老少边穷地区农村金融服务工作有关事项的通知》（银监办发〔2012〕330号）精神，优先支持在贫困地区设立村镇银行等新型农村金融机构，立足县域金融承载能力，支持在贫困地区规模化集约化发起设立村镇银行，因地制宜采取“一行多县”等方式，在攻坚期内基本覆盖贫困县。攻坚期内严格控制贫困地区现有机构网点撤并。

（十七）鼓励多种金融服务业态发展。支持贫困地区培育发展农民资金互助组织，优先在贫困地区开展农民合作社内部信用合作试点。鼓励贫困地区设立政府出资的融资担保机构。优先支持在贫困地区设立小额贷款公司。鼓励利用互联网平台开展金融服务，发挥网络借贷机构融资便捷、对象广泛的特点，引导其开展对贫困户的融资服务。

（十八）完善差异化监管制度。进一步强化差异化监管政策，出台有针对性的扶贫开发金融服务监管措施。对贫困地区银行业法人机构的分支机构设立，以及现场

检查等方面作出特殊安排。引导银行业金融机构合理确定扶贫项目贷款、扶贫小额信贷的不良贷款容忍度。对扶贫开发贷款作出尽职免责安排。严禁贷款利率浮动幅度过高。对于因自然灾害、农产品价格波动等客观原因造成无法按原定期限正常还款的贷款可以合理展期。对参与扶贫攻坚项目的公司主体、平台主体以及贫困户等因客观原因发生财务困难，无力及时足额偿还贷款本息的，可按有关规定实施贷款重组。

七、强化业务管理，防控金融风险

（十九）确保扶贫项目合规性。贷款发放与支付前，银行业金融机构要确保该扶贫项目已正式列入省级政府脱贫攻坚实施方案和实施计划；确保扶贫小额信贷的承贷贫困户经扶贫部门核定，保证精准支持扶贫对象。

（二十）落实还款保障条件。银行业金融机构按照商业化原则自主审贷，全面、深入评估有关扶贫项目风险，将确实的还款来源作为还款主要保障，在准确评定贫困户信用等级和还款能力基础上进行授信。

（二十一）加强贷款风险管理。全面了解贫困户和扶贫攻坚项目信息，强化项目全周期风险管理。合理运用财政扶贫专项资金的补贴、贴息、担保和补偿功能，完善风险缓释机制。严格按照贷款合同约定发放和使用贷款，坚持专款专用，防止贷款挪用。确定专门项目账户，加强项目监测和管理。定期对借款人生活和经营情况以及项目的建设和运营情况等进行监测分析，对可能影响贷款安全的不利情形及时采取针对性措施。

八、加强部门联动，形成工作合力

（二十二）做好监管服务。各级监管部门要在掌握扶贫部门建档立卡贫困户名单信息和摸清真实贷款需求基础上，实行分片包干，统筹推动辖内银行业金融机构协同做好扶贫小额信贷发放工作，做到分工明确、责任清晰。及时监测辖内脱贫攻坚金融服务的进展、风险等情况，建立银行业支持脱贫攻坚的联络协商、交流合作、信息通报、经验总结和宣传推广制度，完善脱贫攻坚金融服务专项督查和考评机制。

（二十三）强化同业合作。加强监管政策与货币政策的协调，督促贫困地区金融机构之间密切合作，着力在增信服务方面拓展政银担、政银保合作的广度和深度，在银行业金融机构分工协作的基础上，形成货币、监管、征信、担保、保险机构各方参与的大合作格局。

（二十四）积极主动对接。银行业金融机构要主动联络当地政府扶贫部门，及时获取脱贫攻坚规划和实施方案、贫困户识别等信息，及时反馈各类客户的金融服务情况，听取政府扶贫部门在金融服务方面的需求和建议，建立长效沟通机制。要加强与农业、教育、科技、社会保障等部门的工作联系，全面了解教育扶贫、科技扶贫等方面的信息，逐步搭建扶贫部门和银行业金融机构共同参与的信息平台，提高信息共享时效性。

（二十五）加强协调沟通。加强与地方财政部门的工作协调，做好与财政资金、贴息资金对接工作，及时跟进金融服务。支持财政专项扶贫资金在贷款担保和补偿方面的运用，建立有效缓释风险的工作体制机制，保护银行业金融机构扶贫信贷投放的积极性。

2016 年 4 月 1 日

民政部关于贯彻落实《中共中央 国务院关于打赢脱贫攻坚战的决定》的通知

民发〔2016〕57号

各省、自治区、直辖市民政厅（局），各计划单列市民政局，新疆生产建设兵团民政局，各（司）局，各直属单位：

《中共中央 国务院关于打赢脱贫攻坚战的决定》（中发〔2015〕34号，以下简称《决定》）要求举全党全社会之力，坚决打赢脱贫攻坚战，确保到2020年我国现行标准下农村贫困人口实现脱贫，贫困县全部摘帽，解决区域性整体贫困。为认真做好民政系统贯彻落实《决定》的各项工作，现就有关事项通知如下：

一、进一步提高民政系统承担脱贫攻坚任务的认识

脱贫攻坚是党中央、国务院的一项重大战略部署，事关人民福祉，事关全面建成小康社会，事关巩固党的执政基础，事关国家长治久安。打赢脱贫攻坚战，是促进全体人民共享改革发展成果、实现共同富裕的重大举措，对于保障贫困地区、民族地区、边疆地区、革命老区人民群众同步进入全面小康社会具有重要意义。各级民政部门要把思想和行动统一到党中央、国务院的决策部署上来，进一步提高对脱贫攻坚工作重要性和紧迫性的认识，讲政治、顾大局，切实增强政治责任感和工作主动性，把脱贫攻坚作为民政系统重要工作任务，尽职尽责、凝心聚力、统筹协调、精准施策，扎实推进《决定》涉及民政职能的各项工作任务落实，为打赢脱贫攻坚战做出积极贡献。

二、明确贯彻落实《决定》的重点任务

（一）实行农村最低生活保障制度兜底脱贫。完善农村低保制度，将符合农村低保条件的贫困家庭，特别是主要成员完全或部分丧失劳动能力的家庭，全部纳入农村低保范围，做到应保尽保。省级民政部门要加强统筹安排，督促指导各地及时调整农村低保标准，确保到2020年各地农村低保标准都能达到国家扶贫标准。对于农村低保标准已经达到国家扶贫标准的地区，要按照量化调整机制科学调整，确保农村低保标准不低于按年度动态调整后的国家扶贫标准。加强农村低保制度与扶贫开发

政策的有效衔接，积极协调有关部门将符合条件的农村低保家庭统筹纳入产业扶持、易地搬迁、生态保护、教育扶持、医疗保障、资产收益以及社会扶贫等政策覆盖范围。对生活困难、靠家庭供养且无法单独立户的成年无业重度残疾人，经个人申请，可按照单人户纳入低保范围。对低保家庭中的老年人、未成年人、重度残疾人等重点救助对象，要采取多种措施提高救助水平，确保其基本生活。

（二）开展医疗救助脱贫。做好资助农村低保对象、特困人员参加基本医疗保险工作。积极协调有关部门落实《决定》要求，对建档立卡贫困人口参加基本医疗保险的个人缴费部分由财政给予补贴。将符合条件的建档立卡贫困人口纳入重特大疾病医疗救助范围，对其经基本医疗保险、城乡居民大病保险等报销后个人负担的合规医疗费用予以救助。各地可根据患病家庭负担能力、个人自负费用、当地筹资情况等，分类分段设置重特大疾病医疗救助比例和最高救助限额。加强医疗救助与相关医疗保障、社会救助制度的有效衔接，形成与慈善救助的高效联动和良性互动。

（三）落实特困人员救助供养政策。各地要抓紧制定《国务院关于进一步健全特困人员救助供养制度的意见》（国发〔2016〕14号）配套政策文件，加大特困人员救助供养制度在贫困地区的落实力度。研究制定特困人员认定的具体办法，全面开展特困人员摸底排查，尽快将原农村五保供养对象、城市“三无”人员统一纳入救助供养制度范围，做到应救尽救、应养尽养。积极探索救助供养标准制定、调整办法，根据当地经济社会发展水平，研究制定基本生活标准和差异化的照料护理标准。努力为失去生活自理能力的特困人员提供日常生活照料和患病陪护服务。将政府举办特困供养服务机构的失能半失能特困人员入住率列入考核内容。结合发展养老服务体系，进一步加强农村特困人员供养服务设施建设，加快推进特困人员供养服务机构依法办理法人登记工作，提升供养服务机构托底保障能力。

（四）加大临时救助制度落实力度。充分发挥临时救助制度托底功能，根据资金使用情况及时调整救助标准，优化申请审批程序，提高兜底保障能力和救助时效。加强对“救急难”综合试点的工作指导和督促检查，及时总结、推广试点经验，普及开展“救急难”工作。组织实施“同舟工程”，为中央企业在63个贫困县参与“救急难”工作提供支持，着力解决困难群众的个案性急难问题，形成政府托底和社会参与相结合的强大合力。

（五）做好农村“三留守”人员关爱保护工作。省级民政部门要会同相关部门组织开展全面的农村“三留守”人员摸底排查，健全信息报送机制，建立详实完备、动态更新的农村留守儿童信息库；指导县级民政部门建立留守妇女、留守老人信息库。以贯彻落实《国务院关于加强农村留守儿童关爱保护工作的意见》（国发〔2016〕13 号）为契机，推动建立家庭、政府、学校履职尽责、社会力量积极参与的农村留守儿童关爱保护体系。制定推进农村“三留守”人员专业社会工作服务意见，引导人口流出地农村社区加强对“三留守”人员的生产扶持、生活救助、安全保护和心理疏导，切实提高对“三留守”人员的服务能力和服务水平。推动建立健全农村留守儿童救助保护机制，深化未成年人社会保护工作，促进农村留守儿童关爱保护工作和未成年人社会保护工作在政策措施、保护机制、服务体系、工作力量和资源配置等方面的统筹运行。积极发挥民政部门职能作用，协调相关部门扎实开展受监护侵害未成年人权益保护工作，针对监护侵害个案做好应急处置、临时监护照料、调查评估、多方会商、家庭监护指导、提起监护权转移诉讼等监护干预工作。加强农村留守老年人关爱服务工作，促进城乡基本养老服务均等化。指导地方建立健全 80 周岁以上低收入老年人高龄津贴制度、经济困难老年人养老服务补贴制度和经济困难的失能老年人护理补贴制度。大力推进农村互助养老服务发展。鼓励农村集体经济组织依法使用自有土地，为集体经济组织内部成员兴办非营利性养老服务设施。

（六）推进贫困地区农村社区建设。各地要抓紧出台深入推进农村社区建设试点工作的具体实施意见，加强对偏远、经济欠发达地区农村社区建设的分类指导，切实增强自治功能和发展能力。脱贫攻坚任务较重的省份要着力完善贫困地区农村社区服务体系，依托综合服务设施和综合信息平台，推动政府基本公共服务向贫困村、贫困户和贫困人口延伸覆盖，率先发展生产服务、就业服务等有利于贫困人口脱贫的服务项目。促进农村社区建设规划与易地扶贫搬迁规划有效衔接，优先支持易地搬迁安置区配建农村社区综合服务设施。探索培育贫困地区农村社区社会组织、引入社区社会工作服务，动员社会各方面力量扩大贫困地区农村社区服务供给，不断提高服务贫困人口的专业化、精细化水平。

（七）完善社会工作与志愿服务力量参与脱贫攻坚机制。实施扶贫志愿者行动计划和社会工作专业人才服务贫困地区计划。联合有关部门出台专项政策，根据脱贫攻坚任务需求，推动建立专业社会工作介入农村社会救助、留守人员关爱服务长效机制，有针对性地开展社会工作服务。继续实施社会工作专业人才服务边远贫困地区、边疆民族地区和革命老区计划，到 2020 年底前，以国家级贫困县为重点，每年为边远贫困地区、边疆民族地区和革命老区选派 1000 名、培养 500 名社会工作专业人才，推动各地大力支持社会工作服务机构、社会工作者为贫困群众提供心理疏导、生活帮扶、资源链接、能力提升、社会融入等专业服务。大力扶持发展扶贫济困等领域志愿服务组织，鼓励支持志愿服务组织为困难群众提供各类帮扶，积极参与志愿扶贫行动。

（八）积极引导社会力量参与脱贫攻坚。大力倡导企业承担社会责任，发挥社会组织积极作用，为打赢脱贫攻坚战贡献力量。贯彻落实慈善法，积极培育发展慈善组织，对以开展扶贫济困为重点的慈善组织，实施特殊的优惠政策。建立慈善扶贫信息协调联系机制，整合扶贫对象信息和社会慈善信息资源，推进慈善资源和扶贫需求有效对接，为社会组织和慈善力量扶贫提供信息服务，引导、协调各种社会资源向贫困地区、边疆地区、民族地区和革命老区配置，帮助贫困群众脱贫增收。进一步完善政府向社会组织购买服务的相关制度，推进政府向社会组织购买服务工作。

（九）做好片区扶贫和定点扶贫工作。各地民政部门要进一步加强和改进定点扶贫工作，确保扶贫责任落实、定点扶贫任务完成。江西、湖南两省民政部门要组织罗霄山片区编制好“十三五”实施规划，做好政策衔接，推动目标任务落实。部机关各司局、直属单位要按照突出重点、同等优先、精准帮扶、务求实效的原则，协同做好片区扶贫和定点扶贫工作。加强民政技能人才培训，积极开展面向罗霄山片区贫困人员的“千名养老护理员培训就业计划”，努力实现以就业促脱贫。选派好挂职干部，指导、协助罗霄山贫困片区和定点扶贫县加快民政公共服务设施建设，完善防灾减灾救灾体系、社会福利和社会事务服务设施、优抚安置服务体系，推进城乡社区服务体系建设，科学论证、优化行政区划设置，促进易地搬迁和新型城镇化融合发展。

三、强化落实《决定》的保障措施

（一）加强组织领导。各级民政部门要高度重视脱贫攻坚工作，抓紧出台民政系统贯彻落实中央脱贫攻坚决策部署的实施方案，制定重点任务责任清单，明确路线图、时间表和责任人。要针对贫困地区群众需求，推动民政各类资源要素向贫困地区和贫困人口聚集，形成民政精准扶贫工作的强大合力。

（二）加强服务能力建设。加强乡镇（街道）社会救助经办机构建设，通过政府购买服务等方式，增强基层经办能力。健全社会救助“一门受理、协同办理”机制，完善办理、分办、转办、转介程序，确保贫困人口“求助有门、受助及时”。加强特困人员供养服务机构和队伍建设，推进养老护理员培训工作，提升服务水平。指导村（居）民委员会协助做好农村“三留守”人员全面排查、定期走访等工作。

（三）加强资金保障。积极争取各级财政特别是省级财政调整支出结构，进一步加大对低保、特困人员救助供养、医疗救助、临时救助等资金的统筹安排力度，并纳入财政年度预算，增强社会救助兜底保障能力。管好、用好社会救助资金，防止挤占挪用。努力拓宽资金筹集渠道，通过增加彩票公益金投入、鼓励社会捐助资金投入等，建立多元筹资机制，助力民政脱贫攻坚工作落实。

（四）加强舆论宣传。坚持正确舆论导向，深入宣传各级民政部门在脱贫攻坚战中的重要托底作用，深入宣传民政系统扶贫的创新做法和成功经验，深入宣传基层民政干部的典型事迹，充分调动全社会关注、支持民政工作的积极性，为民政系统脱贫攻坚工作营造良好舆论氛围。坚持弘扬正能量，着力增强贫困群众脱贫信心，鼓励、引导贫困群众自立自强，在政府扶持下依靠自我奋斗实现脱贫致富。

民政部

2016 年 4 月 16 日

中共中央组织部　人力资源社会保障部等九部门关于实施第三轮高校毕业生“三支一扶”计划的通知

人社部发〔2016〕41号

各省、自治区、直辖市及新疆生产建设兵团党委组织部、人力资源社会保障厅(局)、教育厅（教委、教育局)、财政厅(财政局、财务局)、水利（水务）厅(局)、农业（农牧、农村经济）厅（委、局、办)、卫生计生委（卫生局)、扶贫办(局)、团委：

自2006年高校毕业生“三支一扶”(支教、支农、支医和扶贫）计划实施以来，各地区、各有关部门紧贴基层需求，不断拓展服务领域，规范日常管理，强化培养使用，完善政策措施，取得良好效果，在促进高校毕业生就业、推动基层经济社会发展方面发挥了重要作用。为深入实施人才强国战略和就业优先战略，健全鼓励高校毕业生到基层工作的服务保障机制，人力资源社会保障部、中央组织部、教育部、财政部、水利部、农业部、国家卫生计生委、国务院扶贫办、共青团中央等部门决定，2016—2020年实施第三轮高校毕业生“三支一扶”计划。现就有关事项通知如下：

一、实施第三轮“三支一扶”计划的基本思路和目标任务

“十三五”时期是全面建成小康社会决胜阶段，打赢脱贫攻坚战是实现全面建成小康社会目标的重大任务。实施第三轮“三支一扶”计划，要深入学习贯彻习近平总书记系列重要讲话精神，紧紧围绕全面建成小康社会奋斗目标，围绕打赢脱贫攻坚战的战略部署，坚持立足教育、农业、卫生、水利和扶贫等事业发展对人才的需求，坚持为基层输送和培养青年人才、引导高校毕业生到基层就业创业的工作定位，坚持“稳定规模、优化领域、改进管理、提升质量、强化保障”的基本思路，全国每年选拔招募2.5万名、五年共12.5万名高校毕业生到基层从事“三支一扶”服务。各地要充分认识“十三五”时期继续实施“三支一扶”计划的重要意义，切实增强做好工作的责任感和使命感，总结经验，拓宽思路，按照新的目标定位和任务要求，进一步加大工作力度，完善相关政策措施，健全管理服务制度，确保“三支一扶”工

作取得更大成效。

二、完善选拔招募机制

（一）合理确定招募规模。各地要立足本地“十三五”时期基层经济社会发展实际，逐级开展基层岗位需求统计，合理编制年度招募计划。要着重加强对当前或未来 2-3 年有空编的基层服务单位岗位征集，招募计划适当向辖区内的贫困地区、艰苦边远地区和少数民族地区倾斜。

（二）统筹开发服务岗位。各地要在重点开发支教、支农、支医和扶贫岗位的基础上，落实中央新的部署要求，进一步加大扶贫岗位开发力度，积极拓展供销合作、农村合作经济、农村电子商务、农村饮水安全、农田水利、生态保护、文化建设等领域服务岗位，努力满足基层公共服务体系建设和民生事业发展的需要。要统筹考虑其他基层服务项目实施情况，推动各项目在服务岗位覆盖上优势互补、各有侧重，形成服务基层工作合力。

（三）规范选拔招募工作。各地要科学设置选拔招募条件，提高人员岗位匹配度，努力提升招募人员素质。要通过校园宣讲、媒体宣传等方式，广泛发布招募公告，引导优秀高校毕业生积极报名参加。要进一步完善选拔招募制度，坚持平等竞争、择优录取，做到招募信息公开、过程公开、结果公开，坚决杜绝选拔招募过程中的不正之风。

三、加强人员培养和使用

（一）实施能力提升专项培训计划。各地要建立“三支一扶”人员教育培训制度，自 2016 年起在全国实施“三支一扶”人员能力提升专项培训计划，每年为“三支一扶”人员提供不少于 5 天的岗前或在岗脱产培训，由省级“三支一扶”办负责组织。人力资源社会保障部会同有关部门，每年举办“三支一扶”计划示范培训班，补助标准为每人每年 3000 元，2016 年培训 5000 人，以后年度可根据培训实施情况调整培训人数。具体培训和资金管理办法由人力资源社会保障部、财政部另行制定。

（二）实施岗位成长培养计划。各地要指导基层单位加强“三支一扶”人员的培养和使用。要结合岗位制定专门的成长培养计划，明确帮扶导师、岗位职责和工作要求，经常开展谈心活动，定期进行工作总结，组织交流工作经验，充分发挥“三支一扶”人员作用，促进其在实践中成长成才。要积极创造条件，扶持有相应能力和意愿的“三支一扶”人员在基层创新创业，带动基层群众兴业致富。县级“三支一扶”办要加强沟通协调，推动每个接收“三支一扶”人员的乡镇从“三支一扶”人员中择优选拔 1—2 人兼任乡镇团委副书记、基层供销社主任助理。对服务期间积极要求入党的，由乡镇一级党组织按规定程序办理。

四、进一步健全服务保障机制

（一）建立工作生活补贴标准动态调整机制。各级财政要加大投入力度，严格按照当地乡镇机关或事业单位从高校毕业生中新聘用工作人员试用期满后工资收入水平，确定“三支一扶”人员工作生活补贴标准，建立工作生活补贴标准动态调整机制。从2015年9月1日起，中央财政补助标准提高到西部地区每人每年2.5万元（其中新疆南疆四地州、西藏自治区每人每年3.5万元），中部地区每人每年1.8万元，东部地区每人每年0.8万元。2016年中央财政对中西部地区调标进行补发，补发范围为本通知印发时仍在岗的国家计划内“三支一扶”人员。地方各级财政应结合实际给予相应配套资金。在艰苦边远地区服务的“三支一扶”人员可享受艰苦边远地区津补贴。各地要按月足额发放“三支一扶”人员工作生活补贴。

（二）全面落实社会保险政策。各地要加强指导协调和督促检查，确保为每名“三支一扶”人员落实各项社会保险。社会保险的单位缴纳部分由地方财政负担，个人缴纳部分从“三支一扶”人员工作生活补贴中代扣代缴。鼓励有条件的地方为“三支一扶”人员办理补充医疗保险，重大疾病、人身意外伤害等商业保险以及住房公积金。

（三）加大其他保障力度。从2016年起，中央财政按照每人2000元标准，给予每名新招募且在岗服务满6个月以上的“三支一扶”人员一次性安家费补贴。鼓励有条件的地方建立年度考核奖励机制，按考核结果等次给予“三支一扶”人员一定奖励。鼓励基层服务单位积极为“三支一扶”人员提供交通、住宿和伙食等方面的便利，提高保障水平。

五、切实做好日常管理和服务工作

（一）强化人员管理。各地要结合实际，进一步完善各项管理制度。定期开展“三支一扶”人员在岗履职情况检查，严格按招募岗位安排使用“三支一扶”人员，原则上不允许外单位借用。“三支一扶”人员中的党员、团员在服务期间按照当地农村党员、团员的标准按时缴纳党费、团费。县级“三支一扶”办负责“三支一扶”人员的年度考核和服务期满考核工作，考核情况存入本人人事档案，并报省级“三支一扶”办备案。完善考核制度，强化日常表现考核和工作实绩考核，考核结果与奖惩、培养、使用挂钩。加强全国高校毕业生“三支一扶”工作管理信息系统应用，实现与财政等相关部门信息共享，落实专人负责，及时做好信息采集、上报和更新工作。

（二）完善日常服务。各地“三支一扶”办要会同有关部门，妥善做好“三支一扶”人员服务期间的户口、人事档案保管工作，户口可由指定机构统一管理，也可根据本人意愿转回原籍。人事档案原则上统一转至服务单位所在地的县级人力资源社会保障部门的公共就业和人才服务机构，党团组织关系转至服务单位。对服务期满并已落实接收单位的“三支一扶”人员，要及时将其户口、人事档案和党团组织关系转入接收单位；暂未就业的，原则上转回原籍。对服务期间通过正常手续离岗的人员，要及时为其办理上述相关手续。

（三）做好证书发放管理。各地要及时为服务期满考核合格的“三支一扶”人员颁发《高校毕业生“三支一扶”服务证书》。“三支一扶”服务证书是服务期满人员享受相关政策扶持的重要凭证，由全国“三支一扶”工作领导小组办公室（以下简称全国“三支一扶”办）制定统一格式和编码，由省级“三支一扶”办统一制作、加盖印章并发放。省级“三支一扶”办要按规定做好证书发放管理工作。

六、畅通服务期满就业创业渠道

（一）落实和完善机关事业单位定向考录（招聘）政策。各地要认真落实《关于做好艰苦边远地区基层公务员考试录用工作的意见》（人社部发〔2014〕61号）和《关于统筹实施引导高校毕业生到农村基层服务项目工作的通知》（人社部发〔2009〕42号）等文件要求，切实做好从服务期满“三支一扶”人员中定向考录公务员和优先招聘事业单位工作人员的工作。各级机关考录公务员、事业单位招聘工作人员时，免收困难家庭“三支一扶”人员的报名费和体检费。凡符合《中华人民共和国执业医师法》及卫生计生委医师资格考试报名有关规定的支医人员，由服务地相应医疗机构出具试用期考核合格证明，当地县级卫生行政部门要帮助办理参加执业医师资格考试的有关手续，确保他们能顺利参加考试。

（二）鼓励创业。各地要将有创业意愿的服务期满“三支一扶”人员及时纳入本地“大学生创业引领计划”、“现代青年农场主培育计划”、农村青年创业富民行动等，提供创业培训、创业指导、创业孵化等创业公共服务，按规定给予培训补贴、税费减免、创业担保贷款等扶持。发挥服务期满“三支一扶”人员熟悉基层的优势，鼓励他们立足农村，在农产品加工业、休闲农业和乡村旅游、农村服务业等领域因地制宜地开展创业。支持服务期满“三支一扶”人员创办农民合作社、家庭农场等新型农业经营主体，符合农业补贴政策支持条件的，可按规定同等享受相应的政策支持。鼓励服务期满“三支一扶”人员在“互联网+”、电子商务领域网上创业，经工商注册登记的网络商户从业人员，同等享受各项就业创业扶持政策；未经工商注册登记的网络商户从业人员，可认定为灵活就业人员，享受灵活就业人员扶持政策。

（三）促进自主择业。各级“三支一扶”办要充分发挥各有关成员单位作用，大力挖掘就业岗位，拓宽服务期满“三支一扶”人员转岗就业渠道。服务期满人员较多的省、市级人力资源社会保障部门每年应至少组织一场专门的岗位对接活动，向国有企业、大型民营企业、社会组织等推荐服务期满人员。各级公共就业和人才服务机构要为服务期满人员免费提供政策咨询、职业指导和职业介绍。对实现灵活就业的服务期满人员，按规定落实社会保险补贴政策。对服务期满未能及时就业的人员，要作为重点服务对象提供岗位信息、职业培训等有针对性的就业服务，帮助其尽快实现就业。“三支一扶”人员在基层服务年限计算为工龄，其参加工作时间按其到基层报到之日起算。

（四）支持继续学习深造。服务期满考核合格的“三支一扶”人员，3 年内报考硕士研究生的，初试总分加 10 分，同等条件下优先录取。对于已被录取为研究生的应届高校毕业生参加“三支一扶”计划的，学校应为其保留入学资格。高职（高专）毕业生参加“三支一扶”计划服务期满考核合格的，可免试入读成人高等学历教育专科起点本科。服务期满考核合格且符合相应条件的，可按规定享受相应的学费补偿和助学贷款代偿政策。

七、加强组织领导

（一）完善工作机制。各地要进一步完善“三支一扶”工作领导小组运行机制，明确议事规则，加强对重大事项、重要政策、重点工作和难点问题的研究，切实加强组织领导。各有关部门要充分发挥职能优势，共同推进“三支一扶”工作。全国“三支一扶”办将根据各地招募到岗率、服务期间流失率、期满就业率、政策落实到位等情况，研究制定工作绩效考核指标体系，对各地“三支一扶”工作进行考核，考核结果将作为中央财政补助名额分配的重要参考依据。各地要将“三支一扶”工作所需经费纳入同级财政预算，确保相关活动和日常项目管理的正常开展。

（二）把握时间节点。“三支一扶”工作计划性强，各地要把握工作规律，提前谋划，制定年度工作方案，周密组织，严格按照时间节点要求完成各环节工作。今后，各地要在 1 月底前申报当年岗位需求计划，国家在 3 月底前下达招募计划，各地要在 7 月底前完成招募，将拟招募人员基本信息上传至管理信息系统，8 月底前完成实际招募到岗人员基本信息核校，8 月底至 9 月初组织新招募人员上岗。各地要在 11 月底前将当年服务期满人员的基本信息和就业信息上传至管理信息系统。同时，要在 12 月 15 日前将年度工作情况总结上报全国“三支一扶”办。目前实际工作进度与上述时间节点要求有较大出入的部分省份，要积极协调，调整安排，确保全国工作进度保持一致。

（二）严格资金管理。各省级财政部门、人力资源社会保障部门要按照国家下达的招募计划完成情况和补助标准，做好中央补助经费的测算工作，于 8 月 15 日前联合上报财政部和人力资源社会保障部。

中央财政根据人力资源社会保障部的审核结果和各地资金管理使用情况，于 9 月底前将当年中央补助经费下达到省级（含计划单列市，下同）财政部门。同时，中央财政每年按一定比例提前下达下一年度部分中央补助经费，以提高预算完整性，保障工作需要。省级财政部门要按照“三支一扶”计划中央补助资金管理办法，做好经费保障和管理工作，加强绩效评价，加快执行进度，消化结余资金，提高财政资金使用效益。财政部将会同有关部门或委托各地财政监察专员办事处，适时开展资金管理使用情况专项检查。

（四）深入开展宣传。大力弘扬以勇于担当的责任意识、甘于奉献的精神追求、全心全意的服务态度、锐意进取的创新激情为主要内容的“三支一扶”精神，引导“三支一扶”人员扎根基层、服务基层。充分利用各类媒体，多渠道宣传“三支一扶”工作，全面解读相关政策，扩大“三支一扶”计划社会影响力，营造良好舆论氛围。深入挖掘“三支一扶”人员优秀典型，通过组织表彰、宣讲、风采展示等活动，广泛宣传大学生服务基层的感人事迹和在基层成长成才的突出业绩，引导高校毕业生树立面向基层就业的观念。

2016 年“三支一扶”计划实施工作启动在即，各地要高度重视，按照时间节点和工作要求，认真做好各项组织实施工作。

附件：

1. 全国“三支一扶”工作领导小组及办公室成员名单（略）

2. 2016 年“三支一扶”计划名额分配方案（略）

中共中央组织部　人力资源社会保障部
教育部　财政部
水利部　农业部
国家卫生计生委
国务院扶贫办共青团中央
2016 年 4 月 20 日

审计署办公厅
关于进一步加强扶贫审计促进精准扶贫精准脱贫政策落实的意见

审办农发〔2016〕68号

各省、自治区、直辖市和计划单列市、新疆生产建设兵团审计厅（局），署机关各单位、各特派员办事处、各派出审计局：

为深入贯彻落实中央扶贫开发工作会议精神和《中共中央 国务院关于打赢脱贫攻坚战的决定》要求，进一步做好扶贫审计工作，促进中央精准扶贫、精准脱贫的各项决策部署落到实处，现提出以下意见。

一、深刻认识到加强扶贫审计工作的极端重要性

扶贫开发事关全面建成小康社会，事关人民福祉，事关巩固党的执政基础，事关国家长治久安，事关我国国际形象。打赢脱贫攻坚战，是促进全体人民共享改革发展成果、实现共同富裕的重大举措，是体现中国特色社会主义制度优越性的重要标志，也是经济发展新常态下扩大国内需求、促进经济增长的重要途径。改革开放以来，我国成功走出了一条中国特色扶贫开发道路，使7亿农村贫困人口摆脱贫困，取得了举世瞩目的伟大成就，谱写了人类反贫困历史上的辉煌篇章。党的十八大以来，党中央围绕协调推进“四个全面”战略布局，深入贯彻创新、协调、绿色、开放、共享的发展理念，把精准扶贫、精准脱贫作为基本方略，出台了一系列关于扶贫开发的重大政策措施，不断开创扶贫开发事业新局面。当前，我国扶贫开发已进入啃硬骨头、攻坚拔寨的冲刺阶段，要如期实现到2020年现行标准下农村贫困人口脱贫、贫困县全部摘帽、解决区域性整体贫困的既定目标，加快补齐全面建成小康社会中的这块突出短板，时间十分紧迫、任务尤为艰巨。

扶贫资金是贫困群众的“救命钱”、“保命钱”和减贫脱贫的“助推剂”，一分一厘都不能乱花。党中央、国务院高度重视扶贫审计工作。习近平总书记指出，要加强扶贫资金阳光化管理，加强审计监管，集中整治和查处扶贫领域的职务犯罪，对挤占挪用、层层截留、虚报冒领、挥霍浪费扶贫资金的，要从严惩处。李克强总理强调，要严格资金监督管理，严惩违法违

规行为，抓紧健全制度安排，确保扶贫资金在阳光下运行、真正用在扶贫开发上。“十三五”规划纲要明确提出，要建立扶贫政策落实情况跟踪审计机制。各级审计机关和广大审计干部要以强烈的政治责任感和高度的历史使命感，深刻认识到加强扶贫审计工作的极端重要性，自觉适应新常态、践行新理念，把扶贫审计工作作为一项重大政治任务来抓，把推动扶贫政策落实、规范扶贫资金管理、维护扶贫资金安全、提高扶贫资金绩效作为审计工作的着力点，进一步加大扶贫审计力度，更好地发挥审计在党和国家监督体系中的重要作用，保障脱贫攻坚目标如期实现。

二、适应新常态、践行新理念，切实贯彻扶贫审计工作原则

各级审计机关要深入学习贯彻党的“十八大”、十八届三中、四中、五中全会和中央扶贫开发工作会议精神，深刻领会习近平总书记关于新时期扶贫开发工作的重要战略思想，按照李克强总理对审计工作的重要指示，紧紧围绕“十三五”期间脱贫攻坚目标，牢固树立和贯彻落实五大发展新理念，为打赢脱贫攻坚战做出应有的贡献。审计中要把握好以下原则：

（一）坚持客观求实。

要严格遵循扶贫相关法律法规，以是否符合中央决定精神和重大改革方向作为审计定性判断的标准，实事求是地揭示、分析和反映问题，做到“三个区分”，即把推进改革中因缺乏经验、先行先试出现的失误和错误，同明知故犯的违法违纪行为区分开来；把上级尚无明确限制的探索性试验中的失误和错误，同上级明令禁止后依然我行我素的违法违纪行为区分开来；把为推动发展的无意过失，同为谋取私利的违法违纪行为区分开来，审慎作出结论和处理。推动建立完善激励和容错、纠错机制。

（二）坚持依法审计。

要严肃查处损害国家和人民利益、重大违纪违法、重大履职不到位、重大损失浪费、重大环境污染和资源毁损、重大风险隐患等问题，对以权谋私、假公济私、权钱交易、骗取扶贫及相关涉农资金、失职渎职、贪污受贿等违法犯罪问题，要始终坚持“零容忍”，坚决查处。

（三）坚持鼓励创新。

要注重保护扶贫开发中的新生事物，对突破原有制度或规定，但有利于扶贫脱贫政策措施落实，有利于维护贫困群众利益，有利于推进财政资金统筹使用和提高资金绩效，有利于资源节约利用和保护生态环境的创新举措，要坚决支持，鼓励探索，积极促进规范和完善，大力推动形成新的制度规范。

（四）坚持推动改革。

要关注影响扶贫领域改革发展的深层次问题，对制约和阻碍中央扶贫开发政策措施贯彻落实，制约和阻碍简政放权、政府职能转变，制约和阻碍提高绩效等体制机制性问题，要及时反映，大力推动完善制度和深化改革。

三、进一步突出扶贫审计重点

各级审计机关在扶贫审计中，要紧紧围绕“十三五”期间脱贫攻坚的目标，沿着政策和资金两条主线，抓好以下工作：

（一）跟踪检查扶贫相关政策落实情况。

将精准扶贫、精准脱贫相关政策措施落实情况作为国家重大政策措施落实跟踪审计的重点内容，紧紧围绕扶持对象精准、项目安排精准、资金使用精准、措施到户精准、因村派人精准、脱贫成效精准的“六精准”要求，持续关注各地、各部门贯彻落实产业扶贫、生态保护扶贫、金融扶贫、教育扶贫、医疗救助扶贫、易地搬迁扶贫、社会扶贫、社保兜底扶贫等政策措施的进展和效果，着力揭露和查处责任不落实、机制不完善、方法不恰当，以及不作为、慢作为、假作为等问题，推动整改问责，促进各项政策措施落地生根、不断完善和发挥实效。在推动贫困县统筹整合使用财政涉农资金相关政策落实中，必须牢固树立脱贫实效导向，不仅要推动把“零钱”变“整钱”、“死钱”变“活钱”，更要推动把“整钱”、“活钱”用到建档立卡贫困人口脱贫上，促进提高脱贫成效。

（二）着力揭露和查处重大违纪违法问题。

要坚持问题导向，严格区分公与私，坚决查处虚报冒领、骗取套取、截留侵占、贪污私分、挥霍浪费扶贫资金，违反中央八项规定精神和国务院“约法三章”要求，将扶贫资金用于吃喝接待、公款旅游、奖金福利，以及有关主管部门和人员利用职权优亲厚友违规分配扶贫资金等问题，切实维护贫困群众利益。严肃查处借统筹整合之名，搞楼堂馆所、“政绩工程”、“形象工程”等问题，切实保障统筹整合过程中的资金安全和绩效。在审计中，既要揭示一些部门和地方“情况不明决心大”胡乱花钱，造成浪费的问题，也要反映“前怕狼后怕虎”不敢花钱，贻误脱贫攻坚战机的问题。

（三）着力监督检查扶贫资金绩效情况。

对扶贫资金审计的重点要看是不是按照中央有关统筹整合使用财政资金的要求使用资金，是不是按照规范程序调整资金用途，是不是把资金真正用到扶贫开发上。要将绩效理念贯穿扶贫审计始终，循着资金流向，从政策要求、预算安排、资金拨付一直追踪到项目和个人，确保扶贫资金安全高效使用。要加大扶贫资金统筹整合使用情况审计力度，坚决支持贫困县围绕本县突出问题，以脱贫攻坚规划为引领，以重点扶贫项目为平台，把专项扶贫资金、相关涉农资金、社会帮扶资金捆绑使用，切实推动各级主管部门将资金项目审批权限完全下放到贫困县，推动贫困县从想方设法“要到钱”转变到下工夫“花好钱”上来。对继续限定财政涉农资金具体用途或干扰统筹整合使用资金，继续以“打酱油的钱不能买醋”、“专款专用”等为借口，造成资金长期趴在账上难以发挥效果的问题，要坚决查处、坚决曝光，促进各级各部门在资金统筹整合使用中积极作为、有效作为，推动贫困县将资金真正用到扶贫开发、用到建档立卡贫困人口脱贫上来，切实发挥扶贫资金的使用效益。

（四）着力监督检查扶贫项目建设运营情况。

加大对整村推进、易地扶贫搬迁、特色产业发展、生态建设、村级道路畅通、饮水安全、危房改造、教育卫生等扶贫开发重点项目建设和运营效果的审计力度，重点揭露脱离实际、盲目决策，以及后续管护缺失等原因导致扶贫项目建成后废弃闲置，造成重大损失浪费、重大环境污染和资源毁损等突出问题，促进扶贫重点项目发挥实效。

（五）着力揭示和反映体制机制制度性问题。

密切关注扶贫开发工作中出现的新情况新问题，着力揭示和反映阻碍政策措施落实、制约资金整合的体制性障碍和制度性缺陷，积极提出对策建议，促进完善制度机制。同时，要注重发现和总结各地精准扶贫、精准脱贫工作中好的经验做法，积极推广运用。

四、切实加强领导，确保发挥审计成效

（一）统一思想提高认识。

各级审计机关要将思想统一到中央的决策部署上来，提高对加强扶贫审计工作极端重要性的认识，切实增强使命感和责任感。在审计工作中，要认真贯彻落实《中共中央 国务院关于打赢脱贫攻坚战的决定》《国务院办公厅关于支持贫困县开展统筹整合使用财政涉农资金试点的意见》，以及《审计署关于适应新常态践行新理念更好地履行审计监督职责的意见》《审计署办公厅关于加强审计监督进一步推动财政资金统筹使用的意见》等文件要求，主动适应新常态、践行新理念，切实做到把握原则、突出重点、扎实有效。

（二）加强组织领导。

各级审计机关要统筹谋划“十三五”时期本地区扶贫审计工作，科学制定计划，合理调配力量，提高审计效率，实现对扶贫开发政策、资金、项目进行有重点、有步骤、有深度、有成效的审计全覆盖。加强对全国扶贫审计工作的领导，各省（区、市）审计厅（局）要统筹组织本地区集中连片特困地区县、国家扶贫开发工作重点县扶贫审计工作，落实责任，整合力量，提高质量，务求实效。

（三）做好统筹协调。

各级审计机关要做好统筹协调，把加强扶贫审计，促进精准扶贫、精准脱贫政

策措施落实的具体内容和工作原则，统筹纳入到稳增长等政策措施落实情况跟踪审计、领导干部经济责任审计、财政收支审计等各类审计项目中，协调审计资源和力量，确保本意见要求落到实处。

（四）严格审计纪律。

各级审计机关和广大审计人员要进一步加强和改进工作作风，坚持依法审计、文明审计，严格遵守国家法律法规、审计工作纪律和各项廉政规定，严格规范审计程序，充分听取被审计单位和相关方面意见，维护审计机关良好形象，切实提高审计质量。要坚持党的群众路线，深入实际、深入基层、深入群众，获取第一手信息和资料，确保反映情况准、查处问题实。对审计发现的情况和问题，要按照规定及时、如实报告，不得拖延、隐匿和瞒报，重大情况随时报告。

（五）加强督促整改。

各级审计机关要针对审计发现的情况和问题，及时提出意见和建议，督促有关地区和部门及时整改，并依法向社会公告审计发现的问题和整改情况。

审计署办公厅

2016 年 5 月 16 日

中国保监会　国务院扶贫办关于做好保险业助推脱贫攻坚工作的意见

保监发〔2016〕44 号

各保监局，各省（区、市）扶贫办（局）、新疆生产建设兵团扶贫办，中国保险保障基金有限责任公司、中国保险信息技术管理有限责任公司、中保投资有限责任公司、上海保险交易所股份有限公司、中国保险报业股份有限公司，中国保险行业协会、中国保险学会、中国精算师协会、中国保险资产管理业协会，各保险公司：

为贯彻落实《中共中央 国务院关于打赢脱贫攻坚战的决定》（中发〔2015〕34 号）和中央扶贫开发工作会议精神，指导各级保险监管部门、扶贫部门和保险机构按照人民银行、保监会、扶贫办等 7 部门《关于金融助推脱贫攻坚的实施意见》（银发〔2016〕84 号）的总体部署，充分发挥保险行业体制机制优势，履行扶贫开发社会责任，全面加强和提升保险业助推脱贫攻坚能力，助力“十三五”扶贫开发工作目标如期实现，现提出如下意见。

一、总体要求

（一）指导思想。

全面贯彻习近平总书记系列讲话精神，牢固树立和贯彻落实创新、协调、绿色、开放和共享的发展理念，深入学习领会党中央、国务院精准扶贫、精准脱贫基本方略的深刻内涵，增强打赢脱贫攻坚战的使命感紧迫感，以满足贫困地区日益增长的多元化保险需求为出发点，以脱贫攻坚重点人群和重点任务为核心，精准对接建档立卡贫困人口的保险需求，精准创设完善保险扶贫政策，精准完善支持措施，创新保险扶贫体制机制，举全行业之力，持续加大投入，为实现到 2020 年打赢脱贫攻坚战、全面建成小康社会提供有力的保险支撑。

（二）总体目标。

到 2020 年，基本建立与国家脱贫攻坚战相适应的保险服务体制机制，形成商业性、政策性、合作性等各类机构协调配合、共同参与的保险服务格局。努力实现贫困地区保险服务到村到户到人，对贫困人口“愿保尽保”，贫困地区保险深度、保险密度接近全国平均水平，贫困人口生产生活得到现代保险全方位保障。

（三）基本原则。

定向原则。定向发挥保险经济补偿功能，努力扩大保险覆盖面和渗透度，通过保险市场化机制放大补贴资金使用效益，为贫困户提供普惠的基本风险保障。定向发挥保险信用增信功能，通过农业保险保单质押和扶贫小额信贷保证保险等方式，低成本盘活农户资产。定向发挥保险资金融通功能，加大对贫困地区的投放，增强造血功能，推动贫困地区农业转型升级。

精准原则。把集中连片特困地区，老、少、边、穷地区，国家级和省级扶贫开发重点县，特别是建档立卡贫困村和贫困户作为保险支持重点，创设保险扶贫政策，搭建扶贫信息与保险业信息共享平台，开发针对性的扶贫保险产品，提供多层次的保险服务，确保对象精准、措施精准、服务精准、成效精准。

特惠原则。在普惠政策基础上，通过提高保障水平、降低保险费率、优化理赔条件和实施差异化监管等方式，突出对建档立卡贫困户的特惠政策和特惠措施，为建档立卡贫困人口提供优质便捷的保险服务，增强贫困人口抗风险能力，构筑贫困地区产业发展风险防范屏障。

创新原则。构建政府引导、政策支持、市场运作、协同推进的工作机制，综合运用财政补贴、扶贫资金、社会捐赠等多种方式，拓展贫困农户保费来源渠道，激发贫困农户保险意识与发展动力。针对贫困地区与贫困农户不同致贫原因和脱贫需求，加强保险产品与服务创新，分类开发、量身定制保险产品与服务。创新保险资金支农融资方式，积极参与贫困地区生产生活建设。

二、精准对接脱贫攻坚多元化的保险需求

（四）精准对接农业保险服务需求。保险机构要认真研究致贫原因和脱贫需求，积极开发扶贫农业保险产品，满足贫困农户多样化、多层次的保险需求。要加大投入，不断扩大贫困地区农业保险覆盖面，提高农业保险保障水平。要立足贫困地区资源优势和产业特色，因地制宜开展特色优势农产品保险，积极开发推广目标价格保险、天气指数保险、设施农业保险。要面向能带动贫困人口发展生产的新型农业经营主体，开发多档次、高保障农业保险产品和组合型农业保险产品，探索开展覆盖农业产业链的保险业务，协助新型农业经营主体获得信贷支持。切实做好贫困地区农业保险服务，灾后赔付要从快从简、应赔快赔。对已确定的灾害，可在查勘定损结束前按预估损失的一定比例预付部分赔款，帮助贫困农户尽早恢复生产。中国农业保险再保险共同体要加大对贫困地区农业保险业务的再保险支持力度，支持直保公司扩大保险覆盖面和提高保障水平。

（五）精准对接健康保险服务需求。保险机构要发挥专业优势，不断改进大病保险服务水平，提高保障程度，缓解“因病致

贫、因病返贫”现象。按照国家有关要求，研究探索大病保险向贫困人口予以倾斜。加强基本医保、大病保险、商业健康保险、医疗救助、疾病应急救助和社会慈善等衔接，提高贫困人口医疗费用实际报销比例。鼓励保险机构开发面向贫困人口的商业健康保险产品，参与医疗救助经办服务。

（六）精准对接民生保险服务需求。保险机构要针对建档立卡贫困人口，积极开发推广贫困户主要劳动力意外伤害、疾病和医疗等扶贫小额人身保险产品。重点开发针对留守儿童、留守妇女、留守老人、失独老人、残疾人等人群的保险产品，对农村外出务工人员开辟异地理赔绿色通道，为农村居民安居生活提供保障。进一步扩大农房保险覆盖面，不断提升保障水平。积极开展农村治安保险和自然灾害公众责任保险试点。探索保险服务扶贫人员队伍新模式，为各地政府、企事业单位驻村干部和扶贫挂职干部，高校毕业生“三支一扶”（支教、支农、支医和扶贫）提供保险保障。支持贫困地区开展巨灾保险试点。

（七）精准对接产业脱贫保险服务需求。积极发展扶贫小额信贷保证保险，为贫困户融资提供增信支持，增强贫困人口获取信贷资金发展生产的能力。探索推广“保险+银行+政府”的多方信贷风险分担补偿机制。支持有条件的地方设立政府风险补偿基金，对扶贫信贷保证保险给予保费补贴和风险补偿。鼓励通过农业保险保单质押、土地承包经营权抵押贷款保证保险、农房财产权抵押贷款保证保险等方式，拓宽保险增信路径，引导信贷资源投入。探索开展贫困农户土地流转收益保证保险，确保贫困农户土地流转收益。结合农村电商、乡村旅游、休闲农业等农业新业态，开发物流、仓储、农产品质量保证、互联网+等保险产品。创新保险资金运用方式，探索开展“农业保险+扶贫小额信贷保证保险+保险资金支农融资”业务试点，协助参保的贫困人口更便利地获得免担保、免抵押、优惠利率的小额资金。

（八）精准对接教育脱贫保险服务需求。积极开展针对贫困家庭大中学生的助学贷款保证保险，解决经济困难家庭学生就学困难问题。推动保险参与转移就业扶贫，优先吸纳贫困人口作为农业保险协保员。要对接集中连片特困地区的职业院校和技工学校，面向贫困家庭子女开展保险职业教育、销售技能培训和定向招聘，实现靠技能脱贫。

三、充分发挥保险机构助推脱贫攻坚主体作用

（九）完善多层次保险服务组织体系。保险机构要强化主体责任，将资源向贫困地区和贫困人群倾斜。要加大贫困地区分支机构网点建设，持续推进乡、村两级保险服务网点建设，努力实现网点乡镇全覆盖和服务行政村全覆盖。

（十）对贫困地区分支机构实行差异化考核。各保险机构总公司应根据贫困地区实际情况，科学设定绩效考核指标，对贫

困地区分支机构实行差异化考核，引导贫困地区基层机构积极发展扶贫保险业务。对贫困地区分支机构因重大自然灾害或农产品价格剧烈波动导致的经营亏损，不得纳入绩效考核指标。

（十一）加强贫困地区保险技术支持及人才培养。各保险机构要大力推动贫困地区员工属地化，积极吸纳贫困地区大学生就业，加快培育贫困地区保险人才。要努力改善贫困地区分支机构职工福利，为贫困地区培养留得下、稳得住的专业人才。鼓励各保险机构总公司每年选派业务能力较强、政治立场坚定的员工到贫困地区分支机构工作，并在查勘理赔技术、设备等方面给予支持。

（十二）鼓励保险资金向贫困地区基础设施和民生工程倾斜。保险机构要充分发挥保险资金长期投资的独特优势，按照风险可控、商业可持续原则，以债权、股权、资产支持计划等多种形式，积极参与贫困地区基础设施、重点产业和民生工程建设，积极支持可带动农户脱贫、吸引贫困农户就业的新型农业经营主体融资需求。支持保险机构参与各级政府建立的扶贫产业基金，鼓励保险机构加大对贫困地区发行地方政府债券置换存量债务的支持力度。

四、完善精准扶贫保险支持保障措施

（十三）鼓励通过多种方式购买保险服务。要充分认识保险服务脱贫攻坚的重要作用，把运用保险工具作为促进经济发展、转变政府职能、完善社会治理、保障改善民生的重要抓手。鼓励各地结合实际，积极探索运用保险风险管理功能及保险机构网络、专业技术等优势，通过市场化机制，以委托保险机构经办或直接购买保险产品和服务等方式，探索保险参与扶贫开发的新模式、新途径，降低公共服务运行成本。要加大组织推动力度，引导农村贫困人口参保续保。鼓励各类慈善机构和公益性社会组织为贫困人群捐赠保险。

（十四）加强保险与扶贫政策的协调配合。各地扶贫办应将保险纳入扶贫规划及政策体系，在政策指导、资金安排、工作协调、数据共享等方面支持保险机构开展工作。鼓励各地结合实际，对建档立卡贫困人口参加农业保险、扶贫小额信贷保证保险、扶贫小额人身保险、商业补充医疗保险和涉农保险给予保费补贴，提高扶贫资金使用效率。建立健全贫困地区风险分担和补偿机制，专项用于对建档立卡贫困户贷款保证保险及带动贫困人口就业的各类扶贫经济组织贷款保证保险风险补偿。

（十五）实施差异化监管。支持在贫困地区开展相互制保险试点。支持现有保险机构到革命老区、民族地区、边疆地区和连片特困地区下延机构和开办扶贫保险业务，对上述机构优先予以审批。严格控制贫困地区现有保险机构网点撤并。对投向贫困地区项目的保险资金运用产品，优先予以审批或备案。鼓励保险机构开发涵盖贫困农户生产生活全方位风险的“特惠保”等一揽子保险产品，并优先予以审批或备案。对保险公司开发的针对建档立卡贫困人口的农业保险、涉农保险产品和针对可带动农户脱贫、吸纳贫困农户就业的新型农业经营主体的保险产品，费率可在向监管部门报备费率的基础上下调 20%。

（十六）健全保险行业参与机制。设立中国保险业产业扶贫投资基金，采取市场化运作方式，专项用于贫困地区资源开发、产业园区建设、新型城镇化发展等。设立中国保险业扶贫公益基金，实施保险业扶贫志愿者行动计划。鼓励保险机构下移扶贫重心，加大捐赠力度，自愿包村包户，对贫困农户生产生活教育实现风险防范全覆盖。

（十七）加强保险消费者教育。强化贫困地区保险消费者教育和权益保护，保障贫困地区保险消费者合法权益。根据贫困地区保险消费者需求特点，综合运用多种媒体、保险机构网点以及村镇、社区等公共宣传栏，有针对性地开展保险扶贫服务政策宣传，增进贫困地区和贫困人口对精准扶贫保险服务政策的了解，提高其保险意识和运用保险工具分散风险的能力。统筹安排针对扶贫干部的保险知识培训，由保监会提供相应的培训项目及师资等智力支持，不断提高各级干部运用保险的能力和水平。鼓励保险机构向贫困地区基层干部和贫困农户提供农业技术、风险管理以及现代保险知识培训，提高运用保险发展经济的意识和能力。

五、完善脱贫攻坚保险服务工作机制

（十八）强化组织统筹。各保监局、保险机构和保险业社团组织要把扶贫开发工作作为重大政治任务，采取切实措施，确保各项工作有序开展。各保监局要成立由主要负责人任组长的工作领导小组，统筹协调辖内保险机构，做好保险服务脱贫攻坚工作。各保监局和省级扶贫部门要建立工作联动机制，可根据本意见制定具体实施办法，加强政策互动、工作联动和信息共享，推动相关配套政策落实。

（十九）完善精准统计制度。建立脱贫攻坚保险服务专项统计监测制度，实现保险信息与建档立卡信息对接，及时动态跟踪监测各地、各保险机构工作进展，为政策评估提供数据支撑。各保监局和各保险机构要按照保监会和国务院扶贫办要求，及时、准确报送相关数据资料。

（二十）严格考核督查。建立脱贫攻坚保险服务专项评估制度，保监会、国务院扶贫办定期对各地、各保险机构脱贫攻坚保险服务工作进展及成效进行考评，通报考评结果，并将考评结果作为市场准入、高管资格和差异化监管的重要依据。

（二十一）加强总结宣传。及时梳理、总结精准扶贫保险服务工作中的典型经验、成功案例和工作成效，加强宣传推介和经验交流，营造有利脱贫攻坚保险服务工作的良好氛围。

中国保监会　国务院扶贫办

2016 年 5 月 26 日

国家卫生计生委关于实施健康扶贫工程的指导意见

国卫财务发〔2016〕26号

各省、自治区、直辖市人民政府，各军兵种、武警部队政治工作部、后勤部，各军区善后工作办公室政工组、保障组：

实施健康扶贫工程，对于保障农村贫困人口享有基本医疗卫生服务，推进健康中国建设，防止因病致贫、因病返贫，实现到2020年让农村贫困人口摆脱贫困目标具有重要意义。为贯彻落实党中央、国务院关于打赢脱贫攻坚战的重要战略部署，经国务院同意，现就实施健康扶贫工程提出以下意见。

一、总体要求

（一）指导思想。深入贯彻落实党的“十八大”和十八届三中、四中、五中全会以及中央扶贫开发工作会议精神，围绕“四个全面”战略布局，牢固树立并切实贯彻创新、协调、绿色、开放、共享的发展理念，按照党中央、国务院决策部署，坚持精准扶贫、精准脱贫基本方略，与深化医药卫生体制改革紧密结合，针对农村贫困人口因病致贫、因病返贫问题，突出重点地区、重点人群、重点病种，进一步加强统筹协调和资源整合，采取有效措施提升农村贫困人口医疗保障水平和贫困地区医疗卫生服务能力，全面提高农村贫困人口健康水平，为农村贫困人口与全国人民一道迈入全面小康社会提供健康保障。

（二）基本原则。

——坚持党委领导、政府主导。充分发挥各级党委的领导核心作用，强化各级政府的主导作用，加强组织领导，落实部门责任，发挥政治优势和制度优势，确保健康扶贫工程顺利实施。

——坚持精准扶贫、分类施策。在核准农村贫困人口因病致贫、因病返贫情况的基础上，采取一地一策、一户一档、一人一卡，精确到户、精准到人，实施分类救治，增强健康扶贫的针对性和有效性。

——坚持资源整合、共建共享。以提高农村贫困人口受益水平为着力点，整合现有各类医疗保障、资金项目、人才技术等资源，引导市场、社会协同发力，动员农村贫困人口积极参与，采取更贴合贫困地区实际、更有效的政策措施，提升健康扶贫整体效果。

——坚持问题导向、深化改革。针对贫困地区医疗卫生事业发展和农村贫困人口看病就医的重点难点问题，加大改革创新力度，加快建立完善基本医疗卫生制度，切实保障农村贫困人口享有基本医疗卫生服务。

（三）主要目标。到2020年，贫困地区人人享有基本医疗卫生服务，农村贫困人口大病得到及时有效救治保障，个人就医费用负担大幅减轻；贫困地区重大传染病和地方病得到有效控制，基本公共卫生指标接近全国平均水平，人均预期寿命进一步提高，孕产妇死亡率、婴儿死亡率、传染病发病率显著下降；连片特困地区县和国家扶贫开发工作重点县至少有一所医院（含中医院，下同）达到二级医疗机构服务水平，服务条件明显改善，服务能力和可及性显著提升；区域间医疗卫生资源配置和人民健康水平差距进一步缩小，因病致贫、因病返贫问题得到有效解决。

二、重点任务

（一）提高医疗保障水平，切实减轻农村贫困人口医疗费用负担。新型农村合作医疗覆盖所有农村贫困人口并实行政策倾斜，个人缴费部分按规定由财政给予补贴，在贫困地区全面推开门诊统筹，提高政策范围内住院费用报销比例。2016年新型农村合作医疗新增筹资主要用于提高农村居民基本医疗保障水平，并加大对大病保险的支持力度，通过逐步降低大病保险起付线、提高大病保险报销比例等，实施更加精准的支付政策，提高贫困人口受益水平。加大医疗救助力度，将农村贫困人口全部纳入重特大疾病医疗救助范围，对突发重大疾病暂时无法获得家庭支持、基本生活陷入困境的患者，加大临时救助和慈善救助等帮扶力度。建立基本医疗保险、大病保险、疾病应急救助、医疗救助等制度的衔接机制，发挥协同互补作用，形成保障合力。将符合条件的残疾人医疗康复项目按规定纳入基本医疗保险支付范围，提高农村贫困残疾人医疗保障水平。扎实推进支付方式改革，强化基金预算管理，完善按病种、按人头、按床日付费等多种方式相结合的复合支付方式，有效控制费用。切实解决因病致贫、因病返贫问题。

（二）对患大病和慢性病的农村贫困人口进行分类救治。优先为每人建立1份动态管理的电子健康档案，建立贫困人口健康卡，推动基层医疗卫生机构为农村贫困人口家庭提供基本医疗、公共卫生和健康管理等签约服务。以县为单位，依靠基层卫生计生服务网络，进一步核准农村贫困人口中因病致贫、因病返贫家庭数及患病人员情况，对需要治疗的大病和慢性病患者进行分类救治。能一次性治愈的，组织专家集中力量实施治疗，2016年起选择疾病负担较重、社会影响较大、疗效确切的大病进行集中救治，制订诊疗方案，明确临床路径，控制治疗费用，减轻贫困大病患者费用负担；需要住院维持治疗的，由就近具备能力的医疗机构实施治疗；需要长期治疗和康复的，由基层医疗卫生机构在上级医疗机构指导下实施治疗和康复管理。实施光明工程，为农村贫困白内障患者提供救治，救治费用通过现行医保制度等渠道解决，鼓励慈善组织参与。加强农村贫困残疾人健康扶贫工作，对贫困地区基层医疗卫生机构医务人员开展康复知识培训，加强县级残疾人康复服务中心建设，提升基层康复服务能力，建立医疗机构与残疾人专业康复机构有效衔接、协调配合的工作机制，为农村贫困残疾人提供精准康复服务。

（三）实行县域内农村贫困人口住院先诊疗后付费。贫困患者在县域内定点医疗机构住院实行先诊疗后付费，定点医疗机构设立综合服务窗口，实现基本医疗保险、大病保险、疾病应急救助、医疗救助“一站式”信息交换和即时结算，贫困患者只需在出院时支付自负医疗费用。有条件的地方要研究探索市域和省域内农村贫困人口先诊疗后付费的结算机制。推进贫困地区分级诊疗制度建设，加强贫困地区县域内常见病、多发病相关专业和有关临床专科建设，探索通过县乡村一体化医疗联合体等方式，提高基层服务能力，到2020年使县域内就诊率提高到90%左右，基本实现大病不出县。

（四）加强贫困地区医疗卫生服务体系建设。落实《国务院办公厅关于印发全国医疗卫生服务体系规划纲要（2015—2020年）的通知》（国办发〔2015〕14号），按照“填平补齐”原则，实施贫困地区县级医院、乡镇卫生院、村卫生室标准化建设，使每个连片特困地区县和国家扶贫开发工作重点县达到“三个一”目标，即每个县至少有1所县级公立医院，每个乡镇建设1所标准化的乡镇卫生院，每个行政村有1个卫生室。加快完善贫困地区公共卫生服务网络，以重大传染病、地方病和慢性病防治为重点，加大对贫困地区疾控、妇幼保健等专业公共卫生机构能力建设的支持力度。加强贫困地区远程医疗能力建设，实现县级医院与县域内各级各类医疗卫生服务机构互联互通。积极提升中医药（含民族医药，下同）服务水平，充分发挥中医医疗预防保健特色优势。在贫困地区优先实施基层中医药服务能力提升工程“十三五”行动计划，在乡镇卫生院和社区卫生服务中心建立中医馆、国医堂等中医综合服务区，加强中医药设备配置和人员配备。

（五）实施全国三级医院与连片特困地区县和国家扶贫开发工作重点县县级医院一对一帮扶。从全国遴选能力较强的三级医院（含军队和武警部队医院），与连片特困地区县和国家扶贫开发工作重点县县级医院签订一对一帮扶责任书，明确帮扶目标任务。采取“组团式”帮扶方式，向被帮扶医院派驻1名院长或副院长及相关医务人员进行蹲点帮扶，重点加强近三年县外转出率前5—10个病种的相关临床和辅助科室建设，推广适宜县级医院开展的医疗技术。定期派出医疗队，为农村贫困人口提供集中诊疗服务。采取技术支持、人员培训、管理指导等多种方式，提高被帮扶医院的服务能力，使其到2020年达到二级医疗机构服务水平（30万人口以上县的被帮扶医院达到二级甲等水平）。建立帮扶双方远程医疗平台，开展远程医疗服务。贫困地区政府及相关部门、单位要提供必要条件和支持。

（六）统筹推进贫困地区医药卫生体制改革。深化贫困地区公立医院综合改革，协同推进医疗服务价格调整、医保支付方式改革、医疗机构控费、公立医院补偿机制改革，加强医院成本管理。拓展深化军民融合发展领域，驻贫困地区军队医疗机构要融入贫困地区分级诊疗服务体系。创新县级公立医院机构编制管理方式，逐步实行编制备案制。贫困地区可先行探索制订公立医院绩效工资总量核定办法，合理核定医疗卫生机构绩效工资总量，结合实际确定奖励性绩效工资的比例，调动医务人员积极性。制订符合基层实际的人才招聘引进办法，落实贫困地区医疗卫生机构用人自主权。加强乡村医生队伍建设，分期分批对贫困地区乡村医生进行轮训，2017年前完成培训。各地要结合实际，通过支持和引导乡村医生按规定参加职工基本养老保险或城乡居民基本养老保险，以及采取补助等多种形式，进一步提高乡村医生的养老待遇。加快健全贫困地区药品供应保障机制，统筹做好县级医院与基层医疗卫生机构的药品供应配送管理工作。按照远近结合、城乡联动的原则，提高采购、配送集中度，探索县乡村一体化配送，发挥邮政等物流行业服务网络优势，支持其按规定参与药品配送。

（七）加大贫困地区慢性病、传染病、地方病防控力度。加强肿瘤随访登记及死因监测，扩大癌症筛查和早诊早治覆盖面。加强贫困地区严重精神障碍患者筛查登记、救治救助和服务管理。完成已查明氟、砷超标地区降氟降砷改水工程建设，基本控制地方性氟、砷中毒危害。采取政府补贴运销费用或补贴消费者等方式，让农村贫困人口吃得上、吃得起合格碘盐，继续保持消除碘缺乏病状态。综合防治大骨节病和克山病等重点地方病。加大人畜共患病防治力度，基本控制西部农牧区包虫病流行，有效遏制布病流行。加强对结核病疫情严重的贫困地区防治工作的业务指导和技术支持，开展重点人群结核病主动筛查，规范诊疗服务和全程管理，进一步降低贫困地区结核病发病率。在艾滋病疫情严重的贫困地区建立防治联系点，加大防控工作力度。

（八）加强贫困地区妇幼健康工作。在贫困地区全面实施免费孕前优生健康检查、农村妇女增补叶酸预防神经管缺陷、农村妇女“两癌”（乳腺癌和宫颈癌）筛查、儿童营养改善、新生儿疾病筛查等项目，推进出生缺陷综合防治，做到及早发现、及早治疗。建立残疾儿童康复救助制度，逐步实现0—6岁视力、听力、言语、智力、肢体残疾儿童和孤独症儿童免费得到手术、辅助器具配置和康复训练等服务。加强贫困地区孕产妇和新生儿急危重症救治能力建设，加强农村妇女孕产期保健，保障母婴安全。加大对贫困地区计划生育工作的支持力度，坚持和完善计划生育目标管理责任制，加大对计划生育特殊困难家庭的扶助力度。

（九）深入开展贫困地区爱国卫生运动。加强卫生城镇创建活动，持续深入开展环境卫生整洁行动，统筹治理贫困地区环境卫生问题，实施贫困地区农村人居环境改善扶贫行动，有效提升贫困地区人居环境质量。将农村改厕与农村危房改造项目相结合，加快农村卫生厕所建设进程。加强农村饮用水和环境卫生监测、调查与评估，实施农村饮水安全巩固提升工程，推进农村垃圾污水治理，综合治理大气污染、地表水环境污染和噪声污染。加强健康促进和健康教育工作，广泛宣传居民健康素养基本知识和技能，提升农村贫困人口健康意识，使其形成良好卫生习惯和健康生活方式。

三、保障措施

（一）落实投入政策。落实中央和省级财政扶贫投入责任。中央财政继续加大贫困地区卫生计生专项资金的转移支付力度，推动健康扶贫工程顺利实施。国家在贫困地区安排的公益性卫生计生建设项目取消县级和西部连片特困地区地市级配套资金。省市两级财政安排的卫生计生项目资金要进一步向贫困地区倾斜，连片特困地区县和国家扶贫开发工作重点县要通过统筹整合使用相关财政资金，加大健康扶贫投入。东部省（市）要在东西部扶贫协作框架内，加大对贫困地区医疗卫生事业的支持力度。

（二）强化人才综合培养。支持贫困地区高等医学教育发展，引导贫困地区根据需求，合理确定本地区医学院校和医学类专业招生计划。综合采取住院医师规范化培训、助理全科医生培训、订单定向免费培养、全科医生和专科医生特设岗位计划等方式，加强贫困地区医疗卫生人才队伍建设。探索县乡人才一体化管理。根据贫困地区需求，组织开展适宜技术项目推广，依托现有机构建立示范基地，开展分级培训，规范技术应用。接收贫困地区、革命老区、民族地区和边疆地区基层医疗卫生人员到军队医学院校、医疗机构进修学习、联训代培。有针对性地加强中医药适宜技术推广，到2020年使贫困地区每个乡镇卫生院至少有2名医师、每个村卫生室至少有1名乡村医生掌握5项以上中医药适宜技术，为常见病、多发病患者提供简便验廉的中医药服务。充分发挥国家临床医学研究中心和协同研究网络的作用，构建推广培训服务平台，提高基层医疗卫生人员的技术水平。各地要制订政策措施，鼓励优秀卫生人才到贫困地区服务；探索基层卫生人才激励机制，对长期在贫困地区基层工作的卫生技术人员在职称晋升、教育培训、薪酬待遇等方面给予适当倾斜。

（三）充分动员社会力量。完善鼓励企业、社会组织、公民个人参与健康扶贫工程的政策措施，贡献突出的，在尊重其意愿前提下可给予项目冠名等激励措施。支持各类企业进行社会捐赠、基金会设立专项基金参与健康扶贫工程，按规定落实扶贫捐赠税前扣除、税收减免等优惠政策，鼓励更多社会资本投向贫困地区，加强捐赠资金使用监管。充分发挥协会、学会等社会组织作用，整合社会资本、人才技术等资源，为贫困地区送医、送药、送温暖。搭建政府救助资源、社会组织救助项目与农村贫困人口救治需求对接的信息平台，引导支持慈善组织、企事业单位和爱心人士等为患大病的贫困人口提供慈善救助。

四、组织实施

（一）加强组织领导和考核督查。按照中央统筹、省（自治区、直辖市）负总责、市（地）县抓落实的工作体制，各地要结合贫困地区实际制订具体实施方案，明确时间表、路线图，层层落实责任，精心组织实施健康扶贫工程。县级政府要承担主体责任，将实施健康扶贫工程作为打赢脱贫攻坚战的重要举措，统筹做好资金安排、政策衔接、项目落地、人力调配、推进实施等工作，确保政策落实到位。各地要将健康扶贫工程纳入脱贫攻坚工作领导责任制和贫困地区政府目标考核管理，作为重要考核内容，细化职责分工，明确任务要求，对实施情况定期检查督促。

（二）明确部门职责。国家卫生计生委、国务院扶贫办负责统筹协调、督促落实健康扶贫工程实施工作，制订具体方案和考核办法，定期组织考核评估。国家卫生计生委、国家中医药管理局、中央军委政治工作部、中央军委后勤保障部负责协调落实全国三级医院与连片特困地区县和国家扶贫开发工作重点县县级医院对口帮扶任务，将对口支援任务落实情况作为三级医院绩效考核的重要内容。国务院扶贫办、民政部、中国残联会同国家卫生计生委负责开展农村贫困人口因病致贫、因病返贫情况核实核准工作。国家发展改革委负责将健康扶贫工程有关内容纳入国民经济和社会发展总体规划，加大贫困地区卫生计生基础设施建设支持力度。教育部负责支持贫困地区高等医学教育发展，引导地方教育行政部门落实医疗卫生人才培养任务。科技部负责加强以国家临床医学研究中心为核心的转化推广体系建设，大力推进先进适宜技术的推广应用。民政部负责制订完善医疗救助政策，全面开展重特大疾病医疗救助工作，提高贫困地区医疗救助水平。财政部根据工作需要和财力可能，通过现行渠道对健康扶贫工程提供资金支持。国家卫生计生委会同人力资源社会保障部负责提出完善贫困地区医疗卫生人才招聘引进的政策意见。环境保护部负责农村环境综合整治。住房城乡建设部负责牵头实施贫困地区农村人居环境改善扶贫行动。水利部负责指导农村饮水安全巩固提升工程实施工作。审计署负责加大对健康扶贫工程资金投入和使用情况的审计监督力度，跟踪检查健康扶贫相关政策措施落实情况。国务院医改办负责统筹推进贫困地区深化医药卫生体制改革工作。中国残联负责会同国家卫生计生委、民政部开展残疾人基本康复服务，加强残疾人基本康复服务能力建设。中央军委政治工作部、中央军委后勤保障部负责统筹推进军队参与健康扶贫工程相关工作，支援贫困地区医疗卫生服务能力建设。

（三）加强宣传引导。坚持正确舆论导向，开展健康扶贫系列宣传活动，通过新闻报道、事迹报告会、公益广告等形式，宣传健康扶贫工程及各项政策措施取得的进展和成效，宣传广大医疗卫生工作者深入贫困地区为群众解除病痛的生动事迹，营造良好舆论氛围。

（四）鼓励各地因地制宜创新健康扶贫形式和途径。各地要以解决因病致贫、因病返贫问题为重点，结合实际积极探索，统筹配置和使用相关资金、项目，提高使用效率，推动实施健康扶贫工程。通过深化改革，激发实施健康扶贫工程的动力，通过健康扶贫与相关特色产业脱贫、劳务输出脱贫等措施的衔接，形成合力，提高脱贫攻坚实际效果。

附件：重点任务分工及进度安排表（略）

国家卫生计生委　国务院扶贫办
国家发展改革委
教育部　科技部　民政部
财政部　人力资源社会保障部
环境保护部
住房城乡建设部　水利部
国家中医药管理局
中央军委政治工作部
中央军委后勤保障部
中国残联
2016 年 6 月 20 日

农业部办公厅关于支持贫困县开展统筹整合使用财政涉农资金试点工作的通知

农办财〔2016〕50号

各有关省、自治区、直辖市及计划单列市农业（农牧、农村经济）、畜牧兽医、渔业厅（局、委）：

为贯彻落实《中共中央 国务院关于打赢脱贫攻坚战的决定》（中发〔2015〕34号）和《国务院办公厅关于支持贫困县开展统筹整合使用财政涉农资金试点的意见》（国办发〔2016〕22号，以下简称《意见》）精神，扎实做好农业精准扶贫、精准脱贫各项工作，现将有关事项通知如下。

一、深刻认识支持贫困县开展统筹整合使用财政涉农资金试点的重大意义

《中共中央 国务院关于打赢脱贫攻坚战的决定》明确提出“建立健全脱贫攻坚多规划衔接、多部门协调长效机制，整合目标相近、方向类同的涉农资金。按照权责一致原则，支持连片特困地区县和国家扶贫开发工作重点县围绕本县突出问题，以扶贫规划为引领，以重点扶贫项目为平台，把专项扶贫资金、相关涉农资金和社会帮扶资金捆绑集中使用”。支持贫困县统筹整合使用财政涉农资金，既是提高财政资金配置效率、保障脱贫攻坚资金需求的关键之举，也是深化农村改革、加快实现农业现代化的重大探索。各级农业部门要从战略和全局的高度出发，深入贯彻落实中央脱贫攻坚重大决策部署，充分认识支持贫困县开展统筹整合使用财政涉农资金试点对打赢脱贫攻坚战、全面建成小康社会的重大意义，进一步增强做好扶贫开发工作的责任感、使命感和紧迫感。各级农业部门要统一思想，提高认识，主动作为，对纳入统筹整合使用范围的涉农资金充分授权，将资金项目审批权限完全下放到贫困县，切实配合财政、扶贫等部门做好贫困县涉农资金统筹整合使用工作。

二、准确把握支持贫困县开展统筹整合使用财政涉农资金试点工作的总体要求

根据《意见》要求，贫困县统筹整合使用财政涉农资金，涉及农业部门管理使用的主要是中央财政现代农业生产发展资金、农业技术推广与服务补助资金、农业资源及生态保护补助资金（对农民的直接补贴除外）等财政专项和中央预算内投资

用于“三农”建设部分。各级农业部门要准确把握《意见》要求，扎实做好三方面工作。

（一）编制规划，突出产业。贫困县是统筹整合使用涉农资金的主体。各试点贫困县农业部门要强化部门职能，在县委、县政府的统一领导下，坚持目标导向和问题导向，会同财政、扶贫等部门编制好本地脱贫攻坚规划和产业精准扶贫规划，并与国家相关扶贫脱贫规划做好衔接，把产业精准扶贫规划作为资金整合后对产业扶贫工作监督检查的重要依据。充分发挥行业指导作用，强化资源和资金整合能力，明确重点任务和目标，引导相关政策和资金加大产业扶贫投入，为打赢脱贫攻坚战奠定坚实基础。

（二）强化指导，做好服务。中央和省级农业部门要按照《意见》要求，在下放资金项目审批权限的同时，重点做好“放管服”的文章，坚持到位不越位、指导不指派。市县级农业部门要结合涉农资金统筹整合使用的具体要求，进一步做好农业生产指导和技术服务，深入贫困村、贫困户开展有针对性的帮扶，并及时总结贫困县统筹整合使用涉农资金的机制和模式，为全面推开试点打好基础，也为进一步完善财政涉农资金管理机制探索经验。

（三）严格监管，注重绩效。各级农业部门特别是省级农业部门，要积极配合财政、扶贫等部门，切实履行好资金监管主体责任，创新资金使用管理机制；明确职能分工，强化对试点县涉农资金统筹整合后支持农业生产资金的监管，确保资金安全、规范、有效使用。县级农业部门要会同财政、扶贫等部门，强化对统筹整合后涉农资金使用的绩效管理，加快建立科学合理的绩效评价体系，并将绩效评价结果与今后预算安排直接挂钩。

三、扎实做好产业精准扶贫各项工作

产业是贫困地区发展的根基，是贫困人口脱贫的主要依托。产业扶贫是中国特色扶贫开发模式的重要特征，是完成脱贫目标任务最重要的举措。国家“十三五”规划纲要提出，通过产业扶贫工程，实现3000万以上贫困人口脱贫。打赢脱贫攻坚战，必须加强产业扶贫工作指导，在推进资金统筹整合使用中进一步加大产业扶贫力度。

各级农业部门要认真贯彻落实农业部、国家发展改革委、财政部等9部门联合印发的《贫困地区发展特色产业促进精准脱贫指导意见》，立足贫困地区实际，创新理念机制，调整优化结构，充分利用财政涉农资金统筹整合使用的有利时机，强化沟通协调，积极主动争取从资金扶持、技术支撑、人才培养、市场开拓等方面，切实加大倾斜支持力度，指导帮助贫困地区立足资源禀赋、生态环境承载力和市场需求，加快培育一批能带动贫困户长期稳定增收的特色优势产业，加快培育一批能与贫困户建立利益联结机制的农业产业化龙头企业、合作社、社会化服务组织等新型农业经营主体，让贫困户在产业融合发展中增加收入、提升自我发展能力，带动贫困户和全国人民一道迈入全面小康社会。

农业部办公厅

2016年6月23日

人力资源社会保障部 国务院扶贫办关于开展技能脱贫千校行动的通知

人社部发〔2016〕68号

各省、自治区、直辖市及新疆生产建设兵团人力资源社会保障厅（局）、扶贫办：

为贯彻落实党中央、国务院关于打赢脱贫攻坚战的战略部署，人力资源社会保障部、国务院扶贫办决定，2016—2020年，在全国组织千所左右省级重点以上的技工院校开展技能脱贫千校行动。现就有关事项通知如下。

一、提高思想认识

《中共中央 国务院关于打赢脱贫攻坚战的决定》明确要求，“确保到2020年农村贫困人口实现脱贫”，并且明确将技能脱贫作为一项重要举措。实施技能脱贫千校行动是从“授鱼”到“授渔”精准扶贫的具体举措，各级人力资源社会保障部门、扶贫部门要将技能脱贫千校行动作为一项重大政治任务，从扶贫攻坚的战略高度，提高对工作重要性的认识，以更精准的举措、超常规的力度，依托优质技工院校人力开展精准技能脱贫工作。

二、明确目标任务

2016—2020年，使每个有就读技工院校意愿的建档立卡贫困家庭应、往届“两后生”都能免费接受技工教育，每个有劳动能力且有参加职业培训意愿的建档立卡贫困家庭劳动者每年都能够到技工院校接受至少1次免费职业培训，对接受技工教育和职业培训的贫困家庭学生（学员）推荐就业，实现“教育培训一人，就业创业一人，脱贫致富一户”的目标。

三、开展技工教育

各地人力资源社会保障部门要指导技工院校积极招收有就读意愿的建档立卡贫困家庭学生，将每一个就读技工院校的贫困学生培养成才。各级扶贫部门要将适龄贫困人员接受技工教育作为帮助贫困人员脱贫的有效途径，积极引导贫困人员到技工院校就读。对于贫困家庭学生，各技工院校要开辟招生绿色通道，优先招生，优先选择专业，优先安排在校企合作程度较深的订单定向培养班或企业冠名班，优先落实免学费、助学金、奖学金等助学政策，优先安排实习，优先推荐就业。

四、开展职业培训

各地人力资源社会保障部门要指导技工院校大力开展职业培训，根据建档立卡贫困家庭劳动者的培训需求和就业意愿，大力开展劳动预备制培训、就业技能培训、岗位技能提升培训，采取订单培训、定岗培训、定向培训等就业导向的培训模式，确保培训质量和就业效果。承担企业新型学徒制试点任务的技工院校和企业，要优先支持来自贫困家庭的职工接受学徒培训。对于有创业意愿且有合适创业项目的学员，鼓励其参加创业培训。

五、明确支持政策

对于接受技工教育的贫困家庭学生，各地要按规定落实国家助学金、免学费政策，并制定减免学生杂费、书本费和给予生活费补助的政策，所需资金从中央财政和地方财政中等职业教育学生资助补助经费中列支。落实《国务院扶贫办 教育部 人力资源社会保障部关于加强雨露计划支持农村贫困家庭新成长劳动力接受职业教育的意见》（国开办发〔2015〕19号）要求，对子女接受技工教育的农村建档立卡贫困家庭，按照每生每年3000元左右的标准给予补助，所需资金从财政扶贫资金中列支。对于承担中央确定的东西扶贫协作的省份，鼓励帮扶省市加大对受帮扶省市贫困家庭就读技工院校的学生给予生活费补助，所需经费可由帮扶省市从财政援助资金中列支。对于接受职业培训的贫困家庭学员，要落实免费职业培训政策，由政府全额补贴培训费用，所需资金从就业补助资金中列支，同时，根据培训时间和当地实际情况，给予交通费、生活费补助，所需资金由各地统筹安排。各级人力资源社会保障部门要为建档立卡贫困学生（学员）落实职业技能鉴定补贴政策，免费鉴定、免费发证，所需资金从就业补助资金中列支。对于开展精准技能扶贫工作成效显著的技工院校，在实施国家高技能人才振兴计划相关项目、开展高技能人才评选表彰、实施企业新型学徒制试点和职业训练院试点、校长教师轮训等工作中，优先给予支持。

六、完善对接机制

各地人力资源社会保障、扶贫部门要建立工作对接机制，共同研究制定本地区技工院校精准扶贫工作方案。有对口协作帮扶任务的省市要根据中央确定的对口扶贫协作要求，完善与受帮扶省市的对接机制，组织受帮扶地区贫困家庭子女到帮扶省市的技工院校接受技工教育和职业培训。用工大省和地区要加强与贫困地区建立劳务协作工作对接机制，引导贫困家庭劳动者通过参加技工教育或职业培训，提高就业创业能力。各省级人力资源社会保障、扶贫部门要组织本省（区、市）技工院校建立与省内外贫困县的对接机制，完善扶持政策，鼓励技工院校招收贫困地区的学生（学员）。

七、明确工作要求

要坚持精准帮扶，建立技工院校电子注册和统计信息管理系统、职业培训实名制信息管理系统与建档立卡贫困人口信息系统精准比对机制，确保扶助对象精准识别。要坚持就业导向，切实帮助贫困家庭劳动者掌握一技之长，实现技能就业。要坚持就地就近原则，各地技工院校应把本地区贫困家庭劳动者作为重点教育培训对象，降低招生、宣传、服务、交通等成本，对于有明确跨省对口扶贫任务的技工院校可争取本地政府相关部门资金、政策支持，做好跨地区招生工作。要明确财经纪律，各地人力资源社会保障、扶贫部门要制定补贴资金使用管理制度，按要求使用各项用于技能脱贫工作的资金，确保资金安全，提高资金使用效益。要加强工作考核，把技能脱贫成效纳入地方脱贫攻坚工作考核范围，以建档立卡贫困家庭子女就学状况、资助状况和就业状况为重点，对各地及各技工院校技能脱贫工作实施进展和成效进行考核评价。

八、落实工作责任

各地人力资源社会保障、扶贫部门和各技工院校要把技能脱贫列入精准扶贫重要任务，加强领导，统筹谋划，积极创造条件加快推进工作落实。各级人力资源社会保障、扶贫部门要广泛发动技工院校承担技能扶贫任务，加强与财政等部门的协调，落实好各项资金补贴政策。各级扶贫部门要主动摸清建档立卡贫困家庭劳动者就读技工院校和参加职业培训的意愿、需求，提供给人力资源社会保障部门和技工院校，要发挥基层扶贫机构、驻村工作队、“第一书记”和农村基层组织的作用，向广大贫困家庭宣传好技能扶贫政策，组织贫困家庭人员接受技工教育或参加职业培训。各技工院校要成立专门扶贫工作领导机构，主要负责同志为第一责任人，制定并落实技能脱贫行动工作方案，建立好扶贫工作台账。请各地人力资源社会保障部门认真填写《技能脱贫千校行动进展情况表》（见附件），于每年12月底前报送人力资源社会保障部职业能力建设司。

九、加大宣传力度

要加大政策宣传力度，将技能扶贫政策宣传到每一个建档立卡贫困家庭。要加大招生宣传力度，要通过多种形式，宣传技能成才的典型，宣传掌握技能对于促进就业创业、提高收入水平的重要作用，引导广大贫困家庭子女读技校、学技能。要加大扶贫经验交流和宣传，大力宣传技能扶贫的典型做法、工作经验和扶贫成效，不断提高全国技工院校技能脱贫工作水平。

附件：技能脱贫千校行动进展情况表（略）

人力资源社会保障部

国务院扶贫办

2016年7月26日

关于印发乡村旅游扶贫工程行动方案的通知

旅发〔2016〕121号

各省、自治区、直辖市、新疆生产建设兵团旅游委（局）、发展改革委、国土资源厅（局）、环保厅（局）、住房城乡建设厅（建委）、交通运输厅（局）、水利厅（局）、农业厅（局）、林业厅（局）、扶贫办，国家开发银行、中国农业发展银行各分行：

为贯彻落实《中共中央 国务院关于打赢脱贫攻坚战的决定》（中发〔2015〕34号）和中共中央办公厅、国务院办公厅《贯彻实施〈中共中央国务院关于打赢脱贫攻坚战的决定〉重要政策措施分工方案》（厅字〔2016〕4号），深入实施乡村旅游扶贫工程，充分发挥乡村旅游在精准扶贫、精准脱贫中的重要作用，我们联合制定了乡村旅游扶贫工程行动方案，现印发给你们，请认真贯彻执行。

附件：乡村旅游扶贫工程行动方案

国家旅游局　国家发展改革委

国土资源部　环境保护部

住房城乡建设部

交通运输部　水利部　农业部

国家林业局　国务院扶贫办

国家开发银行　中国农业发展银行

2016年8月11日

乡村旅游扶贫工程行动方案

厅字〔2016〕16号

为贯彻落实《中共中央 国务院关于打赢脱贫攻坚战的决定》和中共中央办公厅、国务院办公厅《贯彻实施〈中共中央 国务院关于打赢脱贫攻坚战的决定〉重要政策措施分工方案》，深入实施乡村旅游扶贫工程，充分发挥乡村旅游在精准扶贫、精准脱贫中的重要作用，国家旅游局、国家发展改革委、国土资源部、环境保护部、住房城乡建设部、交通运输部、水利部、农业部、国家林业局、国务院扶贫办、国家开发银行、中国农业发展银行共同制定本行动方案。

一、总体要求

（一）工作目标

“十三五”期间，力争通过发展乡村旅游带动全国25个省（区、市）2.26万个建档立卡贫困村、230万贫困户、747万贫困人口实现脱贫。

——2016—2018年减少1.26万个建档立卡贫困村，实现400万贫困人口脱贫；

——2019—2020年减少1万个建档立卡贫困村，实现347万贫困人口脱贫。

——通过实施乡村旅游扶贫工程，使全国1万个乡村旅游扶贫重点村年旅游经营收入达到100万元，贫困人口年人均旅游收入达到1万元以上。

（二）基本原则

中央统筹、地方负责。按照中央统筹、省（自治区、直辖市）负总责、县（市、区、旗）抓落实的管理体制，中央各相关部门负责制定配套方案，明确工作部署。各省（自治区、直辖市）统筹负责本辖区内乡村旅游扶贫工作，整合省内资源予以支持。各县（市、区、旗）政府要组织实施好扶贫项目，确保政策措施落到实处，扶贫资金用到刀刃上。

部门协作、合力推进。各相关部门根据行动方案要求，结合各自职能，在制定政策、编制规划、分配资金、安排项目时向乡村旅游扶贫重点村倾斜，形成旅游扶贫开发合力。

因地制宜、创新模式。因地制宜确定各类乡村旅游建设发展类型，选择精准到户到人的脱贫模式。创新投融资方式和途径，为贫困地区发展乡村旅游提供更有力的资金支持。各项旅游建设尽可能利用原有建设用地，不占或少占耕地，严禁占用永久基本农田，突出农村特色和田园风貌。

精准施策、提高实效。按照“六个精

准”的要求，精准锁定乡村旅游扶贫重点村、建档立卡贫困户和贫困人口，精准发力，精准施策，切实提高乡村旅游扶贫脱贫工作成效。

二、乡村旅游扶贫工程主要任务

（一）科学编制乡村旅游扶贫规划。各地要将乡村旅游扶贫规划与国民经济和社会发展规划、脱贫攻坚规划、土地利用总体规划、县域乡村建设规划、易地扶贫搬迁规划、风景名胜区总体规划、交通建设等规划有效衔接。推动乡村旅游规划与村镇规划、传统村落保护发展规划、森林旅游发展规划、林地保护利用规划、非物质文化遗产保护规划、休闲农业发展规划等专项规划合并编制。乡村旅游扶贫重点村分布比较集中的省市，应当编制区域旅游扶贫规划，打造沿山、沿河、沿路、沿湖、沿海乡村旅游扶贫开发带（区），整村整镇、成带成片、全景全域推进乡村旅游扶贫开发。乡村旅游扶贫应充分体现针对建档立卡贫困户和贫困人口的帮扶途径、支持措施和收益安排。

（二）加强旅游基础设施建设。各地要积极整合资源力量，加大投入力度，挖掘当地生态旅游、民俗文化等资源，因地制宜打造乡村旅游重点景区，引导生活在周边不具备基本生存条件的建档立卡易地扶贫搬迁对象适度集中居住并依托乡村旅游就业脱贫。集中精力解决好乡村旅游扶贫重点村旅游基础和公共服务设施，完善乡村旅游服务体系。加快具备条件的建制村通硬化路，加强农村公路安全生命防护设施建设和危桥改造，对不能安全通客车的窄路基路面公路合理进行加宽改造，提高通行能力和安全水平。推进重点旅游景点景区到干线公路的连接线、旅游路建设，改善重点景点景区的交通条件。加快完善乡村宽带信息基础设施。加快农村生活污水治理，深入推进“厕所革命”向乡村延伸，开展“六小工程”建设，大力推进有条件的贫困户开展乡村旅游服务，对从事乡村旅游经营的贫困户实施改厨、改厕、改房、整理院落为主要内容的“三改一整”工程，提升改善旅游接待条件。

（三）大力开发乡村旅游产品。各地要突出乡村自然资源优势，挖掘文化内涵，开发形式多样、特色鲜明的带动贫困户参与的乡村旅游产品。要发展一批以农家乐、渔家乐、牧家乐、休闲农庄、森林人家等为主题的乡村度假产品，建成一批依托自然风光、美丽乡村、传统民居为特色的乡村旅游景区，策划一批采摘、垂钓、农事体验等参与型的旅游娱乐活动，大力开发徒步健身、乡村体育休闲运动，培育发展自驾车房车营地、帐篷营地、乡村民宿等新业态，打造丰富多彩的乡村特色文化演艺和节庆活动。

（四）加强旅游宣传营销。各地要因地制宜，加大对乡村旅游扶贫重点村的宣传推介，通过电商平台、节庆推广、主题活动等一系列载体，开展乡村旅游扶贫公益宣传。大力推广乡村度假生活理念，开展乡村旅游进社区、高校、企业单位等宣传，把乡村旅游点变成“单位的疗养院”、“学校的实践基地”、“社区的活动中心”。利用互联网等信息平台推介民宿客栈等乡村旅游特色产品，引导乡村旅游扶贫重点村挖掘当地乡土文化、民俗风情，举办农事节庆游、山水美景游、民俗风景、农家乐厨艺大赛等系列节庆活动，打造乡村旅游品牌。

（五）加强乡村旅游扶贫人才培训。各地要创新乡村旅游扶贫人才培养方式，积极开展乡村旅游经营户、乡村旅游带头人、能工巧匠传承人、乡村旅游创客四类人才和乡村旅游导游、乡土文化讲解等各类实用人才培训，依靠人才支持和智力投入促进乡村旅游发展，提高贫困人口旅游服务能力。实施“乡村旅游扶贫培训种子工程”，培养一批乡村旅游扶贫培训师，深入基层一线、面对贫困群众进行技能辅导。

三、乡村旅游扶贫八大行动

1. 乡村环境综合整治专项行动。大力改善乡村旅游基础和公共服务设施，规划启动“六小工程”，确保每个乡村旅游扶贫重点村建好停车场、旅游厕所、垃圾集中收集站、医疗急救站、农副土特产品商店和旅游标识标牌。到2020年全国2.26万个乡村旅游扶贫重点村实现“六小工程”和“厕所革命”全覆盖，50万户建档立卡贫困户实施“三改一整”工程。

2. 旅游规划扶贫公益专项行动。组织和支持300家旅游规划设计单位开展旅游规划扶贫公益行动，围绕旅游产品建设和促进旅游产业发展，为乡村旅游扶贫重点村编制旅游发展规划。每年促成不少于500个乡村旅游扶贫重点村与规划设计单位结对，5年完成3000个乡村旅游扶贫重点村的规划编制。

3. 乡村旅游后备箱和旅游电商推进专项行动。依托乡村旅游发展带动农副土特产品销售，支持乡村旅游扶贫重点村在邻近的重点景区景点、高速公路服务区、主要交通干道旅客集散点等设立农副土特产品销售专区。开展旅游电商万村千店行动，优先支持有条件的重点村利用已有资源建设旅游扶贫电商平台，组织实施贫困地区“一村一店”、“旅游淘宝村”、“旅游扶贫村+特色馆”立体扶贫，依托村民中心、超市等营业场所建设电商服务站点，支持各大电商平台开展旅游电商扶贫行动，为贫困地区开设扶贫频道，开展在线宣传推广、特产销售、旅游线路营销。到2020年，全国建设1000家“乡村旅游后备箱工程示范基地”，销售产值8000亿元，带动不低于50万户贫困户脱贫；建设1000个乡村旅游扶贫电商示范村，每年实现旅游商品销售100亿元。

4. 万企万村帮扶专项行动。组织动员全国1万家旅游企业、宾馆饭店、景区景点、旅游规划设计单位、旅游院校等单位，对乡村旅游扶贫重点村进行帮扶脱贫。采取安置就业、项目开发、输送客源、定点采购、指导培训等多种方式帮助乡村旅游扶贫重点村发展旅游，通过5年时间解决100万左右贫困人口的脱贫。

5. 百万乡村旅游创客专项行动。组织和引导百万返乡农民工、大学毕业生、专业艺术人才、青年创业团队等各类“创客”投身乡村旅游发展，通过一系列的创意研发、产品开发、宣传推广，推动乡村旅游实现转型提升、创新发展。到2020年，全国培育1000个乡村旅游创客示范基地，形成一批高水准文化艺术旅游创业示范乡村。

6. 金融支持旅游扶贫专项行动。加快乡村旅游扶贫项目库建设，统筹资源支持国开行、农发行等银行创新金融服务，设计符合旅游扶贫项目特点、与旅游扶贫项目周期相匹配的支持产品。探索建立乡村旅游投融资主体、担保平台、风险准备金制度及信用评级体系，优先在乡村旅游扶贫重点村进行授信，为贫困户提供小额贷款，相关部门给予贷款贴息。积极探索景区带村、能人带户、“企业（合作社）+农户”等扶贫信贷政策，引导金融机构根据带动贫困村、贫困户实现增收的情况，为景区、能人、企业（合作社）提供成本低、期限长的信贷支持。每年金融支持旅游扶贫项目不少于1000个，资金不少于3000亿元。

7. 扶贫模式创新推广专项行动。探索景区带村、能人带户、企业（合作社）+农户等多种类型的旅游扶贫新模式，按照景区扶贫加分政策，鼓励每个4A、5A级景区带动周边乡村旅游扶贫重点村不少于3个，每个能人带动不少于5户建档立卡贫困户，一个合作社带动不少于20户建档立卡贫困户，通过招工、订单采购农产品、建设绿色食品基地、成立互助社等方式帮扶脱贫。加快扶贫创新模式推广，到2020年，全国建设旅游扶贫示范景区1000个、“企业（合作社）+农户”旅游扶贫示范基地1万家，培育旅游扶贫带头人5万个，带动80万户贫困户脱贫。

8. 旅游扶贫人才素质提升专项行动。设立乡村旅游扶贫东部、西部培训基地，组建“全国乡村旅游扶贫专家库”，动员规划、管理、营销专业人才到扶贫开发重点县、易地扶贫搬迁小镇、乡村旅游扶贫重点村开展公益指导培训。到2020年前，各省要以市、县为基础，建立地方培训基地，实现对2.26万个乡村旅游扶贫重点村致富带头人培训全覆盖，培养旅游扶贫带头人10万人。

四、实施保障

（一）明确任务分工。建立由旅游、发改、国土资源、环保、住建、交通、水利、农业、林业、扶贫、国家开发银行、中国农业发展银行等部门和金融机构共同参加的乡村旅游扶贫工作机制。旅游部门建立旅游扶贫工作领导小组，负责重点村的旅游规划引导、公共服务设施建设、宣传推广、人才培训、市场监管以及跟踪统计工作。发展改革部门加强重点村和周边重点景区基础设施建设的指导。交通运输部门指导协调重点村交通体系发展和重点村、重点景区交通基础设施建设。国土资源主管部门负责指导重点村开展规划建设，合理安排乡村旅游扶贫各项用地的规模、布局和时序。环保部门指导重点村环境综合整治工作。住房城乡建设部门指导重点村人居环境改善、风景名胜区保护和规划建设。水利部门负责指导乡村河流、湖泊、水利风景区资源保护利用。农业部门负责重点村的特色农产品开发，促进休闲农业发展和美丽乡村建设。林业部门指导森林旅游资源的开发利用与保护，打造精品景区。扶贫办负责协调利用扶贫资金和扶贫小额信贷，支持重点村建档立卡贫困户参与乡村旅游项目。国家开发银行、中国农业发展银行创新金融产品，加大对旅游扶贫的金融支持。

（二）加强组织协调。各地将旅游扶贫工作有机融入党委政府扶贫攻坚大局，构建跨部门、跨单位、全社会共同参与、多元主体的旅游扶贫体系，统筹解决旅游扶贫工作中的规划对接、用地保障、行政审批和资金整合使用等问题，打好组合拳，形成政策合力。

（三）强化督查考核。各地应建立旅游扶贫开发督导考核机制，把乡村旅游扶贫工作纳入各级党委政府和有关部门的议事日程，纳入工作考核体系。及时开展旅游扶贫情况动态跟踪监测、督导检查，每年年底进行考核。各地要通过电台、电视台、报刊、网站、微信等多种手段，大力宣传旅游扶贫成果，进一步强化典型示范引领，推动各方参与旅游扶贫，共同分享旅游扶贫成果。

各省区市旅游部门牵头，结合实际尽快制定推进落实行动方案的具体举措，确保各项任务落到实处，各有关部门要按照职责分工抓紧制定配套政策，营造良好环境。

财政部　教育部关于免除普通高中建档立卡家庭经济困难学生学杂费的意见

财教〔2016〕292号

各省、自治区、直辖市人民政府，国务院有关部委、有关直属机构：

为深入贯彻党的十八大和十八届三中、四中、五中全会精神，落实《中共中央 国务院关于打赢脱贫攻坚战的决定》等要求，经国务院同意，从2016年秋季学期起，免除普通高中建档立卡家庭经济困难学生学杂费。现就有关工作提出如下意见：

一、重大意义

普通高中教育是学生个性形成、能力培养、自主发展的关键时期，对于提高国民素质和培养创新人才具有特殊意义。党中央、国务院高度重视普通高中教育发展，免除普通高中建档立卡家庭经济困难学生学杂费，是完善国家助学政策体系、推进教育机会公平、阻断贫困代际传递、实施精准扶贫帮困的重要举措，也是加快普及高中阶段教育、全面建成小康社会的客观要求，具有十分重要的意义。

二、主要内容

按照“中央政策引导、地方统筹实施”的原则，从2016年秋季学期起，免除公办普通高中建档立卡等家庭经济困难学生（含非建档立卡的家庭经济困难残疾学生、农村低保家庭学生、农村特困救助供养学生）学杂费。其中：建档立卡家庭经济困难学生是指符合国务院扶贫办发布的《扶贫开发建档立卡工作方案》相关规定，在全国扶贫开发信息系统中建立电子信息档案，持有《扶贫手册》的普通高中学生。各省（区、市，下同）免学杂费学生人数由各省根据全国中小学学生学籍信息管理系统和全国扶贫开发信息系统等有关数据确定。西藏、四省藏区和新疆喀什、和田、阿克苏、克孜勒苏柯尔克孜四地州学生继续执行现行政策。

免学杂费标准按照各省级人民政府及其价格、财政主管部门批准的学费标准执行（不含住宿费）。对在政府教育行政管理部门依法批准的民办普通高中就读的符合免学杂费政策条件的学生，按照当地同类型公办普通高中免除学杂费标准给予补助。民办学校学杂费标准高于补助的部分，学校可以按规定继续向学生收取。

对因免学杂费导致学校收入减少的部分，由财政按照免学杂费学生人数和免学杂费标准补助学校，以保证学校正常运转。免学杂费补助资金由中央与地方按比例分担。其中：西部地区为8：2，中部地区为6：4；东部地区除直辖市外，按照财力状况分省确定。

中央财政逐省核定免学杂费财政补助标准，原则上3年核定一次。各省应充分考虑本行政区域内普通高中学杂费收费标准、已实施免学杂费政策补助标准等因素，合理确定免学杂费财政补助标准，并报财政部、教育部核定。

各地普通高中免学杂费政策范围宽于或标准高于本意见要求的，可继续执行。

三、工作要求

（一）加强组织领导，强化统筹协调。各省要发挥省级统筹作用，结合精准扶贫、精准脱贫的要求，制定切实可行的实施方案，逐市、逐县（区）确定免学杂费标准，明确省以下免学杂费资金分担办法，确保政策落实到位。各省应于2016年8月底前，就今年免学杂费实施方案和免学杂费财政补助标准与财政部、教育部做好衔接，确保落实。以后年度按要求申报。国务院有关部门要发挥职能作用，加强工作指导和协调。

（二）规范收费行为，强化基础管理。各公办普通高中不得因免学杂费而提高其他收费标准或擅立收费项目。各地要按照《民办教育促进法》及其实施条例的要求，进一步规范民办普通高中各项收费的管理。各级教育行政管理部门要加强普通高中基础信息管理工作，完善全国中小学学生学籍信息管理系统，做好与民政部门、扶贫办公室、残疾人联合会相关数据对接工作。普通高中要安排专人，做好免学杂费对象认定工作，保证学生基本信息真实准确。

（三）落实经费责任，强化资金管理。地方各级财政、教育部门要统筹安排中央补助资金和地方应承担的资金，并确保及时足额拨付到位。加强普通高中预算管理，细化预算编制，严格预算执行，强化预算监督。加强学校财务资产管理等基础性工作，规范会计核算，严格按规定范围和标准支出，确保免学杂费资金使用安全、规范和有效。

（四）推进信息公开，强化监督检查。各地要加强监督检查和信息公开工作，按规定公布政策落实情况，并接受社会监督。对于虚报学生人数、骗取补助资金等行为，将按照《财政违法行为处罚处分条例》等有关规定严肃处理，并追究相关学校领导的责任。

（五）加大宣传力度，形成良好氛围。各地要采取多种形式加强政策宣传解读，使这项惠民政策家喻户晓，使相关学生及时了解受助权利，营造良好的社会氛围。

财政部　教育部

2016年8月30日

农业部关于加大贫困地区项目资金倾斜支持力度促进特色产业精准扶贫的意见

农计发（2016）94 号

为贯彻党中央、国务院关于打赢脱贫攻坚战的决策部署，落实九部委关于《贫困地区发展特色产业促进精准脱贫指导意见》的精神，推进农业部建设项目和财政资金向贫困地区倾斜，支持特色产业精准扶贫，现提出如下意见。

一、理清思路，凝聚倾斜支持共识

全面贯彻落实中央关于脱贫攻坚决策部署，坚持精准扶贫、精准脱贫的基本方略，牢固树立创新、协调、绿色、开放、共享的发展理念，立足贫困地区发展实际，突出需求导向，强化规划统领，结合现有渠道，加大农业项目资金倾斜支持力度，不断壮大农业特色主导产业，促进贫困地区传统农业加快向现代农业迈进，助力扶贫对象精准受益，稳定提高收入，如期实现脱贫攻坚目标，为全面建成小康社会做出积极贡献。

（一）坚持规划引领。把“十三五”脱贫攻坚规划、特色产业精准扶贫规划和相关专项规划，作为农业项目资金向贫困地区倾斜安排的重要依据，以项目支撑规划任务落实，分级推动各类规划有效实施，切实发挥规划的引领作用。

（二）坚持产业优先。把做大做强特色产业作为农业项目资金倾斜安排的首要任务，统筹加强贫困地区特色农产品生产、加工、流通设施条件建设，提升综合服务能力，构建优势突出、特色鲜明、绿色高效的现代农业产业体系，开掘富源，拔掉穷根。

（三）坚持精准安排。把精准配置资源作为向贫困地区农业项目资金倾斜安排的重要遵循，选准特色农业发展薄弱环节和产业发展重点，建立与贫困地区相适应的差别化项目资金准入门槛，强化涉农资金统筹使用，变项目资金安排由“扶优扶强”为“扶特扶精”，提高贫困对象的参与度与受益度。

（四）坚持公开透明。把“阳光操作”作为农业项目资金倾斜安排的基本要求，深入推行农业项目公示制度，及时向社会公开项目安排等相关信息，接受社会监督，确保项目实施各环节科学透明、程序规范、公开公正。

二、突出实效，聚焦倾斜支持重点

按照上述思路和原则，“十三五”期间，着力在农业生产基础设施、农业科技推广服务、现代农业产业体系、新型经营主体发展、农业防灾减灾等方面，加大农业项目资金向贫困地区倾斜支持力度，助推贫困地区特色产业发展。

（一）加强农业生产基础设施建设。积极推动农业基础设施建设项目向贫困地区倾斜，不断夯实贫困地区产业发展基础。对于在新增千亿斤粮食生产能力规划范围内的151个贫困县，年度项目资金优先倾斜安排，加快建成一批旱涝保收、高产稳产、生态良好的高标准农田；向符合条件的贫困地区优先安排标准化规模养殖场建设项目，改善水电路、粪污处理、防疫、质量检测等基础设施条件，培育壮大一批设施完备、环境友好的养殖场（小区），巩固和提升贫困地区特色产业带动能力。

（二）强化农业科技推广服务。加大对贫困地区农业科技推广项目的实施力度，促进贫困地区特色资源优势转化为产业发展优势。现代农业产业技术体系项目向贫困地区延伸，基层农技推广体系改革与建设、粮棉油糖绿色高产高效创建、园艺作物标准园创建等补助资金向贫困地区倾斜安排，支持贫困地区特色资源开发；加大贫困地区农机购置补贴政策扶持力度，不断提高贫困地区农机装备水平；加快实施国家级和区域性制育种基地（场、中心）项目，支持符合条件的贫困县加强良种繁育基地等设施条件建设，提高供种能力和生产效益。

（三）构建现代农业产业体系。围绕种养结合、链条延伸、功能拓展，支持贫困地区完善特色农业产业体系，促进农业增效、农民增收。鼓励符合条件的贫困地区开展“粮改饲”试点。马铃薯主食产品及产业开发试点、高产优质苜蓿示范片区建设、畜牧良种补贴、基础母牛扩群、渔业标准化健康养殖等补助资金，优先安排到符合条件的贫困地区，支持贫困地区调整农业结构。鼓励贫困地区因地制宜发展“一村一品”特色产业，支持开展“一村一品”专业示范村镇创建。农产品产地初加工补助政策资金向贫困地区倾斜，减损提质，错季销售，提高农产品附加值。鼓励贫困地区培育特色农业品牌，逐步完善农产品产地市场交易、冷链物流等设施条件。加快发展农业信息化，加快实施信息进村入户工程，大力发展电子商务。支持贫困地区开展全国休闲农业和乡村旅游示范县示范点创建、中国美丽休闲乡村推介、中国重要农业文化遗产认定、休闲农业与乡村旅游星级企业创建，因地制宜在贫困地区开展一、二、三产业融合试点。

（四）支持新型经营主体发展。鼓励贫困地区开展各级农民合作社示范社、示范家庭农场创建，推动涉农建设项目、财政补助补贴资金将贫困地区农业产业化龙头企业、农民合作社、家庭农场列为优先支持对象，鼓励中高等学校特别是农业职业院校毕业生、新型职业农民和农村实用人才、务工经商返乡人员等在贫困地区领办兴办农民合作社、家庭农场。加大新型职业农民培育补助资金对贫困地区的支持力度，重点扶持种养大户、家庭农场主、农民合作社带头人、返乡创业大学生、农民工等；继续在贫困地区开展农村实用人才带头人和大学生村官示范培训工作，开展贫困地区产业发展带头人培训等“扶智行动”。

（五）提高农业防灾减灾能力。着力加强贫困地区农业防灾减灾体系建设，推动贫困地区特色农业减损增效。综合考虑贫困地区畜禽品种、数量、分布区域以及免疫工作量，加大动物防疫经费支持力度。充分利用小麦“一喷三防”、病虫害防治、草原灭鼠、农业生产应急救灾等政策资金，加大对贫困地区倾斜支持比重和覆盖范围，提高贫困地区防灾减灾能力。

（六）加强资源环境保护。统筹贫困地区影响农业资源与生态环境保护的各种要素，优先在贫困地区设置国家农业可持续试验示范区，优先实施生态循环农业、农村沼气、东北黑土地保护、石漠化综合治理、退牧还草、湿地保护与恢复、农牧交错带已垦草原治理等生态工程，新增退耕还林还草任务优先向贫困县倾斜，在符合条件的贫困地区积极落实草原生态保护补助奖励政策；支持水资源丰富的贫困地区开展渔业增殖放流，加强水生生物保护区建设，提升贫困地区生态保护与建设水平。

三、强化保障，提高倾斜支持效率

推进农业项目资金向贫困地区倾斜，是发挥政府支农资金引导作用、推动形成脱贫攻坚合力的重要举措。各级农业部门要高度重视，立足职责，建立工作机制，创新工作方式，落实工作责任，强化协调沟通，务求取得实效。

（一）建立上下联动机制。农业部各有关司局要依据现有规划和资金渠道，加强与发改、财政等部门沟通协调，及早发布项目申报信息，明确申报条件，优先安排符合条件的贫困地区特色产业发展支持项目。省级农业部门要加强贫困地区项目组织申报实施的指导和服务，严格筛选，及时报送符合条件的项目。贫困地区农业部门要根据特色产业精准扶贫等规划，积极谋划项目，指导项目单位抓紧开展项目前期工作，落实用地、规划等前置条件，并督促做好项目实施工作。

（二）创新项目支持方式。严格落实国家在贫困地区安排的公益性建设项目取消县级和西部连片特困地市级配套资金的政策，并加大中央和省级财政投资补助比重。创新项目审批方式，允许国家级贫困县以主导产业为依托打捆申报项目。对中央农业项目资金和财政补助资金形成的经营性固定资产，要探索股权量化到贫困户的有效实现形式，确保扶贫对象长期稳定受益。积极争取专项建设基金、各类金融资金投入贫困地区特色产业发展。有关特色产业项目要把建档立卡贫困户精准受益作为支持安排的重要条件，完善带动贫困户脱贫增收的利益联结机制，强化贫困户“造血”功能，带动贫困户增收脱贫。

（三）加强事中事后指导与监查。对贫困县未纳入资金统筹整合使用范围的农业项目，要加强定期调度和日常监管，强化信息公开确保项目按照批复的建设内容和目标实施，发挥资金使用效益；对已纳入资金统筹整合使用范围的农业项目，要按照国务院的有关要求，及时报省级扶贫开发领导小组备案，并向我部通报。

农业部

2016 年 9 月 1 日

中国证监会关于发挥资本市场作用服务国家脱贫攻坚战略的意见

证监会公告〔2016〕19号

为贯彻落实《中共中央 国务院关于打赢脱贫攻坚战的决定》（中发〔2015〕34号）和中央扶贫开发工作会议精神，

充分发挥资本市场作用，服务国家脱贫攻坚战略，现提出如下意见。

一、全面把握资本市场服务国家脱贫攻坚战略的总体要求

（一）充分提高认识

认真贯彻落实习近平总书记系列重要讲话精神，紧紧围绕“五位一体”总体布局和“四个全面”战略布局，把打赢脱贫攻坚战作为崇高的政治责任。积极探索资本市场的普惠金融功能与机制，发挥证券期货行业优势，以消除贫困为目标，以精准扶贫为手段，以制度创新为动力，形成多层次、多渠道、多方位的精准扶贫工作格局，为全面建成小康社会提供有力的资本市场支撑。

（二）加强政策引导

打赢脱贫攻坚战要采取务实有力的政策举措，以贫困地区（指国务院扶贫开发领导小组确定的国家扶贫开发工作重点县和集中连片特殊困难地区县，下同）实体经济需求为导向，以资本市场服务产业扶贫为重点，优先支持贫困地区企业利用资本市场资源，拓宽直接融资渠道，提高融资效率，降低融资成本，不断增强贫困地区自我发展能力。

（三）着力精准扶贫

深刻领会精准扶贫基本方略，坚持把帮助贫困群众摆脱贫困、实现共同富裕作为资本市场各项支持措施的出发点和落脚点。证券行业各类帮扶主体要与贫困村和建档立卡贫困户紧密衔接，建立带动贫困人口脱贫挂钩机制，因地制宜、分类施策，坚持真扶贫、扶真贫，确保扶贫政策精准、对象措施精准、脱贫成效精准。

二、充分发挥资本市场在服务国家脱贫攻坚战略中的作用

（四）支持贫困地区企业利用多层次资本市场融资

对注册地和主要生产经营地均在贫困地区且开展生产经营满3年、缴纳所得税满3年的企业，或者注册地在贫困地区、

最近一年在贫困地区缴纳所得税不低于2000万元且承诺上市后三年内不变更注册地的企业，申请首次公开发行股票并上市的，适用“即报即审、审过即发”政策。

对注册地在贫困地区的企业申请在全国中小企业股份转让系统挂牌的，实行“专人对接、专项审核”，适用“即报即审、审过即挂”政策，减免挂牌初费。

对注册地在贫困地区的企业发行公司债、资产支持证券的，实行“专人对接、专项审核”，适用“即报即审”政策。

（五）支持和鼓励上市公司履行社会责任服务国家脱贫攻坚战略

鼓励上市公司支持贫困地区的产业发展，支持上市公司对贫困地区的企业开展并购重组。对涉及贫困地区的上市公司并购重组项目，优先安排加快审核；对符合条件的农业产业化龙头企业的并购重组项目，重点支持加快审核。

鼓励上市公司结对帮扶贫困县或贫困村，主动对接建档立卡贫困户，优先录用来自贫困地区的高校毕业生，优先招收建档立卡贫困人口。

（六）支持和鼓励证券基金经营机构履行社会责任服务国家脱贫攻坚战略

鼓励证券公司开展专业帮扶，通过组建金融扶贫工作站等方式结对帮扶贫困县，与当地政府建立长效帮扶机制，帮助县域内企业规范公司治理，提高贫困地区利用资本市场促进经济发展的能力。

鼓励上市公司、证券公司等市场主体设立或参与市场化运作的贫困地区产业投资基金和扶贫公益基金。对积极参与扶贫的私募基金管理机构，将其相关产品备案纳入登记备案绿色通道；在贫困地区组织行业培训、开展业务交流，便利私募投资基金向贫困地区投资。

鼓励证券公司、基金管理公司、私募基金管理机构等市场主体优先录用建档立卡贫困毕业生，对建档立卡贫困户在就医就学等方面开展精准帮扶。

国家旅游局办公室关于实施旅游万企万村帮扶专项行动的通知

旅办发〔2016〕272号

各省、自治区、直辖市旅游发展委员会、旅游局，新疆生产建设兵团旅游局：

为贯彻落实中央扶贫开发工作会议精神和《中共中央 国务院关于打赢脱贫攻坚战的决定》，依据国家旅游局等12个部门制定的《乡村旅游扶贫工程行动方案》，国家旅游局决定在全国实施旅游万企万村帮扶专项行动，现就有关工作事项通知如下：

一、目标任务

组织动员全国1万家规模较大的旅游景区、旅行社、旅游饭店、旅游车船公司、旅游规划设计单位、乡村旅游企业等旅游企业及旅游院校，对2.26万家乡村旅游扶贫重点村进行帮扶脱贫。采取安置就业、项目开发、输送客源、定点采购、指导培训等多种方式帮助乡村旅游扶贫重点村发展旅游，通过5年时间解决100万左右贫困人口的脱贫。

二、基本原则

——政府推动和企业自愿相结合。充分发挥旅游部门的行业组织和市场引导优势，结合不同旅游企业的特点和优势、不同贫困村的实际需求，通过行业引导、政策激励、市场推动等方式，在尊重企业和贫困村意愿基础上，推动企业和贫困村之间实现对接帮扶。

——全面统筹和省负总责相结合。在精准扶贫对象和精准扶贫数量的基础上，以省为实施单元，统筹考虑不同省市区旅游企业的多少、强弱和扶贫任务的轻重，实现走出去扶贫和引进来帮扶相结合，做到全国一盘棋，能扶尽扶，应扶尽扶。

——社会效益和经济效益相结合。推动旅游企业结对帮扶，既要强化企业的社会责任，宣传树立良好企业形象，也要加强服务、提供便利，帮助企业在发展方面对接项目、对接资源、对接政策，实现社会效益、经济效益的统一和互利双赢。

——产业带动和精准帮扶相结合。帮扶脱贫既要帮助和扶持贫困村开发旅游项目，发展旅游产业，又要精准帮扶到户、到人，做到面上带动和点上滴灌相结合、整体发展和重点突破相统一、壮大村集体和返补贫困户相协调。

三、帮扶方式与内容

（一）结对帮扶。充分发挥大型旅游企业的组织优势和规模优势，强化示范带动，鼓励“飞马奖”获得者、中国旅游集团20强、百强旅游投资企业、百强旅行社等，在全国范围内选择帮扶对象，结对帮扶不少于2个乡村旅游扶贫重点村，帮扶时间与国家“十三五”扶贫攻坚规划同步实施。

（二）景区带村。充分发挥旅游景区对邻近贫困地区和交通沿线贫困村的辐射带动作用，位于乡村地区的3A级（含）以上旅游景区、国家级和省级旅游度假区、中国乡村旅游模范村、中国乡村旅游创客示范基地等，要实事求是的确定辐射带动的乡村旅游扶贫重点村数量。按照就地就近、共建共享的原则，采取安置就业、提供摊位、入股分红、土地流转等方式让贫困人口分享景区发展带来的收益。

（三）安置就业。旅游企业要优先招录乡村旅游扶贫工程重点村的建档立卡贫困户从事保安、保洁等工作。按照就近原则，鼓励每家五星级酒店、5A级旅游景区、国家级旅游度假区、中国乡村旅游模范村解决20名以上贫困人口就业，四星级及四星级以下酒店、4A级及4A级以下旅游景区、省级旅游度假区解决5—20名贫困人口就业，每家金牌农家乐解决1—2个贫困人口就业。

（四）项目开发。鼓励旅游企业根据自身发展方向和战略，加大对贫困地区旅游资源的投资开发投入，连片、集聚开发乡村旅游扶贫工程重点村及周边优质旅游资源，打造精品民宿、乡村酒店、乡村度假地、旅游景区、旅游度假区等旅游项目，通过项目开发和旅游发展带动贫困户人口脱贫。

（五）输送客源。鼓励旅行社、在线旅游企业大力开发乡村旅游线路，合理串联贫困地区旅游产品，优先将乡村旅游扶贫工程重点村纳入线路。鼓励旅行社、在线旅游企业开发打造乡村旅游扶贫专线，并在价格方面给予优惠或补贴。

（六）定点采购。大力推进“农旅对接”。鼓励宾馆饭店与乡村旅游扶贫重点村的龙头企业、农业合作社、贫困户签订有机鲜活农产品定点采购协议。科学指导贫困户调整种养殖业方向，围绕需求进行订单式农业种植生产，打造直供鲜活农产品生产基地。

（七）培训指导。旅游企业和旅游院校要发挥品牌优势和经验优势，加大对从事农家乐、观光采摘、农事体验等经营户的教育培训和开发指导。鼓励大型旅游企业、旅游规划设计单位、旅游院校采取灵活多样的形式开设乡村旅游开发专题培训班，组织贫困村旅游经营户学习考察发达地区旅游发展经验。

（八）宣传营销。在线旅游企业要合理利用自身平台开辟贫困地区旅游产品宣传专栏，宾馆饭店科学利用客房、大堂、过道等，加大对乡村旅游扶贫重点村和贫困地区旅游产品的宣传推介。鼓励旅游规划设计单位组织开展乡村旅游的专题会议和论坛，宣传贫困地区旅游资源和产品。

四、保障措施

（一）加强组织领导。国家旅游局成立旅游万企万村帮扶专项行动领导小组，领导小组办公室设在规划财务司。各省级旅游部门要按照省负总责、市县主体的工作原则，抓紧制定本省开展“旅游万企万村帮扶脱贫工程”的具体实施方案；鼓励旅游扶贫任务较轻的省区市旅游部门跨省帮扶乡村旅游扶贫重点村，北京、天津、上海、江苏、浙江、广东6省（市）旅游部门在尊重本省（市）旅游企业意愿的基础上，制定跨省旅游万企万村帮扶专项行动实施方案。各省的实施方案要在11月底前报送国家旅游局备案。

（二）加强政策引导。各级旅游部门对于参与帮扶脱贫工程的旅游企业和地区要在项目资金安排、品牌创建、荣誉奖励、教育培训、宣传推介等方面给予倾斜和支持。旅游万村万企帮扶脱贫工程实施好的市县和企业，国家旅游局优先支持创建国家全域旅游示范区、国家级旅游度假区、国家5A级旅游景区、国际特色旅游目的地等国家级旅游品牌，优先纳入评定程序，给予适当加分奖励。

（三）建立统计公告制度。建立“旅游万企万村帮扶专项行动”统计公告制度，各省级旅游部门要以旅游企业为主体，对村企对接及帮扶情况及时予以公告。各省级旅游部门要在每年6月底前向国家旅游局报送本省的“旅游万企万村帮扶专项行动”统计表。

（四）加强宣传表彰。国家旅游局建立旅游扶贫奖励表彰制度，对于结对帮扶脱贫实施好的旅游企业，授予“全国旅游扶贫杰出贡献企业、个人”。中国旅游宣传平台、中国旅游报等对于帮扶好的企业和个人进行针对性宣传报道。

国家旅游局办公室

2016年9月30日

科技部　教育部　中国科学院　中国工程院　自然科学基金会　国防科工局　国务院扶贫办关于印发《科技扶贫行动方案》的通知

国科发农〔2016〕314号

各省、自治区、直辖市科技厅（委）、教育厅（委）、国防科工办、扶贫办，新疆生产建设兵团科技局、教育局、扶贫办，各有关单位：

为贯彻落实《中共中央 国务院关于打赢脱贫攻坚战的决定》，充分发挥科技创新在精准扶贫精准脱贫中的支撑引领作用，科技部、教育部、中国科学院、中国工程院、自然科学基金会、国防科工局、国务院扶贫办研究制定了《科技扶贫行动方案》。现印发你们，请结合实际，认真贯彻执行。

科技部教育部中国科学院

中国工程院　自然科学基金会

国防科工局

国务院扶贫办

2016年10月13日

科技扶贫行动方案

为组织动员全国科技工作者积极投身科技扶贫事业，充分调动全社会科技资源助力实现精准脱贫，科技部、教育部、中国科学院、中国工程院、自然科学基金会、国防科工局、国务院扶贫办等部门共同开展“科技扶贫行动”。

一、指导思想

深入贯彻党的“十八大”和十八届三中、四中、五中全会精神，全面贯彻全国科技创新大会精神和习近平总书记扶贫开发战略思想，认真落实《中共中央 国务院关于打赢脱贫攻坚战的决定》《中共中央办公厅 国务院办公厅关于加大脱贫攻坚力度支持革命老区开发建设的指导意见》《国务院办公厅关于深入推行科技特派员制度的若干意见》，牢固树立创新、协调、绿色、开放、共享的发展理念，实施创新驱动发展战略，以深化科技体制改革为动力，以政策、技术、人才等创新要素为抓手，着力开展创业扶贫，充分发挥科技创新在精准扶贫精准脱贫中的支撑引领作用。

二、主要目标

坚持“需求导向、人才为先、科技支撑、统筹资源”，围绕“精准扶贫、智力扶贫、创业扶贫、协同扶贫”，瞄准贫困地区和建档立卡贫困人口的具体需求，通过开展技术攻关、成果转化、平台建设、要素对接、创业扶贫、教学培训、科普惠农等行动，到2020年基本形成贫困地区创新驱动发展的新模式。贫困地区基层科技服务能力得到明显增强，区域扶贫产业得到较快发展，人员科技文化素质得到较大提高，创新创业热情不断增强，内生发展动力大幅提升，创新驱动精准扶贫精准脱贫成效显著。

三、重点任务

（一）关键技术攻关行动。组织高等学校、科研院所、企业调研贫困地区科技需求，开展技术攻关，解决制约区域产业发展的关键共性技术难题。加强卫星遥感、通信技术在贫困地区的应用，开展高分扶贫应用示范，促进贫困地区农村信息化发展。

（二）成果转移转化行动。面向贫困地区推介最新创新成果，发布“技术成果包”、“产品成果包”、“装备成果包”，增强贫困地区产业科技支撑能力。围绕贫困地区支柱产业转化推广50，000项以上先进适用技术成果，针对“一县一业”、“一乡一品”示范带动一批贫困地区特色优势产业发展。

（三）创业载体建设行动。指导贫困地区、革命老区、少数民族地区建设一批专业化、特色化的“星创天地”，支持有条件的贫困县建设科技园区。推动高等学校新农村发展研究院在贫困地区建设一批集科研中试示范、成果推广转化、农民技术培训为一体的农村科技服务基地，引进和孵化一批科技型企业。鼓励贫困地区、革命老区建立完善技术中介机构，发展技术市场，推动产学研合作。

（四）创新要素对接行动。鼓励国家高新技术产业开发区、国家农业科技园区、国家可持续发展实验区与贫困地区对接，筹建科技园区，实现贫困地区人员转移就业。支持国家重点实验室、工程技术研究中心、国家临床医学研究中心、科技资源共享服务平台与贫困地区对接，推动技术创新和民生改善。动员国家高新技术企业到贫困地区投资兴业，带动贫困地区精准脱贫。加强科技援疆、援藏、援青工作与脱贫攻坚的有效衔接，开展经济发达地区面向贫困地区跨区域科技资源共享服务，支撑贫困地区产业发展。

（五）科技特派员创业扶贫行动。针对贫困地区需要就地脱贫的 10 万个贫困村，组织动员科技特派员进村入户，促进科技能人与致富带头人、技术成果与贫困地区需求、创业扶贫政策与扶贫项目紧密结合，推动一、二、三产业融合发展。基本实现科技特派员对全国贫困村科技服务和创业带动的全覆盖，促进农民增收致富。

（六）脱贫带头人培养行动。以“三区”人才支持计划科技人员专项计划为抓手，发挥科技特派员作用，加强对贫困地区返乡农民工、大学生村官、乡土人才、科技示范户的培训，每年培养 15000 名左右懂技术、会经营、善管理的脱贫致富带头人和新型职业农民。鼓励高等学校、科研院所和省市科技管理部门向贫困地区选派优秀干部和科技人才挂职扶贫，择优接收贫困地区优秀年轻干部到国家部委学习锻炼。

（七）进乡入村科普行动。在贫困地区广泛开展科技列车行、院士行、百名教授兴白村、流动科技馆进基层、科技大篷车万里行、科技之光青年专家服务团活动。组织编写和发放《农村科技口袋书》。做好全国党员干部现代远程教育课件的制播工作，在贫困县电视台推广“星火科技 30 分”电视栏目。试点建立“科教卫同屏互动服务平台”。

四、行动保障

（一）统筹推进。成立科技扶贫行动部际协调小组，定期召开会议，共同推进工作落实。

（二）加大支持。各成员单位要将科技扶贫行动作为本单位的重点工作，运用部门职能和行业资源做好精准脱贫工作。

（三）营造环境。各成员单位组织主要媒体及时向社会各界宣传科技扶贫行动的工作进展、扶贫成效和典型经验，营造全社会参与科技扶贫的良好氛围。

中国科协　农业部　国务院扶贫办关于联合印发《科技助力精准扶贫工程实施方案》的通知

科协发计字〔2016〕94号

各全国学会，各省、自治区、直辖市科协、农业（农牧、农村经济）厅（局、委）、扶贫办，新疆生产建设兵团科协、农业局、扶贫办：

为贯彻落实中央脱贫攻坚重大决策部署和习近平总书记在全国科技创新大会、两院院士大会、中国科协第九次全国代表大会上的重要讲话精神，组织动员各级科技组织和广大科技工作者广泛开展“创新争先行动”，助力各级党委、政府如期完成脱贫攻坚任务，中国科协、农业部、国务院扶贫办决定，在“十三五”时期联合实施“科技助力精准扶贫工程”，现将《科技助力精准扶贫工程实施方案》印发给你们，请结合本地实际，认真贯彻执行，为打赢脱贫攻坚战作出应有的贡献。

中国科协　农业部　国务院扶贫办

2016年10月24日

科技助力精准扶贫工程实施方案

为贯彻落实中央脱贫攻坚重大决策部署和习近平总书记在全国科技创新大会、两院院士大会、中国科协第九次全国代表大会上的重要讲话精神，组织动员各级科技组织和广大科技工作者广泛开展“创新争先行动”，助力各级党委、政府如期完成脱贫攻坚任务，中国科协、农业部、国务院扶贫办决定，在“十三五”时期联合实施“科技助力精准扶贫工程”（以下简称“助力扶贫工程”），制定如下实施方案。

一、总体要求

（一）指导思想

深入贯彻党的“十八大”、十八届三中、四中、五中全会和习近平总书记系列重要讲话精神，团结动员各级科技组织和广大科技工作者，认真落实中央精准扶贫、精准脱贫基本方略和东西协作扶贫重要战略，围绕脱贫攻坚总目标和扶贫先扶智的根本要求，广泛开展“创新争先行动”，积极投身脱贫攻坚，加大科技供给和支撑，大力增强贫困户依靠科技脱贫致富的积极性和主动性，大力提高贫困户的科学素质和生产技能，为实现脱贫攻坚目标作出新贡献。

（二）主要目标

到2020年，在贫困地区支持建设1000个以上农技协联合会（联合体）和10000个以上农村专业技术协会，实现农技协组织和服务在贫困县全覆盖；组织10万名以上来自各级学会、高校和科研院所等科技专家参与脱贫攻坚，实现科技服务在贫困村全覆盖；引导优质科技资源和服务向基层集聚，大幅提高贫困地区公民科学素质和生产技能。

——支持每个贫困县建立1个农技专家服务站；配备1辆科普大篷车；流动科技馆巡展2次；至少建设1所农村中学科技馆；贫困家庭的青少年接受科技教育，参与科普活动的机会明显提升；为每个贫困县制定科技脱贫攻坚规划和产业发展政策提供决策咨询。

——支持有产业发展基础的贫困乡镇建立1个乡镇农技协联合会（联合体）；培育1个乡镇特色产业；建立各级学会，特别是农科、医科和工科学会对接乡镇产业发展科技信息与人才帮扶机制。

——支持适合发展“一村一品”的贫困村建设1个农技协；培育1个以上新型经营主体；打造1个特色品牌；建设1个科普中国乡村e站。

——通过培训使每个有劳动生产能力的贫困家庭至少掌握1—2项脱贫致富的实用技术和技能，至少能够参与1项农业增收项目，提高农民依靠科技致富的能力。

（三）实施原则

1. 精准脱贫，科技助力。坚持地方党委、政府在脱贫攻坚中的主导地位，围绕地方党委、政府脱贫攻坚中心任务，集聚科技资源优势，加大对贫困地区的支持力度，助力脱贫攻坚。

2. 聚力到户，增智增收。始终瞄准贫困地区建档立卡贫困户，坚持扶持对象精准、项目安排精准、资金使用精准、措施到户精准、脱贫成效精准的要求，帮助建档立卡户提升科学素质、实现增收脱贫。

3. 结对帮扶，择优支持。建立东西对口帮扶、各级科技组织和专家与贫困村户结对帮扶机制，每年对做出突出贡献的科技组织和专家给予资助支持，实现东西互动、上下联动。

4. 公开遴选，奖补结合。坚持公开透明，严格执行公示制度，广泛听取各界意见，确保遴选工作的公正性和公信力，对通过评审的各级科技组织和个人，通过“以奖代补、奖补结合”的方式给予支持。

二、重点任务

（一）服务科学决策，促进特色产业发展。发挥科技专家优势，为贫困地区特色产业发展提供智力支持。按照《特色农产品区域布局规划》和省县两级产业扶贫规划，结合现代农业产业技术体系布局，重点解决当地产业发展瓶颈，助力“一村一品、一乡一业”产业扶贫行动。引导东部优势产业向贫困地区转移，加大对贫困地区同质化产业发展的对口帮扶。确立产业与贫困户稳定的带动关系，因地制宜，采取土地托管、牲畜托养、农民土地经营权入股、吸收贫困人口就业等途径，带动贫困户增收脱贫。

（二）推广农村先进实用技术，提升科技帮扶含量。搭建科技成果推广应用平台，加快科技成果在贫困地区应用，大力普及先进实用技术。结合贫困地区的发展基础，大力推广农业新技术、新品种、新模式。帮助延伸产业链条，发展农产品精深加工，大力提升农产品附加值。围绕贫困地区产业发展需求，组织专家力量加强技术攻关。

（三）培养乡土人才，夯实人力资源基础。围绕贫困地区生产经营实际需求，对贫困户开展“定点、定向、订单”式的培训，提高劳动生产技能。加强就业指导培训，帮助贫困户到发达地区转移就业。统筹各类农技人员力量，建立农技人员与贫困户联系服务制度。通过专家授课、现场指导、网络信息平台远程指导等方式，免费为贫困户提供生产技术培训。为农村贫困地区有针对性地编印农村先进实用技术图书资料。大力培养懂技术、善经营、能带动的科普带头人、致富带头人、新型职业农民、乡土技术人才和技术骨干，切实提升农民致富能力。

（四）培育新型经营主体，不断完善农技服务体系。培育发展一批农民专业合作社、龙头企业、种养大户等新型经营主体，为贫困户提供就业岗位，建立与贫困户稳定的带动关系。建立农产品网上销售、流通追溯和运输配送体系，帮助对接连锁超市，支持发展订单农业。积极发挥网络、微博、微信等新兴媒介优势，开展网络实时问答、培训交流。帮助建立 O2O、B2C 等电子商务模式，提供多元化便捷服务。搭建有效的金融保险服务平台，拓展融资渠道，抵御经营风险。

（五）完善科普设施建设，提升科普能力。在贫困地区大力推动县、乡、村科普基础设施硬件和软件建设。专门研发适用于贫困县推广实用技术的科普大篷车。流动科技馆、科普大篷车、农村中学科技馆等项目优先向贫困地区配发配送。发挥已有的科普服务站、校园科技活动中心、科普示范基地等作用，大力推动科普中国校园 e 站、乡村 e 站和社区 e 站，用信息化手段武装基层科普基础设施。

（六）广泛开展科普活动，提升贫困地区公民科学素质。将科普中国的科普信息资源免费提供给贫困地区电视台和广播电台，推动其开设科普节目、栏目、频道。各级学会要深入贫困县针对因灾返贫、因病致贫、贫困代际传递等问题，大力开展防灾减灾、卫生与健康和青少年科技教育等科普工作。开展科普中国 V 视快递、科普文化进万家等活动。大力培养贫困地区科技教师、青少年科技辅导员，引导青少年参加各类科技教育和科普活动。大力开展经常性科普文化活动，坚决破除封建迷信和伪科学的消极影响，树立科学、文明、健康的社会风尚。

三、实施步骤

（一）宣传动员。各级科协、农业部门和扶贫办要加强宣传力度，通过当地的主要媒体广泛宣传，动员各级科技组织和专家积极投身脱贫攻坚，为实施“助力扶贫工程”营造浓厚的舆论氛围。各级科协按照实施方案的总体要求，结合自身特点和实际情况，制订具体的实施细则。

（二）签订协议。各级科协要帮助提供对接信息资源，积极组织有条件的科技组织和专家与贫困村户结成“帮扶对子”，签订帮扶协议书，要明确帮扶的时间、目标、任务、机制等内容，对参与的科技专家要列入名册，并报省级或省级以下科协备案，实行项目化跟踪管理。帮扶协议书由省级科协汇总后，报中国科协入库动态管理。

（三）实施帮扶。结对双方要认真履行帮扶协议的相关内容，深入开展精准扶贫结对帮扶工作。各级科协要加强对科技扶贫的组织协调，为结对帮扶工作顺利实施提供服务。

（四）评估考核。科协组织对申报备案的结对帮扶协议负责督促指导、跟踪服务和评估考核。结对帮扶实施情况要开展评估验收，建立分级考核评价机制，细化考核指标，强化责任担当。根据年度结对帮扶的评估考核情况，择优逐级报送省级科协。

（五）组织申报。省级科协按照中国科协下达的推荐指标，经过专家评审遴选，将推荐对象报送中国科协。推荐对象应为入库备案管理的组织和个人。推荐对象名单应在本地区至少公示一周。

（六）遴选支持。中国科协、农业部、国务院扶贫办联合成立评审委员会，对各省科协推荐对象进行评审，并依据年度经费安排等情况，确定年度支持数量和名单。凡在开展科技精准扶贫工作方面做出突出贡献的各级学会、农村专业技术协会（联合会）、农村科普示范基地、农民专业合作社、农技推广站、农技专家服务站等科技组织和科技专家均可参加。

四、保障措施

（一）加强组织领导。各级科协、农业部门和扶贫部门联合成立国家、省、市、县四级科技助力精准扶贫工程领导小组，办公室设在各级科协。切实加强贫困县科协和农技协组织建设，提高组织开展科技扶贫能力和服务水平。全国科技助力精准扶贫工程领导小组负责统筹规划、组织协调等实施中的重大问题。省、市、县科技扶贫工程领导小组要紧紧围绕当地党委、政府的扶贫总体部署开展工作，负责本地区科技助力精准扶贫工程的组织实施、评估考核。

（二）明确工作职责。各级科协负责组织“助力扶贫工程”的具体实施，指导督促对口帮扶协议，为帮扶协议顺利实施提供服务；农业部门负责组织指导农技推广站开展科技扶贫工作，统筹协调农业部门现有的专家资源参与脱贫攻坚；扶贫办负责提供建档立卡贫困村、户等基础数据，指导科技扶贫成效的考核评估验收。

（三）加大投入支持力度。中国科协将统筹基层科普行动计划、科普大篷车、流动科技馆、农村中学科技馆、创新助力工程等项目经费，加大对“助力扶贫工程”的保障力度；所有面向基层实施的项目，要加大向贫困地区倾斜力度。各级科协要积极争取当地党委和政府的支持，确保“助力扶贫工程”顺利实施。中国科协、农业部、国务院扶贫办所属单位、各级组织要积极配合工程实施，加大支持投入力度。

（四）创新工作机制。建构“东部带西部、先富帮后富”的工作机制，东部地区省市科协在解决区域内欠发达的县市帮扶工作同时，还要积极主动承担贫困县的各类科技组织、新型经营主体和贫困村户的帮扶对接任务。中国科协将搭建对口帮扶综合管理平台，汇聚各类需求与供给的信息资源，切实解决东西帮扶双方资源信息不平衡、不对称的问题。

（五）严格考核监督。每年对各省科协开展“助力扶贫工程”的实施成效，开展综合考核评估。评估考核结果作为下一年度下达奖补指标的重要依据。全国科技助力精准扶贫工程领导小组将根据实施方案制定帮扶协议备案管理办法、扶贫成效评估办法、评审遴选办法、经费使用管理办法等实施细则。严肃纪律，严格审核，对虚构事迹材料、违反评审规定等行为，一经发现，撤销评选资格，并追究有关单位和人员的责任。

（六）营造良好氛围。注重挖掘、总结和宣传基层科技组织参与扶贫攻坚的好思路、好经验、好做法，积极宣传脱贫攻坚中有突出贡献的基层科技组织和个人的先进事迹。通过互联网、报纸、广播、电视等各种媒体渠道加大宣传力度，及时宣传扶贫开发工作的新经验、新模式、新成效，营造“助力扶贫工程”实施的浓厚氛围，努力形成普及服务竞贡献、创新争先竞服务的良好局面。

中央网信办　国家发展改革委　国务院扶贫办印发《网络扶贫行动计划》

为贯彻落实习近平总书记关于“要实施网络扶贫行动，推进精准扶贫、精准脱贫，让扶贫工作随时随地、四通八达，让贫困地区群众在互联网共建共享中有更多获得感”的重要指示精神，全面落实中央扶贫开发工作会议精神，充分发挥互联网先导力量和驱动作用，凝聚全社会力量，推进精准扶贫、精准脱贫，让互联网发展成果惠及13亿多中国人民，特制定本行动计划。

一、网络扶贫的总体要求

（一）指导思想。全面贯彻党的“十八大”和十八届三中、四中、五中全会精神，深入贯彻习近平总书记系列重要讲话精神特别是关于扶贫开发重要指示精神，牢固树立创新、协调、绿色、开放、共享发展理念，按照党中央国务院决策部署，发挥互联网在助推脱贫攻坚中的作用，推进精准扶贫、精准脱贫，让更多困难群众用上互联网，让农产品通过互联网走出乡村，让山沟里的孩子也能接受优质教育，为实现“两个确保”和贫困人口“两不愁、三保障”脱贫攻坚目标作出应有的贡献。

（二）基本原则。坚持武装脑袋、丰富口袋。扶贫扶智齐头并进，创新“互联网+”扶贫，帮助贫困人口脱贫致富，提高教育水平，阻断贫困代际传递。

坚持贴近实际、补齐短板。瞄准建档立卡的贫困人口，因人因地施策，尽快补齐农村互联网基础设施建设的突出短板，增强贫困地区内生动力。

坚持系统部署、多措并举。从网络设施、移动终端、信息内容、电商平台、公共服务等方面系统部署、同步推进，建立网络扶贫信息服务体系。

坚持统筹协调、形成合力。加强网络平台建设，汇聚各地区各部门资源，做好与贫困地区产业对接，面向贫困人口实施精准扶贫。

（三）网络扶贫目标。实施“网络覆盖工程、农村电商工程、网络扶智工程、信息服务工程、网络公益工程”五大工程，到2020年，网络扶贫取得显著成效，建立起网络扶贫信息服务体系，实现网络覆盖、信息覆盖、服务覆盖。宽带网络覆盖90%以上的贫困村，电商服务通达乡镇，带动贫困地区特色产业效益明显，网络教育、网络文化、互联网医疗帮助提高贫困地区群众的身体素质、文化素质和就业能力，有效阻止因病致贫、因病返贫，切实打开孩子通过网络学习成长、青壮年通过网络就业创业改变命运的通道，显著增强贫困地区的内生动力，为脱贫摘帽和可持续发展打下坚实基础。

二、实施网络覆盖工程，加快贫困地区互联网建设和应用步伐

（四）推进贫困地区网络覆盖。加快实施电信普遍服务试点工作，推动农村及偏远地区宽带发展，缩小城乡地区数字鸿沟。加大对贫困县的政策和资金倾斜，优先支持民族地区、边疆地区、革命老区和贫困地区的网络覆盖工程，带动农村及偏远地区经济社会发展和信息化水平提升。鼓励电信运营商和社会资本通过竞争性招标公平参与贫困村宽带建设和运行维护。鼓励电信运营商针对贫困地区推出优惠资费套餐，精准减免贫困户的网络通信资费。

（五）加快实用移动终端研发和应用。积极引导企业履行社会责任，合理规范采用多种方式支持企业定制研发简单易用、控制成本的手机及其他终端设备，满足贫困地区群众的使用需求。

（六）开发网络扶贫移动应用程序（APP）。组织开发适合贫困地区特别是少数民族边远地区特点和需求的“移动APP”，涵盖社交、商务、交通、医疗、教育等行业应用。拓宽和保障“移动APP”推广渠道，协调主要应用商店及时上架、重点推荐和免费应用，利用网络闲置资源做好“移动APP”宣传。

（七）推动民族语言语音、视频技术研发。支持网信企业、科研院所采用合作开发、联合共建等方式取得维汉、藏汉的语料资源，加快研发维语、藏语分词系统和维汉、藏汉翻译系统，消除少数民族群众使用移动终端和信息服务时的语言障碍。

三、实施农村电商工程，推动贫困地区农村特色产业发展

（八）大力发展农村电子商务。鼓励电商平台为贫困地区开设扶贫频道，降低电商平台与贫困地区的合作门槛，开设特色农产品网上销售平台，推进网上“一村一品”产业行动工程。推动电子商务进农村综合示范政策向国家级贫困县倾斜，到2019年，实现对全国所有国家级贫困县的全覆盖。鼓励当地电信运营商、交通、商贸、金融、邮政、供销等各类社会资源加强合作，协调有关机构免费提供域名资源，支持地方利用已有资源构建电子商务平台。健全农村电子商务服务体系，支持各类农村电子商务运营网点积极吸收农村贫困人口、妇女、残障人士等就业。加快建设完善贫困地区物流服务网络和设施，支撑贫困地区电子商务发展。

（九）建立扶贫网络博览会。鼓励网信企业、展会企业、物流企业引进互联网、多媒体、动态数据库及人工智能等先进技术，开发虚拟会展系统平台，搭建国家贫困县名优特产品网络博览会。支持贫困县乡镇、企业、农牧民通过网络博览会展示

和交易当地特色产品。组织发起贫困县产品众筹开发和资源众筹养护计划。支持贫困地区发展“互联网+旅游”，引导新媒体开展网上巡礼和巡展活动，加大贫困地区旅游景点和特色旅游线路的公益宣传力度。分步骤开展美丽乡村网上行活动，推介贫困地区特色农产品、手工艺品和名胜产品。

（十）推动互联网金融服务向贫困地区延伸。充分发挥互联网金融普惠、覆盖面广、创新能力强的特点，鼓励信誉好、实力强的互联网金融平台和互联网金融信息服务企业，成立互联网普惠金融联盟。组织推荐符合贫困地区发展特点的普惠金融特色产品，探索建立示范点，利用金融舆论引导阵地，加强示范点网上宣传。及时总结推广示范点的做法和经验，拓展群众投资理财渠道，助力贫困地区群众生产生活。

四、实施网络扶智工程，提高贫困地区教育水平和就业创业能力

（十一）开展网络远程教育。协调相关资源，支持贫困地区中小学建立远程教育课室，推动城市优质教育资源与贫困地区中小学的对接。组织各类教育培训机构，依托现有资源建立面向贫困农村的互联网教育资源应用平台，提高贫困地区学生教育水平，提升贫困户生产技能。

（十二）加强干部群众培训工作。加强对县、乡、村各级干部和农村青年致富带头人开展网络技能培训，丰富网络专业知识。加强贫困人口互联网知识及操作技能培训。组织电信运营商、电商平台、终端制造厂商开展面向贫困户的网络技能培训，将培训内容纳入售后服务体系。加强各地区各网站的网络扶贫技术平台和人才队伍建设，提升工作能力和专业化水平。

（十三）支持大学生村官和大学生返乡开展网络创业创新。建立综合服务平台，支持贫困地区大学生村官和大学生反哺归乡创业创新，特别支持女大学生归乡创业创新，带动贫困人口就业增收。面向农村市场需求，加快发展众创、众包、众扶、众筹等支撑平台，有效汇聚智力、资金和技术资源。深入实施农村青年电商培育工程、大学生返乡创业行动，通过技能培训、金融支持、创建站点、跟踪服务等方式，支持贫困地区青年电商创业脱贫。

五、实施信息服务工程，建立网络扶贫信息服务体系

（十四）构建统一的扶贫开发大数据平台。完善和推广使用全国扶贫开发大数据平台。各级扶贫部门利用全国大集中的扶贫开发信息系统开展扶贫对象信息采集、动态管理，以及扶贫资金项目管理，实现扶贫对象精准识别、精准帮扶和精准脱贫。依托政府数据统一共享交换平台，实现扶贫办与扶贫开发相关部门的数据共享，推进行业扶贫资源向扶贫对象聚焦。在坚持“全国大集中”建设原则的前提下，各级扶贫部门充分利用扶贫开发大数据开展数据

展现和数据分析，推进扶贫开发决策科学化。

（十五）搭建一县一平台。鼓励电信运营商、信息服务商、电商积极开展合作，降低准入门槛和收费标准，支持和帮助贫困县开设电商平台或专区频道。积极引导贫困户依托电商平台开网店，促进农产品进城和工业品、农业生产资料下乡以及休闲农业发展，带动贫困户增收获益。加快推行“互联网+政务服务”，整合利用教育、医疗、疾控、计生、社保、低保、旅游等已有信息系统和服务资源，构建面向贫困县的扶贫综合服务体系。

（十六）完善一乡（镇）一节点。充分利用电信运营商、互联网企业和农业、科技、商务、民政等部门已有设施及资源，分门别类，综合编队，建立结对帮扶机制，为贫困乡（镇）建立线上线下互动的信息化综合服务点。发挥农村社区公共服务综合信息平台作用，承接市（县）电子政务系统功能，支撑医疗、教育、就业、社会、救助等兜底政策落地。建设一批产业特色鲜明、人文气息浓厚、生态环境优美的智慧小镇，发挥辐射带动作用，促进城乡一体化协调发展。

（十七）培养一村一带头人。在每个贫困村选取有文化、懂技术、会经营的能人及村“两委”成员特别是村党组织书记作为网络扶贫带头人，发挥带头人的示范引领作用，加强培训指导，提高信息技能。依托信息进村入户村级服务站、农村社区综合服务站等设施，推进农村信息综合服务。广泛宣传党和政府的扶贫政策，带动贫困人口参与网络扶贫行动，实施“一店带多户”“一店带一村”的精准带贫机制，推广精准带贫、扶贫做法与经验，帮助贫困户发展特色产业，通过网络增长生产和经营知识，科学种植养畜，掌握市场信息，拓宽销售渠道，增加家庭收入。

（十八）开通一户一终端。采用社会捐赠、公益基金、财政资金补贴等多种方式，在已经通电、拥有大学生村官或科技特派员等具备条件的贫困村，开通绿色通道，为贫困家庭提供一个可以接入宽带网络、简单易用的定制终端。加大对贫困地区重点新闻网站、少数民族语言网站和具有少数民族特色网站的投入支持力度，建立完善贫困地区的信息采集和传播网络，定向精准推送信息服务。

（十九）建立一户一档案。继续完善全国扶贫开发信息系统，为每个贫困户建立及时更新、动态监测的数字化档案，形成贫困户致贫原因、收入状况、生产生活条件、家庭成员等特征的精准画像。开展对贫困户从识别到帮扶、脱贫后跟踪监测的全过程管理，为精准脱贫提供决策支持。

（二十）形成一支网络扶贫队伍。充分发挥第一书记、驻村工作队人员、大学生村官、“三支一扶”大学生、科技特派员、西部计划志愿者等作用，加强综合素质培养和网络技术能力培训，形成一支覆盖省、市、县、乡（镇）、村五级体系的网络扶贫队伍，推动网络扶贫行动计划落地实施。

（二十一）构筑贫困地区民生保障网络系统。推动政务服务和公共服务向农村基层延伸覆盖，优先拓展脱贫急需的生产生活服务功能，让群众少跑腿、好办事、不添堵。建立建档立卡对象、特困人员低保对象等贫困人口健康卡。组织医疗机构开展远程医疗服务，探索开展基于互联网的医养结合服务新模式，促进解决因病致贫、因病返贫问题。强化生态补偿信息服务能力，以信息化支撑完善多元化补偿机制和横向生态补偿机制，推动扶贫脱贫与生态补偿相结合。

六、实施网络公益工程，构建人人参与的网络扶贫大格局

（二十二）开展网络公益扶贫系列活动。依托中国互联网发展基金会、中国扶贫志愿服务促进会等社会组织，开展由若干个网民帮扶一个贫困户的“N+1”网络公益扶贫活动。在中国网信网、中国社会扶贫网开设“N+1”网络公益扶贫专栏，在移动客户端开展网络公益扶贫活动月，组织视频网站开展公益广告插播活动，制作网络公益扶贫先锋系列节目。设计推出网络公益扶贫百家谈等解读传播项目，充分挖掘网络公益扶贫的理念内涵，弘扬社会主义核心价值观，鼓励全体网民积极参与，开展各具特色的消费扶贫活动。

（二十三）推动网络公益扶贫行动。鼓励和倡导网络公益扶贫，动员全体网民自愿参与网络公益扶贫。面向全国征集践行者故事，进行网络传播推广。组织广大青年团员、在校学生积极参与网络公益扶贫，结对子，缔结同心圆，通过实施“网络文明进校园”等活动，加强重点贫困地区校园网络文化建设。设计相关志愿服务项目，营造良好社会氛围，推动网民成为网络公益扶贫的参与者和社会主义核心价值观的践行者。

（二十四）实施贫困地区结对帮扶计划。选取若干国家级贫困县，组织大型互联网企业进行结对帮扶，积极承担社会责任。支持社会组织在网络扶贫中发挥积极作用，推动社会扶贫组织、互联网企业成立网络公益扶贫联盟，形成合作机制。鼓励相关互联网企业发挥自身的网络公益资源优势，有针对性地推出扶贫项目，发动企业员工、合作伙伴以及广大用户共同参与，彰显互联网行业投身公益事业、践行社会责任的良好形象。

（二十五）打造网络公益扶贫品牌项目。依托中国互联网发展基金会、中国扶贫志愿服务促进会、中国扶贫基金会、中国青少年发展基金会、中国妇女发展基金会、中国儿童少年基金会、中国人口福利基金会等社会组织，推出一系列品牌公益项目，建立公开、透明的网络公益帮扶平台。组织开展资助贫困学生的希望工程“1+1”、希望之星和“圆梦行动”项目，开展关爱贫困地区小学生的“爱心包裹”“儿童快乐家园”项目，开展帮助贫困母亲的

“母亲邮包”“母亲健康快车”项目等活动。依托腾讯公益、新浪微公益、支付宝E公益、淘宝公益、绿动未来、蓝筹网、众筹网公益等大型网络劝募平台，畅通公益参与渠道，通过网络公益扶贫项目实现建档立卡对象、特困人员低保对象等贫困人口与广大网民的对接。

七、加强统筹协调，推进网络扶贫政策措施落地实施

（二十六）加强组织领导。中央网信办、发展改革委、国务院扶贫办牵头，中组部、教育部、科技部、工业和信息化部、国家民委、民政部、财政部、人力资源社会保障部、交通运输部、农业部、商务部、卫生计生委、国家旅游局、国家邮政局、共青团中央、全国妇联、供销合作总社等部门参加，成立网络扶贫行动部门协调小组，定期召开部际协调工作会议，研究重大政策、重大工程和重大举措，督促落实各项任务。建立由网络扶贫行动部门协调小组统筹，省（区、市）负总责，市（地）县具体实施的三级网络扶贫工作机制。各省要按照本行动计划的要求，制定实施方案，明确责任分工，落实配套政策和资金。各市（地）县要抓好各项任务的落地实施。各级网络安全和信息化领导小组要注重发挥统筹协调作用，将网络扶贫工作摆上本地区网络安全和信息化工作的重要位置，抓好工作部署、组织推动和督促检查。

（二十七）选择部分地区先行先试。在部分省（区、市）组织开展网络扶贫试点工作，统筹资源，集中突破，边试点，边总结，边推广，逐步在全国建立网络扶贫信息服务体系，营造全社会参与网络扶贫的大格局。

（二十八）加大政策支持和资金保障。制定实施网络扶贫行动的一揽子政策措施，将网络扶贫行动有效融入“十三五”国家信息化规划和脱贫攻坚重点工程。充分利用各类资金渠道，支持开展相关网络扶贫行动，地方政府完善配套机制。充分发挥中国互联网投资基金的作用，推动重大项目落地。依托中国互联网发展基金会、中国扶贫基金会，吸纳社会资金，对各地区网络扶贫重点项目给予支持。鼓励政府与社会资本合作（PPP）模式，探索网络扶贫投融资新路径。

（二十九）加强网络安全保障。针对农村老人、儿童、妇女为主且对网络海量信息辨识能力不足的情况，组织第一书记、大学生村官、“三支一扶”大学生、科技特派员、西部计划志愿者指导贫困地区家庭安全上网。加强农村地区网络安全管理，规避网络风险，维护网络秩序。

（三十）加大宣传力度。整合信息传播渠道，建立中国网络扶贫门户、微信公众号，整合地区重点新闻网站，建立贫困地区网络传播体系。充分发挥重点新闻网站的宣传引导作用，创新传播方式，选择受众广的移动新媒体开展传播工作，及时传递党的方针政策，及时推送脱贫致富信息，及时向社会传播网络扶贫成效，讲好网络扶贫故事，传播网络扶贫好声音。建立反应灵敏、运转高效、协同发力的联合处置机制，做好网上评论和舆情引导工作，为打赢脱贫攻坚战提供强有力的舆论支持。

（三十一）建立扶贫动态跟踪监测机制。完善贫困户建档立卡工作，提高扶贫开发数据库管理水平，促进部门间数据共享，形成贫困信息数据库动态维护和精确分析决策模型。利用大数据技术，对建档立卡贫困户、低保户、特困人员信息开展跟踪监测和统计分析，全面掌握致贫、返贫、脱贫、救助情况，长期准确跟踪贫困家庭情况，形成扶贫成效动态跟踪机制，避免假扶贫、扶假贫。

（三十二）加强考核评估与督促检查。中央网信办、发展改革委、国务院扶贫办会同有关部门加强网络扶贫工作的考核评估与督促检查。建立工作通报机制，定期通报各地区落实网络扶贫行动计划的进展情况，对网络扶贫工作表现突出的地区、机构和网站给予通报表扬。制定量化评估指标，组织开展第三方评估，形成年度评估报告，并公开发布。

住房城乡建设部　财政部　国务院扶贫办关于加强建档立卡贫困户等重点对象危房改造工作的指导意见

建村〔2016〕251号

各省、自治区、直辖市住房城乡建设厅（建委、农委）、财政厅（局）、扶贫办（局），新疆生产建设兵团建设局、财务局、扶贫局：

帮助住房最危险、经济最贫困农户解决最基本的安全住房是农村危房改造始终坚持的基本原则，建档立卡贫困户、低保户、农村分散供养特困人员和贫困残疾人家庭（以下简称4类重点对象）是“十三五”期间农村危房改造的重点和难点。为贯彻落实中央关于脱贫攻坚的工作部署，实现到2020年农村贫困人口住房安全有保障和基本完成存量危房改造的任务目标，现就加强4类重点对象危房改造工作提出如下意见。

一、总体要求

（一）总体思路

全面贯彻落实《中共中央 国务院关于打赢脱贫攻坚战的决定》和中央扶贫开发工作会议精神，按照精准扶贫、精准脱贫的基本方略，把4类重点对象放在农村危房改造优先位置，以保障其住房安全为目标，统筹规划、整合资源、加大投入、创新方法、精心实施，确保2020年以前圆满完成585万户4类重点对象危房改造任务。

（二）基本原则

安全为本。牢牢把握脱贫攻坚目标要求，以实现4类重点对象住房安全有保障为目的，实施农村危房改造。

减轻负担。加大政策倾斜支持力度，控制农村危房改造建筑面积，推进加固改造，实施特困户兜底政策，避免因建房返贫。

扎实推进。科学制定农村危房改造进度计划，确保质量和效果，避免冒进，做好与相关规划的衔接。

明确责任。地方承担农村危房改造主体责任，省（自治区、直辖市）负总责，市（地）县抓落实，中央统筹指导并给予补助。

二、采取有效措施，推进适宜改造方式

（一）兜底解决特困户住房安全。对于自筹资金和投工投料能力极弱的特困户，

通过建设农村集体公租房、利用闲置农房和集体公房置换、提高补助资金额度等方式，兜底解决特困户住房安全问题。

（二）大力推广加固改造方式。优先选择加固方式对危房进行改造，原则上C级危房必须采用加固方式改造。各地要结合本地实际，组织动员科技人员，大力推广造价低、工期短、安全可靠的农房加固技术。加强对加固改造益处的宣传教育，制定鼓励加固政策，建立有效的组织实施方式。

（三）开发推广低造价农房建造技术。各地要研究推广现代夯土农房等低造价、功能好、安全、绿色的农房建造技术，加强当地传统建筑材料的利用研究，传承和改进传统建造工法，探索符合标准的就地取材建房技术方案，节约改造资金，提高居住功能。

（四）严格控制建房面积。4类重点对象改造房屋的建筑面积原则上1人至3人户控制在40—60平方米以内，且1人户不低于20平方米、2人户不低于30平方米、3人户不低于40平方米；3人以上户人均建筑面积不超过18平方米，不得低于13平方米。各地可根据当地的民族习俗、气候特点等实际情况，制定细化面积标准。对于自筹资金和投工投料能力极弱、需要社保政策兜底脱贫的特困户，改造房屋面积按下限标准控制。

（五）保障安全和基本卫生条件。4类重点对象的农村危房改造要执行最低建设要求，必须达到主要部件合格、结构安全。地震高烈度设防地区的农房改造后应达到当地抗震设防标准。改造后的农房应具备卫生厕所、人畜分离等基本居住卫生条件。

三、加大资金支持力度

（一）加大财政资金支持力度。各地要加大投入，根据4类重点对象的贫困程度、房屋危险程度和改造方式等制定分类分级补助标准。自2017年起，中央财政补助资金将集中用于4类重点对象的危房改造工作，并适当提高补助标准。

（二）建立金融扶持机制。各地应将危房改造纳入脱贫攻坚金融支持范围，积极开展与金融机构的合作，通过建立贷款风险补偿机制，实施贷款贴息补助等方式，帮助有信贷需求的贫困户多渠道、低成本筹集危房改造资金。中央将根据地方信贷贴息工作开展情况，对地方给予指导和支持。

（三）多渠道筹措资源。各地可按照中央关于贫困县统筹整合使用财政涉农资金的要求，统筹支持贫困户危房改造。充分发挥农民的主体作用，通过投工投劳、互帮互助等降低改造成本，积极发动社会力量捐赠资金和建材器具等，鼓励志愿者帮扶，帮助4类重点对象改造危房。

四、加强指导监督

（一）做好技术服务和巡查验收管理。各地要编制符合安全要求及农民习惯的农房设计通用图集并免费发放到户，引导选择低成本改造方式。要提供主要建材质量检测服务。各级住房城乡建设部门要加强施工现场质量安全巡查与指导监督，按要求及时组织验收，所有检查项目全部合格后方能全额拨付补助款项。

（二）强化申请批准和档案管理。各地要严格执行农户自愿申请、村民会议或村民代表会议民主评议、乡（镇）审核、县级审批等对象确认程序。要严格执行农村危房改造农户档案管理制度，加快农户档案信息录入，加强对已录入农户档案信息的审核与抽验。县级扶贫、民政、残联等部门要及时更新贫困户信息，加强信息共享。

（三）加强监督检查。各地要落实补助对象在村和乡镇两级公示制度，进一步推进危房改造农户档案信息公开。要严格执行年度绩效评价和工程进度月报制度，住房城乡建设部、财政部每年将通报各省工作绩效，约谈工作落后省份。县级财政部门要及时拨付补助资金至农户“一卡通”账户。各地要主动接受纪检监察、审计和社会监督，坚决查处挪用、冒领、克扣、拖欠补助资金和索要好处费等违规、违纪、违法行为。

中华人民共和国住房和城乡建设部
中华人民共和国财政部
国务院扶贫开发领导小组办公室
2016 年 11 月 3 日

人力资源社会保障部　财政部　国务院扶贫办关于切实做好就业扶贫工作的指导意见

人社部发〔2016〕119号

各省、自治区、直辖市及新疆生产建设兵团人力资源社会保障厅（局）、财政厅（局）、扶贫办：

做好就业扶贫工作，促进农村贫困劳动力就业，是脱贫攻坚的重大措施。为贯彻党中央、国务院关于打赢脱贫攻坚战的总体部署，落实东西部扶贫协作座谈会精神，进一步做好就业扶贫工作，在总结试点经验的基础上，现提出以下意见：

一、总体要求

（一）指导思想

全面落实党的"十八大"、十八届五中全会、六中全会和中央扶贫开发工作会议要求，深入贯彻习近平总书记关于脱贫攻坚系列重要讲话精神，充分认识做好就业扶贫工作的重要性和紧迫性，采取多种措施促进贫困劳动力实现就业、增加收入，发挥就业在精准扶贫中的重要作用，为打赢脱贫攻坚战、全面建成小康社会作出贡献。

（二）基本原则

1. 坚持政府推动。政府高度重视、强力推动，动员各方资源、搭建平台、畅通渠道、搞好服务。

2. 坚持市场主导。充分发挥市场配置人力资源的决定性作用，尊重企业用工自主权和劳动者就业意愿，促进人岗匹配。

3. 坚持分类施策。根据未就业贫困劳动力和已就业贫困劳动力，以及贫困家庭未升学初、高中毕业生的就业需求，采取有针对性的帮扶措施。

4. 坚持因地制宜。鼓励结合当地资源优势、产业基础等实际情况，充分利用地方特色，多渠道、多形式促进农村贫困劳动力转移就业。

（三）目标任务

围绕实现精准对接、促进稳定就业的目标，通过开发岗位、劳务协作、技能培训、就业服务、权益维护等措施，帮助一批未就业贫困劳动力转移就业，帮助一批已就业贫困劳动力稳定就业，帮助一批贫困家庭未升学初、高中毕业生就读技工院校毕业后实现技能就业，带动促进1000万贫困人口脱贫。

二、主要措施

（一）摸清基础信息。各地扶贫部门要

在建档立卡工作基础上，切实担负摸查贫困劳动力就业失业基础信息的责任。对未就业的摸清就业意愿和就业服务需求，对已就业的摸清就业地点、就业单位名称和联系方式，并填写农村贫困劳动力就业信息表（见附件），组织专人审核并将信息录入扶贫开发信息系统。充分发挥行政村第一书记、驻村工作队作用，把摸查责任落实到人，谁摸查、谁负责，对信息不准确的重新摸查和录入。创新摸查方式，多渠道开展信息摸查工作，有条件的地方可通过购买服务的方式予以支持。人力资源社会保障部将建立“农村贫困劳动力就业信息平台”，实现与扶贫开发信息系统对接，支持各地人力资源社会保障部门获取在本地的贫困劳动力基础信息。

（二）促进就地就近就业。各地要积极开发就业岗位，拓宽贫困劳动力就地就近就业渠道。东部省份、中西部省份经济发达地区要依托对口协作机制，结合产业梯度转移，着力帮扶贫困县发展产业，引导劳动密集型行业企业到贫困县投资办厂或实施生产加工项目分包。各地要积极支持贫困县承接和发展劳动密集型产业，支持企业在乡镇（村）创建扶贫车间、加工点，积极组织贫困劳动力从事居家就业和灵活就业。鼓励农民工返乡创业、当地能人就地创业、贫困劳动力自主创业，支持发展农村电商、乡村旅游等创业项目，切实落实各项创业扶持政策，优先提供创业服务。对大龄、有就业意愿和能力、确实难以通过市场渠道实现就业的贫困劳动力，可通过以工代赈等方式提供就业帮扶。

（三）加强劳务协作。各地要依托东西部对口协作机制和对口支援工作机制，开展省际劳务协作，同时要积极推动省内经济发达地区和贫困县开展劳务协作。贫困县要摸清本地贫困劳动力就业需求，并主动提供支援地，积极承接支援地提供的援助服务。支援地要广泛收集岗位信息，努力促进贫困劳动力与用人单位精准对接，提高劳务输出组织化程度；帮助贫困县健全公共就业服务体系，完善公共就业服务制度，提升就业服务能力；充分利用现代化手段开展远程招聘，降低异地招聘成本，提高招聘效率；支持贫困地区办好技工学校、职业培训机构和公共实训基地，重点围绕区域主导产业加强专业、师资、设备建设，提高技工教育和职业培训能力；加强对在支援地就业贫困劳动力的权益维护，提升其就业稳定性。各地要在企业自愿申报的基础上，遴选一批管理规范、社会责任感较强、岗位适合的企业作为贫困劳动力就业基地，定向招收贫困劳动力。鼓励人力资源服务机构、农村劳务经纪人等市场主体开展有组织劳务输出，按规定给予就业创业服务补贴。鼓励地方对跨省务工的农村贫困人口给予交通补助。

（四）加强技能培训。各地要以就业为导向，围绕当地产业发展和企业用工需求，统筹培训资源，积极组织贫困劳动力参加劳动预备制培训、岗前培训、订单培训和岗位技能提升培训，提高培训的针对性和有效性，并按规定落实职业培训补贴。实施技能脱贫千校行动，组织省级重点以上的技工院校，定向招收建档立卡贫困户青年，帮助他们获得专业技能，在毕业后实现技能就业。对就读技工院校的建档立卡贫困家庭学生，按规定免除学费、发放助学金、提供扶贫小额信贷等，支持其顺利完成技工教育并帮助其就业。

（五）促进稳定就业。各地要切实维护已就业贫困劳动力劳动权益，指导督促企业与其依法签订并履行劳动合同、参加社会保险、按时足额发放劳动报酬，积极改善劳动条件，加强职业健康保护。要定期联系、主动走访已就业贫困劳动力，及时掌握其就业失业情况，对就业转失业的，及时办理失业登记，按规定落实失业保险待遇，提供“一对一”就业帮扶，帮助其尽快上岗。鼓励人力资源服务机构对已就业农村贫困劳动力持续、跟踪开展就业服务，按规定给予就业创业服务补贴。鼓励企业稳定聘用贫困劳动力，对吸纳符合就业困难人员条件的贫困劳动力就业并缴纳社会保险的企业，给予社会保险补贴，补贴期限不超过三年。对吸纳贫困劳动力较多的企业，优先给予扶贫再贷款。人力资源社会保障部、国务院扶贫办将开展精准扶贫爱心企业创建活动，鼓励企业吸纳和稳定贫困劳动力就业。各地人力资源社会保障部门、扶贫部门要积极协调有关方面，为在当地就业的贫困劳动力提供力所能及的人文关怀，帮助其适应就业岗位和城市生活，积极引导志愿者组织、慈善组织等社会团体为贫困劳动力及其家属开展关爱活动。

三、工作要求

（一）加强组织领导。各地要将就业扶贫作为一项政治任务，加强组织领导，明确部门分工，强化协调配合，健全工作机制，形成工作合力。人力资源社会保障部门要将就业扶贫摆在就业工作的重要位置，切实落实就业扶持政策，搞好服务培训，推动劳务协作。扶贫部门要将就业扶贫纳入脱贫攻坚工作总体规划，在产业扶贫、易地搬迁、东西部对口协作扶贫等工作中统筹考虑，协调推动贫困地区开发就业岗位，切实负责做好贫困劳动力就业信息的摸查工作。人力资源社会保障部和国务院扶贫办建立定期信息交换制度，定期开展农村建档立卡贫困人口与全国社会保障卡持卡人员数据库信息比对工作。各级财政部门负责政策落实资金和工作经费保障。

（二）加强督促检查。各地要明确工作目标任务，细化省市县和部门责任，定期开展专项督促检查，有条件的要组织专业机构适时开展第三方评估。对工作成效好的市县和企业，予以表扬；对工作不到位、措施不得力、政策不落实、成效进展缓慢的地方，予以通报和及时纠正，对问题严重的要进行问责。

（三）落实资金保障。地方各级财政部门要保障做好就业扶贫工作所需经费，确保工作顺利推进。承担东西部对口协作任务的东部省份，可使用财政安排的援助资金促进在本省（区、市）就业的贫困劳动力稳定就业。各地可根据就业扶贫工作的实际需要，制定更有针对性的政策措施，统筹相关资金保障政策落实。

（四）加强宣传引导。各地要通过报纸、电台、电视台、互联网等媒体，结合实际制作宣传画、宣传册、公益广告等各类宣传材料，大力宣传促进就业扶贫工作目标任务、政策措施以及取得的进展成效，充分调动各方力量，引导贫困劳动力、企业和社会各界积极参与，营造良好社会氛围。要及时总结推广好的经验做法，树立贫困劳动力就业典型，发挥示范引领作用，充分调动贫困劳动力的主观能动性，激发贫困群众脱贫致富内生动力。

附件：农村贫困劳动力就业信息表（略）

人力资源社会保障部　财政部

国务院扶贫开发领导小组办公室

2016 年 12 月 2 日

（三）扶贫文件

国务院扶贫办关于解决扶贫工作中形式主义等问题的通知

国务院扶贫办、国家发展改革委等部门关于促进电商精准扶贫的指导意见

关于认真贯彻落实中共中央办公厅 国务院办公厅进一步加强东西部扶贫协作工作指导意见的通知

国务院扶贫办行政人事司关于建立扶贫再贷款资金精准使用管理机制的通知

国务院扶贫办行政人事司《关于推进和支持贫困县开展统筹整合使用财政专项扶贫资金工作的通知》

国务院扶贫办关于解决扶贫工作中形式主义等问题的通知

国开办发〔2016〕32号

各省、自治区、直辖市扶贫办（局），新疆生产建设兵团扶贫办：

中央扶贫开发工作会议以来，各地各部门深入学习贯彻习近平总书记扶贫开发战略思想，认真落实党中央、国务院脱贫攻坚决策部署，实施精准扶贫精准脱贫方略，强化责任落实，加大工作力度，完善体制机制，各项工作进展顺利，脱贫攻坚开局良好。但在工作推进中，出现了一些形式主义等倾向性苗头性问题，如不及时解决，将影响脱贫攻坚进程，影响党和政府的形象。必须深刻认识形式主义的危害性，牢固树立全心全意为人民服务的宗旨意识，进一步转变作风，切断形式主义的思想根源，及时纠正扶贫工作中的形式主义等倾向性苗头性问题，确保如期实现脱贫攻坚目标。现就有关事项和要求通知如下：

一、减少展板表册挂图

要统筹规划设计，减少不必要的检查评估、填表报数、挂图标牌。充分利用信息化手段加强对脱贫攻坚信息管理，减少纸质表册。严禁以迎接视察检查为目的制作高档大型展板、作战图、画册等。

二、科学调整脱贫规划

贫困识别和退出要全面考虑收入和“两不愁、三保障”。建档立卡实行动态管理，防止贫困识别和退出不实不准。认真落实《关于建立贫困退出机制的意见》要求，制定实施细则，精心组织实施。综合考虑贫困人口规模、贫困程度、发展基础、工作和投入力度等因素，坚持时间服从质量，科学调整“十三五”脱贫滚动规划和年度计划。既要防止拖延病，又要防止急躁症。严禁层层加码，搞数字脱贫。

三、防止产业扶贫盲目跟风

根据资源条件和市场需求，量身定制产业扶贫项目，提升贫困群众的参与度和获得感。防止产业规划脱离当地实际，搞“一刀切”，甚至强迫命令。防止不尊重贫困群众意愿，不考虑市场风险，包办代替，盲目上项目。防止简单发钱发物、送钱送物，助长等靠要思想，等着别人送小康。

防止随意扩大政策享受范围，走“大水漫灌”的老路。

四、严格扶贫资金监管

认真落实《关于支持贫困县开展统筹整合使用财政涉农资金试点的意见》和资金监管相关规定，提高资金使用精准度和效益。防止一放了之，不管不问不落实。防止财政扶贫资金使用到非建档立卡贫困户。防止项目安排拖沓，跨年度审批，延压资金。防止公示公告走形式，忽视群众知晓度。

五、完善驻村帮扶工作

主动沟通协调，会同有关部门整合帮扶力量，加强驻村工作管理。防止“只转转、不用心”“只谈谈、不落地”。坚决杜绝“走读式”“挂名式”帮扶。普遍建立驻村干部召回制度，对不作为、不务实、不合格的驻村干部坚决撤换。

六、创新调研督查方式

调研和督查工作要采取一竿子插到底的方式，不搞层层陪同，提倡不打招呼、不设定路线，进村入户与基层干部群众面对面了解情况，倾听贫困群众的意见想法和呼声。真正深入实际、解剖麻雀，发现问题、解决问题。

解决扶贫工作中的形式主义等倾向性苗头性问题要贯穿脱贫攻坚始终。国务院扶贫办将不定期进行督查抽查，一经发现，即督促整改，情节严重的，予以曝光并对相关责任人进行问责。

国务院扶贫办

2016 年 10 月 25 日

国务院扶贫办　国家发展改革委等部门关于促进电商精准扶贫的指导意见

国开办发〔2016〕40号

各省、自治区、直辖市和新疆生产建设兵团扶贫、发展改革、网信、商务、工业和信息化、交通运输、人力资源社会保障、财政、农业、人民银行、银监、共青团、妇联、残联主管部门，供销合作社、邮政集团公司：

近年来，随着互联网的普及和农村基础设施的逐步完善，我国农村电子商务发展迅猛，交易量持续保持高速增长，已成为农村转变经济发展方式、优化产业结构、促进商贸流通、带动创新就业、增加农民收入的重要动力。但从总体上看，贫困地区农村电子商务发展仍处于起步阶段，电子商务基础设施建设滞后，缺乏统筹引导，电商人才稀缺，市场化程度低，缺少标准化产品，贫困群众网上交易能力较弱，影响了农村贫困人口通过电子商务就业创业和增收脱贫的步伐。

为贯彻落实《中共中央 国务院关于打赢脱贫攻坚战的决定》（中发〔2015〕34号）和国务院办公厅《关于促进农村电子商务加快发展的指导意见》（国办发〔2015〕78号）要求，进一步创新扶贫开发体制机制，将电商扶贫纳入脱贫攻坚总体部署和工作体系，实施电商扶贫工程，推动互联网创新成果与扶贫工作深度融合，带动建档立卡贫困人口增加就业和拓宽增收渠道，加快贫困地区脱贫攻坚进程。现就促进电商精准扶贫提出如下指导意见。

一、指导思想

全面贯彻落实党的“十八大”和十八届三中、四中、五中全会精神，以习近平总书记扶贫开发战略思想为指导，坚持精准扶贫、精准脱贫基本方略，以贫困县（832县）、贫困村（12.8万）和建档立卡贫困户为重点，在当地政府的推动下，引导和鼓励第三方电商企业建立电商服务平台，注重农产品上行，促进商品流通，不断提升贫困人口利用电商创业、就业能力，拓宽贫困地区特色优质农副产品销售渠道和贫困人口增收脱贫渠道，让互联网发展成果惠及更多的贫困地区和贫困人口。

二、总体目标

加快实施电商精准扶贫工程，逐步实

现对有条件贫困地区的三重全覆盖：一是对有条件的贫困县实现电子商务进农村综合示范全覆盖；二是对有条件发展电子商务的贫困村实现电商扶贫全覆盖；三是第三方电商平台对有条件的贫困县实现电商扶贫全覆盖。贫困县形成较为完善的电商扶贫行政推进、公共服务、配套政策、网货供应、物流配送、质量标准、产品溯源、人才培养等体系。到2020年在贫困村建设电商扶贫站点6万个以上，约占全国贫困村50%左右；扶持电商扶贫示范网店4万家以上；贫困县农村电商年销售额比2016年翻两番以上。

三、基本原则

1. 政府引导、市场主导。坚持政府引导、扶持不干预、服务不包揽，充分发挥市场在农村电商资源配置中的决定性作用，培育发展贫困地区电商产业，带动贫困人口就业增收脱贫。

2. 多元平台、突出特色。选择国内较为成熟的第三方电商服务平台开展合作，结合不同电商企业发展方向和贫困地区实际情况，注重农副产品上行，突出特色、因地制宜，搭建贫困地区产品和电商平台间的桥梁。

3. 先易后难、循序渐进。对具有一定资源优势、产业和电商基础好、工作积极性较高的贫困县，可首先列入电商扶贫示范，边探索、边总结、边推广。

4. 社会参与、上下联动。整合各类扶贫资源，鼓励引导市场化电子商务平台和电子商务服务商等广泛参与，充分调动贫困群众利用电子商务、参与电子商务产业链的主动性积极性。

5. 鼓励创新、典型引路。坚持以基层实践推动政策体系创新，及时发现和总结电商在推动精准扶贫精准脱贫方面的典型模式，总结推广一批可学习、可操作、可复制、可推广的经验。

四、主要任务

（一）加快改善贫困地区电商基础设施。深入推进电子商务进农村综合示范，重点向国家级贫困县倾斜。扎实推进贫困地区道路、互联网、电力、物流等基础设施建设，改善贫困地区电商发展基本条件。到2020年，宽带网络覆盖90%以上的贫困村，80%以上的贫困村有信息服务站。加强交通运输、商贸、农业、供销、邮政等农村物流基础设施共享衔接，推进县、乡、村三级农村物流配送网络建设，加快贫困地区县城老旧公路客运站改造，推动有条件的贫困村客运场站信息化建设，提升电商小件快运服务能力。推进电信普遍服务试点工作，大力实施信息进村入户工程。（工业和信息化部、财政部、发展改革委、农业部、商务部、交通运输部、邮政集团公司、供销合作总社按职能分头负责）

（二）促进贫困地区特色产业发展。结合贫困村、建档立卡贫困户脱贫规划，确立特色产业和主导产品，推动“名特优新”

“三品一标”“一村一品”农产品和休闲农业上网营销。制定适应电子商务的农产品质量、分等分级、产品包装、业务规范等标准，推进扶贫产业标准化、规模化、品牌化。扶持一批辐射带动能力强的新型农业经营主体，培育一批农村电子商务示范县、示范企业和示范合作社。对农产品质量安全检验检测、产地认证、质量追溯、田头集货、产地预冷、冷藏保鲜、分级包装、冷链物流设施等方面给予支持。（农业部、扶贫办、发展改革委、中央网信办、供销合作总社等负责，列第一位的为牵头单位，下同）

（三）加大贫困地区电商人才培训。以精准扶贫为目标，针对建档立卡贫困户、电商创业脱贫带头人、农村青年致富带头人、村级信息员和残疾人专职委员等，制定电商培训计划。整合各类培训资源开展电商扶贫培训，到2020年完成1000万人次以上电商知识和技能培训，培养100万名以上农村青年电商高端人才，实现每个贫困村至少有1名电商扶贫高级人才，形成一支懂信息技术、会电商经营、能带动脱贫的本土电商扶贫队伍。建立贫困学员档案，跟踪贫困人口电商就业创业进展和需求，及时对接后续服务（扶贫办、各部委系统组织）。

（四）鼓励建档立卡贫困户依托电商就业创业。为符合条件的贫困地区高校毕业生、返乡创业农民工和网络商户等发展电子商务提供创业担保贷款，支持贫困村青年、妇女、残疾人依托电子商务就业创业。实施农村青年电商培育工程，支持和指导返乡大学生、青年农民工、大学生村官和农村青年致富带头人通过电商创业就业。结合“巾帼脱贫行动”，扶持贫困妇女参加电商培训，挖掘自身特长，灵活就业创业。发展适合贫困残疾人的电商产业，扶持一批电商助残基地，实施电商助残扶贫行动。组织开展返乡创业试点，积极调动市场资源对接贫困试点地区。（人力资源社会保障部、人民银行、共青团中央、全国妇联、中国残联、发展改革委负责）

（五）支持电商扶贫服务体系建设。动员有志于扶贫事业的电商企业，搭建贫困地区产品销售网络平台和电商服务平台。支持银行业金融机构和非银行支付机构研发满足贫困地区电子商务发展需求的网上支付、手机支付等产品，加快贫困村村级电商服务点、助农取款服务点建设。鼓励贫困县成立电商扶贫协会等社会组织，为农村群众特别是贫困户提供产品集货、分级包装、品牌营销、物流配送、售后保障等服务，提高应对市场的能力；完善中国邮政县乡仓储中心布局；鼓励支持跨境电商发展。（扶贫办、商务部、人民银行、邮政集团公司、供销合作总社负责）

（六）推进电商扶贫示范网店建设。加快贫困村电商扶贫村级站点建设，重点打造4万家电商扶贫示范网店，通过贫困农户创业型、能人大户引领型、龙头企业带动型、乡村干部服务型等多种建设模式，完善电商扶贫示范网店与建档立卡贫困户利益联结机制，以保护价优先收购、销售贫困户农特产品，并义务为建档立卡贫困户提供代购生产生活资料、代办缴费购票等业务，形成“一店带多户”“一店带一村”的网店带贫模式。中国邮政计划到2020年建成50万个邮乐购站点，实现自有网点对贫困县全覆盖、对有条件的贫困村全覆盖。（扶贫办、邮政集团公司、供销合作总社负责）

（七）整合资源，对基层传统网点实施信息化改造升级。加快全国信息进村入户村级信息服务站建设，支持贫困地区“万村千乡”农家店、邮政、供销合作社、快递网点、村邮站和村级综合服务中心（社）信息化改造，拓展经营服务内容，在提供便民超市、农资代销等传统服务的基础上，增加网上代购代售新型服务功能（商务部、中央网信办、农业部、邮政集团公司、供销合作总社负责）。

（八）加强东西部电商扶贫产业对接协作。充分利用东西部扶贫协作工作平台，深化东西部电商产业交流合作。东部省市帮助扶贫协作省份贫困地区建设一批扶贫产业基地，培育一批扶贫龙头企业和合作社，引进一批有扶贫意愿的优质电商企业，组织一批贫困人口通过参与电商扶贫产业链环节增收。贫困地区要充分利用本地劳动力、土地、资源等优势，主动配合做好电商扶贫产业对接协作，承接东部发达地区电商产业转移，支持建立东西部电商扶贫产业对接协作联盟。（发展改革委、扶贫办、商务部、中央网信办负责）

（九）动员社会各界开展消费扶贫活动。以每年扶贫日为时间节点，组织有关电商企业和网络平台，共同举办“邀您一起来网购”等消费扶贫体验活动，集中购买贫困地区土特产品，培育全社会消费扶贫意识，逐步形成电商扶贫的品牌产品、品牌企业。加强贫困地区优质特色农产品、民族手工艺品、休闲农业的宣传推介，鼓励支持电商平台常年开展富有特色的网购活动，共同营造消费扶贫的良好氛围（扶贫办、中央网信办、农业部、商务部负责）。

五、保障措施

（一）加强组织领导。成立由国务院扶贫办、国家发展改革委、中央网信办、商务部、工业和信息化部、交通运输部、人力资源和社会保障部、财政部、农业部、中国人民银行、银监会、共青团中央、全国妇联、中国残联、供销合作总社、邮政集团公司、等部门组成的联络工作小组，下设办公室，负责推进电商精准扶贫具体工作。各省要根据脱贫攻坚整体规划和农村电子商务发展实际，切实加强组织领导，分解任务、细化措施、精心组织，指导督促市县抓好落实，努力提高电商精准扶贫成效。

（二）加大扶持力度。贫困县政府可根据当地脱贫攻坚实际，统筹使用各渠道资金支持电商精准扶贫工作，采取以奖代补、政府购买服务等方式，扶持贫困村电商服务站点建设、电商扶贫示范网店建设、特色产业基地建设、电商扶贫人才培养、县乡村农村物流配送体系、仓储配送中心建设、宣传推广等。探索实施土地、科技园区等优惠政策，落实税收相关优惠政策。发挥支农再贷款、扶贫再贷款、再贴现等多种货币政策工具的作用，引导银行业金融机构加大对电商扶贫企业和建档立卡贫困户的信贷投入。各金融机构要推进落实扶贫小额信贷、创业担保贷款、康复扶贫贷款等政策和产品，提高各项贷款产品的覆盖面。

（三）强化社会扶贫合力。商务、农业、邮政、供销等各部门资源重点向电商扶贫示范试点地区倾斜。充分利用各大电商企业“电商下乡”渠道下沉的时机，引导和推动他们在贫困村布局网点。贫困地区要整合各级帮扶力量，充分发挥东西部扶贫协作、定点扶贫等挂职干部和第一书记、驻村工作队、大学生村官等人才作用，把电商扶贫工作作为重要职责和绩效考核的重要内容。

（四）营造良好氛围。充分利用报纸、电视、广播和网络等各种媒体，特别是微博、微信等新媒体，加大对电商扶贫工程的宣传力度，营造电商扶贫的浓厚舆论氛围。及时总结和宣传推广电商扶贫工作中涌现出来的好经验、好典型、好做法，适时召开电商扶贫工程现场会，定期举办电商扶贫论坛，对表现突出的电商扶贫企业和个人推荐到全国层面表彰。

国务院扶贫办　发展改革委
中央网信办　商务部
工业和信息化部　交通运输部
人力资源社会保障部
财政部　农业部
人民银行　银监会　共青团中央
全国妇联　中国残联
供销合作总社　中国邮政
2016年11月4日

关于认真贯彻落实中共中央办公厅国务院办公厅进一步加强东西部扶贫协作工作指导意见的通知

国开办发〔2016〕42号

各省、自治区、直辖市扶贫办（协作办）：

为认真贯彻落实《中共中央办公厅国务院办公厅印发〈关于进一步加强东西部扶贫协作工作的指导意见〉的通知》（中办发【2016】69号，以下简称《指导意见》）。现就有关事项通知如下：

一、认真学习领会文件精神

《指导意见》是贯彻落实中央扶贫开发工作会议、东西部扶贫协作座谈会精神的重要文件，是新形势下进一步加强和改进东西部扶贫协作工作的重要遵循。请各地扶贫、协作部门结合工作实际，采取多种形式，及时组织开展对《指导意见》的学习，深刻领会文件精神。扶贫协作双方要从大战略、大布局、大举措的高度，充分认识开展东西部扶贫协作和对口支援工作的重大意义，进一步强化责任落实。要按照聚焦精准扶贫、精准脱贫的要求，进一步明确主要任务，进一步提高工作水平。各地要通过学习，进一步统一思想、提高认识、努力开拓东西部扶贫协作“优势互补、长期合作、聚焦扶贫、实现共赢”的新局面。

二、抓紧开展工作对接

《指导意见》对东西部扶贫协作结对关系进行了适当调整，新的结对关系对民族自治州和西部部分贫困程度深的市州新增了帮扶力量，落实了北京市、天津市对河北省的扶贫协作任务。请此次调整涉及到的扶贫协作双方尽快开展工作对接，抓紧制定帮扶工作计划，细化帮扶举措，尽早开展相关工作。原有省际间结对关系不变，请扶贫协作双方根据《指导意见》要求，进一步拓展帮扶领域和范围，加大工作力度。

三、组织实施携手奔小康行动

《指导意见》要求，东部省份要组织本行政区域内经济较发达县（市、区）与扶贫协作省份和市州扶贫任务重、脱贫难度大的贫困县开展携手奔小康行动。探索在乡镇之间、行政村之间结对帮扶。携手奔小康行动是党中央国务院的安排部署，是实施精准扶贫精准脱贫的新举措，这项工作已经在今年扶贫日期间正式启动，请在前段工作的基础上，进一步补充完善东西部县（市、区）结对名单。对于《指导意见》中新明确的结对帮扶市州，都要参加携手奔小康行动。对于通过对口支援西藏、新疆和四省藏区的贫困县开展结对帮扶的，应纳入携手奔小康行动。请帮扶双方将携手奔小康行动最新结对名单，于11月30日前报我办。

四、抓紧编制“十三五”扶贫协作规划

扶贫协作双方要在充分沟通协商的基础上，科学编制“十三五”扶贫协作规划。扶贫协作规划要明确市、县结对帮扶关系并鼓励向乡镇和贫困村延伸，下沉帮扶重心。突出产业合作、劳务协作、人才支援、资金支持等重点帮扶任务。注重广泛动员社会参与，引导民营企业、社会组织、公民个人等积极参加结对帮扶。加强帮扶资源整合，进一步聚焦脱贫攻坚。请各地将编制好的“十三五”扶贫协作规划年底前报送国务院扶贫开发领导小组，并抄送我办备案。

五、准备开展考核评估

《指导意见》确定把东西部扶贫协作工作纳入国家脱贫攻坚考核范围，作为国家扶贫督查巡查重要内容。督查巡查和考核内容包括减贫成效、劳务协作、产业合作、人才支援、资金支持5个方面，重点是解决多少建档立卡贫困人口脱贫。从2017年开始，国务院扶贫开发领导小组将组织开展东西部扶贫协作考核工作，考核结果向党中央、国务院报告。请扶贫协作双方按照上述要求提前准备好相关基础材料和数据，为明年的督查巡查和考核做好准备。

六、切实加强组织领导

扶贫协作双方要把东西部扶贫协作作为一项重要政治任务，摆上重要议事日程。要明确具体工作机构和责任人，健全和完善东西部扶贫协作的规章制度。要建立高层联席会议制度，确定协作重点，研究部署和协调推进扶贫协作工作。西部地区要增强紧迫感和主动性，落实脱贫攻坚主体责任，整合用好扶贫协作和对口支援等各类帮扶资源，聚焦脱贫攻坚，形成帮扶合力。东部地区要增强责任意识和大局意识，真情实意、真金白银、真抓实干，不断加大工作力度，提高工作水平。

请各地扶贫、协作部门及时上报本地区贯彻落实《指导意见》的进展情况，及时发现、总结和宣传东西扶贫协作的好经验、好做法、好典型。有何问题、意见和建议，请及时与我办社会扶贫司联系。我办将在年底前适时召开贯彻落实进一步加强东西部扶贫协作工作指导意见的座谈会，请各地做好准备工作。

专此通知。

国务院扶贫办

2016年11月15日

国务院扶贫办行政人事司关于建立扶贫再贷款资金精准使用管理机制的通知

国开办司发〔2016〕59号

各省、自治区、直辖市扶贫办（局），新疆生产建设兵团扶贫办：

扶贫再贷款是《中共中央 国务院关于打赢脱贫攻坚战的决定》（中发〔2015〕34号）中明确提出的金融扶贫特惠政策。为进一步促进扶贫再贷款政策落地落实，加大对贫困地区扶贫信贷资金投入力度，提高扶贫再贷款资金精准使用绩效，现将有关事项通知如下：

一、建立精准信贷机制，摸清有效需求

省级扶贫部门要紧密围绕“精准扶贫、精准脱贫”基本方略，按照省负总责的扶贫开发管理体制，会同相关部门制定《扶贫再贷款资金精准使用管理办法》，加强工作指导、综合协调、督促检查和考核评估。市级、县级扶贫部门要摸清辖区扶贫企业基本情况，掌握有效信贷需求和带动建档立卡贫困户情况，帮助扶贫企业制定产业发展计划、扶贫贷款项目和资金规划，做好扶贫企业申请扶贫贷款的指导和服务工作。

二、建立精准挂钩机制，明确带动标准

各级扶贫部门要对扶贫企业申请享受扶贫再贷款优惠政策的扶贫贷款进行贷前资格认定。根据扶贫企业行业、产业和项目等特点，设定扶贫企业申请扶贫贷款与带动建档立卡贫困户情况挂钩的标准，明确申请扶贫贷款与直接带动贫困人口创业就业、带动建档立卡贫困户发展生产等指标挂钩的具体要求，要设定一定比例或一定数量的带动贫困人口脱贫指标。具体标准、比例、数量由各省（区、市）扶贫办商人民银行和金融机构根据当地情况设定，报省（区、市）扶贫开发领导小组审定后执行。

三、建立工作联系机制，加强信息对接

各级扶贫部门要与当地相关部门、人民银行、金融机构等建立金融扶贫信贷需求信息、扶贫企业信息、扶贫贷款项目库信息、建档立卡贫困户信息和精准扶贫贷

款信息统计交流共享机制。县级扶贫部门要将通过认定的扶贫企业及项目贷款信息录入扶贫贷款项目库，对其贷款申请出具审核意见，并盖章确认；通过信息共享机制，将扶贫贷款项目库信息和审核情况通知金融机构。金融机构根据自身信贷业务管理要求，对当地扶贫部门审核通过的扶贫企业进行自主审贷、择优放贷。各级扶贫部门要牵头建立常态化工作联系机制，会同相关部门和金融机构按月定期开展统计分析和工作调度。省级扶贫部门于每月10日前汇总上报辖区使用扶贫再贷款发放扶贫贷款、带动建档立卡贫困户就业增收的情况。

四、建立监测评估机制，实施正向激励

各级扶贫部门要加强对扶贫企业的技术指导和贷款使用监管，督促其按期还本付息。要配合当地人民银行做好扶贫再贷款政策落实情况的监测评估工作。监测评估内容主要包括扶贫再贷款资金的投向、用途、利率和金额等是否符合规定，贷款扶贫企业带动建档立卡贫困户脱贫挂钩机制是否有效落实，带动成效是否明显等。对于带动效果显著的扶贫企业，要加大支持力度，并可给予适当贴息政策激励；对于带动要求没有落实或落实不到位的扶贫企业，要及时督促指导，并视情况给予相应约束。

附件：扶贫再贷款使用情况月统计表（略）

2016 年 12 月 2 日

国务院扶贫办行政人事司《关于推进和支持贫困县开展统筹整合使用财政专项扶贫资金工作的通知》

国开办司发〔2016〕45号

各省、自治区、直辖市扶贫办（局），新疆生产建设兵团扶贫办：

为贯彻落实《国务院办公厅关于支持贫困县开展统筹整合使用财政涉农资金试点的意见》（国办发〔2016〕22号）和全国支持贫困县开展统筹整合使用财政涉农资金试点电视电话会议精神，现就推进和支持贫困县统筹整合使用财政专项扶贫资金有关事项通知如下：

一、切实增强责任感主动性

贫困县资金统筹整合使用是中央作出的重大决策，是创新扶贫资金使用方式的重要改革举措，有利于集中资源解决突出问题，提高资金使用配置效率，激发贫困县内生动力，为打赢脱贫攻坚战提供财力保障。各级扶贫部门要充分认识贫困县统筹整合使用资金的重大意义，站在讲政治的高度，服从精准扶贫工作大局，增强责任感，以推进扶贫改革创新的精神，主动做好“放管服”，推进和支持贫困县资金整合，积极抓好贯彻落实。

二、全面落实县级主体责任

按照“中央统筹、省负总责、市县抓落实”的工作机制，省、市级扶贫部门会同相关部门将财政专项扶贫资金项目审批权限完全下放到贫困县，不得限定资金在贫困县的具体用途，干扰统筹整合使用资金，让县级切实成为统筹整合使用资金的主体，全面承担起脱贫攻坚的主体责任。财政专项扶贫资金统筹整合使用要精确瞄准建档立卡贫困人口，着力增强贫困人口自我发展能力，改善贫困人口生产生活条件。以脱贫规划为引领，建设好县级扶贫开发资金项目整合管理平台，加强脱贫攻坚项目储备，及时把资金落实到具体项目。

三、夯实统筹整合使用基础

（一）完善建档立卡。建档立卡是精准扶贫精准脱贫的基础，是整合用好扶贫资金、提高脱贫成效的前提。各级扶贫部门要加快完善数据库管理，建设好大数据平台，实现动态管理，不断提高建档立卡数据的准确度。要做好与相关部门的衔接，实现数据共享，为资金统筹整合使用提供有力的数据支撑。

（二）坚持规划引领。各级扶贫部门要与发展改革等部门共同编制好脱贫攻坚规划，并积极做好与各相关部门专项规划的有效衔接。脱贫攻坚规划编制要围绕“两不愁三保障”（不愁吃、不愁穿，义务教育、基本医疗和住房安全有保障）的目标任务，紧贴脱贫实际，按照“五个一批”总体要求，落实符合贫困村贫困群众实际需求的具体帮扶项目，确保资金统筹整合使用实现脱贫效益最大化。

（三）坚持群众参与。各类扶贫项目和扶贫活动要围绕贫困群众需求来进行，尊重贫困群众主体地位，充分调动他们的主动性和积极性。各级扶贫部门要坚持参与式扶贫，动员贫困群众参与到帮扶项目的规划、实施、监督、评估等各个环节，提高群众知晓率和参与度，增强对帮扶项目的拥有感，效益的获得感，不断积累和提高自我发展能力。

四、强化统筹整合使用保障

（一）加强组织领导。各级扶贫部门要高度重视支持统筹整合使用财政专项扶贫资金工作，深化认识，统一思想，不断提高工作的主动性、实效性、持续性。要充分发挥领导小组办公室的统筹协调作用，主动与有关部门进行沟通，加强联系服务。主要领导要落实主抓责任，亲自策划，亲自组织，亲自协调，明确经办机构，明确专人负责，确保支持贫困县资金统筹整合使用工作扎实推进。

（二）加强监督检查。要把开展统筹整合使用涉农资金试点工作作为扶贫督查巡查的重要内容。各级扶贫部门要积极会同财政部门，加快财政专项扶贫资金拨付进度。强化部门合作，协同有关部门加强对统筹整合资金的跟踪监管和脱贫问效。完善扶贫资金项目监管，坚持公示公告制度，分层级全面公开扶贫对象、资金安排、项目建设等情况，接受社会监督。发挥驻村工作队和第一书记的第一线监督责任，加大12317扶贫监督举报电话反映问题的查处力度。

（三）加强绩效评价。扶贫资金统筹整合使用情况将纳入省级党委、政府扶贫开发工作成效和财政专项扶贫资金绩效考核内容。对统筹机制完善、扶贫效果显著的地方，在分配财政专项扶贫资金时给予奖励和倾斜。对专项扶贫资金在统筹整合使用中发生不作为、慢作为、中梗阻等问题的，要追究相应责任。

（四）加强指导宣传。加强对试点贫困县的指导，建立试点工作信息反馈机制，及时研究处理统筹整合扶贫资金过程中出现的问题并及时报告。积极宣传试点工作成效，发现典型，树立标杆，凝聚共识，调动积极性，努力营造脱贫攻坚的良好氛围。

国务院扶贫办行政人事司

2016年7月13日

附录二
年度领导重要讲话

发挥民营企业优势合力推进脱贫攻坚

——在民营企业“万企帮万村”精准扶贫行动电视电话会议上的讲话

国务院扶贫办主任　刘永富

2016年1月25日

一、脱贫攻坚是全面建成小康社会的底线目标

新中国成立60多年特别是改革开放以来，我国综合国力实现了历史性跨越，扶贫开发也取得了举世瞩目的成就，成功走出了一条中国特色扶贫开发道路，使7亿多农村贫困人口成功脱贫。我国成为世界上减贫人口最多的国家，也是世界上率先实现联合国千年发展目标的国家。这些成就，足以载入人类社会发展史册，也足以向世界证明中国共产党领导和中国特色社会主义制度的优越性。同时，我们也清醒地认识到，当前我国脱贫攻坚形势依然严峻。全国仍有7000多万农村贫困人口，他们中的绝大多数分布在革命老区、民族地区、边境地区、连片特困地区，交通闭塞，生态脆弱，基础设施和公共服务落后，都是贫中之贫、困中之困，帮助他们摆脱贫困，是全面建成小康社会的底线目标和基本标志，是党和政府义不容辞的重要责任，也是全社会的共同任务。

消除贫困、改善民生、实现共同富裕，是社会主义的本质要求。党的“十八大”以来，党中央、国务院把扶贫开发提升到事关全面建成小康社会、实现第一个百年奋斗目标的高度，提升到实施“四个全面”和贯彻“五个发展理念”的高度进行决策部署。党的十八届五中全会提出，到2020年我国现行标准下农村贫困人口实现脱贫，贫困县全部摘帽，解决区域性整体贫困。

习近平总书记多次强调，“小康不小康，关键看老乡，关键看贫困的老乡能不能脱贫”。全面建成小康社会、实现第一个百年奋斗目标，农村贫困人口全部脱贫是最艰巨的任务。总书记指出，我们不能一边宣布全面建成了小康社会，另一边还有几千万人口的生活水平处在扶贫标准线以下，这既影响人民群众对全面建成小康社会的满意度，也影响国际社会对我国全面建成小康社会的认可度。到2020年实现全面建成小康社会，必须打赢脱贫攻坚战，

补齐全面建成小康社会的突出短板。

二、民营企业是打赢脱贫攻坚战的重要力量

改革开放以来，作为市场经济新兴主体的民营企业蓬勃发展。目前，提供新增就业岗位达到90%左右，对GDP的贡献超过60%，对税收的贡献超过50%，为国家经济社会发展做出了重要贡献。民营企业不仅是经济社会发展的主力军，也一直是扶贫开发的重要力量。1994年，国家实施“八七”扶贫攻坚计划，中央统战部和全国工商联积极响应，组织一大批有实力、有爱心的民营企业家发起了致力于扶贫济困的光彩事业，为促进贫困地区经济社会发展和贫困群众脱贫增收发挥了重要作用，取得了很好的社会效果。

当前，我国脱贫攻坚已经到了啃硬骨头、攻坚拔寨的冲刺阶段。党中央、国务院对新时期脱贫攻坚作出全面部署，要求动员全党全社会力量，齐心协力打赢脱贫攻坚战。习近平总书记在中央扶贫开发工作会议上指出，“脱贫致富不仅仅是贫困地区的事，也是全社会的事。要更加广泛、更加有效地动员和凝聚各方面力量”，“鼓励支持各类企业、社会组织、个人参与脱贫攻坚”，“要引导社会扶贫重心下沉，促进帮扶资源向贫困村和贫困户流动，实现同精准扶贫有效对接。”《中共中央 国务院关于打赢脱贫攻坚战的决定》明确要求，“引导社会扶贫重心下移，自愿包村包户”，“吸纳农村贫困人口就业的企业，按规定享受税收优惠、职业培训补贴等就业支持政策。落实企业和个人公益扶贫捐赠所得税税前扣除政策”，“工商联系统组织民营企业开展‘万企帮万村’精准扶贫行动”，“完善扶贫龙头企业认定制度，增强企业辐射带动贫困户增收的能力。鼓励有条件的企业设立扶贫公益基金和开展扶贫公益信托。”

总书记的重要讲话，中共中央、国务院的决定，都对民营企业参与脱贫攻坚战作出部署，提出了明确要求，我们要认真贯彻落实。各地区和相关部门要搭建工作平台，做好协调服务，努力营造氛围，广泛动员民营企业参与脱贫攻坚。民营企业要积极响应中央号召，致富思源、富而思进，主动承担社会责任，踊跃参与“万企帮万村”行动，争当脱贫攻坚的贡献者、精准扶贫的实践者、社会风尚的引领者，为打赢脱贫攻坚战贡献力量。

三、“万企帮万村”行动的关键是精准帮扶

习近平总书记反复强调，“扶贫开发贵在精准，重在精准，成败之举在于精准”。要切实做到“扶贫对象精准、措施到户精准、项目安排精准、资金使用精准、因村派人精准、脱贫成效精准”，解决好“扶持谁”、“谁来扶”、“怎么扶”、“如何退”的问题。“万企帮万村”行动要紧紧围绕精准扶贫精准脱贫的基本方略深入推进。

第一，帮扶对象精准。目前，各地已

完成贫困识别和建档立卡工作，全国共识别出建档立卡贫困村 12.8 万个，贫困家庭 3000 万个，贫困人口 7000 多万。这次“万企帮万村”行动帮扶的村，应当全部是建档立卡贫困村。结对帮扶到贫困村后，帮扶资源和措施要重点瞄向建档立卡贫困人口，要切实防止大水漫灌、平均分配、撒胡椒面。

第二，帮扶内容精准。要充分发挥企业人才、资金、技术、管理等方面的优势，多做做实帮助和带动贫困户增收的工作。产业扶贫，要带动建档立卡贫困户增收脱贫，注意研究贫困户的参与机制、受益机制。对丧失劳动能力的贫困户，可考虑将有关资金作为股金入股，让他们按股稳定分享收益。在就业扶贫方面，要在满足企业用工需求的同时，多招收建档立卡贫困人口，帮助他们稳定增收脱贫。在公益扶贫方面，要多做一些雪中送炭、能促进贫困村摘帽、贫困人口脱贫的好事实事。

第三，帮扶方式精准。扶贫要扶志。在帮扶过程中，要注重激发贫困人口自力更生、艰苦奋斗、勤劳致富的内生动力，不仅要帮他们富口袋，更要帮他们富脑袋，帮助他们解放思想、敢想敢干，培训他们提升能力、能干会干。要坚持参与式方法，动员贫困群众参与到帮扶项目的规划、实施、监督、评估等各个环节，鼓励他们集思广益、苦干实干，增强他们对帮扶项目的拥有感，效益的获得感，在项目实施和管理过程中接受市场理念、转变发展观念，不断积累和提高自我发展能力。帮扶项目在贫困村的企业，还可以选派素质好的员工加入驻村工作队，参与开展驻村帮扶。

第四，帮扶成效精准。“万企帮万村”行动是中央的一项重要安排部署，也是民营企业的一项共同自觉行动，必须要取得实实在在的帮扶成效。衡量帮扶成效的主要标志，就是贫困村是否脱贫摘帽了，贫困人口是否脱贫销号了，集体经济是否建立起来了。下一步，我们将研究建立评估机制，以建档立卡贫困村脱贫摘帽、建档立卡贫困户脱贫销号为主要指标，评估帮扶成效。

四、要做好“万企帮万村”行动的服务保障工作

“万企帮万村”行动，是民营企业履行社会责任、先富帮后富的重要体现，也是社会帮扶资源和精准扶贫有效对接的新形式好形式，已经纳入国家十大精准扶贫行动。各地各部门要高度重视，扎实推进，确保行动取得实效。

一是加强组织领导。各地要把“万企帮万村”行动纳入脱贫攻坚总体部署，统筹安排。有关部门尤其是扶贫部门要强化服务意识，把“万企帮万村”行动作为重要工作内容，配合工商联和光彩会共同推进，及时向党委、政府和扶贫领导小组报告工作情况，积极争取支持。

二是加强政策支持。对带动建档立卡贫困人口增收脱贫的帮扶企业，要给予扶

贫再贷款等金融政策支持。要积极协调有关部门，落实企业参与扶贫相关优惠政策。

三是加强工作协调。要对企业帮扶工作给予指导，及时提供贫困村相关情况，指导编制帮扶项目规划，协调整合扶贫资金，协调解决企业在帮扶过程中遇到的困难和问题。

四是加强宣传推广。要及时总结“万企帮万村”精准扶贫行动的好经验好做法，推出一批帮扶先进典型，总结一批扶贫脱贫的成功案例，适时开展先进表彰，使参与行动贡献突出的企业，在社会上受尊重，在事业上有发展，贫困人口得实惠，营造扶贫向善的社会氛围。

在集中整治和加强预防扶贫领域职务犯罪专项工作会议上的讲话

国务院扶贫办主任　刘永富

2016 年 2 月 23 日

习近平总书记在中央扶贫开发工作会议上指出："要加强扶贫资金阳光化管理，加强审计监管，集中整治和查处扶贫领域的职务犯罪，对挤占挪用、层层截留、虚报冒领、挥霍浪费扶贫资金的，要从严惩处！"为全面贯彻落实总书记重要指示精神，根据曹建明检察长提议，最高检与国务院扶贫办在甘肃联合召开会议，部署集中整治和加强预防扶贫领域职务犯罪专项工作，充分体现了最高检对扶贫工作的关心和重视。甘肃是中国特色扶贫开发的发源地之一，近年来在脱贫攻坚理念思路、体制机制、方式方法等方面做了大量的探索和实践，积累了丰富经验。这次会议选择在甘肃召开，主要是考虑到甘肃开展惩治和预防惠农扶贫领域职务犯罪工作起步早，抓得实，效果好。刚才，三运书记发表了热情洋溢的致辞，介绍了甘肃脱贫攻坚情况，路志强检察长介绍了甘肃省在预防扶贫领域职务犯罪方面的做法和经验，听后很受启发。等一会，曹建明检察长还要发表重要讲话，作出工作部署，提出明确要求，扶贫系统要认真学习领会，切实抓好贯彻落实。

下面，我讲三点意见。

一、脱贫攻坚已经成为全党全社会的统一意志和共同行动

"十八大"以来，党中央、国务院高度重视扶贫开发工作，把脱贫攻坚作为治国理政的重要内容，提升到事关全面建成小康社会、实现第一个百年奋斗目标的高度，纳入到"四个全面"战略布局和贯彻"五个发展理念"的高度进行决策部署。习近平总书记高度重视，亲自高位推动。总书记国内考察 29 次，17 次涉及扶贫，连续 4 年新年第一次国内考察都是到贫困地区，在多个场合多次会议上就扶贫开发发表重要讲话，反复强调脱贫攻坚的重大意义，提出了一系列新思想新观点，作出了一系列新部署新安排。2012 年，总书记提出"两个重中之重""三个格外"，2013 年提出精准扶贫、打好扶贫攻坚战，2015 年提出"六个精准""五个一批"。根据中央领

导同志指示精神，国务院扶贫办会同中央文献研究室编辑了《习近平关于扶贫开发论述摘编》。总书记关于扶贫开发的战略思想，与时俱进，内容丰富，博大精深，是指导我们打赢脱贫攻坚战、补齐全面建成小康社会短板的基本遵循和行动指南。李克强总理多次就扶贫开发作出重要指示，决定设立扶贫日，每年在《政府工作报告》中都明确1000万人以上的减贫任务，并作为国务院重大决策部署落实情况督促检查的重要内容。张德江、俞正声、刘云山、王岐山、张高丽等中央领导同志都对扶贫开发非常关心，开展调查研究，作出明确指示。汪洋副总理担任国务院扶贫开发领导小组组长，工作靠前指挥，对重要工作、难点问题亲力亲为。

去年10月，党的十八届五中全会在京举行。全会审议通过了《中共中央关于制定国民经济和社会发展第十三个五年规划的建议》，提出了“十三五”时期我国发展的指导思想和全面建成小康社会新的目标要求，明确到2020年我国现行标准下农村贫困人口实现脱贫，贫困县全部摘帽，解决区域性整体贫困。全会还将扶贫攻坚改成脱贫攻坚，一字之差，凸显了中央兑现脱贫承诺的坚定决心。

去年11月，中央召开扶贫开发工作会议，这是贯彻党的十八届五中全会精神的第一个中央工作会议。习近平总书记、李克强总理发表重要讲话。总书记从战略和全局高度，以强烈的政治责任感和历史使命感，深刻阐述了脱贫攻坚的重要意义，分析了面临的矛盾和问题，明确了坚持精准扶贫、精准脱贫，切实解决“扶持谁、谁来扶、怎么扶、如何退”等重大问题的总体要求，号召动员全党全国全社会力量，齐心协力坚决打赢脱贫攻坚战。李克强总理立足经济和社会发展全局，指出打赢脱贫攻坚战是实现全面建成小康社会目标、基本跨越“中等收入陷阱”的重大任务，对做好脱贫攻坚工作作出具体部署。汪洋副总理要求各地各部门坚决抓好落实，沿着正确方向干、领导带头干、从实际出发干、真正围绕脱贫干、抓住关键问题干、与时俱进干、清正廉洁干、发动群众一起干。会议期间，中西部22个省（区、市）党政一把手签署《脱贫攻坚责任书》，向中央立下军令状，这在我国扶贫开发历史上是第一次。

中央扶贫开发工作会议结束后第二天，党中央、国务院颁布实施《关于打赢脱贫攻坚战的决定》，对“十三五”脱贫攻坚工作作出全面部署。全文共33条，明确了打赢脱贫攻坚战的指导思想、总体目标和基本原则，确定了实施精准扶贫方略和加强贫困地区基础设施建设的14项重点工作，出台财政、金融、土地、科技人才4项特惠政策，健全东西部扶贫协作、定点扶贫、社会力量参与3项社会扶贫工作机制，从强化领导责任制等4个方面要求切实加强党的领导，为脱贫攻坚提供坚强政治保障。

国务院扶贫开发领导小组先后召开全国革命老区开发建设与脱贫攻坚座谈会、全国易地扶贫搬迁工作电视电话会议、东部地区扶贫工作座谈会、中央单位定点扶贫工作会议、领导小组第八次和第九次全体会议等 6 个会议，紧锣密鼓安排部署、推进工作。中办、国办联合印发《贯彻实施〈中共中央 国务院关于打赢脱贫攻坚战的决定〉重要政策措施分工方案》和《省级党委和政府扶贫开发工作成效考核办法》，国务院扶贫开发领导小组印发《关于建立重大涉贫事件处置反馈机制的意见》，贫困退出机制、脱贫攻坚督查工作机制、县级扶贫开发资金整合机制等扶贫文件，已进入报批程序。

各地各部门积极响应，坚决落实中央决策部署。国务院扶贫开发领导小组各成员单位均召开了由党组书记主持的专题会议，出台或酝酿出台支持脱贫攻坚的政策和工作举措。全国有扶贫任务的 28 个省（区、市）中，有 24 个省份明确由党委和政府主要负责同志担任省级扶贫开发领导小组组长，有 15 个省份出台了扶贫政策配套文件，有 15 个省份强化了扶贫机构建设，省级财政扶贫资金预算投入大幅增加，2016 年较 2015 年翻了一番以上（从 200 多亿元增加到 400 多亿元）。东西部扶贫协作、定点扶贫工作不断深化，企业、社会组织和公民个人更加关注扶贫参与扶贫。全国上下形成了党政一把手抓扶贫、出台“1+N”扶贫新举措、社会各方面共同参与“一盘棋”的新格局。精准扶贫机制、以减贫成效为导向的财政资金分配机制、贫困县考核机制、省级党委和政府扶贫工作考核机制等扶贫机制创新迈出重大步伐。“十二五”期间，我国现行标准下的贫困人口从 2010 年的 1.66 亿人，减少到 2014 年底的 7017 万人，2015 年减贫 1000 万人以上的目标任务超额完成；贫困县农民人均纯收入从 2010 年的 3273 元，预计 2015 年可翻一番，增长幅度连续 5 年高于全国农村平均水平；贫困地区水、电、路等基础设施明显改善，教育、卫生等基本公共服务保障水平持续提高。

下一步，国务院扶贫办贯彻落实中央决策部署将主要从以下几个方面用力。一是充分发挥政治优势制度优势，五级书记一起抓，落实脱贫攻坚责任。二是认真实施精准扶贫精准脱贫方略，按“五个一批”“六个精准”要求，因村因户因人施策，扶到点上、扶到根上。三是加大脱贫攻坚投入，整合政府、金融、社会资金，加强监管，提高使用效率，廉洁扶贫、阳光扶贫。四是实行最广泛的社会动员，充分调动贫困地区贫困群众的积极性、主动性、创造性。五是用好指挥棒，落实省级党委和政府扶贫开发工作成效考核办法，指导地方落实贫困县考核办法，完善贫困退出机制，落实约束机制，建立第三方评估机制。在具体工作中，重点建设五个平台，建立完善五个机制，开展十大行动，推进十项工程。

"五个平台"，分别是国家扶贫开发大数据平台、省级扶贫开发融资平台、县级扶贫开发资金项目整合管理平台、贫困村扶贫脱贫落实平台、社会扶贫对接平台。

"五个机制"，一是强化领导责任制，不断健全中央统筹、省负总责、市县抓落实的工作机制，层层签订脱贫攻坚责任书，省市县乡村五级书记一起抓。二是完善考核机制，落实省级党委和政府扶贫开发工作成效考核办法，制定东西部扶贫协作、定点扶贫工作考核办法，指导地方完善对贫困县的考核办法；三是落实约束机制，从必须作为、禁止作为、提倡作为等三个方面引导贫困县党委政府切实把工作重心放在脱贫攻坚上；四是建立贫困退出机制，对贫困人口、贫困县和贫困村的退出制定指导意见，明确退出标准和程序，确保脱贫质量；五是建立评估机制，对脱贫攻坚政策落实和相关工作进行第三方评估，发挥社会和舆论监督作用。

"十大行动"，是动员相关行业部门和社会力量发挥优势，开展教育扶贫、健康扶贫、金融扶贫、交通扶贫、水利扶贫、危房改造和人居环境改善、科技扶贫、劳务协作对接、中央企业百县万村、民营企业万企帮万村等扶贫行动。

"十项工程"，即改革专项扶贫工作，因地制宜，因户因人施策，组织实施易地扶贫搬迁、职业教育培训、扶贫小额信贷、整村推进、电商扶贫、乡村旅游扶贫、光伏扶贫、构树扶贫、贫困村创业致富带头人培训、龙头企业带动等精准扶贫工程。

二、打赢脱贫攻坚战必须做到阳光扶贫廉洁扶贫

习近平总书记在河北阜平考察扶贫工作时指出，"我不满意，甚至愤怒的是，一些扶贫款项被各级截留，移作他用。扶贫款项移作他用，就像救灾款移作他用一样，都是犯罪行为。还有骗取扶贫款的问题。对这些乱象，要及时发现、及时纠正，坚决反对、坚决杜绝。"在中央扶贫开发工作会议上，总书记再次强调，"扶贫资金是贫困群众的'救命钱'，一分一厘都不能乱花，更容不得动手脚、玩猫腻！"李克强总理指出，"要严格资金监督管理，严惩违法违规行为，抓紧健全制度安排，确保扶贫资金在阳光下运行、真正用在扶贫开发上。"汪洋副总理在中央扶贫开发工作会议总结讲话中专门用一个章节讲扶贫资金监管，要求"清正廉洁地干"。扶贫开发，既是经济工作，又是政治任务，事关全面小康目标的实现，事关党和政府的形象，事关贫困群众的根本利益，备受各方面关注。扶贫领域发生职务犯罪，危害更加巨大、社会容忍度更低、人民群众反映更为强烈。当前，脱贫攻坚进入决战决胜阶段，资金投入大，项目工程多，利益调整广泛，迫切需要关口前移，早防早治，要坚决避免出现"扶贫投入加上去，干部贪腐倒下来"的现象。

近年来，国务院扶贫办积极探索，不

断强化扶贫资金监管，取得了一些进展。一是改革财政专项扶贫资金管理机制。出台专门指导意见，对扶贫资金分配、使用、监管提出要求，引入第三方监督，引导扶贫对象参与。取消扶贫贷款贴息资金、科技扶贫、预留机动、雨露计划试点、互助资金试点5个专项，推进扶贫资金项目审批权限下放到县。二是完善建档立卡工作。开展“回头看”活动，对建档立卡贫困村、贫困户和贫困人口定期进行全面核查，实行有进有出的动态管理，确保扶贫资金精准用于扶贫对象。三是设立“12317”扶贫监督举报电话，公开接受社会监督。四是强化考核评价和责任追究。配合财政部等相关部门开展涉农资金专项整治行动，每年对各省财政专项扶贫资金管理使用情况开展绩效评价，兑现奖惩措施。五是加强审计整改。对审计发现的违规问题、各种渠道反映的问题，及时督促指导相关地方整改，并对相关责任人进行严肃追究。六是与最高检共同开展扶贫领域反腐倡廉建设。联合印发《关于在扶贫开发领域预防职务犯罪工作中加强联系配合的意见》，共同编印了《扶贫领域违法案件警示录》，近日又联合印发了《集中整治和加强预防扶贫领域职务犯罪专项工作方案》，合力推进扶贫领域惩治和预防腐败体系建设。

这些举措，对管好用好扶贫资金产生了重要作用。但必须看到，扶贫资金监管还存在一些工作和多方面制约，扶贫资金量大、面广、点多、线长，特别是在基层“犯之者众、查之者寡”，资金监管难度很大。有的扶贫资金长期趴在账上，用不出去。有的扶贫资金大水漫灌，滥用。有的扶贫资金被套取截留侵吞，严重违规违法。这些现象，不仅侵害了贫困群众的利益，阻碍了脱贫进程，而且严重损害了党和政府的形象与公信力。必须强化扶贫资金监管，坚持阳光扶贫、廉洁扶贫。扶贫资金不用不行，滥用不行，贪污浪费更不行。

三、积极主动做好集中整治和加强预防扶贫领域职务犯罪专项工作

王岐山同志在十八届中央纪委第六次全体会议上指出：“严肃查处扶贫领域虚报冒领、截留私分、挥霍浪费问题，以严明的纪律为打赢脱贫攻坚战提供保障。”根据中央扶贫开发工作会议和《中共中央 国务院关于打赢脱贫攻坚战的决定》有关要求，最高检和国务院扶贫办决定，“十三五”期间，在全国范围内共同开展集中整治和加强预防扶贫领域职务犯罪专项工作。通过依法查处和预防扶贫领域的职务犯罪，努力确保职务犯罪不发生、少发生，促进贫困地区、贫困人口真正得实惠，为打赢脱贫攻坚战提供法治保障。

专项工作将紧紧围绕脱贫攻坚“五个一批”“十大行动”“十项工程”等重点领域，围绕扶贫资金分配、项目申报、审核审批、发放管理、项目实施、检查验收等重点环节，围绕革命老区、民族地区、边疆地区、连片特困地区等重点区域，依法查办扶贫领域贪污贿赂、渎职侵权等职务犯罪案件，形成“不敢腐”的高压态势。同时，建立健全扶贫资金预防监督机制，加强风险防控，构建“不能腐”的防范机制。加强法制宣传和警示教育，树立法制观念，培育高尚情操，筑牢“不想腐”的思想防线。

小麻烦不解决，就会变成大麻烦。检察系统有法律武器，是专门机关，有专业力量，对脱贫攻坚中实现廉洁扶贫、阳光扶贫具有不可替代的作用。各级扶贫部门要高度重视，积极主动配合检察机关，扎实推进集中整治和加强预防扶贫领域职务犯罪专项工作，确保取得实效。

一是加强组织领导。各地要把专项工作纳入脱贫攻坚总体部署，列为重要工作内容，统筹安排。扶贫部门主要负责同志要亲自研究部署，明确责任部门和责任人具体落实。建立工作联席会议制度，与检察机关开展有效协作，及时向党委、政府和扶贫领导小组报告工作情况，积极争取支持。

二是完善制度设计。完善贫困户建档立卡，建设好扶贫大数据平台，把脱贫攻坚政策措施不折不扣落实到贫困人口。创新扶贫资金分配、项目审批、组织实施等方面的制度办法。完善扶贫资金项目管理监督问责机制，层层落实监管责任，发挥好第一书记和驻村工作队的作用，将资金监管作为他们的重要责任，作为考核其工作成效的一项主要指标。加大信息公开力度，将扶贫工作置于“阳光”下运行，全过程接受社会监督。

三是坚持惩防并举。始终保持对扶贫领域腐败行为的“零容忍”，发现一起，查处一起，从严惩处，决不姑息。同时，要从源头上提前预防，研究扶贫领域职务犯罪规律，找准易发、多发环节，保障扶贫资金安全运行，扶贫项目不打折扣，造福贫困群众，保护扶贫干部。

四是强化思想教育。将预防扶贫领域职务犯罪纳入全国贫困地区干部培训内容，加强对扶贫系统和基层干部职业道德教育、法制教育和警示教育，使他们树立正确的权力观、地位观、利益观，强化廉洁自律和守住底线的自觉性。发挥媒体舆论宣传作用，推进预防扶贫领域职务犯罪宣传进村入户，提高群众主动监督意识和能力。

以习近平总书记扶贫开发战略思想为指导 坚决打赢脱贫攻坚战

国务院扶贫办主任　刘永富

2016 年 3 月 3 日

中央组织部、国务院扶贫办、国家行政学院联合举办省部级和厅局级干部打赢脱贫攻坚战研讨班，是贯彻落实中央扶贫开发工作会议精神的重要举措。昨天，中央政治局委员、国务院副总理汪洋同志作了专题报告，中央书记处书记、国务委员兼国务院秘书长杨晶同志作了重要讲话，我们要深刻学习领会，全面贯彻落实。下面，我围绕学习贯彻习近平总书记扶贫开发战略思想，贯彻落实中央扶贫开发工作会议精神，从四个方面和大家交流。

一、深入学习贯彻习近平总书记扶贫开发战略思想

重视扶贫开发工作，是我们党的光荣传统。习近平总书记在 2015 减贫与发展高层论坛上深情地说，“40 多年来，我先后在中国县、市、省、中央工作，扶贫始终是我工作的一个重要内容，我花的精力最多。”20 世纪 80 年代，总书记在福建宁德担任地委书记期间，组织开展扶贫探索与实践，撰写《摆脱贫困》一书。此后，总书记在多个岗位上始终把扶贫装在心里、抓在手上、扛在肩上，不断探索、不断深化、不断推进，为形成扶贫开发战略思想打下了深厚的实践基础。

党的“十八大”以来，以习近平同志为总书记的党中央把扶贫开发放到治国理政的重要位置，提升到事关全面建成小康社会、实现第一个百年奋斗目标的高度，纳入到“四个全面”战略布局和贯彻“五大发展理念”的高度进行决策部署。习近平总书记高度重视，亲自高位推动。总书记国内考察 29 次，17 次涉及扶贫，7 次把扶贫作为考察重点，连续 4 年新年第一次国内考察都是到贫困地区，在多个场合多次会议上发表重要讲话，反复强调脱贫攻坚的重大意义，提出了一系列新思想新观点，作出了一系列新部署新安排。2012 年，总书记提出“两个重中之重”（“三农”工作是重中之重，革命老区、民族地区、边疆地区、贫困地区在“三农”工作中要把扶贫开发作为重中之重）、“三个格外”（对各类困难群众，我们要格外关注、格外关

爱、格外关心）、科学扶贫、内生动力等重要思想。2013 年，在湖南湘西十八洞村首次提出精准扶贫。2014 年，提出精细化管理、精确化配置、精准化扶持等重要思想。2015 年，提出“六个精准”（扶持对象精准、项目安排精准、资金使用精准、措施到户精准、因村派人精准、脱贫成效精准）、“五个一批”（发展生产脱贫一批、易地搬迁脱贫一批、生态保护脱贫一批、加强教育脱贫一批、社会保障兜底一批），指出扶贫开发是新的经济增长点，强调脱贫攻坚任务重的地区要以脱贫攻坚统揽经济社会发展全局。总书记扶贫开发战略思想，与时俱进，内容丰富，博大精深，是指导我们打赢脱贫攻坚战、补齐全面建成小康社会短板的基本遵循和行动指南。我们要深刻领会、全面理解、认真贯彻。

（一）深刻领会扶贫开发是社会主义的本质要求的思想，进一步增强打赢脱贫攻坚战的使命感和责任感。总书记指出，“消除贫困、改善民生、逐步实现共同富裕，是社会主义的本质要求，是我们党的重要使命。”总书记强调，“新中国成立前，我们党领导广大农民‘打土豪、分田地’，就是要让广大农民翻身得解放。现在，我们党就是要领导广大农民‘脱贫困、奔小康’，就是要让广大农民过上好日子。”总书记深刻指出，“做好扶贫开发工作，支持困难群众脱贫致富，帮助他们排忧解难，使发展成果更多更公平惠及人民，是我们党坚持全心全意为人民服务根本宗旨的重要体现，也是党和政府的重大职责。”我们要从政党性质、执政责任、巩固制度的高度深化认识，进一步增强做好扶贫工作的使命感责任感。

（二）深刻领会农村贫困人口脱贫是全面建成小康社会最艰巨任务的思想，进一步认识脱贫攻坚工作的重要性和紧迫性。总书记指出，“小康不小康，关键看老乡，关键在贫困的老乡能不能脱贫。”“扶贫开发是我们第一个百年奋斗目标的重点工作，是最艰巨的任务。”“各级领导干部，特别是贫困问题较突出地区的各级党政主要负责同志，要认真履行领导职责，集中连片特殊困难地区领导同志的工作要重点放在扶贫开发上。‘三农’工作是重中之重，革命老区、民族地区、边疆地区、贫困地区在‘三农’工作中要把扶贫开发作为重中之重，这样才有重点”。这两个“重中之重”，强调了扶贫开发是“三农”工作的重点、难点，也是全面建成小康社会的重点、难点。我们要把扶贫工作摆到更加突出的位置，奋力攻坚。

（三）深刻领会科学扶贫的思想，进一步提高遵循扶贫开发规律的主动性和自觉性。总书记指出，“加快科学扶贫和精准扶贫，办好教育、就业、医疗、社会保障等民生实事。”“推进扶贫开发、推动经济社会发展，首先要有一个好思路、好路子。要坚持从实际出发，因地制宜，理清思路、完善规划、找准突破口。”“要进一步增强责任感和紧迫感，坚持科学规划、分类指导，实施精准扶贫，增强内生动力。”我们要注重把扶贫开发与做好“三农”工作、提供基本公共服务、开展教育扶贫等结合起来，把做好顶层设计与加强基层探索结合起来，不断完善有利于贫困地区和贫困群众加快发展的扶贫战略和政策体系，促进共同富裕。

（四）深刻领会精准扶贫精准脱贫的思想，更好解决“扶持谁”“谁来扶”“怎么扶”“如何退”问题。总书记用非常形象的语言指出：“扶贫开发推进到今天这样的程度，贵在精准，重在精准，成败之举在于精准。搞大水漫灌、走马观花、大而化之、‘手榴弹炸跳蚤’不行。要做到‘六个精准’，即扶持对象精准、项目安排精准、资金使用精准、措施到户精准、因村派人（‘第一书记’）精准、脱贫成效精准。”2016年春节前，总书记到井冈山考察，继续强调，“扶贫、脱贫的措施和工作一定要精准，要因户施策、因人施策，扶到点上、扶到根上，不能大而化之”。我们要不断深化精准扶贫精准脱贫的方略，变“大水漫灌”为“精确滴灌”，政策举措更多面向特定人口、具体人口，扶真贫，真扶贫，真脱贫，让贫困群众真正得到实惠。

（五）深刻领会内源扶贫的思想，进一步激发贫困地区贫困群众内生动力。总书记指出，“贫困地区发展要靠内生动力，如果凭空救济出一个新村，简单改变村容村貌，内在活力不行，劳动力不能回流，没有经济上的持续来源，这个地方下一步发展还是有问题。”“党和政府有责任帮助贫困群众致富，但不能大包大揽。不然，就是花了很多精力和投入暂时搞上去了，也不能持久。”“扶贫开发，要给钱给物，更要建个好支部。”“要做好对贫困地区干部群众的宣传、教育、培训、组织工作，让他们的心热起来、行动起来，引导他们树立‘宁愿苦干、不愿苦熬’的观念，自力更生、艰苦奋斗，靠辛勤劳动改变贫困落后面貌。”扶贫开发的最终成效，是要看贫困地区和贫困群众是否具备了内生发展动力，提高“造血”功能，增强扶贫成效可持续性。

（六）深刻领会社会扶贫的思想，更加广泛动员社会力量参与脱贫攻坚。总书记强调，“扶贫开发是全党全社会的共同责任，要动员和凝聚全社会力量广泛参与。要坚持专项扶贫、行业扶贫、社会扶贫等多方力量、多种举措有机结合和互为支撑的‘三位一体’大扶贫格局，强化举措，扩大成果”。“要广泛调动社会各界参与扶贫开发积极性，鼓励、支持、帮助各类非公有制企业、社会组织、个人自愿采取包干方式参与扶贫”。要求各级党委政府更加广泛动员社会力量参与扶贫，进一步动员东部地区加大对西部地区的帮扶力度，进一步动员各部门各单位积极完成所承担的定点扶贫任务，进一步引导国有企业承担更多扶贫开发任务，进一步鼓励、支持、帮助各类非公有制企业、社会组织、个人自愿采取多种形式参与扶贫，凝聚脱贫攻坚的强大合力。

学习贯彻习近平总书记扶贫开发重要战略思想，要切实强化四个意识。一是政治意识。增强政治责任感，坚决与党中央保持一致，响应号召、统筹谋划、兑现承诺。二是攻坚意识。以时不我待、只争朝夕的干劲，采取非常规举措，打好政策组合拳，确保到2020年现行标准下农村贫困人口全部脱贫，不留锅底。三是精准意识。改“大水漫灌”为“精准滴灌”，做到精准识别、精准施策、精准退出、精准考核。四是改革创新意识。坚持问题导向，做到理念创新、制度创新、方式创新、机制创新。

二、全面贯彻落实中央脱贫攻坚决策部署

中华人民共和国成立后，特别是改革开放以来，我们实施大规模扶贫开发行动，成功走出了一条中国特色扶贫开发道路，使7亿多农村贫困人口摆脱贫困，为全面建成小康社会打下了坚实基础。

2015年10月，党的十八届五中全会审议通过《中共中央关于制定国民经济和社会发展第十三个五年规划的建议》，提出“十三五”时期我国全面建成小康社会新的奋斗目标，明确到2020年我国现行标准下农村贫困人口实现脱贫，贫困县全部摘帽，解决区域性整体贫困。全会将扶贫攻坚改成脱贫攻坚，一字之差，凸显了中央脱贫攻坚的坚强决心和坚定信心。

同年11月，中央召开扶贫开发工作会议，这是贯彻十八届五中全会精神的第一个中央工作会议，也是扶贫开发历史上具有里程碑意义的重要会议。习近平总书记、李克强总理发表重要讲话，全面部署“十三五”时期脱贫攻坚工作。中央政治局常委、中央政治局委员全部出席，各省区市党政主要领导和各部门主要负责同志参加会议。会议期间，中西部22个省区市党政一把手签署《脱贫攻坚责任书》，向中央立下军令状。这在我国扶贫开发历史上是第一次。会后党中央、国务院颁布实施《关于打赢脱贫攻坚战的决定》（以下简称《决定》），明确脱贫攻坚目标任务、基本方略、政策框架、责任体系等。

中央扶贫开发工作会议后，党中央、国务院继续高位推进。习近平总书记在2016年新年贺词中指出：“让几千万农村贫困人口生活好起来，是我心中的牵挂。我们吹响了打赢扶贫攻坚战的号角，全党全国要戮力同心，着力补齐这块短板，确保农村所有贫困人口如期摆脱贫困。”元旦刚过，总书记考察重庆市，指出：“扶贫开发成败系于精准，要找准‘穷根’、明确靶向，量身定做、对症下药，真正扶到点上、扶到根上。脱贫摘帽要坚持成熟一个摘一个，既防止不思进取、等靠要，又防止揠苗助长、图虚名。”此后，总书记在中央政治局第三十次集体学习、赴江西省考察、到人民日报、新华社、中央电视台调研等多个场合，要求做好脱贫攻坚工作。李克

强总理春节前到宁夏考察，对脱贫攻坚作出重要指示，在《政府工作报告》中再次提出1000万人以上的减贫任务。张德江、俞正声、刘云山、王岐山、张高丽等中央领导同志都对扶贫开发非常关心，开展调查研究，提出明确要求。中央经济工作会议、十八届中央纪委第六次全体会议、中央农村工作会议、全国组织部长会议、全国宣传部长会议等都把脱贫攻坚作为重要内容。

在中央扶贫开发工作会议后不到3个月时间里，汪洋副总理先后主持召开国务院扶贫开发领导小组第八、第九次全体会议，研究贯彻落实中央扶贫开发工作会议精神，召开全国革命老区开发建设座谈会、全国易地扶贫搬迁工作电视电话会议、东部地区扶贫工作座谈会、中央单位定点扶贫工作会议等4次会议，召开9次专题会议，5次赴地方调研，扶贫领导小组组织成员分赴23个省份开展宣讲调研慰问活动，紧锣密鼓安排部署，全力推进脱贫攻坚工作。

中共中央办公厅、国务院办公厅印发《贯彻实施〈中共中央 国务院关于打赢脱贫攻坚战的决定〉重要政策措施分工方案》，分解落实重要政策举措101项，明确了中央国家机关70多个部门的责任；中共中央办公厅、国务院办公厅发布《省级党委和政府扶贫开发工作成效考核办法》，对考核内容、考核程序、结果运用等作出明确规定。国务院扶贫开发领导小组印发《关于建立重大涉贫事件处置反馈机制的意见》，明确重大涉贫事件的处置反馈原则和程序。近期，还将出台贫困退出办法，对贫困县、贫困村和贫困人口退出的范围、标准、程序等作出规定；出台脱贫攻坚督查工作办法，对脱贫攻坚工作进行督促检查；出台扶贫资金整合使用办法，支持县级整合财政涉农资金、金融资金、社会资金用于脱贫攻坚。同时，对东西部扶贫协作和中央单位定点扶贫工作的考核办法，也将出台实施。

各地各部门积极响应，坚决落实中央决策部署。28个省份召开省级扶贫开发工作会议，安排部署“十三五”脱贫攻坚工作；24个省份层层签订脱贫攻坚责任书，将减贫任务落实到县；21个省份明确由党委和政府主要领导同志担任省级扶贫开发领导小组组长，有3个省份由省长担任领导小组组长；24个省份出台了“1+N”扶贫政策配套文件，政策措施实，操作性强；15个省份强化了扶贫机构建设；各省普遍加大财政扶贫资金投入，2016年省级专项扶贫资金预算比上年总体增加50%以上。国务院扶贫开发领导小组各成员单位均召开了由党组书记主持的专题会议，出台或酝酿出台支持脱贫攻坚的特惠支持政策，在编制“十三五”行业规划时把脱贫攻坚作为重要内容，研究开展教育扶贫、健康扶贫、金融扶贫、交通扶贫、水利扶贫、危房改造和人居环境改善、科技扶贫、劳务协作对接、中央企业百县万村、民营企业万企帮万村等行业扶贫十大行动。中央军委政治工作部研究办法，组织军队和武警部队参与脱贫攻坚。民主党派中央联合开展多党合作脱贫攻坚行动。全国上下形成了党政一把手抓扶贫、出台“1+N”扶贫新举措、社会各方面共同参与“一盘棋”的新格局。脱贫攻坚已经成为全党全社会的统一意志和共同行动。

在充分肯定成绩的同时，我们也要清醒地看到，在贯彻落实中央决策部署过程中仍存在一些不足和问题。一是对精准扶贫精准脱贫方略领会不深不透，在实际工作中还存在缩小版的“大水漫灌”。二是工作进展不平衡，少数地区和部门工作滞后。三是贫困地区贫困群众积极性、主动性还没有充分发挥，存在等靠要思想。四是贫困退出还不规范，存在数字脱贫、虚假脱贫问题。对这些问题，必须采取有力措施尽快予以解决。

三、全力打好脱贫攻坚的年度战役

今年是“十三五”的开局之年，也是打赢脱贫攻坚战的首战之年。习近平总书记指示，脱贫攻坚年度战役要打好。李克强总理明确，今年再完成1000万人以上脱贫任务。汪洋副总理要求，实现脱贫攻坚开门红。国务院扶贫开发领导小组印发2016年工作要点，提出7个方面42项工作任务。

贯彻落实中央决策部署的总体思路：一是充分发挥政治优势制度优势，落实脱贫攻坚责任，坚持省、市、县、乡、村五级书记一起抓。二是认真实施精准扶贫精准脱贫方略，按“五个一批”、“六个精准”要求，因村因户因人施策，扶到点上、扶到根上。三是增加脱贫攻坚投入，整合财政、金融、社会资金，加强监管，提高使用效率，廉洁扶贫阳光扶贫。四是实行最广泛的社会动员，共同参与脱贫攻坚，充分调动贫困地区贫困群众的积极性、主动性、创造性，提升他们的参与性、获得感。五是用好指挥棒，落实省级党委和政府扶贫开发工作成效考核办法，指导地方落实贫困县考核办法，落实约束机制，完善退出机制，建立第三方评估机制。

（一）健全三个政策体系。一是编制实施“十三五”脱贫攻坚规划。把脱贫攻坚作为国民经济和社会发展第十三个五年规划纲要的重要内容，组织编制“十三五”脱贫攻坚重点专项规划，把中央关于脱贫攻坚的决策部署和政策举措落实到规划中。各省（区、市）编制省级“十三五”扶贫规划，细化落实中央关于脱贫攻坚的重大政策举措，变成具体可操作的项目。各行业部门要制定“十三五”行业专项规划，并把行业扶贫内容纳入其中。二是制定并实施“十三五”脱贫攻坚滚动规划和年度减贫计划。各地要确定今后五年贫困县脱贫摘帽和建档立卡贫困人口逐年脱贫的滚动规划。按照年度减贫计划，签订年度减贫责任书，对减贫任务完成情况进行核实监督，按照脱贫精准度抽查结果，评估脱贫攻坚工作成效，坚决防止“数字脱贫”。三是不断完善脱贫攻坚政策体系。中央国家机关有关部门要按照《决定》重大政策措施分工方案的要求，制定本行业领域的脱贫攻坚措施，打出政策组合拳。各地要充实、完善现有扶贫政策措施，出台贯彻落实意见，进一步丰富完善“1+N”政策体系。

（二）抓好七项重点工作。一是做好易地扶贫搬迁工作。组织实施《“十三五”时期易地扶贫搬迁工作方案》，编制完成全国易地扶贫搬迁“十三五”规划。“十三五”期间搬迁1000万贫困人口，2016年完成200万人以上搬迁任务。二是开展特色产业精准扶贫。组织各有关省（区、市）编制省、县两级贫困地区特色产业发展规划。大力支持有劳动能力的贫困人口因地制宜发展特色产业。“十三五”期间，通过产业带动3000万人脱贫。三是引导劳务输出脱贫。结合新型城镇化和实现“三个1亿人”目标，“十三五”期间促进1000万贫困人口通过就业创业实现脱贫，2016年力争完成200万人任务。四是探索生态保护脱贫有效途径。国家重大生态工程，在项目和资金安排上进一步向贫困地区倾斜，提高贫困人口参与度和受益水平。结合建立国家公园体制，创新生态资金使用方式，使当地有劳动能力的部分贫困人口转为护林员等生态保护人员。五是开展资产收益扶贫试点。鼓励各地在不改变用途的情况下，财政专项扶贫资金和其他涉农资金投入设施农业、养殖、光伏、水电、乡村旅游等项目形成的资产，具备条件的可折股量化给贫困村和贫困户，尤其是丧失劳动能力的贫困户。六是解决特殊类型贫困问题。启动实施重点贫困革命老区振兴发展行动计划，加快推进革命老区精准扶贫脱贫工程。对西藏、四省藏区、新疆南疆四地州和“直过民族”地区等深度贫困地区，逐个研究解决突出问题的思路和办法，出台相关支持政策。七是抓好社会保障兜底脱贫。制定农村低保制度与扶贫开发政策有效衔接指导意见，逐步实现到2020年农村低保标准达到国家扶贫标准。提高贫困人口身体素质，减轻医疗负担，努力减少因病因残致贫返贫。

（三）建设五个平台。一是建设国家扶贫开发大数据平台。大数据平台是精准扶贫精准脱贫工作的基础和前提。要提高数据质量，切实解决好“扶持谁”的问题。二是指导组建省级扶贫开发融资平台。在省一级设立扶贫开发投融资主体，筹集资金用于脱贫攻坚。三是建设县级扶贫开发资金项目整合管理平台。以脱贫规划为引领，以重大项目为平台，以县为单位，整合财政、金融、社会资金用于脱贫攻坚。加强扶贫资金的管理，完善项目资金公告公示制度，提高资金使用效益和透明度。四是建设贫困村扶贫脱贫工作落实平台。充分发挥第一书记和驻村工作队的作用，加强村两委班子建设，做强基层工作平台，确保中央决策部署落实到户到人。五是建立社会扶贫对接平台。建设社会扶贫信息网，运用信息化手段实现扶贫脱贫需求与社会资源有效对接。

（四）完善五个机制。一是强化领导责任机制，不断完善中央统筹、省负总责、市县抓落实的工作机制，层层签订落实脱贫攻坚责任，五级书记一起抓。二是完善考核机制，落实省级党委和政府扶贫开发工作成效考核办法，制定东西部扶贫协作、定点扶贫工作考核办法，指导地方完善对贫困县的考核办法。三是落实约束机制，从必须作为、提倡作为、禁止作为三个方面引导贫困县加强自我约束。四是建立贫困退出机制，对贫困人口、贫困村、贫困县的退出制定具体办法，明确退出标准和程序，确保脱贫质量。五是建立脱贫成效评估机制，对脱贫攻坚政策落实和相关工作进行督查，开展第三方评估，发挥社会和舆论监督作用。

（五）开展十大行动。组织动员行业部门，按照精准扶贫精准脱贫的要求，改进行业扶贫工作。一是教育扶贫行动。出台特惠政策举措，从学前教育到高等教育，让贫困子女都能享受到公平有质量的教育，发展职业教育，努力阻断贫困代际传递。二是健康扶贫行动。出台特惠政策举措，从防病到治病，从新农合到大病保险到医疗救助，从改善医疗设施到培养医疗人才，为贫困地区贫困人口编织有力的保障网，着力解决因病致贫、因病返贫问题。三是金融扶贫行动。出台系列特惠金融政策，努力化解贫困户、农民合作组织、扶贫龙头企业贷款难、贷款贵问题，支持贫困群众通过发展产业脱贫。发行金融债券，支持地方政府集中力量办大事。四是交通扶贫行动。出台特惠政策举措，支持贫困地区重大交通项目建设，重点帮助贫困村全面解决通村路、村组路硬化问题。五是水利扶贫行动。实施农村饮水安全巩固提升工程，解决贫困人口饮水安全问题。进一步加大对贫困地区农田水利、水资源开发利用与保护、水土保持生态治理、农村小水电等的支持力度。六是劳务协作对接行动。出台特惠政策举措，支持贫困人口转移就业，鼓励东部地区和大中城市吸纳贫困劳动力就业，提供配套服务，促进贫困人口通过转移就业脱贫。七是危房改造和人居环境改善扶贫行动。加快推进贫困地区农村危房改造，提高补助标准。加大贫困村生活垃圾处理、污水治理、改厕和村庄绿化美化力度，继续推进贫困地区农村环境连片整治。八是科技扶贫行动。完善农村科技特派员制度，选派科研机构、高校的涉农涉贫专业人员，到贫困村开展帮扶工作，提供技术指导。九是百县万村行动。组织68家央企，改善100个贫困革命老区县基础设施，解决10000个贫困村的水、电、路等问题，实现率先脱贫。十是万企帮万村行动。组织万家以上民营企业与贫困村建立结对帮扶关系，不脱贫不脱钩。

（六）实施十项工程。改革专项扶贫工作，因地制宜，因村因户因人施策。一是整村推进工程。改变建档立卡贫困村的基本生产生活条件，发展致富产业。二是职业教育培训工程。对参加中高等职业教育的贫困家庭子女加大扶持力度，提高转移就业成效。三是扶贫小额信贷工程。帮助贫困家庭发展生产。四是易地扶贫搬迁工程。解决一方水土养不活一方人的问题。五是电商扶贫工程。打开贫困地区产品销路。六是旅游扶贫工程。将贫困地区的绿水青山变成群众增收的金山银山。七是光伏扶贫工程。增加贫困农户资产性收入，改善能源结构。八是构树扶贫工程。支持构树种植加工，大力发展草食畜牧业。九是贫困村创业致富带头人培训工程。加强培训，建设贫困村致富带头人队伍。十是龙头企业带动工程。支持龙头企业发展，建立企业与贫困户利益有效连接机制，促进贫困人口稳定增收。

（七）深入推进社会扶贫。一是深化东西部扶贫协作。推动帮扶双方开展区县层层结对，建立东部财政援助资金稳定增长机制和劳务对接机制，强化企业协作，辐射带动贫困人口脱贫。二是加强定点扶贫。完善牵头联系机制，建立工作考核评价机制，组织评选表彰活动，督促各中央单位落实扶贫责任，开展精准帮扶。三是组织军队和武警部队参与脱贫攻坚。充分发挥军队和武警部队的优势，助力打赢脱贫攻坚战。四是广泛动员民营企业、社会组织、公民个人参与扶贫开发。建立社会扶贫对接平台，实现扶贫资源与贫困人口需求有效对接。建立国家扶贫荣誉表彰体系，营造浓厚社会氛围。五是策划实施扶贫日活动。举办 2016 减贫与发展高层论坛，发布《中国扶贫开发报告 2016》（蓝皮书），动员民营企业、社会组织、个人积极参与扶贫公益行动。六是深入开展国际交流与合作。发挥好国际减贫交流平台作用，推动落实“100 个减贫项目”“中非减贫惠民合作计划”“东亚减贫合作倡议”，积极推进与世行、联合国开发计划署等国际组织的交流合作。加强中国扶贫经验的国际宣传，讲好中国扶贫故事，传播中国扶贫经验。

（八）切实强化保障措施。一是开展调查研究。深入贫困地区，开展入户调查，研判脱贫攻坚形势，着力解决工作中的突出困难和问题。二是深化扶贫宣传工作。建立健全脱贫攻坚信息发布制度，回应社会关切。开展扶贫开发 30 周年纪念活动，推出一批脱贫先进典型、一批帮扶先进典型、一批扶贫系统先进典型、一批精准扶贫精准脱贫成功案例。三是建立健全督查工作机制。建立年度脱贫攻坚工作逐级督查制度，对《决定》精神落实情况、减贫目标落实进展情况进行督导。四是总结推广先进典型经验。认真总结精准扶贫精准脱贫、建档立卡、驻村帮扶、扶贫改革创新等方面的经验，及时召开现场会，推广交流各地经验做法。五是加强队伍能力建设。进一步提高扶贫机构队伍工作效率，锤炼工作作风，把中央脱贫攻坚各项决策部署落到实处。

（九）坚持廉洁扶贫阳光扶贫。王岐山同志在十八届中央纪委第六次全体会议上指出："严肃查处扶贫领域虚报冒领、截留私分、挥霍浪费问题，以严明的纪律为打赢脱贫攻坚战提供保障。"脱贫攻坚阶段，资金投入大，项目工程多，迫切需要关口前移，早防早治。一是改革完善财政专项扶贫资金管理机制，创新扶贫资金分配、使用、监管办法，加强内部管控。二是在全国扶贫系统组织开展为期半年的警示教育活动，增强扶贫干部廉洁自律和守住底线的自觉性。三是加大信息公开力度，让扶贫工作在阳光下运行，全过程接受社会监督。四是与最高人民检察院联合开展为期五年的集中整治和加强预防扶贫领域职务犯罪专项工作。五是对审计发现和各种渠道反映的扶贫方面的违法违纪问题，严肃查处，及时整改。

四、几个需要进一步研讨的问题

今年是脱贫攻坚战的首战之年，各项新机制逐步建立，新政策举措逐步实施，我们会不断碰到新情况、新问题，需要大家共同研究，共同寻找解决办法。

（一）关于贫困标准

国际上，有一个通用的标准，叫极端贫困标准，由世界银行发布，旨在评估全球贫困状况及各国减贫进展，为全球减贫设定目标。这一标准，是根据全球15个最贫困国家国内的贫困标准，按照购买力平价换算成美元，采用简单平均值确定的。目前，最新的国际扶贫标准是每人每天1.9美元，比2005年的标准增长52%，但这是现价调整，不是实质性提高。

我国的扶贫标准，是2010年不变价农民人均纯收入2300元，每年根据当年农村低收入居民生活消费价格指数进行调整。我国现行扶贫标准按照购买力平价换算为2.2美元，略高于国际扶贫标准。但从近几年来看，经济下行压力大，物价指数较低，扶贫标准增幅缓慢，2013年我国扶贫标准现价是2736元，2014年是2800元，2015年是2855元，年均增幅只有2%，与同期全国农民人均纯收入增幅差距越拉越大。这不利于缩小贫富差距，难以保证贫困人口生活质量不下降。总体设想，到2020年国家扶贫标准要达到4000元左右，若按当前的增长速度，恐难实现。因此，要研究扶贫标准增长机制，是否可以考虑，明确国家扶贫标准每年按一定比例增长。

（二）关于贫困退出

我们研究制定了关于建立贫困退出机制的文件，已经国务院扶贫领导小组会议原则通过，报中央全面深化改革领导小组会议审议，通过后将由中办国办联合印发。

一是贫困县摘帽。针对重点县和片区县，即832个贫困县。以贫困发生率为主要衡量标准，原则上中部地区贫困县贫困发生率下降到2%以下、西部地区贫困县贫困发生率下降到3%以下可退出。贫困县退出采取县级扶贫开发领导小组提出申请，市级扶贫开发领导小组初审，省级扶贫开发领导小组核查，确定退出名单向社会公示征求意见。公示无异议的，由各省扶贫领导小组审定后报国务院扶贫领导小组备案核准。

二是贫困人口退出。针对建档立卡贫困人口。以户为单位，以该户年人均纯收入连续 2 年稳定超过国家扶贫标准，不愁吃，不愁穿，有安全住房，基本医疗有保障，家庭无因贫辍学学生为主要衡量指标。采取村民小组提名，村民代表大会民主评议，形成初步名单，村民委员会和驻村工作队核实后进行第一次公示，经公示无异议后报乡人民政府。乡人民政府对各村上报的初选名单进行审核，确定全乡贫困户脱贫名单，在各行政村进行第二次公示，经公示无异议后报县级扶贫开发领导小组审批，结果要在村内公告，做到家喻户晓，并报省、市两级扶贫开发领导小组备案。

对于贫困村退出，建议由各省区市根据实际情况，制定实施细则。

这里，我想重点说明的是，2300 元（2010 年不变价）是我们衡量贫困人口脱贫的主要收入指标，但不是唯一标准。贫困人口脱贫，不仅要在收入上超过贫困线，而且要稳定、不返贫，实现“两不愁、三保障”。脱贫是靠干出来的，不是靠算出来的，绝对不能是，以前为了要资金要项目，把贫困人口当作“分母”算进来，现在为了要成效要政绩，把贫困人口当作“分子”算出去。做到真正脱贫，我觉得至少要满足三个条件，一是享受过扶贫政策，得到过扶持。二是观念得到转变，自我发展能力提高。三是有稳定的收入来源和增收渠道。对于脱贫结果，本人要认同、社会要认可、政府要认定。

（三）关于试考核试评估

今年 2 月，中办、国办印发了《省级党委和政府扶贫开发工作成效考核办法》，明确考核工作每年年底开始实施，次年 2 月底前完成。根据汪洋副总理指示，国务院扶贫办将根据这个办法，组织相关力量，以脱贫责任书任务数为基数，对中西部省份上报的 2014 年、2015 年贫困人口退出数及相关指标进行试考核。同时，组织有关单位对建档立卡贫困人口识别和退出的精准度，以及群众对驻村工作队和帮扶责任人帮扶工作的满意度进行第三方评估。

这项工作，今年 1 季度出方案，2 季度进行试评，先试点后推开。通过试考核、试评估，积累经验，改进工作。

（四）关于建档立卡

打赢脱贫攻坚战，首先要做好建档立卡工作，这是精准扶贫精准脱贫的根基。我们提出的工作思路是：一年打基础，两年完善，三年规范运行。2014 年，各地组织力量，将全国 12.8 万个贫困村、近 3000 万贫困户、8962 万贫困人口全部建档立卡，包括家庭基本信息、致贫原因、帮扶需求、帮扶措施、帮扶效果、帮扶责任人等，为制定“十三五”脱贫攻坚政策措施提供了数据支撑。2015 年，各地广泛动员各方力量，开展建档立卡“回头看”，提高了数据的精准度，充分体现了我们的政治优势和制度优势。建档立卡是一个动态过程，2016年要进一步规范运行，对照贫困标准和脱贫标准，对贫困村、贫困户、贫困人口进行定期核查，做实做细台账。在领导机关，做到挂图调度，台账管理。在基层，做到挂图作战，动态管理。建档立卡数据库是共和国脱贫攻坚的档案库，必须要经得起历史和人民的检验，经得起国际社会的审视。

（五）关于驻村帮扶

向贫困村选派驻村工作队，是加强一线扶贫力量、促进政策落实的需要，也是发扬党的优良作风、培养锻炼干部的需要。总书记在中央扶贫开发工作会议上强调，“在村级层面，要注重选派一批思想好、作风正、能力强的优秀年轻干部和高校毕业生到贫困村工作，根据贫困村的实际需求精准选配第一书记、精准选派驻村工作队。”2014年以来，各地党委、政府按照中央关于干部驻村帮扶工作的部署，积极推动工作。目前，全国共选派驻村工作队12.8万个，驻村干部和第一书记48万多人，基本实现两个全覆盖，绝大多数地区做到了每个贫困村都有驻村工作队，每个贫困户都有帮扶责任人。

下一步，要切实发挥好驻村工作队作用，促使他们成为精准扶贫的“输水管”、贫困群众脱贫的“助推器”。要明确四个责任：一是宣传发动职责。宣传党和政府的扶贫政策，建好村两委，引导贫困群众自力更生、艰苦奋斗，依靠自身力量脱贫。二是组织指导职责。组织完善建档立卡工作，制定并组织实施脱贫攻坚规划和年度脱贫计划，帮助贫困人口实现稳定增收脱贫。三是协调落实职责。协调落实脱贫攻坚有关工作和项目资金，解决突出问题。四是监督检查职责。督促工作落实，管好用好扶贫资金，公开公正公平。重点完成六项任务：一是贫困识别和建档立卡；二是编制脱贫规划和年度计划；三是落实脱贫攻坚政策措施；四是参与实施易地扶贫搬迁；五是组织贫困人口劳务脱贫；六是保证扶贫资金使用公平公正。

地方各级党委和政府要关心支持第一书记和驻村干部，制定更优厚的保障措施，落实相关待遇，解决相关问题，确保第一书记和驻村干部下得去、待得住、干得好、用得上。

（六）关于易地扶贫搬迁

2015年11月，国家发展改革委和我办等五部委联合印发《“十三五”时期易地扶贫搬迁工作方案》，在实施过程中有几个问题需要进一步明确。一是搬迁规模。中央明确要求，今后五年搬迁1000万建档立卡贫困人口，并据此下达了地方政府债务分配数量、专项建设债券资金额度等，总盘子不再调整。二是建房标准。这项工作旨在帮助贫困人口“挪穷窝”，是扶贫搬迁，不是致富搬迁。对于住房面积、标准等，要算好明细账，严格控制易地搬迁安置住房建设面积，享受政策的建档立卡搬迁户，在未稳定脱贫前，不得自主举债扩建。三是认真研究解决搬迁后脱贫问题。防止住房一建了之，贫困人口一搬了之。

（七）关于劳务输出脱贫

劳务输出脱贫最直接最有效，但工作牵扯面很广，涉及教育培训、企业用工、办理落户、提供公共服务等多个领域多个部门，涉及到输入地和输出地，需要我们发挥政治优势，提高劳务输出脱贫的组织化程度，建立劳务对接机制。一是摸清底数。摸准建档立卡贫困户务工状况，准确掌握有多少人外出务工、在什么地方务工、在什么企业务工、务工时间长短等等。二是搞好顶层设计。对贫困人口劳动力外出就业分类施策：鼓励贫困家庭“两后生”（每年约 80 万人）接受职业教育培训，实现教育就业脱贫；支持企业在贫困地区建立培训招工基地，帮助有外出务工意愿的青壮年贫困户劳力转移就业；对在城市稳定打工有一段时间（3 年左右）的贫困人口，给予落户、转为市民，实现稳定就业脱贫。三是明确责任。哪些工作由输出地做，哪些工作由输入地做，哪些双方共同做，具体怎么做，都要明确起来，落实责任。工作成效，要纳入东西部扶贫协作考核内容。四是重点推进。选择典型的输入地和输出地开展合作，探索可复制可推广经验。

（八）关于金融扶贫

金融扶贫对贫困地区和贫困群众发展产业脱贫增收至关重要，要重点落实 4 项工作。一是落实好扶贫小额信贷政策。2014 年底，扶贫办会同财政部、人民银行、银监会和保监会联合印发《关于创新发展扶贫小额信贷的指导意见》，要求各地为建档立卡贫困户提供“五万元以下、三年以内、免担保免抵押、基础利率放贷、扶贫资金贴息、县建风险补偿金”的扶贫小额信贷产品，深受贫困农户欢迎和社会各界好评。但这项政策各地落实并不平衡，有的地方做了不该做的减法，有的地方做了不该做的加法。要确保扶贫小额信贷精准投入到有劳动能力的建档立卡贫困人口，满足他们的资金需求，发展生产脱贫。二是出台扶贫再贷款政策。扶贫再贷款的对象，是直接带动贫困户脱贫的扶贫企业、新型农业经营主体和合作社。企业使用扶贫再贷款的额度与贫困户到企业打工或入股，要有一个量化要求。目前，我办正与人民银行协商，拟尽快出台《关于设立扶贫再贷款的实施意见》。三是搭建好扶贫开发投融资主体。发行金融债拓宽了资金来源渠道。目前，主要用于易地扶贫搬迁，以后可逐步拓展到整村推进、光伏扶贫、旅游扶贫等专项扶贫工程。四是营造良好金融环境。各地要建立完善风险防范补偿机制，营造良好金融扶贫生态环境。

全面实施精准扶贫精准脱贫方略
坚决打赢脱贫攻坚战

国务院扶贫办主任　刘永富

2016 年 4 月 26 日

一、我国扶贫开发的历史成就与面临形势

（一）中央历来高度重视

消除贫困、改善民生、实现共同富裕，是中国共产党矢志不渝的奋斗目标。改革开放以来，随着经济持续快速发展，我国扶贫开发稳步推进，扶贫标准逐步提高，贫困人口逐步减少。1982 年，我国启动“三西”专项扶贫计划，拉开了有计划、有组织、大规模扶贫开发的序幕。1986 年，国家成立扶贫开发工作机构，确定扶贫标准，明确扶贫对象，认定贫困县，设立专项资金，扶贫开发进入新的发展阶段。1994 年以后，我国先后实施《国家八七扶贫攻坚计划（1994—2000 年）》《中国农村扶贫开发纲要（2001—2010 年）》《中国农村扶贫开发纲要（2011—2020 年）》，减贫成为国家战略的重要组成部分扎实推进。

党的“十八大”以来，以习近平同志为总书记的党中央把扶贫开发摆到治国理政的重要位置，提升到事关全面建成小康社会、实现第一个百年奋斗目标的新高度，纳入“五位一体”总体布局和“四个全面”战略布局进行决策部署。党的十八届五中全会提出了贫困人口全部脱贫、贫困县全部摘帽的目标任务。中央召开扶贫开发工作会议，习近平总书记、李克强总理发表重要讲话，中共中央、国务院印发《关于打赢脱贫攻坚战的决定》（以下简称《决定》），对“十三五”脱贫攻坚作出全面部署。十二届全国人大四次会议审议通过的《国民经济与社会发展第十三个五年规划纲要》把中央脱贫攻坚决策部署变为国家意志，变为可操作的规划。第一次把脱贫攻坚作为五年规划纲要的重要内容并按一篇三章来表述，第一次把贫困人口脱贫作为五年规划的约束性指标，第一次由省市党政一把手向中央签署《脱贫攻坚责任书》并层层立下军令状。

习近平总书记始终牵挂贫困群众，始终关注扶贫工作。在 2015 减贫与发展高层

论坛上深情地说，“40 多年来，我先后在中国县、市、省、中央工作，扶贫始终是我工作的一个重要内容，我花的精力最多。”20 世纪 60 年代末 70 年代初，到陕西延川县梁家河村插队，在那里入党并担任大队党支部书记，一干就是 7 年，对中国“三农”和贫困问题有了深刻理解。80 年代，在河北正定工作，大力推行家庭联产承包责任制，大刀阔斧改革经济发展模式，带领全县人民一举甩掉了“高产穷县”的帽子。80 年代末 90 年代初，总书记在福建宁德担任地委书记期间，大力推动扶贫探索与实践，形成《摆脱贫困》一书，提出了“弱鸟先飞”“滴水穿石”“四下基层”“经济大合唱”等富有创见的理念、观点和方法，深刻指出“尽短时间使整个国家‘脱贫’，尽短时间使中国立于发达国家之林，才是更为紧迫、更为切实的思想和行动”，至今听来，仍振聋发聩。90 年代，在福建省委工作期间，高度重视扶贫开发，组织开展造福工程、山海协作、向贫困村派驻第一书记等工作，帮助贫困群众脱贫致富。积极贯彻邓小平同志“两个大局”战略思想，开创东西部扶贫协作的“闽宁模式”。进入 21 世纪，在担任浙江省委书记期间，启动“千村示范、万村整治”美丽乡村建设，指出：“我们的扶贫要扶真贫，要把握贫困动态的变化，讲求针对性，使投入的钱真正让贫困户受益。”总书记始终牵挂着贫困群众，始终关注扶贫工作，不断探索、不断深化、不断推进，为形成扶贫开发战略思想打下了坚实基础。“十八大”以来，总书记对脱贫攻坚可以说是亲自研究、亲自部署、亲自推进、亲自督战。30 次国内考察，18 次涉及扶贫，连续 4 年国内第一次考察都是到贫困地区。2015 年，把扶贫作为工作和调研的重点，在多个重要场合、重要会议、重要时点都反复强调脱贫攻坚。总书记在丰富的扶贫实践和深刻的思考探索基础上，提出了消除贫困、改善民生、共同富裕是社会主义本质要求、农村贫困人口脱贫是全面建成小康社会最艰巨任务等重要论断，提出了精准扶贫精准脱贫基本方略，阐述了科学扶贫、内源扶贫、社会扶贫、阳光扶贫等重要思想。总书记扶贫开发战略思想，是系列重要讲话的重要组成部分，是中国特色社会主义理论体系新的发展，是做好当前及今后一个时期脱贫攻坚工作的科学指南和根本遵循。李克强总理连续 3 年在政府工作报告中明确 1000 万以上年度减贫任务，多次研究部署脱贫攻坚重点工作。张德江、俞正声、刘云山、王岐山、张高丽等中央领导同志都非常关心脱贫攻坚工作，多次调查研究，提出工作要求。

（二）成就与经验

改革开放 37 年，经过全党全社会共同努力，7 亿多农村贫困人口摆脱贫困，农村居民生存和温饱问题基本解决。贫困地区农民人均纯收入增长幅度连续 10 多年超过全国农村平均水平，到 2015 年达到 6828 元。贫困地区交通、电力、水利、通讯、互联网等基础设施建设全面提速，93.5%的乡镇、70.8%建制村交通通畅，行政村和90%以上的自然村通了电话，上千万贫困户的危房得到改造，无电人口全部用上电。贫困地区义务教育办学条件明显改善，农村义务教育营养改善计划、中等职业教育学生免学费、寄宿生补助生活费等政策对连片特困地区学生实现全覆盖。贫困地区农村医疗卫生服务体系逐步健全，新农合参保率达98%以上。农村低保和基本养老保险覆盖全部贫困地区，保障水平不断提高。按国际标准，累计减少7亿多农村贫困人口，对全球减贫贡献率达到70%以上。我国成为全球第一个实现联合国千年发展目标的发展中国家。我国扶贫开发取得的巨大成就，是中国乃至世界历史上不曾有过的伟大功绩，为全球减贫事业做出了重大贡献，得到了国际社会广泛赞誉。联合国开发计划署2015年发布的《联合国千年发展目标报告》认为，“中国的减贫为实现联合国千年发展目标做出了贡献，为其他国家提供了学习经验”。

实践充分证明，我国成功走出了一条中国特色的扶贫开发道路，积累了丰富的中国经验。一是坚持党对扶贫开发工作的领导，发挥政治优势，统一部署，统一行动，为扶贫开发提供强有力的组织保障。二是坚持改革开放，保持经济快速增长，不断出台有利于贫困地区和贫困人口发展的政策，为大规模减贫奠定了基础、提供了条件。三是坚持政府主导，把扶贫开发纳入国家总体发展战略，开展大规模专项扶贫行动，针对特定人群组织实施妇女儿童、残疾人、少数民族发展规划。四是坚持开发式扶贫方针，把发展作为解决贫困的根本途径，既扶贫又扶志，调动扶贫对象的积极性，提高其发展能力，发挥其主体作用。五是坚持动员全社会参与，发挥制度优势，构建了政府、社会、市场协同推进的大扶贫格局，形成了跨地区、跨部门、全社会共同参与多元主体的社会扶贫体系。六是坚持普惠政策和特惠政策相结合，在加大对农村、农业、农民普惠政策支持的基础上，对贫困人口实施特惠政策，做到应扶尽扶、应保尽保。

（三）困难与问题

我国扶贫开发虽然取得了巨大成就，但面临的形势依然严峻，贫困地区、贫困群众实现脱贫摘帽仍然是全面建成小康社会最突出短板，是最不放心的一件事。打赢脱贫攻坚战，需要付出艰巨的努力。

主要困难。一是数量大。5年时间实现5575万贫困人口脱贫和832个贫困县摘帽的目标任务，每年要减贫1000万人以上。贵州、云南、河南、广西、湖南、四川6省区贫困人口都在400万以上。西藏、新疆、甘肃贫困发生率都在15%以上。二是越往后越难。经过多年努力，容易脱贫的已经解决得差不多了，剩下的都是难啃的硬骨头，大多居住在自然资源贫乏、地理位置偏远的地方，往往“无业可扶”。三是贫困人口发展能力弱。建档立卡贫困人口文化水平总体偏低、劳动能力不强，超过92%的贫困人口是初中以下文化程度，42.2%的贫困人口主要是因病致贫，16.8%的家庭缺少劳动力，往往“无力脱贫”。四是特困问题突出。民族地区、边境地区和特困群体，受经济基础薄弱、生态环境恶劣、语言文化习俗差异等因素影响，贫困程度更深，脱贫成本更高，脱贫难度更大。五是脱贫基础不牢固。不少贫困户稳定脱贫能力差，因病、因学、因婚、因房等问题返贫情况时有发生。当前，经济下行压力加大，贫困人口就业和增收难度增大，一些外出务工农民因丧失工作陷入贫困。

主要问题。一是精准扶贫体制机制还不健全。建档立卡还有一定水分，帮扶措施还存在“大水漫灌”或缩小版“大水漫灌”现象。二是扶贫开发责任还没有完全落到实处。有的地方特别是一些贫困县还没有把脱贫攻坚摆在首要位置，有的地方以扶贫名义要政策资金却没有真正用在贫困人口身上，有些行业部门缺乏有针对性的脱贫攻坚政策安排。三是扶贫合力还没有形成。扶贫领域相关政策衔接不够，社会扶贫缺乏有效可信的平台和参与渠道，社会力量没有充分动员起来。四是扶贫资金投入还不能满足需要。近几年，中央和省级财政投入扶贫的资金总量一直在增加，但同脱贫攻坚的需求相比仍显不足。贫困县统筹整合资金用于脱贫攻坚的难度仍然很大。五是贫困地区和贫困人口主观能动性有待提高。有的地方调动贫困群众积极性、主动性、创造性不够，贫困群众参与少，包办代替、大包大揽的做法助长了等靠要思想。六是因地制宜分类指导有待加强。一些扶贫项目缺乏充分论证，资金使用效率不高，有的设施建好就闲置、项目交付就成摆设。

二、“十三五”脱贫攻坚决策部署

以习近平总书记2013年提出精准扶贫精准脱贫为起点，以党的十八届五中全会和中央扶贫开发工作会议的决策部署为标志，我国扶贫开发进入脱贫攻坚的新阶段。

（一）总体目标

“十三五”脱贫攻坚的总体目标是：“到2020年，稳定实现农村贫困人口不愁吃、不愁穿，义务教育、基本医疗和住房安全有保障。实现贫困地区农民人均可支配收入增长幅度高于全国平均水平，基本公共服务主要领域指标接近全国平均水平。确保我国现行标准下农村贫困人口实现脱贫，贫困县全部摘帽，解决区域性整体贫困。”

这个目标有三个特点：一是基本标志。总书记在中央扶贫开发工作会议上指出，“全面建成小康社会、实现第一个百年奋斗目标，农村贫困人口全部脱贫是一个标志性指标。”到2020年，我国人均国内生产总值将达到1.2万美元左右，届时我国将接近高收入国家水平，如果还有这么多贫困县、贫困人口，这就不能算全面建成小康社会。所以说，完成脱贫攻坚任务就是底线目标、基本标志，是必须完成的硬任务。二是不留锅底。打赢脱贫攻坚战，贫困地区、贫困群众一个都不能掉队。这和以往的扶贫目标有很大不同。2000 年国家八七扶贫攻坚计划结束时，剩余 3209 万贫困人口，2010 年 21 世纪第一个 10 年扶贫纲要结束时，剩余 2688 万贫困人口，当时标准的贫困人口都没有完全脱贫。贫困县也是如此，历史上贫困县三次调整，总数没有减少。这次贫困人口要全部脱贫、贫困县要全部脱贫摘帽，不留锅底，这是历史性的。三是没有退路。全面建成小康社会只有 5 年时间，中央打赢脱贫攻坚战的号召已经发出，总书记代表党和政府向世界作出了庄严承诺，冲锋号已经吹响，开弓没有回头箭，没有退路。不能到了时候还说实现不了，再干几年，也不能一边宣布小康，一边对存在的贫困问题不认账。

实现上述目标，至少有三个意义：一是我国全面建成小康社会底线目标的实现，意味着我国农村贫困人口与全国人民一道迈入了小康社会；二是我国绝对贫困问题得到历史性地解决，下一步将转向减缓相对贫困，具有里程碑意义；三是我国将提前 10 年实现联合国 2030 年可持续发展议程确定的减贫目标，继续走在全球减贫事业的前列，具有世界意义。

（二）基本方略

脱贫攻坚最大特点，是把精准扶贫、精准脱贫作为基本方略。以前，我国农村总体贫困，实施普惠政策就能够解决一大批贫困人口脱贫问题。现在，采取大水漫灌的办法，贫困人口难以受益，必须做到“六个精准”，实施“五个一批”。

六个精准，是精准扶贫精准脱贫方略的主要内容和基本要求，包括扶持对象精准、项目安排精准、资金使用精准、措施到户精准、因村派人精准、脱贫成效精准。通过贫困识别建档立卡，把贫困人口是谁、在哪里、什么原因致贫等搞清楚，解决“扶持谁”的问题。通过选好配强贫困县乡村干部，向贫困村精准选派第一书记和驻村工作队等办法，强化基层组织建设，解决“谁来扶”的问题。通过引导贫困群众参与脱贫规划制定和项目设计，强化贫困群众受益，增加他们的参与度和获得感，做到项目跟着规划走，资金跟着项目走，项目资金跟着穷人走，按照致贫原因分类施策，解决“怎么扶”的问题。通过明确贫困退出标准、程序和核查办法，严格规范贫困退出，确保贫困人口稳定脱贫、有序退出，解决“如何退”的问题。

五个一批，是分类施策的基本思路和实现途径。“十三五”期间，将重点通过发展产业脱贫一批，通过劳务输出脱贫一批，通过易地搬迁脱贫一批，通过低保兜底脱贫一批，还要实施医疗脱贫、教育脱贫、生态保护脱贫和资产收益扶贫等措施。

实施精准扶贫精准脱贫方略，标志着我国扶贫开发开始实现“四个转变”。一是创新扶贫开发路径，由“大水漫灌”向“精准滴灌”转变。二是创新扶贫资源使用方式，由多头分散向集中统筹转变。三是创新扶贫开发模式，由偏重“输血”向注重“造血”转变。四是创新扶贫考评体系，由侧重考核地区经济发展指标向主要考核脱贫成效转变。

（三）政策举措

为确保实现脱贫攻坚目标，中央出台了一系列超常规政策举措，不仅含金量高，而且是组合拳，世界绝无仅有，充分体现了党和政府对贫困地区贫困群众的格外关心。

一是加大财政扶贫投入力度。习近平总书记强调：“扶贫开发投入力度，要同打赢脱贫攻坚战的要求相匹配。”“‘十三五’期间宁肯少上一些大项目，也要确保扶贫投入明显增加。”“支持贫困县围绕本县突出问题，以脱贫规划为引领，以重点扶贫项目为平台，把专项扶贫资金、相关涉农资金、社会帮扶资金捆绑使用。”李克强总理指出：“不管财力有多紧，支持扶贫的投入只能增加。”“要创新机制，加大统筹整合力度，支持贫困县把专项扶贫资金、相关涉农资金和社会帮扶资金捆绑集中使用，用于解决突出问题，强化薄弱环节。”《决定》提出：“发挥政府投入在扶贫开发中的主体和主导作用，积极开辟扶贫开发新的资金渠道，确保政府扶贫投入力度与脱贫攻坚任务相适应。中央财政继续加大对贫困地区的转移支付力度，中央财政专项扶贫资金规模实现较大幅度增长，一般性转移支付资金、各类涉及民生的专项转移支付资金和中央预算内投资进一步向贫困地区和贫困人口倾斜。”“各省（自治区、直辖市）要根据本地脱贫攻坚需要，积极调整省级财政支出结构，切实加大扶贫资金投入。”

按照中央部署和要求，今年中央财政专项扶贫资金增加到670亿元，比去年增长43.4%。省级财政专项扶贫资金预算达到400多亿元，比去年增加50%以上。中央和省级财政专项扶贫资金投入创历史新高，第一次超过1000亿元，如果加上市县层面财政专项扶贫资金，规模将更大。在今年核定的地方政府债务中，第一次专门安排600亿元用于脱贫攻坚，重点支持贫困村基础设施建设，改善贫困村生产生活条件。“十三五”时期，国家将向省级扶贫开发投融资主体注入约2500亿元资本金，用于易地扶贫搬迁。今年财政投入力度大大加强，符合实现脱贫攻坚开门红的要求。但大水漫灌肯定不够用，精准滴灌还是可以办不少事的。

二是加大金融扶贫力度。习近平总书记强调：“要做好金融扶贫这篇文章。”“要通过完善激励和约束机制，推动各类金融机构实施特惠金融政策，加大对脱贫攻坚的金融支持力度，特别是要重视发挥好政策性金融和开发性金融在脱贫攻坚中的作用。”李克强总理强调：“鼓励和引导商业性、政策性、开发性、合作性等各类金融机构加大对扶贫开发的金融支持。”“设立扶贫再贷款并实行比支农再贷款更加优惠的利率等，向金融机构提供长期、低成本的资金，用于支持扶贫开发。”《决定》提出了金融支持脱贫攻坚的一揽子政策，一共20条。我重点介绍3个金融产品。

第一个是扶贫小额信贷。2014年底，扶贫办、财政部、人民银行、银监会和保监会5个部门印发《关于创新发展扶贫小额信贷的指导意见》，为建档立卡贫困户提供“5万以下、3年以内、免担保免抵押、基准利率放贷、财政扶贫资金贴息、县建风险补偿金”的扶贫小额信贷产品，深受贫困农户欢迎和社会各界好评。目前已向贫困户发放1200亿元。据建档立卡统计，有信贷需求的贫困户超过1000万户，按此推算，信贷规模将在5000亿元以上。第二个是扶贫再贷款。《决定》提出，“设立扶贫再贷款，实行比支农再贷款更优惠的利率，重点支持贫困地区发展特色产业和贫困人口就业创业。”这个产品将主要针对带动建档立卡贫困户脱贫的企业和合作组织等，有关部门目前正在制定具体的操作办法。第三个是金融债。《决定》提出：“由国家开发银行和中国农业发展银行发行政策性金融债，按照微利或保本的原则发放长期贷款，中央财政给予90%的贷款贴息，专项用于易地扶贫搬迁。”“十三五”期间，将发行3500亿元左右用于扶贫搬迁。

三是实施土地优惠政策。重点是5个方面。第一，适应脱贫攻坚用地需要，调整完善土地利用总体规划。第二，新增建设用地计划指标优先保障扶贫开发用地需要，对贫困县的新增建设用地计划指标专项安排。第三，土地整治、高标准农田建设等政策向贫困地区倾斜。第四，允许建设用地增减挂钩指标在省域范围内使用，增加的土地收益用于扶贫。第五，在有条件的贫困地区，优先安排国土资源管理制度改革试点，提高土地利用效率。

四是动员社会参与。习近平总书记强调：“脱贫致富不仅仅是贫困地区的事，也是全社会的事。”“要强化东西部扶贫协作。东部地区不仅要帮钱帮物，更要推动产业层面合作。”“做好新形势下的定点扶贫工作，要深入贯彻中央扶贫开发工作会议精神，切实增强责任感、使命感、紧迫感，坚持精准扶贫、精准脱贫。”“动员全社会力量广泛参与扶贫事业，鼓励支持各类企业、社会组织、个人参与脱贫攻坚。”李克强总理指出：“强化以企业合作为载体的扶贫协作，提高对口帮扶的精准度和有效性。”“不管东西协作还是定点扶贫，都要建立考核评价机制，严格落实责任，做到不脱贫不脱钩。”“要抓紧建立有效的机制和平台，畅通社会力量扶贫的渠道。”《决定》对开展社会扶贫提出3个方面、21条具体举措和要求。

这些年，“老三样”社会扶贫一直发挥着示范引领作用。一个是东西部扶贫协作。东部地区对口帮扶西部地区，这是中央根据邓小平同志“两个大局”、共同富裕战略思想作出的决策部署。目前，东部共有9个省（市）和9个大城市对口帮扶西部10

个省（区、市），以及对口支援西藏、新疆和四省藏区。一个是定点扶贫。各级党政机关、国有企事业单位帮扶贫困县或贫困村。目前，中央层面共有 320 个单位帮扶 592 个重点县。再一个是军队和武警部队扶贫。目前全军和武警部队已在地方建立了 2.6 万多个扶贫联系点。国家正在研究制定指导意见和考核办法，进一步深化细化具体化，推动向精准转变。

动员民营企业、社会组织、公民个人参与扶贫，是下一步推进社会扶贫工作的重点，我们称之为“新三样”。现在很多民营企业和公民个人致富后，都有帮扶穷人、回馈社会的愿望，这方面潜力巨大。2014 年国家设立扶贫日，第一年扶贫日筹集捐款 50 亿元，2015 年就达到 100 亿元。社会扶贫除增加扶贫资源外，更为重要的意义还在于，弘扬中华民族传统美德，密切社会融合，引导人们向善，促进社会和谐。国家将着力从搭建平台、政策激励、宣传表彰、加强监管等方面完善社会参与机制，形成人人皆愿为、人人皆可为、人人皆能为的良好环境，最大限度调动社会资源参与脱贫攻坚。

五是创造良好氛围。充分认识脱贫攻坚的重要性、紧迫性和艰巨性，全面宣传我国扶贫事业取得的重大成就和成功经验，加大脱贫攻坚政策举措宣传宣讲，生动报道各地区各部门、社会组织和公民个人精准扶贫、精准脱贫丰富实践和先进典型。讲述中国减贫的好故事，传播中国减贫的好声音，凝聚脱贫攻坚正能量。研究建立国家扶贫荣誉制度，对在脱贫攻坚中做出杰出贡献的组织和个人进行表彰。今年，国家层面将推出一批脱贫先进典型、一批帮扶先进典型、一批扶贫脱贫成功案例。

（四）组织保障

脱贫攻坚各项政策举措要落到实处，关键是强化政治保障，完善体制机制。这是中国特色扶贫开发的本质特征，是有别于其他国家的独特优势，充分展示党的领导和社会主义制度的优越性。

一是加强党的领导。坚持党对脱贫攻坚的领导，这是我国扶贫开发取得伟大成就的根本经验，也是打赢脱贫攻坚战的根本保障。要充分发挥各级党委总揽全局、协调各方的领导核心作用，严格执行脱贫攻坚一把手负责制，省、市、县、乡、村五级书记一起抓。改进县级干部选拔任用机制，把脱贫攻坚工作实绩作为选拔使用干部的重要依据，脱贫攻坚期内贫困县正职领导保持稳定，对表现优秀、符合条件的可以就地提级，甚至破格提拔，干的不好的要问责。加强贫困乡镇和村级领导班子建设，发挥基层党组织战斗堡垒作用。

二是层层落实责任。不断健全中央统筹、省负总责、市县抓落实的工作机制，层层签订脱贫攻坚责任书，逐级压实落实脱贫攻坚责任。中央统筹制定大政方针，出台重大政策举措，规划重大工程项目。省级抓好目标确定、项目下达、资金投放、组织动员、监督考核等工作。市级做好上下衔接、域内协调、督促检查工作。县级是脱贫攻坚的责任主体，具体抓好落实。中央和国家机关各部门、中央企事业单位要按照职责和义务落实脱贫攻坚责任。

三是严格考核机制。用好指挥棒，引导贫困地区党政领导干部把主要精力放在脱贫攻坚上。落实中央对省级党委和政府扶贫开发工作成效考核办法，开展第三方评估，从减贫成效、精准识别、精准帮扶、扶贫资金4个方面对各省脱贫成效进行考核。各省（区、市）出台对贫困县扶贫绩效考核办法，大幅度提高减贫指标在贫困县经济社会发展实绩考核指标中的权重。建立年度脱贫攻坚工作督查巡查制度，选择重点部门、重点地区进行联合督查和重点巡查。

四是落实约束机制。念好紧箍咒，从必须作为、禁止作为、提倡作为三个方面要求贫困县加强自我约束，坚决刹住穷县富衙、戴帽炫富之风。贫困县严禁搞华而不实的标志性建筑、形象工程，严禁铺张浪费、豪华装修、改扩建楼堂馆所，严禁享乐主义、奢靡之风。严格控制"三公"经费。贫困县各级领导干部都要树立勤俭节约、过紧日子、与贫困群众同甘共苦的思想。

五是规范退出机制。唱好进行曲，确保脱贫进度和质量。制定严格、规范、透明的贫困退出标准、程序和核查办法。贫困县摘帽后，攻坚期内政策不变。贫困人口脱贫后，在一定时期内继续享受扶贫相关政策，避免边脱贫边返贫。贫困人口脱贫，以家庭人均纯收入和"两不愁、三促障"为主要衡量标准。贫困村、贫困县脱贫摘帽，以贫困发生率为主要衡量标准，中部地区是2%以下，西部地区是3%以下。

三、当前进展情况

目前，全党全社会对脱贫攻坚认识进一步深化，政策举措进一步完善，落实力度进一步加大，脱贫攻坚成为最大公约数，呈现良好态势。

（一）加强统筹协调。中央扶贫开发工作会议后，国务院扶贫开发领导小组召开3次全体会议，5次工作会议，15次专题会议，紧锣密鼓安排部署、推进工作。领导小组46个成员单位分赴各省区市宣讲《决定》和中央扶贫会议精神，加深政策理解，推动工作落实。28个省召开脱贫攻坚工作会议，24个省（中西部22省、山东、辽宁）层层签订脱贫攻坚责任书，21个省明确由党委和政府主要领导同志担任省级扶贫开发领导小组双组长，16个省强化了扶贫机构建设。

（二）出台配套政策。中央层面配套出台《决定》重要政策举措分工方案、省级党委政府扶贫开发成效考核办法、建立贫困退出机制、支持贫困县整合涉农资金、保持贫困县党政正职稳定、建立重大涉贫事件处置反馈机制等重要文件。即将出台脱贫攻坚督查巡查办法、东西部扶贫协作指导意见和考核办法、中央单位定点扶贫指导意见和考核办法、健全驻村帮扶工作机制等重要文件。国务院各部门制定或研究制定本行业支持脱贫攻坚的政策措施。24 个省出台“1+N”扶贫政策举措。

（三）完善建档立卡。2014 年，全国组织 80 多万人开展贫困识别，共识别 12.8 万个贫困村、2948 万贫困户、8962 万贫困人口，贫困群众家庭基本信息、致贫原因、帮扶需求、帮扶措施、帮扶效果、帮扶责任人等全部录入电脑，建立起了全国统一的扶贫信息管理系统，为精准扶贫精准脱贫奠定基础，也为中央出台“十三五”脱贫攻坚政策措施提供了有力的数据支撑。2015 年，全国又组织 200 多万人开展建档立卡“回头看”，剔除识别不准的贫困人口 929 万人，新识别补录贫困人口 807 万人，建档立卡指标体系逐步完善，数据准确度进一步提高。农村情况很复杂，通过统计的办法了解农户家庭收入状况、消费状况很难。虽然我们搞不清楚，但村里的邻居一清二楚，谁家穷，谁家不穷，他们是知道的，家庭情况一公布，村里群众一参与，就水落石出、大家服气了。现在能把建档立卡数据系统建起来非常不容易，系统的数据从基本准确到比较准确，下一步要更加准确，精准度尽量提高。总体上，我们开展贫困识别都要按照政策来，不过农村是个人情社会，农村的事情很复杂，各种想象不到的问题都会出现，大家需要去理解其中的艰难。

（四）加强驻村帮扶。向建档立卡贫困村派驻驻村工作队，开展脱贫攻坚工作，是党中央、国务院的决策部署。经过 2014 年、2015 年两年努力，全国选派驻村工作队 12.8 万个，第一书记和驻村干部 48 万多人，基本实现了每个贫困村都有驻村工作队，每个贫困户都有帮扶责任人的目标。2015 年开始，中央组织部、中央农办和扶贫办组织选派 17 万名优秀干部到贫困村和基层组织薄弱村担任第一书记。第一书记和驻村工作队在组织动员群众、宣传党和国家方针政策、开展贫困识别建档立卡、编制脱贫规划和年度计划、落实脱贫攻坚政策措施、发展特色产业脱贫和壮大集体经济、组织劳务输出脱贫、实施易地扶贫搬迁、加强扶贫资金项目监管、加强基层组织建设等方面发挥了重要作用。这也是培养和锻炼干部的重要平台，多年以后，这里面可能有很多同志会成为国家的中坚力量。

（五）管好用好扶贫资金。修改完善财政专项扶贫资金管理办法，建立了以结果为导向的财政扶贫资金分配机制。推动各省将扶贫项目审批权限下放到县，并真正用于建档立卡贫困村、贫困户，2014 年下放项目资金超过 70%，2015 年增加到 80% 以上。国务院办公厅印发《关于支持贫困县开展统筹整合使用财政涉农资金试点的意见》，支持贫困县整合资金用于脱贫攻坚。改革资金监管机制，完善信息披露，健全公示公告制度，设立“12317”扶贫监督举报电话，强化第三方监督、扶贫对象参与。对各省扶贫资金管理使用情况开展绩效评价，加强审计整改。在全国开展集中整治和预防扶贫领域职务犯罪专项工作，对任何形式的挤占挪用、截留滞留、虚报冒领、挥霍浪费行为，坚决从严惩处、绝不姑息。

四、打好今年年度战役

中央脱贫攻坚目标任务是明确的，决策部署是全面的，政策举措是具体的，下一步关键在于抓好落实。要加强调查研究，坚持问题导向，把政策举措落实到村到户到人，探索创新扶贫方式，不断完善体制机制，总结推广成功经验，确保脱贫攻坚蹄疾步稳、扎实推进。今年是“十三五”脱贫攻坚的开局之年，也是打赢脱贫攻坚战的首战之年。习近平总书记指示，脱贫攻坚年度战役要打好。我们要按照要求，保持势头，乘势而上，实现“开门红”。

（一）完成千万减贫任务。李克强总理在政府工作报告中明确，今年再完成1000万人以上脱贫任务。按照已经下达的年度减贫计划，逐级签订减贫责任书，对减贫任务完成情况进行核实监督，评估减贫成效，坚决防止“数字脱贫”，确保完成千万减贫任务，力争超额完成。

（二）编制专项规划。国家发展和改革委员会、国务院扶贫办正在加快制定“十三五”脱贫攻坚专项规划，把中央关于脱贫攻坚的决策部署和政策举措落实到专项规划中。各省（区、市）要编制省级“十三五”扶贫规划，细化落实中央关于脱贫攻坚的重大政策举措，变成具体可操作的项目。各行业部门在编制“十三五”行业专项规划时，要把行业扶贫内容纳入其中。各层面、各部门规划要加强衔接。

（三）制定脱贫滚动规划。各地要按照脱贫攻坚目标要求，制定今后5年贫困县脱贫摘帽和建档立卡贫困人口脱贫的滚动规划。规划制定要实事求是，符合脱贫攻坚实际，防止拖延病和急躁症。

（四）完善政策体系。《决定》分工方案，分解落实重要政策举措101条，明确32个牵头部门和77个参与部门的责任。根据分工方案要求，要确保在今年8月前制定完成部门支持脱贫攻坚的具体方案和指导意见，打出政策组合拳。各地也要坚持问题导向，进一步丰富“1+N”政策体系，确保中央脱贫攻坚决策部署落地生根。

（五）建设五个平台。为脱贫攻坚提供保障。一是国家扶贫开发大数据平台。按照建档立卡指标体系要求，把贫困人口相关信息录入电脑，实现信息化管理。这是精准扶贫精准脱贫的工作基础和前提，脱贫任务完成后就是共和国脱贫攻坚的历史档案。二是省级扶贫开发融资平台。这是筹措配置扶贫资源的机制保障，现在已经从易地扶贫搬迁开始做起，下一步还会拓展到基础设施建设和发展特色优势产业。三是县级扶贫开发资金项目整合管理平台。国家出政策，省里融资，县里落实。贫困县以脱贫规划为引领，以重大项目为平台，整合资金用于脱贫攻坚。四是贫困村扶贫脱贫落实平台。进一步加强基层工作力量，第一书记、驻村工作队和贫困村村两委共同抓好工作落实。五是社会扶贫对接平台。利用互联网+社会扶贫，使扶贫脱贫需求与社会帮扶资源进行直接对接，并探索众创、众包、众扶、众筹等新的扶贫模式。

（六）开展十大行动。这是行业部门利用建档立卡成果开展行业精准扶贫的具体举措。分别是教育扶贫行动，健康扶贫行动，金融扶贫行动，交通扶贫行动，水利扶贫行动，劳务协作对接行动，危房改造和人居环境改善扶贫行动，科技扶贫行动，中央企业革命老区百县万村帮扶行动，民营企业万企帮万村行动。这十大行动，基本都有了实施方案或指导意见，有的已经启动实施。

（七）实施十项工程。这是改革专项扶贫工作、实现精准帮扶的重要措施。分别是整村推进工程，职业教育培训工程，扶贫小额信贷工程，易地扶贫搬迁工程，电商扶贫工程，旅游扶贫工程，光伏扶贫工程，构树扶贫工程，贫困村创业致富带头人培训工程，扶贫龙头企业带动工程。这十项工程，大多都出台了工作意见和政策措施，有的已经取得了初步成效。

同志们，脱贫攻坚意义重大。说起扶贫脱贫，大家都认为是需要投钱投物的事情。这是客观事实，但仅仅这么看还不全面。脱贫攻坚事关全面建成小康社会，事关巩固党的执政基础，是促进全体人民共享改革发展成果、实现共同富裕的关键举措，是体现中国特色社会主义制度优越性的重要标志。马铃薯种植、中药材种植、种草养羊养牛等很多农业产业都是从扶贫开始做起的。即使从纯经济角度看，脱贫攻坚也不是负担，而是经济发展新常态下的一个新增长点，是促进经济发展的重要途径。贫困地区大多环境优美、山清水秀、没有污染，发展绿色、特色产业，可以适应社会消费多样化、生态化的需要，推动产业结构调整；脱贫攻坚系列超常规的举措和大规模的投入，将有效拉动投资、化解过剩产能；5000多万贫困人口边际消费倾向高，摆脱贫困后会成为一支新的庞大的消费力量，将有效刺激消费，拉动内需。当前，在农村普遍进行贫困识别和建档立卡，搞精准扶贫精准脱贫，不仅推进了脱贫攻坚工作，而且促进了党和政府“三农”政策和工作的落实，加强了基层组织建设，特别是提高了基层民主意识和治理能力。

脱贫攻坚需要精准。扶贫开发推进到今天这样的程度，搞大水漫灌、走马观花、大而化之、手榴弹炸跳蚤不行，必须在精准识别上花工夫，在精准施策上出实招，在精准推进上下实功，在精准落地上见实效。以前没有建档立卡，我们只能通过抽样统计知道有多少穷人，没有具体到人，行业扶贫、社会扶贫没有办法做到精准。现在有了精准扶贫这个要求，有了精准扶贫这个条件，都要精准起来。

脱贫攻坚需要实干。空喊口号、好大

喜功、胸中无数、盲目蛮干不行，不仅要流汗，有时还要流泪，甚至要流血牺牲。

脱贫攻坚需要全社会的共同参与。善举不分大小，都值得倡导和肯定，只要人人都尽一份责任，人人都出一把力，涓涓细流就会汇聚成脱贫攻坚的强大力量。扶贫济困，帮助别人，提升自己，引领风尚，脱贫攻坚不能缺了你我他。今后回忆起来，参与脱贫攻坚将会像打过仗一样光荣，像插过队一样难忘。希望大家把握机会，积极参与，多做贡献。

在集中连片贫困地区
抓党建促脱贫攻坚工作座谈会上的讲话

国务院扶贫办主任　刘永富

2016 年 5 月 15 日

习近平总书记在中央扶贫开发工作会议上指出："抓好党建促脱贫攻坚，是贫困地区脱贫致富的重要经验，群众对此深有感触。'帮钱帮物，不如帮助建个好支部'。要把夯实农村基层党组织同脱贫攻坚有机结合起来。"中共中央组织部认真贯彻落实总书记重要指示精神，专门召开会议部署抓党建促脱贫攻坚工作，充分体现了对脱贫攻坚的关心和重视。长期以来，组织部门在党的建设、人才支援、干部培训、干部考核等方面，对扶贫工作给予了有力指导和帮助，借此机会，我代表扶贫部门对中央组织部和全国组织系统的精心指导和大力支持表示衷心感谢。

刚才，建华书记介绍了宁夏脱贫攻坚的情况，听后很受启发。宁夏是中国特色扶贫开发的发源地之一，近年来在精准扶贫精准脱贫、抓党建促脱贫等方面做了大量探索实践，取得明显成效。乐际部长亲自出席会议，等会还要发表重要讲话，作出工作部署，提出明确要求，国务院扶贫办将组织扶贫系统认真学习领会，切实抓好贯彻落实。

一、深入学习习近平总书记扶贫开发战略思想

习近平总书记对扶贫开发的重视一以贯之，他在 2015 减贫与发展高层论坛上深情地说，"40 多年来，我先后在中国县、市、省、中央工作，扶贫始终是我工作的一个重要内容，我花的精力最多。"总书记从 20 世纪 60 年代末到陕西延川县梁家河村插队开始，先后在河北正定、福建宁德、福建省、浙江省等地大力推动扶贫开发，积累了丰富的实践经验和理论探索，为形成扶贫开发战略思想奠定了坚实基础。

党的"十八大"以来，以习近平同志为总书记的党中央把扶贫开发摆到治国理政的重要位置，提升到事关全面建成小康社会、实现第一个百年奋斗目标的新高度，纳入"五位一体"总体布局和"四个全面"战略布局进行决策部署。可以说，总书记是亲自研究、亲自部署、亲自推进、亲自督战。总书记在多个重要场合、重要时点，反

复强调脱贫攻坚的重要性紧迫性、艰巨性复杂性，提出一系列新思想新观点，作出一系列新决策新部署。经中央批准，去年底国务院扶贫办编辑了《习近平关于扶贫开发论述摘编》，印发各地各部门学习贯彻。

总书记扶贫开发战略思想内涵丰富，思想深刻，博大精深，我们理解主要有七个方面。一是关于扶贫开发是社会主义本质要求的重要思想。总书记深刻指出：消除贫困、改善民生、实现共同富裕，是社会主义的本质要求，是我们党的重要使命。贫穷不是社会主义。如果贫困地区长期贫困，面貌长期得不到改变，群众生活长期得不到明显提高，那就没有体现我国社会主义制度的优越性，那也不是社会主义。二是关于农村贫困人口脱贫是全面建成小康社会最艰巨任务的重要思想。总书记深刻指出：小康不小康，关键看老乡，关键在贫困的老乡能不能脱贫。脱贫攻坚已经到了啃硬骨头、攻坚拔寨的冲刺阶段，所面对的都是贫中之贫、困中之困。全面建成小康社会，最艰巨最繁重的任务在农村，特别是在贫困地区。必须时不我待地抓好扶贫开发工作，决不能让贫困地区和贫困群众掉队。必须动员全党全国全社会力量，向贫困发起总攻，确保到2020年所有贫困地区和贫困人口一道迈入全面小康社会。三是关于精准扶贫精准脱贫的重要思想。总书记深刻指出：扶贫开发推进到今天这样的程度，贵在精准，重在精准，成败之举在于精准。总结各地实践和探索，好路子好机制的核心就是精准扶贫精准脱贫，做到扶持对象精准、项目安排精准、资金使用精准、措施到户精准、因村派人精准、脱贫成效精准。四是关于内源扶贫的重要思想。总书记深刻指出：要紧紧扭住教育这个脱贫致富的根本之策，不要让孩子输在起跑线上。贫穷不是不可改变的宿命。人穷志不能短，扶贫必先扶志。要引导贫困地区干部群众树立“宁愿苦干、不愿苦熬”的观念，自力更生、艰苦奋斗，靠辛勤劳动改变贫困落后面貌。扶贫既要富口袋，也要富脑袋。要坚持以促进人的全面发展的理念指导扶贫开发。五是关于社会扶贫的重要思想。总书记深刻指出：“人心齐，泰山移。”脱贫致富不仅仅是贫困地区的事，也是全社会的事。要健全东西部协作、党政机关定点扶贫机制，各部门要积极完成所承担的定点扶贫任务，东部地区要加大对西部地区的帮扶力度，国有企业要承担更多扶贫开发任务。鼓励支持各类企业、社会组织、个人参与脱贫攻坚。六是关于阳光扶贫的重要思想。总书记深刻指出：扶贫款项移作他用，就像救灾款项移作他用一样，都是犯罪行为。扶贫资金是贫困群众的“救命钱”，一分一厘都不能乱花，更容不得动手脚、玩猫腻。要加强扶贫资金阳光化管理，加强审计监管，集中整治和查处扶贫领域的职务犯罪，对挤占挪用、层层截留、虚报冒领、挥霍浪费扶贫资金的，要从严惩处。七是关于扶贫开发要发挥政治优势和制度优势的重要思想。总书记深刻指出：脱贫攻坚任务重的地区党委和政府要把脱贫攻坚作为“十三五”期间头等大事和第一民生工程来抓，坚持以脱贫攻坚统揽经济社会发展全局。要层层签订脱贫攻坚责任书、立下军令状。形成五级书记抓扶贫、全党动员促攻坚的局面。要把贫困地区作为锻炼培养干部的重要基地，把脱贫攻坚实绩作为选拔任用干部的重要依据。

总书记扶贫开发战略思想，是系列重要讲话的重要组成部分，是中国特色社会主义理论体系新的发展，是做好当前及今后一个时期脱贫攻坚工作的科学指南和根本遵循。我们深入学习领会总书记扶贫开发战略思想，要切实强化责任意识、攻坚意识、精准意识、创新意识、廉洁意识，带着感情、带着责任、带着担当，全力推进脱贫攻坚。

二、中央关于脱贫攻坚的决策部署

党的十八届五中全会提出：到2020年，我国现行标准下的农村贫困人口全部脱贫，贫困县全部摘帽，解决区域性整体贫困。去年11月，中央召开扶贫开发工作会议，习近平总书记、李克强总理发表重要讲话，中共中央、国务院印发《关于打赢脱贫攻坚战的决定》（以下简称《决定》），对“十三五”脱贫攻坚作出全面部署。今年3月，十二届全国人大四次会议审议通过《国民经济与社会发展第十三个五年规划纲要》，把中央关于脱贫攻坚的决策部署变为国家意志，变为可操作的规划。

以习近平总书记2013年提出精准扶贫为起点，以党的十八届五中全会和中央扶贫开发工作会议的决策部署为标志，我国扶贫开发进入脱贫攻坚的新阶段。中央关于脱贫攻坚的决策部署，可以概括为总体目标、基本方略、政策举措、组织保障四个方面。

第一，关于总体目标。到2020年，稳定实现农村贫困人口不愁吃、不愁穿，义务教育、基本医疗和住房安全有保障。贫困地区农民人均可支配收入增长幅度高于全国平均水平，基本公共服务主要领域指标接近全国平均水平。确保我国现行标准下农村贫困人口实现脱贫，贫困县全部摘帽，解决区域性整体贫困。

这个目标有三个特点：一是基本标志。到2020年，如果还有几百个贫困县、几千万贫困人口，就不能算全面建成了小康社会，这是底线目标。二是不留锅底。2000年国家八七扶贫攻坚计划、2010年第一个十年扶贫纲要结束时，分别剩了3209万和2688万贫困人口，这次要做到贫困人口全部脱贫，贫困县全部摘帽，是历史性的。三是没有退路。总书记代表党和政府向全国人民、向全世界作出了庄严承诺，时间紧迫，开弓没有回头箭，是必须要完成的硬任务。

实现这个目标，标志着农村贫困人口与全国人民一道迈入全面小康社会，我国实现第一个百年奋斗目标，具有历史意义；

标志着我国绝对贫困问题得到历史性地解决，下一步将转向减缓相对贫困，具有里程碑意义；标志着我国提前10年实现联合国2030年可持续发展议程确定的减贫目标，继续走在全球减贫事业的前列，具有国际意义。

第二，关于基本方略。就是精准扶贫精准脱贫，核心是做到“六个精准”，实施“五个一批”。六个精准，是精准扶贫精准脱贫的主要内容和基本要求。五个一批，是分类施策的基本思路和实现途径。重点通过发展产业脱贫一批，劳务输出脱贫一批，易地搬迁脱贫一批，低保兜底脱贫一批，还要实施医疗脱贫、教育脱贫、生态保护脱贫、资产收益脱贫等。

第三，关于政策举措。一是加大财政投入。习近平总书记指出：“扶贫开发投入力度，要同打赢脱贫攻坚战的要求相匹配。”“‘十三五’期间宁肯少上一些大项目，也要确保扶贫投入明显增加。”李克强总理指出：“不管财力有多紧，支持扶贫的投入只能增加。”今年中央财政专项扶贫资金增加到670亿元，比去年增长43.4%。省级财政专项扶贫资金预算达到400多亿元，比去年增加50%以上。中央在今年核定的地方政府债务中，专门安排600亿元用于脱贫攻坚。“十三五”时期，将向省级扶贫开发投融资主体注入约2500亿元资本金，用于易地扶贫搬迁。二是加大金融扶持。习近平总书记指出：“要做好金融扶贫这篇文章”“要通过完善激励和约束机制，推动各类金融机构实施特惠金融政策。”李克强总理指出：“设立扶贫再贷款并实行比支农再贷款更加优惠的利率等。”《决定》提出了金融支持脱贫攻坚的一揽子政策，一共20条，其中3个产品彰显中国特色。为建档立卡贫困户提供“5万元以下、3年以内、免担保免抵押、基准利率放贷、财政扶贫资金贴息、县建风险补偿金”的扶贫小额信贷，用于支持发展产业增收脱贫；采取比支农再贷款更优惠利率的扶贫再贷款，支持企业和合作组织带动建档立卡贫困户就业创业和发展产业；发行金融债，用于易地扶贫搬迁。三是土地优惠政策。扶贫开发项目用地计划指标优先保障专项安排，土地整治等政策向贫困地区倾斜，贫困县建设用地增减挂钩指标扩大到省内使用，增加的收益用于扶贫等。四是动员社会参与。《决定》对做好东西部扶贫协作、定点扶贫、军队和武警部队扶贫，动员民营企业、社会组织、公民个人参与扶贫，提出了21项政策举措。五是创造良好氛围。创新中国特色扶贫开发理论，加强贫困地区乡风文明建设，做好脱贫攻坚宣传工作，加强国际减贫交流合作，为脱贫攻坚提供强大精神动力。

第四，关于组织保障。一是加强党的领导。严格执行脱贫攻坚一把手负责制，省、市、县、乡、村五级书记一起抓。二是层层落实责任。健全中央统筹、省负总责、市县抓落实的工作机制，层层签订责任书，立下军令状。三是严格考核机制。

落实中央对省级党委和政府扶贫开发工作成效考核办法，完善贫困县考核办法，开展督查巡查和第三方评估，用好指挥棒。四是落实约束机制。从必须作为、禁止作为、提倡作为等方面加强对贫困县的约束，坚决刹住穷县富衙、戴帽炫富之风，念好紧箍咒。五是规范退出机制。严格退出标准和程序，确保脱贫进度和质量，唱好进行曲。贫困人口脱贫，以家庭人均纯收入和“两不愁、三保障”为主要衡量标准。贫困村、贫困县脱贫摘帽，以贫困发生率为主要衡量标准，中部地区是2%以下，西部地区是3%以下。退出后，一定时期内国家原有扶贫政策保持不变。

中央关于脱贫攻坚的决策部署，非常全面，出台的超常规举措，含金量极高，充分体现了中国共产党领导和中国特色社会主义制度的优越性。

三、当前工作进展

目前，全党全社会对脱贫攻坚认识进一步深化，政策举措进一步完善，落实力度进一步加大，脱贫攻坚呈现良好发展态势。

一是推进工作落实。国务院扶贫开发领导小组召开相关会议25次，组织多次调研，部署重点工作，研究难点问题，推进工作落实。各地区各部门加强组织领导，积极作为，脱贫攻坚开局好起步快。

二是出台配套政策。中央出台《决定》重要政策举措分工方案、省级党委和政府扶贫开发工作成效考核办法、建立贫困退出机制、开展贫困县资金整合、保持贫困县党政正职稳定等系列配套文件。国务院部门制定本行业支持脱贫攻坚的政策措施。24个省出台了“1+N”扶贫政策举措。

三是完善建档立卡。对2014年识别的建档立卡贫困人口，开展“回头看”活动，剔除识别不准的贫困人口，建档立卡指标体系逐步完善，数据准确度进一步提高。

四是加强驻村帮扶。全国共向建档立卡贫困村派驻工作队12.8万个，派出第一书记和驻村干部54万多人。中央组织部、国务院扶贫办对中央单位选派的321名贫困村第一书记进行培训，各地也对驻村干部开展了轮训，取得良好效果。各省出台驻村帮扶政策文件，帮扶工作逐步制度化规范化。

五是管好用好扶贫资金。建立以结果为导向的财政扶贫资金分配机制，将扶贫资金项目审批权限下放到县，部署开展贫困县资金整合工作，健全公示公告制度，设立“12317扶贫监督举报电话”，开展集中整治和预防扶贫领域职务犯罪专项工作，努力实现廉洁扶贫、阳光扶贫。

下一步，国务院扶贫办将会同有关方面继续做好以下工作。

一是制定两个规划。编制“十三五”脱贫攻坚专项规划，把中央决策部署和政策举措变成具体可操作的项目。指导各省确定今后五年贫困县摘帽和贫困人口脱贫的滚动规划，实现有序退出、稳定脱贫。

二是建设五个平台。为脱贫攻坚提供平台保障。分别是：国家扶贫开发大数据平台，省级扶贫开发融资平台，县级扶贫开发资金项目整合管理平台，贫困村扶贫脱贫工作落实平台，社会扶贫对接平台。

三是开展十大行动。运用建档立卡成果，开展以到村到户到人为主的行业精准扶贫行动，分别是：教育扶贫行动，健康扶贫行动，金融扶贫行动，交通扶贫行动，水利扶贫行动，劳务协作对接行动，危房改造和人居环境改善扶贫行动，科技扶贫行动，中央企业革命老区百县万村帮扶行动，民营企业万企万村帮扶行动。

四是实施十项工程。改革专项扶贫工作，瞄准建档立卡贫困村贫困户，组织实施整村推进工程，职业教育培训工程，扶贫小额信贷工程，易地扶贫搬迁工程，电商扶贫工程，旅游扶贫工程，光伏扶贫工程，构树扶贫工程，贫困村创业致富带头人培训工程，扶贫龙头企业带动工程。

四、继续深化驻村帮扶

穷人在村里，政策落实在基层，重点难点在基层。中央部署向贫困村选派第一书记和驻村工作队，这既是脱贫攻坚的需要，又是发扬党的优良作风、培养锻炼干部的需要，更是加强农村党的建设、促进“三农”工作的需要。下一步，我们将在组织部门的指导下，从以下三个方面用力，切实发挥好“第一书记”和驻村工作队的重要作用，助力基层党组织成为带领群众脱贫致富的坚强战斗堡垒。

第一，明确工作职责。驻村工作队主要有六项职责：一是发动群众。带着群众“走出去”开阔视野，把外面的资源“引进来”帮扶，做到“群众干、干部帮”。二是宣讲政策。向贫困群众宣讲脱贫攻坚政策，宣传典型，推广经验。三是建档立卡。组织村两委和群众开展贫困人口识别、退出工作，为扶贫脱贫打牢基础。四是制定计划。组织村两委和群众编制脱贫规划和年度计划，培育带头人和小微企业，发展特色产业脱贫，组织劳务输出脱贫，实施易地扶贫搬迁等。五是对接项目。落实帮扶项目，协调相关政策和资金。六是监管资金。管好用好扶贫资金，履行第一线责任。

第二，加强管理服务。驻村干部身处脱贫攻坚第一线、服务贫困群众最前沿，付出很多、牺牲很大。要关心他们的生活，支持他们的工作，帮助他们解决实际困难和问题，为他们开展工作创造条件，提供必要的经费保障。对“第一书记”和驻村工作队提出的扶贫脱贫项目和资金需求，扶贫部门将积极协调支持。派出单位要做好坚强后盾，解决他们的后顾之忧。加强对驻村帮扶工作的指导和考核，不断提高帮扶成效。让“第一书记”和驻村干部静下心、沉下身、住在村，把精力用在脱贫攻坚上。

第三，宣传推广典型。我们将及时总结驻村帮扶的好做法和先进经验，大力宣传“第一书记”和驻村干部中的先进模范人物，发挥示范带动作用，营造良好社会氛围。

国务院扶贫办将认真贯彻落实这次会议精神，按照乐际部长的指示要求，全力推进脱贫攻坚。相信在党中央和各级党委的坚强领导下，在中共中央组织部和各地组织部门的大力支持下，抓党建促脱贫攻坚工作一定会取得圆满成功，为打赢脱贫攻坚战做出新的更大贡献！

认真做好健康扶贫工作　切实解决因病致贫因病返贫问题

（在健康扶贫工作会议上的讲话）

国务院扶贫办主任　刘永富

2016 年 7 月 5 日

同志们：

经国务院常务会议审议通过，国家卫生和计划生育委员会、国务院扶贫办等 15 个单位近日印发了《关于实施健康扶贫工程的指导意见》，这是贯彻落实中央脱贫攻坚决策部署的又一重大举措。今天，国家卫生计生委、国务院扶贫办、中央军委后勤保障部联合召开健康扶贫工作会议，正式启动实施健康扶贫工程。刘延东副总理、汪洋副总理对健康扶贫工作高度重视，多次主持会议研究，多次作出指示批示，对这次会议专门作出重要批示。我们要认真学习，深刻领会。刚才，李斌主任作了讲话，全面部署健康扶贫工作。扶贫系统要认真学习领会，切实抓好贯彻落实。下面，我讲三点意见。

一、全面准确理解中央脱贫攻坚决策部署

“十八大”以来，习近平总书记高度重视扶贫开发，亲自研究、亲自部署、亲自推进、亲自督战。31 次国内考察，18 次涉及扶贫，8 次把扶贫作为重点，连续 4 年新年第一次国内考察都是到贫困地区。在多个重要场合、重要时点，就扶贫开发提出一系列新思想新观点，作出一系列新决策新部署。李克强总理高度重视脱贫攻坚工作，多次调研，作出一系列安排部署，提出明确工作要求。以 2013 年习近平总书记首次提出精准扶贫为起点，以党的十八届五中全会和中央扶贫开发工作会议的决策部署为标志，我国扶贫开发进入脱贫攻坚的新阶段。中央关于脱贫攻坚的决策部署，可以从总体目标、基本方略、政策举措、组织保障四个方面来领会把握。

（一）总体目标。到 2020 年，稳定实现农村贫困人口“两不愁、三保障”（不愁吃、不愁穿，义务教育、基本医疗和住房安全有保障）。“一高于、一低于”（贫困地区农民人均可支配收入增长幅度高于全国平均水平，基本公共服务主要领域指标接近全国平均水平）。确保我国现行标准下农村贫困人口实现脱贫，贫困县全部摘帽，解决区域性整体贫困。

这个目标有三个特点：一是基本标志。到 2020 年，贫困人口如期脱贫，贫困县全

这个目标有三个特点：一是基本标志。到 2020 年，贫困人口如期脱贫，贫困县全部摘帽，是全面建成小康社会的基本标志，是底线目标。二是不留锅底。国家八七扶贫攻坚计划、第一个 10 年扶贫纲要结束时，按当时（2000 年、2010 年）的标准分别剩了 3209 万和 2688 万贫困人口，这次要做到全部脱贫摘帽，是历史性的。三是没有退路。现在到 2020 年只有不到 5 年的时间，总书记代表中国共产党和中国政府向全国人民、向全世界作出了庄严承诺，时间紧迫，开弓没有回头箭，是必须要完成的硬任务。

实现这个目标，标志着我国农村贫困人口与全国人民一道迈入全面小康社会，我国实现第一个百年奋斗目标，具有历史意义；标志着我国绝对贫困问题得到历史性地解决，下一步将转向减缓相对贫困，具有里程碑意义；标志着我国提前 10 年实现联合国 2030 年可持续发展议程确定的减贫目标，继续走在全球减贫事业的前列，具有国际意义。

（二）基本方略。就是精准扶贫精准脱贫，核心是做到“六个精准”，实施“五个一批”。六个精准，是基本要求和核心内容，包括扶持对象精准、项目安排精准、资金使用精准、措施到户精准、因村派人精准、脱贫成效精准。五个一批，是基本思路和实现途径，重点通过发展产业脱贫一批，劳务输出脱贫一批，易地搬迁脱贫一批，低保兜底脱贫一批，还要实施教育脱贫、医疗脱贫、生态保护脱贫、资产收益脱贫等。

（三）政策举措。一是加大财政投入。今年中央财政专项扶贫资金比去年增长 43%，增加到 667 亿元。省级财政专项扶贫资金增长 50% 以上，达到 400 多亿元。中央在核定今年地方政府债务中，专门安排 600 亿元用于脱贫攻坚。“十三五”时期，将向省级扶贫开发投融资主体注入约 2500 亿元资本金，用于易地扶贫搬迁。二是加大金融扶持。《中共中央 国务院关于打赢脱贫攻坚战的决定》（以下简称《决定》）提出了金融支持脱贫攻坚的 20 条举措。金融扶贫有银行业、保险业、证券业 3 驾马车，是脱贫攻坚的政策亮点，也是打赢脱贫攻坚战的强力支撑。在银行业方面，有 3 个特惠产品，第一个是扶贫小额信贷，5 万元以下、3 年期以内、免抵押免担保、基准利率放贷、财政资金贴息、县建风险补偿金，支持建档立卡贫困户发展产业增收脱贫；第二个是扶贫再贷款，采取比支农再贷款更优惠利率，支持企业、合作组织带动建档立卡贫困户就业创业和发展产业脱贫；第三个是政策性金融债，支持政府集中力量办大事，现在主要用于易地扶贫搬迁，以后可以逐步拓展到支持贫困地区基础设施建设和特色产业开发。在保险业方面，创新特惠产品，重点支持贫困地区特色产业发展，防范和化解风险。在证券业方面，拓宽贫困地区企业融资渠道，提升企业管理水平，增强带动贫困人口脱贫增收能力。三是土地优惠政策。调整土地利用规划适应脱贫攻坚，扶贫开发项目用地计划指标优先保障专项安排，土地整治等政策向贫困地区倾斜，贫困县建设用地增减挂钩指标扩大到省内使用，增加的收益用于扶贫，在贫困地区优先安排土地开发利用试点。四是动员社会参与。《决定》对做好东西扶贫协作、定点扶贫、军队和武警部队扶贫，动员民营企业、社会组织、公民个人参与扶贫，提出了21项举措。五是创造良好氛围。创新中国特色扶贫开发理论，加强贫困地区乡风文明建设，做好脱贫攻坚宣传工作，建立国家扶贫荣誉制度，为脱贫攻坚提供强大精神动力。

（四）组织保障。首先是加强党的领导。建立脱贫攻坚督查巡查办法和责任制实施办法，严格执行脱贫攻坚一把手负责制，省市县乡村五级书记一起抓。其次是层层落实责任。省委书记、省长向中央签订脱贫攻坚责任书，层层签订责任书、立下军令状。三是严格考核机制。落实中央对省级党委和政府扶贫开发工作成效考核办法，完善贫困县考核办法，开展督查巡查和第三方评估，用好指挥棒。四是落实约束机制。从必须作为、禁止作为、提倡作为等方面加强对贫困县的约束，防止“穷县富衙”“戴帽炫富”等乱象发生，念好紧箍咒。五是规范退出机制。严格退出标准和程序，确保脱贫进度和质量，唱好进行曲。

二、当前脱贫攻坚进展情况

今年是脱贫攻坚首战之年。习近平总书记指示，脱贫攻坚年度战役要打好。李克强总理要求，今年再完成1000万人以上脱贫任务。各地各部门认真贯彻落实中央脱贫攻坚决策部署，对脱贫攻坚认识进一步深化，政策举措进一步完善，落实力度进一步加大，脱贫攻坚呈现良好发展态势。

组织领导得到加强。21个省份明确由党委和政府主要领导同志担任省级扶贫开发领导小组双组长，多数省份强化了扶贫机构建设。中央国家机关各部门都加强了领导，多数部门明确了专门工作机构。配套政策陆续出台。中央出台《决定》重要政策举措分工方案、省级党委和政府扶贫开发工作成效考核办法、建立贫困退出机制、开展贫困县资金整合、保持贫困县党政正职稳定等系列配套文件。中央各有关部门制定本行业支持脱贫攻坚的政策措施。各省都出台了“1+N”扶贫政策举措。建档立卡不断完善。对2014年识别的建档立卡贫困人口，开展“回头看”活动，补录应进未进的贫困人口，剔除识别不准的贫困人口，建档立卡指标体系逐步完善，数据准确度进一步提高。驻村帮扶持续加强。全国共向建档立卡贫困村派驻工作队12.8万个，派出第一书记和驻村干部54万多人，对驻村干部开展了轮训，取得良好效果。各省出台驻村帮扶政策文件，帮扶工作逐步制度化规范化。资金项目监管进一步强化。建立以结果为导向的财政扶贫资金分配机制，将扶贫资金项目审批权限下放到县，部署开展贫困县资金整合工作，健全公示公告制度，强化监督执纪问责，设立“12317”扶贫监督举报电话，开展集中整治和预防扶贫领域职务犯罪专项工作。

下一步，国务院扶贫办将按照党中央、国务院的要求，会同有关方面继续做好以下工作。

一是制定规划计划。编制“十三五”脱贫攻坚专项规划，把中央决策部署和政策举措变成具体可操作的项目。制定到2020年贫困县摘帽和贫困人口脱贫的滚动规划和年度计划，实现有序退出、稳定脱贫。

二是建设五个平台。为脱贫攻坚提供平台保障。分别是：国家扶贫开发大数据平台，省级扶贫开发融资平台，县级扶贫开发资金项目整合管理平台，贫困村扶贫脱贫工作落实平台，社会扶贫对接平台。

三是开展十大行动。运用建档立卡成果，开展以到村到户到人为主的行业精准扶贫行动。分别是：教育扶贫行动，健康扶贫行动，金融扶贫行动，交通扶贫行动，水利扶贫行动，劳务协作对接行动，危房改造和人居环境改善扶贫行动，科技扶贫行动，中央企业革命老区百县万村帮扶行动，民营企业万企万村帮扶行动。

四是实施十项工程。改革专项扶贫工作，瞄准建档立卡贫困村贫困户，组织实施整村推进工程，职业教育培训工程，扶贫小额信贷工程，易地扶贫搬迁工程，电商扶贫工程，旅游扶贫工程，光伏扶贫工程，构树扶贫工程，贫困村创业致富带头人培训工程，扶贫龙头企业带动工程。

三、认真组织实施健康扶贫工程

党中央、国务院对健康扶贫高度重视。习近平总书记在中央扶贫开发工作会议上指出：“要建立健全医疗保险和医疗救助制度，对因病致贫或返贫的群众给予及时有效救助。新型农村合作医疗和大病保险政策要对贫困人口倾斜，门诊统筹要率先覆盖所有贫困地区，财政对贫困人口参保的个人缴费部分要给予补贴。要加大医疗救助、临时救助、慈善救助等帮扶力度，把贫困人口全部纳入重特大疾病救助范围，保障贫困人口大病得到医治。要实施健康扶贫工程，加强贫困地区传染病、地方病、慢性病防治工作，全面实施贫困地区儿童营养改善、孕前优生健康免费检查等重大公共卫生项目，保障贫困人口享有基本医疗卫生服务。”李克强总理指出：“对于报销之后自负部分还有困难的，加大医疗救助、临时救助、慈善救助等帮扶力度，通过多层次努力，解决好因病致贫返贫问题。要加快完成贫困地区县乡村三级医疗卫生服务网络标准化建设，改善边远乡村医疗卫生条件，开展远程医疗、巡回医疗，推动全国三级医院与贫困县县级医院一对一帮扶，不断提高贫困地区医疗服务能力。要全面实施贫困地区重大公共卫生项目，加强贫困地区传染病、地方病等防治工作，开展好卫生环境整治，提升贫困群众的健康水平。”《决定》提出了开展医疗保险和医疗救助脱贫12个方面的重点举措。中央关于健康扶贫的政策含金量高，措施实。国家卫生计生委、国务院扶贫办等15个单位《关于实施健康扶贫工程的指导意见》对中央要求进一步细化具体化，要抓好贯彻落实。

（一）充分认识健康扶贫工作重要意义。实现贫困人口基本医疗有保障，是脱贫的重要内容。目前，贫困人口“两不愁”的问题基本解决，难度最大的是“三保障”，特别是基本医疗保障。俗话说“没啥不能没钱，有啥不能有病”，一般家庭一旦有人患大病重病马上就致贫返贫，一旦患长期慢性病就会陷入长期贫困。从建档立卡情况看，因病致贫是最主要的致贫原因，涉及的贫困人口比重最高。2015年底，全国建档立卡贫困户中，因病致贫的占到44.1%，患大病重病的240万人，患长期慢性病的960万人。实施健康扶贫工程，是中央为打赢脱贫攻坚战出台的一项超常规举措，是卫生计生部门对脱贫攻坚的极大支持，对恢复和保障贫困群众生产生活能力，通过自力更生光荣脱贫具有不可替代的重要作用。各地要高度重视，把健康扶贫纳入脱贫攻坚总体部署，列为重要工作内容，统筹安排。扶贫部门要及时向党委、政府和扶贫领导小组报告工作情况，积极争取支持，主动配合卫生计生部门做好健康扶贫工作。

（二）深入贯彻精准扶贫方略。精准扶贫精准脱贫是脱贫攻坚的基本方略，健康扶贫要贯彻这一方略深入推进。一是搞准基本情况。加强扶贫开发大数据、健康大数据的对接和信息共享，准确掌握贫困患者病种、病情、病因，为分类救治提供基础数据和决策参考。二是因病分类施策。对于贫困家庭的病患者，根据不同病种病因，采取疾病预防、一次性治愈、维持治疗、康复治疗等办法分类施策。三是抓好后续帮扶。贫困患者得到有效救助，恢复生产生活能力后，要及时跟进产业脱贫、劳务输出脱贫等帮扶措施，形成合力，稳定脱贫。各级扶贫部门要强化对扶贫开发大数据的分析应用，主动向卫生计生等行业部门提供相关数据和信息，为各方资源向建档立卡贫困人口倾斜提供支撑。

（三）突出抓好健康扶贫重点工作。开展健康扶贫，要抓关键抓重点见实效。一是加大疾病防控力度。改善贫困群众人居环境，提升健康意识，培养良好卫生习惯和健康生活方式，让贫困群众少生病。二是加强医疗制度衔接。建立健全基本医疗保险、大病保险、疾病应急救助、医疗救助等制度的衔接机制，发挥综合效益，让贫困群众看得起病。三是提升医疗服务水平。做好全国三级医院对口帮扶贫困县县级医院工作，加强贫困地区县乡村医疗卫生机构建设，提高诊疗水平，培养人才队伍，让贫困群众看得上病。四是开展专项医疗救治。选择发病率较高的病种，因病施治，集中救治，让贫困群众治得好病。比如白内障，目前建档立卡贫困人口中可救治的约有47万人，花几千块钱就可以让他们从“家庭负担”变成脱贫动力。还有血吸虫病、大骨节病、包虫病、儿童先天性心脏病、结核病、儿童弱视等，都可以考虑采取专项救治的办法解决。各级扶贫部门要主动参与，明确机构和人员联系对接，做好前期工作和基础工作，协助解决有关问题。

（四）改革创新健康扶贫工作形式。鼓励各地坚持问题导向，探索创新健康扶贫新举措新办法，有效解决贫困户看病难看病贵的问题。一是统筹整合资源。整合现有各类医疗保障、资金项目、人才技术等资源，瞄准建档立卡贫困户、贫困人口精准发力。二是发挥市场作用。鼓励支持商业保险机构创新保险产品，满足贫困家庭健康保险需求，为健康扶贫提供有效补充。三是动员社会参与。搭建工作平台，落实激励政策，动员社会力量广泛参与，实现社会帮扶资源与贫困群众医治需求精准对接。各级扶贫部门要指导贫困县做好资金整合试点工作，加大健康扶贫投入。积极引导东西扶贫协作、定点扶贫、社会扶贫等帮扶资源，支持健康扶贫工作。

（五）充分发挥政治优势和制度优势。开展健康扶贫，要充分发挥政治优势和制度优势。一是强化组织保障。贫困地区要按照中央统筹、省负总责、市县抓落实的工作机制，层层落实责任，明确健康扶贫工作时间表路线图，精心组织实施。充分发挥“第一书记”、驻村工作队和村两委等基层组织在宣传落实政策等方面的作用。二是实施特惠政策。在普惠医疗卫生制度基础上，把建档立卡贫困人口全部纳入健康扶贫工作范围，让他们叠加享受各项医疗保险救助政策，形成医疗脱贫政策合力。三是加大宣传力度。大力宣传健康扶贫各项政策，提高贫困地区干部群众知晓度，宣传表彰医疗卫生工作者在精准扶贫精准脱贫中的模范人物，推广典型经验，营造良好氛围。国家卫生和计划生育委员会、国务院扶贫办每年将组织对各地健康扶贫工程实施情况进行考核，对实施情况定期检查督促，确保取得实效。

同志们，国务院扶贫办将和国家卫生和计划生育委员会一道，加强对健康扶贫工作的指导和服务保障。相信在各级卫生计生部门和扶贫部门的共同努力下，健康扶贫工作一定会取得圆满成功，为打赢脱贫攻坚战做出新的更大贡献！

在全国扶贫援藏工作会议上的讲话

国务院扶贫办主任　刘永富

2016年9月23日

今天，我们在这里召开全国扶贫援藏工作会议，主要任务是深入贯彻党的十八大和十八届三中、四中、五中全会精神，认真落实中央第六次西藏工作座谈会、中央扶贫开发工作会议、东西部扶贫协作座谈会精神，分析形势，交流经验，研究部署“十三五”时期扶贫援藏工作。

上午，大家实地考察了两个点。第一个点是自治区脱贫攻坚指挥系统。西藏自治区从上到下成立脱贫攻坚指挥部，将十多个部门的同志集中起来办公，把各方面力量有效整合起来，办事效率大大提高，工作力量大大加强，很多过去解决不了或者解决起来比较慢的事情，现在都能够较快地得到有效解决。这是自治区党委、政府根据西藏实际作出的决定，符合西藏的特点，是脱贫攻坚组织领导体系的重要创新。

第二个点是曲水县达嘎乡易地扶贫搬迁安置点。这个项目有很多亮点。一是规划设计好。将易地扶贫搬迁与城镇化建设相结合，既扶了贫、改善了贫困群众的生产生活条件，又提高了公共服务的水平，推动了城镇化建设。二是建房、基础设施建设和产业扶贫同步推进。搬迁点的配套设施比较齐全，有幼儿园、卫生所、商铺，奶牛养殖场和养鸡场都投产运营。每一个劳动力，至少参加一个产业，或者安排转移就业，或者在村内外打工。产业扶贫组织化程度高，贫困户在合作社入股分红，收入有保障，奶牛、藏鸡养殖都开始盈利。通过发展产业和促进就业，搬迁的农牧民能够实现持续、稳定的脱贫。三是整合各方面资源。既有搬迁的资金，也有对口援藏的资金，还有社会扶贫资金、扶贫产业资金，以及整合的涉农资金等，使资金合力的效果得到了充分的展现。四是组织群众积极参与。贫困农牧民不仅参与建房的全过程，还通过股份制参与到产业发展中，主体作用得到了充分的发挥，内生动力得到了有效的激活。

刚才，北京、上海、江苏、浙江、广东代表17个省（市），中国烟草总公司代表18家中央企业作了发言。他们的发言都很好，发言好是因为工作做得好，做得扎实，做得深入。如：北京的“坚持首善精神、做好援藏工作”，上海的“民生为本、产业为重、规划为先、人才为要”，江苏的

“真情援藏、科学援藏、持续援藏”，浙江的“援藏资金 80%用于民生、用于基层”，广东的“精准发力，用心用情用力援藏”，这些都是很好的经验，值得我们学习借鉴、发扬光大。由于时间关系，还有部分省（市）和企业没有介绍情况，他们的工作做得也很好，都有自己的经验。援藏省（市）、企业的做法以及“十三五”时期的安排打算，目标明确、重点突出、聚焦精准，很实在、很具体，必将更加有力地助推西藏的脱贫攻坚。

“十二五”以来，根据党中央、国务院的决策部署，在中央有关部门特别是中央统战部、国家发改委、财政部等部门的统筹协调下，各援藏省（市）和央企认真贯彻中央第五次、六次西藏工作座谈会精神，加强领导，深化帮扶，对口援藏工作取得了显著成效。各援藏省（市）和央企深入到受援地区调查研究，确定工作重点，编制对口援藏规划。坚持人才援藏，开展双向挂职，先后选派三批近 4000 名优秀干部和各类人才进藏工作。积极推进就业援藏，对口援藏省（市）和企业结合西藏农牧区实际情况，积极为当地农牧民群众提供符合实际需要的技能培训。根据受援地资源特点，积极培育引进龙头企业，提供产业技术支撑，培育提升造血功能，帮助做大做强特色优势产业。针对受援地发展短板，加大投入力度，援藏省（市）和央企共投入援藏资金 260 多亿元。今年前 3 季度，到位援藏资金 32 亿多元。援藏单位的无私援助和鼎力支持，为西藏经济社会发展注入了强劲的动力，极大地改善了西藏的生产生活条件，有力地促进了西藏的和谐稳定、长治久安。

刚才，吴英杰书记作了重要讲话，介绍了西藏脱贫攻坚的情况，指出了下一步西藏脱贫攻坚的重点、难点和着力点，提出要在补齐基础设施建设短板、产业就业扶贫、易地扶贫搬迁、推进生态扶贫、守土固边兴边富民、层层压实责任等 6 个方面下更大功夫，并要求更加关心关爱援藏干部。大家要认真学习，结合实际抓好落实。西藏为贯彻落实银川会议精神，组织脱贫攻坚学习考察团，专程到宁夏、福建考察学习，结合西藏实际，提出了提高对口援藏扶贫水平的意见，自治区党委进行专题研究，我们认为这些意见都很好，这些措施和意见的贯彻实施必将有力推进对口援藏工作。借此机会，我代表国务院扶贫办对西藏各级党委、政府对脱贫攻坚工作的关心和重视，对社会各界参与脱贫攻坚特别是扶贫援藏单位表示衷心的感谢，向奋战在脱贫攻坚第一线的西藏各族干部群众、广大援藏干部致以亲切的慰问和良好的祝愿！

下面，我讲几点意见，供大家参考。

一、中央高度重视西藏经济社会发展和长治久安

西藏是特殊的边疆地区、民族地区和贫困地区，是重要的国家安全屏障、生态

安全屏障、战略资源储备基地，是中华民族特色文化保护地和面向南亚开放的重要通道，是我国同境内外敌对势力和分裂势力斗争的前沿。

中央始终高度重视和关心西藏经济社会发展和长治久安。新中国成立至今，在西藏发展建设的每一个重要阶段，都及时作出重要决策部署。改革开放以来，中央每五年召开一次西藏工作座谈会，每次都结合西藏发展实际出台特殊政策和超常规举措。党的“十八大”以来，以习近平同志为总书记的党中央审时度势，作出了新形势下西藏工作的一系列新决策新部署，明确提出了治国必治边、治边先稳藏的战略思想和依法治藏、富民兴藏、长期建藏、凝聚人心、夯实基础的重要原则。2014 年 9 月，中央召开民族工作会议，习近平总书记深刻阐述了涉及民族工作的一系列重大问题，明确了加强和改进新形势下民族工作的大政方针。李克强总理对促进民族地区经济社会发展作出安排部署。会后，党中央、国务院发布《关于加强和改进新形势下民族工作的意见》，提出了 25 项政策举措，对新时期民族工作作出全面部署。

2015 年 8 月，中央召开第六次西藏工作座谈会，习近平总书记、李克强总理发表重要讲话。总书记深刻阐述了西藏在国家战略全局中的重要地位，提出了新形势下做好西藏工作的大政方针、目标任务和重要原则。总书记指出：做好西藏工作，不只是西藏和四省的地方性工作，也不只是某个领域的部门性工作，而是全局性工作，需要全党、全国支持。李克强总理就推进西藏和四省藏区经济社会发展作了重要讲话，要求把改善民生作为西藏工作的重中之重，作为实现社会长治久安的基础支撑。俞正声主席从统一思想、明确责任、突出重点三个方面，要求各地各部门坚决抓好贯彻落实。会后，党中央颁布实施《关于进一步推进西藏经济社会发展和长治久安的意见》，对做好新形势下西藏工作作出全面部署，明确了西藏工作的方略、指导思想和目标任务，确定了推进西藏跨越式发展、保障改善民生、开展反分裂斗争、加强意识形态工作、加强民族团结、加强党的领导等 28 项重点工作和特惠政策，为西藏工作提供了基本遵循和行动指南。

在中央的坚强领导和全国支援下，西藏自治区党委、政府团结带领全区广大干部群众，凝心聚力，开拓进取，各方面都取得令人瞩目的成绩。经济发展明显加快，近年来经济增速一直居全国前列，今年上半年与重庆并列全国第一；人民生活水平明显提高，2015 年全区城镇居民人均可支配收入 25457 元（比上年增长 15.6%），农牧民人均可支配收入 8244 元（增长 12%），连续多年保持两位数增长；贫困现象明显缓解，2015 年贫困发生率下降 5.1 个百分点，比全国快 3.6 个百分点；群众生产生活条件明显改善，一大批饮水安全、道路交通、电力保障、安居工程等基础设施项目建成投运，义务教育、医疗卫生、就业服务等社会事业不断进步；基层组织建设明显加强，基层党组织的凝聚力、战斗力有效提升，对达赖集团的反分裂斗争和维稳能力显著加强。西藏经济社会发展，为促进全国的稳定和发展发挥了重要作用。

二、脱贫攻坚是西藏全面建成小康社会最突出的任务

习近平总书记在中央第六次西藏工作座谈会上指出：同全国其他地区一样，西藏和四省藏区已经进入全面建成小康社会决定性阶段。全面建成小康社会已经临近收官的时间节点，必须在补短板上用全劲、使全力。解决困难群众脱贫问题是西藏和四省藏区实现全面建成小康社会目标最突出的任务。

由于特殊的自然环境和历史原因，西藏各方面虽然取得了巨大成就，但自然条件差、发展起点低、历史欠账多，与其他地区相比仍然滞后，脱贫攻坚形势尤其严峻。2015 年，全区农牧民人均可支配收入排在全国倒数第 5 位；根据国家统计局的数据，全区贫困发生率 18.6%，高出全国 12.9 个百分点，排在全国第 1 位；全区建档立卡贫困人口中，47.1%是文盲或半文盲，1.2%患大病，6.3%患长期慢性病；按主要致贫原因分，缺发展资金户占 29.5%，缺劳动力户占 25%，缺技术户占 16.2%，缺土地户占 7.5%，因病致贫户占 6.8%，自身发展动力不足户占 4.1%，因残致贫户占 3.3%，因学致贫户占 3.1%，交通条件落后户占 2.1%，缺水户占 0.9%，因灾致贫户占 0.9%。多数贫困户多重致贫因素交织叠加，许多贫困人口分布在高原、高寒、边境甚至人迹罕至地区，扶贫脱贫难度大，任务繁重艰巨。到 2020 年，确保西藏贫困人口全部脱贫、与全国一道进入全面小康社会，必须要付出更加艰辛的努力。

在直面困难的同时，我们要坚定信心，西藏脱贫攻坚存在着许多有利条件。一是中央扶贫支持力度最大。中央在确定全国 14 个集中连片特困地区时，把西藏整体作为 1 个片区，全区 74 个县全部享受国家扶贫开发工作重点县和片区县政策；中央各个部门都给予西藏大力支持，赋予西藏一揽子特殊优惠政策。如在实施扶贫贴息贷款过程中，不仅让贫困户而且让其他农牧民都能获得扶贫低息贷款；中央财政专项扶贫资金投入，无论是人均投入还是年度增幅都在全国前列。二是帮扶资源最多。根据中央安排，东中部 17 个省（市）和 17 家中央企业对口帮扶西藏，在资金、技术、人才、信息等方面给予西藏帮助，其中援藏财政资金每年 50 亿元左右，还有社会和企业的投入，每年可以集中力量办一些实事急事难事，以及老百姓需要解决的突出问题和困难。社会各界对西藏发展十分支持，一大批民营企业、社会组织和公民个人投身西藏扶贫开发事业。三是脱贫攻坚已有良好基础。上个月我到西藏四个地市进行调研，行程 3000 多公里，我们有一个基本看法，就是西藏脱贫攻坚工作形成了

“四个体系”。自治区党委、政府高度重视，吴英杰书记、洛桑江村主席亲自抓，层层建立脱贫攻坚指挥部，层层立下军令状，充实机构队伍，建立了脱贫攻坚的责任体系。自治区研究制定了“十三五”脱贫攻坚滚动规划，提出自治区贫困县考核、扶贫工作督查巡查、贫困退出等实施细则和“五个一批”的实施方案，建立了脱贫攻坚的规划和政策体系。自治区统筹整合扶贫发展资金等36类涉农资金用于脱贫攻坚，广泛动员社会力量参与，建立了脱贫攻坚的投入体系。自治区建档立卡工作比较扎实，县乡两级干部进村入户开展帮扶工作，群众满意度高；易地扶贫搬迁规划合理，管理规范，施工进度快，群众参与度高；为农牧民特别是建档立卡贫困户提供公益岗位50多万个，生态扶贫措施实在有效，建立了脱贫攻坚的工作体系。这些都为西藏“十三五”脱贫攻坚工作打下了良好基础。

全面建成小康社会、实现第一个百年奋斗目标，农村贫困人口全部脱贫是一个标志性指标。西藏在全国脱贫攻坚中具有特殊的地位和特别的意义。60多年前，我们党领导西藏百万农奴翻身得解放、当家做主人，在西藏历史上前所未有。到2020年，西藏打赢脱贫攻坚战，全区300多万群众历史性地消除绝对贫困，与全国一道进入全面小康社会，具有里程碑意义。到2020年，西藏打赢脱贫攻坚战，我国脱贫难度最大、困难最多的地区在全国支援下全面建成小康社会，充分彰显中国共产党的坚强领导和社会主义制度的优越性。到2020年，西藏打赢脱贫攻坚战，实现第一个百年奋斗目标，充分证明西藏发展离不开祖国大家庭的支持和帮助，国家是西藏走向美好未来的坚强后盾。

三、扶贫援藏工作必须结合实际注重实效

党中央、国务院高度重视民族地区扶贫开发工作。习近平总书记多次赴少数民族地区考察调研，深刻指出：“到2020年全面建成小康社会，任何一个地区、任何一个民族都不能落下”，强调“要以‘时不我待’的担当精神，创新工作思路，加大扶持力度，因地制宜、精准发力，确保如期啃下少数民族脱贫这块硬骨头，确保各族群众如期实现全面小康。”在今年7月银川东西部扶贫协作座谈会上，习近平总书记充分肯定了东西部扶贫协作和对口支援所取得的成绩，深刻指出东西部扶贫协作和对口支援的“三大作用”：“实践证明，东西部协作和对口支援，是推动区域协调发展、协同发展、共同发展的大战略，是加强区域合作、优化产业布局、拓展对内对外开放新空间的大布局，是实现先富帮后富、最终实现共同富裕目标的大举措，必须长期坚持下去。”同时，也指出了东西部扶贫协作和对口支援存在的“四个问题”。一是资源分散、聚焦脱贫不够。二是工作不平衡、作风不扎实。三是社会力量

未充分发挥作用。四是缺乏考核、责任不落实。并对下一步东西部扶贫协作和对口支援提出“四项要求”：一是要提高认识，加强领导。总书记指出，西部地区特别是民族地区、边疆地区、革命老区、连片特困地区贫困程度深、扶贫成本高、脱贫难度大，是脱贫攻坚的短板，也是我对脱贫攻坚最不托底的地方。二是要完善结对，深化帮扶。总书记指出，新形势下，东西部扶贫协作和对口支援要注意由“输血式”向“造血式”转变，实现互利共赢、共同发展。三是要明确重点，精准聚焦。四是要加强考核，确保成效。扶贫援藏工作必须认真贯彻落实习近平总书记的重要讲话精神，学习借鉴闽宁协作经验，实施精准对接，进一步聚焦脱贫攻坚，进一步提高帮扶成效。

一是坚持加大力度，助推西藏脱贫攻坚。西藏的贫困呈现综合性、复杂性特征，脱贫攻坚难度大，对口支援工作只能加强不能削弱。一是干部援藏要进一步加强。按照受援地需求精准选派干部，坚持“好中选优、优中挑强”，把思想作风过硬、能力素质过硬的干部选派到西藏脱贫攻坚一线。同时要做好“大后方”，关心关怀援藏干部，让他们在西藏待得住、能干事、干得好。二是人才支援要进一步加强。深化教育人才、医疗人才“组团式”援藏，发挥好“传帮带”作用，帮助西藏提高当地人才队伍能力和水平。三是资金支持要进一步加强。“十三五”时期援藏资金只能比“十二五”多，不能减少。援藏资金要聚焦精准扶贫精准脱贫，向建档立卡的贫困农牧民倾斜、向贫困乡村倾斜。四是劳务协作要进一步加强。建立和完善劳务输出对接机制，支援方要积极开展技能培训，实现人岗对接，保证稳定就业。五是产业合作要进一步加强。结合西藏的实际和特色，科学编制产业发展规划，在技术、人才、市场、信息等方面提供支持，把加强产业合作、优势互补作为深化扶贫开发供给侧结构性改革的新课题，大力推进，探索新路。国务院扶贫办将会同国家发改委、财政部、人民银行、卫生计生委等有关部门，在工作指导、政策支持、资金分配等方面继续加大对西藏的支持力度，研究支持西藏做好易地扶贫搬迁工作，研究支持做好边民、边疆扶贫工作，研究支持做好大骨节病、结核病、包虫病等地方病防治工作。为了支持西藏双语教育，国务院扶贫办决定向西藏 5600 多个幼儿园提供《听姥姥讲故事》播放器。

二是坚持聚焦精准，帮助贫困人口精准脱贫。总书记在东西部扶贫协作座谈会上指出：东西部扶贫协作和对口支援要按照精准扶贫、精准脱贫要求开展工作，产业合作、劳务协作、人才支援、资金支持都要瞄准建档立卡贫困人口脱贫精准发力。截至 2015 年底，西藏还有建档立卡贫困人口 59 万，这是扶贫援藏的主要工作对象。扶贫援藏工作要紧紧围绕这些贫困人口精准施策、精准发力，确保精准脱贫。做到真正脱贫，我觉得至少要满足四个条件，一是享受过扶贫政策，得到过扶持。二是思想观念有明显转变，树立勤劳致富的理念和市场经营的意识。三是能力素质有明显提升，受教育程度不断提高，有一定的劳动技能、文化素养和良好的生活习惯。四是脱贫成效有明显体现，有稳定的就业和增收渠道，实现“两不愁、三保障”的目标。

三是坚持因地制宜，扎实推进“五个一批”。产业脱贫方面，要结合西藏实际，发展高原特色优势产业，合理开发少数民族文化和自然资源，重点发展生态产业、旅游产业、电商扶贫、光伏扶贫等新业态，增加贫困农牧民收入，壮大贫困村集体经济。劳务输出脱贫方面，要加强双语教育和职业技能培训，提高劳务输出组织化程度，努力做到精准对接、稳定就业，不仅注重跨省区对接，更要结合产业发展，注重自治区内对接，实现就地就近就业。易地搬迁脱贫方面，始终不忘扶贫初心，始终不偏脱贫目标，要合理确定建房标准，绝不能让贫困户因建房举债而加重贫困，要做好后续帮扶工作，既要住新房，更要创新业，确保搬迁贫困户搬得出、稳得住、能致富。医疗脱贫方面，西藏医疗卫生指标全国最低，高原疾病多发。我们要深入实施健康扶贫工程，集中治疗大骨节病、包虫病、结核病等地方病，在完善医疗保险制度方面做好工作，在解决大病慢性病方面狠下功夫，让困难群众看得上病看得起病，有效解决贫困群众因病致贫因病返贫问题。教育脱贫方面，要以问题为导向，将教育扶贫的重点向“软件”延伸，推动内地学校与西藏各类学校联合办学，加快培养双语教师。实施职业教育培训工程，开展技能脱贫千校行动，力争实现有条件的贫困家庭至少一人掌握一门实用技术。生态补偿脱贫方面，结合建立国家公园体制，设立公益岗位，利用生态补偿和生态保护工程资金优先招用贫困人口为生态保护人员。西藏在这方面已探索积累了不少经验，要不断提高建档立卡贫困人口的受益面。社会保障兜底方面，要完善识别制度、动态调整制度，对无法依靠产业扶持和就业帮助脱贫的贫困家庭实行兜底性政策保障，实现农村低保与扶贫开发的有效衔接。

四是坚持人才支援，强化扶贫援藏智力支撑。习近平总书记在东西部扶贫协作座谈会上指出：要继续发挥互派干部等方面的好经验、好做法，把东部地区理念、人才、技术、经验等要素传播到西部地区，促进观念互通、思路互动、技术互学、作风互鉴。援藏资金是有限的，但援藏干部人才的作用是无限的。要精准选派援藏扶贫干部和专业人才，按照缺什么补什么的原则，增加教育、医疗、科技、产业等方面干部和人才比例，优化援藏扶贫干部和人才结构。在引进外部人才的同时，要注重本土人才的培养，采取双向挂职、两地培训等方式，加大对西藏特别是基层干部、贫困村致富带头人的培训力度，打造一支留得住、能战斗的人才队伍。

五是坚持资源整合，形成脱贫攻坚合力。习近平总书记在东西部扶贫协作座谈会上指出：东部地区要根据财力增长情况，逐步增加对口帮扶财政投入，并列入年度预算；西部地区要整合用好扶贫协作和对口支援等各类资源，聚焦脱贫攻坚，形成脱贫合力。目前，西藏已明确 80% 的援藏资金用于民生项目特别是脱贫攻坚，我们将及时总结推广这一做法。同时，要落实好财政、金融、土地等超常规政策举措，指导贫困县开展统筹整合使用财政涉农资金工作，撬动金融资本和社会帮扶资金投入扶贫开发，支持企业等市场主体参与脱贫攻坚，聚焦精准扶贫精准脱贫，形成脱贫攻坚合力。

六是坚持群众参与，不断激发贫困群众内生动力。习近平总书记在中央扶贫开发工作会议上指出：扶贫不是慈善救济，而是要引导和支持所有有劳动能力的人，依靠自己的双手开创美好明天。我们各类帮扶措施和帮扶项目，都要研究建立贫困户参与机制和受益机制，不能简单送钱送物、发钱发物。要帮助贫困群众富口袋、富脑袋，引导他们转变思想观念，培训他们提升能力，使他们想干敢干能干会干。要创新和推广运用参与式扶贫的方式方法，动员贫困群众参与到帮扶项目的规划、实施、监督、评估等环节，增强他们对帮扶项目的拥有感，效益的获得感，在项目实施和管理过程中接受市场理念、转变发展观念，不断积累和提高自我发展能力，让贫困人口真正心动起来、行动起来，光荣脱贫、勤劳致富。

七是坚持正确舆论引导，营造良好社会氛围。扶贫是中国的软实力。国家层面将每年推出一批脱贫先进典型、一批帮扶先进典型、一批精准扶贫精准脱贫成功案例，每年开展脱贫攻坚奖评选表彰活动。我们要及时总结扶贫援藏工作的好经验好做法，及时发现树立先进典型和模范人物，利用各种渠道多方面宣传，让他们在社会上受尊重，在事业上有发展，促进社会各界更加自觉地投身于西藏扶贫开发事业。要用鲜活的扶贫脱贫案例，展示在中国共产党的坚强领导下，西藏各族贫困群众光荣脱贫、昂扬向上的精神风貌。

同志们，扶贫援藏任务艰巨、责任重大、使命光荣。让我们更加紧密地团结在以习近平同志为总书记的党中央周围，以高度的政治责任感和时不我待的紧迫感，凝心聚力，精准发力，真抓实干，助力西藏打赢脱贫攻坚战，为西藏全面建成小康社会、实现经济社会发展和长治久安做出新的更大贡献。

以习近平总书记扶贫开发战略思想为指导坚决打赢脱贫攻坚战

——在学习贯彻习近平总书记扶贫开发战略思想研讨会上的发言

国务院扶贫办主任　刘永富

2016年10月16日

同志们：

党的十八大以来，以习近平同志为总书记的党中央，把扶贫开发作为实现第一个百年奋斗目标的重点工作，纳入“五位一体”总体布局和“四个全面”战略布局，实施精准扶贫精准脱贫基本方略，开创了中国特色扶贫开发事业新局面。习近平总书记始终把贫困群众挂在心上，把扶贫工作抓在手上，在多个重要场合、重要时点，就扶贫开发提出一系列新思想新观点，作出一系列新决策新部署，为打赢脱贫攻坚战提供了基本遵循和行动指南。国务院扶贫办把学习贯彻习近平总书记扶贫开发战略思想摆在首要位置，编印了《习近平关于扶贫开发论述摘编》，组织扶贫系统全面学习、深刻领会，统一认识、武装头脑，指导实践、推动工作。

我们深深感到，习近平总书记扶贫开发战略思想内涵丰富，思想深刻，体系完整。初步体会有以下九个方面：

本质要求的思想。总书记深刻指出：消除贫困、改善民生、实现共同富裕，是社会主义的本质要求，是我们党的重要使命。贫穷不是社会主义。如果贫困地区长期贫困，面貌长期得不到改变，群众生活长期得不到明显提高，那就没有体现我国社会主义制度的优越性，那也不是社会主义。我们学习总书记扶贫开发战略思想，首先要从政党性质、执政责任、巩固制度的高度深刻理解深化认识，切实增强使命感责任感，全力推进脱贫攻坚。

艰巨任务的思想。总书记深刻指出：小康不小康，关键看老乡，关键在贫困的老乡能不能脱贫。脱贫攻坚已经到了啃硬骨头、攻坚拔寨的冲刺阶段，所面对的都是贫中之贫、困中之困。全面建成小康社会，最艰巨最繁重的任务在农村，特别是在贫困地区。我们学习总书记扶贫开发战略思想，就是要对打赢脱贫攻坚战有清醒认识和充分准备，勇于担当、只争朝夕，克难前行、不辱使命，确保到2020年我国农村贫困人口全部脱贫，贫困县全部摘帽。

政治优势的思想。总书记深刻指出：脱贫攻坚任务重的地区党委和政府要把脱贫攻坚作为“十三五”期间头等大事和第一民生工程来抓，坚持以脱贫攻坚统揽经济社会发展全局。要层层签订脱贫攻坚责任书、立下军令状。形成五级书记抓扶贫、全党动员促攻坚的局面。我们学习总书记扶贫开发战略思想，就是要始终坚持把发挥政治优势和制度优势作为脱贫攻坚的根本保障，坚持党对脱贫攻坚的领导，充分发挥社会主义集中力量办大事的制度优势，坚决打赢脱贫攻坚战。

改革创新的思想。总书记深刻指出：唯改革者进，唯创新者强，唯改革创新者胜。脱贫攻坚必须坚持问题导向，以改革为动力，以构建科学的体制机制为突破口，充分调动各方面积极因素，用心、用情、用力开展工作。我们学习总书记扶贫开发战略思想，就是要通过改革创新，解决扶贫开发中不断出现的新情况新问题，改革资金分配使用机制，建立贫困识别机制、驻村帮扶机制、考核机制、约束机制、评估机制、退出机制、督查巡查机制，强化精准扶贫精准脱贫的导向，明确哪些必须干、哪些不能干，让干与不干不一样，干好干坏不一样。

精准扶贫的思想。总书记深刻指出：扶贫开发推进到今天这样的程度，贵在精准，重在精准，成败之举在于精准。总结各地实践和探索，好路子好机制的核心就是精准扶贫精准脱贫，做到扶持对象精准、项目安排精准、资金使用精准、措施到户精准、因村派人精准、脱贫成效精准。要按照贫困地区和贫困人口的具体情况，实施“五个一批”工程。发展生产脱贫一批，异地搬迁脱贫一批，生态补偿脱贫一批，发展教育脱贫一批，社会保障兜底一批。“六个精准”是精准扶贫精准脱贫的主要内容和基本要求，“五个一批”是因村因户因人分类施策的基本思路和实现途径。我们学习总书记扶贫开发战略思想，就是要坚持把精准扶贫精准脱贫作为脱贫攻坚的基本方略，做到“六个精准”，实施“五个一批”，切实解决扶持谁、谁来扶、怎么扶、如何退的问题。

内生动力的思想。总书记深刻指出：扶贫不是慈善救济，而是要引导和支持所有有劳动能力的人，依靠自己的双手开创美好明天。要引导贫困地区干部群众树立“宁愿苦干、不愿苦熬”的观念，自力更生、艰苦奋斗，靠辛勤劳动改变贫困落后面貌。要坚持以促进人的全面发展的理念指导扶贫开发。我们学习总书记扶贫开发战略思想，就是要充分发挥贫困地区贫困群众的主体作用，不断增强自我发展的动力与能力，让贫困人口真正心热起来、行动起来，光荣脱贫、勤劳致富。

合力攻坚的思想。总书记深刻指出：“人心齐，泰山移。”脱贫致富不仅仅是贫困地区的事，也是全社会的事。要健全东西部协作、党政机关定点扶贫机制，各部门要积极完成所承担的定点扶贫任务，东部地区要加大对西部地区的帮扶力度，国有企业要承担更多扶贫开发任务。鼓励支持各类企业、社会组织、个人参与脱贫攻坚。我们学习总书记扶贫开发战略思想，就是要更加广泛、更加有效地动员和凝聚各方面力量，构建专项扶贫、行业扶贫、社会扶贫“三位一体”大扶贫格局，创造人人皆愿为、人人皆可为、人人皆能为的良好环境，形成脱贫攻坚的强大合力。

阳光扶贫的思想。总书记深刻指出：扶贫款项移作他用，就像救灾款项移作他用一样，都是犯罪行为。扶贫资金是贫困群众的“救命钱”，一分一厘都不能乱花，更容不得动手脚、玩猫腻。要加强扶贫资金阳光化管理，加强审计监管，集中整治和查处扶贫领域的职务犯罪，对挤占挪用、层层截留、虚报冒领、挥霍浪费扶贫资金的，要从严惩处。我们学习总书记扶贫开发战略思想，就是要始终把纪律和规矩挺在前面，不断完善制度，加强监管，坚决惩治和预防扶贫领域违纪违法行为，廉洁扶贫、阳光扶贫。

携手减贫的思想。总书记深刻指出：消除贫困是人类的共同使命。消除贫困是当今世界面临的最大全球性挑战。我们要凝聚共识、同舟共济、攻坚克难，致力于合作共赢，推动建设人类命运共同体，为各国人民带来更多福祉。我们学习总书记扶贫开发战略思想，就是要加强国际减贫交流合作，学习借鉴国际经验，为共建一个没有贫困、共同发展的人类命运共同体，为全球减贫事业做出更大贡献。

总书记扶贫开发战略思想，源于总书记一以贯之一心为民的家国情怀，源于总书记使整个国家和民族尽早“摆脱贫困”的历史使命和责任担当，源于总书记 40 多年来从农村到县、市、省、中央矢志不渝探索的实践积淀和理论思考。总书记扶贫开发战略思想，充分体现了马克思主义世界观和方法论，是总书记系列重要讲话的重要内容，是总书记治国理政思想的重要组成部分，是中国特色扶贫开发的重大理论创新，为打赢脱贫攻坚战注入了强大思想动力。我们学习贯彻总书记扶贫开发战略思想，就是要带着感情、带着责任、带着担当，进一步抓好工作落实，坚决打赢脱贫攻坚战，绝不辜负党和人民的重托。

一是完善责任体系，发挥政治优势。坚持党对脱贫攻坚的领导，严格执行脱贫攻坚一把手负责制，省市县乡村五级书记一起抓，发挥好基层组织在脱贫攻坚中的战斗堡垒作用。强化中央统筹、省负总责、市县抓落实的工作机制，层层签订责任书，立下军令状，落实脱贫攻坚责任。

二是完善政策体系，打好组合拳。对贫困群众格外关注、格外关爱、格外关心，出台特惠扶持政策，丰富完善中央和地方“1+N”政策体系。加大督促检查和考核评估，确保各项政策有效落实落地，发挥政策叠加效应。

三是完善工作体系，开展专项行动。建设五个平台：国家扶贫开发大数据平台，省级扶贫开发融资平台，县级扶贫开发资金项目管理平台，贫困村扶贫脱贫工作落实平台，社会扶贫对接平台。开展十大行动：健康扶贫、教育扶贫、金融扶贫、交通扶贫、水利扶贫、劳务协作、危房改造、科技扶贫、中央企业百县万村帮扶、民营企业万企帮万村行动。实施十项工程：整村推进、职业教育培训、扶贫小额信贷工程、易地扶贫搬迁、电商扶贫、旅游扶贫、光伏扶贫、构树扶贫、贫困村创业致富带头人培训、扶贫龙头企业带动工程。

四是完善精准体系，提高脱贫成效。做到“六个精准”，实施“五个一批”，完善建档立卡，强化驻村帮扶，加强资金整合和监管，因村因户因人分类施策，扶到点上、扶到根上，确保脱贫人口“两不愁、三保障”，坚决防止虚假脱贫。

五是完善帮扶体系，激发内生动力。提高东西部扶贫协作水平，加强党政机关定点扶贫，推进军队和武警部队帮扶，开展多党合作脱贫攻坚行动，动员民营企业、社会组织、个人参与脱贫攻坚，形成社会合力。推广运用参与式扶贫等方式方法，增强贫困群众对帮扶项目的拥有感、效益的获得感，不断激发和培育贫困地区贫困群众内生动力和自我发展能力。

打赢脱贫攻坚战，任务艰巨、责任重大、使命光荣。让我们更加紧密地团结在以习近平同志为总书记的党中央周围，凝心聚力，真抓实干，为全面建成小康社会做出新的更大贡献。

在扶贫改革试验区工作座谈会上的讲话

国务院扶贫办主任　刘永富

2016 年 12 月 27 日

同志们：

今天在福建省三明市召开扶贫改革试验区工作座谈会，主要目的是深入学习贯彻习近平总书记扶贫开发战略思想，认真落实中央经济工作会议、中央农村工作会议和全国扶贫开发工作会议精神，总结扶贫改革试验区工作，探讨东部地区率先解决绝对贫困问题之后如何缓解相对贫困等问题，研究下一步扶贫改革试验区工作。

今天上午，大家实地观摩了三明市将乐县生态产业扶贫、沙县金融扶贫改革和沙县小吃创业培训现场。刚才，三明市、阜新市、宿迁市、丽水市、淄博市、清远市、信阳市、屏南县、田东县、巴州区的有关负责同志作了交流发言，介绍了许多好的做法和经验，值得我们学习借鉴。辽宁、江苏、浙江、山东、广东 5 省扶贫办负责同志围绕东部地区如何缓解相对贫困等问题进行了座谈发言，讲的都很好。特别是福建黄琪玉副省长、山东赵润田副省长对研究推动下一步扶贫改革工作讲了很好的意见，为我们打好脱贫攻坚战，巩固脱贫成果，探索实现第二个百年奋斗目标的扶贫工作启迪了思路。下面，我讲几点意见，供大家参考。

一、改革创新在脱贫攻坚中发挥了重要作用

改革创新是推动脱贫攻坚的强大动力和不竭源泉。习近平总书记高度重视扶贫改革创新。在 20 世纪 80 年代末 90 年代初，习近平总书记在福建宁德担任地委书记期间，大力推动扶贫探索与实践，形成《摆脱贫困》一书，提出了“弱鸟先飞”“滴水穿石”“四下基层”“马上就办”“经济大合唱”等富有创见的理念、观点和方法，至今听来，仍振聋发聩。习近平总书记指出，实践高于认识的地方正在于它是行动。从这个意义上说，我们不担心说错什么，只是担心“意识贫困”，没有更加大胆的改革开放的新意；也不担心做错什么，只是担心“思路贫困”，没有更有力度的改革开放的举措。

党的“十八大”以来，以习近平同志为核心的党中央把扶贫开发作为实现第一个百年奋斗目标最艰巨任务，纳入“五位一体”总体布局和“四个全面”战略布局，提升到治国理政的重要位置，深入推进扶

贫领域的改革创新。可以说，扶贫领域最大的改革创新就是在坚持开发式扶贫的基础上实施精准扶贫精准脱贫方略，这是一个方向性的改革。

为贯彻落实十八届三中全会精神，2013 年 12 月，经中央同意，中共中央办公厅、国务院办公厅印发了《关于创新机制扎实推进农村扶贫开发工作的意见》。这个文件包括三部分内容。第一部分是深化改革，创新扶贫开发工作机制，提出六项机制创新。一是改进贫困县考核机制，二是建立精准扶贫工作机制，三是健全干部驻村帮扶机制，四是改革财政专项扶贫资金管理机制，五是完善金融服务机制，六是创新社会参与机制。第二部分是注重实效，扎实解决突出问题。要求组织实施村级道路畅通、饮水安全、农村电力保障、危房改造、特色产业增收、乡村旅游扶贫、教育扶贫、卫生和计划生育、文化建设、贫困村信息化十项重点工作。第三部分是加强领导，确保各项措施落到实处。习近平总书记 2013 年 11 月提出精准扶贫重要思想，当年 12 月份就下发了这个文件。实行一年多后，中央有了更明确的要求、更重大的举措。2015 年 11 月，中央召开扶贫开发工作会议，出台了《中共中央 国务院关于打赢脱贫攻坚战的决定》，提出了“十三五”脱贫攻坚的总体目标、基本方略、主要政策、保障措施。总体目标可以概括为三句话：到 2020 年确保我国现行标准下农村贫困人口实现脱贫，贫困县全部摘帽，解决区域性整体贫困。精准扶贫精准脱贫的基本方略，就是“六个精准”“五个一批”。中央出台一系列政策举措，打出了政策组合拳，明确了一系列保障措施。脱贫攻坚工作呈现前所未有的良好发展态势。

中央扶贫开发工作会议上，习近平总书记强调，直面问题是勇气，解决问题是水平，脱贫攻坚必须坚持问题导向，以改革为动力，以构建科学的体制机制为突破口，充分调动各方面积极因素，用心、用情、用力开展工作。习近平总书记强调，要通过改革创新，让贫困地区的土地、劳动力、资产、自然风光等要素活起来，让资源变资产、资金变股金、农民变股东，让绿水青山变金山银山，带动贫困人口增收。今年，习近平总书记多次主持召开中央全面深化改革领导小组会议，研究脱贫攻坚责任制、贫困退出、资产收益扶贫等重大问题，扶贫改革取得重大突破。一是建立精准贫困识别机制。使以往统计抽样测算出的贫困数字，精准地落到具体家庭和人口，在全国建立了扶贫大数据平台，回答了贫困人口是谁、分布在哪里、贫困状况怎么样、致贫原因是什么等问题，为精准扶贫夯实了基础。二是健全干部驻村帮扶机制。改革开放以后，农村有想法、有办法的人基本外出了、进城了、出国了，留下的许多人不仅是没有办法，而且有的还没有想法，穷怕了不敢想，穷惯了等靠要。我们现在给每个贫困村派驻村工作队，每个贫困户安排帮扶责任人，建设扶贫脱贫的基层工作落实平台，在解决精准扶贫政策落实“最后一公里”方面作出了努力。三是完善考核监督机制。完善考核机制，建立退出机制，出台脱贫攻坚责任制、脱贫攻坚督查巡查办法等，压实各级责任，防止数字脱贫、虚假脱贫，确保脱贫质量。四是改进资金项目管理监督机制。近几年，财政专项扶贫资金大幅增加。同时，赋予贫困县统筹整合财政涉农资金自主权，实现“多渠道引水，一个龙头放水”。为贫困户提供扶贫小额信贷，支持他们发展产业。对带动贫困户脱贫的企业和合作经济组织给予扶贫再贷款。创建省级投融资平台，对扶贫重大工程安排发行金融债，现在已经落实了几千亿的易地扶贫搬迁金融债，下一步还要实施贫困村提升工程，围绕产业发展，改善贫困村的基础设施和生产条件，建强基层组织，发展村集体经济。这件事正在紧锣密鼓地研究，希望作为第二个金融债支持项目。除此之外，社会投入也增长很快，这两年的扶贫日，当天筹集的社会扶贫资金都超过 100 亿。五是深化社会扶贫参与机制。既巩固提升了东西部协作、定点扶贫、军队扶贫的帮扶成效，又动员凝聚民营企业、社会组织、公民个人扶贫力量，形成了人人皆愿为、人人皆可为、人人皆能为的良好环境。六是创新扶贫工作管理机制。实行中央统筹、省负总责、市（地）县抓落实的工作机制，明晰了中央、省、市、县脱贫攻坚的事权，中央创造扶贫工作条件，省级对本省扶贫工作全面负责，市县抓具体落实，各司其职、各尽其责，千斤担子众人挑。

正是有了这些重大改革举措，脱贫攻坚呈现出前所未有的良好发展态势。扶贫改革创新推动了五级书记抓扶贫，推动了各地各部门出台配套政策，推动了各级加大扶贫投入，推动了社会各界广泛参与脱贫攻坚。这是党中央、国务院高度重视、正确领导的结果，是各级党委、政府积极探索、大胆创新的结果，是各地干部群众艰苦奋斗、开拓进取的结果。

二、设立扶贫改革试验区是扶贫改革的重要举措

先试点探路、再总结推广，是过去 30 多年我国改革开放取得巨大成功的一条基本经验。扶贫也不例外。历史上扶贫先导性工程和试验区有 5 个。一是 1982 年，国家启动“三西”农业建设专项扶贫计划，拉开了有计划、有组织、大规模扶贫开发的序幕。二是 1988 年，国务院批准的毕节地区开发扶贫生态建设试验区。三是 1992 年，国务院批复将延安地区扶贫综合开发改革试验区、宁德地区开放促开发扶贫综合改革试验区和清远市扶贫经济开发试验区列为全国农村改革试验区。这些扶贫先导性工程和试验区，为全国扶贫开发事业开了头，探索了路子，积累了经验，做出了贡献。

为推动新时期扶贫改革，2013 年以来，国务院扶贫开发领导小组先后批准设立辽

宁阜新、江苏宿迁、浙江丽水、广东清远、山东淄博和福建三明 6 个扶贫改革试验区；农业部、扶贫办等 13 个部委批准设立河南信阳市、福建屏南县、广西田东县、四川巴州区 4 个以扶贫为主要试验任务的农村改革试验区。试验区设立以来，各地围绕扶贫改革的重点领域和关键环节，取得了一批重要成果，在精准扶贫、社会扶贫、产业扶贫等方面积累了许多经验，在完善工作机制、创新扶贫方式、探索扶贫路径等方面也做了很多探索，体现了扶贫改革的创新性、方向性、前瞻性。

一是探索脱贫攻坚责任体系形成新模式。承担扶贫改革试验任务的各级党委、政府认真落实中央决策部署，积极推动扶贫改革试验工作。各试验区普遍建立了党政主要领导任组长、有关部门一把手为成员的试验区工作领导小组，建立了联席会议制度，从组织领导、工作班子、制度建设、经费支持等方面加强保障。辽宁省印发《关于支持阜新国家扶贫改革试验区建设工作分工的通知》，将试验区建设工作任务分解成 31 项，明确 33 家省直单位对试验区建设给予支持。江苏省财政“十三五”期间安排专项资金 1 亿元，市财政同步配套，支持宿迁扶贫改革试验区建设。福建省级财政 2015—2020 年每年安排 3000 万元专项资金，用于三明扶贫改革试验区建设。山东省市县重新组建扶贫办，作为党委议事协调机构，主任由党委副秘书长或党委办公室副主任兼任。

二是探索精准扶贫机制创新取得新突破。精准扶贫精准脱贫，是推动扶贫工作提质增效的重大举措。试验区实践和探索的核心就是精准扶贫精准脱贫。广东清远探索的规划到户、责任到人“双到”模式，按照靶向疗法、定村定户、定责定人、驻村帮扶、一村一策、一户一法思路，实现对贫困人口精准扶贫精准脱贫。江苏宿迁建立大病补充保险制度、扶贫助学制度、残疾人照护体系，创新推出低收入人口“扶贫 100”商业保险（为每个低收入人口购买 100 元的商业保险），有效解决因病、因学、因残致贫返贫问题。四川巴州探索建立“六统六分”精准扶贫模式。在村级层面实行“支委统领、规划统定、资源统调、资金统管、项目统建、兜底统办”的“六统”措施，推动村域发展惠及全民；在农户层面实行“门路分找、政策分施、归类分管、绩效分评、账目分记、进退分核”的“六分”举措，力促贫困人口如期脱贫。

三是探索产业扶贫因地制宜取得新进步。扶贫是要引导和支持所有有劳动能力的人，依靠自己的双手实现脱贫，创造美好明天。各试验区充分考虑贫困村的资源和市场需求，尊重规律，因地制宜，探索实践了许多好做法、好经验。福建三明围绕沙县小吃品牌免费开展技能培训、创业指导等服务，专门推出小吃创业卡、小吃创业融资担保基金、农户小额贷款等适合贫困户的创业融资品种，为外出经营小吃的贫困户提供资金支持，带动 6500 多名贫困人口脱贫。河南信阳在产业扶贫上，探索出“传统产业+基地+贫困户”“特色产业+园区+贫困户”“龙头企业+合作社+贫困户”“美丽乡村+合作社+贫困户”“电商+技能培训+贫困户”“生态补偿+公益岗位+贫困户”“易地搬迁+产业培育+贫困户”“本土资源+平台支持+贫困户”八种模式，拓宽贫困户增收渠道。

四是探索金融扶贫创新取得新进展。贫困户贷款难、贷款贵是个“老大难”问题。各试验区坚持问题导向，大胆创新，紧紧围绕贫困户信贷需求，引入保险机制，建立风险防范体系，探索出多种金融扶贫模式，充分发挥金融助力精准扶贫的作用。辽宁阜新通过将金融机构、保险机构引入农村的方式，为贫困人口构建起“政银保+医疗保+人身保”的风险防范体系，让脱贫成果更加稳固。广西田东建立农村金融扶贫长效机制，构建组织、信用、支付、保险、担保、村级金融服务“六大体系”，构建贫困户贷款利息补贴、农业贷款风险补偿“两项机制”，形成农村金融的特惠政策。福建屏南创新了“三联五合”金融扶贫模式，建立县乡村三级金融扶贫联动服务平台，实现金融扶贫与社会组织、金融扶贫与政策资金、金融扶贫与创业就业、金融扶贫与社会帮扶、金融扶贫与风险分散的“五个融合”，累计发放扶贫小额贷款3.8亿多元。

五是探索区域发展与精准扶贫相促进积累新经验。试验区在探索实践中，坚持精准扶贫到村到户和区域脱贫攻坚“双轮驱动”，通过区域发展带动脱贫攻坚，脱贫攻坚促进区域发展。山东淄博按照“解决绝对贫困与解决相对贫困相结合”思路，把贫困相对集中、自然资源优良的淄川区、博山区、沂源县6个镇，实施连片治理、整体推进，结合当地生态、人文、产业等资源，坚持整体规划和资源整合，分类制定“扶贫菜单”，进一步完善基础设施建设和公共服务，带动相对贫困人口增收奔康。

六是探索解决集体经济空壳村取得新成果。贫困村绝大部分都是集体经济薄弱村。各试验区围绕破解集体经济空壳村问题，创新机制，完善举措，盘活闲置资源，优化分配方式，使贫困户收入多元化、村集体经济收入逐步发展壮大。福建三明开展贫困空壳村村财增收行动，采取盘活存量资产促增收、整合项目资金促增收、倾斜土地政策促增收、林权权益让渡促增收、旅游深度开发促增收、基金资金支持保增收、财税返还定标保增收、目标考核激励保增收等“五促三保”措施，增加贫困空壳村村集体经济收入。广东清远探索推进农村土地资源、财政涉农资金和涉农服务平台“三个整合”，促进农村各类资源有效配置，发展多种形式适度规模经营，为贫困村发展经济实现稳定脱贫提供新支撑。

七是探索统筹解决城乡贫困问题进行新尝试。2013年，国务院扶贫开发领导小组在《关于设立扶贫改革试验区的意见》中提出，扶贫改革试验区要努力探索消除城乡二元体制、推进城乡一体化的新思路。改革试验区以农村产权制度改革、农村金融改革和林权改革为支撑，推进户籍制度改革，破解城乡二元体制，统筹解决城乡贫困问题。浙江丽水以易地扶贫搬迁为主线，推进“户籍制度改革居民证+社员证双证保权益”“宅基地村级流转保收益”等措施，在城镇化背景下保障低收入人口均等发展的权利和机会。

八是探索资产收益扶贫呈现新亮点。开展资产收益扶贫改革试点，是扶贫开发工作的重大制度创新。各试验区围绕资产收益扶贫改革先行先试，以土地、资金等入股，引入风险防范机制，参与劳动和管理，保底分红，为全国扶贫工作提供了可借鉴的成功范例。山东淄博探索完善资产收益扶贫“333”管理机制，建立出台制度、评估资产、组织培训“三个载体”，划定明确保底收益、设置清算临界值、明确清算后资产归属“三道底线”，设立基本股、扶贫股、脱贫股“三股”互补，实现了贫困村、贫困户全覆盖。

三、扶贫开发要深谋远虑

随着扶贫工作的深入推进，贫困人口将大幅减少。2012 年，京津沪就没有了国家扶贫标准下的农村贫困人口。2015 年，江苏、浙江两省也宣布消除绝对贫困。2016 年广东将宣布消除绝对贫困。2017 年以后，山东、福建、辽宁也将陆续消除绝对贫困，东部地区可实现全部脱贫。西部的重庆，到 2018 年绝对贫困也会没有了。但是，这只是说没有绝对贫困了，相对贫困还不少。邓小平同志讲，我们还要经过十几代、几十代人的努力。习近平总书记讲，我们 500 年还会有贫困。解决相对贫困，是一个长期的任务，我们应该有清醒认识。

2015 年初，扶贫办在承担中央财办《“十三五”时期实现全面建成小康社会目标存在“短板”问题及对策研究》课题时，提出了“两消除两转变”的奋斗目标，即：到 2020 年，消除绝对贫困，现国家扶贫标准下的贫困人口全部脱贫；消除区域贫困，现国家和省级贫困县全部脱贫摘帽。扶贫开发由重点消除绝对贫困向减缓相对贫困转变，国家制定与经济社会发展水平相适应的贫困标准；扶贫开发由主要解决农村贫困向统筹解决城乡贫困转变，向实现共同富裕迈进。十八届五中全会文件起草组基于“十三五”主要任务的考虑，采纳了“两消除”的政策建议。我们认为现在研究“两转变”问题正当其时，十分必要。

一是绝对贫困逐步消除，相对贫困问题凸显。我们所说的绝对贫困和相对贫困，其实没有绝对相对之分，按照现在水平是相对贫困的，再过几年恐怕就是绝对贫困了。所以说，解决了绝对贫困，还要解决相对贫困问题。现在，有的人认为，2020 年以后就没有贫困了，就不需要扶贫工作了，这实际上是误解。如何解决相对贫困问题，是我们必须提前研究、谋划、探索的重大课题。

二是城镇化进程加快，统筹城乡贫困问题迫切。随着工业化、城镇化持续推进和户籍制度改革，城乡二元体制逐步打破，人口流动加快，特别是贫困人口在城乡间流动加快，给扶贫工作带来新的挑战。形势要求我们必须对传统的、以农村贫困人口为主要对象的扶贫工作体制机制进行改革创新，从城乡统筹的角度研究思考、探索解决贫困的体制机制问题。

三是脱贫攻坚目标完成后，稳定脱贫更艰难。在研究扶贫工作实现“两转变”的同时，还要巩固提升脱贫成果。贫困人口实现脱贫后，实现稳定脱贫，需要做长期艰苦的工作，探索解决政策稳定、帮扶稳定、产业稳定、就业稳定等机制问题。

四是扶贫工作在党的第二个百年奋斗目标中的定位。我们既要提前研究解决以上这些问题，还要巩固提升，特别是我们扶贫工作如何与党的第二个百年奋斗目标相适应，要认真研究思考。习近平总书记在中央扶贫开发工作会议上指出，全面建成小康社会、实现第一个百年奋斗目标，农村贫困人口全部脱贫是一个标志性指标。扶贫工作在第二个百年目标中如何定位。我认为在定性上仍然会是这样，这是和我们党的性质、宗旨相一致的，和社会主义的本质相一致的，扶贫工作承担着防止两极分化的历史使命。这是治国理政的一个重要措施，不可或缺。

四、扶贫改革试验区要突出重点

试验区承担着为2020年后中西部扶贫工作趟路子、作样板的重要任务，要把扶贫改革纳入全面深化改革大局，以实现“两转变”为核心，重点对以下几个问题开展方向性、目的性、前瞻性探索。

一是扶贫标准。以前是国家确定一个标准，省里按照这个标准工作。以后可以有两个方案，一是国家确定一个标准，全国适用。二是以省为单位确定标准。比如东部地区按人口规模的5%确定扶贫标准，中部地区按6%，西部地区按8%，西藏、新疆按10%。收入水平在这个范围，就是相对贫困户。目前，有的省份以按照上年度农民人均可支配收入的一定比例确定扶贫标准，有的省份按照低保标准的1.5倍确定扶贫标准，这些都是研究建立相对扶贫标准的有益探索，可以相互学习借鉴。

二是对象识别。最精准、最科学的做法还是建档立卡，纳入建档立卡范围的就享受扶贫政策，不能搞大水漫灌。现在特别担心在建档立卡之外，还有一批穷人。如果这样，到2020年我们还能宣布攻坚战打赢了吗？宣布了以后，社会认可不认可，老百姓认账不认账。大家要认真研究，特别是试验区要解决好这个问题。首先要把穷人找出来。长期有一种观念认为，有劳动能力的扶贫开发，没有劳动能力的享受低保。听起来很有道理，操作起来难度很大。谁有劳动能力，谁没有劳动能力，是相对的。有没有劳动能力，在农村不好界定。扶贫部门传统的思维也要变，只要符合建档立卡条件，无论有没有劳动能力，都要作为扶贫对象。试验区还要探索建立城乡一体化的贫困人口建档立卡识别体系，无论是否农村户籍，只要符合条件，都要纳入建档立卡范围。

三是扶贫政策。扶贫政策要与时俱进。绝对贫困消除后，关键是解决发展问题。贯彻共享的发展理念，就是要在经济规律、市场规律发挥不了作用的时候，用社会规律补上来，解决好相对贫困问题。现行政策有的还要继续用，有的要与时俱进，不断完善。比如扶贫政策和低保制度的衔接，低保是兜底举措，是保障基本生活。什么叫脱贫？享受了国家的扶持政策，得到了帮扶，观念有转变，能力有提升，有稳定的收入渠道，才能叫脱贫，否则就是保障。有的地方认为纳入低保就实现脱贫了，这种“一兜了之”的做法是值得商榷的。习近平总书记强调要实行最严格的考核评估制度，对省委、省政府的考核不仅要对建档立卡动态监测数据、国家农村贫困监测调查数据、第三方评估和财政专项扶贫资金绩效考评情况等进行汇总整理，而且有各省之间的交叉考核，这个问题大家要重视。我们试验区尤其要解决，就是面上一时还不能解决的，试验区也要敢于解决。

关于财政扶贫投入形成的资产量化到建档立卡贫困户的问题。这个政策很好，要操作好，因为这个资产是长期的，涉及到产权问题，一旦固化、量化到户，就很难再调整。我们有解决的办法，就是政府投入形成的资产，所有权归政府或集体，收益分配向建档立卡贫困户倾斜，但不是直接分配给建档立卡贫困户股权，而是要求贫困户通过参加劳动获得收益。

还有如何激发内生动力，如何优化社会资源，扶贫机构如何设立等，我们都需要认真思考。东部地区现在走的路就是西部地区未来 5 年、10 年要走的路，试验区必须先行一步。东部地区扶贫工作的重点，一个是革命老区，一个是扶贫改革试验区。国务院扶贫办将继续支持扶贫改革试验区工作，中央财政专项扶贫资金要继续向革命老区、扶贫改革试验区倾斜。

附录三
年度重要文章及专访

以精准发力提高脱贫攻坚成效

党的十八届五中全会明确提出，到2020年我国现行标准下农村贫困人口实现脱贫，贫困县全部摘帽，解决区域性整体贫困。中央扶贫开发工作会议贯彻落实党的十八届五中全会精神，分析全面建成小康社会进入决胜阶段脱贫攻坚面临的形势和任务，对当前和今后一个时期脱贫攻坚任务作出部署，动员全党全社会力量齐心协力打赢脱贫攻坚战。我们必须贯彻落实党的十八届五中全会和中央扶贫开发工作会议精神，深入学习领会习近平同志扶贫开发思想，坚持精准发力，坚决打赢脱贫攻坚战。

全面建成小康社会最艰巨的任务

“十三五”规划建议指出：“农村贫困人口脱贫是全面建成小康社会最艰巨的任务。”这是对脱贫攻坚在我国经济社会发展全局中所处位置的准确判断。越是任务艰巨越要迎难而上，确保到2020年农村贫困人口实现脱贫。这是补齐全面建成小康社会短板的需要，更是社会主义本质要求的体现。

全面建成小康社会，农村贫困人口脱贫是一个突出短板。短板必须补齐，否则影响全局。正如习近平同志指出的：“小康不小康，关键看老乡，关键在贫困的老乡能不能脱贫。”“我们不能一边宣布全面建成了小康社会，另一边还有几千万人口的生活水平处在扶贫标准线以下，这既影响人民群众对全面建成小康社会的满意度，也影响国际社会对我国全面建成小康社会的认可度。”我们必须切实增强责任感、使命感和紧迫感，不辱使命、勇于担当，只争朝夕、真抓实干，加快补齐全面建成小康社会的这块突出短板。

打赢脱贫攻坚战，是全面建成小康社会的现实需要，也是逐步实现共同富裕目标的基础和前提。习近平同志指出：“消除贫困、改善民生、实现共同富裕，是社会主义的本质要求，是我们党的重要使命。”他还指出，新中国成立前，我们党领导广大农民“打土豪、分田地”，就是要让广大农民翻身得解放。现在，我们党就是要领导广大农民“脱贫困、奔小康”，就是要让广大农民过上好日子。贫穷不是社会主义。如果贫困地区长期贫困，面貌长期得不到改变，群众生活水平长期得不到提高，那就没有体现我国社会主义制度的优越性，就不是社会主义。

当前我国脱贫攻坚形势依然严峻

改革开放以来，我们实施大规模扶贫开发，使7亿多农村贫困人口摆脱贫困，取得了举世瞩目的成就。但是，我国脱贫攻坚形势依然严峻，中西部一些省（自治区、直辖市）贫困人口规模仍然较大，而且剩下的贫困人口大多数分布在革命老区、民族地区、边疆地区和连片特困地区，贫困程度深，致贫原因复杂，减贫难度大，脱贫成本高。扶贫开发进入了啃“硬骨头”、攻坚拔寨的冲刺期。

贫困人口规模大、贫困程度深依然是我国贫困问题的基本特征。目前，全国有14个集中连片特殊困难地区、592个国家扶贫开发工作重点县、12.8万个贫困村、近3000万个贫困户、7017万贫困人口。而且，现有贫困人口主要分布在集中连片特困地区，自然条件差，基础设施薄弱，公共服务水平较低，减贫边际效应不断下降，增收难度不断加大，贫困代际传递趋势明显，是难啃的“硬骨头”。

贫困地区贫困人口内生动力和发展能力弱的现象依然十分普遍。2014年，全国592个国家扶贫开发工作重点县农民人均纯收入6610元，比全国农民平均水平低3282元。老少边穷地区贫困问题集中，贫困人口普遍存在受教育程度低、健康水平低的“两低”情况，自我发展能力弱。建档立卡贫困村70.8%没有集体经济，内生发展动力严重不足。贫困人口致贫因素较多，因病致贫、因学致贫突出，缺资金、缺技术普遍，因病返贫、因灾返贫、因市场风险返贫常见。

贫困地区区域性贫困、发展基础差的状况还没有得到根本性改变。全国12.8万个建档立卡村中，6.9万个行政村不通客运班车。87.1万个自然村中，33万个不通沥青（水泥）路。贫困地区农田有效灌溉面积比全国平均水平低近20个百分点。建档立卡户中有652万户饮水困难，580万户饮水不安全。贫困地区公共服务水平偏低，市场主体发育不足，市场体系建设滞后，产业发展处于价值链低端。贫困县的存贷比普遍在40%左右，储蓄外流严重。

扶贫政策针对性不强、特惠支持不足问题依然存在。现有政策部分落实不到位、财政投入明显不足、行业支持缺少特惠、工作责任落得不实、社会动员支持体系薄弱等问题还没有得到很好解决。过去贫困面大，一项普惠政策就可以使许多贫困人口增加收入，越过温饱线。现在，贫困人口大多数自身能力弱，或者居住在不适宜人类生存的地方，仅靠自己很难参与发展进程、享受发展成果。

精准发力，坚决打赢脱贫攻坚战

习近平同志指出，“扶贫开发推进到今天这样的程度，贵在精准，重在精准，成败之举在于精准”；坚持精准扶贫、精准脱贫“关键是要找准路子、构建好的体制机制，在精准施策上出实招、在精准推进上下实功、在精准落地上见实效”。这为脱贫攻坚明确了方向、提出了要求。

在精准施策上出实招。全面建成小康社会关键在脱贫攻坚，脱贫攻坚的出路在于精准施策。要以创新、协调、绿色、开放、共享五大发展理念为指导，编制好“十三五”脱贫攻坚规划，着力完善综合性扶贫政策措施和健全脱贫攻坚保障体系的规划，把《中共中央 国务院关于打赢脱贫攻坚战的决定》落实到规划中，确保精准施策、实招更实。一是建设国家扶贫开发大数据平台，在精准识别上摸实情，真正解决好“扶持谁”的问题，为精准扶贫、精准脱贫打好基础。精准识别既要体现静态的精准，把现在的贫困人口找出来；又要体现动态的精准，把脱贫的人口退出去，把返贫的人口纳入帮扶对象。二是建设省级扶贫开发投融资平台和县级扶贫开发资金项目整合管理平台，拓展扶贫投入渠道，切实增加扶贫投入。在县一级，把专项扶贫资金、相关涉农资金和社会帮扶资金捆绑集中使用，加强资金监管，切实提高资金使用效果。推动扶贫开发项目与行业重大项目、重大工程、重大政策试点安排相衔接，扶贫开发规划与贫困地区基础设施建设、新型城镇化、特色产业发展、新农村建设等规划相融合，把革命老区、民族地区、边疆地区、集中连片贫困地区作为脱贫攻坚重点。三是建设乡村扶贫脱贫落实工作平台。在贫困乡建立扶贫工作站，在贫困村选派好“第一书记”、建设好驻村工作队，配合村两委落实帮扶措施和帮扶责任，保证贫困户有人帮、有人扶。进一步完善中央统筹、省（区、市）负总责、市（地）县抓落实的工作机制。强化脱贫工作责任考核，对贫困县重点考核脱贫成效。四是建设社会扶贫对接平台，以社会扶贫网为载体，实现贫困村贫困户帮扶需求和社会扶贫资源有效对接。

在精准推进上下实功。贯彻落实习近平同志提出的“六个精准”要求，做到扶持对象精准、项目安排精准、资金使用精准、措施到户精准、因村派人精准、脱贫成效精准。坚持扶贫开发与经济社会发展相互促进，坚持精准帮扶与集中连片特困地区开发紧密结合，坚持扶贫开发与生态保护并重，坚持扶贫开发与社会保障有效衔接。继续深化贫困县考核、干部驻村帮扶、精准扶贫、财政专项扶贫资金管理、金融服务、社会参与等精准扶贫机制改革，建立健全考核机制、贫困退出机制和第三方评估机制，为精准推进提供体制机制保障。大力实施七项专项行动，把行业精准扶贫精准脱贫工作落到实处：实施教育扶贫行动，确保教育脱贫一批，阻断贫困代际传递；实施健康扶贫行动，确保医疗救助缓解一批，提高贫困人口身体素质，减轻其医疗负担，努力减少因病致贫、因病返贫；实施金融扶贫行动，拓宽扶贫投入渠道，为贫困地区贫困人口实现自我发展提供金融支持；实施劳务协作对接行动，推动转移就业脱贫一批，探索新型城镇化过程中城乡统筹扶贫脱贫的新模式；实施交通扶贫行动，改善建档立卡贫困村贫困户交通条件，为其加快发展、脱贫致富创造条件；实施中央企业与革命老区百县万村帮扶行动，精准扶贫到村到户，助推革命老区脱贫攻坚；实施民营企业万企帮万村行动，营造社会参与扶贫氛围，帮助贫困村贫困户增强内生动力和市场活力。各地要因地制宜实施精准扶贫工程，把专项扶贫政策措施落实到村到户：实施整村推进工程，改变贫困地区的基本生产生活条件，发展致富产业；实施职业教育培训工程，对参加中高等职业教育的贫困家庭子女加大扶持力度，提高转移就业成效；实施扶贫小额信贷工程，帮助贫困家庭发展生产；实施易地扶贫搬迁工程，解决一方水土养不活一方人的问题；实施电商扶贫工程，帮助贫困地区打开产品销路；实施旅游扶贫、光伏扶贫、构树扶贫、贫困村创业致富带头人培训、龙头企业带动等工程。

在精准落地上见实效。脱贫攻坚必须稳扎稳打，一步一个脚印，确保各项扶贫政策措施落到实处，积小胜为大胜，最终取得全面胜利。要层层落实责任。坚持党的领导，五级书记一起抓，发挥政府的主导作用。落实贫困县主体责任，促使其把主要精力用在扶贫开发上。落实相关部门的行业扶贫责任，把扶贫任务优先纳入行业规划并认真实施。落实驻村工作队和“第一书记”的帮扶责任，不脱贫不脱钩。夯实精准扶贫基础，建立分类施策政策体系，确保扶贫资金和政策精准落实到村到户到人。加强贫困村基层组织建设，充分调动贫困群众的积极性，提高其参与度、获得感，激励其自力更生，激发其脱贫的内生动力与活力。实施更广泛的社会动员：提高党政机关和企事业单位定点帮扶、东西部扶贫协作的精准性、针对性、有效性；进一步动员民营企业、社会组织和公民个人广泛参与，凝聚扶贫攻坚强大合力。加强扶贫机构队伍能力建设，提高干部攻坚克难能力和水平。大力加强宣传：宣传习近平同志扶贫开发战略思想，凝心聚力；宣传扶贫成就，坚定全国人民走社会主义道路的信心；宣传脱贫致富典型，坚定贫困群众改变命运的决心；宣传社会各界对贫困人口的关心，弘扬中华民族扶危济困优良传统；宣传党的扶贫政策，促进政策落实到村到户到人。

（刊载于《人民日报》
2016 年 01 月 11 日 07 版）

全力补齐全面建成小康社会的突出短板

农村贫困人口脱贫，是全面建成小康社会最突出的短板。为补齐这块短板，党的十八届五中全会提出，到2020年，我国现行标准下农村贫困人口实现脱贫，贫困县全部摘帽，解决区域性整体贫困。当前，我们要深刻领会党的十八届五中全会精神，动员全社会力量向贫困发起总攻，决战决胜打赢脱贫攻坚战，确保到2020年所有贫困地区和贫困人口一道迈入全面小康社会。

一、深刻认识打赢脱贫攻坚战的重大意义

经过改革开放37年来的艰苦奋斗，我国成功走出了一条中国特色扶贫开发道路，使7亿多农村贫困人口成功脱贫，成为世界上减贫人口最多的国家。截至2015年底，按现行脱贫标准测算，我国仍有5575万农村人口生活在扶贫标准线以下。“十三五”时期，要实现脱贫攻坚目标，补齐全面建成小康社会的最突出短板，必须进一步深刻认识打赢脱贫攻坚战的重大意义。

打赢脱贫攻坚战事关全面建成小康社会。全面小康，是惠及全体人民的小康，是不能有人掉队的小康，绝不能把贫困地区和贫困人口排除在外。全面建成小康社会最艰巨的任务是脱贫攻坚，最突出的短板就是农村还有5575万贫困人口。我们不能一边宣布全面建成了小康社会，另一边还有几千万人口的生活水平处在扶贫标准线以下。如期完成脱贫任务是全面建成小康社会的刚性目标、底线目标。只有脱贫攻坚目标如期实现，才能凸显全面小康社会成色，让人民群众满意、国际社会认可。

打赢脱贫攻坚战事关增进人民福祉。习近平总书记指出：“贫穷不是社会主义。如果贫困地区长期贫困，面貌长期得不到改变，群众生活长期得不到明显提高，那就没有体现我国社会主义制度的优越性，那也不是社会主义。”改革开放以来，伴随着经济社会持续发展，我国组织实施了大规模扶贫开发行动，扶贫开发取得了举世瞩目的成就，人民生活水平不断得到提升。只有继续坚定不移地推进中国特色扶贫开发事业，才能不断增强贫困群众的获得感和幸福感，展示和证明中国共产党领导和中国特色社会主义制度的优越性。

打赢脱贫攻坚战事关巩固党的执政基础。得民心者得天下。中国共产党执政的根本宗旨是全心全意为人民服务。我们党只有始终践行以人民为中心的发展思想，坚持为人民服务的根本宗旨，真正做到为人民造福，执政基础才能坚不可摧。只有全体人民过上了好日子，才能巩固党的执政基础。打好脱贫攻坚战，是“十三五”

期间的头等大事和第一民生工程，必须坚持把扶贫脱贫作为我们党治国理政的一项重要工作。

打赢脱贫攻坚战事关国家长治久安。改革开放以来，我国扶贫开发事业大踏步发展，极大地改变了贫困地区人民群众的生产生活状态和精神面貌，对促进社会进步、民族团结和谐、国家长治久安发挥了重要作用。在新的发展起点上，扶贫开发的标准在提高，更加注重发展型的民生改善。“十三五”时期，扶贫开发工作不仅要在改善贫困人口生产生活条件上着力，更要注重提升教育、医疗、文化等方面的公共服务水平，使他们跟上全面小康的步伐。只有让全体人民安居乐业，社会才能和谐稳定，国家才能长治久安。

二、新时期打赢脱贫攻坚战面临新挑战

作为世界上最大的发展中国家，我国一直是世界减贫事业的积极倡导者和有力推动者。我国承诺到2020年实现农村贫困人口全部脱贫，既是全面建成小康社会的必要条件，也是落实全球2030年可持续发展议程的重要一步，体现了中国作为负责任大国的历史担当。当前，我国进入了全面建成小康社会的决胜阶段，扶贫开发进入了啃硬骨头、攻坚拔寨的冲刺期。我们必须清醒认识到脱贫攻坚的严峻形势，客观分析脱贫攻坚面临的新挑战。

脱贫攻坚时间紧任务重。现在到2020年只有不到5年时间，5500多万贫困人口要全部实现脱贫，意味着每年要减少贫困人口1000万以上。而且，经过多年的努力，容易脱贫的地区和人口已经基本脱贫了，剩下的贫困人口大多贫困程度较深，自身发展能力比较弱，越往后脱贫攻坚成本越高、难度越大。以前出台一项政策、采取一项措施就可以解决成百万甚至上千万人的贫困，现在减贫政策效应递减，需要以更大的投入实现脱贫目标。与此同时，因灾、因病、因学返贫情况时有发生，采用常规思路和办法按部就班推进，将难以完成任务。

脱贫攻坚面临新环境。我国经济发展进入新常态后，经济下行压力在持续加大，贫困人口就业和增收难度增大，一些农民工因丧失工作重新陷入贫困，返贫压力加大。产业结构仍在调整过程中，传统产业扶贫带动效应减弱，一些新的产业尚在成长之中。面对新的环境，扶贫脱贫需要不断创新理念，探索结合生态保护脱贫、资产收益扶贫、光伏扶贫、电商扶贫、增加贫困人口在土地增值中的受益程度等新方式。

扶贫合力尚未形成。扶贫资金投入与脱贫攻坚战不适应，扶贫资金投入虽然总量不小，但仍然无法满足脱贫攻坚战的需求。各部门对扶贫投入呈现碎片化，资金使用分散，整合难度很大。财政扶贫资金分配和使用效率也有待提高。扶贫同农村低保、新农保、医疗救助、危房改造、教育救助等政策尚未有效衔接。

精准扶贫体制机制不健全。对精准扶贫精准脱贫的认识还不到位，一些实际工作还停留在“大水漫灌”的传统观念和方式上。一些地方表面上建立了精准扶贫工作机制，但实际上还是缩小版的“大水漫灌”。贫困地区和贫困人口脱贫主观能动性有待提高，“等靠要”思想还比较严重。脱贫攻坚的责任制度落实还不到位，与精准扶贫工作要求相适应的扶贫开发队伍有待加强。

三、坚决打赢脱贫攻坚战

打赢脱贫攻坚战，不仅是实现全面建成小康社会目标的现实需要，更是社会主义共同富裕目标的基础和前提。党的十八届五中全会将“扶贫攻坚”改成“脱贫攻坚”，体现了中央打赢脱贫攻坚战的决心，对扶贫工作提出了新的要求。打赢脱贫攻坚战，必须深入学习领会习近平总书记扶贫开发战略思想，从社会主义本质要求、“四个全面”战略布局、“两个一百年”奋斗目标来认识党中央的战略部署，切实增强做好扶贫开发工作的紧迫感、责任感、使命感。

以五大发展理念引领扶贫开发工作。做好“十三五”时期的扶贫开发工作，必须牢固树立创新、协调、绿色、开放、共享的发展理念，推动扶贫开发路径由“大水漫灌”向“精准滴灌”转变，扶贫资源使用方式由多头分散向统筹集中转变，扶贫开发模式由偏重“输血”向注重“造血”转变，扶贫考评体系由侧重考核地区生产总值向主要考核脱贫成效转变。坚持把“十三五”脱贫攻坚规划融入经济社会发展整体规划，推动扶贫开发项目与行业重大项目、重大工程、重大政策试点安排相衔接，脱贫攻坚规划与贫困地区基础设施建设、新型城镇化、特色产业发展、新农村建设等规划相融合，将革命老区、民族地区、边疆地区、集中连片贫困地区作为脱贫攻坚重点。牢固树立绿水青山就是金山银山的理念，把生态保护放在优先位置，扶贫开发不能以牺牲生态为代价，探索生态脱贫新路子，让贫困人口从生态建设与修复中得到更多实惠。

全面实施精准扶贫方略。实现精准脱贫，就是要根据致贫原因，采取分类措施脱贫，坚持因人因户因村施策。大力发展特色产业脱贫，重点支持贫困村、贫困户因地制宜发展种养业和传统手工业等；引导劳务输出脱贫，加大劳务输出培训投入，提高培训的针对性和有效性；实施易地搬迁脱贫，对居住在生存条件恶劣、生态环境脆弱、自然灾害频发等地区的农村贫困人口，加快实施易地搬迁工程；结合生态保护脱贫，实施退耕还林还草、天然林保护、防护林建设、生态治理等重大生态工程；着力加强教育脱贫，让贫困家庭子女都能接受公平有质量的教育，阻断贫困代际传递；开展医疗保险和医疗救助脱贫，保障贫困人口享有基本医疗卫生服务，努力防止因病致贫、因病返贫；实施农村最低生活保障制度兜底脱贫，对无法依靠产业扶持和就业帮助脱贫的家庭实行政策性保障兜底；探索资产收益扶贫；健全留守儿童、留守妇女、留守老人和残疾人关爱服务体系等。

实行更广泛的社会动员。进一步解放思想、开拓思路、创新机制，发挥好市场和政府两方面作用，构建政府、市场、社会协同推进的大扶贫开发格局，努力形成全社会广泛参与的扶贫开发合力。健全东西扶贫协作机制，建立精准对接机制，使帮扶资金主要用于贫困村、贫困户。健全定点扶贫机制，确保各单位落实扶贫责任。健全社会力量参与机制，鼓励支持民营企业、社会组织、个人参与扶贫开发，实施扶贫志愿者行动计划和社会工作专业人才服务贫困地区计划，实现社会帮扶资源和精准扶贫有效对接。引导社会扶贫重心下移，自愿包村包户，做到贫困户都有党员干部或爱心人士结对帮扶。落实企业和个人公益扶贫捐赠所得税税前扣除政策，对于吸纳农村贫困人口就业的企业，按规定享受税收优惠、职业培训补贴等就业支持政策。通过政府购买服务等方式，鼓励各类社会组织开展到村到户精准扶贫。完善扶贫龙头企业认定制度，鼓励有条件的企业设立扶贫公益基金和开展扶贫公益信托，增强企业辐射带动贫困户增收的能力。构建社会扶贫信息网络，探索发展公益众筹扶贫，着力打造扶贫公益品牌，提高社会扶贫公信力和美誉度。

改革创新扶贫体制机制。落实《省级党委和政府扶贫开发工作成效考核办法》，强化脱贫攻坚领导责任制，逐级签订脱贫攻坚责任书，为精准扶贫提供组织保障。改进贫困县考核机制，由主要考核地区生产总值向主要考核扶贫开发工作成效转变，引导贫困地区党政领导班子和领导干部把工作重点放在扶贫开发上。建立精准扶贫工作机制，健全干部驻村帮扶机制。改革财政专项扶贫资金管理机制，把资金分配与工作考核、资金使用绩效评价结果相结合，探索以奖代补等竞争性分配办法。完善金融服务机制，充分发挥政策性金融的导向作用，支持贫困地区基础设施建设和主导产业发展。充分重视发挥基层党组织战斗堡垒作用，精准选配“第一书记”，精准选派驻村工作队。健全脱贫成效评估机制，落实贫困县约束机制，严格扶贫考核督查问责，确保精准扶贫精准脱贫工作落实落细落小。

（刊载于《求是》2016 年 03 月 17 日）

坚决打赢脱贫攻坚战

——深入学习贯彻习近平总书记扶贫开发战略思想

国务院扶贫办主任　刘永富

核心要点：

脱贫攻坚事关全面建成小康社会，事关巩固党的执政基础，是促进全体人民共享改革发展成果、实现共同富裕的重大举措，是体现中国特色社会主义制度优越性的重要标志。

脱贫攻坚最根本的措施，就是要使贫困地区干部群众摆脱思想贫困、意识贫困，让他们不仅有想法、有能力，还要主动找办法、找出路。在工作中继续坚持开发式扶贫方针，尊重贫困群众主体地位，充分调动他们自力更生、艰苦奋斗、勤劳致富的主动性和积极性。

学习贯彻习近平总书记扶贫开发战略思想，就是要更加广泛、更加有效地动员和凝聚各方面力量，形成脱贫攻坚的强大合力。社会扶贫始终是我国扶贫开发的重要组成部分，是我国政治优势和制度优势的重要体现。

深刻理解扶贫开发要坚持发挥政治优势和制度优势的重要思想，进一步加强党对打赢脱贫攻坚战的组织领导。

制定严格、规范、透明的贫困退出标准、程序和核查办法。贫困县摘帽后，攻坚期内政策不变。贫困人口退出后，在一定时期内继续享受扶贫相关政策，避免边脱贫、边返贫。

党的“十八大”以来，习近平总书记高度重视扶贫开发，在多个重要场合、重要时点，提出一系列新思想新观点，作出一系列新决策新部署，形成了新形势下扶贫开发战略思想，丰富发展了中国特色扶贫开发理论与实践，为新时期扶贫开发注入了强大思想动力，提供了行动指南和基本遵循。打赢脱贫攻坚战，必须深入学习贯彻习近平总书记关于扶贫开发战略思想。

深刻理解扶贫开发是社会主义本质要求的重要思想，进一步增强打赢脱贫攻坚战的使命感责任感

习近平总书记多次指出：“消除贫困、改善民生、实现共同富裕，是社会主义的本质要求，是我们党的重要使命。”“做好扶贫开发工作，支持困难群众脱贫致富，帮助他们排忧解难，使发展成果更多更公平惠及人民，是我们党坚持全心全意为人民服务根本宗旨的重要体现，也是党和政府的重大职责。”“得民心者得天下。从政

治上说，我们党领导人民开展了大规模的反贫困工作，巩固了我们党的执政基础，巩固了中国特色社会主义制度。”

学习贯彻习近平总书记扶贫开发战略思想，首先要从政党性质、执政责任、巩固制度的高度，深刻理解深化认识脱贫攻坚的重大意义。脱贫攻坚事关全面建成小康社会，事关巩固党的执政基础，是促进全体人民共享改革发展成果、实现共同富裕的重大举措，是体现中国特色社会主义制度优越性的重要标志。打赢脱贫攻坚战意味着我国全面建成小康社会底线目标的实现，我国农村贫困人口与全国人民一道迈入全面小康社会，这是全面建成小康社会的基本标志；我国绝对贫困问题得到历史性地解决，具有里程碑意义；我国将提前10年实现联合国2030年可持续发展议程确定的减贫目标，继续走在全球减贫事业的前列。为此，必须增强使命感责任感，切实强化责任、攻坚、精准、创新、廉洁五个意识，带着感情、带着责任、带着担当，全力推进脱贫攻坚。

深刻理解精准扶贫精准脱贫的重要思想，进一步提高脱贫攻坚的精准度有效性

习近平总书记强调：“扶贫开发推进到今天这样的程度，贵在精准，重在精准，成败之举在于精准。搞大水漫灌、走马观花、大而化之、‘手榴弹炸跳蚤’不行。”“总结各地实践和探索，好路子好机制的核心就是精准扶贫、精准脱贫，做到扶持对象精准、项目安排精准、资金使用精准、措施到户精准、因村派人精准、脱贫成效精准。”“扶贫开发成败系于精准，要找准‘穷根’、明确靶向，量身定做、对症下药，真正扶到点上、扶到根上。脱贫摘帽要坚持成熟一个摘一个，既防止不思进取、等靠要，又防止揠苗助长、图虚名。”

学习贯彻习近平总书记扶贫开发战略思想，就是要把“六个精准”理念落到实处。通过贫困识别建档立卡，把贫困人口是谁、在哪里、什么原因致贫等搞清楚，解决“扶持谁”的问题；通过向贫困村选派第一书记和驻村工作队，强化一线扶贫力量，解决“谁来扶”的问题；通过引导贫困群众参与脱贫规划制定，做到项目跟着规划走，资金跟着项目走，项目资金跟着贫困人口走，因村因户因人分类施策，开展教育、健康、金融、劳务协作等行业精准扶贫十大行动，实施易地扶贫搬迁、整村推进、扶贫小额信贷、职业教育培训等精准扶贫十项工程，解决“怎么扶”的问题；通过明确贫困退出标准、程序和核查办法，严格规范贫困退出，确保贫困人口、贫困村、贫困县稳定脱贫、有序退出，解决“如何退”的问题。“十三五”期间，重点通过发展产业脱贫3000万人左右，劳务输出脱贫1000万人左右，易地搬迁脱贫1000万人左右，低保兜底脱贫2000万人左右，积极推进教育脱贫，医疗保险和医疗救助脱贫，生态保护脱贫，资产收益脱贫。

深刻理解内源扶贫的重要思想，进一步激发贫困地区贫困群众的主动性积极性

习近平总书记多次讲："脱贫致富贵在立志，只要有志气、有信心，就没有迈不过去的坎。""贫困地区发展要靠内生动力，如果凭空救济出一个新村，简单改变村容村貌，内在活力不行，劳动力不能回流，没有经济上的持续来源，这个地方下一步发展还是有问题。""脱贫致富终究要靠贫困群众用自己的辛勤劳动来实现。""扶贫既要富口袋，也要富脑袋。要坚持以促进人的全面发展的理念指导扶贫开发，丰富贫困地区文化活动，加强贫困地区社会建设，提升贫困群众教育、文化、健康水平和综合素质，振奋贫困地区和贫困群众精神风貌。"

学习贯彻习近平总书记扶贫开发战略思想，就是要处理好国家、社会帮扶与贫困地区贫困群众自力更生、培育内生动力的关系，确保实现持久稳定有质量的脱贫。严格落实财政、金融、土地等扶持政策和产业发展、易地搬迁、劳务协作等重大措施，深化细化东西部扶贫协作和定点扶贫，广泛动员社会力量参与，形成脱贫攻坚强大合力。外因最终要通过内因起作用。脱贫攻坚最根本的措施，就是要使贫困地区干部群众摆脱思想贫困、意识贫困，让他们不仅有想法、有能力，还要主动找办法、找出路。在工作中继续坚持开发式扶贫方针，尊重贫困群众主体地位，充分调动他们自力更生、艰苦奋斗、勤劳致富的主动性和积极性。坚持参与式扶贫方法，动员贫困群众参与到帮扶项目的规划、实施、监督、评估等各个环节，增强他们对帮扶项目的拥有感，效益的获得感，在项目实施和管理过程中接受市场理念、转变发展观念，解决思想贫困、意识贫困，不断积累和提高自我发展能力。

深刻理解社会扶贫的重要思想，进一步广泛动员社会各方面力量参与脱贫攻坚

习近平总书记强调："'人心齐，泰山移。'脱贫致富不仅仅是贫困地区的事，也是全社会的事。""组织东部地区支援西部地区，并且大规模、长时间开展这项工作，在世界上只有我们党和国家能够做到。这是我们的政治优势和制度优势。""东西部扶贫协作和对口支援必须坚持做下去。""东西部扶贫协作和对口支援要按照精准扶贫、精准脱贫要求开展工作，产业合作、劳务协作、人才支援、资金支持都要瞄准建档立卡贫困人口脱贫精准发力，更加注重产业带动，更加注重劳务对接，更加注重人才支持。"

学习贯彻习近平总书记扶贫开发战略思想，就是要更加广泛、更加有效地动员和凝聚各方面力量，形成脱贫攻坚的强大合力。社会扶贫始终是我国扶贫开发的重要组成部分，是我国政治优势和制度优势的重要体现。这些年社会扶贫初步形成了3个方面的基本框架，俗称"老三样"。一是东西部扶贫协作，东部共有9个省（市）和9个大城市对口帮扶西部10个省（区、市），以及对口支援西藏、新疆和四省藏区。二是定点扶贫，中央层面共有320个单位帮扶592个重点县。三是军队和武警部队扶贫，目前全军和武警部队已在地方建立了2.6万多个扶贫联系点。这三项工作一直在社会扶贫中发挥着示范引领作用。国家正在研究制定指导意见和考核办法，进一步深化细化具体化，推动帮扶工作向精准扶贫精准脱贫转变。动员民营企业、社会组织、公民个人扶贫，是推进社会扶贫工作的重点，俗称"新三样"。国家将着力从搭建平台、政策激励、宣传表彰、加强监管等方面完善社会参与机制，形成人人皆愿为、人人皆可为、人人皆能为的良好环境，最大限度调动社会扶贫资源参与脱贫攻坚。

深刻理解阳光化管理的重要思想，进一步管好用好扶贫资金

习近平总书记指出："我不满意，甚至愤怒的是，一些扶贫款项被各级截留，移作他用。扶贫款项移作他用，就像救灾款项移作他用一样，都是犯罪行为。还有骗取扶贫款的问题。对这些乱象，要及时发现、及时纠正，坚决反对、坚决杜绝。""惠民资金、扶贫资金等关系千家万户，绝不允许任何人中饱私囊，对贪污挪用的不管涉及谁，发现一起，查处一起，绝不姑息。"

学习贯彻习近平总书记扶贫开发战略思想，就是要始终把纪律和规矩挺在前面，不断完善制度，加强监管，坚决惩治和预防扶贫领域违纪违法行为。修改完善财政专项扶贫资金管理办法，建立以结果为导向的财政扶贫资金分配机制。推动各省将扶贫项目资金审批权限下放到县，真正用于建档立卡贫困人口脱贫。抓好国务院办公厅《关于支持贫困县开展统筹整合使用财政涉农资金试点的意见》的落实。加强扶贫资金监管，建立扶贫资金项目公示公告制度，设立"12317扶贫监督举报电话"，督促指导各地加强审计整改落实，在全国开展集中整治和预防扶贫领域职务犯罪专项工作，对任何形式的挤占挪用、层层截留、虚报冒领、挥霍浪费行为，坚决从严惩处、决不姑息。

深刻理解扶贫开发要坚持发挥政治优势和制度优势的重要思想，进一步加强党对打赢脱贫攻坚战的组织领导

习近平总书记明确要求："凡是有脱贫攻坚任务的党委和政府，都必须倒排工期、落实责任，抓紧施工、强力推进。特别是脱贫攻坚任务重的地区党委和政府要把脱贫攻坚作为'十三五'期间头等大事和第一民生工程来抓，坚持以脱贫攻坚统揽经济社会发展全局。""要层层签订脱贫攻坚责任书、立下军令状。""要建立年度脱贫攻坚报告和督查制度，加强督查问责，把导向立起来，让规矩严起来。""省对市地、市地对县、县对乡镇、乡镇对村都要实行这样的督查问责办法，形成五级书记抓扶贫、全党动员促攻坚的局面。”“要把贫困地区作为锻炼培养干部的重要基地”“把脱贫攻坚实绩作为选拔任用干部的重要依据”。

学习贯彻习近平总书记扶贫开发战略思想，就是要始终坚持党对脱贫攻坚的领导，充分发挥社会主义制度优势，为脱贫攻坚提供坚强政治保障。充分发挥各级党委总揽全局、协调各方的领导核心作用，严格执行脱贫攻坚一把手负责制，省市县乡村五级书记一起抓。改进县级干部选拔任用机制，把扶贫开发工作实绩作为选拔使用干部的重要依据，脱贫攻坚期内贫困县正职领导保持稳定。加强贫困乡镇和村级领导班子建设，发挥基层党组织战斗堡垒作用。不断健全中央统筹、省负总责、市县抓落实的工作机制，层层签订脱贫攻坚责任书，逐级压实落实脱贫责任。中央和国家机关各部门、中央企事业单位要根据中央要求按照职责和义务落实扶贫脱贫责任。严格考核机制，用好指挥棒，引导贫困地区党政领导干部把主要精力放在脱贫攻坚上。落实约束机制，念好紧箍咒，坚决杜绝穷县富衙、戴帽炫富之风。规范退出机制，唱好进行曲，确保脱贫进度和质量。制定严格、规范、透明的贫困退出标准、程序和核查办法。贫困县摘帽后，攻坚期内政策不变。贫困人口退出后，在一定时期内继续享受扶贫相关政策，避免边脱贫、边返贫。

（刊载于《求是》2016 年 10 月 15 日）

坚决打赢脱贫攻坚战

国务院扶贫办主任　刘永富

习近平总书记扶贫开发战略思想内涵丰富，思想深刻，体系完整。初步体会有以下九个方面：

本质要求的思想。总书记深刻指出：消除贫困、改善民生、实现共同富裕，是社会主义的本质要求，是我们党的重要使命。

艰巨任务的思想。总书记深刻指出：脱贫攻坚已经到了啃硬骨头、攻坚拔寨的冲刺阶段，所面对的都是贫中之贫、困中之困。

政治优势的思想。总书记深刻指出：脱贫攻坚任务重的地区党委和政府要把脱贫攻坚作为“十三五”期间头等大事和第一民生工程来抓，坚持以脱贫攻坚统揽经济社会发展全局。要层层签订脱贫攻坚责任书、立下军令状，形成五级书记抓扶贫、全党动员促攻坚的局面。

改革创新的思想。总书记深刻指出：唯改革者进，唯创新者强，唯改革创新者胜。脱贫攻坚必须坚持问题导向，以改革为动力，以构建科学的体制机制为突破口，充分调动各方面积极因素，用心、用情、用力开展工作。

精准扶贫的思想。总书记深刻指出：扶贫开发推进到今天这样的程度，贵在精准，重在精准，成败之举在于精准。

内生动力的思想。总书记深刻指出：扶贫不是慈善救济，而是要引导和支持所有有劳动能力的人，依靠自己的双手开创美好明天。

合力攻坚的思想。总书记深刻指出：“人心齐，泰山移。”脱贫致富不仅仅是贫困地区的事，也是全社会的事。

阳光扶贫的思想。总书记深刻指出：要加强扶贫资金阳光化管理，加强审计监管，集中整治和查处扶贫领域的职务犯罪，对挤占挪用、层层截留、虚报冒领、挥霍浪费扶贫资金的，要从严惩处。

携手减贫的思想。总书记深刻指出：消除贫困是人类的共同使命。消除贫困是当今世界面临的最大全球性挑战。我们要凝聚共识、同舟共济、攻坚克难，致力于合作共赢，推动建设人类命运共同体，为各国人民带来更多福祉。

我们学习贯彻总书记扶贫开发战略思想，就是要带着感情、带着责任、带着担当，进一步抓好工作落实，坚决打赢脱贫攻坚战，不辜负党和人民的重托。一是完善责任体系，发挥政治优势。二是完善政策体系，打好组合拳。三是完善工作体系，开展专项行动。四是完善精准体系，提高脱贫成效。五是完善帮扶体系，激发内生动力。

打赢脱贫攻坚战，任务艰巨、责任重大、使命光荣。让我们更加紧密地团结在以习近平同志为总书记的党中央周围，凝心聚力，真抓实干，为全面建成小康社会做出新的更大贡献。

编者注：原标题：切实把精准扶贫精准脱贫落到实处——学习贯彻习近平总书记扶贫开发战略思想研讨会发言摘编

（刊载于《人民日报》2016 年 10 月 20 日 16 版）

专访国务院扶贫办主任刘永富：

精准扶贫就是要让贫困户得到好处

提要：

一些返贫其实不是“返贫”，现在有很多地方说返贫率高，那是没有根本脱贫。脱贫必须是自己的观念有变化，能力有提升，有稳定的收入与渠道，这才叫脱贫，如果是给钱给出的脱贫，那叫社会保障兜底。

有3%的贫困是缺乏动力

南方周末：我国到底有多少贫困人口？我们看到的公开数字是5575万，但据我们了解，按照扶贫办的统计结果，现在是5600多万，两个口径不一致是怎么回事？

刘永富：2014年之前，国家贫困人口只有一个数，就是国家统计局的贫困监测，是根据对农户收入的登记、抽样调查登记后推算出来的。现在要搞精准扶贫，必须要知道这几千万人是谁，要建档立卡。我们按照统计局的贫困监测数，逐级去建卡，最后统计出来的就有个差别。2014年相差了700万人，去年相差70万，应该说越来越准确了。

南方周末：那该以哪个数字为准呢？

刘永富：在分析形势、研究政策时用统计局数字，它是合法科学的。在工作指导中用扶贫办建档立卡的数字。

南方周末：贫困人口目前在全国是如何分布的？

刘永富：贫困人口分绝对贫困和相对贫困。绝对贫困分三种情况。一是江苏、浙江、京津沪五个省（市）目前基本没有了。二是在人口稠密的地区，中部和西南地区，绝对贫困人口数量大。三是西部地区尤其是西北，总数不多，但比例很高，最高的是西藏，其次是新疆，然后是甘肃。

南方周末：这些地区致贫的原因都一样吗？

刘永富：一个家庭的致贫原因往往不止一个，一般是两个，有的家庭甚至是三个。所有致贫原因中，最主要的是因病致贫，占42%；第二是缺少资金，第三是缺少技术，前两个原因，都占30%以上。

南方周末：昨天全国政协会议上，厉以宁先生说在陕西安康调查，那里赌博很严重，很多致贫原因是因为赌博，你怎么看？

刘永富：这个情况是有的，但总体上是少数。我们统计的致贫原因中有个叫缺乏动力，大概占3%，不仅缺办法而且缺想法，穷怕了不敢想，习惯了等靠要。不过这个还是少数。

南方周末：你上面说的是具体原因。贫困是否还跟一些制度设计有关？比如土地制度，如果农村土地、房产能自由交易，也能改变一些人的经济状况，过去的“剪刀差”价格制度、户籍制度，会不会也影响着一些人的脱贫。

刘永富：这个话看怎么说，长期以来农村的确存在负担重的问题，也确实存在“剪刀差”。但现在强农、惠农、富农政策比较全，种地不交税而且还给各种补贴，还能说制度没保障吗？你说的制度因素影响，也不能说一点没有。

扶贫效益递减

南方周末：用世界银行的话来讲，过去30年全球减贫成效的70%来自中国。历届中央政府都很重视扶贫工作，本届中央领导集体为什么要提出精准扶贫？

刘永富：在改革开放之初，农村基本是穷人，那时农村改革，像家庭联产承包责任制，政策一来都能吃饱，然后再出去打工，再出现一些农民企业家，贫困人口就减少了。

但现在效益递减问题出现了，以前出台一个政策，几百上千万人受益脱贫。现在剩下的贫困人口都是难度比较大的，出台政策没有那么大边际效应，而且各家情况不一样。必须要对一家一户搞精准扶贫。精准扶贫既符合经济社会发展规律，还由扶贫任务决定。

南方周末：到2020年实现脱贫，在节奏上有何要求？

刘永富：习近平总书记在年初提出了“打好年度战役”，李克强总理在今年政府工作报告中定的目标是脱贫1000万以上，汪洋副总理说要实现开门红，也就是尽量往前赶。我们要确保做到1000万以上，争取做到不少于去年的1400万。

南方周末：有的地方可能为完成目标在数字上造假，该怎么避免？

刘永富：我们一开始就想到了，要防止为进度搞假脱贫。“以前把贫困人口算进去要政策，现在要成绩又把贫困人口算出来。”现在地方已经明察暗访，调查建档立卡的是不是真穷人，退出来的人是不是该退的。

脱贫不能只看收入数字，可能一家一年人均收入是3000元，但没有上学的、病号，也不需多大开销，只过个小日子，可以脱贫。但另一家有个长期病号、还有上大学的、上高中的，即便人均收入是4000元，还是贫困。

南方周末：这个做法说起来简单，但怎么保证下面就这么执行？谁来做具体的认定？

刘永富：谁来定？还得到基层去。就像当时谁进来谁申请，现在出去的时候村委会要征求意见，提出名单后公示，让老百姓参与认定，是贫困户的不是贫困户的都要参与认定。

另外，我们现在正在组织搞第三方评

估，委托专家学者去抽样调查，今年建档立卡的有多少是假的，到户核实，退出来的也抽样调查，用这个准确性推算全省的准确性。

问题光靠媒体曝光是不够的

南方周末：实施精准扶贫如何保证进入名单的人不会有“假贫困”人口？像广西马山那样一个县出现3000多“假贫困”，其中300多人是财政供养人口，2000多人名下有车，以后怎么避免？

刘永富：现在谁进了这个数据库，谁出了这个数据库，我们要抽样考核，由第三方来评估。以前根本心里没数，现在我们在农村能把这些穷人找到，而且做到基本准确。马山的事多数还不是腐败，是工作不细致、不到位。

南方周末：马山这个事件您是通过什么途径知道的？

刘永富：审计署发现后就向我们反馈了。媒体公开后，更加引起了我们的重视。广西自治区党委书记、政府主席亲自过问，动员了25万人搞“回头看”，我们建档立卡的时候都没这么多人。

南方周末：但不能什么事都要媒体公开后才能重视吧，四川凉山彝族小女孩的那篇“最悲伤的作文”，也是通过媒体公开后，当地解决了问题。

刘永富：是，媒体曝光后是一个促进，但仅靠曝光去推动工作是远远不够的，所以现在搞“回头看”。退出也要搞第三方评估，还是靠制度设计和工作落实。还是要靠把基础工作做扎实、做牢靠。严格的说，凉山那个小女孩还不是建档立卡的贫困人口，但是她反映了当地农村60万儿童以及农民看不起病等种种问题。

南方周末：中国贫困人口这么多，涉贫事件总会有，你一般通过什么渠道掌握？

刘永富：我们有几个人专门搜集网上反映的问题，发现了就查。二是2014年12月15日，我们建了“12317扶贫监督举报电话”。

南方周末：监督电话开通效果如何？

刘永富：去年一年我们大概接到了6000多个电话，真正跟专项扶贫有关的大概是2%。我们对跟扶贫有关的电话进行了核实，发现了130多个问题，已纠正了120多个了。

此外，审计署审计了6省19县，查出的问题已全部整改到位，包括1000多万贪污浪费的，是谁的责任谁赔，单位责任由单位拿经费赔，单位的赔不了，财政拿，个人责任的由个人赔。

南方周末：贪污浪费，具体是哪些人？

刘永富：主要是乡村干部，扶贫系统的也有，县以上机关的都不多。而且基本上是之前没有发现的老问题，现在很少了。

南方周末：你说扶贫系统发现了一些贪污浪费，其实扶贫办也掌握着一些项目的分配权，如何防范在分配项目时发生“寻租”行为？

刘永富：进行内控和加强教育，去年

上半年在扶贫系统进行了警示教育。以前运作不规范可能有“寻租”，现在制度设计上扶贫办都见不到钱，虽说有几百个亿项目，但财政部门走帐，从国库一直到县财政，我们见不着钱。至于有个别的“聪明人犯法”的，发现一起查处一起，绝对不说情。

返贫不是“返贫”其实没脱贫

南方周末：专项扶贫资金，中央今年安排多少？

刘永富：大概有 600 亿元，今年增长 40%多，这是历史上第一次增幅这么大。

南方周末：经过几十年扶贫，现在还有几千万的贫困人口，有不少声音认为过去的扶贫方式有问题，比如针对性不强、项目指向不准等，你怎么看？

刘永富：我们不能拿现在的观念和情况来评价以前。以前只要解放了、包产到户了就是好政策。事物的发展有它的规律、扶贫也有它的规律，不可能一开始就精准，没那么大力量。现在人少了，我们才精准。所以还是要尊重历史、尊重规律，不能都否定以前，认识事情有一个过程，事情发展也有一个过程。

南方周末：有本外国人写的书，书名叫《贫穷的本质》，作者到世界五大洲十八个国家地区去探索，想回答“我们为什么摆脱不了贫困”的问题，最后得出结论，政府给的越多依赖性就强。你觉得在扶贫时，怎样增强贫困人口的内生动力？

刘永富：增强内生动力是对的，肯定是一条，但在社会中人总是有区别的。一些贫困的地方有些人只会说民族语言或方言，我们下去还得带翻译。要允许有一个过程，你让他一下脱贫是很难的。

南方周末：但有些地方的扶贫，被简单化成了直接给钱给物，对扶贫办来说是省事了，怎么能增加内生动力呢？

刘永富：这种现象也是有的，以后也要尽量减少。我在甘肃时，对口帮扶过六个贫困户，就没有送过钱，只是他们家有病号，我自己拿钱买了一些东西。我不送米面油，我就是告诉他你应该怎么做，你要贷款，我可以帮你协调一下。我还是一句话，增加内生动力有一个过程，但是要加快。

南方周末：现有贫困人口中，有些是脱贫又返贫的，有没有统计过有多少？

刘永富：现在没有准确数字，但返贫其实不是“返贫”，现在有很多地方说返贫率高，那是没有根本脱贫。脱贫必须是自己的观念有变化，能力有提升，有稳定的收入与渠道，这才叫脱贫，如果是给钱给出的脱贫，那叫社会保障兜底。

NGO 参与扶贫还需要一个过程

南方周末：要求到 2020 年全部脱贫，意味着现有 832 个贫困县也必须摘帽，但我们知道戴“贫困”帽是好处的，如何让这些地方有摘帽的积极性？

刘永富：现在这个决心已经下了，这

是政治任务，各省都要制定计划，必须要做，必须“摘帽”。这是一个“倒逼”机制。其次，也要有奖励机制，不让“摘帽”的吃亏，脱贫攻坚期以内，先摘帽的，原先的好处不取消。第三，必须得干，不干要问责，不能都留到最后一年。

南方周末：怎么看过去抢戴贫困“帽子”的现象？

刘永富：那是政绩工程，好处主要是官员的，多要一些补助，多要点钱把县城搞得漂亮一点，多修点路，多办一点工程项目，官员有了面子。贫困户不能说完全得不到好处，但可以说是基本得不到好处。

南方周末：在精准扶贫战略中，是不是要对官员的考核进行调整？

刘永富：要调整。以前是考核人均GDP、人均收入、人均财政，可能这些指标都很高，但穷人没有得到实惠。现在这些指标还搞，但是，关键是你的穷人惠及到了没有，贫困人口问题解决了没有。我们考核贫困县的时候弱化了GDP考核，生态脆弱的县取消了GDP考核。

南方周末：把组织部门纳入进来，是出于什么考虑？

刘永富：因为涉及到对干部的考核评价，涉及到干部的提拔使用、奖惩问题，中组部参加是中央定的。

南方周末：在中央统一部署下，中央各部委也在开展定点帮扶，但各个部委掌握的资源不一样，能调动的资金数量也不一样，怎么考核他们的扶贫效果呢？

刘永富：你说的对。但我们现在不考核各部委给多少钱，多少物。你到县里去，你是国家的一个部，那个县相当于你的一个处，你要督促它，是不是中央要求做的工作它都做了？政策是不是落实了？扶贫规划是不是实际？

以前我们给县里办个项目，混个脸熟，他们以后好办事。现在为了脱贫，你督促它、检查它、指导它，能帮多少算多少，你有力量你多给资源，没有就少给，但督促、检查、指导必须要办。

至于资金，还有社会资源，脱贫攻坚、精准扶贫加上各方面的，钱不是问题。只要你有好的产业，农户5万块以下，免担保免抵押，关键是老百姓动员起来没有，思路对不对，项日选的对不对，别搞瞎了、搞失败了，所以不是让你去给他发钱。

南方周末：开展定点帮扶的还有央企，对他们的要求和部委是一样的吗？

刘永富：基本一样，它也是督促监督，它可能要比党政机关多拿点钱。

南方周末：但近年央企参与扶贫的动作不是特别大，就典型性而言还不如民企，像万达整体对口帮扶贵州丹寨县、恒大整体对口帮扶贵州大方县。

刘永富：民企确实有一些“大家伙”，像许家印、王健林这样的。国企这几年历史包袱还是很重的，另外这几年经济下行压力大，总体经济效益不好。央企也组织了行动，如68个央企给108个老区县解决水电路的问题。

民企也不都是那样大个的，你帮一户、帮一个村也行，你不帮你消费扶贫也行，不要嫌弃人家，也是扶贫。像你采访完了写一篇正能量的文章也是扶贫，包括监督也是扶贫，扶贫要成为全社会的行动。

南方周末：成为全社会行动，谁该成为扶贫的主导力量？

刘永富：还是党和政府，这是中国和国际上最大的区别，国外往往是一些慈善机构在扶贫。

南方周末：提到慈善机构，NGO 组织参与扶贫和国际上差别也还是很大的，有些 NGO 组织有参与扶贫的意愿，但参与的渠道不多。

刘永富：都有渠道的。还是那句话，需要一个过程。会有一些政策的问题，但主要还是怎样发挥它的作用，引导它。实事求是讲，我们现在也在改变。我们最近搞了个社会扶贫网，很快就要开通，穷人和富人可以自己去对接，我们要做一些善事，募集一部分钱。一分钱不嫌少，一个亿不嫌多，平台在逐步搭建。

城市贫困谁来管？

南方周末：现在我们说扶贫大多数时候是在说农村扶贫，但是城市里也有很多贫困人口，怎么办？

刘永富：这个问题太对了，我们在扶贫打攻坚战的同时，要研究你说的这个问题。京津沪 2012 年已经没有绝对贫困，是相对贫困，江浙也没有绝对贫困。那么中国下一步扶贫该怎么做，我们将在“两消除”的基础上要实行“两转变”，“两消除”就是消除绝对贫困，消除区域性贫困，“两转变”是由主要解决绝对贫困向主要缓解相对贫困转变。

随着城镇化加快，农村人口越来越少，城乡差别会越来越小，城市人口会越来越多，城市相对贫困也越来越多。我个人认为应该由解决农村贫困向统筹解决城乡贫困转变，这事现在就要研究。

南方周末：现在城市贫困人口的工作是不是扶贫办管？

刘永富：目前不是，但得研究，打完攻坚战之后怎么弄。现在户籍人口还是农村多，但生活在城镇的人口已超过农村了，客观上有需求。

现在有些地方已经在做试点了，东部地区也在启动研究。

南方周末：现在城市贫困人口的工作由哪个部门在负责？

刘永富：人力资源和社会保障部、民政部、国家卫生和计划生育委员会、教育部都涉及。

（刊载于《南方周末》2016 年
3 月 14 日，南方周末记者钱昊平，
南方周末实习生姚宇馨、李琳）

附录四
全球减贫与发展概况

2016 年全球减贫与发展概况

2015 年 9 月在联合国发展峰会期间，来自 190 多个国家的代表一致通过了《2030 可持续发展目标（Sustainable Development Goals）》，这是继千年发展目标后，国际社会第二次将消除极端贫困列为全球目标。2016 年 1 月，可持续发展目标正式生效，联合国所倡导的 17 项发展目标开始发挥作用。可持续发展目标共 17 个目标，其中目标 1 是"在全世界消除一切形式的贫困"，这标志着从 2015 年开始，以联合国为核心的国际发展的机构将把工作中心，转移到实现 2030 年可持续发展目标上来。

一、全球贫困概况

（一）全球贫困人口分布情况

联合国千年发展目标表明，在过去 20 多年间全球极端贫困率显著下降。就全球而言，生活在每天 1.25 美元以下的人口比例从 1990 年的 36%下降到 2015 年的 12%，减少的人数超过一半，从 1990 年的 19 亿下降至 2015 年的 8.36 亿，其中大多数成绩是在 2000 年后取得的。在发展中国家，1990 年有近一半的人口每天消费不足 1.25 美元，而到 2015 年这一比例下降至 14%，下降速度接近 70%[①]（图 1）。

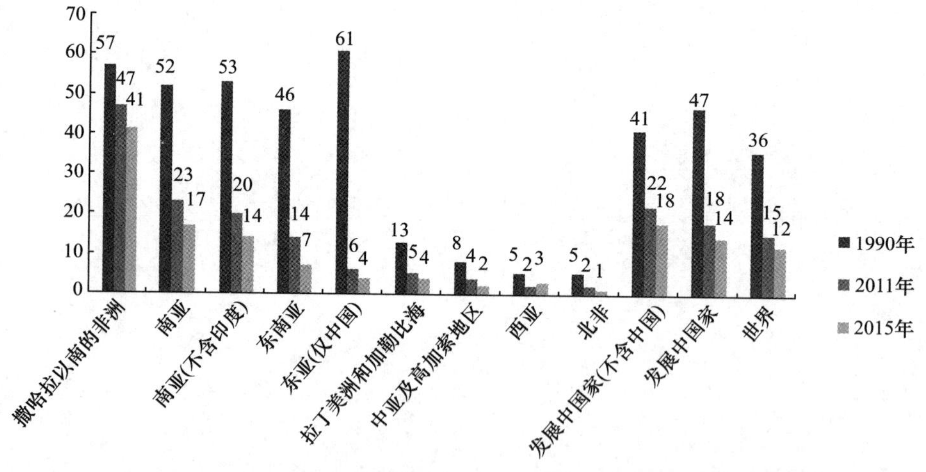

图 1　生活在 1.25 美元/天以下的人口比例（%）

① 因无法获得 2016 年的全球贫困发生率，故延用 2015 年全球贫困发生率。但可以估计，在全球经济恢复乏力、发达国家对外援助持续疲软的情况下，全球贫困发生率并不会有显著下降。

但是，减贫成绩并不均衡。减贫成绩最为明显的区域是东亚地区，其中，中国最为明显，极端贫困人口所占的比例从1990年的61%下降到2015年的4%。也就是说，在千年发展目标结束之时，如果不含中国的数据，发展中国家2015年的贫困发生率是18%，如果包含中国的数据，贫困发生率则降为14%。全球贫困发生率较高的区域仍集中在非洲，尤其是撒哈拉以南的非洲，2015年千年发展目标到期时，非洲仍有近2/5的人口处于极端贫困中。

（二）发展中国家就业增长乏力

在广大发展中国家，虽然就业人口收入贫困的现象得到了缓解，但在许多地区仍然普遍存在，尤其是对于年轻人。2016年，全球近10%的就业人口及其家人每人每天生活费不足1.90美元，这类现象被称为工作贫困。虽然2000年以来，工作贫困人口比例在不断减少，但在个别地区仍然普遍存在。在撒哈拉以南非洲，2016年有34%的工作者及其家人仍处于极端贫困中。年轻人工作贫困的比例普遍高于成年人，2016年全球15%的年轻工作者（15—24岁的人）生活在国际贫困线之下，而成年工作者的此比例仅为9%。几乎所有地区年轻人工作贫困比例都高于成年人。

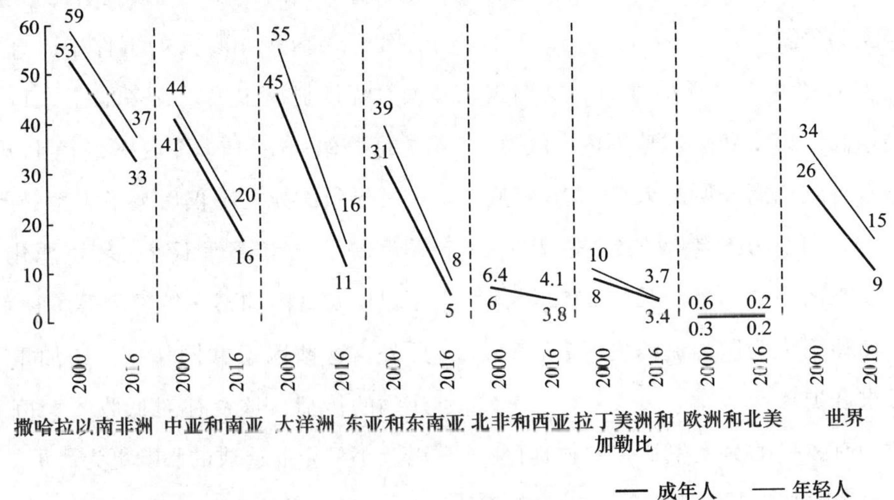

图2 2000—2016年，工作人口中每天生活费不足1.90美元的比例

（三）贫困人口被社会排斥在社会保障体系之外

2016年，全球只有不到一半人被至少一项社会保障计划所覆盖。社会保障体系对保护脆弱人群至关重要。社会保障制度在保护脆弱群体方面发挥重要作用，对预防及减少人生不同阶段贫困和不平等至关重要。为儿童、新生儿母亲、残疾人、老年人以及无工作的穷人提供福利有助于确保不让任何人掉队。初步数据显示，2016年全球享有一种及以上现金福利型社保计划的人仅占45%，而且国家和地区间差异

很大。撒哈拉以南非洲的覆盖率最低，只有约13%的人口能够获得至少一种社保福利，而欧洲和北美的覆盖率则高达86%。

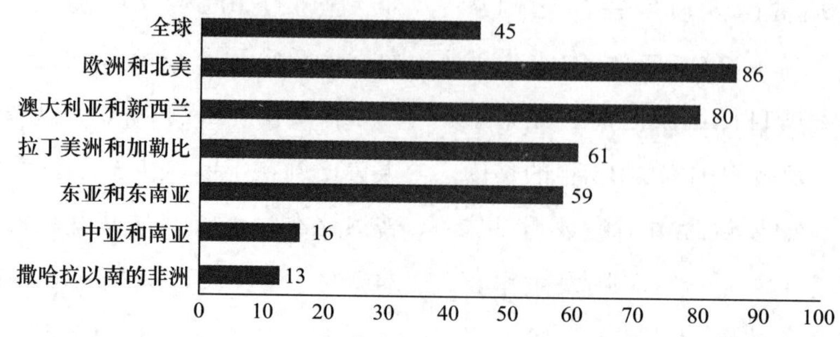

图3　2016年享有一种及以上社会保障福利的人口比例（%）

注：覆盖率指缴费型社保计划覆盖的人口与领取缴费型和非缴费型福利金的人口占总人口的比例之和，北非和西亚以及大洋洲因可得数据对人口的覆盖率太低而未显示在此。社保覆盖面因福利类型而有较大差异，许多脆弱群体不在范围内。

（四）战争、自然灾害等外部因素对穷人的影响更为严重

自然灾害和冲突严重的地方，贫困发生率明显增高。2016年全球范围内，战争、暴力和迫害导致流离失所的人口2016年底达到6560万，比2015年增加约30万人，是数十年以来的最高水平。其中2250万人为难民，4030万人为国内流离失所者，280万人为寻求庇护者。

全球约有80%的穷人生活在农村地区，64%的穷人从事农业工作。在全球气候变暖的影响下，自然灾害频发，穷人由于居住条件差、自身条件弱、没有相关医疗救助保险等，对抵抗自然灾害的能力较弱。1990至2015年，全球超过160万人死于国际上已见报道的自然灾害，且死亡人数有上升趋势。由于人员死亡主要集中于严重的自然灾害，短时间内难以认清死亡率变化趋势。然而，较小规模灾害的数据显示，在死亡人数少100人的事件中，直接死亡人数统计显著上升。在考虑了人口增长因素的类似研究中，死亡率也呈上升趋势。灾害导致的死亡不仅反映了灾害的严重性，还反映了城市管理不善、环境恶化、备灾不足以及贫困和不平等现象等多种脆弱性。此外，这些因素共同作用，还加重了灾后疾病的传播，这往往对低收入家庭和社区以及小型企业造成的影响更为严重。

（五）儿童和妇女依旧是穷人中最脆弱的群体

儿童比成人更容易遭受贫困，且在遭受打击后难以恢复。2016年，估计全球有1.5亿5岁以下儿童发育迟缓（指年龄与身高不符），少于2000年的1.98亿，但仍有很大的进步空间。就全球而言，2016年发育迟缓率从2000年的32.7%下降到2016年的22.9%。2016年南亚和撒哈拉以南非洲占据全球5岁以下儿童发育迟缓人数的3/4。2016年，全5岁以下儿童中估计有5200万体重不足，占全部5岁以下儿童的7.7%，其中中亚和南亚发生比例最高，为14.9%。超过半数的体重不足儿童（2760万）生活在南亚。

2005—2016年，在87个国家开展的调查显示曾经结婚或同居的女孩或妇女（年龄在15岁至49岁之间）中有1/5称曾在过去的十二个月内遭受过亲密伴侣的身体和（或）性暴力。童婚现象一直在持续减少，但在南亚和撒哈拉以南非洲地区依然普遍。2015年的20—24岁女性中有26.7%在18岁之前完婚，而2000年这个比例是32.6%。在减少15岁以下女孩结婚方面已经取得较快进展，从2000年的11%下降到2015年的8%。即便如此，各地区和国家的进展仍不均衡，南亚和撒哈拉以南的非洲童婚比例依旧很高，例如在撒哈拉以南的非洲，超过36.6%的女性在18岁以前结婚，其中11.3%的女性不满15岁。

二、应对全球贫困问题的全球战略

（一）减贫是可持续发展目标的基础

2015年9月25日，联合国可持续发展峰会上，世界各国领导人采纳了联合国提出的《可持续发展2030议程》。该议程设定了人类社会到2030年的可持续发展目标（SDGs）。可持续发展目标共17类，其中第一个目标是“在全世界消除一切形式的贫困”。今后15年重点是通过各国政府、国际组织、公民社会等的共同努力，到2030年实现消除一切形式的贫困并可持续发展。

除了减贫，可持续发展的目标还包括消除饥饿，良好健康与福祉，优质教育，性别平等，清洁饮水与卫生设施，可获得的清洁能源，体面工作和经济增长，工业化、创新和基础设施，缩小差距，可持续城市和社区，负责任的消费和生产，气候行动，水下生物，陆地生物，和平、正义与高效机构，促进目标实现的伙伴关系。通过分析可以发现，目标1与其他目标高度相关，消除贫困是实现消除饥饿、普及教育、促进两性平等目标的基础，也是实现体面工作、经济增长、实现缩小差距等目标的核心。

（二）消除一切形式的贫困是可持续发展目标的核心

2015年提出的可持续发展目标与之前的千年发展目标不同，不但减贫目标有所增加，即由之前的8个扩展到17个，而且对贫困的定义也发生了改变。联合国千年发展目标的减贫目标主要有三个衡量指标，即贫困人口减半，主要是指1990年到2015年，将每天收入低于1美元的平均人口减半；让包括妇女在内的年轻人充分就业并获得体面的工作；1990—2015年挨饿人口比例减半。而在2030年的可持续发展目标中，明确提出要消除一切形式的贫困，这不但超越了常规的通过货币单一维度衡量贫困的方法，也吸取了通过教育、医疗、健康、生活水平等指标衡量贫困的理念。

可持续发展目标 1 提出，到 2030 年，在全球所有人口中消除极端贫困，极端贫困目前的衡量标准是每人每日生活费不足 1.25 美元。具体衡量目标为，到 2030 年，按各国标准界定的陷入各种形式贫困的各年龄段男女和儿童至少减半，执行适合本国国情的全民社会保障制度和措施，包括最低标准，到 2030 年在较大程度上覆盖穷人和弱势群体。到 2030 年，确保所有男女，特别是穷人和弱势群体，享有平等获取经济资源的权利，享有基本服务，获得对土地和其他形式财产的所有权和控制权，继承遗产，获取自然资源、适当的新技术和包括小额信贷在内的金融服务。到 2030 年，增强穷人和弱势群体的抵御灾害能力，降低其遭受极端天气事件和其他经济、社会、环境冲击和灾害的概率和易受影响程度。确保从各种来源，包括通过加强发展合作充分调集资源，为发展中国家、特别是最不发达国家提供充足、可预见的手段以执行相关计划和政策，消除一切形式的贫困。根据惠及贫困人口和顾及性别平等问题的发展战略，在国家、区域和国际层面制定合理的政策框架，支持加快对消除贫困行动的投资。

（三）更加强调包容性、普惠性的发展目标

从可持续发展目标的设置可以看出，涉及可持续发展的三个层面，即社会、经济和环境，以及与和平、正义和高效机构相关的重要方面。该议程还确认了调动执行手段，包括财政资源、技术开发和转让以及能力建设，以及伙伴关系的重要作用。与千年发展目标不同，可持续发展目标更加强调包容性、普惠性。从千年发展目标的目标设置和行动纲领来看，千年发展目标更加强调保护穷人和穷国，富人应该帮助穷人，富国应该帮助穷国。而可持续发展目标更加强调各类人群、各个国家、各种团体的协调统一发展，强调了人人都有发展的机会。而获得这种机会的基础就是创造平等、包容的发展环境。

三、总结及启示

（一）全球贫困形式依旧严重

联合国千年发展目标有效地凝聚了全球共识，获得了全世界的广泛关注与认可，是当今世界关于国际发展最为重要的政治承诺文件之一。它成功地激发了全人类战胜贫困、挑战现实的勇气，且取得了很好的效果。

然而贫困问题依旧严峻。截至 2015 年，全球仍有 8 亿多极端贫困人口，另外对于那些已经脱贫的人而言，在自然灾害、疾病、市场等因素的打击下，返贫的风险依旧很大，因此，在联合国千年发展目标结束之时，国际社会又通过了面向 2030 的可持续发展目标。它比千年发展目标更加雄心勃勃，发展目标从之前的 8 个拓展到 17 个，包含 163 个具体目标，这样重视减贫及发展，在近代人类发展历史是不曾出现的。

（二）中国政府积极参与全球贫困治理

中国政府积极响应联合国千年宣言，制定符合国情的减贫战略，采取切实可行的减贫方案，率先实现贫困人口比例减半目标，为促进全球千年发展目标的实现做出了突出贡献。中国的减贫成就是多方面的，以1.25美元标准衡量的贫困人口比例从1990年74%，减少到2015年的4%。全国营养不良人口比例显著下降，教育、卫生发展指标显著提升，以用电、饮水、耐用消费品等指标衡量的生活水平也明显提升。2016年，中国政府发布《中国落实2030年可持续发展议程进展报告》，这标志着中国政府正在积极开展面向2030的贫困治理。人类是“命运共同体”，南方国家与北方国家之间不能割裂发展，发展道路也不只有一条。在南南合作框架下，各利益相关政府、企业、社会组织应积极行动、有效配合、实现共赢。中国将充分发挥自身所长，参与南南合作，贡献中国智慧。

（三）中国是全球减贫的重要贡献者

中国是全球减贫的重要贡献者，这主要表现为两个方面：一是发挥制度优势，减少本国内部贫困；二是通过南南合作，增强其他发展中国家的内生动力，实现减贫。进入21世纪，世界经济和国际关系风云变幻，尤其是在金融危机以后，传统发达国家的优势地位发生改变，以“金砖国家”为代表的新兴经济体成为国际经济增长的主要动力。相应地，在国际减贫治理领域，传统的发展援助在援助理论、数量、质量等多方面均出现弊端，导致全球贫困问题仍旧严重。与之形成鲜明对比的是中国通过新南南合作为全球实现联合国可持续发展目标提供新的动力。

（四）全球贫困治理的中国方案

全球治理的中国方案有多个，但针对减贫，主要可以概括为以下三点：

一是探索出一条符合中国国情的扶贫开发道路。坚持政府主导，强化政府责任。重视市场机制的力量，在全球化进程中，充分发挥资源禀赋和比较优势。建立有利于贫困地区和贫困人口的公共政策，促进利贫增长和包容发展。始终把农业、农村、农民置于核心地位，夯实减贫基础。不断营造有利于贫困地区劳动力转移就业的市场环境，拓展贫困人口的增收门路。此外，不断完善社会保护制度，对减贫形成“兜底”性的制度安排。

二是探索了减贫国际合作的新理念新方法。中国的减贫故事向传统的发展理念提出了挑战，越来越多的中外学者从不同的角度对中国的发展历程进行剖析，其中包括经济学家对政府与市场的再思考、国际关系学者对南南合作及中非新型伙伴关系的再认识等。各种观点还在不断增加和碰撞过程中，无论争论的结果怎样，都说明发展不只一个答案、一条路径，根据本国国情找到适宜的发展方法才是关键。

三是为发展中国家提供可借鉴的模式。

中国的减贫模式不可复制，但可为其他发展中国家的经济转型和消除贫困提供可借鉴的经验。中国的经验是多方面的，每个发展中国家结合本国的需求，根据发展的优先序，都可在中国找到一些可以借鉴的模式和做法。中国的减贫经验是一座有待世界各国共同开发的宝藏。

（北京大学经济学院　张晓颖）